Enzyklopädie der Psychologie

ENZYKLOPÄDIE DER PSYCHOLOGIE

In Verbindung mit der
Deutschen Gesellschaft für Psychologie

herausgegeben von

Prof. Dr. Carl F. Graumann, Heidelberg
Prof. Dr. Theo Herrmann, Mannheim
Prof. Dr. Hans Hörmann, Bochum
Prof. Dr. Martin Irle, Mannheim
Prof. Dr. Dr. h. c. Hans Thomae, Bonn
Prof. Dr. Franz E. Weinert, München

Themenbereich B
Methodologie und Methoden

Serie II
Psychologische Diagnostik

Band 3
Persönlichkeitsdiagnostik

Verlag für Psychologie · Dr. C. J. Hogrefe
Göttingen · Toronto · Zürich

Persönlichkeitsdiagnostik

Herausgegeben von

Prof. Dr. Karl-Josef Groffmann
und Prof. Dr. Lothar Michel, Mannheim

Verlag für Psychologie · Dr. C. J. Hogrefe
Göttingen · Toronto · Zürich

© by Verlag für Psychologie · Dr. C. J. Hogrefe, Göttingen 1982
Alle Rechte, insbesondere das der Übersetzung in fremde Sprachen, vorbehalten.

Gesamtherstellung: Dieterichsche Universitätsbuchdruckerei W. Fr. Kaestner, 3405 Rosdorf
Printed in Germany

ISBN 3 8017 0501 3

Autorenverzeichnis

Prof. Dr. Hartmut Häcker
Gesamthochschule Wuppertal
Psychologie im Fachbereich 3
— Erziehungswissenschaften
Gaußstr. 20, Gebäude S 12
D — 5600 Wuppertal 1

Dipl.-Psych. Rudolf Luhr
Psychologisches Institut
der Universität Freiburg
Peterhof
D — 7800 Freiburg

Prof. Dr. Petra Halder-Sinn
Psychologisches Institut
der Universität Freiburg
Peterhof
D — 7800 Freiburg

Prof. Dr. Erich Mittenecker
Institut für Psychologie
der Karl-Franzens-Universität
Schubertstr. 6 a / II
A — 8010 Graz

Prof. Dr. Hildegard Hiltmann
Hügelheimerstr. 17
D — 7840 Müllheim

Prof. Dr. Wolfgang Sehringer
Pädagogische Hochschule
Heidelberg
Keplerstr. 87
D — 6900 Heidelberg

Dr. Bernd H. Keßler
Fachrichtung Psychologie
im Fachbereich 6 der
Universität des Saarlandes
Universität Bau I
D — 6600 Saarbrücken

Prof. Dr. Albert Spitznagel
Fachbereich 06
Psychologie der
Justus-Liebig-Universität
Otto-Behaghel-Str. 10
D — 6300 Gießen

Prof. Dr. Hans-Joachim Kornadt
Fachrichtung 6
im Fachbereich 6 der Universität
des Saarlandes
Universität Bau 8
D — 6600 Saarbrücken

Dr. Horst Zumkley
Fachrichtung 6
im Fachbereich 6 der Universität
des Saarlandes
Universität Bau 8
D — 6600 Saarbrücken

Inhaltsverzeichnis

1. Kapitel: Biographische Diagnostik. Von B. H. Keßler

I. Einleitung	1
II. Begriffsbestimmung	2
III. Biographisch-diagnostische Strategien	7
A. *Ätiologisch orientierte Diagnostik mit biographischen Daten*	9
1. Definition der Anamnese	9
2. Gütekriterien anamnestischer Erhebungen	10
3. Retrospektive anamnestische Forschung	14
a) Ephemere biographische Ereignisse	14
b) Langdauernde biographische Merkmale	16
B. *Deskriptiv orientierte Diagnostik mit biographischen Daten*	17
1. Beschreibung des Lebenslaufs	17
2. Psychobiographie	18
C. *Prädiktiv orientierte Diagnostik mit biographischen Daten*	20
1. Prospektives Vorgehen	20
2. Prädiktion eines konkurrent ermittelten Kriteriums	22
IV. Erhebung biographischer Daten	25
A. *Ebenen der Datenerhebung*	25
1. Ebene Frage/Antwort/Rating	25
2. Ebene der Strukturiertheit	27
3. Ebene schriftlich/mündlich	29
B. *Verfahren zur Erhebung biographischer Daten*	31
1. Strukturierte Selbstrating-Fragebogen	31
2. Selbstbericht-Bogen	34
3. Interviewleitfäden mit präkodierten Items	36
4. Unstrukturierte Interviews mit Ratings	37
5. Strukturierte Interviews	37
6. Frageschemata	38
V. Abschließende Bemerkungen	39

2. Kapitel: Subjektive Tests zur Messung der Persönlichkeit. Von E. Mittenecker

I. Einleitung	57
II. Persönlichkeitstests	57
A. *Anfänge*	57
B. *Weitere Differenzierung in Einzeldimensionen*	60
1. Historische Entwicklung	60
2. Neuere Entwicklung von Tests für einzelne Dimensionen bzw. Teilbereiche der Persönlichkeit	62
a) Angst	62
b) Aggression	65
c) Depressivität	66
d) Leistungsmotiviertheit	67
e) Repression — Sensibilisierung	70
f) Interne — externe Kontrolle	71
g) Machiavellismus	72
C. *Mehrdimensionale Tests*	72
1. Zusammenstellung eindimensionaler Skalen	72
2. Faktorenanalytisch fundierte Entwicklungen	74
3. Persönlichkeitstheoretisch fundierte Entwicklungen	82
4. Empirische Item-Validierung an Kriteriumsgruppen	86
III. Interessentests	92
IV. Einstellungstests	97
V. Allgemeine Probleme der Persönlichkeitsinventartests	98
A. *Absichtliche und unabsichtliche Verfälschung von Fragebogentests*	98
1. Unsystematische und sinnlose Reaktionen	98
2. Absichtliche Verfälschung	98
3. Tendenzen zur sozialen Erwünschtheit und zur Zustimmung	100
a) Soziale Erwünschtheit	100
b) Akquieszenz	102
B. *Die Beziehung zwischen Fragebogenantwort und Persönlichkeitsmerkmal*	102
C. *Versuche zur Neuorientierung der Diagnostik und ihre Auswirkungen auf die Entwicklung subjektiver Persönlichkeitstests*	105
1. Kritik am Eigenschaftsbegriff — Interaktionismus	106
2. Diagnostik als integrierter Aspekt therapeutisch orientierten Handelns	108
VI. Die Bedeutung der Fragebogenmethoden für Forschung und Praxis	112

3. Kapitel: Objektive Tests zur Messung der Persönlichkeit. Von H. Häcker

I. Allgemeine Grundlagen objektiver Persönlichkeitstests	132
A. Einleitung	132
B. Definitorische Abgrenzungen und Begriffsbestimmung	133
C. Meßmodelle und Testkonstruktion von objektiven Persönlichkeitstests	135
D. Die historische Entwicklung der objektiven Testmessung	136
II. Objektive Persönlichkeitstests im Kontext von Persönlichkeitssystemen	138
A. Objektive Tests im System von Cattell	138
1. Die methodischen Grundlagen des Persönlichkeitssystems von Cattell	139
2. Die Systematik der Cattellschen objektiven Persönlichkeitsforschung	140
3. Einige Grundbegriffe der Cattellschen Persönlichkeitsforschung	141
4. Die Faktorensysteme aus objektiven Testvariablen	143
5. Faktoren höherer Ordnung aus objektiven Testdaten	150
6. Empirische Untersuchungen zu Einzelproblemen der objektiven Tests	154
7. Externe Validierung der U. I.-Dimensionen	156
8. Deutschsprachige Adaptierungen objektiver Tests nach Cattell	157
9. Die Entwicklung der objektiven Testbatterien im englischsprachigen Raum	163
10. Einige kritische Bemerkungen zu Cattells Persönlichkeitssystem	164
B. Objektive Persönlichkeitsmessung im System von Eysenck	166
1. Einige Voraussetzungen der Persönlichkeitstheorie von Eysenck	166
2. Die Untersuchungsmethoden im Rahmen der Eysenckschen Persönlichkeitsmessung	167
3. Objektive Meßverfahren zur Bestimmung der Dimension „Introversion — Extraversion"	167
4. Meßverfahren zur Bestimmung der neurotischen Tendenz	169
5. Objektive Meßverfahren zur Bestimmung der psychotischen Tendenz	169
C. Vergleich von Cattell und Eysenck	170
III. Objektive Testmessung am Beispiel von Einzelkonstrukten	170
A. Interferenzneigung	171
B. Feldabhängigkeit	172
IV. Zusammenfassung und Ausblick	173

4. Kapitel: Grundlagen, Ergebnisse und Probleme der Formdeuteverfahren. Von A. Spitznagel

I. Einleitung	186
II. Sozialpsychologische Aspekte der RT-Forschung	192
III. Formdeuteverfahren und Testsystematik	198
IV. Grundlagen der Formdeuteverfahren	199
A. Erklärungsansätze	199
B. Der Klecksstimulus	203
C. Testsituation	211
D. Verbalisierung und Inhalt	213
V. Aufnahme, Durchführung und Auswertung	214
VI. Reliabilität	221
VII. Normen	225
VIII. Validitätsaspekte	226
IX. Modifikationen	235
X. Schluß	242

5. Kapitel: Thematische Apperzeptionsverfahren. Von H.-J. Kornadt und H. Zumkley

I. Einleitung	258
A. Vorgeschichte	258
B. Verbreitung des TAT und Weiterentwicklung der T.A.-Technik	259
II. Theoretische Grundannahmen und Grundlagen	263
A. Theoretische Ausgangspunkte Murrays	263
B. Allgemeine projektionstheoretische Grundlagen	265
C. Annahmen und Tatsachen, die für Testaufbau und Interpretation relevant sind	271

Inhaltsverzeichnis

III. Der Thematische Apperzeptions-Test von Murray und Morgan	280
A. *Material und Aufbau des TAT*	280
B. *Durchführung*	281
C. *Probleme der Standardisierung von Material und Durchführung*	282
IV. Auswertungsmethoden	284
A. *Die Methode von Murray*	285
B. *Umfangreiche Modifikationen der Murrayschen Methode*	285
C. *Abgekürzte Verfahren*	286
D. *Formale Auswertungsverfahren*	287
E. *Formal-inhaltliche Zählungsmethoden*	288
V. Reliabilität	290
VI. Normen	294
VII. Validität	297
A. *Probleme der Validierung*	297
B. *Empirische Validitätsinformationen*	298
1. Stimmen die aus dem TAT gewonnenen Bilder der „ganzen" Persönlichkeit überein mit den aus anderen Quellen bezogenen?	298
2. Der prognostische Wert	299
3. Unterscheidung klinischer Gruppen	301
4. Übereinstimmung zwischen TAT und anderen Tests	303
5. Unterschiede zwischen sozialen Gruppen und „situationale" Validität	305
6. Beziehungen zwischen speziellen TAT-Kennwerten und dem Verhalten	307
C. *Die Identifikations-Hypothese*	311
VIII. Modifikation des M-TAT	313
A. *Einleitung*	313
B. *Unmittelbare Modifikationen des M-TAT*	314
1. T. A.-Verfahren für spezielle Altersgruppen	314
2. T. A.-Verfahren für spezielle ethnische und soziale Gruppen	317
3. T. A.-Verfahren für spezielle diagnostische Fragestellungen	319

C. T. A.-Verfahren für spezielle Motivsysteme	321
D. T. A.-Verfahren mit weitergehender Abweichung von M-TAT	323
E. Sonstige T. A.-Verfahren	330
F. Schlußbemerkung	330
IX. Zusammenfassung und Ausblick	331

6. Kapitel: Wortassoziation und verbale Ergänzungsverfahren. Von Hildegard Hiltmann und R. Luhr

I. Assoziationsexperiment, Tatbestandsdiagnostik und Wort-Assoziations-Tests (R. Luhr)	373
A. Das Assoziationsexperiment und die psychologische Tatbestandsdiagnostik: Ursprünge und Entwicklung	373
B. Die Wort-Assoziations-Methode: Eine differentielle und klinische Technik	375
C. Die Verbreitung und die Grenzen der Wort-Assoziations-Methode	379
II. Die verbalen Ergänzungsmethoden (Hildegard Hiltmann)	380
A. Abgrenzung von der Wort-Assoziations-Methode	380
B. Unvollständige Sätze	383
C. Projektive Fragen	387
D. Angefangene Geschichten	389
E. Die Verbreitung und die Grenzen der verbalen Ergänzungsmethoden	392
III. Der Rosenzweig Picture-Frustration-Test (R. Luhr)	393
A. Das Konzept und die Entwicklung der Methode	393
B. Die Frustrationstheorie von Rosenzweig	395
C. Der PF-Test und die Auswertungsprinzipien	397
D. Zur Problematik der Gütekriterien des PF-Tests	398

7. Kapitel: Zeichnerische und spielerische Gestaltungsverfahren. Von W. Sehringer

I. Einleitung: Popularität, Publikationsfluß und Theoriearmut	430
II. Die zeichnerischen Gestaltungsverfahren	432
A. *Historischer Überblick*	432
B. *Die Leistungsfähigkeit einiger ausgewählter Gestaltungsverfahren*	442
1. Thematische Zeichentests	442
a) Der Draw-A-Person Test (DAP) (Machover) und der Human-Figure-Drawing Test (HFD) (Koppitz)	442
b) Familienzeichnung	448
(1) Zeichne (d)eine Familie	448
(2) Familie in Tieren	448
c) Sonstige Gruppenthemen	448
d) Tierzeichnungen	449
e) Der Baumtest (Koch)	449
f) Der H-T-P Test (House-Tree-Person Test) (Buck)	451
2. Athematische Zeichentests: Zeichenergänzungstests	452
a) Wartegg-Zeichen-Test (WZT)	452
b) Bearbeitungen des WZT	453
III. Die spielerischen Gestaltungsverfahren	453
A. *Die Theoriebildung im Überblick*	453
1. Begrenzung des Themas	453
2. Spieltheorie und Spieldiagnostik	454
3. Klassifikationsversuche	465
4. Spieldiagnostik als Verhaltensbeobachtung	471
B. *Die Spielverfahren im Überblick*	478
1. Spielzeugkasten-Methoden	478
a) Der Welt-Test (Bühler)	478
b) Der Scenotest (v. Staabs)	480
2. Puppenspielverfahren	482
3. Legespielverfahren	484

8. Kapitel: Psychodiagnostische Wahlverfahren.
Von Petra Halder-Sinn

I. Die Stellung der Wahlverfahren innerhalb der Psychodiagnostik	529
II. Farbwahlverfahren	530
A. *Farbpsychologische Grundlagen*	530
1. Psychophysiologische Grundlagen der Farbwahrnehmung	530
2. Der Einfluß der Farbe auf Vegetativum, Motorik und Allgemeinzustand	531
3. Die Gefühlsqualitäten der Farben	532
a) Die assoziativ-symbolische Bedeutung der Farben	532
b) Die Position der Farben im mehrdimensionalen semantischen Raum	533
c) Allgemeine und differentielle Farbpräferenzen	536
B. *Testverfahren*	540
1. Der Farbpyramidentest	540
a) Das Testmaterial	540
b) Die Instruktion	541
c) Die Protokollierung und Verrechnung	541
d) Die Normwerte	542
e) Die Testgütekriterien des Farbpyramidentests	543
2. Weitere Farbwahltests	545
a) Der Lüscher-Test	545
b) Der Visual Apperception Test '60 (VAT '60)	548
III. Bildwahlverfahren	548
A. *Theoretische Grundlagen der Bildwahlverfahren*	548
B. *Testverfahren*	550
1. Der Szondi-Test	550
a) Das Testmaterial	550
b) Die Instruktion	550
c) Die Protokollierung und Verrechnung	550
d) Die Normen	551
e) Die Testgütekriterien	551
2. Weitere Bildwahlverfahren	552
a) Der Gruppen-Szondi-Test	552
b) Der Picture-Preference-Test	552
IV. Schlußbemerkung	553

Autoren-Register 564

Sach-Register 590

1. Kapitel

Biographische Diagnostik

Bernd H. Keßler

I. Einleitung

Die Diagnostik mit biographischen Daten ist weitgehend von der psychologischen Forschung vernachlässigt worden. Dafür gibt es eine Reihe von Gründen.

Die allgemein künstliche Trennung zwischen Diagnostik einerseits und Therapie andererseits ließ die Diagnostik nicht von dem erheblichen Bemühen therapeutischer Evaluationen profitieren. Im Gegenteil, die diagnostische Datenerhebung wird in den wesentlichsten Therapieverfahren eher mißachtet (vgl. Small 1972). Der Therapeut, der seine eigene Therapieform für alle Klienten am geeignetsten erachtet, benötigt keine differenzierenden diagnostischen Verfahren. Erst die Suche nach präskriptiven Therapien (Goldstein & Stein 1976) scheint hier eine Wende zu bewirken.

Ein zweiter Hemmschuh für die Entwicklung der biographisch orientierten Diagnostik ist in der Wertschätzung der Nosologie zu suchen. Nosologische Kategorien haben sich für die Ermittlung von Ätiologien, die Prognose von Verläufen, die Auswahl von Therapieverfahren oder die Deskription der komplexen Probleme, die einen Klienten bedrücken können, wenig nützlich erwiesen. Die permanente Suche nach neuen Nosologien belegt dies deutlich.

Es fehlen ferner hinreichende Taxonomien der grundlegenden pathologisch relevanten Elemente. Ökologische, verhaltenstheoretische oder entwicklungsbezogene Aussagen zu der Entstehung und Aufrechterhaltung psychischer Probleme sind nur in Ansätzen für eine Diagnostik umsetzbar (vgl. Zubin 1972).

Psychodiagnostik wird von Personen betrieben, deren Bildungshintergrund und Herkunft, deren gesamte Biographie sich von der ihrer Klienten zumeist deutlich unterscheidet. Das Verständnis der Problematik einer atypischen Biographie ist daher vielfach nur begrenzt vorhanden, was einen Teil der gelegentlich zu bemerkenden Geringschätzung der anamnestisch-biographischen Diagnostik und die Frustrationen bei der Datenerhebung erklärt (Dimond & Havens 1975).

In der „universitären" Psychodiagnostik wird ein Weg gegangen, der sich nicht dadurch auszeichnet, daß er sich um die Fragestellungen der Praxis besonders bemüht. Die Kritik, die an den traditionellen Verfahren mit Recht zu äußern ist, trug dazu bei, daß diagnostische Modelle entwickelt wurden, die zu kritisieren für den Praktiker nicht mehr nützlich oder möglich erscheint. Es ist wohl auch ein Kennzeichen dieser Diagnostik, daß sie den „Pb" und nicht den Menschen im Mittelpunkt der Datenerhebung sieht.

Die aufgezählten Gründe können leicht ergänzt werden. Sie haben insgesamt den Umstand gefördert, daß die Präskription in der Diagnostik weitgehend informell blieb. Auf der Grundlage biographischer Daten des Klienten werden Entscheidungen getroffen, deren Basis dem Diagnostiker nicht bewußt ist. So dürften nicht selten Bildungsstand und sozioökonomischer Status ein therapeutisches Vorgehen nachhaltiger determinieren als die mit diagnostischen Verfahren ermittelten Daten. Andere Merkmale, wie Aussehen, Alter und spezifische biographische Informationen, die für die anstehenden Entscheidungen wenig relevant sind, werden überbewertet (vgl. z. B. Hobfoll & Penner 1978) und dürften, vor allem, wenn der Klient mit einer nichtoptimalen Therapieform zu behandeln versucht wird, gleichfalls Entscheidungen beeinflussen, die ineffektive oder gar schädigende Konsequenzen haben.

Die nachfolgende Darstellung möchte daher die bisherigen forschungsorientierten und praxisbezogenen Aktivitäten und Datenerhebungsverfahren auf dem Gebiet der Erfassung biographischer Informationen zusammenfassen, um deutlich zu machen, daß eine psychologische Diagnostik ohne diese Daten den an sie gestellten Anforderungen kaum gerecht wird, daß aber auf der anderen Seite die theoretischen und empirischen Grundlagen einer biographischen Diagnostik erst bruchstückhaft erkennbar sind.

II. Begriffsbestimmung

Der Begriff „biographische Daten" wird häufig benutzt, aber selten definiert. Zumeist wird der Terminus auf „Alter, Geschlecht und soziale Herkunft" reduziert (vgl. z. B. Langfeldt & Fingerhut 1974), also auf harte persönliche Fakten bzw. „face-sheet data" begrenzt. Diese Art von Daten ist sicherlich biographisch, es wird damit aber nur auf eine sehr karge Weise die Biographie eines Menschen geschildert.

Einige Dimensionen, auf denen biographische Items erfaßt werden können, beschrieb Asher (1972). Ein biographisches Item kann demnach (a) *verifizierbar / nicht verifizierbar* sein (Wie oft hatten Sie in den letzten 5 Jahren Ihre Stelle gewechselt / Was hat Ihnen an Ihrer letzten Stelle am besten gefallen?), ein Item kann (b) *historisch / futuristisch* sein (Welche Noten hatten Sie im Abitur / Wollen Sie studieren?), ferner (c) *tatsächlich / hypothetisch* (Haben Sie jemals eine Auslandsreise gemacht / Würden Sie eine Auslandsreise machen, wenn Sie das Geld dazu hätten?), (d) *erinnerungsbezogen / mutmaßend* (Hatten Sie als Jugendlicher sexuellen Kontakt zu Mädchen / Wenn Ihr Vater es Ihnen erlaubt hätte, glauben Sie, daß Sie dann sexuellen Kontakt zu Mädchen gesucht hätten?), (e) *faktisch / interpretativ* (Arbeiten Sie in Ihrer Freizeit im Garten / Wenn Sie im Gartenbau ausgebildet wären, wie gut wären Sie als Gärtner?), (f) *spezifisch / allgemein* (Sammelten Sie als Kind Briefmarken / Sammelten Sie als Kind eifrig irgendwelche Dinge?), (g) *verhaltensbezogen / verhaltenstendenzbezogen* (Welches Auto fahren Sie / Würden Sie sich als nächstes ein Auto mit mehr PS kaufen?) und *extern / intern* (Hatten Sie als Schüler Nachhilfeunterricht / Wie wichtig nehmen Sie die Hausaufgaben?).

Die verifizierbaren Daten werden am ehesten als biographisch eingeordnet. Manche Informationen sind aber kaum verifizierbar und haben trotzdem eine hohe prädiktive Validität aufzuweisen. So konnte z. B. das biographische Item „Bauten Sie jemals ein flugtüchtiges Modellflugzeug?" im Zweiten Weltkrieg den Erfolg eines Flugtrainings fast ebenso gut vorhersagen wie die gesamte Air Force Battery (vgl. Henry 1965). Es ist auch fragwürdig, ein Kriterium zur Definition der biographischen Daten zu verwenden, das zwar Operationalisierungen erlaubt, das aber andererseits praktisch wenig Bedeutung besitzt, da wohl selten jemand auf den Gedanken kommt, biographische Informationen tatsächlich zu verifizieren.

Alle personbeschreibende Informationen als biographisch anzusehen, also Verhaltensweisen, Wünsche, Gefühle, Fähigkeiten, Einstellungen, Ansichten, Interessen, Beziehungen, würde das Ausmaß der Daten erheblich erweitern, aber eine Tendenz zum „Fiktionalismus" (Asher 1972) fördern. Die Informationen bekommen dadurch eine zu hohe Ambiguität und laufen Gefahr, stark verfälscht zu werden. Jäger (1974, 1978) definiert „biographische Daten" sowohl in formaler als auch in inhaltlicher Hinsicht. Formal werden laut Jäger biographische Informationen auf „. . . mehr oder minder differenzierte Fragebogen" (Jäger 1978, S. 25) bezogen, eine Eingrenzung, die sich aus dem Bemühen, Moderatorvariablen-Instrumente zu entwickeln, ergibt, die aber ansonsten nicht sinnvoll erscheint, da Interviewdaten letztlich zu denselben Ergebnissen führen können. Inhaltlich betrachtet Jäger (1978, S. 25) biographische Daten als „. . . mehr oder minder subjektive bzw. objektive Informationen über einen Probanden oder eine Probandengruppe und einen bestimmten Gegenstandsbereich". Dies ist eine Ausdehnung, die nicht mehr viel sagt, da hierunter alles fällt, was jemand über sich preisgibt. Die Definition von Jäger (1978, S. 25), biographische Daten seien „. . . jegliche Selbstbeschreibung einer Person, mit sowohl nachprüfbaren objektiven als auch darüber hinaus subjektiven Informationen über eine Person zu früheren, gegenwärtigen und zukünftigen Gegebenheiten" läßt dem erwähnten Fiktionalismus breiten Raum und sollte Eingrenzungen erfahren. Ob die von Asher (1972) als überlegenswert beschriebenen

Eingrenzungskriterien der „accountability" (wenn man den Probanden befragen könne, ob er erlaube, das Item durch Nachfragen bei anderen zu überprüfen), des Itemrealismus (die Information müsse spezifisch und realistisch sein) und des Nichtüberschreitens der Erinnerung als günstig angesehen werden können, steht dahin, da sie gleichfalls eine Beschränkung auf harte Fakten erbringen. Zwar sind im allgemeinen harte Fakten prädiktiv valider als weiche, aber es muß gefragt werden ob die Validität das einzige Kriterium einer funktional sinnvollen Definition biographischer Daten sein kann.

Es sollten somit alternative Eingrenzungskriterien gesucht werden. Folgende Definition könnte daher nützlicher sein: Unter biographischen Daten sind verfügbare, subjektiv bedeutsame und transparente Daten aus der Lebensgeschichte einer Person zu verstehen, die diese (oder eine Bezugsperson) einem Diagnostiker schriftlich oder mündlich mitteilt.

Der erste Aspekt dieser Definition bezieht sich auf das Kriterium der *Verfügbarkeit*. Informationen, die dem Probanden selbst oder einer wichtigen Bezugsperson nicht unmittelbar zugänglich sind, sollten nicht als biographisch verstanden werden. Intrapsychische Konflikte, unbewußte Phantasien, Motive oder Übertragungsphänomene sind nur schwer oder überhaupt nicht auf direkte Weise zu vermitteln (vgl. z. B. auch Nisbett & Wilson 1977). Dasselbe gilt für Informationen, zu deren Erhebung Test- und Beobachtungsverfahren, Persönlichkeitsfragebogen oder physiologische Meßmethoden notwendig sind.

Ein weiteres Merkmal ist die *Bedeutsamkeit*. Biographische Daten erscheinen den Pbn selbst subjektiv bedeutsam, sie sind es auch für die Umwelt im allgemeinen (nicht aber nur für den Diagnostiker aufgrund seiner Theorie). Biographische Informationen sind keine nebensächlichen Details, sondern „... socially recognized milestones in one's development" (Alker & Owen 1977, S. 718). Damit wird im übrigen eine These unterstrichen, die bereits Allport (1937) vertreten hat, daß nämlich diejenigen Variablen die größte Wichtigkeit in der Persönlichkeitsforschung besäßen, die der Person selbst am bedeutsamsten sind (vgl. dazu auch Bem & Allen 1974).

Ferner wird das Kriterium der *Transparenz* berücksichtigt. Daten sind transparent, wenn sie zum Zeitpunkt ihres Austauschs zwischen dem Diagnostiker und dem Pb einen überlappenden oder weitgehend denselben Bedeutungshintergrund besitzen. Der Proband ist in der Lage, die Frage zu „durchschauen", die Bewertung der Antwort erfolgt auf dem Boden des Frageinhalts, d. h. im Sinne der Erwartung des Befragten. Damit wird der Klient als „Experte und Kollege" (Mischel 1977) akzeptiert und seine Rolle als Informationsgeber unterstrichen: „... each person knows his or her own behavior best" (S. 250). Es wird nicht von vorneherein angenommen, die „wahren" Informationen müßten durch spezielle Befragungs- oder Assoziationstechniken aufgedeckt werden, sondern das, was der Klient berichtet, wird als relevant erachtet. Das Mißtrauen gegen transparente Daten beruht auf dem Glauben, der Pb sei nicht in der Lage, die Wahrheit zu sagen, und daß er auch nicht die Wahrheit sagen wolle (Bradburn 1969). Durch die Betonung der Datentransparenz gewinnt der Pb sein Recht zurück, daß man ihm Vertrauen schenkt (Allport 1953).

Biographische Daten sind solche Informationen, die die *Lebensgeschichte* eines Menschen beschreiben oder Teile dieser Geschichte betonen. Hierzu gehören in erster Linie abgeschlossene und noch andauernde Ereignisse und Merkmale. In der Zukunft liegende Ereignisse und Merkmale sind dann relevant, wenn sie sich in der Vergangenheit oder der Gegenwart im Verhalten des Pb niedergeschlagen haben bzw. darstellen.

Biographische Daten können auf dem *schriftlichen* oder *mündlichen* Wege vermittelt werden, also einerseits durch Fragebogen, Checklisten oder Dokumente und andererseits im Rahmen verschiedener Explorationsformen. Sie können Selbstbeschreibungen sein oder über Dritte in Erfahrung gebracht werden.

Damit sind biographische Daten von ihrer Art her definiert, inhaltlich ist nur wenig ausgesagt. Der Inhalt wird in starkem Maße durch den diagnostischen Verwendungszweck der Informationen mitbestimmt. So sind die biographischen Elemente in verhaltensanalytischen Befragungen (vgl. Kanfer & Grimm 1977, Röhl & Nell 1977) andere als bei einer Entscheidung in der Personalauslese oder einer spezifischen Leistungsprognose. Es fehlt nicht an Listen und Aufstellungen von biographischen Daten (vgl. z. B. Boesch 1964, Lazarus 1969; Detre & Kupfer 1975, Kaplan & Sadock 1975); es sollen daher keine neuen hinzugefügt werden. In allen werden unzureichende Taxonomien deutlich. Die Definition von Schraml (1964, S. 868) spiegelt diesen Umstand klar wieder. Er spricht hinsichtlich der Anamnese von dem „. . . Insgesamt der Mitteilungen eines Probanden oder einer wesentlichen Beziehungsperson über seine Persönlichkeit, Lebensgeschichte, sozialen Bezüge, Erlebnisse, Handlungen, Einstellungen und Wünsche im Allgemeinen oder in speziellen Bereichen".

Wichtiger als eine Festlegung des Inhalts sind die funktionalen Gesichtspunkte einer Definition. Diese liegen in der Bedeutung einer „gemeinsamen Diagnostik" des Lebens eines Klienten mit der zu ihr gehörenden Offenheit der Strategien, Wertschätzung der Äußerungen sowie Betonung der Bereitschaft und Fähigkeit der Datenübermittlung (Brodsky 1972, Craddick 1975).

Diese Art des Vorgehens ist keine Seltenheit in der praktischen Diagnostik, ist andererseits aber auch von einer Reihe üblicher diagnostischer Strategien abzugrenzen.

In der *projektiven Diagnostik* werden Informationen als relevant erachtet, die der Pb als nebensächlich oder unwichtig einordnet. Thematische Verfahren kommen über Aussagen zu einem „Nicht-Ich" zu ihren Informationen; Formdeuteverkommen fahren führen zu keinen unmittelbaren personbezogenen Verhaltens- oder Ereignisbeschreibungen. Der Pb weiß nicht, worauf es bei der Testung ankommt (vgl. Campbell 1957, Molish 1972, Vogel & Vogel 1977). Projektive Verfahren sind durch Miteinbezug von gestalterischen Prozeduren vielfach auch nicht in die Kategorie schriftlicher oder mündlicher Selbst- oder Fremdbeschreibungen einzuordnen.

Die *objektiven Persönlichkeitstests* sind gleichfalls nicht im Sinne der biographischen Daten zu betrachten. Das Ziel dieser Tests ist geradezu entgegengesetzt: der Pb soll nicht merken, was bei ihm ermittelt wird. Er beantwortet z. B. Items von Fragebogen, von denen er allenfalls nur ahnen kann, wozu sie ihm vorgelegt werden. Sie haben keine mit der Augenscheinvalidität übereinstimmende Meßintention mehr. Der Diagnostiker gewinnt seine Einsichten dadurch, daß die Meinungen, Urteile und sonstigen kognitiven Leistungen mit Persönlichkeitseigenschaften in Beziehung stehen, d. h. es werden vom Pb Informationen vermittelt, deren Varianz zu einem beträchtlichen Teil auf einzelne Persönlichkeitsfaktoren zurückgeht. Das Ziel liegt in der Erreichung objektiver, also subjektiv nicht verfälschbarer Informationen (vgl. Schmidt 1975, Rey 1977), wobei allerdings in Kauf genommen werden muß, daß solche Informationen, die der Pb überhaupt nicht verfälschen will, unberücksichtigt bleiben. Das methodische Instrumentarium der objektiven Testdiagnostik geht zudem über schriftliche Mitteilungen im Fragebogen hinaus, da auch apparative Verfahren und psychomotorische Aufgaben eingesetzt werden.

Die Persönlichkeitsdiagnostik durch *Persönlichkeitsfragebogen* (Persönlichkeitsskalen, Interessenfragebogen, standardisierte Einstellungsmessungen) ist etwas schwieriger von biographischen Inventaren abzugrenzen. Vom Gesamtinstrument her gesehen sind hinsichtlich des Iteminhalts die Persönlichkeitsfragebogen homogener als die biographischen Inventare. Sie bauen zudem auf hochformalisierten Theorien auf, ein Aspekt, der bei biographischen Datenerhebungen weitgehend fehlt (vgl. Fishman & Pasanella 1960, Lavin 1965; Freeberg 1967, Jäger 1978). Aufgrund ihres homogenen Charakters sind die Persönlichkeitsfragebogen eher vertikal als horizontal ausgerichtet; sie umfassen z. B. nicht den Hintergrund, das Umfeld, die Situationsspezifität, die Entwicklung oder die Vielfältigkeit einer Problematik als vielmehr die Ausprägung des Merkmals auf einer Dimension (vgl. Seitz 1977, Frank & Friedrich-Freisewinkel 1978). Auch im Zeitbezug unterscheiden sich beide Datenerhebungsarten. Zwar sind die Items eines Persönlichkeitsfragebogens gelegentlich hinsichtlich der Vergangenheit formuliert, die Ergebnisse sollen jedoch den derzeitigen Zustand der Person beschreiben, d. h. den Items wird keinesfalls eine ätiologische Bedeutung zugemessen. Die einzelnen Items von Persönlichkeitsfragebogen sind überwiegend empirisch validiert, daher fehlt ihnen zumeist die Transparenz, sie sind subtil. Es ist für den Befragten nicht mehr durchschaubar, ob das Item z. B. in die Skala der Depression, Introversion oder Heterosexualität eingeordnet wird. Die empirische

Validierung reduziert in der Regel auch die subjektive Bedeutsamkeit der Informationen („Sie fragen aber Sachen!").

Die *Diagnostik in der Verhaltenstherapie* beruht nur z. T. auf schriftlich oder mündlich übermittelten Informationen (vgl. Mash & Terdal 1976, Hersen & Bellack 1976, Braun 1978, Keßler 1978), andererseits sind diese überwiegend verfügbar und transparent. Die Daten der behavioralen Diagnostik sind allerdings situationsbezogener und spezifischer und daher dem Befragten nicht so sehr bedeutsam (vgl. Alker & Owen 1977). Da sich die Diagnostik der Verhaltenstherapie zu der vielfältigsten und umfassendsten diagnostischen Strategie entwickelte, sind die einzelnen Typen der Datenerhebungen nicht mehr generell, sondern hinsichtlich ihrer Aufgabenstellungen zu betrachten. Manche Fragebogen und Interviewverfahren beziehen sich auf die Analyse von Problemstellungen, andere auf die Zusammenstellung der Behandlungsprozeduren, wiederum andere auf die Evaluation von Therapieeffekten. Eine Reihe von Verfahren ist von biographischen Bogen kaum mehr zu unterscheiden (vgl. Marlatt 1976, Lazarus 1976).

Die *tiefenpsychologisch-diagnostisch* orientierte Gesprächsführung ist weitestgehend nichttransparent, versucht zu Daten zu kommen, die nicht unmittelbar zur Verfügung stehen und dem Klienten subjektiv nicht besonders bedeutsam erscheinen (Baumeyer 1955, Argelander 1966).

III. *Biographisch-diagnostische Strategien*

Biographische Merkmale und Ereignisse stellen eine spezifische Art von Variablen dar, mit denen versucht wird, diagnostisch relevante Daten zu erklären, zu beschreiben und vorherzusagen. Ihre informelle Bedeutung im diagnostischen Prozeß ist zweifelsohne beträchtlich, obgleich sie „wissenschaftlich" gelegentlich abgewertet werden. Dailey (1960) hat diesen Umstand in einer wohl nur teilweise scherzhaften Bemerkung offengelegt: „. . . when a noted psychologist dies, the commemorative article describes his life and work — there is no case on record in which a journal published the test scores of a deceased scientist as an adequate description of him as a person" (S. 21). Die nachfolgende Darstellung umfaßt drei diagnostische Ansätze, in denen die Rolle der biographischen Daten am stärksten zum Tragen kommt.

Der erste Ansatz ist ätiologisch. Es werden hier biographische Daten als mögliche „Ursachen" oder Determinanten von Merkmalen, zumeist symptomatischer Art, zu erfassen versucht. Die Vorgehensweise in diesem Bereich ist durch die Bildung von Hypothesen und deren Abklärung gekennzeichnet. Die Hypothesenbildung ist ein fortlaufender Feedback-Prozeß, der eine Optimierung einer diagnostischen Entscheidung zum Ziel hat. Hypothesen können auf beschreibendem Niveau formuliert werden, d. h. das vorliegende Symptompattern wird „formuliert", konkretisiert und hinsichtlich seiner Auftretenshäufigkeit, seiner Differenziertheit zu erfassen versucht. Diese Arten deskriptiver Hypothesen sind vorläufige Kategorien, die im Verlaufe eines diagnostischen Prozesses an Relevanz gewinnen oder verlieren können. Sie sind Ausgangsmuster für Hypothesen, die nach den Determinanten und den funktionalen Verknüpfungen zwischen den Determinanten und den deskriptiven Kategorien fragen. Auf dem Wege über progressive Hypothesenbildungen und -abklärungen kommt es zu einer sukzessiven Einengung auf zentrale Hypothesen beschreibender, funktioneller und determinierender Art (vgl. Boesch 1964, Schmidt 1975, Schmidt & Keßler 1976). Die Beschreibung der vorhandenen Symptommuster und die Suche nach determinierenden Bedingungen sind die zentralen Aufgaben der *Anamnese*. Ihre Einordnung unter eine ätiologisch orientierte Diagnostik verkürzt zwar ihre Rolle im diagnostischen Prozeß, betont andererseits aber ihre Hauptfunktion. Sieht man wie Boesch (1964, S. 935) das diagnostische Vorgehen als einen „. . . Prozeß der progressiven Sicherung von möglichen beziehungsweise ein progressives Ausschalten unwahrscheinlicher Schlüsse, bezogen auf ein gestelltes Problem", ist nach der Basis dieser Schlußfolgerungen zu fragen. Damit ist eine Achillesferse der bisherigen anamnestischen Praxis der Datenerhebung angesprochen: die empirischen Fundierungen der Beziehung zwischen einem erfragten Sachverhalt und dem mit ihm in Zusammenhang gebrachten Kriterium. Anhand der retrospektiven Forschung zu wichtigen und einschneidenden Lebensereignissen soll die Bedeutung einer empirischen Ermittlung der Beziehung zwischen erfragten Sachverhalten und Kriterien herausgestrichen werden.

Der zweite Ansatz einer biographischen Diagnostik ist weniger bemüht, zu Entscheidungen zu gelangen, sein Hauptaugenmerk liegt vielmehr auf der umfassenden Deskription des Lebenslaufs, der „Biographie" eines Menschen. Hier steht nicht die Beziehung einzelner anamnestischer Daten zu einem Symptommuster im Vordergrund, sondern die Entwicklung eines Menschen aus seinen Lebenserfahrungen heraus zu dem, was er derzeitig darstellt. Dieser Ansatz ist daher weniger klinisch als persönlichkeitsorientiert. Seinen deutlichsten Ausdruck findet er in der Psychobiographie, der biographischen Analyse des Lebens bekannter Persönlichkeiten.

Das dritte Konzept ist prädiktiv ausgerichtet. Auf der Basis biographischer Daten werden zum einen Prognosen erstellt, d. h. Schlüsse auf künftige Ereignisse (z. B. Entwicklung eines Symptoms, künftiger schulischer oder beruflicher Erfolg) gezogen, zum andern werden konkurrente Vorhersagen auf Diagnosen und Entscheidungen, die mit anderem, meist umfangreicherem Material, erstellt bzw. getroffen wurden, gemacht. Die wesentlichsten Diagnostik-Bereiche, in denen diese Fragestellungen anstehen, sind die klinische Prädiktion, die Personal- und Leistungsprognose in Schule, Hochschule, Beruf und vor allem auch die militärischen Ausleseverfahren.

A. Ätiologisch orientierte Diagnostik mit biographischen Daten

Habeck (1977) schildert die offensichtliche Mißachtung der Informationen, die ein Patient einem untersuchenden Mediziner über seine Erkrankung berichten könnte, und das Vertrauen der Diagnostiker in die „harten" Daten technischer Untersuchungsverfahren. Diese Grundhaltung ist in der Psychiatrie aber auch in den psychologischen Therapien nicht selten, wenngleich in diesen Fachrichtungen jeweils andere Daten als „hart" gelten. Der Eindruck, anamnestische Daten seien „weich", kommt allerdings nicht von ungefähr. Insgesamt befinden wir uns auf diesem Gebiet, trotz aller Erfahrungen, noch „... in einem vorwissenschaftlichen Stadium" (Habeck 1977, S. 9). Einerseits fehlen systematische Erforschungen des methodischen Bereichs (z. B. Einflüsse auf Datenerhebungsprozeduren, Auswertungen). Die Gründe dafür sind vornehmlich in der schwierigen und mit vielen Fallstricken versehenen Art der Forschung auf diesem Gebiet zu suchen (Johnson 1976). Andererseits kommt der Eindruck der weichen Daten auch von der inhaltlichen Seite, worauf noch zurückgekommen werden soll.

Ausführliche Literaturhinweise zu diesen und anderen anamnestischen Problemstellungen sind bei Wagner & Schwan (1971) und Schmidt & Keßler (1976) zu finden.

1. Definition der Anamnese

Es kann zwischen dem Prozeß der Datenerhebung und dem Endergebnis dieses Prozesses unterschieden werden. Auf dem hier zur Diskussion stehenden Gebiet werden beide Gesichtspunkte mit dem Begriff „Anamnese" belegt (vgl. Thoms 1975, Habeck 1977). Es fehlt darüber hinaus nicht an Definitionsversuchen der Anamnese (vgl. Schraml 1964, Schmidt & Keßler 1976, Kemmler & Echelmeyer 1978, Möhr 1977), die sich vor allem hinsichtlich der Inhalte der Befragung unterscheiden. Ein großer Teil medizinischer Definitionsversuche sieht in der Anamnese die Vorgeschichte der Erkrankung, d. h. Auftreten und Abfolge von Krankheitsanzeichen und das Vorhandensein von möglichen verursachenden Bedingungen. Bei vielen medizinischen und psychiatrischen Anamnesefragebogen (vgl. z. B. Derogatis, Lipman & Covi 1973, Medizinische Hochschule Hannover 1974; Collegium Internationale Psychiatriae Scalarum 1977) ist dieses Anamnesekonzept in die Methode umgesetzt worden. Soziale Aspekte werden allenfalls am Rande erfragt. Psychologische Definitionen gehen darüber hinaus. Sie sehen die Anamnese als Abklärung der „... Lebenssituation (subjektiv wie objektiv), verstanden als ein Ergebnis von Entwicklungsprozessen innerhalb einer zu definierenden Aufeinanderfolge von Umweltkonstellationen" (Boesch 1964, S. 942), als eine „... Sammlung, Systematisierung und diagnostische Verarbeitung von Informationen ... zu den gegenwärtigen und früheren körperlichen Zuständen sowie Verhaltensweisen und Erlebnissen eines Individuums in seinem sozialen Umfeld" unter Miteinschluß ätiologischer und prognostischer Aspekte (Schmidt & Keßler 1976, S. 13). Von ihrem Zeitbezug her gesehen sind Anamnesen primär Rückerinnerungen in die weiter zurückliegende Vergangenheit, zumeist aber auch unter Miteinschluß der unmittelbaren Vergangenheit und Gegenwart. Verhaltensanalytische Befragungen beschränken sich, weniger in der Praxis als in ihren theoretischen Ansätzen, auf den aktuellen Stand einer Problematik (Morganstern 1976, Seidenstücker 1976).

Die Fülle von Alternativbegriffen für die Anamnese soll hier nicht weiter verfolgt werden. Angaben dazu finden sich bei Schraml (1964), Bolgar (1965), Schmidt & Keßler (1976), Kemmler & Echelmeyer (1978).

2. Gütekriterien anamnestischer Erhebungen

Eine Übertragung der Testgütekriterien auf die Anamnese läßt sich nur in Analogie durchführen (vgl. Wagner 1971, Möhr 1976, Schmidt & Keßler 1976, Keßler & Schmidt 1977, 1978).

Die *Objektivität,* also das Ausmaß der Unabhängigkeit der anamnestischen Daten von der Durchführung, Aufzeichnung, Auswertung und Interpretation durch den Diagnostiker, hängt in starkem Maße von der Strukturiertheit der benutzten Instrumente und der grundsätzlichen schulischen Ausrichtung des Diagnostikers und der damit von ihm gewichteten Daten ab. Die intrapersonelle Objektivität wird durch systematische (vorhersagbare) und unsystematische (unvorhersagbare, zufällige) Fehler eines Diagnostikers beeinträchtigt. Die interpersonelle Objektivität beschreibt die Konkordanz zwischen zwei oder mehreren Diagnostikern.

Die Objektivität erfaßt mithin die Einflüsse eines Diagnostikers auf die von ihm erhaltenen Daten. Vor allem im Bereich der mündlichen Anamneseerhebung wurde eine Reihe solcher Einflußvariablen untersucht. Die Phase der Durchführung der Erhebung ist dabei besonders berücksichtigt worden. Matarazzo (vgl. z. B. Matarazzo 1965, Matarazzo & Wiens 1972, 1977) hat zählbare Verhaltensweisen eines Interviewers (z. B. Kopfnicken, Schweigen) mit dem Verhalten des Befragten (Sprechhäufigkeit, Sprechdauer) in Beziehung gesetzt. Unabhängig von dem Inhalt der besprochenen Thematik konnte er spezifische funktionale Beziehungen zwischen dem „offenen" Verhalten des Fragenden und des Befragten feststellen.

Der Einfluß der persönlichen Interviewer-Charakteristiken schlägt sich vornehmlich in systematischen Fehlern nieder (vgl. z. B. Hyman et al. 1954, Gorden 1969, Johnson 1976). Sie äußern sich z. B. in der Vorliebe des Explorators, spezifischen Daten grundsätzlich mehr Bedeutung zuzumessen, als es andere Beurteiler eines Sachverhaltens tun würden. Dieser Fehler ist in seiner extremen Ausprägung ein „pathologic bias" (Dailey 1960), d. h. eine Grundhaltung, allem Möglichen in den Berichten des Klienten einen klinisch-pathologischen Anstrich zu geben. Derartige systematische Fehler spielen vor allem auch aufgrund einer interviewerspezifischen Bewertung der ihm negativ erscheinenden biographischen Daten bei ablehnenden Entscheidungen in Einstellungsinterviews eine wichtige Rolle (Mayfield 1964, Wright 1969; Warr 1971), sind aber auch hinsichtlich der Bezugsgruppe der Befragten differentiell zu sehen (Freitag & Barry 1974). Die Erhebung biographischer Daten kann selbst bei stark strukturiertem Vorgehen, z. B. wenn der Befragte nur ja oder nein zu antworten hat, durch den Explorator zensiert werden. Diese Zensurhaltung wird durch mehr oder weniger bewußte Vorstellungen, wie der Befragte antworten müßte, geprägt. Zusätzlich können die Informationen „ergänzt", übergangen oder aufgrund eines Gesamtbildes stimmig gemacht werden (vgl. Hyman et al. 1954).

Die Datenaufnahme wird ferner durch schulische Voreinstellungen mitgeprägt. Beispielsweise sprachen in einer Untersuchung von Langer & Abelson (1974) Psychoanalytiker, verglichen mit Verhaltenstherapeuten, den „Experimentalklienten" mehr Auffälligkeiten zu, wenn ihnen diese als „Patienten" (und nicht als Stellenbewerber) bekannt gemacht wurden. Besonders problematisch sind Vorinformationen über die Schichtzugehörigkeit und die klinische Diagnose zu werten (Di Nardo 1975, Schmidt & Keßler 1976). Der Einfluß des Geschlechts des Explorators wird in einer Untersuchung von Mentzos & Pittrich (1971) deutlich nachgewiesen. Männliche Untersucher schätzen z. B. weibliche Patientinnen in sexueller Hinsicht seltener schüchtern ein als weibliche Befrager. Männliche Untersucher fanden zudem die Frauen häufiger als hyperthym und hysterisch. Andererseits muß auch gesehen werden, daß Exploratoren nicht für alle möglichen Vorinformationen anfällig sind. So konnten z. B. Farina, Hagelauer & Holzberg (1976) zeigen, daß bei 32 praktischen Ärzten die Schein-Vorinformationen, daß ein Patient zuvor bereits in einer psychiatrischen Klinik behandelt worden sei, zu keinen nennenswerten Verhaltensänderungen, verglichen mit einer Kontrollmaßnahme, führten.

Die Objektivität der Niederschrift der vermittelten Informationen haben Symonds & Dietrich (1941) und Froehlich (1958) überprüft. In den Berichten, die nach dem Interview abgefaßt wurden, taucht etwa ein Drittel der in der Exploration behandelten Problematik auf, selbst wenn die Niederschrift unmittelbar nach der Befragung erfolgte.

Die Niederschrift von anamnestischen Daten ist in der Regel problemorientiert, d. h. es werden Defizite, Auswüchse, Probleme und ihre Determinanten zusammengefaßt. Movahedi (1975) hat hierzu ein Experiment durchgeführt, das nachdenklich stimmt. Er ließ 70 Psychologen und Soziologen ihre Autobiographien unter besonderer Berücksichtigung der eher tristen Erlebnisse und Erfahrungen in der Vergangenheit niederschreiben. Diese wurden dann von drei Beurteilern in drei Problemkategorien (psychotische, neurotische und Persönlichkeitsstörungen) und in eine Normalkategorie eingeteilt. Nicht einmal 10 % der Beurteilten wurden danach als normal eingeschätzt. Der Autor meint, daß praktisch jeder zu einem pathologischen Fall gemacht werden kann, wenn die entsprechenden Daten aussortiert werden.

Der Kontrasteffekt ist ein weiteres Merkmal, das die Beurteilung eines bestimmten Befragten, vor allem die Auswertung und Interpretation seiner Äußerungen, beeinflussen kann. Diese Kontrasteffekte entstehen durch eine Bewertung der befragten Person unter dem Eindruck vorangegangener Erhebungen (vgl. Übersicht bei Landy & Bates 1973). In einer Studie zu Selektionsbefragungen konnten Heneman et al. (1975) feststellen, daß die Reihenfolge der Befragten einen erheblichen Einfluß auf die Kriterienmaße hatte.

Die *Reliabilität* anamnestischer Erhebungen betrifft weniger den Aspekt der inneren Konsistenz des Gesamtinstruments als den der zeitbezogenen Veränderungen von Reaktionen auf identische Einzelfragen oder Fragegruppen (Schmidt & Keßler 1976, Keßler & Schmidt 1978). Die Reliabilität der Aussage kann selbstverständlich nur bei einer Stabilität der Sachverhalte erwartet werden. Sie ist auch kein Indikator für die Validität der Information. Eine von zwei unterschiedlichen und mithin nicht reliablen Aussagen kann valide sein, ja beide können valide sein, wenn sich das Ereignis oder dessen subjektive Wahrnehmung veränderte. Die empirischen Untersuchungen zur Reliabilität anamnestischer Informationen (z. B. Haggard, Brekstad & Skard 1960, Robbins 1963, Brekstad 1966, Hilles 1967, Chamberlin 1969, Yarrow, Campbell & Burton 1970, Guze & Goodwin 1972, Bowden 1975) sind daher meist nicht sehr ermutigend. Sie sind vielfach widersprüchlich und aufgrund veränderter Sachverhalte häufig auch fragwürdig (vgl. Zusammenstellungen bei Schmidt & Keßler 1976, Seidenstücker 1976, Kemmler & Echelmeyer 1978). Bei medizinischen Anamnesen fanden Hartung & Vallee (1971), Möhr (1973), und Bowden (1975) ebenfalls nur teilweise zufriedenstellende Reliabilitätswerte.

Die *Validität* anamnestischer Informationen ist ein vielschichtiges Konzept. Sie kann zunächst als das Ausmaß der Übereinstimmung einer Aussage eines Befragten mit dem tatsächlichen Sachverhalt verstanden werden (Kriteriumsvalidität der Aussage, „personale" Validität). Die Voraussetzung zur Bestimmung der personalen Validität sind (a) die generelle Überprüfbarkeit der Aussage und (b) die Überprüfung der Aussage im Einzelfall (vgl. Keßler & Schmidt 1977). Die generelle Überprüfbarkeit läßt sich auf einem Kontinuum einordnen, dessen Endpunkte mit „beobachtbar" und „nicht beobachtbar" beschrieben werden können. Dazwischen liegen alle Datentypen, die nicht direkt beobachtbar sind, aber aus Signalen erschlossen werden können (z. B. Ängste), ferner nicht mehr extern verifizierbare Tatbestände, wie z. B. Kognitionen, die nur noch von dem Betreffenden selbst zu beobachten sind (vgl. dazu auch Mahoney 1974). Die Überprüfung der Aussage im Einzelfall kann explorationsintern und explorationsextern erfolgen. Explorationsinterne Überprüfungen werden vornehmlich durch Konsistenz- und Plausibilitätsnachweise unternommen (vgl. Fassl 1970).

Unter Konsistenz ist die Homogenität der Aussagen eines Befragten zum selben Fragegegenstand in solchen Zeitintervallen zu verstehen, die so kurz sind, daß die Stabilität des Merkmals nicht bezweifelt werden kann. Ferner ist damit die Übereinstimmung von Aussagen zum selben übergreifenden Konstrukt gemeint. Unter Plausibilität wird die Übereinstimmung von Aussagen eines Befragten mit den kognitiven und affektiven Bewertungsmaßstäben des Explorators verstanden. Explorationsexterne Überprüfungen der personalen Validität können durch fremdanamnestische Erhebungen, Konkordanzbestimmungen (Befragungen durch mehrere Exploratoren), den Vergleich mit anderen diagnostischen Verfahren oder Dokumenten angestellt werden. Interne und externe Überprüfungen von Aussagen zielen darauf ab, den „wahren" Sachverhalt zu ermitteln. Bei einem Mangel an Konsistenz und Plausibilität steht der Diagnostiker vor dem Problem, zwischen zwei Alternativen entscheiden zu müssen. Die dabei in ihm ablaufenden Entscheidungsstrategien sind noch weitgehend zu erforschen.

Der diagnostische Zusammenhang zwischen einzelnen Kriterien (z. B. einem Symptom) und irgendwelchen biographischen Daten und sonstigen Merkmalen wird von Schmidt & Keßler (1976) Kriteriumsvalidität der Sachverhalte („reale" Validität) bezeichnet. Sie gibt eine Auskunft darüber, ob mit einem spezifischen biographischen Sachverhalt eine treffsichere diagnostische Schlußfolgerung (prädiktiv, paradiktiv oder postdiktiv) gezogen werden kann.

Beide Validitätstypen sind durch Vierfelder-Schema statistisch überprüfbar. Unter der Sensitivität eines biographischen Sachverhalts versteht man den Anteil der Personen, die ein spezifisches Merkmal (z. B. Symptom) aufweisen und bei denen ein bestimmter biographischer Sachverhalt festgestellt werden konnte, und zwar in Bezug zur Gesamtheit der Personen, die dieses Merkmal (Symptom) besitzen. Die Spezifität eines biographischen Sachverhalts wird durch das Verhältnis der Personen, die ein symptomatisches Merkmal nicht aufweisen und bei denen auch der biographische Sachverhalt nicht vorliegt, zu der Gesamtzahl der Personen, die das symptomatische Merkmal nicht aufweisen, beschrieben. Die Sensitivität der Aussage erfaßt den Prozentsatz der Personen mit valid positiven Aussagen (Personen, die z. B. das biographische Item „Sind Sie in der Schule einmal sitzengeblieben?" bejahen und bei denen das Ereignis auch tatsächlich stattfand) bezüglich der Gesamtzahl der Personen, die — ungeachtet ihrer Aussage — derartige Erlebnisse in der entsprechenden Zeit hatten. Die Spezifität der Aussage würde, bleibt man bei dem Beispiel, den Prozentsatz der valid negativen Aussagen erfassen (Personen, die das Sitzenbleiben verneinen und auch tatsächlich nicht repetierten — in Beziehung zu den Personen, die ungeachtet ihrer Aussagen tatsächlich nicht die Klasse wiederholten). Die Kennwerte der Sensitivität und Spezifität können durch weitere Quotienten ergänzt werden (vgl. dazu auch Blohmke 1971, Möhr & Holthoff 1976, Schmidt & Keßler 1976).

Die Untersuchungen zur Validität der Aussagen (vgl. z. B. Batschelet & Klunker 1964, Graham & Rutter 1968, Dony & Meyerhoff 1970, Goldstein 1971, Cascio

1975, Fidler & Kleinknecht 1977) sind in Abhängigkeit vom Untersuchungszweck, dem Strukturiertheitsgrad des Erhebungsinstruments, dem Dateninhalt und Datenniveau zu sehen, um nur einige der zu berücksichtigenden Variablen zu nennen. Insgesamt sind die Untersuchungsergebnisse sehr unterschiedlich; kritische Bewertungen überwiegen (vgl. auch die Übersicht bei Schmidt & Keßler 1976).

Die Überprüfung der Validität der Sachverhalte kann nur durch empirische Erhebungen erfolgen. Solange sich die Datensammlungen auf harte Fakten beschränken, sind die dabei auftretenden Schwierigkeiten noch überschaubar, obgleich sie nicht unerheblich sind. Je stärker jedoch Verarbeitungs- und Interpretationsprozesse berücksichtigt werden, desto schwieriger wird es, spezifische Sachverhalte in einem empirisch zu überprüfenden Zusammenhang mit einem Kriterium zu sehen. Ein besonderes Gebiet, auf dem diese Probleme diskutiert werden, ist die retrospektive Forschung zu wichtigen Lebenserfahrungen.

3. Retrospektive anamnestische Forschung

Die Strategien zur retrospektiven anamnestischen Forschung lassen sich grob in solche untergliedern, bei denen die Effekte ephemerer Ereignisse, zumeist aus der jüngeren Vergangenheit, überprüft werden, und in solche, die langfristig einwirkende Bedingungen untersuchen. Beide Ansätze bemühen sich, „kausale" Verknüpfungen zwischen den biographischen Sachverhalten und den gegenwärtig vorhandenen Merkmalen (Symptomen) durch in die Vergangenheit gerichtete Befragungen ausfindig zu machen.

a) Ephemere biographische Ereignisse

Vornehmlich im Bereich der Streßforschung werden einschneidende Lebensereignisse (life events) und ihre Beziehung zur Symptomatik untersucht (vgl. Dohrenwend & Dohrenwend 1974, Gunderson & Rahe 1972). Die Betonung liegt dabei auf streßvollen biographischen Ereignissen, wie Heirat, Geburt eines Kindes, Scheidung, Tod, Beförderungen, Umzüge, also auf Ereignissen, denen jedermann in seinem Leben in mehr oder weniger umfassender Weise ausgesetzt ist. Diese Ereignisse werden mit einer hohen Zahl somatischer und psychischer Störungen in Beziehung gesetzt, entweder in einem allgemeinen oder spezifischen Sinne. Es hat sich dabei gezeigt, daß je größer die Zahl der so definierten Lebensereignisse und je höher die erforderliche Wiederanpassungsleistung ist, desto höher auch die Wahrscheinlichkeit der zu erwartenden Störungen ist (Rahe 1972).

Primär wurden organische Störungen untersucht, vor allem Herzerkrankungen und Herzinfarkte (vgl. Hahn & Leisner 1970, Rahe & Lind 1971, Lind & Theorell

1973, Ulf 1975, Russek & Russek 1976), Krebserkrankungen (LeShan & Worthington 1956, Bronner-Huszar 1971, Abse et al. 1974, Schonfield 1975, Grossarth-Maticek 1976), Migräne (Henryk-Gutt & Rees 1973), Magengeschwüre (Eckensberger, Overbeck & Biehl 1976) oder Krankheiten von Kindern und Jugendlichen (Coddington 1972, Dodge 1972, Heisel 1972).

Daneben sind aber auch in stärkerem Ausmaß psychische Störungen mit einschneidenden Lebensereignissen in Beziehung gesetzt worden, vor allem Depressionen (Cadoret, Winokur & Clayton 1970, Cadoret et al. 1972, Brown 1974, Jacobs, Prusoff & Paykel 1974, Paykel 1975, Paykel & Tanner 1976), und Schizophrenien (Birley & Brown 1971, Brown 1974, Jacobs, Prusoff & Paykel 1974).

Einige Schwierigkeiten dieser Forschungen sollen kurz umrissen werden:

Ein großes Problem liegt in der retrospektiven Art des Vorgehens, den damit verbundenen Fehlerinnerungen (Reliabilitätsprobleme) und Fehlbewertungen von Zusammenhängen zwischen einzelnen Ereignissen und den symptomatischen Erscheinungen (vgl. Hudgens, Robins & Delong 1970, Brown 1972, 1974). Jemand könnte z. B. seine Arbeitsstelle verlassen, weil er sich den gestiegenen Anforderungen nicht mehr gewachsen fühlt. Dies wird von dem Ehepartner mißbilligt, es kommt zu finanziellen Verlusten und zur Scheidung. Der nunmehr arbeitslose Ehemann meldet sich in einer psychiatrischen Klinik wegen einer Depression an. Diese kann als Folge des Ereignisses „Scheidung" gesehen werden, war u. U. aber bereits die Ursache für das Aufgeben der Arbeitsstelle (vgl. Paykel 1975).

Lebensereignisse wirken nicht isoliert, sondern sind in ein Gesamtmuster von Ereignissen eingebettet. Beispielsweise ist zu fragen, welche Bedeutung Gegenkräfte, etwa belohnende, kompensierende Reizbedingungen, bei aversiven Ereignissen besitzen (Nelson et al. 1972).

Personen mit psychischen Störungen bewerten im allgemeinen ihre Umwelt und ihre Lebensgeschichte belastender als sie tatsächlich ist (Cochrane & Robertson 1973, Beck 1976).

Bei der Definition und Klassifikation der psychischen Störungen stellen sich dem Untersucher große Schwierigkeiten (vgl. z. B. Butollo, Meyer-Plath & Winkler 1978). Vor allem ist unklar, ob biographische Ereignisse differentiell mit spezifischen Subformen von Syndromen in Beziehung gesetzt werden können (Schuyler 1974).

Es gibt keine eindeutige Möglichkeit, den Streßcharakter eines Ereignisses zu bestimmen. Mehrere Ansätze stehen nebeneinander. Einer betrachtet biographische Ereignisse dann als streßbeladen, wenn sie im allgemeinen von vielen Personen als Streß (und unerwünscht) angesehen werden (Brown & Birley 1968, 1970). Ein zweiter Ansatz sieht die Veränderung als entscheidenden Faktor. Danach werden Ereignisse als streßbeladen angesehen, wenn sie die üblichen Aktivitäten eines Individuums stören (Dohrenwend & Dohrenwend 1970), gleichgültig, ob sie erwünscht oder unerwünscht sind. Das Maß des Streßerlebnisses wird durch die Zahl der in einer bestimmten Zeitspanne erfahrenen streßbeladenen Ereignisse bestimmt. Die dritte Konzeption, die der vorgenannten ähnlich ist, sieht die Notwendigkeit der Wiederanpassung im Vordergrund (Holmes & Rahe 1967). Das Gesamtmaß des Stresses wird durch die Summe der Wiederanpassungswerte bezüglich aller Ereignisse, die ein Individuum in einem bestimmten Zeitraum erfahren hat, ermittelt (vgl. auch Dohrenwend 1973, Rahe 1975).

Bei dem überwiegenden Teil von Personen mit organischen und psychischen Störungen können keine vorangegangenen streßbeladenen Ereignisse einschneidender Art gefunden werden. Andererseits werden viele Personen trotz massiver Ereignisse nicht krank. Gerade diese Beobachtungen lassen die Frage nach prädisponierenden Bedingungen und den Bewältigungsmechanismen wichtig werden (Graham 1972, Wershow & Reinhart 1974, Payne 1975). Die Forschung spezialisierte sich bislang eher auf die Beziehung zwischen Störungen und Lebensereignissen. Die interessante Frage des Zusammenhangs zwischen Lebensereignissen und einer Befindlichkeit, die mit Glück und Zufriedenheit beschrieben werden könnte, ist vernachlässigt worden.

b) Langdauernde biographische Merkmale

Längerdauernd oder chronisch auf die Entwicklung eines Menschen einwirkende biographische Bedingungen gehören zu den wesentlichsten Komponenten der psychoanalytischen, verhaltenstheoretischen und sonstigen Erklärungsmodelle. Die „life-history-Forschung" (Roff & Ricks 1970, Roff, Robins & Pollack 1972, Ricks, Thomas & Roff 1974, Wirt, Winokur & Roff 1975) umfaßt einen bedeutenden Teil dieser Variablen, wobei sie sich von der oben geschilderten „life-event-Forschung" hinsichtlich der Methoden und angezielten Problemstellungen kaum unterscheidet. Die event-Forschung ist lediglich stärker auf ephemere, kurzfristige Ereignisse, auf die unmittelbare Vergangenheit vor dem Auftreten der Störung und auf das Streßkonzept beschränkt, wohingegen die history-Untersuchungen weitere Zeiträume, frühe Erfahrungen und langandauernde Merkmale erfaßt und nicht so sehr auf das Streßkonzept zentriert ist.

Als eine der bedeutsamsten Variablen gilt hier die Familie, sowohl hinsichtlich ihrer Struktur als auch der Interaktionen der Familienmitglieder untereinander, insbesondere des Erziehungsverhaltens (vgl. z. B. Langenmayr 1975, Lukesch 1976, Becker 1977, Jankowski 1978). Als weiterer Bereich sind soziale Bedingungen zu nennen, z. B. Ausbildungssituationen, Berufstätigkeit, Pensionierung, Wohnverhältnisse, Mobilitäten (Groen 1970, 1971, Finlay-Jones & Burvill 1977, Moss & Plewis 1977, Zayer 1977). Langdauernde ungünstige Streßerfahrungen, z. B. Katastrophen, Isolationen, Lagerhaft, außergewöhnliche Belastungen sind gleichfalls häufig untersucht worden (Coleman 1972, Kinston & Rosser 1974, Dor-Shav 1978).

B. Deskriptiv orientierte Diagnostik mit biographischen Daten

Der Begriff einer deskriptiven Diagnostik ist hier so verstanden, daß er Vorgehensweisen umschreibt, die nicht spezifisch zu ätiologischen oder prädiktiven Entscheidungen dienen, sondern die Biographie eines Menschen beschreiben wollen. Es stehen stärker Persönlichkeits- als Diagnostik-Konzepte im Vordergrund. Zwei Bereiche der deskriptiven Analyse sollen kurz umrissen werden: die Erfassung des Lebenslaufs und die Psychobiographie.

1. Beschreibung des Lebenslaufs

Die Beschreibung des Lebenslaufs besitzt eine ihr eigene Art der Datenerhebung: die biographische Methode. Sie und ihre Ursprünge in der Anthropologie, Ethnologie und Soziologie wurden von Thomae (1968, 1977) eingehend beschrieben (vgl. auch Bühler 1959, Schraml 1964). Die Strömungen und Ansätze innerhalb der biographischen Methode erlauben kaum eine allgemeine Aussage. Am deutlichsten ist wohl eine gemeinsame Ablehnung der psychometrischen Diagnostik („Zurück zu den Quellen!", Thomae 1968, S. 103). Das Ziel einer psychologischen Biographik liegt in einer Analyse des menschlichen Verhaltens im natürlichen Ablauf des Lebens. Die echten Einheiten des Lebens seien zu erfassen.

Eine Methodologie einer biographischen Kasuistik zu schaffen, erweist sich aber offensichtlich als ein Problem, zu dessen Lösung allenfalls Ansätze zu erkennen sind. Einige davon sollen kurz zusammengefaßt werden.

Thomae (1952, 1977) beschreibt Zielvorstellungen einer Biographik, die mit möglichst großer Annäherung erreicht werden sollen. Er fordert (a) eine Überschaubarkeit der Bedingungen, unter denen ein berichtetes Phänomen und der Bericht darüber zustande kamen, (b) die Unvoreingenommenheit der Untersucher, (c) die Konkretheit der Aussagen und (d) die Vollständigkeit der darzustellenden Lebensgeschichte. Inhaltlich geht es darum, den kulturellen, soziologischen und ökonomischen Rahmen, in dem sich der „Bios" vollzieht, darzustellen, den Anteil der subjektiven Bedeutsamkeit innerhalb dieses Rahmens zu bestimmen, die konstanten Merkmale einer Persönlichkeit in den verschiedenen Lebensabschnitten zu beschreiben, Varianten, Veränderungen und Wandlungen zu erkennen und den Bios von den eigenen Anliegen und den sozialen Normen her zu sehen.

Die Definition und diagnostische Erarbeitung der biographischen Einheiten des Lebenslaufs und die Herausarbeitung von „Grundqualitäten" stellen sich dabei als eine komplexe Deskription der Persönlichkeit heraus. Allerdings ist in manchen Schemata zu Lebenslaufbeschreibungen zu fragen, auf welchem Hintergrund und mit welchen theoretischen Überlegungen bestimmte Fragen gestellt werden (vgl. z. B. Pauli / Arnold 1972, Clauser 1967).

Ein humanistisch-psychologisches Modell der menschlichen Entwicklung im Rahmen des Lebenslaufs formulierte Bühler (1959, 1968). Sie betont das Konzept der inneren Kohärenz, das integrierende Prinzip (Intentionalität), eine Überschrift, unter der man sein Leben darstellen könnte. Die Intentionalität ist nach „Erfüllung", nach dem Gefühl der Zufriedenheit, der Vollendung und des Erfolgs ausgerichtet. Bühler beschreibt einen fünfphasigen Prozeß des Auf- und Absteigens, innerhalb dessen sich die Entwicklung des Lebenslaufs abspielt. Dabei sind drei Bereiche von Bedeutung: Aktivitäten, persönliche Beziehungen und die Entwicklung des Selbst.

Gleichfalls ein humanistisches Modell der Diagnostik wird von Dailey (1971) als eine Alternative zum behavioralen oder psychometrischen Konzept vorgeschlagen, eine Alternative, die die Person und ihren Lebenslauf als diagnostischen Gegenstand betrachtet. Daileys Modell beruht auf Murray (1938) und Maslow (1962), also auf idiographischen bzw. humanistischen Ansätzen zur Analyse der Person. Er unterstreicht die Notwendigkeit einer molaren Analyse des Lebens der Person, deren methodologische Schwierigkeiten ihm allerdings bewußt sind; andererseits ist er überzeugt, daß eine molekulare, abgekürzte Kette von Ereignissen nur ein unzureichender Ersatz ist. Etwas sei im Leben, was sich nicht in den einzelnen Teilen zeige. Er stellt daher die Frage nach den funktionalen Verknüpfungen zwischen diesen Teilen, die Fragen nach dem System als ganzem, nach dem Grundplan, der Struktur der Lebensgeschichte (vgl. auch Erikson 1968). Dailey gibt einen kurzen kritischen Überblick zu den Versuchen, die bislang angestellt wurden, den Lebenslauf zu erfassen. Diese Versuche ähnelten alle medizinischen Dossiers, juristischen Protokollen oder Schulleistungsbogen. Man bemühe sich vornehmlich um „Objektivität", es würden Fakten über eine Person gesammelt, aber nicht die Erfahrungen berücksichtigt, die sie mit diesen Fakten machte. Es fehlt, so Dailey, die Compassion in der Diagnostik.

Lebenslaufdiagnostik sieht Dailey daher als eine betont subjektive, holistische Methode, als „. . . collection and interpretation of episodes of natural life-settings . . . for the purpose of making predictions in connection with decisions about allocating life chances to a person" (S. 48). Die Episode ist eine kurze Einheit der Biographie, die Gesamtbiographie eine Serie von Episoden; ein repräsentativer Lebenslauf umfaßt jedes Jahr, jede bedeutsame Umwelt und jede wichtige Beziehung. Dailey benutzt dazu eine Serie von Fragen und einen biographischen Fragebogen (vgl. auch S. 34).

2. Psychobiographie

Unter dem Begriff „psychobiographische Diagnostik", „Psychobiographie" oder „Pathographie" versteht man die Analyse des Lebenslaufs bekannter, im Lichte der Öffentlichkeit stehender und gestandener Personen durch psychologische Diagnostiker (vgl. Munter 1975).

Zu den bekanntesten Versuchen dieser Art gehören die Psychobiographien von Bürger-Prinz (1939) zu Ernst Langbehn sowie Erikson (1958) zu Martin Luther.

In der Regel erfolgt die biographische Diagnostik nicht über eine Befragung des „Pb", zumal dieser meist schon tot ist, sondern durch eine systematische Analyse von Schriften, Dokumenten, Filmen. Die Psychobiographie ist auch eine Diagnostik ohne weitergehende Entscheidungen, vielmehr ist das Interesse an der Diagnostik durch die Rolle des Probanden im öffentlichen oder kulturellen Leben bzw. in der Geschichte bestimmt, wobei selbstverständlich pathologische Verhaltensmuster einen größeren Anreiz bieten (vgl. z. B. Langer 1972, Hill & Sheperd 1976). Gelegentlich spielen ätiologische Gesichtspunkte eine Rolle (Wie kam es dazu, daß der „Pb" zu diesem Helden oder Schurken wurde?), zuweilen wird auch versucht, die Problematik des beurteilten Pb nachträglich zu klassifizieren. Ein schönes Beispiel zu Klassifikationsversuchen liefert Hay (1977), der den Bayernkönig Ludwig II als schizophren einordnete.

Ausführliche psychobiographische Analysen mehrerer amerikanischer Präsidenten unternahm Barber (1972), vor allem unter dem Gesichtspunkt, wie die interpersonalen Erfahrungen das Selbstbild, Weltanschauungen und den politischen Stil prägten und wie diese verinnerlichten Erfahrungen ihrerseits wiederum auf die Interaktionen mit der Umwelt einwirkten. Die Analyse ist vor allem den Coping-Ansätzen der Psychologie verpflichtet.

Die psychobiographische Analyse von Wunderkindern hat ein besonderes Interesse auch an der Frage des „Niedergangs" in der Biographie aufkommen lassen (vgl. z. B. Montour 1977).

Den Versuch einer statistischen Datenerhebung zur Analyse biographischer Informationen großer Männer unternahmen Bass & Farrow (1977). Sie entwarfen ein Instrumentarium mit 136 Items und ließen ausgewählte Biographien 15 bekannter Personen (z. B. Castro, Hitler, Kennedy, Lenin, La Guardia) so von Studenten beurteilen, als ob diese die großen Männer selbst seien und auf ihr Verhalten zurückblickten. Die Ergebnisse ließen sich in einem sechsfaktoriellen Modell darstellen, das vornehmlich die Beschreibung der beurteilten Personen hinsichtlich ihrer Führereigenschaften ermöglichte. Die Autoren plädieren dafür, biographische Daten empirisch zu analysieren und nicht in vorgefertigte (meist psychoanalytische) Kategorien einzuordnen (vgl. auch Bass 1974, Heckel et al. 1977).

Cox (1926) analysierte 300 Genies. Dieses Material hat Simonton (1976) korrelations- und regressionsanalytisch nochmals überprüft. Als abhängige Variable wurde die Berühmtheit der Genies (gemessen am Zeilenumfang, den sie in einer Enzyklopädie einnahmen) in eine Rangfolge gebracht und mit einigen biographischen Variablen (Vater-Status, Intelligenz, Schulleistung, Vielseitigkeit, erreichtes Lebensalter, Berufswahl) in Beziehung gesetzt. Die Ergebnisse zeigen z. B., daß die Berühmtheit eine umgekehrte U-Funktion für „schöpferische"

Berühmtheiten, aber eine negative lineare Funktion für „Führer" ist. Der Autor weist im übrigen auf Archiv-Datenquellen hin, die in der Psychologie zu wenig genutzt würden.

C. Prädiktiv orientierte Diagnostik mit biographischen Daten

Die prädiktive Diagnostik mit biographischen Daten spielt innerhalb der klinisch-psychologischen, vornehmlich aber auch in der berufs- und militärbezogenen Diagnostik eine wichtige Rolle. Biographische Daten sind, verglichen mit anderen Merkmalen, wie Intelligenz, Persönlichkeit, Interessen und Eignungen die besseren Prädiktoren (vgl. Asher 1972).

Zwei Konzepte sollen besonders beachtet werden: (a) prospektive Datenerhebungen und (b) die Prädiktion eines Kriteriums, das konkurrent mit einer anderen, meist umfassenderen, Datenerhebung ermittelt wurde und das in einer „Diagnose" oder in einer gefällten Entscheidung besteht. Beide Konzepte sind insofern voneinander zu unterscheiden, als bei (a) das Kriterium abgewartet wird. Zwischen der Datenerhebung zum Zeitpunkt t1 (Prädiktor) und zum Zeitpunkt t2 (Kriterium) ist eine Zeitspanne eingeplant. Bei (b) werden die beiden Datenerhebungen gleichzeitig durchgeführt.

1. Prospektives Vorgehen

Der größte Teil der zuvor diskutierten anamnestischen Forschung war retrospektiv. Prospektive Untersuchungen gehen von Personengruppen aus, die sich hinsichtlich ihrer biographischen Variablen unterscheiden, um sie über einen bestimmten Zeitraum zu verfolgen und festzustellen, ob diese Differenz hinsichtlich eines Kriteriums Konsequenzen hat. Das Ziel ist im wesentlichen die Prädiktion eines Kriteriums auf der Basis biographischer Informationen. Die Selektion der dazu erforderlichen biographischen Prädiktoren, die Definition der Kriterien, die Moderation durch nichtselegierte biographische Daten und hohe Ausfallquoten auf der „langen Reise zum Kriterium" sind die größten Probleme des prospektiven Vorgehens (vgl. Roff 1970, Garmezy 1977).

Einige Schwerpunkte dieses Forschungsbereichs sollen kurz dargestellt werden. Vor allem wurde die künftige Entwicklung hospitalisierter Patienten mit biographischen Variablen zu prognostizieren versucht. So hat sich erwiesen, daß das biographische Item „Verheiratet sein" bei einem Vergleich mit aufwendigen empirischen Skalen zur Vorhersage von Anpassungskriterien nach Krankenhausaufenthalten kein schlechterer Prädiktor war (Clum 1975a, vgl. auch Knupfer, Clark & Room 1966, Marks 1977). Es wird angenommen, daß das biographische Merkmal „Verheiratet sein" gewissermaßen als Prellbock gegen künftige Probleme wirken könnte („buffer hypothesis"). Auch Personen, die einmal verheiratet waren, haben eine ebenso schlechte Prognose wie Personen, die es nie waren (Clum 1975a).

Andere günstige Prädiktoren für diese Kriterien sind vor allem im beruflichen Bereich zu suchen (Lorei & Gurel 1973, Anthony & Buell 1974). Krankheitshäufigkeiten vor Klinikaufenthalten sind günstige Prädiktoren für Zustandsverbesserungen bzw. Wiedereinlieferungen (Huxley & Goldberg 1975, Morgan & Russell 1975). Je spezifischer jedoch die Prädiktion wird, desto geringer wird ihre Validität. So stellten Morgan & Russell (1975) fest, daß eine Prognose bei dem eingegrenzten Problem Anorexia nervosa auf der Basis biographischer Daten kaum möglich ist. Ähnliche Aussagen finden sich bei Neuringer (1974) hinsichtlich spezifischer Selbstmordkategorien.

Eine der ausführlichsten Untersuchungen zu dem Bereich der Prognose psychiatrischer Störungen (Diagnose, Hospitalisierungsdauer) wurde mit Daten aus der amerikanischen Marine und dem Marinekorps durchgeführt (Gunderson 1971). Hinsichtlich kurzfristiger Prognosen erwies sich ein kurzer Symptomindex als der effektivste Prädiktor für künftige Hospitalisierungen. Langfristige Prognosen (über 5 Jahre) waren bei psychiatrischen Patienten vor allem auf der Grundlage des Alters, Dienstalters, Dienstrangs und einigen weiteren biographischen Daten möglich.

Eine andere Fragestellung ist ebenfalls exemplarisch für diesen Bereich. Eine betriebliche Schwierigkeit kann in dem häufigen Personalwechsel liegen. Eine Möglichkeit, diesem Problem zu begegnen, liegt in der ex-post-facto-Analyse und einer nachträglichen Verbesserung der vermutlich verantwortlichen Bedingungen, eine andere in der Prognose der Stellenaufgabe durch biographische Variablen. Solche Untersuchungen setzen biographische Daten zu dem im Verlaufe eines bestimmten Zeitraums erfolgten Wechsels in Beziehung. Dabei ist die Genauigkeit der biographischen Prädiktoren offensichtlich allen anderen Alternativen überlegen (Schuh 1967, Asher 1972, Taylor & Weiss 1972, Schwab & Oliver 1974, vgl. auch Cascio 1976).

Ein anderes Kriterium sind im beruflichen, schulischen oder militärischen Bereich getroffene Entscheidungen (Noten, Bestehen von Kursen und Prüfungen). Alker & Owen (1977) benutzten z. B. als Kriterium eine dreistufige Bewertung der Teilnehmer eines Ranger-Lehrgangs und setzten es u. a. mit biographischen Daten in Beziehung. Eine ähnliche Untersuchung unternahmen La Rocco et al. (1977), um die vorzeitige Entlassung von Rekruten mit biographischen und Stimmungsdaten vorhersagen zu können (vgl. auch La Gaipa 1969, Boardman et al. 1972, Nevo 1976). Die wahrscheinlich längste prospektive Studie aus dem militärischen Bereich unternahmen Gardner & Williams (1973). Sie begannen zwischen den Jahren 1947—1949 und verfolgten 25 Jahre lang 269 Seeoffiziere mit umfassenden Datenerhebungen. Auch in dieser Langzeitstudie haben sich biographische Variablen als potente Prädiktoren erwiesen.

Auch die bereits oben erwähnte Forschung zu einschneidenden Lebensereignissen bedient sich prospektiver Strategien. Als biographische Prädiktoren werden life events ausgewählt, die jedoch überwiegend zu Gesamtwerten der Streßbelastung zusammengefaßt werden.

Rahe (1968) untersuchte 2500 Soldaten an Bord dreier US-Kreuzer über einen Zeitraum von 6 Monaten hinweg. Aufgrund der biographischen Daten wurde eine Gruppe mit hohem Risiko (obere 30 %) und eine mit niedrigem Risiko (untere 30 %) gebildet. Während des gesamten Aufenthalts auf See hatte die Gruppe mit hohem Risiko mehr ernsthafte Erkrankungen als die andere Gruppe. Eine Reihe ähnlicher Untersuchungen mit unterschiedlichen Kriterien ist bei Holmes & Masuda (1974) zusammengefaßt dargestellt. Theorell (1976) konnte belegen, daß sowohl chronische psychosoziale Risiken („discord index") als auch subakute Risiken („life change index") einen deutlichen Bezug zum Bluthochdruck besitzen. In einer auf zwei Jahre angelegten semi-prospektiven Untersuchung (Follow-up ohne systematische Vorstudie) wurde bei den Gruppen mit den hohen Indices ein höherer Blutdruck festgestellt als bei den Gruppen mit niedrigen Indices (vgl. auch Theorell 1974). Bei Hämodialyse-Patienten konnte Malmquist (1973) feststellen, daß die soziale und berufliche Wiederanpassung weniger mit „groben" biographischen Daten wie Alter, Zahl der Kinder und Beruf zu prognostizieren waren als mit biographischen Variablen, die sich auf das Verhalten gegenüber negativen und traumatischen Lebensveränderungen vor der Nierenerkrankung bezogen.

Ein weiteres Thema prospektiver biographischer Forschungen ist die Prädiktion von Todesfällen. Hier wurden beispielsweise die Todesfälle „signifikanter anderer" als Prädiktoren für den Todesfall eines Partners untersucht. Ein Teil der prospektiven Studien spricht von einer erhöhten Mortalität 6—12 Monate nach dem Todesfall eines Partners (vgl. Rees & Lutkins 1967), andere fanden keine Unterschiede zu Kontrollgruppen (Clayton 1974). Insgesamt dürfte jedoch das erste Jahr nach einem Todesfall ein erhöhtes Risiko bergen. Ein anderer Prädiktor für Todesfälle bei älteren Personen sind biographische Ereignisse wie Umzüge und Pensionierungen (vgl. Übersicht bei Rowland 1977).

2. Prädiktion eines konkurrent ermittelten Kriteriums

Die Strategie der Prädiktion von Diagnosen, Entscheidungen oder Ergebnissen von Testverfahren mit Hilfe biographischer Daten ist häufig angewandt worden, da biographische Daten relativ einfach und ökonomisch zu erheben sind. Die biographischen Prädiktoren werden mit andersartigen diagnostischen Kriterien in Beziehung gesetzt, wobei entweder die Übereinstimmung verschiedenartiger Verfahren untereinander oder ihre differentielle Fähigkeit zur Prädiktion einer festgelegten Diagnose oder getroffenen Entscheidung auf der Basis von Kriterienverfahren zu ermitteln versucht wird. Die Strategien sind nicht immer klar voneinander zu trennen, da sie gelegentlich kombiniert werden.

Jäger (1978) hat einen großen Teil der nichtklinischen Untersuchungen zu diesem Sektor zusammengefaßt und zur Grundlage von Überlegungen zur differentiellen Diagnostizierbarkeit (vgl. Michel & Iseler 1968), vor allem unter Berücksichtigung von biographischen Moderatorvariablen gemacht.

Das erste Vorgehen, der Vergleich mehrerer psychologischer Verfahren, wird in der Untersuchung von Vestre & Lorei (1967) deutlich, die acht biographische Itemcluster mit 13 MMPI-Skalen verglich. Die meisten MMPI-Skalen korrelierten mit wenigstens einem biographischen Item (vgl. auch Briggs et al. 1972). Auch Clum (1975b) hat eine ähnliche Untersuchung mit dem MMPI durchgeführt und deutliche Beziehungen zwischen biographischen Merkmalen und MMPI-Skalenwerten feststellen können. Vinokur & Selzer (1975) und Crandall & Lehman (1977) haben in Studien mit anderen Persönlichkeitsfragebogen und biographischen Variablen gleichfalls signifikante Beziehungen ermittelt.

Ähnliche Prozeduren wurden auch in der Prädiktionsforschung zu kreativem Verhalten angewandt (Schaefer & Anastasi 1968, Schaefer 1969, Erickson et al. 1970, Whiting 1973). Andere Kriterien waren Interessen (Chaney & Owens 1964), künstlerische Fähigkeiten (James et al. 1972) und Schulleistungen (Halpin, Scott & Halpin 1973, Payne & Halpin 1974).

Die zweite diagnostische Strategie besteht darin, daß einerseits eine Kriteriumsdiagnose aufgrund einer umfassenden Methodik „festgelegt" wird und andererseits bei einzelnen, weniger umfassenden diagnostischen Verfahren (biographische Variablen) überprüft wird, wie sehr sie in der Lage sind, diese Diagnose vorherzusagen. Ein interessantes Beispiel hierzu bot Soskin (1959). Er benutzte vier verschiedene Datenklassen (biographische Fakten, Rollenspielbeobachtungen, den Rorschach-Test und eine Testbatterie) und ließ fünf Gruppen von Beurteilern einen Probanden mit jeweils unterschiedlichem Datenmaterial bezüglich 54 Items diagnostizieren. Die Bewerter unterschieden sich nicht in der Genauigkeit, mit der sie den Probanden beurteilten, d. h. die biographischen Daten (Alter, Rasse, Religion, Schulbildung, Beruf) konnten in gleicher Weise wie die aufwendigeren übrigen Verfahren die Diagnose vorhersagen. Ähnliche Untersuchungen stammen von Kostlan (1954), Smith et al. (1961), Golden (1964), Goldberg & Werts (1966), Petry & Craft (1976), Alker & Owen (1977) und Overall & Higgins (1977). Der diesen Studien eigene allgemeine Trend kann in der Aussage zusammengefaßt werden, daß biographische Informationen in der Regel mindestens ebenso treffende Prädiktionen ermöglichen wie andere Datenquellen (vgl. auch Lanyon & Goodstein 1971, Potkay 1973). Ein Teil dieser Untersuchungen ist im Hinblick auf die Auswirkungen von sukzessiven Erweiterungen des diagnostischen Materials auf die Validität der Diagnose durchgeführt worden. Zumeist ergab sich dabei durch die Informationszunahme nur ein minimaler Anstieg der Vorhersagevalidität. Offensichtlich wird bei einem Diagnostiker relativ schnell die Verarbeitungskapazität überschritten (vgl. Leichner 1978).

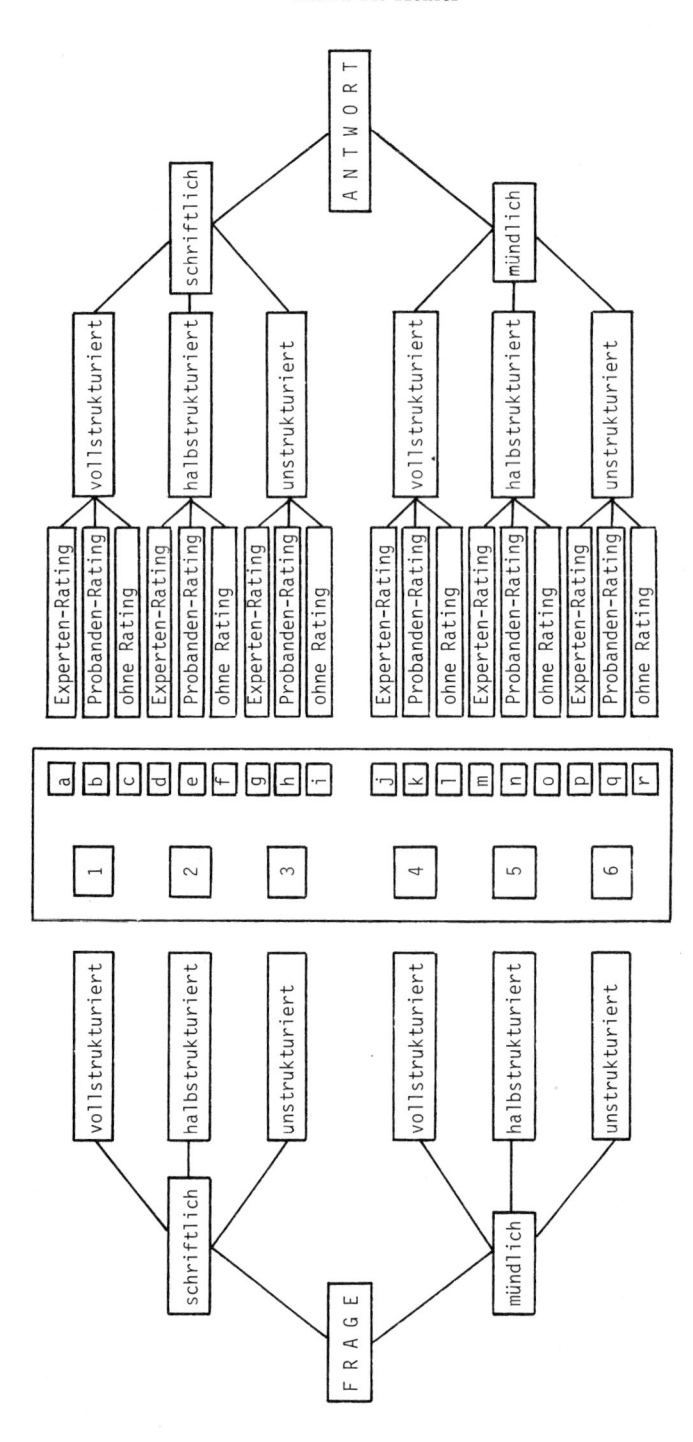

Abb. 1: Kombinationsmöglichkeiten von Frage- und Antworttypen bei der Erhebung biographischer Daten.

Ein ähnliches Vorgehen ist in der Personalauslese üblich. Hier werden allerdings die Prädiktoren nicht mit „Diagnosen" aufgrund von Tests, sondern von Einschätzungen durch Vorgesetzte in Beziehung gesetzt. Dieses Vorgehen kann, wie wir oben gesehen haben, prospektiv sein; es kann aber auch so geplant werden, daß beide Dateneinheiten konkurrent miteinander verglichen werden. Diesem letzteren Paradigma folgten die Untersuchungen von Dyer, Cope & Mouson (1972), die u. a. mit biographischen Daten die eingeschätzte Berufstüchtigkeit von Krankenschwestern vorhersagen konnten, bzw. die von Kavanagh & York (1972), welche die Beurteilungen von Firmenangestellten durch ihre Supervisoren mit biographischen Daten zu ermitteln in der Lage waren. Als weitere Kriterien wurden nicht nur Einschätzungen und Beurteilungen herangezogen, sondern man hat auch biographische Merkmale, die nicht offen zugegeben werden, z. B. Kaufhausdiebstähle bei Verkäufern, vorherzusagen versucht (Rosenbaum 1976).

IV. Erhebung biographischer Daten

Datenerhebungen mit Fragebogen und Interviews sind die wichtigsten Strategien, zu biographischen Daten zu gelangen. Auf sie wollen wir uns im folgenden beschränken. Diese Art der Diagnostik schließt in jedem Fall den zu beurteilenden Pb (oder eine nahe Bezugsperson) mit ein. Verfahren, die von einer Auswertung von Dokumenten, Akten und Bibliographien ausgehen, sollen nicht einbezogen werden, gleichermaßen Rating-Verfahren von Diagnostikern, Klinik- und Betriebspersonal, die auf einer unmittelbaren Verhaltensbeobachtung ohne Befragung beruhen.

In Abbildung 1 sind die einzelnen Typen der Datenerhebung unter Berücksichtigung ihrer Kombinationsmöglichkeiten aufgeführt. Die Ebene Frage / Antwort / Rating umfaßt die Bestandteile der Datenerhebung, die Ebene der Strukturiertheit das Ausmaß des Festgelegtseins der am Erhebungsprozeß beteiligten Personen und die Ebene schriftlich / mündlich die Art der Informationssammlung. Jede biographische Prozedur ist hinsichtlich dieser drei Kategorien zu beschreiben. Sie ist jeweils, wie aus Abb. 1 zu ersehen ist, eine Kombination aus einer Zahl (Fragetyp) und einem Buchstaben (Antworttyp).

Zunächst sollen die einzelnen Ebenen erläutert werden. Im Anschluß daran sind einige typische Verfahren aufgeführt.

A. Ebenen der Datenerhebung

1. Ebene Frage / Antwort / Rating

Die Reihenfolge Frage / Antwort / Rating beschreibt den Ablauf des Erhebungsprozesses. Eine Frage wird gestellt, der Proband antwortet, die Antwort wird (gelegentlich) einem Rating unterzogen; dieses Rating kann vom Probanden oder vom Explorator durchgeführt werden.

Derzeit sind viele Ratingarten im Gebrauch. Sie können auf verschiedene Weise klassifiziert werden. Ein Ordnungsgesichtspunkt ist die Einteilung in Fremd- und Selbstratings. Der Proband kann seine eigene Antwort auf einer Skala einordnen (Selbstrating). Als Fremdrating wird eine Beurteilung des Pb von außen bezeichnet. Diese kann nach jeder einzelnen Frage, nach einer Fragengruppe oder nach allen Fragen erfolgen. Fremdratings reichen von antwortabhängigen bis antwortunabhängigen. In den extremen Formen wird einerseits nur der Inhalt des Gesagten beurteilt oder andererseits der Inhalt nicht beachtet und nur die dabei angestellten Beobachtungen eingeschätzt.

Das Skalenniveau der Ratings kann unterschiedlich sein (vgl. dazu z. B. Lyerly 1973, Baggaley 1974, Hamilton 1976). Die einfachste Form ist die Checkliste. Bei ihr werden entweder vorhandene Merkmale oder auch vorhandene und nicht vorhandene Merkmale markiert. Als Varianten sind die Ja-Nein-Einschätzung und die forced-choice-Checkliste, bei der ein Pb zwischen zwei zur Wahl gestellten Items eines alternativ auswählen muß, zu nennen. Die Nachteile von Checklisten liegen in der Neigung der Beurteiler, entweder zu viel oder zu wenig anzukreuzen. Will man zusätzlich die Schwere oder Relevanz einer Information einordnen, müssen mehrere Kategorien Abstufungen erlauben (eigentliche Ratingskalen). Es gibt hierzu mehrere Formen. Am häufigsten sind numerische oder verbale Abstufungen. Numerische Skalen weisen mehr als zwei Reaktionskategorien auf. Zuweilen sind nur die Endpunkte der Skala, vielfach alle Kategorien quantitativ beschrieben. Verbale Abstufungen werden gelegentlich qualitativ unterschiedlich beschriftet. Eine Variation der numerischen Skala ist die graphische, bei der hypothetisch kontinuierliche Dimensionen vorgegeben werden. Eine weitere Variation sind Skalen ohne Endpunkte (open-end-Skalen), bei denen nur ein mittlerer Bezugspunkt definiert wird. Schließlich ist die Karten-Sortier-Skala zu erwähnen, bei der die einzelnen Items auf Karten aufgeführt werden. Sie ist nur technisch anders angeordnet. Ihre Vorteile liegen vor allem in der Neuheit, in dem erschwerten „Springen", in der geringen Beeinflussung durch vorangegangene Items. Bei sortierten Lochkarten ist eine unmittelbare Computer-Auswertung möglich (Lyerly 1973).

Ratingskalen können ferner nach ihrer Funktion klassifiziert werden. Sie sind zu untergliedern in: (a) Intensitätsskalen, die das Ausmaß oder die Schwere eines Merkmals (z. B. einer Erkrankung) ermitteln, (b) Prognoseskalen, die auf der Grundlage eines Merkmals Vorhersagen machen (z. B. über den weiteren Verlauf einer Erkrankung), (c) Selektionsskalen, in denen aufgrund der Merkmale Entscheidungskategorien (z. B. über die Behandlungsmöglichkeit einer Erkrankung) angekreuzt werden und schließlich (d) Diagnoseskalen, in denen auf der Basis eines oder mehrerer Merkmale eine Einordnung in ein Klassifikationsschema oder von Teilen daraus erfolgt (vgl. Hamilton 1976).

Ratingskalen können sich auf den Ist-Zustand eines Pb unter Einschluß der unmittelbaren Vergangenheit, auf vergangene Ereignisse oder auf beide gleichzeitig beziehen. In den Formulierungen der Items fehlen allerdings häufig solche Spezifizierungen des Zeitraums (vgl. Keßler & Schmidt 1978).

Eine Ratingskala verbessert keine Informationen. Sie macht lediglich ihre Auswertung ökonomischer und bietet Chancen zur Vergleichbarkeit. Ratingskalen reduzieren Daten, dabei hat man mit Informationsverlusten zu rechnen. Ein Rating eines Schizophrenen auf einer Depressionsskala kann nur sehr beschränkte Daten über einen Patienten bieten.

In jede Fremdbeurteilung über Antwortratings gehen Selbstbeurteilungen durch die Fragestellung mit ein. Dadurch werden u. U. zusätzliche Fehlerquellen aufgetan, welche die gelegentliche Meinung, Ratingskalen seien „wissenschaftlicher", fragwürdig erscheinen lassen.

Nach Lorr (1974) sollen an die Konstruktion von Ratingverfahren zur Verbesserung ihrer Gütekriterien einige Anforderungen gestellt werden, u. a. die Berücksichtigung eines möglichst eindimensionalen Kontinuums zur Erfassung jedes Merkmals, den Miteinbezug von unipolaren Items, da konträre Alternativen oft schwer formulierbar sind oder selten auftreten, die Repräsentation eines jeden Merkmals durch mehrere nichtäquivalente Items und die Beachtung der Differentialität für verschiedene Personengruppen.

2. Ebene der Strukturiertheit

Schmidt & Keßler (1976) und Keßler & Schmidt (1978) beziehen das Ausmaß der Strukturiertheit auf das Frageniveau, das Antwortniveau, die Aufzeichnung, Auswertung und Interpretation von Daten. Die Strukturiertheit bezeichnet das mehr oder weniger ausgeprägte Vorhandensein von im voraus festgelegten Kategorien und Regeln. Eine Vergleichbarkeit von Daten wird durch die Strukturiertheit gefördert. Sie ermöglicht dadurch Normierungen.

Die Strukturiertheit von *Fragen* legt einerseits den Explorator „aktiv" fest, beschränkt aber andererseits auch den Befragten „passiv" in seinen Antwortmöglichkeiten. Fragen können voll-, halb- und unstrukturiert sein. Eine vollstrukturierte Frage ist in ihrem Wortlaut festgelegt, eine halbstrukturierte Frage ist nur stichwortartig vorformuliert, für unstrukturierte Fragen sind allenfalls Themenbereiche vorgegeben. Ein spezieller Aspekt der Strukturiertheit ist die Spezifität, das Ausmaß der Differenziertheit der Fragestellung. Spezifisch strukturierte Fragen enthalten zumeist bereits begrenzte Themenbereiche („Wegen welcher Probleme hatten Sie vor Ihrem Krankenhausaufenthalt mit Ihrem Mann Streit?"). Möhr (1973) hat eine Reihe unterschiedlicher spezifischer Fragen eines

Anamnesebogens gegenübergestellt und gefunden, daß die Zahl der Ja-Antworten in erheblichem Maße von der Fragenspezifität abweichen kann. So antworteten z. B. 18,7 % der Patienten auf die Frage „Leiden Sie unter Verstopfungen?" zustimmend, aber nur 7,9 % auf die Frage „Leiden Sie mehr als drei Monate unter Verstopfung?". Berücksichtigt man das Gesamt der Fragen, lassen sich zwei weitere Strukturierungsaspekte aufführen: die thematische und die Abfolge-Strukturierung. Thematisch strukturierte Fragegruppen erfassen weitgehend die gesamte zur Diskussion stehende Problematik, thematisch unstrukturierte Fragegruppen sind weitgefaßt und unspezifisch formuliert (z. B. die sog. Minimalanamnesen oder Standardfragen; vgl. Meerwein 1969, Fassl 1970, Langen 1971). In ihrer Abfolge strukturierte Fragegruppen überwiegen bei der Erhebung biographischer Daten. Sie beinhalten ein Ordnungsschema, dem der Explorator folgt. In ihrer Abfolge unstrukturierte Fragen sind ein typisches Kennzeichen von Persönlichkeitsfragebogen. Die Abfolge kann linear oder verzweigt sein. Linear aufgebaute Befragungen berücksichtigen jede einzelne Befragung, verzweigte Befragungen benutzen Filter- und Leitfragen, deren Beantwortung über den Einsatz von Unterfragen entscheidet. Lineare Befragungen sind zumeist nicht elastisch und erfordern eine Überfülle von Fragen (Fassl, 1970).

Die Strukturiertheit von *Antworten* ist durch die Begriffe „offen" und „geschlossen" zu beschreiben (vgl. Kahn & Cannell 1968, Friedrich 1970, Hetherington 1970, Froelich & Bishop 1973, Schmidt & Keßler 1976). Offene Antworten sind hinsichtlich des Inhalts der Äußerung des Befragten nicht beschränkt. Geschlossene Antworten sind hingegen auf kurze Bemerkungen begrenzt.

Die Strukturiertheit der *Aufzeichnung* der Daten ist durch die Vorgabe von Kategorien festgelegt. Checklisten und Ratingskalen allgemein sind in ihrer Aufnahme zumeist vollstrukturiert. *Auswertungen und Interpretationen* biographischer Datenerhebungen sind selten strukturiert. Eine Ausnahme bilden lediglich Computeranamnesen.

Vor- und Nachteile von Strukturierungen sind vielfach beschrieben worden (vgl. z. B. Fahrenberg 1971, Schmidt & Keßler 1976, Buente 1977). Die Argumente für und wider halten sich in etwa die Waage. Übereinstimmung herrscht weitgehend, daß das Ausmaß der Strukturierung flexibel, der Problemstellung und dem Zweck der Erhebung sowie dem Befragten angepaßt sein sollte. Daher wird die teilstrukturierte Form, die die Vorteile sowohl der strukturierten als auch der unstrukturierten Vorgehensweise zu vereinen sucht, häufig bevorzugt. Vor allem die Reliabilität und die Validität der strukturiert erhobenen Daten werden positiv beschrieben, die Vergleichbarkeit und Replizierbarkeit sind größer. Strukturierungen machen die Daten computergerecht. Die Nachteile strukturierter Interviews liegen in der schwierigen Handhabung für Ungeübte und in einer Erschwerung affektbezogener Ratings (vgl. Copeland et al. 1976).

3. Ebene schriftlich / mündlich

Biographische Daten werden schriftlich oder mündlich erhoben. Als Spezialfall der mündlichen Befragung kann die telefonische angesehen werden, ein besonderer Aspekt der schriftlichen Befragung ist die Datensammlung über den Computer.

Die mündliche Befragung (Interview, Exploration, psychodiagnostisches Gespräch) stellt an den Explorator eine Reihe von Anforderungen, die hier nur kurz zusammengefaßt werden soll (vgl. dazu Lopez 1965, Gorden 1969, Ivey 1971, Ferber 1971, Kadushin 1972, Froelich & Bishop 1973, Stewart & Cash 1974, Seidenstücker 1976, Schmidt & Keßler 1976).

Beachtung muß den Methoden der Gesprächsführung geschenkt werden, dem sog. *Interviewstil*. Schmidt & Keßler (1976) ordnen die möglichen Formen in ein zweidimensionales Bezugssystem ein, mit den beiden Achsen strukturiert-unstrukturiert und warm-kalt. Direktive Explorationen sind demnach zumeist strukturiert, haben aber keine Festlegung auf der Wärme-Kälte-Dimension. Nichtdirektive Interviews sind unstrukturiert und warm, sog. Streß- oder antagonistische Interviews (vgl. z. B. MacKinnon 1967) hingegen kalt und ohne Festlegung auf der Strukturiertheitsdimension.

Eine weitere Aufmerksamkeit ist den *Gesprächsphasen* zu widmen, den Vorbereitungs- und Einleitungsteilen, den themenbezogenen oder Entwicklungsphasen und den Abschluß- und Beendigungsphasen (vgl. z. B. Kadushin 1972, Seidenstücker 1976).

Eine besondere Bedeutung besitzen die *Gesprächstechniken,* die einzelnen Elemente der verbalen, paraverbalen und nonverbalen Interaktionsanteile des Explorators. Zu den verbalen Techniken gehören Aspekte wie die speziellen Fragetypen (z. B. Funktionsfragen, Kontakt-, Puffer-, Sondierungs-, Eingrenzungs-, Suggestiv- oder Schlüsselfragen), ferner die Paraphrasen und Reflektionen sowie die die verlaufsorientierten Interventionen (Überleitungen, Themenwechsel, Zusammenfassungen). Unter den paraverbalen Anteilen sind vornehmlich die hörbaren nonverbalen Signale zusammenzufassen (vgl. z. B. Siegman 1976), zu den nonverbalen Anteilen sind Blickkontakt, Körperhaltung, Mimik und Gestik zu zählen (Ivey 1971, Seidenstücker 1976, Habeck 1977).

Die Beachtung der genannten Aspekte setzt ein Training voraus, das einen erheblichen Aufwand erfordert. Programme und Hinweise dazu sind bei Matarazzo (1965), Helfer & Hess (1970), Thorne (1970), Ivey (1971), Froelich & Bishop (1973), Schmidt & Keßler (1976) und Seidenstücker (1976) zu finden. Brodsky & Richman (1976) erstellten eine Liste amerikanischer Interviewertrainingsprogramme für Medizinstudenten.

Die Telefonbefragung hat sich durch die Ausbreitung des Telefons (in den USA 97 % der Haushalte) zu einer kostengünstigen Form der Datenerhebung besonders in den sozialwissenschaftlichen Disziplinen entwickelt (Hockstim 1967, Colombolos 1969, Wiseman 1972, Rogers 1976). Der auffälligste Nachteil der telefonischen Befragung ist in der mangelnden Repräsentativität bei geringerer Verbreitung des Telefons und in einer erhöhten Verweigerung bei sog. sensitiven Daten (z. B. Bildungsstand, Einkommen) zu sehen. Dieser Nachteil kann durch gemischte Datenerhebungen („mixed-mode interviewing") ausgeglichen werden (vgl. auch Herman 1977).

Die schriftliche Befragung durch Fragebogen und andere technische Medien soll die Fehlerquelle der mündlichen Befragung ausschalten: „Man kann den Interviewereffekt vermeiden, indem man auf den Interviewer verzichtet und die Befragung voll standardisiert" (Fahrenberg, 1971, 165). Damit handelt man sich natürlich andererseits Nachteile ein, die sich vor allem aus der geringen Anwendungsbreite aufgrund intellektueller Anforderungen, der unzureichenden Möglichkeit zum Nachhaken, der fehlenden Flexibilität im inhaltlichen und kommunikativen Bereich und der nichtvorhandenen Informationen durch nonverbale Signale ergeben. Fahrenberg (1971) spricht dem Fragebogen vor allem die Vorteile der Standardisierung, der direkten Dokumentation, der Ökonomie und u. U. der impliziten Klassifikation oder Eigenschaftsskalierung zu. Er sieht aber auch die Alternative zwischen Fragebogen und Interview falsch gestellt. Wichtiger sei die Frage nach der differentiellen Gewichtung der schriftlichen Erhebung als Ergänzung der mündlichen bei spezifischen Fragestellungen. Eine Untersuchung von Boulger (1971) fand bei einem Vergleich von Fragebogen und Interviews zur Erhebung lebensgeschichtlicher Daten beide Methoden als gleichwertig.

Ein besonderes Augenmerk wurde in den letzten Jahren der computerisierten Datenerhebung geschenkt, die vor allem im medizinischen und psychiatrischen Bereich weit gediehen ist (vgl. Kleinmuntz & McLean 1968, Wagner 1971, Mombour 1972, Kanzler, Giere & Michels 1973, Schmidt & Keßler 1976, Möhr 1977).

Die Verwendung von Computern dient der Datenverwertung und Diagnosestellung, wird aber auch zur Datenerhebung benutzt, und zwar auf der Basis von Frageheften, die über Markierungsbelegleser transformiert und vom Computer strukturiert ausgedruckt werden (vgl. z. B. Kanzler et al. 1973, Möhr 1977) oder, in abgewandelter Form, auf der Grundlage von automatisch lesbaren Fragelochkarten. Das bekannteste Verfahren ist der „Man-Maschine-Dialog", bei dem der Pb mit einem Computer über Bildschirm, Tastatur oder Lichtzeiger- und Kontaktauswahl interagiert (Reichertz 1971, Greist, Klein & van Cura 1973). Multimediale Ansätze wurden gleichfalls erprobt (Reichertz 1971, Dinoff et al. 1972, Pauker et al. 1976).

Die automatisierte Befragung wird kontrovers diskutiert, allerdings scheinen die Vorteile zu überwiegen (Kanzler et al. 1973, Mellner, Gardmark & Parkholm 1970, Slack & Slack 1972, Möhr 1977). Im Vergleich zum Fragebogen liegen die Vorteile in erster Linie in den größeren Verzweigungsmöglichkeiten, in einer erhöhten Flexibilität und in differenzierteren Prüfmöglichkeiten. Andere Vorteile, wie z. B. kathartische Effekte oder pädagogische Einflüsse, werden zwar diskutiert, sind aber offensichtlich weniger deutlich (Möhr 1977). Einwände gegen die Computer-Befragung, sie werde von den Pbn abgelehnt und sei zu kompliziert, haben sich nicht als stichhaltig herausgestellt (Coddington & King 1972, Möhr 1977). Dasselbe gilt auch, wenngleich in abgeschwächter Form, für die Einstellung der Diagnostiker zu dem System (Mellner, Gardmark & Parkholm 1970, Möhr 1977). Nachteile ergeben sich vielmehr aus dem teuren und aufwendigen Erhebungsverfahren und aus der Notwendigkeit zu einer allzu starken Spezifizierung der Fragen auf einzelne Problemstellungen. Das was von den Pbn an Informationen angeboten wird, deckt sich zumeist nicht mit dem vom Diagnostiker gewünschten Datenmaterial. Möhr (1977) unterstreicht daher die Notwendigkeit, Computer-Befragungsprogramme nicht so sehr an der Symptomatik als an den vom Diagnostiker als erforderlich erachteten Informationen auszurichten, also an dem Ziel der Datenerhebung. Diese Art des Vorgehens nennt er „zielorientiert" (vgl. auch Buente 1977).

B. Verfahren zur Erhebung biographischer Daten

Die hier aufgeführten Verfahren sollen nicht jede denkbare Kombination aus Abb. 1 abdecken, sondern die am häufigsten benutzten Vorgehensweisen herausstreichen. Bei der Fülle der Skalen und Interviewleitfäden kann natürlich keine Vollständigkeit erwartet werden. Ähnliche Auflistungen von anamnestischen und allgemein biographischen Verfahren sind bei Mombour (1972), Lyerly (1973), Pichot & Olivier-Martin (1974), Spitzer & Endicott (1975), Schmidt & Keßler (1976), Keßler & Schmidt (1978) sowie Collegium Internationale Psychiatriae Scalarum (1977) zu finden.

Die ausgewählten Verfahren sind grob klassifiziert in: (a) strukturierte Selbstrating-Fragebogen, (b) Selbstbericht-Bogen, (c) Interviewleitfäden mit präkodierten Items, (d) unstrukturierte Interviews mit Ratings, (e) strukturierte Interviews und (f) Frageschemata. Die im einzelnen aufgezählten Verfahren sind als Beispiele anzusehen. Sie sind nicht unbedingt nach ihrer Bedeutsamkeit selegiert, sondern sollen die Vielfalt der Erhebungsmöglichkeiten illustrieren.

1. Strukturierte Selbstrating-Fragebogen

Dieser Typ der Datenerhebung (vgl. Abb. 1, Kombination 1b oder 2b) ist als Fragebogen oder Checkliste für biographische Daten im Gebrauch. Die Fragen

Tabelle 1: Auflistung von voll- bzw. halbstrukturierten Selbstrating-Fragebogen mit vorwiegend biographischem Charakter

Autoren	Bezeichnung	Bemerkungen
Briggs et al. (1972)	Minnesota-Briggs History Record (M-B)	Anamnestischer Fragebogen (history inventory); 7 Skalen: familiäre Uneinigkeit, Konflikt mit den Eltern, Gesundheitsbewußtsein, Introversion, Schul- und Berufsversagen, soziale Fehlangepaßtheit, emotionale Probleme und Abhängigkeiten.
Buente (1977)	Anamnesefragebogen	An der Verdener Problemliste orientierter ärztlicher Anamnesefragebogen zu körperlichen Beschwerden und zur allgemeinen Lebenssituation.
Clark (1968)	Personality and Social Network Adjustment Scale	Zur Evaluation von Behandlungseffekten bei psychiatrischen Patienten (u. a. Anpassung in der Gesellschaft, bei der Arbeit, in der Familie).
Derogatis (1977)	SCL-90	Multidimensionales Symptom-Inventar, Selbstbeurteilung von Patienten hinsichtlich verschiedener belastender Symptome (Psychiatrie).
Foulds & Bedford (1975)	Delusions-Symptoms-States-Inventory (DSSI)	Checkliste mit 2 Versionen (ML = most of my life, R = recently), erfaßt den größten Teil der Phänomene, die von Patienten der Psychiatrie geäußert werden.
Goergen (1975)	Psychiatrisches Standardinterview (PSI)	Screening-Fragebogen für Allgemeinmedizin und Psychiatrie, abgedruckt bei Schmidt & Keßler (1976).
Helmreich, Bakeman & Radloff (1973)	Life History Questionnaire (LHQ)	Besonders interessanter Fragebogen, ursprünglich entwickelt zur Auslese von Aquanauten; Jahr-für-Jahr-Beantwortung
Holmes & Rahe (1967)	Social Readjustment Rating Scale	Vielbenutzte Open-end-Skala der life-event-Forschung zur Ermittlung eines Streßwertes.

Tabelle 1: Fortsetzung

Autoren	Bezeichnung	Bemerkungen
Jäger et al. (1973)	Mannheimer Biographisches Inventar (MBI)	11 biographische Skalen vor allem zu schulisch relevanten Bereichen, für Kinder und Jugendliche, forced-choice-Items.
Jäger et al. (1976)	Biographisches Inventar zur Diagnose von Verhaltensstörungen (BIV)	Selbstrating abweichenden Verhaltens, Erwachsene.
McLachlan & Walderman (1976)	Brief Scales For Evaluating Assertiveness, Marital Communication, and Work Satisfaction	Skalen zur Erfassung der Selbstsicherheit, ehelichen Beziehungen, Arbeitszufriedenheit; entwickelt für Alkoholikertherapien.
Owens (1968, 1971)	Biographical Data Inventory	Biographischer Mehrfachwahl-Fragebogen.
Phillips, Fischer & Singh (1977)	Children's Reinforcement Survey Schedule	Verstärkerfragebogen mit den Kategorien: Essen, Spielzeug, Unterhaltung, Sport u. Spiel, Musik u. Kunst, Ausflüge, etc.; für 5—13jährige.
Roen & Burnes (1968)	Community Adaption Schedule (CAS)	Skala, die Verhalten, Affekt und Kognitionen bei der Arbeit, in der Familie und im Sozialbereich erfaßt; zur Nachkontrolle von Psychotherapien.
Siegel (1956)	Biographical Inventory for Students	11 Subskalen für Studenten, z.B. soziale, religiöse, sexuelle Aktivitäten, ökonomische Unabhängigkeit.
Trower et al. (1978)	Social Situations Questionnaire	Erfassung sozialer Situationen, die „Schwierigkeiten" bereiten.
Weyer & Hodapp (1975)	Fragebogenskalen zur subjektiven Belastung	Inhalte der Skalen beziehen sich auf alltägliche Belastungen im Berufs- bzw. Hausfrauenleben und auf Belastungen im familiären Bereich.

werden dem Pb vollstrukturiert oder halbstrukturiert in schriftlicher Form vorgelegt. Er beantwortet die Fragen in unterschiedlicher Checklisten- oder Ratingform, die homogen (durchgehend gleiche Rating-Typen) oder heterogen (abwechselnde Typen) sein kann. Solche Bogen haben den Vorteil der Ökonomie, es ist kein Training notwendig, die Auswertung ist einfach. Die Nachteile liegen in der erhöhten Verfälschbarkeit, in mangelnden Möglichkeiten zum Rückfragen und in den Auswirkungen des ungeübten Umgangs mit gedruckten Vorlagen. Einige der Verfahren sind so formuliert, daß sie von Verwandten ausgefüllt werden können.

2. Selbstbericht-Bogen

Selbstbericht-Bogen geben dem Pb mehr oder weniger strukturierte Items vor, die von ihm unstrukturierte Antworten verlangen (vgl. Abb. 1, Kombination 1i, 2i). Sie lassen dadurch mehr Freiheitsgrade, erschweren aber andererseits die Auswertung.

Tabelle 2: Auflistung von Selbstbericht-Bogen mit überwiegend biographischem Charakter

Autoren	Bezeichnung	Bemerkungen
Carr (1972)	Psychological Data Sheet	Der Bogen gibt strukturierte Fragen vor, auf die frei geantwortet werden kann (z. B. Beschreiben Sie die Person Ihres Vaters und Ihre Beziehung zu ihm!).
Cautela & Upper (1976)	Behavioral Analysis History Questionnaire (BAHQ)	Fragebogen zu biographischen Hintergrundsdaten; Verhaltenstherapie; teilweise mit Rating.
Dailey (1971)	Biographic Questionnaire	Der Fragebogen gibt „Episoden" vor, von denen einige ausgewählt und näher geschildert werden können.
Lazarus (1976)	Life History Questionnaire	Fragebogen zu biographischen Hintergrundsdaten; Verhaltenstherapie; teilweise mit Rating.

Tabelle 3: Auflistung von Interviewleitfäden mit präkodierten Items mit überwiegend biographischem Charakter

Autoren	Bezeichnung	Bemerkungen
Copeland et al. (1976)	Geriatric Mental State Schedule (GMS)	Teilstrukturiertes Interview zur Diagnostik im geriatrischen Bereich; nachträgliches Rating.
Endicott & Spitzer (1972)	Current and Past Psychopathology Scales (CAPPS)	Erfassung gegenwärtiger und vergangener psychopathologischer Aspekte bei Patienten und Nichtpatienten; Computerauswertung ist möglich (DIAGNO II), veränderte Version DIAL (Schmid et al., 1974).
Gurland et al. (1972)	Structured and Scaled Interview to Assess Maladjustment (SSIAM)	Diagnostik der sozialen Fehlanpassung in der Psychiatrie und klinischen Psychologie; Bereiche: Arbeit, Sozialverhalten, Familie, Ehe, Sexualität.
National Institute of Mental Health (1976)	Adult Personal Data Inventory (APDI)	Fragebogen zur Erhebung der sozialen, demographischen und speziellen Anamnese Erwachsener.
Quinton, Rutter & Rowlands (1976)	An evaluation of an interview assessment of marriage	Interview und Rating zur Diagnostik ehelicher Beziehungen.
Richman & Graham (1971)	A behavioural screening questionnaire for use with three-year-old children	Psychologische, psychiatrische und pädagogische Diagnostik bei Kindern mit Verhaltensschwierigkeiten und Entwicklungsverzögerungen; Fremdanamnese.
Trendelenburg & Mall (1970)	Schema	Vollstrukturierter Fragebogen zur Raucheranamnese (Rauchverhalten und Symptome, zusätzliche diagnostische Hinweise), ja / nein-Kodierung.
Weissman & Paykel (1974)	Social Adjustment Scale (SAS)	Erfaßt u. a. instrumentelles und aktives Verhalten bei der Arbeit, soziales Verhalten, Freizeit, Beziehungen zur Familie, Ehe; semistrukturiert.

3. Interviewleitfäden mit präkodierten Items

Dieser Typ wird häufig benutzt, um biographische Daten zu erheben (vgl. Abb. 1, Kombination 4/5 m/p). Der Explorator besitzt einen stichwortartig oder gänzlich strukturierten Bogen, der zusätzlich Rating- und Antwortkategorien enthält. Er stellt die Fragen mündlich. Die Antworten des Pb sind weitgehend frei, gelegentlich aber auch halbstrukturiert, seltener strukturiert (z. B. nur Ja/Nein-Antworten). Die Datenerhebung ist zumeist ohne vorheriges Training nicht möglich, am schwierigsten ist die Erhebung mit semistrukturierten Bogen. Die Informationen unterliegen den Interview-Verzerrungsmöglichkeiten. Ihre Ermittlung ist zeitaufwendig. Die Vorteile liegen in der potentiellen Umfänglichkeit der Daten, den Möglichkeiten zum Nachfragen und Beruhigen aufgeregter Pbn und in der Zusatzinformation durch Beobachtung nichtverbaler Kommunikationsinhalte (vgl. Weissman 1975). Der Typ des Interviewleitfadens mit präkodierten Items ist vor allem bei psychiatrischen Fragebogen mit anschließenden Computerauswertungen üblich.

Tabelle 4: Auflistung von Verfahren, die unstrukturierte Interviews mit Ratingskalen kombinieren

Autoren	Bezeichnung	Bemerkungen
Arbeitsgemeinschaft für Methodik und Dokumentation in der Psychiatrie (1972)	AMP-System	Ratingskalen im Anschluß an freie Exploration; Teil eines Dokumentationssystems; Aufzeichnung mit Markierungsbelegen zur Computerauswertung (AMPAS-Programmsystem); abgedruckt bei Schmidt & Keßler (1976).
Mandel (1959)	Mandel Social Adjustment Scale	Erfaßt das Ausmaß, mit dem sich ein Pb den gesellschaftlichen Normen im Beruf, Familienleben, in ökonomischen Bereichen, bei der Gesundheit, Religiosität und im Wohn- und Gemeindebereich anpaßt.
Lorr (1974)	Inpatient Multidimensional Psychiatric Rating Scale (IMPS)	Ratingskala nach unstrukturiertem Interview bei Personen mit funktionellen Psychosen, schweren Neurosen und depressiven Symptomen.
Overall (1974)	Brief Psychiatric Rating Scale (BPRS)	Kurzform aus der IMPS (Lorr, 1974) und einem anderen Verfahren des Autors.

4. Unstrukturierte Interviews mit Ratings

Diese Form der Datenerhebung gliedert sich in zwei Teile; zunächst wird der Pb einer unstrukturierten Exploration unterzogen und dann werden die erhaltenen Informationen nachträglich auf einer Ratingskala eingeschätzt (vgl. Abb. 1, Kombination 6p). Der Explorator informiert sich im Interview über alle Themen, die er im Anschluß zu raten hat. Das spätere Rating ist oft sehr detailliert und bezieht sich häufig auf eine Einordnung in ein Klassifikationsschema.

5. Strukturierte Interviews

In den strukturierten Interviews sind alle Fragen vorformuliert, die Antworten können jedoch in der Regel frei formuliert werden (vgl. Abb. 1, Kombination 4l). Die Auswertung zentriert sich im wesentlichen auf spezielle inhaltliche Angaben. Das Vorgehen wird weitgehend von Interview-Rating-Kombinationen verdrängt. Bei geringerer Strukturierung gehen sie in Frageschemata über.

Tabelle 5: Auflistung von strukturierten Interviews mit biographischem Charakter

Autoren	Bezeichnung	Bemerkungen
Grossberg (1964)	A brief structured psychological evaluation interview with adults	Kurze Erfassung des biographischen Hintergrunds; teilweise nur halbstrukturiert.
Marlatt (1976)	Drinking Profile	Strukturiertes Interview zur Alkoholiker-Diagnostik.
Morris (1975)	Guide for the Conduct of the Initial Interview	Einführungsinterview zu Beginn einer Verhaltenstherapie.
Tent (1968)	Halbstrukturiertes psychodiagnostisches Kurz-Interview (HKI)	Aufnahme und Beobachtungsbogen für psychologische Begutachtung.
Wildman & Wildman (1974)	A structured interview for use by psychology technicians	Strukturiertes Interview, Checkliste zur Verhaltensbeobachtung, entwickelt für nichtwissenschaftliches Personal.

6. Frageschemata

Frageschemata sind allenfalls teilstrukturierte Leitfäden, die die für wichtig erachteten Informationen ordnen (vgl. Abb. 1, Kombination 5/6 o/r). Die Abfolge der zu erfragenden Inhalte ist zumeist freigestellt. Im extremen Fall sind dem Explorator nur Themenbereiche vorgegeben.

Tabelle 6: Auflistung von Frageschemata mit biographischem Charakter

Autoren	Bezeichnung	Bemerkungen
Bersoff & Grieger (1971)	An interview model for the psycho-situational assessment of children's behavior	Verhaltensanalytische Interviewstrategie zur Ermittlung von Antezedenz- und Konsequenzbedingungen.
Flesch (1975)	A guide to interviewing the bereaved	Acht Leitthemen zur Befragung Trauernder (u. a. religiöse Orientierung, Erinnerungen, Kapazitäten zur Erschließung neuer Quellen der Befriedigung).
Holland (1970)	An Interview Guide for Behavioural Counseling with Parents	Fremdanamnestischer Fragebogen zur Verhaltenstherapie bei Kindern.
Kanfer & Grimm (1977)	Behavioral analysis: Selecting target behaviors in the interview	Aufzählung der relevanten verhaltensanalytischen Befragungskategorien.
Pauli / Arnold (1972)	Lebenslauf	Aufzählung der Inhalte einer Lebenslaufdiagnostik.
Pierloot & Boucquey (1963)	L'anamnèse orientée dans le sens psychologique	Aufführung biographischer Inhalte einer Anamnese in der medizinischen Praxis.
Röhl & Nell (1977)	Ariadnefaden durch die Verhaltensanalyse	Verhaltensanalytisches Frageschema.

V. Abschließende Bemerkungen

Die Heterogenität der biographisch-diagnostischen Ansätze und der entsprechenden Erhebungsprozeduren ist, überblickt man die dargestellten Konzepte, relativ groß. Die beiden Fragen, welche biographischen Informationen zu erheben nützlich ist und auf welche Weise dies am günstigsten zu geschehen hat, sind nicht einfach zu beantworten. Bislang sind hierzu nur ungenügende empirische Forschungsvorhaben und kaum theoretische Überlegungen zu erkennen (vgl. z. B. Schmidt & Keßler 1976, Kemmler & Echelmeyer 1978).

Ein ungeklärtes Problem, das sich als besonderer Hemmschuh für die Einordnung biographischer Daten in einen diagnostischen Prozeß erweist, ist die Definition dieser Daten. Vor allem auch die fehlenden Kenntnisse über den relativen Beitrag der faktischen Umweltereignisse und ihrer innerpsychischen Verarbeitung zur Entwicklung einer Problematik, machen eine funktional sinnvolle Abgrenzung des Begriffs „biographische Information" schwer. Ein besonderer Gesichtspunkt, der in diesem Zusammenhang bedeutsam ist, muß noch weitgehend erforscht werden: die Frage nach der populationsspezifischen Gewichtung bestimmter biographischer Elemente.

Die Beschreibung der „Biographie" eines Menschen ist bislang vornehmlich auf der Grundlage einzelner Ereignisse erfolgt, d. h. es wurden entweder Merkmale („verheiratet") oder einschneidende Ereignisse („Hochzeit") als biographische Kategorien betrachtet, seltener aber die damit verknüpften Verlaufsmuster („glücklich verheiratet-Witwe-unglücklich wiederverheiratet"). Es ist auch zu fragen, welche Bedeutung „Phasen" der Biographie für eine zu untersuchende Problematik besitzen. Als Phasen könnten subjektive Einteilungen des eigenen Lebens gesehen werden. Solche Phasen (z. B. Wehrdienst weit entfernt vom Elternhaus, eine Trampreise durch ein unbekanntes Land, ein Studium an einer Massenuniversität ohne Möglichkeiten der Identifikation) können das Bild eines Menschen von sich selbst und damit künftige Verhaltensmuster nachhaltig beeinflussen.

Die biographische Diagnostik läßt trotz der unschwer zu erkennenden Probleme jedoch eine Fülle nützlicher Ansätze offensichtlich werden. Dem anamnestisch orientierten Diagnostiker werden vielfach nur auf biographischem Wege Zugänge zu ursachebezogenen Schlüssen möglich gemacht, dem Experimentalpsychologen bietet die biographische Auswahl von Subgruppen die Chance zur Reduktion von Fehlern und einen Einblick in präexperimentelle Erfahrungen und Verhaltensweisen (Owens 1971), dem selektionsorientierten Diagnostiker werden auf dieser Basis prädiktive Strategien offeriert, die weniger aufwendig, aber ebenso valide wie umfangreichere Methoden sind.

Nicht zuletzt ermöglicht die biographische Diagnostik weitaus mehr als sonstige Konzepte der Datenerhebung ein „gemeinsames" Vorgehen, eine Diagnostik, in der nicht der „Pb" zu seinen Problemen und Symptomen ausgefragt oder "über seinen Kopf" beurteilt, eingeordnet oder klassifiziert wird, sondern in der er selbst sein Leben und ihm bedeutsame Elemente seines Lebens darstellen und mit dem Diagnostiker erörtern kann. Die Art, wie biographische Daten in den zuvor geschilderten Strategien und Methoden erhoben werden und wie aus ihnen geschlußfolgert wird, ist aber leider von einer gemeinsamen Diagnostik vielfach noch ziemlich weit entfernt.

Literatur

Abse, D. W., Wilkins, M. M., van de Castle, R. L., Buxton, W. D., Demars, J. P., Brown, R. S. & Kirschner, L. G. 1974. Personality and behavioral characteristics of lung cancer patients. Journal of Psychosomatic Research, **18**, 101—113.

Alker, H. A. & Owen, D. W. 1977. Biographical, trait, and behavioral sampling predictors of performance in a stressful life setting. Journal of Personality and Social Psychology, **35**, 717—723.

Allport, G. W. 1937. Personality: A psychological interpretation. New York: Holt.

Allport, G. W. 1953. The trend in motivational theory. American Journal of Orthopsychiatry, **23**, 107—119.

Anthony, W. A. & Buell, G. J. 1974. Predicting psychiatric rehabilitation outcome using demographic characteristics: a replication. Journal of Counseling Psychology, **21**, 421—422.

Arbeitsgemeinschaft für Methodik und Dokumentation in der Psychiatrie (AMP), 1972. Das AMP-System. Manual zur Dokumentation psychiatrischer Befunde. Berlin: Springer.

Argelander, H. 1966. Zur Psychodynamik des Erstinterviews. Psyche, **20**, 40—53.

Asher, J. J. 1972. The biographical item: Can it be improved? Personnel Psychology, **25**, 251—269.

Baggaley, A. R. 1974. A scheme for classifying rating methods. Personnel Psychology, **27**, 139—144.

Barber, J. D. 1972. The presidential character: Predicting performance in the White House. Englewood Cliffs, N. J.: Prentice Hall.

Bass, B. M. 1974. The substance and the shadow. American Psychologist, **29**, 870—886.

Bass, B. M. & Farrow, D. L. 1977. Quantitative analyses of biographies of political figures. Journal of Psychology, **97**, 281—296.

Batschelet, E. & Klunker, W. 1964. Zur Frage der Zuverlässigkeit anamnestischer Zeitangaben. Schweizerische Medizinische Wochenschrift, **94**, 564—566.

Baumeyer, F. 1955. Entwicklungstendenzen in der psychoanalytischen Methodik und Technik. Psyche, **8**, 25—36.

Beck, A. T. 1976. Cognitive therapy and the emotional disorders. New York: International Universities Press.

Becker, P. 1977. Zur Differentialätiologie psychischer Störungen. In: Schneider, J. & Schneider-Düker, M. (Hg.). Interpretationen der Wirklichkeit. Saarbrücken: Verlag der Schriften des Sozialwissenschaftlichen Studienkreises für internationale Probleme, 337—381.

Bem, D. & Allen, S. 1974. On predicting some of the people some of the time: The search for cross-situational consistencies in behavior. Psychological Review, 81, 506—520.

Bersoff, D. N. & Grieger, R. M. 1971. An interview model for the psychosituational assessment of children's behavior. American Journal of Orthopsychiatry, 41, 483—495.

Birley, J. L. T. & Brown, G. T. 1971. Crises and life changes preceding the onset or relapse of acute schizophrenia. In: Cancro, R. (Hg.). The schizophrenic syndrome: An annual review. New York: Brunner/Mazel, 293—303.

Blohmke, M. 1971. Reproduzierbarkeit und Gültigkeit von Fragebogen. In: Heite, H.-J. (Hg.). Anamnese. Stuttgart: Schattauer, 195—215.

Boardman, W. K., Calhoun, L. G. & Schiel, J. H. 1972. Life experience patterns and development of college leadership roles. Psychological Reports, 31, 333—334.

Boesch, E. E. 1964. Die diagnostische Systematisierung. In: Heiss, R. (Hg.). Handbuch der Psychologie, Bd. 6. Psychologische Diagnostik. Göttingen: Hogrefe, 930—959.

Bolgar, H. 1965. The case study method. In: Wolman, B. B. (Hg.). Handbook of clinical psychology. New York: McGraw Hill, 28—39.

Boulger, J. G. 1970. Comparison of two methods of obtaining life history data: structured interview vs. questionnaire. Proceedings of the Annual Convention of the American Psychological Association, 5, 557—558.

Bowden, P. 1975. Reliability of prisoners' attitudes to their drinking behaviour. Psychological Medicine, 5, 307—313.

Bradburn, N. M. 1969. The structure of psychological well-being. New York: Aldine.

Braun, P. 1978. Verhaltenstherapeutische Diagnostik. In: Pongratz, L. J. (Hg.). Handbuch der Psychologie, Bd. 8. Klinische Psychologie, 2. Hb. Göttingen: Hogrefe, 1649—1725.

Brekstad, A. 1966. Factors influencing the reliability of anamnestic recall. Child Development, 37, 603—612.

Briggs, P. F., Rouzer, D. L., Hamberg, R. L. & Holman, T. R. 1972. Seven scales for the Minnesota-Briggs History Record form with reference group data. Journal of Clinical Psychology, 28, 431—448.

Brodsky, C. & Richman, D. 1976. The professionalizing impact of an interviewing course. Psychosomatics, 17, 21—25.

Brodsky, S. L. 1972. Shared results and open files with the client. Professional Psychology, 3, 362—364.

Bronner-Huszar, J. 1971. The psychological aspects of cancer in man. Psychosomatics, 12, 133—138.

Brown, G. W. 1972. Life events and psychiatric illness: Some thoughts on methodology and causality. Journal of Psychosomatic Research, 16, 311—320.

Brown, G. W. 1974. Life events and the onset of depressive and schizophrenic conditions. In: Gunderson, E. K. E. & Rahe, R. H. (Hg). Life stress and illness. Springfield: Charles C. Thomas, 164—188.

Brown, G. W. & Birley, J. L. T. 1968. Crises and life changes at the onset of schizophrenia. Journal of Health and Social Behavior, 9, 203—214.

Brown, G. W. & Birley, J. L. T. 1970. Social precipitants of severe psychiatric disorders. In: Hare, E. H. & Wing, J. K. (Hg.). Psychiatric epidemiology. New York: Oxford University Press, 321—325.

Buente, W. 1977. Zielorientierte Konstruktion eines Anamnesefragebogens. Unveröffentlichte Dissertation, Medizinische Hochschule Hannover.

Bühler, Ch. 1959. Theoretical observations about life's basic tendencies. American Journal of Psychotherapies, 13, 561—581.

Bühler, Ch. 1968. The course of life as a psychological problem. Human Development, 11, 184—200.

Bürger-Prinz, H. 1939. Ernst Langbehn: Versuch einer Pathographie. Leipzig: Barth.

Butollo, W. H. L., Meyer-Plath, S. & Winkler, B. 1978. Bedingungen der Entwicklung von Verhaltensstörungen. In: Pongratz, L. J. (Hg.). Handbuch der Psychologie, Bd. 8. Klinische Psychologie, 2. Hb. Göttingen: Hogrefe, 3074—3101.

Cadoret, R. J., Winokur, G. & Clayton, P. 1970. Family history studies: VII. Manic depressive disease versus depressive disease. British Journal of Psychiatry, 116, 625—635.

Cadoret, R. J., Winokur, G., Dorzab, J. & Baker, M. 1972. Depressive disease: Life events and onset of illness. Archives of General Psychiatry, 26, 133—136.

Campbell, D. T. 1957. A typology of tests, projective and otherwise. Journal of Consulting Psychology, 21, 207—215.

Carr, A. C. 1972. A self-report questionnaire. Journal of Personality Assessment, 36, 525—533.

Cascio, W. F. 1975. Accuracy of verifiable biographical information blank responses. Journal of Applied Psychology, 60, 767—769.

Cascio, W. F. 1976. Turnover, biographical data, and fair employment practice. Journal of Applied Psychology, 61, 576—580.

Cautela, J. R. & Upper, D. 1976. The Behavioral Inventory Battery: The use of self-report measures in behavioral analysis and therapy. In: Hersen, M. & Bellack, A. S. (Hg.). Behavioral assessment: A practical handbook. New York: Pergamon, 77—109.

Chamberlin, R. W. 1969. A study of an interview method for identifying family authority patterns. Genetic Psychology Monographs, 80, 129—148.

Chaney, F. B. & Owens, W. A. 1964. Life history antecedents of sales, research and general engineering interest. Journal of Applied Psychology, 48, 101—105.

Clark, A. W. 1968. The Personality and Social Network Adjustment Scale. Human Relations, 21, 85—96.

Clauser, G. 1967. Psychotherapie-Fibel. Stuttgart: Thieme.

Clayton, P.J. 1974. Mortality and morbidity in the first year of widowhood. Archives of General Psychiatry, 30, 747—750.

Clum, G. A. 1975a. Intrapsychic variables and the patient's environment as factors in prognosis. Psychological Bulletin, 82, 413—431.

Clum, G. A. 1975b. Relations between biographical data and patient symptomatology. Journal of Abnormal Psychology, 84, 80—83.

Cochrane, R. & Robertson, A. 1973. The life events inventory: A measure of the relative severity of psycho-social stressors. Journal of Psychosomatic Research, 17, 135—139.

Coddington, R. D. 1972. The significance of life events as etiological factors in the diseases of children. — II. A study of normal population. Journal of Psychosomatic Research, 16, 205—213.

Coddington, R. D. & King, T. L. 1972. Automated history taking in child psychiatry. American Journal of Psychiatry, 129, 276—282.

Coleman, J. C. 1972. Abnormal psychology and modern life. Glenview, Ill: Scott, Foresman.

Collegium Internationale Psychiatriae Scalarum (CIPS). 1977. Internationale Skalen für Psychiatrie. Berlin: CIPS Sekretariat.

Colombolos, J. 1969. Personal versus telephone interview: effect on responses. Public Health Reports, 84, 773—782.

Copeland, J. R. M., Kelleher, M.J., Kellett, J. M., Gourlay, A.J., Gurland, B.J., Fleiss, J. L. & Sharpe, L. 1976. A semi-structured clinical interview for the assessment of diagnosis and mental state in the elderly: the Geriatric Mental State Schedule. Psychological Medicine, 6, 439—449.

Cox, C. 1926. The early mental traits of three hundred geniuses. Stanford, California: Stanford University.

Craddick, R. A. 1975. Sharing oneself in the assessment procedure. Professional Psychology, 6, 279—282.

Crandall, J. E. & Lehman, R. E. 1977. Relationship of stressful life events to social interest, locus of control, psychological adjustment. Journal of Consulting and Clinical Psychology, 45, 1208.

Dailey, C. A. 1960. The life history as a criterion of assessment. Journal of Counseling Psychology, 7, 20—23.

Dailey, C. A. 1971. Assessment of lives. San Francisco: Jossey-Bass.

Derogatis, L. R. 1977. The SCL-90 manual: Scoring, administration and procedures for the SCL-90. Baltimore: Johns Hopkins University School of Medicine, Clinical Psychometrics Unit.

Derogatis, L. R., Lipman, R. S. & Covi, L. 1973. The SCL-90: An outpatient psychiatric rating scale. Psychopharmacology Bulletin, 9, 13—28.

Detre, T. P. & Kupfer, D.J. 1975. Psychiatric history and mental status examination. In: Freedman, A. M., Kaplan, H. I. & Sadock, B.J. (Hg.). Comprehensive textbook of psychiatry II., Bd. 1. Baltimore: Williams & Wilkins, 724—733.

Dimond, R. E. & Havens, R. A. 1975. Restructuring psychotherapy: Toward a prescriptive eclecticism. Professional Psychology, 6, 139—200.

Di Nardo, P. A. 1975. Social class and diagnostic suggestion as variables in clinical judgment. Journal of Consulting and Clinical Psychology, 43, 363—368.

Dinoff, M., Finch, A. J. jr. & Skelton, H. M. 1972. A circuit for video-tape interviewing and its recording reliability. Journal of Applied Behavior Analysis, 5, 203—207.

Dodge, J. A. 1972. Psychosomatic aspects of infantile pyloric stenosis. Journal of Psychosomatic Research, 16, 1—5.

Dohrenwend, B. S. 1973. Life events as stressors: a methodological inquiry. Journal of Health and Social Behavior, 14, 167—175.

Dohrenwend, B. S. & Dohrenwend, B. P. 1970. Class and race as status related sources of stress. In: Levine, S. & Scotch, N. A. (Hg.). Social stress. Chicago: Aldine, 111—140.

Dohrenwend, B. S. & Dohrenwend, B. P. 1974. Stressful life events: their nature and effects. New York: Wiley.

Dony, M. & Meyerhoff, H. 1970. Sozialer Status und Validität anamnestischer Angaben zum Geburtsgewicht. Monatsschrift für Kinderheilkunde, 118, 404—405.

Dor-Shav, N. K. 1978. On the long-range effects of concentration camp internment on Nazi victims: 25 years later. Journal of Consulting and Clinical Psychology, 46, 1—11.

Dyer, E. D., Cope, M. J. & Mouson, M. A. 1972. Can job performance be predicted from biographical, personality, and administrative climate inventories? Nursing Research, 21, 294—304.

Eckensberger, D., Overbeck, G. & Biebl, W. 1976. Subgroups of peptic ulcer patients. Journal of Psychosomatic Research, 20, 489—499.

Endicott, J. & Spitzer, R. L. 1972. Current and past psychopathology scales (CAPPS): Rationale, reliability and validity. Archives of General Psychiatry, 27, 678—687.

Erickson, C., Gantz, B. S. & Stephenson, R. W. 1970. Logical and construct validation of a short-form biographical inventory predictor of scientific creativity. Proceedings of the Annual Convention of the American Psychological Association, 5, 151—152.

Erikson, E. H. 1958. Young man Luther. New York: Norton.

Erikson, E. H. 1968. Identity: Youth and crisis. New York: Norton.

Fahrenberg, J. 1971. Methodenprobleme der Fragebogenkonstruktion. In: Heite, H.-J. (Hg.). Anamnese. Stuttgart: Schattauer, 165—177.

Farina, A., Hagelauer, H. D. & Holzberg, J. D. 1976. Influence of psychiatric history on physician's response to a new patient. Journal of Consulting and Clinical Psychology, 44, 499.

Fassl, H. E. 1970. Die Anamnese als Informationsgewinnungsprozeß. Habilitationsschrift, Universität Mainz.

Ferber von, Chr. 1971. Das Interview — seine Aussage in Abhängigkeit von der Befragungstechnik. In: Heite, H.-J. (Hg.). Anamnese. Stuttgart: Schattauer, 115—126.

Fidler, D. S. & Kleinknecht, R. E. 1977. Randomized response versus direct questioning: two data collection methods for sensitive information. Psychological Bulletin, **84**, 1045—1049.

Finlay-Jones, R. A. & Burvill, P. W. 1977. The prevalence of minor psychiatric morbidity in the community. Psychological Medicine, **7**, 475—489.

Fishman, J. A. & Pasanella, A. K. 1960. College admission selection studies. Review of Educational Research, **30**, 298—310.

Flesch, R. 1975. A guide to interviewing the bereaved. Journal of Thanatology, **3**, 93—103.

Foulds, G. A. & Bedford, A. 1975. Hierarchy of classes of personal illness. Psychological Medicine, **5**, 181—192.

Frank, R. & Friedrich-Freisewinkel, G. 1978. Entwicklung und gegenwärtiger Stand psychologischer Differentialdiagnostik. In: Pongratz, L. J. (Hg.). Handbuch der Psychologie, Bd. 8. Klinische Psychologie, 2. Hb. Göttingen: Hogrefe, 1562—1627.

Freeberg, N. E. 1967. The biographical information blank as a predictor of student achievement: A review. Psychological Reports, **20**, 911—925.

Freitag, C. B. & Barry, J. R. 1974. Interaction and interviewer bias in a survey of the aged. Psychological Reports, **34**, 771—774.

Friedrich, W. (Hg.). 1970. Methoden der marxistisch-leninistischen Sozialforschung. Berlin: VEB Deutscher Verlag der Wissenschaften.

Froehlich, C. P. 1958. The completeness and accuracy of counseling interviewer reports. Journal of General Psychology, **58**, 81—96.

Froehlich, R. E. & Bishop, F. M. 1973. Die Gesprächsführung des Arztes. Berlin: Springer.

Gardner, K. E. & Williams, A. P. O. 1973. A twenty-five year follow-up of an extended interview selection procedure in the Royal Navy. Occupational Psychology, **47**, 1—13.

Garmezy, N. 1977. On some risks in risk research. Psychological Medicine, **7**, 1—6.

Goergen, K. 1975. Psychiatrisches Standardinterview (PSI). Grenzach: Hoffmann-La Roche.

Goldberg, L. R. & Werts, C. E. 1966. The reliability of clinical judgments: a multitrait-multimethod approach. Journal of Consulting Psychology, **30**, 199—206.

Golden, M. 1964. Some effects of combining psychological tests on clinical inferences. Journal of Consulting Psychology, **28**, 440—446.

Goldstein, A. P. & Stein, N. 1976. Prescriptive psychotherapies. New York: Pergamon.

Goldstein, I. L. 1971. The application blank: How honest are the responses? Journal of Applied Psychology, **55**, 491—492.

Gorden, R. L. 1969. Interviewing: Strategies, techniques and tactics. Homewood, Ill.: Dorsey.

Graham, D. T. 1972. Psychosomatic medicine. In: Greenfield, N. S. & Sternbach, R. A. (Hg.). Handbook of psychophysiology. New York: Holt, 839—924.

Graham, P. & Rutter, M. 1968. The reliability and validity of the psychiatric assessment of the child. II. Interview with the parent. British Journal of Psychiatry, **114**, 581—593.

Greist, J. H., Klein, M. H. & van Cura, L. J. 1973. A computer interview for psychiatric patient target symptoms. Archives of General Psychiatry, **29**, 247—253.

Groen, J. J. 1970. Influence of social and cultural patterns on psychosomatic diseases. Psychotherapy and Psychosomatics, **18**, 189—215.

Groen, J. J. 1971. Social change and psychosomatic disease. In: Levi, L. (Hg.). Society, stress and disease. Bd. 1. London: Oxford University Press, 79—109.

Grossarth-Maticek, R. 1976. Krebserkrankung und Familie. Familiendynamik, **1**, 294—318.

Grossberg, J. M. 1964. A brief structured psychological evaluation interview with adults. Journal of Clinical Psychology, **20**, 295—299.

Gunderson, E. K. E. 1971. Epidemiology and prognosis of psychiatric disorders in the Naval Service. In: Spielberger, C. D. (Hg.). Current topics in clinical and community psychology. Bd. 3. New York: Academic Press, 179—210.

Gunderson, E. K. E. & Rahe, R. H. (Hg.). 1972. Life stress and illness. Springfield, Ill.: Charles C. Thomas.

Gurland, B. J., Yorkston, N. J., Stone, A. R., Frank, J. D. & Fleiss, J. L. 1972. The Structured and Scaled Interview to Assess Maladjustment (SSIAM). I. Description, rationale and development. Archives of General Psychiatry, **27**, 259—263.

Guze, S. B. & Goodwin, D. W. 1972. Consistency of drinking history and diagnosis of alcoholism. Quarterly Journal of the Studies on Alcohol, **33**, 111—116.

Habeck, D. 1977. Systematische Aspekte der Anamnestik und Anamnese. Medizinische Welt, **28**, 8—22.

Haggard, E. A., Brekstad, A. & Skard, A. 1960. On the reliability of the anamnestic interview. Journal of Abnormal and Social Psychology, **61**, 311—318.

Hahn, P. & Leisner, R. 1970. The influence of biographical anamnesis and group psychotherapy on postmyocardial patients. Psychotherapy and Psychosomatics, **18**, 299—306.

Halpin, G., Scott, O. & Halpin, G. 1973. Biographical factors related to academic achievement. Psychological Reports, **33**, 321—322.

Hamilton, M. 1976. The role of rating scales in psychiatry. Psychological Medicine, **6**, 347—349.

Hartung, J. & Vallée, I. 1971. Über die Reproduzierbarkeit von Anamnesen. In: Heite, H.-J. (Hg.). Anamnese: Stuttgart: Schattauer, 81—87.

Hay, G. G. 1977. The illness of Ludwig II of Bavaria. Psychological Medicine, **7**, 189—196.

Heckel, R. V., Hiers, J. M. & Vaughn, R. 1977. Locus of control as reflected in autobiography. Journal of Clinical Psychology, **33**, 1036—1037.

Heisel, J. S. 1972. Life changes as etiologic factors in juvenile rheumatoid arthritis. Journal of Psychosomatic Research, **16**, 411—420.

Helfer, R. & Hess, J. 1970. An experimental model for making objective measurements in interviewing skills. Journal of Clinical Psychology, **26**, 327—334.

Helmreich, R., Bakeman, R. & Radloff, R. 1973. The Life History Questionnaire as a predictor of performance in Navy diver training. Journal of Applied Psychology, 57, 148—153.

Heneman, H. G., Schwab, D. P., Huett, D. L. & Ford, J. J. 1975. Interviewer validity as a function of interview structure, biographical data, and interviewee order. Journal of Applied Psychology, 60, 748—753.

Henry, E. R. 1965. Research conference on the use of biographical data as psychological predictors. Greensboro, N. C.: Richardson Foundation.

Henryk-Gutt, R. & Rees, W. L. 1973. Psychological aspects of migraine. Journal of Psychosomatic Research, 17, 141—153.

Herman, J. B. 1977. Mixed-mode data collection: telephone and personal interviewing. Journal of Applied Psychology, 62, 399—404.

Hersen, M. & Bellack, A. S. (Hg.). 1976. Behavioral assessment: A practical handbook. Oxford: Pergamon.

Hetherington, R. R. 1970. The clinical interview. In: Mittler, P. (Hg.). The psychological assessment of mental and physical handicaps. London: Methuen, 157—174.

Hill, Ch. & Shepherd, M. 1976. The case of Arise Evans: A historico-psychiatric study. Psychological Medicine, 6, 351—358.

Hilles, L. 1967. The reliability of anamnestic data. Bulletin of the Menninger Clinic, 31, 219—228.

Hobfoll, S. E. & Penner, L. A. 1978. Effect of physical attractiveness on therapists' initial judgments of a person's self-concept. Journal of Consulting and Clinical Psychology, 46, 200—201.

Hockstim, J. R. 1967. A critical comparison of three strategies of collecting data from households. Journal of the American Statistical Association, 62, 976—989.

Holland, C. J. 1970. An interview guide for behavioural counseling with parents. Behavior Therapy, 1, 70—79.

Holmes, T. H. & Masuda, M. 1974. Life change and illness susceptibility. In: Dohrenwend, B. S. & Dohrenwend, B. P. (Hg.). Stressful life events: their nature and effects. New York: Wiley, 45—72.

Holmes, T. H. & Rahe, R. H. 1967. The Social Readjustment Rating Scale. Journal of Psychosomatic Research, 11, 213—218.

Hudgens, R. W., Robins, E. & Delong, W. B. 1970. The reporting of recent stress in the lives of psychiatric patients. British Journal of Psychiatry, 117, 635—643.

Huxley, P. & Goldberg, D. 1975. Social versus clinical prediction in minor psychiatric disorders. Psychological Medicine, 5, 96—100.

Hyman, H. H., Cobb, W. J., Feldman. J. J., Hart, C. W. & Stember, C. H. 1954. Interviewing in social research. Chicago: University of Chicago Press.

Ivey, A. E. 1971. Microcounseling: Innovations in interviewing training. Springfield, Ill.: Charles C. Thomas.

Jacobs, S. C., Prusoff, B. A. & Paykel, E. S. 1974. Recent life events in schizophrenia and depression. Psychological Medicine, 4, 444—453.

Jäger, R. 1974. Zusammenhang zwischen Leistungen im Bildungsbereich und biographischen Daten. In: Eckensberger, L. & Eckensberger, U. (Hg.). Bericht über den 28. Kongreß der Deutschen Gesellschaft für Psychologie, Bd. 5. Göttingen: Hogrefe, 70—78.

Jäger, R. 1978. Differentielle Diagnostizierbarkeit in der psychologischen Diagnostik. Göttingen, Hogrefe.

Jäger, R., Berbig, E., Geisel, B., Gosslar, H., Hagen, J., Liebich, W. & Schafheutle, R. 1973. Mannheimer Biographisches Inventar (M-B-I). Göttingen: Hogrefe.

Jäger, R., Lischer, S., Münster, B. & Ritz, B. 1976. Biographisches Inventar zur Diagnose von Verhaltensstörungen (BIV). Göttingen: Hogrefe.

James, L. R., Ellison, R. L. & Fox, D. G. 1972. Prediction of artistic performance. Proceedings of the Annual Convention of the American Psychological Association, 7, 313—314.

Jankowski, P. 1978. Diagnostik in der Erziehungs- und Familienberatung. In: Pongratz, L. J. (Hg.). Handbuch der Psychologie, Bd. 8. Klinische Psychologie, 2. Hb. Göttingen: Hogrefe, 1726—1753.

Johnson, R. F. Q. 1976. Pitfalls in research: The interview as an illustrative model. Psychological Reports, 38, 3—17.

Kadushin, A. 1972. The social work interview. New York: Columbia University Press.

Kahn, R. L. & Cannell, C. F. 1968. Interviewing. I. Social research. In: Sills, D. L. (Hg.). International encyclopedia in the social sciences, Bd. 8, 149—161.

Kanfer, F. H. & Grimm, L. G. 1977. Behavioral analysis: Selecting target behaviors in the interview. Behavior Modification, 1, 7—28.

Kanzler, G., Giere, W. & Michels, B. 1973. Computer-Anamnese: Erfahrungen und Perspektiven. Diagnostik, 6, 644—648.

Kaplan, H. I. & Sadock, B. J. 1975. Psychiatric report. In: Freedman, A. M., Kaplan, H. I. & Sadock, B. J. (Hg.). Comprehensive textbook of psychiatry II, Bd. 1. Baltimore: Williams & Wilkins, 733—736.

Kavanagh, M. J. & York, D. R. 1972. Biographical correlates of middle managers' performance. Personnel Psychology, 25, 319—332.

Kemmler, L. & Echelmeyer, L. 1978. Anamnese-Erhebung. In: Pongratz, L. J. (Hg.). Handbuch der Psychologie, Bd. 8. Klinische Psychologie, 2. Hb. Göttingen: Hogrefe, 1628—1648.

Keßler, B. H. 1978. Behaviorale Diagnostik. In: Schmidt, L. R. (Hg.). Lehrbuch der Klinischen Psychologie. Stuttgart: Enke, 164—189.

Keßler, B. H. & Schmidt, L. R. 1977. Zum Problem der Validitäten verbaler Informationen in Diagnostik und Therapie. In: Schneider, J. & Schneider-Düker, M. (Hg.). Interpretationen der Wirklichkeit. Saarbrücken: Verlag der Schriften des Sozialwissenschaftlichen Studienkreises für Internationale Probleme, 319—336.

Keßler, B. H. & Schmidt, L. R. 1978. Anamnese und Ratingverfahren. In: Schmidt, L. R. (Hg.) Lehrbuch der Klinischen Psychologie. Stuttgart: Enke, 206—219.

Kinston, W. & Rosser, R. 1974. Disaster: Effects on mental and physical state. Journal of Psychosomatic Research, 18, 437—456.

Kleinmuntz, B. & McLean, R. S. 1968. Computers in behavioral science: Diagnostic interviewing by digital computer. Behavioral Science, 13, 75—80.

Knupfer, G., Clark, W. & Room, R. 1966. The mental health of the unmarried. American Journal of Psychiatry, 122, 841—851.

Kostlan, A. 1954. A method for the empirical study of psychodiagnosis. Journal of Consulting Psychology, 18, 83—88.

La Gaipa, J. J. 1969. Biographical inventories and style of leadership. Journal of Psychology, 72, 109—114.

Landy, F. J. & Bates, F. 1973. Another look at contrast effects in the employment interview. Journal of Applied Psychology, 58, 141—144.

Langen, D. 1971. Psychotherapie. Stuttgart: Thieme.

Langenmayr, A. 1975. Familiäre Umweltfaktoren und neurotische Struktur. Göttingen: Verlag für Medizinische Psychologie.

Langer, W. C. 1972. The mind of Adolf Hitler: The secret wartime report. London: Pan.

Langer, E. J. & Abelson, R. P. 1974. A patient by any other name . . .: Clinician group difference in labeling bias. Journal of Consulting and Clinical Psychology, 42, 4—9.

Langfeldt, H.-P. & Fingerhut, W. 1974. Der Beitrag biographischer Daten von Schülern und Lehrern zur Vorhersage von Schulnoten. In: Eckensberger, L. & Eckensberger, U. (Hg.). Bericht über den 28. Kongreß der Deutschen Gesellschaft für Psychologie in Saarbrücken 1972. Göttingen: Hogrefe, 79—86.

Lanyon, R. I. & Goodstein, L. D. 1971. Personality assessment. New York: Wiley.

La Rocco, J. M., Ryman, D. H. & Biersner, R. J. 1977. Life history and mood as predictors of adjustment in Navy recruit training. Journal of Community Psychology, 5, 46—51.

Lavin, D. E. 1965. The prediction of academic performance. New York Russell Sage Foundation.

Lazarus, A. A. 1976. Multimodal behavior therapy. New York: Springer.

Lazarus, R. S. 1969. Patterns of adjustment and human effectiveness. New York: McGraw Hill.

Leichner, R. 1978. Klinische Urteilsbildung. In: Pongratz, L. J. (Hg.). Handbuch der Psychologie, Bd. 8. Klinische Psychologie, 2. Hb. Göttingen: Hogrefe, 1499—1561.

Le Shan, L. L. & Worthington, R. E. 1956. Some recurrent life history patterns observed in patients with malignant disease. Journal of Nervous and Mental Disease, 124, 460—465.

Lind, E. & Theorell, T. 1973. Sociological characteristics and myocardial infarctions. Journal of Psychosomatic Research, 17, 59—73.

Lopez, F. M. jr. 1965. Personnel interviewing. New York: McGraw Hill.

Lorei, T. W. & Gurel, L. 1973. Demographic characteristics as predictors of posthospital employment and readmission. Journal of Consulting and Clinical Psychology, **40**, 426—430.

Lorr, M. 1974. Assessing psychotic behavior by the IMPS. In: Pichot, P. & Olivier-Martin, R. (Hg.). Psychological measurements in psychopharmacology. Basel: Karger, 50—63.

Lukesch, H. 1976. Elterliche Erziehungsstile: Psychologische und soziologische Bedingungen. Stuttgart: Kohlhammer.

Lyerly, S. B. 1973. Handbook of psychiatric rating scales. Rockville: National Institute of Mental Health.

MacKinnon, D. W. 1967. Stress interview. In: Jackson, D. N. & Messick, S. (Hg.). Problems in human assessment. New York: McGraw Hill, 669—676.

McLachlan, J. F. C. & Walderman, R. L. 1976. Brief scales for evaluating assertiveness, marital communication, and work satisfaction. Journal of Community Psychology, **4**, 303—305.

Mahoney, M. J. 1974. Cognition and behavior modification. Cambridge, Mass.: Ballinger.

Malmquist, A. 1973. A prospective study of patients in chronic hemodialysis. Journal of Psychosomatic Research, **17**, 333—337, 339—344.

Mandel, N. G. 1959. Mandel Social Adjustment Scale. Minneapolis: University of Minnesota.

Marks, F. M. 1977. The characteristics of psychiatric patients readmitted within a month of discharge. Psychological Medicine, **7**, 345—352.

Marlatt, G. A. 1976. The Drinking Profile: A questionnaire for the behavioral assessment of alcoholism. In: Mash, E. J. & Terdal, L. G. (Hg.). Behavior-therapy assessment: Diagnosis, design, and evaluation. New York: Springer, 121—137.

Mash, E. J. & Terdal, L. G. 1976. (Hg.). Behavior-therapy assessment: Diagnosis, design, and evaluation. New York: Springer.

Maslow, A. 1962. Toward a psychology of being. New York: Harper & Row.

Matarazzo, J. D. 1965. The interview. In: Wolman, B. B. (Hg.). Handbook of clinical psychology. New York: McGraw Hill, 403—450.

Matarazzo, J. D. & Wiens, A. N. 1972. The interview: Research on its anatomy and structure. Chicago: Aldine.

Matarazzo, J. D. & Wiens, A. N. 1977. Speech behavior as an objective correlate of empathy and outcome in interview and psychotherapy research. Behavior Modification, **1**, 453—480.

Mayfield, E. C. 1964. The selection interview: A reevaluation of published research. Personnel Psychology, **17**, 239—260.

Medizinische Hochschule Hannover, 1974. MHH-Basisanamnese. Hannover.

Meerwein, F. 1969. Die Grundlagen des ärztlichen Gesprächs. Bern: Huber.

Mellner, Ch., Gardmark, S. & Parkholm, S. 1970. Medical questionnaires in clinical practice. In: Anderson, J. & Forsythe, J. M. (Hg.). Information processing of medical records. Amsterdam: North Holland, 106—115.

Mentzos, S. & Pittrich, W. 1971. Über die Zuverlässigkeit psychiatrisch-psychologischer Anamnesen. In: Heite, H.-J. (Hg.). Anamnese. Stuttgart: Schattauer, 141—161.

Michel, L. & Iseler, A. 1968. Beziehungen zwischen klinischen und psychometrischen Methoden der diagnostischen Urteilsbildung. In: Groffmann, K. J. & Wewetzer, K. H. (Hg.). Person als Prozeß. Bern: Huber, 115—156.

Mischel, W. 1977. On the future of personality measurement. American Psychologist, **32**, 246—254.

Möhr, J. R. 1973. Prinzipien für die Bewertung und Konstruktion von Anamnesefragebogen. Workshoptagung ARO und Arbeitskreis Praktische Medizin der GMDS, Köln.

Möhr, J. R. 1976. Computer assisted medical history. Habilitationsschrift, Medizinische Hochschule Hannover.

Möhr, J. R. 1977. Principles of target-oriented construction of medical questionnaires. Methods of Information in Medicine, **2**, 231—256.

Möhr, J. R. & Holthoff, G. 1976. Untersuchungen zur Teilautomatisation der Erhebung einer Basisanamnese. In: Reichertz, P. L. (Hg.). Medizinische Informatik 1975, Frühjahrstagung des Fachbereichs Informatik der GMDS. Berlin: Springer, 66—79.

Molish, H. B. 1972. Projective methodologies. In: Mussen, P. H. & Rosenzweig, M. R. (Hg.). Annual Review of psychology, Bd. 23. Palo Alto: Annual Review Inc., 577—614.

Mombour, W. 1972. Verfahren zur Standardisierung des psychopathologischen Befundes (Teil I und II). Psychiatria Clinica, **5**, 73—120, 137—157.

Montour, K. 1977. William James Sidis, the broken twig. American Psychologist, **32**, 265—279.

Morgan, H. G. & Russell, G. F. M. 1975. Value of family background and clinical features as predictors of long-term outcome in anorexia nervosa: Four-year follow-up study of 41 patients. Psychological Medicine, **5**, 355—371.

Morganstern, K. P. 1976. Behavioral interviewing: The initial stages of assessment. In: Hersen, M. & Bellack, A. S. (Hg.). Behavioral assessment: A practical handbook. New York: Pergamon, 51—76.

Morris, R. J. 1975. Fear reduction methods. In: Kanfer, F. H. & Goldstein, A. P. (Hg.). Helping people change. New York: Pergamon, 229—271.

Moss, P. & Plewis, I. 1977. Mental distress in mothers of pre-school children in Inner London. Psychological Medicine, **7**, 641—652.

Movahedi, S. 1975. Loading the dice in favor of madness. Journal of Health and Social Behavior, **16**, 192—197.

Munter, P. O. 1975. Psychobiographical assessment. Journal of Personality Assessment, **39**, 424—428.

Murray, H. A. 1938. Explorations in personality. New York: Oxford University Press.

National Institute of Mental Health, 1976. APDI: Adult Personal Data Inventory. In: Guy, W. (Hg.). ECDEU assessment manual for psychopharmacology. Rockville, 93—107.

Nelson, P., Mensh, I. N., Hecht, E. & Schwartz, A. N. 1972. Variables in the reporting of recent lige changes. Journal of Psychosomatic Research, **16**, 465—471.

Neuringer, C. 1974. (Hg.). Psychological assessment of suicidal risk. Springfield, Ill.: Charles C. Thomas.

Nevo, B. 1976. Using biographical information to predict success of men and women in the Army. Journal of Applied Psychology, **61**, 106—108.

Nisbett, R. E. & Wilson, T. D. 1977. Telling more than we can know: Verbal reports on mental processes. Psychological Review, **84**, 231—259.

Overall, J. E. 1974. The Brief Psychiatric Rating Scale in pschopharmacology research. In: Pichot, P. & Olivier-Martin, R. (Hg.). Psychological measurements in psychopharmacology. Basel: Karger, 67—78.

Overall, J. E. & Higgins, C. W. 1977. An application of actuarial methods in psychiatric diagnosis. Journal of Clinical Psychology, **33**, 973—980.

Owens, W. A. 1968. Toward one discipline of scientific psychology. American Psychologist, **23**, 782—785.

Owens, W. A. 1971. A quasi-actuarial basis for individual assessment. American Psychologist, **26**, 992—999.

Pauker, S. G., Gorry, G. A., Kassirer, J. & Schwartz, W. B. 1976. Towards the simulation of clinical cognition — Taking a present illness by computer. American Journal of Medicine, **60**, 981—996.

Pauli, W. / Arnold, R. 1972[7]. Diagnostisches Praktikum (= Psychologisches Praktikum, Bd. 2). Stuttgart: Gustav Fischer.

Paykel, E. S. 1975. Environmental variables in the etiology of depression. In: Flach, F. L. & Draghi, S. (Hg.). The nature and treatment of depression. New York: Wiley, 57—72.

Paykel, E. S. & Tanner, J. 1976. Life events, depressive relapse and maintenance treatment. Psychological Medicine, **6**, 481—485.

Payne, D. A. & Halpin, W. G. 1974. Use of factored biographical inventory to identify differentially gifted adolescents. Psychological Reports, **35**, 1195—1204.

Payne, R. L. 1975. Recent life changes and the reporting of psychological states. Journal of Psychosomatic Research, **19**, 99—103.

Petry, J. R. & Craft, P. A. 1976. Investigation of instruments to predict academic performance of high-risk college students. Journal of Educational Research, **70**, 21—25.

Phillips, D., Fischer, S. C. & Singh, R. 1977. A children's reinforcement survey schedule. Journal of Behavior Therapy and Experimental Psychiatry, **8**, 131—134.

Pichot, P. & Olivier-Martin, R. 1974 (Hg.). Psychological measurement in psychopharmacology. Basel: Karger.

Pierloot, R. & Boucquey, J.-P. 1963. L'anamnèse orientée dans le sens psychologique. Acta Psychotherapeutica et Psychosomatica, **11**, 445—463.

Potkay, C. R. 1973. The role of personal history data in clinical judgment: A selective focus. Journal of Personality Assessment, **37**, 203—212.

Quinton, D., Rutter, M. & Rowlands, O. 1976. An evaluation of an interview assessment of marriage. Psychological Medicine, **6**, 577—586.

Rahe, R. H. 1968. Life change measurement as a predictor of illness. Proceedings of the Royal Society of Medicine, **61**, 1124—1126.

Rahe, R. H. 1972. Subjects' recent life changes and their near-future illness susceptibility. Advances in Psychosomatic Medicine, **8**, 2—19.

Rahe, R. H. 1975. Life changes and near-future illness reports. In: Levi, L. (Hg.). Emotions: their parameters and measurement. New York: Raven Press, 511—529.

Rahe, R. H. & Lind, E. 1971. Psychosocial factors and sudden cardiac death: a pilot study. Journal of Psychosomatic Research, **15**, 19—24.

Rees, W. D. & Lutkins, S. G. 1967. Mortality of bereavement. British Medical Journal, **4**, 13—16.

Reichertz, P. L. 1971. Moderne Computer-Techniken zur Anamneseerhebung (sog. Man-Machine-Dialog). In: Heite, H.-J. (Hg.). Anamnese. Stuttgart: Schattauer, 327—342.

Rey, E.-R. 1977. Die „objektive" Messung von Persönlichkeitszügen. In: Strube, G. (Hg.). Die Psychologie des 20. Jahrhunderts, Bd. 5. Binet und die Folgen. Zürich: Kindler, 348—382.

Richman, N. & Graham, P. J. 1971. A behavioural screening questionnaire for use with three-year-old children: Preliminary findings. Journal of Child Psychology and Psychiatry, **12**, 5—33.

Ricks, D. F., Thomas, A. & Roff, M. 1974. Life history research in psychopathology. Minneapolis: University of Minnesota Press.

Robbins, L. C. 1963. The accuracy of parental recall of aspects of child development. Journal of Abnormal and Social Psychology, **66**, 261—270.

Roen, S. R. & Burnes, A. J. 1968. Community Adaption Schedule: Preliminary manual. New York: Behavioral Publications.

Roff, M. 1970. Some problems in life history research. In: Roff, M. & Ricks, D. F. (Hg.). Life history research in psychopathology. Minneapolis: University of Minnesota Press, 10—30.

Roff, M. & Ricks, D. F. 1970. (Hg.). Life history research in psychopathology. Minneapolis: University of Minnesota Press.

Roff, M., Robins, L. N. & Pollack, M. (Hg.). 1972. Life history research in psychopathology, Bd. 2. Minneapolis: University of Minnesota Press.

Rogers, T. F. 1976. Interviews by telephone and in person: Quality of responses and field performance. Public Opinion Quarterly, **40**, 51—65.

Röhl, W. & Nell, V. 1977. Ariadnefaden durch die Verhaltensanalyse. Mitteilungen der Deutschen Gesellschaft für Verhaltenstherapie, **9**, 234—248.

Rosenbaum, R. W. 1976. Predictability of employee theft using weighted application blanks. Journal of Applied Psychology, **61**, 94—98.

Rowland, K. F. 1977. Environmental events predicting death for the elderly. Psychological Bulletin, **84**, 349—372.

Russek, H. I. & Russek, L. 1976. Is emotional stress an etiologic factor in coronary heart disease? Psychosomatics, **17**, 63—67.

Schaefer, C. E. 1969. The prediction of creative achievement from a biographical inventory. Educational and Psychological Measurement, **29**, 431—437.

Schaefer, C. E. & Anastasi, A. 1968. A biographical inventory for identifying creativity in adolescent boys. Journal of Applied Psychology, **52**, 42—48.

Schmidt, L. R. 1975. Objektive Persönlichkeitsmessung in diagnostischer und klinischer Psychologie. Weinheim: Beltz.

Schmidt, L. R. & Keßler, B. H. 1976. Anamnese: Methodische Probleme, Erhebungsstrategien und Schemata. Weinheim: Beltz.

Schonfield, J. 1975. Psychological and life-experience differences between Israeli women with benign and cancerous breast lesions. Journal of Psychosomatic Research, **19**, 229—234.

Schraml, W. J. 1964. Das psychodiagnostische Gespräch (Exploration und Anamnese). In: Heiss, R. (Hg.). Handbuch der Psychologie, Bd. 6. Psychologische Diagnostik. Göttingen: Hogrefe, 868—897.

Schuh, A. J. 1967. The predictability of employee tenure: A review of the literature. Personnel Psychology, **20**, 133—152.

Schuyler, D. 1974. The depressive syndrome. New York: Aronson.

Schwab, D. P. & Oliver, R. L. 1974. Predicting tenure with biographical data: Exhuming buried evidence. Personnel Psychology, **27**, 125—128.

Seidenstücker, E. 1976. Konstruktion und Evaluation eines Trainingsprogramms für klinische Interviews. Unveröffentlichte Dissertation, Universität Regensburg.

Seitz, W. 1977. Persönlichkeitsbeurteilung durch Fragebogen. Braunschweig: Westermann.

Siegel, L. 1956. A biographical inventory for students: Construction and standardization of the instrument. Journal of Applied Psychology, **40**, 5—10.

Siegman, A. W. 1976. Do noncontingent interviewer Mm-Hmms facilitate interviewee productivity? Journal of Consulting and Clinical Psychology, **44**, 171—182.

Simonton, D. K. 1976. Biographical determinants of achieved eminence: A multivariate approach to the Cox data. Journal of Personality and Social Psychology, **33**, 218—226.

Slack, W. V. & Slack, C. W. 1972. Patient computer dialogue. New England Journal of Medicine, **286**, 1304—1309.

Small, L. 1972. The uncommon importance of psychodiagnosis. Professional Psychology, 3, 111—119.

Smith, W. J., Albright, L. E., Glennon, J. R. & Owens, W. A. 1961. The prediction of research competence and creativity from personal history. Journal of Applied Psychology, 45, 59—62.

Soskin, W. F. 1959. Influence of four types of data on diagnostic conceptualization in psychological testing. Journal of Abnormal and Social Psychology, 58, 69—78.

Spitzer, R. L. & Endicott, J. 1975. Psychiatric rating scales. In: Freedman, A. M., Kaplan, H. I. & Sadock, B. J. (Hg.). Comprehensive textbook of psychiatry — II, Bd. 2. Baltimore. Williams & Wilkins, 2015—2031.

Stewart, C. J. & Cash, W. B. 1974. Interviewing: Principles and practices. Dubuque: Brown.

Symonds, P. & Dietrich, D. 1941. Effects of variation in the time interval between an interview and its recording. Journal of Abnormal and Social Psychology, 36, 593—598.

Taylor, K. B. & Weiss, D. J. 1972. Prediction of individual job termination from measured job satisfaction and biographical data. Journal of Vocational Behavior, 2, 123—132.

Tent, L. 1968. Ein halbstandardisiertes psychodiagnostisches Kurz-Interview (HKI). Psychologie und Praxis, 12, 1—14.

Theorell, T. 1974. Life events before and after the onset of a premature myocardial infarction. In: Dohrenwend, B. S. & Dohrenwend, B. P. (Hg.). Stressful life events: Their nature and effects. New York: Wiley, 101—117.

Theorell, T. 1976. Selected illnesses and somatic factors in relation to two psychosocial stress indices — a prospective study on middle-aged construction workers. Journal of Psychosomatic Research, 20, 7—20.

Thomae, H. 1952. Die biographische Methode in den anthropologischen Wissenschaften. Studium Generale, 5, 163—177.

Thomae, H. 1968. Das Individuum und seine Welt. Göttingen: Hogrefe.

Thomae, H. 1977. Fallstudie und Längsschnittuntersuchung. In: Strube, G. (Hg.). Die Psychologie des 20. Jahrhunderts, Bd. 5. Binet und die Folgen. Zürich: Kindler, 213—235.

Thoms, K. 1975. Anamnese. In: Keil, S. (Hg.). Familien- und Lebensberatung: Ein Handbuch. Stuttgart: Kreuz, 54—55.

Thorne, F. C. 1970. Psychological „Twenty Questions": A method of teaching diagnostic interviewing. Journal of Clinical Psychology, 26, 331—334.

Trendelenburg, F. & Mall, W. 1970. Epidemiologie und Entdeckung des Bronchialcarcinoms. Der Internist, 11, 303—317.

Trower, P., Bryant, B., Argyle, M. & Marzillier, J. 1978. Social skills and mental health. London: Methuen.

Ulf, D. F. 1975. Life change patterns prior to death in ischaemic heart disease: A study on death discordant twins. Journal of Psychosomatic Research, 19, 273—278.

Vestre, N. & Lorei, T. 1967. Relationships between social history factors and psychiatric symptoms. Journal of Abnormal Psychology, **72**, 247—250.

Vinokur, A. & Selzer, M. L. 1975. Desirable versus undesirable life events: Their relationship to stress and mental disease. Journal of Personality and Social Psychology, **32**, 329—337.

Vogel, H. & Vogel, I. 1977. Projektive Verfahren und ihre Anwendung. In: Strube, G. (Hg.). Die Psychologie des 20. Jahrhunderts, Bd. 5. Binet und die Folgen. Zürich: Kindler, 383—465.

Wagner, G. 1971. Probleme der Anamnese-Erhebung für den Informationsgewinnungsprozeß. Arzneimittel-Forschung, **21**, 158—164.

Wagner, G. & Schwan, B. 1971. Bibliographie zum Thema: Techniken der Anamneseerhebung und -dokumentation. In: Heite, H.-J. (Hg.). Anamnese. Stuttgart: Schattauer, 345—362.

Warr, P. B. 1971. Judgements about people at work. In: Warr, P. B. (Hg.). Psychology at work. Harmondsworth: Penguin, 208—230.

Weissman, M. M. 1975. The assessment of social adjustment. Archives of General Psychiatry, **32**, 357—365.

Weissman, M. M. & Paykel, E. S. 1974. The depressed woman: A study of social relationships. Chicago: University of Chicago Press.

Wershow, H. J. & Reinhart, G. 1974. Life change and hospitalization — a heretical view. Journal of Psychosomatic Research, **18**, 393—401.

Weyer, G. & Hodapp, V. 1975. Entwicklung von Fragebogenskalen zur Erfassung der subjektiven Belastung. Archiv für Psychologie, **127**, 161—188.

Whiting, B. G. 1973. How to predict creativity from biographical data. Journal of Creative Behavior, **7**, 201—207.

Wildman, R. W. & Wildman, R. W. II. 1974. A structured interview for use by psychology technicians. Journal of Clinical Psychology, **30**, 414—416.

Wirt, R. D., Winokur, G. & Roff, M. 1975. (Hg.). Life history research in psychopathology. Minneapolis: University of Minnesota Press.

Wiseman, F. 1972. Methodological bias in public opinion surveys. Public Opinion Quarterly, **36**, 101—108.

Wright, O. R. 1969. Summary of research on the selection interview since 1964. Personnel Psychology, **22**, 391—413.

Yarrow, M. R., Campbell, J. D. & Burton, R. V. 1970. Childhood recollections: A study of the retrospective method. Monographs of the Society for Research in Child Development, **35** (5, Serial No. 138).

Zayer, H. 1977. Schlafproblematik von Schichtarbeitern in Abhängigkeit von psychosozialen Bedingungen und Persönlichkeitsfaktoren. Unveröffentlichte Dissertation, Universität des Saarlandes.

Zubin, J. 1972. Discussion of symposium on newer approaches to personality assessment. Journal of Personality Assessment, **36**, 427—434.

2. Kapitel

Subjektive Tests zur Messung der Persönlichkeit

Erich Mittenecker

I. Einleitung

Die in diesem Kapitel behandelten Verfahren basieren zum Unterschied von Intelligenz- und anderen Fähigkeitstests (auch im Gegensatz zu anderen persönlichkeitsdiagnostischen Methoden) auf der Voraussetzung, daß der Proband in der Lage ist, in der direkten Reaktion auf die verbalen Elemente des Tests (Entscheidungsantworten, Zustimmung zu bzw. Ablehnung von Feststellungen) Auskünfte über sein eigenes Verhalten in der Vergangenheit, über Gefühle, Vorlieben, Abneigungen und sonstige Einstellungen zu geben. Deswegen werden solche Verfahren auch — z. B. von den Herausgebern dieser Bände der Enzyklopädie — „subjektive Persönlichkeitstests" im Gegensatz zu den „objektiven Persönlichkeitstests" im engeren Sinn (z. B. Leistungs- und Wahrnehmungstests, siehe Kap. 3) und den „projektiven" Verfahren genannt. Zum Unterschied von den letzteren („indirekten") kann man sie auch als „direkte" Verfahren bezeichnen.

Formal, vom Standpunkt des Testtheoretikers, werden die „subjektiven Persönlichkeitstests" als „objektiv" klassifiziert, da sie, zum Unterschied von den projektiven (in diesem Sinne: subjektiven) Verfahren, eine hohe, meist vollkommene Objektivität der Skorung besitzen und psychometrisch behandelt werden, d. h. in der Regel mit Hilfe quantitativer, vom Testbenützer unabhängiger Methoden entwickelt, geskort und interpretiert werden.

II. Persönlichkeitstests

A. Anfänge

Schon im vorigen Jahrhundert wurden gelegentlich Fragebogen zur Selbstbeantwortung durch die Pbn ausgearbeitet, zum erstenmal in größerem Umfang von Galton und Stanley Hall. Es handelt sich jedoch nicht um Tests in unserem

Sinn, da jede Frage für sich ausgewertet wurde (ähnlich der Auswertung von „Meinungsbefragungen", wie sie auch heute noch meist vorgenommen wird) und da das Ziel der Auswertung nicht die Bestimmung von Eigenschaften einzelner Individuen war.

Der erste Versuch, ein Persönlichkeitsmerkmal mittels einer Art Fragebogen-Tests zu messen, wurde im Rahmen der Spearman-Schule von Lankes (1915) für reine Forschungszwecke gemacht. Zur Messung der Perseverationstendenz, die er für ein an der Charakter- und Willensbildung entscheidend beteiligtes individuell variierendes Anlagemerkmal hielt, verwendete er 8 objektive Tests und ein „Interrogatory on Perseveration Tendency", bestehend aus ursprünglich 17 Fragen, wie „Haben Sie, nachdem Sie einen Ort oder Raum oder eine Tätigkeit für längere Zeit oder für immer verlassen haben, eine Art Heimweh danach?" Die 47 Vpn sollten auf die einzelnen Fragen möglichst kurz (mit ja, nein, sehr stark, niemals usw.) antworten, ohne daß ihnen bestimmte Kategorien zur Auswahl vorgegeben wurden. Affirmative Antworten (im Sinne der Perseveration) wurden mit + 1 geskort, Verstärkungen (wie „sehr stark") mit einem zusätzlichen halben oder ganzen Punkt, für Abschwächungen („gelegentlich") wurde ein halber Punkt abgezogen. L. warf bereits die Frage auf, ob es nicht besser wäre, die Fragen nach ihrer unterschiedlichen Validität mit verschiedenen Gewichtszahlen zu versehen. Er bildete aufgrund der Ergebnisse in den acht übrigen Tests zwei Extremgruppen von je 10 Vpn, die „Perseveratoren" und die „Nicht-Perseveratoren", und schied aufgrund der Antworten dieser beiden Gruppen im Fragebogen 4 Fragen aus, bei einigen anderen änderte er die Skorung. Die Gesamtskores in der verbesserten Form des „Interrogatory" korrelierte er mit den übrigen Tests, wobei er niedrige, aber durchwegs positive Korrelationen errechnete. Mit einem Außenkriterium, der „Persistence"-Qualität des Charakters, erhielt er jedoch (so wie bei allen übrigen Perseverationstests) eine Tendenz zu negativer Korrelation. Er hatte eine positive Korrelation zwischen Perseveration und Persistence erwartet, u. zw. in Anlehnung an Webb (1915); dessen Monographie über die Existenz eines allgemeinen konativen Faktors W neben dem bereits bekannten allgemeinen Intelligenzfaktor G wurde übrigens von Thurstone (1916), damals am CIT in Pittsburgh, mit größtem Interesse aufgenommen und als Hinweis auf eine multifaktorielle Organisation der Persönlichkeit interpretiert.

Der Versuch von L., ein Persönlichkeitsmerkmal durch Selbstbeurteilungsfragebogen zu messen, wurde nicht weiter beachtet. Als Prototyp der heutigen Persönlichkeits-Fragebogentests gilt das 1917 von einem Komitee der APA (Woodworth, Poffenberger, Boring und Hollingworth) ausgearbeitete Verfahren zur Grobuntersuchung der „emotional fitness" der Soldaten des US-Expeditionskorps, über das Woodworth (1919) vor dem APA-Kongreß im Dezember 1918 erstmalig berichtete. Es sollte ursprünglich nichts anderes sein als eine Liste von Fragen nach Symptomen, eine Art gedrucktes psychiatrisches Interview, das im

Gruppenverfahren (als „Personal Data Sheet" getarnt) relativ schnell an großen Anzahlen von Pbn angewendet werden konnte, und als „screening device", als grobes Sieb, dienen sollte; auffällige Pbn sollten eingehenden psychiatrischen Untersuchungen zugeführt werden. An die einzelnen Fragen waren bestimmte Anforderungen gestellt worden: Es wurden von den ursprünglich 200 Fragen nur solche beibehalten, welche von weniger als 25 % einer „unausgewählten Gruppe" (Studenten) in der auffälligen Richtung beantwortet wurden. Die verbleibenden 179 Fragen wurden einer einfachen Validierung unterworfen: Sie wurden 1000 Rekruten und einer „kleinen Gruppe" von psychoneurotischen Soldaten vorgelegt. Die endgültige Form (veröffentlicht in Woodworth 1919a) enthielt 116 Fragen, welche mit ja oder nein zu beantworten waren, wie „Haben Sie sehr oft starke Kopfschmerzen?", „Haben Sie Angst vor Verantwortung?", „Haben Sie jemals Krampfanfälle gehabt?". „Haben Sie große Angst vor Feuer?". Die Übergangsform vom gedruckten Interview zum Test äußert sich in den Bemerkungen W.s zur Auswertung. Zuerst wird die qualitative Seite erwähnt: Die Antworten auf die Fragen geben Hinweise auf weitere mündliche Fragen. Dann erst wird auf die Möglichkeit der Zählung der Symptome eingegangen. Studenten zeigen im Durchschnitt 10, Neurastheniker und Hysteriker mehr als 40, „Shell-Shock-Fälle" ungefähr 30. Daß ein solcher Fragebogentest nicht frei von Verfälschungen durch mehr oder weniger bewußte Einstellungen ist, darauf wies schon Hollingworth (1922, S. 185) hin, der einen starken Abfall der Skores bei Soldaten unmittelbar nach dem Waffenstillstand beobachtete. Bald wurde eine große Zahl von Modifikationen des Woodworthschen Verfahrens für den Zivilbedarf geschaffen, für Institutionen, die, ähnlich wie das Militär, große Zahlen von Pbn zu untersuchen hatten und nach einem ökonomischen und möglichst exakten Verfahren suchten, das nicht die intellektuellen Fähigkeiten, sondern die „andere Seite" der Persönlichkeit prüft: das „adjustment", die „emotionale Stabilität", die Tendenz zu psychoneurotischem Verhalten. Diese theoretisch nur vage fundierten und kaum voneinander unterschiedenen Bezeichnungen für das allgemeine Merkmal, welches das „Psychoneurotic Inventory" bei Soldaten prüfte, wurden nun gewählt für eine große Zahl von Modifikationen: Zur Anwendung in der Schule schufen Woodworth und Mathews (Mathews 1923) ein aus 75 Fragen bestehendes „Questionnaire" für Schulkinder zur Prüfung der emotionalen Stabilität, welches mit Lehrerbeurteilungen der „nervous stability" mit $r = 0{,}52$ und $0{,}66$ korrelierte. In der Industrie und der akademischen Berufsberatung wandte Laird (1925, 1925a) eine Erweiterung des Psychoneurotic Inventory an, den „Colgate Mental Hygiene Test". Die Antworten waren nicht ja und nein, sondern konnten auf einer graphischen Skala mit allen möglichen Zwischenwerten gegeben werden (z. B.

```
                         x
   _____
   
   immer      manchmal              nie
```

Auf einem gesonderten Bogen faßte L. eine von ihm besonders stark erweiterte Fragengruppe zusammen, die eine von Jung beschriebene Seite des „adjustment" betrifft: die Introversions-/Extraversionstendenzen. L. führte für diesen Teil später (1926) auch eine Retest-Reliabilitätsbestimmung durch (r = 0,90) und verglich die Durchschnittsergebnisse verschiedener Berufsgruppen miteinander. Für die in großem Umfang in den USA betriebene Beratung von Studenten schufen Thurstone & Thurstone (1930) und Bell (1935, 1939) umfangreiche Fragebogentests, wobei letzterer die Thurstoneschen Fragen in der Auswertung nach „Anpassung im Familienleben", „A. im sozialen Leben" und „persönliche Gesundheit" (später auch „emotionale Anpassung" und, in der Testform für Erwachsene, „berufliche Anpassung") ordnete.

B. Weitere Differenzierung in Einzeldimensionen

1. Historische Entwicklung

Schon vor der Veröffentlichung von Laird wiesen Wells (1917), Conklin (1923) und Freyd (1924) auf die Bedeutung des Intro-Extraversionsbegriffes hin. Gleichzeitig mit Laird publizierte Marston (1925) einen I-E-Fragebogen, der von den Eltern von 2- bis 6jährigen Kindern zu beantworten war; ähnlich wie später bei Scholl (1927) bestand jede Frage aus einer Alternative zwischen zwei gegensätzlichen Verhaltensweisen. Heidbreder (1926) entwickelte dieses Verfahren weiter, stellte eine hohe interne Konsistenz für die 54 mit + oder — zu versehenden Charakteristika der Introversion (nach Freyd) fest, jedoch nur eine geringe Retest-Reliabilität (r = 0,50). Beispiele für Testelemente bei H. sind: „Beschränkt seine Bekanntschaften auf wenige Auserwählte." „Fühlt sich leicht verletzt." Aufgrund von Skores von 600 Studenten (von den Extremen + 24 bis — 45) demonstrierte H., daß die Verteilung deutlich eingipfelig ist, mit nur wenigen extremen „Typen".

Unabhängig von dieser Entwicklungslinie, die sich bis in die Gegenwart fortsetzte und mehr und mehr auf Unterscheidungen der emotionalen Labilität innerhalb des Normalbereichs Wert legte, wurde im Anschluß an Fernalds (1912) Versuche, mit Hilfe von 10 Fragen, welche sich auf „dargestellte Situationen" bezogen, den moralischen Charakter zu testen, von Allport & Allport (1921) ein Verfahren entwickelt, das eine von F. H. Allport (1920) im Anschluß an Gowin (1915) u. a. besonders für die Auswahl von Vorgesetzten und Verkäufern für wichtig gehaltene Persönlichkeitsdimension prüfen sollte: Sie war damals nicht genau definiert als „aktiv-passiv", später „ascendant-submissive", „dominant-submissive", wurde aber auch in Zusammenhang mit Extra-Introversion gebracht. G. W. Allport betonte ursprünglich, daß es sich um keinen Test, sondern um eine experimentelle Methode handle, die er selber in einem frühen Übersichtsreferat über „Persönlichkeit und Charakter" (1921) nicht unter „Questionnaires" zusammen mit Woodworths Verfahren einordnete, sondern unter „represented situations", als eine Art (verbalen) Situationstest. In der Folge wurde daraus ein Test im engeren Sinn (Allport 1928, Allport & Allport 1928), dessen Elemente Gewichtszahlen erhielten, je nach der Differenzierung einer jeden Antwortkategorie in einem Selbst- und Fremdbeurteilungskriterium. Ein Testelement ist z. B.: „Sie treffen zu einer Veranstaltung (Kirche, Vortrag, Vergnügen) erst nach Beginn ein. Sie sehen, daß Leute stehen, aber auch, daß es in den vorderen Reihen noch Sitzplätze gibt, die erreichbar sind ohne Durchdrängen und Unhöflichkeit, aber doch mit beträchtlichem Aufsehen. Werden Sie Platz nehmen? Gewöhnlich — gelegentlich — niemals." Die Retest-Reliabilität betrug 0,74—0,78, die Validitätskorrelation mit den 4 Fremdbeurteilungen (Klassenkollegen) in der ursprünglichen Pbn-Gruppe 0,46 und mit den Selbstbeurteilungen 0,63, in einer Kreuz-Validierung 0,29 und 0,33.

Auf dem europäischen Kontinent tauchten die ersten Vorläufer von Selbstbeurteilungstests im Rahmen der Kretschmerschen Typologie auf. Van der Horst (1924, 1924a) bediente sich bei seinen experimentalpsychologischen Untersuchungen zur Bestimmung der Persönlichkeit einer autodiagnostischen Eigenschaftsliste; die Pbn hatten die für sie charakteristischen Eigenschaften anzuzeichnen. Diese Liste wurde von Kibler (1925) erweitert; er legte seinen Pbn eine Liste von 30 „zyklothymen" und 46 „schizothymen" Eigenschaften vor, wobei nach Ansicht von K. die Tatsache, daß seinen Pbn (wie denen von Lutz, Scholl, Vollmer) die Typenlehre genau bekannt war, die Autodiagnose erleichterte. Lutz (1929) benützte eine noch längere Liste von 140 Eigenschaften, die nicht nach zyklothym und schizothym vorgeordnet waren. Als Mittelwert von 30 Pbn erhielt er 41,3 Wahlen, davon 21,3 schizothym und 20 zyklothym. Scholl (1927) arbeitete einen Fragebogen mit 18 Alternativfragen aus (wie „Haben Sie mehr Neigung zu Büchern und zur Natur oder schwimmen Sie gerne im Strom der Zeit?", „Neigen Sie mehr zu einer heiteren oder zu einer ernsteren Lebensauffassung?", „Klingt die Aufregung rasch ab oder schwelt sie noch länger weiter?"). Er hoffte auf diese Weise zu erreichen, daß die Schizothymen sich nicht so negativ charakterisiert fühlten, wie dies seiner Meinung nach bei den Kiblerschen Listen der Fall ist. Vollmer (1929) ergänzte den Schollschen Fragebogen mit 12 weiteren Fragen. Neweklowsky (1939) führte an den Testelementen des Schollschen Fragebogens Reliabilitäts- und Validitätsuntersuchungen (mehrere Retests und Beziehungen zur Körperbaukonstitution) durch; nur 5 Fragen entsprachen seinen Anforderungen. Nach dem Krieg wurde diese einzige deutschsprachige Entwicklungslinie nichtprojektiver Persönlichkeitstests nicht mehr im Sinne einer Vervollkommnung der psychometrischen Qualitäten des Verfahrens fortgeführt. Berührungspunkte mit der Kretschmerschen Typologie finden sich jedoch bei Eysenck (1947); seine Fragebogentests und deren theoretische Fundierung werden weiter unten behandelt werden.

2. Neuere Entwicklungen von Tests für einzelne Dimensionen bzw. Teilbereiche der Persönlichkeit

Die Entwicklung von Fragebögen und ähnlichen Selbstbeurteilungstests zur Erfassung bestimmter, aus der Gesamtpersönlichkeit isolierbarer Einzelvariablen wurde in den letzten Jahrzehnten viel mehr im Bereich der differential-, entwicklungs- und sozialpsychologischen Forschung vorangetrieben als von seiten der psychologischen Diagnostiker, die an mehrdimensionalen, möglichst persönlichkeitsumfassenden Diagnoseinstrumenten interessiert waren (und sind; deswegen auch die Vorliebe von Praktikern für projektive „Breitband"-Verfahren wie Rorschach-Test, TAT).

Zu den häufiger in der Forschung herangezogenen Einzelvariablen gehören Angst, Aggressivität, Depressivität, Leistungsmotiviertheit, weiters „interne vs. externe Kontrolle", „Repression vs. Sensibilisierung" und neuerdings „Machiavellismus". Während die drei letztgenannten, wie schon viele ihrer Vorgänger (z. B. Extraversion, Dominanz) eindeutig als Versuche gewertet werden können, theoretisch oder praktisch besonders wichtige Einzelaspekte der Persönlichkeit (überdauernde Eigenschaften, traits) zu erfassen, sind die vier erstgenannten typische Beispiele für die Tendenz, Variablen zu messen, von denen offengelassen werden kann, ob sie auf die Erfassung aktueller, augenblicklich im Individuum wirksamer Zustände und Verhaltenstendenzen abzielen oder auch die Disposition zu (im Verhältnis zu anderen Individuen in vergleichbaren Situationen) mehr oder weniger häufigem bzw. intensivem Auftreten des betreffenden Zustandes oder Verhaltens. Manche Forscher weichen dieser Alternative aus, andere variieren den Standpunkt nach Bedarf, bzw. durch systematische Änderung der Instruktion zu den gleichen Items („Geben Sie an, wie Sie sich im allgemeinen fühlen" oder „Geben sie an, wie Sie sich hier und jetzt fühlen"), erst neuerdings wird versucht, den Unterschied systematisch herauszubearbeiten und zu berücksichtigen. Im folgenden sollen die genannten Einzelbereichs-Verfahren in der angeführten Reihenfolge behandelt werden.

a) Angst

Das Interesse an der Erfassung individueller Unterschiede in der allgemeinen Bereitschaft zu Angstzuständen („Ängstlichkeit") oder im augenblicklich bzw. über längere Zeit (vielleicht unbewußt) vorhandenen Ausmaß an Angst ist zwar am weitesten verbreitet bei Vertretern dynamischer, auf Freud und McDougall zurückgehender Theorien der Persönlichkeit und bei psychopathologisch interessierten Forschern, hat aber auf einem ganz anderen Forschungsgebiet zur Entwicklung der bekanntesten „Angst-Skalen" geführt. Es war eine Gruppe von Experimentalpsychologen an der Universität von Iowa (Spence, Farber, J. A. Taylor), deren Interesse auf die Messung von Hulls Trieb-Variable D und ihre theoretische Verknüpfung mit anderen Lern- und Verhaltensvariablen gerichtet war. Da zum Unterschied von vielen vorangegangenen Rattenexperimenten diese Variable bei Menschen nicht leicht manipuliert bzw. gemessen werden konnte, versuchten sie auf dem Umweg über eine Fragebogenmethode Personen mit habituell höherem Triebniveau von solchen mit niedrigerem zu unterscheiden. Unter der theoretischen Annahme, daß höheres Triebniveau zur schnelleren Ausbildung von konditionierten Reaktionen führe, machte Taylor (1951) ein Experiment, in dem ängstlichere und weniger ängstliche Personen eine konditionierte Lidschlußreaktion zu erlernen hatten. Um ein einfaches Meßinstrument zu erhalten, forderte sie erfahrene psychologische Berater auf, aus dem großen Item-Reservoir des MMPI diejenigen auszuwählen, in denen offensichtlich Angst zugegeben wird. Die resultierende Liste von 50 Items wurde (zur Verschleierung zusammen mit den 15 L- und den 20 K-Items des MMPI) zu einem Fragebogen zusammengestellt, der weiterhin als MAS (Manifest Anxiety Scale) bezeichnet wurde (Taylor 1953). In den Folgejahren wurde der MAS außerordentlich häufig in der Forschung angewandt. Eine erste Übersicht gibt Sarason (1960). Eine deutsche Übersetzung stammt von Lück und Timaeus (1969).

Spreen (1961) schuf eine als „Saarbrücker Liste" bezeichnete deutsche Form der MAS. In der Konstruktionsphase ergänzte er die Items der MAS durch weitere geeignet erscheinende Items des MMPI-Saarbrücken und durch die Items der Welsh- und der Cattell-Skalen. Aufgrund der internen Konsistenz und der Korrelation mit der Angstbeurteilung durch Experten gelangte er zu einer Endform von 60 Angst-, 14 L-(Lügen-) und 25 K-Skore-Items (L und K im Sinne des MMPI, siehe dort). Da 4 Testelemente in mehr als einer Skala gewertet werden, besteht die Liste aus insgesamt 95 Sätzen. Die Skala unterscheidet nach Spreen deutlich zwischen Gesunden und Psychiatrie-Patienten.

Einen „Kinder-Angst-Test" veröffentlichten Thurner & Tewes (1972). Seine 19 Items stammen z.T. aus einer amerikanischen MAS-Form für Kinder. Er kann bei 9- bis 15jährigen angewendet werden; alle 19 Items werden in Richtung „Ja" für Angst geskort. Seine Retest-Reliabilität ist mäßig (0,78 nach zwei Wochen). Zusammenhänge mit der Schulleistung werden als Validitätshinweise gegeben.

Bald nach Taylors MAS entstanden neue, z.T. besser konstruierte und für spezielle Zwecke adaptierte Verfahren, wie solche zur Messung der Prüfungsangst, sozialer Ängste usw. Neuerdings gibt es auch im Rahmen der „interaktionistischen Persönlichkeitsforschung" S-R-Tests für die verschiedenen Angstreaktionen in verschiedenen Situationen (s. u., S. 106f.). Der bekannteste der „Prüfungsangst-Fragebogen" ist der TAQ (Test Anxiety Questionnaire) von Mandler & Sarason (1952), der von Fisch & Schmalt (1970) auch in einer deutschen Übersetzung als Maß für Furcht vor Mißerfolg angewandt wurde (s. u. S. 69). Der TAQ besteht aus drei Teilen (Situation bei Einzel-Intelligenztests, bei Gruppen-

Intelligenztests, bei Abschlußklausuren) mit insgesamt 39 Items (z. B. „Wie stark schwitzen Sie während eines Gruppen-Intelligenztests?").

Groffmann, Zschintzsch & Kornfeld (1978) erstellten einen Fragebogen, der die Angst von Studierenden vor wichtigen Prüfungen (in einem Zeitraum bis zu einem Jahr vor dem Termin) erfassen und eventuelle Erfolge der Angst-Therapie kontrollieren soll. Die 98 Items wurden sorgfältig ausgewählt und analysiert und einer Faktorenanalyse (Zschintzsch, Groffmann & Kornfeld 1978) unterworfen.

Eine weitere Gruppe der speziellen Angstskalen bezieht sich auf soziale Situationen. Vor allem Fragebogentests zur Messung des sogenannten Lampenfiebers als bekanntester Form sozialer Angst wurden bereits seit Jahrzehnten (z. B. Knower 1938, Gilkinson 1942, 1943, Paivio & Lambert 1959) mit einigem Erfolg entwickelt. Nach dem Vorbild einer „Social Anxiety Scale" von Dixon, de Mouchaux & Sandler (1957) entwickelte Lück (1971) einen deutschsprachigen Fragebogen zur Messung der Angst in sozialen Situationen (SAP), der aus 26 Items besteht und für die ganze Gruppe von Angstskalen charakteristische Reliabilitäts- und Validitätsdaten erbrachte. Seine Reliabilität beträgt r_{tt} = 0,74; in zwei Untersuchungen korrelierte er mit dem MAS mit +0,36 bzw. +0,49, mit Extraversion —0,56 bzw. —0,59, mit Neurotizismus +0,48 und, bei einer Gruppe von 60 publikumsängstlichen Studierenden, mit einem „instrumentellen Verhaltenstest" (Anzahl der unbewältigten Publikumssituationen, wie z. B. Vorlesen oder freies Referieren vor einer Gruppe von Experten) mit r = 0,37. Aus diesen Daten geht hervor, daß Skalen dieser Art wohl gut brauchbar sein können für Forschungsarbeiten bzw. Gruppenvergleich, jedoch in der Anwendung auf Einzelpersonen in der Diagnostik kaum den Ansprüchen, die gerade an Einzelskalen gestellt werden können, Genüge leisten.

Einen aus vier Testskalen bestehenden „Angstfragebogen für Schüler" entwickelten Wieczerkowski, Nickel, Janowski, Fittkau & Rauer (1974). Seine 50 Items sind, teilweise aufgrund von Faktorenanalysen, auf die Skalen „Prüfungsangst", „Manifeste Angst", „Schulunlust" (globale Einstellung zur Schule) und zusätzlich, als Kontroll- und eventuelle Korrekturskala, „Soziale Erwünschtheit". Auch ein Beurteilungsblatt für die Einschätzung der Skalenwerte eines Schülers durch den Lehrer oder Gruppenleiter, mit einer kurzen Charakterisierung der Bedeutung der Skalen, wurde „zur Überprüfung ihrer Kenntnis der einzelnen Gruppenmitglieder" entwickelt. Interne Konsistenz und Retest-Reliabilität der Skalen sind, wie bei praktisch allen Kinderfragebogen, mäßig (0,67 bzw. 0,85). Korrelationen mit anderen Tests (HANES-KJ, KAT usw.) entsprechen den Erwartungen.

Cattell (1957 a) veröffentlichte eine auf faktorenanalytischer Grundlage konstruierte Angstskala, in der „latente" und „manifeste Angst" unterschieden wird, die „IPAT Anxiety Scale". Ebenfalls auf faktorenanalytischer Basis wurde aus dem MMPI die A-Skala von Welsh (1956) konstruiert.

Die teilweise recht unbefriedigenden Ergebnisse von „allgemeinen" Angst-Tests führten zur Entwicklung von situations- und reaktionsspezifischen Verfahren, die oft höhere externe Validitäten für bestimmte Ängste zeigen als die generellen A-Skalen (Spielberger 1966, s. a. S. 106f.). Vorangegangen war bereits die theoretische und diagnostische Unterscheidung von überdauernder Disposition („trait anxiety", A-trait) und aktueller Befindlichkeit („state anxiety", A-state) durch Cattell & Scheier (1961). Diese beiden Arten von Angst werden auch im STAI (State-Trait Anxiety Inventory) von Spielberger, Gorsuch & Lushene (1970) getrennt erfaßt.

Wie unbefriedigend der theoretische Status der Trait-Angst-Tests war (und noch ist), geht aus der Diskussion zwischen Cattell und Eysenck um die Abgrenzung der Begriffe Angst und Neurotizismus hervor. Cattell & Warburton (1967, S. 199f.) unterschieden einen Faktor Neurotizismus (Regression) von einem Faktor Angst (Fehlanpassung) und meinen, daß Eysencks Faktor Neurotizismus eine Mischung aus beiden sei. Eysenck (1963) aber betonte, daß er Neurotizismus und Angst in einem Cattell genau entgegengesetzten Sinne gebrauche.

Bedenkenswert ist in diesem Zusammenhang auch, daß oft sehr hohe Korrelationen zwischen Tests mit verschiedener Trait-Bezeichnung beobachtet werden, so z. B. zwischen dem Taylor-MAS und dem Neurotizismus-Skore des EPI Eysencks. Als ein Ausweg aus dieser unbefriedigenden Situation wird daher von vielen, speziell von Forschern, die sich intensiv mit Problemen der Angst-Messung beschäftigen, die Aufgabe des Interesses für allgemeine traits und deren diagnostische Erfassung überhaupt und die bereits erwähnte Entwicklung spezifischer, verhaltensnäherer Maße gesehen (s. u., S. 106f.).

b) Aggression

Die Schwierigkeiten mit dieser theoretisch noch weitgehend ungeklärten Variablen werden dadurch vergrößert, daß weder faktisch noch terminologisch die (bezogen auf Situationen und Reaktionen) verschiedenen Arten von Aggressionsverhalten und die verschiedenen Verallgemeinerungsebenen klar voneinander unterschieden werden. Vor jedem Versuch einer Messung sollte zumindest geklärt worden sein, ob es sich um konkretes Verhalten bzw. habituelles Verhalten oder begleitende aktuelle Stimmungen (Ärger, Zorn, Wut) oder Bereitschaft zu solchen Stimmungen (Einstellungen, Feindseligkeit) oder um Aggressivität als abstraktes differentielles Merkmal (individuell unterschiedliche, generalisierte, relativ überdauernde Bereitschaft zur Aggression bzw. zu aggressiven Einstellungen und Stimmungen) handelt.

Für reine Forschungszwecke wurden schon seit langem Aggressionsfragebogen entwickelt (Doob & Sears 1939), diagnostische Instrumente wurden a) im Rahmen der Entwicklung von mehrdimensionalen Fragebögen (MMPI, z. B.

Siegel 1956, EPPS, Edwards 1953) als Teil-Skalen hergestellt, b) als spezielle Einzelskalen entworfen. Das bekannteste Beispiel der letzteren Art ist das aus 75 Items bestehende Buss-Durkee-Inventory (Buss & Durkee 1957). Mit seiner Hilfe sollen 8 verschiedene Arten von Aggression und Feindseligkeit erfaßt werden, und zwar: 1. assault — körperliche Gewaltanwendung gegen andere, 2. indirect aggression — ungerichtete Aggression, wie allgemeine Wutanfälle, 3. irritability — Bereitschaft, bei geringfügigen Anlässen heftig zu reagieren, 4. negativism — Opposition, Mangel an Kooperation, 5. resentment — negative Gefühle wegen echter oder vermeintlicher Benachteiligung, Haß, Neid, 6. suspicion — Projektion von Feindseligkeit auf andere, 7. verbal aggression — verbaler Inhalt und Sprechweise aggressiv, 8. guilt — Schuldgefühl als Ausdruck von Aggressionshemmung. Eine Faktorenanalyse zeigte für diese 8 Unterskalen zwei gemeinsame Faktoren auf: Feindseligkeit und Aggressivität. Die Skores 1 bis 7 zeigten im Retest mit 5 Wochen Intervall eine Reliabilität von 0,82, was eher für eine Erfassung von relativ stabilen Dispositionen als für die Erfassung der aktuellen verhaltensnahen Stimmung spricht. Von Selg (1968) wurde das Buss-Durkee-Inventory ins Deutsche übertragen. Für Forschungszwecke stellte auch Schmidt-Mummendey (1972) eine Übersetzung der Skalen 1,2,3,4 und 7 des Buss-Durkee-Inventory her.

Weitere Aggressionsfragebogen, vorwiegend für Forschungszwecke, wurden von Merz (1960) und Süllwold (1960) zusammengestellt. Eine deutschsprachige Neukonstruktion ist auch der Fragebogen zur Erfassung von Aggressivitätsfaktoren FAF von Hampel & Selg (1975), der der Messung von 5 Faktoren der Aggressivität (spontane, reaktive, Erregbarkeit, Selbstaggression, Aggressionshemmung) dienen soll. Weiter wurde eine Validitätsskala, die sogenannte Offenheitsskala, hinzugefügt, die die Bereitschaft zu einer offenen Beantwortung der Fragen bestimmen soll. Die ersten drei Skalen können zu einem „Summenwert Aggressivität", als Maß für nach außen gerichtete Aggressionsbereitschaft, zusammengefaßt werden. Der FAF weist schon in seinen Items, aber auch in einem Teil der Skalen, weitgehende Überschneidungen mit dem FPI (s. S. 81) auf. Er wurde mit Hilfe von Cluster- und Faktorenanalyse aus einem Itemreservoir hergestellt. Der Iteminhalt ist theoretisch heterogen, zum Teil bezieht er sich auf Lerntheorie, zum Teil auf Tiefenpsychologie. Die innere Konsistenz der Einzelskalen ist mäßig (0,61—0,79), für den Summenskore etwa 0,85.

Neuerdings werden auch interaktionistische „S-R-Fragebogen" für Aggressivität entwickelt (s. S. 107).

c) Depressivität

Depressive Verstimmung, bzw. die allgemeine Tendenz dazu, scheint nicht nur in den weiter unten (S. 109f.) erwähnten Instrumenten zur Erfassung der verschiedenen Aspekte der Stimmungslage als Teilskala auf, sondern wurde schon lange zum Gegenstand spezieller Skalenentwicklungen. Über die verschiedenen Skalen dieser Art gibt Bieback (1970) einen Überblick. Hier sollen nur die wichtigsten kurz erwähnt werden: In der Forschung viel verwendet wird das Inventory for Measuring Depression von Beck et al. (1961). Die verschiedenen Depressionssymptome werden in 21 Kategorien mit je 4 bis 5 Items erfaßt, innerhalb jeder Kategorie sind sie nach Schweregrad geordnet. Die Vp hat zu jedem Item die Intensität 0 bis 3 anzugeben. Eine deutsche Übersetzung existiert von Blaser (1968). Die Gütekriterien dieses Verfahrens, das auch ins Französische und Tschechische übersetzt wurde, sind bei Lukesch (1974) ausführlich dargestellt. Item-Charakteristiken und Reliabilität der Skala weisen Mängel auf. Aus den Validitätsprüfungen ergibt sich, daß eine grobe Klassifikation nach „depressiv — nicht depressiv" möglich ist, jedoch, aufgrund der niedrigen Reliabilität, keine graduelle Reihung nach dem Grad der Depression.

Ein weiteres Verfahren, im Format der Eigenschaftswort-Listen für die Selbstbeurteilung der Stimmungslage, sind die Depression Adjective Check Lists (Lubin 1966, 1967), von denen 7 Parallelformen zu je 32 bis 34 selbstbeschreibenden Adjektiven existieren. Der Pb hat anzugeben, wie er sich jetzt und heute fühlt. Es stellte sich heraus, daß diese Liste faktoriell inhomogen ist und nicht nur Depression mißt, ein Ergebnis, das auch für viele andere faktorenanalytische Untersuchungen an Depressionsskalen gilt (s. Lienert & Kerekjarto 1969 und Kerekjarto & Lienert 1970).

Die erste im deutschen Sprachraum neu entwickelte Depressionsskala stammt von Kerekjarto (1969); sie besteht aus 50 Feststellungen, die mit „Stimmt", „?", oder „Stimmt nicht" zu beantworten sind. Ausgewertet werden ein Gesamtwert und drei Faktorenskores (Antriebslosigkeit-Energieverlust, Angst-Hypochondrie, Verstimmung). Die Reliabilität (Halbtest bzw. Retest nach einer Woche) liegt bei 0,90, die Korrelation mit der psychiatrischen Diagnose betrug in einer Gruppe von 116 Gesunden und 98 Depressiven 0,72, die multiple Korrelation von 15 Skalenmerkmalen mit der Diagnose ergab r = 0,81.

d) Leistungsmotiviertheit

In den gegenwärtigen Kulturen mit einem differenzierten Wirtschaftsleben und ausgedehnten Bildungssystemen stehen Einstellungen gegenüber Leistung und Leistungsforderungen so im Vordergrund, daß auch in psychologischen Untersuchungen interindividuelle Unterschiede im „need for achievement" (Murray) immer wieder in theoretischem Zusammenhang mit der Persönlichkeitsstruktur und mit entwicklungs- und sozialpsychologischen Variablen gebracht werden (McClelland 1951, Atkinson 1958, Heckhausen 1963). Zu diesem Zweck wurden eigene „Leistungsmotivationstests" entwickelt, die allerdings viel mehr in der Forschung als in der diagnostischen Anwendung eingesetzt werden. Die von Murray entwickelte projektive Methode des TAT wird mit Vorliebe auch in speziellen Abwandlungen zur Messung der Leistungsmotivation herangezogen (McClelland et al. 1949, 1953), wobei McClelland (1971, 1972) dem projektiven Verfahren gegenüber „direkten" Methoden, wie Fragebogentests, den Vorzug gibt. Nur das operante Verhalten in der projektiven Testsituation, nicht jedoch das reaktive bei Beantwortung von Fragen oder ähnlichem, entspräche dem Verhalten, das das motivierte Individuum auch in konkreten Situationen zeige. Aus „direkten" Methoden könne die Bewertung von leistungsbezogenen Situationen, nicht aber die Motivation erfahren werden. So wurde auch bisher die große Mehrzahl aller wichtigen Ergebnisse zur Leistungsmotivation mit dem TAT-Verfahren gewonnen, wobei Heckhausen (1963) in Deutschland eine TAT-Methode entwickelte, in der „Hoffnung auf Erfolg" und „Furcht vor Mißerfolg" getrennt erfaßt werden.

Angesichts der Mängel der TAT-Methoden (geringe Zuverlässigkeit und innere Konsistenz, umständliche Administration und Skorung) wurden aber auch immer wieder Versuche unternommen, Fragebogentests zu entwickeln. Auch im Rahmen mehrdimensionaler Persönlichkeitstests (wie EPPS, Edwards 1953a) wurden neben anderen von Murray-Needs abgeleiteten Skalen n ach-Maße aufgenommen; solche direkten Meßverfahren wurden aber infolge ihrer geringen Korrelation mit dem TAT-Maß seltener in Leistungsmotivationsuntersuchungen angewendet. Auch eine bezüglich des Iteminhalts sorgfältig konstruierte Skala von Mehrabian (1968), die „Achievement Risk Preference Scale", erreicht nur mäßige Reliabilität, geringfügige Korrelationen mit TAT-Maßen und dem TAQ (Mandler & Sarason 1952) — letzterem als Ausdruck der Mißerfolgsvermeidungstendenz — und mit anderen, aufgrund der need-for-achievement-Theorie vermutlich zusammenhängenden Maßen. Mehrabian leitete die Inhalte der Items aus Atkinsons Theorie und aus den dazugehörigen experimentellen Untersuchungen ab, in denen Unterschiede zwischen „high" und „low achievers" in verschiedenen Verhaltensdispositionen nachgewiesen worden waren. So lautet ein Item, entsprechend Atkinsons (1964) Theorie und dem aus ihr vorhergesagten empirischen Befund, daß high achievers ein realistisches mittleres Anspruchsniveau haben, low achievers dagegen niedriges oder hohes: „Ich würde lieber versuchen, neue und interessante Speisen zuzubereiten, aus denen vielleicht nichts wird, als alltäglichere Speisen, die gewöhnlich gelingen" (Antworten von sehr starker Zustimmung, +4, bis sehr starker Ablehnung, —4). In Faktorenanalysen bei männlichen und weiblichen Versuchspersonen stellte sich heraus, daß der Mehrabian-Fragebogen doch sehr heterogen zusammengesetzt ist; es ergaben sich 11 bzw. 13 Faktoren. Ein ähnliches Verfahren wie das von M. entwickelte Hermans (1970).

Mikula, Uray & Schwinger (1976) entwickelten aus einer revidierten Fassung der Achievement Risk Preference Scale (Mehrabian 1969) eine deutsche Fassung mit vereinfachtem Itemformat (z. B.: „Mir sind Kartenspiele lieber, a) bei denen es lustig zugeht b) bei denen man viel nachdenken muß."). 13 Items mit der größten internen Konsistenz (nach K-R-20 im Durchschnitt 0,67) bildeten, zusammen mit 7 Füllitems, die endgültige Form des Tests. Die Testwiederholungskoeffizienten erreichen mittlere Höhe (0,78), die Korrelationen zu anderen Leistungsmotivationstests sind niedrig. Dagegen entsprechen sehr deutliche Korrelationen mit anderen Persönlichkeitsmerkmalen der theoretischen Erwartung. Mit Attributionstendenz (I-E-Skala von Rotter, 1966, in unveröffentlichter deutscher Übersetzung von Mikula & Uray) wurden Korrelationen von —0,42 bis —0,55 beobachtet. Für die Anwendung in der individuellen Diagnostik ist auch die deutsche Fassung nicht geeignet.

Aus dem deutschen Sprachraum liegt eine Reihe von Versuchen vor, direkte Methoden der Messung der „überdauernden Leistungsmotivation" neu zu konzipieren. So benutzte Tent (1963) einen LMN-Fragebogen, der aus 73 Leistungsmotivations-Sätzen (wie: „Ich bin nicht so leicht kleinzukriegen" — „ja" — „nein") und — zur Verschleierung der Versuchsabsicht — den 56 Sätzen der deutschen Übersetzung des MMQ bestand. Aufgrund der Korrelationen mit einem Maß der relativen Aufwandsveränderung (gemessen am Verhältnis von Pulsveränderung und Leistungszuwachs) je Arbeitseinheit bei einer fortlaufenden Tätigkeit und der Reliabilitätswerte wurden 22 Fragen ausgewählt, die das „Motivationsinventarium" bildeten. Von diesem Fragebogen wiederum leitete Ehlers (1965) einen 41-Item-„LM-Fragebogen" ab, den er gemeinsam mit Maßen der Risikobereitschaft anwendete, um das Zusammenwirken von Antrieb und Risikobereitschaft beim Zustandekommen von Fehlleistungen bzw. Unfällen (bei Betriebsschlossern und Betriebselektrikern) zu erfassen.

Fisch & Schmalt (1970) zogen den LM-Fragebogen, zusammen mit dem AAT (Alpert & Haber 1960) und dem TAQ (Mandler & Sarason 1952), zwei Tests zur Messung der Prüfungsangst, zu einem Vergleich von Fragebogendaten der Leistungsmotivation mit TAT-Maßen heran. AAT und TAQ, eigentlich Skalen zur Erfassung von (leistungshemmenden und -fördernden) Angstsymptomen, galten ihnen im Sinne der Theorien von Atkinson und Heckhausen als Instrumente zur Messung einer der Komponenten der Leistungsmotivation, nämlich Furcht vor Mißerfolg. Aber ähnlich wie in der amerikanischen Untersuchung von Mehrabian erhielten sie keine bzw. keine interpretierbaren Beziehungen zwischen den Maßen des TAT auf der einen Seite und zwei Faktorenskores des LM und den beiden Angstfragebogen auf der anderen Seite.

Von der Annahme ausgehend, daß einer der wesentlichen Vorteile des TAT die Möglichkeit ist, daß sich individuelle Person-Umwelt-Beziehungen in den Deutungen der Bilder und der Gestaltung der Antworten niederschlagen können, entwickelten Fisch und Mitarbeiter ein nichtprojektives Verfahren, das ähnlich optimale Artikulationsmöglichkeiten wie der TAT bieten sollte (Fisch, Schmalt & Fisch 1970, Schmalt 1973, Schmalt 1976). Das Verfahren, „Gitter-Technik" genannt, weist zwei Koordinaten auf: Der Vp wird (bildlich) eine Reihe von Situationen geboten, in denen Leistung möglicherweise eine Rolle spielt, dazu eine Reihe von Aussagen, die (theoretisch herausgearbeitet) so zusammengestellt wurden, daß sie verschiedene Komponenten des Leistungsmotivs beschreiben. Insgesamt werden 18 Situationen (aus 6 Bereichen: manuelle, musikalische, schulische Tätigkeiten, Selbständigkeit und Selbstbehauptung, Hilfe gewährende Tätigkeiten, sportliche Tätigkeiten) angeboten, darunter sind 18 — stets identische — Aussagen (je 7 auf Hoffnung auf Erfolg und Furcht vor Mißerfolg hinweisende und 4 neutrale) aufgeführt. Die Vpn müssen angeben, welche der Aussagen für sie in der dargestellten Situation zutreffen würden. So stellt z. B. im „LM-Gitter für Kinder" ein Bild (Strichzeichnung) einen jugendlichen Radfahrer dar (Kategorie Selbständigkeit und Selbstbehauptung), ein anderes Kinder im Wettlauf; Beispiele für Aussagen sind: „Er glaubt, daß er das schaffen wird" (Hoffnung auf Erfolg), „Er hat Angst, daß er dabei etwas falsch machen könnte" (Furcht vor Mißerfolg). Der Auswertung stehen — entsprechend der Matrix der Daten — mehrere Möglichkeiten offen: die Analyse von Ankreuz-Mustern (Interaktion von Situationen und leistungsthematischen Aussagen), die Summe von Ankreuzungen über die Situationen und über erfolgs- bzw. mißerfolgsbezogene Aussagen. Auf diese Weise können neben den konventionellen Maßen der generellen Intensität der Komponenten der Leistungsmotivation auch „Extensitätsaspekte" (individuelle Unterschiede in der Generalisierung einer leistungsbezogenen Reaktion über verschiedene Arten von Situationen) erfaßt werden. Weiter kann aus der „Profilanalyse" der Situations-Reaktions-Interaktion festgestellt werden, daß verschiedene, inhaltlich definierte Bildsituationen für verschiedene Personen (bzw. Gruppen) in unterschiedlicher Weise bedeutungsvoll sein können. Die bisher vorliegenden Forschungen mit Hilfe der Gitter-Tests betrafen vor allem die (zufriedenstellende) Reliabilität, die Freiheit von Einflüssen der sozialen Erwünschtheit, die Dimensionalität der Situations- und der Aussagebereiche. Eindeutige Ergebnisse stellten sich in Faktoren- und Clusteranalysen (Smits & Schmalt 1978) vor allem bezüglich der Zahl und Art der Aussage-Dimensionen heraus: Neben einem Hoffnung-auf-Erfolg-Faktor erscheinen — wie bereits bei früheren TAT-Analysen — zwei getrennte Furcht-vor-Mißerfolg-Faktoren auf, die als „Gefühl mangelnder Fähigkeit" und „Mißerfolgsbefürchtungen" interpretiert werden. Weiter liegen bereits einzelne Beiträge zur Konstruktvalidität (Schmalt 1976, 1976a, 1977) vor, in denen Zusammenhänge zum Anspruchsniveau und zum Risikoverhalten nachgewiesen werden konnten, dagegen nur teilweise zu TAT-Maßen und keine Zusammenhänge zu anderen nicht-projektiven Verfahren, wie AAT. Die oben erwähnten Möglichkeiten spezifischerer Kennwerte wurden bisher noch kaum ausgeschöpft.

e) Repression-Sensibilisierung

Es handelt sich um eine Persönlichkeitsdimension, die zur Erklärung der großen individuellen Unterschiede eingeführt wurde, die sich — im Zuge der Social-Perception-Forschung (in den frühen 50er Jahren) — in Experimenten zur Wahrnehmung bedrohlicher Inhalte ergeben hatten. Im Extremfall wurde von den

Versuchspersonen entweder mit Vermeidung (verlängerte Reaktionszeit, erhöhte Schwelle) oder mit gesteigerter Empfindlichkeit (verkürzte Reaktionszeit, Schwellenerniedrigung) reagiert, was theoretisch mit der Bevorzugung verschiedener Arten von Angstabwehrmechanismen in Zusammenhang gebracht wurde. Die Dimension Repression-Sensibilisierung wird vor allem seit dem Vorliegen einer von Byrne (1961) aus MMPI-Testelementen entwickelten Skala in Persönlichkeitsuntersuchungen häufig bearbeitet, allerdings überwiegend in der Forschung, viel weniger in der praktischen diagnostischen Anwendung. Die in revidierter Form (Byrne et al. 1963) aus 127 Alternativfragen bestehende Skala wird nunmehr isoliert, nicht als Teil des MMPI, vorgegeben. Eine deutsche Fassung wurde von Krohne (1973) entwickelt. Sie weist eine hohe Reliabilität und — in der Endform mit 106 Testelementen — weitgehende Eindimensionalität auf. Nach Chabot (1973) ist die Bedeutung der Skores im mittleren Bereich zwischen Repression und Sensibilisierung noch ungeklärt, da widersprüchliche Forschungsergebnisse dazu vorliegen.

f) Interne — externe Kontrolle

Ein Persönlichkeitsaspekt, der nicht in der Tradition der „Trait-Theorien", sondern der sozialen Lerntheorie entwickelt wurde (Rotter 1954, 1966), betrifft das Ausmaß, in dem ein Mensch geneigt ist, Konsequenzen seines Verhaltens unter der Kontrolle äußerer Faktoren (Glück, Zufall, einflußreiche andere Personen) oder in Abhängigkeit von eigenen Eigenschaften oder Leistungen zu erleben, Überzeugung von „externer vs. interner Kontrolle" genannt. In einer sehr großen Zahl von differentialpsychologischen Forschungsarbeiten wurden Zusammenhänge dieses Begriffs mit einer Vielzahl ähnlicher Variablen untersucht und zu diesem Zweck wurden auch Fragebogentests zur Erfassung des individuellen Ausmaßes an interner vs. externer Kontrolle entwickelt. Die ersten Skalen wurden von Phares (1957) und James (1957) entwickelt und von Rotter und Mitarbeitern (Rotter 1966) modifiziert.

Mikula & Uray (unveröffentlicht, 1974) stellten eine deutsche Fassung der Skala von Rotter her, mit Alternativ-Items, wie: „a) Oft könnte man genausogut eine Münze aufwerfen, um zu entscheiden, was man tun soll. b) Wenn man etwas erreichen will, muß man sich genau überlegen, was zu tun ist." An mehreren kleinen Stichproben ergaben sich Retest-Koeffizienten von 0,73 bis 0,86. Theoretisch plausible Korrelationen wurden mit anderen Persönlichkeitsmerkmalen, vor allem mit Leistungsmotivation, gefunden. Aber auch eine Skala für soziale Erwünschtheit korrelierte mit —0,41 bzw. —0,47. Bei stärkerer Tendenz, sozial erwünschte Testantworten zu geben, werden eher die auf interne Kontrolle hinweisenden Alternativen bevorzugt.

Auch für Kinder wurden ähnliche Skalen zusammengestellt, etwa um ihren Glauben an „Schicksal" als hauptsächliche Determinante der Schulleistung zu untersuchen. Bialer (1961) entwickelte zu diesem Zwecke einen 23-Item-Fragebogen für Kinder. Battle & Rotter (1963) veröffentlichten einen Bildertest ähnlicher Art für Kinder.

Das erste reliable Instrument für einen weiten Bereich von Altersstufen von Kindern stammt von Nowicki & Strickland (1973), es besteht aus 40 Fragen aus verschiedenen Verhaltensbereichen (z. B.: „Glaubst Du, daß es davon abhängt, wie Du Dich verhältst, ob Dich die Leute gerne haben oder nicht?" „Glaubst Du, daß Du viel Auswahl bei der Entscheidung hast, wer Deine Freunde sind?"). Eine Reihe von Untersuchungen zur Konstruktvalidität dieses Tests spricht für eine gute Verwendbarkeit in der Forschung. Schneewind (1975) stellte eine deutschsprachige Experimentalversion der Nowicki-Strickland-Skala her, die aus 22 Items besteht und — wie viele seiner amerikanischen Vorbilder — nur eine mäßige Reliabilität von r = 0,65 erreicht; das Korrelationsmuster der Zusammenhänge mit anderen Skalen (z. B. den perzipierten mütterlichen Erziehungseinstellungen) spricht für eine gewisse Validität der Skala.

g) Machiavellismus

Zu den Einzeldimensionen, die in neuerer Zeit als persönlichkeitsrelevante Aspekte gefunden bzw. erfunden wurden, zählt die von Christie eingeführte Variable „Machiavellismus" (Christie & Geis 1970). Damit soll der Grad der Neigung zur aktiven Manipulation anderer Menschen und zu einer desillusionierten Weltsicht erfaßt werden. Diese Variable wird mit Items geprüft, die auf affektarmes Interagieren, geringe Bindung an die konventionelle Moral, Realitätsangepaßtheit, Bevorzugung von Taktik als Handlungsgrundsatz und (worauf Klapprott, 1975, ergänzend hinweist) allgemeine Affektarmut abzielen.

Christie und Mitarbeiter entwickelten einen Fragebogen in fünf Versionen, der sich in einer großen Zahl von relevanten sozialen Situationsvergleichen als valide herausstellte. Im deutschen Sprachraum wurde ein Fragebogen von Klapprott (1975) allgemein zugänglich publiziert. Er umfaßt 42 Items, die alle auf dem ersten Faktor einer Hauptachsen-Faktorenanalyse Ladungen von mindestens 0,25 aufweisen. Die Konstruktion wurde an Stichproben von Studenten vorgenommen. Als Validitätshinweis wird berichtet, daß Studenten der Wirtschaftswissenschaften viel höhere Mittelwerte erbrachten als Soziologie- und Pädagogik-Studierende.

C. Mehrdimensionale Tests

1. *Zusammenstellung eindimensionaler Skalen*

Auf die erste Periode der Ausdifferenzierung voneinander verschiedener, jedoch theoretisch nur vage abgegrenzter Persönlichkeitskategorien (meist vom normal

Angepaßten zum weniger gut oder abnorm Angepaßten) aus dem ursprünglich allgemeinen „adjustment"-Fragebogen folgten in den Dreißiger- und Vierzigerjahren neue Tendenzen, die zur Schaffung umfassender, aber gegliederter Instrumente führten. Ein erster Schritt war die Entwicklung von mehrdimensionalen Persönlichkeitstests durch Zusammenstellung mehrerer vermutlich eindimensionaler Skalen. Repräsentativ dafür ist das heute kaum mehr verwendete Personality Inventory BPI von Bernreuter (1933), bestehend aus einer Serie von 125 Fragen, welche je nach ihrer Differenzierung in 4 Kriteriumsgruppen (Extremfälle in Lairds Introversion-Extraversionstest, Allports Ascendance-Submission-Test, Thurstones Personality Schedule und Bernreuters Self-Sufficiency Test) mit verschiedenen Gewichtszahlen für die Dimensionen „neurotische Tendenz", „Selbständigkeit-Abhängigkeit", „Intro-Extraversion" und „Dominanz-Unterordnung" geskort wurden. Die Wiederholungsreliabilitäten betrugen 0,78—0,91, in größeren Abständen bis zu 3 Jahren sanken sie auf 0,44—0,72 (Farnsworth 1938). Eine erste Validierung erfolgte ursprünglich durch Korrelation mit den vier Tests, von denen die Skorung der Testelemente abgeleitet wurde, was notwendigerweise zu Koeffizienten von fast 1,0 führte. Super (1942) faßte weitere Versuche zur Validierung des BPI zusammen: „Neurotische" und „normale" Studenten können grob voneinander unterschieden werden, jedoch nicht Gruppen von Studenten mit „Verhaltensschwierigkeiten" von anderen Gruppen.

Ein anderer, weniger gut bearbeiteter mehrdimensionaler Test, welcher in den USA viel verwendet wurde, ist der California Test of Personality (Thorpe, Clark & Tiegs 1942), der nach 15 Skores ausgewertet wird.

Der neueste (vielleicht letzte) Vertreter intuitiv zusammengestellter mehrdimensionaler Tests erschien, nach längeren Vorarbeiten, 1968 in den USA, und zwar unter der Bezeichnung OPI (Omnibus Personality Inventory), von Heist et al. (1968). Eine gewisse Berechtigung für die Benutzung eines solchen mehr oder weniger willkürlich und atheoretisch zusammengestellten Satzes von Einzelskalen leitet sich vielleicht vom besonderen Verwendungszweck ab. Der OPI soll hauptsächlich der Forschung, aber auch der Beratung, bei College-Studenten des ersten Jahres dienen und deren Einstellungen, Werthaltungen und Orientierungen, insoweit sie für das Studium und das Leben in einem College relevant sind, erfassen. Dementsprechend liefert der Test Skores in den 15 Kategorien: thinking introversion (TI), theoretical orientation (TO), estheticism (Es), Complexity (Co), autonomy (Au), religious orientation (RO), social extroversion (SE), impulse expression (IE), personal integration (PI), anxiety level (AL), altruism (Am), practical outlook (PO), masculinity-femininity (MF), response bias (RB) und intellectual disposition category (IDV), welch lezterer aufgrund der ersten 6 Skores berechnet wird. Die Skores korrelieren teilweise sehr hoch miteinander; als Validitätshinweis werden nur Korrelationen mit Skalen anderer (aus weitgehend ähnlichen oder gleichen Items bestehenden) Fragebogentests geboten.

Die einzige Stärke ist wohl die teilweise Spezialisierung auf Skalen der intellektuellen Orientierung, die allerdings vielleicht mehr in den Bereich von Einstellungen und nicht von Persönlichkeitsmerkmalen im traditionellen Sinn fallen.

2. Faktorenanalytisch fundierte Entwicklungen

Andere Entwicklungslinien sind repräsentiert in den Versuchen, die Auswahl der Dimensionen nach Art und Anzahl besser zu fundieren, so daß der Gesamtbereich der Persönlichkeit bzw. ein definierter Teilbereich möglichst vollständig mit möglichst wenigen, eindimensionalen Maßen erfaßt werden kann. Dazu bieten sich zwei Wege an: Erstens ein rational-theoretischer, der von einer vorliegenden Persönlichkeitstheorie ausgeht, auf deren Basis mittels möglichst objektiver Methoden der Testkonstruktion für jede relevante Persönlichkeitsvariable eine Skala geschaffen wird; zweitens ein mathematischer, der von der Grundannahme ausgeht, daß die mehr oder weniger engen Wechselbeziehungen (Kovariationen) zwischen den vielen leicht zugänglichen Beobachtungsgrößen eines bestimmten (wohl abgegrenzten) Untersuchungsbereichs auf die Wirksamkeit einer kleineren Zahl von Faktoren (Grunddimensionen) zurückgeführt werden können. Die Faktorenanalyse sollte eine Formalisierung der Realitätserkenntnis im Alltagsleben sein, wo aus der Fülle der wechselnden Eindrücke Invarianzen abstrahiert werden und die ihnen entsprechenden Verbalbegriffe oder anschaulichen Vorstellungsmodelle ohne weiteres als „real" bezeichnet werden; dementsprechend fassen auch viele Faktorenanalytiker die von ihnen aufgefundenen Persönlichkeitsdimensionen als abstrakte Entitäten (Konstrukte) auf, die ebenso real wie die der Alltagswahrnehmung und der Naturwissenschaft seien. Die große Schwierigkeit liegt allerdings darin, daß es weder in der differentialpsychologischen Theorie, noch in der persönlichkeitsdiagnostischen Testforschung gelungen ist, einen fundamentalen Satz (oder eine hierarchische Struktur von Sätzen verschiedenen Abstraktionsgrades) von Dimensionen bzw. Skalen zu entwickeln, der replizierbar ist und (zumindest bis auf weiteres) allgemein akzeptiert wird. Die großen Diskrepanzen zwischen den Faktorenanalysen bei verschiedenen Stichproben und verschiedener Zusammensetzung der Ausgangsmaterialien (Beobachtungsdaten, Itemreservoirs) haben bisher einen durchschlagenden Erfolg faktorenanalytischer Methoden verhindert.

Die ersten Versuche, Faktorenanalyse auf Persönlichkeitsskalen anzuwenden, wurden in den Dreißigerjahren gemacht. Flanagan (1935) stellte aufgrund einer Faktorenanalyse der beträchtlichen Interkorrelationen der vier Bernreuter-Skores (z. B. neurotisch-introversiv: $r = 0,87$) bei 305 männlichen Jugendlichen zwei Faktoren („confidence" und „sociability") fest, die praktisch die gleichen Informationen enthielten wie die ursprünglichen vier.

Ungefähr zur gleichen Zeit begannen Guilford & Guilford (1934) ihre Versuche, Fragebogentests auf „Primäreigenschaften" der Persönlichkeit zu untersuchen und separate Skores für jeden „Faktor" zu entwickeln. Die ersten Analysen bezogen sich auf die Intro-Extraversionsfragen, welche 3 unabhängige Faktoren, nämlich S = soziale Introversion, T = Introversion des Denkens und R = „rhathymia" oder Sorglosigkeit, Mangel an Selbstkontrolle, ergaben. Weitere Analysen betrafen die „neurotische Tendenz" mit den Faktoren D = Depression und C = zykloide Tendenzen, später kombiniert zu E = emotionale Stabilität, und vorübergehend auch I = Selbstvertrauen vs. Minderwertigkeitsgefühle und N = ruhige Ausgeglichenheit vs. Nervosität; ferner die „paranoiden Tendenzen" mit den Faktoren O = Objektivität vs. Subjektivität oder Überempfindlichkeit; Ag oder F = freundliche Umgänglichkeit vs. allgemeine Feindseligkeit, Streitsüchtigkeit; Co, später P = Kooperationsbereitschaft oder Toleranz vs. Kritik und Nörgelsucht, und weitere Eigenschaftskategorien von Persönlichkeitsinventaren, wie G = allgemeine Aktivität, A = soziale Dominanz und M = Maskulinität der Gefühle und Interessen. Die Details dieser Entwicklung sind von Ferguson (1952, 200 ff.) übersichtlich dargestellt. Später wurden diese Eigenschaftsfaktoren vereinigt zu einem mehrdimensionalen Persönlichkeitsinventar, dem Guilford-Zimmerman-Temperament Survey (Faktoren: G, R, A, S, E, O, F, T, P, M), dessen Skores Testteilungsreliabilitäten von 0,75 bis 0,87 und mäßige Korrelation mit Selbst- und Fremdeinschätzung aufweisen. Weitere Validitätshinweise, wie Korrelationen mit anderen Persönlichkeitsinventaren und charakteristische Gruppenunterschiede, sind in Guilford (1959, S. 185 ff.) zusammengefaßt.

Thurstone (1951) interkorrelierte 13 Faktoren-Skores der ersten Untersuchungen Guilfords und erhielt nur 7 interpretierbare Faktoren, die er in einem von ihm zusammengestellten Test von 140 Elementen, zur Anwendung bei psychisch gesunden Personen, zu messen suchte (Thurstone Temperament Schedule, 1950), dessen Reliabilität jedoch als niedrig (0,45—0,86) angegeben wird.

Stärker von theoretischen und methodischen Besonderheiten abhängig sind die Versuche von Cattell und Eysenck, faktorenanalytisch fundierte Persönlichkeitsfragebogen zu konstruieren. Cattells Sixteen Personality Factor Questionnaire (Cattell & Stice 1950, Cattell, Eber & Tatsuoka 1970) ging aus einer Reihe von Untersuchungen hervor, die 1946 mit dem Versuch begannen, den Gesamtbereich der Persönlichkeit („personality sphere") möglichst vollständig durch eine repräsentative Stichprobe aller (in der Alltagssprache vorkommenden) Eigenschaften zu erfassen. Durch Faktorenanalyse (mit Rotation zu nicht-orthogonaler Einfachstruktur, zum Unterschied von Guilfords orthogonalen Lösungen) von 80 Testelementen (Fragen aus den verschiedensten Gebieten der Persönlichkeit, nicht nur den bisher bevorzugten der Anpassung, Extraversion und des Neurotizismus) erhielt Cattell (1950) 19 Faktoren; vier davon hatten nur sehr geringe Ladungen. Die 15 bedeutenderen entsprechen nach C.s Beurteilung seinen bisherigen faktorenanalytischen Ergebnissen (von Verhaltensschätzungen und anamnestischen Daten); zusammen mit der Dimension „Intelligenz" wurden sie in die erste Ausgabe des 16 PF-Tests hineinverarbeitet. In diesem ist jede Kategorie mit 12 Mehrfachwahlelementen vertreten. Zur Benennung der Faktoren wurden teilweise neue Begriffe geprägt, wie z. B. für den Faktor H die Bezeichnung „parmia vs. threctia" (früher Zyklothymie — Schizothymie genannt; später erhielt diesen Namen Cattels Faktor A). Die Bedeutung von H entspricht etwa einer Kombination von Dominanz und Soziabilität. Ein Testelement, welches im Sinne dieses Faktors geskort wird, ist z. B.: „Bei gesellschaftlichen Anlässen a) ergreife ich gerne das Wort, b) dazwischen c) bleibe ich lieber still im Hintergrund". Antwort a) wird mit 2 Punkten, b) mit einem Punkt für „parmia" geskort. Die neuen englischen Bezeichnungen (1970) für die untersuchten Faktoren sind leichter verständliche Eigenschaftspolaritäten (in Klammern die alten Namen nach Cattell 1950, bzw. 1957): A = reserved vs. outgoing (cyclothymia vs. schizothymia), B = less vs. more intelligent (general intelligence vs. mental defect), C = affected by feelings vs. emotionally stable (emotional stability vs. general neuroticism bzw. ego strength vs. general emotionality), E = humble vs. assertive (dominance vs. submission), F = sober vs. happy-go-lucky (surgency vs. desurgency), G = expedient vs. conscientious (positive vs. immature dependent character bzw. superego strength), H = shy vs. venturesome (adventurous cyclothymia vs. inherent withdrawn schizothymia bzw. parmia vs. threctia), I = tough-minded vs. tender-minded (emotional sensitivity vs. tough maturity bzw. premsia vs. harria), L = trusting vs. suspicious (paranoid schizothymia vs. trustful accessibility bzw. protension vs. inner relaxation), M = practical vs. imaginative (bohemianism vs. practical concernedness bzw. autia vs. praxernia), N = forthright vs. shrewed (sophistication vs. rough simplicity bzw. shrewdness vs. naivety), O = self-assured vs. apprehensive (worrying suspicion vs. calm trustfulness bzw. guilt proneness vs. confidence), Q_1 = conservative vs. experimenting (radicalism vs. conservatism) Q_2 = group-dependent vs. self-sufficient (independent self-sufficiency vs. lack of resolution), Q_3 = undisciplined self-conflict vs. controlled (will control and character stability vs. slothful undependableness bzw. self sentiment control), Q_4 = relaxed vs. tense (nervous tension bzw. ergic tension, id demand, or conflict pressure).

In einer außerordentlich großen Zahl von lose zusammenhängenden Untersuchungen (über Unterschiede zwischen Berufen, klinischen Syndromen usw.) versuchte C. die Validität eines jeden Faktors zu erweisen (Cattell 1957, vor allem Kap. 6.). Die relativ niedrigen Testteilungsreliabilitäten betragen 0,50—0,88.

Aus einer Faktorenanalyse der Interkorrelationen der 15 „primären" Persönlichkeitsfaktoren (genauer der Faktorenladungen von Itemgruppen und nicht der Fragebogenskores für die Faktoren; letztere stellen keineswegs faktoriell reine Maße der betreffenden „Primärfaktoren" dar) erhielt C. (1956) vier übergeordnete „sekundäre" Persönlichkeitsfaktoren, welche er folgendermaßen benannte: anxiety vs. dynamic integration (bestehend aus den Primärfaktoren Q_3-, $O+$, Q_4+, $L+$, $C-$), Extra-Introversion ($N-$, $E+$, $A+$, Q_1-, Q_2-, $H+$), zyklothyme vs. schizothyme Konstitution ($A+$, $I+$, $N-$, Q_3-, $C-$) und unbroken success vs. frustration (Q_1+, $E+$, $N+$, $G-$). Im Handbuch für den 16-PF 1970 werden bereits 6 Maße für Faktoren zweiter Ordnung, mit teilweise neuen Namen, angeführt.

Cattell hat in seinem Testinstitut auch eine Reihe weiterer Fragebogeninventare ausgearbeitet, vor allem solche, die den Anwendungsbereich des 16 PF-Tests auf jüngere Altersgruppen ausdehnen sollen. Der HSPQ, Junior-Senior High School Personality Questionnaire (IPAT-Ed., Cattell & Cattell 1953) für 12- bis 18jährige, lehnt sich in der Testdurchführung und in der Zusammenstellung der 14 Skalen weitgehend an den 16 PF an, es konnten jedoch teilweise sehr hohe Interkorrelationen zwischen den Skalen und, in Faktorenanalysen, nur eine teilweise Deckung der Struktur der Skalen mit denen des 16 PF gefunden werden. Der IPAT Children's Personality Questionnaire (Porter & Cattell 1959) wurde für 8- bis 12jährige konstruiert, er enthält ebenfalls 14 der 16 PF-Skalen. Die Paralleltestreliabilitäten sind niedrig (0,32—0,67 für die Kurzformen), die 18-Tage-Retestkorrelationen nicht viel höher (0,52—0,83). Die Interkorrelationen zwischen den Skalen sind — wahrscheinlich mitbedingt durch deren geringe Reliabilität — nur sehr niedrig. Der ESPQ, Early School Personality Questionnaire, ein Test für 6- bis 8jährige (Coan & Cattell 1966), weicht in seiner Zusammensetzung und Administration von den anderen deutlich ab, er besteht aus 13 Faktorskalen erster Ordnung und zwei Faktorskalen zweiter Ordnung (Extraversion und Angst), wird mündlich administriert, und zwar in Gruppenform, und besteht aus nur 80 Items, welche in zwei Teilsitzungen zu je 30 bis 50 Minuten mündlich vorgegeben werden sollen. Reliabilität und interne Konsistenz dürften um 0,50 liegen, also sehr gering sein; über die Validität gibt es kaum klare Daten.

Die deutschsprachige Form des 16-PF-Tests wurde von Bartussek untersucht. In einer ersten Zusammenfassung (Bartussek 1974) stellte er eine Reihe von größteils unveröffentlichten eigenen Arbeiten und Untersuchungen anderer Autoren zur Reliabilität und faktoriellen Validität der deutschen Übersetzung des 16-PF-Tests zusammen. Die Reliabilitäten der Items und der einzelnen Skalen erwiesen sich danach als teilweise außerordentlich niedrig, wesentlich niedriger als die anderer deutschsprachiger Persönlichkeitsfragebogen. So wurden für die Item-Reliabilitäten Werte von 0,07 bis 0,34 gefunden, für die Skalen Retest-Reliabilitäten von 0,19 bis 0,75 bei 14 Tagen Testabstand und von 0,02 bis 0,60 bei 27 Tagen Abstand. Die Testteilungsreliabilitäten betragen 0,01 bis 0,67 und selbst die Korrelationen zwischen entsprechenden Skalen von Paralleltestformen (unmittelbar aufeinanderfolgend administriert) liegen nur im Bereich von 0,19 bis 0,57. Auch Meyer et al. (1977) erhielten ähnlich ungünstige Resultate und demonstrierten, daß eine beträchtliche Zahl von Items mit fremden Skalen des 16 PF höher korrelieren als mit derjenigen, in die sie eingeordnet sind.

Im Hinblick auf die negativen Erfahrungen, die bei der Überprüfung der Testgütekriterien der deutschsprachigen Übersetzungen gemacht wurden, führte

Schneewind (1977) einen Versuch der „Rettung" des Tests durch. Beantwortungen der insgesamt 564 übersetzten Items der 4 Parallelformen (Cattell et al. 1970) durch mehr als 3000 Erwachsene wurden itemanalysiert und die beibehaltenen 192 Items (12 pro Skala) in 32 Halbskalen (zu je 6 Items) einer Faktorenanalyse mit Zielrotation unterzogen. Die interne Konsistenz (K-R-8 zwischen 0,87 und 0,96) und die Reliabilität (Retest nach einem Jahr 0,50 bis 0,79) dieser praktisch neuentwickelten 16-PF-Testform sind zufriedenstellend. Die Faktorenanalyse (der Halbskalen, nicht der Items) ergab die 16 erwarteten Primärfaktoren.

Auf dem strukturellen Allgemeinheitsniveau der Cattellschen Superfaktoren dürften Eysencks drei Persönlichkeitsfaktoren Extraversion-Introversion, Neurotizismus und Psychotizismus stehen (Eysenck 1953). Zur Messung der beiden erstgenannten wurden neben „objektiven Tests" auch Persönlichkeitsfragebogen konstruiert. Die Dimension „Neurotizismus" wurde ursprünglich, vor allem bei psychiatrischen Patienten, mittels des „Maudsley Medical Questionnaire" (MMQ) (Eysenck 1947, 1952) zu erfassen gesucht, eines ursprünglich aus 40 Fragen (in der ins Deutsche übersetzten Fassung, Eysenck 1953a, aus 38 Feststellungen und einer Lügenliste von 18 Feststellungen) bestehenden Fragebogens, dessen Reliabilität mit 0,89 für männliche und 0,87 für weibliche Patienten angegeben wird. Als externe Validierungshinweise werden unter anderem die Korrelationen der Testskores mit der psychiatrischen Beurteilung der Persönlichkeitsorganisation („badly organized personality" als Alternativmerkmal) angegeben: $r = +0,48$ für männliche und $r = +0,43$ für weibliche Neurotiker (Eysenck 1947, S. 66) und ein punktbiserialer Koeffizient von $r = 0,596$ der Testskores von 200 Normalen und 120 Neurotikern (Eysenck 1952). Die deutsche Fassung wurde von Michel (1960) bezüglich Abhängigkeit von Alter und Geschlecht, Bildungsgrad und Intelligenz, Reliabilität und Übertragbarkeit der Normen gründlich überprüft. Wehner & Bottenberg (1969a) errechneten aus den MMQ-Resultaten von 1176 Berufsschülern eine Retest-Reliabilität von 0,76 (Michel von 0,85) für N, 0,71 für L.

Aus einem Reservoir von 261 Fragen, welche dem MMQ und Tests von Guilford entnommen wurden, entwickelte Eysenck (1956), mit abweichenden Angaben bezüglich Anzahl und Herkunft der Fragen (Eysenck, deutsch 1959, Jensen 1958) das Maudsley Personality Inventory (MPI) zur Messung von Extra-Introversion (E) und Neurotizismus (N), vorwiegend zur Anwendung an relativ normalen Gruppen. 24 Testelemente wurden aber nicht direkt aufgrund einer neuen Faktorenanalyse ausgewählt, sondern so, daß sie hoch mit Guilfords R und nicht mit C korrelierten. Sie bilden die E-Skala des MPI. Weitere 24, die N-Skala, sollten hoch mit C und nicht mit R korrelieren. Eine Kurzform des Tests (Eysenck 1958) besteht aus einer Auswahl von je 6 Fragen für E und N, speziell zur Anwendung in der Markt- und Werbeforschung. Für die Halbierungsreliabilität des MPI werden Koeffizienten von $r = 0,88$ (N) und 0,83 (E), für die Kurzform $r = 0,79$ (N) und 0,71 (E) angegeben. Klinische Gruppenvergleiche und Korrelationen mit anderen Fragebogentests werden für den MPI gegeben.

Eine revidierte Form des MPI ist das Eysenck Personality Inventory EPI (Eysenck & Eysenck 1964). Neben einigen Umformulierungen von Items besteht der Unterschied zum MPI vor allem in der Hinzufügung einer vom MMPI adaptierten Lügenskala, die nur aus 9 Items besteht. Für Jugendliche und für Erwachsene mit subnormaler Intelligenz existieren Sonderformen des EPI, und zwar das Junior Eysenck Personality Inventory (S. B. G. Eysenck 1965), das für 7- bis 15jährige empfohlen wird, ausreichende Reliabilität aber erst vom 10. Lebensjahr an hat, und das Eysenck-Withers Personality Inventory (S. B. G. Eysenck 1965 a), das für Erwachsene im IQ-Bereich von 50 bis 80 geeignet ist. Faktorenanalysen haben die gleichen drei Dimensionen ergeben, wie sie im EPI zusammengefaßt sind.

Außer den deutschen Fassungen des MMQ und des MPI gibt es noch weitere, von den Eysenckschen Fragebogen abgeleitete deutschsprachige Verfahren. Eggert (1971) untersuchte die psychometrischen Qualitäten einer deutschen Übersetzung des EPI (Eggert 1974). Die Paralleltest-Reliabilität ist teilweise mäßig (für N 0,89, E 0,62, L 0,75), die Retest- und die Testteilungsreliabilität (S-B) schlecht (0,66, 0,55, 0,32; 0,76, 0,62, 0,50). Mit anderen Skalen, wie Angst, Aggression, direktives Verhalten — durchwegs ebenfalls Fragebogen-Methoden — werden plausible Korrelationen berichtet.

Buggle, Gerlicher & Baumgärtel (1968) entwickelten einen Persönlichkeitsfragebogen für 10- bis 15jährige, der auf eine Übersetzung des Junior Eysenck Personality Inventory und des EPI zurückgeht. Diese „Hamburger Neurotizismus-Extraversionsskala für Kinder und Jugendliche, HANES (KJ)", bestehend aus Skalen für E, N und „Lügen", wurde von Tewes (1973) bei Kindern der fünften Schulstufe angewendet, wobei sich einige der von Eysenck (1972) vermuteten Zusammenhänge zwischen E, N und Schulleistungen bei den Mädchen (nicht bei den Jungen) ergaben; am auffälligsten aber sind die außerordentlich niedrige Retest-Reliabilität (über drei Monate) für die N-Skala (0,12 bei den männlichen, 0,11 bei den weiblichen Schülern) und die niedrigen Werte für E (0,39 bzw. 0,69) und L (0,65 bzw. 0,74), die in dieser Arbeit berichtet werden.

Kury & Bäuerle (1977) führten eine Faktorenanalyse aller 68 Items des Tests durch, deren Dreifaktorenlösung nur 21,2 % der gesamten Varianz aufklärte. Die Dimensionen Neurotizismus, Extraversion und Lügentendenz werden eindeutig widergespiegelt, die von den Testautoren Buggle & Baumgärtel (1975) vorgenommene Unterteilung der Extraversionsskala in die Dimensionen Gesellschaft und Aktivität konnte nicht verifiziert werden. Wie zum Brengelmann-Fragebogen von Wendler (1967) festgestellt, ergab sich auch in der Arbeit von Kury & Bäuerle eine signifikante negative Korrelation (—0,24) zwischen N und E, ebenso zwischen L und N (—0,25). Die interne Konsistenz der Skalen ist hoch bis mäßig, für N ist r = 0,91, für E 0,80, für L 0,62.

Ähnlich wie Eysenck bei der Konstruktion seiner Neurotizismus-Extraversionstests entfernen sich auch Brengelmann & Brengelmann (1960, 1960 a) in ihrer konkreten Testkonstruktionsstrategie vom ursprünglichen faktorenanalytischen Ansatz. Die Skalen E und N der Brengelmanntests wurden von Eysenck übernommen (und zwar in der gleichen Übersetzung aus dem Englischen wie im MPI) und durch Fragebogen zur Messung von drei weiteren Dimensionen, nämlich Rigidität, dogmatische und intolerante Haltungen, ergänzt. Die Testentwicklungen basieren auf einer Reihe von nicht veröffentlichten faktorenanalytischen Untersuchungen von Nigniewitzky, welche in Frankreich an einer ländlich-kleinstädtischen Stichprobe von 280 Personen durchgeführt wurden (offenbar mit Testelementen, welche aus dem Englischen ins Französische übersetzt worden waren) und einer ohne Faktorenanalyse durchgeführten Itemanalyse (vornehmlich innere Validierung) der deutschen Fassung an insgesamt 200 Vpn. Die endgültige deutsche Fassung enthält nur einen Teil der englischen Testelemente und wurde durch Hineinnahme von „Überschußitems" aus anderen Tests auf 16 E-, 20 N-, 20 NR- (= Nigniewitzky-Rigidität), 14 Do- (dogmatische Haltungen) und 14 IA- (Intoleranz von Ambiguität) Fragen ergänzt. Die Skalen für Extraversion, Neurotizismus und Rigidität (E. N. NR) wurden von verschiedenen Autoren auf Reliabilität und Validität untersucht (Meyer & Golle 1966, Warncke & Fahrenberg 1966, Wendeler 1967), wobei als Mängel vor allem eine signifikante negative Korrelation zwischen N und E und die zu geringe innere Konsistenz der Rigiditätsskala aufgezeigt wurden.

Eine Reihe von faktorenanalytisch konstruierten Persönlichkeitsfragebogen leitet sich nicht von einer der gängigen faktorenanalytisch fundierten Persönlichkeitskonzeptionen ab, sondern benutzt die Faktorenanalyse nur als Methode der Entwicklung eines für bestimmte Zwecke möglichst umfassenden und ökonomischen Persönlichkeitstests. Dazu zählen die amerikanischen Tests CPS, EPI und das deutsche FPI.

Die Comrey Personality Scales CPS (Comrey 1970), liefern insgesamt 10 Skores (Vertrauen vs. Abwehrhaltung, Geordnetheit vs. Fehlen von Zwängen, Soziale Konformität vs. Rebellion, Aktivität vs. Energiemangel, emotionale Stabilität vs. Neurotizismus, Extraversion vs. Introversion, Maskulinität vs. Femininität, Einfühlung vs. Egozentrizität, ferner eine Validitätsskala und eine Reaktionsverfälschungsskala). Besonderheiten sind das Format — der Proband gibt seine Antworten auf 7-Punkte-Schätzskalen — und die sorgfältige Konstruktion, die von Faktorenanalysen von homogenen kleinen Item-Paketen ausging. Wenn man von der Skala Maskulinität-Femininität absieht, resultierte eine sehr klar definierte Faktorenstruktur. Die Testteilungsreliabilitäten werden als sehr hoch berichtet. Eine Reihe von Einzelresultaten zur externen Validität lieferte erste Hinweise auf die Brauchbarkeit des Verfahrens in der Forschung und als Mittel zur Verbesserung des Selbstverständnisses.

„Theoriefrei" — mit Hilfe einer Kombination faktorenanalytischer, clusteranalytischer und interner Konsistenzmaße der Items und ähnlicher psychometrischer Verfahren — konstruierte Edwards (1966) aus einem Reservoir von 2324

Items einen 1500 Items langen Test (EPI), mit dessen Hilfe 53 Persönlichkeitsvariablen bzw. habituelle Verhaltensweisen erfaßt werden sollen. Diese tragen alltagssprachliche Bezeichnungen, wie „plant und organisiert Dinge", „hat kulturelle Interessen", „ist ein Führer", „kooperativ"). Die Items sind absichtlich so ausgewählt, daß sie beim Probanden keinen Anstoß erregen. Er soll sie so beantworten, wie er glaubt, daß Leute, die ihn am besten kennen, sie beantworten würden, wenn man sie bäte, ihn, den Probanden zu beschreiben (z. B. „Er plant seine Arbeit sorgfältig"). Wie sich herausstellte, verändert diese komplizierte Instruktion, welche den Test als Leistungsaufgabe erscheinen lassen soll, die Antworten nicht gegenüber der üblichen Ich-Form (Edwards 1969). Die Skalen korrelieren z. T. hoch miteinander und teilweise auch hoch mit der sozialen Erwünschtheitsskala von Edwards (1953). Auch die Ja-Sage-Tendenz wurde nicht systematisch ausgeschaltet, in vielen Skalen werden die Items zum Großteil oder zur Gänze in einer Richtung (stimmt bzw. stimmt nicht) für das betreffende Merkmal geskort. Die Reliabilität ist für ein Drittel der Skalen unter 0,80, empirische Validierungsdaten werden nicht angegeben.

Das Freiburger Persönlichkeitsinventar FPI (Fahrenberg & Selg 1970, Fahrenberg, Selg & Hampel 1978) ist ein mehrdimensionaler Test, der in einer Langform (212 Items) und zwei parallelen Halbformen (je 114 Items) vorliegt, normiert für drei Altersbereiche ab 15 Jahren und nach Geschlecht getrennt. Der Test besteht aus den Skalen 1 bis 9, die faktorenanalytisch gewonnen wurden, und drei weiteren Skores E, N und M, die in einem getrennten Verfahren konstruiert wurden, zwei davon offenbar in Anlehnung an die Eysenckschen Faktoren. Die Bezeichnungen der Skalen sind: 1-Nervosität, 2-Aggressivität, 3-Depressivität, 4-Erregbarkeit, 5-Geselligkeit, 6-Gelassenheit, 7-Dominanzstreben, 8-Gehemmtheit, 9-Offenheit; E-Extraversion, N-emotionale Labilität, M-Maskulinität. Es werden relativ hohe Reliabilitäten und Validierungen verschiedener Art berichtet. Ergänzende Normen für 13- bis 15jährige wurden von Kury & Bäuerle (1975) veröffentlicht. Die Testergebnisse von drei Stichproben von Jugendlichen und Erwachsenen wurden von Hobi & Klär (1973) auf Skalenbasis faktorenanalysiert, wobei sich, wie schon in einer früheren Analyse der Testautoren (Fahrenberg & Selg 1970), fünf Faktoren ergaben.

Aufgrund der relativ hohen Interkorrelationen zwischen einzelnen der neun Skalen (z. B. korrelieren die Skalen Aggressivität und Erregbarkeit mit r = +0,61, Geselligkeit und Gehemmtheit mit r = —0,50) bezweifelten Schenk, Rausche & Steege (1976), daß eine 9-Faktoren-Skorung für den FPI adäquat sei. Sie führten eine gründliche Untersuchung an drei Stichproben von insgesamt über 1300 16- bis 20jährigen durch und erhielten nur mäßige Reliabilitätskoeffizienten (bei Berufsschülern zwischen r = 0,17 und r = 0,79, bei Bundeswehrrekruten zwischen 0,51 und 0,81); in einer Faktorenanalyse aller Items des Tests fanden sie eine optimale Lösung bei Extraktion von drei Faktoren, nämlich Neurotizismus, Extraversion und Aggressivität. Ebenfalls auf Itembasis führten

Krauß, Überla & Warncke (1978) eine Faktorenanalyse der Antworten von 639 Frauen zwischen 12 und 45 Jahren durch und erhielten 7 interpretierbare Faktoren. Dies ist eines der vielen Beispiele für die Abhängigkeit faktorenanalytischer Ergebnisse von der Zusammensetzung der Stichprobe der untersuchten Personen bzw. von den Vorstellungen und Hypothesen der Testautoren.

3. Persönlichkeitstheoretisch fundierte Entwicklungen

Es existiert zwar eine große Zahl von theoretischen Konzeptionen der Persönlichkeit, doch bestehen mehrheitliche Übereinstimmungen in der Beurteilung eines jeden dieser Ansätze in erster Linie darüber, daß er Mängel und Unvollkommenheiten aufweist, die einen Allgemeingültigkeitsanspruch illusorisch erscheinen lassen. Dies mag einer der Gründe dafür sein, daß nur wenige Testautoren einen Persönlichkeitsfragebogen unmittelbar aus einer dieser Theorien abzuleiten versuchen, indem sie Testelemente ihrem Inhalt nach so auswählen und zu Skalen zusammenstellen, daß sie die essentiellen Variablen dessen, was eine Theorie unter Persönlichkeit versteht, abdecken. Versuche dieser Art, gelegentlich kombiniert mit faktorenanalytischen Strategien, liegen vor allem zu der theoretisch eher flexiblen Personologie von Murray und zur Sprangerschen Wert-Typologie vor.

Individuelle Unterschiede in motivationalen Variablen, wie sie in der Murrayschen need-Liste aufgezählt werden, werden mit einigen Verfahren gemessen, die sich von den Persönlichkeitsfragebogen zur Messung von Eigenschaften weder in den Items, noch in ihrer Anwendung wesentlich unterscheiden. Selbst einige Testautoren tragen zur Verwischung des Allgemeinheits- und Abstraktionsniveaus der gemessenen Variablen bei, indem sie (wie schon Murray selbst) offen lassen, ob und unter welchen Bedingungen der Test mehr verhaltensnahe oder mehr dispositionelle Variablen erfaßt. Einziges Orientierungskriterium ist gelegentlich der Wortlaut, bzw. die Formulierung der Mehrzahl der Testelemente (z. B. durch Ausdrücke, wie „Im allgemeinen reagiere ich . . ., wenn ich . . ."; oder „Im Moment bin ich . . .").

Zu den Tests, die in der Terminologie von Murray-Motiven die Persönlichkeit erfassen sollen, gehören die als mehrdimensionale Fragebogentests bzw. Eigenschaftslisten gestalteten Verfahren PRF (Jackson 1967), EPPS (Edwards 1953a) und ACL (Gough 1956).

Der PRF (Personality Research Form, Jackson 1967) ist nach Grundsätzen der Testkonstruktion aufgebaut, die sich an Loevingers (1957) testtheoretischer Arbeit zur Konstruktvalidierung orientieren. Diese unterscheidet erstens eine inhaltliche (substantive) Komponente — im PRF wird der Inhalt der Items „logisch" aus der Murrayschen Need-Konzeption abgeleitet —, zweitens eine strukturelle Komponente — da in der Murrayschen Theorie zwischen den needs keine explizite Struktur herrscht, wird als strukturelle Komponente die Homogenität (und geringe Interkorrelation) der Subskalen angesehen —, drittens eine externe Komponente (etwa Korrelationen mit Außenkriterien). Jackson nahm bei der Konstruktion seines Tests allerdings eine weitgehende Revision der need-Liste vor und modifizierte auch einzelne der Begriffsbestimmungen Murrays. Auffällig ist das Fehlen von „anxiety" und „emotionality", die bei Murray als Zustandsvariablen vorkommen. Der PRF enthält 15 Skalen in Lang- oder alternativ auch in Kurzform und eine um 7 Skalen erweiterte extralange Form. Nur für drei der 22 Skalen wird das Verfahren der multidimensionalen Skalierung als Überprüfung der inhaltlichen Itemauswahl angegeben, nämlich für autonomy, impulsivity und dominance. 59 Beurteilungen wurden 6 Charakterisierungen fiktiver Personen mit jeweils hoher bzw. niedriger Ausprägung in einer der drei genannten Variablen vorgelegt. Die Beurteiler erhielten sodann aus jeder der drei Skalen je 6 Items, die aufgrund eines ersten Konstruktionsschrittes (inhaltliche Validitätsbestimmung) hohe bzw. niedrige Ausprägungen des betreffenden Merkmals darstellen sollten. Aufgabe der Beurteiler war es, für jedes Item anzugeben, wie groß die Wahrscheinlichkeit wäre, daß die fiktiven Personen dem Item zustimmen würden. Die multidimensionale Skalierung ergab tatsächlich drei Dimensionen der Beurteilung. Die übrigen Dimensionen wurden anscheinend ohne diesen Zwischenschritt zusammengestellt. Die endgültige Auswahl der Items erfolgte durch eine Item-Subtest-Korrelationsanalyse; jedes Item wurde mit sämtlichen Skalenskores korreliert. Die Korrelation eines Items mit dem Skore der eigenen Skala sollte möglichst wesentlich größer sein als mit den übrigen Skalen und mit sozialer Erwünschtheit (mit dieser aber nicht unbedingt 0). Zusätzlich zu den need-Skalen (Achievement, Affiliation, Aggression, Autonomy, Dominance, Endurance, Exhibition, Harmavoidance, Impulsivity, Nurturance, Order, Play, Social Recognition, Understanding; in der Langform weiters: Abasement, Change, Cognitive Structure, Defendence, Sentience, Succorance) enthält der Test auch Kontrollskalen zur Erfassung der Tendenz, sozial erwünschte Antworten zu geben, und zur Identifikation von nachlässig oder unkooperativ arbeitenden Pbn. Als externes Validierungskriterium wurde vom Testautor eine teilweise sehr enge Beziehung zu peer-ratings angegeben, die im Median 0,52 (im Bereich von 0,10 bis 0,72) beträgt. Mit faktorenanalytischer Methodik liegt bereits eine große Zahl von Untersuchungen mit teilweise recht divergenten Resultaten (Anzahlen gemeinsamer Faktoren) vor.

An bilingualen Vpn entwickelten Angleitner und Mitarbeiter (Angleitner, Stumpf & Wieck 1976, Stumpf & Angleitner 1977, Stumpf, Angleitner & Steege 1978) eine deutsche Form des PRF.

Die Edwards Personal Preference Schedule, EPPS (Edwards 1965a), wurde in erster Linie so entwickelt, daß die als besonders wirksam gehaltene Fehlerquelle der unterschiedlichen sozialen Erwünschtheit von Item-Antworten (s. S. 100f.) möglichst ausgeschaltet werden sollte. Zu diesem Zweck stellte Edwards nach dem Kriterium der logischen (besser inhaltlichen) Validität für 15 Murray-needs sogenannte Zwangswahlitems zusammen, deren Alternativen ungefähr gleiche soziale Erwünschtheit haben. Der Proband muß sich für eine der angebotenen Alternativen entscheiden. Das Maß für die soziale Erwünschtheit der verschiedenen Alternativen wurde zwar empirisch gewonnen, konnte aber notwendigerweise nur ein Durchschnittsmaß sein, von dem es sicher individuelle (und situationsbedingte) Abweichungen gibt. Der Test wurde in vielen Forschungsarbeiten, weniger in der Praxis angewendet. Sein theoretisches Konzept (Murray-Motive) und sein Konstruktionsprinzip (soziale Erwünschtheit ausschaltende Zwangswahltechnik) wurden von Edwards selbst (1966) bei der Herausgabe eines neuen mehrdimensionalen Persönlichkeitstests aufgegeben (EPI, s. S. 81).

Ein dritter Test ist in seinem Aufbau denkbar simpel. Die „Adjektive Check List" ACL von Gough und Heilbrun (1965) besteht aus einer Liste von 300 Eigenschaftswörtern; der Pb soll alle diejenigen markieren, die ihn beschreiben (und den Grad der Erwünschtheit einer jeden Eigenschaft angeben). In der Auswertung, die mittels Computer vorgenommen wird, werden insgesamt 24 Skalen-Skores ermittelt, 15 davon für Murray-Motive, die übrigen für eine Zusammenstellung von weiteren für relevant gehaltenen Dimensionen. Die Items wurden für die letzteren durch externe Validierung an Selbst-Beurteilungen ausgewählt, für die ersteren durch ein intuitives Verfahren: 19 graduierte Studenten erhielten die Beschreibungen der Murray-Motive, wie sie im Manual des EPPS gegeben werden, und sollten feststellen, welche Eigenschaftswörter als Selbstbeschreibung indikativ für die einzelnen needs sind. Konstruktion des Tests und Form seiner Veröffentlichung werden sehr kritisiert (Rorer 1972).

Fiske (1973) machte im Sinne der Prinzipien der Validierung durch Analyse einer Multitrait-Multimethod-Matrix (Campbell & Fiske 1959) ein Experiment, in dem der ACL und je zwei Parallelformen des PRF und des EPPS gleichzeitig angewendet und für die 12 gemeinsamen Murray-Motiv-Maße interkorreliert wurden. Bei gegebener Validität müßten z. B. Korrelationen für ein mit verschiedenen Tests gemessenes Motiv höher sein als die Korrelation zwischen verschiedenen Motiven innerhalb eines Tests. Es müßten weiters die Korrelationen zwischen je zwei Motiven in jedem Test ungefähr gleiche Höhe haben. Letztere Bedingung war aber nicht gegeben. So korrelierten Autonomie und Aggression im ACL mit 0,59, in den beiden EPPS-Formen mit 0,29 und 0,31, im PRF mit 0,03 bzw. 0,14. Fiske zieht daraus die Konsequenz, daß die drei Tests nicht die gleiche Persönlichkeitsstruktur messen, obwohl sie von der selben Theorie abgeleitete Maße geben. Fiske (1976) meint, daß Persönlichkeitskonstrukte zu wenig substantiell, zu wenig faßbar sind, als daß sie überhaupt durch wissenschaftliche Operationen mit intersubjektivem Konsens eingefangen werden könnten. Er meint, wie andere Autoren auf diesem Gebiet (s. S. 106f.), daß eine interaktionistische Analyse der einfachen Handlungen und der mannigfaltigen und raschen Verhaltensänderungen neue deskriptive Maße entwickeln sollte, die aus direkter Beobachtung resultieren, aber hohe Reliabilität besitzen.

Als rational abgeleitet von einer Persönlichkeitstheorie können auch Verfahren angesehen werden, welche die sechs geisteswissenschaftlich konzipierten Wert-Typen Eduard Sprangers diagnostisch erfassen sollen. Der einzige weit verbreitete Test dieser Art ist die „Study of Values" (SV) (Allport & Vernon 1931, Allport, Vernon & Lindzey 1970). Seine sechs Skores (für theoretisch, ökonomisch, ästhetisch, sozial, politisch und religiös) wurden immer wieder auch äußeren Validierungen unterzogen, deren Ergebnisse im Sinne der Erwartungen waren. So haben „begabte Studenten" höhere Werte in den Skores „theoretisch" und „ästhetisch" (Warren & Heist 1960), „Kreative" skoren hoch in „theoretisch" und niedrig in „religiös" (Hall & MacKinnon 1969, Helson & Crutchfield 1970). Die Anwendbarkeit des Tests ist allerdings auf höhere Bildungsgrade beschränkt, die Werthaltungen von Personengruppen mit geringer Schulbildung und aus schlechtem sozialen Milieu bzw. von sozialen Außenseitergruppen können mit diesem Instrument nicht adäquat erforscht werden. Eine deutsche Übersetzung, der „Werteinstellungstest", wurde nach der dritten Auflage der SV von E. Roth (1972) bearbeitet. Seine Retest-Reliabilität ist mäßig bis hoch (0,69 bis 0,89 nach einem Monat).

Die psychoanalytische Konzeption der Persönlichkeit, die im Bereich der klinischen Psychologie so weit verbreitet ist, hat zwar stark die Entwicklung projektiver Testverfahren beeinflußt, dagegen bezüglich der Gestaltung von nichtprojektiven Tests hauptsächlich nur „Umwegwirkungen" gezeitigt. Solche sind etwa in den Murray-Motiv-Tests vorhanden, weiter in der Interpretation von Faktoren der Cattellschen Tests. Dagegen ist kaum einer der allgemein gebräuchlichen mehrdimensionalen Fragebogentests für die spezielle Messung psychoanalytischer Variablen eingerichtet. Der von Beckmann & Richter (1972) veröffentlichte „Giessen-Test" (GT) ist allerdings nach den Angaben seiner Autoren nach psychoanalytischen Vorstellungen über die verschiedenen Entwicklungsstufen der Persönlichkeit und nach Typen unbewußter sozialer Rollenerwartungen konzipiert worden. 36 der insgesamt nur 40 Items werden in der Auswertung zu 6 Skalen zusammengefaßt; deren Bildung mit Hilfe faktorenanalytischer Methoden, und auch ihre Bezeichnung, haben allerdings nichts mehr mit spezieller psychoanalytischer Methodik und Begriffsbildung zu tun: 1. soziale Resonanz, 2. Dominanz, 3. Kontrolle, 4. Grundstimmung, 5. Durchlässigkeit. Die 6. Skala, „Soziale Potenz", wurde aus Items der Skalen 1—5 gebildet, ausgelesen nach ihrer Korrelation mit Schulbildung und Einkommenshöhe. Zusätzlich wurden zwei Einstellungsskalen hinzugefügt, die stereotype Antworttendenzen erfassen sollen (Tendenz zur Mitte, Tendenz zu Extremen). Der Test kann als Selbst- oder als Fremdbeurteilungsverfahren verwendet werden. Als Besonderheit dieses Verfahrens wird die Betonung der Gruppen- und Partnerbeziehungen angesehen. Die Validität des Tests wird vor allem aus der Gegenüberstellung der Testprofile verschiedener Untergruppen (Neurotiker, Deliquente, Studenten) demonstriert. Auch Anwendungsbeispiele bei der Kontrolle des Therapieverlaufs werden gegeben. Neben der Interpretation der Skalenwerte wird von den

Autoren übrigens eine solche der einzelnen Items praktiziert und empfohlen, freilich ohne Angabe irgendwelcher Normen. Kuda (1976) wandte den Giessen-Test bei drei verschiedenen, relativ umfangreichen Stichproben (psychosomatischen Patienten, neurotischen Studenten und Studenten-Wohnheimbewohnern) an und fand dabei beträchtliche Unterschiede in der Faktorenstruktur des Tests. Auch die Item-Statistiken waren, vor allem bei den Neurotikern, unbefriedigend, mehr als die Hälfte der Items wies bei dieser Gruppe eine extrem niedrige Trennschärfe auf.

4. Empirische Item-Validierung an Kriteriumsgruppen

In den faktorenanalytischen und den „theoriegeleiteten" Testkonstruktionsstrategien wird mehr Wert auf die interne Validierung (Analyse der Wechselbeziehungen der Testteile untereinander) gelegt und fast gar nicht, bzw. erst nach beendeter Konstruktion der Tests, auch auf die Verankerung der entwickelten Testdimensionen an äußeren Kriterien. Ein ganz anderer Weg, zu praktisch-diagnostisch brauchbaren Persönlichkeitsdimensionen zu kommen, wurde von Humm & Wadsworth (1935) beschritten. Rein empirisches Kriterium für die Skorung der 164 Testelemente (plus 154 Füll-Items) ihrer „Temperament Scale" waren die psychiatrischen Diagnosen von extremen Persönlichkeiten im Sinne der Konzeption des Psychiaters Rosanoff. Nach dessen Annahme stellen Geisteskranke (und, für die Komponente H, Kriminelle) Extremausprägungen universeller Persönlichkeitskomponenten dar. Aus der unterschiedlichen Beantwortung durch Normale einerseits, autistische Schizoide, paranoide Schizoide, manisch Zykloide, Hysteroide und Epileptoide andererseits wurden für jedes Testitem Gewichtszahlen (1 bis 6) für die entsprechenden Persönlichkeitskomponenten (N, A, P, M, D, H, E) abgeleitet. Die Reliabilität der Skalen betrug etwa 0,70 bis 0,90, sie war am schwächsten für die Komponente E. Nach Untersuchungen des Testautors (Humm, Storment & Iorns 1939) war die Validität für persönliche Fehlanpassungen von fast 1700 Beschäftigten einer großen Flugzeugfabrik größer als $r = 0,99$, ein Erfolg des Tests, der von späteren Untersuchungen anderer Autoren nie mehr erreicht werden konnte. Die zweite Neuerung, neben der rein empirisch ausgearbeiteten Skorung aufgrund der äußeren Validität der Testitems, war die Einführung von Korrekturfaktoren für die Einzelskores, je nach der Anzahl der Nein-Antworten, bzw. die Nichtauswertung von Antwortbogen, welche extrem viele oder wenige Nein-Antworten enthielten. Auf diese Weise sollten, erstmals in einem Persönlichkeitsfragebogen, einseitige Reaktionseinstellungen, wie: allgemeine Tendenz zum Neinsagen; Nicht-Zugeben oder Betonen von sozial nicht akzeptablem Verhalten, berücksichtigt werden. Veröffentlichungen über Anwendung und Überprüfung des H-W-Tests zeigten eine Reihe von Konstruktionsmängeln auf. So stellten Smith & Marke (1958) in Experimenten an 92 schwedischen Vpn eine deutliche Abhängigkeit der Skores und des Nein-Skores von der Situation („Selektion von Bewerbern" vs.

„Testüberprüfung") und an 508 Vpn (1958a) eine außerordentlich geringe interne Konsistenz der einzelnen Skalen fest.

Den weitaus größten Umfang an Entwicklungs- und Forschungsarbeit, die bisher zu einem Persönlichkeitsfragebogen geleistet wurde, bringt ein Test mit, welcher in seiner Konzeption sehr ähnlich dem Humm-Wadsworth-Fragebogen ist: das Minnesota Multiphasic Personality Inventory (MMPI) von Hathaway & McKinley (1940, 1951). Obwohl es das ursprüngliche Ziel war, einen Fragebogentest zur objektiven Diagnose von psychischen Störungen zu konstruieren, wurde später die Bedeutung der einzelnen Skorekategorien verschoben auf allgemeinere, auch für den Normalbereich geltende Dimensionen. Den meisten der „klinischen" Skorekategorien wurden ursprünglich Bezeichnungen gegeben, die sich an die psychiatrische (letzlich Kraepelinsche) Klassifizierung anlehnen: Hypochondriasis (Hs; in der deutschen „Saarbrücken"-Fassung Hd), Depression (D), Hysteria (Hy), Psychopathic Deviate (Pd; deutsch Pp), Paranoia (Pa), Psychasthenia (Pt), Schizophrenia (Sc), Hypomania (Ma). Weitere Kategorien sind: Maskulinität-Femininität (Mf) und, von Drake (1946) entwickelt und in die revidierte Form fest aufgenommen, soziale Introversion-Extraversion (Si). Die Konstruktion des MMPI ging ebenso vor sich wie die des Humm-Wadsworth, nämlich durch Vergleich von Normalen (500 Studenten und Krankenhausbesuchern) mit Patienten (N meist zwischen 20 und 50 Fällen); fünf von den klinischen Kategorien des MMPI entsprechen ihrer Definition, nicht ihrer Bezeichnung nach, denen des H-W (H-Pd, M-Ma, D-D, A-Sc, P-Pa); der geringe Umfang der klinischen Stichproben, die zur Konstruktion beider Tests herangezogen wurden, dürfte mitverantwortlich dafür sein, daß trotzdem praktisch keine Korrelationen zwischen den angeführten Paaren von Skores herrscht (Gilliland 1951). Von den insgesamt 566 Items des MMPI sind 150 nicht ausgewertete Füllitems, 16 sind bloße Wiederholungen. Viele Items werden (einheitlich mit Gewichtszahl 1) bei mehreren Skalen gleichzeitig ausgewertet, so daß schon deswegen eine gewisse Korrelation zwischen den Skalen bestehen muß. Bei manueller Auswertung werden die Rohskores (über die Prozentränge) in Standardskores T, mit M = 50 und Sigma = 10, verwandelt, bzw. in ein daraufhin schon konstruiertes Profil aller Skalen direkt eingetragen.

Viel weiter entwickelt wurde der H-W-Ansatz zur Messung von Einstellungen bei der Testbeantwortung und zur Korrektur der klinischen Skalen bei Vorliegen auffälliger Beantwortungstendenzen. Diese sogenannten Validitätsskalen sind: 1. Der „?"-Wert, berechnet aus der Anzahl der nicht mit richtig (r) oder falsch (f) beantworteten Fragen. Ist der „?"-Wert eines Pb zu groß (T-Skore über 70), dann sind alle übrigen Testskores des Pb unbrauchbar. 2. Der L-Wert, berechnet aus der Zahl der f-Antworten auf 15 Feststellungen, die den Pb in ein ungünstiges Licht setzen, die aber bei wahrheitsgemäßer Beantwortung nur selten mit f beantwortet werden (z. B.: „Ich mag nicht jeden leiden, den ich kenne"). Hohe L-Werte lassen vermuten, daß auch die übrigen Skalenwerte höher sein müßten, als dies im Profil (auf dem Testauswertungsblatt) der Fall ist.

3. Der F-Wert, berechnet aus den in die seltenere Richtung erfolgenden Antworten auf eine Gruppe von Feststellungen, die von fast allen Pbn in eine Richtung (r oder f) beantwortet werden (z. B.: „Alles schmeckt irgendwie gleich"; seltene Antwort: r). Der F-Wert wird bei sorgloser oder exzentrischer Beantwortung oder absichtlicher Simulation von Abnormitäten auffällig. Wenn F größer als T = 80 ist, dann ist der Test ungültig. 4. Der K-Wert wurde erst später (Meehl & Hathaway 1946, McKinley, Hathaway & Meehl 1948) auf überwiegend empirischem Weg ermittelt. Geskort werden vor allem diejenigen Elemente des Gesamttests, welche zwischen einer Gruppe von sicher als abnormal diagnostizierten, aber im Testprofil völlig unauffälligen Pbn und einer Stichprobe von Normalen unterschieden. Ein hoher K-Skore bedeutet daher eine defensive Einstellung zum Test im Sinne der Dissimulation von Abartigkeiten (ein extrem niedriger eventuell Simulation). K wird jedoch in erster Linie nicht selbständig interpretiert, sondern als „Suppressor-Variable" zur Korrektur anderer Skalenwerte (Hs, Pd, Pt, Sc und Ma) verwendet, die infolge Dissimulationstendenz niedrig sind. Außer den hier genannten 14 wurden aus dem Reservoir der 550 MMPI-Items von verschiedenen Autoren bereits mehrere hundert weitere Skalen zur Beantwortung spezieller Fragestellungen empirisch konstruiert, nämlich gewöhnlich durch Vergleich der Itembeantwortungen von zwei extremen Kriteriumsgruppen (siehe Dahlstrom & Welsh 1960); Beispiele sind: Do (Dominanz vs. Submission), Pf (Parietale vs. frontale Gehirnschädigung), Re (Verantwortlichkeit), St (Sozialökonomischer Status), Pr (Vorurteil), A (Angst), R (Verdrängung).

Die Retest-Reliabilität der Standardskalen des MMPI ist aufgrund verschiedener Untersuchungen mäßig, mit Werten von 0,46 bis 0,93 und einem Durchschnitt von 0,75. Die Testteilungsreliabilitäten liegen etwas höher.

In der Auswertung werden nicht nur die einzelnen Skalenwerte interpretiert, sondern auch das „Profil", das charakteristische Zueinander der einzelnen Skalenwerte. Da sich bald herausstellte, daß das ursprüngliche Ziel der objektiven psychiatrischen Diagnose aufgrund der Einzelskalenwerte allein nicht erreicht wurde, verschob sich der Schwerpunkt immer mehr auf die Interpretation des Profils, wobei sich die psychiatrischen Bezeichnungen der Skalen vor allem bei dem immer stärker in den Vordergrund tretenden Einsatz des Tests bei Normalen eher als hinderlich und irreführend erwiesen. Es wurde daher von Hathaway (1947) und Welsh (1948) ein Zifferncodesystem zur Charakterisierung und Registrierung von MMPI-Profilen ausgearbeitet. Die Namen der klinischen Skalen wurden durch Zahlen von 1-0 ersetzt (Hs-1, D-2, Hy-3, Pd-4, Mf-5, Pa-6, Pt-7, Sc-8, Ma-9, Si-0); jedes individuelle Profil wurde aufgrund der Rangreihe seiner T-Werte verschlüsselt. Z. B. sei das Profil der T-Skores eines „neurotischen" Pb: 1-56, 2-80, 3-56, 4-71, 5-43, 6-53, 7-61, 8-52, 9-40, 0-52; Profilcode: 24'713-95, d. h. Skalen 2 und 4 über T = 70; 7, 1 und 3 über 54, wobei 1 und 3 um weniger als 2 Punkte verschieden sind, Skore 9 der niedrigste unter T = 46, Skore 5 der zweitniedrigste, ebenfalls unter 46, Skalenwerte zwischen 46 und 54 werden nicht notiert. Zur Erleichterung der klinischen Interpretation stellten Hathaway

& Meehl (1951) in einem nach dem Profilcode geordneten „Atlas" die Falldarstellungen von 968 Patienten dar. Ein erster Schritt in Richtung objektiver Regeln zur Profilauswertung wurde von Meehl & Dahlstrom (1960) gemacht, die aufgrund bestimmter Aspekte des Profils in 73 % der Fälle Neurotiker von Psychotikern richtig unterscheiden. Die Einführung dieser Profil-Vergleichsmethode und deren Interpretation, welche viel spezifische Erfahrung (und hohe Reliabilität der Einzelskalen) erfordert, hat Untersuchungen der Validität des MMPI methodisch eher noch erschwert, so daß sich trotz der außerordentlich großen Zahl von Veröffentlichungen dazu kein eindeutiges Bild von der allgemeinen Brauchbarkeit und den Beschränkungen dieses Verfahrens ergibt.

In neuerer Zeit wurden nicht nur weitere Profil-Atlanten und Profilauswertungsmethoden (z. B. Marks & Seeman 1963) entwickelt, sondern es setzten auch zwei einander gegenläufige neuere Entwicklungen ein: einerseits die Herstellung von Kurzfassungen, andererseits die Computer-Interpretation.

Mit bloß 71 Items erzielte Kincannon (1968) einen hohen Grad an Übereinstimmung der Standardskores mit dem Test in voller Länge. Sein Verfahren wird „Mini-Mult" genannt.

Die Computerinterpretationen, die bereits mehr oder weniger fertige Persönlichkeitsbeschreibungen mit vielen Details liefern, basieren immer auf definierten Stichproben von Ausgangsdaten; bei Anwendung auf Personenkreise, die aus anderen Populationen stammen, ist daher trotz Computer-Hilfe das „klinische Urteil" aus Mangel an archivierten Daten nötig. Computer-Interpretationen wurden für den MMPI von Kleinmuntz (1963), Finney (1966) und anderen ausgearbeitet. Einen ersten Überblick über (amerikanische) Methoden der Profilanalyse gab in deutscher Sprache Henrichs (1967).

Sowohl Profilauswertungsmethoden wie die veröffentlichten Atlanten haben den Nachteil, daß sie nur für einen Teil der Pbn eine Antwort geben, viele werden als „nicht klassifizierbar" bezeichnet, weil die Kontrollskalen auffällig sind, oder weil sie aus besonderen Populationen stammen, weil bestimmte Milieubedingungen die Daten uninterpretierbar machen. Besonders die Anwendbarkeit des MMPI in den USA bei Negern, bei der Landbevölkerung und bei der Unterschicht wird in Frage gestellt (Gynther, Fowler & Erdberg 1971).

Neuere Forschungsarbeiten zum MMPI zielen vor allem auf die Frage ab, welche Prozesse die Reaktionen auf spezifische Items des MMPI (und anderer ähnlicher Fragebogentests) vermitteln. Einerseits wird immer wieder die Behauptung zu beweisen gesucht, daß es sich größtenteils um Reaktionen im Sinne sozialer Erwünschtheit bzw. einer Ja-Sage-Tendenz unabhängig vom Inhalt handelt (z. B. Jackson & Messick 1962, Edwards 1957), andererseits werden Versuche unternommen, die Selbstbeschreibungsprozesse näher zu analysieren. So gehen Taylor, Carithers & Coyne (1976) von der Hypothese aus, daß die Reaktionen auf die spezifischen Items durch abstrakte Aspekte des Selbst-Konzepts vermittelt werden. So wird z. B. durch die Beantwortung einer Reihe von Items der Eindruck eines physisch Geschädigten, moralisch untadeligen Opfers der Umstände gemacht. Diskrete, kognitive Ansichten des Selbst vermitteln und organisieren die spezifischen Reaktionen auf die konkreten Testelemente. Diese Selbst-Begriffe haben eine relative hohe Stabilität und Konsistenz, was wiederum zur Konsistenz von Itemgruppen führt. Nicht die traits, auch nicht die response sets, sind für die Reliabilität von Fragebogenskalen verantwortlich, sondern diese ist das Ergebnis eines bestimmten Kommunikationsprozesses. Taylor et al. führten mit mehreren Gruppen von Versuchspersonen faktorenanalytische Studien durch, in denen neben dem MMPI und der Edwards (1957) Social Desirability Scale auch eine Reihe von 36 Selbst-Begriffs-Skalen angewendet wurde. Es stellte sich heraus, daß gut zwei Drittel der aufgeklärten MMPI-Varianz in Faktoren zu finden ist, die eindeutig durch Selbst-Konzept-Skalen definiert werden.

Die deutschsprachige Fassung des MMPI (Hathaway & McKinley 1963) erschien in Bearbeitung von O. Spreen als „MMPI-Saarbrücken". In einer Reihe von Forschungsarbeiten stellte sich heraus, daß auch die deutsche Form eine nur mäßige Zuverlässigkeit und Interkonsistenz der Standardskalen aufweist. So erhielten Bottenberg & Wehner (1966) Testteilungs-Reliabilitäten von 0,53 bis 0,89; 59 von 78 Interkorrelationen zwischen den 13 Standardskalen waren auf dem 1%-Niveau signifikant, d. h. über dem Wert von 0.17. Die gleichen Autoren (Wehner & Bottenberg 1969) errechneten eine Wiederholungsreliabilität im Abstand von 10 Tagen im Durchschnitt von 0,69, im Abstand von 6 Monaten im Durchschnitt von 0,51.

Auch eine extreme Kurzfassung des MMPI, die nur aus den 40 Items besteht, die in den 203 im Handbuch von Hathaway & McKinley (1963) vorkommenden Skalen bevorzugt auftreten, wurde als „Basis-MMPI" veröffentlicht (Bottenberg, Krzmarsch & Stetter (1977). Auf faktorenanalytischer Basis waren sie imstande, 3 Faktoren zu extrahieren, und zwar A (vorläufige Benennung „Selbstsicherheit und Selbstdurchsetzung"), B („Anerkennung der positiven Natur des Menschen, soziales Vertrauen und Kooperationsbereitschaft") und C („Wohlbefinden und Ausgeglichenheit"). Als Reliabilitätswerte werden für A und B Koeffizienten von 0,8, für C nur von etwa 0,64 angegeben.

In konstruktiver Hinsicht ähnlich dem MMPI und ebenso vielverwendet — an die 1000 Veröffentlichungen von Arbeiten mit dem und zum Test liegen bereits vor — ist das California Personality Inventory CPI von Gough (Erstveröffentlichung 1956, Manual 1969). Die Gemeinsamkeiten betreffen den großen Umfang von 480 Items, die externe Validierung von Skalen, wobei Items mehrfach verrechnet werden, und die mäßige Reliabilität der Skores. Noch problematischer als beim MMPI ist die Bedeutung der einzelnen Skalen. 15 der 18 Standardskalen (Dominance, Capacity for Status, Sociability, Social Presence, Self-Acceptance usw.) beziehen ihre Bedeutung aus dem Vergleich von

Extremgruppen, die aufgrund der Beurteilung nach einem bestimmten populären Eigenschaftsbegriff gebildet wurden. Drei Skalen dienen der Bestimmung der Validität der Reaktionen des Pb. Die teilweise beträchtlichen Interkorrelationen zwischen den Skalen, die der Wirkung von Reaktionseinstellungen, ähnlich wie im MMPI, zugeschrieben wurden, sind auch damit erklärbar, daß die „populären Eigenschaftsbegriffe" tatsächlich Überscheidungen aufweisen, die sich in Korrelationen der sie messenden Skalen ausdrücken.

Zur Vorhersage spezifischer Kriterien wurde im Falle des CPI, zum Unterschied vom MMPI, nicht die Bildung neuer Skalen aus dem Itemreservoir bevorzugt, sondern die Berechnung von Regressionsgleichungen aus den Standardskalen. Für verschiedene Anwendungsgebiete (industrielle Psychologen, Berater, Ärzte, Psychotherapeuten usw.) werden in den USA Interpretationshilfen von Computerverarbeitungen der Testergebnisse sowohl für CPI als auch für MMPI angeboten.

Angeregt durch den MMPI konstruierten Mittenecker & Toman (1951, 1972) den ersten mehrdimensionalen Persönlichkeitsfragebogentest in deutscher Sprache und kombinierten ihn mit einem später zu besprechenden Interessentest, in der Erwartung, daß gerade diese Kombination die persönlichkeitsdiagnostische Verwertung des Gesamtprofils erhöht. Engerer Zweck war die psychologische und Berufsberatung von Maturanten, jedenfalls nicht die Diagnose von psychischen Störungen, wenn auch die Bezeichnungen einiger Kategorien diesen Eindruck erwecken. Der Persönlichkeitsteil besteht aus 120 Feststellungen, welche in 9 Kategorien ausgewertet werden: A — Selbstkritik (ähnlich L des MMPI), B — soziale Einstellung, C — Introversion, D — neurotisch, E — manisch, F — depressiv, G — schizoid, H — paranoid, I — vegetativ labil. Kein Item wird in mehr als einer Kategorie verrechnet. Für die als allgemeine „Fehlanpassungs"-Kategorie konzipierte Skala D wurden (in einer ersten nicht veröffentlichten Fassung) möglichst solche Elemente zur weiteren Itemanalyse ausgewählt, welche in mehreren MMPI-Skalen gleichzeitig geskort werden; für die Skalen E bis H, welche als bloße Ergänzung zu D gedacht sind, eher solche Items, welche in der entsprechenden MMPI-Kategorie allein geskort werden. Trotz der geringen Itemanzahl in einzelnen Skalen ist die Retest-Reliabilität des Persönlichkeitsteiles des PI-Tests befriedigend, nämlich im 24-Stundenabstand durchschnittlich 0,87, nach drei Monaten 0.76.

Zur Bestimmung der Validität des Tests wurde eine Reihe von Einzeluntersuchungen (z. B. Vergleich von klinischen Gruppen, von Zwillingspaaren; s. a. Mittenecker 1953, Mittenecker & Toman 1972) durchgeführt. Auch Korrelationen mit anderen Tests wurden berichtet, so von Michel (1960) ein r = 0,64 des D — Skores des PI mit dem MMQ. Von Konecny (1961) wurden an 80 Vpn Korrelationen mit Maßen des Handtremors gefunden. Die suggestionsbedingte Erhöhung der Tremorfrequenz („Sie zittern") korrelierte mit C zu r = 0,933 (je introvertierter, desto stärkerer Frequenzanstieg unter Suggestion); die durch emotionalen Streß bedingte Erhöhung der (intraindividuellen) Amplitudenstreuung korrelierte mit C (r = 0,765), D (0,465) und I (0,418); die Frequenzerhöhung unter Streß korreliert mit C (0,637) und D (0,367) signifikant. Feigl (1956) überprüfte die Validität des PIT an 167 Lehrlingen im Alter von 14 bis 19 Jahren, indem er während eines monatelangen Aufenthaltes in einem Lehrlingsheim versuchte, aufgrund von Verhaltensbeobachtung, Exploration und Rorschachtest die ihm unbekannten Ergebnisse in dem bereits zu Beginn durchgeführten PI-Test „vorherzusagen". In der Auswertung hielt er sich an seine schon vorher aufgestellte „Kompensationshypothese" (Gleichsetzung des Symptomwertes der Skoreabweichungen von der Norm in negativer wie in *positiver* Richtung). Die Validitäts-Kontingenzkoeffizienten waren durchwegs über CC = 0,50, im Persönlichkeitsteil zwischen CC = 0,54 und 0,71 (unkorrigiert).

III. Interessentests

Interessen für bestimmte berufliche und außerberufliche Beschäftigungen werden gewöhnlich zu den Persönlichkeitsmerkmalen im weiteren Sinn gerechnet, da sie eine relativ hohe Situationsunabhängigkeit und zeitliche Konstanz aufweisen. Die meisten Verfahren zur Messung von Interessen sind subjektive Tests im Sinne dieses Kapitels und stehen daher methodisch den besprochenen Persönlichkeitsfragebogen sehr nahe. Der Pb hat jedoch auf Fragen und Feststellungen zu reagieren, die nicht, wie die meisten Persönlichkeitsinventar-Items, auf bestimmte Tatsachen in der Gegenwart oder Vergangenheit des Pb abzielen (wie „Gewisse Tiere machen mich nervös. R-F" oder „Als ich jung war, habe ich ziemlich oft die Schule geschwänzt. R-F"), sondern auf Vorlieben und auf Bevorzugungen bestimmter Berufe, Tätigkeiten und Situationen („Ich spiele lieber Fußball als Schach. Stimmt — das Gegenteil stimmt"; oder: Bezeichnung der Tätigkeit, die Pb am liebsten — am wenigsten gern hat: „Autogramme — Münzen — Schmetterlinge sammeln"). Kurz nach dem ersten Weltkrieg wurden in den USA, vor allem von den Psychologen des Bureau of Personnel Research am Carnegie Institute of Technology, die ersten Versuche zur Messung von Interessen im Dienste der Berufsberatung von Studenten und Collegeabsolventen gemacht (Moore 1921, Miner 1921, 1922, Freyd 1922, Ream 1924, Cowdery 1926). Das Endprodukt dieser an der Stanford-Universität fortgesetzten Entwicklung war der am besten bearbeitete und noch gegenwärtig viel verwendete Vocational Interest Blank (SVIB; Strong 1926, 1927, 1943, 1955, 1959, Campbell 1971). Er besteht aus mehreren Gruppen von insgesamt 400 Items, auf die der Pb mit L, I oder D (gern, indifferent und ungern) zu reagieren hat. Die erste Gruppe besteht aus einer Liste von Berufen (Schauspieler, Werbefachmann, Architekt ...), die weiteren Itemgruppen betreffen Schulgegenstände, Vergnügungen, Freizeit- und Berufstätigkeiten, Prominente aus verschiedenen Berufssparten, Persönlichkeitseigenschaften usw. Die Skorung der Antworten auf die 400 Items kann nach einer, nach mehreren oder sämtlichen der 84 derzeit vorliegenden Skalen für Männer (54 Berufe, 22 „Grundinteressen" und 8 außerberufliche Skalen) bzw. 31 für Frauen, vorgenommen werden. Der Rohskore einer Auswertungs-Skala (z. B. „Personalleiter") ist die Summe der für diese Skala geltenden Gewichtszahlen einer jeden gegebenen Itemantwort. Die Gewichtszahlen waren ursprünglich nach einem einfachen Verfahren rein empirisch, aufgrund eines Vergleichs der Beantwortung einer Gruppe von erfolgreichen Vertretern des betreffenden Berufs mit der Gesamtgruppe, bestimmt worden. Beispiel: Testelement „Schauspieler", Antwortenverteilung einer Gruppe von erfolgreichen Personalleitern: L 49 %, I 38 %, D 13 %. Antwortenverteilung einer großen gemischten Gruppe: L 38 %, I 35 %, D 27 %. Differenz: L + 11, I + 3, D — 14. Daraus nach einer groben Regel abgeleitete Gewichtszahlen des Testelements „Schauspieler" für die Auswertung in der Skala „Personalleiter": L + 2, I + 1, D — 3. Bei Skorung nach einer einzigen Berufsskala müßten die Gewichtszahlen von 400 solcher Antworten eines Probanden addiert werden, bei Auswertung nach 54 Skalen ergäbe dies 21 800 Additionen pro Proband. Praktisch kann dies nur durch Computer bewerkstelligt werden. In der neueren Form des SVIB (Campbell 1971) werden zur Vereinfachung nur mehr Gewichte zwischen + 1 und — 1 verrechnet.

Auf der Grundlage der L-Reaktionen allein werden in dieser neuen Version auch 22 „Basic Interest Scales" BIS (wie z. B. Abenteuer, Landwirtschaft, Natur, Kunst ...) hinzugefügt, die dem empiristischen Prinzip, das der SVIB mit dem MMPI teilt, nicht entsprechen. In der praktischen Anwendung gleichen die BIS dem „rational" konstruierten Kuder-Test (siehe unten S. 94) und bieten diesem gegenüber keine Vorteile, eher den Nachteil zu vieler, miteinander korrelierender Skalen.

Bemerkenswerterweise wurde in einer Sonderform des Kuder-Tests der genau umgekehrte Weg gegangen: Durch empiristische Auswertung der Testelemente (in 106 Skalen für Männer, 84 für Frauen) entstand ein dem SVIB ähnlicher Test, das Kuder Occupational Interest Survey KOIS (Kuder 1968).

Die Reliabilität des SVIB beträgt durchschnittlich 0,87 für Wiederholung nach einer Woche, 0,75 nach fünf Jahren. Selbst über größere Zeitintervalle hinweg (bis zu 30 Jahren) wurden noch beachtliche Stabilitäten der Interessenskores festgestellt. Methodisch typische Beispiele für die vielen Validierungsversuche sind die älteren Untersuchungen von Redlener (nach Guilford 1959, S. 210), welcher die berufliche Zufriedenheit einer größeren Gruppe von Pbn in verschiedenen Berufen mit dem ihrem Beruf entsprechenden VIB-Skore korrelierte (r = 0,46) und die von Strong (1943) über einen signifikanten Zusammenhang zwischen dem Skore in der Skala „Lebensversicherungsvertreter" und der jährlichen Produktion (in Dollar) von 211 Lebensversicherungsvertretern (r = 0,37). Unter den zahlreichen neueren Untersuchungen fehlt es jedoch auch nicht an Berichten über weniger günstige Ergebnisse.

Die Konstruktion des neben dem SVIB am häufigsten angewandten Interessentests von Kuder ging von dem gleichen Grundgedanken aus, den der Faktorenanalytiker Thurstone (1935, 1947) bei der Entwicklung seines heute kaum mehr verwendeten Interessentests (Testelemente: Alternativen zwischen verschiedenen Berufen) im Auge hatte: Es müßte, anstelle des mühsamen empiristischen Vorgehens von Strong, schon eine kleinere Anzahl von Grunddimensionen des Interesses bzw. deren individuelles Profil genügen, um die Berufsinteressen eines Pb nahezu vollständig zu charakterisieren. Die von Kuder aufgestellten Testkategorien wurden aber nicht faktorenanalytisch gewonnen, sondern rational (d.h. mehr oder weniger intuitiv) zusammengestellt, wobei in der Testkonstruktion besonderer Wert auf interne Konsistenz der Testitems einer Kategorie und auf geringe Korrelationen zwischen den Skalen gelegt wurde. Ursprünglich enthielt der Kuder Preference Record — Vocational (Kuder 1939) 9 Skalen: Mechanisch, Verrechnung, wissenschaftlich, „Überredung", künstlerisch, literarisch, musikalisch, soziale Dienste, Büro, zusätzlich einen Maskulinitäts-Femininitäts-Skore. In einer späteren Form (Kuder 1956) ist eine Skala für „Outdoor" (Im Freien, Landwirtschaft, naturalistisch) und eine weitere, „Verification" (Willen und Fähigkeit zu aufrichtiger Beantwortung), enthalten. In den neueren Versionen, dem „Kuder General Interest Survey" KGIS (1964), wurde die Maskulinitäts-Femininitätsskala weggelassen.

Die einzelnen Testelemente sind Triaden von Tätigkeiten (ursprünglich Paare mit Wahlzwang) wie: eine Bildergalerie besuchen — in einer Bibliothek schmökern — ein Museum besuchen. Der Pb hat die ihm genehmste und die am wenigsten genehme zu bezeichnen. Der KPR, bzw. KGIS kann bereits bei etwas jüngeren und etwas weniger gebildeten Pbn verwendet werden als der SVIB. Die Reliabilitätskoeffizienten sind im Durchschnitt sehr hoch. Die Validität ergibt sich in erster Linie aus den plausiblen Korrelationstendenzen zwischen den Skalen und mäßigen Korrelationen zu anderen Tests, ferner aus unzähligen Veröffentlichungen von Durchschnittsprofilen von Angehörigen bestimmter Berufe, die eine mit dem Rationale des Tests vereinbare Zusammensetzung haben. Dem Pb selber bereitet das Verständnis eines Kuder-Test-Profils (in der Terminologie allgemeiner Interessendimensionen) wahrscheinlich wesentlich mehr Schwierigkeiten als die konkreten Berufsangaben, die der SVIB als Ergebnis auswirft.

Die ersten deutschsprachigen Interessenfragebogentests sind wesentlich jüngeren Datums: Der im PIT (Mittenecker & Toman 1951, 1972) enthaltene, aus 94 Alternativ-Items (z.B.: „Ich schreibe lieber einen Bewerbungsbrief um eine offene Stelle, als daß ich versuche, persönlich vorzusprechen") bestehende Interessenteil prüft die Einstellung zum Leben in der Stadt oder auf dem Lande, ferner 8 allgemeine Berufsinteressendimensionen (P — handwerklich, Q — wissenschaftlich, R — Verrechnung, Verwaltung, S — Umgang mit Menschen in Geschäft und Wirtschaft, T — bildende Kunst, U — sprachlich-literarisch, V — musikalisch, W — soziale Berufe). Die Retestkorrelationen nach 24 Stunden betragen im

Mittel 0,89, nach drei Monaten 0.82. In einer unveröffentlichten Arbeit verglich Mayer (1957) die Durchschnittsinteressenprofile von 15 Gruppen von männlichen (N = 349) und 12 Gruppen von weiblichen (N = 218) Maturanten mit deren „Idealberufswünschen". Die Ergebnisse bestätigen ausnahmslos die inhaltliche Validität des Interessentests.

Mehr als die bisher besprochenen Verfahren ist der Berufsinteressentest B-I-T von Irle (1955) auch zur Untersuchung von Pbn ohne höhere Schulbildung geeignet. Dieser sorgfältig konstruierte Test besteht aus zwei Bogen zu je 100 in Kästchen geordneten Testelementen (z. B.: „Stromleitungen für elektrische Bahnen legen", „Reklameplakate für ein Parfum entwerfen"), welche in 10 Reihen und ebenso vielen Kolonnen angeordnet sind. An jedem der fortlaufend numerierten Schnittpunkte von je vier Kästchen hat der Pb seine Wahl zu treffen und eine der vier Tätigkeiten als bevorzugt anzumerken. Die Auswertung mit Hilfe einfacher Schablonen ergibt Skores in 9 Berufsinteressenrichtungen: TH — technisches Handwerk, GH — gestaltendes Handwerk, TN — technische und naturwissenschaftliche Berufe, EH — Ernährungshandwerk, LF — land- und forstwirtschaftliche Berufe, KB — kaufmännische Berufe, VB — verwaltende Berufe, LG — literarische und geisteswissenschaftliche Berufe, SE — Sozialpflege und Erziehung. Die Eignung für einen konkreten Beruf ist wie bei Kuder und Mittenecker & Toman aus dem Profil zu deduzieren. Für 25 Berufsgruppen gibt Irle Durchschnittsprofile an. Die Reliabilität des Tests, berechnet aus der internen Itemkonsistenz, beträgt im Mittel 0,87. Im BIT besteht, ebenso wie im KPR, eine leichte Tendenz zu negativen Korrelationen zwischen den Interessenkategorien; dies rührt von der Art der Testitems her. Die Pbn haben nur eine positive Wahl zwischen mehreren Alternativen (im PI-Test besteht weniger Entscheidungszwang, da eine dritte Antwortkategorie „weder-noch" zur Verfügung steht). Vorteil dieser Art von Testelementen ist, daß die Unterschiede zwischen den verschiedenen Interessen eines Pb klarer zutagetreten, Nachteil, daß kein Pb durchwegs hohe oder durchwegs niedrige Skores erhalten kann, bzw. daß schon kleinere Unterschiede zwischen den Interessen innerhalb des Profils künstlich vergrößert werden. Irle gibt zwar Prozentrangnormen für jede einzelne Kategorie an, der wichtigere Auswertungsgesichtspunkt dürfte jedoch (wie bei Kuder) die Rangordnung der 9 Skores, bzw. der intraindividuelle Vergleich (ipsative Skorung), sein.

Daß gerade Interessentests nach Geschlecht, Alter und Vorbildung einer spezifischen Normierung bedürfen, wird aus einer Arbeit von Kettel & Simmat (1968) deutlich, in der eine Kurzform (nur die Vorderseite des Testbogens) des BIT (Kettel & Simmat 1967) an 1755 13—18jährigen Volksschülern, Realschülern und Gymnasiasten beiderlei Geschlechts genormt wurde. Die gleichen Autoren plädieren auch für eine ausführlichere Instruktion, da die Originalinstruktion bezüglich des umständlichen Vorgehens auf dem Testformular viele Pbn überforderte.

Das von Todt (1967) veröffentlichte Verfahren, der Differentielle Interessentest DIT, erfaßt 11 Interessenrichtungen (Sozialpflege und Erziehung, Politik und Wirtschaft, Verwaltung und Wirtschaft, Unterhaltung, Technik und exakte Naturwissenschaften, Biologie, Mathematik, Musik, Kunst, Literatur und Sprache, Sport), und zwar in vier verschiedenen „Materialbereichen": Anhand einer fünfstufigen Beurteilungsskala hat der Pb nämlich anzugeben, wie gern er bestimmte Tätigkeiten und Berufe ausüben würde, bestimmte Bücher lesen würde und mit welcher Wahrscheinlichkeit er bestimmte Zeitschriften regelmäßig beziehen würde. Die Langform (alle vier Bereiche) enthält 390 Items, die von Todt empfohlene Kurzform (Tätigkeiten allein) 132 Items. Es wird eine sehr hohe Testteilungsreliabilität (0,9 für die Lang-, über 0,75 für die Kurzform) berichtet. Die Wiederholungsreliabilität (nach zwei Wochen) liegt im Durchschnitt bei über 0,79 bzw. 0,75 für die Kurzform.

Gösslbauer & Keller (1977) führten in allen vier Materialbereichen Faktorenanalysen der Interessenrichtungen auf Itembasis durch. Sie erhielten nur 9 voneinander unabhängige Interessenrichtungen, da die Kategorien Politik und Verwaltung bzw. Naturwissenschaften und Mathematik zu eng miteinander verwandt sind. Die Trennschärfekoeffizienten der Items sind bei diesen Autoren durchwegs niedriger als die vom Testautor berichteten. Als Kurzform empfehlen sie im Hinblick auf die Reliabilität anstelle des Materialbereichs Tätigkeiten den Bereich Bücher.

Die Frage nach der Validität von Interessentests wird oft für eine Frage untergeordneter Bedeutung gehalten, da sie sich, zumindest für die rational konstruierten Tests, wie etwa die vorliegenden deutschsprachigen Verfahren, logisch aus dem Inhalt der Testelemente und der Skalen zu ergeben scheint. Eine andere Seite des Validitätsproblems ist es aber auch, ob die Anwendung solcher Verfahren dem Benutzer dienlich ist und ob sie mehr Information bringt als die diagnostische Situation ohne Test (z. B. die Beantwortung der Frage, welche Berufsinteressen ein Pb habe). Wie groß diese „inkrementelle Validität" gegenüber direkten Interessenangaben ist, wurde von Dolliver (1969) anhand der dazu vorliegenden empirischen Arbeiten behandelt. Er kommt zum Schluß, daß die Vorhersagevalidität (für das Kriterium Zugehörigkeit zu einem bestimmten Beruf) der direkt ausgedrückten Interessen mindestens so groß wie die des SVIB ist. In keiner einzigen direkten Vergleichsuntersuchung wurden mit dem SVIB genauere Vorhersagen gemacht als mit den direkten Interessenangaben. In Gruppen, in denen die Interessenangaben am wenigsten valid sind (z. B. Studenten), sind dies auch die SVIB-Daten. Whitney (1969), der auch andere Interessentests in seine Besprechung aufnahm, kommt zum gleichen Schluß. Allerdings ist das Kriterium, das diesen Arbeiten zugrunde gelegt wurde, nicht optimal, ebenso wie aber auch andere Kriterien (Zufriedenheit im Beruf usw.), welche bei der Validierung von Interessentests angewendet wurden. Als Alternativen scheinen zwei Arten von Kriterien übrig zu bleiben: erstens die Interessen, die der Pb mehrere Jahre nach der kritischen Situation in einer Berufs- oder Bildungsberatung äußert; damit reduziert sich die Validitätsprüfung auf die Feststellung der Retest-Reliabilität nach mehreren Jahren. Ein zweites verbleibendes, das am wenigsten seriös geltende Kriterium der subjektiv beurteilten praktischen Dienlichkeit für den Berater (fast schon identisch mit Augenscheinvalidität) scheint für den Fall der Interessentests in hohem Maße positive Resultate zu ergeben, wenn man es am Umfang der tatsächlichen Verwendung der Interessentests abschätzt.

IV. Einstellungstests

Eine Mittelstellung zwischen den Persönlichkeitstests und methodisch gleichartigen Meinungsfragebogen-Verfahren nehmen einige, hier nicht umfassend zu behandelnde Einstellungstests ein (siehe auch Handbuch Band Sozialpsychologie, Bd. 7/1), die sich zumindest in ihrer Anwendung in Forschungsarbeiten kaum von trait-Fragebogen unterscheiden. Dies gilt in erster Linie für Skalen über autoritäre und konservative Einstellungen und Erziehungsattitüden, deren Entwicklung und Deutung lange Zeit durch die ersten größeren Untersuchungen von Adorno et al. (1950) und die dort gegebene persönlichkeitstheoretische Interpretation der Genese solcher Einstellungen (einschließlich Faschismus, Intoleranz von Ambiguität, Ethnozentrismus) geprägt waren.

So deuten Schneider & Minkmar (1972) die Ergebnisse ihrer Faktorenanalyse der ins Deutsche übertragenen Wilson-Patterson-Konservatismus-Skala (Wilson & Patterson 1968) nicht nur im Sinne eines generellen „Konservatismusfaktors", dessen Existenz bereits von Thurstone (1934), im konkreten Fall des Wilson-Patterson-Tests auch von Wilson (1970), angenommen wird, sondern sie vermuten bei ihrer Interpretation der rotierten Faktorenlösung, daß es sich bei zwei der vier gedeuteten Faktoren um „Komponenten des autoritären Persönlichkeitssyndroms" handelt. Diese sind definiert durch Betonung von „Zucht und Ordnung" sowie nationalistische Werte bzw. durch eine negativrepressive Haltung gegenüber Minderheiten, die unkonventionelles Verhalten zeigen.

Auch die Skala DE (direktive Einstellung; d.i. die Tendenz, die Handlungen und Erlebnisweisen anderer Personen nach den eigenen Vorstellungen zu lenken und zu kontrollieren) von Bastine (1971) wird wie ein Persönlichkeitsmerkmal behandelt. Dementsprechend wird sie auch vom Autor zur Verwendung nicht nur in der Einstellungsforschung, sondern auch in der Ausbildungskontrolle und Eignungsdiagnostik bei Personen in pädagogischen Berufen, sowie im Zusammenhang mit Beratung und Therapie vorgeschlagen.

Weitere Skalen, deren theoretischer Status ebenso unscharf ist wie der der Begriffe „Persönlichkeitsdimension" und „Einstellungsdimension", wurden bereits an anderer Stelle in diesem Beitrag behandelt.

V. Allgemeine Probleme der Persönlichkeitsinventartests

A. Absichtliche und unabsichtliche Verfälschung von Fragebogentests

Absichtliche Beeinflussungen des Testergebnisse kommen nicht nur bei Fragebogentests vor. Sie können verschiedener Art sein, wobei die drei häufigsten besprochen werden sollen.

1. Unsystematische und sinnlose Reaktionen

Es sind dies vom Inhalt der konkreten Testelemente unabhängige Antworten, wie unsystematisches Wählen irgendwelcher Antwortkategorien oder Beantwortung aller Fragen in die gleiche Richtung u. a. Dieser Art der Verfälschung kann nur durch den Versuch der Herstellung einer positiven Beziehung zur Testsituation vorgebeugt werden. Entdeckt können sorglose oder sinnlose Beantwortung durch Skalen wie F im MMPI werden. Im Nachhinein ist ihr Einfluß durch Korrekturmaßnahmen nicht zu beseitigen.

2. Absichtliche Verfälschung

Damit sind Versuche der Verfälschung des Testergebnisses in eine gewünschte Richtung gemeint. Daß verfälschende Einstellungen (z. B. auf Simulation oder Dissimulation von Störungen oder auf eine günstige Eignungsprognose hin) das Testresultat in subjektiven Persönlichkeits- und Interessentests beeinflussen, wurde in Experimenten mit Erzeugung solcher Einstellungen durch Instruktion nachgewiesen (z. B. Wesman 1952), jedoch gelingt die Verfälschung nur einem Teil der Pbn (Kimber 1947, Noll 1951), und bei manchen Items leichter als bei anderen, „subtileren".

Auch in einer neueren deutschen Untersuchung (Schmidt & Vorthmann 1971) wurden verschiedene Persönlichkeits- und Einstellungstests (E.N.NR; Autoritarismus und Ethnozentrismus; Nonkonformismus) unter Idealinstruktion „Antworten sie so, daß in ihrer Umgebung ein möglichst positives Bild entsteht") gegeben und die am stärksten gegenüber der Normalinstruktion in ihrer Beantwortungshäufigkeit veränderten Items zu einer „Lügenskala" zusammengesetzt, die zur Messung der Tendenz, sozial erwünschte Antworten zu geben, verwendet werden sollte (siehe auch unten S. 101). Erstaunlicherweise stammen mehr als die Hälfte der 33 extrem verfälschbaren Items aus dem Brengelmannschen E.N.NR (12 aus der N-, 7 aus der E-, 4 aus der NR-Skala).

Zur Frage, wie groß die Verfälschung bzw. die Herabsetzung der Validität im Ernstfall (im Vergleich zum bloßen Rollenspiel) ist, gibt es widersprüchliche

Untersuchungen (Janssen 1975). In älteren Arbeiten werden teilweise deutliche Effekte berichtet. Der Teil der Pbn Herons (1956) z. B., welcher einen Test im Rahmen einer Eignungsprüfung machten, gab wesentlich weniger „ungünstige" Antworten als der Teil, welcher ihn für ein Forschungsexperiment hielten. Herons Pbn wiesen jedoch nur in der einen geprüften Dimension (emotionale Fehlanpassung), nicht in der zweiten (Soziabilität) die betreffenden Veränderungen auf.

Es gibt allerdings Berichte über Wirkungen in experimentellen Ernstsituationen, von denen vermutet werden kann, daß sie wahrscheinlich nicht wirklich ernst genommene Situationen betreffen. So legten z. B. Fahrenberg, Selg & Hampel (1973) das FPI Studenten in einer Ernstsituation („Qualifikation zum Psychologen") vor, die aber, wie sich in einer anschließenden Befragung herausstellte, nicht als existenziell bedeutsam erlebt wurde.

Glaubwürdigere Ernstsituationen wurden in einer Reihe neuerer deutscher Untersuchungen geschaffen. Reitzner (1974) ließ 100 Pbn 3 Skalen des FPI (Aggressivität, Erregbarkeit, Dominanzstreben) unter echten verkehrspsychologischen Eignungsprüfbedingungen beantworten, weitere 100 füllten den Fragebogen unter Zusicherung von Anonymität aus. Die Mittelwerte der echten Prüfungsgruppen waren durchwegs im Sinne der Erwartungen verändert; unkorrigierbar verfälscht (durch inkonsistente Beantwortung der Items innerhalb der Skala) war jedoch nur die Skala Aggressivität. Häcker, Schwenkmezger & Utz (1976) legten einer Vpn-Gruppe von Strafgefangenen das FPI in einer Auslesesituation, zusammen mit anderen Tests vor, eine Kontrollgruppe füllte das FPI freiwillig für Forschungszwecke aus. In 7 der 12 Skalen traten sehr deutliche Mittelwertsunterschiede auf; die Gefangenen der Auslesesituation beschrieben sich als weniger nervös, depressiv, neurotisch, aggressiv, dominant, offen. Differenzierte Ergebnisse erbrachte die Studie von Hampel & Klinkhammer (1978). Sie setzten die Kurzform des FPI bei verschiedenen Stichproben von Polizisten unter folgenden Bedingungen ein: 1. in einer anonymen Forschungssituation — als Kontrollgruppe; 2. in einer „vorgestellten Bewerbungssituation"; 3. in einer echten Bewerbungssituation an Bewerbern für den Polizeidienst und 4. innerhalb einer echten Bewerbungsuntersuchung, aber mit anonymer FPI-Beantwortung zu Forschungszwecken, mit der Bitte, im Interesse der Verwertbarkeit offen und ehrlich zu antworten. Überraschenderweise waren (in Mittelwertsvergleichen) die Verfälschungen in der vorgestellten Bewerbungssituation massiv, jedoch völlig unbedeutend in der echten (nur in der Skala „spontane Aggressivität" niedrigere Werte). Die faktorielle Struktur des Tests änderte sich im Sinne der Erwartungen (Erhöhung von Interkorrelationen) in den Bewerbungssituationen, jedoch auch nur geringfügig.

Eine „direkte" Methode, um absichtlichen Verfälschungstendenzen bei der Ausfüllung von Persönlichkeitsfragebogen entgegenzuwirken, ist eine ausführliche Zusatzinstruktion, in der a) der Proband aufgefordert wird, in seinem Interesse möglichst spontan und aufrichtig zu antworten, auch wenn er bei einigen Fragen nicht verstehen sollte, inwiefern sie von Bedeutung seien, b) die Bereitschaft des Versuchsleiters erklärt wird, das Ergebnis mit jedem ausführlich durchzubesprechen und ihn zu beraten, c) versichert wird, daß man sich irre, wenn man meine, durchschauen zu können, welche Antwort günstiger sei, d) man behauptet, daß schon leichtes „Frisieren" der Antworten erkennbar sei. Bei Studienanfängern der Psychologie in einer „echten" Eignungsuntersuchungssituation erfüllte nach Hoeth & Köbler (1967) eine solche Instruktion ihren Zweck: Im Durchschnitt unterschieden sich die Ergebnisse mit Zusatzinstruktion nicht von den Werten einer Kontrollbedingung unter anonymer Beantwortung, dagegen deutlich von einer Kontrollgruppe „Eignungsuntersuchung ohne Zusatzinstruktion" und sehr stark von einer Kontrollgruppe mit Verfälschungsinstruktion (möglichst guten Eindruck machen). Das Ergebnis ist wahrscheinlich nicht ohne weiteres auf andere Stichproben und Untersuchungssituationen übertragbar.

Wie bei der Besprechung der einzelnen Verfahren bereits erwähnt, gibt es eine Reihe neuerer Fragebogentests, die, wie schon der MMPI, spezielle Skalen enthalten, mit deren Hilfe Simulation oder Dissimulation entdeckt werden sollen. Auch Versuche, die übrigen Skalen eines Tests je nach Höhe des „Verstellungs-Skores" zu korrigieren, liegen vor.

3. Tendenzen zur sozialen Erwünschtheit und zur Zustimmung

Reaktionstendenzen, die nur indirekt mit der Einstellung auf ein „günstiges Ergebnis" zusammenhängen und dem Pb nicht immer voll bewußt sein müssen, haben vor allem Cronbach (1950), Edwards (1953, 1957) und Jackson & Messick (1958, 1961, 1962), ausführlich behandelt. Als wichtigste dieser Reaktionstendenzen werden unterschieden: a) die universell vorhandene Neigung, *sozial erwünschte* Verhaltensweisen und Einstellungen zu bevorzugen, bzw. für die eigenen auszugeben und b) die Tendenz, mit „Ja" zu reagieren, zuzustimmen (Akquieszenz).

a) Soziale Erwünschtheit

Edwards (1953) wies starke Tendenzen zur Beantwortung von Fragebogentests in Richtung sozialer Erwünschtheit nach, indem er 140 Eigenschaften von einer Studentengruppe auf ihre soziale Erwünschtheit bzw. „Popularität" beurteilen ließ. Später erhielten die Studenten die gleichen Eigenschaften in Form eines Persönlichkeitsinventars zur Selbstbeurteilung vorgelegt. Die durchschnittlichen Popularitätsschätzungen der Eigenschaften korrelierten mit der Häufigkeit, mit der sie als „Selbstbeschreibung" akzeptiert wurden, sehr hoch (r = 0,87). Edwards (1957) konstruierte eine Skala zur Messung der individuell verschieden starken Tendenz, sozial erwünschte Antworten zu geben („SD-Skala" deutsch auch „SE-Skala"), und zwar aus denjenigen 39 MMPI-Items, bei denen die SD-Werte am höchsten mit den Selbstzuweisungswerten korrelierten; eine sehr weit verbreitete Skala zur Messung der Tendenz zur SE-Beantwortung ist die Marlowe-Crown Social Desirability Scale (Crown & Marlowe 1960). Ling (1967) entwickelte aus den übersetzten Items der Marlowe-Crown-Skala und der L-Skalen des MMQ und des MMPI ein als Lügenskala bezeichnetes Instrument, das einerseits Items mit hohem SE-Wert und geringer Häufigkeit der Zustimmung, andererseits Items mit niedrigem SE-Wert und geringer Häufigkeit der Ablehnung bzw. Verneinung enthält. Weitergeführt wurden die Untersuchungen zur Lingschen Skala von Amelang & Bartussek (1970), die unter anderem feststellten, daß die Reliabilität einer Fragebogen-Skala mit deren SE-Wert ansteigt. Lück & Timaeus (1969) übersetzten ebenfalls die Edwards- und die Marlowe-Crown-Skala ins Deutsche.

Aus dem bereits dargestellten, von Schmidt & Vorthmann (1971) durchgeführten Experiment resultierte eine weitere Skala zur Messung der sozialen Erwünschtheit (SE). Solche Skalen können zur Erkennung von Pbn mit überdurchschnittlicher Tendenz, sozial erwünschte Antworten zu geben, dienen. Bei der Anwendung solcher Verfahren muß allerdings in Rechnung gestellt werden, daß die Items, die solche Skalen bilden, aufgrund ihrer Bewertung der *allgemeinen* sozialen Erwünschtheit zusammengestellt wurden, nicht berücksichtigt kann von solchen Verfahren die individuelle persönliche Erwünschtheit von Iteminhalten werden (Rosen 1956). Es liegt auch eine Reihe von Versuchen vor, die soziale Erwünschtheits-Tendenz faktorenanalytisch in weitere Komponenten zu zerlegen (Messick 1960, 1962, Ling 1967 und Bentler, Jackson & Messick 1971).

Neben der Entwicklung von Tests zur Erkennung überdurchschnittlicher sozialer Erwünschtheitstendenzen bei einzelnen Personen bzw. unter bestimmten Bedingungen hatte die Erforschung der sozialen Erwünschtheitstendenzen noch weitere Konsequenzen, welche die Konstruktion von Fragebogentests betreffen. Eine Möglichkeit, den SE-Faktor möglichst auszuschalten, ist damit gegeben, daß in einem neu zu konstruierenden Test möglichst Testelemente aufgenommen werden, deren SE-Wert gering ist bzw. solche, die zwar nicht völlig frei von SE-Varianz sind, aber möglichst viel mehr substantielle als SE-Varianz enthalten; dieses Vorgehen wählte Jackson (1967) bei der Konstruktion seines PRF-Tests. Eine andere Möglichkeit zur Ausschaltung des Faktors der sozialen Erwünschtheit, der sich vor allem bei der Beantwortung von Alternativfragen sehr störend auswirkt, wurde von Edwards (1953a) gesehen. Sein EPPS-Test enthält Zwangswahlelemente, deren Alternativen ungefähr gleiche (empirisch bestimmte) soziale Erwünschtheit haben. Allerdings ergaben sich große Schwierigkeiten bei der Parallelisierung der Items (Feldman & Corah 1960) und bei Pbn, die andere Vorstellungen von „sozialer Erwünschtheit" haben (Goodstein & Heilbrun 1959).

b) Akquieszenz

Reaktionstendenzen, die überhaupt keinen Bezug auf eine das Ergebnis betreffende Einstellung der Pbn haben, sind bei allen Arten von Mehrfachwahltests von jeher bemerkt worden, z. B. die Neigung von Kindern, die erste Alternative zu wählen, oder die unwillkürliche Bevorzugung einer bestimmten Antwortkategorie (meistens: „ja", „richtig" usw.) (Cronbach 1942, 1946).

Bass (1955) vermutete, daß die Tendenz, mit „ja" zu reagieren, zuzustimmen („acquiescence"), eine wichtige Determinante der Skores in den Skalen zur Messung der „autoritären Persönlichkeit" sei. Um den Einfluß der Akquieszenz zu bestimmen, verwendet er eine „umgekehrte Skala" als Paralleltest, deren Skorung umgepolt wurde (z. B. in urpsrünglicher Form „Ich bin für die Wiedereinführung der Prügelstrafe": „richtig" als Punkt für autoritäre Einstellung; in der umgepolten Fassung: „Ich bin gegen die Wiedereinführung der Prügelstrafe: „falsch"). Ähnliche Methoden wurden auch bei Persönlichkeitsinventartests, wie dem MMPI und dem CPI, häufig angewendet. Bentler, Jackson & Messick (1971) berichten von einer Untersuchung von Morf, in der auf faktorenanalytischem Wege zwei Arten von Zustimmungstendenz unterschieden werden konnten, und zwar 1. die Tendenz, „Ja"-Antworten zu geben (z. B. ein Item, etwa „Ich gehe gerne ins Kino", zu bejahen und das umgedrehte Item, „Ich gehe nicht gerne ins Kino", ebenfalls zu bejahen) und 2. „Inhaltliche Zustimmung", die Tendenz, dem Inhalt eines Items zuzustimmen, unabhängig von seiner Formulierung (z. B. „Ich bin bescheiden" — stimmt, „ich bin unbescheiden" — stimmt nicht), auf Items mit widersprüchlichem Inhalt (z. B. „Ich bin anspruchsvoll") aber ebenso inhaltlich zustimmend zu reagieren.

Vor einer Überschätzung der Bedeutung der sogenannten Reaktions-Stil-Variablen, vor allem der Akquieszenz, warnen Rorer (1965), Rorer & Goldberg (1965) und Block (1965).

B. Die Beziehung zwischen Fragebogenantwort und Persönlichkeitsmerkmal

Eine Reihe von Problemen, die für die subjektiven Tests charakteristisch sind, hängt mit dem Selbstaussagecharakter ihrer Items zusammen. Überhaupt psychologisch sinnvolle und *irgendwie* verwertbare Reaktionen auf Testelemente, wie „Spielen Sie gerne mit Kindern? Ja — nein" oder „Beim Zahnarzt bin ich noch nie in Ohnmacht gefallen. Richtig — falsch" kann man nur erwarten, wenn ein bestimmtes Mindestmaß an Wissen von den eigenen gegenwärtigen und vergangenen Verhaltensweisen und Bedürfnissen vorliegt und die Antworten nicht überwiegend von sonstigen Determinanten (wahllose Reaktion, absichtliche Verstellung; Tendenz, die sozial erwünschtere Antwort zu geben; Neigung, im allgemeinen eher zustimmende oder ablehnende Antworten zu geben) bestimmt wird. Von Kritikern, teilweise aber auch von Autoren von Selbstbeurteilungs-Fragebogen, wird die Minimalforderung nach „irgendwie psychologisch bedeutsamen Reaktionen" eng ausgelegt. Es wird die Forderung erhoben, daß die psychologische Bedeutung identisch sein müsse oder in rationalem (einsichtigem) Zusammenhang stehe mit dem semantischen Inhalt der Testelemente. Die psychologische Bedeutung (Validität) der verbalen Antwort kann aber auch durch ihren empirisch bestimmbaren und von vornherein nicht unbedingt aus dem Inhalt ablesbaren Zusammenhang mit irgendwelchen Kriterien definiert werden. Wenn Hypochonder häufiger als andere auf das Item „Ich habe überdurchschnittlich häufig Kopfschmerzen" mit „richtig" reagieren, so leitet sich die psychologische Bedeutung der Antwort vom empirischen Unterschied in der Reaktionstendenz von Hypochondern und Nichthypochondern ab, nicht von der inhaltlichen Bejahung der betreffenden Feststellung durch den Pb und schon gar nicht davon, daß durch Bejahung dieser Feststellung eine objektive Tatsache konstatiert werde (welche charakteristisch für Hypochonder sei). Selbst wenn Hypochonder wesentlich häufiger „falsch" zur angeführten Feststellung sagten als Nichthypochonder, wäre diese Antwort im Sinne von Hypochondrie zu skoren. In manchen Fällen ist die empirische Validität eines Testelements tatsächlich nicht in Übereinstimmung mit den Erwartungen, die sich aufgrund des Inhalts ableiten lassen. (Allerdings stellte sich in Untersuchungen, in denen bei Probanden — nicht bei Testkonstrukteuren — zwischen Items mit „transparenter" Validität und „subtilen" Items unterschieden wurde, wie z. B. McCall 1958, Duff 1965, heraus, daß die diskriminative Validität weitgehend von den transparenten Items beigesteuert wird.)

Die empiristische Auffassung von der Bedeutung der Testantworten entspricht der Behandlung des Validitätsproblems in der klassischen Testtheorie einerseits, dem wissenschaftstheoretischen „Operationismus" in der allgemeinen Psychologie andererseits und wurde durch Meehl (1945), Cattell (1946), Anastasi (1950) in die Diskussion um die Fragebogentests hineingetragen.

Der „verstehenden" bzw. phänomenologischen Psychologie ist der operationale Standpunkt immer fremd geblieben (Allport 1937, Wellek 1959). Vertreter dieser Richtung betonen, daß aus einem bestimmten Verhalten (und dessen relativer Häufigkeit) überhaupt nicht oder zumindest nicht eindeutig auf bestimmte Persönlichkeitsmerkmale geschlossen werden könne. Nur die verstehende Erfassung einer Gesamtheit von Verhaltensweisen (in ihrem situativen und zeitlichen Kontext) ermögliche den Rückschluß auf zugrunde liegende Eigenschaften, bzw. deren direkte intuitive Erkenntnis.

Daß Reaktionen auf Selbstbeurteilungsfragen in jedem Fall eine Organisation der Selbsterfahrung in sprachlichen Strukturen voraussetzen und daß das Selbsturteil daher von der kognitiven Komplexität des Antwortenden bzw. von der

Struktur seines sprachlichen Repertoires abhängt, davon geht Göppner (1977) in seiner Analyse von Persönlichkeitsfragebogenantworten aus. Gruppen von Items einer bestimmten Abstraktheitsstufe können daher allein aus diesem Grund untereinander bzw. mit anderen Gruppen eines ähnlichen Abstraktheitsniveaus korrelieren. „Persönlichkeitsfaktoren" könnten so unter Umständen psycholinguistisch erklärbare Artefakte sein.

Nicht so fundamental sind die Einwände von Autoren, welche sich mit der Mehrdeutigkeit der sprachlichen Formulierung von Testelementen in Selbstaussagetests experimentell beschäftigten. Eisenberg (1941) ließ Studenten einen Persönlichkeitsfragebogen ausfüllen und nachher angeben, warum sie jede einzelne Frage so und nicht anders beantwortet hatten. Aus den Antworten ließ sich unschwer nachweisen, wie verschieden die Items aufgefaßt wurden. Simpson (1944) stellte fest, daß Ausdrücke, wie „häufig", „gelegentlich", wie sie immer wieder in Persönlichkeitsfragebogen-Items vorkommen, eine Quelle von Divergenzen in der individuellen Auffassung sein können; auf die Frage, welche relative Häufigkeit mit den einzelnen Begriffen gemeint sei, erhielt „frequently" (häufig) Antworten, deren mittlere Hälfte zwischen 40 und 80 % lag; für „occasionally" (gelegentlich) betrug dieses Streuungsmaß 10 bis 33 %, für „seldom" (selten) 6 bis 18 %.

Mehrdeutigkeit der sprachlichen Formulierung kann eine Ursache für das Versagen von Fragebogenitems sein; unter Umständen kann sie aber auch (als Ausdruck persönlichkeitsbedingter Wahrnehmung und Interpretation) zur Validität eines Items beitragen. Diese Doppelrolle der Mehrdeutigkeit ist ein Argument für die Unentbehrlichkeit empirischer Validierung, gegen die neuerdings auch von Testautoren Einwände erhoben werden (Jackson 1971, Schmalt 1973), welche eine sorgfältige, „theoriegeleitete" Auswahl geeigneter Testitem-Inhalte für wesentlich wirksamer halten, zumal wenn Skalen resultieren sollen, die geringe Korrelationen untereinander (hohe diskriminative Validität) haben, und wenn eine möglichst subpopulations-unabhängige Validität angestrebt wird.

Zur Frage der Wirksamkeit verschiedener Methoden der Konstruktion von Persönlichkeitsinventartests gibt es eine empirische Vergleichsuntersuchung (Hase & Goldberg 1967). Das Itemreservoir des CPI wurde zur Konstruktion von je 11 Skalen nach 6 verschiedenen Strategien (faktorenanalytisch; empirische Gruppen-Unterscheidung; intuitiv-rational, d. h. intuitive Auswahl der Items im Hinblick auf eine vom Untersucher ins Auge gefaßte Persönlichkeitseigenschaft; intuitivtheoretisch, d. h. intuitive Auswahl sowohl der Dimensionen als auch der zu ihnen in Beziehung stehenden Items auf der Grundlage einer formalisierten psychologischen Theorie; psychometrisch gewonnene Skalen des Reaktionsstils, nämlich Kombinationen verschiedener Grade von Zustimmungswahrscheinlichkeit und sozialer Erwünschtheit-Ratings eines Items, schließlich eine rein zufällige Prozedur bei der Zusammenstellung und Skorung der 11 Skalen zu je 25 Items) herangezogen. Überraschenderweise stellte sich heraus, daß die vier Hauptmethoden hinsichtlich Reliabilität, innerer Konsistenz und externer Validität (im Vergleich mit 13 verschiedenen Kriteriumsmaßen) im großen und ganzen gleichwertig waren und den Zufalls-Skalen, aber auch den in ihrer selbständigen persönlichkeitsdiagnostischen Bedeutung oft überschätzten Stil-Skalen, deutlich überlegen waren. Die Antwort-Stil-Skalen unterscheiden sich in keiner Weise von den Zufallsskalen. Die Untersuchung von Hase & Goldberg widerlegt sowohl die Behauptung betreffend die Überlegenheit rein empiristischer Strategien — die rationalen, theoriegeleiteten schneiden nicht schlechter ab —, als auch die Angriffe der Vertreter rationalistischer Vorgangsweisen gegen empirisch-faktorenanalytische Strategien — insoweit das Ziel eine Testmethode mit möglichst hohen Validitäten gegenüber einer Vielzahl externer Kriterien ist.

Von der Theorie her kann gegenüber empiristischen Methoden anhand externer Verhaltens-, Leistungs- etc. Klassifikationskriterien geltend gemacht werden, daß die eigentlich interessierende Größe die abstrakte Persönlichkeitsdimension (das Konstrukt) ist und die Validität eines Tests, der als möglichst universelles Diagnostikum (des „Wesens", nicht des aktuellen Verhaltens einer Person) verwendet werden soll, nur „Konstruktvalidität" (Cronbach & Meehl 1955) der Skala (nicht ihrer Items) sein kann; d. h. es muß aus der Theorie, innerhalb deren das Konstrukt eine Bedeutung hat, abgeleitet werden, welche Ergebnisse beim Vergleich zwischen den Testskores (aus rational zusammengestellten Item-Gruppen möglichst hoher Homogenität) unter verschiedenen experimentellen Bedingungen bzw. zwischen diesem und anderen Tests unter verschiedenen experimentellen Bedingungen zu erwarten sind. Je mehr Resultate dieser Art (mit anderen Tests oder Beobachtungen übereinstimmende bzw. korrelierende Ergebnisse — konvergente Validität; mit anderen Maßen nicht übereinstimmende Resultate — diskriminative Validität) für ein Testverfahren vorliegen, desto eher würde es als im Sinne der Konstruktvalidität brauchbar angesehen werden.

C. Versuche zur Neuorientierung der Diagnostik und ihre Auswirkungen auf die Entwicklung subjektiver Persönlichkeitstests

Die widersprüchlichen, insgesamt aber eher enttäuschenden Ergebnisse von Validierungen aller Art und die umstrittenen praktischen Erfolge von Persönlichkeitstests haben in letzter Zeit zu verschiedenen Versuchen geführt, eine Wende in der Diagnostik herbeizuführen. Zwei erkennbare Tendenzen sind: erstens die Zurückweisung des Begriffs der stabilen allgemeinen Eigenschaften und der ihnen entsprechenden Persönlichkeitstheorien zugunsten einer verhaltensnäheren „interaktionistischen" Betrachtungsweise; zweitens der Versuch, das diagnostische Handeln in die psychologische Praxis und deren Ziele (etwa in der Psychotherapie oder in der pädagogischen Psychologie) besser zu integrieren, sie zu einem Instrument des zielorientierten Handelns zu machen, das in unmittelbarer Wechselwirkung mit anderen Maßnahmen steht und nicht als l'art pour l'art ausgeübt wird.

1. Kritik am Eigenschaftsbegriff — Interaktionismus

Endler und Hunt in Nordamerika und Magnusson in Schweden (Literaturübersicht bei Endler & Magnusson 1976, 1976a) knüpften in ihrer Kritik am Eigenschaftskonzept an ältere Argumente gegen die Allgemeinheit und Universalität der in Persönlichkeitstests verwendeten Trait-Begriffe (Situationismus) an und gingen dabei insofern einen Schritt weiter, als sie versuchten, die relativen Beiträge der unabhängigen Variablen Situations- und Personvariation bzw. deren Wechselbeziehung in ihrer Wirkung auf verschiedene Verhaltensaspekte zu messen. Dabei fanden sie relativ geringe Varianzanteile von Situation und Person, jedoch einen beträchtlich größeren Anteil der Interaktionsvarianz, d. h. das konkrete Einzelverhalten R (z. B. Davonlaufen, Zittern) ist nicht nur durch die Situation S (z. B. Anblick einer Schlange, eine schwere Prüfungsfrage erhalten) und durch die Person P (A ist in jeder Situation in jeder Form ängstlicher, B weniger ängstlich), sondern auch durch die (varianzanalytische) Wechselwirkung Person x Situation P x S (A zittert immer stark vor Schlangen, weniger bei einer Prüfungsfrage, B zittert wenig vor Schlangen, stark vor Prüfungsfragen) abhängig. Da auch die (itembezogenen) Einzelreaktionen nicht als verschiedene abhängige Variablen, sondern als unabhängige Variable „Reaktionsmodus" RM in die Analyse einbezogen wurden, wobei RM einen großen Anteil der Gesamtvariation determiniert, sind die Werte für S, P und S x P (und die Wechselwirkungen S x RM, P x RM) absolut niedrig, z. B. im Durchschnitt an 43 Stichproben für „Angst" (in vorgestellten Situationen, mit verbalen Antworten) etwa 4 % der Gesamtvarianz der Reaktionen für S und P, 9 % für S x P, dagegen 25 % für Reaktionsmodus, 10 % für Wechselwirkung P x RM, 7 1/2 % für S x RM (Endler & Hunt 1968). Diese rein varianzanalytisch definierte „Interaktion" (geringe Generalität und Universalität des Traitbegriffes) wird allerdings theoretisch verquickt mit einer substantiellen „Interaktionstheorie" der Persönlichkeit, in der das Individuum und das Milieu nicht in einer „mechanistischen" Wechselwirkung stehen, sondern eine „organismische" Interaktionseinheit bilden, in der die Situation ebenso Funktion der Person ist wie das Verhalten der Person Funktion der Situation (Overton & Reese 1973, Bowers 1973).

Die diagnostisch-methodische Konsequenz aus den Einwänden gegen die Theorie allgemeiner Eigenschaften zogen Endler, Hunt & Rosenstein (1962). Sie berichteten in diesem Jahr erstmals von der Entwicklung eines sogenannten „S-R-Inventory", und zwar zur Messung der Angst. In seiner ursprünglichen Form bestand es aus einem Fragebogen, in dem auf 11 vorzustellende Situationen (z. B. in einer Prüfung versagen, eine längere Autoreise beginnen) 14 verschiedene Reaktionsarten (verbal) angeboten wurden (z. B. Das Herz schlägt — viel schneller ... überhaupt nicht schneller; Die Hände zittern — überhaupt nicht ... sehr stark). In einer aufgrund repräsentativer Auswahl der Situationen und Analysen der Reaktionsmodi weiter entwickelten Form (Endler & Hunt 1966, 1969) werden 10 Reaktionsmodi auf 18 Situationen vorgegeben. Aufgrund von Faktorenanalysen (Endler, Hunt & Rosenstein 1962, Endler & Hunt 1968) stellte sich heraus, daß es drei Situationsarten (interpersonelle Gefahr, unbelebte Gefahr, ambigue Situationen) und drei Arten von Reaktionsmodi (Distress, Exhilaration, autonome Reaktion) geben dürfte. Ähnliche Verfahren wurden auch zur Messung anderer Konzepte, vor allem der „hostility", der Feindseligkeit oder Aggressivität (Endler & Hunt 1968), entwickelt. In einigen Untersuchungen wurden auch schon Konsequenzen für die praktisch-diagnostische Anwendung gezogen. Endler & Okada (1975) lösen die Person x Reaktion-Interaktion auf, indem sie drei Angstarten getrennt testen. Ekehammar, Magnusson & Ricklander (1974) bzw. Magnusson & Ekehammar (1975) entwickelten ein Angst-Inventory, dessen Faktorenanalyse drei Situationsarten, jedoch nur zwei Arten von Reaktionsweisen (somatische und psychische) ergab. Auf diese Weise können von jeder Person 6 Skores berechnet werden, anstelle eines „Omnibus"-Angst-Skores. In einer latent-profile-Analyse wurden drei Profiltypen (homogene Personengruppen mit bestimmten Reaktionsarten in bestimmten Situationen) gefunden, von denen eine dadurch charakterisiert ist, daß sie eine hohe transsituationelle Inkonsistenz aufweist.

Die praktische Konsequenz der Zurückweisung der traitbezogenen Diagnostik durch die Interaktionisten scheint also eine bezüglich Situation und Reaktion spezifischere Trait-Diagnostik zu sein — etwa statt eines Angst- oder Hostilitätstraits 6 oder 9 spezifischere Ängste bzw. Aggressivitäten usw., deren gemeinsamer Faktor dem ursprünglichen Eigenschaftsbegriff Angst bzw. Aggressivität entspräche. Dazu kommt die Möglichkeit, mit Hilfe von Moderator-Variablen Versuchspersonengruppen zu definieren, die einen hohen Anteil an allgemeiner Traitvarianz aufweisen (z. B. extremere, Hospitalisierung erfordernde Gruppen, deren Personvarianz relativ sehr hoch ist, siehe etwa Moos 1968, 1969, 1970) bzw. andere, die inkonsistenter reagieren und deren Verhalten noch weniger vorhersagbar ist, als dies im Durchschnitt selbst mittels spezifischer Traitdiagnostik möglich ist.

Im deutschen Sprachraum haben Fisch, Schmalt & Fisch (1970) einen Test zur Messung der Leistungsmotivation (siehe S. 69f.) entwickelt, den Schmalt neuerdings als „LM-Gitter" in der Form eines S-R-Inventory interpretiert. Tatsächlich ähnelt er in seiner gitterartigen Verbindung von Situationen und leistungsbezogenen Reaktionsmöglichkeiten einerseits dem Grid Repertory von Kelly (1955), andererseits den vorher angeführten S-R-Fragebögen.

2. Diagnostik als integrierter Aspekt therapeutisch orientierten Handelns

Die Probleme des Einsatzes von Testmethoden im Zusammenhang mit zielorientiertem psychologischem Handeln, insbesondere psychotherapeutischer Tätigkeit, sind zweierlei Natur: erstens ergibt sich die Frage nach der Art der Informationen, die überhaupt von Wert sein können für die Tätigkeit des Therapeuten. Die Wahl des Verfahrens wird dabei im Idealfall nicht nur davon abhängen, daß ein „Bild" des Klienten gewonnen werden soll bzw. die Art und das Ausmaß von Auffälligkeiten bekannt werden soll, sondern wird auch dazu dienen, die optimale therapeutische Vorgangsweise zu finden und deren Wirkung im Verlauf der Behandlung zu kontrollieren, ja sogar zu beeinflussen.

Zweitens ergeben sich dort, wo der Einsatz möglichst objektivierbarer persönlichkeitsdiagnostischer Methoden dazu dienen soll, das Auftreten von Veränderungen des Verhaltens oder der ihm zugrunde liegenden Ursachen (Einstellungen, Motive usw.) festzustellen, große Probleme des adäquaten methodischen Vorgehens, und zwar betreffend den Beobachtungs- oder Versuchsplan (Wiederholung von Messungen an den gleichen Pbn, Vorher-Nachher-Vergleiche usw.) und die inhaltliche Gestaltung der Kontrollbedingungen bezüglich Glaubwürdigkeit der Bedingungen und Erfolgserwartungen der Pbn in Versuchs- und Kontrollbedingung. Hier wird nur kurz auf das erste Problem eingegangen, das sicher von der klinischen Psychologie (siehe Handbuch „Klinische Psychologie", Bd. 8), teilweise aber auch der psychologischen Diagnostik zu behandeln ist.

Nicht nur in vielen Untersuchungen zum Therapieerfolg traditioneller therapeutischer Methoden werden konventionelle Persönlichkeitstests angewendet bzw. zur Anwendung empfohlen, sondern teilweise auch von Vertretern neuerer therapeutischer Richtungen, wie der Verhaltenstherapie, die im übrigen auch neue Wege in der Diagnostik zu gehen versuchen (Schulte 1974, Pawlik 1976). Es sollen daher kurz diejenigen Methoden behandelt werden, die im Rahmen von therapeutischen Maßnahmen zur Kontrolle des Erfolgs bzw. von Veränderungen des Klienten eingesetzt werden können. Es sind dies häufig Fragebogen und Eigenschaftslisten zur Messung einzelner Persönlichkeitsaspekte, aber auch mehrdimensionale Fragebogentests. So werden die in den Abschnitten zur Messung einzelner Dimensionen, wie Angst, Aggressivität, Depressivität usw. angeführten Verfahren bei wissenschaftlichen Untersuchungen zur Demonstration des Therapieerfolges angewendet. Als Beispiel sei der Einsatz des Fragebogens zur Messung der Angst in sozialen Situationen bei der Desensibilisierungs-Behandlung von publikumsängstlichen Personen erwähnt (Lück & Ortlieb 1973); weiters werden in einem „Schema für Diagnose- und Therapieplanung in der Verhaltenstherapie" von D. Schulte (1974a), das B. Schulte & Thomas (1974, Kap. 5) geben, zur Erfassung des Therapieerfolges Tests wie MPI, FPI und SDS (Edwards Social Desirability Scale) empfohlen, um Veränderungen im „Sozialbereich" und der Selbstsicherheit zu erfassen. Schließlich wird dort auch die MAS zur Feststellung der allgemeinen Angstreduktion ins Auge gefaßt.

Häufiger als solche Trait-Tests werden aber zur Feststellung von Therapie- oder Drogenwirkungen Instrumente zur Beurteilung oder Selbstbeurteilung der aktuellen Stimmungslage herangezogen. Einige davon wurden in den Abschnitten zur Messung der ihnen entsprechenden traits (Depressivität, Aggressivität, Ängstlichkeit) bereits erwähnt. Besonders einfache Instrumente dieser Art sind Eigenschafts-Wort-Listen, wie die von Clyde (1963) und Nowlis (1965).

Die Clyde Mood Scale, CMS, ist z. B. eine aus 48 Adjektiven bestehende Liste, die ursprünglich zur Messung von Psychodrogenwirkungen konstruiert wurde und als Beurteilungs- oder Selbstbeurteilungsinstrument verwendet werden kann. Ausgewertet wird sie in sechs computerberechneten Faktorscores (freundlich, aggressiv, klardenkend, schläfrig, unglücklich, benommen).

Instrumente dieser Art gibt es auch bereits in deutscher Sprache. Janke & Debus (1977) haben eine Eigenschaftswörterliste konstruiert (EWL), die methodisch gut abgesichert ist, insbesondere durch Validierungsstudien mit Hilfe von stimmungsverändernden Medikamenten. Sie gibt Scores in 7 Faktoren: Gehobenheit, Deprimiertheit, Aggressivität, Desaktiviertheit, Müdigkeit, Erregtheit, Selbstsicherheit.

Gleichzeitig erschienen von Hampel (1977) Adjektivskalen zur Einschätzung der Stimmung (SES). Seine 143 Stimmungsadjektive, die die augenblickliche Stimmung, nicht die Tagesstimmung und nicht die habituelle Stimmung, widerspiegeln sollen, ergaben 6 Faktoren: Gehobene Stimmung, gedrückte Stimmung, Mißstimmung, ausgeglichene Stimmung, Trägheit, Müdigkeit. Die endgültige Form enthält 84 Items, 2 Halbformen zu 42 Items wurden zusammengestellt.

Einige Ergebnisse der schiefwinkeligen Faktorenanalyse sind schwer interpretierbar. So korrelieren gedrückte und Mißstimmung mit r = —0,40, dagegen sind gehobene und gedrückte Stimmung fast voneinander unabhängig: r = —0,26. Bei veränderter Instruktion (allgemein vorherrschende Stimmungslage beurteilen) traten deutliche Korrelationen mit trait-Tests, wie dem FPI, auf: gedrückte Stimmung korrelierte mit Neurotizismus mit r = 0,61, mit Depressivität im FPI mit r = 0,70; Müdigkeit korrelierte mit Depressivität im FPI mit r = 0,55, mit Neurotizismus mit r = 0,52.

Speziell für verhaltenstherapeutische Anwendung wurde das Emotionalitätsinventar von Ullrich & Ullrich de Muynck (1975) konstruiert. Es soll die verschiedenen Formen von Streßreaktionen und ihre Veränderung während einer Verhaltenstherapie erfassen. Das EMI besteht aus 70 bipolaren Eigenschaftsbegriffen (wie gespannt, entspannt, heiter-depriert), auf die (um mittlere Werte auszuschließen) in 6 Stufen reagiert werden kann. Die Antworten von 265 Wehrpflichtigen und Studenten unter Ruhebedingungen und die (retrospektiven!) Zustandsbeurteilungen von 162 Wehrpflichtigen nach einer angst-

und anstrengungsinduzierenden militärischen Übung bzw. von 198 Soldaten nach einem erschöpfenden Marsch mit anschließendem Dauerlauf wurden 3 Faktorenanalysen unterzogen, die in allen Bedingungen die gleichen sechs Faktoren erbrachten: Erschöpfung, Aggressivität, psychomotorisch und vegetativ empfundene Angst, Hemmung, Bedrohung und psychische Angst, Depression. Zur fortlaufenden Kontrolle des Therapieprozesses wurden auch Parallelformen entwickelt.

Zur Erfassung der Befindlichkeit werden gelegentlich auch Eigenschaftslisten in Polaritätsprofil-Anordnung benützt (z. B. Baumann & Dittrich 1972).

Nicht als Eigenschafts-Beurteilungsliste, sondern als Fragebogen im engeren Sinn ist der Test zur Erfassung emotionaler Reaktionen in sozialen Streß-Situationen von Fürntratt (1968) konstruiert worden. Die 50 Items sind als Ergänzung eines auf dem Kopf jeder Seite vorgedruckten Satzes „Wenn jemand . . ., so ist — wäre mir das . . . kaum — ein wenig — ziemlich — sehr — äußerst unangenehm" zu denken und durch Ankreuzen einer der fünf Stufen zu beantworten. Items sind z. B. „. . . mir seine Gastfreundschaft aufdrängt", „. . . mich der Lügenhaftigkeit bezichtigt". In einer Faktorenanalyse ergaben sich 7 Faktoren der Abneigung gegen 1) geringschätziges, 2) ordinäres, 3) selbstherrliches, 4) kränkendes, 5) lästiges, 6) aggressives, 7) unhöfliches Verhalten. Diese Situationsfaktoren sind vermutlich abhängig von der Art der Erfahrungen in bestimmten Stimulussituationen und von gelernten Bewertungen dieser Situationen im Sozialisationsprozeß.

Die vom gleichen Autor (Fürntratt, 1968a) berichtete Entwicklung von Fragebogen zur Messung von positiven und negativen Wertvorstellungen, die auf menschliches Verhalten bezogen sind, sind zwar ähnlich wie der erwähnte Sozial-Streß-Fragebogen konstruiert, gehören aber schon mehr in den Bereich der Einstellungsskalen als den der Persönlichkeitstests.

Neben den erwähnten eher traditionellen Fragebogenmethoden wurden aber auch sogenannte „verhaltenstherapeutische Testverfahren" entwickelt, die teilweise in die Kategorie der „subjektiven Persönlichkeitstests" fallen.

Aus der Darstellung, die von Schulte (1974a) gegeben wurde, geht hervor, daß von vielen Therapeuten Meßinstrumente für den „Hausgebrauch" entwickelt wurden, die nur zum geringsten Teil veröffentlicht bzw. standardisiert wurden. Ihr Ziel ist es, in Ergänzung zur Verhaltensbeobachtung und zum freien Gespräch relevante Informationen für die Einleitung von therapeutischen Maßnahmen zu gewinnen. Theoretische Konstrukte, die mehr Erklärungs- als Beschreibungsfunktion haben, werden von der Verhaltenstherapie weit weniger geschätzt. Praktisch verwendbar ist nach diesem Standpunkt nur das direkt Beobachtbare. Weit verbreitet sollen sogenannte „Reizlisten" sein, in denen der Patient den Intensitätsgrad seiner Reaktionen verbal einschätzen soll. Im Vordergrund steht dabei die Erfassung der Angstreaktionen. Solche Listen dienen dem Verhaltenstherapeuten gleichzeitig zur Feststellung der Hierarchie aversiver Situationen, die in der Desensibilisierungsbehandlung mit steigender Intensität geboten werden sollen. Ein bekanntes Verfahren dieser Art, das Fear Survey Schedule, wurde erstmals von Lang & Lazovik (1963), eine andere Liste von Geer (1965) veröffentlicht. Eine Weiterentwicklung dieser Methoden, das „Fear Survey Schedule-III" von Wolpe & Lang (1964), liegt auch in einer deutschen Übersetzung vor (Schulte 1974, Anhang).

Dem Pb wird eine Liste von Reizen (z. B. „Geräusch eines Staubsaugers", „offene Wunden", „Alleinsein", „tote Menschen") geboten, sie hat auf fünfstufigen Skalen (von gar nicht bis sehr stark) den Grad ihrer zur Zeit bestehenden Angst anzugeben, „ohne lang zu überlegen". Es entspricht der Auffassung der Verhaltenstherapeuten vom Sinn solcher Tests, daß sie weniger dem interindividuellen Vergleich mit Hilfe standardisierter und normierter Gesamtscores dienen und keiner äußeren Kriteriumsvalidierung bedürfen. Wichtiger sei es, zu wissen, vor welchen konkreten Stimuli sich ein Klient sehr fürchtet, vor welchen weniger usw., als einen generellen Angstscore zu erhalten. Die Richtigkeit einer Entscheidung aufgrund einer solchen Testinformation ergibt sich danach im weiteren Verlauf bzw. aus dem Erfolg der Therapie von selber (Lutz & Windheuser 1974). Verhaltenstherapeutische Fragebogen sind daher oft weder normiert noch validiert im üblichen Sinne. Die 76 Items der Fear Survey Schedule-III wurden aber auch faktorenanalysiert (Landy & Gaupp 1971), wobei sich fünf Faktoren ergaben, von denen drei eindeutig interpretiert wurden, nämlich als Ängste vor tierischen Organismen, soziale Ängste und Ängste vor medizinisch-diagnostischen Maßnahmen).

Scherer & Nakamura (1968) entwickelten einen FSS-Test für Kinder, den FSS-FC, der ebenfalls ins Deutsche übersetzt wurde (von W. Groeger, nach Schulte 1974, Anhang). In einer Faktorenanalyse zusammen mit einer Kinderform der MAS erhielten Scherer & Nakamura 10 Angstfaktoren, von denen 8 auch im FSS-FC vertreten sind (Angst vor Versagen und Kritik, größere Ängste, kleinere Ängste — Straßenverkehr, medizinische Ängste, Angst vor dem Tod, vor Dunkelheit, in der Schule und zu Hause, verschiedene). Die von Seidenstücker & Weinberger (1978) neu entwickelte, mit N = 161 Testelementen besonders umfangreiche deutschsprachige Angstliste FSS-R erbrachte nur teilweise vergleichbare Faktoren. Die faktorenanalytischen Zerlegungen der FSS-Reaktionen sind wesentlich weniger klar als die der Interaktionisten, welche situative und reaktive Faktoren der Angst getrennt herausarbeiteten (siehe S. 106f.).

Auch für die Durchführung von operanten Verstärkungsprogrammen (Belohnung bestimmter Verhaltensweisen) gibt es Listen von Gegenständen, Situationen usw., die der Pb hinsichtlich ihres positiven Wertes einschätzen soll. Auf diese Weise kann der Therapeut geeignete „Verstärker" auswählen. Ein dafür charakteristisches Verfahren ist die Reinforcement Survey Schedule (RSS) von Cautela & Kastenbaum (1967). Eine deutsche Abwandlung wurde von Windheuser & Niketta bekanntgemacht und in Schulte (1974, Anhang) veröffentlicht. Die von Windheuser & Niketta zusammengestellte Liste zur Erfassung von Verstärkern (LEV) besteht aus vier Teilen. Im ersten (62 Items) wird nach dem Wert (5 Stufen von ungern bis sehr gern) verschiedener möglicher Verstärker gefragt (z. B. Eiscreme, Süßigkeiten usw. essen; Mineralwasser, Milch usw. trinken; Kreuzworträtsel lösen; Musik hören; Kriminalromane, Witze usw. lesen), die in der therapeutischen Situation selbst eingesetzt werden können, in einem gleich aufgebauten zweiten Teil (Items 62—183) nach Verstärkern außerhalb der Therapiesituation (Filme, schwimmen, schlafen), im dritten Teil werden komplexere soziale und verbale Verstärkungsbedingungen (wie „Ruhe und Frieden haben", mit einer Begründung Recht haben, gelobt werden wegen der Arbeit, der Gesinnung u. a., mit einer schönen Frau zusammen sein usw.), im vierten Teil wird nach besonders häufigen Gedanken und Tätigkeiten gefragt, wobei der Proband die Tätigkeit bzw. den Gedanken in einer von 5 Spalten nach einem ungefähren Maß für die tägliche Auftretenshäufigkeit einzutragen hat. Für den LEV wird eine Retest-Reliabilität (Zwischenzeit 5 Wochen) von 0,82 angegeben. Primär handelt es sich auch bei den Verstärkerlisten um Hilfsmethoden für den Therapeuten, nicht um standardisierte Tests im traditionellen Sinne.

VI. Die Bedeutung der Fragebogenmethoden für Forschung und Praxis

Im Bereich der Forschung — vor allem zur Messung von Persönlichkeitskonstrukten in differentialpsychologischen Untersuchungen — scheinen Fragebogenmethoden weniger umstritten zu sein als in der praktischen Anwendung. Sie werden außerordentlich häufig eingesetzt, wobei in der Beurteilung von Mittelwertsunterschieden zwischen Gruppen oder zwischen experimentellen Bedingungen die Höhe der Reliabilitätskoeffizienten eine geringe Rolle zu spielen scheint. Wesentlich und unabdingbar ist aber auch in diesem Bereich, daß die systematische Variation aufgeklärt ist, d. h. daß eine klare Vorstellung darüber besteht, was der Test mißt. Zur Behandlung dieses Problems wird eine Reihe von sehr unterschiedlichen Methoden der Validierung herangezogen (siehe 1. Tbd., Kap. 1).

Aus der Darstellung der in diesem Kapitel besprochenen Verfahren geht hervor, daß auf die Frage nach der Validität noch keine endgültige befriedigende Antwort gegeben werden kann. Das Bild, das in Zusammenstellungen von Veröffentlichungen zur Validität von Persönlichkeitsinventartests gegeben wurde (z. B. Ellis 1953), ist uneinheitlich. 290 von 499 dort verarbeiteten Validitätsuntersuchungen erbrachten signifikante Unterschiede zwischen Kriteriumsgruppen verschiedenster Art. Dabei handelt es sich allerdings fast durchwegs um praxisbezogene Außenkriterien, nicht um Validierungen, die auf den möglichen theoretischen Wahrheitsgehalt einer Skala (die Konstruktvalidität) Rückschlüsse zu ziehen gestatten. Die überwiegend enttäuschenden Ergebnisse von Auswertungen von multitrait-multimethod-Matrizen und die große Uneinheitlichkeit der Resultate von Faktorenanalysen mehrdimensionaler Tests, allein oder zusammen mit anderen Tests oder Nichttestdaten, sprechen eher für eine geringe Konstruktvalidität dieser Verfahren. Die Frage, ob man sie trotzdem, zumindest wenn es — wie meist in der Forschung — nur auf Gruppenunterschiede ankommt, einsetzen soll, kann nur in Zusammenhang mit der weiteren Frage gesehen werden, ob es bessere, tauglichere diagnostische Meßinstrumente gibt. Sind sogenannte indirekte verbale oder nichtverbale („objektive" und „projektive") Persönlichkeitstests den „direkten", subjektiven überlegen? Auch darüber gibt es noch keine allgemein akzeptierte Urteilsbildung. Scott & Johnson (1972) versuchten, die Validität direkter und indirekter Persönlichkeits- und Einstellungsmaße auf empirischem Wege zu vergleichen. In einem ihrer Experimente (an 50 Psychologiestudenten) wurde als direktes Verfahren ein teilweise dem EPPS (Edwards 1953) ähnlicher Fragebogen zu 9 Murray-Motiven verwendet, als indirektes Maß für die gleichen Motive wurden 8 TAT-Bilder ausgewählt. Als Kriterien wurden die Einschätzungen der Bedeutung der 9 Motive durch je zwei Freunde der Versuchsperson herangezogen. Die 9 Korrelationen zwischen Fragebogentest und Kriterium lagen zwischen 0,22 und 0,55 (Durchschnitt 0,38), 8 davon signifikant, die 9 Korrelationen zwischen TAT-Maßen und dem Kriterium lagen zwischen —0,21 und +0,32 (Mittelwert 0,05), nur eine davon signifikant. Bei keinem der neun Motive war der Koeffizient für den TAT größer als für den Fragebogen. Die Beweiskraft dieses deutlich zugunsten direkter Methoden sprechenden Ergebnisses steht und fällt mit der Würdigung des Kriteriums der Freundesbeurteilungen. McClelland (1972) weist als Befürworter indirekter Methoden auf die Unzulänglichkeit dieses Kriteriums hin, das die Meinungen reflektiert, die Personen von sich haben, anderen auf direkte Weise (in Testantworten, aber auch in ihrer Konversation mit Freunden) mitteilen; diese Information wiederum werde von den anderen (Bekannten, Freunden) benutzt, wenn diese die betreffenden Personen beurteilen sollen. Projektive Maße dagegen würden sich gegenüber theoretisch relevanten Verhaltenskriterien bewähren (z. B. im Falle von Leistungsmotivation: Risikobevorzugungen, Ausdauer, Prüfungsleistungen).

In erster Linie sollten Fragebogentests Instrumente der psychologischen Praxis sein. Aus den bisherigen Übersichten und Gesamtbeurteilungen ihres Wertes (z. B. Ellis 1953, Ghiselli & Barthol 1953, Guion & Gottier 1965, Cronbach 1970) scheint hervorzugehen, daß ihre Validität und praktische Einsatzmöglichkeit auf verschiedenen Gebieten sehr unterschiedlich ist. Am besten differenzierten Persönlichkeitsinventartests bei klinisch-diagnostischen Untersuchungen, am schlechtesten bei Prognosen des Berufs- und Studienerfolges.

Im engeren Bereich der Personal-Selektion sind zwar insgesamt niedrige bis mäßige Korrelationen mit Berufserfolgskriterien zu beobachten, aber die Streuung der Ergebnisse, selbst für die gleiche Anwendungsart, ist außerordentlich groß. Auf dem Gebiete der Vorhersage des Studienerfolges warnte schon vor Jahren die Amerikanische Zentralstelle für College-Zulassungsprüfungen (College Entrance Examination Board 1963) vor den ernsten Risken, die mit dem Einsatz von Persönlichkeitstests bei Zulassungsentscheidungen verbunden sind. Viele der dort bereits aufgezeigten Schwierigkeiten gelten auch noch heute: Überbewertung von einzelnen Persönlichkeitsdimensionen, die nur gering mit dem Studienerfolg korrelieren, Unmöglichkeit, Persönlichkeitsänderungen junger Menschen prognostisch in Rechnung zu stellen, absichtliche Verfälschung der Antworten, Möglichkeit der Vorbereitung auf eine solche Verfälschung (sogar mit Hilfe spezieller Publikationen), Fehlen einer genügenden Anzahl Parallelformen, Mißverständnisse in der Öffentlichkeit (u. a. wegen mangelnder Augenscheinvalidität von Items).

Für den Bereich der Beratung resümiert Cronbach (1970) seine Bewertung dem Sinne nach folgendermaßen: Auf diesem Gebiet werden Persönlichkeitsfragebogen deskriptiv, als eine Art Spiegel benutzt, der dem Klienten hilft, sich selber ein Bild zu machen, und zwar durch den Vergleich mit anderen. Dazu eignen sich aber nicht diejenigen Fragebogentests, deren Kategorien bzw. Profilauswertungen dem Laien nicht oder nur schwer verständlich gemacht werden können. Der Berater selbst kann, vor allem bei Patienten, deren Ergebnisse im allgemeinen verläßlicher zu sein scheinen als die von gesunden, normalen Pbn, das Testergebnis als Ausgangspunkt für ein weiteres Kennenlernen benutzen, wobei Irrtümer der Testinterpretation korrigiert werden können. Aber „unter keinen Umständen sollte eine Beschreibung einem Schulleiter, einem Arbeitgeber, oder irgend einem entscheidenden Organ ausgehändigt werden, das nicht darauf trainiert ist, eine solche Interpretation kritisch mit anderen Informationen zu vergleichen" (S. 555).

Hier werden Fragen berührt, die die ethische und soziale Verantwortung des psychologischen Diagnostikers im allgemeinen berühren, nicht speziell im Zusammenhang mit der Verwendung subjektiver Persönlichkeitstests. Besonders kritisch sind Probleme der Ethik aber in diesem engeren Bereich deswegen, weil die Art der Tests mehr Anstoß erregen kann (z. B. Fragen zur Privatsphäre), weil ein Teil der Tests bzw. der Testanwender die wahre Bedeutung der Fragen bzw. der Auswertung verhüllen (Täuschungsabsicht), und schließlich und endlich, weil, hauptsächlich in Ermangelung einwandfreier Kriterien, noch kein sicheres wissenschaftliches Urteil über die Validität dieser Verfahren abgegeben werden kann.

Literatur

Adorno, T. W., Frenkel-Brunswik, E., Levinson, D. J. & Sanford, R. N. 1950. The authoritarian personality. New York: Harper.

Alpert, R. & Haber, R. N. 1960. Anxiety in academic achievement situations. Journal of Abnormal and Social Psychology, **61**, 207—215.

Allport, F. H. 1920. Timidity and the selling personality. The Eastern Underwriter, **21**, 15—17.

Allport, F. H. & Allport, G. W. 1921. Personality traits: their classification and measurement. Journal of Abnormal and Social Psychology, **16**, 6—40.

Allport, G. W. 1921. Personality and character. Psychological Bulletin, **18**, 441—455.

Allport, G. W. 1928. A test for ascendance-submission. Journal of Abnormal and Social Psychology, **23**, 118—136.

Allport, G. W. 1937. Personality: a psychological interpretation. New York: Holt.

Allport, G. W. & Allport, F. H. 1928. The A-S reaction study. Boston: Houghton Mifflin.

Allport, G. W. & Vernon, P. E. 1931. A study of values. Boston: Houghton Mifflin.

Allport, G. W., Vernon, P. E. & Lindzey, G. 1970³. Study of values: a scale for measuring the dominant interests in personality. Boston: Houghton Mifflin.

Amelang, M. & Bartussek, D. 1970. Untersuchungen zur Validität einer neuen Lügenskala. Diagnostica, **16**, 103—122.

Anastasi, A. 1950. The concept of validity in the interpretation of test scores. Educational and Psychological Measurement, **10**, 67—78.

Angleitner, A., Stumpf, H. & Wieck, T. 1976. Die „Personality Research Form" von Jackson: Konstruktion, bisheriger Forschungsstand und vorläufige Ergebnisse zur Äquivalenzprüfung einer deutschen Übersetzung. Wehrpsychologische Untersuchungen 11/3.

Atkinson, J. W. (Hg.) 1958. Motives in fantasy, action and society. Princeton, N.J.: Van Nostrand.

Atkinson, J. W. 1964. An Introduction to motivation. Princeton: Van Nostrand.

Bartussek, D. 1974. Mitteilung über Reliabilität und faktorielle Validität des deutschen 16-PF-Tests von Cattell. Diagnostica, **20**, 49—55.

Bass, B. M. 1955. Authoritarianism or acquiescence? Journal of Abnormal and Social Psychology, **51**, 616—623.

Bastine, R. 1971. Fragebogen zur direktiven Einstellung (F-D-E). Göttingen: Hogrefe.

Battle, E. S. & Rotter, J. B. 1963. Children's feelings of personal control as related to social class and ethnic groups. Journal of Personality, **31**, 482—490.

Baumann, U. & Dittrich, A. 1972. Überprüfung der deutschen Version eines Polaritäten-Profils zur Erfassung der Befindlichkeit. Zeitschrift für klinische Psychologie, **1**, 335—350.

Beck, A. T., Ward, C. H., Mendelson, M., Mock, J. & Erbaugh, J. 1961. An inventory for measuring depression. Archives of General Psychiatry, 4, 561—574.

Beckmann, D. & Richter, H. E. 1972. Der Gießen-Test (GT). Bern: Huber.

Bell, H. 1935. The theory and practice of student counseling. Stanford, Cal.: Stanford Univ. Press.

Bell, H. M. 1939. The theory and practice of personal counseling. Stanford, Cal.: Stanford Univ. Press.

Bentler, P. M., Jackson, D. N. & Messick, S. 1971. Identification of content and style: a two-dimensional interpretation of acquiescence. Psychological Bulletin, 76, 186—204.

Bernreuter, R. G. 1933. The theory and construction of the Personality Inventory. Journal of Social Psychology, 4, 387—405.

Bialer, I. 1961. Conceptualization of success and failure in mentally retarded and normal children. Journal of Personality, 29, 303—320.

Bieback, H. 1970. Über die Möglichkeiten einer standardisierten Bewertung von Depressionszuständen. Mediz. Dissertation, Univ. Marburg/Lahn.

Blaser, P. 1968. Die Messung der Depressionstiefe mit einem Fragebogen. Psychiatric Clinic, 1, 299.

Block, J. 1965. The challenge of response sets. New York: Appleton.

Bottenberg, E. H., Krzmarsch, P. & Stetter, R. 1977. Basis-MMPI. Diagnostica, 23, 64—73.

Bottenberg, E. H. & Wehner, E. G. 1966. Mitteilung zur Zuverlässigkeit und Interkonsistenz der Standardskalen des MMPI Saarbrücken. Diagnostica, 12, 85—86.

Bowers, K. S. 1973. Situationism in psychology: an analysis and a critique. Psychological Review, 80, 307—336.

Brengelmann, J. C. & Brengelmann, L. 1960. Deutsche Validierung von Fragebogen der Extraversion, neurotischen Tendenz und Rigidität. Zeitschrift für experimentelle und angwandte Psychologie, 7, 291—331.

Brengelmann, J. C. & Brengelmann, L. 1960a. Deutsche Validierung von Fragebogen dogmatischer und intoleranter Haltungen. Zeitschrift für experimentelle und angewandte Psychologie, 7, 451—471.

Buggle, F. & Baumgärtel, F. 1975^2. Hamburger Neurotizismus- und Extraversionsskala für Kinder und Jugendliche, HANES-KJ. Göttingen: Hogrefe.

Buggle, F., Gerlicher, K. & Baumgärtel, F. 1968. Entwicklung und Analyse eines Fragebogens zur Erfassung von Neurotizismus und Extraversion bei Kindern und Jugendlichen. Diagnostica, 14, 53—70.

Buss, A. H. & Durkee, A. 1957. An inventory for assessing different kinds of hostility. Journal of Counsulting Psychology, 21, 343—349.

Byrne, D. 1961. The Repression-Sensitization Scale: rationale, reliability and validity. Journal of Personality, 29, 334—349.

Byrne, D., Barry, J. & Nelson, D. 1963. Relation of the revised Repression-Sensitization Scale to measures of self-description. Psychological Reports, **13**, 323—334.

Campbell, D. P. 1971. Handbook for the Strong Vocational Interest Blank. Stanford, Cal.: Stanford Univ. Press.

Campbell, D. T. & Fiske, D. W. 1959. Convergent and discriminant validation by the multitrait-multimethod matrix. Psychological Bulletin, **56**, 81—105.

Cattell, R. B. 1946. Description and measurement of personality. Yonkers-on-Hudson, N. Y.: World Book Co.

Cattell, R. B. 1950. The main personality factors in questionnaire, self-estimate material. Journal of Social Psychology, **31**, 3—38.

Cattell, R. B. 1956. Second-order personality factors in the questionnaire realm. Journal of Consulting Psychology, **20**, 411—418.

Cattell, R. B. 1957. Personality and motivation structure and measurement. Yonkers-on-Hudson, N. Y.: World Book Co.

Cattell, R. B. 1957a. The IPAT Anxiety Scale. Champaign, Ill.: IPAT.

Cattell, R. B. & Cattell, M. D. L. 1953. Jr.-Sr. High School Personality Questionnaire HSPQ. Champaign, Ill.: IPAT.

Cattell, R. B., Eber, H. W. & Tatsuoka, M. 1970. Sixteen Personality Factor Questionnaire. Handbook. Champaign, Ill.: IPAT.

Cattell, R. B. & Scheier, I. H. 1961. The meaning and measurement of neuroticism and anxiety. New York: Ronald Pr.

Cattell, R. B. & Stice, G. 1950. The Sixteen Personality Factor Questionnaire. Champaign, Ill.: IPAT.

Cattell, R. B. & Warburton, F. W. 1967. Objective personality and motivation tests. Urbana: Univ. Illinois Pr.

Cautela, J. R. & Kastenbaum, R. 1967. A Reinforcement Survey Schedule for use in therapy, training and research. Psychological Reports, **20**, 1115—1130.

Chabot, J. A. 1973. Repression-sensitization: a critique of some neglected variables in the literature. Psychological Bulletin, **80**, 122—129.

Christie, R. & Geis, F. (Hg.) 1970. Studies in Machiavellianism. New York: Academic Pr.

Clyde, D. J. 1963. Clyde Mood Scale. Coral Gables, Florida: Univ. of Miami Biometrics Lab.

Coan, R. W. & Cattell, R. B. 1966. Early School Personality Questionnaire ESPQ. Manual. Champaign, Ill: IPAT.

College Entrance Examination Board. 1963. A statement on personality testing. College Board Review No. **51**, 11—13.

Comrey, A. L. 1970. Comrey Personality Scales (CPS). San Diego, Cal.: Educational and Industrial Testing Service.

Conklin, E. S. 1923. The definition of introversion and allied concepts. Journal of Abnormal and Social Psychology, **17**, 367—382.

Cowdery, K. M. 1926. Measurement of professional attitudes. Journal of Personnel Research, **5**, 131—141.

Cronbach, L. J. 1942. Studies of acquiescence as a factor in the true-false test. Journal of Educational Psychology, **33**, 401—415.

Cronbach, L. J. 1946. Response sets and test validity. Educational and Psychological Measurement, **6**, 475—494.

Cronbach, L. J. 1950. Further evidence on response sets and test design. Educational and Psychological Measurement, **10**, 3—31.

Cronbach, L. J. 1970³. Essentials of psychological testing. New York: Harper & Row.

Cronbach, L. J. & Meehl, P. E. 1955. Construct validity in psychological tests. Psychological Bulletin, **52**, 281—302.

Crown, D. P. & Marlowe, D. 1960. A new scale for social desirability independent of psychopathology. Journal of Consulting Psychology, **24**, 349—354.

Dahlstrom, W. G. & Welsh, G. S. 1960. An MMPI handbook: a guide to use in clinical practice and research. Minneapolis: Univ. Minnesota Pr.

Dixon, J. J., de Mouchaux, C. & Sandler, J. 1957. Patterns of anxiety: an analysis of social anxieties. British Journal of Medical Psychology, **30**, 107—112.

Dolliver, R. H. 1969. Strong vocational interest blank versus expressed vocational interests: a review. Psychological Bulletin, **72**, 95—107.

Doob, L. & Sears, R. 1939. Factors determining substitute behavior and the overt expression of aggression. Journal of Abnormal and Social Psychology, **34**, 293—313.

Drake, L. E. 1946. A social I. E. scale for the Minnesota Multiphasic Personality Inventory. Journal of Applied Psychology, **30**, 51—54.

Duff, F. L. 1965. Item subtlety in personality inventory scales. Journal of Consulting Psychology, **29**, 565—570.

Edwards, A. L. 1953. The relationship between the judged desirability of a trait and the probability that the trait will be endorsed. Journal of Applied Psychology, **37**, 90—93.

Edwards, A. L. 1953a. Manual for the Edwards Personal Preference Schedule. New York: Psychol. Corporation.

Edwards, A. L. 1957. The social desirability variable in personality assessment and research. New York: Dryden Press.

Edwards, A. L. 1966. Edwards Personality Inventory. Chicago: Science Research Associates.

Edwards, A. L. 1969. Correlations between scores on personality scales when items are stated in the first and third person form. Educational and Psychological Measurement, **29**, 561—563.

Eggert, D. 1971. Untersuchung zur psychometrischen Eignung eines neuen Fragebogens der neurotischen Tendenz und der Extraversion von Eysenck (EPI). In: Duhm, E. (Hg.). Praxis der klinischen Psychologie. Göttingen: Hogrefe, Band I, 30—62.

Eggert, D. 1974. Eysenck-Persönlichkeitsinventar E-P-I. Göttingen: Hogrefe.

Ehlers, T. 1965. Über persönlichkeitsbedingte Unfallgefährdung. Archiv für die gesamte Psychologie, 117, 252—279.

Eisenberg, P. 1941. Individual interpretation of psychoneurotic inventory items. Journal of General Psychology, 25, 19—40.

Ekehammar, B., Magnusson, D. & Ricklander, L. 1974. An interactionist approach to the study of anxiety. Scandinavian Journal of Psychology, 15, 4—14.

Ellis, A. 1953. Recent research with personality inventories. Journal of Consulting Psychology, 17, 45—49.

Endler, N. S. & Hunt, J. McV. 1966. Sources of behavioral variance as measured by the S-R inventory of anxiousness. Psychological Bulletin, 65, 336—346.

Endler, N. S. & Hunt, J. Mc. V. 1968. S-R inventories of hostility and comparisons of the proportions of variance from persons, responses, and situations for hostility and anxiousness. Journal of Personality and Social Psychology, 9, 309—315.

Endler, N. S. & Hunt, J. McV. 1969. Generalizability of contributions from sources of variance in the S-R inventories of anxiousness. Journal of Personality, 37, 1—24.

Endler, N. S., Hunt, J. Mc. V. & Rosenstein, A. J. 1962. An S-R inventory of anxiousness. Psychological Monographs, 76, No. 17 (Whole No. 536), 1—33.

Endler, N. S. & Magnusson, D. 1976. Toward an interactional psychology of personality. Psychological Bulletin, 83, 956—974.

Endler, N. S. & Magnusson, D. (Hg.) 1976a. Interactional psychology and personality. Washington, D. C.: Hemisphere Publ. Corp.

Endler, N. S. & Okada, M. 1975. A multidimensional measure of Trait Anxiety: The S-R Inventory of General Trait Anxiousness. Journal of Consulting and Clinical Psychology, 43, 319—329.

Eysenck, H. J. 1947. Dimensions of personality. London: Routledge & Kegan Paul.

Eysenck, H. J. 1952. The scientific study of personality. London: Routledge & Kegan Paul.

Eysenck, H. J. 1953. The structure of human personality. London: Methuen.

Eysenck, H. J. 1953a. Fragebogen als Meßmittel der Persönlichkeit. Zeitschrift für experimentelle und angewandte Psychologie, 1, 291—335.

Eysenck, H. J. 1956. The questionnaire measurement of neuroticism and extraversion. Rivista de Psicologia, 50, fasc. IV, 113—140.

Eysenck, H. J. 1958. A short questionnaire for the measurement of the dimensions of personality. Journal of Applied Psychology, 42, 14—17.

Eysenck, H. J. 1959. Das „Maudsley Personality Inventory" als Bestimmer der neurotischen Tendenz und Extraversion. Zeitschrift für experimentelle und angewandte Psychologie, 6, 167—190.

Eysenck, H. J. 1963. Comment on „The relation of neuroticism and extraversion to intelligence and educational attainment". British Journal of Educational Psychology, 33, 192.

Eysenck, H. J. 1972. Personality and attainment: an application of psychological principles to educational objectives. Higher Education, **1**, 39—52.

Eysenck, H. J. & Eysenck, S. B. G. 1964. Eysenck Personality Inventory. Manual. London: Univ. of London Press.

Eysenck, S. B. G. 1965. Junior Eysenck Personality Inventory. Manual. London: Univ. London Press.

Eysenck, S. B. G. 1965 a. The Eysenck-Withers Personality Inventory (for I. Q. 50—80 Range). London: Univ. London Press.

Fahrenberg, J. & Selg, H. 1970. Das Freiburger Persönlichkeitsinventar FPI. Göttingen: Hogrefe.

Fahrenberg, J., Selg, H. & Hampel, R. 1978³. Das Freiburger Persönlichkeitsinventar FPI. Göttingen: Hogrefe.

Farnsworth, P. R. 1938. A genetic study of the Bernreuter Personality Inventory. Journal of Genetic Psychology, **52**, 5—13.

Feigl, W. 1956. Die Validität des PI-Tests. Unveröffentl. Phil. Diss. Wien.

Feldman, M. J. & Corah, N. L. 1960. Social desirability and the forced choice method. Journal of Consulting Psychology, **24**, 480—482.

Ferguson, L. W. 1952. Personality measurement. New York: McGraw-Hill.

Fernald, G. G. 1912. The Delinquent Class: Differentiating Tests. American Journal of Insanity, **68**, 523—594.

Finney, J. C. 1966. Programmed interpretation of MMPI and CPI. Archives of General Psychiatry, **15**, 75—81.

Fisch, R. & Schmalt, H. D. 1970. Vergleiche von TAT- und Fragebogendaten der Leistungsmotivation. Zeitschrift für experimentelle und angewandte Psychologie, **17**, 608—634.

Fisch, R., Schmalt, H. D. & Fisch, H. 1970. Bericht über die Entwicklung eines Meßverfahrens zur Bestimmung der Intensität und Extensität der Leistungsmotivation. Arbeits-Berichte der Psychologischen Institute, Univ. Saarbrücken und Bochum.

Fiske, D. W. 1973. Can a personality construct be validated empirically? Psychological Bulletin, **80**, 89—92.

Fiske, D. W. 1976. Can a personality construct have a singular validational pattern? Rejoinder to Huba and Hamilton. Psychological Bulletin, **83**, 877—879.

Flanagan, J. C. 1935. Factor analysis in the study of personality. Stanford, Cal.: Stanford Univ. Press.

Freyd, M. 1922. A method for the study of vocational interests. Journal of Applied Psychology, **6**, 243—254.

Freyd, M. 1924. Introverts and extroverts. Psychological Review, **31**, 74—87.

Fürntratt, E. 1968. Ein Fragebogen zur Erfassung emotionaler Reaktionen in sozialen Streß-Situationen. Diagnostica, **14**, 121—130.

Fürntratt, E. 1968a. Die Messung auf menschliches Verhalten bezogener Wertvorstellungen. Diagnostica, 14, 145—155.

Geer, J. H. 1965. The development of a scale to measure fear. Behaviour Research and Therapy, 3, 45—53.

Ghiselli, E. E. & Barthol, R. P. 1953. The validity of personality inventories in the selection of employees. Journal of Applied Psychology, 37, 18—20.

Gilkinson, H. 1942. Social fears as reported by students in college speech classes. Speech Monographs, 9, 141—160.

Gilkinson, H. 1943. A questionnaire study of the causes of social fears among college speech students. Speech Monographs, 10, 74—83.

Gilliland, H. R. 1951. The Humm-Wadsworth and the Minnesota Multiphasic. Journal of Consulting Psychology, 15, 457—459.

Goodstein, L. D. & Heilbrun, A. B. 1959. The relationship between personal and social desirability scale values of the Edwards Preference Schedule. Journal of Consulting Psychology, 23, 183.

Göppner, H. J. 1977. Persönlichkeitstest — „Reaktion" und verbale Kodierung — eine psycholinguistische Hypothese des Zusammenhanges von kognitiver Struktur und Persönlichkeitseigenschaften. Psychologische Beiträge 19, 515—530.

Gösslbauer, J. P. & Keller, J. A. 1977. Testkritische Überprüfung des Differentiellen Interessen-Tests (DIT). Diagnostica, 23, 199—208.

Gough, H. G. 1956[1], 1969 rev. California Psychological Inventory, Palo Alto, Calif.: Consulting Psychologists Press.

Gough, H. G. & Heilbrun, A. B., Jr. 1965. The Adjective Check List. Palo Alto, Calif.: Consulting Psychologists Press.

Gowin, E. B. 1915. The executive and his control of men. New York: MacMillan.

Groffmann, Karl J., Zschintzsch, A. & Kornfeld, U. 1978. Der Mannheimer Prüfungsangstfragebogen (MPF) — Itemkonstruktion und Normierung. Diagnostica 24, 113—123.

Guilford, J. P. 1959. Personality. New York: McGraw-Hill. 562 S.

Guilford, J. P. & Guilford, R. B. 1934. An analysis of the factors in a typical test of introversion-extraversion. Journal of Abnormal and Social Psychology, 28, 377—399.

Guion, R. M. & Gottier, R. F. 1965. The validity of personality measures in personal selection. Personnel Psychol, 18, 135—164.

Gynther, M. D., Fowler, R. D. & Erdberg, Ph. 1971. False positives galore: the application of Standard MMPI criteria to a rural, isolated, Negro sample. Journal of Clinical Psychology, 27, 234—237.

Häcker, H., Schwenkmezger, P. & Utz, H. 1976. Über die Verfälschbarkeit von Persönlichkeitsfragebogen und objektiven Persönlichkeitstests unter SD-Instruktion und in einer Auslesesituation. Tübingen: Bericht aus dem Psycholog. Institut der Universität.

Hall, W. B. & MacKinnon, D. W. 1969. Personality correlates of creativity among architects. Journal of Applied Psychology, **53**, 322—326.

Hampel, R. 1977. Adjektiv-Skalen zur Einschätzung der Stimmung (SES). Diagnostica, **23**, 43—60.

Hampel, R. & Klinkhammer, F. 1978. Verfälschungstendenzen beim Freiburger Persönlichkeitsinventar in Bewerbungssituationen. Psychologie und Praxis, **22**, 58—69.

Hampel, R. & Selg, H. 1975. FAF. Fragebogen zur Erfassung von Aggressivitätsfaktoren. Göttingen: Hogrefe.

Hase, H. D. & Goldberg, L. R. 1967. Comparative validity of different strategies of constructing personality inventory scales. Psychological Bulletin, **67**, 231—248.

Hathaway, S. R. 1947. A coding system for MMPI profile classification. Journal of Consulting Psychology, **11**, 334—337.

Hathaway, S. R. & McKinley, J. C. 1940. A multiphasic personality scale (Minnesota). I. Construction of the schedule. Journal of Psychology, **10**, 249—254.

Hathaway, S. R. & McKinley, J. C. 1951. Minnesota Multiphasic Personality Inventory, rev. ed. New York: Psychological Corporation.

Hathaway, S. R. & McKinley, J. C. 1963. MMPI Saarbrücken (Bearbeitung: O. Spreen). Bern: Huber.

Hathaway, S. R. & Meehl, P. E. 1951. An atlas for the clinical use of the MMPI. Minneapolis: Univ. Minnesota Press.

Heckhausen, H. 1963. Hoffnung und Furcht in der Leistungsmotivation. Meisenheim/Glan: Hain.

Heidbreder, E. 1926. Measuring introversion and extraversion. Journal of Abnormal and Social Psychology, **21**, 120—134.

Heist, P., Yonge, G., McConnell, T. R. & Webster, H. 1968. Omnibus Personality Inventory. New York: Psychol. Corporation.

Helson, R. & Crutchfield, R. S. 1970. Mathematicians: the creative researcher and the average PhD. Journal of Consulting and Clinical Psychology, **34**, 250—257.

Henrichs, T. F. 1967. Methoden der Profilanalyse mit dem MMPI. Diagnostica, **13**, 3—14.

Hermans, H. J. M. 1970. A questionnaire measure of achievement motivation. Journal of Applied Psychology, **54**, 353—363.

Herons, A. 1956. The effects of real-life motivation on questionnaire response. Journal of Applied Psychology, **40**, 65—68.

Hobi, V. & Klär, A. 1973. Ein Beitrag zur Faktorenstruktur des FPI. Diagnostica, **19**, 88—96.

Hoeth, F. & Köbler, V. 1967. Zusatzinstruktionen gegen Verfälschungstendenzen bei der Beantwortung von Persönlichkeitsfragebogen. Diagnostica, **13**, 117—130.

Hollingworth, H. L. 1922. Jugding human character. New York: D. Appleton.

Humm, D. G., Storment, R. C. & Iorns, M. E. 1939. Combination scores for the Humm-Wadsworth Temperament Scale. Journal of Psychology, **7**, 227—254.

Humm, D. G. & Wadsworth, G. W. 1935. The Humm-Wadsworth Temperament Scale. American Journal of Psychology, **92**, 163—200.

Irle, M. 1955. Berufs-Interessen-Test. Anweisung. Göttingen: Hogrefe.

Jackson, D. N. 1967. Personality Research Form. Goshen, N. Y.: Research Psychologists Pr.

Jackson, D. N. 1971. The dynamics of structured personality tests. Psychological Review, **78**, 229—248.

Jackson, D. N. & Messick, S. 1958. Content and style in personality assessment. Psychological Bulletin, **55**, 243—253.

Jackson, D. N. & Messick, S. 1961. Acquiescence and desirability as response determinants on the MMPI. Educational and Psychological Measurement, **21**, 771—790.

Jackson, D. N. & Messick, S. 1962. Response styles on the MMPI: comparison of clinical and normal samples. Journal of Abnormal and Social Psychology, **65**, 285—299.

James, W. H. 1957. Internal vs. external control of reinforcement as a basic variable in learning theory. Psychol. Dissertation, Ohio State Univ.

Janke, W. & Debus, G. 1977. Die Eigenschaftswörterliste. Göttingen: Hogrefe.

Janssen, J. P. 1975. Zur Validität von SD-verfälschten Persönlichkeitsfragebogen in Ernstsituationen und beim Rollenspiel. Habilitationsschrift, Tübingen: Psychologisches Institut.

Jensen, A. R. 1958. The Maudsley Personality Inventory. Acta Psychologica, **14**, 314—325.

Kelly, G. A. 1955. The psychology of personal constructs. New York: Norton.

Kerekjarto, M. v. 1969. Hamburger-Depressions-Skala HDS. In: Hippius, H. & Selbach, H. (Hg.). Das depressive Syndrom, München: Urban & Schwarzenberg. Anhang, 640—641.

Kerekjarto, M. v. & Lienert, G. A. 1970. Depressionsskalen als Forschungsmittel in der Psychopathologie. Pharmakopsychiatrie, Neuropsychopharmakologie, **3/1**.

Kettel, K. J. & Simmat, W. E. 1967. Über B-I-T-Instruktion und Kurzform. Diagnostica, **13**, 30—37.

Kettel, K. J. & Simmat, W. E. 1968. Geschlecht, Alter und Bildung als Bedingungen der Interessenausprägung. Diagnostica, **14**, 156—173.

Kibler, M. 1925. Experimentalpsychologischer Beitrag zur Typenforschung. Zeitschrift für die gesamte Neurologie und Psychiatrie, **98**, 524—544.

Kimber, J. A. M. 1947. The insight of college students into the items of a personality test. Educational and Psychological Measurement, **7**, 411—420.

Kincannon, J. C. 1968. Prediction of the standard MMPI scale scores from 71 items: the Mini-Mult. Journal of Consulting and Clinical Psychology, **32**, 319—325.

Klapprott, J. 1975. Kurzbericht über eine Machiavellismus-Skala. Diagnostica, **21**, 143—147.

Kleinmuntz, B. 1963. MMPI decision rules for the identification of college maladjustment: a digital computer approach. Psychological Monographs, **77**, No. 14, 1—22.

Knower, F. H. 1938. A study of speech attitudes and adjustments. Speech Monographs, 5, 130—203.

Konecny, E. 1961. Der Einfluß emotionaler Belastung auf die Leistung und auf den Handtremor. Zeitschrift für experimentelle und angewandte Psychologie, 7, 409—421.

Krauß, F., Überla, K. & Warncke, W. 1978. Die Faktorenstruktur und die Test-Retest-Reliabilität des FPI-K bei einer repräsentativen Stichprobe von Frauen zwischen 12 und 45 Jahren. Diagnostica 24, 242—251.

Krohne, H. W. 1973. Der Einfluß der Angstvermeidung auf das Niveau der Informationsverarbeitung. Zeitschrift für experimentelle und angewandte Psychologie, 20, 408—443.

Kuda, M. 1976. Untersuchungen zur Faktorenstruktur des Gießen-Test. Schweizerische Zeitschrift für Psychologie, 35, 285—298.

Kuder, G. F. 1939. Kuder Preference Record. Chicago: Univ. Chicago Book Store.

Kuder, G. F. 1956. Kuder Preference Record — Vocational. Form C. Manual 6. Aufl. Science Research Association, Chicago, Ill.

Kuder, G. F. 1964. Kuder General Interest Survey. Manual. Chicago, Ill.: Science Research Associates.

Kuder, G. F. 1968. Kuder Occupational Interest Survey. Manual. Chicago: Science Research Associates.

Kury, H. & Bäuerle, S. 1975. Ein Beitrag zur Standardisierung des Freiburger Persönlichkeitsinventars FPI: 13- bis 15jährige Volksschüler. Diagnostica, 21, 53—66.

Kury, H. & Bäuerle, S. 1977. Ein Beitrag zur Validierung der Hamburger Neurotizismus- und Extraversionsskala für Kinder und Jugendliche (HANES-KJ). Schweizer Zeitschrift für Psychologie, 36, 195—210.

Laird, D. A. 1925. Detecting abnormal behavior. Journal of Abnormal and Social Psychology, 20, 128—141.

Laird, D. A. 1925a. A mental hygiene and vocational test. Journal of Educational Psychology, 16, 419—422.

Laird, D. A. 1926. How personalities are found in industry. Industrial Psychology, 1, 654—662.

Landy, F. J. & Gaupp, L. A. 1971. A factor analysis of the Fear Survey Schedule-III. Behaviour Research and Therapy, 9, 89—93.

Lang, P. J. & Lazovik, A. D. 1963. Experimental desensitization of a phobia. Journal of Abnormal and Social Psychology, 66, 519—525.

Lankes, W. 1915. Perseveration. British Journal of Psychology, 7, 387—419.

Lienert, G. A. & Kerekjarto, M. v. 1969. Ex-post-Klassifizierung depressiver Symptome und Patienten. In: Hippius, H. & Selbach, H. (Hg.). Das depressive Syndrom. München: Urban & Schwarzenberg, 219—256.

Ling, M. 1967. Die Konstruktion einer Lügenskala. Unveröffentlichte Zulassungsarbeit. Hamburg: Institut für Psychologie.

Loevinger, J. 1957. Objective tests as instruments of psychological theory. Psychological Reports, **3**, 635—694.

Lubin, B. 1966. Fourteen brief depression adjective checklists. Archive of General Psychiatry, **15**, 205—208.

Lubin, B. 1967. Depression Adjective Check Lists. San Diego, Calif.: Educational & Industria Testing Service.

Lück, H. E. 1971. Entwicklung eines Fragebogens zur Messung der Angst in sozialen Situationen (SAP). Diagnostica, **17**, 53—59.

Lück, H. E. & Ortlieb, P. 1973. Zur Validierung des Fragebogens zur Messung der Angst in sozialen Situationen (SAP). Diagnostica, **19**, 3—8.

Lück, H. E. & Timaeus, E. 1969. Skalen zur Messung manifester Angst (MAS) und sozialer Wünschbarkeit (SDS-E und SDS-CM). Diagnostica, **15**, 134—141.

Lukesch, H. 1974. Testkriterien des Depressionsinventars von A. T. Beck. Psychologie und Praxis, **18**, 60—78.

Lutz, A. 1929. Teilinhaltliche Beachtung, Auffassungsumfang und Persönlichkeitstypus. Zeitschrift für Psychologie Ergänzungsband **14**, 7—85.

Lutz, R. & Windheuser, H. J. 1974. Therapiebegleitende Diagnostik. In: Schulte, D. (Hg.). Diagnostik in der Verhaltenstherapie. München: Urban & Schwarzenberg, 196—218.

McCall, R. J. 1958. Face validity in the D scale of the MMPI. Journal of Clinical Psychology, **14**, 77—80.

McClelland, D. C. 1951. Personality. New York: Holt.

McClelland, D. C. 1971. Assessing human motivation. New York: General Learning Pr.

McClelland, D. C. 1972. Opinions predict opinions: so what else is new? Journal of Consulting and Clinical Psychology, **38**, 325—326.

McClelland, D. C., Atkinson, J. W., Clark, R. W. & Lowell, E. L. 1953. The achievement motive. New York: Appleton-Century-Crofts.

McClelland, D. C., Clark, R. A., Roby, T. B. & Atkinson, J. W. 1949. The projective expression of needs. IV: The effect of the need for achievement on thematic apperception. Journal of Experimental Psychology, **39**, 242—255.

McKinley, J. C., Hathaway, S. R. & Meehl, P. E. 1948. The Minnesota Multiphasic Personality Inventory: VI. The K scale. Journal of Consulting Psychology, **12**, 20—31.

Magnusson, D. & Ekehammar, B. 1975. Anxiety profiles based on both situational and response factors. Multivariate Behavioral Research, **10**, 27—43.

Mandler, G. & Sarason, S. B. 1952. A study of anxiety and learning. Journal of Abnormal and Social Psychology, **47**, 166—173.

Marks, P. A. & Seeman, W. 1963. The actuarial description of personality: an atlas for use with the MMPI. Baltimore: Williams & Wilkies.

Marston, L. R. 1925. The emotions of young children, Univ. Iowa studies in child welfare vol. 3.

Mathews, E. 1923. A study of emotional stability in children. Journal of Delinquency, **8**, 1—40.

Mayer, H. 1957. Die Determination der Berufswünsche und der Berufsergreifung von Wiener Maturanten. Phil. Diss. Wien.

Meehl, P. E. 1945. The dynamics of „structured" personality tests. Journal of Clinical Psychology, **1**, 296—303.

Meehl, P. E. & Dahlstrom, W. G. 1960. Objective configural rules for discriminating psychotic from neurotic MMPI profiles. Journal of Consulting Psychology, **24**, 375—387.

Meehl, P. E. & Hathaway, S. R. 1946. The K factor as a suppressor variable in the Minnesota Multiphasic Personality Inventory. Journal of Applied Psychology, **30**, 525—564.

Mehrabian, A. 1968. Male and female scales of the tendency to achieve. Educational and Psychological Measurement, **28**, 493—502.

Mehrabian, A. 1969. Measures of achieving tendency. Educational and Psychological Measurement, **29**, 445—451.

Merz, F. 1960. Über die Erfassung aggressiver Einstellungen mit Hilfe von Fragebogen. Psychologische Beiträge, **5**, 402—415.

Messick, S. 1960. Dimensions of social desirability. Journal of Consulting Psychology, **24**, 279—287.

Messick, S. 1962. Response style and content measures from personality inventories. Educational and Psychological Measurement, **22**, 41—56.

Meyer, A. E., Arnold, M.-A., Freitag, D. E. & Balck, F. 1977. Cattells Test-Konstruktionsstrategie, beurteilt an der Eppendorf-Übersetzung seines 16 Persönlichkeits-Faktoren (16 PF)-Fragebogens. Diagnostica, **23**, 97—118.

Meyer, A. E. & Golle, R. 1966. Zur Validierung des Brengelmann-Fragebogens E. N. NR. an klinischen Stichproben. Diagnostica, **12**, 93—105.

Michel, L. 1960. Untersuchungen mit dem MMQ an normalen Erwachsenen. Diagnostica, **6**, 136—151.

Mikula, G., Uray, H. & Schwinger, T. 1976. Die Entwicklung einer deutschen Fassung der Mehrabian Achievement Risk Preference Scale. Diagnostica, **22**, 87—97.

Miner, J. B. 1921. Interest Psychographs. Psychological Bulletin, **18**, 83—84.

Miner, J. B. 1922. An aid to the analysis of vocational interests. Journal of Educational Research, **5**, 311—323.

Mittenecker, E. 1953. Neuere Arbeiten zum PI-Test. Bericht v. 19. Kongreß der Deutschen Gesellschaft für Psychologie. Göttingen: Hogrefe, 220—222.

Mittenecker, E. & Toman, W. 1951. Der P.I.-Test. Ein kombinierter Persönlichkeits- und Interessentest. Wien: Sexl. 1972^2: Der PIT. Bern: Huber.

Moore, B. V. 1921. Personnel selection of graduate engineers. Psychological Monographs, **30**/5 (No. 138).

Moos, R. H. 1968. Situational analysis of a therapeutic community milieu. Journal of Abnormal Psychology, **73**, 49—61.

Moos, R. H. 1969. Sources of variance in responses to questionnaires and in behavior. Journal of Abnormal Psychology, 74, 405—412.

Moos, R. H. 1970. Differential effects of psychiatric ward settings on patient change. Journal of Nervous and Mental Disease, 5, 316—321.

Neweklowsky, K. 1939. Untersuchungen über die typendiagnostische Verläßlichkeit der Fragebogenmethode. Zeitschrift für angewandte Psychologie, 56, 1—81.

Noll, V. H. 1951. Simulation by college students of a prescribed pattern on a personality scale. Educational and Psychological Measurement, 11, 478—488.

Nowicki, S., Jr. & Strickland, B. R. 1973. A locus of control scale for children. Journal of Consulting and Clinical Psychology, 40, 148—154.

Nowlis, V. 1965. Research with the Mood Adjective Check List. In: Tomkins, S. S. & Izard, C. E. (Hg.). Affect, cognition and personality. New York: Springer, 352—389.

Overton, W. F. & Reese, H. W. 1973. Models of development: methodological implications. In: Nesselroade, J. R. & Reese, W. H. (Hg.). Life-span developmental psychology: methodological issues. New York: Academic Press, 65—86.

Paivio, A. & Lambert, W. E. 1959. Measures and correlates of audience anxiety („stage fright"). Journal of Personality, 27, 1—17.

Pawlik, K. (Hg.). 1976. Diagnose der Diagnostik. Stuttgart: Klett.

Phares, E. J. 1957. Expectancy changes in skill and chance situations. Journal of Abnormal and Social Psychology, 54, 339—342.

Porter, R. B. & Cattell, R. B. 1959. IPAT Children's Personality Questionnaire. Champaign, Ill.: IPAT.

Ream, M. J. 1924. The ability to sell. Baltimore: Williams & Wilkins.

Reitzner, C. 1974. Analyse der Verfälschungstendenzen im Freiburger Persönlichkeitsinventar (FPI) und im Kurzfragebogen für Problemfälle (KFP-30). Unveröffentlichte Zulassungsarbeit. Tübingen: Institut für Psychologie.

Rorer, L. G. 1965. The great response-style myth. Psychological Bulletin, 63, 129—156.

Rorer, L. G. 1972. The Adjective Check List, Review. In: Buros, O. K. (Ed.). The seventh mental measurement yearbook, Highland Park, N. J.: Gryphon Pr., 74—77.

Rorer, L. G. & Goldberg, L. R. 1965. Acquiescence and the vanishing variance component. Journal of Applied Psychology, 49, 422—430.

Rosen, E. 1956. Self-appraisal, personal desirability, and perceived social desirability of personality traits. Journal of Abnormal and Social Psychology, 52, 151—158.

Roth, E. 1972. Werteinstellungs-Test Study of Values von Allport, Vernon & Lindzey. Bern: Huber.

Rotter, J. B. 1954. Social learning and clinical psychology. New York: Prentice Hall.

Rotter, J. B. 1966. Generalized expectancies for internal versus external control of reinforcement. Psychological Monographs, 80 (1), Whole No. 609.

Sarason, I. G. 1960. Empirical findings and theoretical problems in the use of anxiety scores. Psychological Bulletin, 57, 403—415.

Schenk, J., Rausche, A. & Steege, F. W. 1976. Zur Struktur des Freiburger Persönlichkeits-Inventars (FPI). Zeitschrift für experimentelle und angewandte Psychologie, **24**, 492—509.

Scherer, M. W. & Nakamura, C. Y. 1968. A fear survey schedule for children (FSS-FC): a factor analytic comparison with manifest anxiety (MAS). Behaviour Research and Therapy, **6**, 173—182.

Schmalt, H. D. 1973. Die Gitter-Technik — ein objektives Verfahren zur Messung des Leistungsmotivs bei Kindern. Zeitschrift für Entwicklungs- und Pädagogische Psychologie, **5**, 231—252.

Schmalt, H. D. 1976. Das LM-Gitter. Ein objektives Verfahren zur Messung des Leistungsmotivs bei Kindern. Handanweisung. Göttingen: Hogrefe 1976.

Schmalt, H. D. 1976a. Die Messung des Leistungsmotivs. Göttingen: Hogrefe.

Schmalt, H. D. 1977. Konvergente und diskriminante Validität verschiedener Komponenten des Leistungsmotivs. Psychologie und Praxis, **21**, 112—117.

Schmidt, H. D. & Vorthmann, H. R. 1971. Eine Skala zur Messung der „Sozialen Erwünschtheit" (social desirability response set). Diagnostica, **17**, 87—90.

Schmidt-Mummendey, A. 1972. Bedingungen aggressiven Verhaltens. Bern: Huber.

Schneewind, K. A. 1975. Mitteilung über die Konstruktion eines Fragebogens zur Erfassung internaler versus externaler Bekräftigungsüberzeugungen bei Kindern. Diagnostica, **21**, 47—49.

Schneewind, K. A. 1977. Entwicklung einer deutschsprachigen Version des 16 PF Tests von Cattell. Diagnostica, **23**, 188—191.

Schneider, J. & Minkmar, H. 1972. Deutsche Neukonstruktion einer Konservatismusskala. Diagnostica, **18**, 37—48.

Scholl, R. 1927. Zur Theorie und Typologie der teilinhaltlichen Beachtung von Form und Farbe. Zeitschrift für Psychologie, **101**, 281—320.

Schulte, B. & Thomas, B. 1974. Verhaltensanalyse und Therapieplanung bei einer Patientin mit multiplen Ängsten. In: Schulte, D. (Hg.). 1974. Diagnostik in der Verhaltenstherapie. München: Urban & Schwarzenberg, 105—127.

Schulte, D. (Hg.). 1974. Diagnostik in der Verhaltenstherapie. München: Urban & Schwarzenberg.

Schulte, D. 1974a. Ein Schema für Diagnose und Therapieplanung in der Verhaltenstherapie. In: Schulte, D. (Hg.). Diagnostik in der Verhaltenstherapie. München: Urban & Schwarzenberg, 75—104.

Scott, W. A. & Johnson, R. C. 1972. Comparative validities of direct and indirect personality tests. Journal of Consulting and Clinical Psychology, **38**, 301—318.

Seidenstücker, G. & Weinberger, L. 1978. Entwicklung einer Angstliste. Diagnostica **24**, 78—88.

Selg, H. 1968. Diagnostik der Aggressivität. Göttingen: Hogrefe.

Siegel, S. M. 1956. The relationship of hostility to authoritarianism. Journal of Abnormal and Social Psychology, **52**, 368—373.

Simpson, R. H. 1944. The specific meanings of certain terms indicating different degree of frequency. Quart. J. Speech, 30, 328—330.

Smith, G. & Marke, S. 1958. The influence on the results of a conventional personality inventory by changes in the test situation: a study on the Humm-Wadsworh Temperament Scale. Journal of Applied Psychology, 42, 227—233.

Smith, G. & Marke, S. 1958a. The internal consistency of the Humm-Wadsworth Temperament Scale. Journal of Applied Psychology, 42, 234—240.

Smits, B. & Schmalt, H. D. 1978. Dimensionsanalytische Untersuchungen des LM-Gitters für Kinder (Schmalt). Diagnostica 24, 146—161.

Spielberger, C. D. 1966. Theory and research on anxiety. In: Spielberger, C. D. (Hg.). Anxiety and behavior. New York: Academic Press, 3—20.

Spielberger, C. D., Gorsuch, R. L. & Lushene, R. E. 1970. STAI. Manual for the State-Trait Anxiety Inventory. Palo Alto: Consulting Psychologists Press.

Spreen, O. 1961. Konstruktion einer Skala zur Messung der manifesten Angst in experimentellen Untersuchungen. Psychologische Forschung, 26, 205—223.

Strong, E. K. 1927. Differentiation of certified public accountants from other occupational groups. Journal of Educational Psychology, 18, 227—238.

Strong, E. K., Jr. 1926. The interest test for personnel managers. J. Personnel Research, 5, 194—203.

Strong, E. K., Jr., 1943. Vocational interests of men and women. Palo Alto, Cal.: Stanford Univ. Pr.

Strong, E. K., Jr. 1955. Vocational interests 18 years after college. Minneapolis, Minnesota: Univ. of Minnesota Pr.

Strong, E. K., Jr. 1959. Strong Vocational Interest Blank for men (women) revised. Manual. Palo Alto, Cal.: Consulting Psychologists Pr.

Stumpf, H. & Angleitner, A. 1977. Äquivalenz und Gütekriterien einer revidierten Übersetzung der „Personality Research Form" von Jackson. Wehrpsychologische Untersuchungen, 12/3.

Stumpf, H., Angleitner, A. & Steege, F. W. 1978. Ergebnisse zur Äquivalenzprüfung einer deutschen Übersetzung der „Personality Research Form" (PRF) von Jackson. Diagnostica 24, 162—174.

Süllwold, F. 1960. Konstruktion, Verläßlichkeitsbestimmung und Validation von Attitüden-Skalen zur Erfassung der Aggressionstendenzen bei Jugendlichen. In: Heinrich, K. (Hg.). Filmerleben, Filmwirkung, Filmerziehung. Hannover: Schroedel, 111—167.

Super, D. E. 1942. The Bernreuter Personality Inventory. Psychological Bulletin, 39, 94—125.

Taylor, J. A. 1951. The relationship of anxiety to the conditional eyelid response. Journal of Experimental Psychology, 41, 81—92.

Taylor, J. A. 1953. A personality scale of manifest anxiety. Journal of Abnormal and Social Psychology, 48, 285—290.

Taylor, J. B., Carithers, M. & Coyne, L. 1976. MMPI performance, response set, and the „self-concept hypothesis". Journal of Consulting Psychology, 44, 351—362.

Tent, L. 1963. Untersuchungen zur Erfassung des Verhältnisses von Anpassung und Leistung bei vorwiegend psychisch beanspruchenden Tätigkeiten. Archiv für die gesamte Psychologie, 115, 105—172.

Tewes, U. 1973. Emotionalität und Schulleistung: Einige Angaben zur Validität der HANES (KJ). Diagnostica, 19, 40—45.

Thorpe, P., Clark, W. W. & Tiegs, E. W. 1942. California Test of Personality. Revision 1953. Monterey, Cal.: California Test Bureau.

Thurner, F. & Tewes, U. 1972². Kinder-Angst-Test (KAT). Göttingen: Hogrefe.

Thurstone, L. L. 1916. Special review of „Character and intelligence" by E. Webb. Psychological Bulletin, 13, 401—403.

Thurstone, L. L. 1934. The vectors of mind. Psychological Review, 41, 1—32.

Thurstone, L. L. 1935. A vocational interest schedule. Psychological Bulletin, 32, 719.

Thurstone, L. L. 1947. Thurstone Interest Schedule. New York: Psychological Corporation.

Thurstone, L. L. 1950. Thurstone Temperament Schedule: examiner's manual. Chicago: SRA.

Thurstone, L. L. 1951. The dimensions of temperament. Psychometrika, 16, 11—20.

Thurstone, L. L. & Thurstone, T. G. 1930. A neurotic inventory. Journal of Social Psychology, 1, 3—30.

Todt, E. 1967. Differentieller Interessen-Test (DIT), Handanweisung. Bern: Huber.

Ullrich, R. & Ullrich de Muynck, R. 1975. Das Emotionalitätsinventar — Struktur und faktorenanalytische Untersuchungen streßinduzierter Antworten. Diagnostica, 21, 84—95.

Van der Horst, L. 1924. Constitutietypen biy Geesteszieken en Gezonden. Zutphen, Holland: Nauta.

Van der Horst, L. 1924a. Experimentalpsychologische Untersuchungen zu Kretschmers „Körperbau und Charakter". Zeitschrift für die gesamte Neurologie und Psychiatrie, 93, 340—380.

Vollmer, O. 1929. Die sogenannten Aufmerksamkeitstypen und die Persönlichkeit. Zeitschrift für Psychologie, Ergänzungsband 14, 237—293.

Warncke, P. & Fahrenberg, J. 1966. Eine Itemanalyse im E. N. NR.-Fragebogen von Brengelmann und Brengelmann. Diagnostica, 12, 105—115.

Warren, J. R. & Heist, P. A. 1960. Personality attributes of gifted college students. Science, 132, 330—337.

Webb, E. 1915. Character and intelligence. British Journal of Psychology, Monograph Supplement, 1, (3).

Wehner, E. G. & Bottenberg, E. H. 1969. Wiederholungsreliabilität und faktorielle Konstanz des MMPI Saarbrücken. Diagnostica, 15, 36—40.

Wehner, E. G. & Bottenberg, E. H. 1969 a. Zur Stabilität und Normierung des „Maudsley Medical Questionnaire" (MMQ). Psychologie und Praxis, 13, 178—180.

Wellek, A. 1959. Der phänomenologische und der experimentelle Zugang zu Psychologie und Charakterologie. In: Bracken, H. v. & David, H. P. (Hg.). Perspektiven der Persönlichkeitstheorie. Bern: Huber, 219—233.

Wells, F. L. 1917. Mental adjustments. New York: Appleton.

Welsh, G. S. 1948. An extension of Hathaway's MMPI profile coding system. Journal of Consulting Psychology, 12, 343—344.

Welsh, G. S. 1956. Factor dimensions A und R. In: Welsh, G. S. & Dahlstrom, W. G. (Hg.). Basic readings on the MMPI in psychology and medicine. Minneapolis: Univ. Minnesota Pr., 264—281.

Wendeler, J. 1967. Homogenität und Stabilität der Brengelmannschen Persönlichkeitsskalen. Diagnostica, 13, 153—156.

Wesman, A. G. 1952. Faking personality test scores in a simulated employment situation. Journal of Applied Psychology, 36, 112—113.

Whitney, D. R. 1969. Predicting from expressed vocational choice: a review. Personnel & Guidance Journal, 48, 279—286.

Wieczerkowski, W., Nickel, H., Janowski, A., Fittkau, B. & Rauer, W. 1974. Angstfragebogen für Schüler (AFS). Braunschweig: Westermann.

Wilson, G. D. 1970. Is there a general factor in social attitudes? Evidence from a factor of the conservatism scale. British Journal of Social and Clinical Psychology, 9, 101—107.

Wilson, G. D. & Patterson, J. R. 1968. A new measure of conservatism. British Journal of Social and Clinical Psychology, 7, 264—269.

Wolpe, J. & Lang, P. J. 1964. A fear survey schedule for use in behavior therapy. Behavioural Research and Therapy, 2, 27—30.

Woodworth, R. S. 1919. Examination of emotional fitness for warfare. Psychological Bulletin, 16, 33—61.

Woodworth, R. S. 1919a. A Personal Data Sheet. In: Franz, S. I. (Hg.). Handbook of mental examination methods, 2nd ed. New York: McMillan.

Zschintzsch, A., Groffmann, K. J. & Kornfeld, U. 1978. Faktorenstruktur und Validierungsstudien zum Mannheimer Prüfungsangstfragebogen (MPF). Diagnostica 24, 362—370.

3. Kapitel

Objektive Tests zur Messung der Persönlichkeit

Hartmut Häcker

I. Allgemeine Grundlagen objektiver Persönlichkeitstests

A. Einleitung

Ein großer Teil der Forschungsprogramme der empirischen Humanwissenschaften gilt der Weiterentwicklung von Meßverfahren im Sinne einer Verbesserung bisher verwendeter Methoden. Heute — wie auch vor mehreren Jahrzehnten — befaßt sich eine größere Zahl von Forschern mit der Frage, wie psychologische Datenerhebungsmethoden verbessert werden können, um für die Theoriebildung wie auch für die Anwendung hinreichend reliable und valide Meßwerte zu erhalten (Spearman 1935, Cattell 1937, Guilford 1946, Webb, Campbell, Schwartz & Sechrest 1966, Mischel 1968, Jackson 1973, Mischel 1977). Die psychometrisch orientierte Diagnostik und auch die Persönlichkeitsforschung ist geradezu mit dem Ziel einer Verbesserung bisher bestehender Erhebungsmethoden angetreten. Beide Disziplinen haben versucht, über mehrere Jahrzehnte intensiver und systematischer Forschungsarbeit diesen Anspruch zu verwirklichen (Anastasi 1958, Buros 1961, Brengelmann & David 1961, Borgatta & Lambert 1968, Pawlik 1968, Herrmann 1976, Cattell & Dreger 1977).

Indem die allgemeinen wissenschaftlichen Prinzipien, z.B. die Objektivität im Sinne der intersubjektiven Kontrolle (Traxel 1968) zur Anwendung kamen, wurden durch diese Forschungsbemühungen, welche der Überprüfung der Intersubjektivität galten, gleichzeitig einige Schwächen der psychometrischen Verfahren deutlich. Das wissenschaftliche Programm der Optimierung von psychodiagnostischen Verfahren zur Verbesserung der Gütekriterien von Tests erwies sich aber auch als eine Bilanz mit „negativen" Ergebnissen (vgl. Pawlik 1976). Aufgrund dieser Resultate wurden dann wieder weitere Ansätze für alternative Methoden der Datenerhebung und Datenauswertung entwickelt.

Verfolgt man die verschiedenen Strömungen der wissenschaftlichen Psychodiagnostik seit Anfang dieses Jahrhunderts, so läßt sich feststellen, daß auch trotz intensiver methodischer Bemühungen die Gültigkeitskoeffizienten von psychodiagnostischen Tests eine bestimmte Höhe nicht überschreiten konnten. Wenn einigen wenigen Testverfahren ganz besondere Qualitäten zugesprochen wurden, so handelte es sich meist um Argumentationen, die empirisch nicht belegbar waren.

Innerhalb der psychometrischen Persönlichkeitsdiagnostik ist eigentlich nie in Frage gestellt worden, daß psychologische Diagnostik grundsätzlich alle Modalitäten der Datenerhebung nutzen kann. Die Tatsache, daß menschliches Verhalten über verschiedene Medien und auf verschiedenen Ebenen systematisch erfaßt werden kann, hat sich die diagnostische Psychologie zunutze gemacht und grundsätzlich alle Möglichkeiten der Datenerhebung eingeschlossen. Nur diejenigen Dimensionen der Datenanalyse, welche methodisch unzulänglich waren, wurden aus dem Kreis der Prädiktoren ausgeschlossen. Die Überlegung der Einbeziehung eines breiten Spektrums von Reaktionsvariablen sind in der Geschichte der psychologischen Diagnostik sehr früh zu erkennen (Eysenck 1950, Watson 1959, Du Bois 1968).

Mißt man die Aktualität und die Bedeutung von Forschungsprogrammen anhand der Anzahl der jährlich dazu produzierten Publikationen, so haben die objektiven Persönlichkeitstests in den letzten Jahren keine dominante Position eingenommen (s. z. B. Singer & Singer 1972, Edwards & Abbott 1973, Carlson 1975, Sechrest 1976, Phares & Lamiell 1977, Helson & Mitchell 1978). Nach einer Phase einer eher stürmischen Entwicklung in den 50er und 60er Jahren (s. z. B. Brengelmann 1953, 1954a, b, 1958a, b, 1960a, b, Brengelmann & Schneider 1955, Brengelmann & Brengelmann 1960a, b, Brengelmann, Hahn, Pedley & Amato 1960) ist heute eher wieder eine Beruhigung eingetreten. Nach einer Zwischenphase, in welcher die verhaltensorientierte Diagnostik von ihren Vertretern als Alternative zur traditionellen Psychodiagnostik eingeführt wurde (Schulte 1974a), haben die unterschiedlichen Erkenntnisziele und Einsatzmöglichkeiten dieser beiden diagnostischen Strategien im Gesamt des diagnostischen und modifikatorischen Prozesses heute wieder die ihnen zustehende Position eingenommen (Pawlik 1976).

In der zur Zeit wieder vorherrschenden Phase der Grundsatzdiskussionen um verschiedene differentiell-psychologische Modelle scheinen ganz spezielle methodische Detailprobleme zugunsten grundsätzlicher Fragen wieder in den Hintergrund getreten zu sein (Endler & Magnusson 1976, Magnusson & Endler 1977).

B. Definitorische Abgrenzungen und Begriffsbestimmung

Innerhalb dieser Enzyklopädie werden die objektiven Persönlichkeitstests gegenüber den subjektiven Tests (vgl. Kapitel 2) und den physiologischen Meßverfahren (vgl. 4. Teilband, Kapitel 1) abgegrenzt. Die Einteilung nach subjektiven und objektiven Testverfahren repräsentiert dabei die unterschiedliche Strategie der Datengewinnung bei der Messung interindividueller und intraindividueller Differenzen. Meßverfahren, welche physiologische bzw. psychophysiologische Prozesse erfassen, können im allgemeinen den Methoden der objektiven Datengewinnung zugeordnet werden, da sie das Kriterium der Undurchschaubarkeit des Meßprinzips erfüllen. Die empirisch nachgewiesenen Werte der Testgütekriterien erreichen aber kaum die theoretisch zu fordernde Höhe (Fahrenberg 1964, 1967). Die geringe zeitliche Stabilität physiologischer Testdaten und die geringe Interkorrelation zwischen verschiedenen Variablen bereiten Meßprobleme verschiedener Art (siehe 4. Teilband, Kap. 1). Die gesonderte Darstellung der psychophysiologischen Testverfahren in dieser Enzyklopädie spiegelt die diesen Verfahren im vergangenen Jahrzehnt zuteil gewordene Bedeutung wider und resultiert zusätzlich aus der Entwicklung der Technik der apparativen psychophysiologischen Methoden.

Da der Begriff der Objektivität im internationalen Sprachgebrauch nicht die Eindeutigkeit eines technischen Begriffes hat, und die Objektivität zusätzlich noch den Tatbestand des Kriteriums der allgemeinen Wissenschaftlichkeit im Sinne der Intersubjektivität repräsentiert (vgl. Traxel 1968), hat die von Cattell und Mitarbeitern für diesen Begriff vorgenommene spezielle Bedeutungsverleihung (Cattell 1950, Cattell 1958, Scheier 1958) terminologische und definitorische Probleme mit sich gebracht und eigentlich nicht zur Vereinheitlichung der Begriffe im Bereich der psychodiagnostischen Methoden beigetragen.

Da im deutschen Sprachraum die Objektivität für ein Gütekriterium eines Tests, nämlich für das der Unabhängigkeit der Testergebnisse von der Testsituation vorbehalten ist, (Lienert 1969), war es bei der Verwendung der Bezeichnung „objektive Persönlichkeitstests" notwendig, diese gegenüber anderen Verfahren in ihrer speziellen Bedeutung abzugrenzen. Diese Abgrenzung wurde bereits von Fahrenberg (1964) vorgenommen, indem er die „Undurchschaubarkeit des Testprinzips" (Fahrenberg 1964, 489) als Kennzeichnung für die objektiven Tests zur Messung der Persönlichkeit festgelegt hat (siehe auch Cattell 1957, Brengelmann 1954a, Eysenck 1958a, 1960b, 1970). Schmidt (1975) hat die verschiedenen Bestimmungselemente, welche einen Test als objektiv qualifizieren, in eine umfassende Definition gebracht. „Objektive Tests (T-Daten) zur Messung der Persönlichkeit und Motivation sind Verfahren, die unmittelbar das Verhalten eines Individuums in einer standardisierten Situation erfassen, ohne daß dieses sich in der Regel selbst beurteilen muß. Die Verfahren sollen für den Probanden keine mit der Meßintention übereinstimmende Augenscheinvalidität haben. Das kann durch die Aufgabenauswahl oder bestimmte Auswertungsmethoden erreicht werden. Um als Test zu gelten, müssen auch die objektiven Verfahren den üblichen Gütekriterien psychologischer Tests genügen." (Schmidt 1975, 19).

Da es auch außerhalb von systematisch entwickelten objektiven Persönlichkeitsmeßsystemen andere Datenerhebungsverfahren gibt, welche die unerwünschte

Varianz durch bestimmte Antworttendenzen minimal zu halten versuchen, wurden in der psychologischen Diagnostik auch andere Begriffe für derartige Verfahren eingeführt. Cronbach (1970) nennt solche Verfahren „Performance-Tests of Personality" und versteht diese als Gegensatz zu „Performance-Tests of Ability". Anastasi (1976, 588) ordnet solche Verfahren der Kategorie der „indirekten Tests" zu.

Um als objektiver Test im Sinne der o. a. Definition gelten zu können, müssen aber solche Verfahren nicht nach einem ganz bestimmten formalen Testdesign aufgebaut sein. Fragebogenverfahren, experimentelle Anordnungen, apparative Verfahren, psychophysiologische Meßstrategien sind objektive Tests, wenn sie das Prinzip der Undurchschaubarkeit des Meßprinzips und die übrigen geforderten Testgütekriterien erfüllen.

C. Meßmodelle und Testkonstruktion von objektiven Persönlichkeitstests

Objektive Persönlichkeitstests sind auf der Basis der psychometrischen Persönlichkeitsforschung entstanden (Spearman 1935, Cattell 1946, Guilford 1959, Fahrenberg 1964, Pawlik 1968, Mischel 1971, Schmidt 1975, Pawlik 1977) und sind im wesentlichen aus einem Strukturmodell der Person abgeleitet (Bergius 1960, Pawlik 1968, Brengelmann 1968, Cattell 1973, Endler & Magnusson 1976, Cattell 1977). Für ihre Konstruktion werden einerseits die aus der Testtheorie und Testkonstruktion entwickelten statistischen Verfahren verwendet (Fischer 1974), aber auch die Designs der experimentellen Psychologie zur Anwendung gebracht (Eysenck & Frith 1977).

Für die psychometrisch-quantitative Erfassung von Persönlichkeitskomponenten werden im Prinzip alle Möglichkeiten der Datenerfassung ausgeschöpft. Selbstbeurteilungen, Fremdbeurteilungen, Beobachtungen bzw. Registrierungen des tatsächlichen Verhaltens und psychophysiologische Parameter werden dabei zur Analyse von differentiell-psychologischen Variablen herangezogen.

Unterscheidet man zur besseren Kennzeichnung der verschiedenen Forschungsanliegen der differentiellen Psychologie und der psychologischen Diagnostik zwischen Strukturmodellen und Prozeßmodellen bei der Analyse von Persondimensionen, so haben sich die wesentlichen Entwicklungen im Bereich der objektiven Persönlichkeitstests in der Hauptsache an der Strukturtheorie orientiert und gehen somit auf die historisch bedeutsamen Arbeiten von Galton und J. McKeen Cattell zurück. Wie die neuere Diskussion um die Bedeutung von Struktur- und Prozeßmodellen der Person zeigt (Anastasi 1976, Pawlik 1973a, b), soll mit einer solchen Unterscheidung nicht angedeutet werden, daß es sich dabei um gegensätzliche Forschungsstrategien handelt. Strukturtheorien und Prozeßtheorien haben unterschiedliche Erkenntnisanliegen, sie müssen sich gegenseitig ergänzen. Dieser Aspekt wird hauptsächlich auch durch die Interaktionismusdebatte unterstützt (Endler & Magnusson 1976, Magnusson & Endler 1977).

D. Die historische Entwicklung der objektiven Testmessung

Überall dort, wo versucht wurde, aus psychologisch bedeutsamen Daten, welche nicht über die Methode der Selbsteinschätzung gewonnen wurden, Rückschlüsse auf inter- bzw. intraindividuelle Unterschiede zu ziehen, handelt es sich im Ansatz um objektive Persönlichkeitsmessung in dem oben definierten und heute verstandenen Sinne. Einzelne Untersuchungsansätze solcher Art lassen sich in der Geschichte der Psychologie weit zurückverfolgen. Die ersten systematischen Analysen sind mit den Arbeiten von Kraepelin (1896, zitiert nach Dorsch 1963) verbunden. Wenn auch die Experimente von Kraepelin zur psychischen Zeitmessung, zur Wahlreaktion und zu bestimmten Lernvorgängen wesentlich von dem Bemühen getragen werden, „Geistesstörungen" zu untersuchen oder das Wesen der Geistesstörung durch experimentelle Techniken, welche durch Ermüdungsversuche und Beanspruchungsexperimente solche Störungen künstlich erzeugten, zu untersuchen, so hat Kraepelin mit der Anwendung der Technik der „fortlaufenden Arbeitsmethoden" einen wesentlichen Beitrag zur objektiven Testmessung geleistet.

Die erste und im eigentlichen Sinne als psychologisch zu bezeichnende Testentwicklung objektiver Verfahren ist mit dem Namen Downey (Downey & Anderson 1915, Downey 1919, 1923) verbunden. Über schreibmotorische Analysen hatte die Autorin versucht, solche Techniken auf ihre Validität als Prädiktoren für Persönlichkeitsvariablen zu untersuchen (Downey 1923, 49). Für die Konstrukte „coordination of impulses", „care of detail", „motor inhibition", „resistance", „assurance", „motor impulsion", „speed of decision", „flexibility", „freedom of inertia", „speed of movement" wurden sogenannte „Willensprofile" erstellt. Diese Versuche, von einfachen Indikatoren auf relativ komplexe psychologische Variablen zu schließen, müssen noch als sehr einfach bezeichnet werden. Dagegen sind die Untersuchungen von Hartshorne und Mitarbeitern (Hartshorne & May 1928a, b, Hartshorne, May & Maller 1929a, Hartshorne, May & Maller 1929b, Hartshorne, May & Shuttleworth 1930) methodisch und von der Konstruktion der Tests wesentlich komplexer und anspruchsvoller konstruiert. Diese Untersuchungen, welche eigentlich dazu angelegt waren, die Wirksamkeit des Unterrichtsfaches Religion auf den „Charakter" von Kindern und Heranwachsenden zu untersuchen, sind nicht nur beispielhaft für die Entwicklung objektiver Persönlichkeitstests, sondern lieferten auch einen Beitrag für die Frage nach der Situationsspezifität des Verhaltens. Aber auch diese Untersuchungen von Hartshorne und Mitarbeitern hatten noch nicht zum Ziel, eine Systematik der korrelativ und faktoriell konzipierten Zusammenhänge zwischen Persönlichkeitsdimensionen zu entwickeln. Man ging noch von Konstrukten bzw.

Dimensionen aus, welche alltagssprachlich verankert waren und relativ nah mit dem beobachtbaren Verhalten in Verbindung gebracht werden konnten. Eine Analyse der Grundeigenschaften der gesamten Persönlichkeit wurde nicht angestrebt. Von historischer Bedeutung sind auch noch eine Reihe von weiteren Untersuchungen. Als Beispiele für Datenerhebungen mittels objektiver Tests unter gleichzeitiger Anwendung von komplexeren statistischen Auswertungstechniken sind die Arbeiten von Oates (1928, 1929) zu nennen. Bei diesen Untersuchungen wurden bereits faktorenanalytische Auswertungsstrategien angewandt.

Berücksichtigt man bei dieser historischen Betrachtung auch noch den Bereich der optischen Wahrnehmung, so sind nicht nur die Versuche von Rorschach (1921) zu nennen, welche z. B. in einigen Cattellschen Analysen als T 283 (Cattell & Warburton 1967, 252) einen breiteren Raum einnehmen. Von hier aus sind dann Verbindungen zu den Untersuchungen von Gottschaldt (1926), welche in den Bereich der kognitiven Stile führen. In den Zeitraum zwischen 1930 und 1940 fallen dann auch noch die Untersuchungen Stroop zur Interferenzneigung (Stroop 1935) und die Untersuchungen zur Quantifizierung der Ausprägung der Perseveration von Cattell (1935).

Einen wichtigen Impuls hat die objektive Persönlichkeitsmessung von der experimentellen Charakterologie bzw. Typenforschung erhalten.

Im Gegensatz zur ganzheitlichen oder idiographischen Persönlichkeitsanalyse hat die psychometrische Persönlichkeitsforschung ihr Ziel nach quantitativer Bestimmung einzelner Dimensionen durch eine Aufteilung nach verschiedenen Funktionsbereichen erreichen können. Historisch betrachtet wurden an erster Stelle Fähigkeitsaspekte bzw. allgemeine Leistungskomponenten wie intellektuelle Fähigkeiten, motorische Fertigkeiten, visuelle Funktionen usw. untersucht. Man hatte jedoch bald erkannt, daß es neben diesen „ability"-Dimensionen eine persönlichkeitsbedingte Varianz gibt, in welcher die „stilistischen" Besonderheiten eines Individuums zum Ausdruck kommen. Will man auf diese Weise die individuelle Variabilität erfassen, so muß das Konstruktionsprinzip auch der objektiven Persönlichkeitstests so gestaltet sein, daß solche Persönlichkeitsvariablen zum Ausdruck kommen können.

In diesem Zusammenhang sei noch auf die „beiden Disziplinen" der Psychologie, die Allgemeine Psychologie und die Differentielle Psychologie, hingewiesen. Charakterisiert man sie über die Methoden, so kann man nach Cronbach (1957) die korrelationale Psychologie von der experimentellen unterscheiden. Während die erste nur die Varianz zwischen den Organismen untersucht, bemüht sich die experimentelle Psychologie um die Varianz innerhalb der Treatments. Cronbach plädiert für eine „vereinigte Disziplin", welche bei der Untersuchung einzelner psychischer Funktionen bereits realisiert werden konnte. So hat sich z. B. bei der Untersuchung von Wahrnehmungsfunktionen ergeben, daß diese nicht völlig unabhängig von Persönlichkeitsdimensionen ablaufen (Blake & Ramsey 1951, Granger 1960).

Auch die Untersuchungen zum Einfluß von Einstellungen und Bedürfnissen (z. B. Bruner & Goodman 1947, Postman, Bruner & McGinnies 1948) erbrachten den Nachweis des Einflusses von „intervenierenden Variablen" auf das Wahrnehmungsgeschehen.

Wenn in neuerer Zeit bei der Konstitutionsdiagnostik und der Typenforschung keine besonderen Aktivitäten mehr zu verzeichnen sind, so können für diesen Sachverhalt verschiedene Gründe angenommen werden. Wie v. Zerssen (1973) ausgeführt hat, wurden die Begriffe der Konstitution und des Typus einer wachsenden Kritik unterzogen. Auch die damit zusammenhängenden Forschungsmethoden haben sich häufig als unzureichend erwiesen. Besonders gegen die qualitativen Methoden der Typenanalyse können Bedenken vorgebracht werden (siehe v. Zerssen 1973). Demgegenüber scheinen die metrisch-statistischen Typenanalysen erfolgreicher zu sein, hauptsächlich dann, wenn eine Formalisierung bei der Typenfindung angestrebt wird (siehe z. B. v. Zerssen 1973, Bolz 1977).

II. Objektive Persönlichkeitstests im Kontext von Persönlichkeitssystemen

Objektive Persönlichkeitstests oder umfassende objektive Testbatterien, welche in ein Gesamtsystem der Persönlichkeit eingeordnet werden können, wurden eigentlich nur in den Schulen von Cattell und Eysenck entwickelt. Dabei unterscheiden sich die beiden Forschungsstrategien in wesentlichen Punkten. Während Cattell versucht, bezüglich der Testform standardisierte Testdesigns zu entwickeln, haben Eysenck und Mitarbeiter unter Zugrundelegung einer psychophysiologischen Persönlichkeitstheorie und mit dem Bestreben einer Verbindung zwischen Lernpsychologie und Persönlichkeitsforschung im Schwerpunkt auf experimentelle und besonders apparative Techniken zurückgegriffen. In den folgenden Abschnitten soll zunächst das System von Cattell mit den bis zum heutigen Zeitpunkt entwickelten Testsytemen beschrieben werden. Im Anschluß daran werden einige wesentliche, von Eysenck und Mitarbeitern entwickelte experimentelle Anordnungen mit ihren hauptsächlichen Ergebnissen dargestellt.

A. Objektive Tests im System von Cattell

Dreger (1972) hat versucht, die zahlreichen und kaum mehr überschaubaren Beiträge Cattells zur Persönlichkeitsforschung und psychologischen Diagnostik in einer Gesamtdarstellung zusammenzufassen. Statistische Methodenentwicklungen, theoretische Beiträge zur Versuchsplanung, empirische Analysen zur Genese von Persönlichkeitseigenschaften sind dabei genauso vertreten wie wissenschaftstheoretische Darstellungen oder Ausführungen zur Bedeutung der wissenschaftlichen Erkenntnisse für Kultur und Gesellschaft (Cattell 1972).

Die Cattellschen Forschungsprogramme sind jedoch sehr stark mit der Erarbeitung der Grundlagen von objektiven Tests und ihrer gezielten Anwendung verbunden.

1. Die methodischen Grundlagen des Persönlichkeitssystems von Cattell

Unter den faktorenanalytisch orientierten Persönlichkeitsforschern haben Cattell und Mitarbeiter die Anwendung der Faktorenanalyse selbst systematisch weiterentwickelt (Cattell 1951, Cattell 1953, Cattell 1960, Cattell 1964, Cattell 1966, Cattell 1978).

Um mit der faktorenanalytischen Methode den verschiedenen Anforderungen der differentiell-psychologischen Fragestellungen und den daraus sich ergebenden diagnostischen Methoden gerecht zu werden, hat Cattell von den verschiedenen Methoden der Datenanalysetechniken bis hin zu speziellen Rotationsverfahren wesentliche Entwicklungsarbeit geleistet (z. B. Cattell 1965, Cattell 1970).

Die Forderung nach multivariater Forschungsstrategie ist dabei von der Überzeugung und dem Bemühen geleitet, die komplexen Zusammenhänge der psychologischen Variablen aufzuklären. Cattell hat in seinen Publikationen häufig auf die Vorteile der multivariaten Methode hingewiesen (z. B. Cattell 1957, Cattell 1966). Dabei wurden vor allem die Vorteile bezüglich der Forschungsökonomie, der Konsistenz der statistischen Schlußfolgerungen, der Repräsentativität der Designs und der Präzision der faktoriell konzipierten Konstrukte hervorgehoben.

Die häufig empirisch belegbare und in vielen Verhaltenstheorien zum Ausdruck kommende multiple und komplexe Determination des Verhaltens wurde auch bei Cattell in der faktorenanalytischen Grundgleichung berücksichtigt. Zur Verhaltensvorhersage von Individuen in bestimmten Situationen benötigt man nach Ansicht von Cattell eine Mehrzahl von Prädiktoren. Dies ist auch auf empirischem Wege zu belegen. Cattell unterscheidet Ability-Eigenschaften, Temperament-Eigenschaften, dynamische Merkmale (Motivdimensionen) und Zustands-Dimensionen (Cattell 1950).

Wenn gegen dieses faktorenanalytische Vorgehen, welches von Cattell und Mitarbeitern über Jahrzehnte systematisch verfolgt wurde, bereits seit längerer Zeit kritische Einwände geäußert werden (Thurstone 1937, Guilford 1952, Peterson 1965, Orlik 1967, Lykken 1971), so ist diese Kritik eher gegen die bei manchen Autoren formulierte universelle Bedeutung und manche Mißbräuche, als vielmehr gegen die gesamte Konzeption gerechtfertigt. Das faktorenanalytische Vorgehen bezieht sich in der Gesamtkonzeption der multivariaten Persönlichkeitsforschung nur auf die erste Stufe der Analyse (siehe Pawlik & Cattell 1964). Das umfassende Forschungsanliegen der Analyse individueller Eigenschaften ist in vier Stufen aufgeteilt: Auf der ersten Stufe werden die Oberflächeneigenschaften (Surface Traits) über Rating-Daten aus realen Lebenssituationen gewonnen. Mit Hilfe der Cluster-Analyse werden dann die wesentlichen Oberflächeneigenschaften bestimmt. Die multiple Faktorenanalyse gestattet es, sogenannte Grundeigenschaften (Source Traits) zu ermitteln. Lassen sich solche faktoriell bestimmbaren Dimensionen über verschiedene Situationen hinweg als invariant oder relativ invariant ermitteln, ergeben sich daraus Hinweise auf „psychologische Faktoren". Solche Source Traits müssen dann als Determinanten des Verhaltens über die experimentelle Hypothesenprüfung in ihrer funktionalen Bedeutung bestimmt werden. Ordnet man die umfangreichen empirischen Untersuchungen der Cattellschen Schule diesen einzelnen Stadien der Persönlichkeitsanalyse zu, so ist jedoch festzustellen, daß Untersuchungen mit der Fragestellung der Replikation von Grunddimensionen dominieren. Die experimentelle Prüfung der funktionalen Bedeutung von Faktoren wurde, auch wenn man die externe Validierung der faktoriellen Dimensionen an verschiedenen Kriteriengruppen hier einbezieht, von Cattell und seinen Mitarbeitern nur selten vorgenommen.

2. Die Systematik der Cattellschen objektiven Persönlichkeitsforschung

Im Bereich der Q-Daten nimmt Cattell bei seinen eigenschaftsanalytischen Untersuchungen zu den psychologisch bedeutsamen Eigenschaftsbegriffen unserer Alltagssprache an, daß durch die Verleihung von Eigenschaften, welche durch unsere Sprache vorgenommen werden, die wesentlichen psychologischen Sachverhalte bereits erfaßt sind. Die Alltagssprache geht jedoch nicht systematisch vor und ist in der Verwendung von Eigenschaftsbegriffen auch nicht sparsam. Mittels semantischer und korrelationaler Reduktion (Cattell 1945, Cattell 1946) und entsprechenden Validierungsverfahren (Cattell 1952) kommt Cattell zu den Primärfaktoren der Q-Persönlichkeitsdimensionen. Bei den oben erwähnten Untersuchungen ging es ihm darum, mittels der bereits vorhandenen psychologisch verwendbaren Eigenschaftsbegriffe unserer Alltagssprache die gesamte Persönlichkeitssphäre faktoriell zu strukturieren.

Im Bereich der T-Daten wird eine ähnliche Systematik angestrebt. Cattell und Mitarbeiter stellen eine umfassende Stichprobe von Stimulus- und Response-Variablen zusammen. Dabei wird einerseits der bisher bekannte Erkenntnisstand von individuell variierenden Reaktionsarten benutzt, andererseits werden auch eine große Zahl von neuen Designs geschaffen (Cattell & Warburton 1967). Sowohl auf der Seite der unabhängigen Variablen als auch der abhängigen Variablen umfassen diese Designs ein sehr breites Spektrum des in der Psychologie bekannten Variablenbereichs. Will man mit Schmidt (1975) eine inhaltliche Zuordnung versuchen, so ergibt sich eine mögliche Aufteilung nach folgenden Aspekten: Fähigkeitstests, allgemeine Leistungstests, Wahrnehmungstests, Gedächtnisproben, psychomotorische Tests, sensomotorische Koordinationsaufgaben, Fragebogen, Reaktionen über Einstellungen und Haltungen, Aussagen über ästhetische Vorlieben, projektive Tests, Reaktionen in Miniatursituationen, Spieltests, Parameter der somatischen Dimensionen, psychophysiologische Parameter.

Zur näheren Kennzeichnung des Vorgehens von Cattell müssen folgende Angaben hinzugefügt werden. Jeder objektive Test ist in diesem System mit einer T-Nummer versehen (siehe Tab. 1). Da es mehrere abhängige Variablen geben kann und die abhängigen Variablen durch arithmetische Operationen in weitere Scores transformiert werden können, resultieren aus einzelnen T-Tests eine ganze Reihe von Auswertungsvariablen, aus welchen Cattell das System der Master Indices (M. I.) erstellt. Eine solche Mehrfachauswertung gibt es jedoch nicht nur im System der objektiven Tests nach Cattell. Sie ist auch in anderen Bereichen der Psychologie angewandt worden. Ein solches Vorgehen bringt jedoch auch Probleme mit sich. Es können arithmetisch abhängige Variablen entstehen, welche bei der faktorenanalytischen Auswertung zu Interpretationsschwierigkeiten führen.

3. Einige Grundbegriffe der Cattellschen Persönlichkeitsforschung

Im Mittelpunkt der psychometrischen Persönlichkeitsforschung und auch speziell im Zentrum der psychometrischen Persönlichkeitsforschung mittels objektiver Tests steht bei Cattell der Begriff des Wesenszuges (trait). Wenn auch in anderen Persönlichkeitsmodellen (z. B. bei Allport) die Analyse-Einheit des Wesenszuges Verwendung findet, also auch außerhalb der faktorenanalytischen objektiven Persönlichkeitsforschung benutzt wird, so haben doch die psychometrischen Persönlichkeitsforscher im wesentlichen dazu beigetragen, die Bedeutung bzw. den Erklärungswert eines Wesenszuges zu bestimmen (Allport 1927, Anastasi 1948).

Die spezifische Bedeutung eines Wesenszuges läßt sich am besten im hierarchischen Modell der Persönlichkeit, welches auf Interkorrelationsanalysen in verschiedenen Verhaltensbereichen aufbaut, darstellen. Methodisch betrachtet könnte man sagen, daß faktorenanalytisch konzipierte Traits indirekt auf den Interkorrelationen der spezifischen Reaktionen und direkt auf den Interkorrelationen der habituellen Reaktionen aufbauen (Eysenck 1954, Schmidt 1975). Je nach Konzeption des faktoriellen psychometrischen Persönlichkeitsmodells lassen sich dann Eigenschaften primärer und sekundärer Art definieren.

Sieht man von dem Demonstrationswert eines solchen hierarchischen Modells einmal ab, so ergeben sich dabei einige Probleme, die nicht unberücksichtigt bleiben sollten. Wie Schmidt (1975) bereits darauf hinweist, geht man bei der Interpretation faktorenanalytischer Ergebnisse so vor, daß man im Sinne einer Datenreduktion die gemeinsame Varianz der habituellen Reaktionen auf der Eigenschaftsebene zusammenfaßt und die gemeinsame Varianz der Eigenschaften durch die Faktoren 2. Ordnung reproduzieren kann. Eine weitere

Tabelle 1: Beispiel der Zuordnung von Master-Indices zum Objektiven Test T 1 „Rückwärts-Schreiben" (nach Cattell & Warburton 1967, 295)

Test Nr.	M. I.	Bedeutung
T 1	2a	Backward Writing: Motor Perceptual Rigidity: more motor rigidity (DP)
	2g	Backward Writing: Motor Perceptual Rigidity: more rigidity in words written by doubling all letters (DP)
	24a	Backward Writing: Motor Perceptual Rigidity: higher ratio of final relative to initial novel performance (DP)
	120f	Backward Writing: Motor Perceptual Rigidity: greater accuracy relative to speed under impeded conditions (DP)
	177a	Backward Writing: Motor Perceptual Rigidity: faster motor speed (normal forward writing) (AT)
	599	Backward Writing: Motor Perceptual Rigidity: faster speed of writing backwards (AT)
	600	Backward Writing: Motor Perceptual Rigidity: faster total speed (additional tasks) (DP)
	941	Backward Writing: Motor Perceptual Rigidity: great accuracy (AT)
	942	Backward Writing: Motor Perceptual Rigidity: great accuracy relative to speed (DP)
	1668	Backward Writing: Motor Perceptual Rigidity: greater accuracy in novel performance (AT)

Schwierigkeit ergibt sich, wenn man Reaktionsarten faktorenanalytisch zusammenfaßt und vorher entscheiden muß, ob es sich um spezifische oder habituelle Reaktionen handelt. Betrachtet man die empirische Validierung eines solchen Modells, so werden hauptsächlich im System von Cattell die Probleme der verschiedenen Faktorenebenen deutlich. Die objektiven Primärfaktoren (Eigenschaften 1. Ordnung) sollen nach einigen Untersuchungen (siehe Cattell 1973) mit den Sekundärfaktoren aus Persönlichkeitsfragebogen konvergieren. Abbildung 1 demonstriert dieses Verhältnis.

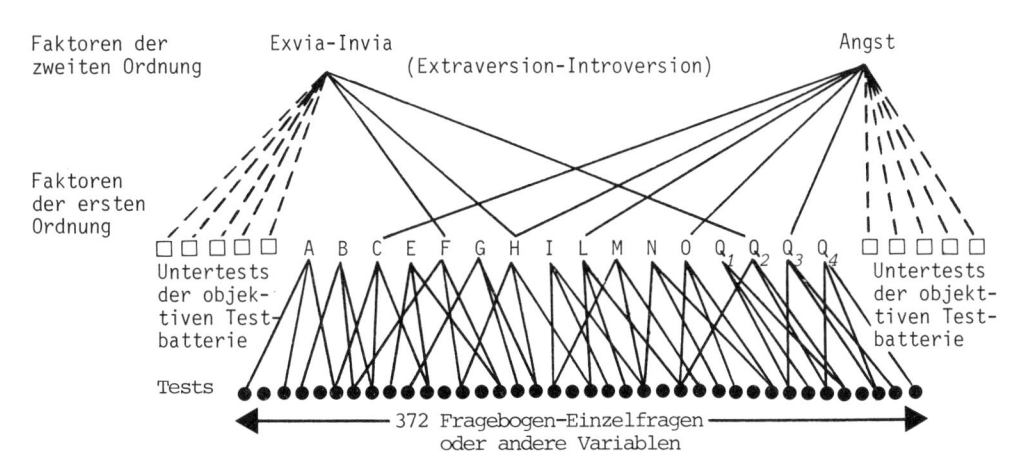

Abb. 1: Faktorenstrukturen zweiter Ordnung und das Verhältnis zwischen Fragebogenfaktoren und Faktoren der objektiven Tests.

Cattell vermutet, daß die Fragebogenitems spezifischere Verhaltenseinheiten repräsentieren als ein objektiver Test. Die praktisch-psychologische Bedeutung von Faktoren auf sekundärem oder sogar tertiärem Niveau ist aufgrund folgender Überlegungen einzuschränken: Der Faktorenraum höherer Ordnung läßt sich in seiner psychologischen Bedeutung nur schwer einschätzen. Außerdem läßt sich mit solchen Superfaktoren bei der praktischen Anwendung keine differenzierte Beschreibung von Individuen mehr vornehmen. Die Tatsache, daß Faktoren höherer Ordnung aus Persönlichkeitsanalysen und aus der Reduktion von Motivdimensionen in den Dimensionen des Ich, des Es und des Über-Ich konvergieren, schränkt die Aussagefähigkeit solcher Dimensionen wesentlich ein.

4. Die Faktorensysteme aus objektiven Testvariablen

Cattells System der objektiven Testfaktoren ist hauptsächlich durch das U. I.-System der Grundeigenschaften der „normalen" Persönlichkeit bekannt geworden. Aus der von Cattell (1946, 1957, 1978, siehe auch Herrmann 1976) erstellten Verhaltensvorhersagegleichung geht jedoch hervor, daß menschliches Verhalten außer über Temperamentsdimensionen noch über weitere, faktoriell konzipierte Dimensionen beschrieben bzw. vorhergesagt werden kann. Neben den Temperament-traits führt Cattell noch die Motivdimensionen, die Persönlichkeitszustände und Dimensionen aus dem Rollenverhalten ein. Die empirischen Analysen zur objektiven Messung von Persönlichkeitszuständen und Motivdimensionen sind durch die eigenen Arbeiten von Cattell bereits so weit fortgeschritten, so daß diese Faktorensysteme als relativ abgeschlossen gelten können.

Aus den Analysen der gesamten Persönlichkeitssphäre ergeben sich im Eigenschaftsbereich der Temperamentdimensionen 21 U.I.-Faktoren. Diese 21 Faktoren wurden zunächst einmal deskriptiv bestimmt und in ihrer Bedeutung zunehmend präzisiert. Die heute noch übliche Zitierweise nach U.I. 16 — U.I. 36 stammt noch aus der Zeit der empirischen Analysen, als Cattell und Mitarbeiter zunächst einmal eine deskriptive Bestimmung und eine formale Beschreibung dieser Faktoren vorgenommen haben. Die psychologische Bedeutung dieser 21 Faktoren wurde durch interne, externe und faktorielle Validierung aufzuklären versucht.

Eine Beschreibung der 21 U.I.-Dimensionen ist in Tabelle 2 dargestellt. Die Numerierung U.I. 1 — U.I. 15 wurde den kognitiven-objektiven Testfaktoren vorbehalten.

Tabelle 2: Liste der 21 U.I.-Faktoren der Persönlichkeit
(aus Schmidt 1975, 66—67)

U.I.-Faktor	Deutsche und englische Bezeichnungen positiver Pol	negativer Pol
16	Narzißtische Ich-Bezogenheit (starke Selbstbehauptung) (Unbound, assertive Ego Narcissistic Ego	Mangelnde Selbstbehauptung Bound disciplined Ego Secure, disciplined Unassertiveness)
17	Inhibition (Timid Inhibitedness, Inhibition-Timidity)	Vertrauensseligkeit (Lack of Inhibition, Trustingness)
18	Lebhaftigkeit (Hypomanic Smartness, Manic Smartness)	Passivität (Slow Thoroughness, Passiveness)
19	Unabhängigkeit (der Meinungsbildung) (Promethean Will, Independence)	Unterwürfigkeit (Subduedness)

Tabelle 2: Fortsetzung

U.I.-Faktor	Deutsche und englische Bezeichnungen positiver Pol	negativer Pol
20	Kulturelle Konformität Comentive Superego (Development), Comention (Herd Conformity))	Objektivität (Abcultion, Objectivity)
21	Überschwenglichkeit (Exuberance)	Zurückhaltung (Suppressibility)
22	Kortikale Wachheit (Cortertia) (Cortical Alertness))	Gefühlsbetontheit (Pathemia)
23	Mobilisierung von Energie (High Mobilization, Mobilization of Energy)	Regression (Neurotic regressive Debility (or Regression), Regression))
24	Angst (High unbound Anxiety)	Anpassung (Good Adjustment)
25	Realismus (Less imaginative, task-oriented Realism)	Angespannte Starrheit (Tense Inflexidia, Tensinflexia (Psychotic Tendency))
26	Selbstverwirklichung (Narcistic Self, Narcistic Self-Sentiment)	Hausbackenheit (Low self Command, Homespunness)
27	Skeptische Zurückhaltung (Discouraged, sceptical Apathy)	Engagiertheit (Ungrudging Involvement)
28	Asthenie (Dependent, negativistic Asthenia, Super Ego Asthenia)	Selbstsicherheit (Undisciplined Selfassuredness, Rough Assurance)
29	Verständnis (Whole-Hearted Responsiveness)	Willensschwäche (Defensive Complacency, Lack of Will)

Tabelle 2: Fortsetzung

U.I.-Faktor	Deutsche und englische Bezeichnungen positiver Pol	negativer Pol
30	Gleichmut (Somindence, Stolidness)	Dissoziierte Frustration (Dissofrustrance)
31	Behutsamkeit (Wary, controlled Steadiness, Wariness)	Impulsive Veränderlichkeit (Impulsive Variability)
32	Extraversion (Exvia, (Extraversion))	Introversion (Invia, (Introversion))
33	Bestürztheit (Reactive Dismay, Dismay (Pessimism))	Zuversichtliches Gleichgewicht (Sanguineness, Sanguine Poise)
34	Ungeschicktheit (Inconautia, Inconautia (Impracticalness))	Geschicktheit (Practicalness)
35	Schläfrigkeit (Stolparsomnia, (Somnolence))	Angeregtheit (Excitation)
36	Starkes Selbstwertgefühl (Self-Sentiment)	Schwaches Selbstwertgefühl (Weak Self-Sentiment)

Wie aus dem Kovariations-Schema (Cattell 1946) hervorgeht, lassen sich mit den verschiedenen Faktorentechniken weitere Aspekte der Person faktorenanalytisch ermitteln. Mit der P-Technik und der differentiellen R-Technik, bei welcher einige methodische Probleme nicht unberücksichtigt gelassen werden dürfen (siehe z. B. Schmidt 1975, 67), können sogenannte Zustandsdimensionen der Person ermittelt werden. Aus Untersuchungen mit der P-Technik sind vor allem 12 Zustandsfaktoren ermittelt worden. In der Cattellschen Nomenklatur werden diese Zustandsfaktoren mit der Abkürzung P.U.I. versehen. Schmidt (1975) faßt die Ergebnisse aus zahlreichen empirischen Untersuchungen (Cattell, Cattell & Rhymer 1947, Williams 1949, 1954, Cattell & Luborsky 1950, Haverland 1954, Cattell 1955, 1957, Cattell & Scheier 1961) zusammen und kommt zu einer Aufstellung von 12 Zustandsfaktoren, von denen jedoch 2 Faktoren sehr spezifisch sind. Tabelle 3 gibt diese Zustandsfaktoren wieder.

Tabelle 3: Liste der Zustandsfaktoren (aus Schmidt 1975, 88—89)

Z. U. I. 1   Geringe Reaktivität   gegen   Sensitive Überreaktivität
            Unreactiveness (Torpor)   vs.   Sensitive,
                                                  Overreactive State

Der Faktor kann als korrespondierend zum Eigenschaftsfaktor U. I. 35 angesehen werden.

Es handelt sich um eher parasympathische Reaktionen oder um eine Inhibition des Zentralnervensystems. Die physiologischen Messungen, Objektiven Tests und Fragebogen, die diesen Faktor hoch laden, lassen sich alle der Erregungs-Hemmungs-Dimension zuordnen.

Z. U. I. 2   Ausgeglichene Wachheit   gegen   Frustration
            Happy Alertness   vs.   Frustrated-Emotionality

Dieser Zustandsfaktor entspricht weitgehend der Eigenschaft U. I. 22. Der positive Pol ist gekennzeichnet durch schnelle Reaktionszeit, rasche Wahrnehmung und allgemeine Flüssigkeit.

Z. U. I. 3   Ermüdung während des Tages
            Diurnal Fatigue

Z. U. I. 4   Anstrengung bei Stress
            Effort Stress

Dieser Zustandsfaktor hat viel Ähnlichkeit mit der Eigenschaft U. I. 26. Es handelt sich um eine physiologische Stress-Reaktion, die von der Angst-Reaktion unterschieden wird. Der positive Pol kennzeichnet bewußtes, geschicktes Vorgehen in Stress-Situationen.

Z. U. I. 5   Sympathische Reaktionen
            Adrenergic (Sympathetic Autonomic) Response

Der Faktor ist vor allem durch physiologische Reaktionen markiert, die der Aktivität des Sympathikus zugeordnet werden können. Eine Reihe von sozialen und auf hohes Selbstbewußtsein hindeutende Tests lädt diesen Faktor ebenfalls.

Z. U. I. 6   und
Z. U. I. 7   sind sehr spezielle Faktoren, die hier ohne Bedeutung sind.

Tabelle 3: Fortsetzung

Z.U.I. 8 Gute Mobilisierung (von Energie) gegen Regression der Interessen
Good Mobilization vs. Overwroughtness and Regressiveness of Interests

Dieser Faktor stimmt sehr gut mit dem Eigenschaftsfaktor U.I. 23 überein. Es ist gekennzeichnet durch Schnelligkeit der Reaktionen, Ausdauer und geringe Rigidität.

Z.U.I. 9 Angst und starke Aktivität des autonomen Nervensystems
Anxiety and High General Autonomic Activity

Es besteht eine gute, aber nicht zwingende Korrespondenz zwischen diesem Zustandsfaktor und U.I. 24, Angst als Eigenschaft.

Eine ganze Reihe von Variablen, die auf physiologische Angst-Reaktionen hindeuten, sind neben Objektiven Tests der Emotionalität Markiervariablen des Faktors.

Z.U.I. 10 Überich-Ansprüche gegen weniger rigides Überich
Increased Superego Demand vs. Less Rigid Superego

Dieser Zustandsfaktor hat Ähnlichkeiten mit U.I. 28, die Pole sind jedoch umgedreht.

Der Faktor lädt eine Reihe von physiologischen Reaktionen, Objektiven Tests und Fragebogenskalen.

Z.U.I. 11 Wille des Prometheus gegen Unterwürfigkeit
(Egoistisch, kritische Stimmung) (Resignierte Stimmung)
Promethean Will vs. Subduedness
(Egoistic, Critical Mood) (Resigned, Cowed Mood)

Eine mittelmäßige Übereinstimmung zum Eigenschaftsfaktor U.I. 19 läßt sich herstellen. Der Faktor ist vor allem durch physiologische Reaktionen und Objektive Tests markiert.

Z.U.I. 12 Vorsichtige Stimmung (Inhibition) gegen Sorglose Stimmung
Cautious Mood vs. Careless Mood
(Inhibition or Timidity)

Dieser Zustandsfaktor ist durch ähnliche Objektive Tests markiert wie der Eigenschaftsfaktor U.I. 17.

Wie aus der von Schmidt vorgeschlagenen deutschsprachigen Benennung hervorgeht, weisen diese Zustandsdimensionen bei einigen Faktoren Ähnlichkeiten mit den Grundeigenschaften der U.I.-Temperamentsfaktoren auf, weshalb angenommen werden muß, daß bei der Messung von source-traits der Temperamentsdimensionen ein beachtlicher Teil an Zustandsvarianz miterfaßt wird (siehe Schmidt 1975, 90).

Die Bemühungen von Cattell und Mitarbeitern zur Motivationsanalyse und zur Motivmessung reichen sehr weit in die Anfänge der psychometrischen Persönlichkeitsanalyse zurück. Bereits im Jahre 1935 wurde von Cattell eine Untersuchung zur quantitativen Bestimmung von Interessen vorgelegt (Cattell 1935). 40 Jahre später legte er mit dem Koautor Child eine Zusammenfassung seiner empirischen und theoretischen Analysen zur Motivation vor (Cattell & Child 1975, siehe auch Cattell & Baggaley 1956).

Bei der Motivmessung mittels objektiver Tests muß zum einen berücksichtigt werden, daß Motivdimensionen bzgl. verschiedener Verhaltensaspekte erfaßt werden sollen, um daraus die wesentlichen Komponenten der Motivation analysieren zu können. Zum anderen müssen für die standardisierbare Testmessung der objektiv gewonnenen Motivdimensionen inhaltliche Faktoren der Motivation bestimmt werden. Diese 2 unabhängigen faktorenanalytischen Systeme der Motivation hat Schmidt (1975, 92) in seinem Kovariationsschema zur Messung der Komponenten der Motivation und der dynamischen Struktur dargestellt.

Um die faktoriellen Grundkomponenten der Motivation zu bestimmen, haben Cattell und Mitarbeiter einen Pool von Test-Anordnungen zusammengestellt, in welchen sich die „attitudes" für eine bestimmte Handlung in einer bestimmten Situation manifestieren können. In der Literatur werden diese Test-Anordnungen häufig in der von Horn (1966, 617—618) wenig informativen Weise wiedergegeben. Detaillierte Beschreibungen dieser Anordnungen finden sich z. B. bei Sweney (1967, 129—147).

In der Faktorenanalyse zur Bestimmung der Komponenten der Motivation wurden 55 solcher Tests einbezogen. Fahrenberg (1964, 504) gruppiert diese Experimente in 4 unterschiedliche Bereiche psychischer Funktionen. Es lassen sich dabei motivationsbedingte Veränderungen von Lernvorgängen, von Aufmerksamkeits- und Wahrnehmungsfunktionen erkennen. Eine zweite Gruppe umfaßt solche Einstellungen, welche über allgemeine Wissensfragen und Fertigkeiten erhoben werden können. Bei der dritten Gruppe handelt es sich um motivationsbedingte Verzerrung der Wahrnehmung, des Denkens, der Erinnerung und der Phantasie, während die vierte Gruppe Veränderungen der physischen und psychischen Aktivierung erfassen soll.

Cattell & Child (1975, 12—13) fassen die Ergebnisse aus verschiedenen Untersuchungen (z. B. Cattell & Baggaley 1955/1956, 1958) zusammen. Es ergeben sich dabei 7 Primärkomponenten der Motivation.

Da die Primärkomponenten dieser Motivfaktoren noch nicht eindeutig gesichert sind, haben Cattell und Mitarbeiter diesen Komponenten formale Benennungen in Form von griechischen Buchstaben beigegeben. Faktor 1 wird als alpha-Faktor bezeichnet. Auf der Testebene liegt diesem Faktor die unmittelbare Triebbefriedigung zugrunde. Faktor beta weist sich durch den Realitätsbezug aus. Er wird als „restrained willfullness" (Cattell & Child 1975, 14) bezeichnet. Der delta-Faktor wird hauptsächlich durch physiologische Variablen geladen. Er stellt also physiologische Korrelate der Interessenzuwendung dar. Der zeta-Faktor und der eta-Faktor weisen nur noch wenig ausgeprägte Ladungsmuster auf, weshalb diese Faktoren in neueren Publikationen nicht mehr besonders erwähnt werden.

5. Faktoren höherer Ordnung aus objektiven Testdaten

Die Reduktion der mittels objektiver Testdaten gewonnenen Grunddimensionen des Temperaments, der Motivdimensionen und der States ergibt sich im System von Cattell aufgrund methodischer Überlegungen der Datenhierarchie, der Ökonomie im Bereich der Anwendung und der Abgrenzung der einzelnen Dimensionsbereiche.

Sekundärfaktoren, welche durch eine Zusammenfassung von verschiedenen Analysestichproben auf der Basis der Interkorrelationen der Primärfaktoren der U.I.-Dimensionen erreicht wurden, sind in der Literatur an verschiedenen Stellen von Cattell und Mitarbeitern publiziert worden (z. B. Cattell & Scheier 1961, Cattell, Knapp & Scheier 1961). Schmidt (1975, 81—82) faßt die Faktoren 2. Ordnung in einer übersichtlichen Weise zusammen. Tabelle 4 gibt diese Übersicht wieder.

Die Voraussetzungen für die Fakorenanalyse 3. Ordnung sind die gleichen wie bei der Faktorenanalyse auf der Ebene der Sekundärfaktoren. Nach Angaben von Pawlik & Cattell (1964, 10) sind die entsprechenden empirischen Analysen so verlaufen, daß man von Faktoren 2. Ordnung ausgehen kann. Für eine weitere Faktorisierung auf der nächsthöheren Ebene kann man entweder so vorgehen, daß man die Testwerte von Pbn aufgrund von Testbatterien, welche Sekundärfaktoren messen, gewinnt und faktorisiert, oder man kann die Faktorenstruktur 2. Ordnung (welche aus primären Daten gewonnen wurden) so rotieren, daß man von der Interkorrelationsmatrix der Sekundärfaktoren ausgeht. Dieses Vorgehen haben Pawlik & Cattell (1964) deshalb gewählt, weil sie dadurch die mangelnde Reliabilität und Validität von Faktorenmeßverfahren auf Sekundärebene umgehen. In diese Analyse wurden 3 Pbn.-Gruppen einbezogen. Von 3 Studenten-Stichproben, welche je 86 College-Studenten umfassen, wird die Faktorenanalyse auf Testinterkorrelationsebene berechnet. Bei der dritten Stichprobe (N = 315 US-Navy-Kandidaten) wurden die Testwerte aufgrund der Messung auf dem Faktorenniveau erster Ordnung gewonnen. Die Ergebnisse der Hauptachsenanalyse zeigt Tabelle 5.

Tabelle 4: Übersicht über die Zuordnung von U.I.-Faktoren 1. und 2. Ordnung
(aus Schmidt 1975, 81)

Faktoren erster Ordnung (U.I.)	Faktoren zweiter Ordnung						
	I	II	III	IV	V	VI	VII
U.I. 16 Ich-Bezogenheit		0,34					
U.I. 17 Inhibition					0,36		
U.I. 18 Lebhaftigkeit		—0,15		0,28			0,23
U.I. 19 Unabhängigkeit	—0,20	0,23	0,21				0,16
U.I. 20 Konformität	0,36		0,27				
U.I. 21 Überschwenglichkeit			0,31				
U.I. 22 Kortikale Wachheit			0,31				
U.I. 23 Mobilisierung von Energie		—0,29		0,18			
U.I. 24 Angst							0,40
U.I. 25 Realismus	0,33		—0,17			—0,18	
U.I. 26 Selbstverwirklichung					0,33		
U.I. 27 Zurückhaltung			—0,19	0,30			
U.I. 28 Asthenie	0,21						
U.I. 29 Verständnis				—0,15			
U.I. 30 Gleichmut				—0,16		—0,19	
U.I. 31 Bedeutsamkeit				0,15			
U.I. 32 Extraversion	—0,19						
U.I. 33 Bestürztheit				0,20			0,21
U.I. 34 Ungeschicktheit					0,51		
U.I. 35 Schläfrigkeit	0,44						
U.I. 36 Selbstwertgefühl		0,29	0,51				

Tabelle 5: Zuordnung der Faktoren 2. und 3. Ordnung (aus Schmidt 1975, 83)

Faktoren zweiter Ordnung		Faktoren dritter Ordnung		
		A	B	C
F (T) I	Starke Sozialisierung		0,47	
F (T) II	Expansives Ich			0,63
F (T) III	Heißblütigkeit	0,70		
F (T) IV	Selbstbewußtsein	—0,40	—0,55	—0,25
F (T) V	Hemmende Umwelt		0,24	
F (T) VI	Narzißtische Entwicklung	0,44		
F (T) VII	Leistungsspannung			0,22

Der erste Faktor dritter Ordnung wird von Schmidt als „unreife, selbstzentrierte Persönlichkeit vs. reife, umweltorientierte Gleichmütigkeit" übersetzt. Faktor B wird als „zurückgezogenes Akzeptieren vs. ungehemmte Mißachtung externer Normen" interpretiert. Faktor C stellt die Dimension „starke Selbstbehauptung vs. schwache Selbstbehauptung" dar. Läßt man noch freiere Interpretationsmöglichkeiten zu, so könnte man nach Pawlik & Cattell (1964) die Faktoren als Dimensionen des Ich, des Es und des Über-Ich bezeichnen.

Wie bereits in den Untersuchungen von Cattell & Baggaley (1955/56), Cattell, Radcliffe & Sweney (1963) zu entnehmen ist, wird von Cattell eine Motivationsstruktur vermutet, welche durch eine geringe Anzahl von Faktoren darstellbar ist. Cattell (1973, 1978) hat eine solche Reduktion der Motivdimensionen über die Faktorisierung der fünf Primärfaktoren unter Zusammenfassung verschiedener Untersuchungen vorgenommen. Das Ergebnis gibt Tabelle 6 wieder. Die Zusammenfassung der Koeffizienten erfolgte über die Fisher-z-Transformation. Das Ergebnis stellt bei der Gruppe der erwachsenen Vpn. und der Kinder eine Faktorenlösung mit zwei Faktoren dar, bei welcher die Rotation nach der Einfachstruktur vorgenommen wurde. Faktor I mit seinen Ladungen bei der beta- und gamma-Komponente wird als I (integrated) -Faktor bezeichnet und als bewußte Motivkomponente interpretiert. Sekundärfaktor II lädt diejenigen Primärfaktoren, welche mit dem Es, den „biologischen Interessen" und den Interessen aus verdrängten Komplexen in Beziehung stehen. Er wird deshalb als U (unintegrated) - Faktor bezeichnet und repräsentiert für Cattell die unbewußte Motivation.

Tabelle 6: Sekundärfaktoren der Motivation (I-Komponente und
U-Komponente) bei 5 Primärfaktoren (aus Cattell & Child, 1975, 16)

Primary component	Adults		Children		Average of several studies (using Fisher's z)	
	I_I*	II_U**	I_I	II_U	I_I	II_U
Alpha	19	*42*	—07	*53*	08	*44*
Beta	*75*	18	*24*	—07	*58*	06
Gamma	*35*	—18	*51*	06	*36*	—07
Delta	04	*22*	—08	—01	—01	*11*
Epsilon	—06	12	09	*47*	02	*28*

* I_I = rotated second-order simple structure giving integrated component.
** II_U = rotated second-order simple structure giving unintegrated component.
Decimal places are omitted, so that the first value for alpha is really + 0.19.
Significant loadings are italicized.

Auch wenn einige Untersuchungen eine derart homogene Struktur von Faktoren höherer Ordnung aus objektiven Tests nahelegen, muß auf einige Probleme hingewiesen werden. Da Primärfaktoren von objektiven Tests wegen der mangelnden Augenscheinvalidität dieser Verfahren bereits als schwer interpretierbar zu bezeichnen sind, ist die Interpretation auf der nächsthöheren Ebene sehr fragwürdig. Auf diese Interpretationsschwierigkeiten macht besonders Schmidt (1975) aufmerksam. Eine weitere Einschränkung der zunächst als konsistent erscheinenden Resultate aus Faktorisierungen höherer Ordnung läßt sich aus empirischen Analysen ableiten, welche bei Faktorisierungen auf höherem Niveau andere Lösungen ermittelt haben (s. z. B. Damarin & Cattell 1968). Nicht zuletzt muß sowohl auf den geringen Informationswert der Faktorenbenennung auf höherer Ebene als auch auf den empirisch nachweisbaren vorläufigen Erklärungswert mancher objektiven Tests hingewiesen werden. Wenn man aufgrund der Faktorisierung auf höheren Ebenen für die Tertiärfaktoren aus Temperamentsdimensionen und aufgrund Sekundärfaktoren aus Motivationsitems zu Faktoren gleicher verbaler Benennung kommt, so ist der Informationswert dieser Benennung sehr in Frage zu stellen.

6. Empirische Untersuchungen zu Einzelproblemen der objektiven Tests

Die vielfältige und systematisch angelegte Forschungsarbeit aus der Schule Cattell und die große Zahl der publizierten Ergebnisse haben einerseits dazu angeregt, diesen Forschungsansatz weiterzuführen, andererseits aber auch die von Cattell weniger beachteten oder bewußt ausgeschlossenen Fragestellungen zu bearbeiten.

An dieser Stelle lassen sich einige Untersuchungen zur Überprüfung der Unverfälschbarkeit objektiver Tests, zu Gütekriterien der objektiven Testdesigns und zur faktoriellen Strukturbestimmung des U.I.-Systems referieren.

Der Nachweis der Unverfälschbarkeit der objektiven Tests wurde von Cattell und Mitarbeitern nur indirekt geführt. Zum einen läßt sich aus dem Konstruktionsprinzip und durch die den Pbn. nicht bekannten Auswertemodalitäten eine annähernde oder sogar völlige Undurchschaubarkeit des Meßprinzips ableiten. Zum anderen hat Cattell die empirischen Befunde, nach welchen unter sehr heterogenen Bedingungen relativ identische Faktorenstrukturen des U.I.-Systems sich ergeben haben, in der Weise interpretiert, daß die Testdesigns in einem hohen Grade resistent gegenüber verschiedenen situativen Bedingungen sind. Da sich die Möglichkeit der Verfälschbarkeit jedoch mit einfachen experimentellen Anordnungen überprüfen läßt, kann das Gütekriterium der Unverfälschbarkeit von objektiven Tests ohne großen Aufwand empirisch überprüft werden.

Eine erste Verfälschungsstudie hat Schmidt (1972) vorgenommen. In dieser Untersuchung beschränkte man sich jedoch auf einige wenige Testvariablen objektiver Tests des Faktors Angst (U.I. 24) und des Faktors Extraversion (U.I. 32). Bei der statistischen Auswertung wurde eine Überprüfung von Mittelwertdifferenzen von Untertests dieser beiden Faktoren vorgenommen. Bei 8 Angstvariablen wiesen 3 Variablen signifikante Mittelwertsunterschiede auf. Zwei Mittelwertsunterschiede lagen in der unerwarteten Richtung einer höheren Ängstlichkeit. Die Überprüfung der Verfälschungseffekte auf Faktorenebene gab keine signifikanten Abweichungen bei den beiden experimentellen Bedingungen. Zieht man aus dieser Verfälschungsuntersuchung einen verallgemeinerungsfähigen Schluß, so kann daraus abgeleitet werden, daß auf Testebene eine unsystematische Verfälschung stattfinden kann.

Häcker, Schwenkmezger & Utz (1979) haben eine umfangreichere Verfälschungsstudie durchgeführt. Es wurden nicht nur Verfälschungseffekte auf der Ebene der Testvariablen in Form von Mittelwertsunterschieden, sondern auch Analysen der Veränderung der Varianz der Testvariablen und zusätzlich eine Überprüfung der verschiedenen Verfälschungsbedingungen auf faktorieller Ebene vorgenommen. Außerdem wurde die Untersuchung so angelegt, daß zwei Verfälschungsbedingungen eingeführt wurden. Die eine Bedingung bezog sich auf die Instruktionsvariation, während die zweite Verfälschungsuntersuchung durch einen Vergleich der Durchführung der Tests als Forschungsinstrument und in einer Auslesesituation zustande kam. Die Ergebnisse sind dahingehend zu interpretieren, daß ein bestimmter Anteil der bisher als unverfälschbar bezeichneten objektiven Tests diesem Güteanspruch nicht gerecht werden. Objektive Persönlichkeitstests, welche nach dem Prinzip der Fragebogen konstruiert sind, müssen bereits von Konstruktionsprinzip her als verfälschbar gelten.

Bezieht man die objektiven Persönlichkeitstests in die traditionelle Testentwicklung und die Bestimmung der dort definierten Gütekriterien ein, so ist gefordert, daß die Gütekriterien nicht nur auf der Ebene der faktoriellen Zusammenfassung ermittelt werden, sondern auch auf der Ebene der Testvariablen schon bestimmt werden sollen. In neuerer Zeit wurden dazu einige Untersuchungen durchgeführt. Wenn objektive Persönlichkeitstests in der Konzeption Leistungstests oder Fragebogen ähnlich sind, ist die Objektivität der Durchführung, der Auswertung und der Interpretation nicht in Frage zu stellen. Da aber auch verschiedene objektive Tests, welche Cattell in seinem U.I.-System verwendet, auch als Untersuchungsverfahren für einzelne empirische Konstrukte verwendet werden, ist es sicher angezeigt, die Testgütekriterien nicht nur auf dem komplexen Niveau der Faktorenladungen zu betrachten, sondern bereits auf Testebene zu überprüfen. Wie Schmidt (1975) bereits feststellte, variieren z.B. Reliabilitätskoeffizienten beachtlich. Je nach angewandter Methode sind Reliabilitätswerte von 0.05—0.99 festzustellen. Da Cattell und Mitarbeiter sehr unterschiedliche Stichproben untersuchten und dabei sehr heterogene Untersuchungs-Bedingungen vorherrschten, ist diese Streubreite von Koeffizienten-Werten nicht verwunderlich.

Bei der deutschen Version der objektiven Testbatterie (OA-TB 74) haben Häcker, Schmidt, Schwenkmezger & Utz (1975) eine Stichprobe von N = 60 männlichen Strafgefangenen bei einem Retest-Intervall von 4—6 Wochen untersucht. Der Median der Retest-Werte lag bei 88 M.I.-Variablen bei 0.64 mit einer Streubreite von 0.10—0.92. Dieser nicht sehr hohe Durchschnittswert kommt dadurch zustande, daß bei einigen Tests (z.B. T 9/4, T 23/1, T 23/4, T 45/2) sehr niedrige Reliabilitätskoeffizienten vorliegen. Es ist zu vermuten, daß durch den Einfluß situativer Bedingungen, welche im Prinzip ausgeschaltet werden könnten, die Retest-Reliabilität wesentlich erhöht werden kann.

Je nach Auswahl der Tests liegen unterschiedlich hohe Halbierungsreliabilitäts-Koeffizienten vor. Howarth (1972) fand für 26 objektive Tests einen Mittelwert von 0.51. Nach Cattell & Rickels (1968) kann ein Median von 0.66 errechnet werden.

Konsistent hohe Halbierungs-Reliabilitätskoeffizienten wurden bei der objektiven Angstbatterie erhalten (Cattell & Scheier 1960b, Beyme & Fahrenberg 1968, Graw 1970).

Bei der Bestimmung von Reliabilitätskoeffizienten entweder auf der Basis von Tests und/oder unter Berücksichtigung von Faktorenwerten müssen unterschiedliche Gesichtspunkte berücksichtigt werden. Berechnet man Koeffizienten auf der Ebene von Tests, so kann man im Sinne einer experimentellen Analyse schneller entscheiden, wodurch entweder extrem niedrige oder extrem hohe Reliabilitäts-Kennwerte bedingt sind. Unter Umständen läßt sich auch besser ermitteln, welche Untertests mehr für die Trait-Messung eingesetzt werden können und welche zur State-Messung herangezogen werden sollten.

Cattells Argument der Reliabilitätsbestimmung auf Faktorenebene geht auf die Tatsache zurück, daß sich die Faktorenwerte aus unterschiedlichen Anteilen von Untertests zusammensetzen und so im Sinne einer Testverlängerung wirksam werden. Nimmt man solche Effekte an, dann würde es sich bei den Reliabilitätsmessungen auf Testebene um Schätzwerte der unteren Grenze handeln.

Betrachtet man die verschiedenen Aspekte der Validität objektiver Tests in der konventionellen Bedeutung von Validität (American Psychological Association 1954, 1966), so ergibt sich folgender Sachverhalt: Inhaltliche Validität ist per definitionem für die objektiven Tests nicht gegeben. Auch die sogenannte Augenschein-Validität sollten objektive Tests zumindest in keiner bestimmten Richtung aufweisen. Mit dem Fehlen einer solchen Augenschein-Validität sind natürlich auch einige Probleme der Testmotivation verbunden. Tests, welche Augenschein-Validität von der Testkonstruktion her nicht besitzen, werden wahrscheinlich vom Pb. mit einer je besonderen Augenschein-Validität belegt.

7. Externe Validierung der U.I.-Dimensionen

Das von Cattell gewählte Vorgehen der Erstellung eines Gesamtsystems der Persönlichkeit auf der Basis von objektiven Tests erforderte einen hohen Aufwand an empirischen Arbeiten zur Erstellung und anschließenden faktoriellen Validierung der mittels objektiver Tests gewonnenen Dimensionen.

Während der vergangenen 15—20 Jahre hat sich die Cattellsche Schule aber auch der externen Validierung und speziell der klinischen Validierung der U.I.-Dimensionen zugewandt. Eine zusammenfassende Übersicht zur klinischen Validierung gibt Schmidt (1975).

Zur klinischen Validierung bzgl. der Kriteriumsgruppe der Neurose liegen aus der Cattellschen Schule zahlreiche Arbeiten vor (Cattell & Scheier 1961, Cattell 1962, Knapp 1965, Cattell, Schmidt & Bjerstedt 1972).

Auch wenn man berücksichtigen muß, daß die Gruppe der Neurotiker sehr heterogen sein kann, daß zu einer umfassenden und erklärenden klinischen Beschreibung Neurotiker nicht nur mit „normalen" Pbn, sondern auch mit anderen klinischen Gruppen verglichen werden müssen, so haben sich doch aus den o. e. Untersuchungen einige wichtige Hinweise zur Beschreibung dieser klinischen Gruppe mittels U.I.-Faktoren ergeben. Faßt man diese Ergebnisse auf der Ebene der Faktorenwerte zusammen, so ergeben sich signifikante Unterschiede bezüglich des Faktor U.I. 23, U.I. 24, U.I. 19, U.I. 32. Diese Ergebnisse sind in Übereinstimmung mit Sekundärfaktoren von Fragebogendimensionen zu bringen. Darüber hinaus ergeben sich bei einzelnen Untersuchungen — je nach Stichprobenzusammensetzung — Unterschiede im Faktor U.I. 16, U.I. 21 und einige Trends bei weiteren Faktoren.

Wie Schmidt (1975) in seiner umfassenden Zusammenstellung der klinischen Validierungsuntersuchungen feststellt, gibt es nur wenige Untersuchungen, in welchen mit Hilfe der Diskriminanzanalyse U.I.-Faktoren als Prädiktoren zur Klassifikation von Neurotikern benutzt wurden. Bei der Einbeziehung der Kriteriumsgruppe der Neurotiker und einer Vergleichsgruppe von Normalen konnte eine erfolgreiche Klassifikation durchgeführt werden (Cattell & Scheier 1961). Weitere Untersuchungen werden von Schmidt (1975) zusammengefaßt. Faßt man eine mögliche Beschreibung der Neurotiker im Gesamtsystem der Dimensionen des U.I.-Systems nach Schmidt zusammen, so kann man die Neurotiker als gefühlsabhängig, emotional labil, sozial zurückgezogen, kritisch und energieschwach beschreiben (s. Schmidt 1975, 149).

Auch für den Bereich der Persönlichkeitsstörungen liegen — trotz der Uneindeutigkeit der klinischen Klassifikation — einige interessante Ergebnisse vor, die jedoch noch einer weiteren Absicherung bedürfen (Cattell 1962, Knapp 1965, Cattell & Kilian 1967).

Auch im Bereich der Diagnose von Psychosen liegen einige Ergebnisse vor. Faßt man die mittels objektiver Tests beschreibbare „Eigenschaftsstruktur" von Schizophrenen zusammen, so kann man sie durch mangelnde Selbstbehauptung (U.I. 16—), Unterwürfigkeit (U.I. 19—), Zurückhaltung (U.I. 21—), Regression (U.I. 23—), angespannte Starrheit (U.I. 25—) und dissoziierte Frustration (U.I. 30—) charakterisieren. Bei einer persönlichkeitspsychologischen Beschreibung von psychotischen Zuständen auf der Basis von Grundwesenszügen der „normalen" Persönlichkeit muß allerdings folgendes berücksichtigt werden: 1. Die Testung psychotischer Probanden ist je nach Grad der Symptome sehr schwierig. 2. Bei den Beschreibungen auf den Dimensionen der objektiven Testbatterie läßt sich nur schwer feststellen, welche Ausprägungen differentialdiagnostisch zur Psychose gehören.

8. Deutschsprachige Adaptierungen objektiver Tests nach Cattell

Zur Entwicklung von Meßverfahren wird im deutschen Sprachraum häufig auf Entwicklungsarbeiten im anglo-amerikanischen Bereich zurückgegriffen. Dies weist z. B. die Umfrage-Übersicht von Sauer (1976) auf. Da aber auch eine Reihe von europäischen Wissenschaftlern mit den Cattellschen Forschungsinstitutionen eng verbunden sind und auch an der Entwicklung der objektiven Tests im englischsprachigen Raum gearbeitet haben, war es naheliegend, Adaptierungen

Tabelle 7: 50 ausgewählte Objektive Persönlichkeitstests, die zugehörigen Meßvariablen und deren Beziehung zu 21 U.I.-Faktoren.[1])

Testnummer und Titel	Variablennummer	entspr. M.I.-Nummer	„salient variable" für U.I.-Faktor(en)
T 1 Rückwärtsschreiben (RWS)	T 1/1 T 1/2 T 1/3	2a 177a 599	U.I. 23 U.I. 31
T 2 Unvollständige Bilder	T 2/1 T 2/2	17 146a	U.I. 19, 25, 28
T 3 Wechselbilder	T 3/1	8	U.I. 19, 22, 23
T 8 Beurteilung von Leistungen	T 8/1	133	U.I. 29
T 9 Meinungen	T 9/1 T 9/2 T 9/3 T 9/4 T 9/5	152 67a 116 113 65	U.I. 20, 21, 24, 28, 36 U.I. 28, 33 U.I. 20, 24, 28, 34 U.I. 20, 24, 28 U.I. 18, 23, 26
T 10(1) Meinungen	T 10(1)/1 T 10(1)/2	34	U.I. 21
T 10(2) Meinungen	T 10(2)/1 T 10(2)/2	193a	
T 13 Wissen über Leute	T 13/1 T 13/2 T 13/3 T 13/4 T 13/5	763	U.I. 24, 28, 32

[1]) Zur Zuordnung zu den 21 U.I.-Faktoren wurden die Listen der sog. „salient variables" von Hundleby, Pawlik & Cattell (1965) und Cattell & Warburton (1967) herangezogen. Einen Anspruch auf Vollständigkeit erhebt die Tabelle bezüglich der Zuordnung nicht, da die Angaben in beiden Arbeiten voneinander abweichen und widersprüchlich sind. Im Zweifelsfall wurde das erstere der beiden Standardwerke berücksichtigt.

Tabelle 7: Fortsetzung

Testnummer und Titel	Variablennummer	entspr. M.I.-Nummer	„salient variable" für U.I.-Faktor(en)
T 16 Beurteilung von Leuten	T 16/1 T 16/2	100 124	U.I. 33 U.I. 17, 20
T 16(B) Urteile über alltägl. Dinge	T 16(B)/1	100	U.I. 33
T 17 Buchstaben-Symboltest	T 17/1 T 17/2 T 17/3	1416 101a 1545	U.I. 30 U.I. 16, 20, 27
T 18 Redewendungen	T 18/1	102	U.I. 26, 29
T 19 Wie lange braucht man?	T 19/1 T 19/2 T 19/3	159c 191 192	U.I. 17, 19, 33 U.I. 28 U.I. 28, 31, 33
T 20 Zeichnungen	T 20/1 T 20/2 T 20/3	282 336	U.I. 16, 32, 34 U.I. 17
T 21 Immer richtig	T 21/1	106	U.I. 20
T 22 Erfahrung und Können	T 22/1 T 22/2 T 22/3 T 22/4	108 147	U.I. 24, 28, 33 U.I. 24, 26
T 22(C) Wie würden Sie abschneiden?	T 22(C)/1	147	U.I. 24, 26
T 23 Vergangenheit und Zukunft	T 23/1 T 23/2 T 23/3 T 23/4 T 23/5 T 23/6	109 110	U.I. 30 U.I. 20, 25, 30

Tabelle 7: Fortsetzung

Testnummer und Titel	Variablennummer	entspr. M.I.-Nummer	„salient variable" für U.I.-Faktor(en)
T 24 Auswirkungen von Dingen	T 24/1	111/112	U.I. 27, 33
T 25 Bevorzugte Bücher	T 25/1	321	U.I. 17, 25
T 27(B) Wie gefällt Ihnen . . .?	T 27(B)/1 T 27(B)/2	117	U.I. 16, 17
T 31 Weisheiten	T 31/1	144	U.I. 24, 31
T 33 Versteckbilder	T 33/1 T 33/2 T 33/3	170 171	U.I. 19, 21, 25 U.I. 16, 23, 28
T 36 Was sagen Sie dazu?	T 36/1	205	U.I. 24
T 37 Verborgene Formen	T 37/1 T 37/2	206 1555	U.I. 19
T 38 Allgemeine Widrigkeiten	T 38/1 T 38/2 T 38/3	242 767 211a	U.I. 21, 26 U.I. 24 U.I. 24, 33
T 39 Wie beurteilen Sie Ihren Erfolg?	T 39/1	212	U.I. 16
T 41 Tun Sie manchmal . . .?	T 41/1	219	U.I. 20, 24
T 42 Labyrinthtest	T 42/1 T 42/2 T 42/3	231 234 120c	U.I. 19, 22 U.I. 16 U.I. 16, 23, 25, 34

Tabelle 7: Fortsetzung

Testnummer und Titel	Variablennummer	entspr. M.I.-Nummer	„salient variable" für U.I.-Faktor(en)
T 43 Geschichten	T 43/1		
	T 43/2		
	T 43/3	1439	
	T 43/4	271	U.I. 21, 34
T 43(B) Meine Interessen	T 43(B)/1		
T 44 Vergleich von Buchstaben und Zahlen	T 44/1	307/308	U.I. 16, 21
	T 44/2	120b	U.I. 16, 23, 25, 34
T 45 Beurteilung der Längen von Linien	T 45/1	309	U.I. 16, 21
	T 45/2	312	
T 62 Vergleich der Größen von Flächen	T 62/1	378	U.I. 16
	T 62/2	737	U.I. 32
T 64 Freunde und Bekannte	T 64/1	473	U.I. 24, 35
	T 64/2	474	U.I. 22, 26
T 88 Zeichnungen ergänzen	T 88/1	853	U.I. 32
T 93 Namenswahl	T 93/1	865	U.I. 19, 27
T 96 Beruflicher Erfolg	T 96/1		
	T 96/2		
	T 96/3		
	T 96/4	1160	
T 97 Beurteilung von Fragen des praktischen Lebens	T 97/1	229	
	T 97/2	116	U.I. 20, 24, 28, 34

Tabelle 7: Fortsetzung

Testnummer und Titel	Variablennummer	entspr. M.I.-Nummer	„salient variable" für U.I.-Faktor(en)
T 110 Lebensziele	T 110/1 T 110/2	1189 458	U.I. 21, 35
T 111 Geschichten	T 111/1	460	U.I. 25, 29, 32, 34, 35
T 112 Wo kreuzen sich die Linien?	T 112/1	609	U.I. 18, 23
T 121 Hindernisse	T 121/1 T 121/2 T 121/3	15 143	U.I. 16, 18 U.I. 16, 18, 29
T 181 Ziele	T 181/1	449	U.I. 32
T 181(A) Streiche	T 181(A)/1	218	U.I. 17, 23
T 197 Was würden Sie lieber machen?	T 197/1	401	U.I. 33
T 203 Die längste Linie	T 203/1 T 203/2	615 1709	U.I. 23
T 271 Persönliche Zufriedenheit	T 271/1	1694	
T 272 Peinliche Umstände	T 272/1	481	U.I. 24
T 361 Meinungen	T 361/1	2119	

von objektiven Tests, die von Cattell entwickelt wurden, vorzunehmen. Die von Cattell & Scheier (1960a) entwickelte „Objective-Analytic (O-A) Anxiety Battery" wurde von Beyme & Fahrenberg (1968) in deutscher Sprache analysiert. Die Bestimmung der faktoriellen Struktur und die Ermittlung von externen Validitätskoeffizienten hat Graw (1970) vorgenommen. Die objektive Angstbatterie umfaßt dabei 8 Untertests: T 241, T 242, T 243, T 244, T 245, T 246, T 247, T 249.

Mit dem allgemeinen Ziel der Erprobung des Cattellschen U.I.-Systems im deutschen Sprachraum und mit den speziellen Anliegen der Überprüfung und möglicherweise Verbesserung der Gütekriterien objektiver Tests, sowie der Überprüfung der faktoriellen Struktur des U.I.-Systems haben Schmidt, Häcker & Cattell (1974, 1975) eine deutschsprachige Batterie von 50 objektiven Tests erstellt. Bei der Auswahl der einzelnen Tests wurde die Zahl von 21 U.I.-Faktoren zugrunde gelegt. Die Auswahl der einbezogenen objektiven Persönlichkeitstests gibt Tabelle 7 wieder. Die Cattellsche Auswertungspraxis nach Master-Indices wurde für die deutsche Adaptierung nicht vorgenommen, da sie eine Reihe von Nachteilen mit sich bringt (s. Häcker, Schmidt, Schwenkmezger & Utz 1975). Einige Ergebnisse zur internen, externen und faktoriellen Validität wurden von Häcker (1975) vorgelegt.

Da ein Mangel an Meßverfahren zur quantitativen Bestimmung von Motiven zu verzeichnen ist, wurde der School Motivation Analysis Test (SMAT) (Sweney, Cattell & Krug 1970) mit 6 Strukturfaktoren im Bereich der Ergs (Assertiveness, Mating, Fear, Narcism, Pugnacity-Sadism, Protectiveness) und 4 Strukturfaktoren des Sentiments (Self-Sentiment, Superego, School, Home) im gesamten Item-Umfang ins Deutsche übertragen. Für den Erwachsenenbereich liegt der Motivation Analysis Test (MAT) vor. Von Häcker, Schmidt & Cattell (1977) wurden die 4 Untertests (Kenntnisse, Gepflogenheiten, Wortpaare, Einschätzungen) für 5 Strukturdimensionen der Ergs (Mating, Assertiveness, Fear, Narcism-Comfort, Pugnacity-Sadism) und 5 Sentiments (Self Concept, Superego, Career-Profession, Sweetheart-Spouse, Home-Parental) mit dem Ziel der faktoriellen Strukturbestimmung ins Deutsche übertragen. Ergebnisse zu diesen experimentellen Formen objektiver Motivationstests liegen z. Z. noch nicht vor.

9. Die Entwicklung der objektiven Testbatterien im englischsprachigen Raum

Innerhalb der Cattellschen Schule sind in den letzten Jahren keine grundsätzlichen Neuentwicklungen von objektiven Tests mehr entstanden. Die jetzige Phase der empirischen Analysen betrifft eine weitere Konsolidierung der Bestimmung der faktoriellen Validität einzelner Testbatterien und den Versuch, die über objektive Testbatterien gewonnenen Testwerte als Prädiktoren bzw. Prädiktorenkombinationen für die Verhaltensvorhersage zu erproben.

Neueren Datums sind die Entwicklungen auf dem Gebiet der Highschool Objective Analytic Personality Factor Battery (HSOA) (Cattell & Schuerger 1970). Diese Testbatterie ist für das Schulalter von 12 bis 17 Jahren konzipiert. Die Testbatterie umfaßt 12 U.I.-Dimensionen (U.I. 16, U.I. 17, U.I. 19, U.I. 20, U.I. 21, U.I. 23, U.I. 24, U.I. 25, U.I. 26, U.I. 28, U.I. 32, U.I. 33) mit einer alternativen Auswahl von 10 bzw. 12 Subtests.

Eine weitere Entwicklung hat im Zuge der Angstforschung die Objective Analytic Anxiety Battery erhalten (Cattell & Scheier 1960a/1967 Supplementation).

Cattell & Schuerger (1978) haben aufgrund weiterer faktoranalytischer Untersuchungen aus dem Gesamtbereich von 21 Grundwesenszügen (U.I. 16 bis U.I. 36) eine Testbatterie von 10 Faktoren zusammengestellt, welche sich besonders gut haben replizieren lassen. In diese Gruppe der 10 Faktoren fallen: U.I. 16, U.I. 19, U.I. 20, U.I. 21, U.I. 23, U.I. 24, U.I. 25, U.I. 28, U.I. 32, U.I. 33).

Besonderes Interesse hat die Cattellsche Schule noch der Weiterentwicklung der Motivationsanalyse und der Erfassung von Motivstrukturen mittels objektiver Testbatterien durch den MAT (Cattell, Horn, Sweney & Radcliffe 1964, Cattell 1966), den SMAT und den CMAT gewidmet.

Eine Zusammenfassung der gesamten Testentwicklung im Bereich der Motivation ist bei Cattell & Child (1975) zu finden. Dielmann, Barton & Cattell (1971) haben die Vorhersage des Schulerfolges über objektive Motivationstests untersucht. Die Beziehung zwischen objektiven Motivationsvariablen und Familienmerkmalen haben Dielmann, Barton & Cattell (1973) analysiert. Auswirkungen der Familienstruktur auf die Dimensionen der kindlichen Motivation wurden von Dielmann, Barton & Cattell (1974) untersucht.

10. Einige kritische Bemerkungen zu Cattells Persönlichkeitssystem

Cattell und Mitarbeiter haben über einen langen Forschungszeitraum systematisch die Analyse der Strukturdimensionen der Persönlichkeit in umfassendem Sinne und mit hohem methodischen Aufwand durchgeführt. Zur psychologischen Literatur haben Cattell und Mitarbeiter mehrere Hundert Einzelbeiträge geliefert. Innerhalb dieses Forschungsprogramms wurden nicht nur neue Methoden entwickelt, sondern auch neue Wege der Integration von Strukturanalyse und Prozeßanalyse beschritten.

Umfangreiche psychologische Systeme mit der Frage zu konfrontieren, ob sie „richtig" oder „falsch" sind, ist unangemessen und wenig sinnvoll. Bei einem Volumen von empirischen Analysen, wie es aus der Cattellschen Schule hervorgebracht wurde, kann es letztlich auch als unbedeutend bezeichnet werden, wenn einige methodische oder inhaltliche Details zur kritischen Diskussion gestellt werden, da in Frage gestellt werden muß, ob ein System, wie es von Cattell aufgestellt wurde, über Einwände dieser Art modifiziert werden kann.

Auch wenn aus diesen einleitenden Bemerkungen gefolgert werden könnte, daß verschiedene kritische Einwände am Gesamtentwurf dieses Systems nichts ändern würden, sollen zum Abschluß doch noch einige solcher Überlegungen geäußert werden. Der von Cattell und Mitarbeitern formulierte, psychometrisch und strukturanalytisch orientierte, in seinem Geltungsbereich sehr universell konzipierte Anspruch einer Persönlichkeitsanalyse und der damit verbundenen Verhaltensvorhersage, läßt sich weder empirisch noch theoretisch realisieren. Aus der Perspektive und von der Erkenntnis geleitet, daß Verhalten multipel determiniert ist, kann angenommen werden, daß über die aus dem Forschungsprogramm von Cattell entwickelten Verfahren im wesentlichen nur die strukturanalytischen Anteile von Verhaltenskorrelaten abgebildet werden können.

Wenn im folgenden nun noch einige Details angefügt werden, so sind diese im Sinne einer möglichen weiteren Forschungsinitiative zu verstehen.

Mit begründbaren und plausiblen Argumenten wurde von Cattell und Mitarbeitern eine faktorielle Strukturbestimmung mittels einer großen Anzahl von Faktoren gegenüber einer Strukturkonzeption mit nur wenigen Faktoren für erfolgreich gehalten. Da jedoch bei einer Vielzahl der Faktoren die Überlappung sehr groß ist, sind — bei gleichzeitiger Überfaktorisierung — wesentliche Nachteile mit diesem Vorgehen verbunden. Erst in letzter Zeit hat Cattell die Konsequenz aus der empirisch belegbaren Tatsache gezogen, daß über Faktoren, welche zur Aufklärung der Varianz nur sehr wenig beitragen, die Verhaltensvorhersage auch wenig effektiv sein wird.

Auch wenn Cattell den Schwerpunkt auf strukturmetrische Analysen der objektiven Tests legt, so müßte doch die itemmetrische Analyse solcher Verfahren ebenfalls durchgeführt werden. Die niedrigen Reliabilitätskoeffizienten mancher objektiver Tests können durch die statistische Analyse der Faktorenbestimmung nicht verbessert werden.

Cattell hat außerdem versucht, über Neubenennungen von faktoriellen Dimensionen aus objektiven Tests den Faktoren eine psychologische Bedeutung zu verleihen. Eine verbal unkonventionelle Bedeutungsverleihung ist jedoch kein Ersatz für den Nachweis einer präzisen funktional psychologischen Bedeutung solcher Dimensionen.

Das Konzept der Markiervariablen, welches zum Aufbau der objektiven Testbatterie und zur Bestimmung der Bedeutung von Faktoren wichtig ist, muß als eine Hilfskonstruktion für die interne oder faktorielle Validierung angesehen werden. Dieses Konzept ersetzt die umfangreiche externe Validierung nicht.

Die systematische Entwicklung von Master-Indizes muß als ein experimenteller Versuch betrachtet werden, möglichst viele Verhaltensaspekte umfassend zu erproben. Da arithmetisch abhängige Meßvariablen zur Klärung der psychologischen Bedeutung der Faktoren nichts beitragen und zudem methodische Komplikationen herbeiführen, sollte die Generierung von solchen Meßwerten eher eingeschränkt werden.

B. Objektive Persönlichkeitsmessung im System von Eysenck

Auch wenn die vergleichende Betrachtung der Ergebnisse der empirischen Untersuchungen von Cattell und Eysenck eine relative Ähnlichkeit bezüglich der Dimensionalität von Beschreibungsdimensionen der Persönlichkeit — auf unterschiedlichen Niveaus — ergibt, so darf diese Konvergenz der Ergebnisse das unterschiedliche methodische Vorgehen und die unterschiedlichen Erkenntnisziele dieser beiden Forschungsrichtungen nicht verdecken. Die Übereinstimmung der Ergebnisse der beiden Systeme beruht nur zum Teil auf der Konvergenz aus externen Validitätsuntersuchungen. Sie resultiert zu einem großen Teil aus der Interpretation der faktoriell gewonnenen Dimensionen der Persönlichkeit.

Die Darstellung der objektiven Persönlichkeitstest nach Eysenck ist in dem hier zu diskutierenden Zusammenhang deshalb eingeschränkt, weil der Beitrag von Eysenck und Mitarbeitern zu einem großen Teil aus experimentell-apparativen Untersuchungsmethoden resultiert, welche nur bedingt die eingangs erwähnten Kriterien der objektiven Tests erfüllen. Da Eysenck und Mitarbeiter eine eher psycho-physiologisch orientierte Persönlichkeitstheorie aufgestellt haben, handelt es sich um Meßverfahren im Grenzbereich zwischen psychologischen und physiologischen Parametern (s. 4. Teilband, Kap. 1).

1. Einige Voraussetzungen der Persönlichkeitstheorie von Eysenck

Die zahlreichen empirischen Arbeiten, welche von Eysenck und Mitarbeitern innerhalb der Eysenckschen Schule, aber auch außerhalb dieser durchgeführt wurden, können an dieser Stelle nicht im einzelnen wiedergegeben werden. Es soll deshalb auf einige zusammenfassende Arbeiten verwiesen werden (Lovibond 1964, Gray 1972a, b, Eysenck 1976).

Eysencks Persönlichkeitstheorie ist sehr stark von seiner rein naturwissenschaftlich orientierten wissenschaftstheoretischen Ausgangsposition geprägt. Diese Kriterien sollen auch für die Theoriebildung in der Persönlichkeitsforschung zur Anwendung kommen. Die vielfältigen psychischen Erscheinungen sollen auf einfache, aber auch umfassende theoretische Annahmen zurückgeführt werden können.

In der Eysenckschen Persönlichkeitstheorie wird außerdem der Versuch unternommen, die unterschiedlichsten Verhaltensparameter auf universelle Prinzipien zurückzuführen. Besonderes Ziel der Eysenckschen Persönlichkeitsmessung ist es, verschiedene Teilbereiche der Psychologie wieder unter eine einheitliche theoretische Konzeption zu bringen. Sein spezielles Anliegen ist es, Lerntheorie und Persönlichkeitstheorie zu integrieren. Eine weitere Forderung besteht darin, die Meßparameter, welche auf der phänotypischen, der genotypischen und der experimentellen Ebene gewonnen werden, einheitlich theoretisch zu integrieren (Eysenck 1960a).

2. Die Untersuchungsmethoden im Rahmen der Eysenckschen Persönlichkeitsmessung

Als Testautor ist Eysenck durch seine Persönlichkeitsfragebogen bekannt geworden (Eysenck 1947a, b, 1953, 1954, 1958a, 1959b, 1964). Diese Persönlichkeitsfragebogen sollen auf der Ebene der subjektiven Tests die Dimensionen der Introversion — Extraversion, des Neurotizismus und z. T. des Psychotizismus (Eysenck & Eysenck 1968) erfassen. Diese Dimensionen stehen in einem hierarchischen Konzept der Persönlichkeit und sind durch eine kausale Persönlichkeitstheorie integriert. Die diesen Dimensionen zugrundeliegenden psychologischen und physiologischen Prozesse sind durch experimentelle Analysen — meist mit apparativen Testverfahren — untersucht. Der Konzeption dieser Meßverfahren liegt primär nicht die Intention zugrunde, objektive Meßvariablen im Sinne der Nichteinsehbarkeit des Meßprinzips zu verwenden. Eysenck strebt objektive Persönlichkeitsmessung zum einen deshalb an, weil die funktionale bzw. experimentelle Analyse anderen Forschungsstrategien als überlegen angesehen wird und weil im Rahmen der theoretischen Annahmen der Inhibitionstheorie die aus ihr abgeleiteten differentiell-psychologischen Hypothesen mit experimentellen Techniken am besten zu überprüfen sind (Eysenck 1955a, b, 1959b, 1970, 1972, Eysenck & Eysenck 1969).

Da aufgrund der sehr zahlreichen und systematischen Analysen von Eysenck und Mitarbeitern im Bereich der objektiven-apparativen Testverfahren keine standardisierten Einzeltests oder Testbatterien entstanden sind, sollen für die hier anstehende Darstellung die von Eysenck und Mitarbeitern entwickelten objektiven Persönlichkeitsmeßverfahren nur in einer zusammenfassenden Darstellung wiedergegeben werden.

3. Objektive Meßverfahren zur Bestimmung der Dimension „Introversion — Extraversion"

Eysencks dreidimensionales System der Persönlichkeitsdimensionen ist bezüglich des Konstrukts der Extraversion — Introversion mit dem Konzept der Inhibition

— Excitation verbunden (Eysenck 1947b, 1954, 1955a, 1956, 1958a, 1959b, 1962, 1967, Eysenck & Levey 1972). Neuere Formulierungen dieser Theorie haben Claridge (1967), Gray (1967, 1970, 1972b) und Powell (1979) unternommen.

Eysenck formulierte zur Untersuchung dieser Sachverhalte das Postulat der individuellen Differenzen und der typologischen Relevanz (Eysenck 1954). Zusätzliche Hypothesen sind im sog. Drogenpostulat festgehalten (Eysenck 1957). In einer großen Zahl von Untersuchungen wurden diese Postulate überprüft (zusammenfassend z. B. Eysenck 1960b, Legewie 1968).

In den entsprechenden Untersuchungen wurden Lernkurven untersucht, Konditionierungsexperimente durchgeführt, die Messung der Reminiszenz vorgenommen, Flimmerverschmelzungsfrequenzen ermittelt, Leistungsabfallsverläufe bei Aufgaben untersucht, Ermüdungsphänomene analysiert, die Daueraufmerksamkeitsspanne gemessen, sensorische Schwellenbestimmungen und Schmerzschwellenbestimmungen vorgenommen und andere Wahrnehmungsphänomene untersucht. Hypothetische Formulierungen über die Beziehung von Excitation — Inhibition zu den abhängigen Variablen der Leistung erbrachten in einer Reihe von Untersuchungen Ergebnisse, welche die enge Beziehung der Dimension Extraversion — Introversion und Excitation — Inhibition darstellen. So konnte z. B. Lynn (1960) und Holland (1965) zeigen, daß Extravertierte ein geringeres Ausmaß an Figur-Nachwirkung aufweisen. Jensen (1964) stellte fest, daß bei einfachen Lernvorgängen Extravertierte eine geringere Leistung zeigten. Bezüglich der Schmerzschwelle haben Lynn & Eysenck (1961) Ergebnisse ermittelt, wonach Extravertierte die Schmerzinduktion besser ertragen können. In einer Untersuchung von Bartenwerfer (1957) konnte gezeigt werden, daß die Extravertierten weniger vigilant sind. Eine größere Zahl von weiteren Ergebnissen (s. z. B. Powell 1979) stützt die hypothetischen Formulierungen der Eysenckschen neuropsychologischen Persönlichkeitstheorie. Außerhalb dieser Befunde gibt es jedoch eine Reihe von Untersuchungen, welche die Theorie nicht stützen (s. z. B. Boakes & Halliday 1972). Außerdem haben verschiedene Autoren auf die Probleme des bei Eysenck nur sehr ungenau formulierten hypothetischen Konstrukts der Excitation — Inhibitionsbalance hingewiesen (Claridge 1967, Gaensslen 1969, Gray 1972a, Powell 1979).

Obwohl Eysenck (1967) die Untersuchungen zu den biologischen Grundlagen der Persönlichkeit mit dem Ergebnis zusammenfaßt, daß es sich bei seiner Theorie um eine „schwache Theorie" (Eysenck 1960a) handeln würde, und die bisherigen Ergebnisse nur zur weiteren Forschung anregen sollen, sind die theoretischen Formulierungen der Herleitung des „starken und schwachen Nervensystems" häufig so abgefaßt, daß sie den Eindruck einer „schwachen Theorie" nicht vermitteln (s. a. Gray 1973). Die neurophysiologischen Korrelate bedürfen jedoch einer weiteren Präzisierung (Powell 1979).

4. Meßverfahren zur Bestimmung der neurotischen Tendenz

Die Dimension der psychischen Labilität — Stabilität ist im System von Eysenck im wesentlich geringerem Maße theoretisch fundiert als die Dimension der Extraversion — Introversion. Die abhängigen Variablen, welche zur näheren Bestimmung der neurotischen Tendenz herangezogen wurden, stellen wieder Meßparameter aus objektiven-experimentellen Analysen dar. Die Analyse der bipolaren Dimension des Neurotizismus wird bei Eysenck (1950, 1953, 1954) mit Hilfe der Kriteriumsanalyse vorgenommen. Gegen diese Kriteriumsanalyse sind eine Reihe methodischer Einwände (Lubin 1950, Beezhold 1953, Cattell 1957, 1964) gemacht worden. Mit der Benennung „Kriteriumsrotation" wird der tatsächliche Sachverhalt auch direkter erfaßt. Da in die Kriteriumsrotation ein klinisches Diagnosekriterium mit eingeht, sind gegen die Verwendung dieser Methode die von Eysenck selbst vorgebrachten Einwände gegen eine klinische Diagnose zu nennen. Schmidt (1975) erwähnt eine Reihe weiterer Einwände: Mit dieser Methode können keine neuen Klassifikationssysteme, wie sie selbst von Eysenck gefordert werden, aufgestellt werden. Außerdem wird bei der Kriteriumsrotation keine aufklärende Analyse der wesentlichen Dimensionen vorgenommen. Sie beschränkt sich auf die Ermittlung eines Faktors. Außerdem können keine funktionalen Zusammenhänge analysiert werden. Die abhängigen Variablen einer solchen Testbatterie von Neurosetests umfaßt z. B. den Body-Swaytest, die statische Ataxie, die Anfälligkeit gegenüber Beanspruchung, die Messung des Anspruchsniveaus, die Erfassung der Dunkel-Adaptation, den Track-Tracer-Test, die Wortflüssigkeit, die motorische Perseverationstendenz, die Fähigkeit, die Atmung anzuhalten, die motorische Schnelligkeit und andere Verfahren (zusammenfassend s. Eysenck 1967).

5. Objektive Meßverfahren zur Bestimmung der psychotischen Tendenz

Angeregt durch die Nachteile der psychiatrischen kategorialen Analysen hat Eysenck standardisierte Tests zur Überprüfung der psychotischen Tendenz eingesetzt. Untersuchungsergebnisse aus Fragebogenerhebungen (Eysenck & Eysenck 1968) haben die Hypothesen einer dritten Dimension der psychotischen Tendenz nahegelegt.

Testvariablen, welche diskriminanzfähig zur Feststellung der psychotischen Tendenz waren, bezogen sich auf folgende Meßdimensionen: Schätzfehler bei der Einschätzung räumlicher Dimensionen, motorische Leistungsschnelligkeit, assoziative Geschwindigkeit, Durchhaltevermögen bei motorischen Aufgaben, Inversionshäufigkeit bei Wahrnehmungsaufgaben und andere Reizverarbeitungsvariablen waren in die Untersuchungen einbezogen (Eysenck 1951, 1958a).

C. Vergleich von Cattell und Eysenck

Die beiden großen Persönlichkeitssysteme von Eysenck und Cattell sind bezüglich ihrer Ergebnisse, ihrer statistischen Datenverarbeitungsmethoden, ihrer Grundannahmen und ihrer Datenerhebungsmethoden bereits seit einiger Zeit Gegenstand vergleichender Untersuchungen und vergleichender Betrachtungen geworden (Adcock 1965, Pawlik 1968, Howarth 1972, Schmidt 1975). Ein systematischer Vergleich soll hier nicht vorgenommen werden. Es wird auf Schmidt (1975, S. 104—105) verwiesen. In dem hier zu diskutierenden Zusammenhang soll sich die vergleichende Betrachtung nur auf die objektiven Tests beschränken.

Objektive Persönlichkeitstests im eingangs erwähnten Sinne sind in den Untersuchungen von Cattell und Eysenck grundsätzlich unterschiedlich konzipiert und mit unterschiedlichen Intentionen angewandt. Während Eysenck die objektiven Testverfahren als apparative Tests im Rahmen seiner neuropsychologischen Persönlichkeitstheorie so konzipiert und ausgewählt hat, daß Verhaltenskorrelate dieser neuropsychologischen Mechanismen meßbar sind, hat Cattell den Schwerpunkt auf die Undurchschaubarkeit des Meßprinzips und die möglichst umfassende Analyse von Verhaltensvariablen gelegt. Vergleicht man die Verfahren nach einer anderen Dimension, so könnte folgendes festgestellt werden: Die Eysenckschen Testverfahren sind apparative Tests für bivariate Experimente, während bei Cattell die multivariate Konzeption — mit dem Anspruch der Erfassung möglichst vieler Reaktionsvariablen — vorherrscht. Aus diesem, nicht die gesamten Meßinventare umfassenden Vergleich kann weiter gefolgert werden, daß bei dem Eysenckschen Vorgehen der multivariate Anspruch eher vernachlässigt und bei Cattell die Notwendigkeit der funktionalen Analyse zwischen unabhängigen und abhängigen Variablen nicht in genügendem Maße in die empirische Forschung einbezogen wird.

III. Objektive Testmessung am Beispiel von Einzelkonstrukten

Neben den Bemühungen der empirischen Persönlichkeitsforschung und der Diagnostischen Psychologie, Gesamtsysteme der Persönlichkeit und darauf bezogene diagnostische Methoden zu entwickeln, hat es bereits seit den Anfängen der empirisch-psychologischen Forschung Bestrebungen gegeben, Verhaltensresultate oder Erlebnisaspekte über den „uniconcept-approach" (London & Exner 1978) zu analysieren. Wenn auch festzustellen bleibt, daß bei einem Großteil der Konstrukte (wie z. B. „Autoritarismus", „Dogmatismus", „locus of control", „sensation seeking", „repression-sensitization") die Meßverfahren subjektive Tests darstellen, so gibt es auf der anderen Seite einige wenige Konstrukte, die im wesentlichen nur über objektive Tests oder objektive Meßverfahren operationalisiert werden können. An dem Beispiel der Interferenzneigung und der Feldabhängigkeit soll dies aufgezeigt werden.

A. Interferenzneigung

Interferenzerscheinungen können bei verschiedenen psychischen Prozessen auftreten. Wird die Interferenzneigung bei Individuen mit einer bezüglich des Farbwortes und der Farbe des Wortes inkongruenten Liste von Farbnamen erhoben, so spricht man von Farb-Wort-Interferenzneigung. Seitdem Stroop (1935, 1938) dieses Verfahren entwickelte, welches bereits bei den Wahrnehmungstypen-Untersuchungen von Jaensch (1930) in ähnlicher Weise verwendet wurde, benennt man diese oder ähnliche Untersuchungsmethoden als Farb-Wort-Interferenz-Meßverfahren. Die originale Version des Verfahrens ist bei Stroop (1935) genau beschrieben. Da Stroop jedoch keine standardisierte Form als Testverfahren entwickelte, wurden bei weiteren Anwendungen Variationen eingeführt, die sich — unter Beibehaltung des grundsätzlichen Designs — mehr oder weniger weit von der Originalform entfernt haben. Gruppenverfahren zur Messung der individuellen Interferenzneigung stammen von Kipnis & Glickman (1962). Eine neuere Entwicklung einer Gruppenform des Farb-Wort-Interferenzverfahrens wurde von Messick (1964) vorgestellt.

Wie die Übersichtsdarstellungen von Jensen & Rohwer (1966) und Dyer (1973) zeigen, hat trotz inkongruenter Ergebnisse die Forschungsaktivität auf diesem Untersuchungsgebiet nicht wesentlich nachgelassen. Eine Übersicht über wichtige Ergebnisse der Farb-Wort-Interferenzforschung gibt Herrmann (1976, vgl. auch Kalkofen 1969). Die Beziehungen von Parametern der Interferenzneigung zu Persönlichkeitsvariablen, zu Leistungsparametern für allgemeine und spezielle Funktionen und zu Statusvariablen der Versuchsperson zeigen unterschiedliche Ergebnisse. Nach Hörmann (1960) muß geschlossen werden, daß differentielle Effekte von Hintergrundsvariablen stammen, die häufig in den bivariat angelegten Untersuchungen nicht berücksichtigt wurden.

Jensen & Rohwer (1966) schließen aus der Tatsache, daß Stroopvariablen mit sehr vielen Variablen unterschiedlicher psychologischer Bedeutung niedrige, aber signifikante Beziehungen aufweisen, daß mit dem Stroop-Interferenzmaß eine grundlegende Dimension gemessen wird, welcher ein bestimmtes Maß an Universalität und Generalität zugeschrieben werden kann. Versucht man die unterschiedlichen Untersuchungsergebnisse auch innerhalb verschiedener Stroopvariablen zu interpretieren, so kann angenommen werden, daß bei den jeweils ermittelten Testvariablen ein nicht unerheblicher Methodenfaktor mit eingeht.

Um eine umfassende Bedeutungsklärung eines Konstrukts erreichen zu können, ist es erforderlich, neben korrelationalen Analysen zwischen einzelnen Testvariablen und Kriteriumsvariablen auch eine interne funktionale Analyse des Phänomens durchzuführen. Während die korrelationalen Analysen bisher in stärkerem Umfange durchgeführt wurden, erhalten neuere Arbeiten, welche die kognitiven Prozesse, die dem Interferenzphänomen zugrunde liegen, untersuchen, mehr Bedeutung (z. B. Glaser & Dolt 1977).

B. Feldabhängigkeit

Das Konstrukt der Feldabhängigkeit hat seit der Einführung durch Witkin und Mitarbeiter (Witkin & Asch 1948, Witkin & Goodenough 1976, Witkin, Moore, Goodenough & Cox 1977) verschiedene Phasen der Formulierung erhalten. Die ersten Untersuchungen gehen auf Asch & Witkin (1948) zurück, in welchen die Konkurrenz von visuellen und vestibulären Informationen für die Richtungslokalisierung im Raum untersucht wurde. In späteren Arbeiten kamen die Aspekte der figuralen Ausgliederung und der kognitiven Stile im Sinne einer differentiell-psychologischen Variablen immer mehr in den Vordergrund. Feldabhängigkeit als kognitiver Stil ist heute zentraler Bestandteil der Theorie der Feldabhängigkeit (siehe Goodenough 1978).

Seit den ersten Arbeiten aus der Witkinschen Schule wurden im Laufe der Zeit eine große Zahl empirischer Arbeiten durchgeführt und publiziert. Ein großer Teil der Ergebnisse stützen die Theorie der Feldabhängigkeit. Die Zahl der methodenkritischen und theorieinkonformen Befunde können aber nicht vernachlässigt werden (siehe z. B. Schulte 1974b, Musahl 1976).

In neueren Arbeiten wird die Feldabhängigkeit ausschließlich als eine kognitive Stilvariable, welche interindividuell unterschiedlich ausgeprägt ist, angesehen. Unter dieser Prämisse sind zahlreiche korrelationale Untersuchungen zwischen Feldabhängigkeit und sonstigen psychologischen Konstrukten oder Verhaltensvariablen durchgeführt worden. Feldabhängigkeit in Beziehung zu der Meinungsbildung von Pbn., Feldabhängigkeit und deren Auswirkung in sozialen Situationen, Feldabhängigkeit und Berücksichtigung von sozialen Stimuli wurde in vielen Untersuchungen analysiert (zusammenfassend siehe Goodenough 1978).

Gegenstand solcher Analysen war auch die Beziehung der Dimension Feldabhängigkeit zu dem Bedürfnis nach Anerkennung, zur Berufssituation usw. (zusammenfassend siehe Goodenough 1978). Ein wesentlicher Teil der Untersuchungen befaßte sich mit der Entwicklung der Dimension Feldabhängigkeit im Alterslängsschnitt. In entwicklungspsychologischen Arbeiten interessierte vor allem der Faktor der Sozialisation in seiner Wirkung auf die Ausprägung der Dimension Feldabhängigkeit. Auch interkulturelle Vergleiche wurden herangezogen (zusammenfassend siehe Goodenough 1978).

Mit den in den beiden vorausgehenden Abschnitten dargestellten Konstrukten sind die empirischen Beiträge der objektiven Testmessung nur exemplarisch aufgezeigt worden. Es gibt auch Versuche, in denen ohne theoretische Konzeption ad-hoc-Verfahren entwickelt wurden. Beispiele für solche Verfahrensentwicklungen gibt es bei sehr vielen Konstruktbereichen.

Mit dem Ziel der Entwicklung alternativer Meßverfahren zur Fragebogenmessung und der Erweiterung der theoretischen Integration bestehender einzelner Konstrukte hat z. B. Mittenecker (1953) experimentelle Untersuchungen zur Perseverationstendenz vorgenommen und lerntheoretisch interpretiert. Extern wurden solche Perseverationsmaße an Hirnverletzten und Epileptikern (Remschmidt 1968) validiert.

In Analogie zu den oben erwähnten wahrnehmungspsychologischen Untersuchungen, bei denen differentielle Effekte zur Messung interindividueller Unterschiede verwendet wurden, gibt es Bemühungen, funktionspsychologische Parameter für persönlichkeits-diagnostische Zwecke zu nutzen. Als Beispiel kann die Intelligenzmessung nach Wechsler genannt werden (zusammenfassend siehe Frank 1970).

IV. Zusammenfassung und Ausblick

Fahrenberg (1964) hat in der diesem Kapitel vorangegangenen Übersichtsdarstellung die damals prognostizierbare Entwicklung der objektiven Testpsychologie in Forschung und Anwendung zusammengefaßt. In der Zwischenzeit haben keine bedeutsamen Neuentwicklungen auf diesem Gebiet stattgefunden und zu einer völlig veränderten Perspektive geführt. Die in der Zwischenzeit durchgeführten empirischen Analysen haben Erkenntnisse über weitere Details erbracht. Einige Rahmenbedingungen haben sich wohl verändert, die jedoch keine unmittelbaren Konsequenzen für die Bedeutung von objektiven Persönlichkeitstests hatten.

An der Begrenztheit der Aufklärung persönlichkeitsbedingter Varianz über objektive Tests hat sich nichts geändert. Es gibt Meßsituationen, bei denen ein größerer Varianzanteil über objektive Tests geklärt werden kann, aber auch solche, bei denen nur ein geringer Varianzanteil mittels objektiver Verfahren erfaßt werden kann.

Außerhalb der großen Systeme von faktoriellen Dimensionen objektiver Tests ist man wohl von solch strengen faktoriellen Konzeptionen abgerückt und hat den Schwerpunkt von der faktoriellen Validierung auf die Kriteriumsvalidierung gelegt. Trotz dieser „theoretischen" Umorientierung haben sich keine Hinweise auf die Möglichkeit der Erschließung von Varianzquellen ergeben, welche den bisher bekannten Umfang der Varianzaufklärung überschreiten.

Definiert man jedoch die Kriterien produktiver psychologischer Forschung nicht nur im Sinne einer Verbesserung von Meßmethoden, sondern berücksichtigt auch den Aspekt der kritischen Reflexion bisher bestehender Ergebnisse, so haben die vergangenen zwei Jahrzehnte empirischer objektiver Persönlichkeitsmessung Erträge im Sinne der Klärung der Reichweite bzw. der Begrenztheit der nur auf einer Konzeption basierenden psychologischen Forschung und Anwendung erbracht.

Bei einer nicht geradezu großen Forschungsaktivität der letzten Jahre können Details zu der von Fahrenberg (1964) geäußerten Hoffnung der Verbesserung der objektiven Persönlichkeitsmessung noch nicht abschließend formuliert werden. Es ist anzunehmen, daß z. B. die von Schmidt (1975) vorgeschlagene Erweiterung der Einbeziehung objektiver Persönlichkeitstests in die verschiedenen Stadien des diagnostischen Prozesses eine Erweiterung der Erkenntnisse der mit objektiven Tests erfaßten Persönlichkeitsdimensionen zur Folge haben. Andererseits kann es fruchtbar sein, wenn Meßwerte aus objektiven Persönlichkeitstests unter dem Aspekt unterschiedlicher theoretischer Verhaltensmodelle interpretiert werden. Im Zuge dieser Überlegungen würde sich auch die Konsequenz einstellen, daß unterschiedliche methodische und theoretische Positionen sich als komplementär erweisen und sich nicht gegenseitig ausschließen.

Wenn die Ergebnisse der objektiven Persönlichkeitsmessung — wie sie hier dargestellt wurde — den früher gestellten Erwartungen nicht gerecht werden konnten, so ist daraus noch nicht abzuleiten, daß die objektive Persönlichkeitsmessung keinen Beitrag zur Verhaltensbeschreibung oder Verhaltenserklärung liefern kann. Zusätzliche und psychologisch bedeutsame Hinweise lassen sich in verstärktem Maße aus objektiv erhobenen Testdaten und daraus abgeleiteten Dimensionen gewinnen, wenn alle Informationen über ihre funktionale Beziehung zu Verhaltenskriterien bekannt und mögliche Entstehungsbedingungen und Veränderungsmodalitäten objektiver Testfaktoren analysiert sind.

Literatur

Adcock, C. J. 1965. A comparison of the concept of Cattell and Eysenck. British Journal of Educational Psychology, **35**, 90—97.

Allport, G. W. 1927. Concept of trait and personality. Psychological Bulletin, **24**, 497—524.

American Psychological Association, 1966, 1974[2]. Standards for educational and psychological tests. Washington: APA.

Anastasi, A. 1948. The nature of psychological traits. Psychological Review, **55**, 127—135.

Anastasi, A. 1958. Differential Psychology. Individual and group differences in behavior. New York: Macmillan.

Anastasi, A. 1976. Psychological Testing. London: Macmillan.

Asch, S. E. & Witkin, H. A. 1948. Studies in space orientation: I. Perception of the upright with deplaced visual fields. Journal of Experimental Psychology, **38**, 325—337.

Bartenwerfer, H. 1957. Über die Auswirkungen einförmiger Arbeitsvorgänge. Sitzungsbericht der Gesellschaft zur Beförderung der gesamten Naturwissenschaften zu Marburg, **80**, 1—70.

Beezhold, F. W. 1953. On criterion analysis. Journal of the National Institute of Personnel Research, **5**, 176—182.

Bergius, R. 1960. Behavioristische Konzeptionen zur Persönlichkeitstheorie. In: Lersch, Ph. & Thomae, H. (Hg.). Persönlichkeitsforschung und Persönlichkeitstheorie. Handbuch der Psychologie. Göttingen: Hogrefe, 4. Bd., 474—541.

Beyme, F. & Fahrenberg, J. 1968. Zur deutschen Bearbeitung der Anxiety-Tests von R. B. Cattell. Diagnostica, **14**, 39—44.

Blake, R. R. & Ramsey, G. V. (Hg.). 1951. Perception: An approach to personality. New York: Ronald Press.

Boakes, R. A. & Halliday, M. S. (Hg.). 1972. Inhibition and learning. London: Academic Press.

Bolz, Ch. R. 1977. Typological theory and research. In: Cattell, R. B. & Dreger, R. M. (Hg.). Handbook of modern personality theory. New York: Wiley, 269—292.

Borgatta, E. F. & Lambert, W. W. (Hg.). 1968. Handbook of personality theory and research. Chicago: Rand McNally.

Brengelmann, J. C. 1953. Der visuelle Objekterkennungstest. Zeitschrift für experimentelle und angewandte Psychologie, **1**, 422—458.

Brengelmann, J. C. 1954a. Deutsche und angloamerikanische Methoden der Persönlichkeitsuntersuchung im experimentellen Vergleich. Bericht über den 19. Kongreß der Deutschen Gesellschaft für Psychologie. Göttingen: Hogrefe, 112—131.

Brengelmann, J. C. 1954b. Spaltungsfähigkeit als Persönlichkeitsmerkmal. Zeitschrift für experimentelle und angewandte Psychologie, **2**, 455—494.

Brengelmann, J. C. 1958a. Weitere Validierung der Bilderkennung im Gruppenversuch. Zeitschrift für Diagnostische Psychologie und Persönlichkeitsforschung, **6**, 3—17.

Brengelmann, J. C. 1958b. Learning in neurotics and psychotics. Acta Psychologica, **13**, 371—388.

Brengelmann, J. C. 1960a. Learning and personality; IV. Certainty and output motivation. Acta Psychologica, **17**, 326—356.

Brengelmann, J. C. 1960b. Problems of measurement in objective personality testing. In: David, H. P. & Brengelmann, J. C. (Hg.). Perspectives of personality research. New York, Basic Books, 294—315.

Brengelmann, J. C. 1968. Persönlichkeit. In: Meili, R. & Rohracher, H. (Hg.). Lehrbuch der Experimentellen Psychologie. Bern: Huber, 327—374.

Brengelmann, J. C. & Brengelmann, L. 1960a. Learning and personality; II. FRT reproduction learning analysed by practice stages. Acta Psychologica, **17**, 119—147.

Brengelmann, J. C. & Brengelmann, L. 1960b. Learning and personality; III. FRT immediate recall and recognition learning. Acta Psychologica, **17**, 226—252.

Brengelmann, J. C. & David, H. P. (Hg.) 1961. Perspektiven der Persönlichkeitsforschung. Bern: Huber.

Brengelmann, J. C., Hahn, H., Pedley, J. C. & Amato, J. G. 1960. Learning and personality; I. A pilot experiment. Acta Psychologica, 17, 113—118.

Brengelmann, J. C. & Schneider, J. 1955. Mengenschätzung als Funktion der Neurose und Psychose. Psychologische Beiträge, 2, 25—39.

Bruner, J. S. & Goodman, C. C. 1947. Value and need as organizing factors in perception. Journal of Abnormal and Social Psychology, 42, 33—44.

Buros, O. K. (Hg.) 1961. Tests in Print. A comprehensive bibliography of tests for use in education, psychology, and industry. Highland Park: Gryphon Press.

Carlson, R. 1975. Personality. Annual Review of Psychology, 26, 393—414.

Cattell, R. B. 1935. On the measurement of perseveration. British Journal of Educational Psychology, 5, 76—91.

Cattell, R. B. 1937. Measurement versus intuition in applied psychology. Journal of Character and Personality, 6, 114—131.

Cattell, R. B. 1945. The description of personality. Principles and findings in a factor analysis. American Journal of Psychology, 58, 69—90.

Cattell, R. B. 1946. Description and measurement of personality. New York: Yonkers.

Cattell, R. B. 1950. Principles of construction of projective or 'ego-defense' tests of personality. In: Anderson, H. H. (Hg.). Projective techniques. New York: Academic Press, 17—41.

Cattell, R. B. 1951. P-technique, a new method of analyzing the structure of personal motivation. Transactions of the New York Academy of Science, 14, 29—34.

Cattell, R. B. 1952. The three basic factor-analytic research designs, their interrelations and derivatives. Psychological Bulletin, 49, 499—520.

Cattell, R. B. 1953. P-technique factorization. Progress in Clinical Psychology, 8, 536—544.

Cattell, R. B. 1955. The chief invariant psychological and psychophysiological functional unities found by P-technique. Journal of Clinical Psychology, 11, 319—343.

Cattell, R. B. 1957. Personality and motivation structure and measurement. New York: World Book Company.

Cattell, R. B. 1958. What is "objective" in "objective personality tests"? Journal of Counseling Psychology, 5, 285—289.

Cattell, R. B. 1960. Evaluating interaction and non-linear relations by factor analysis. Psychological Reports, 7, 69—70.

Cattell, R. B. 1962. Advances in the measurement of neuroticism and anxiety in a conceptual framework of unitary trait theory. Annals of the New York Academy of Science, 93, 815—839.

Cattell, R. B. 1964. Beyond validity and reliability. Some further concepts and coefficients for evaluating tests. Journal of Experimental Education, 33, 133—143.

Cattell, R. B. 1965. The present status of the confactor or proportional profile factor resolution method. Urbana, Ill.: Laboratory of Personality Assessment and Group Behavior.

Cattell, R. B. 1966. The principles of experimental design and analysis in relation to theory building. In: Cattell, R. B. (Hg.). Handbook of multivariate experimental psychology. Chicago: Rand McNally, 19—66.

Cattell, R. B. 1970. Confactor rotation. Champaign, Ill.: Laboratory of Personality and Group Analysis.

Cattell, R. B. 1972. A new morality of science: beyondism. New York: Pergamon.

Cattell, R. B. 1973a. Key issues in motivation theory. In: Royce, J. R. (Ed.) Multivariate analysis and psychological theorie. New York: Academic Press, 465—499.

Cattell, R. B. 1973b. Die empirische Erforschung der Persönlichkeit. Weinheim: Beltz.

Cattell, R. B. 1977. A more sophisticated look at structure: perturbation, sampling, role, and observer trait-view theories. In: Cattell, R. B. & Dreger, R. M. (Hg.). Handbook of modern personality theory. New York: Wiley, 166—220.

Cattell, R. B. 1978. The scientific use of factor analysis in behavioral and life sciences. New York: Plenum Press.

Cattell, R. B. & Baggaley, A. R. 1955/56. The objective measurement of attitude motivation: development and evaluation of principles and devices. Journal of Personality, 24, 401—423.

Cattell, R. B. & Baggaley, A. R. 1956. The objective measurement of attitude motivation. Journal of Personality, 24, 401—423.

Cattell, R. B. & Baggaley, A. R. 1958. A confirmation of ergic and engram structures in attitudes objectively measured. Australian Journal of Psychology, 10, 287—318.

Cattell, R. B., Cattell, A. K. S. & Rhymer, R. M. 1947. P-technique demonstrated in determining psycho-physiological source traits in a normal individual. Psychometrika, 12, 267—288.

Cattell, R. B. & Child, D. 1975. Motivation and dynamic structure. London: Holt, Rinehart & Winston.

Cattell, R. B. & Dreger, R. M. (Hg.). 1977. Handbook of modern personality theory. New York: Wiley.

Cattell, R. B., Horn, J. L., Sweney, A. B. & Radcliffe, J. A. 1964. Handbook for the motivation analysis test "MAT". Champaign, Ill.: IPAT.

Cattell, R. B. & Kilian, L. R. 1967. The pattern of objective test personality factors differences in schizophrenia and the character disorder. Journal of Clinical Psychology, 23, 342—348.

Cattell, R. B., Knapp, R. R. & Scheier, I. H. 1961. Second-order personality factor structure in the objective test realm. Journal of Consulting Psychology, 25, 345—352.

Cattell, R. B. & Luborsky, L. B. 1950. P-technique demonstrated as a new clinical method for determining personality and symptom structure. Journal of Genetic Psychology, 42, 3—24.

Cattell, R. B., Radcliffe, J. A. & Sweney, A. B. 1963. The nature and measurement of components of motivation. Genetic Psychology Monographs, **68**, 49—211.

Cattell, R. B. & Rickels, K. 1968. The relationship of clinical symptoms and IPAT factored tests of anxiety, repression and asthenia: a factor analytic study. Journal of Nervous and Mental Desease, **146**, 147—160.

Cattell, R. B. & Scheier, I. H. 1960a. Handbook and test kit for the objective-analytic (O-A) anxiety battery (with 1967 supplementation) for ages of 14 years and older. The Institute for Personality and Ability Testing: Champaign.

Cattell, R. B. & Scheier, I. H. 1960b. Stimuli related to stress, neuroticism, excitation and anxiety response patterns. Journal of Abnormal and Social Psychology, **60**, 195—204.

Cattell, R. B. & Scheier, I. H. 1961. The meaning and measurement of neuroticism and anxiety. New York: Ronald.

Cattell, R. B., Schmidt, L. R. & Bjerstedt, A. 1972. Clinical diagnosis by the objective-analytic personality batteries. Journal of Clinical Psychology, **28**, 239—312.

Cattell, R. B. & Schuerger, J. M. 1970. Basic research foundation and construction of the HSOA battery. Champaign, Ill.: Laboratory of Personality and Group Analysis, Adv. Publ. No. 12.

Cattell, R. B. & Schuerger, J. M. 1978. Personality theory in action. Handbook for the OA Test kit. Champaign, Ill.: IPAT.

Cattell, R. B. & Warburton, F. W. 1967. Objective personality and motivation tests. A thoretical introduction and practical compendium. Chicago: University of Illinois Press.

Claridge, G. S. 1967. Personality and arousal. London: Pergamon Press.

Cronbach, L. J. 1957. The two disciplines of scientific psychology. American Psychologist, **12**, 671—684.

Cronbach, L. J. 1970^3. Essentials of Psychological Testing. New York: Harper & Row.

Damarin, F. L. & Cattell, R. B. 1968. Personality factors in early childhood and their relations to intelligence. Monographs of the Society for Research in Child Development, **33**, No. 6.

Dielmann, T. E., Barton, K. & Cattell, R. B. 1971. The prediction of junior high school achievement from objective motivation tests. Personality, **2**, 279—287.

Dielmann, T. E., Barton, K. & Cattell, R. B. 1973. Prediction of objective motivation test scores in adolescence from family demographic variables. Psychological Reports, **32**, 873—874.

Dielmann, T. E., Barton, K. & Cattell, R. B. 1974. Relationship among family attitude dimensions and child motivation. Journal of Genetic Psychology, **124**, 295—302.

Dorsch, F. 1963. Geschichte und Probleme der Angewandten Psychologie. Bern: Huber.

Downey, J. E. 1919. Muscle reading: A method of investigating involuntary movements and mental types. Psychological Review, **16**, 257—301.

Downey, J. E. 1923. The will-temperament and its testing. London: Harrap.

Downey, J. E. & Anderson, J. E. 1915. Automatic writing. American Journal of Psychology, **26**, 161—195.

Dreger, R. M. (Hg.). 1972. Multivariate personality research: contributions to the understanding of personality in honor of R. B. Cattell. Baton Rouge: Clairtor's Publishing Division.

Du Bois, Ph. H. 1968. A test-dominated society: China 1115 B. C. — 1905 A. D. In: Barnette, W. L. (Hg.). Readings in psychological tests and measurements. Homewood: Dorsey, 249—255.

Dyer, F. N. 1973. The Stroop phenomenon and its use in the study of perceptual, cognitive, and response processes. Memory and Cognition, **1**, 106—120.

Edwards, A. L. & Abbott, R. D. 1973. Measurement of personality traits: theory and technique. Annual Review of Psychology, **24**, 201—278.

Endler, N. S. & Magnusson, D. 1976. Interactional psychology and personality. New York: Wiley.

Eysenck, H. J. 1947a. Screening-out the neurotic. Lancet 1, 530—531.

Eysenck, H. J. 1947b. Dimensions of personality. London: Routledge & Kegan.

Eysenck, H. J. 1950. Personality tests 1944—1949. In: Fleming, B. W. (Hg.): Recent progress in psychiatry. London: Churchill, 118—159.

Eysenck, H. J. 1952. The scientific study of personality. London.

Eysenck, H. J. 1951. The organization of personality. Journal of Personality, **20**, 101—117.

Eysenck, H. J. 1953. Fragebogen als Meßmittel der Persönlichkeit. Zeitschrift für experimentelle und angewandte Psychologie, **1**, 291—335.

Eysenck, H. J. 1954. Zur Theorie der Persönlichkeitsmessung. Zeitschrift für Diagnostische Psychologie und Persönlichkeitsforschung, **2**, 87—101, 171—187.

Eysenck, H. J. 1955a. Cortical inhibition, figural after effect, and the theory of personality. Journal of Abnormal and Social Psychology, **51**, 94—106.

Eysenck, H. J. 1955b. A dynamic theory of anxiety and hysteria. Journal of Mental Science, **101**, 28—51.

Eysenck, H. J. 1956. Reminiscence, drive and personality theory. Journal of Abnormal and Social Psychology, **53**, 328—333.

Eysenck, H. J. 1957. Drugs and personality. I. Theory and methodology. Journal of Mental Science, **103**, 119—131.

Eysenck, H. J. 1958^2a. The scientific study of personality. London: Routledge & Kegan.

Eysenck, H. J. 1958b. A short questionnaire for the measurement of two dimensions of personality. Journal of Applied Psychology, **42**, 14—17.

Eysenck, H. J. 1959a. Maudsley Personality Inventory (MPI). Göttingen: Hogrefe.

Eysenck, H. J. 1959b. Personality and verbal conditioning. Psychological Reports, **5**, 570.

Eysenck, H. J. 1960a. The place of theory in psychology. In: Eysenck, H. J. (Hg.). Experiments in personality. Volume II. Psychodiagnostics and psychodynamics. London: Routledge & Kegan, 303—315.

Eysenck, H. J. 1960 b. Experiments in personality. Volume I. Psychogenetics and psychopharmacology. London: Routledge & Kegan.

Eysenck, H. J. 1962. Conditioning and personality. British Journal of Psychology, **53**, 299—305.

Eysenck, H. J. 1964. Maudsley-Persönlichkeitsfragebogen. Göttingen: Hogrefe 1964.

Eysenck, H. J. 1967. The biological basis of personality. Springfield: Thomas.

Eysenck, H. J. 1970³. The structure of human personality. London: Methuen.

Eysenck, H. J. 1972. Multivariate analysis and experimental psychology. In: Dreger, R. M. (Ed.): Multivariate Personality Research: Contributions to the understanding of personality in honor of R. B. Cattell. Baton Rouge: Clairtor's Publishing Division, 72—121.

Eysenck, H. J. (Hg.). 1976. The measurement of personality. London: Spottiswoode Ballantyne Press.

Eysenck, H. J. & Eysenck, S. B. G. 1968. A factorial study of psychoticism as a dimension of personality. Multivariate Behavioral Research. Spec. Issue, 15—31.

Eysenck, H. J. & Eysenck, S. B. G. 1969. Personality structure and measurement. London: Routledge & Kegan.

Eysenck, H. J. & Frith, C. D. 1977. Reminiscence, motivation, and personality. New York: Plenum Press.

Eysenck, H. J. & Levey, A. 1972. Conditioning, introversion — extraversion and the strenght of the nervous system. In: Nebylitsyn, V. D. & Gray, J. A. (Hg.): Biological bases of individual behavior. London: Academic Press, 206—220.

Eysenck, S. B. G. & Eysenck, H. J. 1968. The measurement of psychoticism: a study of factor stability and reliability. British Journal of Social and Clinical Psychology, **7**, 286—294.

Fahrenberg, J. 1964. Objektive Tests zur Messung der Persönlichkeit. In: Heiss, R. (Hg.): Psychologische Diagnostik. Handbuch der Psychologie in 12 Bänden. Bd. 6, III. Teil, 488—532. Göttingen: Hogrefe.

Fahrenberg, J. 1967. Psychophysiologische Persönlichkeitsforschung. Beiträge zur Theorie und Diagnostik psychophysischer Korrelate in klinischen Syndromen, Aktivationsmustern und Konstitutionseigenschaften. Göttingen: Hogrefe.

Fischer, G. H. 1974. Einführung in die Theorie psychologischer Tests. Grundlagen und Anwendung. Bern: Huber.

Frank, G. H. 1970. The measurement of personality from the Wechslertest. In: Maher, B. A. (Hg.): Progress in experimental personality research. New York: Academic Press, 169—194.

Gaensslen, H. 1969. Theoretische und empirische Untersuchung zur Inhibitionstheorie Eysenck's und das Problem ihrer Übertragbarkeit auf Fragen der Pädagogischen Psychologie. Tübingen: Dissertation.

Glaser, W. R. & Dolt, M. O. 1977. A functional model to localize the conflict underlying the Stroop phenomenon. Psychological Research, **39**, 287—310.

Goodenough, D. R. 1978. Field dependence. In: London, H. & Exner, J. E. (Hg.). Dimensions of personality. New York: Wiley, 165—216.

Gottschaldt, K. 1926. Über den Einfluß der Erfahrung auf die Wahrnehmung. Psychologische Forschung, **8**, 261—317.

Granger, G. W. 1953. Personality and visual perceptions: A Review. Journal of Mental Science, **99**, 8—43.

Granger, G. W. 1960. Abnormalities of sensory perception. In: Eysenck, H. J. (Hg.). Handbook of abnormal psychology. London: Pitman Medical, 134—156.

Graw, P. 1970. Bearbeitung der Cattellschen Anxiety-Tests (CAAT) unter besonderer Berücksichtigung der faktoriellen und empirischen Validität. Freiburg: Dissertation.

Gray, J. A. 1967. Strength of the nervous system, introversion — extraversion, conditionability and arousal. Behavioral Research Therapy, **5**, 151—169.

Gray, J. A. 1970. The psychophysiological basis of introversion — extraversion. Behavioral Research Therapy, **8**, 249—266.

Gray, J. A. 1972 a. The psychophysiological nature of introversion — extraversion: A modification of Eysenck's theory. In: Nebylitsyn, V. D. & Gray, J. A. (Hg.). Biological bases of individual behavior. London: Academic Press, 182—205.

Gray, J. A. 1972 b. Learning theory, the conceptual nervous system and personality. In: Nebylitsyn, V. D. & Gray, J. A. (Hg.): Biological Bases of Individual Behavior. London: Academic Press, 372—399.

Gray, J. A. 1973. Casual theories of personality and how to test them. In: Royce, J. (Hg.): Multivariate Analysis and Psychological Theory. London: Academic Press, 409—463.

Guilford, J. P. 1946. New standards for test evaluation. Educational and Psychological Measurement, **6**, 427—438.

Guilford, J. P. 1952. When not to factor analyse. Psychological Bulletin, **49**, 26—37.

Guilford, J. P. 1959. Personality. New York: McGraw Hill.

Häcker, H. 1975. Zur Situation der psychometrischen Persönlichkeitsforschung: Eine kritische Bestandsaufnahme und empirische Untersuchung zu Persönlichkeitskonstrukten der subjektiven und objektiven Testmessungen. Tübingen: Habil.

Häcker, H., Schmidt, L. R. & Cattell, R. B. 1977. MAT Experimentell. Motivations Analyse Test. Beltz: Weinheim u. IPAT: Champaign, Ill.

Häcker, H., Schmidt, L. R., Schwenkmezger, P. & Utz, H. E. 1974, 1975. Objektive Testbatterie OA-TB 74, OA-TB 75. Handanweisung. Weinheim: Beltz.

Häcker, H., Schwenkmezger, P. & Utz, H. E. 1979. Über die Verfälschbarkeit von Persönlichkeitsfragebogen und objektiven Persönlichkeitstests unter SD-Instruktion und in einer Auslesesituation. Diagnostica, **24**, 1—21.

Hartshorne, H. & May, M. A. 1928 a. Studies in the nature of character. I. Studies in deceit. New York: Macmillan.

Hartshorne, H. & May, M. A. 1928 b. Studies in deceit. New York: Macmillan.

Hartshorne, H., May, M. A. & Maller, J. B. 1929a. Studies in service and self-control. New York: Macmillan.

Hartshorne, H., May, M. A. & Maller, J. B. 1929b. Studies in the nature of character. II. Studies in service and self-control. New York: Macmillan.

Hartshorne, H., May, M. A. & Shuttleworth, F. K. 1930. Studies in the nature of character. III. Studies in the organization of character. New York: Macmillan.

Haverland, E. M. 1954. An experimental analysis by P-technique of some functionally varieties of fatigue. Champaign Illinois: University of Illinois, MA Thesis.

Helson, R. & Mitchell, V. 1978. Personality. Annual Review of Psychology, 29, 555—586.

Herrmann, Th. 1976³. Lehrbuch der empirischen Persönlichkeitsforschung. Göttingen: Hogrefe.

Holland, H. C. 1965. The spiral after-effect. London: Pergamon.

Horn, J. L. 1966. Motivation and dynamic calculus concepts from multivariate experiment. In: Cattell, R. B. (Hg.): Handbook of multivariate experimental psychology. Chicago: Rand McNally, 611—641.

Hörmann, H. 1960. Konflikt und Entscheidung. Göttingen: Hogrefe.

Howarth, E. 1972. The factor analysis of selected markers for objective personality factors. Multivariate Behavioral Research, 7, 451—476.

Hundleby, J. D., Pawlik, K. & Cattell, R. B. 1965. Personality factors in objective test devices. San Diego: Knapp.

Jackson, D. N. 1973. Structured personality assessment. In: Wolman, B. B. (Hg.): Handbook of general psychology. Prentice Hall: Englewood Cliffs, 775—792.

Jaensch, E. R. 1930. Grundsätzliches zur Typenforschung und empirisch vorgehenden philosophischen Anthropologie. Zeitschrift für Psychologie, 116, 107—116.

Jensen, A. R. 1964. Individual differences in learning: Interference factor. US Department of Health, Education and Welfare, Project Report 1867.

Jensen, A. R. & Rohwer, W. D. jr. 1966. The Stroop color-word test: A review. Acta Psychologica, 25, 36—93.

Kalkofen, H. 1969. Kritische Untersuchungen zum Interferenzphänomen. Braunschweig: Diss.

Kipnis, D. & Glickman, A. S. 1962. The prediction of job performance. Journal of Applied Psychology, 46, 50—56.

Knapp, R. R. 1965. Delinquency and objective personality test factors. Journal of Applied Psychology, 49, 8—10.

Legewie, R. 1968. Persönlichkeitstheorie und Psychopharmaka. Kritische Untersuchungen zu Eysencks Drogenpostulat. Meisenheim: Hain.

Lienert, G. A. 1969³. Testaufbau und Testanalyse. Weinheim: Beltz.

London, H. & Exner, J. E. 1978. Dimensions of personality. New York: Wiley.

Lovibond, S. H. 1964. Personality and conditioning. In: Maher, B. A. (Hg.) Progress in experimental personality research. New York: Academic Press, 115—168.

Lubin, A. 1950. A note on "criterion analysis" Psychological Review, **57**, 54—57.

Lykken, D. T. 1971. Multiple factor analysis and personality research. Journal of Experimental Research in Personality, **5**, 161—170.

Lynn, R. 1960. Extraversion, reminiscence and satiation effects. British Journal of Psychology, **61**, 319—324.

Lynn, R. & Eysenck, H. J. 1961. Tolerance for pain, extraversion and neuroticism. Perceptual and Motor Skills, **12**, 161—162.

Magnusson, D. & Endler, N. S. 1977. Personality at the crossroads. Hillsdale: Lawrence Erlbaum Ass.

Messick, S. 1964. Speed of color discrimination test. Princeton: Educational Testing Service.

Mischel, W. 1968. Personality and assessment. New York: Holt.

Mischel, W. 1971. Introduction to personality. New York: Holt Rinehart & Winston.

Mischel, W. 1977. On the future of personality measurement. American Psychologist, **32**, 246—254.

Mittenecker, E. 1953. Perseveration und Persönlichkeit. Zeitschrift für experimentelle und angewandte Psychologie, **1**, 5—21.

Musahl, H.-P. 1976. Untersuchungen zum Konzept der sog. Feldabhängigkeit (WITKIN): Eine experimentelle Grundlagenstudie. Opladen: Westdeutscher Verlag.

Oates, D. W. 1928. An experimental study of temperament. British Journal of Psychology, **19**, 1—30.

Oates, D. W. 1929. Group factors in temperament qualities. British Journal of Psychology, **20**, 118—136.

Orlik, P. 1967. Das Dilemma der Faktorenanalyse — Zeichen einer Aufbaukrise in der modernen Psychologie. Psychologische Beiträge, **10**, 87—98.

Pawlik, K. 1968. Dimensionen des Verhaltens. Eine Einführung in Methodik und Ergebnisse faktorenanalytischer psychologischer Forschung. Bern: Huber.

Pawlik, K. 1973a. Right answers to the wrong question: A reexamination of factor analytic personality research and its contribution to personality theory. In: Royce, J. (Hg.): Multivariate analysis and psychological theory. London: Academic Press, 17—44.

Pawlik, K. 1973b. Zur Frage der psychologischen Interpretation von Persönlichkeitsfaktoren. Hamburg: Arbeit aus dem Psychologischen Institut.

Pawlik, K. 1976. Modell- und Praxisdimensionen psychologischer Diagnostik. In: Pawlik, K. (Hg.): Diagnose der Diagnostik. Stuttgart: Klett, 13—43.

Pawlik, K. 1977. Faktorenanalytische Persönlichkeitsforschung. In: Strube, G. (Hg.): Die Psychologie des 20. Jahrhunderts. Bd. V. Zürich: Kindler, 617—712.

Pawlik, K. & Cattell, R. B. 1964. Third-order factors of objective personality tests. British Journal of Psychology, **55**, 1—18.

Peterson, D. R. 1965. Scope and generality of verbally defined personality factors. Psychological Review, **72**, 48—59.

Phares, E. J. & Lamiell, J. T. 1977. Personality. Annual Review of Psychology, **28**, 113—140.

Postman, L., Bruner, J. S. & McGinnies, E. M. 1948. Personal values as selective factors in perception. Journal of Abnormal and Social Psychology, **43**, 142—154.

Powell, G. E. 1979. Brain and Personality. Westmead: Saxon House.

Remschmidt, H. 1968. Das Anpassungsverhalten der Epileptiker. Unveröffentlichte Dissertation, Universität Tübingen.

Rorschach, H. 1921. Psychodiagnostik. Bern: Bircher.

Sauer, C. 1976. Umfrage zu unveröffentlichten Fragebogen im deutschsprachigen Raum. Zeitschrift für Sozialpsychologie, **7**, 98—119.

Scheier, I. H. 1958. What is an "objective" test? Psychological Reports, **4**, 147—157.

Schmidt, L. R. 1972. Zur Frage der Verfälschbarkeit von objektiven Persönlichkeitstests im Vergleich zu Fragebögen. Psychologie und Praxis, **16**, 76—85.

Schmidt, L. R. 1975. Objektive Persönlichkeitsmessung in diagnostischer und klinischer Psychologie. Weinheim: Beltz.

Schmidt, L. R., Häcker, H. & Cattell, R. B. 1974. Objektive Testbatterie OA-TB 74. Testheft. Tübingen: Homburg.

Schmidt, L. R., Häcker, H. & Cattell, R. B. 1975. Objektive Testbatterie OA-TB 75. Weinheim: Beltz.

Schulte, D. (Hg.). 1974a. Diagnostik in der Verhaltenstherapie. München: Urban & Schwarzenberg.

Schulte, D. 1974b. Feldabhängigkeit in der Wahrnehmung. Meisenheim: Hain.

Sechrest, L. 1976. Personality. Annual Review of Psychology, **27**, 1—28.

Singer, J. L. & Singer, D. G. 1972. Personality. Annual Review of Psychology, **23**, 375—412.

Spearman, Ch. E. 1935. The old and the young science of character. Character and Personality, **4**, 11—16.

Stroop, J. R. 1935. Studies of interference in serial verbal reactions. Journal of Experimental Psychology, **18**, 643—661.

Stroop, J. R. 1938. Studies of inference in serial verbal reactions. Psychological Monographs, **50**, 38—48.

Sweney, A. B. 1967. Objective measurement of strength of dynamic structure factors. In: Cattell, R. B., Warburton, F. W. (Hg.): Objective personality and motivation tests. Urbana, Ill.: Univ. of Illinois Press, 159—186.

Sweney, A. B., Cattell, R. B. & Krug, S. 1970. The School motivation analysis test. Champaign, Ill.: IPAT.

Thurstone, L. L. 1937. Current misuse of the factorial methods. Psychometrika, **2**, 73—76.

Traxel, W. 1968. Über Gegenstand und Methode der Psychologie. Bern: Huber.

Watson, R. I. 1959. Historical review of objective personality testing: the search for objectivity. In: Bass, B. M. & Berg, I. A. (Hg.): Objective approaches to personality assessment. Princeton: D. van Nostrand, 1—23.

Webb, E. G., Campbell, D. T., Schwartz, R. D. & Sechrest, L. 1966. Unobtrusive measures: Nonreactive Research in Social Sciences. Chicago: Rand McNally.

Williams, H. V. 1949. A P-technique of personality factors in the psychosomatic areas. Urbana, Ill.: University of Illinois, Diss.

Williams, H. V. 1954. A determination of psychosomatic functional unities in personality by means of P-technique. Journal of Social Psychology, **39**, 25—45.

Witkin, H. A. & Asch, S. E. 1948. Studies in space orientation. III. Perception of the upright in the absence of a visual field. Journal of Experimental Psychology, **38**, 603—614.

Witkin, H. A. & Goodenough, D. R. 1976. Field dependence revisted. Research Bulletin 76—39. Princeton, N. J.: Educational Testing Service.

Witkin, H. A., Moore, C. A., Goodenough, D. R. & Cox, P. W. 1977. Field-dependent and field-independent cognitive styles and their educational implications. Review of Educational Research, **47**, 1—64.

Zerssen, D. v. 1973. Methoden der Konstitutions- und Typenforschung. In: Thiel, M. (Hg.): Enzyklopädie der geisteswissenschaftlichen Arbeitsmethoden. München: Oldenbourg, 35—144.

4. Kapitel

Grundlagen, Ergebnisse und Probleme der Formdeuteverfahren

Albert Spitznagel

I. Einleitung

A. Die projektiven Persönlichkeitstests, die man mit dem Namen Formdeuteverfahren (FDV) bezeichnet, umfassen gegenwärtig eine Reihe von Verfahren, die zu dem 1921 erschienenen Original, dem nach seinem Autor benannten Rorschach-Test (RT), in einem mehr oder weniger engen Verwandtschaftsverhältnis stehen. Im extremsten Falle haben einzelne Varianten mit dem Original nur noch die Verwendung von Klecksen als Stimuli gemeinsam, das multiple System von persönlichkeitsspezifischen Indikatoren wurde aufgegeben und auf die Erfassung eines einzigen Persönlichkeitsmerkmals reduziert, die gestalterische Aufgabe, „Zufallsformen" zu deuten, zentrales Kennzeichen der FDV, ersetzt durch Antwortauswahltechniken. Keine dieser Modifikationen einschließlich jener, die den klassischen testtheoretischen Standards genügen und den Charakter eines Breitbandverfahrens sowie das Deutenlassen beibehalten haben, konnte bislang dem RT die Rolle streitig machen, die er auch heute noch als Untersuchungsinstrument in der klinisch-psychologischen Praxis und als Forschungsgegenstand einnimmt.

Seit der letzten Darstellung im Handbuch der Psychologie (Spitznagel 1964) sind 16 Jahre vergangen. In dieser Zeit wurde die traditionelle psychologische Diagnostik aus verschiedenen Gründen und Blickwinkeln in Frage gestellt. Aus der Grundlagenkritik und/oder aus dem verstärkten Interesse an Verhaltensänderungen entstanden andere Formen der Diagnostik (z. B. Verhaltensdiagnostik) und neue Theorien (z. B. der Interaktionalismus oder der Transaktionalismus), die die Konstruktion neuer theorie-angepaßter diagnostischer Instrumente verlangten. Man sollte erwarten, daß die FDV von diesen Entwicklungen hinsichtlich Ausbildung, praktischer Anwendung, Forschungsinhalten und theoretischer Orientierung beeinflußt worden wären. In keinem dieser Bereiche haben sich jedoch bedeutsame Veränderungen im Vergleich zum status quo ante ergeben, sieht man von einzelnen Ausnahmen bzw. Anpassungen ab. Ein eher „konservativer" Trend scheint in dieser Periode vorzuherrschen, insofern als alte Untersuchungsrichtungen — und Ansätze (z. B. Einzelzeichenuntersuchungen zur Prüfung der Gültigkeit) weitgehend beibehalten wurden, die „Immunität" der klassisch psychometrischen Kritik gegenüber, auch gegenüber den skizzierten neuen Entwicklungen, wirksam blieb.

Unabhängig davon, daß sich neue Orientierungen in der psychologischen Diagnostik (noch) nicht in den FDV niedergeschlagen haben, kann man, auf den Bereich der FDV beschränkt, einige spezifische Tendenzen registrieren, die in fünf Punkten zusammengefaßt werden sollen.

1. Das Gewicht lokaler „Schulen" vornehmlich in den USA (z. B. Beck, Klopfer, Piotrowski) mit ihren Besonderheiten in der Darbietung, Durchführung, Signierung und Interpretation scheint zugunsten größerer Einheitlichkeit abzunehmen. Eine solche Entwicklung stellt eine der Voraussetzungen dar für die immer wieder geforderte Vergleichbarkeit von Untersuchungsergebnissen. 2. Im Gegensatz zu der bislang nicht in Frage gestellten Auffassung von der Notwendigkeit einer alle projektiven Verfahren umfassenden theoretischen Begründung lassen sich, wenn auch nur vereinzelt, Versuche registrieren, die auf spezifische Erklärungen der Bedingungen des Deuteverhaltens abzielen. Welcher Wert ihnen schließlich zukommt, kann gegenwärtig noch nicht beurteilt werden, weil empirische Überprüfungen meistens ausstehen. Darüber hinaus sind einige Monographien erschienen, die sich mit wichtigen theoretischen Teilaspekten der FDV befassen. 3. Die (Weiter-)Entwicklung von inhaltsanalytischen Ansätzen, teilweise in strikter Abkehr von den herkömmlichen formalen Wahrnehmungskategorien, hat sich verstärkt (z. B. Lerner 1974). Verbunden mit diesem Trend ist die Abnahme des Interesses an der Rorschach-Technik als eines allgemeinen Persönlichkeitsdiagnostikums zugunsten spezieller Konstrukt-Diagnostik. 4. Was die Modifikationen der RT angeht, so verdienen zwei Trends Beachtung. Die Holtzman-Ink-Blot-Technik, die inzwischen unter ihnen eine Sonderstellung einnimmt, hat das experimentelle Stadium überwunden und wird in wachsendem Maße nicht mehr nur als Forschungsinstrument, sondern auch in der klinisch-psychologischen Praxis eingesetzt. Die aus der Kritik an grundlegenden Annahmen der traditionellen Diagnostik hervorgegangene Interaktionsdiagnostik hatte eine Reihe von Versuchen zur Folge, die FDV dieser neuen Entwicklung anzupassen. Dienten sie bislang als Individualdiagnostika, so wurden sie im Zuge des gestiegenen Interesses an der Arbeit mit Gruppen (z. B. Gruppenpsychotherapie, Familientherapie) als Instrumente zur Interaktionsdiagnostik (z. B. in Form des „Konsensus-Rorschach") entdeckt. 5. Schließlich fallen in den Berichtszeitraum einzelne Veröffentlichungen, die ihres besonderen inhaltlichen Gegenstandes wegen lebhafte Diskussionen ausgelöst haben (z. B. die Analysen der Rorschach-Protokolle der im Nürnberger Kriegsverbrecher-Prozeß Angeklagten von Miale & Selzer 1976), und die exemplarisch an einem bestimmten Thema die Problematik des RT veranschaulichen können.

B. Das alles in allem anhaltend große Interesse an den FDV hat sich auch nach 1963 in einer umfangreichen Literatur niedergeschlagen. Es ist daher sinnvoll, einen Überblick über die verschiedenen Kategorien der zur Verfügung stehenden Informationsquellen zu geben.

Die Einführungen in die Praxis der RT lassen sich grob in fünf Gruppen einteilen: 1. Einführungen, die sich eng an das Original anlehnen: Dazu kann man rechnen: Bohm (1972^5, 1974), Zulliger (1952^3), Beck (1945, 1950^2, 1952), 2. die das Original in bestimmten Bereichen (z. B. Signierung, Befragung) erweitert haben: Klopfer & Kelley (1946), Bühler, Lefever & Bühler (1949), Minkowska (1956), Loosli-Usteri (1961), Klopfer, Ainsworth, Klopfer & Holt (1954), Klopfer et al. (20 Mitarbeiter) (1956), Klopfer & Davidson (1974), Piotrowski (1957), 3. die die inhaltsanalytische Auswertung betonen: Philipps & Smith (1953), 4. die bezüglich der Interpretation psychoanalytisch orientiert sind: Rapaport, Gill & Schafer (1968^3), Schafer (1954) und Vogel (1964). Da diese Gruppen nicht unabhängig voneinander sind, muß man auch hier die Arbeiten von Klopfer noch einmal einordnen. Eine fünfte Gruppe umfaßt solche Einführungen, die die traditionelle Signierungsweise entscheidend verändert bzw. auf eine grundlegend andere (metrische) Basis gestellt haben: Zubin & Young (1948), Zubin, Eron & Schumer (1965), Fischer & Spada (1973). Auf Besonderheiten in der Anwendung der RT bei bestimmten Personengruppen weisen mehrere Arbeiten ausführlich hin. Über Details bei der Durchführung des RT bei Kindern und Jugendlichen informieren beispielsweise Ford (1946), Hertz (1960), Ledwith (1960), Zulliger (1952^3), bei psychiatrischen Patienten z. B. Bochner & Halpern (1945^2), Böcher (1962), bei der Personalauslese Kinslinger (1966).

Zur Selbstanleitung bzw. für Anleitung mit fremder Hilfe leisten Beck's Buch: „Rorschach experiment . . ." (1960) eine Sammlung von Blindgutachten und Bohm's (1975) „Psychodiagnostisches Übungsbuch" nützliche Dienste. Entsprechendes gilt auch für Zulliger (1952^3) und für Beck & Molish (1967), die signierte und interpretierte Fallbeispiele darstellen. Normdaten, Regeln der Interpretationstechnik, differentialdiagnostisch relevant erscheinende Zeichensyndrome und andere Hilfsmittel finden sich in Bohm (1967^2).

Synoptischen Charakter haben die beiden Arbeiten von Exner (1969, 1974). Grundlagen-orientiert und methodenkritisch sind Rickers-Ovsiankina (1960), Hirt (1962) und Bottenberg (1972), der darüber hinaus auch eine Einführung in die Technik bietet, und vor allem Hartmann (1977), der sich schwerpunktmäßig mit der Signierungsproblematik von FDV auseinandersetzt.

Eine periodisch erscheinende und systematische Dokumentation der meisten zum RT und anderen FDV publizierten Arbeiten in Form von Kurzzusammenfassungen enthalten Buros' „Mental Measurement Yearbooks" bzw. „Personality. Tests and Reviews" (z. B. 1970). Die „Annual Review of Psychology" (z. B. 1976) informieren, wenn auch in unregelmäßigen zeitlichen Abständen, über

Untersuchungstrends und Ergebnisse für bestimmte Zeitintervalle. Die jeweiligen Autoren dieser Berichte (z. B. Molish 1972, Klopfer & Taulbee 1976) kommentieren die Entwicklung auf einzelnen Gebieten (z. B. Signierungskategorien) kritisch, ähnlich den Testrezensionen, die Buros abdruckt. Ähnliche Zielsetzungen verfolgen die Reihen „Advances in psychological assessment" (vgl. zur RT Klopfer 1968) und „Progress in Clinical Psychology" (vgl. zur RT Eron 1966).

Die Eignung der RT zur Individual-Diagnostik des perzeptiv-kognitiven Entwicklungsniveaus i. S. von Werner, von emotionalen, affektiven Zuständen (Angst und Feindseligkeit), von bestimmten Aspekten der Körperwahrnehmung, aber auch von klinisch-psychologischen bzw. psychopathologisch bedeutsamen Erscheinungsformen (Homosexualität, Suizidgefährdung, Neurotizismus, Schizophrenie, hirnorganische Störungen) und schließlich der Therapieprognose haben Goldfried, Stricker & Weiner (1971) in ihrem Handbuch anhand der vorliegenden empirischen Daten systematisch und zusammenfassend beurteilt.

C. Über aktuelle konzeptuelle Entwicklungen und Untersuchungsergebnisse berichtet das „Journal of Assessment", in der Nachfolge der „Journal of projective Technique & Personality Assessment", „Journal of projective Technique" und schließlich „Rorschach Research Exchange". Die Veränderung in den Zeitschriftentiteln charakterisiert auf treffende Weise die Wandlung der RT in seiner Stellung im Vergleich zu anderen Verfahren bzw. in der psychologischen Diagnostik.

D. Da heute immer noch mehrere Signierungssysteme koexistieren, können sich beim Vergleich Schwierigkeiten einstellen. Die einzelnen Signierungssysteme unterscheiden sich nicht nur hinsichtlich des „Zeichenvorrats" (Umfang der Signierungskategorien), der Bezeichnung (gleiche Kategorien werden unterschiedlich symbolisiert), der referentiellen Charakteristika (gleiche Kategorienbezeichnungen werden trotz unterschiedlicher Signierungsvorschriften gebraucht, beziehen sich also nicht auf identische Stimulusmerkmale), sondern auch in bezug auf den jeweiligen Überlappungsgrad exakt sich entsprechender Kategorien zwischen verschiedenen Systemen: Vergleiche, die sich auf formale Eigenschaften der Signierungssysteme wie Zeichenumfang und, daraus abgeleitet auf die theoretisch möglichen Differenzierungen beziehen, haben Spitznagel (1964) und jüngst Hartmann (1977, S. 23) durchgeführt. Für die praktische Arbeit bedeutsam sind „Punkt für Punkt"-Vergleiche. Toomey & Rickers-Ovsiankina (1960) haben die folgenden sechs Systeme einander gegenübergestellt: Rorschach, Binder, Rapaport und Schafer, Beck, Piotrowski, Hertz und Klopfer. Ziel dieses Vergleichs war es, die Hauptsignierungskategorien jedes Systems darzustellen, den Grad der Korrespondenz jeder Kategorie zwischen den Systemen anzugeben und schließlich Verfeinerungen, Klarheit und Kommunikabilität zu kennzeichnen. Eine „Synopsis verschiedener Signierungssysteme" findet sich auch bei Hartmann (1977, S. 201ff.), der die Systeme von Bohm, Klopfer und Holtzman vergleicht.

E. Klecksstimuli sind schon vor Rorschach zur Analyse von Wahrnehmungsprozessen verwendet worden. Eine Bibliographie der Vorläufer und zusammenfassenden Darstellungen der Untersuchungsergebnisse führt Spitznagel (1964, 2a und 2b des Literaturverzeichnisses) auf.

F. Während Rorschach die Herstellung seines Klecksmaterials auf intuitiver Basis durch ein „Versuch-Irrtum"-Verfahren vornahm, wurde bei der Entwicklung der Holtzman-Inkblot-Technik der Versuch unternommen, die Klecksstimuli auf der Grundlage optimaler Differenzierbarkeit zwischen Extremgruppen (normale versus schizophrene Probanden) auszuwählen.

In der ersten Rezension über Rorschachs Psychodiagnostik charakterisiert Kronfeld (1922) Autor und Test: „Hier gibt ein findiger Geist, ein Psychologe von feiner Intuition, aber recht geringer experimentell-methodischer Genauigkeit, dem Experiment eine völlig neue Reihe von Aufgaben. Er befreit es von der Starre und Gebundenheit seiner Anwendung, Protokollierung und Auswertung: die Schlußfolgerungen, zu denen er so gelangt, sind überaus reichhaltig, programmatisch wichtig und vielseitig; sie regen die Charakterkunde fast in ihrem ganzen Umfang an, aber sie erwecken auch hinsichtlich ihrer Begründung fast durchgehend ernste Bedenken ...". Vom Blickwinkel der Gegenwart aus gesehen erweist sich diese Besprechung als eine relativ genaue Prognose der späteren Polarisierungen in der Einschätzung dieses Instruments durch die sogenannten „Kliniker" und „Psychometriker".

Die FDV teilen mit Persönlichkeits- bzw. Leistungstests einige Eigenschaften. Durchführungsbedingungen und Protokollierung der Aussagen sind standardisierbar bzw. standardisiert: Dies gilt zunächst für die Anweisung. Neben der Standardform der mündlich gegebenen Anweisung („was könnte das sein"), der häufig eine kurz gefaßte allgemeine Orientierung über die Stimuli („Ich werde Ihnen jetzt eine Reihe von Bildern zeigen" ...) vorangestellt wird, werden von Fall zu Fall mit unterschiedlichen Begründungen Varianten hinzugefügt, die obligatorisch oder fakultativ sein können. Sie bestehen entweder aus synonymen Paraphrasierungen der Standardform und sollen durch Redundanzbildung das Verstehen der Aufgabe erleichtern oder beinhalten zusätzlich Angaben, um besonderen Probandengruppen die Art der geforderten Aufgabe besser nahezubringen. Das Material und die Reihenfolge der Darbietung sind standardisiert. Dies trifft für Einzeluntersuchungen mit Tafeln als auch für Gruppenuntersuchungen mit Diapositiva zu. Geregelt sind Sitzordnung zwischen Untersucher und Proband, das Verhalten des Untersuchers während der Testvorgabe durch „Vorschriften", unter welchen Bedingungen er wie intervenieren darf. Ebenso ist die Verschriftung der Probandenaussagen häufig „Schulen"-spezifisch festgelegt. Eine Reihe von Hilfsmitteln stehen dafür zur Verfügung (z. B. Formblätter, auf denen die Areale markiert werden können, auf die sich die Deutungen beziehen). Da in der Mehrzahl der Fälle die Deutungen nicht auch gleichzeitig alle Informationen enthalten, die für eine zweifelsfreie Signierung notwendig sind, müssen Befragungen mit dem Ziel durchgeführt werden, das Fehlende zu erheben. Verschiedene Autoren stimmen hinsichtlich der zu befolgenden Befragungsregeln wenig überein (z. B. hinsichtlich des Zeitpunkts: Nach jeder Deutung, nach dem vollständigen Testdurchgang; oder hinsichtlich der Systematik: Ob grundsätzlich für jede Deutung oder ob nur für solche eine Befragung durchgeführt werden soll, bei der der Untersucher sich im Unklaren ist). Einer unterschiedlichen Handhabung zwischen verschiedenen „Schulen" unterliegt schließlich, wie extensiv protokolliert werden soll.

Das Verhalten von Probanden während der Testdurchführung beschränkt sich natürlich nicht nur auf verbale Äußerungen. Zunächst ist es sachlich korrekter, von verbalen Äußerungen und nicht von Deutungen zu sprechen. Äußerungen können mit Deutungen zusammenfallen, über sie hinausgehen oder gar keine enthalten. In jedem Falle bedarf es einer exakten Festlegung dessen, was eine Deutung, d. h. der eigentliche Gegenstand der Signierung ist. Daß dieselbe Deutung sprachstilistisch unterschiedlich enkodiert sein kann, war zwar schon immer bekannt. Welche Rolle dieser Komponente bei der Signierung zukommt, ist indessen kontrovers. Das gleiche gilt für die nonverbalen, paralinguistischen und proxemischen Verhaltensweisen, die die verbalen Aussagen begleiten, ihnen vorausgehen oder nachfolgen. Eine weitere Gruppe von Verhaltensweisen betrifft den Umgang mit den Tafeln während der Einzeluntersuchung: drehen, wenden usw.

Über die Registrierung des deutefähigen Kerns einer verbalen Aussage hinaus dient die von vielen empfohlene Erfassung weiterer Verhaltensklassen (stilistische, paralinguistische, Umgang mit Tafeln usw.) keinem Selbstzweck, sondern der Schaffung eines reicheren Informationskontextes, durch den sich Unbestimmtheiten in den Deutungen vermindern oder umgekehrt unproblematische Deutungen auf mehreren Ebenen absichern lassen. Die akuten affektiven Reaktionen auf die Deutungen, das Verhalten des Probanden gegenüber dem eigenen Deuteverhalten festzuhalten, erscheint nicht nur für jede Art von Verlaufsanalysen bedeutsam. Bislang fehlt es jedoch an ausgearbeiteten Vorschlägen zur systematischen Kodierung der genannten Verhaltensweisen. Das mag u. a. mit Schwierigkeiten der Dokumentation, der objektiven Beurteilung, aber auch damit zusammenhängen, daß bei Leistungs- und Persönlichkeitstests Verhaltenskontextbedingungen auch nicht berücksichtigt werden.

Die erwähnten Differenzen in der Durchführung und Protokollierung widerlegen die frühere Feststellung der Standardisierung nicht. Es handelt sich in der Regel um Differenzen zwischen verschiedenen „Schulen", aber nicht innerhalb einer „Schule", bei der meist konsistent verfahren wird. Darüber hinaus stehen keine grundsätzlichen Schwierigkeiten einer „Intersystem-Standardisierung" im Wege.

Während auf der Ebene der standardisierten Informationsgewinnung und Registrierung keine prinzipiellen Unterschiede zu Leistungs- und/oder Persönlichkeitstests bestehen, haben FDV einige Besonderheiten, die sie mit anderen projektiven Verfahren teilen.

1. Die interindividuelle Variabilität der Reaktionen: es gibt keine identischen Rorschach-Protokolle. Daraus leitet sich die Annahme ab, daß es sich um jeweils individuelle Bedingungsmuster handelt, die den beobachtbaren Verhaltensvariationen zugrunde liegen. 2. FDV gehören zu den sogenannten Breitbandverfahren, die beanspruchen, gleichzeitig mehrere zentrale Persönlichkeitsdimensionen zu erfassen. 3. FDV sind weniger durchschaubar als beispielsweise Leistungstests: Probanden mit geringer Testerfahrung halten FDV in der Regel für ein Instrument zur Prüfung der Phantasie. 4. FDV gelten als Verfahren, die Probanden die Kontrolle dessen erschweren, was sie äußern. 5. Die Lösung der Testaufgabe ist weitgehend unabhängig von speziellen (Schul-)Kenntnissen und Fertigkeiten. Daher können Personengruppen mit unterschiedlichem Bildungshintergrund untersucht werden. Grenzen der Anwendbarkeit ergeben sich dann, wenn es an der Farbsehtüchtigkeit, am Anweisungsverständnis, an der Verbalisierungs- bzw. Kooperationsfähigkeit mangelt. 6. Im Unterschied zu Leistungs- und Persönlichkeitstest bleiben bestimmte Stimuluscharakteristika der FDV bei interkultureller Anwendung unverändert. Dies gilt besonders für die strukturale Mehrdeutigkeit. Sie ist bestimmt durch den von Beurteilern eingeschätzten Grad, wie leicht die Form-, Farb- und Schattierungsqualitäten eines Klecksstimulus Deutungen provozieren. Derogatis, Gorham & Moseley (1968) konnten zeigen, daß vier Gruppen von Angehörigen heterogener Kulturen die strukturale Mehrdeutigkeit für die 45 Tafeln der Holtzman-Inkblot-Technik sehr ähnlich beurteilen.

II. Sozialpsychologische Aspekte der RT-Forschung

Unter sozialpsychologischen Aspekten eines Tests sollen Einstellungen und Meinungen von Psychologen und Laien zum Test oder zu einzelnen Charakteristika verstanden werden.

Die Kognitionen über ein diagnostisches Verfahren können entweder direkt durch Befragung oder indirekt durch inhaltsanalytische Auswertung dokumentarischen Materials erschlossen werden. Einen weiteren Zugang bieten geplante Versuche mit systematischen Bedingungsvariationen.

Die Frage, ob es berechtigt ist, testbezogene Attitüden in die Diskussion einzubeziehen, kann mit dem Hinweis auf die Tatsache beantwortet werden, daß der Gebrauch eines Tests nicht nur von strikt sachlogischen Faktoren, seiner Valenz, seiner Ökonomie, von der Nichtverfügbarkeit validerer Alternativen abhängt, sondern auch von subjektiven Bedingungen, die im Benutzer liegen.

Im übrigen liegt es nahe, diesen Testeinstellungen gerade bei einem Verfahren nachzugehen, zu dem seit dem Erscheinen (vgl. Kronfeld 1922) konträre Standpunkte bezogen werden, die durch die klinische bzw. psychometrische Position etwas simplifizierend umschrieben werden.

1. Die Publikationsrate: Buros (1970) registrierte 4580 veröffentlichte Arbeiten zum RT, die Modifikationen betreffenden nicht berücksichtigt. Nun besagt eine solche Zahl wenig, wenn sie nicht mit anderen Daten (durch Intratest-Zeitreihen oder Intertestvergleiche) verglichen wird. Bezogen auf den willkürlich gewählten Basiszeitpunkt 1963 ist zwar absolut ein kontinuierlicher Zuwachs an Publikationen zu verzeichnen, relativ aber eine Abnahme. Das gewichtete Verhältnis zwischen Rorschach- und MMPI-Arbeiten verändert sich deutlich zuungunsten des RT (vgl. Buros 1970). Dieses Ergebnis ist als stärkere Zuwendung zu objektiven Tests interpretiert worden. Es überrascht aber, weil die Brauchbarkeit dieses Inventars ebenfalls kritisch beurteilt wird.

Innerhalb einer Gruppe von zwanzig projektiven Verfahren nimmt der RT für den ausgewerteten Zeitraum jedoch nach wie vor die Spitzenposition bezüglich der Intensität des Forschungsinteresses ein (vgl. Crenshaw, Bohn, Hoffman, Matheus & Offenbach 1968).

Obwohl das Forschungsinteresse am RT relativ stabil geblieben ist, könnten die vorliegenden Befunde auf einen Wandel, auf eine tendenzielle Interessenabschwächung hindeuten. Die Publikationsrate ist natürlich ein grober Indikator für das Interesse an einem Verfahren. Aufschlußreicher wären (testvergleichende) Inhaltsanalysen zu verschiedenen Zeitpunkten für bestimmte Themenbereiche, die eine genauere Erfassung der relativen Stärke, der Konstanz oder Veränderung von Forschungsinteressen sichtbar machen könnten. An Informationen dieser Art fehlt es jedoch. Auch die Bewertung der methodischen Güte von bestimmten Gruppen von Untersuchungen, von Cronbach (1949) begonnen, hat keine Fortsetzung gefunden.

Da nur sporadisch Einstellungen und Meinungen zum RT erhoben worden sind, die Untersuchungen zudem aus den verschiedensten Gründen nicht ohne weiteres miteinander verglichen werden können, ergibt sich kein umfassendes geschlossenes Bild. Immerhin lassen sich einige Tendenzen erkennen. Geht man davon aus, daß der Gebrauch von Tests u. a. auch durch eine generalisierte positive bzw. negative Einstellung gesteuert wird, so kann man diese Einstellung aus Indikatoren für deren kognitive bzw. konative Komponente rekonstruieren. Voraussetzung für dieses Vorgehen ist der Nachweis, daß das interessierende Verfahren überhaupt bekannt ist.

2. Die Bekanntheit wurde in einer Befragung von Schober (1977) erhoben. 1973 hat sie 272 in Erziehungsberatungsstellen tätige Psychologen angeschrieben, von denen 179 den Fragebogen beantwortet haben, in dem u. a. nach der Bekannt-

heit von 30 vorgegebenen projektiven Techniken gefragt wurde. Wie zu erwarten, geben alle Befragten an, den RT zu kennen. Das Bild ändert sich bei den Modifikationen (vgl. Kap. IX).

3. Die Brauchbarkeit wurde mittels einer fünfstufigen Skala eingeschätzt. Faßt man jeweils die beiden extremen Kategorien zusammen, so halten 53,6 % der Erziehungsberater den RT für brauchbar, 33,5 % äußern sich unentschieden, 5 % erklären ihn für unbrauchbar, 7,8 % haben keine Stellungnahme bezogen (vgl. Schober 1977, 369). Von einer Meinungspolarisierung kann demnach bei dieser Befragtengruppe keine Rede sein, da die Mehrheit ein positives Urteil zum RT abgibt. Ältere und Berufserfahrenere schätzen die Brauchbarkeit deutlich günstiger ein als die Jüngeren und weniger Berufserfahreneren. Daß die Einschätzung der Brauchbarkeit z. T. durch die berufliche Tätigkeit beeinflußt wird, darauf lassen die skeptischeren Urteile gegenüber projektiven Techniken von Fachpsychologen für Klinische Psychologie schließen (Schober 1977, S. 371). Interessant ist auch die Feststellung, daß das Brauchbarkeitsurteil nicht von bestimmten präferierten Beurteilungsmaßstäben abhängt (Gütekriterien i. S. der klassischen Testtheorie versus diagnostische Ergiebigkeit u. a. m.). Aus den Ergebnissen einer Testumfrage der Schweizerischen Testkommission aus dem Jahre 1975 geht hervor, daß von überwiegend in der Berufsberatung tätigen Psychologen, die den RT anwenden, 48 % mit den Normen und 40 % mit der Validität zufrieden sind (vgl. Stoll 1978, S. 328). Dieses Ergebnis ist deshalb besonders bemerkenswert, weil die Voten der Befragten bezüglich Normen und Validität z. B. für den Analytischen Intelligenztest von Meili keineswegs günstiger ausfallen: 50 % der Anwender halten die Normen, 35 % die Validität für genügend. Natürlich darf man die Befunde dieser Befragung nicht überbewerten oder verallgemeinern, ist doch die Anzahl der Nicht-Respondenten sehr hoch. Die „wahre" Meinungsverteilung kann aus dieser Erhebung nicht entnommen werden.

Eine Vorstellung von dem heterogenen Meinungsbild bezüglich bestimmter Bewertungsaspekte der RT gibt die Tabelle 1, in der die Ergebnisse von zwei älteren amerikanischen Befragungen, ergänzt durch die Resultate von Schober, aufgeführt sind. Zu beachten ist, daß zu unterschiedlichen Zeitpunkten unterschiedliche Psychologengruppen mit verschiedenen Fragen befragt worden sind. Ganz abgesehen von methodischen Besonderheiten (z. B. unterschiedliche „return"-Quoten) erlauben die erwähnten Differenzen keinen unmittelbaren Vergleich, sie geben aber einen Hinweis auf die komplexe Bedingtheit der Einstellung zum RT.

4. Die Häufigkeit des Gebrauchs der RT in der Praxis ist durch mehrere Umfragen erhoben worden. Sie kann durch verschiedene Indices geschätzt werden. Die absolute Anwendungshäufigkeit (abgek. aAH) gibt an, wieviel Personen den Test überhaupt verwenden. Von ihr ist die relative Anwendungshäufigkeit (abgek. rAH) zu unterscheiden, die berücksichtigt, wie oft die Anwender den Test einsetzen.

Tabelle 1: Bewertung der Rorschach-Technik

Autor(en)	Befragter Personenkreis	Fragen [1]	Antwortklassen (Angaben in Prozent)			Aktualität	Majorität
			ja	nein	unent-schieden	A [2]	M [2]
Faterson & Klopfer (1945)	Assoziierte bzw. Vollmit-glieder der Amerikanischen Psychologen-Vereinigung (Nicht-Kliniker)	a) Nutzen für Persönlich-keits-Psycho-logie	82	11	7	4,7	66,0
		b) Wissenschaft-licher Wert	30	59	11	3,8	25,8
Kornhauser [3] (1944)	Testspezialisten	c) Eignung für Praxis	30	51	19	2,0	17,1
Schober [4] (1977)	Erziehungsberater	d) Praktische Brauchbarkeit	54	5	41	0,40	28,9

[1] Die Fragen sind auf den inhaltlichen Kern verkürzt worden.

[2] Dise beiden Maße Aktualität und Majorität sind von Hofstätter (1954) entwickelt worden. Die Aktualität von Meinungen wird definiert als direkt proportional dem geometrischen Mittel gebildet aus den Prozentsätzen der Ja- und Nein-Sager, und als umgekehrt proportional dem Prozentsatz der Unentschiedenen $P_+ \times P_- / P_0$. Größe und Richtung der Majoritätsmeinung bestimmt sich nach der Formel: $(P_+ - P_-) \times (100 - P_0)/100$.

[3] Kornhausers Befragten stand eine sechsstufige Antwortform zur Verfügung. Da das Aktualitätsmaß nur drei Antwortklassen berück-sichtigt, mußten die sechs auf drei Antwortstufen zusammengezogen werden.

[4] Die Gruppe derjenigen, die keine Stellungnahme trafen, wurden den Unentschiedenen zugerechnet.

Die Tabelle 2 faßt die Resultate von fünf Erhebungen zusammen. Im Ganzen zeigt sich, daß der RT selbst nach den neueren Befragungen zu den relativ anwendungsintensivsten Tests gehört. Der Vergleich der Ergebnisse der aufgeführten vierten und fünften Erhebung läßt eine Aussage über die zeitliche Abhängigkeit der Anwendungsfrequenz zu. Danach scheint der RT 1971 weniger oft verwendet worden zu sein als 1967.

Tabelle 2: Rangtransformierte absolute und relative Anwendungshäufigkeiten des RT: Daten aus fünf Erhebungen

	(1) 1973	(2) 1964	(3) 1965	(4) 1967	(5) 1971
abs. AH	5.(30)	—	5.(15)	2.(15)	8.(15)
rel. AH oder gewicht ...	8.(30)	4.(15)	8.(15)	—	—

(1) Daten von Schober (1977)   (2)—(5) Daten zitiert nach Stoll (1978)
Die Werte in Klammern geben die Gesamtzahl der einzustufenden Verfahren an.

Ein im Ganzen positives Bild ergibt sich auch aus den Daten amerikanischer Untersuchungen. Während Sundberg (1961) feststellte, daß 93 % der Einrichtungen, die überhaupt Tests verwenden, den RT benutzen, ermittelten Lubin, Wallies, Paine (1971) 91 %, kaum weniger als Sundberg. Deutlicher fällt die Differenz bei den relativen Anwendungshäufigkeiten aus. Während diese 1961 80 % betrug (vgl. Sundberg), fiel sie 1971 auf 60 % (vgl. Lubin, Wallies & Paine).

5. Bisher war von der Anwendung der RT in der Praxis, bzw. von den Einstellungen verschiedener Praktikergruppen zum RT die Rede. Jetzt soll nach den Meinungen von Praktikern zur Rolle der RT in der Ausbildung gefragt werden. Thelen, Varble & Johnson (1968) haben klinische Psychologen befragt, wie wichtig die Beherrschung bestimmter Tests für den Praktiker ist. Bezogen auf den RT halten 86 % gegenüber 12 % der Befragten die Beherrschung für eher wichtig als für unwichtig. Diesem Befund entspricht, daß 71 % der Befragten meinen, daß in der Ausbildung die Teilnahme der Studenten an Rorschach-Kursen verlangt werden sollte.

Zu ähnlichen Ergebnissen gelangen Wade & Baker (1977). Klinische Psychologen sind danach unverändert der Meinung, daß der RT erlernt werden solle. Die

Befragten sind sich sogar relativ einig, daß der RT in erster Linie — im Vergleich zu anderen Tests — erlernt werden müsse.

6. Eine aufschlußreiche Studie über den Einfluß von Kontextbedingungen und dem Typus der Validierungsuntersuchung auf das Untersuchungsergebnis haben Levy & Orr (1959) durchgeführt. Sie fanden, daß in nicht-akademischen Einrichtungen häufiger Kriteriums- als Konstruktorientierte Gültigkeitsuntersuchungen vorherrschen. In akademischen Einrichtungen ist das Umgekehrte zutreffend. Bedeutsamer indessen ist der zweite Befund. Ob ein für die Gültigkeit der Tests positives oder negatives Ergebnis gefunden wird, hängt sowohl vom Typus der Validitätsuntersuchung als auch von der institutionellen Zugehörigkeit des Untersuchers ab. Eine plausible Deutung haben Goldfried, Stricker & Weiner (1971) für diese Ergebnisse formuliert. Untersucher, die „glauben", daß der Rorschach für bestimmte Zwecke nützlich sei, nehmen bestätigende Studien zur Kenntnis und „assimilieren" Untersuchungen mit ungünstigen Ergebnissen, indem sie sie als naiv und irrelevant deklarieren. Auf der anderen Seite behalten „Ungläubige" ihre Auffassung von dem geringen Wert des Rorschachs bei und verweisen auf die Forschungsergebnisse, die ihre Schlußfolgerung bestätigen (S. 3): Da die Ergebnisse von Rorschach-Untersuchungen häufig mehrdeutig sind, kann der Interpretation des Untersuchers und damit seiner Einstellung eine wichtige Rolle zukommen. Das gleiche gilt für den Leser von Rorschach-Arbeiten.

7. Mehrere Arbeiten haben ergeben, daß Probanden, die ein individualisiertes Gutachten erwarten und stattdessen ein fiktives und gleichlautendes Einheitsgutachten vom Barnum-Typus erhalten, es in hohem Maße als zutreffend betrachten (z. B. Snyder 1974). Ob die Verfahren, mit denen die Probanden vorab getestet worden sind, das Ausmaß der Zustimmung zum „Gutachten" beeinflussen, war Gegenstand einiger Untersuchungen. Wenige davon haben den RT oder Kleckse als Stimuli einbezogen. Richards & Merrens (1971) konnten zeigen, daß der Grad der Zustimmung zum Einheitsgutachten tatsächlich von den Verfahren abhängt, denen die Probanden unterzogen worden sind. Unabhängig davon, ob es sich um die wahrgenommene Genauigkeit, Tiefe oder Effizienz des Gutachtens handelte, schnitt der RT im Vergleich zu einem Persönlichkeitsfragebogen und einem Anamnesenbogen tendenziell immer „günstiger" ab.

Bestätigt wurde dieses Ergebnis durch Snyder, Larsen & Bloom (1976). Der RT rief am meisten Zustimmung zu der verallgemeinerten Persönlichkeitsbeschreibung (= Gutachten) im Vergleich zu anderen Datengewinnungsmethoden zwar nicht signifikant, zur Kontrollbedingung aber signifikant hervor.

8. Versucht man ein Fazit aus den vorliegenden Daten zu ziehen, so erscheinen folgende Schlüsse gerechtfertigt: Im Gegensatz zu manchen Behauptungen hat der RT weder seine Ausnahmestellung innerhalb der projektiven Techniken, was Anwendungsintensität und Stimuluswert für wissenschaftliche Untersuchungen betrifft, eingebüßt, noch fanden sich eindeutige Belege für einen Einstellungs-

wandel hinsichtlich Umfang und Intensität praktischer Anwendung und Forschung. Diese Feststellungen brauchen der von Shemberg und Keeley (1970) in den Ausbildungsprogrammen für klinische Psychologen beobachteten Abnahme des Trainingsumfanges hinsichtlich projektiver Techniken nicht zu widersprechen.

Stellvertretend für viele Rorschach-Rezensionen der zurückliegenden Jahre mögen die Ausführungen von Buros (1970, S. 16) sein: "It is amazing to think, that this voluminous research and experiental writing over a period of nearly a half century has not produced a body of knowledge generally accepted by competent psychologist's." Sieht man von jener Position ab, die die Angemessenheit der bisherigen empirischen Rorschach-Forschung überhaupt in Zweifel zieht und die Charakterisierung durch Buros daher für sachlich falsch hält (vgl. Holt 1970), so muß man fragen, auf welche Weise diejenigen, die das Verfahren in der Praxis anwenden, mit den auch ihnen bekannten oft negativen Untersuchungsresultaten „umgehen", wie sie die Dissonanz zwischen Anwenden und den kognizierten „negativen" Befunden reduzieren. Wade & Baker (1977) haben zur Problematik Gültigkeit-Nützlichkeit einige Beobachtungen gemacht. Danach sind für den Kliniker persönliche Erfahrungen mit Tests wichtiger als Zuverlässigkeits- und Gültigkeitsdaten. Ohne die Bedeutung dieser Erfahrung schmälern zu wollen, muß man andererseits ihre Grenzen sehen, wie sie beispielsweise illusorische Korrelationen oder der Barnum-Effekt setzen.

III. Formdeuteverfahren und Testsystematik

Der RT in seiner Standardform und die Mehrzahl der Neuentwicklungen, sofern sich diese durch die Beibehaltung einer wenigstens grundsätzlich gleichen Anweisung und der nicht begrenzten Reaktion an das Original anlehnen, werden gewöhnlich der Gruppe der projektiven Verfahren zugerechnet. Nach der u. a. ebenfalls üblichen sich am Aussagegegenstand der Verfahren orientierenden Einteilung gehörten der RT und die Gruppe der vergleichbaren FDV zu den Persönlichkeitstests. Die erste ist aber insofern der zweiten Gruppierung überlegen, als dort der als relevant betrachtete Grundvorgang, der die Funktionsweise u. a. auch der FDV erklären soll, zum Einteilungsgesichtspunkt gemacht wird. Darüber hinaus hat die RT auch nicht-projektive Aspekte, die vielfach übersehen werden (vgl. Zubin 1956, Werner & Wapner 1956). Man kann daher streng genommen nur von einer graduellen Zugehörigkeit sprechen. — Nach Heiß (1949), der die Tests nach dem Aufgabentypus klassifiziert, gehören die FDV zu den Entfaltungstests, deren wesentliches Merkmal die Freiheit in der Gestaltung ist.

Fast alle Modifikationen, bei denen anstatt spontaner Bedeutungsverleihung Deutelisten vorgegeben werden, aus denen einzelne Vorschläge auszuwählen sind, oder nach bestimmten Gesichtspunkten geordnet werden sollen, gehören nicht zu den projektiven Techniken. Sie stehen vielmehr den objektiven Persönlichkeitstest nahe.

Cattell (1959) gab den projektiven Techniken die Bezeichnung „misperception"-Test, weil er in der Abweichung einer Handlung von einer Norm das allen projektiven Techniken gemeinsame zu erkennen glaubte. Unter individualpsychologischem Blickwinkel ist die Abweichung keine „distortion", sondern eine *Wahr*nehmung.

IV. Grundlagen der Formdeuteverfahren

A. Erklärungsansätze

Die Grundlagen der RT bzw. der FDV sind eng verknüpft mit einer Theorie der projektiven Verfahren. Zum Verständnis der Funktionsweise der FDV gehört die Annahme, daß zwischen dem Wahrgenommenen und der Persönlichkeit ein Isomorphismus bestehen soll. Mooney (1962) hat dieses Verhältnis vereinfachend auf die Form eines Syllogismus gebracht: "The Rorschach test is a perceptual task; personality traits are know to determine, in part, perceptual processes; therefore, from a consideration of the operation of perceptual processes as revealed in the Rorschach, the clinician can obtain useful information about an individual's personality structure." Dieses wohl einfachste „Modell" läßt sich formal folgendermaßen umschreiben: $R = f(P)$. Dies besagt, daß unter den gegebenen Material- und Anweisungsbedingungen die Reaktion (Deutung) ausschließlich und allein eine Funktion der Persönlichkeit sei. Ein Schritt zu einer wirklichkeitsgerechteren Vorstellung über das Verhältnis von Wahrgenommenen und Wahrnehmenden bedeutete die „Aufweichung" der Isomorphismus-Annahme. An die Stelle einer eindeutigen Entsprechung trat die Auffassung von einer mehrdeutigen Beziehung.

Ein zweiter Anstoß zur Revision des ursprünglichen „Modells" bildete die sich wandelnde Anschauung über die Rolle des Reizmaterials. Während man ursprünglich dem sog. „unstrukturierten" Material im Gegensatz zum „strukturierten" nur eine diffuse, d.h. keine spezifische Anregungswirkung zuerkannte, trug man aufgrund der sich mehrenden empirischen Beweise diesem Faktor Rechnung. Klecksbilder haben einen spezifischen „Aufforderungscharakter" oder „card pull". Diese neue Sachlage stellt die folgende Beziehung dar: $R = f(R, P)$. Die Überzeugung, daß mit Hilfe der FDV „die" Persönlichkeit, d.h. ein relativ unveränderliches Gefüge von Reaktionsbereitschaften erfaßt werden könne, läßt sich indirekt erhärten. Wenn nachweisbar ist, daß situative Faktoren die Reaktionen nicht maßgeblich beeinflussen, spräche dies für die These der Persönlichkeitserfassung im definierten Sinne. Es hat sich nun aber gezeigt, daß diese Meinung nicht aufrecht erhalten werden kann, weil äußere Bedingungen das Verhalten der Pbn verändern können. Die formale Kennzeichnung müßte daher lauten: $R = f(R, S, P)$. Noch einen weiteren letzten Punkt läßt das Verhältnis zwischen Indikator und Indiziertem vermissen, den man leicht erkennt, wenn man die Art der Wahrnehmungsaufgabe bei den FDV mit denen der Wahrnehmungspsychologie vergleicht. Ob es sich bei diesen um Unterscheidungs-, Such- oder Reaktionsaufgaben u. ä. handeln mag, in der Regel spielt dabei die Sprache zur Mitteilung des Ergebnisses keine, höchstens eine untergeordnete Rolle. Das Gegenteil ist bei den FDV der Fall. Sowohl die Wahrnehmungen als auch die Eigenschaften der Klecksfiguren, die jenen zugrunde liegen, müssen verbalisiert werden. Es galt lange Zeit als selbstverständlich, eine Entsprechung zwischen Wahrnehmungserlebnis und seiner sprachlichen Mitteilung anzunehmen. In Wirklichkeit ist aber die Verbalisierung nicht bloß ein Mittel zur Kundgabe des Wahrgenommenen, sondern gleichzeitig ein Filter. Somit sind die Reaktionen (Antworten, Deutungen) in den FDV zumindest eine Funktion von vier komplexen Variablen, einschließlich ihrer wechselseitigen Beziehungen, was sich in formaler Schreibweise so darstellt: $R = f(V, S, R, P)$, wobei V das Sprachfilter kennzeichnen soll.

Es hat nicht an Versuchen gefehlt, die FDV theoretisch zu begründen. Je nach Erklärungsansatz werden die kognitiven, perzeptiven, kommunikativen oder psychodynamischen bzw. inhaltlichen Prozesse, die der Bedeutungsverleihung zugrunde liegen, stärker akzentuiert.

Die Notwendigkeit einer Verbindung von Wahrnehmungstheorie und einer Theorie der RT haben erstmals Brosin & Fromm (1942) betont. Es ging ihnen um den Versuch, die Grundsätze der Gestaltpsychologie auf die RT anzuwenden. Eine Fortführung dieses Ansatzes stellt der Beitrag von Wertheimer (1957) dar. Gibson (1951, 1954) und diesem teilweise folgend Zubin (1956) übertrugen Gesichtspunkte einer Theorie der Wahrnehmung von Bildern auf Klecksgebilde. Zubins (1956) selbständiger Beitrag liegt in dem Vorschlag eines Modells für die RT, das sich an die Kommunikationstheorie anlehnt. Ein erster Versuch, den Sinngebungsvorgang auf Verhaltensebene durch Reizgeneralisation zu klären, stammt von Moylan (1959). Eine Verbindung der Hypothesentheorie von Bruner und Postman und dem Deutegeschehen in der RT war das Ziel von Nikelly (1961). Wahrnehmungsgenetische Gesichtspunkte zum Verständnis des Deutegeschehens trug u. a. Meili-Dworetzki (1952) an das Rorschach-Verfahren heran. Psychoanalytisch orientiert sind die Ansätze von Schafer (1954), von Holt & Havel (1960), die die Analyse von Primär- und Sekundärprozessen in den Mittelpunkt stellen. Die Rolle der sprachlichen Prozesse betonen Lorenz (1959) und Wagoner (1963, zitiert nach Potkay 1971, S. 12), der einen extremen Standpunkt einnimmt, da er den RT für ein Wortschatz-Test-Analogon für grammatikalische Kategorien hält. Der Vorzug feldtheoretischer Ansätze liegt u. a. darin, daß die Rolle situativer Bedingungen, die das Deuteverhalten beeinflussen können, einbezogen werden (vgl. Deutsch 1954). Soziale Rahmenbedingungen, Interaktionen zwischen Untersucher und Probanden und ihre Effekte werden ebenso von psychoanalytischen (z.B. Schafer 1954), aber auch von der Seite sozialer Lerntheorien (vgl. Rotter 1958[2]) thematisiert.

Ein kognitives Modell unter Zuhilfenahme entscheidungstheoretischer Gesichtspunkte hat Fulkerson (1965) entworfen. Ausgangspunkt ist die Frage „wie ein Proband mit einer Situation fertig wird, die von ihm eine Wahl unter Unbestimmtheitsbedingungen verlangt". Der Proband weiß nicht, wieviel Wahlmöglichkeiten er hat und welche Folgen seine Entscheidungen haben. Probanden benutzen bestimmte Strategien zur Verringerung der Unbestimmtheit, etwa die Strategie, „formscharfe" Antworten zu geben. Hat er mehrere Deutungen implizit generiert, könnte die Auswahl der „richtigen" Antwort mit Hilfe der Regel erfolgen, immer diejenigen Deutungen zu wählen, die den ersten Rangplatz in der Güte der Zuordnung einnimmt. Das „Abtasten" des Reizes mit dem Ziel, eine Deutung auszuwählen, aktiviert eine Reihe von Teilprozessen. So muß ein inneres Bild angenommen werden, mit dem der Stimulus verglichen und bewertet werden kann. Neben diesen Vergleichsprozessen kommen Nützlichkeitserwägungen ins Spiel, durch die das Risiko dieser oder jener Handlung bzw. ihre Folgen taxiert werden. Resultat ist eine Annäherungsstrategie („das Beste aus der Situation machen"). Dieser Ansatz verbindet die perzeptiv-kognitiven Prozesse, die das Deuteverhalten bedingen, mit den sozialen Fertigkeiten des Probanden, sich unter den gegebenen Informationsbedingungen subjektiv zweckmäßig zu verhalten.

Ein ganz ähnlicher Ansatz, ein sequentielles Entscheidungsmodell zum Deuteprozeß stammt von Stäcker (1978), der aber auf Fulkerson nicht unmittelbar Bezug nimmt. Der „Deutungsprozeß" durchläuft fünf Phasen. In der ersten geht es darum, ob tafelspezifisch oder tafelunspezifisch (z. B. mit Versagen) reagiert wird. Ist das erstere der Fall, geht der Prozeß in die nächste Phase über, in der die Entscheidung fällt, ob sich ein persönlich relevantes „Thema" (z. B. Konfliktthema) entwickeln wird oder nicht. Wird kein „Thema" aktiviert, „steigt" der Proband gewissermaßen aus. Die entsprechende verbale Reaktion könnte eine „neutrale" Reaktion sein. Hat sich ein „Thema" entwickelt, so hängt der weitere Prozeß davon ab, ob es Angst auslöst oder nicht-angstbesetzt ist. Trifft dies zu, so kann ein Vergleichsmechanismus wirksam werden, der die „Passung" von Konzept und Stimulus prüft. Je nach Ergebnis, kann dieser Vorgang iteriert werden, bis eine akzeptable Alternative gefunden wurde. Das Ergebnis könnte eine formscharfe Deutung sein; wenn keine Alternative gefunden wird, könnte ein Versager die Folge sein. Ruft ein Thema Angstreaktionen hervor, so kann dies bei Abwehr oder Verarbeitungsschwäche zu klinisch auffälligen Reaktionen führen: Dieses Stadium entspräche der letzten Prozeßphase.

Bemerkenswert an diesem Ansatz ist die Mischung zwischen hypostasierten Prozessen im Probanden mit Interpretationsmechanismen auf seiten des Interpreten. Ob die Abfolge der Entscheidungsstufen in der vom Autor skizzierten Weise verläuft, bedarf der empirischen Prüfung. Im Vergleich zu Fulkerson beschränkt sich dieses Modell auf einen, wenn auch zentralen psychodynamischen Aspekt, auf den Einfluß der Angst auf die der Verbalisierung vorausgehenden Auswahl- und Vergleichsstrategien. Die Frage ist auch, ob alle Instanzen explizit definiert sind.

Ausgangspunkt für jeden Erklärungsansatz müssen die Sprach- und Sprechverhaltensweisen der Probanden sein, die allein der unmittelbaren Beobachtung zugänglich sind.

Man hat es in der Regel mit einer Folge von „Sätzen" zu tun, deren Grundform leicht auf einen Nenner zu bringen ist: Dies (Bezugsfeld oder Erfassungsmodus) könnte X (Deutung oder Antwort) sein. Dieser Satz hat gleichsam eine Leerstelle, die durch verschiedenartige Inhalte ausgefüllt werden kann. Als Folge der Mehrdeutigkeit des Materials und der von Fall zu Fall unterschiedlichen Auslegung, die die Anweisung erfahren kann, ergeben sich bestimmte semantische Eigentümlichkeiten der Äußerungen. Wortschatzlisten, aus FDV-Protokollen zusammengestellt, enthalten beispielsweise wenig Eigennamen, dafür um so mehr Art- und Gattungsbezeichnungen, Gruppen- und Genuskollektive oder nicht selten auch Massenwörter. Andere Formen, die häufig auftreten, sind Aussagen wie „eine Art von . . .", „. . . -artig", „-ungefähr", „so in etwa" usw. Alle diese Formulierungen weisen auf die besondere Aufgabensituation bei den FDV hin. Deutungen sind im allgemeinen daran erkennbar, daß sie die oben genannte Satzform haben, bisweilen reduziert auf einen Ein-Wort-Satz oder aber auch durch Spezifizierungen erweitert. Damit erschöpft sich jedoch in der Regel das Sprachverhalten in der Rorschach-Situation nicht. Ergänzend treten Aussagen hinzu, die Wertungen, Kommentare über den subjektiven Grad des Vertrauens in eine Deutung bekunden u. a. m. Die Aussagen sind die wesentliche Basis, von der ausgehend der Interpret die Wahrnehmungen eines Pb rekonstruieren muß. Diese Aufgabe wird nun durch eine Tatsache erleichtert. Bei der Bedeutungsverleihung handelt es sich nämlich — funktional gesehen — um eine „Zeigedefinition", um einen Benennungsvorgang, da Kleckse als mögliche Abbilder bzw. Repräsentationen von Gegenständen oder Personen betrachtet werden können.

Eine Schwierigkeit für die Rekonstruktion des Wahrgenommenen aus den Aussagen bereitet nun die Tatsache, daß das ursprüngliche Wahrnehmungserlebnis durch den Zwang, es in eine sprachliche Mitteilung zu „übersetzen", intraverbal verzerrt werden kann. Noch deutlicher wird dieser Einfluß, wenn der Pb gefragt wird, was er sieht und wie er sieht, was er *berichtet*.

Welche kognitiven Vorgänge liegen der Bedeutungsverleihung, einer besonderen Form der Benennung zugrunde? Zwischen Benennung und Deutung oder Bedeutungsverleihung besteht im Zusammenhang mit dem RT nur ein gradueller Unterschied, weshalb wir annehmen, daß beide von ähnlichen psychologischen Prozessen gesteuert werden. Benennen beruht nach Clark & Clark (1977) auf einem zweistufigen im einzelnen noch unbekannten Prozeß. 1. Das Objekt, das benannt werden soll, muß identifiziert werden und 2. ein angemessenes Wort muß aus dem subjektiven Lexikon ausgewählt werden. Die Identifizierung vollzieht sich dadurch, daß Objekten Kategorien auf der Grundlage wahrgenommener Merkmale zugeordnet werden. Zur Illustrierung ein Beispiel! Auf der Tafel II des RT, könnten folgende Merkmale wahrgenommen werden: hat Flügel,

Fühler, Körper usw., woraus sich auf der Basis dieser Subkategorisierungen die Kategorisierung „ist ein Tier", „ist ein Vogel", „ist eine Fledermaus" ergeben könnte. Wenn mehrere Bezeichnungen, Namen möglich sind (Stufe 2) wie im Beispiel, dann bedarf es der Annahme von Wortselektionsregeln. Eine solche Regel haben Rosch, Mervis, Gray, Johnson & Boyes-Braem (1976) beschrieben: Im Falle von Namens-Alternativen soll ein nicht zu allgemeiner (Tier) bzw. ein nicht zu spezieller Name (besondere Fledermausart) gewählt werden. Identifikation und Wortselektion sind zwar notwendige, aber keineswegs hinreichende Bedingungen für Bedeutungsverleihung. Mit Fulkerson und anderen müssen wir interne Bilder oder Prototypen als beste, typische Vertreter einer Kategorie annehmen, mit denen die Objekte verglichen werden. Ein Vergleichsmechanismus mit „eingebauten" Vergleichsvorschriften und eine Instanz müssen hinzukommen, die regelt, wie zu verfahren ist, wenn das Ergebnis eines Prototyp-Objekt-Vergleichs: eine implizite Deutung vorliegt. Das sog. Deutebewußtsein, dessen Ausprägung von fehlend (Klecksobjekt mit „natürlichem" Objekt verwechselt) bis übersteigert (Unfähigkeit, Prototyp und Klecksobjekt zur Deckung zu bringen) reichen kann, ist eine Komponente dieser Instanz. Eine andere hat mit der Prüfung der subjektiven Zweckmäßigkeit einer Deutung zu tun, also der Einordnung einer impliziten Deutung in Selbstdarstellungsstrategien. Die zentrale Instanz muß man sich aus hierarchisch aufgebauten Prüfungsinstanzen bestehend denken, die eine implizite Deutung durchläuft. Je weniger sie den wichtigeren Teilinstanzen widerspricht, desto größer ist ihre Chance akzeptiert zu werden. Ob eine implizite Deutung schließlich verbalisiert wird, hängt nicht nur von motivationalen, affektiven Bedingungen ab, sondern auch von sozialen Editierungsprozessen. Darunter verstehen wir beispielsweise die Stilebene, die Sprachniveauschicht einer Äußerung (vgl. dazu Herrmann 1978), etwa die Veränderung impliziter Deutungen, weil gegen bestimmte Gesprächstabus verstoßend, in sozial akzeptable Deutungen (z. B. Editierung von Sexualdeutungen in „harmlosere" durch männliche Probanden bei weiblichen Untersuchern). Die vorgeschlagenen Struktur- und Prozeßkomponenten werden bewußt nicht in eine sequentielle Anordnung gebracht, da über die zeitliche Koordinierung der Prozesse so gut wie nichts bekannt ist.

B. Der Klecksstimulus

Auf die Rolle des Klecksmaterials soll unter drei Aspekten eingegangen werden: (1) Klassifikation und Beschreibung (Repräsentationsfähigkeit, Strukturiertheit, Mehrdeutigkeit), (2) Experimentelle Bedingungsvariationen, (3) Aufforderungscharakter von Klecksbildern und (4) Wahrnehmungsdimensionen.

1. Es war bereits die Rede davon, daß das Klecksmaterial der FDV mögliche Gegenstände repräsentieren kann. Aber in welchem Sinne? Ein eindeutiger Fall einer Repräsentation sind die sog. „Planformen" (Gibson 1951), die die Umrisse

einer Oberflächenform veranschaulichen. Gibson rechnet Kleckse zu den „nonsense-forms", die nicht *spezifisch* einen bestimmten erkennbaren Gegenstand abbilden: "The fact is that nonsense-forms are never nonsensical; they are never actually meaningless to an observer, but are simply unspecific or ambiguous. The perceiver discovers a succession of objects in the picture . . ." Die Eignung von Klecksen als potentielle Repräsentationen von Objekten, Personen, Tieren u. a. m. resultiert nicht allein aus den Planformen/Konturen, sondern auch aus Farben, Schattierungen usw., die als definierende bzw. charakteristische Merkmale für Deutungen dienen können.

Kombinierbare Aggregate von Objekt- oder Person-Repräsentationen kann auch mit der Eigenart der Gestalterfassung begründet werden. Objekt-Identifizierungen sind gegenüber Abweichungen von der jeweiligen „Normalform", auch wenn in verschiedene Medien (z. B. in Kleckse) transponiert, relativ unempfindlich (vgl. Karikaturen, Schemazeichnungen, „stockfigures" usw.).

Angeregt durch die RT hat sich die Unterscheidung von „strukturierten" und „unstrukturierten" Reizgegebenheiten eingebürgert. Setzt man ein Kontinuum der Strukturheit voraus, so rangiert die RT und andere FDV auf der Seite größerer „Unstrukturiertheit" beispielsweise im Vergleich zu Leistungstests. Demgegenüber soll das TAT-Material eine größere „Strukturiertheit" besitzen. Secord (1953) vertauscht jedoch gerade die Position von RT und TAT auf dem vorgestellten Kontinuum. Diese Inkonsistenz zwingt zu einer genaueren begrifflichen Abklärung. Dabei wird man schnell gewahr, daß eine klare Definition der „Strukturiertheit" auf Schwierigkeiten stößt. Vielfach hat man sich damit begnügt anzugeben, auf welche Materialform die „Unterstrukturiertheit" bezogen werden darf. Rapaport (1946) scheint „unstrukturiert" mit unvertraut gleichzusetzen. Andere wollen damit nicht nur die Natur des Materials charakterisieren, sondern weiten die Bezeichnung „unstrukturiert" auf die ganze Testsituation bei projektiven Verfahren aus. Luchins (1950), der auf die gestaltpsychologische Herkunft dieses „Begriffs" verweist, betont mit Recht, daß Unstrukturiertheit, wenn als Mangel an Struktur verstanden, keine Wahrnehmung ermöglichen kann. Er schlägt daher vor, diesen Begriff durch den der Mehrdeutigkeit zu ersetzen. Bei dieser Sachlage ist es richtig, wenn man auf eine operationale Definition der Mehrdeutigkeit zurückgreift. Wir wollen von Mehrdeutigkeit dann sprechen, wenn N Beobachter auf ein bestimmtes Bezugsfeld n verschiedene Deutungen geben. Um zu ermitteln, was verschieden ist, bedarf es eines Systems von gegenseitig sich ausschließenden Inhaltsklassen, in die die Deutungen gruppiert werden können.

Bezugsfeld 1

Deutung	D_1	D_2	D_3	....	D_j	......	$D_a = n$
Häufigkeit	f_1	f_2	f_3	....	f_j	......	$f_a = N$

Aus dieser Anordnung, die sich im übrigen mit der bei Assoziationstests gebräuchlichen und Rorschach „Card pull"-Untersuchungen üblichen deckt, lassen sich die verschiedenen Möglichkeiten der Mehrdeutigkeit veranschaulichen. Wenn f_j für $D_1 = N$ ist, liegt Eindeutigkeit vor, ein Fall, der angenähert auf bestimmte Vugär-Antworten (z. B. Tafel V und VII) zutrifft. Von Doppeldeutigkeit muß dann gesprochen werden, wenn f_i und f_j für D_i und $D_j = N$ sind. Als Maß für die Doppeldeutigkeit kann der Ausdruck $N_{D_i} \cdot N_{D_j}/N$. stehen. Mit einer solch einfachen Bezeichnung hat man es bei den FDV kaum zu tun, sie ist vielmehr kennzeichnend für optische Umschlagmuster. Dagegen stößt man bei den FDV auf den vieldeutigen Fall, d. h. N Beobachter verleihen einem Bezugsfeld n Deutungen. Mit Hilfe des „Extensional Agreement Index (EAI)" von Johnson (1946) oder mit dem H-Maß der Informationstheorie (vgl. seine Anwendung beim TAT: Murstein (1964)) ließe sich ein Maß für die Mehrdeutigkeit eines gegebenen Bezugsfeldes gewinnen. Der Vorzug liegt auf der Hand; auf diese Weise könnten verschiedene Bezugsfelder hinsichtlich ihrer Mehrdeutigkeit miteinander verglichen werden. Eine Staffelung der Mehrdeutigkeit ist schließlich gegeben, wenn wir berücksichtigen, daß die einzelnen Klecksbilder in der Anzahl der möglichen Bezugsfelder erheblich variieren, bzw. daß durch Kombination der Felder zusätzliche Möglichkeiten der Sinngebung entstehen. — Entgegen der traditionellen Betrachtungsweise haben wir bis jetzt die Mehrdeutigkeit ausschließlich unter dem Gesichtspunkt der vollzogenen Zuordnung von Konzept und Bezugsfeld behandelt, ohne die Bedingungen mit einzubeziehen, die zur Sinngebung geführt haben (können). Dies läuft auf die Bestimmung der Determinanten oder Erlebnismodi, jene für die FDV zentralen Wahrnehmungskategorien, hinaus. Setzt man einmal die Möglichkeit einer objektiven Ermittlung der Determinanten voraus, so müßte für ein bestimmtes Bezugsfeld neben seiner semantischen Mehrdeutigkeit noch jene hinzutreten, die in der interindividuell verschiedenen Verwendung bestimmter Reizattribute bei einer Deutung besteht. Wählen wir als Beispiel Bezugsfeld D_1 (nach der Bezeichnung Klopfers) auf Tafel III der RT. Die Deutung sei „Schmetterling". In diesem Fall hat man mindestens drei mögliche Determinanten zu klären: F +, FFb + oder FbF. Mit anderen Worten, die gleiche Deutung kann verschieden determiniert sein. Es gilt aber auch die umgekehrte Beziehung: (inhaltlich) verschiedene Deutungen können durch den gleichen Erlebnismodus bestimmt sein.

Zwischen Deuteinhalt und Bezugsfeld können zwei Beziehungsformen unterschieden werden: die einmehrdeutige, wenn verschiedene Inhalte mit dem gleichen Bezugsfeld kompatibel sind, ferner die mehreindeutige, wenn der gleiche Inhalt mit mehreren figural verschiedenen Klecksbildern in Verbindung gebracht werden kann.

Daß der Stimulus keinen oder höchstens einen untergeordneten Einfluß auf die Äußerungen ausübt, wie es die Vertreter der „reinen" Projektion glaubten, ist eine überholte Auffassung. Einen bedeutsamen Fortschritt hat die auf Murstein (1964) zurückgehende Unterscheidung von struktural und interpretativer

Mehrdeutigkeit gebracht. Mehr oder weniger explizit wird sie auch von anderen Autoren gemacht (vgl. z. B. Fulkerson 1965). Bei der einen handelt es sich um eine Eigenschaft des Reizes, bei der anderen um eine Reaktionscharakteristik. Die interpretative Mehrdeutigkeit zu operationalisieren, dürfte wenig Schwierigkeiten bereiten. Von den bereits erwähnten Möglichkeiten (Unbestimmtheitsmaß, EAI) abgesehen, können adaptierte Maße aus der Assoziationsforschung (z. B. das m-Maß von Noble, verwendet von Ewert & Wiggins 1973) oder die Gesamtzahl verschiedener Wörter, die sog. „types", herangezogen werden (vgl. Derogatis, Gorham & Moseley (1968)). Ob diese verschiedenen Operationalisierungen das gleiche erfassen, müßte empirisch geprüft werden. Derogatis, Gorham & Moseley haben für den Holtzman-Inkblot-Test die strukturale Mehrdeutigkeit über ein Experten-Rating (professionelle Psychologen), über die Einstufung der Leichtigkeit der Perzeptevozierung durch die basalen Qualitäten Form, Farbe, Schattierung eines Kleckses bestimmt. Die Schwierigkeitseinstufungen (wie leicht, wie schwer es ist, auf einer Tafel eine Antwort zu finden), beispielsweise von Ewert & Wiggins (1973) benützt, dürfte dem Vorgehen von Derogatis et al. entsprechen.

Die strukturale Mehrdeutigkeit stimmt interkulturell weitgehend überein. Die zu erwartende negative Korrelation zwischen beiden Formen von Mehrdeutigkeit konnten Derogatis, Gorham & Moseley für eine gepoolte Gruppe nachweisen. Es traten jedoch auch beachtliche Unterschiede innerhalb der untersuchten Stichproben/kulturellen Gruppen auf: Bei den deutschen Probanden sind die beiden Formen unabhängig voneinander.

Eine weitergehende Variante der Theorie, daß niedrige strukturale Mehrdeutigkeit mit hohem „psychologischen Informationsgehalt" einhergeht und umgekehrt, stellt die „Stufen-Hypothese" dar, die von Murstein & Wolf (1970) empirisch geprüft wurde. Ausgangspunkt ist die Annahme, daß sich projektive Techniken auf einem Kontinuum der Strukturiertheit einordnen lassen. „Zwischen dem Grad der Stimulusstruktur eines Tests und dem Niveau des Impuls-Kontroll-systems der Persönlichkeit, das der Test aktiviert", wird eine inverse Beziehung erwartet.

Pathologische Verhaltensweisen manifestieren sich also um so stärker, je geringer der Strukturiertheitsgrad des Stimulus ist. Diese Beziehung soll populationsunabhängig sein. Folgende Verfahren wurden ausgewählt: Bender-Gestalt-Test (BG), eine Satzergänzungstechnik (ISB), der thematische Apperzeptionstest (TAT), der Rorschach (RT) und Zeichne eine Person-Test (DAP). Der RT rangiert neben dem DAP unter den niedrigst strukturierten Techniken. Die Problematik der Übertragung des Strukturiertheitskonzepts auf einen gesamten Test wird von den Autoren selbst gesehen. Ihre Annahme hat sich teilweise bestätigt: Bei normalen Probanden haben sie einen inversen Zusammenhang zwischen Strukturniveau des Tests und der Manifestation (Projektion) pathologischer Reaktionen gefunden, nicht dagegen bei psychiatrischen Patienten.

Grundlagen, Ergebnisse und Probleme der Formdeuteverfahren 207

```
Normale Pbn   ———
Psychiatrische Pbn   - - - - -
```

Ausmaß von „Gesundheit"

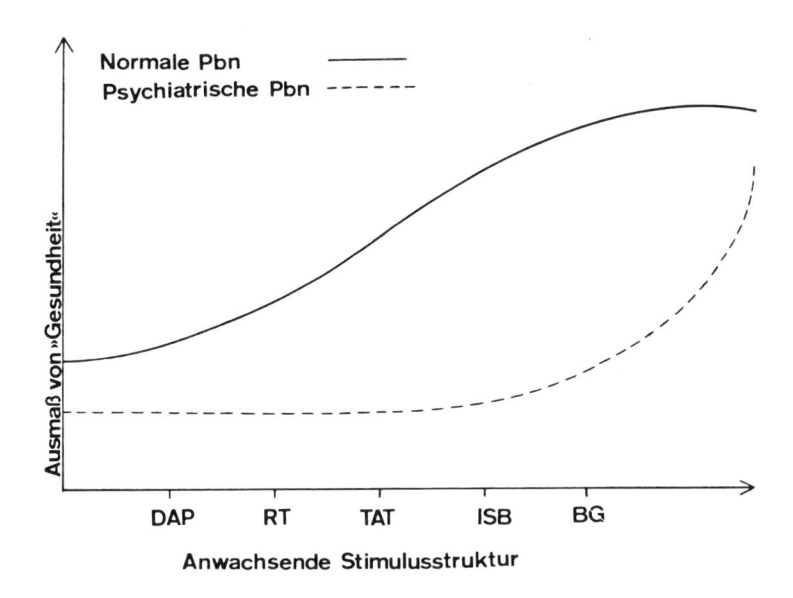

DAP   RT   TAT   ISB   BG
Anwachsende Stimulusstruktur

Legende: DAP Zeichne eine Person
        RT   Rorschach-Test
        TAT   Thematischer Apperzeptionstest
        ISB   Satzergänzungstest
        BG   Bender-Gestalt-Test

Abb. 1: Hypothetische Zusammenhänge zwischen dem Ausmaß von projizierter „Gesundheit" und dem Grad der Test-Stimulus-Struktur für zwei Pbn-Gruppen (aus Murstein & Wolf 1970, S. 43).

Die Abbildung 1 (vgl. Murstein & Wolf, S. 43) soll den Sachverhalt anhand hypothetischer Kurven illustrieren: nicht gesunde Probanden zeigen relativ unabhängig vom Test einen höheren Grad projizierter „Pathologie" im Vergleich zu gesunden. Der Abstand beider Gruppen ist am geringsten bei den Tests mit dem „niedrigsten" bzw. dem „höchsten" Strukturniveau. Für die Extreme gilt, daß die Probanden-Reaktionen am stärksten vom Stimulus gesteuert werden, während in dem Zwischenbereich gruppenspezifische Reaktionen auftreten.

2. Experimentelle Bedingungsvariationen. Zur Klärung der Beziehungen zwischen dem Deuteverhalten (Wahrnehmung) und Klecksbildern sind systematische Veränderungen des Reizmaterials ein wichtiger Schritt. Welche Rolle Farbe, Schattierung, Kontur, Figur-Grund-Kontrast, Symmetrie usw. beim Zustandekommen einer Deutung spielen, läßt sich erfassen, wenn die signierten Reaktionen auf experimentelle Serien (achromatische, komplexe Silhouetten,

Silhouetten, weiße, komplexe Formen) mit denen auf die Standardserie bzw. untereinander verglichen werden. Baughman (1958a) hat nicht nur die relevante Literatur diskutiert, sondern eine Reihe wichtiger empirischer Untersuchungen zu dieser Thematik beigesteuert (Baughman 1958b, 1959a, 1959b). Die durchschnittlichen Häufigkeiten von neun nach Beck signierten Kategorien (AZ, G, D, Dd, Zw, Σ aller Mensch-, Tier-, Objektbewegungsantworten, Zeitdaten wie RZ) wurden getrennt nach sechs experimentellen Testvariationen tafelweise außer für die gesamten Probandengruppen, auch für bezüglich der Antwortenzahl vergleichbare Untergruppen komplett publiziert (Baughman 1959a). Nicht minder aufschlußreich sind die inhaltsbezogenen Häufigkeitsangaben pro Tafel und (Beck)-Areal in der gleichen Arbeit. Die inhaltlichen Kategorien wurden am stärksten durch die Testalterationen beeinflußt. Auch formale Determinanten werden affiziert, wobei freilich wegen zahlreicher tafelspezifischer Besonderheiten kein einfacher Ergebnistrend formuliert werden kann.

Tachistoskopisch variierte Darbietungszeiten der RT-Tafeln (Horiuchi 1961, Stein 1949) haben keine konsistenten Ergebnisse erbracht, trotzdem ist die Nützlichkeit aktualgenetischer Untersuchungen keinesfalls „ausgereizt".

Die sog. Latenzzeit (oder Reaktionszeit: Zeit/1. Antwort) ist erwartungsgemäß erheblich länger bei Aufgaben von der Art der FDV als für einfache Benennungsakte. Die von Lund (1927, zit. nach Woodworth & Schlosberg 1954[3]) mitgeteilte durchschnittliche Reaktionszeit für die Benennung bekannter Figuren von 0,511 sec ist um ein Vielfaches kürzer als die kürzeste mittlere Reaktionszeit, wie sie Beck, Rabin, Thiesen, Molish & Thetford (1950) bei der Spiegel-Stichprobe für die RT ermittelt haben. Freilich schwanken diese Zeiten von Tafel zu Tafel ganz beträchtlich und darüber hinaus auch zwischen verschiedenen Stichproben. Immerhin ergibt r_s für zwei heterogen zusammengesetzte Gruppen noch einen Wert von .75. Daß die Reaktionszeit nicht nur eine Funktion der Persönlichkeit ist, belegen mehrere Untersuchungen (Dubrovner, Lackum & Jost 1950, Groffmann 1963). Ein bedeutsamer Einfluß der Farbe auf die Latenzzeit scheint nicht gegeben zu sein, doch ist dieser Punkt noch nicht zufriedenstellend geklärt. Die vorliegenden Befunde reichen allerdings aus, um vor einer unbekümmerten Farb-Schock-Diagnostik aufgrund der Reaktionszeit zu warnen. Dieses Zeitmerkmal mag auch von anderen, bisher weniger beachteten Faktoren wie dem Grad der figuralen Mehrdeutigkeit abhängen. Dafür können die relativ kurzen Latenzzeiten auf Rorschach-Tafeln mit den höchsten Kommunalitätsreaktionen (wie Tafel V, III) sprechen.

Daß auch die Aufforderungswirkung eines Kleckbildes bis zu einem gewissen Grade von der Position in der Reihenfolge abhängt, ist bekannt und hat zudem ihren Niederschlag in der Auswertung gefunden (vgl. das sog. „Brechungsphänomen" nach Bohm). So pflegt sich die Antwortenzahl auf später erscheinenden Tafeln zu erhöhen, gleichgültig um welche Bilder es sich dabei handelt (Maradie 1953). Vermutlich ist dafür die wachsende Gewöhnung an die Aufgabe verantwortlich. Neben der Quantität der Aussagen scheinen aber auch die Konnotationen zu den Tafeln von der Stelle in der Reihenfolge beeinflußt zu werden. Das gilt vornehmlich für die Rorschach-Tafeln I, VII und VIII. Bedeutungsvoll für die Praxis ist die Tatsache, daß sich der Eindruckscharakter von Bildern verändern kann, wenn die Tafeln um 180° gedreht werden (Cohen 1959), aber wahrscheinlich auch für andere von der a-Stellung abweichende Lagen.

3. Aufforderungscharakter („card pull") der Klecksbilder: Die hierzu entwickelten Ansätze begegnen sich überwiegend in dem Bemühen, eine Art tafelspezifischer „Norm" zu bestimmen, deren Bedeutsamkeit zwei Gründe erhellen: die Einsicht in die unterschiedliche Natur der Bilder und die sich daraus ableitende jeweils variierende Begünstigung oder Erschwerung bestimmter Reaktionen und die Notwendigkeit, individuelle Reaktionen mit einem Standard zu vergleichen. *Der* Aufforderungscharakter (ACh) kann freilich immer nur approximiert werden. Er ist die typische Reaktion oder das typische Reaktionsbild auf einen Tafel-Reiz. Der ACh wurde auf verschiedene Weise zu bestimmen versucht: qualitativ und quantitativ. Ein Beispiel für eine qualitative Analyse ist die paradigmatisch zu verstehende gestaltpsychologische Charakterisierung der Rorschach-Tafel I durch Klein & Arnheim (1953). Innerhalb der quantitativen Ansätze sind zwei Wege beschritten worden. (1) Ermittlung tafelspezifischer Durchschnittspsychogramme aufgrund der signierten Antworten von verschiedenen Probandengruppen (Kinder, Erwachsene, psychiatrische Patienten usw.), (2) kategoriale oder dimensionale Beurteilung der Rorschach-Tafeln mit Hilfe von vorgegebenen Beurteilungsmerkmalen.

Relevant für den ersten Typus, sind zum Beispiel die auch für die Praxis bedeutsamen Arbeiten von Baughman (1959a) oder von Ranzoni, Grant & Ives (1950) Anstatt aufwendige tafelspezifische Reaktionspsychogramme zu erstellen, hat man häufig den besonderen Anregungsgehalt von Tafeln mit Hilfe leicht und objektiv zu erfassender Merkmale bestimmt: durchschnittliche RZ, Antwortenzahl oder Versager. So können die Tafeln nach ihrer „Schwierigkeit" in eine Rangfolge gebracht werden (vgl. z. B. Tomkin 1958, Sisson, Taulbee & Gaston 1956, Mensh & Matarazzo 1954). Eine Übersicht über die Untersuchungsergebnisse gibt Richards (1958).

Der zweite Weg ist unabhängig von Deutungen. So hat man die Tafeln nach ihrer Sympathiewirkung durch verschiedene Personengruppen (Studenten, Erwachsene, neurotische oder psychotische Probanden) einstufen lassen mit Hilfe von Auswahlverfahren, vollständigem Rating, Rangbildung oder durch Paarvergleich (vgl. z. B. Hershenson 1949, Mitchell 1952), Darüber hinaus wurde die emotionale Wirkung (angenehm - unangenehm), der Schwierigkeitsgrad, eine Deutung zu finden, die Bedeutungshaltigkeit, die globale thematische Wirkung, der sexuelle Anregungsgehalt usw. beurteilt. Die Charakterisierung der Tafelwirkung nach den Osgood'schen Dimensionen der Valenz, Potenz und Aktivität war Gegenstand besonderen Interesses (z. B. Cohen 1959, Rabin 1959, Sines

1960, Zax & Loiselle 1960). Der wie auch immer bestimmte ACh sollte invariant sein. In wenigen Arbeiten wurde die Stabilität der mittleren Skaleneinstufungen geprüft. Levy & Kurz (1957) fanden signifikante Korrelationen bei wiederholter Beurteilung, die individuellen Test-Retestreliabilitäten zeigten jedoch beträchtliche Schwankungen. Die mit dem semantischen Differential gewonnenen tafelspezifischen Ergebnisse sind im allgemeinen relativ ähnlich (vgl. z. B. Rabin 1959 und Zax & Loiselle 1960).

4. Eine neue Entwicklung wurde durch die Verwendung multidimensionaler Skalierungsmethoden eingeleitet. Während in der Regel in den unter 3. genannten Arbeiten zur Kennzeichnung des ACh Beurteilungsgesichtspunkte vorgegeben werden, den Beurteilern u. U. Aspekte suggeriert werden, die sie spontan nicht herangezogen hätten, reduziert sich bei diesem neuen Ansatz die Aufgabe auf eine Ähnlichkeitsbeurteilung, wobei die Kriterien für die wahrgenommene Ähnlichkeit von den Probanden selbst bestimmt werden. Ein zweiter Vorteil kommt hinzu. Die ermittelten Wahrnehmungsdimensionen können kalibriert werden durch Korrelationen mit Rorschach-Daten (Signierungskategorien) oder anderen relevanten Informationen. Dadurch ist es möglich, eine zentrale Schwäche früherer Arbeiten zum ACh zu beseitigen, die in der Regel den Einfluß des ACh auf die individuellen Rorschach-Reaktionen nicht aufgezeigt, weil einfach unterstellt, haben. Wainer, Hurt & Aiken (1976) haben in ihrem Beitrag „Rorschach revisited: A new look at an old test" einen bemerkenswerten Schritt in Richtung auf die „Identifizierung der figuralen Determinanten der Wahrnehmung komplexer Muster" (S. 391) getan. Zwei gut interpretierbare Stimulus-Dimensionen ergab die Indscal-Analyse der Ähnlichkeitsmatrizen: eine Farbigkeits- (von den Tafeln VIII, IX, X über II und III zu I, IV, V, VI und VII) und eine Formdimension, die als „Vorhandensein bzw. Fehlen einer Form mit separaten aber assoziierten Figuren" beschrieben wird (VI, IV, V, X, IX über VIII, I zu II, VII, II).

Obwohl in anderen Arbeiten (Ekehammar 1971) drei Faktoren oder Dimensionen (Farbigkeit, „geschlossene" und „offene" Form) oder vier bipolare (Ewert & Wiggins 1973) „kognitive Integration", „neurotische" bzw. „psychotische" Präferenz und schließlich ein methodenabhängiger nicht interpretierbarer extrahiert wurden, sind Übereinstimmungen unverkennbar. Die erste, von Ewert und Wiggins als Dimension der „kognitiven Integration" bezeichnet, korreliert für psychiatrische Patienten positiv mit der Tendenz der Rorschach-Tafeln, Ganzdeutungen und Tierantworten zu stimulieren, negativ mit ihrer Anregungswirkung für Form-, Farb- und Z-Antworten (Beck's Indikator für Organisationsleistungen). Der zweite sog. neurotische Präferenzfaktor zeigt positive Zusammenhänge mit RT-Tafeln, die einen hohen ACh für Sexualdeutungen haben, negative Korrelationen mit der Tendenz der Tafeln, Bewegungsantworten nahezulegen. Die dritte Dimension korreliert negativ mit V % und der Summe von Tier- und Tierdetailantworten. Alle diese Daten belegen, daß die aus der Analyse der Ähnlichkeitsurteile ermittelten Wahrnehmungsdimensionen in traditionellen Rorschach-Kategorien sinnvoll verankert sind, wenn auch der Grad der Verankerung geringer als erwartet ist. Komplizierend kommt hinzu, daß eine vollständige inhaltliche Entsprechung der Dimensionen nicht gegeben ist, wenn die Urteile einer anderen Probandengruppe (klinische Psychologen) mit Hilfe einer Hauptkomponentenanalyse der Skalarproduktmatrizen zwischen den Stimuli ausgewertet werden.

C. Testsituation

Daß die Testsituation das Testverhalten eines Pb, aber auch das Verhalten des Untersuchers beeinflussen kann, haben zahlreiche Untersuchungen bestätigt. Sarason (1954), Schafer (1954), Masling (1960), Zax, Stricker & Weiss (1960), Cohen (1962), Sader & Keil (1966), Hartmann (1970), Klopfer & Taulbee (1976) haben aus unterschiedlichen Blickwinkeln, mit unterschiedlicher systematischer Orientierung die Befunde der relevanten empirischen Arbeiten dargestellt. So wichtig die Kenntnis aktueller sozial-emotionaler Bedingungsfaktoren auch sein mag, die das Pb-Verhalten in der konkreten Untersuchungssituation steuern und mit dem Ziel projektiver Techniken interferieren, stabile Persönlichkeitskomponenten zu erfassen, sie muß erweitert werden durch den Einbezug prä- und postsituativer Extra-Testfaktoren.

Durch den Probanden wahrgenommene soziale Markierungsvariablen wie Geschlecht, Alter, Rasse des Untersuchers können seine Deutungen verändern im Vergleich zu Kontrollbedingungen. Andere Untersuchercharakteristika (z. B. Verhaltensmanifestationen von Persönlichkeitseigenschaften, Kommunikationsstile) vermögen die Wahrnehmungsprozesse zu beeinflussen. Daß verschiedene VL trotz standardisierten Durchführungsbedingungen signifikant unterschiedliche Antwortzahlen (AZ) und Häufigkeiten einzelner Determinanten bei ihren Pbn „auslösen" können, ist ein gut dokumentierter Tatbestand (vgl. z. B. Baughman 1951). Widersprüchliche Ergebnisse hinsichtlich der AZ lieferten die verschiedenen Rollen-Kombinationen: Geschlecht des VL und des Pbn. Etwas mehr Klarheit hat hier die Untersuchung von Harris & Masling (1970) gebracht. Die Kombination weiblicher Pbn und männlicher VL führte im Vergleich zu den restlichen Kombinationen konsistent zu einer höheren AZ-Produktivität: Diese Effekte resultieren u. a. aus unterschiedlichen Erwartungshaltungen. Durch unabsichtliche verbale Bekräftigungen kann das Verhalten des Pbn in eine erwartungskonforme Richtung gelenkt werden. Daher kann es eine Rolle spielen, ob die Ergebniserwartungen selbst generiert oder fremdinduziert werden. Das Ausmaß der Beeinflussung des Pbn-Verhalten soll bei Selbstgenerierung größer sein als bei Fremdinduktion. Marwit & Marcia (1967) konnten diese Annahme einer differentiellen Wirkung nicht stützen. Unabhängig von der Art der Genese der Ergebniserwartung verhielten sich aber die Pbn erwartungsentsprechend: Pbn, deren VL eine höhere AZ erwarteten, produzierten mehr Antworten, Pbn, deren VL eine niedrigere AZ erwarteten, produzierten weniger Antworten. Keine Entsprechung zwischen VL-Erwartungen bezüglich der Richtung des Erlebnistyps (ΣB > Fb bzw. ΣB < Fb) und dem beobachteten Erlebnistypus der Pbn fand Strauss (1968). Dieses Ergebnis zeigt Grenzen der „Steuerbarkeit" des Pbn-Verhaltens durch den Untersucher.

Die eben angeführten Arbeiten sind Paradigmata für die Verbindung der RT-Forschung mit vorherrschenden sozialpsychologischen Forschungstrends (VL-Vp-Interaktionen). Ein weiteres Beispiel soll diese Behauptung belegen:

Nach Frank (1939, S. 403) ist es das Ziel projektiver Verfahren, von den Pbn Informationen zu erhalten, die sie nicht sagen können oder wollen. Aus dieser These von der Unterlaufbarkeit defensiver Vpn-Strategien läßt sich folgern, daß Pbn ihr Äußerungsverhalten in projektiven Testsituationen nicht steuern können. Murstein (1965, S. 1) vertritt eine genau gegenteilige Auffassung, wenn er schreibt: „Normale Vpn können ihre „private Welt" ungewöhnlich gut abschirmen." Daß Vpn fähig sind, ihre Reaktionen auch in projektiven Aufgabensituationen bewußt zu kontrollieren, dürfte kaum mehr einem Zweifel unterliegen (vgl. z. B. Hamster & Farina 1967, Schütze 1970). Die Furcht vor einem unkontrollierbaren Eindringen in die Privatsphäre, schon von Schafer (1954) als wichtige Ursache für Abwehrverhalten der Pbn erkannt, scheint sich aber zu reduzieren, wenn die klassische asymmetrische Rollenverteilung bei diagnostischen Untersuchungen aufgegeben wird. Wenn VL die soziale Distanz zum Pbn durch persönliches Bekanntmachen verringern, was durch eigene Selbstenthüllung geschehen könnte, verhalten sich Pbn weniger defensiv (vgl. z. B. Jourard 1968, Jourard & Jaffe 1970). Demnach scheint der dyadische Effekt auch für die Untersucher-Proband-Beziehung zu gelten.

Unter der Beweislast der situativen Beeinflußbarkeit des Deuteverhaltens gingen einzelne Autoren dazu über, die RT als eine besondere Form des Interviews zu begreifen (Zubin). Noch deutlicher tritt dies bei Miller (1953) und Brand (1954) zutage: die Klecksbilder sind höchstens eine „topic of conversation" (Brand) ohne bestimmenden Einfluß auf das Deuteverhalten. Die Rorschach-Kategorien stellen in dieser Sicht Aufzeichnungen von Interaktionen dar. Daß vor allem auch psychoanalytisch orientierte Rorschach-Benützer diese Richtung einschlagen, liegt auf der Hand bei der Bedeutung, die Übertragungsvorgängen zuerkannt wird: Schafer (1954), Phillipson (1955).

Die entscheidende Frage nach der Entmischbarkeit von Extratesteinflüssen und habituellen Reaktionstendenzen im Deuteverhalten kommentieren Klopfer & Taulbee (1976) so: "The Rorschach is an interpersonal situation, and all that can be hoped for is that the variance contributed by the examiner can be extracted so as not to confuse the evaluation of the subject" (S. 546).

Die zahlreichen Befunde, die die Rolle situativer Faktoren auf die Wahrnehmung von Klecksbildern erhärten, sind aber insoweit unbefriedigend, als sie wenig theoriegeleitet sind. Manche Ergebnisinkonsistenz mag darin ihre Ursache haben. Ausnahmen von dem vorherrschend naiv empirischen Vorgehen sind der psychoanalytisch orientierte Ansatz von Schafer (1954), der rollentheoretische von Kroger (1967) und der sog. humanistische von Jourard (1968).

D. Verbalisierung und Inhalt

FDV sind verbale Techniken. Die Wahrnehmungserlebnisse können nur indirekt über das Sprachverhalten erschlossen werden. Wie bereits erwähnt, muß daher mit einer Filterwirkung des Mediums gerechnet werden. Spekulativ haben wir es mit zwei Fällen zu tun: Wahrnehmung und Wiedergabe entsprechen einander oder das Berichtete ist eine verzerrte Wiedergabe des Wahrgenommenen. Die „Verzerrung" kann sich entweder im Sinne von Auslassungen, Ergänzungen oder von ungeschickter Übertragung auswirken, wenn der Pb z. B. etwas anderes meint als er sagt. Schließlich darf nicht vergessen werden, daß gerade in Verbindung mit der Befragung weitere Komplikationen möglich sind. Es bleibt nicht selten verborgen, ob ein Pb seine ursprünglichen Wahrnehmungen genauer beschreibt oder ob er zum Berichteten assoziiert.

Die Gründe, die zu einer ungenauen Übertragung der Wahrnehmungen in den Bericht führen können, liegen natürlich nicht nur im Medium selbst. So mag die Unterdrückung, das Verschweigen einer Wahrnehmung, Ergebnis sozialer Editierungsprozesse sein.

Daß im System der Rorschachschen Wahrnehmungskategorien zwischen sprachlichen Anteilen und rein wahrnehmungsbezogenen unzureichend unterschieden wird, macht nichts deutlicher als das Merkmal „Bewegung (B)". Der reiz- (Form) und sprachbezogene (Kinaesthesie) Anteil sind hier gleichsam kontaminiert. Die Verbundenheit mit dem Inhaltlichen erweist sich in der hohen Korrelation (r = .90) von B und M, aber auch in der Beziehung zu anderen sprachlichen Charakteristika. Eine Art Experimentum crusis stellt die Identifizierung der B aus reinen Wortschatzprotokollen durch Laien dar. Sie sind leicht zu ermitteln im Gegensatz etwa zu Farb- oder Hell-Dunkel-Determinanten. Während B, BT (bewegte Tiere), Dyn (Objektbewegung) diesen zweifachen Bezug haben, gibt es andere Rorschach-Merkmale, die ausschließlich sprachlicher Natur sind. Dazu gehört die sog. Formbestimmtheit (Zubin, Chute & Neniar 1943, Bohm 1951 und Holtzman, Thorpe, Swartz & Herron 1961, Klopfer & Davidson 1962) einer Deutung.

In neuerer Zeit ist das sprachlich Inhaltliche mehr und mehr zu einer selbständigen diagnostischen Dimension geworden. Die inhaltliche Auswertung war der früheren Phase freilich nicht unbekannt, sie hat sich aber meist auf die Interpretation sog. Komplexantworten beschränkt. Die einfachste inhaltliche Bestimmung ist die Gruppierung nach den konventionellen Kategorien T, Td, M, Md, Obj. usw. Sandler & Ackner (1951) waren die ersten, die diese inhaltlichen Kategorien faktorisiert haben und dabei vier Faktoren (zum Teil bipolare) fanden. In einem folgenden Schritt, suchten sie die Bedeutung dieser Faktoren durch psychiatrische Kriterien zu beurteilen. Die Ergebnisse fassen sie wie folgt zusammen: "There is little doubt from the results that the Rorschach factors are significantly associated with the psychiatric criteria ..." Anderen faktorenanalytischen Studien liegen einfache Elemente des Wortschatz zugrunde (z. B. Hauptwörter, Adjektive, Verben usw.). Als diagnostisch bedeutsam haben sich ferner reine Wortschatzuntersuchungen (zumeist in Form alphabetisch geordneter Listen) erwiesen (Trier 1958, Davis 1961, Spitznagel 1963).

Unabhängig von der formalen Seite der RT sind jene zahlreichen Bemühungen, die den Inhalt der Aussagen in psychologisch definierte Kategorien einordnen. Die Methodik dieser Auswertungsrichtung ist eng mit der Inhaltsanalyse in der Sozialforschung verknüpft. Im Vorwort zu Aronow & Reznikoff (1976) äußert Anastasi die Auffassung, daß die Inhaltsskores mehr versprechen als die meisten perzeptiven. Einer der ersten Ansätze stammt von Elizur (1949), dessen „Rorschach Content Test" sich auf die Erfassung von Angst- und Aggressionsinhalten richtet. Eine Möglichkeit zur Validierung psychologisch bedeutsamer Inhalte bietet die Methode des Polaritätsprofils. Goldfried (1963) bestimmte die konnotative Bedeutung von Tiersymbolen, während Rosen (1960) gängige Deutungen mit jeweils verschiedenen Determinanten beurteilen ließ, um die klinischen Annahmen für die Erlebnismodi einer Prüfung zu unterziehen.

Die RT erlaubt grundsätzlich zwei voneinander weitgehend unabhängige Auswertungsrichtungen: die formale und die thematische. Sie ist daher auf der einen Seite eine Art Wahrnehmungs-„Test", andererseits ein Dokument und darin dem TAT vergleichbar. Welche Bedeutung man der einen oder anderen Seite (ggf. auch einer Kombination beider) beimißt, ist ausschließlich eine empirische Frage nach dem jeweiligen Gültigkeitsbeitrag.

V. Aufnahme, Durchführung und Auswertung

Zwischen den zahlreichen wissenschaftlichen Untersuchungen, Fehlerquellen, Unzulänglichkeiten, Ambiguitäten, Störeinflüsse mit dem Ziel aufzudecken, durch entsprechende Korrekturen für die praktische Anwendung des RT eine bessere Legitimation zu schaffen, und der tatsächlichen Handhabung des Tests durch Kliniker bestehen erhebliche Differenzen. Exner & Exner (1972) haben dies in einer Umfrage ermittelt. Neben beträchtlichen Unterschieden in der Art der Ausbildung, in der Handhabung (Durchführung, Signierung und Interpretation), verzichten immerhin etwa 20 % der Befragten gänzlich auf eine Signierung, die Mehrzahl benutzt idiosynkratische Signierungsweisen. Vielleicht ist diese Sachlage die Folge der Orientierungsschwierigkeiten, die die oft widersprüchlichen Ergebnisse von Untersuchungen beim Kliniker auslösen.

Wegen der Mehrfachauswertung (Signierung) und einer auf Kombination der Elemente beruhenden Interpretation verlangt die Benützung der FDV ein besonderes Training. Kelley (1942) befragte eine Gruppe von Rorschach-Experten (N: 35) nach den Erfordernissen einer Rorschach-Ausbildung. Die Angaben über die Zahl der notwendigen Aufnahmen schwankten ganz beträchtlich (zwischen 50 und 1000!), der Schwerpunkt lag um 100. Die Dauer der Ausbildung wird mit 1—2 Jahren angegeben. Besonders wichtig erscheint der Hinweis, der Lernende bedürfe der ständigen Überwachung und Hilfe durch Experten. Daneben werden Kenntnisse in Persönlichkeitspsychologie usw. und praktisch-klinische Erfahrung gefordert.

Leider liegen nur spärliche und wenig brauchbare Informationen vor, die die Prüfung des Lernerfolgs oder Mißerfolgs für bestimmte Trainingsprogramme zum Gegenstand haben. In der Regel zeigen Experten und Anfänger kaum bedeutsame Unterschiede hinsichtlich der Höhe der Konkordanz bei Signierungs- und Interpretationsaufgaben. Es ließe sich denken, daß der Zeitaufwand für Aufnahme, Auswertung und Interpretation bei Experten geringer ist als bei weniger Erfahrenen. Odom (1950), der dieser Frage nachging, stellte fest, daß Zeitaufwand und Erfahrung$_1$ (Zahl der aufgenommenen Protokolle) nicht (r: —.04), ebenso Erfahrung$_2$ (Zahl der Arbeitsjahre mit der RT) nicht (r —.02) korrelieren.

Gegenstand der Protokollierung ist die Registrierung des *gesamten* verbalen Verhaltens, der Behandlung der Tafeln (z. B. Drehen), des Ausdrucksverhaltens und die Erfassung der Latenz- und Deutezeiten während der Aufnahme.

Von den Techniken der Protokollierung hat sich die schriftliche Fixierung durchgesetzt, obwohl sie eine Reihe von Nachteilen hat. Die mechanische Protokollierung z. B. durch Tonband, wie sie unter bestimmten Einschränkungen von Allen (1954) empfohlen wird, ist zwar der schriftlichen überlegen, was die in der Regel vollständige Wiedergabe der Informationen anlangt, hat aber den Nachteil, daß sie die Befragung erschwert. Selbst dort, wo die mechanische Aufzeichnung verwandt wird, muß sie aus ethischen Gründen wissentlich erfolgen. Eine Gedächtnisregistrierung verbietet sich in den meisten Fällen wegen der bekannten Verzerrungseffekte bei der Reproduktion. Die Protokollierung durch den Pb, die bei Gruppenaufnahmen manchmal unausweichlich ist, kommt jedoch für den Individualversuch nicht in Frage, da die Pbn hinsichtlich dessen, was sie für aufzeichnenswert halten, variieren dürften.

Die Instruktion Rorschachs an seine Pbn lautete: „Was könnte das sein?" Die Beibehaltung dieses Satzes ist heute fast das einzige, worin verschiedene Rorschach-Autoren übereinstimmen. Bezüglich dessen, was in der Anweisung an weiteren notwendigen Informationen enthalten sein soll, bestehen jedoch Differenzen. Vorerst muß darauf verwiesen werden, daß anstelle der Standard-

Anweisung „äquivalente" Formulierungen gebräuchlich sind. Solche Substitutionen sind z. B.: „Was könnte das darstellen?", „Was fällt Ihnen dazu ein?" usw. Wir halten die Annahme einer Gleichwertigkeit aller dieser Anweisungsformen für zweifelhaft aus folgendem Grund: Die Aufgabe mitzuteilen, was etwas darstellen könnte, betont offenbar mehr die Beziehung auf einen Gegenstand, während die Form „Woran erinnert Sie das" oder „Es ist alles richtig, was ihnen einfällt" mehr den Charakter einer Assoziationsaufgabe hat. Um einen Eindruck vom Ausmaß der Übereinstimmung bzw. Nicht-Übereinstimmung in bezug auf den Anweisungsinhalt zwischen 9 verschiedenen Rorschach-Autoren (Allen 1953, Beck 1950[2], Bohm 1951, Klopfer, Ainsworth, Klopfer & Holt 1954, Piotrowski 1957, Rapaport 1946, Rorschach 1954, Schafer 1954, Zulliger 1948) zu gewinnen, wurden die Elemente der Anweisungen (z. B. Hinweise auf Entstehung der Bilder, Regelung der Tafeln-Rückgabe, Hinweise auf Drehen, Zahl der Tafeln usw.) eruiert und mit Hilfe des „Intensional Agreement Index" von Johnson (1946) systematisch miteinander verglichen. Abweichend von Johnson wählten wir nicht Wörter als Einheiten, sondern Informationseinheiten. So galt z. B. der Hinweis „Sie können die Tafel auch drehen, wenn Sie wollen" als eine Einheit. Insgesamt ergeben sich bei den 9 Autoren 17 verschiedene Einheiten. Der Wert von IAI beträgt .06, was eine geringe Entsprechung zwischen den Rorschachisten bekundet. Zur Rechtfertigung für die Aufnahme jeweils verschiedener Informationen berufen sich die Autoren auf die persönliche Erfahrung. Angesichts der Belege über den Einfluß variierter Anweisungen auf das Deuteverhalten, mag der Schluß nahe liegen, daß mannigfache Inkonsistenzen in den Rorschach-Befunden (z. B. bei Normen) sofern sie aus mehreren Schulen stammen, teilweise darauf zurückgeführt werden müssen.

Pbn können die Anweisung verschieden auslegen (z. B. Schachtel 1945, Sarason 1954). Ob konstriktive oder imaginative Testeinstellungen („sets") überhaupt, und wenn ja, ob sie mehr die Inhalte oder Determinanten, den Grad „pathologisch" relevanter Indikatoren beeinflussen, ist nicht klar. Nach Hartung, McKenna & Baxter (1969) haben unterschiedliche Anweisungen keinen massiven Einfluß auf die pathognomische Verbalisation.

Standardisierung während des Versuchs: Es ist Sache des Testleiters, für die Einhaltung vergleichbarer Durchführungsbedingungen zu sorgen. Das setzt jedoch voraus, daß er in möglichst einheitlicher Weise reagiert oder interveniert, falls der Pb den ihm zugedachten Handlungsspielraum zu überschreiten trachtet. Das Inventar an Regeln für erlaubte Interventionen kann freilich nie so vollkommen sein, um alle tatsächlich auftretenden Situationen vorwegzunehmen. Die Notwendigkeit, dem Testleiter einen Ermessungsspielraum für Maßnahmen zur Einhaltung kontrollierter Versuchsbedingungen einräumen zu müssen, ruft andererseits die Gefahr hervor, daß der Testleiter das Deuteverhalten des Pb konditionieren kann. Mit dieser Möglichkeit ist um so mehr zu rechnen, je mehr der Testleiter persönlich engagiert ist.

Befragung: Aus vielen Gründen kann eine Deutung den Auswerter im Unklaren lassen, welches Bezugsfeld ihr zugrunde liegt bzw. welche Reizgegebenheiten sie veranlaßt haben. Diese Situation zwang zur Einführung der Befragung, durch die indirekt und nicht suggestiv die Unklarheit in der Signierung beseitigt werden soll. Die Durchführbarkeit der Befragung ist an zwei Annahmen gebunden: (1) Der Pb weiß um die Determination seiner Deutung und kann sie mitteilen, (2) die möglichen Determinanten sind in gleicher Weise zugänglich und mitteilbar. Die erste Annahme bestätigt sich in der Praxis nur begrenzt. Die fatale Lage beschreibt Holtzman (1959) anhand eines Beispiels („Blutiger Finger"): "A helpful subject who senses what the examiner is after may reply by saying, "It's shaped like a man's thumb and is colored red, suggesting blood". More than likely, however, the subject will say, "It just looks like it to me", leaving the examiner about where he started." Die Rorschachisten sind sich wohl einig, daß befragt werden soll, aber nicht wie. Die mannigfaltigen Auffassungen über das „Wie" gehen aus einer Zusammenstellung von Spitznagel (1962) hervor. Die Befragung ist in ihren gegenwärtigen Formen weitgehend eine subjektive Prozedur, nicht nur abhängig von dem Befragungsstil des Testleiters, sondern ebenso von den untrainierten introspektiven Fähigkeiten des Pb. Die zweite Annahme, den Einfluß verschiedener Erlebnismodi berichten zu können, wird von einer Untersuchung Baughmans (1959a) nicht gestützt. Durch Vergleich zweier Befragungstechniken (Standardform nach Beck und Paarvergleichstechnik nach Baughman) ergab sich ein bedeutsamer Unterschied für Hell-Dunkel-Antworten, die häufiger bei der Befragung durch Paarvergleich erschienen. Der Wert dieses Befundes liegt darin, daß es sich bei dieser Technik von Baughman um eine non-verbale handelt, die freier von ungewollt suggestiven Einflüssen durch den Testleiter ist. Bemerkenswert ist aber auch das zweite Ergebnis: Deutungen mit Farb-Determinanten bleiben von der Form der Befragung unberührt. Baughmans Vergleich einer verbalen mit einer nicht-verbalen Technik steht eine andere Studie von Klingensmith (1957) gegenüber, der die Wirkung verschieden hoch strukturierter verbaler Befragung auf den Gebrauch von Determinanten untersuchte. Danach scheinen die B-Antworten unabhängig von zunehmend strukturierten Fragen zu sein, während Schattierung, chromatische und achromatische Farben und Tierbewegungsdeutungen am leichtesten durch die hochstrukturierte Situation zu provozieren waren. Direkte und indirekte Befragung hat dagegen nach Reisman (1970) keinen Einfluß auf Rorschach-Kategorien.

Außer Baughmans Technik, die auf eine objektive Bestimmung der Determinanten abzielt, bleibt eine andere, von Sarason (1954) vorgeschlagene noch zu erwähnen. Er läßt die Pbn auf Formblättern ihre Deutungen selbst einzeichnen. Als Vorzug soll sich eine Erhöhung der Signierungszuverlässigkeit für die Erfassungsmodi ergeben haben. Welches Verhältnis die in der Befragung gewonnenen Aussagen zur „Assoziationsphase" haben, bedarf noch einer weiteren Klärung. Die pointierteste Attacke auf die konventionelle Ansicht der Einheit von „Assoziationsphase" und Befragung hat Levin (1953) unternommen mit seiner These, es müsse sich bei der Befragung um einen zweiten Test handeln. Tatsächlich unterscheidet sich die Aufgabe für den Pb in der Befragung von der der Deutephase: jene ist vergleichsweise spezifischer und inhaltlich bestimmter als diese. Statt spontaner, wenig reflektierter Aussagen können in der Befragung mehr abwehrende oder rationalisierende Einstellungen hervortreten, ausgelöst durch die Aufforderung, Deutungen zu erklären. Es wird wohl immer ein Dilemma bleiben, ob der Pb in der Befragung seine ursprünglichen Wahrnehmungen ergänzend beschreibt oder ob er — für den Testleiter unbemerkt — Veränderungen, Korrekturen vornimmt. Die Befragung, deren Zweck es ist, sichere und zuverlässige Grundlagen für Signierungsentscheidungen zu liefern, muß eher als Kunst denn als wissenschaftliche Technik angesehen werden.

Im Anschluß an die nicht-direktive Befragung hat sich mancherorts die auf Klopfer zurückgehende „Testing the limits"-Prozedur durchgesetzt. Ihr Zweck ist die Erkundung, ob ein in der Regel zu erwartendes Deuteverhalten, das in einem Einzelfall während der Assoziationsphase und der nicht-direktiven Befragung ausfiel, durch direkte, zunehmend spezifischer werdende Befragung doch noch ausgelöst werden kann. Die letzte Stufe entspricht genau dem Vorgehen der „Concept Evaluation Technique" (McReynolds) oder der Situation bestimmter Rorschach-Gruppen-Verfahren: ein spezifischer Deutevorschlag ist oder ist nicht zu akzeptieren. Die Anwendung dieser Methode ist indiziert, wenn der Verdacht geprüft werden soll, das Deuteverhalten könnte durch besondere Einstellung z. B. aus der Pb-Testleiter-Beziehung heraus einseitig gelenkt sein.

Signierung: Drei bedeutsame neue Tendenzen kennzeichnen die Entwicklung auf dem Gebiet der Signierung. Die eine betrifft die Reduktion der Systemvielfalt auf ein Einheitssystem (vgl. Exner 1974), die andere die Absicht, von einer kritischen Auseinandersetzung mit den herkömmlichen Signierungskategorien und den klassischen testtheoretischen Adaptierungen bzw. Testmodifikationen ausgehend den FDV (RT und HIT) eine bessere meßtheoretische Grundlage zu geben (vgl. Fischer & Spada 1973). Einwände gegen die Rorschach-Signierung sind auch aufgrund der Ergebnisse multidimensionaler Wahrnehmungsanalysen erhoben worden. Die wenigen Dimensionen, die ausreichen, um die Perzeption der RT-Tafeln zu beschreiben, wurden auch als ein Hinweis auf die Überdifferenziertheit der klassischen Signierung gedeutet (vgl. z. B. Wainer, Hurt & Aiken 1976). In diesem Punkt treffen sich die „New-Look-Vertreter" mit der Auffassung von Fischer und Spada. Hartmann (1977) hat in einer gründlichen umfassenden und kritischen Arbeit die methodischen Probleme der Signierung abgehandelt. Der dritte Trend bezieht sich auf die zusammenfassende Darstellung nicht klassischer inhaltsbezogener und formaler Signierungssysteme, die der Erfassung besonderer Konstrukte (z. B. Körperschema, pathognomische Verbalisation) dienen (z. B. Aronow & Reznikoff 1976).

Übersichten über die gebräuchlichen, jeweils schulspezifische, Signierungskategorien enthalten alle im Kap. I genannten RT-Einführungen, eine kondensierte an Klopfer und Davidson orientierte Zusammenstellung gibt Bottenberg (1972, S. 117—124). Eine systemübergreifende Behandlung liefert Hartmann (1977, S. 26—53) zusammen mit einer für die Praxis relevanten Anleitung, wie die Einheit der Signierung, die Antwort, identifiziert werden kann (S. 74—78).

Bei der Signierungsthematik geht es in der Hauptsache um drei Sachverhalte: Um 1. die möglichst vollständige Abbildung aller beobachteten Pbn-Reaktionen durch ein Kategoriensystem, um 2. die logische Struktur des Systems und 3. um die empirische Relevanz der Kategorien des Systems. Die Reihenfolge dieser Aspekte ist nicht sachlogisch, sondern historisch bedingt.

Möglichst sämtliche testspezifische Reaktionsweisen der Pbn zu registrieren und zu kodieren, war das Motiv für die Ausdifferenzierung der Signierung, theoretisch untermauert und befördert durch Auffassungen von der völligen Determiniertheit des Verhaltens.

In bezug auf den zweiten Punkt geht es um die Frage, inwieweit die traditionellen Rorschach-Kategorien den Klassifikationsregeln entsprechen. So sollten die Signierungskategorien unabhängig voneinander sein. Die Signierungsweise entspricht diesem Prinzip jedoch nur teilweise. So vereinigen u. a. die Bewegungsantworten sowohl den Grad der Formschärfe oder Formangemessenheit als auch den kinaesthetischen Anteil. Den Erfassungsmodi lag wohl ursprünglich die Vorstellung eines Kontinuums zugrunde: Erfassung des Ganzen über den eines Teils bis zu dem eines kleinen Abschnitts (G → technisches G → D → Dd). Die Indikatoren, die Rorschach-Experten im einzelnen formuliert haben, machen nun allerdings deutlich, daß neben der Größe noch andere Indikatoren eine Rolle spielen können. Daß die Eindimensionalität durchbrochen wird, zeigt ein Vergleich der D und der Dd (Kleindetail nach Rorschach). Würde die Eindimensionalität gewahrt sein, dann müßte immer D > Dd gelten, da es sich um eine Ordinalskala handelt. Nach Bohm (1951, 1972^5) kann aber auch D < Dd sein (d. h. es gilt nicht D > Dd, Dd > D), wenn Dd ein ungewöhnlich, d. h. selten gedeutetes Bezugsfeld darstellt. Mit anderen Worten, der Klassifikation der Erfassungsmodi liegen also zumindest zwei Dimensionen zugrunde. Zubin, Chute & Veniar (1943) haben wohl als erste auf derartige Inkonsistenzen aufmerksam gemacht. Zu ihrer Behebung schlugen sie neue eindimensional konstruierte Skalen nicht nur für die Erfassung vor. Aus gleichartigen Gründen hat auch u. a. der „Location-Score" in der Holtzman-Technik eine eindimensionale Verfassung. Solche mehrdimensionalen Gesichtspunkte gehen noch in eine Reihe anderer Merkmale ein (Bewegungs- und Farbantworten).

Signierungskategorien sind nur dann sinnvoll, wenn sie unterschiedliche Verhaltenskorrelate besitzen oder Persönlichkeitsdimensionen widerspiegeln. Unterschiedliche Häufigkeiten einer Kategorie sollten Intensitätsunterschiede der Persönlichkeitsdimension ausdrücken, die durch die jeweilige Kategorie indiziert wird. In diesem Zusammenhang ist auf die Problematik der Kategoriengewichtung hinzuweisen. Wenn beispielsweise die Farbantworten in drei Kategorien (FFb, FbF, Fb) aufgeschlüsselt, als Indikatoren für verschiedene psychologische Konstrukte (Kontaktfähigkeit, affektive Instabilität und Impulsivität) betrachtet werden, gleichzeitig aber im Erlebnistyp durch Gewichtung der einzelnen Kategorien zu einem Indikator für Extraversion zusammengefaßt werden, dann ist dieses Vorgehen in zweierlei Hinsicht problematisch: Wenn die Farbtypen unterschiedliche Konstrukte repräsentieren, dann dürfen sie nicht in einen Index aggregiert werden oder umgekehrt, wenn sie eine Dimension (Extraversion) indizieren, dann ist ihre kategoriale Aufspaltung ungerechtfertigt. Schließlich ist die Gewichtung empirisch unbegründet (Ausführlicheres zu dieser Problematik: Fischer & Spada 1973, Hartmann 1977).

Da im RT mehrere Antworten pro Tafel zulässig sind — bisweilen auf sechs begrenzt oder gänzlich unlimitiert —, können Folgedeutungen von den vorausgehenden abhängig sein. Die Art der intratafel-spezifischen Antwortkontingenzen (Verlaufsanalyse) empirisch zu erfassen, stößt aber auf erhebliche methodische Schwierigkeiten, die psychodynamisch orientierte Interpretationssysteme umgehen.

Die Inhalte der Deutungen werden binär, nach vorhanden oder nicht vorhanden kodiert.

Auf metrischen Skalen basiert die Erfassung der Zeitmerkmale (Reaktions- und Deutezeiten).

Fischer & Spada (1973) haben ein „probabilistisches Meßmodell zur Analyse projektiver Formdeutetests" vorgelegt, dessen Ziel es ist, die „Reaktionswahrscheinlichkeiten als Funktion der die Personen und die Tafeln charakterisierenden Eigenschaftsparameter" (S. 77) zu bestimmen. Die Autoren halten das mehrkategorielle Modell von Rasch geeignet, das Testkonzept von Rorschach abzubilden. Von mehr-kategoriellem Modell wird dann gesprochen, wenn eine Deutung in mehr als zwei Kategorien verschlüsselt wird, was für den Erfassungsmodus und die Mehrzahl der Determinanten zutrifft. Die Verwendung des meßtheoretischen Modells von Rasch beruht allerdings auf einer Reihe von Voraussetzungen, die teilweise einschneidende Veränderungen des Standard-RT zur Folge haben (z. B. die Begrenzung der Antwortenzahl auf eine pro Tafel). Nach den Analysen von Fischer und Spada ist in bezug auf den Erfassungsmodus nur eine Differenzierung von G und Non-G modellverträglich, Indikator einer zugrunde liegenden Persönlichkeitsdimension „Tendenz zur Ganzerfassung". Werden für alle Determinanten die Formschärfe nach F+, F±, F— signiert, so erweisen sich diese drei Kategorien nebst ihrer Gewichtung mit 1 für F+, 0,5 für F± und 0 für F— zusammengezogen zum Index F+% mit dem Modell vereinbar. Das besagt, daß nicht mehr oder weniger Formschärfe-Kategorien signiert werden dürfen. Ihnen liegt eine einzige Persönlichkeitsdimension zugrunde.

Diese wenigen Beispiele mögen genügen, um die Resultate dieses theoretisch bedeutsamen Ansatzes zu illustrieren. Die Prämissen der Autoren, die Diagnose des Status des RT, die Kritik am Versuch, FDV das Modell der deterministischen klassischen Testtheorie zu unterlegen, sind begründet. Ob die mit dem Rasch-Meßmodell mögliche getrennte Schätzung von Reiz- und Personenparametern zu einer Neuentwicklung von FDV führt, muß die Zukunft erweisen.

Eine Hauptschwierigkeit des Standard-RT für Gruppen- und Subgruppen-Vergleiche, Beziehungen zu Non-Rorschach-Variablen, komplexe Indizes (z. B. Penetration), Normen-Erstellung, Modellprüfungen (Dimensionierung des Signierungssystems usw.) ist die variierende Antwortenzahl. Aus der Arbeit von Fiske & Baughman (1953) geht hervor, daß die Beziehungen zwischen der Antwortenzahl und den Rorschach-Kategorien größtenteils nicht linear bzw. kurvilinear sind. Dieses Datum ist sowohl für eine Patientengruppe als auch für normale Pbn belegt.

Zur Kontrolle dieses Faktors wurden mehrere Möglichkeiten vorgeschlagen: Prozentangaben (z. B. G %, F %), Konstanthaltung durch Limitierung auf eine für alle Tafeln gleiche Anzahl von Antworten (z. B. drei pro Tafel) und als Sonderfall die variable Begrenzung (genau n Antworten für alle unbunten, m für alle bunten Tafeln), Bildung von Subgruppen mit gleicher durchschnittlicher Antwortenzahl, Eliminierung von Protokollen, die einen bestimmten (willkürlich festgesetzten) Grenzwert (z. B. 15) unterschreiten und durch Reduzierung „produktiver" Protokolle auf einen oberen zulässigen Wert (z. B. 25), was auf verschiedene Weise erreicht werden kann, und schließlich durch statistische Kontrollen.

Kalter & Marsden (1970) diskutieren korrekte und inkorrekte Formen der statistischen Kontrolle der Antwortenzahl. Wenn etwa die Korrelation zwischen G-Antworten (allgemeiner: RT-Merkmal) und dem IQ (allgemeiner: Non-RT-Merkmal) interessiert, so muß aus der Korrelation beider Variablen die Differenz von AZ und G auspartialisiert werden. Die genannten Vorschläge haben ihre spezifischen Vor- und Nachteile, wobei die statistische Kontrolle den Vorteil hat, nicht in die Standard-Technik einzugreifen. Praktisch hat sich aber die Konstanthaltung durchgesetzt (vgl. HIT, SORT, Ro 30 usw.).

VI. Reliabilität

Die Reliabilitätsthematik von FDV umfaßt eine Reihe von Aspekten: (1) Objektivität der Protokollierung, (2) Inter- und Intra-Konsistenz der Beurteiler in der Signierung, (3) Inter- und Intra-Konsistenz in der Interpretation für verschiedene Aufgabentypen (z. B. Diagnosen, Prognosen), (4) Stabilität der Signierungskategorien bzw. globaler Indizes, (5) Äquivalenz.

Streng genommen ist diese Thematik mit den genannten Aspekten nicht erschöpft, da sie sich alle unmittelbar oder mittelbar auf die Reaktionsseite beziehen und die Reizseite (ACh) außer acht lassen. Auf Methoden, Ergebnisse und Probleme der Untersuchung zur Konstanz bzw. Inkonstanz der Tafel-Wirkungen wird im folgenden nicht eingegangen werden.

Sammelreferate zur Reliabilitätsthematik bei projektiven bzw. FDV haben verfaßt: Jensen 1959, Holzberg 1960, Hertz 1962, Zubin, Eron & Schumer 1965. Eine Übersicht der Ergebnisse der verschiedenen Typen von Reliabilitätsuntersuchungen bis 1963 findet sich in Spitznagel (1964).

Vorzügliche Zusammenfassungen von Reliabilitätsstudien zu für die klinische Praxis bedeutsamen Spezial-Skalen des RT beinhalten die Arbeiten von Goldfried, Stricker & Weiner (1971) sowie von Aronow & Reznikoff (1976). Ihre Lektüre wird empfohlen, da diese Instrumente in diesem Rahmen nicht berücksichtigt werden können.

Leider gibt es keine Einheitlichkeit in der Terminologie. Die hier verwandten Begriffe orientieren sich an Holzberg (1960).

Die Diskussion zur Reliabilität der RT-Merkmale wird von einigen immer wiederkehrenden Fragen beherrscht, auf die zunächst eingegangen werden muß, bevor von den einzelnen Aspekten die Rede sein kann. Es handelt sich 1. um die Frage nach den angemessenen Methoden zur Bestimmung der Reliabilität, 2. nach dem molaren oder molekularen „Niveau", auf dem die Bestimmung erfolgen soll und 3. für welche Rorschach-Merkmale eine Reliabilitätsuntersuchung überhaupt sinnvoll ist.

Was als angemessene Methode galt, schien durch die aus der Reliabilitätstheorie der klassischen Testtheorie abgeleiteten Methoden „vorgegeben". Eine Übertragung ist aber aus verschiedenen Gründen nicht möglich. So ist die innere Konsistenz, die Halbierungsmethode wegen des unterschiedlichen „card pull" oder wegen des geringen Tafel-Sample nicht anwendbar. Die Prüfung mit Hilfe von Paralleltests scheitert an der Tatsache, daß Parallel-Serien für den RT nicht hergestellt werden konnten. Es bleibt schließlich die Stabilitätsprüfung. Die Niveau-Thematik bezieht sich auf die Kontroverse, ob die Reliabilitätsprüfung auf der Merkmals- oder Interpretationsebene vorgenommen werden soll. Die Antwort darauf hängt von der Meinung ab, ob der RT allein oder nur in Verbindung mit dem Interpreten auf seine Brauchbarkeit hin geprüft werden kann. Daß mit Hilfe des RT nicht nur habituelle, sondern auch transitorische, veränderungsabhängige Merkmale erfaßt werden können, ist eine verbreitete Auffassung. Es erscheint aber wenig sinnvoll, durch Testwiederholung die Stabilität von veränderungssensitiven Merkmalen zu ermitteln, was auf der anderen Seite geboten ist, wenn es beispielsweise um kognitive Faktoren gehen würde. *Die* Reliabilität des RT gibt es nicht; es hängt von dem Merkmal selbst ab, ob sie geprüft werden muß. Natürlich wird man dann die Nachteile der Test-Retest-Methode, vor allem bei einem geringen zeitlichen Abstand zwischen beiden Tests, in Kauf nehmen müssen.

(1) Die Protokollierung erstreckt sich auf zwei Tatbestände: Registrierung des verbalen und nonverbalen Verhaltens. Die Objektivität der Protokollierung für das verbale Verhalten dürfte gewährleistet sein.

(2) Die Bestimmung der Signierungskonsistenz muß für die Einheit, die Antwort, und für die Kategorien erfolgen. Die meisten Untersuchungen befassen sich mit der Konkordanz zwischen den Beurteilern, kaum beachtet wurde demgegenüber die zeitliche Stabilität der Beurteilerkodierungen (Ausnahmen z. B. Voigt & Dana 1964, Holtzman, Thorpe, Swartz & Herron 1961, beide mit zufriedenstellenden Resultaten). Daß die Konsistenz in Abhängigkeit von der Signierungskategorie verschieden hoch ausfallen wird, ist oft belegt worden. So sind die Inhaltskategorien objektiv signierbar, bei den Determinanten ist die Beurteilervarianz allein schon deshalb größer, weil die Signierungsregeln für einzelne Kategorien unterschiedlich schwierig sind. Eine Hilfe zur Erhöhung der Konsistenz sind von Experten signierte Antwortbeispielslisten, die als Anker für Zweifelsfälle dienen können. Goldfried, Stricker & Weiner (1971) kommen bezüglich der von ihnen analysierten Indizes, die ein breites Spektrum umfaßten, zu einem größtenteils günstigen Urteil, was die Beurteilerübereinstimmung angeht. Unter Zurückstellung von Einzelheiten kann man aufgrund der vorliegenden Daten davon ausgehen, daß bei ausreichendem Training, Explizitheit der Signierungsregeln, sorgfältiger Bearbeitung die Konsistenz gewährleistet sein kann.

(3) Ungleich schwieriger ist die Situation zu charakterisieren, die sich für die Konsistenz auf der Interpretationsebene ergibt. Neben erstaunlich positiven Ergebnissen werden andererseits katastrophale negative berichtet. Die Gründe für diese Diskrepanzen sind jedenfalls nicht offensichtlich. Wahrscheinlich kommen mehrere zusammen (homogene oder heterogene Protokolle, Expressivität der Protokolle, Materialform: ob Protokoll, Psychogramm oder Wortschatz vorliegt, Beurteilungsstile, durch Anweisungen ausgelöste Aufgabeneinstellungen usw.).

Krugman (1942) stellte Beurteilern die Aufgabe, diejenigen Gutachten zu identifizieren, die zwei Rorschachisten über die gleichen Probanden erstellt haben. Die Zuordnung gelang vollkommen. Die Blindzuordnungen von Psychogrammen und Gutachten war in hohem Maße konkordant. Während sich dieses Untersuchungsparadigma auf die Gutachtenebene bezog, ließ z. B. Lienert & Matthaei (1958) ein bestimmtes Merkmal (Intelligenz) anhand von Psychogrammen einstufen. Auch in diesem Falle wurde eine hohe Beurteiler-Konkordanz erzielt.

Als Belege für mangelnde Konsistenz sollen die klassische Untersuchung von Little & Shneidman (1959) und eine Arbeit von Goldberg & Werts (1966) dienen, die sich durch besonderes methodisches Raffinement auszeichnet. Little und Shneidman untersuchten die Kongruenz von Persönlichkeitsbeschreibungen, die klinische Psychologen aufgrund von vier Tests, darunter dem RT, die von je vier psychotischen, neurotischen, psychosomatischen und normalen Pbn stammten. Beurteilungsaufgaben waren u. a.: Diagnose-Erstellung, Einschätzung der Anpassung. Unabhängig von der diagnostischen Gruppe, der die Pbn angehörten und den Beurteilungskategorien waren die Beurteiler-Kongruenzen ausgesprochen niedrig. Goldberg und Werts, die zur Untersuchung der Reliabilität die multitrait-multimethod Matrix von Campbell & Fiske (1959) verwendeten, ließen erfahrene Kliniker jede von vier aus 10 neuropsychiatrischen Patienten bestehenden Gruppe auf einer der folgenden vier Eigenschaften in eine Rangfolge bringen: Intelligenz, Ich-Stärke, soziale Anpassung und Abhängigkeit. Als Testunterlagen standen den Urteilern u. a. der RT, der MMPI und der WAIS zur Verfügung. Die durchschnittliche Korrelation über alle beurteilten Merkmale ergab ein r von .11.

(4) Die Test-Retest-Stabilität wurde in mehreren Untersuchungen nach jeweils unterschiedlichen Zeitintervallen, bei unterschiedlichen Probandengruppen und mit verschiedenen Methoden geprüft. Eichler (1951) testete Studenten in einem Abstand von ca. drei Wochen mit dem RT und dem BeRo nach dem Abba Muster. Die durchschnittliche Korrelation über zwölf Merkmale belief sich für die Abfolge Ro-BeRo auf $r_{12} = .67$ und für die Sequenz BeRo-Ro auf $r_{12} = .57$, für die zweifache Wiederholung der RT auf $r_{12} = .70$.

Von Interesse ist eine Arbeit, die den Einfluß des Gedächtnisses auf die wiederholte Darbietung des RT auszuschalten versuchte. Griffith (1951) hat Patienten mit Korsakoffscher Krankheit getestet, die sich wegen ihrer Gedächtnisstörungen nicht mehr an die vorausgegangene (22 Stunden) Rorschach-Aufnahme erinnerten. Beide Protokolle zeigten dem Autor zufolge keine nennenswerten Unterschiede.

(5) Äquivalenz: Auf Rorschach (1921) selbst geht die Anregung zurück, Parallelserien zu konstruieren. Am bekanntesten ist die BeRo-Serie geworden (Zulliger 1952[3]). Nach den Untersuchungen von Buckle & Holt (1951), Eichler (1951), Meadows (1951) und Singer (1952) korrelieren zwar die wichtigsten Signierungskategorien zwischen den RT und dem BeRo, von einer Parallel-Serie im psychometrischen Sinne kann aber nicht gesprochen werden.

Versucht man ein Fazit aus den Untersuchungen zu ziehen, die sich auf die zeitliche Konstanz der Reaktionen im RT bzw. in der Quasi-Parallel-Serie BeRo beziehen, so genügen die Ergebnisse sicherlich nicht den Ansprüchen, die an ein Instrument zur Individualdiagnostik gestellt werden (vgl. auch Bottenberg 1972). Auf der anderen Seite sind die zentralen Rorschach-Kategorien bei einer Testwiederholung deutlich positiv korreliert, wenn auch mit beträchtlichen Schwankungen zwischen Kategorien und Untersuchungen. Auf dem Hintergrund der Tatsache, daß das Deuteverhalten durch situative Bedingungen alteriert werden kann, kann dieser Ergebnistrend nicht einmal als ungünstig gelten.

VII. Normen

Brauchbare Normen stellen einen der elementaren Bestandteile eines Tests dar. Für projektive Techniken eigen sich vornehmlich sog. Grobnormen (Mediane, Quartile, Interquartil-Range, Perzentile).

Was Verfügbarkeit und Brauchbarkeit von Normdaten anlangt, so ist die Situation in den USA einerseits und dem deutschsprachigen Raum andererseits nicht einheitlich. In den letzten Jahren sind vor allem in den USA eine Reihe von zum Teil überarbeiteten Monographien wiedererschienen, die auf der Basis von ausreichend großen Stichproben über Altersnormen informieren.

Die folgenden Angaben beziehen sich ausschließlich auf den RT. Normdaten von Rorschach-Modifikationen sind in Kap. IX zu finden.

Bei der Benutzung dieser Daten, ergeben sich durch die unterschiedlichen Signierungssysteme Begrenzungen. Ein anderes Problem ist die mögliche Kulturbedingtheit der Normen. Zwar scheint die Stimulus-Mehrdeutigkeit der Rorschach-Tafeln kulturunabhängig zu sein (vgl. Derogatis, Gorham & Moseley (1968), daß dies aber nicht in gleichem Maße für die interpretative Mehrdeutigkeit gilt, haben Derogatis, Gorham & Moseley (1968) gezeigt. Auf die in diesem Zusammenhang wichtige Rolle der Antwortzahl wurde schon hingewiesen (vgl. Kap. V).

Normdaten für Kinder im Vorschulalter und im Schulalter und für Jugendliche bis zum 16. Lebensjahr haben veröffentlicht: Carlson (1952), Ledwith (1952, 1959, 1960), Meyer & Thompson (1952), Loosli-Usteri (1961), Mogensen, Fenger & Lange (1962), Ames, Metraux & Walker (1971) und Ames, Metraux, Rodell & Walker (1974). Die Normdaten mehrerer amerikanischer und deutscher Arbeiten für die Altersstufen vom 6. bis zum 12. Lebensjahr hat Hasemann (1963) in einer informativen Übersicht zusammengestellt. Normdaten für Erwachsene und ältere Personengruppen enthalten die Arbeiten von Cass & McReynolds (1951), Hertz (1970), Ames, Metraux, Rodell & Walker (1973), Ogdon (1976^2) und Levitt & Truumaa (1972). Ausführlich informieren Goldfried, Stricker & Weiner (1971) über Normdaten und ihre Quellen für die beiden „Developmental Level-Scoring"-Systeme von Friedman und Phillips, für die Angst- und Feindseligkeitsskalen von Elizur, für das Körperschema- und Penetrations-Signierungssystem von Fisher und Cleveland usw.).

Zu der Wahrnehmungsorganisation, einer vielbeachteten Kategorie, hat Hertz (1960) eine auch Normdaten einschließende Übersicht beigesteuert.

Normdaten zum ACh von Rorschach-Tafeln werden von Cass & McReynolds (1951), Rossi & Neumann (1961) und Baughman (1959b) berichtet.

VIII. Validitätsaspekte

Rorschach (1921) hat die diagnostischen Zielsetzungen seines Verfahrens folgendermaßen gekennzeichnet: Der Versuch „erlaubt über Normale differenzierte Persönlichkeitsdiagnosen und über Kranke Differentialdiagnosen verschiedener Art". Er präzisiert den Gültigkeitsanspruch auf die Diagnostik der Konstrukte Intelligenz, Emotionalität, soziale Beziehungen, Erlebniseinstellung und psychopathologische Merkmale.

Inzwischen liegt eine kaum mehr überschaubare Fülle von unterschiedlich bedeutsamen empirischen Untersuchungen vor, die auf der Ebene einzelner Test-Merkmale, Merkmalskonfigurationen und auf der Interpretationsebene die weitgesteckten diagnostischen Zielsetzungen des Autors dieses Tests und vieler seiner späteren Anwender empirischen Kontrollen unterzogen.

Für Detailinformationen über die Ergebnisse der Untersuchungen, die die Gültigkeit *einzelner* Rorschach-Kategorien (Erfassungsmodi, Determinanten, Erlebnistypus) zum Gegenstand hatten, kann nach wie vor auf das Handbuch von Rickers-Ovsiankina (1960) verwiesen werden. Die Ergebnisse von Arbeiten über den Zusammenhang von Angst und Schattierungsdeutungen haben Auerbach & Spielberger (1972) kritisch resümiert. Ein Sammelreferat über die traditionellen Inhaltskategorien haben Draguns, Haley & Phillips (1967) vorgelegt. Von den gleichen Autoren stammt ein lesenswerter Beitrag über theoretische Aspekte der Rorschach-Inhaltsanalyse (1968), die z. T. auf Überlegungen von Höhn (1959) zurückgreifen.

Über die speziell mit der Gültigkeit der FDV zusammenhängenden allgemeinen Fragen und Probleme geben eine Reihe von Beiträgen Auskunft (z. B. Harris 1960, Schneider 1962, Eron 1966, Rosenstiel 1967, Potkay 1971, Goldfried, Stricker & Weiner 1971, Hartmann 1977), umfassender für projektive Verfahren z. B. Hörmann (1964) und Murstein (1965).

Da viele der empirischen Gültigkeitsuntersuchungen sehr spezielle, d. h. testbezogene Annahmen überprüft haben, die weder aus einer expliziten Theorie von Deuteprozessen — sie gibt es nicht — noch aus den bekannten Konstrukten der Persönlichkeitsforschung exakt abgeleitet sind — beispielsweise ist die „Rorschach-Intelligenz" eine andere als die psychometrische —, sei auf zwei Arbeiten hingewiesen, von denen die eine beansprucht, „die" theoretische

Begründung für den RT zu liefern (Schachtel 1966), und die andere das Deuteverhalten von Pbn auf dem Hintergrund asymmetrischer Machtverteilung zwischen Untersucher und Pbn zu verstehen versucht (Rothschild 1964).

Sieht man einmal davon ab, daß bei der Analyse von Konstrukten wie Feldabhängigkeit/Unabhängigkeit oder Toleranz/Intoleranz für Ambiguität das Deuteverhalten von Klecksen eine marginale Rolle gespielt hat, so fällt auf, wie wenig Rorschach- und Persönlichkeitsforschung integriert worden sind.

Einen geeigneten Rahmen für eine stärker theorienorientierte Validitätsforschung von FDV könnte der heuristisch fruchtbare, bislang wenig beachtete Ansatz von Fulkerson (1965) darstellen.

Bevor von einzelnen ausgewählten Gültigkeitsaspekten die Rede sein wird, sollen einige grundsätzliche Probleme der Gültigkeitsthematik von FDV aufgegriffen werden.

(1) Sind die zehn Rorschach-Tafeln eine ausreichende Materialstichprobe? Ein Blick auf die veröffentlichten Häufigkeitsverteilungen der einzelnen Kategorien zeigt, daß es unter ihnen eine größere Anzahl schwach besetzter gibt. Diese aber können bekanntlich zur Unterscheidung von Personen nichts beitragen. Neuere Bestrebungen gehen infolgedessen dahin, die Anzahl der Tafeln zu vergrößern (vgl. z. B. die Holtzman-Inkblot-Technik). (2) Sind seltene Reaktionen Zufallsprodukte oder individuell besonders bedeutsame Äußerungen? Die Antwort darauf ist kontrovers. Befunde der Assoziationsforschung über die individualdiagnostische Bedeutung von idiosynkratischen Antworten scheinen eher die erstere Auffassung zu stützen. (3) Können situativ und/oder habituell bedingte Testreaktionen durch den Untersucher identifiziert und diskriminiert werden? Beispielsweise kann eine niedrige Antwortenzahl durch einen habituellen Persönlichkeitszug wie Defensivität (vgl. Jourard 1961), durch aktuelle Erwartungen des Pbn bezüglich positiver oder negativer Folgen des Testens (vgl. Henry & Rotter 1956), aber auch durch nicht beabsichtigte aber erfolgreich induzierte Ergebniserwartungen des Untersuchers (vgl. Marwit 1969) bedingt sein. Woher weiß der Interpret, welche Bedingung oder Bedingungskombination im konkreten Fall zu einer geringen Produktivität geführt haben? Die gängige Antwort „aus dem Kontext" ist zu vage, allenfalls deutet die Auffassung von der Testsituation als einer Kommunikationssituation die Richtung auf eine denkbare Lösung an, sofern der Untersucher gelernt hat, Gegenübertragungen oder seine eigenen Erwartungshaltungen zu kontrollieren. (4) Manifestieren sich von der RT erfaßbare Persönlichkeitszüge immer? Jeder Rorschach-Kenner weiß, daß das Nicht-Erscheinen einer Kategorie nicht gleichbedeutend sein muß mit der Unfähigkeit, sie zu produzieren. Hier liegt einer der Gründe für die hinlänglich bekannten Schwierigkeiten vor, die RT auf der Merkmalsebene zu validieren. (5) Ist die Gültigkeit der Rorschach-Merkmale unveränderlich? Nach der orthodoxen Auffassung muß jedes Merkmal im Zusammenhang mit anderen inter-

pretiert werden. Zwar besitzen die Merkmale naturgemäß sehr allgemeine Grundbedeutungen, insofern haben sie einen fixierten Symptomwert, auf der anderen Seite sind sie variabel, um spezifiziert werden zu können. Zu der protokoll-internen spezifischen Bedeutungsfindung gesellt sich noch eine weitere: die auf den Pb bezogene. Wewetzer (1961, 1963), der das Problem der differentiellen Gültigkeit systematisch für die RT aufgegriffen hat, kommt zu dem Ergebnis, daß der Aussagebereich für bestimmte definierte Personengruppen variiert. (6) Welcher Realitätsschicht gehört das Deuteverhalten an? In der Regel ergaben sich für formale Kategorien als Indikatoren für bestimmte Persönlichkeitszüge keine oder höchstens schwache Beziehungen zu „entsprechenden" objektiven Fragebogen oder Verhaltenskriterien. Ebenso scheint es auch bei globaler Interpretation Schwierigkeiten zu bereiten, von der Rorschach-Situation auf das „Verhalten" z. B. im Fragebogen zu schließen (vgl. Sarason, Davidson, Lightall & Waite 1958).

Eine interessante Überlegung über die Gründe, weshalb Rorschach-Kategorien oder Interpretationen schwach mit objektiven Persönlichkeits- oder Leistungstestdaten korrelieren, haben Murstein & Wolf (1970) angestellt. Im Zusammenhang mit der These der Abhängigkeit von Testreaktionen von dem strukturalen „Mehrdeutigkeitsniveau" der Tests behaupten sie eine Abnahme der Merkmalsinterkorrelationen mit der „Distanz" der Tests auf dem Mehrdeutigkeitskontinuum. Niveau-Nähe erhöht, Niveau-Distanz erniedrigt die Stärke von Merkmals-Intertest-Beziehungen. Partiell wurde diese Annahme durch die Ergebnisse von Murstein und Wolf bestätigt (vgl. Kap. IV, B).

Grundsätzlich scheint es zwei Möglichkeiten zu geben, die RT zu validieren: Gültigkeitsnachweise auf der Interpretationsebene und durch Konstruktion von dimensionsarmen Tests für bestimmte Kategorien. Beide Wege sind Notlösungen, weil durch sie nicht das Verfahren allein, sondern entweder mit dem Beurteiler zusammen oder ein Derivat der RT Gegenstand der Prüfung sind. Ein dritter Weg, der der Einzelzeichen-Validierung wieder zum Leben verhilft, beschreitet die Holtzman-Inkblot-Technik, freilich auf „Kosten" einer Reihe spezifischer Charakteristika der RT. Als erfolgversprechend wird in der jüngsten Zeit auch die Verwendung von Spezialskalen angesehen (vgl. Goldfried, Stricker & Weiner 1971).

Die Auffassung, Gültigkeitsnachweise für die RT müssen bevorzugt auf der Interpretationsebene geführt werden, ist die Konsequenz aus den Schwierigkeiten, die Gültigkeit des einzelnen Merkmals zu bestimmen. Es seien nur einige dieser Schwierigkeiten summarisch genannt: Vieldeutigkeit des Einzelmerkmals (für die Bewegungsantworten werden ca. 10 Grundbedeutungen genannt), Kontextabhängigkeit, Häufigkeit des Auftretens einer Reaktion von der Interaktion mit anderen abhängig, mangelnde Übereinstimmungen zwischen Merkmalsbetrag und dem zugeordneten zugrunde liegenden Persönlichkeitszug, Unterschied zwischen optimaler und maximaler Merkmalsausprägung usw.

Gültigkeitsnachweise für Einzelmerkmale sind in großer Zahl durchgeführt worden. Die Resultate liegen zwar häufig in der erwarteten Richtung, doch sind die Beziehungen zu den gewählten Kriterien, von Ausnahmen abgesehen, meist gering. In diesem Zusammenhang gehören auch die zahllosen Versuche, gruppendifferenzierende Einzelmerkmale oder Syndrome zu entdecken, die freilich meist aufgrund von Kreuzvalidierungen ergebnislos geblieben sind. Für Diskriminanzanalysen zum Zweck von Klassifikationsleistungen (Bower 1960, Cooley & Mierzwa 1961) und Faktorenanalysen zur Bestimmung der inneren Gültigkeit (Hsu 1947, Murstein 1960) fehlen zumeist die metrischen Voraussetzungen bei der RT, die auch durch Normalisierung der Merkmalsverteilungen in der Regel nicht behoben sind.

Die Einbeziehung des Beurteilers in die Gültigkeitsprüfung beseitigt zwar längst nicht alle Schwierigkeiten — sie führt auch neue wieder ein —, doch bedeutet sie gegenüber dem Merkmalsansatz eine Verbesserung. Der augenfälligste Nachteil für einen kombinierten Gültigkeitsnachweis besteht darin, daß bei negativen Resultaten nicht entschieden werden kann, ob diese auf das Instrument oder den Beurteiler zurückzuführen sind. Für Gültigkeitsuntersuchungen werden sogenannte Experten herangezogen. In der Regel wird der Expertenstatus definiert durch die Anzahl der Erfahrungsjahre mit der RT. Dieses Kriterium hat freilich nur eine sehr grobe Eignung. Interindividuelle Unterschiede der Beurteiler hinsichtlich der Sensitivität, Urteilsgenauigkeit und der Entscheidungssicherheit kommen hinzu. Wenn nun die Einbeziehung eines Beurteilers dem Zeichenansatz überlegen sein soll, dann müßten sich dafür auch empirische Belege finden lassen. Nach den Ergebnissen der Prognosestudien, die mit Experten gearbeitet haben (z. B. Holtzman & Sells[2] 1954), scheint sich jedoch kein Beurteilervorzug zu ergeben. Man hat jedoch zu bedenken, daß dabei Ergebnisse oder Kriterien vorausgesagt werden sollen, die äußerst komplex beschaffen sind. Dagegen ist die Überlegenheit der Interpretationsgültigkeit im Bereich der Intelligenzdiagnostik auf der Ebene globaler Zuordnung belegbar. Über die Ergiebigkeit von Teaminterpretationen, die vom Gruppenvorteil profitieren, liegen noch zu wenig Informationen vor, um ihren Wert ermessen zu können.

Den zweiten unserer Meinung nach geeigneten Ausgangspunkt für Gültigkeitsnachweise bilden spezielle Tests, die eine (zentrale) Rorschach-Kategorie als Variable zum Gegenstand haben (McReynolds 1951, O'Reilly 1956). Um für die RT bedeutungsvoll zu sein, müssen freilich die Korrelationen zum entsprechenden Rorschach-Merkmal ausreichend hoch sein (McReynolds). Es kann sich hier natürlich nur um indirekte Beweise handeln.

Entsprechend der Breitband-Charakteristik dient der RT vielfältigen diagnostischen Zielsetzungen. Was seine Eignung für die Diagnostik homosexueller Tendenzen, Suizidgefährdung, neurotischer und psychotischer Bilder, hirnorganischer Zustände bzw. für die Prognose des Therapieerfolgs betrifft, muß auf

Goldfried, Stricker & Weiner (1971) und auf Aronow & Reznikoff (1976) verwiesen werden.

Im folgenden sollen an einigen ausgewählten Beispielen Hinweise auf Bereiche und Ergebnisse von Gültigkeitsuntersuchungen gegeben werden: Aufforderungscharakter, diagnostische Relevanz von Inhalten, Intelligenzdiagnostik, Entwicklungsniveau, Invarianz von RT-Reaktionsmustern bei experimentell erzeugten Affekten und Urteilsgenauigkeit.

a) Aufforderungswirkung: die spezifischen Bedeutungsgehalte einzelner Rorschach-Tafeln werden, wenn auch unterschiedlich intensiv, bei der Interpretation berücksichtigt (vgl. Phillips & Smith 1953). Aus der Vielzahl der in diesem Zusammenhang entwickelten Annahmen greifen wir einige wenige heraus, die aufgrund vorliegender Experimente einer Prüfung unterzogen werden können. Die Hypothese, die einzelnen Bilder besitzen einen jeweils eigenen Eindruckswert (und damit so etwas wie einen tafelspezifischen Aufforderungscharakter), wird durch die Ergebnisse mehrerer Untersuchungen gestützt (Rosen 1960, Zax & Loiselle 1960). Die Verifizierung des Bedeutungsgehaltes der Tafel IV (RT) als „Vater-Tafel" und der Tafel VII (RT) als „Mutter-Tafel" ist noch nicht eindeutig gelungen. Zwar sprechen einige Befunde (Zax & Loiselle 1960) für diese Annahme, andere dagegen machen es wahrscheinlich, daß z. B. Tafel VI besser repräsentiert, was Tafel IV sein soll.

Daß die perzeptive Differenzierung der Rorschach-Tafeln auf der Grundlage von den zwei Dimensionen Farbe versus Form und Kompaktheit versus Zweiheit erfolgt, wurde im Kap. IV, B dargestellt. Wainer, Hurt & Aiken (1976) haben nun gleichzeitig gezeigt, daß es mit Hilfe der individuellen Dimensionsgewichte möglich ist, je eine Gruppe schizophrener, depressiver und gesunder Personen jeweils untereinander fast perfekt zu trennen. Schizophrene Pbn differenzieren die Tafeln primär auf der Basis der Farbe, Depressive anhand der Form (Kompaktheit und wahrscheinlich Schattierung), während Normale von beiden Charakteristiken Gebrauch machen. Abgesehen von der Tatsache, daß diese Analyseresultate mit anderen Befunden bezüglich spezifischer Wahrnehmungsweisen von Depressiven und Schizophrenen gut übereinstimmen, eröffnen sie vielleicht neue diagnostische Möglichkeiten: auf der Basis von Ähnlichkeitsbeurteilungen der Tafeln psychiatrische Gruppen zu klassifizieren, zumindest für Screening-Zwecke.

b) Psychodynamisch orientierte Kliniker pflegen den RT auch inhaltsanalytisch auszuwerten. So soll eine Antwort wie „Felsen" „Sicherheit" symbolisieren. Diese Interpretation setzt zumindest voraus, daß verschiedene Personengruppen bestimmte Inhalte überzufällig bestimmten Emotionen zuordnen. Rychlak's (1959) Daten bestätigen für eine Gruppe ausgewählter verschiedener Inhalte eine konsistente Assoziation mit entsprechenden Gefühlen.

c) Daß Niveau und Arbeitsweise der Intelligenz durch die FDV erfaßt werden können, sind seit Anbeginn mit diesen Techniken verbundene Erwartungen. Merkmale und Merkmalsgruppierungen, die als Intelligenzkorrelate gelten, scheinen relativ am besten definiert zu sein. Hinzu kommt, daß die Konsistenz der Interpretation für die meisten Schätzungsversuche des Intelligenzniveaus zufriedenstellend hoch ist. Zunächst korrelieren Rorschach-Einzelmerkmale, abgesehen von besonderen Skalierungen nur schwach bis mittel mit Intelligenzkriterien, was vom Standpunkt der Rorschach-Theorie (Interreliertheit der Merkmale, manifester Merkmalsbetrag nicht notwendig identisch mit dem erschließbaren potentiellen) nicht überrascht. Für die RT angemessener erscheinen daher Intelligenz-Beurteilungen auf der Interpretations- bzw. Wortschatzebene. Vernon (1935) berichtet von einer Korrelation in Höhe von .78 zwischen globaler Intelligenzschätzung und dem Binet-Ergebnis. Armitage, Greenberg, Pearl, Becker & Daston (1955) erhielten Korrelationen zwischen .62 und .74 aufgrund eines Vergleichs von Intelligenzschätzung und IQ. Davis (1961) fand Beziehungen von .71 (Wortschatz) und .70 (Protokoll) mit dem Binet-Test, ein Ergebnis, das in der Höhe dem von Trier (1958) und Pauker (1963) entspricht. Michel (1961) fand ebenfalls eine hohe Gültigkeit (Mdn_{r_s} .875 für Experten) der globalen Intelligenzbeurteilung zwischen der RT und zwei Intelligenztests als Außenkriterien. Dieser Befund konnte für eine andere neue Beurteilergruppe bestätigt werden (Mields 1966). Aufgrund der Ergebnisse einer Arbeit von Chambers & Hamlin (1957), bei der es um die Sicherheit der Zuordnung von Rorschach-Protokollen zu verschiedenen Klassen psychischer Anomalität ging, konnten Debile am besten klassifiziert werden (von 20 Protokollen wurden 2 fehlklassifiziert). Auch dieses Resultat spricht für die Möglichkeit, den Intelligenzmangel mit Hilfe der RT relativ sicher zu beurteilen.

d) Ontogenetische Untersuchungen mit Hilfe der RT haben immer wieder übereinstimmend charakteristische Wandlungen in den formalen Erfassungsweisen beschrieben, die, vereinfacht dargestellt, in einer Abnahme global diffuser und einem Anwachsen integrierter und differenzierter Erfassungsweisen mit zunehmendem Lebensalter bestanden. Es war daher kein Zufall, daß die RT im Zusammenhang mit Verifikationsbemühungen der Wahrnehmungstheorie von Werner das Interesse auf sich zog. „Wo immer Entwicklung vor sich geht, schreitet sie von einem Stadium relativer Globalität und Differenzierungsmangels zu einem Stadium wachsender Differenzierung, Artikulation und hierarchischer Integration voran", so lautet der Grundsatz von Werner (1959, S. 29 ff.). Die vermutete Eignung der RT für ontogenetische Fragestellungen dokumentiert sich in einer Untersuchungsrichtung, die mit den sog. „geneticlevel-Skalen" arbeitet[1]). Eine erste quantitative Auswertungstechnik zur Adaptie-

---

[1]) Sammelreferate haben Phillips, Kaden & Waldman (1959) und Hemmendinger (1960) und Goldfried, Stricker & Weiner (1971) geschrieben.

rung der RT hat Friedman[2]) (1952a) entworfen. Sein Merkmalssystem[3]), das im wesentlichen auf der Bewertung der Erfassungsmodi hinsichtlich Differenzierung und Integration beruht, nimmt eine Mittelstellung in der Komplexität zwischen Einzelmerkmalsuntersuchungen und globaler Auswertung ein. Obwohl dem RT im Zusammenhang mit dieser Untersuchungsrichtung nur die Rolle eines einzelnen unter anderen Mitteln zukommt, dürfen die bisherigen Ergebnisse, unabhängig von ihrer theoriegebundenen Interpretation, als Gültigkeitsbelege für den RT selbst betrachtet werden. Freilich ist auch hier noch eine zurückhaltende Bewertung der Befunde am Platz, da sie erst einen Anfang darstellen und Konzepte wie „Wahrnehmungsreife" und aus der psychoanalytischen Ich-Psychologie übernommene Begriffe wie „Regression" und „Fixierung" noch genauerer Klärung bedürfen als es bis jetzt geschehen ist.

„Genetic-level"-Untersuchungen haben bis jetzt bereits mehrere voneinander unabhängige Ziele verfolgt. Hemmendinger (1953) fand, daß zwischen Lebensalter und der Höhe des „genetic-level" Beziehungen bestehen. Ein hoher Skalenwert entspricht einem höheren Lebensalter und umgekehrt, was frühere Rorschach-Erfahrungen durchaus bestätigt. Thorpe (1960, zit. nach Holtzman, Thorpe, Swartz & Herron 1961), der den modifizierten Index von Phillips, Kaden & Waldman (1959) und die Holtzman-Klecks-Serie verwandte, stellte für zahlreiche Testmerkmale bzw. Syndrome altersspezifische Trends fest. Zum Lebensalter in direkter linearer Beziehung standen z. B. die Merkmale „Integration", „Mensch-Inhalte" und „Formangemessenheit". Die Wahrnehmung von Farbqualitäten wird mit zunehmendem Alter mit Formelementen verbunden (vgl. Sanders, Holtzman & Swartz 1968). Der Alterstrend der Farbskores — kodiert nach den Regeln der Holtzman-Inkblot-Technik — ist jedoch nicht monoton ansteigend. Tier-Antworten und pathognomische Verbalisation nehmen im Zuge der Entwicklung kontinuierlich ab. Gruppen von Kindern mit unterschiedlich stark ausgeprägter geistiger Retardierung zeigen jeweils untereinander und im Vergleich zu Normalen die erwarteten Differenzen in der perzeptiven Entwicklung (vgl. Swartz, Cleland, Drew & Witzke 1971). Zusammenhänge zwischen den Holtzman-Inkblot-Entwicklungsindices und Leseleistungen haben Laird, Laosa & Swartz (1973) untersucht. Sie fanden nach Auspartialisierung der Intelligenz positive Beziehungen zwischen Formbestimmt-

---

[2]) Friedmans Auswertungsschema ist u. a. eine Modifikation eines Ansatzes von Meili-Dworetzki (1952), die den Entwicklungsverlauf der Wahrnehmungsaktivität von normalen, retardierten Kindern, von gesunden und schizophrenen Erwachsenen untersucht hat.

[3]) Ein differenzierteres System stammt von Phillips, Kaden & Waldman (1959), in dem neben den Erfassungsweisen auch Determinanten, wie Bewegung, Grad der Formdominanz einbezogen wurden. Beim Vergleich mit dem System von Friedman schneidet es aber schlechter ab, da es komplizierter zu handhaben ist und Veränderungen im Entwicklungsniveau nicht so deutlich erfaßt.

heit, Bewegung, Integration und dem Leseverständnis. Dazu paßt, daß sich retardierte Leser im Vergleich zu Kontrollgruppen hinsichtlich verschiedener Entwicklungsindices unterscheiden (vgl. Krippner 1971).

Während die bisher zitierten Daten hinsichtlich des Entwicklungsverlaufs für die Kontinuitätshypothese der Entwicklung sprechen, fand Penk (1969) Hinweise für das „Spiralen-Modell".

Der Analyse der Wahrnehmungsaktivität psychotischer Patienten-Gruppen galten eine Reihe von Untersuchungen. Die Annahme, daß zwischen der Wahrnehmungstätigkeit von Kindern und bestimmten Psychotiker-Gruppen Parallelen bestehen, wobei der Grad der Funktionsbeeinträchtigung in direkter Beziehung zur Höhe des „genetiv-level" stehen soll, wurde durch die Ergebnisse mehrerer Untersuchungen gestützt (Friedman 1952a, b, Phillips & Framo 1954, Wilensky 1959). Erwartungsgemäß ließen sich hinsichtlich formaler Funktionsähnlichkeit Katatone und Hebephrene dem Altersintervall von 3—5 Jahren zuordnen, während Paranoide funktionale Verwandtschaft mit der höheren Altersstufe von 6—10 Jahren zeigten. Becker (1956), der den „genetic-level" mit den Ergebnissen der „Elgin Prognostic Scale" (Skala zur Erfassung von Autismus, Indifferenz u. a.) in Beziehung setzte, konstatierte eine signifikant negative Korrelation zwischen beiden Variablen.

Aufgrund der systematischen Auswertung der „genetic-level"-Literatur kommen Goldfried, Stricker & Weiner (1971) zu dem Ergebnis, daß Friedman's Entwicklungsniveau-Skoring-System „Kinder verschiedener Altersstufen, Personen unterschiedlicher Schwachsinnsgrade, neurotische, hirngeschädigte, schizophrene Personen mit unterschiedlich starker Störung von jeweils normalen Kontrollpersonen differenzieren kann" (S. 373). Es sollte aber weiterhin als Forschungsinstrument verwendet werden.

Von ontogenetischer zu mikrogenetischer Betrachtungsweise übergehend hat Framo (1952, zit. nach Phillips, Kaden & Waldman 1959) die Rorschach-Tafeln mit unterschiedlichen Expositionszeiten einer Gruppe hebephren-katatoner Schizophrener dargeboten. Während sich für kurze Darbietungszeiten Normale und Schizophrene nicht unterschieden, trat bei verlängerten Zeiten deutlich in Erscheinung: Schizophrene blieben hinsichtlich der Wahrnehmungsdifferenzierung hinter den Normalen zurück.

e) Welchen Einfluß vor einer Testapplikation experimentell induzierte Affekte auf das nachfolgende Deuteverhalten haben, mag im Hinblick auf die Gültigkeitsthematik unwichtig erscheinen. Tatsächlich sind entsprechende Untersuchungen von einem beträchtlichen Erkenntniswert für die Frage, ob mit dem RT stabile Persönlichkeitszüge erfaßt werden. Man ist dieser Frage mit verschiedenartigen Methoden bei unterschiedlichen RT-Kategorien nachgegangen. Bendick & Klopfer (1964) konnten zeigen, daß die Produktion der für den Test zentralen Bewegungsantworten durch vorübergehende sensorische Deprivation und motorische Hemmung beeinflußt wird. Folgt man dem zusammenfassenden Kommentar über die Brauchbarkeit der Elizur-Angstskala von Goldfried, Stricker & Weiner (1971), so erfaßt dieser durch Kodierung von Deuteinhalten gewonnene Index die stabile Angstbereitschaft und nicht die transitorische. Im Widerspruch zu dieser Kennzeichnung steht das Ergebnis eines Experiments von von Rosenstiel (1966), demzufolge Personen, die vor der Beantwortung der Holtzman-Inkblot-Technik eine grauenerregende Geschichte lesen und fortsetzen mußten, deutliche Veränderungen in einer Reihe von Testmerkmalen, incl. der Angst, im Vergleich zu einer Kontrollgruppe zeigten. Im Verein mit den im Kap. Testsituation erwähnten Untersuchungen sollten diese Ergebnisse davor warnen, den RT unkritisch als Persönlichkeitstest zu betrachten.

f) Mehrfach wurde in diesem Beitrag darauf hingewiesen, daß das Verfahren nur in Kombination mit dem Diagnostiker validiert werden könne. Dies kann beispielsweise durch die Prüfung geschehen, wie genau Kliniker in der Lage sind, aufgrund von Rorschach-Protokollen die Zugehörigkeit der Probanden zu bestimmten Klassen zu diagnostizieren. Eine vorzügliche Zusammenfassung der Ergebnisse zur Urteilsgenauigkeit von Rorschachisten findet sich in Potkay (1971). Daß Beurteiler besser als per Zufall zu erwarten, die Zugehörigkeit von Probanden zu klinischen Gruppen identifizieren konnten, haben u. a. Chambers & Hamlin (1957) gezeigt. Das Bemerkenswerte an dieser Arbeit war aber auch der Nachweis beträchtlicher Beurteilerunterschiede hinsichtlich der erzielten Genauigkeitsleistungen. Die Erfolgreichen unterschieden sich von den weniger Erfolgreichen auch in der Art und Weise, wie sie mit den Testinformationen umgingen. Erfolgreiche etwa waren weniger „Zeichen"-orientiert und zeigten eine Reihe weiterer sprachlicher und kognitiver Unterschiede in ihren Blindgutachten. Offensichtlich werden nicht alle Testinformationen in gleichem Maße benützt. Neben Chambers und Hamlin haben Symond (1955) und Turner (1966) festgestellt, daß die Inhalte der Antworten und die sprachliche Einbettung der Antworten die Basis für die Interpretationen abgeben und weniger die formalen Kategorien. Dies stimmt mit den Ergebnissen der referierten Meinungsbefragungen gut überein (vgl. Kap. I). Anders ausgedrückt: nicht die perzeptiven Charakteristika, sondern das verbale Verhalten dient als Grundlage für die Urteilsbildung. Weshalb Beurteiler mehr Gewicht auf den Inhalt als auf die Form legen, ist schwer zu beantworten. Zunächst sind beide Ebenen kontaminiert: der Kenner assoziiert zu einem Inhalt möglicherweise auch die formalen Kategorien. Davon abgesehen können der Präferenz für den Inhalt motivationale Faktoren (Signierungsaufwand), die größere Expressivität, Bildhaftigkeit oder das Bestreben zugrunde liegen, die Komplexität der Informationen zu reduzieren.

Für den RT-Benützer ist es bedeutsam zu wissen, woher die wiederholt belegten interindividuellen Unterschiede in den Genauigkeitsleistungen der Diagnostiker bei der Vorhersage bestimmter Außenkriterien kommen. Die Erfahrung spielt wahrscheinlich keine Rolle, sie kann sich sogar negativ auswirken, wie im Falle der illusorischen Korrelationen. Möglicherweise sind Motivationsunterschiede mitverantwortlich. Mehrfach wurde gefunden, daß die Zeit, die die Beurteiler für die Aufgabenlösung aufwenden, mit der Genauigkeit korrespondiert. Über den Einfluß besonderer Fertigkeiten ist nichts Genaues bekannt. Bottenberg (1972) beschreibt die Situation korrekt, wenn er sagt, daß „die Bedingungen für diese Unterschiede im Dunkeln" liegen (S. 141).

Was demgegenüber sicher erscheint — ein Ergebnis dieser beurteilerbezogenen Arbeiten — ist die differentielle Eignung der RT. Bestimmte diagnostische Klassen können besser identifiziert werden als andere. Dasselbe gilt für Persönlichkeitsaspekte.

IX. Modifikationen

Den Hauptanstoß für die Entwicklung von RT-Varianten haben im wesentlichen die bekannten psychometrischen Schwächen des Originaltests gegeben. Gamble (1972) führt sieben Kritikpunkte auf, die bereits von Zubin formuliert, auch von Holtzman, Thorpe, Swartz & Herron (1961) als Begründung für die Konstruktion ihrer Inkblottechnik übernommen worden sind.

Ökonomische Gründe wie der Zeitaufwand für Durchführung, Auswertung und Interpretation, die simultane Untersuchung von größeren Pbn-Gruppen als Folge der Ausweitung des Anwendungsbereichs auf nicht-klinische Felder kamen hinzu. Für Verlaufsuntersuchungen fehlte es an Parallelverfahren.

Ob Art und Anzahl der Stimuli, ob Anzahl oder Kategorien der zulässigen Deutungen limitiert oder nicht limitiert werden, ob Deuten durch Auswählen oder Rangordnen von Antworten aus vorgegebenen Antwortlisten ersetzt wurde, ob Art und Anzahl der Auswertungskategorien, ob die Protokollierungstechniken verändert wurden, ob der Test als individuelle Untersuchungstechnik oder in Analogie zum Konsensus-Interview als Übereinstimmungstechnik verwendet wird, hängt davon ab, welche Zielsetzungen mit der Modifikation verbunden werden. Manche der Modifikationen beschränken sich auf einzelne der genannten Aspekte, andere sind „radikaler", weil mehrere oder fast alle geändert wurden. Im Unterschied zu Morgenthaler (1946), der beispielsweise die Sympathieeinstufung der RT-Tafeln im Anschluß an die traditionelle Testvorgabe als eine Modifikation bezeichnet, sprechen wir von ergänzenden Aufgaben, zu denen u. a. auch die „Testing the limits"-Techniken gehören.

Aufschluß über die Bekanntheit, Anwendungshäufigkeit und Brauchbarkeitseinschätzung verschiedener Modifikationen gibt das Ergebnis einer Befragung von Schober (1977) bei Erziehungsberatungspsychologen. Nach dieser Umfrage zeigt sich, daß den RT, Zulliger-Test (abgk. Z-Test), Behn-Rorschach (abgk. BeRo) fast alle Befragten kennen, den Holtzman-Inkblot-Test (abgk. HIT) und vor allem den Fuchs-Rorschach (abgk. FuRo) aber wesentlich weniger (vgl. Tab. 3). Mit der Bekanntheit variiert auch die absolute Anwendungshäufigkeit, wobei die Relation zwischen Kenntnis und absoluter Anwendungshäufigkeit um so ungünstiger wird, je weniger der Test bekannt ist. Nicht überrascht die Korrelation zwischen (absoluter) Anwendungshäufigkeit und Höhe der Brauchbarkeitseinschätzung.

Modifikationen, die sich hinsichtlich Anzahl und Art der Klecksstimuli vom Original unterscheiden, aber die traditionellen Auswertungskategorien im wesentlichen beibehalten und die Geltungsansprüche des RT weitgehend übernehmen, sind der BeRo (Zulliger 1952[3]), der Z-Test (Zulliger 1955[2]), 1977[4]), der FuRo (Drey-Fuchs 1958) und der Howard-Inkblot-Test (Howard 1953).

Die früheste Variante zum RT, die BeRo-Serie, aus zehn Tafeln bestehend, steht trotz des variierten Stimulusmaterials dem Original am nächsten. Kennwerte für wichtige Signierungskategorien liegen für verschiedene unter nicht vergleichbaren Bedingungen getesteten Pbn-Gruppen vor (Zulliger 1955[2], Leuzinger-Schuler 1947, Eichler 1951, Themel 1955/56, Hasemann 1963). Eichler, der den BeRo mit dem RT verglich, kommt zu dem Schluß, daß er keine äquivalente Testform zum RT darstellt. Im Hinblick auf einige Kategorien sind konsistente Mittelwertsdifferenzen zwischen beiden Testserien beobachtet worden. Eichler hält den BeRo für die Einzelfalldiagnostik ungeeignet.

Zum Z-Test, von dem eine Tafel- und Diapositivform existieren, bestehend aus einer Serie von drei identischen Klecksen, und der von dem Verfasser als ein Screening-Instrument mit Anwendungsmöglichkeiten im pädagogischen, beratenden und Personalsektor konzipiert wurde, liegen eine Reihe von Informationen vor. Normdaten (Mediane, Quartile) für Kinder und Jugendliche aus unterschiedlichen Schultypen: Vogel (1953), Burger (1963) und Hasemann (1963). Testvergleichende Untersuchungen haben Hasemann (1963) auf der Gruppenebene mit dem BeRo, Zulliger (1960) mit dem RT auf der Einzelfallebene durchgeführt. Grundlegende Daten über Signierungsobjektivität, Test-ReTest-Stabilität sowie systematische Untersuchungen zur diagnostischen Valenz sind nicht bekannt.

Auf den FuRo und den Howard-Inkblot-Test sei nur am Rande hingewiesen. Die empirischen Daten zu beiden Verfahren sind so spärlich, daß keine Beurteilung möglich ist. Darüber hinaus fehlt es an einer zureichenden Begründung für ihre Konstruktion.

Die folgenden Modifikationen von Harrower-Erickson & Steiner (1951[2], 1966[3]), McReynold's (1951) „Concept Evaluation Test", O'Reilly (1956) „Objective Rorschach-Test", Stone's (1958) „Structured-Objective Rorschach-Test", die deutsche Adaptierung von Stone durch Bottenberg (1972) zeichnen sich durch eine Gemeinsamkeit aus: Die aktive Generierung von Deutungen wird durch die Aufgabe ersetzt, Antworten aus vorgegebenen Antwortlisten aufgrund

Tabelle 3: Bekanntheit, Anwendungshäufigkeit und Brauchbarkeitsbewertung von Formdeuteverfahren (Daten nach Schober 1977)

		Absolute Anwendungshäufigkeiten (%)		Gewichtete[1] Anwendungshäufigkeiten	Brauchbarkeit[2]			
	Kennen %	wenden an	wenden nicht an	Rangplatz	brauchbar %	weder noch %	unbrauchbar %	keine Angaben %
Rorschach	100	86,6	13,4	8	53,6	33,5	5,0	7,8
Zulliger-Test	95,5	49,7	49,7	15	36,4	40,0	6,5	17,1
Behn-Rorschach	95	39,1	55,9	16	32,8	42,7	9,9	14,6
Holtzman-Inkblot	48,6	7,3	41,3	27	17,2	52,9	14,9	14,9
Fuchs-Rorschach[3]	—	2	—	—	—	—	—	—

[1]) Rangtransformierte Werte gewichtet danach, wieviel Befragte bei welchem Anteil von Probanden das Verfahren anwenden.
[2]) Bezogen auf die Zahl derjenigen, die die Verfahren kennen.
[3]) Nicht in der Liste vorgegebenen Formdeuteverfahren enthalten gewesen.

persönlicher Präferenz zu selegieren. Die Konstruktion dieser Listen erfolgte auf unter schiedliche Weise, sie variieren im Antwortformat und setzen sich aus einer oder mehreren Kategorien zusammen.

Die den objektiven Persönlichkeitstests nahestehenden Varianten bieten gegenüber dem RT ökonomische und psychometrische Vorteile. Sie lassen Gruppenaufnahmen zu, Durchführungs- und Auswertungszeiten sind gering, machen kein Auswerter-Training erforderlich, sind objektiv auswertbar, durch die Konstanz der Antwortenzahl entfallen die Probleme hinsichtlich von Gruppenvergleichen, die Auswertung beschränkt sich in der Regel auf die Erfassung einer einzigen Variablen, wodurch bei Validitätsprüfungen die im Original gegebene komplexe Abhängigkeit einer Kategorie von anderen vermieden wird.

Trotz dieser Vorzüge und zusätzlicher Belege für ihre (partielle) kriteriumsbezogene und prediktive Gültigkeit, was sie zum einen für eine Grobdiagnostik und zum anderen für isolierte Untersuchungen der Valenz von RT-Kategorien geeignet erscheinen läßt, ist ihre Entwicklung nicht aus einem Anfangsstadium herausgekommen. Dies gilt genauso für eine weitere Variante innerhalb der Modifikationen, die mit Hilfe neu konstruierter Klecksstimuli, die sich für die Evozierung von Antworten einer bestimmten Antwortkategorie besonders eignen, den spezifischen Vorzug der FDV, das Deutenlassen, nicht aufgeben. Beispiele sind die Serien von Levy (1948) und Barron (1955). Barron hat eine Serie von 26 achromatischen Klecksen entworfen, die so beschaffen und angeordnet sind, daß der Schwierigkeitsgrad für die Deutung menschlicher Bewegungsantworten von der ersten bis zur letzten Tafel graduell abnimmt. Diese Charakteristik macht die Bestimmung einer „Wahrnehmungsschwelle" für Bewegungsantworten möglich. Die hohe Korrelation zwischen dem Schwellenmaß (definiert als die Rangposition jener Tafel, auf der die erste Bewegungsantwort gedeutet wurde) und der Gesamtsumme aller Bewegungsantworten, reproduziert in der Untersuchung von Spivack, Levine & Sprigle (1958), stützt den Ansatz von Barron. Spivack et al. haben ferner nachgewiesen, daß dieses Maß ein brauchbares Substitut für Bewegungsantworten im RT darstellt, wodurch die Voraussetzung erfüllt ist, die an eine Modifikation gestellt werden muß, wenn sie als Instrument zu einer isolierten, d. h. „kontextfreien" Untersuchung der Gültigkeit bestimmter zentraler Kategorien der RT brauchbar sein soll.

Von Bottenberg (1972) stammt ebenfalls eine „psychometrische Modifikation" des RT: der Ro 30. Das Klecksmaterial entspricht dem Original. Die modifizierten Teile beziehen sich auf die pro Tafel vorgeschriebene Antwortenzahl von je drei und auf die Auswertungskategorien, die, wenn auch in eigener Terminologie, einige Ansätze der traditionellen psychometrischen Kritikpunkte berücksichtigt. Normen (Quartile, Mediane) für mehrere Gruppen liegen vor. Die Objektivitätsprüfung ergab hohe durchschnittliche Korrelationskoeffizienten zwischen zwei gut trainierten Beurteilern über 15 Kategorien. Auch Halbierungs- und Wiederholungszuverlässigkeit erbrachten befriedigende Resultate. Erste

Beiträge zur Validität liegen vor, die sich auf die faktorielle Struktur beziehen. Trotz dieses bemerkenswerten Versuchs, psychometrische Defizite des RT zu überwinden und gleichzeitig basale Charakteristika des RT beizubehalten, taucht der Ro 30 in der Umfrage von Schober (1977) nicht auf.

In der Interviewforschung sind Spezialformen gebräuchlich, die als Übereinstimmungs- bzw. Widerspruchsdiskussionstechnik bezeichnet werden. Derartige Techniken haben sich nun auch beim RT eingebürgert: der sog. „Konsensus-Rorschach", der „Family-Rorschach" oder der „Gemeinsame Rorschach-Versuch". Der gemeinsame Kern dieser Anwendung des RT besteht darin, daß sich zwei (z. B. Ehepaar) oder mehrere Personen (z. B. Familie) nach Vorlage der konventionellen RT-Tafeln auf eine Deutung pro Tafel durch Diskussion einigen müssen. Es handelt sich also um eine Art Gruppendiskussionsverfahren[4]), bei dem von allen Teilnehmern akzeptierte Deutungen produziert werden sollen. Häufig wird ein zweistufiges Vorgehen praktiziert: Vor dem gemeinsamen wird der individuelle RT appliziert. Auf diese Weise kommen drei Datenprodukte zustande (Individualtests, ein gemeinsamer Test und Differenzenprodukte zwischen diesen beiden). Bestandteil der Auswertung sind das Kommunikations- bzw. Interaktionsverhalten (z. B. ob es zu einer germeinsamen Lösung kommt, wie die „Qualität" der Lösung etwa hinsichtlich der Formschärfe beschaffen ist, wer die Entscheidung trifft, ob eine Lösung akzeptabel ist, wie die Teilnehmer auf Deutevorschläge anderer reagieren). Als *die* Besonderheit gegenüber anderen bekannten Interaktionsbeobachtungsverfahren (z. B. Bales) wird hervorgehoben, daß „durch Auswertung der Rorschachdeutungen auch das unbewußte Erleben der Partner in der direkten Interaktion erfaßt" werden kann (vgl. Willi 1974, S. 11). Die Auswertung des Konsensus-Rorschach zeigt fließende Übergänge zu dem, was man heute Konversationsanalyse nennt, beruht teilweise auf der Registrierung leicht beobachtbarer Verhaltensweisen (z. B. wieviele Deutevorschläge durchschnittlich in einer Dyade gemacht werden), zum anderen ist sie stark inferentiell ausgerichtet. Einige Normdaten bezüglich der ersten Datengruppen finden sich in Willi (1974).

Die bedeutsamste Neuentwicklung von FDV stellt zweifelsfrei die Holtzman-Inkblot-Technik (abgk. HIT) (Holtzman, Thorpe, Swartz & Herron 1961) dar. In der Umfrage von Schober (1977) rangiert sie jedoch erst an der dritten Stelle unter den RT-Modifikationen hinsichtlich Bekanntheit und Anwendungshäufigkeit. Die HIT vereinigt Vorzüge des traditionellen RT durch die Beibehaltung des Deutens, multipler, aber voneinander unabhängiger perzeptiver und inhaltlicher Auswertungskategorien mit psychometrischen Eigenschaften: Begrenzung der Antwortenzahl auf eine pro Tafel, Vergrößerung des Stimulusangebots

---

[4]) Diese selbst in verschiedenen Formen praktizierten Konsensus-Techniken waren Gegenstand eines Symposiums. Die Beiträge sind im „Journal of Projective Techniques and Personality Assessment", 1968, Bd. 32, abgedruckt.

auf 45, Vereinfachung und Systematisierung der Befragung, Revision der Auswertung durch genauere Signierungsregeln, Konstruktion logisch eindimensionaler Variablen. Auf diese Weise werden die charakterisierten Schwächen des RT in wichtigen Bereichen beseitigt. Die HIT stellt letztlich eine Synthese verschiedener zeitlich vorausgehender spezieller Modifikationen dar. Das Insgesamt der erwähnten Eigenschaften der HIT dürfte Sundberg (1962) im Auge gehabt haben, wenn er prognostizierte, daß die HIT den RT ablösen werde. Diese Prognose war indessen zu optimistisch, wie die Publikationsraten beider Verfahren zeigen. Unbestreitbar aber ist, daß er innerhalb der RT-Varianten das höchste Untersuchungsinteresse auf sich gezogen hat.

Über die Entwicklung der HIT informieren mehrere Sammelreferate oder Beiträge: Gamble (1972), Hill (1972), Holtzman (1975), Klopfer & Taulbee (1976). Van Dyke (1972) hat eine Bibliographie der HIT-Arbeiten für den Zeitraum 1965—1970 zusammengestellt. Die Ausdehnung der Anwendung nunmehr auch auf den klinisch-psychologischen Bereich dokumentiert die Monographie von Hill (1972), die Entwicklung einer Profiltechnik für klinische Interpretationen (vgl. Megargee & Velez-Diaz 1971), auf den Bereich der interkulturellen Vergleiche Holtzman, Diaz-Guerrero, Swartz & Tapia (1969). Im Rahmen einer deutschen Adaptierung der HIT haben Hartmann (1977) eine Einführung in das Signierungssystem, Neumann (1977a) ein Lehrprogramm zur Durchführung, Signierung und Verrechnung zusammen mit einem Beiheft (Neumann 1977b) verfaßt. Eine meßtheoretische Fundierung der HIT stammt von Fischer & Spada (1973).

Bei den Standardserien A und B (Parallelform), die als Tafel- und Diapositivform vorliegen, werden 22 perzeptive und inhaltliche Variablen einschließlich mehrerer Spezialskalen (z. B. pathognomische Verbalisation, Penetration) per Hand oder Verbalisation elektronisch ausgewertet und tabelliert. Für beide Langformen wurden Kurzformen (30 Tafeln) für individuelle und Gruppenaufnahmen entwickelt, deren Auswertung entweder per Hand oder mit Rechnern aufgrund von Spezialprogrammen für 17 Variablen möglich ist.

In mehreren Untersuchungen konnte nachgewiesen werden, daß die Gruppenmethode ein zufriedenstellendes Substitut der Individualmethode ist, wenn die Pbn in der Lage sind, ihre Konzepte korrekt aufzuschreiben.

Zwischen Hand- und Computer-Signierung bestehen hohe Korrelationen (vgl. Gorham 1967).

Über die Ergebnisse der verschiedenen Formen der Signierungskonsistenz bei trainierten und weniger trainierten Beurteilern gibt Hartmann (1977) Auskunft. Während die von Holtzman, Thorpe, Swartz & Herron (1961) berichteten Koeffizienten für projektive Techniken ungewöhnlich hoch ausfielen, halten sich die Ergebnisse bei deutschen Untersuchungen im Rahmen dessen, was von entsprechenden Untersuchungen beim RT bekannt ist. Die Angaben machen aber deutlich, daß intensiveres Training zu akzeptablen Werten führen kann.

Für eine Vielzahl von Bezugsgruppen sind Perzentilnormen für die Lang- bzw. Kurzform genauso wie für die Individual- als auch für die Gruppentestversion berechnet worden. Itemstatistiken (vgl. z. B. Holtzman, Thorpe, Swartz & Herron 1961 oder Swartz, Witzke & Megargee 1970) bieten den Vorteil, für spezielle experimentelle Vorhaben geeignete Tafeln auswählen zu können. Da Holtzman, Thorpe, Swartz & Herron (1961) nur bei fünf Variablen Geschlechtsunterschiede fanden, haben sie auf die Erstellung geschlechtsbezogener Normen verzichtet. Dieser Tatbestand, aber auch die Ergebnisse anderer Studien, die bei mehr als fünf Variablen Geschlechtsunterschiede nachwiesen, und die grundsätzliche Annahme, daß ein Persönlichkeitstest Geschlechtsunterschiede aufzeigen müsse, hat zu einer noch nicht abgeschlossenen Kontroverse geführt (vgl. Swartz 1976).

Die Halbierungszuverlässigkeiten fallen bei allen Testformen für die berücksichtigten Variablen, von einer Stichprobe abgesehen, relativ hoch aus (vgl. die Zusammenstellung von Hartmann 1977, S. 178). Erwartungsgemäß niedriger sind die Stabilitätskoeffizienten, die nach Meinung von Holtzman (1975) in ihrer Höhe ausreichen, um sie als Prediktoren für künftiges Verhalten benützen zu können. Daß die HIT-Reaktionen kontextabhängig oder von akuten unmittelbar vor der Testapplikation wirksamen Einflußnahmen abhängig sein können, wird durch mehrere Untersuchungen belegt (Testdefinitionen: Herron 1964, Drogeneinfluß: Cohen & Escher 1965, Untersuchereinfluß: Megargee 1966, Soziale Isolation: Taylor, Altman, Wheeler & Kusher 1969, Unterbindung der Mithörrückkoppelung: Holtzman & Rousey 1970, Affektinduktion: von Rosenstiel 1973, usw.).

Die Untersuchung der Validität von HIT-Variablen steckt vergleichsweise noch in den Anfängen (vgl. Gamble 1972). Auf einige wenige Beispiele sei hingewiesen. HIT-Einzelvariablen korrelieren mit Persönlichkeitsfragebogendaten niedrig (vgl. z. B. Iacino & Cook 1974, Megargee & Swartz 1968). Interesse verdient eine bikulturell angelegte Längsschnittuntersuchung zur perzeptiv-kognitiven Entwicklung von Kindern im Spiegel des HIT (vgl. Holtzman, Diaz-Guerrero, Swartz & Tapia 1969). Die Ergebnisse stützen die Auffassung, daß die meisten HIT-Variablen brauchbare Indikatoren für entwicklungsbedingte Veränderungen sind (vgl. dazu auch die Untersuchung von Overall & Gorham 1972 an Personen im Alter zwischen 45—84 Jahren). Als Paradigma für einen neuen Ansatz zur Validierung betrachtet Holtzman (1975) eine von Holtzman, Swartz & Thorpe (1971) durchgeführte Untersuchung über die Auswirkung verschiedener perzeptiver Stile von Künstlern, Architekten und Ingenieuren auf die HIT. Eine vornehmlich klinisch-psychologisch interessante Neuentwicklung ist ein auf der Grundlage des computer-signierten HIT entworfenes Computer-System zur Persönlichkeitsinterpretation (Holtzman & Gorham 1972). Ziel ist es, solche Merkmalskonfigurationen zu ermitteln, die eine genaue Zuordnung von Personen zu diagnostischen Klassen erlauben. Computer-generierte Persönlichkeitsbeschreibungen auf der Basis von FDV rücken in den Bereich des Möglichen.

Die HIT ist sicherlich hinsichtlich „Technologie", Standardisierung, Normen, Signierungskonsistenz und Variablen-Stabilität vielen objektiven Persönlichkeitstests gleichwertig. Die diagnostische Valenz einzuschätzen, dürfte derzeit in Anbetracht der ausstehenden systematischen Bemühungen voreilig sein. Da derzeit keine Normdaten für deutsche Pbn-Gruppen publiziert sind, ist der praktische Einsatz begrenzt.

X. Schluß

FDV haben in den zurückliegenden Jahren für Praxis und Forschung eine beträchtliche Faszination ausgeübt, eine Faszination, die sie vermutlich für die absehbare Zukunft behalten werden. Die Polarisierung in „Gläubige" und „Ungläubige" drückt aus, daß es nicht nur um eine sachliche Bewertung einer zugestandenermaßen schwierigen Einschätzung der Leistungsfähigkeit einer Verfahrensgruppe geht, sondern, daß Attituden eine bedeutsame Rolle zukommt. Die Wirksamkeit von Einstellungen wird erleichtert oder bedingt durch eine vieldeutige Datenlage: Eine schwer überschaubare Vielzahl von Untersuchungen unterschiedlichen wissenschaftlichen Gewichts; kontroverse Ergebnisse, Rorschach-Hypothesen bestätigende und falsifizierende Untersuchungen, die sich gegenüberstehen, fehlende spezifische Untermauerung.

Die in den vorausgehenden Kapiteln erläuterten Ergebnisse und Probleme rechtfertigen zwei von Vertretern verschiedener Lager gezogene Folgerungen nicht: daß FDV als individualdiagnostische Instrumente völlig unbrauchbar sind bzw. den umgekehrten Schluß. Eine adäquate Einschätzung verlangt eine Differenzierung. Während der RT im Bereich kognitiven Funktionierens individualdiagnostischen Ansprüchen zu genügen scheint, ist er für andere Bereiche als Forschungsinstrument tauglich (z. B. zur Diagnostik des Entwicklungsniveaus), für dritte Bereiche genügt er weder den Kritikern für eine Individualdiagnostik noch denen für ein Forschungsinstrument. Ein derartiges Ergebnis ist bei einer Breitbandtechnik eigentlich auch nicht verwunderlich.

Die Beurteilung der Leistungsfähigkeit des RT kann man nicht nur an verfahrensimmanenten Forschungsergebnissen messen. Man muß sie auch in Bezug setzen zur Leistungsfähigkeit der objektiven Persönlichkeitstests, die häufig als Bezugsnorm für den RT fungieren, in den lezten Jahren aber die Rolle einer „Idealnorm" durch die an ihnen geübte Kritik eingebüßt haben.

Die früher unbestrittene Auffassung vom RT als einem Wahrnehmungstest hat an Boden verloren. An die Stelle der traditionellen Testkategorien treten Spezialskalen und ein verstärktes Interesse an systematischen Inhaltsanalysen. Unter den Neuentwicklungen dürfte die Holtzman-Inkblot-Technik gegenüber anderen Modifikationen weiter an Bedeutung gewinnen.

Literatur

Allen, R. M. 1953. Introduction to the Rorschach technique. New York: International Univ. Press.

Allen, R. M. 1954. Recording the Rorschach protocol. Journal of Clinical Psychology, **10**, 195—196.

Ames, L. B., Metraux, R. W., Rodell, J. L. & Walker, R. N. 1973. Rorschach responses in old age. New York: Brunner/Mazel.

Ames, L. B., Metraux, R. W., Rodell, J. L. & Walker, R. N. 1974. Child Rorschach responses. New York: Brunner/Mazel.

Ames, L. B., Metraux, R. W. & Walker, R. N. 1971. Adolescent Rorschach responses. New York: Brunner/Mazel.

Armitage, S. G., Greenberg, P. D., Pearl, D., Becker, D. G. & Daston, P. G. 1955. Predicting intelligence from the Rorschach. Journal of Consulting Psychology, **19**, 321—329.

Aronow, E. & Reznikoff, M. 1976. Rorschach content interpretation. New York: Grune & Stratton.

Auerbach, S. M. & Spielberger, C. D. 1972. The assessment of state and trait anxiety with the Rorschach test. Journal of Personality Assessment, **36**, 314—335.

Barron, F. 1955. Threshold for the perception of human movement in inkblots. Journal of Consulting Psychology, **19**, 33—38.

Baughman, E. E. 1951. Rorschach scores as a function of examiner differences. Journal of Projective Techniques, **15**, 243—249.

Baughman, E. E. 1958a. A new method of Rorschach inquiry. Journal of Projective Techniques, **22**, 381—389.

Baughman, E. E. 1958b. The role of the stimulus in Rorschach responses. Psychological Bulletin, **55**, 121—147.

Baughman, E. E. 1959a. The effect of inquiry on Rorschach color and shading scores. Journal of Projective Techniques, **23**, 3—7.

Baughman, E. E. 1959b. An experimental analysis of the relationship between stimulus structure and behavior on the Rorschach. Journal of Projective Techniques, **23**, 134—183.

Beck, S. J. 1945. Rorschach's test. Vol. II: Variety of personality pictures. New York: Grune & Stratton.

Beck, S. J. 1950^2. Rorschach's test. Vol. I: Basic processes. New York: Grune & Stratton.

Beck, S. J. 1952. Rorschach's test. Vol. III: Advances in interpretation. New York: Grune & Stratton.

Beck, S. J. 1960. Rorschach experiment: Ventures in blind diagnosis. New York: Grune & Stratton.

Beck, S. J. & Molish, H. 1967. Rorschach's test. Vol. II: A variety of personality pictures. New York: Grune & Stratton.

Beck, S. J., Rabin, A. I., Thiesen, W. G., Molish, H. & Thetford, W. N. 1950. The normal personality as projected in the Rorschach test. Journal of Psychology, 30, 241—298.

Becker, W. C. 1956. A genetic approach to the interpretation and evaluation of the processreactive distinction in schizophrenia. Journal of Abnormal and Social Psychology, 53, 229—236.

Bendick, M. & Klopfer, W. G. 1964. The effects of sensory deprivation and motor inhibition on Rorschach movement responses. Journal of Projective Techniques and Personality Assessment, 28, 261—264.

Böcher, W. 1962. Über die Brauchbarkeit des Rorschach-Tests als klinische Untersuchungsmethode. Fortschritte der Neurologie, Psychiatrie und ihrer Grenzgebiete, 30, 1—60.

Bochner, R. & Halpern, F. 1945^2. The clinical application of the Rorschach test. New York: Grune & Stratton.

Bohm, E. 1967^2. Psychodiagnostisches Vademecum. Hilfstabellen für den Rorschachpraktiker. Bern: Huber.

Bohm, E. 1951, 1972^5. Lehrbuch der Rorschach-Psychodiagnostik. Bern: Huber.

Bohm, E. 1974. Der Rorschach-Test. Bern: Huber.

Bohm, E. 1975. Psychodiagnostisches Übungsbuch. Bern: Huber.

Bottenberg, E. H. 1972. Projektionen I: Formdeuteverfahren: Rorschach-Test und Modifikationen. In: Arnold, W. (Hg.). Psychologisches Praktikum, Bd. II. Stuttgart: Fischer, 108—175.

Bower, Ph. A. 1960. Rorschach diagnosis by a systematic combining of content thoughtprocess and determinant scale. Genetic Psychology Monographs, 62, 105—183.

Brand, H. 1954. Variability in perceptual dimensions. Journal of Personality, 22, 395—416.

Brosin, H. W. & Fromm, E. 1942. Some principles of Gestaltpsychology in the Rorschach experiment. Rorschach Research Exchange, 6, 1—15.

Buckle, D. & Holt, N. 1951. Comparison of Rorschach and Behn inkblots. Journal of Projective Techniques, 15, 486—493.

Bühler, C., Lefever, D. W. & Bühler, K. 1949. Development of the basic Rorschach score. Rorschach standardization studies. Los Angeles, Californien.

Burger, R. 1963. Eignungs- und Erziehungsdiagnosen für höhere Schulen mit dem Diapositiv-Z-Test. Bern, Stuttgart: Huber, Klett.

Buros, O. K. 1970. Personality. Test and reviews I. Highland Park, New Jersey: Gryphon Press.

Campbell, D. & Fiske, D. 1959. Convergent and discriminant validation by the multitraitmultimethod matrix. Psychological Bulletin, 56, 81—105.

Carlson, R. 1952. A normative study of Rorschach responses of eight year old children. Journal of Projective Techniques, 16, 56—65.

Cass, W. A. Jr. & McReynolds, P. 1951. A contribution to Rorschach norms. Journal of Consulting Psychology, 15, 178—184.

Cattell, R. B. 1959[5]. Principles of design in projective or misperception tests of personality. In: Anderson, H. H. & Anderson, G. L. (Hg.): An introduction to projective technique. Englewood Cliffs, N. J.: Prentice-Hall, Inc., 55—98.

Chambers, G. S. & Hamlin, R. M. 1957. The validity of judgments based on "blind" Rorschach records. Journal of Consulting Psychology, 21, 105—109.

Clark, H. H. & Clark, E. V. 1977. Psychology and language. New York: Harcourt Brace Jovanovick, Inc.

Cohen, R. 1959. Eine Untersuchung des Wartegg-Zeichentestes, Rorschachtestes und Z-Testes mit dem Polaritätsprofil. Diagnostica, 4, 155—172.

Cohen, R. 1962. Psychodynamik der Testsituation. Diagnostica, 8, 3—12.

Cohen, R. & Escher, H. 1965. Die Wirkung von Alkohol auf die Leistung im Holtzman-Inkblot-Test. Diagnostica, 11, 121—130.

Cooley, W. W. & Mierzwa, J. A. 1961. The Rorschach test and the career development of scientists. Interim-Report (No. 5), Cooperative Research Project, Number 436, Cambridge, Mass.

Crenshaw, D. A., Bohn, S., Hoffman, M. R., Matheus, J. M. & Offenbach, S. G. 1968. The use of projective methods in research: 1947—1965. Journal of Projective Techniques and Personality, 32, 3—9.

Cronbach, L. J. 1949. Statistical methods applied to Rorschach scores: a review. Psychological Bulletin, 46, 393—429.

Davis, H. S. 1961. Judgments of intellectual level from various features of the Rorschach including vocabulary. Journal of Projective Techniques, 25, 2, 155—157.

Derogatis, L. R., Gorham, D. R. & Moseley, E. C. 1968. Structural vs. interpretive ambiquity: A cross-cultural study with the Holtzman Inkblots. Journal of Projective Techniques and Personality Assessment, 32, 66—73.

Deutsch, M. 1954. Field theory and projective techniques. Journal of Projective Techniques, 18, 427—434.

Draguns, J. G., Haley, E. M. & Phillips, L. 1967. Studies of Rorschach content: A review of the research literature. Part I: Traditional content categories. Journal of Projective Techniques, 31, 3—22.

Draguns, J. G., Haley, E. M. & Phillips, L. 1968. Studies of Rorschach content: A review of the research literature. Part III: Theoretical formulations. Journal of Projective Techiques, 32, 16—32.

Drey-Fuchs, C. 1958. Der Fuchs-Rorschach-Test. Göttingen: Hogrefe.

Dubrovner, R. J., von Lackum, W. J. & Jost, H. 1950. A study of the effect of color on productivity and reaction time in the Rorschach test. Journal of Clinical Psychology, 6, 331—336.

Dyke, P. S. van 1972. The Holtzman inkblot technique: A bibliography, 1956—1970. Perceptual & Motor Skills, 35, 647—658.

Eichler, R. M. 1951. A comparison of the Rorschach and Behn-Rorschach inkblots tests. Journal of Consulting Psychology, 15, 185—189.

Ekehammar, B. 1971. Psychophysical approach to Rorschach percepts. Perceptual and Motor Skills, 33, 951—965.

Elizur, A. 1949. Content analysis of the Rorschach with regard to anxiety and hostility. Rorschach Research Exchange, 13, 247—284.

Eron, D. L. 1966. Psychological tests in clinical practice. In: Abt, L. E. & Riess, B. F. Progress in clinical psychology, Vol. 7. New York: Grune & Stratton, 59—75.

Ewert, L. D. & Wiggins, N. 1973. Dimensions of the Rorschach: A matter of preference. Journal of Consulting and Clinical Psychology, 40, 394—403.

Exner, J. E. Jr. 1969. The Rorschach systems. New York: Grune & Stratton.

Exner, J. E. Jr. 1974. The Rorschach: A comprehensive system. New York: Wiley.

Exner, J. E., Jr. & Exner, D. E. 1972. How clinicians use the Rorschach. Journal of Personality Assessment, 36, 403—408.

Faterson, H. F. & Klopfer, B. 1945. A survey of psychologists' opinions concerning the Rorschach method. Rorschach Research Exchange, 9, 23—29.

Fischer, G. H., Spada, H. 1973. Die psychometrischen Grundlagen des Rorschachtests und der Holtzman Inkblot Technique. Bern: Huber.

Fiske, D. W. & Baughman, E. E. 1953. Relationships between Rorschach scoring categories and the total number of responses. Journal of Abnormal and Social Psychology, 48, 25—32.

Ford, M. 1946. The application of the Rorschach test to young children. Univ. of Minnesota Institute of Welfare Monography, No. 23.

Frank, L. K. 1939. Projective methods for the study of personality. Journal of Psychology, 8, 389—413.

Friedman, H. 1952a. A comparison of a group of hebephrenic and catatonic schizophrenics with two groups of normal adults by means of certain variables of the Rorschach. Journal of Projective Techniques, 16, 352—360.

Friedman, H. 1952b. Perceptual regression in schizophrenia: A hypothesis suggested by the use of the Rorschach test. Journal of Genetic Psychology, 81, 63—98.

Fulkerson, S. C. 1965. Some implications of the new cognitive theory for projective tests. Journal of Consulting Psychology, 29, 191—197.

Gamble, K. R. 1972. The Holtzman inkblot technique. Psychological Bulletin, 77, 172—194.

Gibson, J. J. 1951. What is a form? Psychological Review, 58, 403—412.

Gibson, J. J. 1954. Theory of pictorial perception. Audio-Visual-Communication Review, 1, 3—23.

Goldberg, L. R. & Werts, C. E. 1966. The reliability of clinician's judgment: A multitrait-multimethod approach. Journal of Consulting Psychology, 30, 199—206.

Goldfried, M. R. 1963. The connotative meaning of some animal symbols for college students. Journal of Projective Techniques, 27, 60—67.

Goldfried, M. R., Stricker, G. & Weiner, I. B. 1971. Rorschach handbook of clinical and research applications. Englewood Cliffs, New York: Prentice-Hall.

Gorham, D. R. 1967. Validity and reliability of a computer-based scoring system for inkblot responses. Journal of Consulting Psychology, **31**, 65—70.

Griffith, R. M. 1951. The test-retest similarities of the Rorschach's of patients without retention, Korsakoff. Journal of Projective Technique, **15**, 516—525.

Groffmann, K. J. 1963. Empirische Grundlagen und diagnostische Theorie der Aufforderungscharaktere im Rorschach-Test. Rorschachiana, **8**, 121—128.

Hamster, J. H. & Farina, A. 1967. "Openess" as a dimension of projective test responses. Journal of Consulting Psychology, **31**, 525—528.

Harris, J. G., Jr. 1960. The search for a constant in a universe of variables. In: Rickers-Ovsiankina, M. B. (Hg.). Rorschach psychology. New York: Wiley, S. 380—439.

Harris, S. & Masling, J. 1970. Examiner sex, subject sex, and Rorschach productivity. Journal of Consulting and Clinical Psychology, **34**, 60—63.

Harrower-Erickson, M. R. & Steiner, M. E. 1951[2]. Large scale Rorschach techniques; a manual for the group Rorschach and multiple choice tests. Springfield, Illinois: Thomas.

Harrower-Erickson, M. R. & Steiner. M. E. 1966[3]. Manual for psychodiagnostic inkblots. (A series parallel to the Rorschach blots.) New York: Grune & Stratton.

Hartmann, H. 1970. Psychologische Diagnostik. Stuttgart: Kohlhammer.

Hartmann, H. 1977. Formdeuteverfahren und Signierungssystem — Probleme — Vergleiche — Konsequenzen. In: Hartmann, H. & Rosenstiel von, L. (Hg.), Lehrbuch der Holtzman-Inkblot-Technik (HIT) I. Bern: Huber.

Hartung, J. G., McKenna, S. A. & Baxter, J. C. 1969. Test-taking attitudes and Rorschach pathognomic verbalization. Journal of Projective Techniques and Personality Assessment, **33**, 146—149.

Hasemann, K. 1963. Beitrag zur Entwicklungspsychologie normaler Schulkinder. Eine vergleichende Untersuchung mit Z-Test und Behn-Rorschach-Test. Zeitschrift für experimentelle und angewandte Psychologie, **10**, 226—259.

Heiß, R. 1949. Die Lehre vom Charakter. Berlin: Walter de Gruyter.

Hemmendinger, L. 1953. Perceptual organization and development as reflected in structure of the Rorschach test responses. Journal of Projective Techniques, **17**, 162—170.

Hemmendinger, L. 1960. Development theory and the Rorschach method. In: Rickers-Ovsiankina, H. H. (Hg.). Rorschach psychology. New York, London, 58—79.

Henry, E. & Rotter, J. B. 1956. Situational influence on Rorschach responses. Journal of Consulting Psychology, **6**, 457—462.

Herrmann, Th. 1978. Zur Entwicklung der Sprachschichtrepräsentation in der späteren Kindheit. In: Augst, G. (Hg.). Spracherwerb von 6 bis 16. Düsseldorf: Schwann, 209—219.

Herron, E. W. 1964. Changes in inkblot perception with presentation of the Holtzman inkblot technique as an "intelligence test". Journal of Projective Techniques and Personality Assessment, **28**, 442—447.

Hershenson, J. B. 1949. Preference of adolescents for Rorschach figures. Child Development, **20**, 101—118.

Hertz, M. R. 1960. The Rorschach in adolescence. In: Rabin, A. J. & Haworth, M. R. (Eds.). Projective techniques with children. Chap. 3. New York: Grune & Stratton, 29—61.

Hertz, M. R. 1960. The organization activity. In: Rickers-Ovsiankina, H. A. (Hg.). Rorschach Psychology. New York: Wiley, 25—57.

Hertz, M. R. 1962. The reliability of the Rorschach inkblot test. In: Hirt, M. (Hg.). Rorschach science. New York: Free Press of Glencoe, 295—322.

Hertz, M. R. 1970[5]. Frequency tables for scoring Rorschach responses. Cleveland: Case Western Reserve University Press.

Hill, E. F. 1972. The Holtzman inkblot technique. San Franscisco: Jossey-Bass.

Hirt, M. (Ed.) 1962. Rorschach science; readings in theory and method. New York: The Free Press of Glencoe.

Höhn, E. 1959. Theoretische Grundlagen der Inhaltsanalyse projektiver Tests. Psychologische Forschung, **26**, 13—74.

Holt, R. R. 1970. Yet another look at clinical and statistical prediction: Or, is clinical psychology worthwile? American Psychologist, **25**, 337—349.

Holt, R. R. & Havel, J. 1960. A method for assessing primary and secondary process in the Rorschach. In: Rickers-Ovsiankina, H. A. (Hg.). Rorschach Psychology. New York: Wiley, 263—315.

Holtzman, Ph. H. & Rousey, C. 1970. Monitoring, activation, and disinhibition: Effects of white noise masking on spoken thought. Journal of Abnormal Psychology, **75**, 227—241.

Holtzman, W. H. 1959. Objective scoring of projective tests. In: Bass, B. H. & Berg, J. A. (Hg.). Objective approach to personality assessment. New York: van Nostrand, 119—141.

Holtzman, W. H. 1975. New Developments in Holtzman inkblot technique. In: McReynold, F. (Hg.). Advances in psychological Assessment, Vol. III. San Francisco: Jossey-Bass Publishers, 243—274.

Holtzman, W. H., Diaz-Guerrero, R., Swartz, J. D. & Tapia, L. L. 1969. Cross-cultural longitudinal research on child development: Studies of American and Mexican schoolchildren. In: Hill, J. P. (Hg.). Minnesota Symposia on Child Psychology, Vol. II. Minneapolis: University of Minnesota Press, 125—159.

Holtzman, W. H. & Gorham, D. R. 1972. Automated scoring and interpretation of the group-administered Holtzman inkblot technique by computer. Proceedings of the 80th annual convention of the American Psychological Association.

Holtzman, W. H. & Sells, S. B. 1954. Prediction of flying success by clinical analysis of test protocols. Journal of Abnormal and Social Psychology, **49**, 485—490.

Holtzman, W. H., Swartz, J. D. & Thorpe, J. S. 1971. Artists, architects and engineers: Three contrasting modes of visual experience and their psychological correlates. Journal of Personality, **39**, 432—449.

Holtzman, W. H., Thorpe, J. S., Swartz, J. D. & Herron, E. W. 1961. Inkblot perception and personality. Austin, Tex.: University of Texas Press.

Holzberg, J. D. 1960. Reliability re-examined. In: Rickers-Ovsiankina, H. A. (Hg.). Rorschach Psychology. New York: Wiley, 361—379.

Horiuchi, H. 1961. A study of perceptual process of Rorschach cards by tachistoscopic method on movement and shading responses. Journal of Projective Techniques, **25**, 44—53.

Hörmann, H. 1964. Theoretische Grundlagen der projektiven Tests. In: Heiss, R. (Hg.). Handbuch der Psychologie, Bd. 6, Psychologische Diagnostik. Göttingen: Hogrefe, 71—112.

Howard, J. W. 1953. The Howard ink blottest. Brandon, Vermont. Journal of Clinical Psychology, **9**, 209—253.

Hsu, E. H. 1947. The Rorschach responses and factor analysis. Journal of General Psychology, **37**, 129—138.

Iacino, L. W. & Cook, P. E. 1974. Threat of shock, state anxiety, and the Holtzman inkblot technique. Journal of Personality Assessment, **38**, 450—458.

Jensen, A. R. 1959. The reliability of projective techniques: Methodology. Acta Psychologica, **16**, 3—67.

Johnson, W. 1946. People in quanderies. New York: Harper.

Jourard, S. M. 1961. Rorschach productivity and self-disclosure. Perceptual & Motor Skills, **13**, 232.

Jourard, S. M. 1968. Experimenter disclosure and performance on psychological tests. Journal of Humanistic Psychology, **8**, 155—160.

Jourard, S. M. & Jaffe, R. E. 1970. Influence of an interviewer's disclosure on the self-disclosing behavior of interviewees. Journal of Consulting Psychology, **17**, 252—257.

Kalter, N. & Marsden, G. 1970. Response productivity in Rorschach research: A caution on method. Journal of Projective Techniques and Personality Assessment, **34**, 10—15.

Kelley, D. M. 1942. Requirements for Rorschach training. Rorschach Research Exchange, **6**, 74—77.

Kinslinger, H. J. 1966. Application of projective techniques in personnel psychology since 1940. Psychological Bulletin, **66**, 134—150.

Klein, A. & Arnheim, R. 1953. Perceptual analysis of a Rorschach card. Journal of Personality, **22**, 60—70.

Klingensmith, S. W. 1957. Effects of different methods of structuring the Rorschach inquiry upon determinant scores. Journal of Clinical Psychology, **13**, 279—282.

Klopfer, B., Ainsworth, M. D., Klopfer, W. G. & Holt, R. R. 1954. Development in the Rorschach technique. Vol. I: Technique and theory. New York: World Book Company.

Klopfer, B. & Davidson, H. H. 1962, 1974. Das Rorschach-Verfahren. Bern: Huber.

Klopfer, B. & Kelley, D. M. 1946². The Rorschach technique. New York: World Book Company.

Klopfer, B. et al. (20 Mitarbeiter) 1956. Developments in the Rorschach technique. Vol. II: Fields of application. New York: World Book Company.

Klopfer, W. G. 1968. Current status of the Rorschach test. In: McReynolds, P. (Ed.), Advances in psychological assessment. Vol. I. Palo Alto, Ca: Science and Behavior Books. S. 131—149.

Klopfer, W. G. & Taulbee, E. S. 1976. Projective tests. Annual Review of Psychology, **27**, 543—567.

Kornhauser, A. 1944. Replies of psychologists to a short questionnaire on mental test development, personality inventories, and the Rorschach. Educational and Psychological Measuichent, **35**, 3—15.

Krippner, St. 1971. Scores made by retarded readers on the Holtzman Inkblot Technique. Perceptual & Motor Skills, **33**, 1089—1090.

Kroger, R. O. 1967. Effects of role demands and test-cue properties upon personality performance. Journal of Consulting Psychology, **31**, 304—312.

Kronfeld, A. 1922. Herrmann Rorschach. Psychodiagnostik (Rezension). Zeitschrift für Angewandte Psychologie, **20**, 290—293.

Krugman, J. E. 1942. A clinical validation of the Rorschach with problem children. Rorschach Research Exchange, **6**, 61—70.

Laird, D. R., Laosa, L. M. & Swartz, J. D. 1973. Inkblot perception and reading achievement in children: a developmental analysis. British Journal of Projective Psychology & Personality Study, **18**, 25—31.

Ledwith, N. H. 1952. Rorschach responses of the elementary school child: progress report. Journal of Projective Techniques, **16**, 80—85.

Ledwith, N. H. 1959. Rorschach responses of elementary school children. Pittsburgh: University of Pittsburgh Press.

Ledwith, N. H. 1960. A Rorschach study of child development. Pittsburgh: University of Pittsburgh Press.

Lerner, P. M. (Ed.). 1974. Handbook of Rorschach scales. New York.

Leuzinger-Schuler, A. 1947. Behn-Rorschach Untersuchungen mit Kindern. Rorschachiana II, 95—113.

Levin, M. 1953. The two tests in the Rorschach. Journal of Projective Techniques, **17**, 471—473.

Levitt, E. E. & Truumaa, A. 1972. The Rorschach technique with children and adolescents. New York: Grune & Stratton.

Levy, G. M. 1948. Levy movement cards. Madison: College Typing Co.

Levy, L. H. & Kurz, R. B. 1957. The connotation impact of color on the Rorschach and its relation to manifest anxiety. Journal of Personality, **25**, 617—625.

Levy, L. H. & Orr, D. W. 1959. The social psychology of Rorschach validity research. Journal of abnormal and Social Psychology, 58, 79—83.

Lienert, G. A. & Matthaei, F. K. 1958. Die Konkordanz von Rorschach Ratings. Zeitschrift für diagnostische Psychologie und Persönlichkeitsforschung, 6, 228—240.

Little, K. B. & Shneidman, E. B. 1959. Congruencies among interpretations of psychological test and anamnestic data. Psychological Monographs: General and Applied, 73, No. 6 (Whole No. 476).

Loosli-Usteri, M. 1961. Praktisches Handbuch des Rorschachtests. Bern: Huber.

Lorenz, M. 1959. Language as index to perceptual modes. Journal of Projective Techniques, 23, 440—452.

Lubin, B., Wallies, R. R. & Paine, C. 1971. Patterns of psychological test usage in the United States: 1965—1969. Professional Psychology, 2, 70—74.

Luchins, A. S. 1950. The stimulus field in social psychology. Psychological Review, 57, 27—30.

McReynolds, P. 1951. Perception of Rorschach concepts as related to personality deviations. Journal of Abnormal and Social Psychology, 46, 131—141.

Maradie, L. J. 1953. Productivity on the Rorschach as a function of order of presentation. Journal of Consulting Psychology, 17, 32—35.

Marwit, S. J. 1969. Communication of tester bias by means of modeling. Journal of Projective Techniques and Personality Assessment, 33, 345—352.

Marwit, S. J. & Marcia, J. E. 1967. Tester bias and response to projective instruments. Journal of Consulting Psychology, 31, 253—258.

Masling, J. 1960. The influence of situational and interpersonal variables in projective testing. Psychological Bulletin, 57, 65—85.

Meadows, A. W. 1951. An investigation of the Rorschach and Behn-Rorschach. Doctor's thesis. London.

Megargee, E. J. 1966. Relation of response length to Holtzman inkblot technique scores. Journal of Consulting Psychology, 30, 415—419.

Megargee, E. J. & Swartz, J. D. 1968. Extraversion, neuroticism and scores on the Holtzman inkblot technique. Journal of Projective Techniques and Personality Assessment, 32, 262—265.

Megargee, E. J. & Velez-Diaz, A. 1971. A profile sheet for the clinical interpretation of the Holtzman inkblot technique. Journal of Personality Assessment, 35, 545—560.

Meili-Dworetzki, G. 1952. Versuch einer Analyse der B-Deutungen im Rorschach-Test nach genetischen Gesichtspunkten. Schweizer Zeitschrift für Psychologie und ihre Anwendung, 11, 265—288.

Mensh, J. N. & Matarazzo, J. D. 1954. Rorschach card rejection in psychodiagnosis. Journal of Consulting Psychology, 18, 271—275.

Meyer, G. & Thompson, J. 1952. The performance of Kindergarten children on the Rorschach test: A normative study. Journal of Projective Techniques, 16, 86—111.

Miale, F. R. & Selzer, M. 1976. The Nuremberg mind: The psychology of the nazi leaders. New York: Times Book Co.

Michel, L. 1961. Zuverlässigkeit und Gültigkeit von quantitativen Intelligenzdiagnosen aus dem Rorschach-Test. Diagnostica, **7**, 44—60.

Mields, J. 1966. Zur Frage der Interpretationszuverlässigkeit von quantitativen Intelligenzdiagnosen aus dem Rorschach-Test. Diagnostica, **12**, 52—66.

Miller, D. R. 1953. Prediction of behavior by means of the Rorschach test. Journal of Abnormal and Social Psychology, **48**, 367—376.

Minkowska, F. 1956. Le Rorschach. Paris.

Mitchell, M. B. 1952. Preferences for Rorschach cards. Journal of Projective Techniques, **16**, 203—211.

Mogensen, A., Fenger, G. & Lange, B. 1962. Der Rorschachtest bei 122 zehn Jahre alten dänischen Kindern: Eine Untersuchung zur Standardisierung. Diagnostica, **8**, 12—23.

Molish, B. 1972. Projective methodologies. Annual Review of Psychology, **23**, 577—614.

Mooney, B. 1962. Personality assessment and perception. In: Hirt, M. (Hg.). Rorschach science. New York: The Free Press of Glencoe, 17—27.

Morgenthaler, W. 1946. Über Modifikationen beim Rorschach. Rorschachiana, II, 41—54.

Moylan, J. J. 1959. Stimulus generalization in projective test (Rorschach) behavior. Journal of Personality, **27**, 18—37.

Murstein, B. I. 1960. Factor analysis of the Rorschach. Journal of Consulting Psychology, **24**, 262—275.

Murstein, B. I. 1964. A normative study of TAT ambiguity. Journal of Projective Techniques, **28**, 210—218.

Murstein, B. I. (Ed.). 1965. Handbook of projective techniques. New York: Basic Books.

Murstein, B. I. & Wolf, St. R. 1970. Empirial test of the "levels" hypothesis with five projective techniques. Journal of Abnormal Psychology, **75**, 38—44.

Neumann, P. 1977a. Lehrprogramm zur Durchführung, Signierung und Verrechnung. In: Hartmann, H. A. und Rosenstiel von, L. (Hg.). Lehrbuch der Holtzman-Inkblot-Technique (HIT) I. Bern: Huber, 1—226.

Neumann, P. 1977b. Beiheft zur Durchführung, Signierung und Verrechnung. In: Hartmann, H. A. & Rosenstiel von, L. (Hg.). Lehrbuch der Holtzman-Inkblot-Technique (HIT) I. Bern: Huber, 1—136.

Nikelly, A. G. 1961. "Hypothesis" theory and perceptual responses to inkblots. Journal of Projective Techniques, **25**, 75—80.

Odom, C. L. 1950. The study of the time required to do a Rorschach examination. Journal of Projective Techniques, **14**, 464—468.

Ogdon, D. P. 1976^2. Psychodiagnostics and personality assessment: A handbook. Los Angeles, Calif.: Western Psychological Service.

O'Reilly, B. O. 1956. The objective Rorschach: a suggested modification of Rorschach technique. Journal of Clinical Psychology, **12**, 27—31.

Overall, J. E. & Gorham, D. R. 1972. Organicity versus old age in objective and projective test performance. Journal of Consulting and Clinical Psychology, **39**, 98—105.

Pauker, J. D. 1963. Relationship of Rorschach content categories to intelligence. Journal of Projective Techniques, **27**, 220—221.

Penk, W. 1969. Developmental patterns in children's inkblot responses. Developmental Psychology, **1**, 55—64.

Phillips, L. & Framo, J. L. 1954. Developmental theory applied to normal und psychopathological perception. Journal of Personality, **22**, 464—474.

Phillips, L., Kaden, S. & Waldman, M. 1959. Rorschach indices of developmental level. Journal of Genetic Psychology, **94**, 267—285.

Phillips, L. & Smith, J. G. 1953. Rorschach interpretation: Advanced techniques. New York: Grune & Stratton.

Phillipson, H. 1955. The object relations techniques. London: Tavistock.

Piotrowski, Z. A. 1957. Perceptanalysis. New York: MacMillan.

Potkay, C. R. 1971. The Rorschach clinician: A new research approach and its application. New York: Grune & Stratton.

Rabin, A. J. 1959. A contribution to the "meaning" of Rorschach's inkblots via semantic differential. Journal of Consulting Psychology, **23**, 368—372.

Ranzoni, J. H., Grant, M. G. & Ives, V. 1950. Rorschach "card pull" in a normal adolescent population. Journal of Projective Techniques, **14**, 107—133.

Rapaport, D. 1946. Diagnostic psychological testing. Vol. II. Chicago: Year Book publishers.

Rapaport, D., Gill, M. M. & Schafer, R. 1968[3]. Diagnostic psychological testing. New York: International University Press.

Reisman, J. M. 1970. The effect of direct inquiry on Rorschach scores. Journal of Projective Techniques and Personality Assessment, **34**, 388—390.

Richards, T. W. 1958. Personal Significance of Rorschach Figures, Journal of Projective Techniques, **22**, 97—101.

Richards, W. S. & Merrens, M. R. 1971. Student evaluation of generalized personality interpretations as a function of the method of assessment. Journal of Clinical Psychology, **27**, 457—459.

Rickers-Ovsiankina, M. A. (Ed.). 1960. Rorschach psychology. New York: Wiley.

Rorschach, H. 1921, 1954, 1972[9]. Psychodiagnostik. Bern: Huber.

Rosch, E., Mervis, C. B., Gray, W., Johnson, D. & Boyes-Braem, P. 1976. Basic objects in natural categories. Cognitive Psychology, **8**, 382—439.

Rosen, E. 1960. Connotative meanings of Rorschach inkblots, responses and determianats. Journal of Personality, **28**, 413—426.

Rosenstiel von, L. 1966. Zur Frage der Angst- und Feinseligkeitsinhalte in Formdeuteverfahren. Zeitschrift für experimentelle und angewandte Psychologie, **13**, 611—631.

Rosenstiel von, L. 1967. Zur Validität von Formdeuteverfahren. Untersuchungen mit der Holtzman-Technik. Phil. Diss. München.

Rosenstiel von, L. 1973. Increase of hostility responses in the HIT after frustration. Journal of Personality Assessment, **37**, 22—24.

Rossi, A. M. & Neumann, G. G. 1961. A comparative study of Rorschach norms: Medical students. Journal of Projective Techniques, **25**, 334—339.

Rothschild, B. H. 1964. Response style: A basis for Rorschach construct validity. Journal of Projective Techniques and Personality Assessment, **28**, 474—484.

Rotter, J. B. 1958^2. Social learning and clinical psychology. Englewood Clifts, N. Y.: Prentice-Hall, Inc.

Rychlak, J. F. 1959. Forced associations, symbolism, and Rorschach constructs. Journal of Consulting Psychology, **23**, 455—460.

Sader, H. & Keil, W. 1966. Bedingungskonstanz in der psycholog. Diagnostik. Archiv für die gesamte Psychologie, **118**, 279—308.

Sanders, J. L., Holtzman, W. H. & Swartz, J. D. 1968. Structural change of the color variable in the Holtzman Inkblot Technique. Journal of Projective Techniques and Personality Assessment, **32**, 556—561.

Sandler, J. & Ackner, B. 1951. Rorschach content analysis: an experimental investigation. British Journal of Medical Psychology, **24**, 151—220.

Sarason, S. B. 1954. The clinical interaction: With special reference to the Rorschach. New York: Harper.

Sarason, S. B., Davidson, K., Lightall, F. & Waite, R. 1958. Rorschach behavior and performance of high and low anxious children. Child Development, **29**, 277—285.

Schachtel, E. G. 1945. Subjective definitions of the Rorschach test situation and their effect on test performance. Psychiatry, **8**, 419—448.

Schachtel, E. G. 1966. Experiential foundations of Rorschach's test. New York: Basic Books.

Schafer, R. 1954. Psychoanalytic interpretation in Rorschach testing. New York: Grune & Stratton.

Schneider, L. I. 1962. Rorschach validation. In: Hirt, M. (Hg.). Rorschach science. New York: The Free Press of Glencoe, 215—231.

Schober, S. 1977. Einschätzung und Anwendung projektiver Verfahren in der heutigen klinisch-psychologischen Praxis. Ergebnisse einer schriftlichen Umfrage unter den Erziehungsberatern der BRD. Diagnostica, **13**, 364—372.

Schütze, D. 1970. Über die Wirkung verschiedener Instruktionsbedingungen auf die Beantwortung des ENRL-Fragebogens und auf die Holtzman Inkblot-Technik. Gießen: Unveröffentlichte Semesterarbeit.

Secord, P. F. 1953. An analysis of perceptual and related processes occuring in projective testing. Journal of General Psychology, **49**, 65—85.

Shemberg, K. & Keeley, S. 1970. Psychodiagnostic training in the academic setting: Past and present. Journal of Consulting and Clinical Psychology, **34**, 205—211.

Sines, O. J. 1960. An approach to the study of the stimulus significance of the Rorschach inkblots. Journal of Projective Techniques, **24**, 64—66.

Singer, J. 1952. The Behn-Rorschach inkblots: a preliminary comparison with the original Rorschach series. Journal of Projective Techniques, **16**, 238—245.

Sisson, B. D., Taulbee, E. S. & Gaston, C. O. 1956. Rorschach card rejection in normal and psychiatric groups. Journal of Clinical Psychology, **12**, 85—88.

Snyder, C. R. 1974. Acceptance of personality interpretations as a function of assessment procedures. Journal of Consulting and Clinical Psychology, **42**, 150.

Snyder, C. R., Larsen, D. & Bloom, L. J. 1976. Acceptance of personality interpretations prior to and after receiving diagnostic feedback supposedly based on psychological, graphological, and astrological assessment procedures. Journal of Clinical Psychology, **32**, 258—265.

Spitznagel, A. 1962. Befragungstechnik im Rorschach-Verfahren. Rorschachiana, **3/4**, 12—14.

Spitznagel, A. 1963. Objektivität der Rorschach-Interpretation. Rorschachiana, **8**, 287—300.

Spitznagel, A. 1964. Formdeuteverfahren. Grundlagen, Ergebnisse und Probleme der Formdeuteverfahren. In: Heiss, R., Groffmann, K. J. & Michel, L. (Hg.). Psychologische Diagnostik. Handbuch der Psychologie, Bd. 6. Göttingen: Hogrefe, 556—618.

Spivack, G., Levine, M. & Sprigle, H. 1958. Barron M threshold values in emotionally disturbed adolescents. Journal of Projective Techniques, **22**, 446—449.

Stäcker, K. H. 1978. Projektive und thematische Verfahren. In: Schmidt, L. R. (Hg.): Lehrbuch der Klinischen Psychologie. Stuttgart: Enke, 256—275.

Stein, M. 1949. Personality factors involved in the temporal development of Rorschach responses. Journal of Projective Techniques, **13**, 355—414.

Stoll, F. 1978. Testgebrauch in der schweizerischen Beratungspraxis. In: Pulver, U., Lang, A. & Schmid, F. W. (Hg.): Ist Psychodiagnostik verantwortbar? Bern: Huber, 321—339.

Stone, I. B. 1958. S-O Rorschach test. Los Angeles: California Test Bereau.

Strauss, M. E. 1968. Effects on Rorschach experience balance. Journal of Consulting and Clinical Psychology, **32**, 125—129.

Sundberg, N. D. 1961. The practice of psychological testing in clinical services in the United States. Amer. Psychologist, **16**, 79—83.

Sundberg, N. D. 1962. The Rorschach americanized: Review of inkblot perception and personality. Contemporary Psychology, **7**, 250—252.

Swartz, J. D. 1976. Researchers, sex differences, and the Holtzman inkblot technique: a reply to Rice, Greenfield, Alexander, and Sternbach. Journal of Personality Assessment, **40**, 363—364.

Swartz, J. D., Cleland, Ch. C., Drew, C. J. & Witzke, D. B. 1971. The Holtzman Inkblot Technique as a measure of perceptual development in mental retardation. Journal of Personality Assessment, **35**, 320—325.

Swartz, J. D., Witzke, D. B. & Megargee, E. I. 1970. Normative item statistics for the group form of the Holtzman inkblot technique. Perceptual & Motor Skills, **31**, 319—329.

Taylor, D. A., Altman, I., Wheeler, L. & Kushner, E. N. 1969. Personality factors related to response to social isolation and confinement. Journal of Consulting and Clinical Psychology, **33**, 411—419.

Thelen, M. H., Varble, D. L. & Johnson, J. 1968. Attitudes of academic clinical psychologists toward projective technique. American Psychologist, **23**, 517—521.

Themel, J. D. 1955/56. Schulanfänger im Behn-Rorschach-Test. Zeitschrift für experimentelle und angewandte Psychologie, **3**, 230—284.

Tomkin, A. S. 1958. Rorschach card rejection by psychiatric patients. Journal of Consulting Psychology, **22**, 441—444.

Toomey, L. C. & Rickers-Ovsiankina, M. A. 1960. Tabular comparison of Rorschach scoring systems. In: Rickers-Ovsiankina, M. A. (Ed.). Rorschach psychology. New York: Wiley, 441—465.

Trier, T. R. 1958. Vocabulary as a basis for estimating intelligence from the Rorschach. Journal of Consulting Psychology, **22**, 289—291.

Turner, D. R. 1966. Predictive efficiency as a function of amount of information and level of professional experience. Journal of Projective Techniques and Personality Assessment, **3o**, 4—12.

Vernon, P. E. 1935. The significance of the Rorschach test. British Journal of Medical Psychlogy, **15**, 199—217.

Vogel, H. 1953. Der Z-Test bei normalen Schulkindern. Studien zur Diagnostischen Psychologie, **2**, 17—39.

Vogel, H. 1964. Die Rorschach-Technik von Bruno Klopfer. In: Heiss, R. (Hg.). Handbuch der Psychologie. Bd. 6, Psychologische Diagnostik. Göttingen: Hogrefe. 618—634.

Voigt, W. H. & Dana, R. H. 1964. Inter- and intra-scorer Rorschach reliability. Journal of Projective Techniques, **28**, 92—95.

Wade, T. C. & Baker, T. B. 1977. Opinions and use of psychological test: A survey of clinical psychologists. American Psychologist, **32**, 874—877.

Wainer, H., Hurt, St. & Aiken, L. 1976. Rorschach revisited: A new look at an old test. Journal of Consulting and Clinical Psychology, **44**, 390—399.

Werner, H. 1959[4]. Einführung in die Entwicklungspsychologie. München: Barth.

Werner, H. & Wapner, S. 1956. The non-projective aspects of the Rorschach-experiment: II. Organismic theory and perceptual response. Journal of Social Psychology, **44**, 193—198.

Wertheimer, M. 1957. Perception and the Rorschach. Journal of Projective Techniques, 21, 209—216.

Wewetzer, K. H. 1961. Zum Problem der faktoriellen Gültigkeit projektiver Testverfahren. Schweizer Zeitschrift für Psychologie und ihre Anwendungen, 20, 238—252.

Wewetzer, K. H. 1963. Validierung im Rorschach-Test durch vergleichende Faktorenanalyse. Rorschachiana, 8, 115—120.

Wilensky, H. 1959. Rorschach development level in social participation of chronic schizophrenics. Journal of Projective Techniques, 23, 87—92.

Willi, H. (Hg.). 1974. Anwendung des gemeinsamen Rorschach-Versuchs in Ehetherapie und Forschung. Rorschachiana, XI, 1—102.

Woodworth, R. S. & Schlosberg, H. 1954^3. Experimental psychology. London: Methuen & Co.

Zax, M. & Loiselle, R. H. 1960. Stimulus value of Rorschach inkblots as measured by the semantic differential. Journal of Clinical Psychology, 16, 160—163.

Zax, M., Stricker, G. & Weiss, J. H. 1960. Some effects of non-personality factors on Rorschach performance. Journal of Projective Techniques, 24, 83—93.

Zubin, J. 1956. The non-projective aspects of the Rorschach experiment: Introduction. Journal of Social Psychology, 44, 179—192.

Zubin, J. 1956. Objective evaluation of personality tests. American Journal of Psychiatry, 107, 569—576.

Zubin, J., Chute, E. & Veniar, S. 1943. Psychometric scales for scoring Rorschach test responses. Charact. & Pers., 11, 277—301.

Zubin, J. & Young, K. M. 1948. Manual of projective and cognate techniques. Madison, Wisc.: College Typing Co.

Zubin, J., Eron, D. L, & Schumer, F. 1965. An experimental approach to projective techniques. New York: Wiley.

Zulliger, H. 1948, 1952^3. Einführung in den Behn-Rorschach-Test. Bern: Huber.

Zulliger, H. 1955^2. Der Diapositiv-Z-Test. Bern: Huber.

Zulliger, H. 1960. Berufsberatung anhand eines Tafeln-Z-Tests und Rorschachtests. Schweizerische Zeitschrift für Psychologie und die Anwendungen, 19, 333—346.

Zulliger, H. 1977^4. Der Zulliger-Tafeln-Test. Bern: Huber.

5. Kapitel

Thematische Apperzeptionsverfahren

Hans-Joachim Kornadt und *Horst Zumkley*

I. Einleitung

Für die in diesem Kapitel zusammengefaßten Verfahren ist der methodische Ansatz, Persönlichkeitseigenarten aus Geschichten zu erschließen, die der Pb zu bestimmten Bildern erzählen soll, das gemeinsame Merkmal. Im allgemeinen ist das Ziel dieser Verfahren, aus der Auffassung und der Bearbeitung des Bildthemas einen Aufschluß über die inhaltliche, gegenstandsbezogene Seite der Persönlichkeitsdynamik zu erhalten.

Das Vorbild und der Hauptrepräsentant für diese Gruppe von Verfahren ist der Thematic Apperception Test (TAT) von Morgan & Murray (1935). Alle Tests dieser Gruppe sind im wesentlichen spezielle Anwendungsformen der auch im TAT verwendeten Thematischen Apperzeptionstechnik (T.A.-Technik) und nicht — im Hinblick auf Standardisiertheit, Objektivität und Validität — lauter spezielle „Tests" im psychometrischen Sinne. Die theoretischen Grundlagen und empirischen Ergebnisse sind dementsprechend auch für alle Verfahren dieser Gruppe relevant. Deshalb stehen der TAT und die allgemeine T.A.-Technik im Mittelpunkt dieses Kapitels. Auch aus Platzgründen ist diese Beschränkung erforderlich, wie auch nur eine begrenzte Auswahl aus den fast 2000 Arbeiten berücksichtigt werden kann.

A. Vorgeschichte

Die eigentliche Entwicklung der T.A.-Techniken begann mit einem kleinen Aufsatz von Morgan & Murray 1935. Der darin zum erstenmal veröffentlichte TAT hat jedoch eine Reihe von Vorläufern und Parallelentwicklungen, über die Tomkins (1947) und Revers (1973) ausführlicher informieren. Die wichtigsten Schritte sind folgende:

1880 lenkte Galton wahrscheinlich als erster das Interesse auf die Beziehung wiederkehrender Phantasien zu Kindheitsereignissen. 1907 ließ Brittain bereits zu Bildern Geschichten schreiben; er vermutete Kausalbeziehungen zwischen Phantasietätigkeit und Affekten. Eine ähnliche Absicht verfolgte Clark 1926 mit einer anderen Geschichtentechnik, während Libby 1908 die Bildgeschichtenmethode in der entwicklungspsychologischen Forschung verwandte. Brittains Verfahren wurde 1932 von dem Detroiter Psychiater Schwartz wiederentdeckt. Dessen "Social Situation Picture Test" läuft jedoch auf ein Gespräch mit dem Pb über das Bild hinaus. Er war kein „Test", sondern eine Methode zur leichteren Explorationseinleitung.

Der TAT selbst hat eine Entwicklung durchgemacht: Der Pb sollte ursprünglich nur die Handlung auf dem Bild interpretieren; später fand Murray, daß eine dramatische Geschichte ergiebiger ist. Der Bildersatz wurde dreimal geändert (s. S. 281), und 1938 wurde ein ausführlicheres Auswertungsschema aus Murrays Persönlichkeitstheorie heraus entwickelt.

Der TAT ist wohl in erster Linie Henry A. Murrays Verdienst. Murray (M.D. 1919, Ph.D. in Biochemie 1927) war 1928 durch Morton Prince als Professor für klinische Psychologie nach Harvard berufen worden. Dort hatte er noch eine psychoanalytische Ausbildung erhalten.

Unabhängig von der Entwicklung des TAT hat seit 1930 in Holland van Lennep mit einem T.A.-Verfahren experimentiert, das jedoch erst 1938 veröffentlicht wurde. Ferner entstand in den 30er Jahren im Anschluß an Keilhacker und Busemann in Deutschland eine Bildgeschichtenmethode, die auch von der deutschen Wehrmachtspsychologie verwendet wurde. Die Interpretation folgte den Regeln der charakterologischen Aufsatzanalyse (Arnold 1957). Busemanns Stilanalyse wurde später zur formalen TAT-Auswertung herangezogen (s. S. 287).

B. Verbreitung des TAT und Weiterentwicklung der T.A.-Technik

Nach 1938 begann eine ungewöhnlich starke und rasche Verbreitung des TAT. Er wurde zunächst in den USA von immer mehr Klinikern verwendet, die große Hoffnungen auf ihn setzten. Meist sah man ihn als notwendige Ergänzung zum Rorschach an wegen der Möglichkeit, das aus dem Rorschach erkennbare „Gerippe" der Persönlichkeit mit „Fleisch und Blut" zu füllen, also zu der formalen Charakterstruktur die „Grundsituation" (Heiss 1954) der Persönlichkeit zu erkennen. Das Bedürfnis hierzu war sehr wahrscheinlich getragen von der Verbreitung tiefenpsychologischer Gedankengänge und Erfahrungen. Nach Kriegsende wurde der TAT auch außerhalb der USA mehr und mehr verwendet. In Deutschland ist der TAT zumindest seit 1948 bekannt, als sich Kafka und Revers für ihn interessierten (Revers 1958 Vorwort); 1949 wurde er durch die Verwendung im Zwei-Zonen-Personalamt in Frankfurt einem größeren Kreis von Psychologen bekannt. Heute kann man praktisch von einer weltweiten Verbreitung des TAT sprechen. Zum Teil sind die Bilder den jeweiligen Kulturen angepaßt worden, und es gibt viele Modifikationen zur Untersuchung ethnischer Gruppen (vgl. z. B. Henry 1951, Boesch 1960a, Spain 1972, Vislie 1972, Brislin et al. 1973, Anzieu 1976).

Diese weltweite Verbreitung ist eigentlich sehr erstaunlich, weil man am TAT entscheidende Mängel kritisieren kann: Er geht nicht von einer einheitlichen theoretischen Konzeption aus, das Material ist nicht systematisch aufgebaut, er wird nicht nach allgemein verbindlichen Regeln ausgewertet, und schließlich ist die Richtigkeit der Interpretation zumindest unklar und problematisch. Paradoxerweise sind es aber wohl gerade diese Mängel, die dem TAT und den T.A.-Techniken zu ihrer Verbreitung verholfen haben. Da die Psychologie bisher kein geschlossenes, allgemein anerkanntes System des menschlichen Persönlichkeits- und Handlungsaufbaus erarbeitet hat, hätte das konsequente Ausgehen von einem bestimmten System nur bei dessen Anhängern Anklang gefunden. Daß dagegen Motive ein wichtiger Aspekt der Persönlichkeit und individueller Differenzen sind, darüber besteht kaum ein Zweifel. Außerdem werden die wenigen tiefenpsychologischen Hauptgedanken des TAT (z. B. daß es unbewußte Motive gibt) nach der Auflockerung der Schulen kaum noch abgelehnt. Ein weiterer Vorteil der theoretischen Flexibilität war: Man mußte nicht unbedingt wie Murray die Projektionshypothese Freuds anerkennen, auf die Hypothesen zur Traumdeutung zurückgreifen oder den Identifikationsvorgang als wesentlich ansehen. Man konnte z. B. auch das Phantasieverhalten als eine spezielle, leicht provozierbare Form des Verhaltens betrachten und nach Merkmalen im äußeren Verhalten suchen, mit denen es hinreichend hoch korreliert, um Vorhersagen zu ermöglichen. Man konnte sich auch mit vagen Vorstellungen begnügen. Die Tatsache, daß der Pb in seine TAT-Geschichte[1]) individuelle Eigenarten hineinlegte, schien dabei so simpel und offensichtlich zu sein, daß man sich theoretische Voraussetzungen nicht klarzumachen brauchte, und man daher auch auf die Anwendung eines komplizierten Auswertungsschemas glaubte verzichten zu können.

Etwa seit 1950 setzte eine zunehmende Differenzierung der T.A.-Techniken ein. Es wurden immer wieder neue „Spezial"-Tests für besondere Zwecke veröffentlicht. Sie waren für bestimmte Altersgruppen (CAT, SAT, FAT), soziale Untergruppen (T-TAT, B-TAT) oder besondere Fragestellungen (z. B. Berufsberatung, VAT) gedacht. Verschiedene dieser Modifikationen gingen aus der besonderen Betonung der einen oder anderen Grundidee des TAT hervor (z. B. der Identifikationshypothese beim T-TAT, psychoanalytischer Gedanken beim BPT).

---

[1]) Im folgenden wird die Abkürzung „TAT" als Oberbegriff für alle T.A.-Techniken gebraucht, wenn eine Differenzierung nicht nötig ist. Zur Unterscheidung davon wird der TAT Murrays als M-TAT gekennzeichnet.

Gleichzeitig wurden für den M-TAT immer neue Auswertungsverfahren vorgeschlagen, teils zur Vereinfachung, teils zur größeren Objektivierung. Außerdem setzte eine Flut von Untersuchungen ein zur Prüfung der vielen Annahmen, von denen die T.A.-Verfahren ausgingen. Diese Entwicklung ist bis heute im Gange und hat bereits ganz neue Gesichtspunkte ergeben. Schließlich erhielten die T.A.-Techniken eine besondere Bedeutung als Forschungsinstrument. Vor allem der Arbeitskreis um McClelland entwickelte das T.A.-Verfahren zu einem empfindlichen und exakten Meßinstrument für Motivstärken, das im weiteren Rahmen der Motivforschung sehr wertvolle Aufschlüsse ermöglichte (McClelland et al. 1953, Atkinson 1958a, Heckhausen 1963, 1973, McClelland 1971, 1975, 1979, Winter 1973). Darüber hinaus wurde diese Technik vielfach zur Untersuchung der Eigenart oder der Unterschiede von Personengruppen (z.B. ethnische Gruppen, Subkulturen, Kriminelle, Alters- und Geschlechtsgruppen) verwendet. Alle diese Ergebnisse sind nicht nur für sich interessant, sondern sie liefern zugleich (z.B. zusammen mit Erkenntnissen über Entwicklungsfaktoren, äußeres Verhalten usw.) Hinweise für die Validität der T.A.-Techniken und stellen das Material für die Konstruktion theoretischer Modelle des Handlungsgeschehens und der Persönlichkeit dar, ohne die auch Validitätsuntersuchungen „blind" sind.

Zur gegenwärtigen Bedeutung der T.A.-Verfahren: In den letzten Jahren ist die Persönlichkeitsdiagnostik mittels projektiver Verfahren, speziell auch mit dem TAT, zunehmend problematisiert und in ihrer Nützlichkeit in Frage gestellt worden (Hertz 1970, Varble 1971, Molish 1972, Weiner 1972, Bersoff 1973, Coleman 1975). Die Gründe dafür sind vielfältig; z.T. ergeben sie sich aus grundsätzlichen theoretischen Neuentwicklungen, die die Psychologische Diagnostik als Ganzes betreffen und die hier nur grob skizziert werden können (vgl. Maloney & Ward 1976, Pawlik 1976a, sowie Groffmann & Michel, Hörmann und Hornke im 1. Teilband).

Zum einen spielt hier eine aus der humanistischen Psychologie erwachsene kritisch-ablehnende Haltung gegen „stigmatisierende" Persönlichkeitsdiagnosen (Buhler & Allen 1971) eine Rolle sowie der von Cronbach & Gleser 1965 in die Diskussion gebrachte Gedanke, Testverfahren hätten einen Platz eigentlich immer (nur) in diagnostischen Entscheidungsprozessen (Tack 1976, vgl. auch Westmeyer 1976). Zum anderen — und wohl entscheidend — war das Aufkommen einer starken behavioristischen Strömung in der Klinischen Psychologie von Bedeutung, vor allem in Form der Verhaltensmodifikation und mit einer Betonung des objektiv meßbaren und beobachtbaren Verhaltens. Aus deren Kritik an der Logik und dem Prozeß der traditionellen Diagnostik folgte auch eine Ablehnung der bisherigen, besonders der projektiven Testverfahren (Kanfer & Saslow 1969, Sharma 1970, zusammenfassend Schulte 1974, 1976, Pawlik 1976a, b). Eine verstärkte Neuentwicklung „objektiver" verhaltensdiagnostischer Verfahren war die Folge (vgl. Hersen 1976).

Hiermit verbunden war immer eine stärkere Betonung einer situationistischen Verhaltensdeutung und dementsprechend eine Kritik an dem Konzept konstanter Persönlichkeitseigenschaften, das für die Persönlichkeits- und Differentielle Psychologie und für die traditionelle Diagnostik eine zentrale Bedeutung hatte. Nicht so sehr stabile Eigenschaften als vielmehr die jeweilige Situation mit ihren Kontingenzen steuern danach das Verhalten. Es sei daher mindestens ganz unzulänglich, die Varianz diagnostischer Testwerte auf relativ stabile Dispositionen zurückzuführen, weil die Varianz zum großen, wenn nicht gar größten Teil auf situativen, d. h. außerhalb der Person liegenden Faktoren beruhe (Mischel 1968, Peterson 1968). Die Diskussion hierüber ist z. Z. noch lebhaft im Gange (zum Beispiel Alker 1972, Cattell 1973, Mischel 1973, Pawlik 1974, Golding 1975, Graumann 1975, Endler & Magnusson 1976, Olweus 1976, Magnusson & Endler 1977, Rushton & Endler 1977).

Für den TAT von Murray hatte diese Entwicklung zur Folge, daß seine Bedeutung als persönlichkeitsdiagnostisches Verfahren heute von Experten weniger hoch eingeschätzt wird als das noch vor 15 Jahren der Fall war (Coleman 1975, Dana 1975). Ein Vergleich von Angaben über den Einsatz des TAT in klinischen Institutionen in den USA der Jahre 1961 und 1971 erbrachte eine geringere Verwendungshäufigkeit von fast 20 % im Jahre 1971. Da aber gleichzeitig die Zahl klinischer Institutionen erheblich, nämlich von 185 auf 251 gestiegen ist, hat die absolute Häufigkeit der Verwendung des TAT dennoch zugenommen (vgl. auch die Angaben von Garfield & Kurtz 1973). In den klinisch-psychologischen Ausbildungsprogrammen amerikanischer Universitäten ging der prozentuale Anteil, den der TAT in der Diagnostikausbildung einnimmt, zurück (Weiner 1972, Dana 1975), was allerdings auch mit der Erweiterung der Tätigkeitsfelder für klinisch arbeitende Psychologen und den damit zusammenhängenden Schwerpunktverschiebungen in der Ausbildung zusammenhängt (Small 1972, Blau 1973, Seeman & Seeman 1973, Thelen & Ewing 1973). So sprach sich dann auch bei einer Befragung von in der Diagnostikausbildung tätigen amerikanischen Hochschullehrern nur eine Minderheit von 10 % dafür aus, daß für einen praktizierenden Psychologen die Kenntnis und Anwendung des TAT unwichtig sei (Weiner 1972). Es bleibt festzuhalten, daß der TAT heute bzgl. seiner Verwendungshäufigkeit als persönlichkeitsdiagnostisches Instrument an vierter Stelle der überhaupt zum Einsatz kommenden Tests steht (Klopfer & Taulbee 1976).

Auch die Faszination der Verwendung des TAT als Forschungsinstrument ist nach wie vor ungebrochen und die vorliegende Literatur enorm umfangreich und vielfältig. Entgegen früheren Darstellungen (Mills 1965, Crenshaw et al. 1968, Varble 1971), die die Entwicklung des TAT zwischen 1947 und 1967 anhand der Zahl publizierter Arbeiten als eine umgekehrte U-Funktion beschrieben (Zunahme bis 1960 und danach wieder Abnahme), zeigen neuere Aufstellungen, daß die durchschnittliche Zahl jährlich publizierter TAT-Arbeiten in den drei Beobachtungsperioden 1940—1951, 1952—1963 und 1964—1971 mit konstanter Zuwachsrate ständig gestiegen ist (Reynolds & Sundberg 1976). Der TAT hat heute nach dem MMPI und dem Rorschach die drittgrößte Zahl an Publikationen überhaupt aufzuweisen, insgesamt 1764 (Buros 1974, zit. n. Reynolds & Sundberg 1976, S. 229), wohlgemerkt nur Arbeiten zum Murray-TAT.

Über die gesamte bisherige Entwicklung hinweg gesehen, hat sich die T.A.-Technik wie kaum ein anderes Verfahren für die Persönlichkeitsdiagnostik und -forschung als fruchtbar erwiesen. Die Forschungsarbeiten der letzten 15 Jahre *über* den TAT sowie die mit speziellen T.A.-Verfahren durchgeführten Arbeiten zum Leistungsmotiv halfen gerade, einen einseitig eigenschaftstheoretischen ebenso wie einen einseitig situationistischen Ansatz zu vermeiden.

Allgemein gesehen hängt eine Bevorzugung von „objektiven" Verfahren außer mit ökonomischen Faktoren sicher auch damit zusammen, daß etwa bei Fragebogen weniger Anlaß zu bestehen schien, den Antwortprozeß so genau zu analysieren, wie das bei den projektiven Verfahren nötig wurde. Dies mag sich auf die Dauer gerade als Stärke der T.A.-Technik erweisen, weil deren Analyse viel tiefer in die Persönlichkeits- und Handlungstheorie führt, zu der sie zugleich beiträgt. Die T.A.-Techniken mit ihrer Ermittlung von „Gedankenstichproben" (McClelland et al. 1953, S. 97) sind mit hoher Wahrscheinlichkeit am ehesten in der Lage, neuen theoretischen Entwicklungen gerecht zu werden (z. B. Attribuierungstheorie). Die Perspektiven, die sich aufgrund der Ergebnisse eröffnen, die mit der T.A.-Technik im Rahmen kognitiver interaktionistischer Motivationstheorien erzielt wurden, werden für die Persönlichkeitstheorie und -diagnostik und die Entwicklung einer Handlungstheorie vermutlich in Zukunft noch erhebliche Bedeutung erlangen (s. S. 332).

II. Theoretische Grundannahmen und Grundlagen

Bei den vielen Bemühungen um Klärung der Funktion der T.A.-Verfahren sind viele Hypothesen geäußert und die verschiedensten empirischen Ergebnisse herangezogen worden, ohne daß jedoch bisher eine geschlossene theoretische Grundlage erarbeitet wäre. Der oft beklagte chaotische Zustand der Projektionstheorie (z. B. bereits Rapaport 1952) liegt auch bei dieser recht einheitlichen Gruppe projektiver Verfahren vor (Lindzey 1952, Murstein 1963, Heckhausen 1965, Anzieu 1976).

A. Theoretische Ausgangspunkte Murrays

Die theoretischen Begründungen, die Murray dem Test gibt, sind immer nur recht kurz. Die Grundannahme klingt sehr einfach: „Der Test fußt auf der wohlbekannten Tatsache, daß eine Person bei der Interpretation einer mehrdeutigen sozialen Situation dazu neigt, ihre eigene Persönlichkeit ebensogut auszudrücken wie das Phänomen, um das es sich handelt" (Murray 1938, S. 531). Er nimmt dabei an, durch die Deklaration des Tests als einer „Prüfung der schöpferischen Phantasie" werde die Wachsamkeit des Pb vermindert, der dann seine unbewußten Wünsche, Ängste, Spuren kindlicher Erfahrungen usw. in den „Phantasien" ausdrücke. Der U. erhalte — wenn er zwischen den Zeilen lesen könne — „Daten für eine spekulative Rekonstruktion der unbewußten Themenstruktur (thematic pattern)". Auf diese Weise entwerfe ihm der Test eine Art „Röntgenbild des Inneren" des Pb (Murray 1943, S. 1).

Die Sicherheit, mit der Murray von „wohlbekannten Tatsachen" sprach und diagnostische Schlüsse zog, muß angesichts der wenigen bis dahin veröffentlichten empirischen Forschungsergebnisse verwundern. Sie zeigt, daß Murray in erster Linie von klinischen Erfahrungen ausging. Murrays eigentliche Grundlage ist in seiner Persönlichkeitstheorie zu suchen, die hier nicht näher erläutert werden kann (s. Murray 1938). Sie ist der Versuch einer Synthese aus verschiedenen psychologischen Schulen und Gedanken der Tiefenpsychologie.

Für den TAT ist hiervon besonders wichtig, daß nach Murray Handlungen vor allem von den Bedürfnissen (needs) und den Umweltbedingungen und -anforderungen (presses) abhängen, daß sich die needs unter der Wirkung der presses entwickeln und daß Verhalten und Probleme eines Menschen vor allem aus seinen unbewußten Wünschen, Ängsten und Konflikten verstanden werden können. Diese festzustellen ist Murrays Hauptziel. Ferner nimmt er an, daß sich diese unbewußte Dynamik in Träumen und Phantasien ausdrückt sowie in einer sogenannten „Projektion", die darin bestehe, daß unter dem Einfluß eines Bedürfnisses ein Pb die Tendenz hat, in die umgebenden Objekte einige von den Phantasien, die mit dem Bedürfnis assoziiert sind, zu „projizieren" (1938, S. 260). Die „projektiven Methoden" seien zeitsparende Methoden zur Provokation des Ausdrucks der unbewußten Spuren und Tendenzen. Die Entwicklung einer „Phantasiegeschichten-Technik" lag danach nahe, zumal auch Freud schon versucht hatte, aus literarischen Produktionen auf die Persönlichkeit der Autoren zu schließen, indem er sie mit einiger Vorsicht wie Traumphantasien behandelte. Eine weitere Annahme ist für die Auswertung wichtig: daß sich der Pb mit einer der Figuren auf dem Bild identifiziere und daher dieser Figur seine eigenen Bedürfnisse usw. zuschreibe, während die Umgebung dieses „Helden" in der Geschichte so beschrieben werde, wie der Pb seine eigene Umwelt mit ihren Forderungen und Möglichkeiten erlebt.

Bei der Auswahl der Bilder ging Murray noch davon aus, daß sie in unserer Kultur wichtige Konfliktsituationen darstellen sollten, damit der Pb zum Ausdruck seiner wichtigsten dynamischen „Themen" angeregt wird. Unter „Themen" versteht Murray die individuelle Kombination eines bestimmten Bedürfnisses mit dem entsprechenden sozialen „Druck", also der Lebenssituation mit ihren Befriedigungsanreizen, -hindernissen und Anforderungen (need-press-combination; Murray 1938, S. 36).

Mit diesem Thema-Konzept hat Murray bereits im Prinzip eine zentrale Komponente vorweggenommen, die heute in kognitiven, interaktionistischen Motivationstheorien eine so bedeutsame Rolle spielt: Die kognitive Person-Umwelt-Strukturierung des Pb. Die weiterentwickelten T.A.-Techniken haben sich dabei wie kein anderes Verfahren als geeignet erwiesen und wesentlich zur Theoriebildung beigetragen.

B. Allgemeine projektionstheoretische Grundlagen

Wie die schnelle Verbreitung des Verfahrens zeigt, muß von vielen Klinikern diese theoretische Grundlage als ausreichend angesehen worden sein. Dazu hat ohne Zweifel die Theoretisierung der projektiven Verfahren durch Frank (1939, 1948) beigetragen, der „den Glauben förderte, daß projektive Techniken Antworten provozieren, die die Eigenwelt des Pb erschließen" [2]) (Murstein 1961, S. 322). Ein weiterer Impuls kam vom „new look" der Wahrnehmungsforschung. Die ersten Ergebnisse wurden vorschnell als experimentelle Beweise für „die Projektion" angesehen, und es wurde befriedigt festgestellt, daß die Experimentalisten nun auch merkten, was Freud schon lange gewußt hatte.

Die Bemühungen um eine genauere Klärung des Vorganges führten zunächst zum Aufgreifen des klassischen Projektionsbegriffs Freuds, nach dessen engerer Fassung (Freud 1911) Projektion ein Abwehrmechanismus gegen innere Wahrnehmungen ist, die nicht mehr ausreichend verdrängt werden können und daher in die Außenwelt verlegt werden. Ein solcher Prozeß ließ sich jedoch bisher für den TAT nicht nachweisen, und es ist fraglich, ob er überhaupt existiert (Murstein 1963, Holmes 1968). Boesch (1960b) nimmt an, daß dies höchstens ein Spezialfall des allgemeinen Projektionsvorganges ist, den er als relativ undifferenzierte Strukturierung des Handlungsfeldes bei erhöhter Bedürfnisspannung versteht. Andere Autoren haben nicht einen allgemeinen, sondern mehrere verschiedene Projektionsprozesse angenommen. Über diese allgemeinen Projektionstheorien siehe jedoch Hörmann im 1. Teilband, ferner Murstein (1963), Holmes (1968) sowie Anzieu (1976).

McArthur (1953) kam zu dem Ergebnis, daß es für den TAT weitgehend unnötig sei, verschiedene Arten der Projektion zu unterscheiden. Keinesfalls darf man sich jedoch deshalb mit dem ausgeweiteten Projektionsbegriff begnügen (Rapaport 1942 oder auch Freud 1924). In der vagen Bedeutung von „Ausdruck"

---

[2]) Es soll hier doch noch einmal erwähnt werden, daß, entgegen einer sehr verbreiteten Meinung, Frank *nicht* der „Erfinder" der projektiven Verfahren ist und er auch *nicht den Ausdruck* „proj. Methoden" geprägt hat. Siehe die Arbeit von Wright (1933!) und vor allem Murray (1938), der nicht nur schon projektive Verfahren benutzte und unter diesem Ausdruck zusammenfaßte, sondern projektionstheoretische Grundlagen erörterte.

irgendwelcher Art ist er im Munde vieler Diagnostiker zu einem wissenschaftlichen Slangwort geworden, das keinen Erklärungswert besitzt, wie z. B. Boesch (1960b) und Heckhausen (1960) zu Recht kritisierten.

Eine Möglichkeit, zu differenzierten Vorstellungen über den Projektionsvorgang beim TAT zu kommen, bot dann die social-perception-Forschung.

Wendet man die Theorie von Bruner (1951) in vereinfachender Weise hier an (Einzelheiten s. Hörmann 1954, Graumann 1956), so wäre anzunehmen, daß in den Geschichten deshalb Bedürfnisse, Werte, Konflikte u. dgl. des Pb erkennbar werden, weil jeder Pb an die Bilder mit individuellen, bedürfnisbezogenen Hypothesen herangeht (Bruners erster Schritt); wegen der Mehrdeutigkeit der Bilder verfallen bei der realitätsorientierten Kontrolle der Hypothesen (Bruners dritter Schritt) nur wenige der Ablehnung. Dies wird ferner durch die Instruktion gefördert, die ja keine genaue Wahrnehmung, sondern Phantasien verlangt.

Dieser wahrnehmungspsychologische Ansatz ist jedoch als theoretische Grundlage der T.A.-Methoden nur begrenzt verwendbar. Einmal darf er nicht dazu verführen, die Bedeutung des Bildes als Stimulus-Material zu vernachlässigen (s. S. 274), zum anderen geht es beim TAT nicht um *Wahrnehmungen,* sondern um „Phantasien", oder genauer: um das Erzählen von Geschichten.

Geschichten sind viel kompliziertere Gebilde als Wahrnehmungen, und sie werden beim TAT einem U. erzählt. Man wird also neben dem Prozeß der Wahrnehmung des Bildes auch den Prozeß der Entstehung der Geschichte im einzelnen untersuchen und bei der theoretischen Begründung der T.A.-Methoden berücksichtigen müssen. Hierum bemühte sich Holt (1961). Er betonte, daß das Erzählen ein realitätsorientierter kognitiver Prozeß ist, in dem die Kontrollfunktion des Ich zu Verdrängungen, Bearbeitungen, „Trickendings" usw. führe (vgl. hierzu auch Klein 1951, 1954, sowie Gardner et al. 1959).

Aus feldtheoretischen Überlegungen war auch schon Deutsch (1954) dazu gekommen, daß der Pb beim Konstruieren der Geschichte das Verhältnis zum U., den Zweck der Untersuchung usw. berücksichtige. Er hat drei Hauptfaktorengruppen genannt: Persönlichkeitsdispositionen, die objektive Situation (u. a. insbesondere den Bildstimulus) und die Definition der Situation durch das subjektive Erleben der Pbn.

Die Einwände von Holt und Deutsch waren vor allem gegen die Vereinfachung Murrays gerichtet, die Geschichten wie unkontrollierte, im wesentlichen von unbewußten Bedürfnissen determinierte Phantasien zu behandeln; sie sind aber auch bei neueren Ansätzen, etwa von McClelland und Heckhausen, zu bedenken, auf die später noch eingegangen wird.

Ein ähnliches Konzept für die Funktionsweise projektiver Verfahren hat auch Murstein (1961, 1963) entwickelt: Eine projektive Reaktion wird als Resultante der Interaktion von „stimulus-", „background-" und „organismic-"Variablen in der Situation angesehen. Zur Beschreibung der Interaktion dieser Determinanten hat Murstein versucht, Helsons Theorie des Adaptationsniveaus heranzuziehen und eine mathematische Formalisierung zu entwickeln. In seinen weiteren Arbeiten hat er sich dann aber im wesentlichen nur auf das Stimulusproblem beim TAT konzentriert. Zwei weitere Ansätze zur Klärung der Funktionsweise von T.A.-Verfahren stammen von Kenny (1961, 1964), der hierzu eine Verbindung von wahrnehmungstheoretischen und kognitionstheoretischen Konzepten vornahm, sowie von Fulkerson (1965), der, gestützt auf informations- und entscheidungstheoretische Grundlagen, Computersimulations-Techniken anwandte. Beide Ansätze sind aber nicht systematisch weiterverfolgt worden.

Einen außerordentlich wertvollen Beitrag zum Verständnis der thematischen Apperzeption haben die zahlreichen Arbeiten von McClelland, Atkinson, Heckhausen und Mitarbeitern sowie die Arbeiten von Fuchs geleistet.

McClelland hat im Anschluß an Murray, Allport, Freud, Tolman u.a. eine Motivationstheorie im größeren Rahmen einer Persönlichkeitstheorie entwickelt (McClelland et al. 1953). Ausgehend von den Vorstellungen Murrays hat McClelland den TAT speziell zur Messung des Leistungsmotivs adaptiert und einen Satz leistungsthematisch relevanter Bilder sowie einen darauf abgestimmten Zählungsschlüssel entwickelt, mit dem eine Erfassung und Quantifizierung leistungsbezogener Geschichteninhalte ermöglicht wurde. Nach der Persönlichkeitstheorie von McClelland drücken sich Motive im Verhalten durch zielgerichtete Verhaltenssequenzen aus. Da das Verhalten auch noch durch Merkmale der Situation und durch Handlungsgewohnheiten determiniert wird, sind Phantasieproduktionen, bei denen diese Faktoren weitgehend wegfallen, zur Motivmessung besonders geeignet. Treten also in TAT-Geschichten geordnete, zielgerichtete Verhaltenssequenzen auf, so deutet dies auf das Vorhandensein von Motiven hin. Das dem TAT zugrundegelegte Meßmodell ist dabei additiv-kumulativ. Die (Leistungs-) Motiv-Intensität ist um so stärker, je mehr (leistungs-) thematische Inhalte geäußert werden. Verfälschungstendenzen werden für vernachlässigbar oder zumindest für kontrollierbar gehalten (McClelland 1958, 1971, 1979).

In sehr vielen Untersuchungen hat McClelland Bestätigungen für seine Theorie erbringen können. Es ergaben sich schließlich weitreichende Kenntnisse über die Beziehungen bestimmter TAT-Merkmale zu Entwicklungs- und anderen Verhaltensbesonderheiten, die zugleich zur Verfeinerung der Methode wie zur weiteren Differenzierung der Theorie beitrugen.

Aus diesen Ergebnissen und einer Reihe theoretischer Überlegungen im Anschluß an Tolman und Rotter hat Atkinson eine genauere Theorie des Ausdrucks von Motiven in TAT-Geschichten entwickelt (Atkinson 1958b, 1958c, 1964). Danach sind die TAT-Produktionen als situationsspezifische Motivierungen anzusehen, die wiederum als Produkt einer Wechselwirkung aus relativ stabilen Persönlichkeitsdispositionen und situationsspezifischen Erwartungen zu verstehen sind. Ein

TAT-Bild, das eine bestimmte soziale Situation darstellt, enthält nach Atkinson Hinweise (cues), die Erwartungen (expectancies) anregen können über die Befriedigung eines oder mehrerer Motive. Die Erwartungen bestehen in flüchtigen erfahrungsabhängigen Abwägungen der bedürfnisrelevanten positiven und negativen Konsequenzen von Handlungen (auf die hin Motive orientiert sind) in der entsprechenden Situation. Die sich hieraus entwickelnde Motivation[3]) führt in den TAT-Geschichten zu einer Entwicklung von Phantasiebeschreibungen derjenigen Umstände, die Gefühle der Befriedigung oder Frustrierung hervorrufen. Hieraus ergeben sich sehr konkrete Forderungen hinsichtlich der Rolle des Stimulusmaterials, der Situation sowie hinsichtlich der Auswertungskriterien und der Geschichten-Verhaltens-Relation, die einer experimentellen Prüfung zugänglich sind (hierauf wird auf S. 275 näher eingegangen).

Diese Theorie findet ihre sinnvolle Ergänzung in der Theorie der Motivationsaktivierung von Fuchs (1954, 1962, 1963, 1964, 1976a, b) und die sich daran anschließende des projektiven Verhaltens. Die Theorie der Motivationsaktivierung kann zunächst den Teil der Atkinsonschen Theorie genauer beschreiben, der am unbestimmtesten ist: Wieso können Bildmerkmale Erwartungen über die Bedürfnisbefriedigung anregen? Fuchs konnte experimentell nachweisen, daß es analog zum bedingten Reflex eine bedingte Aktivierung von Emotionen gibt. Ein gegenständlicher Inhalt (wahrgenommen oder vorgestellt) kann aufgrund bestimmter Verknüpfungen mit Emotionen Aktivierungsreiz für diese Emotionen werden. Die Aktivierungsfunktion der Reize unterliegt den Gesetzen der Reizgeneralisierung. Auf den TAT angewandt folgt daraus, daß von den vielen Einzelheiten eines Bildes (Personen, Gegenstände, Themen usw.) einige — zumindest durch Generalisierung — Aktivierungsreize für Emotionen sind. Bei Auffassen des Bildes kommt es zu einer bedingten Emotionsaktivierung, die nach Fuchs nicht willentlich unterdrückbar ist.

Weiter nimmt Fuchs nach seinen Ergebnissen an, daß ein aktiviertes Bedeutungsgefühl zunächst nur dunkel erlebt wird, d. h. ohne kognitive Integration mit der Situation, daß es jedoch zur Anregung bedeutungs-immanenter Erwartungen führt, die u. a. in die Interpretation der Situation oder auch von Wahrnehmungsdaten eingehen können, und daß eine Reintegration der komplexen Motivation (i. S. McClellands) erst als weiterer Schritt geschieht. Diese Reintegration ist (im Gegensatz zur Aktivierung) ein motivierter Prozeß, der unter Berücksichtigung der Gesamtsituation abläuft und der daher unter dem Einfluß konkurrierender Motive (Angst, Verdrängung u. a.) auch unterbleiben kann.

---

[3]) Mit „Motiv" werden die mehr generalisierten und relativ stabilen *Dispositionen* bezeichnet, nach bestimmten Befriedigungsarten (Zielen) zu streben; mit „Motivation" dagegen die *momentane Aktivierung* einer Tendenz zu konkreten, motivbezogenen Handlungen.

Beim TAT wird im allgemeinen die Tätigkeitsbereitschaft zum Geschichtenerzählen die Motivationsintegration begünstigen (vgl. Kornadt 1963), die nach Atkinson dann die Gestaltung der Geschichte beeinflußt. Konkurrierende oder Vermeidungs-Motive, die mit dem aktivierten Gefühl selbst oder der Testsituation verbunden sind, können jedoch recht komplizierte Prozesse bedingen (Verdrängung, Ausweichen, symbolischer Ausdruck usw.). Welche Motive aktiviert werden, ob Konflikte entstehen und was dann geschieht, ist nicht ohne weiteres vorherzusagen.

In neuerer Zeit hat Atkinson eine Erweiterung seiner motivationstheoretischen Vorstellungen vorgenommen, bei der die den Handlungen zugrundeliegenden Dynamiken eine zentrale Rolle spielen (Atkinson & Birch 1970). Dies hat auch für das Verständnis des TAT Bedeutung (Birch, Atkinson & Bongort 1974, Atkinson, Bongort & Price 1977). Atkinson geht hierbei von der Vorstellung eines immer aktiven Organismus' aus, dessen Leben im Verhalten durch einen kontinuierlichen Aktivitätsstrom gekennzeichnet ist. Bei der Analyse der Kontinuität des Verhaltens und seiner zugrundeliegenden motivationalen Struktur rückt deshalb zwangsweise die Analyse der Verbindungen zwischen Aktivitäten, d. h. der charakteristischen Veränderungen von einer Aktivität zu einer anderen in den Blickpunkt. Atkinson verläßt damit die traditionelle Betrachtung des Verhaltens als Sequenz separater, isoliert zu betrachtender S-O-R-Episoden. Dabei wird die Bedeutung der unmittelbaren Umwelt (Stimulussituation) darin gesehen, daß sie gleichzeitig unterschiedliche antreibende und hemmende Kräfte hervorbringt, die das Aktivierungsausmaß der Tendenzen eines Individuums, in eine bestimmte Richtung handlungsaktiv zu werden (oder auch nicht), beeinflußt. Atkinson hat hierfür ein auch mathematisch formalisiertes System von gegeneinander gerichteten oder sich ergänzenden Kräften konzipiert, die als Kausalfaktoren den kontinuierlichen Anstieg oder ein Absinken in der Stärke der jeweils zugrundeliegenden Tendenzen (action tendency, negation tendency) theoretisch erklären sollen. Veränderungen in der Stärke solcher widerstreitender motivationaler Tendenzen sind verantwortlich für den Wechsel von einer Handlung zu einer anderen und auch für unterschiedliche Handlungssequenzen eines Individuums bei Konstanz der Umgebung.

Für den TAT bedeutet dies, daß auch die Geschichtenproduktion als „verdeckter" Strom (operanten) imaginativen Verhaltens aufzufassen ist, wofür die Prinzipien der den Handlungen zugrundeliegenden Dynamik gleichermaßen gelten. Da theoretisch zu erwarten ist, daß sich im Laufe der Zeit das Muster der insgesamt aktivierten Motive ändert, kann beim TAT, der ja auch eine Zeitlang dauert, also nicht angenommen werden, daß die anfänglichen Stärken von verschiedenen widerstreitenden Motivationstendenzen, z. B. bei der Präsentation des ersten TAT-Bildes, auch bei den nächsten Bilddarbietungen immer gleich sind. Dementsprechend können in einer Serie von Bildern bei einer Inhaltsauswertung der Geschichten von Bild zu Bild oft unterschiedliche Motivkennwerte resultieren, zumal wenn — wie in der Regel der Fall — die Bildanreize variieren.

Dies bedeutet nun gleichzeitig aber auch, daß der TAT — trotz einer dadurch evtl. auftretenden relativ geringen inneren Konsistenz — dennoch als ein zuverlässiges Maß zur Messung von Motivstärken bzw. von stabilen Persönlichkeitsdispositionen betrachtet werden kann. Einen empirischen Nachweis dafür lieferte die Rasch-Analyse des TAT von Kuhl (1978). Auf weitere Implikationen, die sich aus diesen Überlegungen und Ergebnissen für die optimale Zahl von Bildern sowie für die Reliabilität und Validität des TAT ergeben, wird später noch eingegangen.

Abschließend soll noch auf die hauptsächlich im Gebiet des Leistungsmotivs entwickelten theoretischen Vorstellungen von Heckhausen eingegangen werden, soweit sie für den TAT bedeutsam sind. Heckhausen (1963, 1967) faßt ein Motiv als hochgeneralisierte Disposition auf und geht wie Atkinson davon aus, daß es nur über seine Aktualisierungen zu erfassen ist. Geeignet ist dafür die Inhaltsanalyse thematischer Phantasieproduktionen, da von diesen angenommen wird, daß sie durch ein Motivierungsgeschehen zustandekommen. Das (Leistungs-) Motiv wird von Heckhausen als Bewertungsdisposition gedacht, die als Bezugssystem normwertartig festlegt, wie Person-Umwelt-Bezüge bestimmter Thematik beschaffen sein müssen, um als befriedigend zu gelten (Soll-Lage). Dagegen wird ein Erwartungsgradient gesetzt, der als aktualisierte Motivation angesehen wird. Sein Gefälle wird durch die Diskrepanz zwischen den gegenwärtigen und zukünftigen Ist-Lagen bestimmt, wobei die überdauernde Soll-Lage und die psychische Distanz zwischen den beiden Ist-Lagen den Bezugsrahmen bilden. Im TAT wirken nun die Bildsituationen, in denen Person-Umwelt-Bezüge mit bestimmter Thematik dargestellt sind, wie Ist-Lagen. Dadurch wird das (Leistungs-)Motiv aktiviert und erzeugt eine personspezifische Diskrepanz zum eigenen Normbezug. Entsprechend der Differenzen in der Diskrepanz*größe* zeigen sich Unterschiede auch in den, in den Geschichten zur Diskrepanzbeseitigung entworfenen (leistungs-)thematischen Handlungs- und Erlebnisfolgen, die denen unter Realbedingungen weitgehend vergleichbar sind. Somit stellen nach Heckhausen die in TAT-Bildern angebotenen Situationen sog. „Miniatur-Lebenssituationen" (Heckhausen 1960, S. 69) dar. Die mittels TAT-Geschichten erfaßten Motivierungsmuster entsprechen deshalb weitgehend direkt denen, die auch in der Realsituation das Verhalten determinieren. Da nach Heckhausen (1967) zudem eine direkte lineare Beziehung zwischen der Größe der Diskrepanz zwischen Ist- und Soll-Lage und der verbalen Elaboration (leistungs-)thematischer Handlungs- und Erlebnisverläufe anzunehmen ist, ist auch der Rückschluß auf den Ausprägungsgrad des Motivs erlaubt: Zahlreicher auftretende themenspezifische Verbaläußerungen sind somit ein Indikator für eine größere Motiv-*Stärke*.

Mit diesen Theorien besitzen wir differenzierte theoretische Grundlagen, die gerade den Prozeß der Geschichtenkonstruktion mit umfassen. Wenn sie auch noch keine Vorhersagen für jeden Einzelfall erlauben, so lassen sie sich doch durch weitere Hypothesen differenzieren, die empirisch prüfbar sind.

Zu derartigen Hypothesen können (ja müssen nach Fuchs) auch solche gehören, die sich auf individuelle Bewältigungs- und Konfliktlösungsformen, Denkstrukturen oder „kognitive Systemprinzipien" (Klein 1951) beziehen. Das heißt, daß diese Theorien ganz andersartige Interpretationsansätze nicht ausschließen, sondern durchaus mit umfassen können (vgl. auch S. 332ff).

Auf diese Weise lassen sich auch Beziehungen herstellen zwischen den Methoden der inhaltlichen und formalen Auswertung. Die Annahmen, die den Bemühungen um formale Auswertungsmethoden zugrundeliegen, beziehen sich nämlich zum großen Teil auf Aspekte wie Persönlichkeitsintegration (Groh 1956), Ich-Funktion (Wyatt 1958, Holt 1961, Prelinger & Zimet 1964), Hemmungs- und Verteidigungsprozesse (Rapaport et al. 1946, Höhn 1959, Kagan 1961), Arten der Realitätsverarbeitung (Shneidman 1961, Kempler & Scott 1970), „locus of control" (Dies 1968) und Entfremdung (Propper 1970).

Gerade auch im Rahmen neuerer kognitiver Motivationsmodelle (z. B. McClelland 1975, Heckhausen & Weiner 1972, Kornadt 1974, Heckhausen 1977,) zeigt sich die besondere und ungebrochene Bedeutung des TAT zur Motivmessung. Der TAT ermöglicht nämlich, die bei der Konfrontation mit Bildsituationen ablaufenden umfangreichen kognitiven Prozesse (etwa Bewertung der Situation, Handlungsentwürfe, Kausalattribuierungen, Erfolgsantizipationen u. ä. m.), die sonst einer direkten Erfassung schwer zugänglich sind, zu ermitteln. Für diese „individuell verbindlichen kognitiven Prozesse" (Heckhausen 1973) und „die Art und Weise, in der eine Person ihre Erlebniswelt spontan konstruiert" (McClelland 1971), stellt der TAT ein Medium dar, in dem Kognitionen thematisiert werden können (McClelland 1966, Heckhausen 1973). In dieser Beziehung konnte daher auch die Reliabilität und Validität des TAT bei der Prüfung der Möglichkeiten von Motiv-Änderungsprogrammen recht eindrucksvoll nachgewiesen werden (McClelland & Winter 1969, Heckhausen 1971, McClelland 1972, zusammenfassend Krug 1976).

C. Annahmen und Tatsachen, die für Testaufbau und Interpretation relevant sind

Der vorige Abschnitt behandelte die Grundlage dafür, daß eine Ermittlung von Persönlichkeitseigenarten mit dem TAT überhaupt möglich ist. Hier sollen nun spezielle Annahmen und Grundlagen behandelt werden, die sich 1. auf die Frage beziehen, was eigentlich im TAT erfaßt wird, 2. auf einige Folgerungen für den Testaufbau und 3. auf die Frage, was für eine Beziehung zwischen Persönlichkeits- und Testmerkmal besteht.

1. *Darüber, was im TAT ausgedrückt würde* und folglich aus ihm erschlossen werden könne, gibt es sehr verschiedene Annahmen: Die ganze Persönlichkeit oder zumindest ihre „zentralen Bereiche" (Bennet 1941) oder „die dynamische

Struktur" (u. a. Bellak 1975), ferner einzelne Eigenschaften (traits, z. B. Campus 1976), Motive (u. a. McClelland et al. 1953) oder Konflikte (Miller 1948, 1951, Epstein 1962, 1977), kognitive Strukturierungen wie Attribuierungen, Selbstbewertungen u. ä. (McClelland 1971, Meichenbaum 1976) und schließlich nur gewisse TAT-Verhaltenseigentümlichkeiten, die (wenn man Glück hat) mit anderen Verhaltenseigentümlichkeiten korrelieren.

Hinter diesen verschiedenen Annahmen stehen verschiedene Ziele, für die man den TAT verwenden möchte, und aus ihnen folgen verschiedene Auswertungs- und Interpretationsansätze. Kliniker setzen sich eher die Aufgabe, Verhalten und Erleben eines Pb im individuellen inneren Zusammenhang zu verstehen, mehr experimentell orientierte Forscher suchen eher nach allgemeinen Gesetzen und individuellen Differenzen und beschreiben den Einzelnen danach. Diese beiden Arbeitsweisen — von Allport 1937 nach Windelband idiographische und nomothetische genannt — verwenden dementsprechend verschiedene Eigenschaftsbegriffe. Während die nomothetische mit Abstracta auskommt, die operational definiert werden, verwendet die idiographische Constructa, die über das Beobachtbare hinausgehen und es (kausal) erklären sollen (s. Graumann 1960, zusammenfassend Herrmann 1976). Die Diskussion hierüber ist noch immer lebhaft im Gange (Holt 1962, Hörmann 1964, Holzkamp 1964, 1965, Allport 1966, Herrmann 1973, dazu kritisch Schmidt 1974) und um Fragen der Situationsabhängigkeit von Persönlichkeitsmerkmalen (Mischel 1968, 1969, 1971, Endler 1973, Bowers 1975) und der Persönlichkeitsabhängigkeit der Situation(swahrnehmung) (Bandura 1974, Graumann 1975) erweitert worden. Solange über dieses Zentralproblem der Persönlichkeitsforschung keine Einigung besteht, kann man auch keine Einigung über die TAT-Auswertung erwarten.

Indessen scheint diese Einteilung überspitzt zu sein. Shapiro (1966) hat beispielsweise mit dem Neuansatz des sog. klinisch-psychologischen Einzelfallexperiments gezeigt, daß ein individuum-zentrierter Ansatz nicht unbedingt idiographische Methoden impliziert, sondern daß sowohl nomothetische als auch idiographische Methoden Verwendung finden können. Verfahren einer psychometrischen Einzelfalldiagnostik wurden von Huber (1973) vorgestellt; speziell auf den TAT bezogen ansatzweise von Meichenbaum (1976) sowie Maloney & Ward (1976).

Für den TAT jedenfalls ist einerseits unbefriedigend, nur nach Korrelationen zwischen TAT- und sonstigem Verhalten zu suchen und den Sachverhalt irgendwie zu benennen (x-Dimension), andererseits ist eine traditionelle- rein idiographische Beschreibung der ganzen Persönlichkeit (vgl. etwa Modell I von Herrmann, 1976) zumindest vorläufig kein wissenschaftlich brauchbares Vorgehen der empirischen Persönlichkeitsforschung (anders das diagnostische Einzelfallexperiment, vgl. Schulte 1976). Ein sinnvoller Lösungsansatz hat sich aus der von McCorquodale & Meehl (1948) und Cronbach & Meehl (1955) vorgeschlagenen Konstruktvalidierung ergeben (vgl. Herrmanns Modell II). Bei ihr werden Constructa angenommen, die aus einem theoretischen System abgeleitet sind und in diesem einen Erklärungswert haben und die zugleich empirisch gesichert sind, so daß sie schließlich innerhalb eines Systems von Beobachtungen und interpretativen Annahmen definiert sind. Die empirischen Befunde tragen zur Stützung, aber auch zur Differenzierung und Modifizierung der Theorie bei. Dieser Weg führt zu einer schrittweisen Konstruktion eines auf beobachtbare und meßbare Tatbestände gestützten Persönlichkeitsmodells (vgl. Hörmann 1964, Herrmann 1973, 1976). Vorerst steht aber allen Validierungsversuchen das Problem im Wege, daß jede Definition eines Persönlichkeitsmerkmals, dessen TAT-Ausdruck studiert werden soll, noch von relativ spekulativen, d. h. wenig gut abgesicherten Theorien der Persönlichkeit und des Verhaltens ausgehen muß.

Nach den vorliegenden Untersuchungen darf man vorläufig annehmen, daß mit dem TAT vor allem *Motive* festgestellt werden können, und zwar deren Stärke und bis zu einem gewissen Grade deren inhaltliche (situationsbezogene) Organisation (Murrays Thema) sowie u. U. Beziehungen zwischen mehreren Motiven (Konflikte), ferner wahrscheinlich strukturelle Eigenarten wie Integration und Hemmung. Diese Begriffe bedürfen natürlich einer genauen Definition im obigen Sinne, auf die wir hier aber nicht eingehen können (vgl. z. B. McClelland et al. 1953, McClelland 1971, 1979, sowie Miller 1948, 1951, Epstein 1977).

2. Weiterhin ist die Frage, *wie denn überhaupt Persönlichkeitsmerkmale oder Motive,* die man doch als relativ stabile generalisierte Dispositionen mit hoher situationaler Übertragbarkeit versteht, *im TAT erfaßt werden können,* wenn er — wie experimentell erwiesen — ein sensibles Instrument zur Erfassung *momentaner* Motiv-Anregungen ist.

Beim Schluß von den in TAT-Geschichten erfaßten Motivierungsmustern, also den situationsspezifischen Aktualisierungen eines Motivs, auf das Motiv (und dessen Stärke) geht man von der Annahme aus, daß Erwartungen, die sich auf Befriedigungsmöglichkeiten bestimmter Motive beziehen, in der (individuellen) Lerngeschichte fest mit bestimmten Situationen verbunden werden. Da die Situation des TAT-Bildes als mit Real-Situationen vergleichbar angesehen wird, muß der motivationale Gehalt der Geschichten auf den gleichen Motiven beruhen, die auch in den entsprechenden Real-Situationen wirksam wären (s. S. 270). Nach Atkinson (1958c) ist dafür, daß der individuelle Motiv-Zählungswert ein Maß für die individuelle Motivstärke ist, erforderlich: 1. eine neutrale, d. h. das betreffende Motiv nicht (oder bei allen Pbn gleichmäßig) anregende Untersuchungssituation, und 2. eine Reihe von Bildern, die das betreffende Motiv thematisch in verschiedener Weise ansprechen. Da die gegenständliche Organisation des Motivs individuell variiert, wird jedes Bild motivrelevante Erwartungen von Pb zu Pb in verschiedener Weise und Stärke ansprechen, und erst im Durchschnitt vieler Bilder kann man erwarten, daß sich diese Unterschiede aufheben (vgl. hierzu auch Atkinson et al. 1977).

Hiermit sind drei wichtige Einzelprobleme des Testaufbaus berührt: die Standardisierung der Testsituation, der Anreizwert der Bilder, die erforderliche Zahl der Bilder.

a) Auf die *Standardisierung* der Untersuchung gehen wir später ein (s. S. 282).

b) Der *Anreizwert* der Bilder ist ein viel komplizierteres Problem als man zunächst dachte. Angesichts von social-perception-Ergebnissen vernachlässigte man anfangs den Bildeinfluß. Rosenzweig (1951) nahm noch an, daß der Reiz mehr ein Auslöser ist, der bereits vorbereitete Reaktionen anregt und in Gang setzt. Die große Häufigkeit gleicher Antworten zu einem Bild spricht jedoch deutlich gegen diese Annahme (s. S. 294), ebenso die Bearbeitungen in der Geschichte. Aus ähnlichen Annahmen hatte man eine größere Unbestimmtheit der Bilder gefordert (z. B. Hutt 1954); man glaubte, daß mit steigender Mehrdeutigkeit auch die diagnostische Ergiebigkeit steigt (Levine et al. 1942). Auch das ist keineswegs der Fall; wie Arbeiten u. a. von Weisskopf (1950), Kenny (1954, 1964), Epstein (1962), Murstein (1965 b, c, 1966) und Kaplan (1967, 1969 c, 1970) zeigen, bestehen eher U-förmige Beziehungen. Eine nach verschiedenen Motiven differenzierende Betrachtung dieses Phänomens findet sich bei Klinger (1971).

Es ist heute unstreitig, daß die Aktivierungsfunktion des Bildinhaltes sehr genau kontrolliert werden muß, auch um abschätzen zu können, welche Antwortkomponenten stimulusgebunden auftreten und welche als projektiv und persönlichkeitsdiagnostisch relevant anzusehen sind (Berg 1957, Murstein 1963, Wiggins 1973). Eine neuere Zusammenstellung verschiedener theoretischer Konzepte unter dem Gesichtspunkt der Bedeutung des Stimulus für das Verständnis der Funktionsweise projektiver Verfahren, speziell auch des TAT, findet sich bei Vislie (1972); vgl. hierzu auch McClelland (1979).

Die vielfältigen Ansätze zur *Ermittlung des Bildanreizwertes* umfassen u. a.: (a) Aufstellung normativer Daten, etwa von Themen oder sonstigen inhaltlichen und formalen Geschichten-Elementen (Eron 1950, 1953, Kornadt 1960 a, b, Wolowitz & Skorkey 1966, ähnlich auch die Angaben zur „diagnostischen Valenz" der TAT-Bilder von Revers 1973); (b) Ermittlung des Ausmaßes projektiver Phantasie mit Hilfe des Transzendenz-Index (Weisskopf 1950; Weisskopf-Joelson & Wexner 1970, zusammenfassend Prola 1972); (c) Einschätzung der Bilder mittels spezieller Skalen (Jacobs 1958, Murstein 1966, Vislie 1972) oder Polaritätsprofilen (Friedman et al. 1964, Goldfried & Zax 1965); (d) Expertenratings der Bilder bzgl. einzelner Dimensionen (Murstein 1960), der Gesamtzahl möglicher Interpretationen (Bijou & Kenny 1951, Kenny & Bijou 1953) oder ihrer klinischen Ergiebigkeit (Hartman 1970); (e) Kategorisierungen von Geschichten nach strukturellen Komponenten der Bilder (Murstein 1964, 1965 b, c, 1966, 1969, 1972); (f) Ermittlung mehrerer Geschichten pro Bild und deren Auswertung nach Eigenschafts-Check-Listen (Kaplan 1969 a, b, 1970); (g)

Anwendung von Skalierungsverfahren zur Ermittlung des Bildanreizwertes für einzelne Motive (Murstein et al. 1961, Murstein 1965d), ein Vorgehen, das auch zur Konstruktion anreizwert-abgestufter, eindimensionaler Bildersätze angewandt wurde (Lesser 1958a, Kornadt 1974); (h) Ermittlung der Stimulusambiguität der Bilder für verschiedene Motive und Bedürfnisse mit Hilfe einer speziellen TAT-Eigenschafts-Einschätz-Skala (Campus 1976).

Das Stimulus-Problem ist eins der meistuntersuchten Probleme des TAT überhaupt. Aus diesem Grunde kann auf die fast unüberschaubare Fülle hierzu vorliegender Einzeluntersuchungen, etwa im Zusammenhang mit Beziehungen zwischen bestimmten Charakteristika der TAT-Bilder oder einzelnen Ambiguitätsgraden und dem (Reaktions-) Verhalten von Pbn, hier nicht eingegangen werden (vgl. zusammenfassend Murstein 1963, 1965a, Zubin et al. 1965, Vislie 1972, Exner 1976).

c) Wenn schließlich für das Erkennen von Art und Stärke eines Motivs der durchschnittliche Anreizwert aller Bilder bei jedem Pb annähernd gleich sein muß, dann muß jeder Pb so *viele verschiedene Bilder* bekommen, daß alle motivrelevanten Situationen vorkommen. Man kann strenggenommen immer nur über die Stärke desjenigen Teil-Motivs etwas aussagen, das sich auf die den dargestellten Situationen ähnlichen[4]) Lebenssituationen bezieht. Für die Diagnostik erhebt sich die Frage, wann man sicher sein kann, keinen für das festzustellende Motiv wichtigen Situationsbereich übergangen zu haben. Damit ist zugleich ein grundsätzlicheres Problem berührt, nämlich ob beim TAT nicht die Motiv-*Intensität* (= Anzahl thematisch relevanter Aussagen pro Geschichte) und die Motiv-*Extensität* (= Anzahl der Geschichten mit thematisch relevanten Inhalten) als unabhängige Dimensionen der Motiv-Stärke angesehen werden müssen, diese aber im TAT konfundiert sind (Veroff 1965; Heckhausen 1967, DeCharms 1968, Birney et al. 1969). Die Diskussion hierüber ist noch in vollem Gange und wird besonders im Zusammenhang mit dem Problem der Messung des Leistungsmotivs im Rahmen eines kognitiven Motivationsmodells vorangetrieben (vgl. hierzu zusammenfassend Heckhausen 1974, Schmalt 1976a). Schmalt hat versucht, die Lösung dieses Problems mit Hilfe eines methodischen Neuzugangs, der sog. Gitter-Technik, zu erreichen. Dabei wird versucht, die Vorteile der indirekten inhaltsanalytischen Verfahren und die der direkt arbeitenden Fragebogenverfahren für die Motiverfassung zu verbinden und gleichzeitig beider Nachteile zu vermeiden. Die ersten vorliegenden Ergebnisse sind ermutigend (vgl. Schmalt 1976a, b).

Für die Persönlichkeitsdiagnostik dürfte es somit völlig verfehlt sein, etwa aus der Geschichte zu „dem" Mutter-Sohn-Bild des M-TAT „die" Mutter-Beziehung eines Pb ablesen zu wollen oder aus dieser Annahme heraus „die jeweils geeignete

---

[4]) Selbst der Ausdruck „ähnlich" (similar) ist solange vage, wie es an Kenntnissen über Generalisierungsbereiche, mögliche Ähnlichkeitsdimensionen und -grade fehlt.

Bildauswahl" (intuitiv) zusammenstellen zu wollen. Zugleich tut sich damit aber auch noch ein neues Problem auf. Reitman & Atkinson (1958) berichten von einem deutlichen „Serien-Effekt": Der Punktwert für ein Motiv nimmt bei 8 (systematisch permutierten) Bildern gegen Ende ab (S. 665), ein Phänomen, das u. a. auch von Klinger (1973, S. 41) bestätigt wurde. Es gibt ferner einen „Sägezahn-Effekt" (Reitman & Atkinson 1958, 666) und einen auf den emotionalen Ton wirkenden Positions-Effekt (Dollin & Sakoda 1962) u. ä. m.

Neuere theoretische Vorstellungen über die dem Verhalten (auch Phantasieverhalten) zugrundeliegende Motivationsdynamik lassen aber vermuten, daß es sich bei solchen Phänomenen nicht nur um „reine" Positionseffekte handelt, sondern daß Regelhaftigkeiten dahinterstehen (Atkinson et al. 1977, Kuhl 1978, s. S. 269). Nach den Modellrechnungen von Atkinson et al. kann eine Serie von fünf bis sechs motivrelevanten Bildern als relativ optimal angesehen werden.

3. *Über die Beziehung zwischen Persönlichkeits- und Geschichtenmerkmal* gibt es auch recht verschiedene Annahmen. Sie sind nicht immer ganz so klar gegeneinander abgesetzt, wie wir es hier vereinfachend darstellen.

a) Die älteste und einfachste Annahme ist die der direkten Entsprechung, der linearen Beziehung zwischen Index und Indiziertem: Je mehr motivrelevante Inhalte der TAT enthält, um so stärker ist das Motiv. Davon ist Murray ausgegangen, ebenso zahlreiche spätere Zählungsmethoden (s. S. 288). Als Bestätigung lassen sich vor allem die zahlreichen Arbeiten zum Leistungsmotiv interpretieren (vgl. Atkinson 1961, McClelland 1966, Heckhausen 1967, 1973).

b) Es gibt jedoch Untersuchungen, die keine (z. B. Coleman 1967, Murstein 1968), andere, die eine umgekehrte Beziehung zwischen Bedürfniszustand bzw. relevantem Verhalten und TAT zeigen (z. B. Broverman et al. 1960, Vinacke 1962, Schaefer & Norman 1967, Cowdon et al. 1969, Goldberg & Wilensky 1976, Matranga 1976).

Sie erfordern zumindest eine Modifikation der Linearitäts-Annahme, die über die Berücksichtigung von Ausnahmen (z. B. bei Verstellung) hinausgehen muß. Eine solche wurde von Lazarus (1961) mit der Substitutions-Theorie versucht. Er griff mit ihr die alte (u. a. 1943 schon von Sanford geäußerte) Annahme auf, daß in der Phantasie besonders die unbefriedigten, also im Verhalten u. U. nicht erkennbaren (z. B. verdrängten) Bedürfnisse auftauchen. Er nimmt an, daß eine lineare Beziehung zwischen Bedürfniszustand (und Verhalten) und TAT-Ausdruck eine mehr realitäts-orientierte Phantasietätigkeit widerspiegelt. Daneben gäbe es auch noch eine mehr ES-gesteuerte Phantasietätigkeit, die die Funktion der Phantasiebefriedigung (Wunschdenken) habe, wenn Bedürfnisse nicht motorisch entlastet werden können; dann bestehe keine direkte Beziehung zwischen TAT-Ausdruck und Verhalten. Die im TAT zutage tretenden Kognitionen stünden zu denen, die in Handlungssituationen relevant werden, in einem substitutiven und nicht in einem isomorph abbildbaren Verhältnis.

Ob diese Annahme jedoch tatsächlich aus den empirischen Ergebnissen zu folgern ist, muß vorläufig dahingestellt bleiben. So ergab sich beispielsweise in einer Längsschnittuntersuchung von Skolnick (1966) beim Vergleich von TAT- und Verhaltensdaten für die Motive Leistung, Ausschluß, Macht und Aggression über einen Zeitraum von 20 Jahren zwar als hervorstechender Trend eine direkte Beziehung zwischen Phantasie und Verhalten, aber doch kein einheitlicher für alle Motive, Altersgruppen und Geschlechter. McClelland (1966) sah die Ergebnisse als Bestätigung dafür an, daß das im TAT erfaßte Verbalverhalten operantem Verhalten zuzurechnen ist, und daß Phantasie- und offenes Verhalten zwar als separate, aber eng linear verbundene Verhaltensarten anzusehen sind. Lazarus (1966) betonte hierzu demgegenüber, daß sich bedeutsame Beziehungen nur ergäben, wenn Moderatorvariablen mit in Betracht gezogen würden. Wir haben es hier mit einem nach wie vor ungelösten Problem von grundlagentheoretischer Bedeutung zu tun (vgl. Fiske & Pearson 1970, Fiske 1974, zusammenfassend auch Holmes 1968, Klinger 1971, Schmalt 1976a, McClelland 1979).

c) Ein anderer Versuch, ein Nicht-Entsprechen von Bedürfnisstärke und TAT-Ausdruck zu erklären, ist aus der Theorie der Wahrnehmungsabwehr (perceptual defense) entwickelt worden. Er läuft auf die Annahme hinaus, daß verdrängte Motive im TAT nicht etwa — wie Murray annahm — besonders gut erkennbar sind, sondern u. U. gerade nicht ausgedrückt werden. Nach dieser Theorie könnte ein Bild, das ein verdrängtes Motiv aktiviert, zugleich einen auf Wahrnehmungs-Abweisung gerichteten Verteidigungs-Mechanismus stimulieren (Eriksen 1951, 1954), so daß auf „Verdrängung" des Motivs geschlossen wird, wenn es trotz „offensichtlicher" Anregung nicht im TAT ausgedrückt ist. Aber: Bedeutet das Nicht-Ausdrücken eines Motivs tatsächlich, daß es „verdrängt" wurde, oder nicht einfach, daß das Motiv nur schwach vorhanden ist, oder vielleicht gar, daß ein anderes Motiv noch stärker war? Und dies immer instruktionsgemäßes Verhalten des Pb vorausgesetzt.

Dieses Dilemma zwingt zur Suche nach Zusatzkriterien. Ein solches ist offenbar der Motiv-Anreiz der Bilder. Denn nur bei Bildern mit relativ eindeutigem und hohem Motivreiz könnte ein geringer Motiv-Ausdruck auf Verdrängung schließen lassen, nicht dagegen bei unstrukturierten oder thematisch vieldeutigen Bildern. Bei Kenntnis derartiger „Normen" ist offenbar der Nachweis von Verdrängung möglich. Nach Weisskopf-Joelson et al. (1957) zeigten Pbn, die Aggressionen gegen ihren Vater verdrängen, *weniger* Aggressionsdeutungen zu Bildern mit *hohem, mehr* zu Bildern mit *niedrigem* „Vater-Aggressions-Anreiz" ($p < .03$; $N = 113$). Ähnliche Ergebnisse berichten u. a. Kagan (1956, 1959), Murray (1959), Kaplan (1969c) und Epstein (1962, 1977).

Allerdings scheint für „Verdrängung" oder allgemeiner für Meidungs- und Hemmungsphänomene der thematischen Produktion im TAT generell neben dem Bildanreiz auch die Art des in Frage stehenden Motivs eine Rolle zu spielen. Für ein nicht tabuiertes Motiv scheint auf den ersten Blick eher eine Linearitätsbeziehung zwischen Index und Indiziertem zu bestehen, für ein tabuiertes Motiv dagegen eher die Substitutionsannahme zuzutreffen. Aber auch dies hat sich nicht durchgängig erwiesen. Meidungsphänomene konnten nämlich für die mißerfolgsbezogene Tendenz des Leistungsmotivs (z. B. Scott 1956, Moulton 1958, Anderson 1962, Meyer et al. 1965) und auch für Schlaf (Murray 1959) nachgewiesen werden. Andererseits liegen für tabuierte Motive u. a. Untersuchungsergebnisse vor, für die eine Linearitätsannahme durchaus zutreffen würde. Für Aggression (Barton 1964, James & Mosher 1967, Schubert 1973) und Sexualität (Clark 1952, Clark & Sensibar 1955, Epstein & Smith 1956, Lindzey et al. 1958, Leiman & Epstein 1961) wurden hier generell und auch durchgängig bei Bildern mit hohem Motiv-Anreiz motivrelevante Kognitions- und Erwartungsmuster festgestellt. Klinger (1971) hat zur Erklärung für diesen Sachverhalt als generelle Moderatorvariable das Ausmaß an „sozialer Unterstützung", das ein Individuum für bestimmte Verhaltensweisen erfährt, herangezogen. Danach ließen sich also je nach unterschiedlicher Motiv-Lern-Genese (mit den entsprechend differentiellen motivbezogenen kognitiv-affektiven Verankerungen) für verschiedene Subgruppen von Pbn unterschiedliche Beziehungen, beispielsweise zwischen TAT- und Verhaltensaggression, erwarten und prognostizieren (relevante Ergebnisse hierzu bei Klinger 1971, S. 320 ff.).

Die vorliegenden Ergebnisse zeigen jedenfalls, daß man unter bestimmten Bedingungen oder bei bestimmten Pbn nicht mit linearen, sondern auch mit U-förmigen Beziehungen zwischen TAT-Inhalt und Motivstärke bzw. Bildanreiz zu rechnen hat. Die näheren Gesetzmäßigkeiten sind jedoch beim gegenwärtigen Forschungsstand noch unklar.

d) Für die theoretische Zusammenfassung und exakte Beschreibung dieser Einzelheiten hat sich die Anwendung des Konflikt-Konzeptes auf den Projektions-Prozeß im TAT als fruchtbar erwiesen. Den verschiedenen Ansätzen dafür ist gemeinsam, den Ausdruck eines Bedürfnisses als von zwei gegeneinander gerichteten Faktoren abhängig aufzufassen und für die Funktion jedes der beiden Faktoren und ihr Zusammenspiel möglichst präzise, nachprüfbare Vorstellungen zu entwickeln.

So nimmt Rapaport (1952, 1960) von der psychoanalytischen ICH-Psychologie ausgehend, das Zusammenwirken eines trieborientierten „primären" und eines realitätsorientierten „sekundären" Denkprozesses an (ähnlich Lazarus 1961, vgl. auch Bellak 1950, Wyatt 1958, Kagan 1960, Prelinger & Zimet 1964, Allison et al. 1968).

Auch Atkinson hat eine Theorie des „Hinwendungs-Abwendungs-Konflikts" für den TAT im Anschluß an Lewin, Tolman und Miller formuliert. Er geht dazu von McClellands Zwei-Faktoren-Theorie der Motivation aus, bei der der eine Faktor die Hoffnung auf Befriedigung (z. B. eines sexuellen Impulses), der andere die Furcht vor unangenehmen Folgen (z. B. Strafe) ist. Nach Atkinson (1958b) können dieselben Bildmerkmale, die die Erwartung der Hoffnung auf Befriedigung anregen, auch die Angsterwartung anregen und so einen Konflikt auslösen, der den Ausdruck des Motivs vermindert oder verhindert (vgl. auch Fuchs 1954). Die Möglichkeit einer exakten Quantifizierung solcher Konflikte konnte vielfach bestätigt werden (u.a. Auld 1954, Epstein & Smith 1956, Atkinson 1958c, Anderson 1962, Epstein & Fenz 1962, O'Connor et al. 1962, Eisler 1968, Kempf 1970).

Epstein (1962, 1966, 1977) nimmt hierzu im Anschluß an Miller (1944, 1959) an, daß die „Netto-Ausdrucks-Tendenz" gleich der Summe des auf Ausdruck und des auf Hemmung gerichteten Faktors ist. Beim TAT ist sie u.a. je nach der Motivrelevanz der Bilder verschieden, positiv oder negativ: Ein Konflikt zeigt sich bei der Produktion verbaler Inhalte im TAT darin, daß bei Bildern mit geringer Motivrelevanz die Ausdruckstendenz anwächst, während bei Bildern mit hoher Relevanz die Hemmungstendenz steigt (vgl. hierzu Murstein 1963, S. 76ff., Heckhausen 1968, S. 145ff., Fisch 1970).

Auf diese Weise wird die Theorie des projektiven Ausdrucks im TAT zu einem Teil der allgemeinen Verhaltenstheorie, und Erkenntnisse des einen Forschungsbereichs werden jeweils für den anderen (i. S. der Konstrukt-Validierung) fruchtbar. Wenn man aber für das TAT-Verhalten auf derart umfassende Theorien zurückgreifen muß, wird klar, daß man unmöglich ein allgemeines einfaches Prinzip für die Gestaltung einer TAT-Geschichte oder die Beziehung zwischen Persönlichkeits- und TAT-Merkmal angeben kann. Was im Einzelfall geschieht, hängt von vorläufig zahllosen Faktoren ab. Die dispositionelle Stärke eines Motivs und Situationsmerkmale sind nur zwei Faktoren, weitere sind die Stärke von Gegenmotiven, der Bildanreizwert, das Verhalten des U. usw., von denen die momentane Aktivierung von Motiv und Gegenmotiven und damit Akzeptieren oder Abweisen des aktivierten Motivs oder die Entstehung eines Konflikts abhängen.

Für weitgehend gesichert kann die Annahme einer linearen Beziehung von Motivstärke und TAT-Ausdruck unter „normalen" Bedingungen gelten sowie die Richtigkeit des Konfliktmodells, also die Entstehung von U-Funktionen bei Gegenmotiven.

4. *Kritik an der Identifikations-Hypothese.* Zum Schluß dieser Darlegungen ist noch die Identifikations-Hypothese Murrays (s. S. 264) zu betrachten. Dieses Konzept, das Murray mit dem Einräumen von 6 „Komplikationen" (1943, S. 7) wie mehreren Partial- oder 2 entgegengesetzten Helden selber nicht konsequent durchhalten kann, ist aus folgenden Gründen als *allgemein* anwendbares Auswertungsprinzip problematisch.

Wir sahen, daß die Theorien von Atkinson und Fuchs als wohlfundierte Grundlagen der T.A.-Methoden betrachtet werden können. Nach ihnen ist nun zwar wahrscheinlich, daß der Aspekt des Bildes, der den persönlichen Verhältnissen des Pb am meisten entspricht, am leichtesten zu Motivaktivierungen führt. Ein Vater-Sohn-Bild wird also bei einem 15jährigen Pb dessen für dieses Thema relevante Aspekte ansprechen, d. h. er „identifiziert sich" mit dem Jungen auf dem Bild. Was aber wird angesprochen bei einem Mann, der selber Vater ist? Allgemein heißt das, daß die verschiedenen Merkmale und Bedeutungen, die ein Bild hat, auch verschiedene Motive aktivieren können und daß der Aspekt dafür nicht immer eindeutig ist. Ferner ist anzunehmen, daß auch die als „presses" vom Pb ausgedrückten Umweltansprüche im eigenen Motivsystem des Pb verankert sind (Henry 1956, Wyatt 1958). Gerade bei Konflikten wird das deutlich werden. Ähnlich argumentierte schon Piotrowski (1950). Wenn ein Mann erzählt, eine Frau will einen widerstrebenden Mann zurückhalten, so könnte man wohl schließen, ihn beschäftige das Trennungsthema; aber nicht, daß er eine Trennung wünscht; er kann sie auch fürchten, er kann das Gehaltenwerden wünschen, oder alles zusammen kann im Konflikt stehen. Heckhausen (1965) warnt denn auch davor, die Aussagen im TAT allzu wörtlich oder stückhaft zu nehmen und zu glauben, darin spiegele sich der Erzähler unmittelbar. Für die TAT-Auswertung folgert er daraus, alle Aussagen ungeachtet der besonderen Einkleidung und Einbettung „auf ihre wesentlichen Grundgehalte zurückzuführen (etwa gleiche Motive)" (S. 18). Thematische Wiederholungen in den einzelnen Geschichten bilden dann das Grundgerüst der psychodiagnostischen Befundzusammenstellung, und erst nach deren Ordnung können Rückschlüsse auf die Erzählerpersönlichkeit gezogen werden. Heckhausen berücksichtigt auch „besondere Fälle" (S. 18), in denen die Identifikationshypothese (seine zweite Grundannahme für den TAT) nicht zutrifft.

Da darüber hinaus eine Geschichte nicht immer die aktivierten Motive wiedergibt, sondern Verschiebungs-, Meidungs-, Verdrängungs- und Kontrollprozesse vorkommen, kann eine vom „Helden" als Bezugspunkt ausgehende Bedürfnis-Druck-Analyse auch zu schweren Fehlern führen (Piotrowski 1950).

Da sich heute auch in der klinischen Psychodiagnostik kaum noch die Intention findet, im TAT „die ganze Persönlichkeit" erfassen zu wollen, sondern Aussagen mehr für umschriebene Persönlichkeits- und Motiv-Bereiche gemacht werden (zusammenfassend Dana 1975), oft mit Hilfe spezieller Bildersätze, ist die Bedeutung der Identifikations-Hypothese als generelles Auswertungsprinzip relativiert. Über empirische Ergebnisse zu diesem Problem wird S. 312 berichtet.

III. Der thematische Apperzeptions-Test von Murray und Morgan

A. Material und Aufbau des TAT

Der TAT von Morgan und Murray ist trotz zahlreicher Modifikationen noch immer der Prototyp der T.A.-Methoden. Die Methode, die auch das Vorbild aller Modifikationen wurde, besteht darin, daß dem Pb eine Anzahl von mehrdeutigen

Bildern nacheinander vorgelegt und er aufgefordert wird, zu jedem Bild eine Geschichte zu erfinden.

Den Zweck des Verfahrens beschreibt Murray in der Handanweisung zum M-TAT folgendermaßen: „Der TAT ist eine Methode, dem geschulten Auswerter einige dominante Triebe, Emotionen, Einstellungen, Komplexe und Konflikte einer Persönlichkeit zu offenbaren. Sein besonderer Wert beruht auf der Fähigkeit, die zugrundeliegenden gehemmten Tendenzen zu enthüllen, die die Vp oder der Patient nicht mitteilen will oder — weil sie ihm unbewußt sind — nicht mitteilen kann" (1943, S. 1).

Das Testmaterial besteht insgesamt aus 31 schwarz-weißen Bildern. Diese Bilder stellen in der Mehrzahl mehrdeutige soziale Situationen dar, in denen sich eine oder mehrere Personen befinden. Mehrdeutig ist auf den Bildern neben der Bedeutung der Gesamtsituation vor allem der Gesichtsausdruck, bisweilen auch Alter, Geschlecht oder Haltung der Person. Auf einigen Bildern sind nur Landschaften dargestellt (Boecklins „Felsschlucht"), ein Bild (Nr. 16) ist ein leeres Blatt.

Hiervon soll der Pb zwei Serien von je 10 Bildern bekommen. Der Bildersatz ist je nach Geschlecht und Alter (über oder unter 14 Jahren) verschieden. Die jetzt allgemein (in Deutschland wohl ausschließlich) verwendeten Bilder wurden 1943 herausgegeben. Es ist die zweite Revision, die sich von der ersten Ausgabe durch die Auswahl der Bilder, durch deren verdoppelte Größe und durch die Einteilung in zwei Bildserien unterscheidet (näheres hierzu auch bei Semeonoff 1976a). Die Bilder der zweiten Serie (Nr. 11—20) bezeichnet Murray als „mehr ungewöhnlich, dramatisch und bizarr" als die der ersten. Altersgrenzen werden für die Anwendbarkeit des Verfahrens nicht angegeben. Murray erwähnt, daß der Test ab 7 Jahren anwendbar sei, aber auch bei jüngeren Kindern noch befriedigende Resultate erzielt wurden.

B. Durchführung

Die Durchführung des Verfahrens soll in einer entspannten, freundlichen und verständnisvollen Atmosphäre stattfinden, in der sich der U jeder Kritik zu enthalten hat. Der U soll sich im Rücken des bequem sitzenden oder liegenden Pb befinden. In der Instruktion soll der Test als eine Prüfung der Phantasie eingeführt und der Pb aufgefordert werden, zu jedem Bild eine möglichst dramatische Geschichte zu erfinden, in der die gegenwärtige Situation mit Vorgeschichte und Ausgang und die Gefühle und Gedanken der Personen beschrieben werden sollen. Murray schlägt zwei Formulierungen hierfür vor, je nach Alter und Intelligenz des Pb, er bemerkt jedoch, daß die Formulierung den jeweiligen Umständen angepaßt werden könne. Es sind auch neutrale Eingriffe des U gestattet (z. B. die Frage „Was führte zu dieser Situation?"), um möglichst reichhaltiges

Material zu erhalten. Zwischen der Durchführung der ersten und zweiten Serie soll mindestens ein Tag liegen. Für jede Sitzung ist etwa eine Stunde vorgesehen, jedoch keine Zeitgrenze vorgeschrieben. Die Antworten sollen wörtlich festgehalten werden. Nach dem Test soll in einer Exploration möglichst viel über die Quellen der Geschichten- Elemente ermittelt werden (vgl. hierzu auch Revers 1973, Bellak 1975).

C. Probleme der Standardisierung von Material und Durchführung

Wie man sieht, wurde von Murray mehr Wert auf eine entspannte, den Phantasie-Ausdruck begünstigende Atmosphäre als auf strenge Standardisierung gelegt.

Auch die Bilder sind nicht systematisch ausgewählt, z. B. um jedes Bedürfnis aus Murrays Liste anzusprechen. Die Auswahl erfolgte pragmatisch nach der nicht genau definierten klinischen Ergiebigkeit. Von vielen anderen TAT-Experten wird auf die Standardisierung noch weniger Wert gelegt. Oft wird die Bildfolge geändert, die Bildzahl verringert, auf eine zweite Sitzung verzichtet oder sonst eine neue Variante eingeführt (vgl. Shneidman 1951, Jones 1956, Harrison 1965, Bellak 1975, Semeonoff 1976a, Klopfer & Taulbee 1976). Die Annahme, eine Standardisierung der Testdurchführung sei im Grunde nicht so wichtig, weil die Testsituation nur eine unspezifische Reizsituation für die freie Entfaltung der Persönlichkeit sei, ist jedoch irrig:

1. Welche Bedeutung *Bilder-Zahl und -Auswahl* haben, wurde bereits S. 275 erörtert.

2. Wie bedeutsam *das Verhalten des U* ist, geht bereits aus einer Untersuchung von Milam (1954) hervor: Eine unfreundliche Haltung des U führt im Vergleich zu einer freundlichen zur Vermehrung des Ausdrucks von Konflikten, Aggressionen und Ängsten (ein Überblick über frühe Untersuchungen gibt Murstein 1963). Auch Aussehen, Alter und persönliche Charakteristika des U sind Einflußfaktoren (Mussen & Scodel 1955, Turner & Coleman 1962, Masling 1960, 1966). Ein besonderes Problem ist die Standardisierung der Instruktion. Gegen die in der Psychometrie übliche Strenge kann man einwenden, sie garantiere nur eine recht äußerliche Gleichheit der Bedingung. Unterschiede im Verstehen der Instruktion machen beim TAT nicht auch bereits — wie beim Intelligenztest — einen Teil der zu untersuchenden Differenzen aus. Bei einem Pb, der vor einer unklaren Aufgabe steht, können die Geschichten vielleicht mehr von Situationsunsicherheiten als vom Bildanreiz bestimmt sein. Aber der Ausweg, deshalb recht individuelle Instruktionen zu geben, führt zu unkontrollierten Beeinflussungen. Als Ausnahme sei in diesem Zusammenhang eine Fallstudie von Moosmann (1977) erwähnt, bei der sich in einer Art Stimulationsexperiment durch spezielle TAT-Instruktionen vermehrt ergiebigere, problembezogene Geschichten provozieren ließen, die für eine Entscheidungsfindung bei Elternrechts-

fragen sehr hilfreich waren. Aufgrund von Forschungsergebnissen zur subliminalen Wahrnehmung und über verbales Konditionieren muß aber damit gerechnet werden, daß eine (von Murray noch zugelassene) „Ermunterung" sowie nicht-verbale Hinweise — etwa Häufigkeit des Blickkontaktes — unkontrolliert beeinflussend auf thematische Reaktionen wirken (z. B. Gross 1959, Uleman 1971 a, b, Steward & Patterson 1973). Man kann zudem auch kaum annehmen, daß das ermunternde „mh" ohne Bezug zu Erwartungen des U gegeben wird, die ihrerseits wieder sehr deutliche Einflußfaktoren darstellen (Marwit & Marcia 1967, Marwit 1969, Rosenthal 1969, Strauss 1971). Auch Einflüsse von Geschlechtsunterschieden zwischen U und Pb auf den TAT sind verschiedentlich untersucht worden (zusammenfassend Rumenik et al. 1977). Allerdings sind die vorliegenden Ergebnisse, etwa bzgl. der Frage, ob weibliche U aufgabenorientierter sind und eine andere Tafelauswahl treffen als männliche (Masling & Harris 1969, 1970, Wolf 1970, Hersen 1971, Marwit et al. 1974) und auch unterschiedliche Geschichteninhalte im TAT provozieren (Turner & Coleman 1962, Milner 1975), keineswegs einheitlich. Nach Siskind (1973) verschwinden solche geschlechtsgebundenen Unterschiede mit zunehmender klinischer Erfahrung der U. Ein weiterer Einflußfaktor, der aus der Interaktion zwischen Pb und U resultiert, ergibt sich aus der Untersuchung von Pbn aus niedrigeren Sozialschichten, was Verzerrungen nach sich ziehen kann (Riessmann & Miller 1958, Kenny 1964, Hunt & Smith 1966, Levy 1970).

3. Auch die *Testsituation* ist zweifellos nicht bei allen Pbn hinreichend gleich. Wenn z. B. vor dem TAT ein Intelligenztest gemacht wurde, wie Murray (1943, S. 3) vorschlägt, so entspricht das etwa den experimentellen Bedingungen, unter denen es McClelland gelang, das Leistungsmotiv anzuregen und die Auswirkungen im TAT zu studieren. Ähnlich hat auch Klinger (1966, 1967, 1973) situative Einflüsse auf den TAT nachweisen können. Ebenso ist mit situationsspezifischen Motivaktivierungen zu rechnen, wenn von der Untersuchung bestimmte Entscheidungen, etwa Zulassung zum Beruf, forensische Probleme usw. abhängen. Auch Interaktionen aufgrund von Ähnlichkeiten zwischen Test- und Bildsituation sind nicht auszuschließen (Weisskopf-Joelson & Wexner 1970). Die subjektive Bedeutung der Testsituation kann bekanntlich einen Pb auch veranlassen, einen guten (oder schlechten) Eindruck machen zu wollen, wodurch die Persönlichkeitsdiagnose beeinflußt werden kann (Weisskopf & Dieppa 1951, Lubin 1960, 1961, Reynolds 1964). Zum Problem einer absichtlichen Verfälschung beim TAT (faking) meint Exner (1976) aufgrund einer Literaturzusammenstellung, daß dies nur schlecht möglich sei; allerdings ließ sich in einigen Untersuchungen (Hamsher & Farina 1967, Holmes 1974) faking beim TAT eindeutig nachweisen. Daneben können zweifellos auch zahllose unbewußte Beeinflussungen, auf die hier nicht näher eingegangen werden kann, eine Rolle spielen.

4. Auf die Wichtigkeit der *Reihenfolge der Bilder* wegen der Positionseffekte wurde bereits S. 276 hingewiesen. Danach kann eine nach Murrays Schema ausge-

wertete Variable eine ganz andere Bedeutung haben, wenn sie bei einem der ersten oder einem der letzten TAT-Bilder vorkommt. Auch eine Fortdauer eines durch ein Bild angeregten Affektes oder Konfliktes bis zum nächsten Bild wird man in Betracht ziehen müssen (vgl. hierzu den Auswertungsansatz von Arnold 1962).

5. Auch Unterschiede zwischen *einzelner, mündlicher* Durchführung und *schriftlicher Gruppendurchführung* des TAT wird man nicht ganz vernachlässigen dürfen (Lindzey & Heinemann 1955, Sarason & Sarason 1958, Lindzey & Silverman 1959, Reiter 1966, Hamilton et al. 1967). Daneben kann auch die Art der Protokollierung verschieden wirken (Sauer & Marcuse 1957, Cavalcanti et al. 1971, Baty & Dreger 1975). Auch zeitliche Faktoren, etwa die Dauer der Bilddarbietung sowie die zur Geschichtenproduktion zugebilligte Zeit haben qualitative und quantitative Auswirkungen auf den TAT (Wohlford 1968, Lipgar 1969, Wohlford & Herrera 1970, Fiester & Siipola 1972, Martinez et al. 1972, Stang et al. 1975).

Die hier erwähnten Probleme werden um so stärker ins Gewicht fallen, je mehr man den TAT nach dem Vorbild psychometrischer Verfahren verwendet. Bei einer mehr intuitiven Auswertung mit dem Ziel, die inneren Kräfte des Pb in ihrem dynamischen Zusammenhang zu verstehen, mag man den Eindruck haben, daß sich unter allen Umständen doch die wesentlichen Konflikte, Themen und Motive darstellen. Zweifellos kann man hier nicht um so großzügiger sein, je komplexer die Aufgabe ist, und die geschilderten Probleme sollten klar gesehen werden. Andererseits ist u. E. aber ernsthaft zu überlegen, ob der psychometrische Ansatz — gerade angesichts der S. 293f angedeuteten Kritik — uneingeschränkt richtig ist. Je mehr, wie in der modernen Motivationstheorie und ökologischen Psychologie, das Verhalten als Interaktion verstanden wird, muß man das bezweifeln, ohne daß eine Lösung der sich ergebenden diagnostischen Probleme deswegen leichter würde.

IV. Auswertungsmethoden

Man kann es als ein besonderes Charakteristikum des TAT ansehen, daß es für ihn nicht eine oder ein paar konkurrierende Auswertungsmethoden gibt, sondern vermutlich mehr als für jeden anderen Test (Jensen 1959). Nach Kutash waren bereits 1952 mehr als 30 Verfahren bekannt. Die Zahl hat sich in der Zwischenzeit ständig erhöht, und Murstein (1963) schätzte scherzhaft, ihre Zahl sei wohl ebenso groß wie die der Haare im Barte Rasputins. Die Auswertungsvorschläge sind heute nur noch schwer zu überblicken: Sie reichen von weitgehend unsystematischer Einfühlung in die besondere Eigenart des Pb über den Versuch einer systematischen Erfassung aller ausgedrückten Bedürfnisse, sozialen Beziehungen des „Helden", Themen und Konflikte in umfangreichen Schemata bis zur quantitativen Auswertung einzelner Motive oder auch nur einzelner formaler Geschichtenelemente.

A. Die Methode von Murray

Sie ist ein Verfahren zur Persönlichkeitsdiagnose, das von einem ausgebauten Persönlichkeitsmodell her entworfen wurde (Murray 1938). Gemäß Murrays Grundannahme (s. S. 264) ist es die Aufgabe des Diagnostikers, die individuellen need-press-Kombinationen („Themen") zu erkennen. Für eine Analyse der TAT-Projektionen ist der erste Schritt festzustellen, mit welcher Figur in der Geschichte sich der Pb identifiziert. Murray nennt dazu eine Reihe von Kriterien (z. B.: Zentralfigur der Geschichte; dem Pb in Alter, Geschlecht, Rolle usw. am ähnlichsten; am ausführlichsten geschildert). Dann werden Satz für Satz die Motive, Gefühle usw. des Helden festgestellt und ebenso die Kräfte in dessen Umwelt. Zur differenzierten Beschreibung verwendet Murray eine Liste mit 28 needs und presses. Jeder Ausdruck wird gewichtet (1—5) und die Werte über alle Geschichten addiert und nach der Länge der Geschichten korrigiert. So ergibt sich am Ende, welche Werte vom Durchschnitt abweichen, und dies wird interpretiert als ein Bild von den besonderen Motiven und Umweltkräften des Pb, von deren thematischer Verknüpfung und von den Konflikten und deren Bedeutung für die Persönlichkeit im Zusammenhang mit ihrer Lebensgeschichte.

Dieses umständliche Verfahren hat sich weder in der Praxis noch in der Forschung eingeführt (Klopfer & Taulbee 1976). Vom ursprünglichen Murrayschen Ansatz hat sich vor allem die Anwendung des Motiv- und Thema-Konzepts, sehr viel seltener die genaue need-press-Analyse, die die Identifikationshypothese voraussetzt, erhalten.

Einen ausgezeichneten Überblick über verschiedene Arten des Vorgehens bei der Auswertung und Interpretation zum Zweck der Persönlichkeitsdiagnose gibt das Buch von Shneidman (1951). In ihm haben 15 TAT-Experten dasselbe TAT-Protokoll jeweils nach ihrer Methode analysiert. Überblicke über verschiedene praxis- und forschungsbezogene Auswertungsverfahren geben Revers 1973, Bellak 1975, Semeonoff 1976a, Anzieu 1976.

Die verschiedenen sonstigen Auswertungsverfahren lassen sich vereinfachend in folgende vier Gruppen zusammenfassen:

B. Umfangreiche Modifikationen der Murrayschen Methode

Eine von ihnen stammt von Tomkins, der den „Atomismus" der Murrayschen need- und press-Auswertung kritisiert und statt dessen ein Verfahren sucht, das der Einheit der Persönlichkeit besser gerecht wird. Tomkins (1947) schlägt für die Auswertung vier Abtraktionsrichtungen, hinsichtlich derer die Elemente der Geschichte analysiert werden sollen, vor: die jeweils enthaltene Strebungsrichtung (z. B. weg, hin, gegen), das Niveau der psychischen Funktion (z. B.

Objektbeschreibung, Erwartung, Traum), die Zustände (Mangel, Gefahr) und besonderen Merkmale (zeitliche, Intensität u. dgl.). Für die Interpretation empfiehlt er die Zusammenfassung in vier Bereiche der persönlichen Beziehungen: Familie, Liebe und Sexualität, allgemeine soziale Beziehungen, Beruf. Ein Beispiel für dieses Vorgehen findet sich in der deutschen Literatur bei Stern (1952, S. 47f.).

Diese Methode verzichtet zwar auf die quantitative need-press-Auszählung Murrays, ist aber im übrigen sicher nicht einfacher zu handhaben, und seine Gesichtspunkte sind kaum besser begründet. Ähnliches läßt sich von dem Schema Arons (1949) sagen, das eine Erfassung der need-press-Beziehungen in größeren thematischen Einheiten anstrebt, aber ebenfalls wieder ein schwer handliches, sehr differenziertes System von Variablen vorschlägt.

Ferner gehört hierher die Methode von Stein (1955), der jeden Satz, ja einzelne Satzteile hinsichtlich des dahinterstehenden psychologischen Geschehens kommentiert und so zu einer sehr detaillierten Analyse kommt. Ein deutsches Beispiel dafür findet sich bei Revers (1973). Stein vergleicht außerdem die Geschichte noch mit der „common story", um die individuellen Besonderheiten zu erkennen; ähnlich Rapaport (1943). Ein ähnliches Verfahren schlägt auch Henry (1956) vor.

C. Abgekürzte Verfahren

Um einerseits die Auswertung für die Praxis zu vereinfachen, und andererseits die komplexe Thematik besser in ihrer Individualität erkennen zu können, als es bei einer Analyse nach einem allgemeinen, abstrakten Schema geht, wurde eine Reihe von Auswertungswegen beschritten, die auf genau festgelegte Einzelschritte mehr und mehr verzichten. Statt dessen wird die Geschichte mehrmals studiert, wobei — je nach dem Gesichtspunkt etwa verschiedene — komplexe Deutungshypothesen gebildet werden, die dann am Schluß miteinander verglichen, geprüft und integriert werden. Für diese mehr intuitive Auswertung wären u. a. Holt (1951), Rotter (1946) und Bellak (1954, 1975) zu nennen. Bellak hat ein Auswertungsformular entworfen, in dem sehr komplexe Interpretationen, wie Bedeutung des Über-Ich, oder welches Konzept der Pb von der Umwelt hat, vermerkt werden sollen. Ferner ist hier Revers (1973) zu nennen, dessen Auswertung sich mit der „kursorischen Durchsicht" (S. 194) an Bellak anlehnt, mit dem Vergleich der Geschichte mit der „thematischen Valenz der Tafeln" und der deskriptiven Übersetzung jedoch zusätzlich Ideen von Stein, Henry und Rapaport aufgreift. Erwähnenswert ist auch ein abgekürztes Verfahren zur Erfassung verschiedener Motivstärken (achievement, affiliation, power), das von Terhune (1969) vorgeschlagen wurde.

D. Formale Auswertungsverfahren

Während die meisten älteren Methoden eine Inhalts-Analyse anstreben, gab es schon früh eine kleine Gruppe von Forschern, die nicht fragen „was wird erzählt", sondern „wie wird erzählt", d. h. die auf strukturelle Merkmale der Geschichte ihre diagnostischen Schlüsse gründen. Die beiden am meisten genannten älteren Vorschläge dieser Art sind die von Balken und Masserman und von Wyatt.

Die Methode von Balken & Masserman (1940) ist in ihrem Verzicht auf jeglichen direkten Bezug auf den Inhalt die extremste. Ausgezählt werden vier Indizes, z. B. ein Verb-Adjektiv-Quotient (im Anschluß an Busemann) und ein Sicherheits-Unsicherheits-Quotient (ähnlich ist das Vorgehen von Gottschalk und Hambridge 1955). Smith (1970) und Schaible (1975) berichten übereinstimmend über hohe positive Korrelationen zwischen formalen Kriterien (Wortzahl) und der Ausprägung des Leistungsmotivs.

Wyatt empfahl zunächst eine formale Auswertung lediglich als Ergänzung zur inhaltlichen; 1947 schlug er 15 formale Auswertungsgesichtspunkte vor, u. a. Bildauffassung, Abweichung von typischer Antwort, Ausgang. Die von Rapaport (1946) ausgearbeitete Methode ist dieser sehr ähnlich.

Entsprechend dem wachsenden Interesse an Denk- und Sprachstilen wurden weitere Möglichkeiten der formalen Auswertung dargelegt: einmal von Shneidman (1961), der von der Überlegung ausgeht, daß das Denken einem Individuum subjektiv auch dann logisch erscheint, wenn es objektiv „unlogisch" ist, z. B. im Affekt oder beim Vorurteil. Er schlägt dementsprechend vor, den TAT auf den jeweiligen Denkstil des Pb hin zu untersuchen, um auf diese Weise „des anderen idiosynkratische psychologische Verflechtung (involvement) in seine eigene Welt zu verstehen" (S. 186). Ähnlich schlägt Wyatt (1958) vor, nach gedanklichen Diskontinuitäten zu suchen, die bei affektiven Unterbrechungen der Ichfunktion aufträten. Von Kagan (1961) wird ein mehr formal-inhaltliches Merkmal gewählt: wie oft einer menschlichen Figur ein Affektzustand zugeschrieben wird (z. B. müde, glücklich, stolz). Dies sei wahrscheinlich ein Maß dafür, wie stark der Pb seine Motive und Konflikte verdrängt bzw. sich ihrer bewußt ist (vgl. auch Kempler & Scott 1970). Von May (1968, 1969, 1975) wurde ein charakteristischer Wechsel von negativ zu positiv getönten Emotionen und Erfahrungen in den Schilderungen ausgewertet und mit den Geschlechtsrollenvorstellungen der Pb, besonders auch der Akzeptierung der eigenen Geschlechtsrolle in Zusammenhang gebracht.

Gegen die Anwendung formaler Methoden wird eingewandt, daß sie gerade an dem vorbeigingen, was der TAT Spezifisches geben kann, nämlich einen Einblick in die Thematik der Motive und Konflikte (z. B. Nichols 1958, Revers 1973). Dieser Einwand ist sicher z. T. richtig; trotzdem kann mit den strukturellen

Merkmalen etwas anderes, ebenso wichtiges erfaßt werden. Wahrscheinlich bietet eine TAT-Geschichte sehr verschiedenartige Informationen, deren Zahl und Wert wir noch nicht voll überblicken. Außerdem haben die formalen Auswertungsverfahren gegenüber den inhaltlichen den Vorteil der viel größeren Objektivität und der Quantifizierbarkeit (vgl. hierzu auch den Ansatz der „Projectometry" von Sandven 1975).

E. Formal-inhaltliche Zählungsmethoden

Aus diesen Gründen hat man vermehrt versucht, Zählungsmethoden zu entwickeln, die beide Aspekte umfassen. Eine mit dem Entstehen dieser Verfahren erwartete neue Entwicklung von TATs in Form einer Änderung der Anwendungsziele, der Durchführung oder eines neuen Testaufbaus haben sich bisher nicht erfüllt. Die meisten dieser Zählungsmethoden werden nur für Forschungszwecke (mit speziellen Bildersätzen zumeist) und nicht für die Persönlichkeitsdiagnostik verwandt. Wir können hier nicht im einzelnen auf sie eingehen. Lediglich auf die Zählungsmethode von Dana (1959) soll hingewiesen werden, da diese auch in der diagnostischen Praxis angewandt wird.

Von großer Bedeutung, besonders in der Forschung, ist die Zählungsmethode von McClelland und Mitarbeitern, die aus dem Zusammenhang seiner umfassenden Motivations- und Verhaltenstheorie heraus entwickelt wurde. Ein Ausgangspunkt der Kategoriebildung war das Problemlösungsverhalten: Dabei kann der Pb das Erreichen oder Verfehlen des Zieles antizipieren, instrumentelle Aktivität entfalten, sich auf den Erfolg freuen usw. Es wurde ein entsprechendes Schema zur Klassifikation von motiv-bezogenen Geschichtenelementen entwickelt. Maß für die Stärke des Motivs ist die Zahl der vorkommenden Deutungsklassen pro Geschichte (Motivnennung, Zielerreichen, instrumentelle Tätigkeit, Antizipation affektiver Konsequenzen usw.) ohne Rücksicht auf eventuelle Identifikation. Bilder, Durchführung und Auswertung sind streng standardisiert. Diese Methode der Motivmessung hat inzwischen außerordentliche Bedeutung erlangt (McClelland et al. 1953, Atkinson 1958a, Fogelgreen 1974; in Deutschland Heckhausen 1960, 1963, 1967, Graf Hoyos 1964). Ein entsprechendes Verfahren zur Erfassung des Aggressionsmotivs und der Aggressionshemmung hat Kornadt (1971, 1974) entwickelt. Auch im Rahmen eines kognitiven Motivationsmodells hat sich der McClellandsche TAT-Auswertungsansatz zur Motivmessung als tauglich erwiesen (McClelland 1971, Heckhausen 1973).

Beziehungen zu dem Auswertungssystem von McClelland weist die „Story Sequence Analysis" von Magda Arnold (1962) auf. Das Verfahren dient u. a. ebenfalls zur Ermittlung des Leistungsmotivs, zielt aber auch auf die Erfassung komplexerer Motivkonfigurationen ab. Zentraler Ansatz ist die Ermittlung des „import", d.h. das Herausarbeiten eines Hauptthemas auf interpretativem

Niveau, der „Moral" einer Geschichte und die Analyse ihres sequentiellen Auftretens im Gesamtprotokoll. Jeder „import" wird einer von vier Kategorien subsumiert. Anhand von operational definierten Kritierien werden sodann verschiedene Intensitätswerte ermittelt. Die Transformation und Summation solcher Werte ergibt einen „Motivations-Index". Nach der Logik des Verfahrens spielt das Bildmaterial keine so wesentliche Rolle, obwohl Arnold in der Regel ausgewählte M-TAT Bilder verwendet. Die mit dieser Auswertungsmethode erbrachten Reliabilitäts- und Validitätsergebnisse sind sehr ermutigend (Arnold 1962, Harrison 1965, Sneddon 1971, Honor & Vane 1972).

Auf die fast unüberschaubare Zahl spezieller Auswertungsvorschläge für umschriebene klinisch-psychologische oder auch rein forschungs-orientierte Fragestellungen kann hier nicht eingegangen werden. Beispielhaft sei erwähnt, daß sich das Interesse der Forschung u. a. auf symbolische Inhalte gerichtet hat, die meist als Konfliktsymptome betrachtet werden (Höhn 1959, Fuchs 1954, 1962, Mücher et al. 1964). Clark & Sensibar (1955) und Beardslee & Fogelson (1958) haben Methoden entwickelt, um aus dem symbolischen Ausdruck im TAT auf die Stärke des gehemmten Motivs schließen zu können.

Weiterhin sei auf einige Ansätze hingewiesen, mit Hilfe speziell entwickelter Skalen Aggressions-Inhalts-Auswertungen des TAT vorzunehmen (Stone 1956, Hafner & Kaplan 1960, Megargee & Cook 1967, Murstein 1968, Matranga 1976), interpersonelle Beziehungen (Katz 1966, Kadushin et al. 1969, 1971) oder auch komplexe Persönlichkeitsmerkmale wie „locus of control orientation" zu erfassen (Dies 1968, Johnson & Kilman 1975, Bachrach & Peterson 1976) sowie auf den Versuch von Kempler & Scott (1970), bei der Auswertung bestimmte Komponenten der Satzstruktur mit der thematischen Struktur der Geschichten in Beziehung zu setzen (ähnlich auch Neman et al. 1973).

In der diagnostischen Praxis wird überwiegend nach den unter B und C genannten Methoden verfahren (Klopfer & Taulbee 1976). Einigkeit besteht darüber, den TAT nicht „blind" auszuwerten und nicht als einzigen Test anzuwenden (Dana 1975). Die Informationen aus Verhalten, Lebensgeschichte und anderen Tests sollen zur Einschränkung der Interpretationsmöglichkeiten dienen. Vermutlich kann ein erfahrener Diagnostiker auf diese Weise tatsächlich viele Dinge in ihrem komplexen Zusammenhang intuitiv richtig erfassen. Fraglich ist jedoch die Zuverlässigkeit. Befunde, daß Diagnostiker aufgrund projektiver Testergebnisse bei ihren Pbn gerade solche Probleme *irrtümlich* „feststellen", die ihnen selbst zu schaffen machen (Mintz 1957, Masling & Harris 1969, Marwit et al. 1974, Potkay & Merrens 1975), werden viel zu gerne übergangen. Dabei sollte dieses Phänomen doch eigentlich denjenigen Psychologen geläufig sein, die Erfahrung damit haben, daß beim Interpretieren mehrdeutigen Materials Projektionsprozesse eingehen.

V. Reliabilität

Die Prüfung der Reliabilität projektiver Verfahren ist ein besonders schwieriges und deshalb vielleicht auch ein anfangs vernachlässigtes Problem des TAT. Bis heute gehen die Meinungen darüber, ob oder wieweit die an ein psychometrisches Verfahren zu stellenden Anforderungen auch beim TAT zu erheben sind, besonders weit auseinander (Jensen 1959, Muller 1962, Murstein 1963, Harrison 1965, Lienert 1967, Entwisle 1972, Bellak 1975, Atkinson et al. 1977, McClelland 1979). Fehler, die von der Durchführung, der Situation usw. abhängen, glaubte man lange Zeit vernachlässigen zu können. Daß dies irrtümlich war, haben wir bereits dargelegt (s. S. 282); genau abschätzen kann man sie bisher noch nicht. Wie bei allen projektiven Verfahren, besonders wenn für sie eine ganzheitlich-impressionistische Auswertung in Anspruch genommen wird, stellen sich der Reliabilitätsuntersuchung große methodische Schwierigkeiten entgegen. Sie sind besonders groß hinsichtlich der Frage, ob das, was der Test erfaßt, von ihm auch mit hinreichender Zuverlässigkeit erfaßt wird, weniger hinsichtlich der Frage der Reliabilität der Auswertung und Interpretation. Vielfach sind jedoch beide Fragen gar nicht zu trennen. Ein besonderes Problem stellt in diesem Zusammenhang natürlich auch die Frage nach der Merkmalskonstanz dar sowie nach der Bedeutung des Einflusses situativer Faktoren und deren Interaktion mit Persönlichkeitsmerkmalen (s. S. 272), was im Grunde ein noch ungelöstes persönlichkeits- und handlungstheoretisches Problem darstellt.

Auswertungs-Reliabilität: Die Reliabilität der Auswertung hängt natürlich stark von der Art des zugrundeliegenden Auswertungssystems ab. Eine Prüfung der Reliabilität ist um so schwieriger, je mehr die Auswertung ganzheitlich-intuitiven Charakter hat, weil hier die Zwischenschritte des Kategorisierens oder Zählens wegfallen und nur die Interpretation untersucht werden kann. Aber wie soll man zwei ganzheitliche Persönlichkeitsbilder vergleichen, die in „Essay"-Form abgefaßt sind? Zwar wurde hier die Q-sort-Methode von Stephenson zuweilen mit mäßigem Erfolg als Prüfmethode angewandt (zusammenfassend Murstein 1963, Kornadt 1964, Semeonoff 1976a), allerdings wird man bei derartigen Untersuchungen auch semantische und theoretische Verständigungsschwierigkeiten in Betracht ziehen müssen; die „wahre Größe" von Übereinstimmungen und Fehlern kann man nicht richtig beurteilen, solange Beurteiler wegen des Fehlens eines einheitlichen Persönlichkeitsmodells mit verschiedenen Feststellungen „dasselbe gemeint" haben können.

Einhergehend mit einem sich wandelnden Verständnis von psychologischer Diagnostik mit Hilfe projektiver Verfahren (Dana 1968, Molish 1969, Hertz 1970, Weiner 1972, Coleman 1975) ist man heute eher bemüht, in der klinischen Anwendung des TAT von ganzheitlichen Persönlichkeitsdiagnosen abzukommen zu Gunsten umschriebener Persönlichkeitsdimensionen, Problembereiche und Aufgabenstellungen (Dana 1972, 1975, Eron 1972, Blatt 1975, Exner 1976).

In diesem Zusammenhang sind Bemühungen um eine Verbesserung der Auswertungs-Reliabilität, z. T. unter Einsatz von Computern (Keepers 1968, Smith 1968, Seidenstücker & Seidenstücker 1974) selbstverständlich und auch nicht ohne Erfolg (Nawas 1965, Sells et al. 1967, Kempf 1970).

Auch die Reliabilität von Zählungsmethoden hängt sehr von ihrer Art ab. Je mehr sie auf eine reine Auszählung hinauslaufen (z. B. Wortzahl), desto leichter sind natürlich hohe Übereinstimmungen zwischen verschiedenen Auswertern zu erzielen (Bobsien & Selg 1966, Terhune 1969, Smith 1970, Schaible 1975, Schmitz-Scherzer & Rudinger 1975). Es wird um so schwieriger, je mehr qualitative und Gewichtungs-Urteile mit eingehen (z. B. Motivrelevanz, emotionaler Ton usw.). Bei einer strengen Definition der Kriterien und nach einiger Übung finden sich aber auch hier im Mittel Inter-Auswerter-Korrelationen in einer Größenordnung um $r = .80$ (vgl. Murstein 1963, 1965b, Semeonoff 1976a). Bei den vor allem zu Forschungszwecken entwickelten speziellen T.A.-Verfahren, besonders solchen zur Erfassung von Motivbereichen, stellt die Frage der Auswertungs-Reliabilität in der Regel kein ernsthaftes Problem dar. So geben McClelland et al. (1953) zahlreiche, geringfügig um $r = .95$ schwankende Korrelationen zwischen je zwei geübten Auswertern an, Ergebnisse, die von anderen Autoren ebenfalls erzielt wurden (z. B. Kempf 1970, Ray 1974, Schaible 1975, Atkinson et al. 1977). Ähnlich hohe Übereinstimmungen ergaben sich auch bei verschiedenen Auszählungen desselben Auswerters (McClelland et al. 1953, Child et al. 1956, Skolnick 1966). Kornadt (1974) berichtet Korrelationen um $r = .92$ für die Auswertungs-Reliabilität von Aggression und Aggressions-Hemmung für seinen speziellen Aggressions-TAT.

Paralleltest-Reliabilität: Die Reliabilität des TAT mit der Paralleltest-Methode zu untersuchen ist u. W. bisher nicht unternommen worden. Es existiert keine adäquate Parallelserie, die sicher auch schwer zu entwerfen wäre. Selbst wenn man die TAT-Tafeln für eine Vielzahl möglicher Variablen skalieren würde, wäre es unmöglich, dies für alle denkbaren Teilbereiche der Tafeln zu tun, auf die ein Pb potentiell reagieren könnte. Da zudem die Bildauswahl ursprünglich auf der Basis klinischer Erfahrung erfolgte und nicht aufgrund empirisch erwiesener Nützlichkeit in Bezug auf zugrundeliegende Persönlichkeitsdimensionen, fragt sich auch, ob ein solches Unterfangen überhaupt wünschenswert wäre. Bei speziellen T.A.-Verfahren, insbesondere solchen für bestimmte Motivbereiche, die mit Hilfe von Skalierungsverfahren entwickelt wurden (vgl. Kornadt 1974), ließen sich Parallelserien sicherlich relativ leicht konstruieren.

Retest-Reliabilität: Die vorliegenden Studien über die Retest-Reliabilität des TAT unterscheiden sich stark hinsichtlich der benutzten Tafeln, der Testdurchführung und der Pbn-Gruppen, und die Ergebnisse sind deshalb oft nicht direkt miteinander in Beziehung zu bringen. Die Zeitintervalle variieren zudem von einer Woche (Lowell 1950) bis zu 20 Jahren (Skolnick 1966). Tomkins (1942) fand bei mehrfacher Wiederholung bei einem Pbn vor allem eine Stabilität der

Themen. In einer anderen Untersuchung (1950) fand er bei je 15 Mädchen (18—20 Jahre) Koeffizienten für die Gruppe von r = .80 nach zwei, r = .60 nach sechs und r = .50 nach zehn Monaten. Lindzey & Herman (1955) fanden bei einer Wiederholung nach zwei Monaten (die Pbn sollten sich dabei „nicht bemühen, die erste Geschichte zu erinnern") Korrelationen zwischen r = .00 (need affiliation) und r = .94 (need recognition) bei vier Bildern (N = 20). Fiske (1959) zählte bei zweimaliger Wiederholung 20 % Geschichten, deren Inhalt „völlig verschieden" war. Er meinte, daß eine Wiederholung Informationen erbringen könnte, die sich mit denen vom ersten Mal nicht decken, sondern daß sich vielmehr beide Informationen ergänzen (ähnlich auch Bellak 1975 aus klinischer Sicht). Die Stabilität ist offenbar um so geringer, je größer die Mehrdeutigkeit der Tafeln ist (Kagan 1959). Ein Versuch, dies zu berücksichtigen bei einem gleichzeitigen Vergleich neun verschiedener Auswertungssysteme liegt von Murstein (1968) vor. Schaible (1975) berichtet für die Stabilität nicht-inhaltlicher Variablen für die Wortzahl über eine Periode von drei Jahren (Alter der Pbn: 11 und 14 Jahre) Korrelationen von r = .74; über eine 6-Jahresperiode (zwischen 11 und 17 Jahren) von r = .62. Für die Reaktionslatenz ergaben sich für entsprechend lange Zeitintervalle und Altersstufen Korrelationen um r = .40.

Es interessiert jedoch eigentlich nicht die Stabilität des Wortlautes oder des Inhaltes der Geschichte, sondern die der erst durch eine Auswertung erfaßbaren Persönlichkeitsmerkmale. Hierzu liegt für verschiedene Persönlichkeitsdimensionen, vor allem Leistungsmotivation und Aggressivität, eine relativ große Zahl von Untersuchungen vor, in denen sich recht konsistent signifikant positive Korrelationen niedriger bis mittlerer Höhe ergaben. Kagan (1959) verglich verschiedene TAT-Inhaltskategorien über eine 6-Jahresperiode (Alter der Pbn: 8 und 14 Jahre) und fand signifikante Stabilitäts-Koeffizienten für körperliche Aggression und Leistungsmotivation. Schaible (1975) fand bei Intervallen von 3 und 6 Jahren signifikante Korrelationen für Leistungsmotivation um r = .35. Geschlechtsdifferenzen traten in beiden Studien nicht auf. Moss & Kagan (1961) fanden über einen Zeitraum von 10 Jahren (Alter der Pbn: 14 und 24 Jahre) eine zwar niedrige, aber signifikante Stabilität der Leistungsmotivation bei männlichen und weiblichen Pbn. Im Gegensatz dazu ergaben sich bei Skolnick (1966) nach einem Zwischenzeitraum von 20 Jahren (Alter: 17 und 37 Jahre) bei männlichen Pbn signifikante Stabilitätswerte nur für Aggression (r = .27) und Power (r = .34), bei weiblichen Pbn dagegen nur für Leistungsmotivation (r = .24) und Affiliation (r = .21). Für die inkonsistenten Ergebnisse bzgl. der geschlechtsspezifischen Unterschiede der Stabilität von Persönlichkeitsmerkmalen werden neben dem Alter (Coleman 1969b) noch methodische Unterschiede (Schaible 1975) und vor allem Sozialisationsfaktoren verantwortlich gemacht (Skolnick 1966). Neben Gedächtnisfaktoren, die zumindest bei relativ kurzfristiger Wiederholung einen Teil zur Varianz der berichteten Reliabilitätskoeffizienten beigetragen haben könnten, muß man u. a. auch mit einer veränderten „dynamischen Situation" bei der Wiederholung (Muller 1962) oder gar mit unkontrollierten Veränderungen rechnen, die durch die erste Testdurchführung in der Persönlichkeit entstanden sein können, z. B. durch die von Tomkins (1947, 1961) und Revers (1973) angenommene kathartische Nebenwirkung des TAT. Bei einem therapiebegleitenden Einsatz des TAT (Kadushin et al. 1971, Meichenbaum 1976, Blatt 1975, Dana 1975, Maloney & Ward 1976) ist naturgemäß eher niedrige Retest-Reliabilität zu erwarten. Verschiedene Maßnahmen zur Verbesserung der Retest-Reliabilitätskoeffizienten des TAT diskutieren Ray (1974) und Winter & Steward (1977).

Innere Konsistenz: Gegen die Untersuchung der Reliabilität des TAT mit den bei psychometrischen Tests üblichen Halbierungsmethoden wird meist eingewandt, daß die erforderliche Homogenität nicht gegeben ist (Murstein 1963, Klinger 1966, Entwisle 1972). Tatsächlich ist auf die verschiedenste Weise immer wieder nachgewiesen, daß der emotionale Ton der M-TAT-Bilder verschieden ist und daß von ihnen verschiedene Themen, Motive usw. angesprochen werden (z. B. Murstein 1963, 1972, Kornadt 1960a, b, Hartman 1970, Revers 1973, Bellak 1975). Lindzey & Herman (1955) wandten trotzdem die Halbierungsmethode an, die Korrelationen von $r = .19$ bis $r = .45$ (nach Spearman-Brown-Korrektur für 20 Bilder $r = .41$ bis .80) erbrachte. Child et al. (1956) ermittelten nach einer Methode von Gulliksen Korrelationen für 10 Variablen nach Murray, die zwischen $r = .07$ und $r = .34$ lagen (vier signifikant).

Es ist jedoch zweifelhaft, ob eine innere Konsistenz für den M-TAT überhaupt zu fordern ist. Prinzipiell könnte ja jedes Bild ein anderes Motiv mit hoher Stabilität messen. Die Konsistenz wäre dann = 0, weil keine Homogenität bestünde. Am ehesten ist innere Konsistenz bei undimensionalen oder speziell skalierten Bildserien zu erwarten. Tatsächlich finden sich dann auch hier Korrelationen von wenigstens mittlerer Höhe. So berichtet beispielsweise Kornadt (1974) für seinen Aggressions-TAT eine Halbierungsreliabilität von $r = .67$ (vgl. auch die positiven Reliabilitätsergebnisse zur Aggressionsmessung von Kempf (1970) bei Anwendung des logistischen Testmodells von Rasch auf den M-TAT). Für das Leistungsmotiv liegen verschiedene Angaben vor, die um $r = .50$ variieren (vgl. Schmalt 1976a, b). Ray (1974) hat zeigen können, daß solche Korrelationen durch verschiedene Maßnahmen (u. a. Testverlängerung, Verwendung adäquaterer Koeffizienten u. a.) noch erheblich erhöht werden könnten. In neuerer Zeit hat Entwisle (1972) gemeint, aufgrund der ihrer Meinung nach zu geringen Werte für die innere Konsistenz von indirekt arbeitenden Verfahren zur Messung des Leistungsmotivs die Validität thematischer Verfahren grundsätzlich in Zweifel ziehen zu können (ähnlich auch Korman 1974). Die Autorin hat sich dabei aber auf ein zu simples persönlichkeits- und meßtheoretisches Modell bezogen. Darauf sind Atkinson et al. (1977) näher eingegangen und haben aufgrund neuer motivationstheoretischer Vorstellungen die Angemessenheit der klassischen Testtheorie und die darauf bezogene Reliabilitätsbestimmung für den TAT kritisiert. Über Modellrechnungen mittels Computer haben sie sodann zeigen können, daß die Konstruktvalidität des LM-TAT sehr hoch sein kann, auch wenn die innere

Konsistenz praktisch Null ist (vgl. Heckhausen 1973, S. 233 f., Schmalt 1976 b, S. 171 ff, McClelland 1979).[5]) Einen empirischen Nachweis dafür liefern die Ergebnisse von Kuhl (1978).[5]) Er konnte zeigen, daß TAT-Motivkennwerte zur Messung des gleichen Motivparameters bei einer Stichprobe von 1034 Pbn eine sehr hohe Konsistenz aufwiesen, vorausgesetzt, es wurde ein meßtheoretisches Modell verwandt, bei dem alternative Manifestationen des Motivs (zwei Personen können dasselbe Motiv in verschiedenen Situationen durch ganz verschiedene Reaktionen ausdrücken) berücksichtigt werden. Die chi^2-Werte zur Überprüfung der Übereinstimmung zwischen den Daten und dem Rasch-Modell, bei dem angenommen wird, daß die Reaktionen der Pbn konsistent dieselbe Dimension für alle Pbn einer Stichprobe reflektieren, erwiesen sich trotz der großen Pbn-Zahl als nicht signifikant. In diesem Zusammenhang hat sich gezeigt, daß man zu ganz anderen Vorstellungen über die den T.A.-Verfahren zugrundeliegenden Prozesse gelangt, wenn man von kognitiven, interaktionistischen Motivationsmodellen ausgeht. Man verläßt dann auch die einseitig eigenschaftstheoretische Deutung der Persönlichkeitsmerkmale, und damit wird deutlich, daß die klassische Testtheorie, die weitgehend davon ausgeht, zumindest für T.A.-Verfahren in dieser Hinsicht nicht angemessen ist.

VI. Normen

Obwohl Murray (1943) in seinem Manual ansatzweise Normen für die Stärke von needs und press angibt, sind Normen für die diagnostische Verwendung des TAT lange Zeit nicht benutzt und auch kaum ermittelt worden. Man hielt sie für entbehrlich. Für das Ziel, aus den für weitgehend persönlichkeits-determiniert und unkontrolliert gehaltenen TAT-Phantasien die individuelle innere Welt des Pb kennenzulernen, schien ein Vergleich mit Gruppennormen keine Hilfe zu sein. Auf die Frage, ob die Absicht Franks (1948), das Idioversum als Bezugssystem zu verwenden, realisierbar ist, kann hier nicht eingegangen werden (vgl. Hörmann im 1. Teilband). Diese Haltung herrscht zusammen mit der impressionistischen Auswertung des TAT heute nur noch selten vor; in der Regel wird zumindest Bezug genommen auf deskriptive Beschreibungen „typischer Themen" (etwa Revers 1973, Bellak 1975), die sich auf klinisch-diagnostische Erfahrungen gründen, und nur bei Anwendung von Zählungsmethoden werden empirisch ermittelte Normen verwendet, d. h. vorwiegend in der Forschung.

Heute ist unzweifelhaft, daß Gruppennormen nicht entbehrlich sind. Das Bildmaterial ist keineswegs ein unspezifischer Reiz, sondern eine wesentliche Determinante der Geschichte (s. S. 274). Die Forderung nach Normen wurde auch abgeleitet aus der Mehrdeutigkeit von Symptomen (s. S. 276), die sich aus

---

[5]) Für den Hinweis auf die Arbeiten von McClelland (1979) und Kuhl (1978) sind die Autoren Herrn H. Heckhausen zu Dank verpflichtet.

dem Zusammenwirken von Motivstärke, Hemmungsstärke und Bildanreiz beim Motivausdruck ergeben.

Normen-Untersuchungen können einmal Kenntnisse darüber liefern, wie die Bilder üblicherweise aufgefaßt werden, zum anderen darüber, wie die Geschichte zu einem Bild normalerweise gestaltet wird. Aus der individuellen Auffassung von Bilddetails schlossen Diagnostiker schon lange z. B. auf Sensibilisierung bei Betonung (z. B. „Schwangerschaft" Bild 2) und Verdrängung bei Nicht-Erwähnung von Details (z. B. „Pistole" Bild 3 BM; „zweite Frau" Bild 4). Das Vorliegen einer individuellen Besonderheit, einer „inadäquaten Auffassung" kann nun der Diagnostiker dadurch feststellen, daß er die Antwort des Pb mit seiner eigenen Auffassung vergleicht oder mit seiner „subjektiven Statistik". Demgegenüber sind selbstverständlich objektive Normen vorzuziehen, auch wenn ihre Ermittlung nicht ganz einfach ist. So hat Murstein (1972) aufgrund einer Normenuntersuchung zeigen können, daß bestimmte Bildauffassungen z. T. radikal anders sind als angenommen. Beispielsweise faßten 90 % seiner Stichprobe die Person auf Tafel 3 BM als weiblich auf (vgl. auch Revers 1973, S. 115), sehr oft wurden die abgebildeten Personen sehr viel älter geschätzt (z. B. Tafel 3GF, 10, 12M) u. ä. m. Nach Revers (1973) erwähnen etwa 50 % der Pbn die Pistole auf der Tafel 3BM nicht. Eine Berücksichtigung solcher Normangaben kann somit bedeutende Implikationen für die Persönlichkeitsdiagnose haben (Eisler 1968, Murstein 1968, 1972).

Für die Gestaltung der Geschichten nach Normen zu suchen, wurde oft für aussichtslos gehalten. Es zeigte sich aber, daß die Zahl der tatsächlich gewählten Gestaltungsmöglichkeiten durchaus nicht unbegrenzt ist.

Trotzdem sind Normen so lange wenig interessant, wie man wegen des Fehlens eines klaren theoretischen Systems nicht recht weiß, was eigentlich wichtig ist, und so einfach alle Deutungsinhalte klassifiziert und gezählt werden (z. B. Eron 1950). Ansätze, dieses Problem in den Griff zu bekommen, liegen vor allem von Murstein vor (1964, 1965b, c, 1966, 1972). Möglicherweise kann auch in bestimmten Fällen die Übereinstimmung mit Inhaltsnormen im Sinne von „Vulgärdeutungen" interpretiert werden (Heckhausen 1960, Kornadt 1960a).

Neben Normen dieser Art haben vor allem auch solche, die über den Motivanreizwert von Bildern Aufschluß geben, wesentliche Bedeutung (z. B. Murstein et al. 1961, Murstein 1965b, Kornadt 1974). In diesem Zusammenhang ist auch der aufgrund einer Fragebogenuntersuchung empirisch ermittelte „Basic-TAT-Set" (eine Auswahl von 8 Bildern aus dem M-TAT) von Hartman (1970) erwähnenswert, der sich klinisch als besonders ergiebig erwies, dessen Normangaben wiederholt repliziert werden konnten (Mundy 1971, Irvin & Woude 1971, Newmark & Flouranzana 1973) und der auch mit den auf klinischer Erfahrung gegründeten Angaben von Bellak (1975) relativ gut übereinstimmt. Ein Überblick über die vorliegenden Untersuchungen zeigt aber auch eine beträchtliche Schwierigkeit: Man müßte eigentlich je nach Geschlecht, Alter, sozialer Klasse, Intelligenz u. ä.

verschiedene Normen aufstellen (Mussen 1953, Riessman & Miller 1958, Lesser 1959, Coleman 1969b, Murstein 1972). Wie viele Untergruppen erforderlich sind, ist unbekannt. Ihre Zahl ist so groß, daß empirische Untersuchungen kaum noch gemacht werden können.

Auch wegen dieser Schwierigkeiten wurde die empirische Ermittlung von Normen verschiedentlich als aussichtslos (Macfarlane & Tuddenham 1951, S. 50) oder wenig nützlich (Bellak 1975, S. 37) angesehen. Ob Normen aber wirklich nur dann brauchbar sind, wenn man so viele Spezialnormen hat wie differierende Gruppen existieren, sei dahingestellt. Vielleicht ergibt sich eine Vereinfachung auch dadurch, daß man an Stelle von äußeren Gruppenmerkmalen (Alter, soziale Klasse) die für das TAT-Verhalten eigentlich entscheidenden Persönlichkeitsmerkmale zu nehmen lernt, die vermutlich mit den Gruppeneinteilungen nach Alter usw. nur mäßig korrelieren. In diesem Zusammenhang könnten Untersuchungsansätze, die von probabilistischen Meßmodellen ausgehen, hier evtl. neue Perspektiven eröffnen (vgl. Kempf 1970).

Angaben über Normen finden sich vor allem in der amerikanischen Literatur. So hat Rapaport (1943) „Klischee-Geschichten" aufgestellt, Stein (1948) „common stories", die die üblichen Elemente enthalten sollen. Von Rosenzweig & Fleming (1949) stammt eine Untersuchung über 12 Tafeln. Weitere Daten bei Eron (1950, 1953) sowie Stone (1956) und Dana (1959) für ihre speziellen Auswertungsverfahren, Wallace & Sechrest (1963) und Murstein (1964, 1965a, b, 1966, 1972).

Auch außerhalb der USA gibt es ähnliche Untersuchungen (Franca 1953, Siguan 1953 u.a.), in Deutschland ansatzweise von Kornadt (1960a, b). Revers (1973) macht Angaben zur „thematischen Valenz" der M-TAT-Tafeln, die zwar teilweise auf empirischen Untersuchungen basieren, deren Datenbasis aber für eine differenzierte Normwertebeschreibung bisher nicht ausreicht.

Alle bisherigen Normenuntersuchungen geben Werte jeweils für die einzelnen Bilder an, sie behandeln sie also wie unabhängige Items. Wegen möglicher Positionseffekte ist das nicht unbedenklich. Streng genommen dürften Normwerte immer nur bei Protokollen verwendet werden, die auf genau gleicher TAT-Durchführung beruhen, und nicht, wenn die Reihenfolge oder Zusammenstellung der Bilder geändert war.

Gegen das Aufstellen von Normen für den Motivausdruck, die — wie Murray (1943) vorschlug — auf dem Gesamttest beruhen, wandte Jensen (1959) ein, daß die M-TAT-Bilder qualitativ so verschiedene Motive ansprechen würden, daß eine Addition über alle Bilder ungerechtfertigt sei. Dieser Einwand wäre auch nicht auf die Weise abzufangen, daß man aufgrund von Anreizwertinformationen über die M-TAT-Bilder einige, für ein bestimmtes Motiv relevante Bilder auswählte, da man weiß, daß die Murray-Bilder gleichzeitig noch weitere Motive ansprechen. Man könnte daher im Einzelfall nicht beurteilen, warum bei einem Bild ein bestimmtes Motiv ausgedrückt oder nicht ausgedrückt wurde. Bei Bildersätzen, die weitgehend nur ein Motiv ansprechen, hat sich dagegen in zahlreichen Untersuchungen der grundsätzliche Wert von Gesamtnormen für den Motivausdruck nachweisen lassen (vgl. McClelland et al. 1953, Atkinson 1958a, Lesser 1958a, Winter 1973, Kornadt 1974, 1981).

VII. Validität

Da bei dem völligen Fehlen einer Standardisierung eine Beschränkung auf den M-TAT sinnlos und eine Gliederung nach den vielen Durchführungs- und Auswertungsverfahren unmöglich wäre, sollen im folgenden Abschnitt alle Arten von Validitäts-Informationen herangezogen werden, die für die T.A.-Methode im Ganzen grundsätzlich aufschlußreich sind.

A. Probleme der Validierung

Die weltweite Verbreitung der T.A.-Techniken und die trotz aller Kritik noch immer bestehende Beliebtheit des TAT bei Klinikern (s. S. 262) erwecken den Eindruck, daß diesen Verfahren eine beachtliche Validität zukommt. Zumindest müssen diejenigen, die mit ihnen arbeiten, von ihrem Wert überzeugt sein. Freilich bleibt die Notwendigkeit zu fragen, woher man eigentlich weiß, daß es einen Wert hat, Pbn zu TAT-Bildern Geschichten erzählen zu lassen und daß die daraus gezogenen Schlüsse richtig sind.

Natürlich ist diese Frage leichter gestellt als beantwortet. Die Validität eines Tests prüfen heißt doch prüfen, wie gut man mit dem Test das wirklich kann, wozu man ihn verwenden will. Aber wozu will man den TAT eigentlich verwenden? Um die ganze Persönlichkeit zu verstehen, um die Stärke von Motiven zu messen oder um klinische Diagnosen zu stützen? Die Validitätsergebnisse hängen ganz von der jeweiligen Fragestellung ab und von den z. T. damit zusammenhängenden Auswertungs- und Validierungsmethoden. So wenig wie es „den TAT" gibt, kann es also „die Validität" des TAT geben.

Damit ist ein grundsätzliches Problem berührt, das Cronbach (1970, vgl. auch Cronbach & Gleser 1965) als sog. Bandbreiten-Dilemma (bandwidth-fidelity dilemma) bezeichnet hat. Es besteht darin, daß bei einem Verfahren, das auf die Erfassung nur eines eng umgrenzten Persönlichkeitsmerkmals ausgerichtet ist, in der Regel bessere und exaktere Reliabilitäts- und Validitätsergebnisse zu erzielen sind als bei einem (z. B. projektiven) Verfahren, das inhaltlich umfassend auf die Erfassung mehrerer Persönlichkeitsbereiche abzielt.

Dies hat beim TAT in der Kontroverse über eine „atomisierende" versus „impressionistisch-globale" Auswertung seinen Niederschlag gefunden. Jede TAT-Auswertung muß sich auf (prinzipiell isolierbare) Merkmale stützen, und die aus diesen Merkmalen zu ziehenden Schlüsse sind exakter zu prüfen, wenn man sie einzeln betrachtet. Demgegenüber wird eingewandt, daß durch Isolieren der Zusammenhang verlorengehe, der einem Merkmal erst seine spezifische Bedeutung gebe. Nur: Je komplexer die Aussage wird und je globaler die Auswertung, auf der sie beruht, um so schwieriger ist die Validitätsprüfung. Für die Richtigkeit der „festgestellten" dynamischen Struktur beispielsweise, gibt es kein Kriterium.

Wir berühren hier die allgemeinen theoretischen und methodischen Probleme, für die wir auf das Kapitel von Hörmann verweisen. Insgesamt gesehen ist das eigentliche Problem nicht, geeignete Testmerkmale und ihre diagnostische Bedeutung zu finden. Man erkennt vielmehr, daß die bisherigen Persönlichkeits- und Handlungstheorien unzureichend sind. Man kann eben nicht sagen: „Wir wissen natürlich, was Aggressivität ist; die Frage ist nur, ob der TAT sie auch ermittelt". Man muß zur Kenntnis nehmen, daß es erst noch eingehender wissenschaftlicher Forschung bedarf, ehe man weiß, was für Persönlichkeitseigenarten man anzunehmen hat, wie sie in Wechselwirkung mit anderen und mit Situationsfaktoren handlungswirksam werden und was für eine Funktion sie im Falle der Validität des TAT haben müßten. Dies ist letzlich eine umfassende allgemein-psychologische Forschungsaufgabe unter Einschluß einer Analyse der einer TAT-Geschichte zugrundeliegenden Prozesse (vgl. Kornadt 1957). Im Rahmen einer solchen Konstrukt-Validierung hat sich der TAT bereits jetzt wie kein anderes Verfahren als wertvoll erwiesen. Die von klaren Einzelkriterien ausgehende Analyse hat sich dabei als der fruchtbarste Ansatz gezeigt. Die Ergebnisse sind in gleichem Maße für die Persönlichkeitstheorie wie für die Kenntnisse der Funktion und der Validität des TAT von Wert (s. die folgenden Abschnitte 5 und 6).

B. Empirische Validitätsinformationen

Unseren Überblick über die Validitätsinformationen wollen wir nach einzelnen Validitätsfragen ordnen. Wir beginnen mit der am weitesten gehenden Frage:

1. Stimmen die aus dem TAT gewonnenen Bilder der „ganzen" Persönlichkeit überein mit den aus anderen Quellen bezogenen?

In der klinischen Praxis werden nach wie vor TAT-Auswertungsverfahren angewandt, die, wenn sie nicht auf die „ganze" Persönlichkeit ausgerichtet sind, so doch zumindest recht umfassend auf die Erfassung der grundlegenden dynamischen Struktur der Persönlichkeit und deren Genese abzielen (z. B. Revers

1973, Bellak 1975). Untersuchungen, die sich der Frage nach der Übereinstimmung von Persönlichkeitsbildern verschiedener Tests zuwenden, sind relativ selten veröffentlicht worden. Tatsächlich sind hierbei ganz besonders schwierige methodische Probleme anzutreffen. Eines davon ist, daß hier eigentlich die Kombination Test plus Auswerter auf ihre Validität geprüft wird und die Untersuchungen deshalb mit der ganzen Auswertungs- und Reliabilitätsproblematik belastet sind. Henry & Farley (1959) ließen 9 erfahrene Beurteiler TAT-Informationen von 36 Jugendlichen den entsprechenden Ergebnissen anderer Quellen (objektive Tests, Verhaltensbeobachtung und Interview, Rorschach) durch „matching" zuordnen. Die dabei gefundene relativ gute Treffsicherheit gilt jedoch eigentlich nur für diese TAT-Interpretation, streng genommen nicht einmal für die von einem anderen Auswerter stammende Interpretation nach derselben Methode. Lindzey (1965) berichtet über eine Studie, bei der Experten bei einer Blindanalyse von TAT-Protokollen in Übereinstimmung mit anderen Tests mit 95prozentiger Treffsicherheit zwischen homosexuellen und heterosexuellen Persönlichkeiten unterscheiden konnten (vgl. aber Goldberg 1968). Wildman & Wildman (1975) berichten über einen Versuch, bei dem sich 6 erfahrene Kliniker anhand von TAT- und MMPI-Protokollen ein Persönlichkeitsbild der Pbn machen sollten, um anschließend diejenigen zu identifizieren, die von weiblichen Krankenhauspatienten mit emotionalen Störungen und Schwesternschülerinnen stammten. Dies gelang mit einer Treffsicherheit von 80 % ($p < .005$).

Ein anderes Problem offenbart die Arbeit von Little & Shneidman (1955), in der die Übereinstimmung der aus dem TAT gewonnenen Schlüsse von 17 Experten mit den Schlüssen von 29 Klinikern über denselben Pb verglichen wurden. Die uneinheitlichen, aber nicht ganz schlechten Übereinstimmungen galten aber nur für diesen Pb, denn ein anderer mag viel leichter oder viel schwerer zu erfassen sein.

Im ganzen hat man nach den Untersuchungen den Eindruck, daß man ein gewisses Bild über „die Persönlichkeit" eines Pb nach dem TAT bekommen kann, und daß dieses eine richtige Zuordnung zu Informationen aus anderem Material ermöglicht (vgl. die Fallstudien von Aronow & Reznikoff 1971 und Streitberg 1973). Bei einer Gruppe von Pbn lassen sich im allgemeinen mehr Treffer erzielen als nach Zufall zu erwarten wäre. Zwischen verschiedenen Auswertern besteht jedoch sehr große Variabilität. Da im übrigen doch meist einzelne Feststellungen über den Pb verglichen oder zugeordnet werden und nicht ein „Gesamtbild", fragt man sich, ob nicht gleich Einzelvariablen untersucht werden sollten.

2. Der prognostische Wert

Die Frage, ob nach dem TAT eine Vorhersage zukünftigen Verhaltens möglich ist, ist wohl noch schwerer zu beantworten als die nach der Übereinstimmung von Persönlichkeitsbildern. Im ungünstigen Fall geht der Diagnostiker nämlich von einem Persönlichkeitsbild aus und muß dann Hypothesen aufstellen über die weitere Entwicklung des Pb und sein künftiges Verhalten in komplexen Situationen. Ob derart schwierige Aufgaben mit Hilfe des TAT leichter gelöst werden, ist nach den bisherigen Untersuchungen zur prädiktiven Validität des TAT fraglich.

So berichtet zwar Johnson (1955), daß eine TAT-Modifikation sich als gutes Instrument erwies, den Berufserfolg von Lehrern vorherzusagen; Ohlsen & Schulz (1955) hatten dagegen keinen Erfolg dabei. Ossorio & Rigby (1957) hatten nur geringen Erfolg bei der Vorhersage der Bewährung von Offiziersanwärtern. Einen Überblick über recht widersprüchliche Ergebnisse zum Prognosewert des M-TAT für eine geeignete Personalauswahl gibt Kinslinger (1966). Meyer & Tolman (1955) konnten z. B. nach dem M-TAT nicht vorhersagen, ob die Eltern in der Therapie erwähnt werden, während Holt (1958) relativ gute Korrelationen ($r = .60$) zwischen formalen Kriterien und dem späteren Erfolg als Psychiater berichten. Sharma (1970) berichtet positive Ergebnisse zum Prognosewert des M-TAT für den Therapieverlauf und -erfolg.

Leichter wird die Aufgabe offenbar, wenn Voraussagen nur für spezielle Aspekte des Verhaltens gemacht und die Situationen genauer beschrieben werden: Sigel & Hoffmann (1956) konnten recht gut ein bestimmtes Erziehungsverhalten von Eltern vorhersagen. Silverman et al. (1957) konnten mit einer speziellen T.A.-Methode eine besondere psychologische Belastungstoleranz sehr gut prognostizieren (z. B. von 16 als hoch Eingestuften 15, von 17 als niedrig Eingestuften 13 richtig vorhergesagt: $p < .01$). Mit einer Genauigkeit von 80 % (Dies 1968) und 70 % (Johnson & Kilman 1975) konnte mittels einer speziellen Auswertung aus dem M-TAT (6 Bilder) die „locus of control orientation" in bestimmten Situationen prognostiziert werden. Ein prognostischer Wert formaler Kriterien im M-TAT für Abhängigkeitsverhalten wird von Heilbrun (1977) dargelegt. Honor & Vane (1972) berichten eine Korrelation von $r = .88$ zwischen den M-TAT-Werten für die Stärke des Leistungsmotivs (ausgewertet wurden die Geschichten zu 12 Bildern nach dem Verfahren von Arnold 1962) und der Leistung im Schlußexamen (grade-point-average). Von Holmes & Tyler (1968) liegen dagegen Ergebnisse vor, die eher für einen schlechten Prognosewert des M-TAT für die Leistung (Abschlußklausur und zwei Leistungstestaufgaben) sprechen — allerdings bei Verwendung von nur 4 und teilweise anderen TAT-Bildern.

Diese Einzelstudien zu den unterschiedlichsten und unterschiedlich komplexen Persönlichkeits- und Verhaltensmerkmalen illustrieren, daß kaum *systematische* Forschungsarbeiten zur prädiktiven Validität des M-TAT durchgeführt wurden, die wirklich gesicherte Aussagen für einzelne Verhaltensbereiche ermöglichen würden (vgl. auch Suinn & Oskamp 1969). Meist handelt es sich um den Versuch einer direkten Prognose — mit dem TAT-Maß als einzigem Prädiktor — für recht komplexe zukünftige Verhaltensweisen in multifaktoriell determinierten Situationen. Es gibt kaum Ansätze, die von komplizierteren Modellvorstellungen über die Beziehung zwischen Test und Ereignis ausgehen, wie sie verschiedentlich gefordert wurden (z. B. Fulkerson & Barry 1961, Blatt 1975) und durch neuere interaktionistische Persönlichkeits- und Verhaltensmodelle nahegelegt werden (s. S. 333). Die Aussagekraft der Untersuchungen ist zudem wegen ihrer Unterschiede im theoretischen Niveau und methodischen Vorgehen oft unklar. Es bestehen nicht nur Unterschiede bzgl. der untersuchten Pbn-Gruppen oder des Zeitraums und Niveaus der Prognosen, hinzu kommen auch Unterschiede bei Bildern, Auswertungsverfahren, von Testbedingungen u. ä., die mangelnde Vergleichbarkeit bewirken und ein klares Bild über tatsächliche Prognosemöglichkeiten unmöglich machen. Replikationsstudien gibt es zudem praktisch nicht.

Am ehesten liegen noch systematische Untersuchungen über den prognostischen Wert zum Leistungsmotiv vor. Zwar gelten auch hier teilweise ähnliche Einschränkungen, allerdings wurden in der Regel spezielle LM-Bildersätze verwendet, meist die Serie von McClelland. Zur Prognose von Leistungen oder von Leistungsverhalten aus solchen TAT-Daten liegen dann auch eine Reihe ermutigender — wenn auch nicht durchweg einheitlicher — Validitätsergebnisse vor (vgl. hierzu Klinger 1971, Heckhausen 1972, Schmalt & Meyer 1976, sowie den Abschnitt 6, S. 307).

Nach der Leistungsmotivations-Theorie erzielen Personen mit hoher Ausprägung des Leistungsmotivs nicht unter allen Umständen höhere Leistungen, sondern nur dann, wenn eine situative Anregung vorliegt. Dies ist bei Zusammenstellungen über die Beziehung zwischen Leistungsmotiv und Schulleistung meist unberücksichtigt geblieben (z. B. Klinger 1966, Entwisle 1972), so daß diese wenig aussagekräftig blieben. Wird dies aber entsprechend berücksichtigt, wie z. B. in der Zusammenstellung von Weinstein (1969), so ergeben sich hochsignifikante positive Beziehungen.

Für Longitudinaltrends erwies sich der TAT (vgl. McClelland 1979, S. 11 ff.) als besonders wertvoll. Er erbrachte gute prädiktive Validität für die Prognose unternehmerischen Fortkommens, bestimmter psychosomatischer Symptome (Bluthochdruck) und Lebensbewältigung über eine Spanne von 15—20 Jahren; diese Beziehungen ergaben sich bei gleichfalls erhobenen Fragebogenverfahren (z. B. Scholastic Aptitude Test) nicht.

3. Unterscheidung klinischer Gruppen

Die Hoffnungen, die „ganze Persönlichkeit" zu erfassen oder sichere Prognosen zu machen, mag man wegen der großen Schwierigkeiten reduzieren. Wenn man überhaupt noch Hoffnungen in dieser Hinsicht hat, so wird man erwarten, daß dann wenigstens jene groben Persönlichkeitseigenarten erkannt werden, die Neurosen oder Psychosen ausmachen. Auch das ist aber keineswegs so eindeutig der Fall. Es gibt durchaus sehr positive Ergebnisse, aber sie sind am ehesten zu erwarten, wenn einzelne Zählungsvariablen systematisch ausgewertet werden. Die Häufigkeit von Machtthemen erwies sich bei paranoid- und nicht-paranoid Schizophrenen als differentialdiagnostisch bedeutsam (Wolowitz & Skorkey 1966). Cox & Sargent (1950) fanden zwar in einer Reihe von Auswertungsvariablen signifikante Differenzen zwischen normalen und emotional gestörten Kindern. Erfahrene Kliniker stuften jedoch aufgrund der TAT-Protokolle von den 15 normalen Kindern 11 als „gestört" ein. Davison (1953) fand nach dem Auswertungsverfahren von Fine (1955) Differenzen zwischen neurotischen und psychotischen Patienten, ebenso Ritter & Eron (1952), die für Neurotiker und Psychotiker häufigere Abweichungen von Normwerten (z. B. Themen, emotionaler Ton u. ä.) als bei Normalen fanden; gelegentlich waren es aber auch 50 % der nicht-normalen Fälle, die *nicht* von der Norm abwichen (ebenso bei Stone 1956)! Murray et al. (1969) konnten zwar zwischen normalen und fehlangepaßten Jungen (8—12 Jahre) und auch deren Vätern signifikante Differenzen bzgl. der im TAT gezeigten Aggressivität feststellen, allerdings waren die im ganzen erwarteten Motivdifferenzen sehr viel weniger stark ausgeprägt und überwiegend nicht signifikant.

Allein mit der sicher vorhandenen Inhomogenität der Gruppen und den Unzulänglichkeiten des psychologisch-psychiatrischen Klassifikationssystems (so etwa Blatt 1975) sind derartige Ergebnisse nicht zu erklären. Daß hier sehr viel von der Konstruktion adäquater Auswertungskriterien abhängt, zeigen einige neuere Untersuchungen, in denen man von komplexeren, aber klar definierten und objektiver faßbaren Auswertungsmerkmalen ausging. Winget et al. (1969) gelang es, anhand des M-TAT zwischen Ehepaaren mit und solchen ohne Eheproblemen bzgl. der Art geschilderter zwischenmenschlicher Beziehungen und Aggression zu diskriminieren.

Für die Gruppe der Schizophrenen erwiesen sich bestimmte Meidungsphänomene als bedeutsam: In den Untersuchungen von Goldstein et al. (1970) sowie Alkire et al. (1974) zeigten Schizophrene im Vergleich zu Nicht-Schizophrenen eine charakteristische Vermeidung von Inhalten, die „nuclear family relationships" zum Gegenstand hatten. Dies Phänomen konnte in mehreren weiteren Untersuchungen nachgewiesen werden und trat relativ unabhängig auf von Alter, Geschlecht und Vorbildung der Patienten sowie unabhängig vom speziellen klinischen Bild und der Schwere der Persönlichkeitsstörung. Karon & O'Grady (1970) gelang es recht überzeugend, aufgrund des M-TAT mit Hilfe spezieller Auswertungsverfahren zwischen morbiden und prä- bzw. postmorbiden Stadien der Persönlichkeitsentwicklung von Schizophrenen zu differenzieren (vgl. hierzu auch Loreto 1977). In neuerer Zeit wurden auch einige differentialdiagnostisch angelegte TAT-Untersuchungen mit Drogenabhängigen mit positiven Ergebnissen durchgeführt (Crockett et al. 1976, Kaldegg 1975, Roth 1975). So ermutigend diese Ergebnisse auch sein mögen, die Frage, was derartige Gruppendifferenzen besagen (vor allem für die Einzeldiagnose), ist offen (vgl. hierzu

Bellak 1975, S. 118ff.). Auch hier zeigt sich, daß unser theoretisches Verständnis der Persönlichkeitsmerkmale, ihrer Verhaltens- und TAT-Relevanz noch ungenügend ist. Ein besseres Verständnis auch der psychopathologischen Phänomene und der Zusammenhänge mit bestimmten TAT-Merkmalen ist deshalb erst zu erwarten, wenn sich die zukünftige Forschung vermehrt theoriegeleitet den funktionellen Beziehungen zuwendet.

4. Übereinstimmung zwischen TAT und anderen Tests

Eine weitere wichtige Frage für die Beurteilung der Validität und des diagnostischen Wertes des TAT ist, ob sich TAT-Ergebnisse durch andere Tests bestätigen lassen. Da ja bei vielen Validitäts-Untersuchungen Außenkriterien (z. B. Verhaltensbeschreibung, klinische Diagnose) selbst oft unsicher sind, könnte man bessere Ergebnisse beim Vergleich mit objektiven Untersuchungsdaten (z. B. nach Fragebogen) erwarten. Andererseits müßte im Sinne der Projektionshypothese, nach der die dynamische Struktur eines Pb nach dem TAT erkennbar sein sollte, eine Bestätigung durch andere projektive Ergebnisse erwartet werden.

Die Übereinstimmungs-Validitätsergebnisse sind aber auch wieder uneinheitlich. Shatin (1955) korrelierte Rorschach- und TAT-Variablen einfach miteinander, wobei sich signifikante Beziehungen zeigten. Demgegenüber fanden Grzesiak et al. (1973) bei einem reinen Vergleich von Inhaltsentsprechungen von speziell daraufhin ausgewählten TAT- und Rorschach-Tafeln nur schwache Hinweise für Übereinstimmungen. Demgegenüber wurde aber im Rahmen von Fallstudien, teilweise auch bei einem längsschnittlichen Einsatz zwischen TAT und Rorschach-Ergebnissen im ganzen sehr gute Übereinstimmungen erzielt (Cohen & Liebowitz 1969, Aronow & Reznikoff 1971, Streitberg 1973). Werden Aussagen über einzelne Persönlichkeitsmerkmale geprüft, schwanken die Ergebnisse ebenfalls. Hafner & Kaplan (1960) fanden keine signifikante Korrelation zwischen TAT- und Rorschach-Feindseligkeit, dagegen berichten Goldberg & Wilensky (1976) von hohen Übereinstimmungen zwischen der im TAT und im Rorschach geäußerten Aggressivität bei einer Gruppe von Jugendlichen. Karon & O'Grady (1970) berichten eine Korrelation von $r = .64$ für die Beurteilung des Gesundheitszustandes von Schizophrenen aus TAT- und Rorschach-Protokollen.

Auch bei Vergleichen von TAT-Daten mit solchen objektiver Tests sind die Ergebnisse widersprüchlich. Shipman (1964) führte bei einer Stichprobe von 122 Erwachsenen einen Vergleich des TAT mit dem 16PF von Cattell durch, wobei sich praktisch keine Beziehungen ergaben. Megargee & Parker (1968) verglichen die Ergebnisse einer Adjektiv-check-Listen-Beurteilung von 70 delinquenten Jugendlichen mit den TAT-Werten der Pbn bzgl. 13 Bedürfniszuständen aus der Liste von Murray. Die Korrelationskoeffizienten rangierten dabei von $r = -.17$ bis $r = .16$, alle nicht signifikant. Scott & Johnson (1972) erhielten bei einem

Vergleich zwischen einem Fragebogen und den TAT-Werten für Leistungsmotivation, Affiliation und Power nur nicht signifikante Korrelationen in einer Höhe um $r = .05$. Vacchiano et al. (1967) führten mit einer Korrelationsmatrix von 20 Bedürfniszuständen aus TAT (6 Bilder des M-TAT), Selbstrating und Peer-Rating bei einer studentischen Stichprobe eine Faktorenanalyse durch. Dabei ergab sich für die drei Verfahren jeweils eine unterschiedliche Faktorenstruktur, und bei einem Vergleich der Strukturen resultierten nur sehr niedrige Konvergenzwerte.

Ein etwas günstigeres Bild ergibt sich, wenn Aussagen über präziser definierte Persönlichkeitsmerkmale geprüft werden. Davids & Rosenblatt (1958) fanden eine hochsignifikante Korrelation von $r = .67$ ($N = 20$) zwischen einem aus Einzelmerkmalen bestehenden „alienation syndrom" nach dem TAT und einer davon unabhängigen alienation-Schätzung aufgrund einer Reihe verschiedener Informationsquellen (Wort-Assoziations-Test, Satzergänzungs-Test, Klinisches Interview von H. A. Murray durchgeführt). Propper (1970) konnte ebenfalls für ein „alienation-syndrom" bei einer Stichprobe von 80 Heranwachsenden einer High School jeweils signifikante positive Beziehungen zwischen TAT und einem Satzergänzungs-Test ($r = .42$), einem Affekt-Fragebogen ($r = .41$) und einem Selbstrating ($r = .40$) ermitteln. Diese positiven Ergebnisse konnten darüber hinaus auch bei einer studentischen Stichprobe repliziert werden. Sherwood (1966) ermittelte hochsignifikante positive Korrelationen (um $r = .40$) zwischen TAT- und Fragebogendaten für Leistungsmotivation und Affiliation bei einer Stichprobe von männlichen und weiblichen Studenten ($N = 147$). Dietzel & Abeles (1971) fanden eine signifikante positive Korrelation ($r = .39$; $p \leq .01$) zwischen der Tennessee-Selbstkonzept-Skala und dem „total thematic drive content" (nach Pine 1960) bei einer Gruppe von Studenten ($N = 91$). Und schließlich ermittelte Steele (1977) eine positive Beziehung zwischen den TAT-power-Werten und der physiologischen Aktivierung ($r = .71$; $p < .01$); ähnliche Ergebnisse berichten auch Steward & Winter (1976) für weibliche Pbn.

Ob die Höhe solcher Korrelationen von der TAT-Auswertung (bewährt sind die von McClelland begründeten Verfahren), von der untersuchten Persönlichkeitsvariable, vom Vergleichstest oder von der „Ebene", auf der beide Tests operieren, abhängig ist, ist nach wie vor schwer zu beurteilen. Insbesondere die „Ebenen-Hypothese" wird gern zur Erklärung herangezogen. Gerade sie ist jedoch recht unklar (z. B. können Ebenen des Unbewußten, des Bewußtseins, der Akzeptierbarkeit, der Persönlichkeitsintegration, der Kontrolle oder dergl. gemeint sein) und konnte bis heute nicht schlüssig nachgewiesen werden (vgl. Henry & Farley 1959, Stone & Dellis 1960, Kerber-Ganse 1968, Coleman 1969a, Murstein & Wolf 1970, Craddick et al. 1976). Die entscheidende Frage für die Beurteilung der Bedeutung vorhandener oder fehlender Übereinstimmungen ist die, was denn wohl die verglichenen Verfahren eigentlich erfassen. Diese Frage ist jedoch weitgehend unbeantwortbar; dabei weiß man vielfach über den TAT mehr als über andere Tests (vgl. S. 307 ff).

Solange dies aber offenbleiben muß, kann man gar nicht angeben, ob denn nun in einem konkreten Fall Übereinstimmungen *für* die Validität des TAT sprechen oder vielleicht gerade nicht.

5. Unterschiede zwischen sozialen Gruppen und „situationale" Validität

Bei so wenig einheitlichen Validitäts-Ergebnissen ist es kaum verwunderlich, wenn einige Autoren dem TAT praktisch gar keine Validität zubilligen (z. B. Jensen 1959, Entwisle 1972, Korman 1974). Ein derartiges Urteil mag zwar im Hinblick auf den gegenwärtig möglichen persönlichkeitsdiagnostischen Gebrauch des TAT verständlich sein, es umfaßt aber doch nicht alles, was wir heute über die Validität wissen.

Es bleibt nämlich noch die — freilich schon recht bescheidene — Frage, ob sich denn im TAT überhaupt irgendwelche Differenzen ergeben zwischen Pbn, zwischen denen man Unterschiede kennt, plausiblerweise vermuten kann oder experimentell erzeugt hat.

Untersuchungen zu dieser Frage wurden z. T. ausdrücklich mit dem Ziel unternommen, erst einmal mehr empirisches Wissen über Zusammenhänge zwischen Persönlichkeitseigenarten und TAT-Produktion zu sammeln und dann erst nach Auswertungsmerkmalen zu suchen. Auswertungsschemata, die vorher entworfen werden, könnten doch nur von einem oberflächlichen Zusammenhang zwischen Verhaltensweisen ausgehen oder von zu vagen persönlichkeitstheoretischen Vorstellungen.

a) Empirische Untersuchungen über Unterschiede zwischen sozialen Gruppen

Aus der großen Zahl der Untersuchungen zeichnet sich ab, daß mit verschiedensten Auswertungsmethoden (inhaltlichen, formalen, formalinhaltlichen) offenbar durchaus relevante Charakteristika in den TAT-Geschichten feststellbar sind. Zusammen mit anderen Informationen führen sie allmählich zu komplexeren und besser fundierten Schlüssen über das, was bestimmte Persönlichkeitseigenarten sind und wie sie sich unter den verschiedenen Bedingungen im Verhalten und im TAT auswirken. So ergaben sich plausible Unterschiede zwischen Alters- und Geschlechtsgruppen. Sie lassen sich z. B. als Unterschiede in der Stärke bestimmter Bedürfnisse interpretieren (z. B. geringere Leistungsmotivation bei 8jährigen als bei 14jährigen; geringeres Abhängigkeits- und Pflege-Bedürfnis bei 8jährigen bis 11jährigen Jungen als bei Mädchen gleichen Alters (Kagan 1959). Pasewark et al. (1976) fanden mit zunehmendem Alter (Heranwachsende, Pbn mittleren Alters und alte Menschen) charakteristische Themen und Bedürfnisveränderungen im M-TAT und GAT. Veroff et al. (1960) ermittelten in einer Repräsentativuntersuchung einen Wandel in der Stärke des Leistungsmotivs auf verschiedenen Stufen des Erwachsenenalters mittels TAT. Die Untersuchung von Neugarten & Guttman (1958) spricht für verschiedene Auffassungen gewisser sozialer Rollen. In ähnliche Richtung weisen auch Untersuchungen von Horner (1968) sowie Marshall & Karabenick (1977), die geschlechtsspezifische Unterschiede für die Motivkomponente Furcht vor Erfolg in einem TAT-ähnlichen Spezialverfahren ermittelten (vgl. hierzu aber Zuckerman & Weehler 1975). May (1969, 1975) und Fried (1971) ermittelten geschlechtsspezifische TAT-Charakteristika formaler Art („deprivation-enhancement patterns"), die sich über verschiedene Gruppen hinweg als konstant erwiesen.

Um die Spannbreite der vorliegenden Untersuchungen zu illustrieren, seien noch folgende Studien erwähnt: Masling et al. (1967) ermittelten für übergewichtige Personen signifikant höhere TAT-Werte für „orale Abhängigkeit". Bernstein et al. (1965) und Muhlenkamp (1969) konnten zwischen Krankenschwesternschülerinnen und liberal arts-Studentinnen anhand der Häufigkeit, mit denen die Pbn den Personen in den TAT-Geschichten Eigennamen gaben, differenzieren. Mit sehr gutem Erfolg konnten nach dem TAT die Eltern schizophrener Kinder von Eltern normaler Kinder unterschieden werden (Singer & Wynne 1966, Meyer & Karon 1967, Mitchell 1968, Werner et al. 1970). Murray et al. (1969) konnten im TAT zwischen normalen und fehlangepaßten Jungen und deren Vätern signifikante Differenzen bzgl. der Aggressionswerte feststellen.

Weissman (1964) sowie Kaplan (1969c) fanden jeweils für eine Gruppe von aggressiven Jugendlichen im TAT signifikant höhere Aggressivitätswerte, bezogen auf die jeweiligen Vergleichsgruppen. Höhere Aggressionswerte traten dabei bevorzugt zu Bildern mit niedrigem Anreizwert auf, bei Goldberg & Wilensky (1976), die ähnliche Ergebnisse berichten, traten höhere Aggressionswerte auch zu Bildern mit hohem Aggressionsanreiz auf. Beit-Hallahmi (1971) konnte aufgrund der TAT-Aggressionswerte zwischen Gewalttätern und Nicht-Gewalttätern aus einer Stichprobe von Gefängnisinsassen differenzieren. Auf die Vielzahl von Untersuchungen, in denen über Unterschiede zwischen verschiedenen ethnischen Gruppen berichtet wird, sei hier nur aufmerksam gemacht.

Insgesamt gesehen sind derartige Differenzen nicht so auffällig und nicht so weittragend wie die zwischen klinischen Gruppen erhofften, und sie sind auch für die individuelle Diagnose nicht unmittelbar interessant. Sie lassen sich weder sicher vorhersagen noch können sie nach *einer* solchen Untersuchung als gesichert angesehen werden; bis auf wenige Ausnahmen gibt es praktisch keine Kreuzvalidierungs-Untersuchungen. Da es aber dennoch plausible Differenzen anzeigende Tatsachen sind, sprechen sie für den potentiellen diagnostischen Wert der T.A.-Methode. Dies ist um so mehr der Fall, je mehr sich ergänzende Befunde einbezogen werden können.

Dennoch besteht nach wie vor das Problem der Formulierung und Operationalisierung von Hypothesen über funktionale Zusammenhänge zwischen TAT- und anderen Kriterien sowie ihrer dementsprechenden Definition und Auswahl. Voraussetzung dafür, daß weitere Fortschritte erzielt werden, ist ein Forschungsvorgehen, das sich mehr als bisher ausdrücklich im Rahmen einer interaktionistischen Persönlichkeits- und Handlungstheorie bewegt und systematisch daraus abgeleitete Hypothesen einer empirischen Prüfung unterzieht.

b) Situationale Validität

Eine weitere wichtige Quelle von Validitäts-Informationen stellen Untersuchungen dar, in denen die Wirkung experimentell angeregter Motive oder Einstellungen oder dergl. auf den TAT studiert wird. Auch sie tragen zunächst wenig zur individuellen Diagnostik bei, ja, sie sprechen unmittelbar u. U. eher gegen sie, da mit dem TAT doch konstante Persönlichkeitsmerkmale erfaßt werden sollen, die durch situative Einflüsse scheinbar verwischt werden (vgl. hierzu aber Atkinson & Birch 1970, Atkinson et al. 1977).

In derartigen Untersuchungen werden experimentell meist bestimmte Motive anregende Situationen hergestellt (Pbn müssen hungern, werden frustriert, sexuell angeregt oder in Prüfungsdruck gebracht) und danach der TAT durchgeführt. In ihm zeigt sich dann in der Regel eine Veränderung in bestimmten (meist thematisch oder inhaltlich motiv-bezogenen) Merkmalen. Man hat auf diese Weise studieren können, welche Geschichten-Merkmale für bestimmte Motive (genauer: ihre experimentelle Anregung) relevant sind, und entsprechende Auswertungskategorien entwickeln können. Man gewinnt zugleich auch Kenntnisse über die Bedingungen der Motivanregung. Die Untersuchungen der McClelland-Gruppe u. a. konnten zeigen, daß der TAT ein sehr sensibles Instrument für die Erfassung der Anregung von Motiven wie Hunger, Aggressivität, Sexualität, Macht-, Leistungs-, Geselligkeitsbedürfnis und Angst sein *kann*. Freilich nicht „der TAT" nach Murray, sondern die weiterentwickelte T.A.-Methode, die spezielle Bildersätze verwendet und in jeder Hinsicht standardisiert und objektiviert ist (vgl. Atkinson 1958a, Winter 1973, Kornadt 1974, sowie nachfolgenden Abschnitt). Mit McClelland (1979) können wir es somit als ein weiteres Validitätszeichen betrachten, daß die TAT-Messung auf theoretisch erwartete Veränderungen reagiert, d. h. veränderte Kennwerte als Funktion bekannter Variationen der Motivaktivierung zeigt.

6. Beziehungen zwischen speziellen TAT-Kennwerten und dem Verhalten

Vor allem in den letzten 25 Jahren hat sich die Forschung überwiegend dieser Frage gewidmet, da sich herausgestellt hatte, daß eine globale Auswertung nicht befriedigt. Zunächst hatte man immer wieder mit wechselndem Glück die Validierung von Einzelvariablen versucht und immer neue Ansätze erprobt, bei den Test- wie bei den Verhaltensmerkmalen, bis klar wurde, daß man nach viel zu einfachen Konzepten einen Zusammenhang zwischen Test und Validitäts-Kriterien suchte. Erst als kompliziertere Konzeptionen über die sowohl dem TAT- wie dem sonstigen Verhalten zugrundeliegenden Faktoren und deren Zusammenspiel die einfachen Eigenschaftsbegriffe ablösten, konnte man neue Validierungshypothesen entwerfen und bislang widersprüchliche Ergebnisse theoretisch integrieren. Die Forschung ist nach wie vor in lebhafter Entwicklung; angesichts der sich in den meisten untersuchten Persönlichkeitsbereichen offenbarenden Komplexität hat sie im ganzen gesehen eigentlich erst ihren Anfang genommen. Das Vorgehen und die Konsequenzen für die T.A.-Methode sollen kurz skizziert werden.

Das bekannteste Beispiel sind die Untersuchungen zum Leistungsmotiv (LM). Ausgangspunkt und wesentliche Grundlage für die gesamte Entwicklung war zunächst die eng auf seine Motivationstheorie bezogene Entwicklung einer speziellen T.A.-Technik zur Erfassung von Motivstärken durch McClelland und Mitarbeiter. Dabei konnte der Nachweis erbracht werden, daß sich unterschiedliche Stärkegrade des LM im TAT tatsächlich meßbar machen lassen. Wenn nun dieses 1948 zunächst nur experimentell gesicherte TAT-Maß auch individuell konstante LM-Unterschiede erfassen würde, dann müßten sich Pbn, die unter gleichen Anregungsbedingungen Unterschiede im LM-Maß zeigen, auch in anderen LM-relevanten Situationen unterscheiden. Tatsächlich hatten Pbn mit hohen TAT-LM-Werten nachweislich bessere Lernfortschritte, bessere Leistungen in verschiedenen Leistungsexperimenten, hatten bessere College-Noten und später vermehrt unternehmerische Berufspositionen (McClelland et al. 1953, Atkinson & Reitman 1956, McClelland 1965). Solche positiven Beziehungen zu Verhaltensdaten, die später noch vielfach empirisch bestätigt werden konnten, waren insofern von Bedeutung, als sie den Nachweis hinreichender Reliabilität und Validität der (LM-) TAT-Messung nach der McClelland-Methode erbrachten, und dies war gleichzeitig die wesentliche Voraussetzung für die nachfolgende theoretische und empirische Bearbeitung dieses Persönlichkeitsmerkmals im Sinne einer Konstruktvalidierung.

Ein weiterer entscheidender Fortschritt auch zur Klärung bis dahin vorliegender unklarer Ergebnisse war die Erweiterung der LM-Theorie durch Atkinson (1957, 1964, Atkinson & Feather 1966). Atkinson entwickelte hier ein formalisiertes Modell leistungsmotivierten Verhaltens, das jetzt — unter Berücksichtigung von zwei Komponenten des LM („Hoffnung auf Erfolg" und „Furcht vor Mißerfolg") — eine systematische Erforschung (besonders auch) der Wechselwirkung von Person- und Situationsfaktoren für leistungsbezogenes Verhalten ermöglichte, und so einen nur einseitig eigenschaftstheoretischen oder situationistischen Erklärungsansatz vermied. Individuelle Unterschiede in der Ausprägung der beiden Motivkomponenten konnten dabei ebenfalls (wenn auch nicht ausschließlich) mit Hilfe inhaltsanalytischer TAT-Verfahren meßbar gemacht werden (Heckhausen 1963, Birney et al. 1969). Das Atkinson-Modell ermöglichte Vorhersagen leistungsmotivierten Verhaltens von erfolgs-zuversichtlichen und mißerfolgsängstlichen Personen. Sie konnten im wesentlichen empirisch bestätigt werden, u. a. an Verhaltensphänomenen der Aufgabenwahl und Zielsetzung, der Anspruchsniveausetzung und Ausdauer bei Leistungsaufgaben sowie (wenn auch weniger eindeutig) bei der Leistung in Abhängigkeit von der subjektiven Aufgabenschwierigkeit und bei Leistungsänderungen nach Erfolg und Mißerfolg (vgl. hierzu zusammenfassend Fisher 1967, Dana 1972, Eron 1972, Molish 1972 sowie Schneider 1976). Aber es liegen auch die Theorie nicht bestätigende Ergebnisse vor (z. B. Murstein & Collier 1962, Easter & Murstein 1964, deCharms & Davé 1965, Weinstein 1969).

Dies hat — ganz im Sinne der Konstruktvalidierung — zum Aufstellen neuer Hypothesen, zu Erweiterungsvorschlägen und teilweise auch zu alternativen Modellvorstellungen über das LM als Persönlichkeitsmerkmal geführt.

So konnten, um nur einiges zu nennen, u. a. komplexe Beziehungen zwischen der Höhe des LM und bestimmten genetischen Bedingungen (zusammenfassend Trudewind 1976) und geschlechtsspezifische LM-Differenzen nachgewiesen werden (Veroff et al. 1960, Lesser et al. 1963, French & Lesser 1964, Skolnick 1966, Horner 1968, Berens 1972). Auch kulturspezifische Besonderheiten — mittels TAT meßbar gemacht — traten zutage (McClelland 1961, Fisher 1967, McClelland & Winter 1969, Eron 1972, Watrous & Hsu 1972, Brislin et al. 1973) und haben gleichzeitig auch die Grundzüge einer in Grenzen wohl als universell anzusehenden Motivationstheorie sichtbar gemacht (Kornadt et al. 1980).

Grundlegende theoretische Neuerungen ergaben sich in letzter Zeit durch Atkinson, der sein Modell in Richtung auf ein allgemeineres Verhaltensmodell weiterentwickelt hat (Atkinson & Birch 1970, 1974). Raynor (1969, 1970, 1974) hat das Atkinson-Modell um den Aspekt der hierarchischen Gliederung von Handlungszielen sowie den des instrumentellen Werts aktueller, vorgeordneter Handlungsziele für nachgeordnete erweitert. Fuchs (1976a) hat eine Erweiterung unter Bezugnahme auf ein regel- und informationstheoretisches Handlungskonzept vorgelegt. Und Weiner schließlich hat eine Erweiterung vorgenommen, nach der Ursachenerklärungen (Kausalattribuierungen) für einen zurückliegenden Erfolg und/oder Mißerfolg als Determinanten der Atkinsonschen Modellkomponenten „Anreiz" und „Erwartung" spezifiziert werden (Weiner 1965, Weiner et al. 1971). Allerdings sind nach Weiner (1976) nicht mehr positive oder negative Affektveränderungen das entscheidende Handlungsziel, sondern alternativ das Aufsuchen oder Meiden von Informationen über die eigene Tüchtigkeit, denn Erfolgs- und Mißerfolgsmotiv werden als Attribuierungsdispositionen aufgefaßt und nicht mehr wie noch bei Atkinson als Affektdispositionen. Dies hat in der LM-Forschung eine sog. „kognitive Wende" eingeleitet, durch die sich wiederum neue Perspektiven für die empirische Persönlichkeitsforschung und die Rückwirkung ihrer Ergebnisse auf die Theoriebildung eröffnen. Unter Rückgriff auf diese und andere Neuansätze hat Heckhausen (1972, 1975, 1977) hierzu bereits ein integratives Makro-Modell leistungsorientierten Verhaltens vorgestellt.

Die vorliegenden Ergebnisse zum Leistungsmotiv stützen, korrigieren und ergänzen sich gegenseitig, die T.A.-Methode und die zugrundeliegenden Theorien. Insgesamt hat sich dabei über die Gesamtentwicklung gesehen die auf McClelland zurückgehende spezielle T.A.-Technik als eine tragfähige Grundlage erwiesen, die sich durch Flexibilität für theorienotwendige Elaborationen (z. B. Heckhausen 1963, Birney et al. 1969) sowie Integrationsfähigkeit für ergänzende theoretische Vorstellungen bzgl. ihrer speziellen Funktionsweise (z. B. Atkinson et al. 1977, Kuhl 1978) auszeichnet. Ihr Wert und ihre Bedeutung sind gerade auch für neuere kognitive Ansätze ungebrochen, da der TAT ein ideales Medium darstellt, in dem solche Kognitionen thematisch zum Ausdruck kommen können (McClelland 1971, 1979, Heckhausen 1973). Darüber hinaus haben sich auch Ansätze für eine sinnvolle Weiterentwicklung ergeben, durch die die Vorteile von inhaltsanalytischen T.A.-Verfahren und von direkt arbeitenden Verfahren genutzt und gleichzeitig die Nachteile beider umgangen werden können (Schmalt 1976a, b).

Der Bereich des Leistungsmotivs ist zweifellos ein besonders exzellentes Beispiel für eine weitgehend auf die T.A.-Technik gestützte, fruchtbare empirische und theoretische Bearbeitung eines Persönlichkeitsmerkmals. Dennoch ist eine solche Entwicklung von Kenntnissen keine Ausnahme. Anknüpfend an den McClellandschen Theorieansatz hat in neuerer Zeit auch die Erforschung des Machtmotivs Früchte getragen (Veroff & Veroff 1972, Winter 1973, McClelland 1975).

Im Bereich der Aggressivität, lange Zeit ein bevorzugter TAT-Forschungsbereich, sieht die Entwicklung etwas anders aus. Das mag damit zusammenhängen, daß — anders als im Bereich des Leistungsmotivs, mit dem, ausgehend von einem relativ geschlossenen Theoriegebäude, Neuland beschritten wurde — die Aggressionsforschung schon mit Aufkommen des TAT in viele, teilweise gegensätzliche Richtungen aufgefächert war. Generell stand hier auch die Differenzierung von Situationsfaktoren im Vordergrund, während Personfaktoren, die Frage individueller Motivunterschiede, zunächst vernachlässigt wurden.

Die frühen TAT-Aggressions-Arbeiten waren weitgehend eng trait-psychologisch ausgerichtet, arbeiteten überwiegend mit dem M-TAT und erbrachten zwischen TAT- und Verhaltensaggression die widersprüchlichsten Ergebnisse (vgl. hierzu Murstein 1963, Fisher 1967, Varble 1971, Molish 1972). Erst als man das Linearitätskonzept und die zugrundeliegende einfache trait-Theorie zugunsten des Konfliktkonzeptes aufgab, wurde das Einbeziehen von Zusatzkriterien wie Aggressionshemmung, Aggressionsangst, auch möglicher Genesebedingungen sowie deren Zusammenspiel beim TAT-Verhalten sinnvoll möglich (z. B. Kagan 1956, Weisskopf-Joelson et al. 1957, Lesser 1959, Epstein 1962). Insbesondere wurde dabei auch offenbar, daß mit dem M-TAT eben kein geeignetes Aggressions-Meßinstrument zur Verfügung stand. Hieraus ergab sich als ein besonderer TAT-Forschungsschwerpunkt eine (allgemeine) Beschäftigung mit Stimulus- und

Anreizwertproblemen und deren systematischere Berücksichtigung bei der Untersuchung der Beziehung von TAT- und Verhaltensaggression (vgl. hierzu zusammenfassend Klinger 1971, S. 316ff.).

Auf diese Weise gelangte man zwar auch im Bereich der Aggressivität zu recht ermutigenden Validitätsergebnissen; auch trugen diese im Sinne der Konstruktvalidierung zur Verbesserung der Modellvorstellungen bei und ließen regelhafte Beziehungen zwischen TAT, Aggression, Aggressionshemmung, Erziehungsbedingungen usw. erkennen, aber man ging meist von relativ einfachen und untereinander unverbundenen theoretischen Annahmen aus (vgl. z. B. Cowdon et al. 1969, Matranga 1976). Erst neuerdings wurde — analog zur LM-Theorie — eine integrative Motivationstheorie der Aggression entwickelt und mit ihr ein spezifischer TAT für Aggressionsmotiv und -hemmung konstruiert (Bilder mit unidimensionalem Aggressionsanreiz; theoriebezogener Zählungsschlüssel) und validiert (Kornadt 1971, 1974). Damit wurde auch für Aggression eine differenzierte Analyse, die Interaktionen von Person und Situation berücksichtigt, möglich. Umfangreiche Studien haben inzwischen die Fruchtbarkeit dieses Ansatzes und die Validität des Aggressions-TAT gezeigt (Kornadt 1981).

Abschließend bleibt noch festzuhalten, daß die berichteten Zusammenhänge überwiegend bei Gruppen gesichert wurden und für eine Individualdiagnose oft noch unzureichend sind. Die bisherige Forschung hat aber durch die Zutageförderung einer Vielzahl zusätzlicher Faktoren, die eine Differenzierungsbedeutung haben, die berechtigte Aussicht eröffnet, daß sich mit fortschreitender Berücksichtigung und Kontrolle solcher Faktoren Einsichten in Zusammenhänge ergeben, die auch für eine individuelle Persönlichkeitsdiagnose relevant und umsetzbar sind. Auch wenn eine solche praktische Umsetzung noch nicht unmittelbar gegeben ist, so rückt doch in wichtigen Bereichen das Ziel, das Kliniker mit einer mehr globalen Auswertung anstreben, in die Reichweite der wissenschaftlichen, exakt kontrollierten Methoden.

C. Die Identifikations-Hypothese

Der diagnostische Wert einer Auswertung, die von der Identifikationsfigur des Pb in der Geschichte ausgeht, ist nach wie vor völlig offen. Nach Murray war die Feststellung des „Helden" einer der wichtigsten Auswertungsschritte, weil der Held in der Geschichte zum Bezugspunkt der Need-press-Analyse wurde. Von seiner Bestimmung konnte abhängen, ob aus einem Detail geschlossen wurde, der Pb wünsche oder fürchte ein Ereignis (heute ähnlich: Revers 1973 und Bellak 1975).

Später wurde gerade diese Hypothese vielfach aufgegeben (Piotrowski 1950, Henry 1956, Wyatt 1958) ebenso wie bei den meisten Zählungsmethoden.

Andere Autoren formulierten Regeln zur Erkennung des Helden, wobei sich herausstellte, daß der Held mit hinreichender Zuverlässigkeit ausgemacht werden kann (Mayman & Kutner 1947, Tomkins 1947, Heckhausen 1965, Bellak 1975).

Die Validität der vom Heldkonzept ausgehenden Auswertung ist aber nicht einheitlich zu beurteilen, und wahrscheinlich ist es unangemessen, das Heldkonzept für entweder richtig oder unrichtig zu halten:

In einer Reihe von Geschichten trifft die Identifikationshypothese offenbar zu (z. B. Lindzey & Kalnins 1958, Lyle & Gilchrist 1958, McNeil 1962, Streitberg 1973), und eine entsprechende Auswertung kann wertvolle Informationen über bestimmte Aspekte der Persönlichkeitsorganisation liefern (z. B. Cox & Sargent 1950, Lyle & Gilchrist 1958, Groh 1956, Friedman 1957, Moosmann 1977).

Andererseits gibt es aber auch Geschichten, in denen das Ausgehen vom Heldkonzept zu Fehlschlüssen führt, etwa wenn bei Verdrängungsvorgängen die Motive des Helden mit denen des Pb nicht übereinstimmen (Kornadt 1957) oder ihm nur die akzeptierten Motive, unähnlichen Figuren eher unakzeptierte Motive zugeschrieben werden (z. B. Piotrowski 1950, Pile et al. 1959).

Darüber hinaus läßt sich aber zeigen, daß vielfach die Suche nach einer Identifikationsfigur in den Geschichten nicht erforderlich ist, was auch mehr in Einklang mit unseren theoretischen Überlegungen (s. S. 279) steht.

Für diesen letztgenannten Sachverhalt und damit für eine Relativierung der Identifikationshypothese sprechen vor allem die zahlreichen Untersuchungen (nicht nur) zum Leistungsmotiv, die nach dem McClelland-Verfahren auswerten und bei denen das Held-Konzept keine Rolle spielt. Hinzu kommt, daß bereits die Untersuchungen von Lindzey & Kalnins (1958) sowie Silverstein (1959) zeigen konnten, daß die Bedeutung der Ähnlichkeit der auf der Tafel abgebildeten Personen mit dem Erzähler für das Zustandekommen der Identifikation weit überschätzt wird. Eine größere Ähnlichkeit zwischen Bildperson und Geschichtenerzähler hat keineswegs eine größere Ergiebigkeit der Geschichten (ermittelt durch den Transzendenz-Index) zur Folge (Weisskopf-Joelson et al. 1970, Weisskopf-Joelson & Wexner 1970). Auch scheint die Wahrnehmung der TAT-Figuren durch die Pbn im Hinblick auf potentielle Identifikationsmerkmale sehr stark vom Geschlecht, Alter und dem persönlichen Hintergrund beeinflußt (Murstein 1972). Einschätzungen des Identifikationspotentials von männlichen und weiblichen TAT-Bildfiguren ergaben zudem, daß sich weibliche Pbn gleichermaßen gut mit männlichen Figuren identifizieren konnten; dies gilt aber umgekehrt für männliche Pbn weniger (Potkay & Merrens 1975). Darüber hinaus wurde auch nachgewiesen, daß zu männlichen Bildfiguren generell, d. h. unabhängig vom Geschlecht, mehr leistungsbezogene Inhalte geschildert werden (Cowan & Goldberg 1967, Cowan 1971), sowie daß bei Negerinnen, unabhängig von der Hautfarbe der Bildpersonen, vergleichbare Werte für LM, Aggression und n-succurance auftraten (Bailey & Green 1977).

Dies letzte Ergebnis ist auch insofern von Bedeutung, als es die Tatsache illustriert, daß viele der speziell aufgrund der Identifikationshypothese entwickelten T.A.-Verfahren keineswegs die in sie gesetzten Hoffnungen erfüllen konnten. Zum T-TAT (Neger), GAT/SAT (alte Menschen) oder CAT (Kinder) liegen überwiegend Ergebnisse vor, die keine Überlegenheit zum M-TAT zeigten bzw. nur sehr geringe Differenzen nachweisen konnten (vgl. hierzu den nachfolgenden Abschnitt).

Insgesamt gesehen zeigen die Ergebnisse also die Berechtigung der theoretisch abzuleitenden Bedenken gegen das Identifikationskonzept. Außer im Rahmen von relativ umfassend angelegten klinisch-psychologischen Persönlichkeitsdiagnosen — etwa bei Revers (1973) in seiner „deskriptiven Übersetzung" sowie bei Bellak (1975) — wird auf eine vom Helden ausgehende Auswertung heute weitgehend verzichtet.

VIII. Modifikationen des M-TAT

A. Einleitung

Die Modifikationen lassen sich nach dem Grad der Abweichung vom theoretischen Ansatz oder vom Testaufbau des M-TAT vereinfachend in zwei große Gruppen einteilen: Die Verfahren der ersten Gruppe gehen praktisch von den gleichen Annahmen und der gleichen Technik aus wie der M-TAT, insbesondere von der Idee der thematischen Anregung und von der Identifikations-Hypothese. Die Modifikation besteht darin, daß die Bilder — meist um die Identifikation bestimmter Pbn-Gruppen zu erleichtern — entsprechend andere Figuren darstellen, z. T. in entsprechend veränderten Situationen, z. B. Neger, Eingeborene, Jugendliche, Soldaten. Man erhofft sich davon eine größere diagnostische Ergiebigkeit.

Die Verfahren der zweiten großen Gruppe bedienen sich auch des Mittels der thematischen Bildauffassung. Aufgrund anderer Ausgangspunkte hinsichtlich der Persönlichkeitstheorie oder der möglichen Auswertungsprinzipien ergab sich jedoch eine tiefergreifende Änderung des Bildmaterials und des Gesamtaufbaus der Verfahren.

Sozusagen zwischen diesen beiden Gruppen liegt noch eine dritte, die Merkmale der beiden anderen in bestimmter Weise vereinigt: Das sind Verfahren, die (vorwiegend für Forschungszwecke entwickelt) der Erfassung bestimmter Motivsysteme dienen sollen. Sie behalten Murrays Bilder-Geschichten-Verfahren im wesentlichen bei, weichen aber vor allem im Inhalt der Bilder und im Auswertungsverfahren systematisch davon ab.

Aus der Vielzahl der vorliegenden Modifikationen — Harrison gab bereits 1965 eine Zahl von über 60 an — kann nachfolgend nur ein kleiner Teil berücksichtigt werden.

B. Unmittelbare Modifikationen des M-TAT

1. T.A.-Verfahren für spezielle Altersgruppen

Children's Apperception Test (CAT, CAT-S, CAT-H; Bellak 1954, 1975, Bellak & Adelman 1960, Bellak & Bellak 1949, 1952, Bellak & Hurvich 1966): Der CAT besteht aus zehn Bildern, auf denen stark anthropo-morphisierte Tiere dargestellt sind, die orale Probleme, Geschwisterrivalität, Elternkonflik u. ä. „universelle" Thematiken anregen sollen. Der CAT-S (supplement) erschien 1952 als Ergänzungsserie von zehn Bildern für weitere Kindheitsprobleme, die mit dem CAT nicht erfaßt werden (Schule, Spiel, Krankheit etc.). Der Test ist für Kinder aller ethnischer Gruppen von 3 bis 10 Jahren gedacht und aus der Annahme entwickelt, daß sich Kinder leichter mit Tier- als mit Menschenfiguren identifizieren, dies um so mehr, je jünger sie sind, und daß bei Tierfiguren weniger Hemmungen auftreten (Freud, Kris, Bellak).

Alle diese Annahmen können aber aufgrund der vorliegenden empirischen Untersuchungen als eindeutig falsifiziert angesehen werden (zusammenfassend Kornadt 1964, Haworth 1966, Exner 1976). Diese Untersuchungen wurden von Bellak — allerdings wenig überzeugend — zunächst als inadäquat kritisiert (Bellak & Adelman 1960), dennoch legte der Autor — immerhin sehr bemerkenswert — selbst eine Parallelserie mit Menschenfiguren vor, den CAT-H (Bellak & Hurvich 1966). Einen umfassenden Überblick über die im Ansatz ermutigenden frühen Reliabilitäts-, Validitäts- und Normierungsergebnisse zum CAT gibt Haworth (1966).

Auch neuere Untersuchungen erbrachten zwischen CAT und CAT-H nur geringe stimulusspezifische, nicht jedoch inhaltsthematische Unterschiede (Lawton 1966) oder gar keine Differenzen (Neuringer & Livesay 1970).

Moriarty (1968) kritisiert den CAT-H wegen zu großer Ambiguität der Bilder, die eine adäquate Untersuchung der Einstellungen und der Persönlichkeitseigenarten von Kindern erschwere (ähnlich bereits Murstein zum CAT 1965c).

In einigen neueren Studien, in denen Kinder außer mit dem CAT auch mit dem M-TAT untersucht wurden, ergab sich u. a., daß ältere Kinder in der Regel längere Geschichten erzählen als jüngere Kinder (Friedman 1972), daß eine Tafelrejektion offenbar durch eine recht komplexe Verflechtung mehrerer Faktoren bedingt wird (Orloff 1973) und daß sich CAT und CAT-H gleichermaßen bei jüngeren Kindern als ergiebiger erwiesen als der M-TAT (Myler et al. 1972).

Hoar & Faust (1973) verglichen die Ergiebigkeit der Geschichten von 4jährigen Kindern mit Hilfe eines dem Transzendenzindex (Weisskopf 1950) ähnlichen Verfahrens zwischen dem CAT und einer Puzzle-Form des Tests, bei dem die Kinder die einzelnen Testteile zuvor noch zusammensetzen mußten. Obwohl die Kinder bei der Puzzle-Form eine größere Involviertheit zeigten, verschwanden zunächst zwischen beiden Formen auftretende Testwertdifferenzen, wenn man die Inhalte unter Einschluß der Nachbefragungsdaten analysierte. Daß 9jährige Kinder darüber hinaus die Durchführung eines CAT offensichtlich angstfreier erleben als die Durchführung des Rorschach, des Wechsler oder eines projektiven Satzergänzungsverfahrens, wurde in einer Studie von Newmark et al. (1975) gezeigt.

Die Anwendung des CAT als Methode zur Abschätzung der Persönlichkeitsentwicklung von Kindern wird in einer Reihe von Untersuchungen belegt, in denen u. a. über ein objektives Auswertungsverfahren, das speziell für den Einsatz in Longitudinalstudien gedacht ist (Witherspoon 1968), über Normdaten für Vorschulkinder (Moriarty 1968) und über Testergebnisse, die an einer Stichprobe von Kibbuz- und Nicht-Kibbuz-Kindern gewonnen wurden (Rabin 1968), berichtet wird. In einer kritischen Würdigung dieser Studien erörterte Bellak (1968) den Wert des CAT in der Langzeitforschung über die Persönlichkeitsentwicklung von Kindern. Weitere Validitätshinweise ergeben sich u. a. aus der Untersuchung von Foulkes et al. (1967), in der der CAT im Rahmen der Traumforschung eingesetzt wurde, und aus einer Untersuchung von Porterfield (1969), in der über die erfolgreiche Differenzierung von Stotterern und Nicht-Stotterern mit Hilfe des CAT-H berichtet wird.

Über kulturspezifische Modifikationen des CAT, die im ganzen aber relativ geringfügig sind, berichten Bellak & Adelman (1960) und Haworth (1966).

Michigan Picture Test (MPT; Andrew et al. 1951, 1953, Hartwell et al. 1951): Der MPT ist zu unrecht in Deutschland wenig bekannt. Er ist unter den vergleichbaren Verfahren wohl am sorgfältigsten aufgebaut und geprüft und ist für Kinder von 8 bis 14 Jahren gedacht. Der MPT besteht insgesamt aus 16 Tafeln, davon eine weiße. Die Tafeln sind in zwei Serien für Jungen und Mädchen von jeweils 12 Tafeln aufgeteilt. Acht Tafeln können für beide Geschlechter benutzt werden, und vier Tafeln sind speziell nur anwendbar für eins der Geschlechter. Vier der gemeinsamen Tafeln werden als Kerntafeln bezeichnet, die auch die Basis für die Standardisierung und für die Validierungsstudien liefern. Der MPT geht von der Annahme aus, daß neun Problembereiche — wie Konflikte innerhalb der Familie, mit Autoritäten, im Schulbereich in bezug auf Aggression u. ä. — von einem T.A.-Test für Kinder dieses Alters erfaßt werden müßten, und versucht, die Bilder entsprechend auszuwählen. Die Bilder ähneln sehr denen des M-TAT (aus dem Tafel 7 GF übernommen ist), sind jedoch realistischer und vermeiden zu große Unbestimmtheit der Darstellung.

Zur Auswertung werden eine Reihe von Variablen vorgeschlagen wie der Spannungsindex, der auf der Auszählung von Häufigkeiten von erwähnten Bedürfnissen beruht (z. B. love, extrapunitiveness, submission). Die wohl- und fehlangepaßten Kinder der Eichstichprobe hatten in diesem Spannungsindex signifikante Differenzen (0,05 < p < 0,01). Mit Hilfe kritischer Grenzwerte kann für einen Pb die Wahrscheinlichkeit der Zugehörigkeit zur einen oder anderen Gruppe angegeben werden. Die Übereinstimmung zwischen zwei Auswertern wird mit r = .93 angegeben. Neben anderen Variablen (Richtung von forces, interpersonale Beziehungen, Ebene der Interpretation u. a., für die keine so günstigen Validitätsergebnisse vorliegen) wird auch die übliche impressionistische Auswertungsmethode benutzt werden.

Henry (1959) hat den MPT als „semi-objective" (S. 870) bezeichnet und führt darauf zurück, daß er auf relativ wenig Interesse gestoßen ist. Auch bis heute, über 25 Jahre nach der Veröffentlichung des MPT, liegen nur wenige Arbeiten vor, wobei als Index gelten kann, daß es sich bei den bei Buros (1970) aufgeführten (nur) 18 Arbeiten fast nur um unveröffentlichte Magister- und Doktorarbeiten handelt. Kagan (1960) hat aufgrund eines Vergleichs von Bildanreizwerten verschiedener thematischer Verfahren angenommen, daß der MPT eher leistungs- und affiliationsbezogene Themen anregt im Vergleich zum M-TAT und zum Symonds Picture Story Test (SPST). Alper & Greenberger (1967) berichten in ihrer Studie über Beziehungen zwischen Bilderstruktur des MPT und Leistungsmotivation bei College-Schülerinnen.

Symonds Picture Story Test (SPST; Symonds 1948, 1949): Dies ist wahrscheinlich die älteste Modifikation des TAT. Sie ist für die Untersuchung von Jugendlichen zwischen 12 und 18 Jahren gedacht. Der SPST besteht aus 20 Bildern, die besonders Jugendliche in altersrelevanten Situationen darstellen, zu denen wie beim M-TAT Geschichten erzählt werden sollen. Zur Auswertung hat Symonds eine Auszählung der Themenhäufigkeit vorgeschlagen, die auf den Helden bezogen definiert sind; häufige Themen betrachtet er als bedeutsam, im unteren Quartil seiner (nicht repräsentativen) Stichprobe liegende als selten und damit als nicht bedeutsam. Daneben empfiehlt er eine inhaltliche Auswertung.

Die Bilder des SPST machen alle einen eher etwas düsteren Eindruck, wirken stilistisch sehr veraltet und sind deswegen häufig kritisiert worden (Newton 1959a, Kagan 1960, Murstein 1963, Semeonoff 1976a). Reliabilitätsangaben fehlen, Validitätsangaben sind mager und belegen keine Überlegenheit gegenüber dem M-TAT. Kass (1959) kritisierte die normativen Angaben als unzureichend. Symonds & Jensen (1961) testeten 28 der ursprünglichen Versuchspersonen 13 Jahre später noch einmal und berichteten, daß weniger Themen aggressiven Inhalts auftraten als in der usprünglichen Validierungsstudie. Kagan (1960) hat vorgeschlagen, eine Auswahl von Bildern aus dem MPT, SPST und M-TAT zu einer neuen Serie zusammenzustellen, die er für ein effektiveres Meßinstrument bei Kindern hält. Es fragt sich allerdings, ob dies nicht eine stilistisch zu heterogene Bildserie ergäbe.

Insgesamt ist der SPST nur relativ selten angewandt worden, was nicht zuletzt auch darauf zurückzuführen sein mag, daß es sich hier um eine schwache Standardisierung, um unzureichende Normen und unklare Interpretationsanweisungen handelt — eine Kritik, die allerdings für eine Vielzahl anderer T.A.-Verfahren ebenfalls zutrifft.

Gerontological Apperception Test (GAT; Wolk & Wolk 1971) und *Senior Apperception Technique* (SAT; Bellak & Bellak 1973): Neben früheren Versuchen (z. B. Oberleder 1967) ist in neuester Zeit das Altersspektrum für T.A.-Verfahren nach oben hin durch GAT und SAT erweitert worden. Allerdings liegen Norm-, Reliabilitäts- und Validitätsuntersuchungen hierzu noch kaum vor, so daß sich die Tauglichkeit dieser Verfahren erst noch erweisen muß.

Traxler et al. (1974) haben die Differenzierungsfähigkeit des GAT bezüglich der Persönlichkeitsdynamik und Funktionsfähigkeit älterer Menschen in verschiedenen Bereichen untersucht. Als Pbn dienten ältere Menschen, die noch einen eigenen Haushalt führten, und solche (normale und senile), die in Altersheimen lebten. Die Autoren kamen insgesamt zu dem Schluß, daß allein die Darstellung älterer Personen auf den Bildern noch nicht ausreicht, um ergiebigere Geschichten zu erhalten. Die Ergebnisse waren im ganzen gesehen daher relativ enttäuschend.

Fitzgerald et al. (1974) verglichen die Effizienz des GAT und des M-TAT in bezug auf verschiedene Themen, wobei sich der GAT aber nur in einem Inhaltsbereich als überlegen erwies (ähnlich auch Pasewark et al. 1976).

Ein abschließendes Urteil über diese neuen Verfahren bleibt der weiteren Forschungsentwicklung vorbehalten.

2. T.A.-Verfahren für spezielle ethnische und soziale Gruppen

Thompson Modification des TAT (T-TAT; Thompson 1949): Der T-TAT ist eine Parallelserie zum M-TAT für Neger. Er entstand aus der Annahme heraus, daß sich Neger leichter mit entsprechenden Figuren identifizieren. Zu diesem Zweck wurden 10 Bilder des M-TAT „negroid" verändert. Der T-TAT enthält nur noch 19 Tafeln, Tafel 10 wurde nicht mit aufgenommen, die restlichen blieben unverändert. Ainsworth (1970) bezweifelt aber seine Stimulusäquivalenz zum M-TAT, da Hell-Dunkel-Kontraste z. T. radikal verändert wurden. Reliabilitäts-, Validitäts- und Normangaben fehlen weitgehend (ansatzweise Thompson 1964). Konsens besteht darüber, daß der T-TAT durchaus brauchbar sein kann, um rassische Einstellungen und Stereotype von Negern *und* Weißen zu erfassen (Cook 1953, Ainsworth 1959, Semeonoff 1973). Zur Grundannahme von Thompson aber, daß der T-TAT bei Negern dem M-TAT in der klinischen Ergiebigkeit überlegen ist, liegen widersprüchliche Ergebnisse vor. Cowan & Goldberg (1967) sowie Cowan (1971) berichten für eine Stichprobe von weiblichen schwarzen High School Schülerinnen höhere Leistungsmotivationswerte für eine aus 6 Bildern bestehende Parallelserie; allerdings hat sich in der überwiegenden Zahl der Untersuchungen die Annahme von Thompson und die Überlegenheit zum M-TAT nicht bestätigt (Cook 1953, Light 1955, Bailey & Green 1977, zusammenfassend Semeonoff 1976a).

Als weitere Verfahren sind erwähnenswert: Der *TAT for African Subjects* (Lee 1953), der im Gegensatz zum T-TAT sehr viel mehr kulturspezifische afrikanische Charakteristika berücksichtigt. Ainsworth (1959) kritisiert aber, daß Art und Umfang der Bekleidung der abgebildeten Personen bei verschiedenen afrikanischen Subkulturen sehr unterschiedlich aufgefaßt werden und der Test somit auch entsprechend unterschiedlich gut geeignet sein könnte. Darüber hinaus wurde von de Ridder (1961) der *African TAT* vorgelegt, der für erwachsene südafrikanische Städter gedacht ist, von Nel & Pelser (1960) ein *South African Picture Analysis Test,* der für Kinder im Alter von 5 bis 13 Jahren entwickelt wurde, sowie von Ombredane (1969) der *Congo-TAT.*

Weitere spezifische T.A.-Verfahren existieren für Inder (Henry 1947, 1951), afrikanische Eingeborene (Sherwood 1957), Indianer (Chowdhury 1960), Bewohner der Pazifischen Inseln (Lessa & Spiegelman 1954), Japaner (Mauri 1960) und chinesische Schulkinder (Chu 1968). Eine Parallelserie zum M-TAT für Chinesen stammt von Wang (1969). Ein T.A.-Verfahren zur Untersuchung mehrrassiger Kulturen wird von Bustamente (zit. n. Semeonoff 1976a, S. 139) berichtet. Kornadt & Voigt (1970) haben einen *Kenia Leistungsmotivations-TAT* vorgelegt. Er stellt eine Modifikation des Verfahrens von Heckhausen speziell für ostafrikanische Pbn dar.

Über weitere T.A.-Verfahren im Kulturvergleich berichten zusammenfassend Henry 1947, Lindzey 1961, Abel 1973, Brislin et al. 1973, Anzieu 1976.

Zur Untersuchung spezieller *sozialer Gruppen* existieren verschiedene Verfahren. Ein bekanntes Beispiel stellt der *Navy Personal TAT* (N-TAT) von Briggs (1954) dar, der für Marine-Angehörige gedacht war. Eron et al. (1955) sowie Murphree & Carnagan (1955) haben für ihn Zählungssysteme vorgeschlagen. Weiterhin existieren spezielle Verfahren für Körperbehinderte (Bachrach & Thompson 1949, Greenbaum et al. 1953, Moed et al. 1963), Armee-Rekruten (Walker et al. 1958), Fallschirmspringer (Fenz & Epstein 1962), für Arbeiter und Angestellte (Veroff 1961) und Klinikpersonal (Stoer 1967) sowie für emotional gestörte Kinder (Willis & Gordon 1974), um nur einige zu nennen.

3. T.A.-Verfahren für spezielle diagnostische Fragestellungen

Vocational Apperception Test (VAT; Ammons et al. 1949): Der VAT enthält 8 Bilder für Männer und 10 Bilder für Frauen, die Berufssituationen auf dem College-Niveau darstellen. Mit einem fünf Bereiche umfassenden Auswertungsschema wird versucht, die für die verschiedenen Berufe relevanten Motive, Einstellungen usw. zu ermitteln. Die Reliabilität der Auswertung war bei Wiederholung nach einer Woche 86 %, beim Vergleich mehrerer Auswerter 69 % Übereinstimmung (N = 75). Zur Validität wurden geringe, aber signifikante Übereinstimmungen mit dem Berufsinteressentest von Strong ($0,1 \leq p \leq 0,02$) angegeben. Nach Goldstein (1960) können die Ergebnisse im VAT im Gegensatz zu einem objektiven Interessentest (Kuder Preference Record) nicht absichtlich beeinflußt werden. Clark (1965) berichtet über den Einsatz des VAT im Zusammenhang mit einer Untersuchung über das Image von Psychologen (vgl. zusammenfassend auch Kinslinger 1966).

Test of Group Projection (TGP; Henry 1951, Henry & Guetzkow 1951): Der Test, der auch mit dem Namen *Group Projection Sketches for the Study of Small Groups* (Gibb 1959) bezeichnet wird, besteht aus 5 Bildern und ist — als Gruppenversuch durchgeführt — zur Untersuchung der Kleingruppendynamik gedacht. Der TGP wird von Gibb vor allem wegen mangelnder Reliabilitäts- und Validitätsdaten kritisiert.

Test of Family Attitudes (TFA; Jackson 1949, 1950, 1952, 1964): Dieser Test ist für Kinder von 6 bis 12 Jahren gedacht. Er besteht aus 7 Bildern mit kritischen Familiensituationen, eins davon in zwei Versionen, für Jungen und Mädchen getrennt. Die Bilder sind nur etwa postkarten-groß. Die Geschichten werden impressionistisch interpretiert, genaue Auswertungsvorschläge fehlen, ebenso Reliabilitäts- und Validitätsangaben (zur Validität gibt Jackson 1952 qualitative Evidenz durch Gegenüberstellung einzelner Fälle normaler, neurotischer und krimineller Kinder an). Aufgrund einer weiteren Validierungsstudie (1964) mit 200 Kindern im Alter von 8 bis 12 Jahren gibt die Autorin Inhaltsnormen an. Geschlechtsdifferenzen ergaben sich nicht, ebenso auch keine Unterschiede bei einer Gruppierung nach dem Alter.

Family Relations Indicator (FRI; Howells & Lickorish 1963, 1967): Der FRI wurde im Rahmen der Familienpsychiatrie-Bewegung entwickelt und besteht aus insgesamt 40 Bildern, von denen jeweils 16 nur einen Jungen oder ein Mädchen als Hauptfigur zeigen. Je nach Familienstruktur (Sohn/Tochter/Sohn und Tochter) werden die Bilder spezifisch zusammengestellt. Von den Pbn werden aber eher einfachere Stellungnahmen zu den Bildern verlangt als umfassende Geschichten. Es existiert ein Auswertungssystem mit vier Hauptkategorien, wobei besonders die Erfassung von Beziehungen eine Rolle spielt („relationship-grid"), denn Ziel des FRI ist es, eine möglichst genaue Beschreibung der Beziehungen zwischen den verschiedenen Familienmitgliedern zu liefern. Der Stil der Bilder ist wenig naturalistisch, eher cartoonartig. Auch die zweite überarbeitete Auflage des FRI (Howells & Lickorish 1969, 1970), die im wesentlichen in einer Umzeichnung der Bilder zur Erweiterung des Gültigkeitsbereichs besteht, wird von Kline (1972b) wegen fehlender Reliabilitäts- und mangelnder Validitätsinformationen recht ungünstig beurteilt und nicht für die Anwendung in der klinischen Praxis empfohlen. Nach Semeonoff (1976a) sind die vorliegenden Informationen jedoch ermutigend genug, dem FRI den Status einer unabhängigen Technik zuzusprechen.

Es soll in diesem Zusammenhang noch darauf hingewiesen werden, daß in neuerer Zeit eine verstärkte Anwendung TAT-artiger Verfahren zur Untersuchung interpersoneller und intra-familiärer Beziehungen festzustellen ist. Erwähnt werden sollen deshalb die sog. *Family Story Technique* (FST) von Kadushin et al. (1969, 1971), die mit 10 augewählten M-TAT-Tafeln und einer Modifikation des Auswertungssystems von Fine (1955) arbeitet und so eigentlich nur eine Spezialanwendung des M-TAT darstellt, sowie die erfolgreiche spezielle Anwendung der *Story Sequence Analysis* von Magda Arnold durch Winter (et al. 1966, Winter & Ferreira 1970) und sog. *TAT-Konsens-Geschichten,* die von mehreren Familienmitgliedern gemeinsam gefertigt werden (Winget et al. 1969).

School Apperception Method (SAM; Solomon & Starr 1968): Die SAM besteht aus 22 Zeichnungen (davon 10 Ergänzungstafeln), auf denen Kinder und Lehrer in einer Vielzahl schulrelevanter Situationen dargestellt sind. Die Absicht der Autoren war, Schulpsychologen ein Instrument an die Hand zu geben, das bei Kindern mit Schulproblemen zur Anwendung kommen sollte. Es existieren allerdings weder Reliabilitäts- noch Validitäts- noch Normierungsdaten. Die Brauchbarkeit der SAM wird lediglich durch elf Fallstudien demonstriert. Die Autoren schlagen auch kein eigenes Auswertungssystem vor, sondern verweisen auf die Systeme von Murray und Bellak, die auch für die SAM anwendbar seien. Als Rahmen für eine Auswertung nennen die Autoren 9 Punkte (neben formalen Charakteristika wie z. B. Reaktionszeit, Einstellung gegen Autoritäten, Klassenkameraden, Strafe, Aggression u. ä.). Reitz (1972) und Sundberg (1972) bezweifeln allerdings wegen des Fehlens von Reliabilitäts- und Validitätsinformationen, daß SAM anderen Verfahren überlegen ist.

Education Apperception Test (EAT; Thompson & Sones 1973): Ähnlich wie SAM besteht der EAT aus 18 Schwarz-Weiß-Tafeln, auf denen Kinder in der Schulklasse und in schulrelevanten Situationen dargestellt sind. Es handelt sich hier aber um naturalistische Fotos; acht Bilder zeigen Jungen, acht Mädchen in praktisch identischen Situationen (z. B. Gespräch mit dem Lehrer). Zwei Bilder sind nicht geschlechtsbezogen. Aus den Geschichten sollen Informationen über schulisches Lernen, Aktivitäten in der Schule, Beziehungen zwischen Schülern bzw. häuslicher Einstellung zur Schule (auf einigen Bildern sind auch Eltern mit Kindern abgebildet) ermittelt werden. Der Altersbereich erstreckt sich auf Kinder im Vorschul- und Grundschulalter. Die Themenbreite ist vermutlich eingeschränkter als die von SAM. Es wird ein grobes Auswertungsverfahren in 7 Punkten vorgeschlagen (Hauptthema, Einstellung zu anderen Personen, Ängste und Konflikte im Zusammenhang mit der Schule etc.). Auch hier liegen weder Reliabilitäts- noch Validitätsinformationen vor, Normen existieren bisher ebenfalls noch nicht. Die Autoren illustrieren die Brauchbarkeit ihres Verfahrens durch 7 Fallstudien.

Schulangst-Test (SAT; Husslein 1974, 1978): Für den deutschen Sprachbereich existiert mit dem SAT ein vergleichbares Testverfahren, das speziell Schulängste in fünf Bereichen (u. a. soziale Angst, Ich-Bedrohung) zu erfassen erlaubt. Der Test besteht aus 10 schulisch relevanten Bildtafeln, deren Anreiz-Charakteristika und inhaltliche Wertigkeit über Expertenurteile bestimmt wurde. Er ist als Instrument für die schulpsychologische Beratung über Schulversagens-, Leistungs- und Prüfungsängste gedacht und läßt sich auch sonderpädagogisch und therapieorientiert einsetzen. Die vom Autor positiv beurteilte Reliabilität und Validität des SAT muß sich in empirischen Untersuchungen erst noch erweisen.

Erwähnt werden sollen noch abschließend: Ein Verfahren von Langeveld (1969), *Columbus,* dessen Schwerpunkt die Analyse des Entwicklungsstatus (biographische Analyse) der Persönlichkeit ist. Der *Pain Appercetion Test* (Petrovich 1957, 1973; Haase et al. 1975) zur Erfassung der Reaktion auf und der Verarbeitung von Schmerz verschiedener Verursachung; die Spezialverfahren zur Erfassung von *Trennungsängsten* von Kindern (Klagsbrun & Bowlby 1976) und Jugendlichen (Hansburg 1972). Schließlich sei der Versuch von Vondracek et al. (1973) erwähnt, ein TAT-artiges Verfahren zur Erfassung typischer Reaktionen auf Frustration bei Kindern im Vorschulalter zu entwickeln.

C. T.A.-Verfahren für spezielle Motiv-Systeme

Die in diesem Abschnitt genannten Verfahren haben gemeinsam, daß sie in der Regel im Rahmen umfangreicher Forschungsprogramme zur Motivmessung entwickelt und validiert wurden. Sie sind in der Regel nicht als „Test" zu kaufen (wohl aber zugänglich) und deshalb nicht in den Mental Measurement Yearbooks von Buros aufgeführt. In der Regel sind sie thematisch so angelegt, daß nur eine spezielle Motivdimension erfaßt wird, wenn auch die Bildauswahl oft etwas subjektiv (Dana 1968) und nur in wenigen Ausnahmefällen eine strengere Skalierung des Bildmaterials erfolgte (Lesser 1958a, Kornadt 1974). Die in der Regel rein quantitativ ausgelegten Auswertungssysteme zeichnen sich durch eine hohe Objektivität aus. Die Auswertungsreliabilität ist bei solchen Verfahren außerordentlich hoch ($r = .90$), die Split-half-Reliabilitäten und Retest-Reliabilitäten schwanken um $r = .50$.

Die Fülle vorliegender Untersuchungen zu den T.A.-Verfahren für spezielle Motivsysteme, auf die hier im einzelnen nicht näher eingegangen werden kann, sprechen im ganzen gesehen recht eindeutig für eine gute Reliabilität und Validität dieser Verfahren. Zweifellos liegt hier einer der erfolgreichsten Anwendungsbereiche der T.A.-Technik.

Das bekannteste Beispiel für ein solches Verfahren stellt der TAT zur Messung der Leistungsmotivation von McClelland et al. (1953) dar. Er besteht aus vier Bildern, den Tafeln 7 BM und 8 BM aus dem M-TAT und zwei weiteren Bildern, die einen sitzenden jungen Mann vor einem aufgeschlagenen Buch zeigen, sowie zwei Männer, die an einer Maschine arbeiten. Heckhausen (1963) entwickelte eine T.A.-Serie zur Messung der Leistungsmotivation, in der — zur getrennten Anregung — je drei sog. „Erfolgs- und Mißerfolgsbilder" enthalten sind, sowie einen darauf abgestimmten Auswertungsschlüssel. Zur Reliabilität und Validität des Verfahrens liegen eine Vielzahl von Untersuchungsergebnissen vor, über die Heckhausen (1963, 1967) berichtet. Eine Adaptation dieses Verfahrens für ostafrikanische Pbn stammt von Kornadt & Voigt (1970). Zur Erfassung der Aggressivität hat Kornadt (1974) einen streng skalierten Bildersatz von acht Bildern entwickelt sowie ein zugehöriges Auswertungssystem für Aggression und Aggressionshemmung (zur Reliabilität und Validität des Verfahrens s. auch Kornadt 1981).

Weitere spezielle Bildersätze existieren für „Affiliation" (Atkinson et al. 1954), „Power" (Veroff 1958, Uleman 1966, McClelland 1975, Winter 1973), „Sex" (Clark 1952, Strizver 1961), „Schlaf" (Murray 1959), „Hunger" (Epstein 1961) und „Furcht" (Fenz & Epstein 1962) sowie „Mißerfolgsfurcht" (Birney et al. 1969). Über die frühen Entwicklungen von speziellen Bildersätzen und Auswertungsverfahren zur Motivmessung berichtet umfassend Atkinson (1958a).

Generell erhebt sich die Frage, ob die mittels spezieller thematischer Apperzeptionsverfahren gemessenen Motive — wie dies die undimensionalen Ansätze nahelegen — tatsächlich auch unabhängig voneinander sind. Hierzu ist festzustellen, worauf bereits Reitman & Atkinson (1958, S. 683) und Atkinson & Feather (1966, S. 349) als Problem hingewiesen haben, daß bis heute nur relativ wenige Ansätze vorliegen, in denen versucht wird, auch Beziehungen zwischen Motiven, Motiv-Konfigurationen und -Verknüpfungen zu untersuchen und weiter aufzuhellen. Immerhin spricht für die o. a. Forschungsansätze die gründliche Untersuchung von Bowen (1973), in der sich auch aufgrund der Analyse der Ergebnisse einer umfangreichen Literaturzusammenstellung ergab, daß die Motive Affiliation, Power und Leistungsmotivation offenbar tatsächlich im wesentlichen unabhängig und unkorreliert sind.

Auf ein anderes, hiermit zusammenhängendes Problem haben kürzlich Kornadt et al. (1980) hingewiesen: Durch die im wesentlichen erfolgreichen Bemühungen, T.A.-Instrumente zu entwickeln, die unabhängige und in bestimmter Weise definierte Motive erfassen, ist noch nicht erwiesen, daß die betreffenden Motive funktional unabhängig und der Definition entsprechend funktionelle (besser vollständig umfaßte) Einheiten sind. Auf dieses Problem, das die Wechselbeziehung zwischen Konstruktion und Validierung von T.A.-Verfahren und Motivtheorie betrifft (Abgrenzung von Motivsystemen), können wir hier jedoch nicht näher eingehen.

D. T.A.-Verfahren mit weitergehender Abweichung vom M-TAT

Four Picture Test (FPT; van Lennep 1948, 1951, van Lennep & Houwink 1958): Dieses Verfahren ist unabhängig vom TAT entwickelt worden. Seine Entwicklung reicht in das Jahr 1930 zurück und wurde u. a. durch die Arbeiten des Rorschach-Schülers Roemer angeregt. Der FPT besteht aus 4 farbigen, mehrdeutigen Bildern, die je eine „existentielle" soziale Situation darstellen: „Zusammensein mit einer anderen Person", „persönlich alleine sein", „sozial alleine sein", „zusammensein mit mehreren anderen in einer Gruppe". Der Pb hat die Aufgabe, die Bilder in eine beliebige Reihenfolge zu bringen und eine Geschichte zu schreiben, die alle vier Bilder umfaßt. Die Bilder haben hinsichtlich des Charakters der dargestellten Situation einen wesentlich höheren Ambiguitätsgrad als der M-TAT. Die Auswertung bedient sich nach van Lenneps Vorschlag formaler und inhaltlicher Merkmale. Im Manual (van Lennep 1948) werden Hinweise auf aufschlußreiche formale Aspekte der Geschichte gegeben sowie Normen für einige Themen u. ä., allerdings fehlen empirische Werte. Der Verfasser hat auch ein Auswertungsformular (ähnlich dem von Bellak) entworfen. Die Interpretation des FPT als eines Persönlichkeitstests geht weitgehend intuitiv vor und mündet im üblichen essayistischen Gutachten. In der 2. Auflage des Tests (van Lennep & Houwink 1958) fehlen unbegreiflicherweise die 20 Seiten über die Interpretation des Tests aus der 1. Auflage. Weiterhin fehlen illustrative Beispielprotokolle und auch Hinweise über die Interpretation von formalen Variablen (die zur Auswertung empfohlen werden). Die Autoren kündigen im Manual zwar Reliabilitäts- und Validitätsdaten an, die aber u. W. bisher nicht veröffentlicht sind. Aus diesem Grunde wurde die 2. Auflage des FPT bereits von Lee (1965) und Schepers (1965) als weniger befriedigend beurteilt im Vergleich zur 1. Auflage.

Die Tatsache, daß alle 4 Bilder in einer Geschichte zusammengefaßt werden sollen, vermindert wahrscheinlich den Wert des Tests in mancher Hinsicht. Die Geschichte stellt so nur eine sehr begrenzte Stichprobe dar und erfordert auch ohne Zweifel mehr intellektuelle Fähigkeiten. Außerdem wird durch das geforderte Arrangement der vier Bilder die Vergleichbarkeit der Geschichten erheblich beeinträchtigt, wenn auch die gewählte Reihenfolge — ähnlich wie beim PAT — gewisse Informationen liefern mag. Auf eine strenge Standardisierung des FPT hat der Verfasser anscheinend von vornherein wenig Wert gelegt, so schlägt er z. B. vier verschiedene Durchführungsformen vor. Bei Kreuzvalidierungsuntersuchungen ergab sich, daß formale Merkmale (z. B. in der Geschichte verwendete Zeitform, Häufigkeit auditiver Empfindungen u. ä.) eine recht gute Vorhersage

z. B. des Berufserfolgs gestatten (van Lennep & Houwink 1955). Weiterhin wurden Beziehungen zwischen FPT und sozialen Rollenpräferenzen (Loveless 1964), Kreativität (Kunke 1967) und Blickbewegungen während des Tests (Thomas 1968) ermittelt. Eine Untersuchung zum Aufforderungscharakter des FPT, in der u. a. quantitative und qualitative Variablen sowie thematische Gehalte erfaßt wurden, stammt von Scholtz (1964). Eine Faktorenanalyse inhaltlicher Motive des FPT von Fürntratt (1969) ergab 17 Faktoren, die als komplexe thematische Einheiten (Themata) interpretiert werden konnten und unabhängig von Alter, Geschlecht und Intelligenzniveau verschiedener Pbn-Gruppen auftraten. Dennoch ist bis heute über den Reliabilitäts- und Validitätsstand des FPT wenig bekannt, so daß die mangelnde Popularität dieses Verfahrens nicht verwundert (Neuringer 1968).

Blacky Pictures Test (BPT; Blum 1950, 1960, 1962, 1968): Der BPT ist das einzige persönlichkeitsdiagnostische T.A.-Verfahren, das systematisch aus den Voraussetzungen einer ausführlich formulierten Theorie heraus aufgebaut ist. Er folgt der psychoanalytischen Theorie der psychosexuellen Entwicklung (Freud, Fenichel). Sein Ziel ist es, den Stand der psychosexuellen Entwicklung, die Art der Abwehrmechanismen, der Objektbeziehungen und dergl. festzustellen. Sein Aufbau ist konsequent auf dieses Ziel ausgerichtet. Durch entsprechenden thematischen Anreiz der 12 Bilder (davon ein Vorschaltbild) wird versucht, Informationen über 13 psychoanalytisch definierte Dimensionen zu erhalten wie Oralerotik, Analsadismus, Intensität des Oedipuskonfliktes, Ich-Ideal und dergl. Um den Bildanreiz für diese Themen stark genug zu machen, ist die Vieldeutigkeit der Bilder relativ gering, und sie wird durch standardisierte Kommentare weiter verringert. Um die dadurch zu erwartenden Abwehrreaktionen zu mildern, sind die Personen nicht Menschen, sondern Hunde in entsprechenden Situationen. Der Pb soll sich mit einem (Blacky) identifizieren, was durch bestimmte Maßnahmen erleichtert wird. Außerdem werden zu jedem Bild standardisierte Fragen mit Wahlantworten gestellt und eine „gefällt — gefällt nicht"-Klassifizierung verlangt. Anhand von Beispielantworten und Kriterien wird bewertet, ob die entsprechenden Dimensionen des Pb stark oder schwach ausgeprägt sind. Das 2. Auswertungs-Manual (Blum 1962) basiert auf dem Ergebnis einer Faktorenanalyse von Blacky-Variablen und verschiedenen Kriteriums-Variablen. Es erlaubt eine Auswertung von 30 separaten Faktoren, die allerdings in erster Linie für Forschungszwecke gedacht sind.

Zur Reliabilität des BPT liegt eine Reihe von z. T. kontroversen Untersuchungsergebnissen vor (Charen 1956, Granick & Scheflen 1958, Berger & Everstine 1962). Die Ergebnisse zeigen überwiegend statistisch signifikante Reliabilitäten für die Blacky-Dimensionswerte, sie variieren allerdings beträchtlich (von $r = .20$ bis $r = .92$) und sind in der Regel nicht hoch genug, um Dimensionswerte für eine Individualdiagnose zu empfehlen (Sappenfield 1965).

Die Anwendung des BPT als Validierungstechnik für die psychoanalytische Theorie der psychosexuellen Entwicklung wurde verschiedentlich kritisiert (Seward 1950, Newton 1959b, Beck 1959, Neuringer 1968, Kline & Trejdosiewicz 1971). Demgegenüber kommt Kline (1972a) zu dem Schluß, daß die vorliegenden Untersuchungen mit dem BPT im wesentlichen die psychoanalytische Theorie in bezug auf die prägenitalen Phasen der psychosexuellen Entwicklung bestätigt hätten. Immerhin ergibt sich aus der Vielzahl vorliegender Untersuchungen doch einige Wahrscheinlichkeit für die Validität der Testinterpretation und zugleich im Rahmen der Konstruktvalidität für die entsprechende psychoanalytische Theorie, wenigstens in groben Umrissen (Taulbee & Stenmark 1968, Blum 1968, Schaeffer 1968a, Kline 1973). Allerdings fällt auf, daß Validierungsuntersuchungen vor allem an College-Studenten durchgeführt wurden (z. B. Galinsky 1971) und Ergebnisse für andere Gruppen bisher nur relativ spärlich vorliegen.

Im Zusammenhang mit der Adäquatheit der Blacky Pictures als klinischem Instrument ergaben sich allerdings einige Probleme. Die Annahme Blums, daß sich Personen beiderlei Geschlechts gleichermaßen leicht mit Blacky als Held identifizieren, läßt sich wohl nicht ohne weiteres aufrechterhalten (Dean 1959, Neuman & Salvatore 1958, Rossi & Solomon 1961, Robinson & Hendrix 1966). Eventuell spielt hierbei aber der Unterschied einer „Geschlechtszuschreibung" im Rahmen eines Forschungskontextes und der „Identifikation" mit dem Hauptcharakter unter normalen Bedingungen der klinischen Auswertung des Tests eine Rolle: Die Vorstellung „Hund" wird offensichtlich mehr mit männlichen Charakteristika wie Aggressivität in Verbindung gebracht. Wichtiger ist aber vielleicht noch, daß man aus diesen Untersuchungen auch ableiten könnte, daß das Paradigma der psychosexuellen Entwicklung, wie sie der BPT darstellt, eher für männliche als für weibliche Personen zutreffen könnte. Versuche, mit diesem Problem fertig zu werden, liegen von King & King (1964), Robinson (1968) und Schaeffer (1968b) vor, die Parallelserien von Bildern entwickelten, in denen Hunde durch Katzen ersetzt wurden. Insgesamt gesehen bleibt zum BPT festzustellen, daß in der Regel in den Untersuchungen zumindest einige aus der Theorie abgeleitete Hypothesen bestätigt wurden, und nur relativ selten ergaben sich statistisch signifikante gegenteilige Ergebnisse (z. B. Fisher & Keen 1972).

Klopfer & Taulbee (1976) stellen fest, daß der BPT, gemessen an der Zahl neuerer Untersuchungen, zunehmend in Vergessenheit gerät, und machen dafür seine einseitige Bindung an eine allmählich unmodern werdende Theorie verantwortlich.

Eine interessante Variante des BPT ist der „*Test-PN*" von Corman (1961). PN ist eine Abkürzung von „Patte-Noire", Name der Hauptfigur des Tests, ein Ferkelchen, dessen linke Hinterpfote schwarz ist. Die Tiere sind weniger anthropomorphisiert als im BPT, und der Situationsbereich der insgesamt 17 Bilder ist durch zusätzliche Tier- und Menschenfiguren gegenüber dem BPT erweitert.

Semeonoff (1976a) äußert wegen der größeren Flexibilität, die dieses Verfahren ermöglicht, eine eindeutige Präferenz für PN gegenüber Blacky.

Object Relations Technique (ORT; Phillipson 1955, 1973): Die theoretische Grundkonzeption der ORT ist aus den psychoanalytischen Theorien über Objektbeziehungen von Melanie Klein (1948) und Fairbairn (1952) abgeleitet. Der Test, gedacht für Personen ab 11 Jahren, wurde von Phillipson an der Tavistock Clinic in England entwickelt, war als Ergänzung zur entsprechenden psychodynamischen Therapie konzipiert und zur Untersuchung von zwischenmenschlichen Beziehungen gedacht, für die verdrängte, unbewußte Objektbeziehungen der frühesten Kindheit eine Rolle spielen. Das Verhalten in diesem Bereich wird als Resultante des Versuchs betrachtet, zwei überlappende und interagierende Objektbeziehungssysteme in Einklang zu bringen: (a) die verdrängte und unbewußte Art und Weise, Beziehungen aufrechtzuerhalten, die in den frühen Kindheitsjahren nach Frustration als Anpassungsmittel phantasiert wurden, und (b) die mehr bewußt angesammelte Erfahrung von Beziehungen, die durch ein „Realitätstesten" in ein konsistentes Interaktionspattern konsolidiert und validiert wurden.

Beide Systeme können konflikthaft verwoben sein, und die individuelle und charakteristische Art der Umweltwahrnehmung kann in der ORT beispielhaft hervortreten. Dementsprechend war die ORT ursprünglich so angelegt, daß Informationen über die Art angestrebter Objektbeziehungen, über die damit verbundenen gefürchteten Konsequenzen sowie über entsprechende Verteidigungsmechanismen erfaßt werden. Die ORT besteht aus drei Serien (A, B und C) von jeweils vier Tafeln, auf denen entweder nur eine, zwei oder drei Personen oder eine größere Personengruppe abgebildet ist, sowie einer weißen Tafel. Die Abbildungen der Personen sind bzgl. Alter und Geschlecht vieldeutig, Details fehlen oder sind unklar. Die drei Serien variieren in stilistischer Hinsicht und erzeugen so nach Phillipson ein unterschiedliches „Realitätsklima" (emotionales Klima), und zwar sind die Bilder der Serie A minimal strukturiert und vage, ähnlich „Nebelerscheinungen", die Bilder der Serie B bringen starke Schwarz-Weiß-oder Schwarz-Grau-Kontraste, und die Bilder der Serie C sind farbig. Die Serie A soll primitive Objektbeziehungsbedürfnisse (dependency, affection, security) anregen, die Serie B Bedrohung und Angst, Serie C „Emotional challenge and involvement". Die Durchführung der ORT ist ähnlich dem M-TAT, und die Reihenfolge der Bilder ist vorgeschrieben. Bei der Auswertung werden strukturelle und inhaltliche Aspekte (teilweise unter Verwendung von Grobnormen, ähnlich einer Rorschach-Inhaltsanalyse) berücksichtigt, wobei die Analyse nach vier Hauptdimensionen erfolgt: Perzeption, Apperzeption, Objektbeziehungsinhalt und Geschichtenstruktur. Die zweite Ausgabe des Tests (Phillipson 1973) enthält einige kleine Änderungen, vor allem terminologischer Art. Im wesentlichen blieb der Test aber unverändert. Phillipson berichtet über Normen, die an 50 Patienten und 40 normalen Mädchen im Jugendalter gewonnen wurden, und zwar pro Tafel bzgl. Zahl und Art von gedeuteten Charakterisierungen und

Beziehungen, Art der Umgebung, Geschlecht der Charaktere etc.. Orme (1959) hat typische ORT-Antworten von Schizophrenen publiziert. Reliabilitäts- und Validitätsuntersuchungen sind selten. Haskell (1961) untersuchte 38 schizophrene Patienten mit dem Rorschach, der ORT und acht M-TAT-Tafeln und fand, daß die ORT in bezug auf „covert and overt hostility" am besten mit der Einschätzung des Therapeuten korrelierte. Viitamaki (1962) analysierte ORT-Protokolle von Müttern psychotischer Kinder und einer Vergleichsgruppe mit Hilfe eines Need-Press-Auswertungssystems und fand signifikante Unterschiede. Die Annahme von Phillipson, aber auch von Westby (1959), daß die ORT geeignet sei für die Sozialforschung und insbesondere zur Personalauswahl, wird von verschiedenen Autoren stark bezweifelt (Kutash 1957, Semeonoff 1976a). Darüber hinaus fand die ORT insgesamt keine sehr günstige Aufnahme, nicht nur wegen mangelnder Reliabilitäts- und Validitätsinformationen, sondern insbesondere auch, weil die Beziehung zwischen der theoretischen Basis und der daraus abgeleiteten Gestaltung des Stimulusmaterials, sowie des Auswertungssystems und der daran geknüpften Interpretationen letztlich unklar bleibt (McMahon 1957, Meyer 1958, Neuringer 1968, Semeonoff 1976a).

Es existiert auch eine *„Children's Object Relations Technique"* (CORT) von Wilkinson (1970, 1975), die sich aber noch in der Entwicklung befindet. Das Stimulusmaterial des Tests ist im Vergleich zur ORT allerdings etwas verändert, und die Inhaltsauswertung erfolgt eher wie im Rorschach-Verfahren. Reliabilitäts- und Validitätsstudien stehen noch aus.

Pickford Projective Pictures (PPP; Pickford 1963): Die PPP sind für Kinder von 5 bis 15 Jahren gedacht und ähnlich wie die ORT vor allem als Ergänzung für eine psychodynamisch orientierte Therapie konzipiert. Das Material besteht aus 120 postkarten-großen, relativ einfachen Strichzeichnungen. Alle Bilder, bis auf eine Ausnahme, beinhalten eine oder mehrere Kinderfiguren. Die Gesichter sind unkenntlich, aber das Geschlecht kann im allgemeinen klar erkannt werden. Es gibt nur sehr wenige irrelevante oder vieldeutige Details. Die Bilder lassen sich nach 15 verschiedenen Gesichtspunkten gruppieren (z. B. Beziehung von zwei oder mehr Kindern zu einer Vaterfigur; ein Kind in einer Situation allein usw.). Die Bilder sollen als Spiel- und Anregungsmaterial im Rahmen der Therapie verwandt werden. Pickford schlägt vor, daß jeweils ein Päckchen von sechs Bildern gleichzeitig für eine Sitzung (über 20 Therapiesitzungen verteilt) benutzt werden sollen, wobei die Reihenfolge der Bilder festliegt (Anwendung und Zusammenstellung einzelner Bilder bzw. einer Auswahl von Bildern ist möglich). Pickford gibt für jedes Bild getrennt für Jungen und Mädchen Normen an, etwa bzgl. der Identifikation der dargestellten Menschenfiguren. Da die Pbn-Gruppen aber sehr klein sind, sind die Normangaben relativ unsicher. Reliabilitäts- und Validitätsuntersuchungen fehlen weitgehend.

Tomkins-Horn Picture Arrangement Test (PAT; Tomkins & Miner 1957, 1959): Der PAT stellt eine Art multiple-choice-Modifikation des TAT dar. Auf jeder der

25 Tafeln sind drei Szenen gezeichnet, für die der Pb eine Reihenfolge angeben soll. Er erlaubt eine ganz objektive, sogar maschinelle Auswertung. Festgestellt werden nur selten gewählte Arrangements in bestimmten Gruppen von Bildern. Hierfür sind für drei Intelligenz-, drei Bildungs- und vier Altersstufen Normen entwickelt. Miner (1960) berichtet, daß der PAT erfolgreich bei der Auswahl von Maschinenarbeitern eingesetzt wurde. Gegen dieses recht objektive Verfahren wird jedoch eingewandt, daß das eigentliche Problem die Interpretation der vielen objektiv ermittelten Werte ist (Ullman 1959), bei der man vielfach doch wieder auf die Eindrucksvalidität angewiesen ist. Ein besonderer Nachteil dürfte dabei sein, daß die Verfasser bewußt darauf verzichtet haben, sich im Rahmen eines theoretischen Konzepts zu bewegen. Auch Neuringer (1968) weist auf das geringe Maß an Interpretation hin, das die im PAT ermittelten Informationen überhaupt ermöglichen.

Group Personality Projective Test (GPPT; Cassel & Kahn 1961): Der GPPT besteht aus 90 einfachen Zeichnungen, die meisten davon Strichfiguren, die gegen einen halbstrukturierten Hintergrund dargestellt sind; der Pb muß eine Bestauswahl aus fünf alternativen Interpretationen der Zeichnung treffen. Diese zielen ab auf die Ermittlung von sieben (projizierten) Bedürfniszuständen (z. B. affiliation, neuroticism etc.). Gedacht ist der Test für Personen ab etwa 11 Jahren. Die Autoren berichten über eine befriedigende Diskriminationsfähigkeit solcher Test-Scores in Untersuchungen von Fehlanpassung, Delinquenz und Führungsqualität. Die Reliabilitäten sind relativ niedrig, ebenso auch Korrelationen mit Außenkriterien, die um etwa r = .25 rangieren. Die in einer ersten Validierungsuntersuchung gefundene Faktorenstruktur erwies sich als nicht reproduzierbar.

Boudreaux & Dreger (1974) untersuchten die Inhaltsdimensionen des GPPT erneut mittels Faktorenanalysen und extrahierten Faktoren, die mit den Original GPPT-Dimensionen nicht übereinstimmten. Darüber hinaus zeigte sich für die Neurotizismus-Dimension ein Response-set, der die Werte beeinflußt. Die Autoren kamen zu dem Schluß, daß der GPPT in bezug darauf, was er vorgibt zu messen, offensichtlich nur sehr begrenzten Wert hat. Trotz einiger ermutigender Validitätsstudien (Braun 1967, Moss 1968, Buckham 1969, Ong 1969, Abe 1970, Brozovich 1970) werden die vorliegenden Ergebnisse von Megargee (1972), Oskamp (1972) und Reznikoff (1972) übereinstimmend als unzureichend beurteilt.

Die *„Stick Figures"* von Forrest & Lee (1962), die einige der need-Variablen von Murray repräsentieren sollen, stellen eine ähnliche Reduktion des Stimulusmaterials dar. Der Ansatz der Autoren wird allerdings von Semeonoff (1976a) recht skeptisch beurteilt. Eine andere Art relativ extremer Stimulus-Reduktion des Bildmaterials stellen die *Ten Silhouettes* dar (Smith 1959). Auch hier fehlt aber ein theoretischer Rahmen sowie Reliabilitäts-, Validitäts- und Normierungsdaten.

Hand-Test (HT; Bricklin, Piotrowski & Wagner 1962): Der Hand-Test besteht aus einer Serie von zehn Tafeln, auf denen Zeichnungen von Händen in verschiedenen, vieldeutigen Stellungen abgebildet sind. Die Aufgabe des Pb ist es anzugeben, was die Hand gerade tun könnte. Die letzte Tafel ist weiß, und von dem Pb wird verlangt, sich eine Hand vorzustellen und dann zu beschreiben, was diese tut. Der Test ist für Personen ab 6 Jahren gedacht. Bei der Auswertung werden einige Variablen wie beim Rorschach mitberücksichtigt (z. B. Reaktionszeit, Tafeldrehen). Hauptsächlich wird der HT aber inhaltlich nach 15 Kategorien ausgewertet, wobei sich Beziehungen zu den Verfahren von Murray und Tomkins ergeben (z. B. affection, aggression, active, passive, fear etc.). Die Häufigkeit des Auftretens von variierenden Kombinationen dieser Kategorien liefern dann einen zusammenfassenden quantitativen Wert. Die Reliabilität der Auswertung, ermittelt an 100 Protokollen von drei unabhängigen Beurteilern, variierte von r = .86 bis r = .96. Normdaten liegen von 1020 Fällen vor. Für die Hauptauswertungskategorien werden Mediane und Interquartilränge für 17 sog. Populationen angegeben, u. a. normale Erwachsene, College-Studenten, Kinder, Neurotiker, Psychotiker und antisoziale Persönlichkeiten. Die Gruppen unterscheiden sich im Alter, in der Ausbildung, im sozio-ökonomischen Hintergrund bzgl. des Geschlechts. Die angegebenen Normdaten werden von Gleser (1965) aber als unzureichend angesehen. Validitätsstudien mit recht ermutigenden Ergebnissen befassen sich bevorzugt mit einem Vergleich von verschiedenen Stichprobengruppen, die sich psychopathologisch oder in bezug auf Aggressivität mit Hilfe des HT differenzieren ließen (Wagner 1961, 1962, 1971, Wagner & Copper 1963, Wagner & Medvedeff 1963). Breidenbaugh et al. (1974) untersuchten eine Gruppe von 40 emotional gestörten Kindern im Alter von 11 Jahren wiederholt im Abstand von sechs Monaten mit dem Hand-Test. Bezüglich der Stabilität des „Acting-out-Ratio" (AOR), der vom Test-Autor als guter Prädiktor für offenes Aggressionsverhalten betrachtet wird, ergab sich eine nicht-signifikante Korrelation von r = .27. Darüber hinaus zeigten sich keine korrelativen Beziehungen zwischen der Lehrereinschätzung des aggressiven Verhaltens der Kinder und ihren AOR-Werten sowie auch nicht zwischen AOR-Werten und einem projektiven Zeichentest (HFD). Higdon & Brodsky (1973) fanden keinerlei Auswirkungen einer experimentell induzierten Frustration auf die AOR-Werte. Darüber hinaus fanden sich auch keine korrelativen Beziehungen zwischen AOR-Werten und Werten in einem Aggressionsfragebogen. Allerdings wird die Gültigkeit der Ergebnisse dieser Studie von Wagner (1973) wegen vermutlicher Inadäquatheit der zugrundegelegten Validitätskriterien in Zweifel gezogen. Rand & Wagner (1973) fanden bei 6 von 21 HT-Variablen dagegen signifikante Korrelationen zur Vorgesetzten-Einschätzung erfolgreicher Arbeitsausführung von Polizeikräften. Über die Forschungsarbeiten zum HT berichten zusammenfassend Bricklin et al. (1973) in einer Monographie.

Eine deutsche Adaptation, der *Foto-Hand-Test,* stammt von Belschner und Selg (vgl. Selg 1968).

Zucker & Jordan (1968) konstruieren einen *Paired Hand-Test* zur Messung affektiver Beziehungen (Freundlichkeit).

E. Sonstige T.A.-Verfahren

Der *„Make-a-Picture-Story-Test"* (MAPS; Shneidman 1949, 1952, 1960) stellt eine Technik dar, die zwischen T.A.- und puppenspielartigen Verfahren anzusiedeln ist. Die Pbn müssen aus vorgegebenen Figuren und Hintergrundbildern eine Auswahl treffen und dazu Geschichten erzählen (vgl. Jensen 1965). Ein weiteres Verfahren, das eine Art Kombination aus T.A.- und Satzergänzungsverfahren darstellt, ist der *Family Relations Test* (FRT) von Anthony & Bene (1957) bei dem zu vorgegebenen, auf Kästchen geklebten Zeichnungen von Personen „passende Antwortsätze" über Beziehungen und Einstellungen zugeordnet werden müssen. Der FRT hat in neuerer Zeit einige Beachtung gefunden (Kauffman 1970, Kauffman & Ball 1973, Bene 1973, Frost & Lockwood 1973, Kauffman et al. 1975).

Aus der Zahl der übrigen Modifikationen sind noch Versuche zu erwähnen, statt der M-TAT-Bilder Beschreibungen von ihnen schriftlich oder mündlich zu geben (*„Picture-Less TAT"* von Lebo & Harrigan 1957, Lebo & Sherry 1959 sowie der *Braverman-Chevighny-Auditory-Projective Test* für Blinde von Graham 1964) oder solche, bei denen die Schwarz-Weiß-Kontraste umgekehrt wurden (Hartman & Nicolay 1971). Weiterhin ließ man farbige M-TAT-Bilder (Brackbill 1951, Thompson & Bachrach 1951, Lubin 1955, Johnson & Dana 1965, Ciraval 1975, Semeonoff 1976b) oder auch statt der Bilder Geräusche oder Musik interpretieren (Shakov & Rosenzweig 1940, Ball & Bernadoni 1953, Stone 1950, 1953, Davids & Murray 1955, Wilmer & Husni 1953, Bean 1965, Daele 1967, Breger 1970). Dass (1974) hat für Kinder und Jugendliche einen *„Movie Pictures Test"* entwickelt, bei dem zu zehn kurzen Filmsequenzen Geschichten geschrieben werden müssen. Beim sog. *„Three-dimensional apperception Test"* (3-DAT) von Doris Twitchell-Allen (1947, 1948, Fein 1960) wird das motorische Verhalten der Pbn beim Geschichtenerzählen mit interpretiert. Als Besonderheiten seien noch der *„Negation-TAT"* (Jones 1956) erwähnt, bei dem die Pbn jeweils die „unwahrscheinlichste Geschichte" zu den M-TAT-Bildern erzählen sollen, und die multiple-choice-Kurzform des M-TAT von Stricker (1962).

Alle diese Versuche haben aber bisher keine große Bedeutung erlangt und sind wegen mangelnder theoretischer Fundierung sowie fehlender Reliabilitäts-, Validitäts- und Normierungsangaben recht skeptisch zu beurteilen.

F. Schlußbemerkung

Die meisten dieser Modifikationen haben nicht die in sie gesetzten Erwartungen erfüllt — nicht nur, weil bei ihnen die gleichen Auswertungs- und Validierungsprobleme auftreten wie beim M-TAT, sondern vor allem, weil die Bilder meist nach unzureichenden Prinzipien zusammengestellt wurden. Besonders hat sich das Identifikationskonzept, so wie es dem CAT, GAT, T-TAT und B-TAT zugrundeliegt, nicht bewährt. Gerade die Erfahrungen mit dem T-TAT sowie in neuerer Zeit auch mit dem GAT zeigen deutlich, daß der Pb sich nicht einfach mit der ihm äußerlich ähnlichsten Figur identifiziert. Auch durch die Verwendung von Figuren mit besonderen Merkmalen (z. B. Negern) werden diese offenbar nicht mehr als Menschen schlechthin gesehen, sondern die jeweilige Besonderheit wird thematisiert (Korchin et al. 1950, Cook 1953), wodurch vor allem die themenspezifischen Motive aktiviert werden. Das wichtigste Merkmal des Bildes dürfte das motivrelevante Thema sein; und der größere Wert etwa der Bilderserien für spezielle Motivsysteme beruht offenbar auf deren thematischer Spezialisierung und Systematisierung, was mit unseren theoretischen Ausführungen einerseits gut vereinbar ist und wofür andererseits deren gute Reliabilitäts- und Validitätsergebnisse sprechen.

IX. Zusammenfassung und Ausblick

Wenden wir uns zum Schluß nach dem Überblick über die vielen theoretischen Konzepte, alle die Auswertungsverfahren und Modifikationsversuche mit ihren wechselnden Erfolgen sowie die Ergebnisse der Konstruktvalidierung noch einmal dem TAT Murrays zu. Wir können dann zweierlei feststellen:

1. daß die durch ihn initiierte T.A.-Technik in den rd. 40 Jahren weit über den Rahmen der Diagnostik hinaus auch für die Persönlichkeits- und die allgemeine Psychologie eine außerordentliche Bedeutung erlangt hat;

2. daß der M-TAT in seiner jetzigen, seit 35 Jahren unveränderten Form kein befriedigender „Test" ist.

Wir wissen heute, daß die Bilder in ihrem Motiv- und Hemmungsanreiz vieldeutig und keineswegs systematisch abgestuft zusammengestellt sind. Damit können sie in unklarer Weise mehrere Motive gleichzeitig ansprechen. Eine Geschichte kann somit zahllose Determinanten haben, die im Einzelfall nicht sicher zu diagnostizieren sind.

Unter diesen Bedingungen ist auch nicht sicher genug abzuschätzen, ob wirklich die wichtigsten Motive, Konflikte usw. eines Probanden gemäß ihrem relativen Gewicht ausgedrückt werden, so daß wir eben doch nicht „die grundlegende dynamische Struktur der Persönlichkeit" sicher erkennen können — abgesehen von den Änderungen, die diese Frage mit fortschreitender Kenntnis über Persönlichkeitsmerkmale und durch die Interaktionismusdebatte erfuhr.

Andererseits kennen wir aber nicht nur diese Mängel: Die Forschungsarbeit vor allem der letzten 20 Jahre *über* den TAT hat ja auch genauere Kenntnisse über den Anreizwert und die Einflüsse exogener Faktoren zutagegefördert, die genutzt werden können. Ferner hat es in Verbindung damit auch nicht an Standardisierungs- und Normierungsansätzen gefehlt, um den TAT in psychometrischer Hinsicht zu verbessern. Und schließlich hat die Entwicklung auch eine Vielzahl von aus theoretischen Gründen abgeleiteten, neuen Auswertungsansätzen für bestimmte klinische Aufgaben mit sich gebracht, die einen wesentlich höheren Komplexitätsgrad haben als früher verwandte und die dennoch hinreichend exakt operational bezogen sind; dementsprechend sind auch die damit verbundenen Reliabilitäts- und Validitätsergebnisse ermutigend. Dennoch: All dies sind nur Ansätze, die meist ziemlich unverbunden nebeneinander stehen und bisher kaum systematisch für die Persönlichkeitsdiagnostik nutzbar gemacht wurden.

Demgegenüber sind die Möglichkeiten, die *weiterentwickelte T.A.-Techniken* bieten, in außerordentlich fruchtbarer Weise genutzt worden: Es hat sich gezeigt, daß bei strenger Standardisierung durch einen genügend großen Satz von Bildern mit einheitlichem Themenbereich und eindeutigem, aber abgestuftem Anreizwert und durch eine geeignete Auswertung einzelne Motivsysteme (d.h. themenbezogene Motivkomponenten des Aufsuchens und Meidens) recht gut diagnostiziert werden können, besonders wenn zusätzliche Trennkriterien mit herangezogen werden.

In verschiedenen Bereichen, vor allem dem Leistungs-, dem Macht- und dem Aggressionsmotiv, hat dies zu einem beachtlichen Erkenntnisfortschritt geführt. Er betrifft nicht nur die Messung solcher Motivsysteme, sondern zugleich auch Aufbau und Funktionsweise der Motive selbst.

Auch wenn sich eine umfassende Persönlichkeitsdiagnostik etwa für klinische Fragestellungen daraus kaum entwickeln lassen wird, so sind doch nach wie vor sicher noch längst nicht alle schon früher angedeuteten Möglichkeiten in dieser Richtung erkannt, geschweige denn ausgeschöpft (vgl. Kornadt 1964, S. 677).

Allerdings sei zum Schluß und als *Ausblick* noch der Gedanke aufgegriffen, daß sich alle diese Verbesserungsbemühungen noch im Rahmen der Forderungen bewegen, die aus dem klassischen Psychometrie-Modell abgeleitet sind, nach dem entsprechend dem Paradigma des psychologischen Experimentes zu versuchen ist, unter möglichst strenger Standardisierung der Verfahrensweise und Kontrolle situativer Faktoren *die* überdauernd in der Persönlichkeit liegenden Verhaltensdeterminanten zu erfassen.

Dieses Vorgehen ist am ehesten angemessen, wenn man Persönlichkeitseigenarten im Sinne des traditionellen Trait-Konzepts versteht, wie es — sicher kein Zufall — gerade den klassischen „objektiven" persönlichkeitsdiagnostischen Verfahren zugrundelag (Allport, Cattell, Eysenck). Auf die Kritik an diesem diagnostischen Ansatz und am Trait-Konzept, wie sie aus der Sicht der „Situationisten" vorgebracht wird, haben wir bereits oben (s. S. 262) hingewiesen.

Inzwischen aber ist klar geworden (vgl. Graumann 1975), wie sehr beide Positionen, die *traitpsychologisch-personalistische* und die *situationistische,* zusammen mit der am Experiment orientierten Vorgehensweise objektiver Tests ebenso wie der Verhaltensdiagnostik, letzten Endes einem theoretischen Bezugssystem verpflichtet sind, das auf dem *Grundkonzept einer kausalistischen Verhaltensdetermination* beruht. Während die Bemühungen der trait-psychologischen Diagnostik letzten Endes auf die Erfassung von in der Person liegenden situations-invarianten Verhaltensursachen gerichtet waren, versucht die Verhaltensdiagnostik, die „Situationsbedingungen (stimuli), die ein Verhalten *kontrollieren"* (Schulte 1976, S. 154; kursiv von den Verfassern) zu erfassen.

Bei diesem am Vorbild der Naturwissenschaften orientierten Ansatz müssen „Objektivität" und ähnliche Forderungen der Psychometrie einen extrem hohen Stellenwert erhalten (dazu, daß manche der klassischen Forderungen für den TAT ohnehin nicht gelten, s. Atkinson et al. 1977).

Demgegenüber haben sich besonders aus der (unter maßgeblicher Verwendung der thematischen Apperzeptionsverfahren entwickelten) Motivationsforschung heraus differenziertere, theoriebezogen funktionelle und zugleich auch inhaltlich andere Konzepte überdauernder Persönlichkeitsmerkmale, *interaktionistische Modelle* ihrer Handlungswirksamkeit und *handlungstheoretische Bezugssysteme* ergeben. Wenn z. B. Motive als „Verhaltensdeterminanten" gesehen (und deshalb mit dem TAT erfaßt) wurden, dann sind darunter nicht „monolithische" Faktoren verstanden worden, sondern es spielten mehr und mehr individuelle Ziele eine entscheidende Rolle, kognitive Prozesse wie Antizipationen und die Abwägung von Erfolgsaussichten und schließlich Kausal- und Intentionsattribuierungen. Seit McClelland et al. (1953) sind Motive auch nie als situationsinvariante Handlungsbedingungen konzipiert gewesen, obwohl durchaus als relativ überdauernde Konstanten in der Person: Ob ein vorhandenes Motiv aktiviert wird und ob es dann das Handeln bestimmt oder nicht, das hängt von der Interpretation der Situation, von der Erfolgsaussicht entsprechenden Handelns in der betreffenden Situation u. ä. ab.

Die also u. a. aus dieser Forschungsrichtung hervorgegangene Anerkennung der Tatsache (oder Sichtweise), daß Menschen abwägen und schlußfolgern, Ziele anstreben, Ereignissen und Situationen einen Sinn geben, führte zu einem grundsätzlich anderen, nicht kausalistischen, sondern *intentionalistischen Grundkonzept,* zu *handlungstheoretischen Bezugssystemen* (z.B. Kaminski 1970). In ihnen wird ausdrücklich versucht, die subjektiven Zielsetzungen, Situationsbedeutungen usw. zu erfassen und sie nicht — wie es dem Programm des Behaviorismus entspricht — systematisch zu ignorieren. Insofern kommen handlungstheoretische Ansätze zu einer Art Integration von personalistischen und situationistischen Prinzipien: Personen handeln natürlich immer in Situationen und bezogen auf sie, aber sie tragen an jede Situation immer auch ihre subjektiven Deutungen, Wertungen, Motive usw. heran (Fuchs 1976a, b); insofern ist auch eine interaktionistische Sicht unausweichlich.

Bei einer solchen handlungstheoretischen Betrachtungsweise der Persönlichkeit ergeben sich von selbst andere Konzepte über diejenigen Persönlichkeitseigenarten, die in erster Linie das Handeln bestimmen, über ihre Natur und ihre Handlungswirksamkeit, und daraus folgt eine andere Blickrichtung für das, was man diagnostisch erfassen müßte. Das sind neben den schon erwähnten Motiven u. a. kognitive Schemata und Intentionen, von denen es beispielsweise abhängt, wie eine bestimmte Situation gedeutet und welche Motivrelevanz ihr zugeschrieben wird. Man muß sicher annehmen, daß es hierin auch verhältnismäßig überdauernde, aber selbstverständlich auch ihrerseits nicht situations-invariant wirksame Persönlichkeits-Spezifika gibt, beispielsweise in Überzeugungssystemen bezüglich der (Un-)Freundlichkeit, (Un-)Gerechtigkeit oder (Un-)Geordnetheit der sozialen Welt, oder wie man sich selber sieht und wie man meint, von bestimmten anderen gesehen zu werden.

Will man über derartige kognitive Strukturen u. ä., Auskunft haben, so wird man diese eben gerade nicht erhalten, wenn man nur Reaktionen auf „objektiv" vorgegebene Bedingungen erfaßt (also etwa vorgegebene Antwort-Alternativen ankreuzen läßt). In interaktionistischer Sicht erweist sich die übliche Forderung nach Objektivität als naiv, denn der gleiche „Reiz" (Testfrage) und die gleiche (Test-)Situation können für zwei Personen sehr verschiedene Bedeutung haben, verschiedene Motive ansprechen und unterschiedliche Erfolgsaussichten implizieren. Darüber hinaus können alle Vorgaben auch ganz am individuell Relevanten vorbeigehen.

Man müßte vielmehr dem Individuum die Möglichkeit geben, die bei ihm verfügbaren kognitiven Strukturen, Denkweisen, Reaktionsmuster usw. und die damit verknüpften Motive und Wertungen auszudrücken, also alles, was dann auch in der Interaktion mit der Umwelt wirksam werden kann und was vielleicht auch dazu führt, daß jemand bestimmte Situationen bevorzugt aufsucht und andere meidet, oder daß andere Personen zu bestimmten Reaktionen veranlaßt werden (Bandura 1974), so daß also vielleicht eine Art „mini-ökologischer" Umwelt geschaffen wird.

Gerade für dieses Ziel erweist sich nun aber der TAT, mit dem ohnehin „Gedankenstichproben" (McClelland et al. 1953, S. 97) erfaßt werden, als außerordentlich interessantes und aufschlußreiches Verfahren, insofern nämlich, als der Proband zu einer Gestaltung *subjektiv* aufgefaßter „Themen" und zu einem darin eingebetteten Ausdruck seiner subjektiven Intentionen, Bedeutungsgebungen, kognitiven Strukturierungen derartiger Situationen, seiner Motive usw. veranlaßt wird. Somit eröffnet der TAT die Möglichkeit, individuelle Klassen von Situationen und von auf sie bezogenem Handeln zu bilden und diese auf Persönlichkeitseigenarten der genannten Art zu beziehen, bzw. hypothetische Konstrukte über derartige individuelle Eigenarten aus ihnen zu entwickeln.

Ein derartiges Ziel ist bisher, wenn überhaupt, dann nur intuitiv verfolgt worden. Es fehlen bis heute dafür eine ausgearbeitete Theorie und geeignete Methoden, auch wenn erste Ansätze erkennbar sind (z. B. Bem & Funder 1978).

Wollte man in der Tat versuchen, den TAT zu einem diagnostischen Instrument im Sinne einer Handlungstheorie zu verwenden, so müßten dafür sicher ganz neue Gesichtspunkte für eine systematische Auswertung entwickelt werden. Zum Teil würde dies eine Abkehr von den auch von uns geforderten und entwickelten „objektiven" Zählungsverfahren bedeuten, mit denen ja erfolgreich versucht wurde, die psychometrischen Eigenschaften spezifischer T.A.-Verfahren zu verbessern. Dies gelingt ja gerade unter weitgehender Vernachlässigung der jeweils ganz spezifischen individuellen Besonderheiten, etwa der Themenstrukturierung und subjektiven Wertung, indem nur die Häufigkeiten von Merkmalen in überindividuell gleichen Klassen ausgezählt werden. Statt dessen wäre es erforderlich, gerade individuelle Akzentuierungen und Strukturierungen, ja vielleicht sogar das Einmalige daran zu erkennen. Es wäre dazu sicher auch nötig, für die Auswertung größere Interaktionseinheiten und die ihnen zugrundeliegenden Strukturierungen zu erfassen. Man müßte ferner versuchen, Kategorien auch für ganz zentrale Deutungssysteme und ihre themenspezifische Ausprägung zu entwickeln — ein Ansatz, der ja prinzipiell in der (immer schon themenbezogenen) Motivationsforschung nicht neu ist, der aber sicher ausdrücklicher beispielsweise auf die Erwartung längerer Ereignisketten und deren spezifische Struktur und Bedeutung erweitert werden müßte. Einen ersten Ansatz stellt vielleicht die Auswertung der Zukunftsorientierung (vgl. Heckhausen 1963, Kornadt 1981) dar. Auch der Ansatz von M. Arnold (1962), den zentralen Gehalt einer Geschichtenidee herauszuarbeiten, könnte hier von Interesse sein.

Einem Vorschlag von Graumann (1979) folgend, wäre auch die alte Idee von Murray wieder aufzugreifen, an die Geschichten ein Interview anzuschließen, um in dialogischer Form den Ausdruck individueller Sinngebungen und dergleichen zu ermöglichen. Diese Idee ist sicher unter der psychometrischen Kritik an der Unobjektivität von Interviews praktisch in Vergessenheit geraten.

Weitere Probleme können hier nur erwähnt werden, so z. B. wie vermieden werden kann, daß wiederum nur untersuchungs-situationsspezifische Strukturierungen aktiviert und ausgedrückt werden; wie es gelingen kann, die etwa in subjektiver Interaktion zwischen Interviewer und Proband ausgedrückten subjektiven Bedingungen so intersubjektiv zu objektivieren, daß die Anforderungen an ein wissenschaftliches Verfahren erfüllt werden; oder daß vermutlich ganz andere Bilder entwickelt werden müssen, die sich zur Aktualisierung der gewünschten kognitiven Strukturen eignen; möglicherweise auch bestimmte strukturierende Fragen, die ihren Ausdruck erleichtern.

Wir sind uns durchaus bewußt, daß man mit diesen Überlegungen wieder in die Nähe der klassischen Begründungen für „projektive Verfahren" kommt, in denen derartige (ideographische) Gedanken durchaus schon mitschwangen. Aber was wir hier meinen, ist natürlich nicht ein Wiederaufleben-Lassen der alten „naiven" projektiven Diagnostik, die letztlich doch alles der unkontrollierten Deutung durch den Diagnostiker überließ. In unseren Augen besteht hier vielmehr eine schwierige Aufgabe, wenn die hier nur in ersten Umrissen angedeuteten Grundideen gegebenfalls aufgegriffen werden, für sie dann systematische und methodisch saubere Verfahrensweisen zu entwickeln. Die klassische Testtheorie allerdings, die im Zusammenhang mit anderen Zielsetzungen entwickelt worden ist, kann hierfür keine Orientierungshilfe sein und keine Kriterien liefern.

Je mehr sich allerdings die zukünftige Forschung von handlungstheoretischen Konzepten leiten läßt, um so mehr dürften die T.A.-Verfahren hier auch ein neues bedeutsames Verwendungsfeld finden. Für die dann relevanten Fragen scheinen sie uns wie kaum ein anderes vorhandenes Verfahren wertvolle Beiträge liefern zu können. Für die weitere Forschung sehen wir hier daher eine interessante Möglichkeit und Herausforderung.

Literatur

Abe, C. 1970. The prediction of academic achievement of mexican-american students. Dissertation Abstracts International, 31: 4535 A.

Abel, T. 1973. Psychological testing in cultural contexts. New Haven: University Press.

Ainsworth, M. 1959. Review of the TAT for african subjects. In: Buros, O. (Hg.). The 5th Mental Measurements Yearbook. Highland Park, N.J.: Gryphon, 313—314.

Ainsworth, M. 1970. Review of the TAT: Thompson modification. In: Buros, O. (Hg.). Personality Tests and reviews. Highland Park, N.J.: Gryphon, 935—936.

Alker, H. 1972. Is personality situationally specific or intra-psychically consistent? Journal of Personality, **40**, 1—16.

Alkire, A., Brunse, A. & Houlihan, J. 1974. Avoidance of nuclear family relationships in schizophrenics. Journal of clinical Psychology, **30**, 389—400.

Allison, J., Blatt, S. & Zimet, C. 1968. The interpretation of psychological tests. New York: Harper.

Allport, G. 1966. Traits revisited. American Psychologist, **21**, 1—10.

Alper, T. & Greenberger, E. 1967. Relationship of picture structure to achievement motivation in college women. Journal of Personality and social Psychology, **7**, 362—371.

Ammons, R., Butler, M. & Herzig, S. 1949. The vocational apperception test: plates and manual. Missoula, Montana: Psychological Test Specialists.

Anderson, N. 1962. On the quantification of Miller's conflict theory. Psychological Review, **69**, 400—414.

Andrew, G., Walton, R., Hartwell, S. & Hutt, M. 1951. The Michigan Picture Test: the stimulus value of the cards. Journal of consulting Psychology, **15**, 51—54.

Andrew, G., Hartwell, S., Hutt, M. & Walton, R. 1953. The Michigan Picture Test. Chicago: Science Research Ass.

Anthony, E. & Bene, E. 1957. A technique for the objective assessment of the child's family relationships. Journal of mental Science, **103**, 541—555.

Anzieu, D. 1976. Les méthodes projectives. Paris: P.U.F.

Arnold, M. 1962. Story sequence analysis. New York: Columbia University Press.

Arnold, W. 1957. Die Aufsatzanalyse. In: Pauli, R. & Arnold, W. (Hg.). Psychologisches Praktikum. Stuttgart: Fischer, 219—227.

Aron, B. 1949. A manual for analysis of the TAT: A method and technique for personality research. Berkley.

Aronow, E. & Reznikoff, M. 1971. Application of projective tests to psychotherapy: A case study. Journal of personality Assessment, **35**, 379—393.

Atkinson, J. W. 1957. Motivational determinants of risk-taking behavior. Psychological Review, **64**, 359—372.

Atkinson, J. W. (Hg.). 1958a. Motives in fantasy, action, and society. Princeton, N.J.: van Nostrand.

Atkinson, J. W. 1958b. Towards experimental analysis of human motivation in terms of motives, expectancies, and incentives. In: Atkinson, J. W. (Hg.). Motives in fantasy, action, and society. Princeton, N.J.: van Nostrand, 288—305.

Atkinson, J. W. 1958c. Thematic apperceptive measurement of motives within the context of a theory of motivation. In: Atkinson, J. W. (Hg.). Motives in fantasy, action, and society. Princeton, N.J.: van Nostrand. 596—616.

Atkinson, J. W. 1961. Discussion of Dr. Lazarus' paper. In: Kagan, J. & Lesser, G. (Hg.). Contemporary issues in thematic apperceptive methods. Springfield, Ill.: Thomas, 72—82.

Atkinson, J. W. 1964. An introduction to motivation. Princeton, N.J.: van Nostrand.

Atkinson, J. W. & Birch, D. 1970. The dynamics of action. New York: Wiley.

Atkinson, J. W. & Birch, D. 1974. The dynamics of achievement oriented activity. In: Atkinson, J. W. & Raynor, J. (Hg.). Motivation and achievement. Washington, D.C.: Winston, 271—326.

Atkinson, J. W., Bongort, K. & Price, L. 1977. Explorations using computer simulation to comprehend thematic apperceptive measurement of motivation. Motivation and Emotion, **1**, 1—27.

Atkinson, J. W. & Feather, N. (Hg.). 1966. A theory of achievement motivation. New York: Wiley.

Atkinson, J. W., Heyns, R. & Veroff, J. 1954. The effect of experimental arousal of the affiliation motive on thematic apperception. Journal of abnormal and social Psychology, **49**, 405—410.

Atkinson, J. W. & Reitman, W. 1956. Performance as a function of motive strength and expectancy of goal-attainment. Journal of abnormal and social Psychology, **53**, 361—366.

Auld, F. 1954. Contributions of behavior theory to projective testing. Journal of projective Techniques, **18**, 421—426.

Bachrach, A. & Thompson, C. 1949. TAT-modification for the handicapped. Cleveland, Ohio.

Bachrach, R. & Peterson, R. 1976. Test-retest reliability and interrelation among three locus of control measures for children. Perceptual and Motor Skills, **43**, 260—262.

Bailey, B. & Green, J. 1977. Black thematic apperception test stimulus material. Journal of personality Assessment, **41**, 25—30.

Balken, E. & Masserman, J. 1940. The language of fantasy III. Journal of Psychology, **10**, 75—86.

Ball, T. & Bernadoni, L. 1953. The application of an auditory apperception test to clinical diagnosis. Journal of clinical Psychology, **9**, 54—58.

Bandura, A. 1974. Behavior theory and the models of man. American Psychologist, **29**, 859—869.

Barton, P. 1964. The relationship between fantasy and overt stress reactions of children to hospitalization. Unpublished doctoral dissertation, University of Florida.

Baty, M. & Dreger, R. 1975. A comparison of three methods to record TAT protocols. Journal of clinical psychology, **31**, 348.

Bean, K. 1965. The sound-apperception test: Origin, purpose, standardization, scoring and use. Journal of Psychology, **59**, 371—412.

Beardslee, D. & Fogelson, R. 1958. Sex differences in sexual imagery aroused by musical stimulation. In: Atkinson, J. W. (Hg.). Motives in fantasy, action and society. Princeton, N.J.: van Nostrand, 132—142.

Beck, S. 1959. Review of The Blacky Pictures. In: Buros, O. (Hg.). The 5th Mental Measurements Yearbook. Highland Park, N.J.: Gryphon, 216.

Beit-Hallahmi, B. 1971. Sexual and aggressive fantasies in violent and non-violent prison inmates. Journal of Personality Assessment, **35**, 326—330.

Bellak, L. 1950. Thematic apperception: Failures and the defences. Translations of the New York Academy of Science, **12**, 122—126.

Bellak, L. 1954. The Thematic Apperception Test and the Children' Apperception Test in clinical use. New York: Grune & Stratton.

Bellak, L. 1968. Discussion. Symposium: The CAT: Its use in developmental assessment of normal children. Journal of projective Techniques and Personality Assessment., **32**, 425—427.

Bellak, L. 1975. The TAT, CAT and SAT in clinical use. New York: Grune & Stratton.

Bellak, L. & Adelman, C. 1960. The children's apperception test. In: Rabin, A. & Haworth, M. (Hg.). Projective techniques in personality measurement. New York: Springer, 62—94.

Bellak, L. & Bellak, S. 1949. Manual of instruction for the children's apperception test. New York: C.P.S.

Bellak, L. & Bellak, S. 1952. The supplement to the children's apperception test (CAT-S). New York: C.P.S.

Bellak, L. & Bellak, S. 1973. The Senior Apperception Technique. Larchmont, N.Y.: C.P.S.

Bellak, L. & Hurvich, M. 1966. A human modification of the children's apperception test (CAT-H). Journal of projective Techniques, 30, 228—242.

Bem, D. & Funder, D. 1978. Predicting more of the people more of the time: Assessing the personality of situations. Psychological Review, 85, 485—501.

Bene, E. 1973. Reply to Kauffman and Ball's note regarding the Family Relations Test. Journal of Personality Assessment, 37, 464—466.

Bennet, G. 1941. Structural factors related to the substitute value of activities in normal and schizophrenic persons: I. A technique for investigation of central areas of personality. Character and Personality, 10, 42—50.

Berens, A. 1972. Socialization of n-achievement in boys and girls. Proceedings 80th Annual Convention APA, 7, I, 273—274.

Berg, J. 1957. Deviant responses and deviant people: The formulation of the deviation hypothesis. Journal of counseling, Psychology, 4, 154—161.

Berger, L. & Everstine, L. 1962. Test-retest reliability of the Blacky Pictures Test. Journal of projective Techniques, 26, 225—226.

Bernstein, L., Turrell, E. & Dana, R. 1965. Motivation for nursing. Nursing Research, 14, 222—226.

Bersoff, D. 1973. Silk purses into sow's ears — the decline of psychological testing and a suggestion for its redemption. American Psychologist, 28, 892—899.

Bijou, S. & Kenny, D. 1951. The ambiguity values of TAT cards. Journal of consulting Psychology, 15, 203—209.

Birch, D., Atkinson, J. W. & Bongort, K. 1974. Cognitive control of action. In: Weiner, B. (Hg.). Cognitive views of human motivation. New York: Academic, 71—84.

Birney, R., Burdick, H. & Teevan, R. 1969. Fear of failure motivation. New York: van Nostrand.

Blatt, S. 1975. The validity of projective techniques and their research and clinical contribution. Journal of Personality Assessment, 39, 327—343.

Blau, T. 1973. Exposure to competence: A simple standard for graduate training in professional psychology. Professional Psychology, 4, 133—136.

Blum, G. 1950. The Blacky Pictures. New York: Psychological Corp.

Blum, G. 1960. The Blacky Pictures with children. In: Rabin, A. & Haworth, M. (Hg.). Projective techniques with children. New York: Grune & Stratton, 95—104.

Blum, G. 1962. A guide for research use of the Blacky Pictures. Journal of projective Techniques, 26, 3—29.

Blum, G. 1968. Assessment of psychodynamic variables by the Blacky Pictures. In: McReynolds, P. (Hg.). Advances in psychological Assessment. Palo Alto, Calif.: Science and Behavior Books, Vol. 1, 150—168.

Bobsien, V. & Selg, H. 1966. Ein empirischer Beitrag zur Auswertungsobjektivität im TAT. Diagnostica, 12, 115—127.

Boesch, E. 1960a. The Bangkok project, step one. Vita humana, 3, 123—142.

Boesch, E. 1960b. Projektion und Symbol. Psychologische Rundschau, 11, 73—91.

Boudreaux, R. & Dreger, R. 1974. Item content of the Group Personality Projective Test. Journal of Personality Assessment, 38, 551—555.

Bowen, D. 1973. Reported patterns in TAT measurement of need for achievement, affiliation, and power. Journal of Personality Assessment, 37, 424—430.

Bowers, K. 1973. Situationism in psychology: An analysis and a critique. Psychological Review, 80, 307—336.

Brackbill, G. 1951. Some effects of color on thematic fantasy. Journal of consulting Psychology, 15, 412—418.

Braun, J. 1967. G.P.P.T. fakability: A re-examination. Journal of clinical Psychology, 23, 389—391.

Breger, I. 1970. Initial notes on content in auditory projective testing. Journal of Personality Assessment, 34, 125—130.

Breidenbaugh, B., Brozovich, R. & Matheson, L. 1974. The Hand Test and other aggression indicators in emotionally disturbed children. Journal of Personality Assessment, 38, 332—334.

Bricklin, B., Piotrowski, Z. & Wagner, E. 1962, 1973[2]. The Hand Test: A new projective test with special reference to the prediction of overt aggressive behavior. Springfield, Ill.: Thomas.

Briggs, D. 1954. A modification of the TAT for naval enlisted personnel (N-TAT). Journal of Psychology, 37, 233—241.

Brislin, R., Lonner, W. & Thorndike, R. 1973. Cross-cultural research methods. New York: Wiley.

Broverman, D., Jordan, E. & Phillips, L. 1960. Achievement motivation in fantasy and behavior. Journal of abnormal and social Psychology, 60, 374—378.

Brozovich, R. 1970. Fakability of scores on the G.P.P.T. Journal of genetic Psychology, 117, 143—148.

Bruner, J. 1951. Personality dynamics and the process of projection. In: Blake, R. & Ramsay, G. (Hg.). Perception: An approach to personality. New York.

Buckham, H. 1969. The Group Personality Projective Test: An australian application. Australian Psychologist, 4, 153—154.

Buhler, C. & Allen, M. 1971. Introduction into humanistic psychology. Belmont, Calif.: Brooks.

Buros, O. K. (Hg.). 1970. Personality Tests and Reviews. Highland Park, N.J.: Gryphon Press.

Buros, O. K. (Hg.). 1974. Tests in print II. Highland Park, N.J.: Gryphon Press.

Campus, N. 1976. A measure of needs to assess the stimulus characteristics of TAT cards. Journal of Personality Assessment, **40**, 248—258.

Cassel, R. & Kahn, T. 1961. The Group Personality Projective Test (G.P.P.T.). Psychological Reports, **8**, 23—41.

Cattell, R. 1973. Key issues in motivation theory. In: Royce, J. (Hg.). Multivariate analysis and psychological theory. New York: Academic, 465—499.

Cavalcanti, P., Garcia, V., Etz, I. & Veiga, M. 1971. The influence of a tape recorder on verbal responses to a thematic test. Arq. Bras. Psicol. Apl., **23**, 137—145.

Charen, S. 1965. Reliability of the Blacky Pictures. Journal of consulting Psychology, **20**, 16.

Child, J., Frank, K. & Storm, T. 1956. Self-ratings and TAT: Their relations to each other and to childhood background. Journal of Personality, **25**, 96—114.

Chowdhury, U. 1960. An Indian Modification of the TAT. Journal of social Psychology, **51**, 245—263.

Chu, C.-P. 1968. The remodification of TAT adapted to chinese primary school children. Acta Psychologica Taiwanica, **10**, 59—89.

Ciraval, K. 1975. The effect of varying the color characteristics of selected TAT cards on the affective dimensions of emotional tone and outcome. Dissertation Abstracts International, 35 (10-A), 6507.

Clark, E. 1965. Children, peoples troubles and the image of psychologists. Perceptual and Motor Skills, **20**, 498—500.

Clark, R. 1952. A projective measure of experimentally induced levels of sexual motivation. Journal of experimental Psychology, **44**, 391—399.

Clark, R. & Sensibar, M. 1955. The relationship between symbolic and manifest projections of sexuality with some incidental correlates. Journal of abnormal and social Psychology, **50**, 327—334.

Cohen, H. & Liebowitz, B. 1969. A family with twins discordant for schizophrenia: A case study. Journal of Personality Assessment, **33**, 542—548.

Coleman, J. 1967. Stimulus factors in the relationship between fantasy and behavior. Journal of projective Techniques and Personality Assessment, **31**, 68—73.

Coleman, J. 1969a. The levels-hypothesis: A re-examination and reorientation. Journal of projective Techniques and Personality Assessment, **33**, 118—122.

Coleman, J. 1969b. Changes in TAT responses as a function of age. Journal of genetic Psychology, **114**, 171—178.

Coleman, J. 1975. Projective techniques — where do we go from here? Projective Psychology, **20**, 29—30.

Cook, R. 1953. Identification and ego defensiveness in the TAT. Journal of projective Techniques, **17**, 312—315.

Corman, L. 1961. Le test PN — un dynamique nouvelle de la projection. Paris: P.U.F.

Cowan, G. 1971. Achievement motivation in lower-class negro females as a function of the race and sex of the figures. Representative Research in Social Psychology, **21**, 42—46.

Cowan, G. & Goldberg, N. 1967. Need achievement as a function of the race and sex of figures in selected TAT cards. Journal of Personality and social Psychology, **5**, 245—249.

Cowdon, J., Bassett, H. & Cohen, M. 1969. An analysis of some relationships between fantasy aggression and aggressive behavior among institutionalized delinquents. Journal of genetic Psychology, **114**, 179—183.

Cox, B. & Sargent, H. 1950. TAT responses of emotionally disturbed and emotionally stable children: Clinical judgment versus normative data. Journal of projective Techniques, **14**, 60—74.

Craddick, R., Lazaroff, J., Matthews, T., Wood, D. & Williams, G. 1976. Further investigation of Coleman's levels-hypothesis. Journal of Personality Assessment, **40**, 569—572.

Crenshaw, D., Bohn, S., Hoffman, M., Mathews, J. & Offenback, S. 1968. The use of projective methods in research: 1947—1965. Journal of projective Techniques and Personality Assessment, **32**, 3.

Crockett, D., Klonoff, H. & Clark, C. 1976. The effects of marijuana on verbalization and thought processes. Journal of Personality Assessment, **40**, 582—587.

Cronbach, L. 1970. Essentials of psychological testing. New York: Harper.

Cronbach, L. & Gleser, G. 1965. Psychological tests and personnel decision. Urbana: University of Illinois Press.

Cronbach, L. & Meehl, P. 1955. Construct validity in psychological tests. Psychological Bulletin, **52**, 281—302.

Daele, van den, L. 1967. A music projective technique. Journal of projective Techniques, **31**, 47—57.

Dana, R. 1959. Proposal for objective scoring of the TAT. Perceptual and Motor Skills, **9**, 27—43.

Dana, R. 1968. Thematic techniques and clinical practice. Journal of projective Techniques and Personality Assessment, **32**, 204—214.

Dana, R. 1972. Review of the TAT. In: Buros, O. (Hg.). The 7th Mental Measurements Yearbook. Highland Park, N.J.: Gryphon, 457—460.

Dana, R. 1975. Ruminations on teaching projective techniques: An ideology, specific usages, teaching practices. Journal of Personality Assessment, **39**, 563—572.

Dass, S. 1974. Personality assessment through projective movie pictures. New Delhi: Chand & Co.

Davids, A. & Murray, H. A. 1955. Preliminary appraisal of an auditory projective technique for studying personality and cognition. American Journal of Orthopsychiatry, **25**, 543—554.

Davids, A. & Rosenblatt, D. 1958. Use of the TAT in assessment of the personality syndrome of alienation. Journal of projective Techniques, 22, 145—152.

Davison, A. 1953. A comparision of the fantasy productions on the TAT of sixty hospitalized psychoneurotic and psychotic patients. Journal of projective Techniques, 17, 20—23.

Dean, S. 1959. A note on female Blacky protocols. Journal of projective Techniques, 23, 417.

DeCharms, R. 1968. Personal causation. New York: Academic.

DeCharms, R. & Davé, P. 1965. Hope of success, fear of failure, subjective probability, and risk-taking behavior. Journal of Personality and social Psychology, 1, 558—568.

DeRidder, J. 1961. The personality of the urban african in south Africa: A TAT study. London: Routledge.

Deutsch, M. 1954. Field theory and projective techniques. Journal of projective Techniques, 18, 427—434.

Dies, R. 1968. Development of a projective measure of perceived locus of control. Journal of projective Techniques and Personality Assessment, 32, 487—490.

Dietzel, C. & Abeles, N. 1971. Thematic drive expression and self-esteem. Journal of Personality Assessment, 35, 442—447.

Dollin, A. & Sakoda, J. 1962. The effect of order of perception of TAT pictures. Journal of consulting Psychology, 4, 340—344.

Easter, L. & Murstein, B. 1964. Achievement fantasy as a function of probability of success. Journal of consulting Psychology, 28, 154—159.

Eisler, R. 1968. Thematic expression of sexual conflict under varying stimulus conditions. Journal of consulting and clinical Psychology, 32, 216—220.

Endler, N. 1973. The person versus situation — a pseudo issue?: A response to Alker. Journal of Personality, 41, 287—303.

Endler, N. 1975. The case for person-situation interactions. Canadian Psychological Review, 16.

Endler, N. & Magnusson, D. (Hg.). 1976. Interactional psychology and personality. New York: Wiley.

Entwisle, D. 1972. To dispel fantasies about fantasy-based measures of achievement motivation. Psychological Bulletin, 77, 377—39.

Epstein, S. 1961. Food-related responses to ambiguous stimuli as a function of hunger and ego strength. Journal of consulting Psychology, 25, 463—469.

Epstein, S. 1962. The measurement of drive and conflict in humans: Theory and experiment. In: Jones, R. (Hg.). Nebraska symposium on motivation. Lincoln: University of Nebraska Press, 127—206.

Epstein, S. 1966. Some theoretical considerations on the nature of ambiguity and the use of stimulus dimensions in projective techniques. Journal of consulting Psychology, 30, 183—192.

Epstein, S. 1977. Versuch einer Theorie der Angst. In: Birbaumer, N. (Hg.). Psychophysiologie der Angst. München: Urban, 208—266.

Epstein, S. & Fenz, W. 1962. Theory and experiment on the measurement of approach-avoidance conflict. Journal of abnormal and social Psychology, 64, 97—112.

Epstein, S. & Smith, R. 1956. Thematic apperception as a measure of the hunger drive. Journal of projective Techniques, 20, 372—384.

Eriksen, C. 1951. Some implications for TAT interpretation arising from need and perception experiments. Journal of Personality, 19, 282—288.

Eriksen, C. 1954. Needs in perception and projective techniques. Journal of projective Techniques, 18, 435—440.

Eron, L. 1950. A normative study of the TAT. Psychological Monographs, 64, No. 9 (Whole No. 315).

Eron, L. 1953. Responses of women to the TAT. Journal of consulting Psychology, 17, 269—282.

Eron, L. 1972. Review of the TAT. In: Buros, O. (Hg.). The 7th Mental Measurements Yearbook. Highland Park, N.J.: Gryphon, 460—463.

Eron, L. Sultan, F. & Auld, F. 1955. The application of a psychometric scoring procedure to a group modification of the TAT (N-TAT). Journal of consulting Psychology, 19, 83—89.

Exner, J. 1976. Projective techniques. In: Weiner, I. (Hg.). Clinical methods in psychology. New York: Wiley, 61—121.

Fairbairn, W. 1952. Psycho-analytic studies of personality. London: Tavistock Publ.

Fein, L. 1960. The three-dimensional personality test. New York: International Universities Press.

Fenz, W. & Epstein, S., 1962. Measurement of approach-avoidance conflict by a stimulus dimension in a test of thematic apperception. Journal of Personality, 30, 613—632.

Fiester, S. & Siipola, E. 1972. Effects of time pressure of the management of aggression in TAT stories. Journal of Personality Assessment, 36, 230—240.

Fine, R. 1955. A scoring scheme for the TAT and other verbal projective techniques. Journal of projective Techniques, 19, 306—31.

Fisch, R. 1970. Leistungskonflikt und Examen. Meisenheim: Hain.

Fisher, D. & Keen, S. 1972. Verbal recall as a function of personality characteristics. Journal of genetic Psychology, 120, 83—92.

Fisher, S. 1967. Projective methodologies. Annual review of Psychology, 18, 165—190.

Fiske, D. 1959. Variability of responses and stability of scores and interpretation of projective protocols. Journal of projective Techniques, 23, 263—267.

Fiske, D. 1974. The limits for the conventional science of personality. Journal of personality, 42, 1—11.

Fiske, D. & Pearson, P. 1970. Theory and techniques of personality measurement. American review of Psychology, 21, 49—86.

Fitzgerald, B., Pasewark, R. & Fleisher, S. 1974. Responses of an aged population on the gerontological and thematic apperception test. Journal of Personality Assessment, **38**, 234—235.

Fogelgreen, L. 1974. Comparision of two objective scoring systems for the TAT. Perceptual and Motor Skills, **39**, 255—260.

Forrest, D. & Lee, S. 1962. Mechanisms of defensive and readiness in perception and recall. Psychological Monographs, **76**, Whole No. 523.

Foulkes, D., Pivik, T. & Steadman, H. 1967. Dreams of the male child: An EEG study. Journal of abnormal Psychology, **72**, 457—467.

Franca, E. 1953. Thematic apperception test. Arch. brasil. Psicotecnica (5), **1**, 7—19.

Frank, L. 1939. Projective methods for the study of personality. Journal of Psychology, **8**, 389—413.

Frank, L. 1948. Projective methods. Springfield, Ill.: Thomas.

French, E. & Lesser, G. 1964. Some characteristics of the achievement motive in women. Journal of abnormal and social Psychology, **68**, 119—128.

Freud, S. 1911. Psychoanalytische Bemerkungen über einen autobiographisch beschriebenen Fall von Paranoia. London: Gesammelte Werke Bd. 8 (1943, 239—320).

Freud, S. 1924. Totem und Tabu. Leipzig: Gesammelte Schriften Bd. 10.

Fried, C. 1971. Icarianism, masochism, and sex differences in fantasy. Journal of Personality Assessment, **35**, 38—55.

Friedman, C., Carleton, A. & Fode, K. 1964. Subjects description of selected TAT cards via the semantic differential. Journal of consulting Psychology, **28**, 317—325.

Friedman, I. 1957. Characteristics of TAT-heroes of normal, psychoneurotic, and paranoid-schizophrenic subjects. Journal of projective Techniques, **21**, 372—376.

Friedman, R. 1972. TAT story length in children. Psychology in the Schools, **9**, 411—412.

Frost, B. & Lockwood, B. 1973. Studies of family relations test patterns: Test inhibition. Journal of Personality Assessment, **37**, 544—550.

Fuchs, R. 1954. Gewißheit, Motivation und bedingter Reflex. Meisenheim: Hain.

Fuchs, R. 1962. Schmerz als Signal für die Bedrohtheit von Leib und Leben. Zeitschrift für experimentelle und angewandte Psychologie, **9**, 392—396.

Fuchs, R. 1963. Funktionsanalyse der Motivation. Zeitschrift für experimentelle und angewandte Psychologie, **10**, 626—636.

Fuchs, R. 1964. Über die Darstellung motivierender Erwartungen. Psychologische Beiträge, **8**, 516—563.

Fuchs, R. 1976a. Furchtregulation und Furchthemmung des Zweckhandelns. In: Thomas, A. (Hg.). Psychologie der Handlung und Bewegung. Meisenheim: Hain, 97—162.

Fuchs, R. 1976b. Ansätze, Methoden und wissenschaftstheoretische Grundlagen der Handlungsforschung. In: Thomas, A. (Hg.). Psychologie der Handlung und Bewegung. Meisenheim: Hain, 171—257.

Fulkerson, S. 1965. Implications of a new cognitive theory for projective tests. Journal of consulting Psychology, **29**, 191—197.

Fulkerson, S. & Barry, J. 1961. Methodology and research on the prognostic use of psychological tests. Psychological Bulletin, **58**, 177—204.

Fürntratt, E. 1969. Faktorenanalyse inhaltlicher Motive in van-Lennep-Bildergeschichten Jugendlicher. Psychologische Rundschau, **20**, 79—102.

Galinsky, M. 1971. Relationships among personality, defense, and academic failure. Journal of Personality Assessment, **35**, 357—363.

Gardner, R., Holzman, P., Klein, G., Linton, B. & Spence, D. 1959. Cognitive control, a study of individual consistencies in cognitive behavior. Psychological Issues, **1**, No. 4.

Garfield, S. & Kurtz, R. 1973. Attitudes toward training in diagnostic testing — a survey of directors of internship training. Journal of consulting and clinical Psychology, **40**, 350—355.

Gibb, C. 1959. Review of group projective sketches for the study of small groups. In: Buros, O. (Hg.). The 5th Mental Measurements Yearbook. Highland Park, N.J.: Gryphon, 856—857.

Gleser, G. 1965. Review of the Hand-Test. In: Buros, O. (Hg.). The 6th Mental Measurements Yearbook. Highland Park, N.J.: Gryphon, 1241—1243.

Goldberg, L. 1968. Seer over sign: The first good example? Journal of experimental Research in Psychology, **3**, 168—171.

Goldberg, L. & Wilensky, H. 1976. Aggression in children in an urban clinic. Journal of Personality Assessment, **40**, 73—80.

Goldfried, M. & Zax, M. 1965. The stimulus value of the TAT. Journal of projective Techniques and Personality Assessment, **29**, 46—57.

Golding, S. 1975. Flies in the ointment: Methodological problems in the analysis of the percentage of variance due to persons and situations. Psychological Bulletin, **82**, 278—288.

Goldstein, A. 1960. The fakability of the Kuder-Preference-Record and the Vocational Apperception Test. Journal of projective Techniques, **19**, 387—409.

Goldstein, M., Gould, E., Alkire, A., Rodnick, E. & Judd, L. 1970. Interpersonal themes in the TAT stories of families of disturbed adolescents. Journal of nervous and mental Disease, **150**, 354—365.

Gottschalk, L. & Hambridge, G. 1955. Verbal behavior analysis. Journal of projective Techniques, **19**, 387—409.

Graham, M. 1964. The Braverman-Chevigny auditory projective test: A provisional manual. New York: American Foundation for the Blind.

Granick, S. & Scheflen, N. 1958. Approaches to reliability of projective tests with special reference to the Blacky Pictures. Journal of consulting Psychology, **22**, 137—141.

Graumann, C. F. 1956. „Social perception". Zeitschrift für experimentelle und angewandte Psychologie, **3**, 605—661.

Graumann, C. F. 1960. Eigenschaften als Problem der Persönlichkeitsforschung. In: Lersch, P. & Thomae, H. (Hg.). Persönlichkeitsforschung und Persönlichkeitstheorie. Handbuch der Psychologie Bd. 4. Göttingen: Hogrefe, 87—154.

Graumann, C. F. 1975. Person und Situation. In: Lehr, U. & Weinert, F. E. (Hg.). Entwicklung und Persönlichkeit. Stuttgart: Kohlhammer, 15—24.

Graumann, C. F. 1979. Verhalten und Handeln. Probleme der Unterscheidung. Vortrag, gehalten im Rahmen des Colloquiums zu Ehren von Prof. Parsons. Universität Heidelberg 2. 5. 1979.

Greenbaum, M., Qualtere, T., Carruth, B. & Cruickshank, W. 1953. Evaluation of a modification of the TAT for use with physically handicapped children. Journal of clinical Psychology, **9**, 40—44.

Groh, L. 1956. A study of ego integration by means of an index of identification derived from six TAT cards. Journal of projective Techniques, **20**, 387—397.

Gross, L. 1959. Effects of verbal and non-verbal reinforcement. Journal of consulting Psychology, **23**, 66—68.

Grzesiak, R., Kegerreis, A. & Miller, C. 1973. A comparision of thematic content on selected Rorschach and TAT cards. Projective Psychology, **18**, 31—35.

Haase, R., Banks, D. & Lee, D. 1975. A validity study of the pain apperception test. Journal of clinical Psychology, **31**, 747—751.

Hafner, A. & Kaplan, A. 1960. Hostility content analysis of the Rorschach and TAT. Journal of projective Techniques, **24**, 137—143.

Hamilton, R., Robertson, M. & Vodde, T. 1967. Three variations in the administration of the TAT. Proceedings Annual Convention APA, **75**, 213—214.

Hamsher, J. & Farina, A. 1967. „Openness" as a dimension of projective test responses. Journal of consulting and clinical Psychology, **31**, 525—528.

Hansburg, H. 1972. Adolescent separation anxiety: A method for the study of adolescent separation problems. Springfield, Ill.: Thomas.

Harrison, R. 1965. Thematic apperceptive methods. In: Wolman, B. (Hg.). Handbook of clinical Psychology. New York: McGraw-Hill, 562—620.

Hartman, A. 1970. A basic TAT set. Journal of projective Technique and Personality Assessment, **34**, 391—396.

Hartman, A. & Nicolay, R. 1971. The effect of black-white reversal on the TAT. Journal of clinical Psychology, **27**, 383—384.

Hartwell, S., Hutt, M., Andrew, G. & Walton, R. 1951. The Michigan Picture Test. American Journal of Orthopsychiatry, **21**, 124—137.

Haskell, J. 1961. Relationship between aggressive behavior and psychological tests. Journal of projective Techniques, **25**, 431—440.

Haworth, M. 1966. The CAT: Facts about fantasy. New York: Grune & Stratton.

Heckhausen, H. 1960. Die Problematik des Projektionsbegriffs und die Grundlagen und Grundannahmen des thematischen Auffassungstests. Psychologische Beiträge, **5**, 53—80.

Heckhausen, H. 1963. Hoffnung und Furcht in der Leistungsmotivation. Meisenheim: Hain.

Heckhausen, H. 1965. Einführung in den Thematischen Auffassungstest (TAT). Nachschrift einer Übung des Psychologischen Instituts, Universität Münster, unveröffentlicht.

Heckhausen, H. 1967. The anatomy of achievement motivation. New York: Academic.

Heckhausen, H. 1968. Achievement motive research: Current problems and some contributions toward a general theory of motivation. In: Arnold, J. (Hg.). Nebraska symposium on motivation. Lincoln: University of Nebraska Press, 103—174.

Heckhausen, H. 1971. Trainingskurse zur Erhöhung der Leistungsmotivation und der unternehmerischen Aktivität in einem Entwicklungsland: Eine nachträgliche Analyse des erzielten Motivwandels. Zeitschrift für Entwicklungspsychologie und Pädagogische Psychologie, **3**, 253—268.

Heckhausen, H. 1972. Die Interaktion der Sozialisationsvariablen in der Genese des Leistungsmotivs. In: Grauman, C. (Hg.). Sozialpsychologie. Hdb. d. Psychol., Bd. 7 (2. Halbband). Göttingen: Hogrefe, 955—1019.

Heckhausen, H. 1973. Intervening cognitions in motivation. In: Berlyne, D. & Madsen, K. (Hg.). Pleasure, reward, preference. New York: Academic, 217—242.

Heckhausen, H. 1974. Leistung und Chancengleichheit. Göttingen: Hogrefe.

Heckhausen, H. 1975. Ein kognitives Motivationsmodell und die Verankerung von Motivkonstrukten. Unveröffentlichtes Manuskript. Bochum.

Heckhausen, H. 1977. Motivation: Kognitionspsychologische Aufspaltung eines summarischen Konstrukts. Psychologische Forschung, **28**, 175—189.

Heckhausen, H. & Weiner, B. 1972. The emergence of a cognitive psychology of motivation. In: Dodwell, P. (Hg.). New horizons in psychology. London: Penguin, 126—147.

Heilbrun, A. 1977. The influence of defensive styles upon the predictive validity of the TAT. Journal of Personality Assessment, **41**, 486—491.

Heiss, R. 1954. Diagnostik der Persönlichkeit und Persönlichkeitstheorie. Zeitschrift für diagnostische Psychologie, **2**, 1—12.

Henry, W. 1947. The thematic apperceptive technique in the study of culture-personality relations. Genetic psychological Monographs, **35**, 3—135.

Henry, W. 1951. The thematic apperception technique in the study of group and cultural problems. In: Anderson, H. & Anderson, G. (Hg.). An introduction to projective techniques. Englewood Cliffs: Prentice-Hall, 230—279.

Henry, W. 1956. The analysis of fantasy. New York: Wiley.

Henry, W. 1959. Review of the Michigan Picture Test. In: Buros, O. (Hg.). The 5th Mental Measurements Yearbook. Highland Park, N.J.: Gryphon, 248—249.

Henry, W. & Farley, J. 1959. A study of validation of the TAT. Journal of projective Techniques, **23**, 273—277.

Henry, W. & Guetzkow, H. 1951. Group projection sketches for the study of small groups. Journal of social Psychology, **33**, 77—102.

Herrmann, T. 1973. Persönlichkeitsmerkmale. Stuttgart: Kohlhammer.

Herrmann, T. 1976. Lehrbuch der empirischen Persönlichkeitsforschung. Göttingen: Hogrefe.

Hersen, M. 1971. Sexual aspects of TAT administration: A failure at replication with an inpatient population. Journal of consulting and clinical Psychology, **36**, 20—22.

Hersen, M. (Hg.). 1976. Behavioral Assessment. New York: Wiley.

Hertz, M. 1970. Projective techniques in crisis. Journal of projective Techniques and Personality Assessment, **34**, 449—467.

Higdon, J. & Brodsky, S. 1973. Validating Hand-Test acting-out ratios (AOR) for overt and experimentally induced aggression. Journal of Personality Assessment, **37**, 363—368.

Hoar, M. & Faust, W. 1973. The CAT: Puzzle and regular form. Journal of Personality Assessment, **37**, 244—247.

Höhn, E. 1959. Theoretische Grundlagen der Inhaltsanalyse projektiver Tests. Psychologische Forschung, **26**, 13—74.

Holmes, D. 1968. Dimensions of projection. Psychological Bulletin, **69**, 248—268.

Holmes, D. 1974. The conscious control of thematic projection. Journal of consulting and clinical Psychology, **42**, 323—329.

Holmes, D. & Tyler, J. 1968. Direct versus projective measurement of achievement motivation. Journal of consulting and clinical Psychology, **32**, 712—717.

Holt, R. 1951. The TAT. In: Anderson, H. & Anderson, G. (Hg.). An introduction to projective techniques. New York: Prentice-Hall, 181—229.

Holt, R. 1958. Formal aspects of the TAT — a neglected resource. Journal of projective Techniques, **22**, 163—172.

Holt, R. 1961. The nature of TAT stories as cognitive products: A psychoanalytic approach. In: Kagan, J. & Lesser, G. (Hg.). Contemporary issues in thematic apperceptive methods. Springfield, Ill.: Thomas, 3—43.

Holt, R. 1962. Individuality and generalization in the psychology of personality. Journal of Personality, **30**, 377—404.

Holzkamp, K. 1964. Theorie und Experiment in der Psychologie. Berlin: De Gruyter.

Holzkamp, K. 1965. Zur Problematik der Realitäts-Verdoppelung in der Psychologie. Psychologische Rundschau, **16**, 209—222.

Honor, S. & Vane, J. 1972. Comparision of TAT und questionnaire methods to obtain achievement attitudes of high school boys. Journal of Clinical Psychology, **28**, 81—83.

Hörmann, H. 1954. Beiträge zur allgemeinen Theorie der projektiven Methoden. Zeitschrift für experimentelle und angewandte Psychologie, **2**, 136—166.

Hörmann, H. 1964. Theoretische Grundlagen der projektiven Tests. In: Heiß, R. (Hg.). Psychologische Diagnostik. Handbuch Psychologie Bd. 6. Göttingen: Hogrefe, 71—112.

Horner, M. 1968. Sex differences in achievement motivation and performance in competitive and non-competitive situations. Dissertation Abstracts International, **30**, 407-B.

Howells, J. & Lickorish, J. 1963. The Family Relations Indicator: A projective technique for investigating intra-family relations. British Journal of educational Psychology, **33**, 286—296.

Howells, J. & Lickorish, J. 1967. The Family Relations Indicator. Revised and enlarged edition: Manual. London: Oliver & Boyd.

Howells, J. & Lickorish, J. 1969. A projective technique for assessing family relationships. Journal of clinical Psychology, **25**, 304—307.

Howells, J. & Lickorish, J. 1970. The family relations indicator (FRI). International Congress of Rorschach and other projective Techniques, **7**, 936—942.

Hoyos, C. Graf. 1964. Motivationspsychologische Untersuchungen an Kraftfahrern mit dem TAT nach McClelland. Frankfurt: Akademische Verlagsanstalt.

Huber, H. 1973. Psychometrische Einzelfalldiagnostik. Weinheim: Beltz.

Hunt, R. & Smith, M. 1966. Cultural symbols and response to TAT materials. Journal of projective Techniques and Personality Assessment, **30**, 587—590.

Husslein, E. 1974. Schülerängste. Phil. Diss., Universität Würzburg.

Husslein, E. 1978. Der Schulangst-Test (SAT). Göttingen: Hogrefe.

Hutt, M. 1954. Toward an understanding of projective testing. Journal of projective Techniques, **18**, 197—201.

Irvin, F. & Woude, K. 1971. Empirical support for a basic TAT set. Journal of clinical Psychology, **27**, 514—516.

Jackson, L. 1949. A study of sado-masochistic attitudes in a group of delinquent girls by means of a specially designed projection test. British Journal of medical Psychology, **22**, 53—65.

Jackson, L. 1950. Emotional attitudes toward the family in normal, neurotic, and delinquent children. British Journal of Psychology, **41**, 35—51.

Jackson, L. 1952. A test of family attitudes. London: Methuen.

Jackson, L. 1964. A study of 200 school children by means of the Test of family attitudes. British Journal of Psychology, **55**, 333—354.

Jacobs, B. 1958. A method for investigating the cue characteristics of pictures. In: Atkinson, J. (Hg.). Motives in fantasy, action and society. New York: van Nostrand, 617—629.

James, P. & Mosher, D. 1967. Thematic aggression, hostility guilt, and aggressive behavior. Journal of projective Techniques and Personality Assessment, **31**, 61—67.

Jensen, A. 1959. Review of the TAT. In: Buros, O. (Hg.). The 5th Mental Measurements Yearbook. Highland Park, N.J.: Gryphon, 310—313.

Jensen, A. 1965. Review of the Make a picture story test. In: Buros, O. (Hg.). The 6th Mental Measurements Yearbook. Highland Park, N.J.: Gryphon, 468—470.

Johnson, A. & Dana, R. 1965. Color on the TAT. Journal of projective Techniques, **29**, 178—182.

Johnson, B. & Kilman, P. 1975. Prediction of locus of control orientation from the TAT. Journal of clinical Psychology, **31**, 547—548.

Johnson, C. 1955. An evaluation instrument for the analysis of teacher effectiveness. Journal of experimental Education, **23**, 331—344.

Jones, R. 1956. The negation-TAT: A projective method for eliciting repressive thought content. Journal of projective Techniques, **20**, 297—303.

Kadushin, P., Cutter, C., Waxenberg, S. & Sager, C. 1969. The family story technique and intrafamily analysis. Journal of projective Techniques and Personality Assessment, **33**, 438—450.

Kadushin, P., Waxenberg, S. & Sager, C. 1971. Family story technique changes in interactions and affects during family therapy. Journal of Personality Assessment, **35**, 62—71.

Kagan, J. 1956. The measurement of overt aggression from fantasy. Journal of abnormal and social Psychology, **52**, 390—393.

Kagan, J. 1959. The stability of TAT fantasy and stimulus ambiguity. Journal of consulting Psychology, **23**, 266—271.

Kagan, J. 1960. Thematic apperceptive techniques with children. In: Rabin, A. & Haworth, M. (Hg.). Projective techniques with children. New York: Grune & Stratton, 105—129.

Kagan, J. 1961. Stylistic variables on fantasy behavior. In: Kagan, J. & Lesser, G. (Hg.). Contemporary issues in thematic apperceptive methods. Springfield: Ill.: Thomas, 196—220.

Kaldegg, A. 1975. Aspects of personal relationships in heroin dependant young men: An experimental study. British Journal of Addiction, **70**, 277—286.

Kaminski, G. 1970. Verhaltenstheorie und Verhaltensmodifikation. Stuttgart: Klett.

Kanfer, F. & Saslow, G. 1969. Behavioral diagnosis. In: Franks, C. (Hg.). Behavior therapy. New York: McGraw-Hill, 417—444.

Kaplan, M. 1967. The effect of cue relevance, ambiguity, and self-reported hostility on TAT responses. Journal of projective Techniques and Personality Assessment, **31**, 45—50.

Kaplan, M. 1969a. The ambiguity of TAT ambiguity. Journal of projective Techniques and Personality Assessment, **33**, 25—29.

Kaplan, M. 1969b. Reply to Murstein's comment on „The ambiguity of TAT ambiguity". Journal of Personality Assessment, **33**, 486—488.

Kaplan, M. 1969c. Expression of TAT hostility as a function of self-reported hostility, arousal, and cue characteristics. Journal of Personality, **37**, 289—296.

Kaplan, M. 1970. A note on the stability of TAT interjudge and intrajudge ambiguity scores. Journal of Personality Assessment, **34**, 201—203.

Karon, B. & O'Grady, P. 1970. Quantified judgment of mental health from the Rorschach, TAT and clinical status interview by means of a scaling technique. Journal of consulting and clinical Psychology, **34**, 229—235.

Kass, W. 1959. Review of the Symonds picture story test. In: Buros, O. (Hg.). The 5th Mental Measurements Yearbook. Highland Park, N.J.: Gryphon, 250—251.

Katz, E. 1966. A content-analytic method for studying themes of interpersonal behavior. Psychological Bulletin, 66, 419—422.

Kauffman, J. 1970. Validity of the Family Relations Test: A review of research. Journal of Personality Assessment, 34, 186—189.

Kauffman, J. & Ball, D. 1973. A note on item analysis of FRT data. Journal of Personality Assessment, 37, 248.

Kauffman, J., Hallahan, D. & Ball, D. 1975. Parent's predictions of their children's perceptions of family relations. Journal of Personality Assessment, 39, 228—235.

Keepers, T. 1968. An investigation of some of the relationships between test protocols and clinical reports using a computerized analysis of the text. Unpublished doctoral dissertation. Case Western Reserve University, Cleveland, Ohio.

Kempf, W. 1970. Grundlagenuntersuchungen zum TAT. Phil. Diss. Universität Wien.

Kempler, H. & Scott, V. 1970. Can systematically scored thematic stories reflect the attributes of the antisocial child syndrome? Journal of Personality Assessment, 34, 204—211.

Kenny, D. 1954. Transcendence indices, extent of personality factors in fantasy responses, and the ambiguity of TAT cards. Journal of consulting Psychology, 18, 345—348.

Kenny, D. 1961. A theoretical and research reappraisal of stimulus factors in the TAT. In: Kagan, J. & Lesser, G. (Hg.). Contemporary issues in thematic apperceptive methods. Springfield, Ill.: Thomas, 288—310.

Kenny, D. 1964. Stimulus functions in projective techniques. In: Maher, B. (Hg.). Progress in experimental Personality Research. Vol. 1. New York: Academic, 285—354.

Kenny, D. & Bijou, S. 1953. Ambiguity of pictures and extent of personality factors in fantasy responses. Journal of consulting Psychology, 17, 283—288.

Kerber-Ganse, W. 1968. Zum Problem der Funktionsebenen bei projektiven Tests. Phil. Diss., Freie Universität Berlin.

King, F. & King, D. 1964. The projective assessment of the female's sexual identification with special reference to the Blacky Pictures. Journal of projective Techniques, 28, 293—299.

Kinslinger, H. 1966. Application of projective techniques in personnel psychology since 1940. Psychological Bulletin, 66, 134—149.

Klagsbrun, M. & Bowlby, J. 1976. Responses to separation from parents: A clinical test for young children. Projective Psychology, 21, 2, 7—25.

Klein, G. 1951. The personal world through perception. In: Blake, R. & Ramsay, G. (Hg.). Perception. New York.

Klein, G. 1954. Need and regulation. In: Jones, M. (Hg.). Nebraska symposium on motivation. Lincoln, Nebraska: University of Nebraska Press, 224—270.

Klein, M. 1948. Contributions to psychoanalysis 1921—1945. London: Hogarth Press.

Kline, P. 1972a. Facts and fantasy in Freudian theory. London: Methuen.

Kline, P. 1972b. Review of the Family relations indicator, revised form. In: Buros, O. (Hg.). The 7th Mental Measurements Yearbook. Highland Park, N.J.: Gryphon, 405—406.

Kline, P. 1973. Assessment in psychodynamic psychology. In: Kline, P. (Hg.). New Approaches in psychological measurement. New York: Wiley, 1—29.

Kline, P. & Trejdosiewicz, C. 1971. The I.E.S.-Test and the Blacky Pictures. Projective Psychology, 16, 19—21.

Klinger, E. 1966. Need achievement as a motivational construct. Psychological Bulletin, 66, 291—308.

Klinger, E. 1967. Modeling effects on achievement imagery. Journal of Personality and social Psychology, 7, 49—62.

Klinger, E. 1971. Structure and function of fantasy. New York: Wiley.

Klinger, E. 1973. Models, context, and achievement fantasy: Parametric studies and theoretical propositions. Journal of Personality Assessment, 37, 25—47.

Klopfer, W. & Taulbee, E. 1976. Projective tests. Annual review of Psychology, 27, 543—567.

Korchin, S., Mitchell, H. & Meltzoff, J. 1950. A critical evaluation of the T-TAT. Journal of projective Techniques, 14, 445—452.

Korman, A. 1974. The psychology of motivation. Englewood Cliffs, N.J.: Prentice-Hall.

Kornadt, H.-J. 1957. Zur Frage des projektiven Gehaltes von TAT-Geschichten. Jahrbuch für Psychologie und Psychotherapie, 5, 310—323.

Kornadt, H.-J.: 1960a. Untersuchungen zum Problem von „Vulgär-" Deutungen in TAT-Geschichten. Bericht 22. Kongreß d. DGfP 1959. Göttingen: Hogrefe, 271—276.

Kornadt, H.-J. 1960b. Zur Häufigkeit von Themen in TAT-Geschichten. Psychologische Beiträge, 4, 54—70.

Kornadt, H.-J. 1963. Emotionale Prozesse bei subliminaler Wahrnehmung. Bericht 23. Kongreß d. DGfP 1962. Göttingen: Hogrefe, 175—178.

Kornadt, H.-J. 1964. Thematische Apperzeptionsverfahren. In: Heiss, R. (Hg.). Psychologische Diagnostik. Hdb. Psychol. Bd. 6. Göttingen: Hogrefe, 635—684.

Kornadt, H.-J. 1971. Revidierter Entwurf eines Zählungsschlüssels für Aggression und Aggressionshemmung nach dem TAT. Unveröffentlichtes Manuskript. Saarbrücken.

Kornadt, H.-J. 1974. Toward a motivation theory of aggression and aggression inhibition: Some considerations about an aggression motive and their application to TAT and catharsis. In: deWit, J. & Hartup, W. (Hg.). Determinants and origins of aggressive behavior. Paris: Mouton, 567—577.

Kornadt, H.-J. 1981. Aggressionsmotiv und Aggressionshemmung. 1. Band: Motivationstheorie und Konstruktvalidierung eines Aggressions-TAT; 2. Band: Aggressions-TAT und andere aggressionsrelevante Verfahren. Bern: Huber 1981.

Kornadt, H.-J., Eckensberger, L. & Emminghaus, W. 1980. Cross-cultural research on motivation and its contribution to a general theory of motivation. In: Triandis, H. & Lonner, W. (Hg.). Handbook of cross-cultural Psychology. Vol. 3. Boston: Allyn & Bacon, 223—321.

Kornadt, H.-J. & Voigt, E. 1970. Situation und Entwicklungsprobleme des Schulsystems in Kenia: Teil 2. Stuttgart: Klett.

Krug, S. 1976. Förderung und Änderung des Leistungsmotivs: Theoretische Grundlagen und deren Anwendung. In: Schmalt, H. & Meyer, W. (Hg.). Leistungsmotivation und Verhalten. Stuttgart: Klett, 221—247.

Kuhl, J. 1978. Situations-, reaktions- und personbezogene Konsistenz des Leistungsmotivs bei der Messung mittels des Heckhausen TAT. Archiv für Psychologie, 130, 37—52.

Kunke, T. 1967. Intellect and creativity in van Lennep's Four Picture Test. Rorschach Newsletter, 12, 10—16.

Kutash, S. 1952. Review of: Shneidman: Thematic test analysis. Journal of projective Psychology, 16, 507—509.

Kutash, S. 1957. The object relations Test. Personnel and guidance Journal, 35, 539—540.

Langeveld, M. 1969. Columbus: Analyse der Entwicklung zum Erwachsensein durch Bilddeutung. Basel: Karger.

Lawton, M. 1966. Animal and human CATs with a school sample. Journal of projective Techniques and Personality Assessment, 30, 234—246.

Lazarus, R. 1961. A substitute-defensive conception of apperceptive fantasy. In: Kagan, J. & Lesser, G. (Hg.). Contemporary Issues in thematic apperceptive methods. Springfield, Ill., Thomas, 51—71.

Lazarus, R. 1966. Story telling and the measurement of motivation: The direct versus substitutive controversy. Journal of consulting Psychology, 30, 483—487.

Lebo, D. & Harrigan, M. 1957. Visual and verbal presentation of TAT stimuli. Journal of consulting Psychology, 21, 339—342.

Lebo, D. & Sherry, P. 1959. Visual and vocal presentation of TAT descriptions. Journal of projective Techniques, 23, 59—63.

Lee, S. 1953. Manual for a TAT for african subjects. Pietermaritzburg, South Africa: University of Natal Press.

Lee, S. 1965. Review of the Four Picture Test (second edition). In: Buros, O. (Hg.). The 6th Mental Measurements Yearbook. Highland Park, N.J., Gryphon, 1237—1238.

Leiman, A. & Epstein, S. 1961. Thematic sexual responses as related to sexual drive and guilt. Journal of abnormal and social Psychology, 63, 169—175.

Lessa, W. & Spiegelman, M. 1954. Ulithian personality as seen through ethnological materials and thematic test analysis. University of California Publications in culture and society, 2, 243—301.

Lesser, G. 1958a. Application of Guttman's scaling method to aggressive fantasy in children. Educational and psychological Measurement, 18, 543—550.

Lesser, G. 1958b. Conflict analysis of fantasy aggression. Journal of Personality, **26**, 29—41.

Lesser, G. 1959. Population differences in construct validity. Journal of consulting Psychology, **23**, 60—65.

Lesser, G., Krawitz, R. & Packard, R. 1963. Experimental arousal of achievement motivation in adolescent girls. Journal of abnormal and social Psychology, **66**, 59—66.

Levine, R., Chein, J. & Murphy, G. 1942. The relations of the intensity of a need to the amount of perceptual distortion. Journal of Psychology, **13**, 283—293.

Levy, M. 1970. Issues in the personality assessment of lower-class patients. Journal of projective Techniques and Personality Assessment, **34**, 6—9.

Lienert, G. 1967. Testaufbau und Testanalyse. Weinheim: Beltz.

Light, B. 1955. A further test of the Thompson TAT rationale. Journal of abnormal and social Psychology, **51**, 148—150.

Lindzey, G. 1952. TAT: Interpretative assumptions and related empirical evidence. Psychological Bulletin, **49**, 1—25.

Lindzey, G. 1961. Projective techniques and cross-cultural research. New York: Appleton.

Lindzey, G. 1965. Seer versus sign. Journal of experimental Research in Personality, **1**, 17—26.

Lindzey, G. & Heinemann, S. 1955. TAT: Individual and group administration. Journal of Personality, **24**, 34—55.

Lindzey, G. & Herman, P. 1955. TAT: A note on reliability and situational validity. Journal of projective Techniques, **19**, 36—42.

Lindzey, G. & Kalnins, D. 1958. TAT: Some evidence bearing on the „hero assumption". Journal of abnormal and social Psychology, **57**, 76—83.

Lindzey, G. & Silverman, M. 1959. TAT: Techniques of group administration, sex differences, and role of verbal productivity. Journal of Personality, **27**, 311—323.

Lindzey, G., Tejessy, C. & Zamansky, H. 1958. TAT: An empirical examination of some indices of homosexuality. Journal of abnormal and social Psychology, **57**, 67—75.

Lipgar, R. 1969. Treatment of time in the TAT. Journal of projective Techniques and Personality Assessment, **33**, 219—229.

Little, K. & Shneidman, E. 1955. The validity of projective techniques interpretations. Journal of Personality, **23**, 285—294.

Loreto, D. 1977. TAT and schizophrenia. Psychological Abstracts, **57**, 420.

Loveless, E. 1964. Social role preferences and responses to the Four Picture Test. Journal of projective Techniques, **28**, 64—66.

Lowell, E. 1950. A methodological study of projectively measured achievement motivation. Unpublished M.A. thesis. Wesleyan University.

Lubin, B. 1955. The effect of color in the TAT on productions of mentally retarded subjects. American Journal of mental Deficiencies, **60**, 366—370.

Lubin, B. 1960. Some effects of set and stimulus properties on TAT stories. Journal of projective Techniques, **24**, 11—16.

Lubin, B. 1961. Judgment of adjustment from TAT stories as a function of experimentally altered sets. Journal of consulting Psychology, **25**, 249—252.

Lyle, J. & Gilchrist, A. 1958. Problems of the TAT interpretation and the diagnosis of delinquent trends. British Journal of Medical Psychology, **31**, 51—59.

Macfarlane, J. & Tuddenham, R. 1951. Problems in the validation of projective techniques. In: Anderson, H. & Anderson, G. (Hg.). An introduction to projective techniques. Englewood Cliffs, N.J.: Prentice-Hall, 26—50.

McArthur, C. 1953. The effects of n-achievement on the content of TAT stories: A re-examination. Journal of abnormal and social Psychology, **48**, 532—536.

McClelland, D. 1958. Methods of measuring human motivation. In: Atkinson, J. (Hg.). Motives in fantasy, action and society. Princeton, N.J.: van Nostrand, 7—42.

McClelland, D. 1961. The achieving society. Princeton, N.J., van Nostrand.

McClelland, D. 1965. N-achievement and entrepreneurship: A longitudinal study. Journal of Personality and social Psychology, **1**, 389—392.

McClelland, D. 1966. Longitudinal trends in the relation of thought to action. Journal of consulting Psychology, **30**, 479—483.

McClelland, D. 1971. Assessing human motivation. New York: General Learning Press.

McClelland, D. 1972. What is the effect of achievement motivation training in the schools? Teachers College Record, **74**, 129—145.

McClelland, D. 1975. Power: The inner experience. New York: Irving.

McClelland, D. 1979. The relative merits of operant and respondent measures in the study of personality. Unpublished manuscript. Harvard University.

McClelland, D., Atkinson, J., Clark, R. & Lowell, E. 1953. The achievement motive. New York: Appleton.

McClelland, D. & Winter, D. 1969. Motivating economic achievement. New York: Free Press.

McCorquodale, K. & Meehl, P. 1948. On a distinction between hypothetical constructs and intervening variables. Psychological Review, **55**, 95—107.

McMahon, D. 1957. The object relations test. Occupational Psychology, **31**, 57—58.

McNeil, E. 1962. Aggression in fantasy and behavior. Journal of consulting Psychology, **26**, 232—240.

Magnusson, D. & Endler, N. (Hg.) 1977. Personality at the cross-road: Current issues in interactional psychology. Hillsdale, N.J.: Erlbaum.

Maloney, M. & Ward, M. 1976. Psychological Assessment. New York: Oxford University Press.

Marshall, J. & Karabenick, H. 1977. Validity of an empirically derived projective measure of fear of success. Journal of consulting and clinical Psychology, **45**, 564—574.

Martinez, M., Martinez, J., Malvarez, P. & Gonnalex, J. 1972. Influence of the psychologist's attitude in the TAT and CAT-H. Rev. Psicol. Gen. Apl., 27, 501—507.

Marwit, S. 1969. Communication of tester bias by means of modeling. Journal of projective Techniques and Personality Assessment, 33, 345—352.

Marwit, S., Bostwick, G. & Weil, M. 1974. Effects of task orientation on sexual bias in TAT administration. Journal of Personality Assessment, 38, 547—550.

Marwit, S. & Marcia, J. 1967. Tester bias and response to projective instruments. Journal of consulting Psychology, 31, 253—258.

Masling, J. 1960. The influence of situational and interpersonal variables in projective testing. Psychological Bulletin, 57, 65—85.

Masling, J. 1966. Role-related behavior of the subject and psychologist and its effects upon psychological data. In: Levine, D. (Hg.). Nebraska symposium on motivation. Lincoln: University of Nebraska press., 67—103.

Masling, J. & Harris, S. 1969. Sexual aspects of TAT administration. Journal of consulting Psychology, 33, 166—169.

Masling, J. & Harris, S. 1970. On alternative interpretations of experimental findings: A reply to Wolf. Journal of consulting and clinical Psychology, 35, 330—331.

Masling, J., Rabie, L. & Blondheim, S. 1967. Obesity, level of aspiration and TAT measures of oral dependancy. Journal of consulting Psychology, 31, 233—239.

Matranga, J. 1976. The relationships between behavioral indices of aggression and hostile content on the TAT. Journal of Personality Assessment, 40, 130—134.

Mauri, F. 1960. A method of diagnosing the interrelations in the members of a family. Bulletin of Education of Nagoya, 31, 83—92.

May, R. 1968. Fantasy differences in men and women. Psychology Today, 4, 42—45.

May, R. 1969. Deprivation-enhancement fantasy patterns in men and women. Journal of Personality Assessment, 33, 464—469.

May, R. 1975. Further studies on deprivation-enhancement patterns. Journal of Personality Assessment, 39, 116—122.

Mayman, M. & Kutner, B. 1947. Reliability in analysing TAT stories. Journal of abnormal and social Psychology, 42, 365—368.

Megargee, E. 1972. Review of the group personality projective test. In: Buros, O. (Hg.). The 7th Mental Measurements Yearbook. Highland Park, N.J.: Gryphon, 407—408.

Megargee, E. & Cook, P. 1967. The relation of TAT and inkblot aggressive content scales with each other and with criteria of overt aggression. Journal of projective Techniques and Personality Assessment, 31, (1), 48—60.

Megargee, E. & Parker, G. 1968. An exploration of the equivalence of Murrayan needs as assessed by the adjective check list, the TAT and EPPS. Journal of Clinical Psychology, 24, 47—51.

Meichenbaum, D. 1976. A cognitive-behavior modification approach to assessment. In: Hersen, M. & Bellack, A. (Hg.). Behavioral Assessment. Oxford: Pergamon Press, 143—171.

Meyer, M. 1958. The object relations test. Journal of projective Techniques, **22**, 250—252.

Meyer, M. & Tolman, R. 1955. Correspondence between attitudes and images of parental figures in TAT stories and therapeutic interviews. Journal of consulting Psychology, **19**, 79—82.

Meyer, R. & Karon, B. 1967. The schizophrenic mother concept and the TAT. Psychiatry, **30**, 173—179.

Meyer, W., Heckhausen, H. & Kemmler, L. 1965. Validierungskorrelate der inhaltsanalytisch erfaßten Leistungsmotivation guter und schwacher Schüler des 3. Schuljahres. Psychologische Forschung, **28**, 301—328.

Milam, J. 1954. Examiner influences on TAT stories. Journal of projective Techniques, **18**, 221—226.

Miller, N. 1944. Experimental studies of conflict. In: Hunt, McV. (Hg.). Personality and the behavior disorders. New York: Ronald, 431—465.

Miller, N. 1948. Theory and experiment relating psychoanalytic displacement to stimulus-response generalization. Journal of abnormal and social Psychology, **43**, 155—178.

Miller, N. 1951. Comments on theoretical models, illustrated by the development of a theory of conflict behavior. Journal of Personality, **20**, 82—100.

Miller, N. 1959. Liberalization of basic S-R-concepts: Extensions to conflict behavior, motivation and social learning. In: Koch, S. (Hg.). Psychology: A study of a science. Vol. 2. New York: McGraw-Hill, 196—292.

Mills, H. 1965. The research use of projective techniques: A seventeen year survey. Journal of projective Techniques and Personality Assessment, **29**, 513—515.

Milner, J. 1975. Administrator's gender and sexual content in projective test protocols. Journal of clinical Psychology, **31**, 540—541.

Miner, J. 1960. The concurrent validity of the P.A.T. in the selection of tabulating maschine operators. Journal of projective Techniques, **24**, 409—418.

Mintz, E. 1957. Personal problems and diagnostic errors of clinical psychologists. Journal of projective Techniques, **21**, 123—128.

Mischel, W. 1968. Personality and assessment. New York: Wiley.

Mischel, W. 1969. Continuity and change in personality. American Psychologist, **24**, 1012—1018.

Mischel, W. 1971. Introduction to personality. New York: Holt.

Mischel, W. 1973. Toward a cognitive social learning reconceptualization of personality. Psychological Review, **80**, 252—283.

Mitchell, K. 1968. An analysis of the schizophrenic mother concept by means of the TAT. Journal of abnormal Psychology, **73**, 571—574.

Moed, G., Wight, B., Feshbach, S. & Sandry, M. 1963. A picture story test for use in physical disability. Perceptual and Motor Skills, **17**, 483—497.

Molish, B. 1969. The quest for charisma. Journal of projective Techniques and Personality Assessment, **33**, 103—117.

Molish, B. 1972. Projective methodologies. Annual Review of Psychology, **23**, 577—614.

Moosmann, H. 1977. Kontextspezifische Anwendung und Interpretation des TAT: Die TAT-Befunde bei Elternrechtsfragen. Psychologie, **36**, 211—238.

Morgan, C. & Murray, H. A. 1935. A method for investigating fantasies: The Thematic Apperception Test. Archives of Neurology and Psychiatry, **34**, 289—306.

Moriarty, A. 1968. Normal preschoolers' reactions to the CAT. Journal of projective Techniques and Personality Assessment, **32**, 413—419.

Moss, A. 1968. Differences in academic achievement, motivation and personality traits between high school drop-outs and persisters. Dissertation Abstracts, **29**, 4832-B.

Moss, A. & Kagan, J. 1961. Stability of achievement and recognition seeking behaviors from early childhood through adulthood. Journal of abnormal and social Psychology, **62**, 504—513.

Moulton, R. 1958. Notes for a projective measure of fear of failure. In: Atkinson, J. (Hg.). Motives in fantasy, action and society. Princeton, N. J.: van Nostrand, 563—571.

Mücher, H., Grünewald, G. & Fuchs, R. 1964. Schreibmotorische Effekte der Angst, dargestellt am Beispiel einer Claustrophobie. Psychologische Forschung, **27**, 541—564.

Muhlenkamp, A. 1969. A comparision of reification frequencies in TAT stories. Journal of clinical Psychology, **25**, 82—83.

Muller, P. 1962. Méthodes de la validation pour le CAT et le TAT. Bericht 16. internationaler Kongreß f. Psychologie 1960, Amsterdam, 122—123.

Mundy, J. 1971. An addition to Hartman's „Basic TAT set". Journal of Personality Assessment, **35**, 307—308.

Murphree, H. & Carnagan, J. 1955. A hypothetical basis for quantitative scoring of the N-TAT. USN Sumar. Med. Res. Cab. Reports, **14**, 7, (No. 267).

Murray, E. 1959. Conflict and repression during sleep deprivation. Journal of abnormal and social Psychology, **59**, 95—101.

Murray, E., Seagull, A. & Geisinger, D. 1969. Motivational patterns in the families of adjusted and maladjusted boys. Journal of consulting and clinical Psychology, **33**, 337—342.

Murray, H. A. 1938. Explorations in personality. New York: Oxford University Press.

Murray, H. A. 1943. Thematic Apperception Test Manual. Cambridge, Mass.: Harvard University Press.

Murstein, B. 1960. The measurement of ambiguity for thematic cards. Journal of projective Techniques, **24**, 419—423.

Murstein, B. 1961. The role of the stimulus in the manifestation of fantasy. In: Kagan, J. & Lesser, G. (Hg.). Contemporary issues in thematic apperceptive methods. Springfield, Ill., Thomas, 229—273.

Murstein, B. 1963. Theory and research in projective techniques (emphasizing the TAT). New York: Wiley.

Murstein, B. 1964. A normative study of TAT ambiguity. Journal of projective Techniques and Personality Assessment, **28**, 210—218.

Murstein, B. (Hg.). 1965a. Handbook of projective techniques. New York: Basic Books.

Murstein, B. 1965b. The stimulus. In: Murstein, B. (Hg.). Handbook of projective techniques. New York: Basic Books, 509—546.

Murstein, B. 1965c. Review of the CAT. In: Buros, O. (Hg.). The 6th Mental Measurements Yearbook. Highland Park, N.J.: Gryphon, 424—425.

Murstein, B. 1965d. The scaling of the TAT for n-achievement. Journal of consulting Psychology, **29**, 286.

Murstein, B. 1965e. New thoughts about ambiguity and TAT. Journal of projective Techniques and Personality Assessment, **29**, 219—225.

Murstein, B. 1966. Sex differences in TAT ambiguity, hostility, and projection. Journal of genetic Psychology, **108**, 71—80.

Murstein, B. 1968. The effects of stimulus, background, personality and scoring system on the manifestation of hostility on the TAT. Journal of consulting and clinical Psychology, **32**, 355—365.

Murstein, B. 1969. Comment on „The ambiguity of TAT ambiguity". Journal of projective Techniques and Personality Assessment, **33**, 483—485.

Murstein, B. 1972. Normative written TAT responses for a college sample. Journal of Personality Assessment, **36**, 109—147.

Murstein, B. & Collier, H. 1962. The role of the TAT in the measurement of achievement motivation as a function of expectancy. Journal of projective Techniques, **26**, 1, 96—101.

Murstein, B., David, C., Fisher, D. & Furth, H. 1961. The scaling of the TAT for hostility by a variety of scaling methods. Journal of consulting Psychology, **25**, 497—504.

Murstein, B. & Preyer, R. 1959. The concept of projection: A review. Psychological Bulletin, **56**, 353—374.

Murstein, B. & Wolf, S. 1970. An experimental test of the levels-hypothesis with five projective techniques. Journal of abnormal Psychology, **75**, 38—44.

Mussen, P. 1953. Differences between the TAT responses of negro and white boys. Journal of consulting Psychology, **17**, 373—376.

Mussen, P. & Scodel, A. 1955. The effect of sexual stimulation under varying conditions on TAT sexual responsiveness. Journal of consulting Psychology, **19**, 108—110.

Myler, B., Rosenkrantz, A. & Holmes, C. 1972. A comparision of TAT, CAT and CAT-H among second grade girls. Journal of Personality Assessment, **36**, 440—444.

Nawas, M. M. 1965. Objective scoring of the TAT: Further validation. Journal of projective techniques and Personality assessment, **29**, 456—460.

Nel, P. & Pelser, A. 1960. The South African Picture Analysis Test. Amsterdam: Swets & Zeitlinger.

Nelson, T. & Epstein, S. Relationship among three measures of overt hostility. Journal of consulting Psychology, **26**, 345—350.

Neman, R., Brown, T. & Sells, S. 1973. Language and adjustment scales for the TAT for children 6—11 years old. Vital and Health Statistics, Series 2, No. 58.

Neugarten, B. & Guttman, D. 1958. Age-sex roles and personality in middle age: A thematic apperception study. Psychological Monographs, **470**, (Vol. 72, No. 17).

Neuman, G. & Salvatore, J. 1958. The Blacky Test and psychoanalytic theory: A factor-analytic approach to validity. Journal of projective Techniques, **22**, 417—431.

Neuringer, C. 1968. A variety of thematic methods. In: Rabin, A. (Hg.). Projective techniques in personality measurement. New York: Springer, 222—261.

Neuringer, C. & Livesay, R. 1970. Projective fantasy on the CAT and CAT-H. Journal of projective Techniques and Personality Assessment, **34**, 487—491.

Newmark, C. & Flouranzana, R. 1973. Replication of an empirically derived TAT-set with hospitalized psychiatric patients. Journal of Personality Assessment, **37**, 340—341.

Newmark, C., Wheeler, D., Newmark, L. & Stabler, B. 1975. Test induced anxiety with children. Journal of Personality Assessment, **39**, 409—413.

Newton, K. 1959a. Review of the Symonds. Picture Story Test. In: Buros, O. (Hg.). The 5th Mental Measurements Yearbook. Highland Park, N.J.: Gryphon, 298—299.

Newton, K. 1959b. Review of The Blacky Pictures. In: Buros, O. (Hg.). The 5th Mental Measurements Yearbook. Highland Park, N.J.: Gryphon, 214—216.

Nichols, R. 1958. The problem of interjudge agreement and prediction: A contrary view. Journal of projective Techniques, **22**, 255—257.

Oberleder, M. 1967. Adapting current psychological techniques for use in testing the aging. Gerontologist, **7**, 188—191.

O'Connor, P., Atkinson, J. & Horner, M. 1962. Achievement related motivation and satisfaction in classes homogeneous and heterogeneous in ability. American Psychologist, **17**, 336—337.

Ohlsen, M. & Schulz, R. 1955. Projective test response patterns for best and poorest student teachers. Educational and psychological Measurement, **15**, 18—27.

Olweus, D. 1976. Der „moderne" Interaktionismus von Person und Situation und seine varianzanalytische Sackgasse. Zeitschrift für Entwicklungspsychologie und Pädagogische Psychologie, **8**, 171—185.

Ombredane, A. 1969. L'exploration de la mentalité des noir: Le „congo T.A.T.". Paris: P.U.F.

Ong, J. 1969. Manifest and projective anxiety. Psychological Reports, **24**, 707—708.

Orloff, H. 1973. TAT card rejection in a large sample of normal children. Multivariate Behavioral Research, **8**, 63—70.

Orme, J. 1959. Object relations test performance in schizophrenia. Journal of mental Science, **105**, 1119—1122.

Oskamp, S. 1972. Review of the G.P.P.T. In: Buros, O. (Hg.). The 7th Mental Measurements Yearbook. Highland Park, N.J.: Gryphon, 408—410.

Ossorio, E. & Rigby, M. 1957. TAT response patterns in the prediction of officer success. St. Louis V. Dep. Psychology Technical Reports, No. 7.

Pasewark, R., Fitzgerald, B., Dexter, V. & Cangemi, A. 1976. Responses of adolescent, middle-aged, and aged females on the GAT and TAT. Journal of Personality Assessment, **40**, 588—591.

Pawlik, K. 1974. Ansätze für eine eigenschaftsfreie Interpretation von Persönlichkeitsfaktoren. In: Eckensberger, L. & Eckensberger, U. (Hg.). Bericht 28. Kongreß d. DGfP. Göttingen: Hogrefe, 248—256.

Pawlik, K. (Hg.). 1976a. Diagnose der Diagnostik. Stuttgart: Klett.

Pawlik, K. 1976b. Modell- und Praxisdimensionen psychologischer Diagnostik. In: Pawlik, K. (Hg.). Diagnose der Diagnostik. Stuttgart: Klett, 13—43.

Peterson, D. 1968. The clinical study of social behavior. New York: Appleton.

Petrovich, D. 1957. The Pain Apperception Test: A preliminary report. Journal of Psychology, **44**, 339—346.

Petrovich, D. 1973. Manual for the Pain Apperception Test. Los Angeles: Western Psychological Services.

Phillipson, H. 1955. The Object Relations Technique. London: Tavistock.

Phillipson, H. 1973. A short introduction to the O.R.T. (2nd edition). Windsor: N.F.E.R.

Pickford, R. 1963. Pickford Projective Pictures. London: Tavistock.

Pile, E., Mischel, W. & Bernstein, L. 1959. A note on remoteness of TAT figures as an interpretative concept. Journal of consulting Psychology, **23**, 252—255.

Pine, F. 1960. A manual rating drive content in the TAT. Journal of projective Techniques, **24**, 32—45.

Piotrowski, Z. 1950. A new evaluation of the TAT. Psychoanalytic Review, **37**, 101—127.

Porterfield, C. 1969. Adaptive mechanisms of young disadvantaged stutterers and non-stutterers. Journal of projective Techniques and Personality Assessment, **33**, 371—375.

Potkay, C. & Merrens, M. 1975. Sources of male chauvinism in the TAT. Journal of Personality Assessment, **39**, 471—479.

Prelinger, E. & Zimet, C. 1964. An ego-psychological approach to character assessment. New York: Free Press.

Prola, M. 1972. A review of the transcendence index. Journal of Personality Assessment, **36**, 8—12.

Propper, M. 1970. Direct and projective assessment of alienation among affluent adolescent males. Journal of Personality Assessment, **34**, 41—44.

Rabin, A. 1968. CAT findings with kibbutz and non-kibbutz pre-schoolers. Journal of projective Techniques and Personality Assessment, **32**, 420—424.

Rand, T. & Wagner, E. 1973. Correlations between Hand-Test variables and patrolmen performances. Perceptual and Motor Skills, **37**, 477—478.

Rapaport, D. 1942. Principles underlying projective techniques. Character and Personality, **10**, 213—219.

Rapaport, D. 1943. The clinical application of the TAT. Bulletin of the Menninger Clinc, 7, 106—113.

Rapaport, D. 1946. Diagnostic psychological testing. Chicago: Year Book.

Rapaport, D. 1952. Projective techniques and the theory of thinking. Journal of projective Techniques, 16, 269—275.

Rapaport, D. 1960. The structure of psychoanalytic theory. Psychological Issues, 2, Monograph No. 6.

Rapaport, D., Gill, M. & Shafer, R. 1946. Diagnostic psychological testing. Chicago: Year Book.

Ray, J. 1974. Projective tests *can* be made reliable: Measuring n-achievement. Journal of Personality Assessment, 38, 303—307.

Raynor, J. 1969. Future orientation and motivation of immediate activity: An elaboration of the theory of achievement motivation. Psychological Review, 76, 606—610.

Raynor, J. 1970. Relationships between achievement-related motives, future orientation and academic performance. Journal of Personality and social Psychology, 15, 28—33.

Raynor, J. 1974. Future orientation in the study of achievement motivation. In: Atkinson, J. & Raynor, J. (Hg.). Motivation and achievement, Washington: Winston, 121—154.

Reiter, H. 1966. The effect of group participation on TAT responses. Journal of social Psychology, 68, 249—251.

Reitman, W. & Atkinson, J. W. 1958. Some methodological problems in the use of thematic apperceptive measures of human motivation. In: Atkinson, J. (Hg.). Motives in fantasy, action, and society. Princeton, N.J.: van Nostrand, 664—683.

Reitz, W. 1972. Review of the School Apperception Method. In: Buros, O. (Hg.). The 7th Mental Measurements Yearbook. Highland Park, N.J.: Gryphon, 449—450.

Revers, W. 1958. (1973^3). Der Thematische Apperzeptionstest. Bern: Huber.

Reynolds, D. 1964. Social desirability in the TAT. Journal of projective Techniques and Personality Assessment, 28, 78—80.

Reynolds, W. & Sundberg, N. 1976. Recent research trends in testing. Journal of Personality Assessment, 40, 228—233.

Reznikoff, M. 1972. Review of the G.P.P.T. In: Buros, O. (Hg.). The 7th Mental Measurements Yearbook. Highland Park, N.J.: Gryphon, 410—411.

Riessman, F. & Miller, S. 1958. Social class and projective tests. Journal of projective Techniques, 22, 432—439.

Ritter, A. & Eron, L. 1952. The use of TAT to differentiate normal from abnormal groups. Journal of abnormal and social Psychology, 47, 147—158.

Robinson, S. 1968. The development of a female form of the Blacky Pictures. Journal of projective Techniques and Personality Assessment, 32, 74—80.

Robinson, S. & Hendrix, V. 1966. The Blacky Test and psychoanalytic theory: Another factor-analytic approach to validity. Journal of projective Techniques and Personality Assessment, 30, 597—603.

Rosenthal, R. 1969. Unintended effects of the clinician in clinical interactions: A taxonomy and a review of clinician expectancy effects. Australian Journal of Psychology, **21**, 1—20.

Rosenzweig, S. 1951. Idiodynamics in personality theory with special reference to projective methods. Psychological Review, **58**, 213—223.

Rosenzweig, S. & Fleming, E. 1949. Apperceptive Norms for the TAT. Journal of Personality, **17**, 483—503.

Rossi, A. & Solomon, P. 1961. A further note on female Blacky protocols. Journal of projective Techniques, **25**, 339—440.

Roth, W. 1975. Marihuana effects on TAT form and content. Psychopharmacologia, **43**, 261—266.

Rotter, J. B. 1946. Thematic apperception tests: Suggestions for administration and interpretation. Journal of Personality, **15**, 70—92.

Rumenik, D., Capasso, D. & Hendrick, C. 1977. Experimenter sex effects in behavioral research. Psychological Bulletin, **84**, 852—877.

Rushton, J. & Endler, N. 1977. Person by situation interactions in academic achievement. Journal of Personality, **45**, 297—309.

Sandven, J. 1975. Projectometry. Oslo: Universitetsforlaget.

Sanford, R. 1943. Physique, personality, and scholarship. Monographs of Social Research in Child Development, **8**, No. 1.

Sappenfield, B. 1965. Review of the Blacky Pictures. In Buros, O. (Hg.). The 6th Mental Measurements Yearbook. Highland Park, N.J.: Gryphon, 1221—1228.

Sarason, B. & Sarason, I. 1958. The effects of type of administration and sex of subject on emotional tone and outcome ratings of TAT stories. Journal of projective Techniques, **22**, 333—337.

Sauer, R. & Marcuse, F. 1957. Overt and covert recording. Journal of projective Techniques, **21**, 391—395.

Schaefer, J. & Norman, M. 1967. Punishment and aggression in fantasy responses of boys with antisocial character traits. Journal of Personality and social Psychology, **6**, 237—240.

Schaeffer, D. 1968a. Addenda to an annotated bibliography of the Blacky Test (1949—1967). Journal of projective Techniques and Personality Assessment, **32**, 550—555.

Schaeffer, D. 1968b. Blacky the cat: I. Semantic differential ratings. Journal of projective Techniques and Personality Assessment, **32**, 542—549.

Schaible, M. 1975. An analysis of non-content variables in a longitudinal sample. Journal of Personality Assessment, **39**, 480—485.

Schepers, J. 1965. Review of the Four Picture Test (second edition). In: Buros, O. (Hg.). The 6th Mental Measurements Yearbook. Highland Park, N.J.: Gryphon, 1238—1239.

Schmalt, H.-D. 1976a. Die Messung des Leistungsmotivs. Göttingen: Hogrefe.

Schmalt, H.-D. 1976b. Methoden der Leistungsmotivmessung. In: Schmalt, H.-D. & Meyer, W.-U. (Hg.). Leistungsmotivation und Verhalten. Stuttgart: Klett, 165—191.

Schmalt, H.-D. & Meyer, W.-U. (Hg.). 1976. Leistungsmotivation und Verhalten. Stuttgart: Klett.

Schmidt, H.-D. 1974. Zum Problem des Konstruktbegriffs in der empirischen Persönlichkeitsforschung und -diagnostik. Zeitschrift für Psychologie, 182, 1—17.

Schmitz-Scherzer, R. & Rudinger, G. 1975. Bemerkungen zur Auswertung des TAT nach Murray: Eine Generalisierbarkeitsstudie. Diagnostica, 21, 115—123.

Schneider, K. 1976. Leistungsmotiviertes Verhalten als Funktion von Motiv, Anreiz und Erwartung. In: Schmalt, H.-D. & Meyer, W.-U. (Hg.). Leistungsmotivation und Verhalten. Stuttgart: Klett, 33—59.

Scholtz, M. 1964. Untersuchung zum Four Picture Test. Phil. Diss. Universität Freiburg i. Br., Freiburg.

Schubert, R. 1973. Aggressivität und ihre motivationalen Hintergründe. Psychologie, 32, 139—149.

Schulte, D. (Hg.). 1974. Diagnostik in der Verhaltenstherapie. München: Urban & Schwarzenberg.

Schulte, D. 1976. Psychodiagnostik zur Erklärung und Modifikation von Verhalten. In: Pawlik, K. (Hg.). Diagnose der Diagnostik. Stuttgart: Klett, 149—176.

Scott, W. 1956. The avoidance of threatening material in imaginative behavior. Journal of abnormal and social Psychology, 52, 338—346.

Scott, W. & Johnson, R. 1972. Comparative validities of direct and indirect personality tests. Journal of consulting and clinical Psychology, 38, 301—318.

Seeman, J. & Seeman, L. 1973. Emergent trends in the practice of clinical psychology. Professional Psychology, 4, 151—157.

Seidenstücker, G. & Seidenstücker, E. 1974. Versuch zur Computerauswertung des Leistungs-TAT von Heckhausen. Psychologische Beiträge, 16, 68.

Selg, H. 1968. Diagnostik der Aggressivität. Göttingen: Hogrefe.

Sells, G., Cox, S. & Chatamm, C. 1967. Scales of language development for the TAT. Proceedings Conv. APA, 75, 171—172.

Semeonoff, B. 1973. New developments in projective testing. In: Kline, P. (Hg.). New approaches in psychological measurement. New York: Wiley, 89—118.

Semeonoff, B. 1976a. Projective techniques. New York: Wiley.

Semeonoff, B. 1976b. The effect of color on TAT responses. Projective Psychology, 21, 31—38.

Seward, J. 1950. Psychoanalysis, deductive method and the Blacky Test. Journal of abnormal and social Psychology, 45, 529—535.

Shakov, D. & Rosenzweig, S. 1940. The use of the tautaphone („verbal summator") as an auditory test for the study of personality. Character and Personality, 8, 216—226.

Shapiro, M. 1966. The single-case in clinical-psychological research. Journal of general Psychology, **74**, 3—23.

Sharma, S. 1970. A historical background of the development of nosology in psychiatry and psychology. American Psychologist, **25**, 248—254.

Sharma, V. 1970. Psychodiagnostic test and therapy. Projective Psychology, **15**, 13—17.

Shatin, L. 1955. Relationships between the Rorschach test and the TAT. Journal of projective Techniques, **19**, 317—331.

Sherwood, E. 1957. On the designing of TAT pictures with special reference to a set for african people. Journal of social Psychology, **45**, 161—190.

Sherwood, J. 1966. Self-report and projective measures of achievement and affiliation. Journal of consulting psychology, **30**, 329—337.

Shipman, W. 1964. TAT validity: congruence with an inventory. Journal of projective Techniques and Personality Assessment, **28**, 227—232.

Shneidman, E. 1949. The Make-a-picture-test. New York: Psychological Corp.

Shneidman, E. 1951. Thematic test analysis. New York: Grune & Stratton.

Shneidman, E. 1952. Manual for the MAPS-Test. Projective Technique Monographs, **1**, 1—92.

Shneidman, E. 1960. The MAPS-Test with children. In: Rabin, A. & Haworth, M. (Hg.). Projective techniques with children. New York: Grune & Stratton, 130—148.

Shneidman, E. 1961. Psycho-logic: A personality approach to patterns of thinking. In: Kagan, J. & Lesser, G. (Hg.). Contemporary issues in thematic apperceptive methods. Springfield, Ill.: Thomas, 153—191.

Sigel, I. & Hoffmann, M. 1956. The predictive potential of projective tests for nonclinical populations. Journal of projective Techniques, **20**, 261—264.

Siguán, M. 1953. Pora la interpretación del TAT. Rev. Psicol. gen. apl., **8**, 431—478.

Silverman, A., Cohen, S., Zuidema, G. & Lazar, C. 1957. Prediction of physiological stress tolerance from projective tests: The focused thematic test. Journal of projective Techniques, **21**, 189—193.

Silverstein, A. 1959. Identification with same-sex and opposite-sex figures in thematic apperception. Journal of projective Techniques, **23**, 73—75.

Singer, M. & Wynne, L. 1966. Principles for scoring communication defects and deviances in parents of schizophrenics: Rorschach and TAT scoring manuals. Psychiatry, **29**, 260—288.

Siskind, G. 1973. Sexual aspects of TAT administration: A note on mature clinicians. Journal of consulting and clinical Psychology, **40**, 20—21.

Skolnick, A. 1966. Stability and interrelations of thematic test imagery over 20 years. Child Development, **37**, 389—396.

Slemon, A., Holzwarth, E., Lewis, J. & Sitko, M. 1976. Associative elaboration and integration scales for evaluating TAT protocols. Journal of Personality Assessment, **40**, 365—369.

Small, L. 1972. The uncommon importance of psychodiagnosis. Professional Psychology, 3, 111—119.

Smith, B. 1959. Ten Silhouettes. Acta Psychologica, 16, 165—177.

Smith, J. 1970. A note on achievement motivation and verbal fluency, Journal of projective Techniques and Personality Assessment, 34, 121—124.

Smith, M. 1968. The computer and the TAT. Journal of School Psychology, 6, 206—214.

Sneddon, P. 1971. A study of the principles underlying the TAT, with special reference to development of a technique for use in counsellor selection. Unpublished doctoral dissertation, University of Edinburgh.

Solomon, J. & Starr, B. 1968. School Apperception Method (SAM): Manual. New York: Springer.

Spain, D. 1972. On the use of projective tests for research in psychological anthropology. In: Hsu, F. (Hg.). Psychological Anthropology. Cambridge, Mass.: Schenkman, 367—308.

Stang, D., Campus, N. & Wallach, C. 1975. Exposure duration as a confounding methodological factor in projective testing. Journal of Personality Assessment, 39, 583—586.

Steele, R. 1977. Power motivation, activation, and inspirational speeches. Journal of Personality, 45, 53—64.

Stein, M. 1948. The TAT. Journal of projective Techniques, 23, 73—75.

Stein, M. 1955. The Thematic Apperception Test. Cambridge, Mass.: Addison-Wesley.

Stern, E. 1952. Experimentelle Persönlichkeitsanalyse nach dem Murray-Test (TAT). Zürich.

Steward, A. & Winter, D. 1976. Arousal of the power motive in women. Journal of consulting and clinical Psychology, 44, 495—496.

Steward, D. & Patterson, M. 1973. Eliciting effects of verbal and nonverbal cues on projective test response. Journal of consulting and clinical Psychology, 41, 74—77.

Stoer, L. 1967. A pictorial attitude test for the evaluation of in-service training programs. Journal of projective Techniques and Personality Assessment, 31, (6), 74—87.

Stone, D. 1950. A recorded auditory apperception test as a new projective technique. Journal of Psychology, 29, 349—353.

Stone, D. 1953. The auditory apperception test. Beverly Hills: Western Psychological Services.

Stone, H. 1956. The TAT aggressive content scale. Journal of projective Techniques, 20, 445—452.

Stone, H. & Dellis, N. 1960. An exploratory investigation into the levels-hypothesis. Journal of projective Techniques, 24, 333—340.

Strauss, M. 1971. Notes on Rosenthal's „Unintended effects of the clinician in clinical interaction". Australian Journal of Psychology, 23, 53—57.

Streitberg, G. 1973. Jugendliche Exhibitionisten. Zeitschrift für klinische Psychologie und Psychotherapie, 21, 317—328.

Stricker, G. 1962. The construction and partial validation of an objectively scorable apperception test (OAT). Journal of Personality, **30**, 51—62.

Strizver, G. 1961. Thematic sexual and guilt responses as related to stimulus relevance and experimentally induced drive and inhibition. In: Epstein, S. (Hg.). The influence of drive and conflict upon apperception. Washington, D. C.: N.I.M.H., 10—11.

Suinn, R. & Oskamp, S. 1969. The predictive validity of projective measures. Springfield, Ill.: Thomas.

Sundberg, N. 1972. Review of the School Apperception Method. In: Buros, O. (Hg.). The 7th Mental Measurements Yearbook. Highland Park, N.J.: Gryphon, 450—451.

Symonds, P. 1948. Symonds' picture story test. New York: Columbia University Press.

Symonds, P. 1949. Adolescent fantasy: An investigation of the picture-story method of personality study. New York: Columbia University Press.

Symonds, P. & Jensen, A. 1961. From adolescent to adult. New York: Columbia University Press.

Tack, W. 1976. Diagnostik als Entscheidungshilfe. In: Pawlik, K. (Hg.). Diagnose der Diagnostik. Stuttgart: Klett, 103—130.

Taulbee, E. & Stenmark, D. 1968. The Blacky Pictures Test: A comprehensive annotated and indexed bibliography (1949—1967). Journal of projective Techniques and Personality Assessment, **32**, 105—137.

Terhune, K. 1969. A note on thematic apperception scoring of needs of achievement, affiliation and power. Journal of projective Techniques and Personality Assessment, **33**, 364—370.

Thelen, M. & Ewing, D. 1973. Attitudes of applied clinicians toward roles, functions and training in clinical psychology: A comparative survey. Professional Psychology, **4**, 28—34.

Thomas, E. 1968. Eye movements during projective testing. International Congress of Rorschach and other projective Techniques, **6**, 325—326.

Thompson, C. 1949. The Thompson-modification of the TAT. Rorschach Research exchange and Journal of projective Techniques, **13**, 469—478.

Thompson, C. & Bachrach, J. 1951. The use of color in the TAT. Journal of projective Techniques, **15**, 173—184.

Thompson, J. & Sones, R. 1973. The Education Apperception Test. Los Angeles: Western Psychological Services.

Thompson, P. 1964. Responses of white and negro subjects to the M-TAT and T-TAT. Unpublished doctoral dissertation. Illinois Institute of Technology.

Tomkins, S. 1942. The limits of material obtainable in the single case study by daily administration of the TAT. Psychological Bulletin, **39**, 490.

Tomkins, S. 1947. The Thematic Apperception Test. New York: Grune & Stratton.

Tomkins, S. 1961. Discussion of Dr. Murstein's paper. In: Kagan, J. & Lesser, G. (Hg.). Contemporary issues in thematic apperceptive methods. Springfield, Ill.: Thomas, 274—277.

Tomkins, S. & Miner, J. 1957. The Tomkins-Horn Picture Arrangement Test. New York: Springer.

Tomkins, S. & Miner, J. 1959. PAT-interpretations. New York: Springer.

Traxler, A., Swiener, R. & Rogers, B. 1974. Use of the GAT with community-dwelling and institutional aged. Gerontologist, 14, Part II: 52.

Trudewind, C. 1976. Die Entwicklung des Leistungsmotivs. In: Schmalt, H.-D. & Meyer, W.-U. (Hg.). Leistungsmotivation und Verhalten. Stuttgart: Klett, 193—219.

Turner, G. & Coleman, J. 1962. Examiner influence on TAT responses. Journal of projective Techniques, 26, 478—486.

Twitchell-Allen, D. 1947. The three-dimensional test: A new projective technique. American Psychologist, 2, 271—272.

Twitchell-Allen, D. 1948. Three-dimensional apperception test. New York: Psychological Corporation.

Uleman, J. 1966. A new measure of the need for power. Unpublished doctoral dissertation. Harvard University.

Uleman, J. 1971a. Awareness and motivation in generalized verbal conditioning. Journal of experimental Research on Personality, 5, 257—267.

Uleman, J. 1971b. Generalized verbal conditioning: Some motivational and retrospective awareness effects. Journal of experimental Research on Personality, 5, 268—277.

Ullman, P. 1959. Review of Tomkins & Miner: Tomkins-Horn-PAT. Journal of projective Techniques, 23, 474—475.

Vacchiano, R., Lieberman, L., Adrian, R. & Schiffman, D. 1967. A factor-analytic comparision of TAT, self-description and reputation assessment techniques. Journal of clinical Psychology, 23, 416—419.

van Lennep, D. 1948. Four Picture Test. Den Haag: Nijhoff.

van Lennep, D. 1951. The Four Picture Test. In: Anderson, H. & Anderson, G. (Hg.). An introduction to projective Techniques. Englewood Cliffs: Prentice-Hall, 149—180.

van Lennep, D. & Houwink, R. 1955. La validation du test-des-quatre-images. Révue de la psychologie applicée, 5, 265—282.

van Lennep, D. & Houwink, R. 1958. Four Picture Test (1930), second edition. Den Haag: Nijhoff.

Varble, D. 1971. Current status of the TAT. In: McReynolds, P. (Hg.). Advances in psychological assessment. Vol. 2. Palo Alto, Calif.: Science and Behavior Books, 216—235.

Veroff, J. 1958. Development and validation of a projective measure of power motivation. In: Atkinson, J. (Hg.). Motives in fantasy, action and society. Princeton, N.J.: van Nostrand, 105—116.

Veroff, J. 1961. Thematic apperception in a nationwide sample. In: Kagan, J. & Lesser, G. (Hg.). Contemporary issues in thematic apperceptive methods. Springfield, Ill.: Thomas, 83—110.

Veroff, J. 1965. Theoretical background for studying the origins of human motivational dispositions. Merrill-Palmer Quarterly, **11**, 3—18.

Veroff, J., Atkinson, J., Feld, S. & Gurin, G. 1960. The use of thematic apperception to assess motivation in a nationwide interview study. Psychological Monographs, **74**, No. 12.

Veroff, J. & Veroff, B. 1972. Reconsideration of a measure of power motivation. Psychological Bulletin, **78**, 279—291.

Viitamaki, R. 1962. Psychoses in children: A psychological follow-up study. Ann. Acad. Scient. Fennicae, Series B, **125**, 2.

Vinacke, W. 1962. Motivation as a complex problem. In: Jones, M. (Hg.). Nebraska symposium on motivation. Lincoln: University of Nebraska Press, 1—46.

Vislie, L. 1972. Stimulus research in projective techniques. Oslo: Universitetsforlaget.

Vondracek, F., Stein, A. & Friedrich, L. 1973. A non-verbal technique for assessing frustration response in preschool children. Journal of Personality Assessment, **37**, 355—362.

Wagner, E. 1961. The use of drawings of hands as a projective medium for differentiating normals and schizophrenics. Journal of clinical Psychology, **17**, 279—280.

Wagner, E. 1962. The use of drawings of hands as a projective medium for differentiating neurotics and schizophrenics. Journal of clinical Psychology, **18**, 208—209.

Wagner, E. 1971. The Hand-Test. Los Angeles: Western Psychological Services.

Wagner, E. 1973. Saying versus doing: A criticism of the Higdon & Brodsky study of the Hand-Test AOR. Journal of Personality Assessment, **37**, 597.

Wagner, E. & Copper, J. 1963. Differentiation of satisfactory and dissatisfactory employees at Goodwill Industries with the Hand-Test. Journal of projective Techniques and Personality Assessment, **27**, 354—356.

Wagner, E. & Medvedeff, E. 1963. Differentiation of aggressive behavior of institutionalized schizophrenics with the Hand-Test. Journal of projective Techniques and Personality Assessment, **27**, 111—113.

Walker, E., Atkinson, J., Veroff, J., Birney, R., Dember, W. & Moulton, R. 1958. The expression of fear-related motivation in thematic apperception as a function of proximity to an atomic explosion. In: Atkinson, J. (Hg.). Motives in fantasy, action and society. Princeton, N.J.: van Nostrand, 143—159.

Wallace, J. & Sechrest, L. 1963. Frequency hypothesis and content analysis of projective techniques. Journal of consulting Psychology, **27**, 387—393.

Wang, M.-J. 1969. Report on the revision of the TAT. Acta Psychologica Taiwanica, **11**, 24—41.

Watrous, B. & Hsu, F. 1972. An experiment with TAT. In: Hsu, F. (Hg.). Psychological anthropology. Cambridge, Mass.: Schenkman, 309—361.

Weiner, B. 1965. Need achievement and the resumption of incompleted tasks. Journal of Personality and social Psychology, **1**, 165—168.

Weiner, B. 1976. Attribuierungstheoretische Anlagen von Erwartung-X-Nutzen-Theorien. In: Schmalt, H.-D. & Meyer, W.-U. (Hg.). Leistungsmotivation und Verhalten. Stuttgart: Klett, 81—100.

Weiner, B., Frieze, I., Kukla, A., Read, L., Rest, S. & Rosenbaum, R. 1971. Perceiving the causes of success and failure. New York: General Learning Press.

Weiner, I. 1972. Does psychodiagnosis have a future? Journal of Personality Assessment, **36**, 534—546.

Weinstein, M. 1969. Achievement motivation and risk preference. Journal of Personality and social Psychology, **13**, 153—172.

Weisskopf, E. 1950. A transcendence index as a proposed measure in the TAT. Journal of Psychology, **29**, 379—390.

Weisskopf-Joelson, E., Asher, E., Albrecht, K. & Hoffman, M. 1957. An experimental investigation of „label-avoidance" as a manifestation of repression. Journal of projective Techniques, **21**, 88—93.

Weisskopf, E. & Dieppa, J. 1951. Experimentally induced faking of TAT responses. Journal of consulting Psychology, **15**, 469—474.

Weisskopf-Joelson, E. & Wexner, L. 1970. Projection as a function of situational and figural similarity. Journal of projective Techniques and Personality Assessment, **34**, 367—400.

Weisskopf-Joelson, E., Zimmerman, J. & McDaniel, M. 1970. Similarity between subject and stimulus as an influence on projection. Journal of projective Techniques and Personality Assessment, **34**, 328—331.

Weissman, S. 1964. Some indicators of acting-out behavior from the TAT. Journal of projective Techniques and Personality Assessment, **28**, 366—375.

Werner, M., Stabenan, J. & Pollin, W. 1970. TAT method for the differentiation of families of schizophrenics, delinquents and normals. Journal of abnormal Psychology, **75**, 139—145.

Westby, G. 1959. Review of the Object Realtions Test. In: Buros, O. (Hg.). The 5th Mental Measurements Yearbook. Highland Park, N.J.: Gryphon, 251—252.

Westmeyer, H. 1976. Grundlagenprobleme psychologischer Diagnostik. In: Pawlik, K. (Hg.). Diagnose der Diagnostik. Stuttgart: Klett, 71—101.

Wiggins, J. 1973. Personality and prediction. Reading, Mass.: Addison-Wesley.

Wildman, J. & Wildman, H. 1975. An investigation into the comparative validity of several diagnostic tests and test batteries. Journal of clinical Psychology, **31**, 455—458.

Wilkinson, N. 1970. Preliminary experiments with a children's Object Relations Technique. Projective Psychology, **15**, 27—33.

Wilkinson, N. 1975. Spontaneous and defensive movements in the children's O.R.T.: Development of the self. Projective Psychology, **20**, 15—27.

Willis, J. & Gordon, D. 1974. The Missouri children's picture series: A validation study with emotionally disturbed children. Journal of clinical Psychology, **30**, 213—214.

Wilmer, H. & Husni, M. 1953. The use of sounds in a projective test. Journal of consulting Psychology, **17**, 377—383.

Winget, C., Gleser, G. & Clements, W. 1969. A method for quantifying human relations, hostility, and anxiety applied to TAT productions. Journal of projective Techniques and Personality Assessment, **33**, 433—437.

Winter, D. 1973. The power motive. New York: Free Press.

Winter, D. & Steward, A. 1977. Power motive reliability as a function of retest instructions. Journal of consulting and clinical Psychology, **45**, 436—440.

Winter, W. & Ferreira, A. 1970. A factor analysis of family interaction measures. Journal of projective Techniques and Personality Assessment, **34**, 55—63.

Winter, W., Ferreira, A. & Olsen, J. 1966. Story sequence analysis of family TATs. Journal of projective Techniques and Personality Assessment, **26**, 182—186.

Witherspoon, R. 1968. Development of objective scoring methods for longitudinal CAT data. Journal of projective Techniques and Personality Assessment, **32**, 406—412.

Wohlford, P. 1968. Extension of personal time in TAT and story completion stories. Journal of projective Techniques and Personality Assessment, **32**, 267—280.

Wohlford, P. & Herrera, J. 1970. TAT stimulus-cues and extension of personal time. Journal of projective Techniques and Personality Assessment, **34**, 31—37.

Wolf, M. 1970. An alternativ interpretation of Masling and Harris' study on the sexual aspects of TAT administration. Journal of consulting and clinical Psychology, **35**, 328—329.

Wolk, R. & Wolk, B. 1971. The Gerontological Apperception Test. New York: Behavioral Publ.

Wolowitz, H. & Skorkey, C. 1966. Power themes in TAT stories of schizophrenic males. Journal of projective Techniques and Personality Assessment, **30**, 591—596.

Wright, B. 1933. An experimentally created conflict expressed in a projective technique. Psychological Bulletin, **38**, 718.

Wyatt, F. 1947. The scoring and analysis of the TAT. Journal of Psychology, **24**, 329—330.

Wyatt, F. 1958. A principle for the interpretation of fantasy. Journal of projective Techniques, **22**, 229—245.

Zubin, J., Eron, L. & Schumer, F. 1965. An experimental approach to projective techniques. New York: Wiley.

Zucker, K. & Jordan, D. 1968. The Paired-Hand-Test: A technique for measuring friendliness. Journal of projective Techniques and Personality Assessment, **32**, 522—529.

Zuckerman, M. & Weehler, L. 1975. To dispel fantasies about the fantasy-based measure of fear of success. Psychological Bulletin, **82**, 932—946.

6. Kapitel

Wortassoziation und verbale Ergänzungsverfahren

Hildegard Hiltmann und *Rudolf Luhr*

I. *Assoziationsexperiment,*
Tatbestandsdiagnostik und Wort-Assoziationstests
(Rudolf Luhr)

A. Das Assoziationsexperiment und die psychologische
Tatbestandsdiagnostik: Ursprünge und Entwicklung

Die Assoziationsforschung hat vor Ende des letzten Jahrhunderts aus verschiedenen Richtungen neue bahnbrechende Impulse erfahren (Galton 1879/80, 1883, Ebbinghaus 1885, Freud 1896). Galton hat als erster eine ‚Reizwortliste' konstruiert, mit der er in ‚psychometrischen Experimenten' die Assoziationen systematisch untersuchte. Ebbinghaus hat die Methode der durch Lernen hergestellten Assoziationen von sinnlosen Silben erfunden und damit die experimentelle Lernforschung begründet. Freud hat mit seiner Methode der „freien Assoziation im Wachzustand" die vorbewußten und unbewußten Vorgänge beim Vorstellungsablauf zu ergründen versucht.

Wundt (1887) hat das Assoziationsexperiment von Galton weiterentwickelt. Im Leipziger Laboratorium wurden unter unzähligen Assoziationsuntersuchungen auch die ersten exakten Messungen der Assoziationszeit vorgenommen (vgl. Cattell & Bryant 1889). Das Forschungsinteresse galt dort vornehmlich dem Problem des logischen Zusammenhanges der Wortpaare. Zu den Schülern und Mitarbeitern von Wundt gehörte auch Kraepelin, der aus der Arbeit bei Wundt eine Fülle von Anregungen gewonnen hat. Er hat neben anderen experimentellpsychologischen Methoden auch das Assoziationsexperiment in die experimentelle Psychopathologie eingeführt (Kraepelin 1884, 1892, 1896, siehe auch Sommer 1899). Die großangelegten Untersuchungen seines Schülers Aschaffenburg (1896, 1899, 1904) sind ein bedeutendes Glied in der Kette der Assoziationsforschungen, in der bald darauf Wertheimer (Wertheimer & Klein 1904, 7. April) und Jung (Jung & Riklin 1904, 19. April; 1905a) in einen peinlichen

Prioritätsstreit um die von beiden Autoren beanspruchte Urheberschaft der sogenannten Tatbestandsdiagnostik geraten sind (Jung 1905 b, Wertheimer 1906 a, Jung 1907 a). Wertheimer hat seine „Experimentellen Untersuchungen zur Tatbestandsdiagnostik" (1906 a) im Fortgang der mit Gross (1901, zitiert nach Mönkemöller 1930) und zusammen mit Klein (Wertheimer & Klein 1904) begonnenen Arbeiten vorgenommen. Das Problem dieser Untersuchungen war die Frage nach Methoden, ‚die unterscheiden lassen, ob jemand von einem bestimmten Tatbestande weiß oder ob ihm dieser unbekannt ist' (Wertheimer & Klein 1904, Wertheimer 1906 a, 1906 b, 1906 c, Lipmann & Wertheimer 1907; siehe auch Mönkemöller 1930).

Jung (Jung & Riklin 1904) hat in seinem Assoziationsexperiment (Standard-Reizwort-Liste) den methodischen Ansatz von Galton und Wundt mit dem Prinzip des in der Psychoanalyse benutzten ‚freien Assoziierens' integriert. Die Zusammenhänge zwischen Psychoanalyse und dem Assoziationsexperiment beziehungsweise der Tatbestandsdiagnostik sind von Freud (1906) und Jung (1905/06) diskutiert worden. Während Freud das freie Assoziieren als Therapiemittel einsetzte, verwendete Jung sein Assoziationsexperiment zur Diagnostik, speziell zur „Komplex"-Aufdeckung. Jung selbst und die anderen Mitarbeiter der „Diagnostischen Assoziationsstudien" (Jung 1906/07, 1907 b, 1906—10) haben ihr Interesse auf die Besonderheit und die Störungen der Reizwort-Reaktionen konzentriert, — auf die auffälligen und abwegigen, die merkwürdigen und sinnlosen, die verlangsamten und die beschleunigten Reaktionen, Mißverstehen des Reizwortes und Wiederholungen, Reime auf das Reizwort, Ausbleiben der Reaktionen. Nach Jung liegt die psychodynamische Ursache der auffälligen und abwegigen Reaktionen darin, daß das Reizwort einen Konflikt und damit einen Bereich emotionaler Störung („Komplex") berührt. Auch Wertheimer hatte diese Annahme schon mit seinen methodisch sorgfältig geplanten und kontrollierbaren experimentell-psychologischen Untersuchungen begründet. Jung ging den auffälligen Reaktionen nun aber systematisch nach und konnte in vielen Fällen individuelle, dem Patienten nicht bewußte Probleme und Konflikte aufdecken und daher der ärztlich beabsichtigten psychotherapeutischen Beeinflussung zugänglich machen.

In zahlreichen späteren Untersuchungen ist die Grundannahme von Wertheimer und Jung auf verschiedene Weise überzeugend bestätigt worden. Huston, Shakow und Erickson (1934) haben ihren Probanden in Hypnose Handlungsweisen suggeriert, die normalerweise Schuldgefühle hervorrufen. Im anschließenden Assoziationsexperiment zeigten die Probanden bezeichnende Störreaktionen bei den belastenden Reizwörtern, auf die sie im Assoziationsexperiment vor der Hypnose unauffällig reagiert hatten. Weitere bedeutsame Belege für Zusammenhänge zwischen der verbalen Sphäre einerseits, Emotionen und Bedürfnisspannungen andererseits, haben Diven (1937), Keys (1950), Kline & Schneck (1951), Wispé (1954), Kollar et al. (1964), Hundal & Upmanyu (1974) und andere

Autoren erbracht. In diesem Zusammenhang ist auch der Lehrfilm von Beck (1949) zu erwähnen, der die Wirksamkeit unbewußter Motivationen unter anderem auch im Assoziationsexperiment eindrucksvoll demonstriert.

Jung selbst und andere Forscher aus dem Kreise der Zürcher Klinik (siehe Jung 1906—1910), aber auch spätere Forscher, wie z. B. Liberson (1949), haben auch die körperlichen Begleiterscheinungen assoziativer Prozesse gemessen und untersucht. Dabei stellte sich heraus, daß Assoziationsstörungen von Veränderungen körperlicher Erscheinungen und Funktionen begleitet werden (Psychogalvanisches Phänomen, Muskelspannung, Atmungsfrequenz, elektrische Aktivität der Hirnzellen). Praktische Anwendungen dieser Erfahrungen und Ergebnisse sind im Polygraphen — dem „Lügendetektor" — (Young 1948, Brown 1967, Venables & Martin 1967, Prokasy & Raskin 1973) und im Test von Weil (1953, Berta, Silveira & Vinar 1961) gegeben.

Obwohl gegen die assoziationsmethodische Tatbestandsdiagnostik ernste Einwände geltend gemacht wurden (W. Stern 1904 und andere Autoren, siehe Jung 1941), gelangte das Assoziationsexperiment von Jung rasch zu internationaler Berühmtheit. So hat schon im Jahre 1907 Münsterberg unter dem Titel „The Third Degree" die Methode in den USA dargestellt. Jung selbst war an der Praxis und Weiterentwicklung seines Experimentes später offenbar nicht mehr sonderlich interessiert; die zweite Auflage der „Tatbestandsdiagnostik" (1941) enthält nichts Neues, die Forschungen von Leach und Washburn (1910), Kent & Rosanoff (1910/11), Marston (1920) und andere spätere Untersuchungen sind nicht erwähnt.

B. Die Wort-Assoziations-Methode: Eine differentielle und klinische Technik

Die Wort-Assoziations-Methode (im folgenden: WAM), auch als freie Assoziations-Methode bezeichnet, ist ganz allgemein dadurch charakterisiert, daß sowohl das Reizmaterial (akustisch oder optisch dargebotene Wörter) als auch die Reaktion rein verbaler Natur sind. Beim Untersuchungsvorgang wird dem Probanden jedes Wort einer Reizwortliste, die aus einer standardisierten oder ad-hoc zusammengestellten Serie von unzusammenhängenden Wörtern besteht, einzeln, langsam und deutlich vorgelesen. Der Proband soll dann mit dem ersten Wort, das ihm dazu in den Sinn kommt, antworten. Diese Reaktion und die Reaktionszeit, die zwischen Reiz und Antwort verflossene Zeit, werden ebenso wie die Verhaltensweisen des Probanden während der Untersuchung vom Untersuchungsleiter notiert. Nach dem ersten Durchgang werden als sogenannte „Additionals" ein oder zwei weitere Untersuchungen durchgeführt. Als erstes Additional folgt die Reproduktion (Jung 1905c, Rapaport, Gill & Schafer 1946, Holt 1968), bei welcher der Proband die Anweisung erhält, mit demselben Wort wie beim ersten Durchgang zu antworten. Eine klinisch interessante Erweiterung ist der zusätzliche Assoziationsversuch nach Appelbaum (1960a, 1960b). Dieses zweite Additional, in dem zu jedem Reizwort eine neue Antwort gefunden werden muß, hat sich bei Forschungen im Bereich der Psychiatrie als effizient erwiesen (Appelbaum 1963).

Anschließend an die Additionals wird in der Regel ein gelenktes Gespräch geführt, das über die Bedeutung des Zusammenhangs zwischen den Reizwörtern und den Reaktionen weitere Aufschlüsse vermittelt. Diese Art der Untersuchung kann selbstverständlich nur individuell und nicht in der Gruppe durchgeführt werden. Die Art und Weise, wie ein Proband auf derartige verbale Reize, deren jeder einzelne normalerweise mehr als nur eine Assoziation hervorruft, reagiert, vermittelt gewisse persönlichkeitsdiagnostische Informationen. Besteht zu dem Reizwort keine emotional gestörte Beziehung, antwortet der Proband mit einer im Erfahrungsgut vieler Menschen üblichen Assoziation. Liegt dagegen eine emotionale Störung vor, sucht der Proband nach einer ihm unverfänglich erscheinenden Assoziation. Diese gehört nun aber einem „Komplex" von Assoziationen an, der im Prinzip nur diesem Individuum eigen ist. Die Suche des Probanden nach einer vermeintlich harmlosen Antwort bringt eine Verlängerung der Reaktionszeit mit sich — ein ähnliches Phänomen wie bei der „Wahrnehmungsabwehr" (Bruner & Postman 1947/48, McGinnies 1949). Jung hat der Reaktionszeit und einigen anderen formalen Merkmalen zwar große diagnostische Bedeutung beigemessen, sein Interesse galt aber vornehmlich den inhaltlichen Zusammenhängen.

Spätere Autoren (Symonds 1931, Rapaport et al. 1946, Appelbaum 1963) haben eine Reihe weiterer formaler Merkmale der Erst-Assoziation und der Reproduktion gefunden (zusammenfassende Darstellung siehe Daston 1968), die auf Komplexe und affektiv-emotionale Störungen hinweisen. Rapaport et al. (1946, Holt 1968), mit deren Abhandlung die klassische WAM nochmals einen Höhepunkt erlebte, haben formale und inhaltliche Aspekte konsequent getrennt und die Auffassung vertreten, daß die inhaltliche Analyse ausgesprochen eine Sache des individuellen Falles sei, die statistisch kaum zu fassen ist.

Kent und Rosanoff (1910/11) brachten für die von ihnen konstruierte Wortliste eine normative Studie heraus. Da sie im Gegensatz zu Jung den mehr psychometrischen Ansatz verfolgten, haben sie den Versuch unternommen, das Assoziationsexperiment zu einem klinisch-psychologischen Test umzugestalten, um die Möglichkeit einer zuverlässigen Differenzierung abnormaler und normaler Individuen und Gruppen zu schaffen. Diese Autoren haben aufgrund von Häufigkeitstabellen eine Klassifikation der Inhalte in vier Gruppen vorgenommen: ‚gewöhnliche', ‚zweifelhafte', ‚individuelle' Reaktionen und ‚Versager'. Es hat sich herausgestellt, daß diese Reaktionen bei verschiedenen Personengruppen charakteristische Verteilungen, wenn auch mit Überschneidungen aufweisen (Rosanoff 1927, auch Buchwald 1957). Diese Technik ist im methodischen Ansatz zwar überzeugend, aber sie bewältigt nicht die grundsätzliche

Schwierigkeit, die darin besteht, daß die Bekanntheit und die Geläufigkeit von Wörtern und Wortbedeutungen je nach kulturellem Hintergrund unterschiedlich sind; diese Schwierigkeit ist den frühen WAM-Forschern (Aschaffenburg, Jung, Wertheimer) schon bekannt gewesen. Aus diesem Grunde wurden immer wieder normative Studien und Vergleichsuntersuchungen durchgeführt, verstärkt erfolgte dies in den fünfziger und sechziger Jahren. So haben Tresselt und Leeds (1955a) Unterschiede beim Vergleich der populären Antworten und Antworthäufigkeiten der Jahre 1927 (eigentlich 1910/11) und 1952 ermittelt. Bei Vergleichen der Normen für Studenten über mehrere Jahre haben Jenkins und Russell (1960) einen leichten, aber stetigen Wandel der Worthäufigkeiten mit der Zeit festgestellt. Dörken (1956) konnte einen progressiven Prozentanstieg üblicher Antworten zwischen 1910 und 1956 ermitteln. Für Kinder haben Woodrow und Lowell schon 1916 Normtabellen erstellt. McGehee (1937, 1938) hat Normen für Schulkinder mitgeteilt. Die Normen von Woodrow und Lowell haben Entwisle, Forsyth und Muuss (1964) mit den von ihnen neu gewonnenen Daten verglichen und einen Wandel der Häufigkeiten festgestellt. Sie interpretieren ihn als einen Akzelerationsgewinn von etwa vier bis fünf Jahren. Tresselt und seine Mitarbeiter haben die Antworten und die Antworthäufigkeiten der Kent-Rosanoff-Wortliste für verschiedene Altersgruppen (Tresselt & Leeds 1953—55, Tresselt 1959, 1960) und Geschlechtsunterschiede bei den Antworthäufigkeiten (Tresselt, Leeds & Mayzner 1955) untersucht. Der eine oder andere ermittelte Unterschied bei solchen Vergleichsuntersuchungen kann nach Koff (1965) ein Artefakt darstellen, das auf Unterschiede der Testdurchführung zurückzuführen ist, da je nach Darbietungs- und Aufnahmeart (mündlich, schriftlich) ein unterschiedliches Ergebnis erzielt werden kann. Ein ‚Assoziations-Lexikon' und eine Liste von Veröffentlichungen von Wortliste-Normen für Studenten verschiedener nordamerikanischer Universitäten hat Deese (1965, 179—212) zusammengestellt. Cramer (1968, 258—260) hat eine Aufstellung von Veröffentlichungen zu Wortassoziations-Normen für verschiedene Reizwörter und unterschiedliche Probandengruppen als ‚Bibliographie normativer Daten' mit in das Literaturverzeichnis aufgenommen. Eine ‚cross-culture'-Untersuchung hat M. R. Rosenzweig (1961) durchgeführt, bei der er die Erst-Antworten amerikanischer, französischer, deutscher und italienischer Probanden miteinander verglich. Dabei zeigte sich, daß in den vier Sprachen die Tendenz besteht, gleichartige Assoziationen zu Wörtern gleichartiger Bedeutung herzustellen. Ein zusätzlicher Vergleich mit einer Gruppe von Navaho-Indianern führte zu Ergebnissen, an denen sich kulturell bedingte linguistische Eigentümlichkeiten aufzeigen ließen. Die ausführlichste Untersuchung dieser Problematik stammt von Miron und Wolfe (1964), die mit Hilfe einer WAM zwölf verschiedene Sprachen miteinander verglichen. Tinker und Baker (1938) haben die diagnostische Interpretation der Norm-Antworten — die ‚gewöhnlichen' Reaktionen nach Kent und Rosanoff — weitergeführt. Die Häufigkeit dieser Antworten dient im Individualfall als ein Maßstab zur Beurteilung der Frage, wie gut der Proband mit seiner sozialen Umgebung ausgeglichen ist. Dabei ist aber nicht immer eindeutig bestimmbar, ob individuelle Reaktionen dem soziokulturellen Hintergrund des Probanden zuzuschreiben sind oder ob sie einen klinisch-psychodiagnostischen Hinweis darstellen (vgl. Tresselt 1958). Tendler (1945) hat dem Merkmal der Häufigkeit drei weitere, experimentell gewonnene Merkmale hinzugefügt, deren Verläßlichkeit nachgewiesen und gefunden, daß sie geeignet sind, Neurotiker und Psychotiker zu unterscheiden. Eine Wortliste speziell zur Differenzierung neurotischer von nicht-neurotischen Personen hat Crown (1947/48) herausgegeben. Rotter (1951) hat auf die interessante Möglichkeit aufmerksam gemacht, Gruppen differenzierter zu trennen, wenn man Wortlisten unter Berücksichtigung bestimmter, in verschiedenen Subkulturen gebräuchlicher Vokabulare aufstellt, wie z. B. verschiedene Argots, die „Gaunersprache", das Vokabular der Homosexuellen. Galbraith und Schill haben eine spezielle thematische Wortliste (zweideutige Reizwörter) entwickelt und gefunden, daß Sexualantworten eine bedeutsame wechselseitige Beziehung zwischen den Persönlichkeitsvariablen sexuelle Stimulation und Schuldgefühl anzeigen können (Galbraith 1968a, 1968b, Galbraith, Hahn & Leibermann 1968, Galbraith & Mosher 1970), die je nach Geschlecht der Untersuchungsleiter und Probanden unterschiedlich ausfallen kann (Schill 1969, Schill et al. 1970). Die Reaktionen auf Reizwörter aggressiven Inhalts haben Geen & George (1969) untersucht; aggressive Antworten können Indikatoren für offen aggressives Verhalten sein. Weitere Arbeiten, die sowohl vom methodischen und vom diagnostischen als auch vom theoretischen Aspekt her Bedeutung besitzen, sind bei Goodenough (1942), Rapaport et al. (1946), Bell (1948), Rotter (1951), Levy (1952), Allen (1958), Anastasi (1961), Deese (1965), Cramer (1968) und Daston (1968) aufgeführt.

Zur Theorie der assoziativen Reaktion haben insbesondere Schafer und Rapaport (Rapaport et al. 1946, Holt 1968) experimentell und klinisch begründete Beiträge geliefert. Diese Autoren unterscheiden am Assoziationsprozeß zwei, gewöhnlich unterhalb der Bewußtseinsschwelle verlaufende Phasen, die sich zwischen der Erfassung des Reizwortes und dem Aussprechen des Reaktionswortes erstrecken. In der ersten, der ‚analytischen' Phase werden mit dem Reizwort bestimmte Bilder, Vorstellungen, Einstellungen und Gefühlstöne assoziiert, wobei bewußte und unbewußte Kräfte, darunter vor allem auch Ich-Mechanismen mitwirken. In der zweiten, der ‚synthetischen' Phase wird ein psychischer Auswahlprozeß wirksam, dessen Ergebnis eine Ein-Wort-Reaktion ist. Für die diesem Prozeß der Siebung der Vorstellungen und Bilder und ihrer Verbindung mit dem Reizwort innewohnende Gerichtetheit der assoziativen Reaktion benutzten Schafer und Rapaport den der Denkpsychologie entlehnten Begriff „Antizipation". Ähnlich wird der analytisch-synthetische Wahrnehmungsprozeß in der kognitiven Psychologie dargestellt (Neisser 1967, Lindsay & Norman 1972), zu dessen Erforschung unter anderem auch Verfahren der WAM Anwendung finden.

Während die bisher erwähnten Assoziationstechniken — mit Ausnahme des Experimentes von C. G. Jung und von Wertheimer — im wesentlichen das Ziel der Klassifizierung von Individuen in normale und abnormale Gruppen verfolgten, wurden Modifikationen der WAM für verschiedene differentiellpsychologische Ziele und Zwecke entwickelt und angewendet, so z. B. zur Diagnostik bestimmter individueller und gruppentypischer Einstellungen (Singh 1947, Secord 1952/53), bei experimentell erzeugtem und aktuellem Streß (Saltz 1961, Sarason 1961, Mintz 1969), zur messenden Erfassung von Interessen (Wyman 1925), in der Markt- und Meinungsforschung (Vicary 1948), zur Untersuchung von Interessen und beruflicher Eignung (Brook Reaction Test; Brook & Heim 1960, Heim & Watts 1966).

Bruce (1959) hat den Versuch unternommen, die WAM als Test zur Untersuchung von Gruppen umzuarbeiten. Er hat dabei nach dem Fragebogenmodell mit Mehrfachauswahl aus den Reizwörtern des Kent-Rosanoff-Tests zuzüglich einer Anzahl experimentell ausgelesener Auswahlwörter einen objektiven Test konstruiert, das Association Adjustment Inventory (AAI). Es soll der klinischen Diagnose von Persönlichkeitsveränderungen dienen können. Zwar hat sein diagnostisches Spektrum gewisse Ähnlichkeit mit dem des Minnesota Multiphasic Personality Inventory (MMPI) (Hathaway & McKinley 1951). Jedoch bezweifelt Forer (1965) begründetermaßen, daß das AAI fundierte, klinisch-psychologisch relevante Informationen vermitteln könnte. Bordin (1960) und Dahlstrom (1965) folgern daher, daß das AAI zum mindesten vorläufig nur „Zum experimentellen Gebrauch" beziehungsweise „Nur zu Forschungszwecken" empfohlen werden kann. Schon 1952 hatte Crown einen Gruppentest, die Word Connexion List, vorgestellt. Bei dieser muß zu jedem Reizwort jeweils eine von zwei vorgegebenen Antworten ausgewählt werden. Einen Vergleich zwischen Wortlisten mit fester und mit freier Beantwortung hat Ervin (1961) durchgeführt. Einen weiteren Wortassoziations-Gruppentest hat Mednick (1962) veröffentlicht, den Remote Association Test (RAT), der zur Überprüfung einer Assoziationstheorie des kreativen Denkens entwickelt wurde. Moran hat für Collegestudenten einen Gruppentest, die Moran 66-Item Word List, konstruiert und aufgrund der Überprüfung der Ergebnisse dann auch für Patientenpopulationen adaptiert (1966). Diese Wortliste wurde in Gruppentestbatterien verwendet (vgl. Jernigan 1975).

C. Die Verbreitung und die Grenzen der Wort-Assoziations-Methode

In neuester Zeit gewann die WAM im Zusammenhang mit der Kognitiven Psychologie wieder an Interesse. Hier ließ sich die WAM hauptsächlich als Mittel zur Erforschung des verbalen Verhaltens und insbesondere der verbalen Lernprozesse verwenden (Deese 1965, Neisser 1967, Cramer 1968, Staats 1970, Manis 1971, Lindsay & Normann 1972, Osgood 1976). Als projektive Methode hatte die

WAM schon früher an Bedeutung verloren (Allen 1958, Forer 1960, Meili 1961), an ihre Stelle sind die verbalen Ergänzungsmethoden getreten, speziell die Satzergänzungstests, die eine größere methodische Elastizität besitzen. Für die eingeschränkte Bedeutung der WAM als praktisch-psychodiagnostisches Verfahren führen Daston (1968) und Molish (1972) mehrere ungelöste Probleme an: ungeklärt ist das Verhältnis der Reaktionseinstellungen im allgemeinen und die soziale Erwünschtheit im besonderen, darüber hinaus unterliegt die Sprache einem gewissen Wandel, somit ändern sich auch die Normen für die Antworten, und schließlich scheinen psychoanalytische Modelle in der psychologischen Forschung derzeit wenig zum Tragen zu kommen. Eine weitere Schwierigkeit sieht Neisser (1967) darin, daß die WAM den Anforderungen der Untersucherobjektivität nicht genüge (siehe auch Brenner 1967). Gravierende Vorbehalte im diagnostischen Anwendungsbereich wie auch in bezug auf Forschung (Allen 1958, Forer 1960, Meili 1965, Redlich & Freedman 1970, Semeonoff 1973, Jeness, Kietzman & Zubin 1975) hatte schon Rotter (1951) kritisch angemerkt, der die Grenzen der Ein-Wort-Assoziations-Methode deutlich machte: (1) die relativ aufwendige Untersuchung liefert doch nur unzureichendes Material zur Beschreibung der Persönlichkeit, (2) die Durchführung der Untersuchung schafft eine recht gespannte, einem guten Rapport des Probanden nicht förderliche Atmosphäre, (3) das mit der WAM gewonnene Resultat ist zwar oft ein Indikator für emotionale Störungen, es zeigt aber die genaue Natur der Störung nicht an (Rotter 1951, 293). Redlich & Freedman (1970) und Jeness et al. (1975) sehen den Assoziationsversuch als ein wenig sensibles Instrument zur Klinisch-psychologischen Diagnostik spezieller Konfliktbereiche an, das aber nichtsdestoweniger zur Aufdeckung allgemeiner Abwehraktivität, auch zur Feststellung bestimmter Denkformen und Denkstörungen dienen kann. Die bei Psychotherapeuten früher große Wertschätzung den WAM gegenüber (W. Kretschmer 1954, E. Kretschmer 1956, Kranefeldt 1956, Wiesenhütter 1960, Spoerri 1961) scheint heute nicht mehr gegeben zu sein — in der neueren Fachliteratur wird die WAM meist nur noch hinsichtlich ihrer problemhistorischen Bedeutung erwähnt (Redlich & Freedman 1970, Langen 1973, Jeness et al. 1975).

II. Die verbalen Ergänzungsmethoden
(Hildegard Hiltmann)

A. Abgrenzung von der Wort-Assoziations-Methode

Aus der Wort-Assoziations-Methode hat sich durch die allgemeine Assoziationsforschung eine zweite Linie persönlichkeitsdiagnostischer Methodik entwickelt, die als Erweiterung der WAM angesehen wird und auf die heute weitaus häufiger als auf die WAM zurückgegriffen wird: die verbalen Ergänzungsmethoden (im folgenden: VEM).

Die WAM konnte die in sie gesetzten diagnostischen Erwartungen nicht voll erfüllen. Der wohl bedeutsamste Grund dafür dürfte sein, daß zur Erwiderung auf das jeweils vorgegebene Reizwort nicht soviele individuell-charakteristische Antworten zur Verfügung stehen, die dennoch zum Sprachgut der Allgemeinheit gehören. Ein inhaltsanalytisches Vorgehen beim Auswerten der WAM ist somit Zufällen unterworfen, weil auf ein Minimum beschränkt. Die der WAM als Voraussetzung zugrunde liegende psychoanalytische Theorie ist bei den VEM nicht zwingend erforderlich. Die Weiterführung von Satz- oder Geschichtenanfängen bietet dem Probanden eine große Variationsbreite im Antwortenrepertoire. Die VEM haben den weiteren Vorteil, daß sie sich besser auf die spezifischen Kriterien der zu erfassenden Situationen und Persönlichkeitsdimensionen einstellen lassen.

Die einzelnen Verfahren der VEM, vor allem die Satzergänzungstests, stellen somit eine flexible und brauchbare Methode des Persönlichkeitsassessments dar. Satzergänzungstests werden mit Erfolg bei Erwachsenen und Kindern, in Institutionen und Kliniken, zur Trennung abnormer von nicht-abnormen Gruppen, in der Industrie, bei der Management-Entwicklung und zu anthropologischen und soziologischen Studien eingesetzt.

Verwandt mit der WAM sind die VEM insofern, als ein Wort, meist aber mehrere Wörter, die im Sinn von Satz- oder Geschichtenanfängen vorgegeben werden, vom Probanden, meist in einem schriftlichen Verfahren, nach spontanen Einfällen zu einem vollständigen Satz beziehungsweise zu einer vollständigen Geschichte ergänzt werden sollen. Dabei kommt es nicht, wie bei der konventionellen WAM, auf Geschwindigkeit, Hemmungen, Blockierungen und ähnliche, größtenteils meßbare Reaktionsmerkmale an. Die Satzergänzungstests lassen sich aber auch in einem mündlichen Verfahren anwenden, dabei kann die Reaktionszeit gemessen und das Verhalten des Probanden beobachtet werden; hier zeigt sich eine große Ähnlichkeit mit dem Assoziationsversuch nach Jung (1906—1910). Bei manchen Satzergänzungstests wird eine Zeitbegrenzung vorgegeben (Stein 1947, Müller 1965); dabei zeigte sich freilich, daß die Satzanfänge vermehrt mit Gemeinplätzen und Stereotypien ergänzt werden (Klingenbeck 1968). Die Satz- und Geschichtenanfänge der VEM sind so gewählt, daß sie gleichsam nur einen leichten Anstoß für etwas geben, das der Proband ohnehin zu assoziieren gewohnt und auszusprechen mehr oder weniger bereit ist.

Beispiele für wenig strukturierte Satzanfänge:

„Ich . . .", „Sie . . .", „Wir . . .", „Hermann . . .", „Waltraud . . .", „Manchmal . . .", „Zuhause . . .", „Freunde . . .", „Oft . . .".

Beispiele für höher strukturierte Satzanfänge:

„Mein Vater . . .", „Unsere Familie . . .", „Meine Lehrer . . .", „Manche Mädchen . . .".

Beispiele für stark strukturierte Satzanfänge:

„Ich mag keine Leute, die . . .", „Als die Arbeit langweiliger wurde . . .", „Wenn ich in den Spiegel sehe . . .", „Das größte Vergnügen, das wir letzten Sommer hatten . . .", „Wenn ich die Schultasche im Bus/in der Bahn vergessen habe . . .", „Meine größte Sorge ist . . .".

Die einzigen, original in deutscher Sprache bekannten Satzanfänge sind diejenigen von Meili (nach Ungricht 1955, 42). Sie lauten: „Die Arbeit . . .", „Leider . . .", „Manchmal liebt man nicht . . .", „Gestern dachte ich . . .", „Alleine zu träumen . . .", „Es ist zu spät . . .".

Die Interpretation der vom Probanden gegebenen Satz- oder Geschichten-Vervollständigungen stützt sich meist auf die Inhaltsanalyse, wobei die Erfahrung und das Einfühlungsvermögen des Auswerters für sein mehr oder minder intuitiv-impressionistisches Vorgehen von Bedeutung ist; die Gruppe der Diagnostiker, die die Satzergänzungen rein formal auswerten, ist verhältnismäßig klein (Sacks & Levy 1950, Holsopple & Miale 1954, Rohde 1957, Forer 1960, Goldberg 1965a, Murstein 1965). Der Verzicht auf eine systematische Auswertung wird an keiner Stelle so offen ausgesprochen, wie in dem Bericht des OSS Assessment Staff: "The Sentence Completion Test was not scored; it was interpreted." (1948, 74). Obwohl im ursprünglichen Programm der militärpsychologischen Prüfstation S der Satzergänzungstest nicht vorgesehen war, ließ man ihn doch „mitlaufen". Er gewann nicht nur die zunehmende Wertschätzung der Militärpsychologen des OSS Assessment Staff, sondern er war auch das einzige der beim Prüfprogramm benutzten projektiven Verfahren (Rapid Projection Test, Rorschach, Sentence Completion Test, TAT), das nicht alsbald aufgegeben, sondern bis zum Ende des Zweiten Weltkrieges bei den militärpsychologischen Auslesen beibehalten wurde (OSS Assessment Staff 1948, 71).

Von Bedeutung für den Inhalt der Satzergänzungen sind die Länge des Satzanfanges, dessen affektive Tönung und Inhalt und die Frage, welches Personalpronomen, ob erste Person Singular oder Plural (Sacks 1949, Cromwell & Lundy 1954, Stricker & Dawson 1966) oder ob dritte Person Singular oder Plural (Hanfmann & Getzels 1953, Dorris, Levinson & Hanfmann 1954, Getzels & Walsh 1958, Stricker & Dawson 1966), verwendet wird. Satzanfänge in der dritten Person sollen im allgemeinen ergiebiger sein. Im klinischen Bereich dagegen zeitigt die Ich-Form bessere Ergebnisse.

Die VEM beruhen auf der allgemeinen projektiven Grundhypothese, die (angewandt auf die VEM) besagt, daß in den vom Probanden gebildeten Satzergänzungen oder Geschichten-Vervollständigungen seine Einstellungen, Neigungen, Wünsche, Befürchtungen, Konflikte und Probleme zum Ausdruck kommen sowie Informationen über seine vergangenen und gegenwärtigen Erfahrungen methodisch erfaßt werden können (Frank 1939, Abt & Bellak 1950, Heiß 1951, 1954a, 1954b, E. Stern 1955, Heiß 1956, Forer 1960, Frank 1960, Goldberg

1965a, Murstein 1965, Daston 1968, Klingenbeck 1968, Battegay & Rauchfleisch 1974, Semeonoff 1976). Bei den VEM sind der projektiven Entfaltung weniger enge Grenzen gesteckt, als dies bei den Persönlichkeitsinventaren vom Ja/Nein-Typ der Fall ist. Die Aufforderungscharaktere der VEM dringen gleichsam tiefer in die Persönlichkeit ein. Spontaneität und Freiheitsgrad der projektiven Entfaltung sind aber wiederum begrenzt, und zwar deshalb, weil die Satzanfänge, vor allem die stark strukturierten, nicht so viel Spielraum für die individuelle Reaktion bieten und weil sie nicht in dem Maße ein bewußtes Material provozieren, wie die Bilder der projektiven Bilddeuteverfahren und wie die Formdeuteverfahren, wie zum Beispiel der Rorschach-Test. Die Satzergänzungstests sind höher strukturiert als die WAM, so daß daran gezweifelt wird, ob die Satzergänzungstests überhaupt noch als projektive Verfahren gelten dürfen. So siedeln Hanfmann und Getzels (1953) sie zwischen den projektiven Tests und den Persönlichkeitsinventaren an, Rotter und Rafferty (1950) sprechen von einer „semistrukturierten projektiven Technik", Forer (1960) hält sie für „kontrollierte projektive Tests" und Semeonoff (1976) beschreibt sie als „Selbst-Bericht-Inventare". Sie werden dennoch allgemein zu den projektiven Verfahren gezählt; Goldberg meint in seinem Sammelreferat (1965a, 1965b), sie seien „bona-fide projektive Tests". Die VEM sind, ähnlich wie die WAM, in bezug auf die Strukturprinzipien des Reizmaterials und auf die Möglichkeit der individuellen Entfaltung, von den Persönlichkeitsinventaren beziehungsweise von den Bild- und Formdeuteverfahren abzugrenzen. Diese methodische Grenzposition ist durch die Resultate der Untersuchungen von Hanfmann und Getzels (1953) und Carr (1956) experimentell belegt. Gleichsam ein Bindeglied zwischen der rein verbalen Ebene der VEM und der Ebene der Bild-Assoziationen stellen Verfahren vom Typ der Rosenzweig Picture-Frustration Study dar, deren Reizmaterial aus Wort und Bild besteht. Eine Verbindung zwischen der WAM und der VEM stellt der „Make-A-Sentence-Test (MAST)" (Stotsky, Sacks & Daston 1956) dar, der aus einer Liste mit zwanzig Reizwörtern besteht, zu denen der Poband einen Satz mit dem jeweiligen Reizwort zu bilden hat. Von der Anwendung mit ähnlichen Verfahren berichten Borgatta und Mayer (1961), Sutherland, Gill und Phillipson (1967) und Gill (1970).

B. Unvollständige Sätze

Die erste klinische Anwendung eines Satzergänzungstests soll auf das Jahr 1910 zurückgehen (Wells 1954). Als die ersten systematisch angewandten „Incomplete Sentences" gelten die von Payne (1928) und von Tendler (1930). Die Frage nach der Urheberschaft läßt sich nicht leicht klären, da sich die unvollständigen Sätze — wie Schofield (1953) in seiner Rezension des „Rotter Incomplete Sentences Blank" (ISB; Rotter et al. 1949, 1950) treffend bemerkt hat — als diagnostische Technik bemerkenswert fruchtbar verbreitet haben. Als Beleg für seine Behauptung führt Schofield an, daß die Methode von Rotter eine Revision einer von Rotter und Willerman entwickelten Revision (1947) einer von Hutt (1945), Shor (1946), Holzberg, Teicher & Taylor (1947) und anderen Autoren bearbeiteten Technik sei, die bei der Auswahl der US-Luftwaffe im Zweiten Weltkrieg benutzt wurde. In diesem Zusammenhang ist zu erwähnen, daß ein Satzergänzungstest bei der psychologischen Untersuchung zur Pilotenauslese bei der Swissair Verwendung gefunden hatte (Ungricht 1958, Gubser 1960). Da er aber zu wenig situationsspezifisch zu sein schien, kam man davon ab; er wird jetzt bei der Hostessen-Selektion angewendet (Klingenbeck 1968).

Die Satzergänzungstests werden zur Beantwortung von klinischen oder persönlichkeitsdiagnostischen Fragen vielfach herangezogen. So wurde seit Ende der vierziger Jahre eine Flut von Satzergänzungstests entwickelt und erprobt. Häufig sind in ihnen bis zu 100, in seltenen Fällen weit mehr Satzanfänge zusammengefaßt, zum Beispiel der von Lorge & Thorndike (1941) verwendete, 240 Items umfassende Test. Manchmal dient ein Teil als Füllitems. Die meisten Satzergänzungstests haben zwischen 40 und 70 Items. Einige dieser „Sentence Completion Tests (SCT)" seien, ob psychodiagnostisch valide oder nicht, jedenfalls genannt: Der „Stein SCT", der aus 60 Satzanfängen besteht (Stein 1949). Bonnet (1953) hat diesen Test ins Französische übertragen und revidiert: „Test de Paul", dessen deutsche Übersetzung Klingenbeck (1969) besorgte. Das bereits erwähnte „Rotter ISB" (Rotter & Rafferty 1950) besitzt 40 Satzbruchstücke, „Sack's SCT" (SSCT; Sacks & Levy 1950) hat davon 60. Cromwell & Lundy (1954) veröffentlichen den aus 45 Satz-Bruchstücken bestehenden „Chillicothe SCT". Beim „Miale-Holsopple SCT" (Holsopple & Miale 1954) müssen 73 Satzanfänge ergänzt werden, beim „Stotsky-Weinberg SCT" (Stotsky & Weinberg 1956) 81. Die „Curtis Completion Form" (Curtis 1953) hat 52 Items. Der „Michigan SCT" umfaßt 100 Satzanfänge (Coplin 1951, Kelly & Fiske 1951), ebenso viele hat der „Forer Structured SCT" (Forer 1957a, 1960). Forer (1957b) hat noch einen zweiten SCT herausgegeben, „The Forer Vocational Survey" (80 Items). Die „Miner Sentence Completion Scale" (MSCS; Miner 1960, 1964) enthält 40 Satzanfänge. Mit den 42 Satzanfängen des „Mosher's SCT" (Mosher 1961, 1965) wird versucht, Schuldgefühle testmäßig zu objektivieren. Müller (1965) hat einen nur 28 Items umfassenden Satzergänzungstest zur verkehrspsychologischen Eignungsuntersuchung veröffentlicht. Beim „Washington University SCT of Ego Development" (Loevinger & Wessler 1970, Loevinger, Wessler & Redmore 1970) müssen 36 Satzergänzungen gefunden werden. Von Exner (1969) stammt der 30-Item-SCT, „The Self Focus Sentence Completion" (SFSC). Von dem „Sentence-Completion-Measure of Autonomy in Children" (Shouval & Duek 1973, zitiert in Shouval et al. 1975, 49) wurde eine Mehrfachwahl-Version entwickelt, das „Autonomy Multiple Choice Measure" (Shouval, Duek & Ginton 1975). Rohde & Hildreth (1940—1947) haben den Satzergänzungstest von Payne (1928) überarbeitet. Rohde hat den Test für dreizehn- bis siebzehnjährige Jugendliche standardisiert und validiert. Die Auswertungstechnik ist in der Persönlichkeitstheorie von Murray (1938) verankert (Rohde 1947, 1957). Diese Auswertungstechnik ist weit differenzierter als die Auswertungstechniken der übrigen Satzergänzungsverfahren, mit Ausnahme des Tests von Forer (1950, 1957a, 1960), der wie das „Rotter ISB" (Rotter et al. 1947—1954) verbindliche Auswertungsvorschriften besitzt.

Rotter und seine Mitarbeiter (Rotter & Willerman 1947, Rotter, Rafferty & Schachtitz 1949) haben Auswertungskriterien entwickelt, die eine hinreichend objektive Bearbeitung der Testergebnisse gewährleisten. Die Technik, die nach der Handanweisung (Rotter & Rafferty 1950) leicht zu benutzen ist, beruht darauf, daß die Satzergänzungen nach drei Kategorien klassifiziert werden: „Konflikt-Antworten", „Neutrale Antworten" und „Positive Antworten". Eine vierte Kategorie ist vorgesehen, die „Auslassungen". Diese werden freilich nicht quantitativ erfaßt im Gegensatz zu den drei anderen Kategorien, die folgendermaßen gewichtet werden: die „Konflikt-Antworten" werden je nach ihrem Schweregrad mit sechs, fünf oder vier Punkten bewertet, die „Neutralen Antworten" mit drei, die „Positiven Antworten" mit zwei, einem oder null Punkten verrechnet. Da das „Rotter ISB" aus 40 Satzanfängen besteht, können minimal Null und maximal 240 Punkte erreicht werden; meist liegt die Gesamtpunktzahl zwischen 110 und 150. Nach den Validitätsprüfungen von Rotter, Rafferty & Lotsoff (1954) und nach den Ergebnissen von Churchill & Crandall (1955) sind die auf diese Weise gewonnenen Punktsummen geeignet, bei Gruppenauslesen und bei individueller Testanwendung „angepaßte" von „unangepaßten" Persönlichkeitsreaktionen zu differenzieren.

Rotter et al. (1954) ermittelten als kritische Grenze eine Gesamtpunktzahl von mindestens 135 Punkten für „Schlechtangepaßte". Gardner (1967) konnte aufgrund dieser Grenze Heroin- und Medikamentensüchtige in befriedigendem Maße identifizieren. Getter und Weiss (1968) fanden, daß „Schlechtangepaßte" viel häufiger als „Angepaßte" über somatische Beschwerden klagten und auch häufiger medizinische Dienste in Anspruch nahmen. Bieri, Blachersky & Reid (1955) fanden dagegen, daß der kritische Grenzwert zu niedrig angesetzt sei und daß der Grenzwert für die Trennung zwischen „Angepaßten" und „Nicht-Angepaßten" keine differential-diagnostische Bedeutung besäße (Rose 1965). Janda & Galbraith (1973) konnten zeigen, daß im Auswertungssystem des „Rotter ISB" die Anpassung mit der sozialen Erwünschtheit vermengt zu sein scheint (vgl. auch Starr & Katkin 1969), ähnlich, wie es auch bei anderen, Anpassung messenden Testverfahren der Fall ist (Edwards 1970). Die Reliabilität des „Rotter ISB" kann nach allem, was bekannt ist, als zufriedenstellend bezeichnet werden. Die Objektivität liegt um .90 bis .95 (Rotter et al. 1950, 1954, Churchill & Crandall 1955, Arnold & Walter 1957, Chance 1958, Gardner 1967), die Test-Retest-Reliabilität liegt je nach Zeitintervall (bis zu drei Jahren) zwischen .38 und .86 (Hadley & Kennedy 1949, Churchill & Crandall 1955, Gardner 1967). Dagegen stellten Fiske & van Buskirk (1959) größere Schwankungen zwischen den Resultaten der Testungen fest und gelangten zu der Schlußfolgerung, daß eine einzige Testuntersuchung eine unzureichende Basis für eine individualdiagnostische Interpretation sei. Von Testhalbierungs-(split-half-)-Reliabilitäten werden Koeffizienten um .85 (Hadley & Kennedy 1949, Friesen 1952, Rotter et al. 1954, Gardner 1967) berichtet; hierzu ist freilich kritisch anzumerken, daß die Halbierungs-Zuverlässigkeit nur bei homogenen Tests, nicht aber bei Verfahren von der Art der VEM ein brauchbares Maß darstellen kann (Lienert 1969).

Während Rotters Auswertungsformular nur eine Seite Umfang hat, enthält Rohdes Formular vier engbedruckte Seiten mit vielen Dutzenden von Auswertungskriterien. Jede einzelne Antwort (die Satzergänzung) wird nach Rohde in enger Anlehnung an Murrays Persönlichkeitstheorie charakterisiert. Die Gefahr diagnostischer Irrtümer ist bei Rohdes Technik der im Grunde nur einschätzenden und nicht echt messenden Auswertung größer als bei der Auswertung von „Rotters ISB". Diese benutzt — wie erwähnt — nur drei, noch dazu ziemlich grobe Kategorien. Das mag ein Nachteil sein, dem aber der Vorzug größerer Zuverlässigkeit der Einschätzung gegenübersteht. Das „Rotter ISB" ist der wohl am häufigsten benutzte Satzergänzungstest (Goldberg 1968). Es ist psychometrisch abgesichert und kann als valides Instrument gelten. So scheint es auch gegenüber Veränderungen der Darbietungsweise stabil zu sein, wie Wood (1967) feststellte, der keinen Unterschied zwischen einer tachistoskopischen und einer konventionellen Darbietungsweise des „ISB" fand (vgl. auch Wood 1969). Goldberg (1965b, 777) betrachtet die Satzergänzungsmethode als „einen validen Test und wahrscheinlich die valideste aller projektiven Techniken, von denen in der Literatur berichtet wird".

Dennoch erfüllen nicht alle auf dem Markt befindlichen Satzergänzungsverfahren die Minimalforderungen der Testmethodologie. So schrieb Cofer (1959a), der „Forer Structured SCT" (Forer 1957a), der Informationen über den Wert des therapeutischen Planens geben soll, sei eine offene Einladung zum freien klinischen Spekulieren (vgl. auch Meyer & Tolman 1955). Auch an der „Forer Vocational Survey" (Forer 1957b), mit der nicht-intellektuelle, mit dem Beruf zusammenhängende Aspekte der Persönlichkeit erfaßt werden sollen, übt Cofer (1959b) Kritik. Ähnlich negativ bewertet wurde die „Curtis Completion Form" (CCF: Curtis 1953), die emotionale Reife und Anpassung bei Jugendlichen und Erwachsenen untersuchen will; statistische Mängel seien hinderlich, um die „CCF" im praktisch klinischen und pädagogischen Bereich und in der Industrie einzusetzen (Sarason 1965, Shaffer 1965). Dagegen steht die positive Aussage von Fitzsimmons & Marcuse (1961), die „CCF" sei bei der Führungsauslese als geeignet anzusehen. Ebenso kontroverse Auffassungen liegen zum Satzergänzungstest von Rohde vor. Während die Auswertungskriterien von Rhode — Ergebnis einer siebenjährigen Entwicklungsarbeit — von mehr metrisch orientierter Seite (Cofer 1953) als unzureichend bemängelt wurden, wurde die von Rohde ausgearbeitete Auswertungstechnik von klinischer Seite (Shaffer 1948, 1953, Strother 1953) als brauchbar und bezüglich Reliabilität, Validität und klinischer Erfahrungen als ausreichend beurteilt. Für das Auswertungssystem eines Satzergänzungstests für die Variablen Angst, Abhängigkeit und Feindseligkeit konnten Renner, Maher & Campbell (1962) die Reliabilität und Validität nachweisen. Lanyon (1972) hat von einem ähnlichen Satzergänzungstest für Kinder berichtet. Keinen Unterschied bei experimentell kontrollierter Angst konnten Newmark et al. (1975) mit einem 45 Items umfassenden Satzergänzungstest ermitteln. Neuringer und Orwick (1968) berichteten über ähnliche Validitätsergebnisse zweier Satzergänzungstests zur Angstmessung. Sie konnten nur hochängstliche Probanden sicher differenzieren, bei den anderen Angstgraden waren diese Tests wenig brauchbar. Mit wiederum einem anderen Satzergänzungstest war es Wilson & Aranoff (1973) möglich, „sicherheits-orientierte" von „wertschätzungs-orientierten" Probanden zu trennen. Exner berichtete 1973 über die Gütekriterien zu seinem „Self Focus SCT". Aufgrund der Ergebnisse scheint dieser Test, wenn auch mit einigen Vorbehalten, als ein Indikator für Egozentrizität brauchbar zu sein. Über zufriedenstellende Reliabilitätsergebnisse zum „Washington University SCT" berichteten Redmore & Waldman (1975). Für Untersuchungen im Managementbereich wird die „Miner Sentence Completion Scale (MSCS)" erfolgreich eingesetzt (Miner 1963, 1964, 1976). Dennoch mahnt Adcock (1972), der „MSCS" zuviel Gewicht beizumessen, bevor nicht ausreichende Validitätsuntersuchungen zum Problem der kulturellen Differenzen vorliegen, welche die „MSCS" beeinflussen können. Für die von Shouval et al. (1975) entwickelte Mehrfachwahl-Version eines Satzergänzungstests liegen vielversprechende Ergebnisse vor; ökonomisch für klar definierte diagnostische Zwecke und nicht von der Tendenz berührt, sozial erwünschte Antworten nahezulegen.

Auch viele andere Ansätze (Kline 1948, Spache 1949, Brower & Weider 1952, Trites et al. 1953, Hiler 1959, Hoeflin & Kell 1959, Forer 1960, Manson & Lerner 1962, Bruce 1963, Rabin 1965, Goldberg 1965a, 1968, Daston 1968, LaPlante & Irvin 1970, Beit-Hallahmi & Rabin 1977, Cobrinik 1977, Rabin 1977) und die Verwendung dieser diagnostischen Technik zu mannigfachen Forschungszwecken lassen erkennen, daß das methodische Prinzip des Satzergänzungstests im Persönlichkeitsassessment offenbar weiterführt.

C. Projektive Fragen

Beispielhaft für den Satzergänzungstest von Holsopple & Miale (1954) ist folgender Satzanfang: "The kind of animal I would like to be most . . .". Die Vorstellung, daß man aufgrund solcher methodisch provozierter Wunsch-Assoziationen zu diagnostischen Einsichten gelangen könnte, hat schon Goldfarb (1945) zu einer Untersuchung inspiriert, bei der er neben dem Rorschach-Test einen „Animal Association Test" benutzt hat. Dieser bestand aus der projektiven oder indirekten Frage: „Was würden Sie gerne sein, wenn Sie kein Mensch wären?". Gleich acht solche indirekte Fragen stellte Levinson (1950) im Zusammenhang mit der Erforschung der sogenannten autoritären Persönlichkeit. Pigem hat eine

„Wunschprobe" mitgeteilt (1949, 1950, zitiert nach David 1955, Córdoba, Pigem & Gurría 1951, Córdoba & Pigem 1954, van Krevelen 1953, 1956), deren Aufgabe mit folgender Anweisung formuliert wird: „Was würden Sie am liebsten sein, wenn Sie noch einmal auf die Welt kämen und nicht ein Mensch sein könnten? Sie können alles sein, was Sie wollen. Wählen Sie sich etwas aus alledem, was es gibt. Was würden Sie am liebsten sein?" Das Konzept von Wilde (1950) unterscheidet sich kaum von Pigems „Prueba desiderativa". Über Ergebnisse der seinerzeit angekündigten Reliabilitäts- und Validitätsuntersuchungen ist bisher nichts bekannt geworden. Die herbe Kritik, die Thomae (1951) zur Wunschprobe geäußert hat, dürfte noch eher auf den „Zaubertraum" (Thun 1954) zutreffen. Dieses Verfahren wird hier nur deshalb erwähnt, weil es einer der Versuche ist, das Thema des Sich-in-die-irreale-Welt-Versetzens gewissermaßen als Geleise für projektive Assoziationen zu benutzen — ein Thema, das auch im Erzählungsanfang Nr. 10 der Geschichtenerzählungsmethode von Thomas (1937), im „Verwandlungsmotiv" (Zulliger, nach Friedemann 1956) und in der „Projective Question" (David 1955, David & Leach 1957) anklingt. Die indirekte Frage von Goldfarb (1945) „Was würden Sie gerne sein, wenn Sie nicht ein Mensch wären?" hat David aufgegriffen und zu einer positiven Frage beziehungsweise zu einer negativen Frage — „Was würden Sie am liebsten (am wenigsten gerne) sein?" — erweitert (David 1955, David & Leach 1957). Für Kinder hat Freed (1965) daraus den „Animal Test" entwickelt, in dem er die Fragen entsprechend änderte, „Welches Tier möchtest Du am liebsten (am wenigsten gerne) sein?", und um je eine Zusatzfrage erweitert: „Was meinst Du, sind die drei nettesten (schlimmsten/schlechtesten) Dinge an diesem Tier?". Mit diesem Test führte er anhand der Ergebnisse der Befragungen von fast 4000 Jungen und Mädchen im Alter zwischen acht und siebzehn Jahren normative Studien durch. Aufgrund von Reliabilitäts- und Validitätsuntersuchungen haben Kaplan & Calden (1967) den „Animal Test" positiv beurteilt.

Eine Variante, die mit ausführlichen, hochstrukturierten Fragen arbeitet, ist der „Tsédek-Test" (Baruk & Bachet 1950). Der Proband hat zu einer Reihe von Problemen des moralischen Verhaltens, die dem Alltagsleben entnommen sind, Stellung zu nehmen. Die Aufgaben des Tests appellieren an die moralische Einsicht, zum Beispiel Situation 1: „In einer Kaserne ist ein(e) . . ." oder Situation 10: „In einer Schule ist ein(e) . . .". Die Autoren behaupten nun nicht, daß dieser Test ein projektiver Test wäre. Der Test ist vielmehr zur Untersuchung des Gerechtigkeitssinns bestimmt, einer Fähigkeit, ohne welche die Persönlichkeit und ein soziales Leben undenkbar wären. Boisson (1952), der nachgewiesen hat, daß zwischen dem Intelligenzniveau und dem Niveau des moralischen Urteils keine korrelative Beziehung besteht, beurteilt den Test als ein im Rahmen einer Testbatterie (Intelligenzmessung, Rorschach-Test oder TAT, problemzentriert gelenktes psychologisches Gespräch, Beobachtung des Verhaltens in der Gruppe) brauchbares Ausleseverfahren. E. Stern (1952) und Baumgarten-Tramer (1955) haben aufgrund ihrer klinischen Erfahrungen die Überzeugung gewonnen, daß der Test bei Jugendlichen und Erwachsenen zwar die moralische Einsicht prüfe, eine Prognose auf das moralische Verhalten aber nicht gestatte.

Sargent hat im Jahre 1944 die ersten Ansätze ihres „Test of Insight into Human Motives" und später die Monographie „The Insight Test" (1953) veröffentlicht. Diese Methode verdient deshalb Interesse, weil sie theoretisch fundiert und methodisch anspruchsvoll, wenn vielleicht auch allzu stark am psychometrischen Ideal ausgerichtet ist. Die fünfzehn „Armatures" genannten Aufgaben symbolisieren die verschiedenen Probleme und Konflikte menschlicher Anpassung (Familie, anderes Geschlecht, soziale Beziehungen, Freundschaften, Meinungsbildung, Religion, Beruf, Gesundheit).

Ein Beispiel: „Ein junger Mann hat erfahren . . ." (Armature 6).

Von diesem Test gibt es je zwei Parallel- und Kurzformen für männliche und weibliche Erwachsene.

Die Antworten werden einzeln nach psychologischen Gesichtspunkten der Problemlösung ausgewertet, ferner werden emotionale und kognitive Kategorien mit Bewertungspunkten erfaßt. Drei „major scores" und eine Reihe von „subscores" vermitteln den Eindruck einer objektiven Auswertung der Testresultate. Bezeichnend für die methodischen Schwierigkeiten auch des Insight-Tests ist die kritische Feststellung von Jessor (1959), daß bis jetzt der Wert des Insight-Tests als ein psychometrisches Instrument als ungenügend geprüft erscheint, daß aber der Test, nachdem die nötigen experimentellen und statistischen Untersuchungen durchgeführt sein werden, eine vielversprechende Methode zu sein scheint. Fast wörtlich hatte schon im Jahre 1951 die kritische Schlußbemerkung von Morris gelautet: Der Test von Sargent sei „one of the more promising . . . methods", doch sei noch viel systematische Entwicklungsarbeit notwendig, bevor er in der klinischen Diagnostik benutzt werden könnte.

D. Angefangene Geschichten

Eines der von Lorge und Thorndike (1941) in ihrem Satzergänzungstest benutzten 240 Items lautet: "On the main street she meet a . . .". Im Wartegg-Erzählungs-Test (Bönisch 1939) beginnt einer der drei ursprünglich von Wartegg (1939) vorgeschlagenen Erzählungsanfänge wie folgt: „Gestern trafen wir uns auf dem Markte. Wir waren beide überrascht. Ich faßte mich zuerst und . . .". So gleichartig, wie bei diesen beiden Anfängen die äußere Situation auch ist — zwei Menschen treffen sich in einer belebten Gegend —, so unterschiedlich ist doch der jeweilige Aufforderungscharakter. Die gedankliche und sprachliche Gestaltung, die Beschreibung und Umschreibung unpersönlicher und persönlicher Gegebenheiten legen jeweils andere Weiterführungen nahe. Daraus folgt, daß bestimmten Fortsetzungen Raum gegeben wird, während andere Möglichkeiten der Weiterführung eingeschränkt werden.

Bönisch läßt jeden der drei Erzählungsanfänge mit zwei vollständigen Sätzen beginnen. Der dritte Satz leitet dann die Weiterführung ein. Bemerkenswert ist, wie Bönisch in diesen Erzählungsanfängen Situationen vorgibt, deren äußerer Rahmen konkret markiert ist und die dennoch alles offen lassen. Daher ist der freien projektiven Entfaltung ein großer Spielraum geboten.

Lorge und Thorndike haben die Lösung herausgearbeitet, die angesichts der Struktur der Satzanfänge und der Instruktion zu erwarten war, daß nämlich die meisten Personen die Sätze nur mit einem Wort ergänzten. Der methodische und diagnostische Gewinn gegenüber dem klassischen Assoziationstest kann nur für unbedeutend gehalten werden.

Die Instruktion bei Bönisch dagegen verlangt ausdrücklich, daß der Proband die Geschichte ausführlich weiter erzählen und/oder niederschreiben soll. Weder die Erzählzeit, noch der Umfang der Geschichte sind begrenzt. Der Anregungsgehalt der Erzählungsanfänge ist ziemlich groß, so daß die Probanden vielfach ausführliche Geschichten, die in Stil und Durchführung oft an TAT-Geschichten erinnern, bringen.

Das Ziel der Arbeit von Bönisch war nicht die konsequente Entwicklung einer diagnostischen Methode, sondern eine experimentelle Vorarbeit zum Nachweis des „gefügehaften Gliedzusammenhanges seelischer Teilstrukturen" (nach der Theorie von Krueger 1924). Diese VEM, wenn man sie überhaupt eine diagnostische Methode nennen will, ist nicht über den ersten Ansatz einer intuitiven Ausdrucksanalyse der „sprachlich-geistigen Ebene" (Bönisch) hinausgekommen. So fehlen Angaben über die Gütekriterien und über klinische Erfahrungen (Brickenkamp 1975, 355, Hiltmann 1977, 249).

Ungricht (1955) benutzt seit 1944 in der Berufsberatung bei Jugendlichen den „Sohn-Aufsatz", den er als eine spezifische Form der Satzergänzungstests bezeichnet und dessen Anfang wie folgt lautet: „Der Sohn legte die Hände auf den Rücken und schaute durch das Fenster in die Nacht hinaus ..." (bei weiblichen Probanden wird „Der Sohn ..." durch „Die Tochter ..." ersetzt). Aufgrund einer vergleichenden Untersuchung von „Sohn-Aufsätzen" und graphologischer Beurteilungen (Andina-Heim 1953, zitiert nach Ungricht 1955, 29) hat der Autor einen „Auswerte-Rahmen" entworfen. Angaben über Prüfungen der Reliabilität und Validität des Verfahrens sind bisher nicht bekannt geworden. Der Sohn-Aufsatz wird, thematisch leicht variiert, neben den Standardmethoden bei der Pilotenauslese der Swissair benutzt (Gubser 1960).

Andere Versuche, bei denen einfaches „Geschichten-Erzählen" (Despert & Potter 1936, Wheeler 1938) für diagnostische Zwecke methodisch aufbereitet wurde, kamen überwiegend aus der kinderpsychotherapeutischen Arbeit. Schon im Jahre 1936 haben Despert und Potter (siehe auch Despert 1938) aufgrund ihrer Untersuchungsergebnisse Folgerungen formuliert, die inzwischen, unterstützt von den bei projektiven Bildtechniken gewonnenen Erfahrungen, zum Gemeingut der Klinischen Psychologie geworden sind, nämlich: Die thematisch gelenkte verbale kindliche Phantasie bringt die emotionalen Probleme, die typischen Konflikte, die Komplexe und die Ängste der Kinder zum Ausdruck. Wunsch- und Angstprojektionen lassen sich mit Hilfe der Erzählungs- und Fabelmethoden diagnostisch erfassen.

Madeleine Thomas hat dem Entwurf ihrer als „Thomas-Fabeln" (1937) bekannten VEM die Aspekte der Traumtheorie von Freud und die des Symboldenkens nach Piaget (1945) zugrunde gelegt, der schon 1932 zur Untersuchung, wie Kinder moralisch zu urteilen lernen, unvollständige Geschichten verwendet hat. Die Fabeln sind „eine klinische Methode und kein ‚Test'" (Forer 1960, 193). Diese in Deutschland wenig beachtete Methode wurde von Forer für die USA adaptiert und von Mills (1953) für Untersuchungen an Schulkindern herangezogen. Dieser Autor hat auch eine Version für Jugendliche herausgegeben (Mills 1954), wesentliche testmethodische Fortschritte anscheinend aber nicht erzielt. Mills selbst hat auf Versuche der Validierung dieser Fabelmethode verzichtet.

Im Jahre 1969 hat Backes-Thomas einen weiteren verbalen projektiven Test vorgestellt. Er ist speziell für die Diagnostik von Jugendlichen und Erwachsenen entwickelt worden und beruht, wie die Thomas-Fabeln, auf der psychoanalytisch-persönlichkeitsdynamischen Theorie. Dieser „Test des Trois Personnages" setzt sich aus einer Anweisung, zwanzig Fragen und einem Kommentar zusammen; die Autorin bezeichnet ihn als einen „projektiven Papier-und-Bleistift-Test". Die Anwendung und die Interpretation sind standardisiert, die Auswertung erfolgt anhand zweier formalisierter Auswertungsblätter.

Die 1940 erstmals veröffentlichte Fabelmethode von Louisa Düss (gekürzte deutsche Ausgabe 1942/43), die aus zehn unvollständigen Geschichten besteht, dient zur Untersuchung der psychosexuellen Entwicklung und der Entwicklung der Objektbeziehungen mit ihren spezifischen Konflikten und Ängsten. Die Fabelmethode von Düss hat ungleich mehr Anklang gefunden als die Thomas-Fabeln. Despert (1946) hat im Rahmen einer kinderpsychologischen Forschungsarbeit die Düss-Fabeln für die USA adaptiert. Roth (1946, zitiert nach Stern 1955), Angoulvent (1948), Friedemann (1950, 1956), Bätcher (1952) und Mosse (1954) haben über Erfahrungen mit der Düss-Fabelmethode berichtet. Fine (1948) hat die Despert-Fabeln revidiert und eine Anzahl neuer Fabeln hinzugefügt: „Despert-Fables (Revised Form)" (vgl. auch Haworth 1962, Kramer 1968). Peixotto (1956) hat die Test-Retest-Reliabilität der revidierten Despert-Fabeln bestätigt und für jede Fabel einzeln bestimmt. Dabei hat sich herausgestellt, daß vierzehn (= 70 %) der Fabeln eine gute Reliabilität aufweisen (P = 5 %). Nach E. Stern (1955), ergeben die Düss-Fabeln in sehr vielen Fällen ganz ausgezeichnete Resultate und machen uns schlaglichtartig gewisse Konflikte und Komplexe des Kindes sichtbar'. Stern beurteilte die Methode von Düss als ‚kaum mehr brauchbar bei Kindern, die älter als neun bis zehn Jahre sind', während Friedemann (1950, 1956) die Düss-Fabeln auch zum Gebrauch bei

Erwachsenen empfiehlt und dies damit begründet, daß Düss bei der Entwicklung ihrer Methode auch erwachsene Probanden untersucht hat. Auch Kramer (1968) spricht von einer Anwendung bei Adoleszenten und Erwachsenen. Vor allem seien die Despert-Fabeln im klinischen Bereich bei solchen Patienten sehr brauchbar, bei denen die Darbietung anderer projektiver Verfahren begrenzt ist, wie z. B. bei Blinden und Hirngeschädigten. Heiß (1954b) hält die ‚provokative Aufforderung', die von der gezielten Thematik der Fabeln ausgeht, für einen Nachteil. Er empfahl dem Psychotherapeuten die Fabelmethode auch deshalb nur begrenzt, weil sie „allenfalls zu einer allerersten Untersuchung dient" und zur Verlaufskontrolle der analytischen Therapie ebenso ungeeignet sei, wie der Children Apperception Test (CAT) und der Rosenzweig Picture-Frustration Test. Malhotra (1971) zweifelt aufgrund seiner Befunde teststatistischer Untersuchungen am psychodiagnostischen Wert der Fabelmethode von Düss. Bei Anzieu (1967) ist von einer Filmversion der Düss-Fabeln (nach Fulchignoni) die Rede.

Lansky (1968, 319), der auch über andere Ansätze der psychodiagnostischen Auswertung von unvollständigen Geschichten referiert, schlußfolgert allgemein zur Geschichtenvervollständigungsmethode: „Die Anfänge dieser Methoden waren obskur. Und so ist die Zukunft. Vielleicht kann der Leser die Geschichte beenden. Was geschieht als nächstes?"

E. Die Verbreitung und die Grenzen der verbalen Ergänzungsmethoden

Im deutschen Sprachraum sind die in den USA zahlreich veröffentlichten VEM nur wenig bekannt. Unvollständige Sätze nach Art der amerikanischen Methoden sind in deutscher Sprache fast nicht entwickelt worden. Von den Übersetzungen der ursprünglich in französischer Sprache herausgegebenen Fabelmethoden (Düss, Thomas) sind nur die Düss-Fabeln im klinischen Gebrauch. Der Versuch von Bönisch ist nicht weitergeführt worden, und das Verfahren von Ungricht ist anscheinend aus dem Entwicklungsstadium nicht herausgekommen.

Ausführliche Informationen über zahlreiche Untersuchungen finden sich bei Sacks & Levy (1952), Levy (1952), Würsten (1960), Goldberg (1965a), Murstein (1965), Daston (1968) & Lansky (1968). Mehr oder weniger ausführliche und zum Teil kritische Darstellungen der VEM finden sich bei Allen (1958), Rotter (1951) und bei Anastasi (1968). In den einschlägigen Abhandlungen deutscher Sprache (Heiß 1951, 1954a, 1954b, Lossen 1955, Meili 1965, Battegay & Rauchfleisch 1974) sind die VEM meist nur nebenbei erwähnt; eine zusammenfassende Darstellung gibt Klingenbeck (1968). E. Stern (1955, 658) hat begründetermaßen darauf abgehoben, daß man „beim TAT und den ihm verwandten psychologischen Methoden auf eine zahlenmäßige Auswertung verzichten und sich mit einer qualitativen Analyse der Ergebnisse begnügen müsse". Diese Aussage führt auf das klassische Prinzip der subtilen Beschreibung, diagnostischen Interpretation und differentialdiagnostischen Beurteilung des Verhaltens zurück — so auch auf das Untersuchungsverhalten im Sinne der vom Probanden zu den Reizsituationen der VEM gegebenen Antworten.

III. Der Rosenzweig Picture-Frustration-Test
(Rudolf Luhr)

A. Das Konzept und die Entwicklung der Methode

Die „Picture-Frustration Study" von Saul Rosenzweig (1950a) (im folgenden: PF-Test) stellt auf dem Gebiet der projektiven Psychologie eine Besonderheit dar. Rosenzweig hat zuerst eine theoretische Konzeption entwickelt, die sich mit einem Teilgebiet der Persönlichkeit befaßt: der Frustration und der Reaktionen auf sie (Rosenzweig 1934, 1938, 1944). Zur Überprüfung seines theoretischen Ansatzes hat er als ausdrückliches Forschungsinstrument eine auf der Basis dieser Theorie konstruierte Methode herausgegeben, die „Picture-Association Method for Assessing Reactions to Frustration" (Rosenzweig 1935, 1945/46). Sie dient einzig und allein der Erforschung und Diagnostik von Frustrationsreaktionen in leichten, alltäglichen Streßsituationen.

Die weitere Entwicklung der Methode in Richtung auf eine klinisch-psychologische Technik hin offenbart ein besonderes methodisches Bewußtsein des Autors und seiner Mitarbeiter. Nach den ersten mehr oder minder vorläufigen Mitteilungen von 1934 bis 1944 ist zunächst als erste Ausgabe eine Kurzbeschreibung des PF-Tests (Form für Erwachsene) erschienen (Rosenzweig et al. 1944), der kurz darauf die „Picture-Association"-Methode folgte (Rosenzweig 1945/46). Schritt für Schritt erfolgte der weitere Ausbau des Verfahrens; 1947 wurde von Rosenzweig, Fleming und Clarke die revidierte (und heutige) Form des PF-Tests vorgestellt; diese wurde in Teilen weiteren Revisionen unterzogen (Rosenzweig 1949/50a, 1965a, 1967). Parallel ist eine Version für Kinder entwickelt und 1948 veröffentlicht worden (Rosenzweig, Fleming & Rosenzweig 1948, Rosenzweig 1977). Über eine Form für Adoleszenten haben Bell und Rosenzweig (1965) und Rosenzweig (1970) berichtet. Den ersten Ergebnissen zur Auswertungsreliabilität (Clarke, Rosenzweig & Fleming 1947) folgten bald weitere Forschungen zur Reliabilität und Validität des PF-Tests, deren frühe Resultate von Mirmow (1952) zusammengefaßt wurden. Einen Überblick über diese und spätere Befunde geben Zubin, Eron und Schumer (1965). Zu den Forschungsergebnissen der Form für Kinder hat Rosenzweig selbst (1960) ein Sammelreferat verfaßt.

Abt & Bellak (1950) haben bei ihrer Darstellung der projektiven Methoden den PF-Test noch ausgeschlossen. Heiß (1951) hat den in Deutschland seinerzeit erst wenig bekannten Test erwähnt. Bei Anzieu (1960) und Meili (1965) ist der

Test sehr knapp, bei Anastasi (1954, 1968) wenig ausführlicher und bei Allen (1958) recht kritisch dargestellt. E. Stern (1955) hat den Test und seine eigenen klinisch-psychologischen Erfahrungen umfänglich erörtert. Während Zubin et al. (1965) eine kritische Übersicht geben, wird der PF-Test z. B. in Rabin (1968) nicht erwähnt. Battegay & Rauchfleisch (1974) beschreiben ihn kurz, Semeonoff (1976) behandelt ihn auf knapp fünf Seiten. Autoren, die bei der Ausarbeitung des Tests selbst mitgewirkt haben (Clarke 1951, Mirmow 1952), haben die Methode und ihre theoretischen Voraussetzungen unter Berücksichtigung der vorliegenden Literatur dargestellt und die diagnostischen Möglichkeiten und Grenzen des Tests kritisch diskutiert. Rosenzweig mit Kogan (1949) haben dem PF-Test vierzehn ihrer 75 Seiten umfassenden Darstellung der projektiven Methoden (WAM, Rorschach, TAT, Welt-Test, PF-Test) zugemessen.

Die Methode gewann in den fünfziger Jahren auch außerhalb der USA rasch an Interesse, wie die zahlreichen fremdsprachigen Adaptationen des PF-Tests eindrucksvoll belegen. Den Höhepunkt im Vergleich mit anderen projektiven Verfahren erreichte sie nach Mills (1965) und Crenshaw et al. (1968) Anfang bis Mitte der fünfziger Jahre. Im deutschen Sprachraum haben unter anderen Timaeus & Wolf (1962), Werner (1966), Meyer & Weitemeyer (1967), Simons (1967a, 1967b), Knoblach (1971), Rauchfleisch (1971—1975), Klippstein (1972) und Popp (1974) den PF-Test zu Forschungszwecken herangezogen.

Die erste von Rosenzweig autorisierte fremdsprachige Adaptation der Erwachsenenform des PF-Tests haben Pichot & Danjon (1951) herausgegeben; nach weiteren Reliabilitäts- und Validitätsuntersuchungen (Pichot 1955, Pichot & Danjon 1955) führten Pichot & Danjon (1956, 1962) eine Testrevision durch. Banissoni, Misiti & Nencini (1954) haben die italienische Version veröffentlicht, die Ferracuti (1955a) revidierte und die Nencini, Banissoni & Misiti (1958) ergänzt haben. Die deutsche Übersetzung und Standardisierung haben Hörmann & Moog (1957) besorgt; eine Neueichung hat Rauchfleisch (1978) vorgenommen. Ebenfalls im Jahre 1957 haben Hayashi und Sumita die japanische Adaptation herausgegeben. Ein Jahrzehnt später erschienen gleich mehrere fremdsprachige Versionen des PF-Tests, es sind dies die spanische (Bernstein 1968), die schwedische (Bjerstedt 1968a), die indische (Pareek, Devi & Rosenzweig 1968) und die argentinische Fassung (Rosenzweig 1968). Die bisher letztbekannte Adaptation, die portugiesische Übersetzung, stammt von Nick (1970).

Neben der Originalform für Kinder liegen eine italienische (Ferracuti 1955b), eine französische (Pichot, Freson & Danjon 1956), eine japanische (Hayashi & Sumita 1956), eine deutsche (Duhm & Hansen 1957, Neueichung von Rauchfleisch 1978), eine indische (Pareek & Rosenzweig 1959) und eine schwedische (Bjerstedt 1968b) Adaptation vor. Für Adoleszenten haben Kramer und Le Gat (1970) eine französische Version vorgelegt.

Neben den Normen der von Rosenzweig autorisierten fremdsprachigen Adaptationen liegen normative Studien über weitere ethnische und nationale Bevölkerungsgruppen vor. Erstellt wurden solche Normen für sizilianische Kinder (Sacco 1955), für kongolesische (Leblanc 1956), finnische (Takala & Takala 1957) und holländische Kinder (Habets 1958) und für kolumbianische Adoleszenten (Beltrán Dussán 1974).

B. Die Frustrationstheorie von Rosenzweig

Die Methode des PF-Tests versteht sich nur im Zusammenhang mit Rosenzweigs Frustrationstheorie (Rosenzweig 1934, 1944, 1949/50b). Rosenzweig begann 1928 mit Untersuchungen zur Problematik von Bedürfnissen, Frustration und Kreativität. Ausgehend von psychoanalytischen Grundvorstellungen postuliert der Testautor sein Konzept der Frustration als ein Beispiel für eine psychodynamische Annäherung an die Phänomene Repression, Verdrängung und Projektion. Unter Frustration wird dabei eine psychodynamische Erscheinung verstanden, die dann wirksam wird, wenn der Organismus (die Persönlichkeit) mit einem mehr oder minder schwierig zu bewältigenden Hindernis konfrontiert wird oder wenn auf dem Wege der Befriedigung irgendeines vitalen Bedürfnisses eine Hemmung eintritt. Eine solche Situation bezeichnet Rosenzweig als „stress". Hemmungen sind in erster Linie die Abwehrmechanismen des Ichs, die dazu dienen, die Persönlichkeit vor Beeinträchtigungen oder Verlust ihrer Strukturen oder Funktionen zu bewahren. Die Ich-Aktivität wird dabei von persönlichen oder unpersönlichen Barrieren gehemmt, während das Über-Ich durch Beschuldigungen, Tadel oder Anklagen behindert wird. Die Theorie von Rosenzweig deckt sich trotz der Verwendung der Begriffe Ich und Über-Ich nicht ganz mit der psychoanalytischen Theorie. Eine Barriere, die immer auch eine emotionale Belastung für die Persönlichkeit bedeutet, kann innerhalb oder außerhalb der Persönlichkeit gegeben sein; sie kann aktiver oder passiver Natur sein. Durch Kombination dieser Grundvorstellungen können nach Rosenzweig vier Frustrationsarten unterschieden werden: (1) aktive innere Frustration, infolge von Behinderungen, Ängsten und Hemmungen, die aus Konflikten zwischen gegenläufigen Bedürfnissen herrühren; (2) passive innere Frustration, z. B. durch Minderwertigkeitsgefühle oder durch die Unangepaßtheit der Persönlichkeit selbst gegeben; (3) aktive äußere Frustration, z. B. durch Personen, die sich gleichsam trennend zwischen die Persönlichkeit und das Ziel ihrer Aktivität stellen; (4) passive äußere Frustration: ein unbelebtes Objekt versperrt den Weg zum angestrebten Ziel. Pongratz (1973) ist der Auffassung, daß sich diese vier Gruppen verlustfrei auf zwei reduzieren lassen, nämlich auf persönlichkeitsbedingte und feldbedingte Formen der Frustration.

In der Theorie ebenso wie im Test ist das System der Frustrationsreaktionen von besonderer Bedeutung. Rosenzweig unterscheidet dabei bezüglich der Reaktionen auf Frustration zwei Hauptkategorien: den Aggressionstyp (früher: Reaktionstyp) und die Aggressionsrichtung. Drei verschiedene Typen von Aggression werden auseinandergehalten: (1) Der Aggressionstyp „Obstacle-Dominance (O-D)" ist dadurch gekennzeichnet, daß die Persönlichkeit weder fähig ist, ihr Ich zu verteidigen, noch das ursprünglich angestrebte Ziel weiter zu verfolgen, sondern lediglich in ihren Vorstellungen mit dem Problem der frustrierenden Barriere selbst beschäftigt ist. Diese Frustrationsreaktionen haben einen neutralen Charakter. (2) Reaktionen, mit denen ein Individuum versucht, ein im Wege stehendes Hindernis in einer positiven Art und Weise zu umgehen, werden dem Typ „Need-Persistence (N-P)" zugeordnet. Trotz der Frustration wird das Bedürfnisziel durch eine konstruktive Aggression beharrlich verfolgt. (3) Wird diese konstruktive Aggression selbst frustriert, so treten Reaktionen vom Aggressionstyp „Ego- (oder: Etho-)-Defense (E-D)" mit einem deutlichen Ich-Bezug auf. Hierbei besteht eine Abwehr in Form einer negativen oder destruktiven Aggression gegenüber der Gefahr, die dem Ich durch die Frustration droht. Für alle drei Aggressionstypen gilt, daß sie prinzipiell der psychodynamischen Wirksamkeit des frustrierten Bedürfnisses entsprechen. Im zweiten Bezugssystem, das ebenfalls wie das erste auf der Annahme gründet, daß nahezu sämtliche Frustrationsreaktionen in ihrer Art und Weise aggressiv sind, werden drei Richtungen unterschieden, in welche die Persönlichkeit ihre aggressiven Impulse lenken kann. Aggressive Gefühle, die gegen die Außenwelt zielen, wie z. B. Feindseligkeit, Racheimpulse und ähnliches, werden der „Extraggression (E-A)" zugeordnet. Bei der „Intraggression (I-A)" richtet die Persönlichkeit ihre Aggression nach innen, auf sich selbst. Treten die aggressiven Tendenzen zugunsten sozialer Impulse zurück, so spricht man von „Imaggression (M-A)". Umgänglichkeit, Versöhnlichkeit oder auch die Erwartung oder Hoffnung, daß das Problem in der Zukunft eine Lösung finden werde, sind typische „M-A"-Reaktionen.

Die Begriffe Extra-, Intro- und Impunitivität, die früher für die Kategorisierung der Aggressionsrichtungen benutzt wurden, hat Rosenzweig (1960) durch die Begriffe E-A, I-A und M-A ersetzt, da seiner Meinung nach das Konzept der sogenannten Punitivität zu Mißverständnissen führte. Bjerstedt (1965) bezeichnet die Neubenennung als eher nützlich, stellt aber andererseits die Frage, ob es nicht günstiger sei, anstelle des überstrapazierten und daher leicht zu Mißverständnissen führenden Konzepts „Aggression" einen sachgemäßen neutralen Begriff zu verwenden.

Aus der Kombination der sechs Untergruppierungen der beiden Hauptkategorien in einem Drei-mal-drei-System ergeben sich neun mögliche Verrechnungsfaktoren, denen Rosenzweig noch zwei weitere hinzugefügt hat. Durch den Begriff „Frustrationstoleranz" (Rosenzweig et al. 1938, Rosenzweig 1944, 1950b) wird die Theorie von Rosenzweig abgerundet. Frustrationstoleranz gilt als Grad der Fähigkeit eines Menschen, Frustration zu ertragen, ohne in unangepaßten Reaktionsweisen Zuflucht zu suchen. Unangepaßte Frustrationsreaktionen werden als Versuche der Persönlichkeit aufgefaßt, die geeignet sind, ihr das Aufschieben von Bedürfnisbefriedigungen zu ersparen. Die Frustrationstoleranz hängt mit der intellektuellen Fähigkeit des abstrahierenden Denkens und daher mit der Entwicklungsreife der Persönlichkeit zusammen (Levitt & Lyle 1955, McCary & Tracktir 1957, Rauchfleisch 1973), da die Fähigkeit zur Abstraktion ja wesentlich daran beteiligt ist, daß die Persönlichkeit auf unmittelbare Befriedigung verzichten kann.

C. Der PF-Test und die Auswertungsprinzipien

Der Picture-Frustrations-Test von Rosenzweig nimmt eine Zwitterstellung zwischen der Wort-Assoziations-Methode nach C. G. Jung und dem Thematischen Apperzeptions-Test (TAT; Murray 1943) ein. Das von Rosenzweig entworfene und entwickelte Testmaterial verbindet Bilder mit kurzen Sätzen, die formal dem Prinzip der verbalen Ergänzungsmethoden ähneln. Diese kurzen Sätze (Ausrufe, Bemerkungen, Fragen) potenzieren den Aufforderungscharakter des jeweiligen Bildes und verleihen der Bild-Thematik einen hohen Strukturierungsgrad. Die Situationen sind deutlich mehr strukturiert als beim TAT oder bei den TAT-verwandten Techniken. Das Reizmaterial der PF-Test-Bilder ist so angelegt, daß die einzelnen Bild-und-Wort-Situationen ganz spezifische Aufforderungscharaktere für Frustrationsreaktionen bilden. Dieser Gedanke, speziell gestaltete Bild-Wort-Kombinationen, die psychologisch relevante Themen enthalten, als Instrument zur Untersuchung von sozialen Einstellungen zu benutzen, hat sich auch anderweitig bewährt (Sanford & Rosenstock 1952, Tausch-Habeck 1955/56, Shapiro, Biber & Minuchin 1957).

Der PF-Test, der zuerst in einer Ausgabe für Erwachsene (Rosenzweig et al. 1944, 1947), bald darauf für Kinder (Rosenzweig et al. 1948) und später für Adoleszenten (Bell & Rosenzweig 1965, Rosenzweig 1970) veröffentlicht worden ist, kann sowohl als Einzel- wie auch als Gruppentest angewandt werden. Die Testhefte der drei Formen enthalten je eine Serie von 24 Cartoon-ähnlichen Zeichnungen mit jeweils zwei Hauptpersonen in alltäglichen Situationen. Die Gesichter der Figuren sind unstrukturiert; alle anderen ausdruckshaltigen Persönlichkeitscharakteristika sind weggelassen, um zu vermeiden, daß der Ausdruck eine Reaktion induziert. Der Aufforderungscharakter soll sich nur auf die dargestellte Situation und speziell auf die von der einen Person gegebene Bemerkung beziehen, die der anderen eine Absicht vereitelt, eine Enttäuschung bereitet, die andere Person beschuldigt oder ihr auf andere Art Schaden oder Nachteil zufügt. Diese, im Testheft jeweils in die linke Sprechblase gedruckte Äußerung soll in der angesprochenen Person eine (leichte) Frustration — wie sie im Alltag immer wieder auftritt — herbeiführen. Der Proband hat nun die Aufgabe, sich jeweils in die Situation hineinzuversetzen und in die rechte, leergelassene Sprechblase der angesprochenen Person (mit der er sich nach der Grundannahme der projektiven Verfahren bewußt oder unbewußt identifiziert) diejenige Antwort hineinzuschreiben, die ihm unmittelbar in den Sinn kommt und von der er annimmt, daß sie die angesprochene Person geben würde. Die vom Probanden niedergeschriebenen Antworten werden mit Hilfe eines Auswertungsformulars nach festen Regeln, die aus Rosenzweigs Theorie abgeleitet sind, auf den Aggressionstyp, auf die Aggressionsrichtung und auf den Grad des „Group Conformity Rating (GCR)" hin analysiert. Das GCR ist eine Art Normantwort, vergleichbar mit den Populär-Antworten beim Rorschach-Test oder mit den „common stories" beim TAT. Der PF-Test nimmt daher eine Zwischenstellung zwischen den projektiven und den psychometrischen Testverfahren ein; Rosenzweig spricht von einer „semiprojektiven" Technik. Bei der Interpretation wird unterstellt, daß der Proband sich über die Bedeutung seiner Reaktion gewöhnlich nicht bewußt ist und daß das Testergebnis die Einstellungen und Haltungen des Probanden und damit seine Reaktionen auf frustrationsbedingte emotionale Belastungen repräsentiert. Ein Manko liegt allerdings darin, daß der Proband erfahrungsgemäß nicht so ahnungslos darüber ist, was von ihm in der Testsituation erwartet wird (vgl. dazu für den Rorschach-Test Schafer 1954, Schachtel 1967). Der Auswerter kann somit nicht genau wissen, welche „Ebene des Verhaltens" (Rosenzweig 1950c, 1960, 1963) sich in den Reaktionen des Probanden widerspiegelt: ob es dessen (1) „opinion level" ist, auf dem er selbstkritische Antworten von sich gibt oder auf dem er so reagiert, wie er seiner Meinung nach zu reagieren habe (soziale Erwünschtheit), oder ob e sein (2) „overt level" ist, bei dem er sein alltägliches Verhalten zeigt, oder ob es sein (3) „implicit level" darstellt, bei dem er sein verborgenes, unbewußtes oder Phantasie-Verhalten zeigt. Mit dieser Interpretationsschwierigkeit hat der Auswerter jedoch bei allen projektiven Verfahren zu rechnen. Rauchfleisch (1973) schlägt vor, dieses Problem mit Hilfe der Konfigurationsfrequenzanalyse (Krauth & Lienert 1973) anzugehen. Mehr Erkenntnisse über dieses bisher ungelöste Problem wären, auch im Hinblick auf andere projektive Verfahren, sehr wünschenswert.

D. Zur Problematik der Gütekriterien des PF-Tests

Ein Test, der wie der PF-Test auf dem Hintergrund der in den dreißiger und vierziger Jahren unseres Jahrhunderts geltenden methodologischen Grundsätze entwickelt wurde, läßt sich nicht ohne weiteres in die inzwischen weit vorangeschrittene Testmethodologie einfügen. Wenn Challman (1953) schreibt, daß der PF-Test ein nicht leicht auszuwertender Test und daß es schwierig sei, die unterscheidenden Merkmale zwischen manchen der in verschiedenen Kategorien zugeordneten Antworten zu differenzieren, so zeugt dies nur von jener testmethodologischen Unsicherheit, die damals herrschte. Dennoch war es stets die Frage der Objektivität, die den Weg, die Methodik, bestimmte. So haben Clarke et al. (1947) erste Ergebnisse zur Auswertungsreliabilität veröffentlicht. Diese Autoren haben dabei einen genügend hohen Übereinstimmungsgrad von 85 % bei unabhängiger Auswertung festgestellt. Ähnliche Resultate haben Lindzey & Goldwyn (1953/54), Pichot & Danjon (1955), Duhm & Hansen (1957),

Hörmann & Moog (1957), Pareek (1958, 1964) und Simons (1967a) ermittelt. Etwas geringere Werte haben Rosenzweig (1960) für die Originalform für Kinder und Bell & Rosenzweig (1965) und Rosenzweig (1970) für die Adoleszenten-Form gefunden.

Allgemein gilt, daß die Reliabilität bei projektiven Testverfahren nur über den Parallel- oder den Test-Retest-Versuch empirisch ermittelt werden kann. Die Halbierungsmethode und die Konsistenzanalyse sind nicht anwendbar, da diese nur bei homogenen Tests Verwendung finden dürfen; das Kriterium der faktoriell gleichwertigen Testhälften wird aber bei projektiven Tests nicht erfüllt (Lienert 1969). Für den PF-Test haben hierzu Taylor & Taylor (1951), Taylor (1952) und Sutcliffe (1955) Untersuchungen durchgeführt, deren Ergebnisse wenig zufriedenstellend waren. Beim PF-Test liegt keine Parallelform vor; auf diesen Mangel wies unter anderen Bjerstedt (1965) hin. Die Methode der Wahl ist demnach der Wiederholungsversuch. Bernard (1949) hat für die Erwachsenenform von Test-Retest-Reliabilitätskoeffizienten berichtet, die bei einem drei- bis neunmonatigen Intervall zwischen .53 und .73 für die sechs wichtigsten Auswertungskategorien (O-D, E-D, N-P, E-A, I-A, M-A) und für GCR bei .45 liegen. Pichot & Danjon (1955) haben im Abstand von vier Monaten Retestungen durchgeführt und Korrelationen von .58 für GCR und von .38 bis .68 für die Hauptkategorien festgestellt. Rosenzweig, Ludwig & Adelman (1975) haben bei männlichen Erwachsenen bei siebenmonatigem Abstand zwischen den Testungen Koeffizienten in Höhe von .34 bis .74 für die Hauptkategorien und von .58 für GCR mitgeteilt, während bei weiblichen Probanden nach zweimonatigem Zeitintervall die Korrelationen zwischen .34 und .61 und für GCR bei .21 lagen. Für die Adoleszentenform haben Rosenzweig et al. (1975) Retestkorrelationen beobachtet, die bei einmonatigem Abstand zwischen .30 und .86 schwanken; für GCR wurde der Koeffizient .62 mitgeteilt. Für die Kinderform sind Koeffizienten in Höhe von .18 bis .68, für GCR von .22, bei Intervallen von drei bis neun Monaten bekannt (Rosenzweig 1960). Pareek (1958) hat Retestkorrelationen gefunden, die bei einem zweieinhalbmonatigen Zeitabstand zwischen .62 und .78 und für GCR bei .56 liegen. Adinolfi et al. (1973) haben nach acht Monaten Zeitdifferenz Retestkorrelationen von .06 bis .80 für die wichtigsten Auswertungskategorien und für die elf Faktoren Korrelationen zwischen .10 und .73 (E = —.29) erhalten. Die Korrelationen, die mit der Halbierungs-(odd-even-)-Methode berechnet wurden (Rosenzweig 1960, Rosenzweig et al. 1975), liegen in ihren absoluten Werten etwas niedriger als die bei Retestungen errechneten Korrelationen. Auf die Problematik der Reliabilitätsmessung bei projektiven und semiprojektiven Testverfahren, speziell beim PF-Test, ist Rosenzweig (1960, Rosenzweig et al. 1975) selbst eingegangen.

Lindzey und Goldwyn haben schon 1953/54 die zum Teil widersprüchlichen Ergebnisse von Validierungsuntersuchungen hauptsächlich auf den Umstand zurückgeführt, daß die von Rosenzweig geprägten und im PF-Test benutzten Konstrukte nur schwer einer messenden Erfassung zugänglich sind (vgl. auch

Zubin et al. 1965, Selg 1968, Semeonoff 1976). In Anbetracht der Wichtigkeit dieser Problematik für die Frage der Validität des PF-Tests werden einige Forschungsberichte herausgegriffen und kurz dargestellt.

Der PF-Test, bei dem es um die Frage der testmäßigen Objektivierung von Reaktionen auf Frustration und deren Wirkung geht, fand und findet verständlicherweise das Interesse derjenigen, die mit Problemen abweichenden Verhaltens bei Erwachsenen und Jugendlichen (Delinquenz, Dissozialität) in Forschung und Praxis befaßt sind. Weiterhin wurde durch zahlreiche Untersuchungen geprüft, ob der PF-Test psychodiagnostisch relevante Befunde in bezug auf andere praktisch wichtige Fragen, wie Entwicklungsstörungen und -abweichungen geben könnte. Ferner beschäftigten zahlreiche Autoren sich mit der Frage, ob der PF-Test geeignet sein könnte, zur psychiatrischen und psychosomatischen Differentialdiagnostik beizutragen. Schließlich haben Forscher, die an kulturvergleichenden Problemen und sozioökonomischen Unterschieden interessiert sind, sich des PF-Tests bedient.

Fry (1949, 1952) hat beim Vergleich zwischen männlichen und weiblichen Negern, Strafgefangenen und Studenten gefunden, daß Inhaftierte intropunitiver (intraggressiver) als Studenten sind und daß männliche Probanden extrapunitiver (extraggressiver) als weibliche sind (vgl. auch Lindzey & Goldwyn 1953/54, Vane 1954, Rosenzweig 1976). Rosenzweig & Rosenzweig (1952) fanden, daß Problemkinder weniger intropunitiv und Ich-betont und häufiger hindernisbezogen sind. Ähnliche Ergebnisse erhielt Duhm (1959) beim Vergleich verhaltensauffälliger mit verhaltensunauffälligen Kindern, während Simons (1967a) keine für verhaltensgestörte Kinder bezeichnende Testmerkmale sichern konnte. Ebensowenig konnte Megargee (1966a) mit dem PF-Test zwischen farbigen und weißen jugendlichen Delinquenten trennen. Nach einem Vorschlag von Rosenzweig (1963) kann man die Interpretation der PF-Testergebnisse bei Delinquenten, die im Verleugnen aggressiver Impulse gleichsam versiert zu sein scheinen, anhand von drei möglichen Reaktionsebenen (s. o.) angehen: auf der „Meinungsebene" könne der Delinquent durch Verbergen aggressiver Phantasien eine (Schein)Verminderung der Extraggressionswerte herbeiführen. Durch Projektion wäre es ihm auf der „impliziten Ebene" möglich, intraggressiver zu erscheinen. Hieraus folgt, daß „offenes Verhalten", das in einer Erhöhung der Extraggressionswerte zum Ausdruck käme, wohl eher als Ausnahme zu gelten hätte. Allerdings war damit die Situation kaum klarer geworden, denn es war Rosenzweig noch nicht geglückt, eine konkrete Lösungsmöglichkeit für das Problem der Gültigkeit des PF-Tests anzubieten.

Megargee (1966b) hat seine Untersuchungsergebnisse, wonach Strafgefangene weniger Extraggression als Nicht-Strafgefangene zeigen, als Dissimulation interpretiert. Als ein intelligenzunabhängiges „Einen-guten-Eindruck-machen-Wollen" hatte schon Vane (1954) ähnliche Testresultate gewertet. Auf das Problem der Verfälschbarkeit von Testergebnissen hat schon Thorndike (1920:

„Halo-Effekt") aufmerksam gemacht; seither haben sich viele Forscher dieser Problematik bei unterschiedlichen Testverfahren angenommen (z. B. Weisskopf & Dieppa 1951, Heron 1956, Hoeth & Gregor 1964, Schachtel 1967, Chapman & Chapman 1969, Harvey & Sipprelle 1976). Untersuchungen zur Verfälschbarkeit von PF-Testresultaten haben unter anderen Schill & Black (1967), Simons (1967a), Whitman & Schwartz (1967) und Klippstein (1972) durchgeführt. Sie alle kamen zu dem Schluß, daß die Antworten zum PF-Test eine Funktion der Bedürfnisse der jeweiligen Situationscharakteristik seien und zu unterschiedlichen Testresultaten führen können; die Wahrscheinlichkeit externer Verstärkung scheint dabei eine Basisdeterminante der PF-Test-Antworten zu sein (Mitchell 1967).

Von weiterer Bedeutung für die Reaktionstendenzen der Probanden ist die Art der Instruktion (Mirmow 1952). Während Bell & Rosenzweig (1965) Unterschiede zwischen drei verschiedenen Instruktionsformen nicht feststellen konnten, haben Silverstein (1957) bei der Erwachsenenform und Simons (1967b) bei der Kinderform eine Instruktionsabhängigkeit gefunden. Als Wallon & Webb (1957) und Schwartz, Cohen & Pavlik (1964) eine Modifikation des PF-Tests als Mehrfachwahlverfahren einsetzten, ergaben sich Verschiebungen der Aggressionsrichtungen. Einen ähnlichen Versuch, mit dem eine größere Auswertungsobjektivität erreicht werden sollte, hat Werner (1966) unternommen. Der Weiterentwicklung dieses interessanten und erfolgversprechenden Ansatzes scheint die scharfe Replik Rosenzweigs (1965b) vorläufig entgegenzustehen.

Mit wechselndem Erfolg wurde der PF-Test am Maßstab anderer aggressionsmessender Testverfahren validiert. Lindzey (1949/50) und Holzberg & Posner (1951) konnten keine bedeutsamen Zusammenhänge zwischen TAT, offenem Verhalten und PF-Test feststellen. Sie sind zu dem Schluß gekommen, daß PF-Testbefunde eher Aufschlüsse über aggressive Phantasien zulassen und nur wenig über manifeste Aggression aussagen. Ebenfalls nur zufällige Zusammenhänge zwischen dem PF-Test und dem offenen Verhalten fanden Simos (1949/1950) und Albee und Goldman (1950) bei psychotischen Patienten, Mercer & Kyriazis (1962) bei in klinischer Beobachtung befindlichen Gewalttätern (vgl. auch Kaswan, Wasman & Freedman 1960), Lipman (1959) bei Retardierten und Holzberg & Posner (1951) bei Krankenschwesternschülerinnen (vgl. aber Rosenzweig & Adelman 1977). Lindzey & Tejessy (1956) haben jedoch zwischen der im TAT ausgedrückten Aggression und der Extra-Intropunitivität hohe positive beziehungsweise hohe negative Korrelationen nachgewiesen.

Die Darbietungsfolge verschiedener projektiver Tests kann einen Einfluß auf die Testergebnisse haben. So erhöhten sich die Extrapunitivitätswerte signifikant, wenn der PF-Test dem TAT unmittelbar nachfolgte, während die Intropunitivitätswerte sich verminderten (Berkun & Burdick 1964).

Mit dem Problem der differentiellen Validität setzte sich Lesser (1959) auseinander, der den PF-Test mit TAT-ähnlichen Bildern und einem Soziogramm bei verschiedenen Probandengruppen verglichen hat. Zwischen soziometrisch gewonnenen Daten und der im PF-Test meßbaren Aggressionsrichtung fanden sich zwar beziehungsvolle Zusammenhänge (Mirmow 1952, Coons 1957, Krieger & Schwartz 1965, Adinolfi et al. 1973), doch konnte Masson (1973) zwischen Führern und Nicht-Führern, die mit Hilfe eines soziometrischen Tests selegiert wurden, bedeutsame Unterschiede im PF-Test nicht nachweisen. Zum Nachweis von Erziehungseinflüssen wurden Familienmitgliedern die Erwachsenen- und die Kinderform des PF-Tests vorgelegt; Reck, McCary & Weatherly (1969) konnten jedoch keinerlei signifikante Differenzen ermitteln. Die von Schalock & MacDonald (1966) zwischen dem PF-Test und dem 16-PF-Fragebogen (Cattell, Eber & Tatsuoka 1970) gefundenen bedeutsamen Zusammenhänge müssen insofern relativiert werden, als Cattell (1946) die Variablen Extra- und Intropunitivität in seinem Fragebogen als konstituierend aufgenommen hat. Bei der Validierung am Minnesota Multiphasic Personality Inventory (MMPI; Hathaway & McKinley 1943, 1951) haben Hanvik (1950) und Quay & Sweetland (1954). Zusammenhänge in der Richtung festgestellt, daß Extra- und Intropunitivität mit „schlechter Anpassung" und Impunitivität mit „guter Anpassung" verbunden ist. Graine (1957), der bei der Edwards Personal Preference Scale (EPPS; Edwards 1954) geschlechtsspezifische Unterschiede nachwies, konnte diese beim PF-Test dagegen nicht feststellen. Kinder, die sich merklich gegen die Umwelt auflehnen, zeigten bedeutsam erhöhte Extrapunitivitätswerte (Levitt & Lyle 1955).

Die Daten neunzehn verschiedener aggressionsmessenden Verfahren haben Selg & Lischke (1966) faktorenanalysiert und unter anderen einen nahezu reinen PF-Test-Faktor extrahiert, der einen beträchtlichen Anteil von Extraversion (sensu Eysenck) besitzt. Ichitani (1966) konnte bei seinem Validierungsversuch des PF-Tests am Maudsley Personality Inventory (MPI; Eysenck 1959) jene drei Faktoren bestätigen, die mit Hilfe der Multiplen Faktorenanalyse von Thurstone (1947) aus den Testergebnissen von delinquenten Jungen (Hayashi & Ichitani 1964) extrahiert werden konnten und die mit Ergebnissen von Gruppen von Schuljungen, Schulmädchen, neurotischen Patienten (Ichitani 1965a—c) und Studenten (Ichitani & Uemura 1965) bestätigt wurden. Zum gleichen Resultat gelangte auch Rauchfleisch (1971a) bei faktorenanalytischen Untersuchungen der PF-Testbefunde von psychisch Gesunden und von Neurotikern.

Im klinischen Bereich wurde und wird der PF-Test häufig eingesetzt. Brown & Lacey (1954) konnten bei ihrer Untersuchung mit Normalgesunden, chronisch Kranken und paranoiden Schizophrenen bedeutsame Unterschiede nur zwischen den Geschlechtern nachweisen. Sie folgerten daraus, daß die Verwendung des PF-Tests zur individuellen Diagnostik nicht zu rechtfertigen sei. Ebenso halten Challman (1953) und Leblanc (1956) den PF-Test für eine individuelle klinische Diagnose als statistisch nicht ausreichend abgesichert. Nach Rauchfleisch (1971b) trennt der PF-Test gut zwischen Gesunden und psychopathologisch auffallenden Personen, weswegen dieser Autor den PF-Test für klinisch-psychodiagnostisches Arbeiten als gut geeignet befindet, für die Differentialdiagnostik jedoch für wenig aussagekräftig hält. Die diagnostische Trennschärfe konnte bei der Differenzierung von psychosomatischen Störungen mehrfach bestätigt werden (Seward, Morrison & Fest 1951, Pflanz & von Uexküll 1962, McDonough 1964, Jores & von Kerekjarto 1967). Knoblach (1971) hat festgestellt, daß bei Asthmatikern die Extraggression gehemmt und die Autoaggression deutlich erhöht ist (vgl. dazu auch Koninckx & Dongier 1970). Patienten, die auf eine notwendige Nieren-Operation (Leriche-Syndrom, Nierenarterienverschluß) besser eingestellt waren, zeigten vor und nach der Operation signifikant höhere Extraggressionswerte, verglichen mit schlecht vorbereiteten Patienten (Boyd, Yeager & McMillan 1973). Nach Coché (1974) haben Psychotiker, verglichen mit der Normgruppe, eine herabgesetzte, Alkoholiker dagegen eine erhöhte Bedürfniszielorientierung; beide Gruppen unterscheiden sich nicht bezüglich des verminderten GCR. Die Hypothese, daß Drogenabhängige eine niedrigere Frustrationstoleranz als Nicht-Drogenabhängige besitzen, konnten Cormier, Bourassa & Landreville (1973) mit Hilfe des PF-Tests nicht bestätigen; die Drogenabhängigen tendieren lediglich ganz allgemein in Richtung Nonkonformismus. Bei der Untersuchung von jugendlichen Suizidalen (Levenson & Neuringer 1970), verglichen mit Normalgesunden und mit psychiatrischen Patienten, hat sich folgendes Bild ergeben: Die Suizidalen erscheinen intraggressiver als die Normalgesunden, und diese wiederum intraggressiver als die Patienten (vgl. auch Preston 1964, Lester 1970).

McCary (1949/50, 1956) hat ethnische, kulturelle und rassische Vergleichsuntersuchungen durchgeführt. Kirschner, McCary & Moore (1962) und Weinstein, Moore & McCary (1963) haben zwischen Kindern von Baptisten, Juden und Katholiken und Erwachsenen dieser Bevölkerungsgruppen kulturell bezeichnende Unterschiede im PF-Test aufzeigen können. Verglichen zur Eichstichprobe sind hawaiianische Jungen intraggressiver, sie haben eine geringere Ich-Abwehr und ein geringeres GCR (Lyon & Vinacke 1955). Aufgrund dieser Ergebnisse haben Lyon & Vinacke (1955) die Hypothese aufgestellt, daß auch innerhalb der USA verschiedene differentielle Normen anzunehmen seien. Ähnliche Ergebnisse beim Vergleich mit der nordamerikanischen Eichstichprobe hat Leblanc (1956) für kongolesische Kinder mitgeteilt. Finnische Kinder sind jedoch extrapunitiver und weniger intro- und impunitiv (Takala & Takala 1957). Dagegen haben guatemalesische Kinder im PF-Test ähnlich wie die nordamerikanischen Kinder reagiert; es zeigten sich bei den guatemalesischen Kindern keinerlei Testunterschiede im Geschlecht und in der sozialen Klasse (Adinolfi et al. 1973). Im Vergleich mit argentinischen sind kolumbianische Adoleszenten mehr hindernisbezogen, mehr bedürfniszielorientiert und weniger extraggressiv; sie haben eine geringere Ich-Abwehr und ein geringeres GCR (Beltrán Dussán 1974).

Nach Auffassung von Bjerstedt (1965, 516) ist der PF-Test „ohne Zweifel zur Zeit eines der am meisten interessierenden und forschungsgenerierenden projektiven Verfahren, die wir haben". Diese auf gründlicher Sachkenntnis beruhende Aussage wurde ein Jahrzehnt später vollauf bestätigt durch die respektable Gesamt-

Bibliographie der nahezu 600 Veröffentlichungen zur Forschung mit dem PF-Test von 1934 bis 1974 (Rosenzweig & Rosenzweig 1976). Dennoch läßt sich aus der Fülle der Forschungsberichte, Informationen und Erfahrungen über den PF-Test ein zum mindesten vorläufig einheitliches Bild über die Frage der Bedeutung des PF-Tests in Forschung und Praxis heute noch nicht gewinnen, und die Frage, ob der PF-Test tatsächlich das mißt, was zu messen der Testautor intendiert, nämlich differentiell oder gar individuell unterscheidende Meßwerte der Reaktionen auf Frustration zu vermitteln, ist noch offen.

Literatur

Abt, L. E. & Bellak, L. (Hg.) 1950, 1952². Projective psychology. New York: Knopf.

Adcock, C. J. 1972. Miner Sentence Completion Scale. In: Buros, O. K. (Hg.). The seventh mental measurement yearbook. Highland Park, N. J.: Gryphon, Volume I, 418—420.

Adinolfi, A. A., Watson, R. I., Jr. & Klein, R. 1973. Aggressive reactions to frustration in urban Guatemalan children: The effects of sex and social class. Journal of Personality and Social Psychology, **25**, 227—233.

Albee, G. W. & Goldman, R. 1950. The Picture Frustration Study as a predictor of overt aggression. Journal of Projective Techniques, **14**, 303—308.

Allen, R. M. 1958. Personality assessment procedures. New York: Harper.

Anastasi, A. 1954. Psychological testing. New York: Macmillan.

Anastasi, A. 1961², 1969³. Psychological testing. New York: Macmillan.

Angoulvent, N. 1948. Les Fables de Louisa Duess. Sauvegarde **25/26**, 24—31.

Anzieu, D. 1960. Les méthodes projectives. Paris: Presses Universitaires de France.

Anzieu, D. 1967. La méthode projective. Ses différentes techniques. Bulletin de Psychologie, **20**, 1033—1042.

Appelbaum, S. A. 1960 a. Automatic and selective processes in the word associations of brain-damaged and normal subjects. Journal of Personality, **28**, 64—72.

Appelbaum, S. A. 1960 b. The word association test expanded. Bulletin of the Menninger Clinic, **24**, 258—264.

Appelbaum, S. A. 1963. The expanded word association test as a measure of psychological deficit associated with brain-damage. Journal of Clinical Psychology, **19**, 78—84.

Arnold, F. C. & Walter, V. A. 1957. The relationship between a self- and other-reference sentence completion test. Journal of Counseling Psychology, **4**, 65—70.

Aschaffenburg, G. 1896. Experimentelle Studien über Assoziationen. Psychologische Arbeiten, **1**, 209—299.

Aschaffenburg, G. 1899. Experimentelle Studien über Assoziationen. Psychologische Arbeiten, **2**, 1—82.

Aschaffenburg, G. 1904. Experimentelle Studien über Assoziationen. Psychologische Arbeiten, **4**, 235—373.

Backes-Thomas, M. 1969. Le Test des Trois Personnages. Contribution à l'étude des méthodes projectives. Neuchâtel: Delachaux & Niestlé.

Banissoni, P., Misiti, R. & Nencini, R. 1954. Guida alla siglatura del P. F. Test di Rosenzweig. Bolletino di Psicologia Applicata, **1—3**, 7—127.

Baruk, H. & Bachet, M. 1950. Le test "Tsédek". Le jugement moral et la délinquence. Paris: Presses universitaires de France.

Bätcher, U. 1952. Die Anwendung des Düss'schen Fabeltests in Schulklassen. Praxis der Kinderpsychologie und Kinderpsychiatrie, **1**, 194—199.

Battegay, R. & Rauchfleisch, U. 1974. Medizinische Psychologie. Bern: Huber.

Baumgarten-Tramer, F. 1955. Tests zur Gesinnungsprüfung. In: Stern, E. (Hg.). Die Tests in der klinischen Psychologie. Zürich: Rascher, Band I/2, 419—431.

Beck, F. L. 1949. Unconscious motivation (40-Minuten-Tonfilm). University Park, Pa.: The Pennsylvania State University, Audio-Visual Services. Psychological Cinema Register Nr. 150-2.

Beit-Hallahmi, B. & Rabin, A. I. 1977. The kibbutz as a social experiment and as a childrearing laboratory. American Psychologist, **32**, 532—541.

Bell, J. E. 1948. Projective techniques. New York: Longmans, Green & Co.

Bell, R. & Rosenzweig, S. 1965. The investigation of projective distance with special reference to the Rosenzweig Picture-Frustration Study. Journal of Projective Techniques & Personality Assessment, **29**, 161—167.

Beltrán Dussán, R. D. 1974. Tipificación del Test de Frustración de Saul Rosenzweig en la población adolescente bogotana de 5 º y 6 º de bachillerato clásico. Mysterium (Medellin, Colombia), **28 (92—95)**, 137—158.

Berkun, M. M. & Burdick, H. A. 1964. Effect of preceding Rosenzweig's PF Test with the TAT. Journal of Clinical Psychology, **20**, 258.

Bernard, J. 1949. The Rosenzweig Picture-Frustration Study: I. Norms, reliability and statistical evaluation. II. Interpretation. Journal of Psychology, **28**, 325—343.

Bernstein, J. 1968. Test de Frustratión (P. F. T.). Buenos Aires: Paidós.

Berta, M., Silveira, H. & Vinar, B. M. 1961. El afectivo-diagnostico de Pierre Weil (Escala métrica de emotividad). Revista de Psicologia Normal e Patológica, **1**, 36—53.

Bieri, J., Blacharsky, E. & Reid, J. W. 1955. Predictive behavior and personal adjustment. Journal of Consulting Psychology, **19**, 351—356.

Bjerstedt, Å. 1965. Rosenzweig Picture-Frustration Study. In: Buros, O. K. (Hg.). The sixth mental measurement yearbook. Highland Parks, N. J.: Gryphon, 511—516.

Bjerstedt, Å. 1968 a. Rosenzweig Picture-Frustration Study: Vuxenversionen, svensk bearbetning. Stockholm: Skandinaviska Testförlaget.

Bjerstedt, Å. 1968 b. Rosenzweig Picture-Frustration Study: Barnversionen, svensk bearbetning. Stockholm: Skandinaviska Testförlaget.

Boisson, G. 1952. Contribution à l'étude du Test Tsédek. Annuals Médico-psychologiques, **1**, 401—422.

Bönisch, R. 1939. Über den Zusammenhang seelischer Teilstrukturen. Neue psychologische Studien, **15**(1), 1—144.

Bonnet, D. 1953. Les tests des phrases à compléter, techniques projectives rapides. Revue de Psychologie Appliquée, **3**, 407—436.

Bordin, E. S. 1960. Psychological test review: Bruce, M. M., Association Adjustment Inventory. Journal of Consulting Psychology, **24**, 100.

Borgatta, E. F. 1961. The Make a Sentence Test (MAST): A replication study. Journal of General Psychology, **65**, 269—292.

Borgatta, E. F. & Mayer, H. J. 1961. Make a Sentence Test: An approach to objective scoring of sentence completions. Genetic Psychology Monographs, **63**, 3—65.

Boyd, I., Yeager, M. & MacMillan, M. 1973. Personality styles in the postoperative course. Psychosomatic Medicine, **35**, 23—40.

Brenner, A. R. 1967. Effects of prior experimenter-subject relationships on response to the Kent-Rosanoff Word Association List in schizophrenics. Journal of Abnormal Psychology, **72**, 273—276.

Brickenkamp, R. 1975. Handbuch psychologischer und pädagogischer Tests. Göttingen: Hogrefe.

Brook, D. F. & Heim, A. W. 1960. A preliminary note on the Brook Reaction test. British Journal of Psychology, **51**, 347—356.

Brower, D. & Weider, A. 1952. Projective techniques in business and industry. In: Abt, L. E. & Bellak, L. (Hg.). Projective psychology. New York: Knopf, 437—461.

Brown, C. C. (Hg.) 1967. Methods in psychophysiology. Baltimore: Williams & Wilkens.

Brown, R. L. & Lacey, O. L. 1954. The diagnostic value of the Rosenzweig P-F Study. Journal of Clinical Psychology, **10**, 72—75.

Bruce, M. M. 1959. Association Adjustment Inventory. New Rochelle, N. Y.: Bruce.

Bruce, M. M. 1963. Industrial Sentence Completion Form. New Rochelle, N. Y.: Bruce.

Bruner, J. S. & Postman, L. 1947/48. Emotional selectivity in perception and reaction. Journal of Personality, **16**, 69—77.

Buchwald, A. M. 1957. The generality of the norms of word-associations. American Journal of Psychology, **70**, 233—237.

Carr, A. C. 1956. The relation of certain Rorschach variables to expression of affect in the TAT and SCT. Journal of Projective Techniques, **20**, 137—142.

Cattell, J. McK. & Bryant, S. 1889. Mental association investigated by experiment. Mind, **14**, 230—250.

Cattell, R. B. 1946. Description and measurement of personality. Yonkers-on-Hudson, N. Y.: World Book.

Cattell, R. B., Eber, H. W. & Tatsuoka, M. M. 1970. Handbook for the Sixteen Personality Factor Questionnaire (16 PF). Champaign, Ill.: Institute for Personality and Ability Testing.

Challman, R. 1953. Rosenzweig Picture-Frustration Study. In: Buros, O. K. (Hg.). The fourth mental measurement yearbook. Brunswick, N. Y.: Rutgers University Press, 240—242.

Chance, J. E. 1958. Adjustment and prediction of other's behavior. Journal of Consulting Psychology, **22**, 191—194.

Chapman, L. J. & Chapman, J. P. 1969. Illusory correlation as an obstacle to the use of valid psychodiagnostic signs. Journal of Abnormal Psychology, **74**, 271—280.

Churchill, R. & Crandall, V. J. 1955. The reliability and validity of the Rotter Incomplete Sentences Test. Journal of Consulting Psychology, **19**, 345—350.

Clarke, H. J. 1951. The Rosenzweig Picture-Frustration Study. In: Anderson, H. H. & Anderson, G. L. (Hg.). An introduction to projective techniques & other devices for understanding the dynamics of human behavior. Englewood Cliffs, N. J.: Prentice-Hall, 312—323.

Clarke, H. J., Rosenzweig, S. & Fleming, E. E. 1947. The reliability of the scoring of the Rosenzweig Picture-Frustration Study. Journal of Clinical Psychology, **3**, 364—370.

Cobrinik, L. 1977. Use of a sentence completion method for the study of language of severely disturbed children. Acta Paedopsychiatrica, **42**, 170—178.

Coché, E. 1974. A comparison of psychotic and alcoholic psychiatric hospital patients on the Rosenzweig Picture-Frustration Study. Acta Psychiatrica Belgica, **74**, 365—370.

Cofer, C. N. 1953. Sentence Completions Test. In: Buros, O. K. (Hg.). The fourth mental measurement yearbook. Highland Park, N. J.: Gryphon, 245—246.

Cofer, C. N. 1959a. The Forer Structured Sentence Complection Test. In: Buros, O. K. (Hg.). The fifth mental measurement yearbook. Highland Park, N. J.: Gryphon, 230—231.

Cofer, C. N. 1959b. The Forer Vocational Survey. In: Buros, O. K. (Hg.). The fifth mental measurement yearbook. Highland Park, N. J.: Gryphon, 232—233.

Coons, M. O. 1957. Rosenzweig differences in reaction to frustration in children of high, low and middle sociometric status. Group Psychotherapy, **10**, 60—63.

Coplin, H. 1951. The measurement of subject's orientation towards a sentence completion test. Unpublished doctoral dissertation, University of Michigan.

Córdoba, J. & Pigem, J. M. 1954. Psicoterapia y simbolismo desiderativo. Revista de Psiquiatria y Psicologia Médicina, **2**, 448—451.

Córdoba, J., Pigem, J. M. & Gurría, F. J. 1951. El "test" de la expresión desiderativa en el estudio de la personalidad. Revista de Psicologia General y Aplicada, **6**, 121—130.

Cormier, D., Bourassa, M. & Landreville, I. 1973. La tolérance à la frustration et le recours à la marijuana. Toxicomanies, **6**, 371—383.

Cramer, P. 1968. Word association. New York: Academic.

Crenshaw, D. A., Bohn, S., Hoffman, M. R., Matheus, J. M. & Offenbach, G. 1968. The use of projective methods in research: 1947—1965. Journal of Projective Techniques & Personality Assessment, **32**, 3—9.

Cromwell, R. L. & Lundy, R. M. 1954. Productivity of clinical hypotheses on a sentence completion test. Journal of Consulting Psychology, **18**, 421—424.

Crown, S. 1947/48. A controlled association test as a measure of neuroticism. Journal of Personality, **16**, 198—208.

Crown, S. 1952. The Word Connexion List as a diagnostic test: Norms and validation. British Journal of Psychology (General Section), **43**, 103—112.

Curtis, J. W. 1953. Curtis Completion Form. Chicago: Science Research Associates.

Dahlstrom, W. G. 1965. Association Adjustment Inventory. In: Buros, O. K. (Hg.). The sixth mental measurement yearbook. Highland Park, N. J.: Gryphon, 409—410.

Daston, P. G. 1968. Word associations and sentence completion techniques. In: Rabin, A. I. (Hg.). Projective techniques in personality assessment. New York: Springer, 264—289.

David, H. P. 1955. Brief, unstructured items: The Projective Question. Journal of Projective Techniques, **19**, 292—300.

David, H. P. & Leach, W. W. 1957. The Projective Question: Further exploratory studies. Journal of Projective Techniques, **21**, 3—9.

Deese, J. 1965. The structure of associations in language and thought. Baltimore: Johns Hopkins Press.

Despert, J. L. 1938. Emotional problems in children. Utica, N. Y.: State Hospital Press.

Despert, J. L. 1946. Psychosomatic study of fifty stuttering children. Round table. I. Social, physical, and psychiatric findings. American Journal of Orthopsychiatry, **16**, 100—113.

Despert, J. L. & Potter, H. W. 1936. The story, a form of directed phantasy. Psychiatry Quarterly, **10**, 619—638.

Diven, K. 1937. Certain determinants in conditioning of anxiety reactions. Journal of Psychology, **3**, 291—308.

Dörken, H., Jr. 1956. Frequency of common association. Psychological Reports, **2**, 407—408.

Dorris, R. J., Levinson, D. J. & Hanfmann, E. 1954. Authoritarian personality studied by a new variation of the sentence completion technique. Journal of Abnormal and Social Psychology, **49**, 99—108.

Duess, L. 1940. La méthode des fables en psychanalyse. Archives de Psychologie, **28**, 1—51. (Deutsch in Düss 1956, 7—45.)

Düss, L. 1942/43. Die Methode der Fabeln in der Psychoanalyse. Zeitschrift für Kinderpsychiatrie (Journal de psychiatrie infantile), **9**, 12—24.

Duess, L. 1944. Étude expérimentale des phénomènes de résistance en psychanalyse infantile. Zeitschrift für Kinderpsychiatrie, **11**, 1—11.

Duess, L. 1950. La méthode des fables en psychanalyse infantile. Paris: L'Arche.

Düss, L. 1956. Fabelmethode und Untersuchungen über den Widerstand in der Kinderanalyse. Biel: Institut für Psychohygiene.

Duhm, E. 1959. Die Reaktionen von Problemkindern im Rosenzweig-Picture-Frustration-Test. Psychologische Rundschau, 10, 283—291.

Duhm, E. & Hansen, J. 1957. Der Rosenzweig P-F-Test. Form für Kinder. Göttingen: Hogrefe.

Ebbinghaus, H. 1885. Über das Gedächtnis. Leipzig: Duncker & Humblot. (Neuauflage: Darmstadt: Wissenschaftliche Buchgesellschaft, 1971).

Edwards, A. L. 1954. Edwards Personal Preference Scale. EPPS. New York: Psychological Corporation.

Edwards, A. L. 1970. The measurement of personality traits by scales and inventories. New York: Holt, Rinehart & Winston.

Entwisle, D. R., Forsyth, D. F. & Muuss, R. 1964. The synthactic-paradigmatic shift in children's word associations. Journal of Verbal Learning and Verbal Behavior, 3, 19—29.

Ervin, S. M. 1961. Changes with age in the verbal determinants of word-association. American Journal of Psychology, 74, 361—372.

Exner, J. E., Jr. 1969. Rorschach responses as an index of narcissism. Journal of Projective Techniques & Personality Assessment, 33, 324—330.

Exner, J. E., Jr. 1973. The Self Focus Sentence Completion: A study of egocentricity. Journal of Personality Assessment, 37, 437—455.

Eysenck, H. J. 1959. The Maudsley Personality Inventory (MPI). London: University of London Press. (deutsch: Maudsley Personality Inventory (MPI). Göttingen: Hogrefe, 1959.)

Ferracuti, F. 1955a. Test di Frustrazione di Rosenzweig (P-F Study), Tipo per adulti. Florenz: Organizzazioni Speciali.

Ferracuti, F. 1955b. Del Test P-F (Picture-Frustration) di Rosenzweig. Manuale. Il tipo per fanciulli. Florenz: Organizzazione Speciali.

Fine, R. 1948. Use of the Despert Fables (Revised Form) in diagnostic work with children. Rorschach Research Exchange and Journal of Projective Techniques, 12, 106—118.

Fiske, D. W. & van Buskirk, C. 1959. The stability of interpretations of sentence completion tests. Journal of Consulting Psychology, 23, 177—180.

Fitzsimmons, S. J. & Marcuse, F. L. 1961. Adjustment in leaders and non-leaders as measured by the sentence completion projective technique. Journal of Clinical Psychology, 17, 380—381.

Forer, B. R. 1950. A structured sentence completion test. Journal of Projective Techniques, 14, 15—30.

Forer, B. R. 1957a. The Forer Structured Sentence Completion Test. Santa Monica, Cal.: Western Psychological Services.

Forer, B. R. 1957b. The Forer Vocational Survey. Beverly Hills, Cal.: Western Psychological Services.

Forer, B. R. 1960. Word association and sentence completion methods. In: Rabin, A. I. & Haworth, M. R. (Hg.). Projective techniques with children. New York: Grune & Stratton, 210—224.

Forer, B. R. 1965. Association adjustment inventory. In: Buros, O. K. (Hg.). The sixth mental measurement yearbook. Highland Park, N. J.: Gryphon, 410—411.

Frank, L. K. 1939. Projective methods for the study of personality. Journal of Psychology, **8**, 389—413.

Frank, L. K. 1960. Toward a projective psychology. Journal of Projective Techniques, **24**, 246—253.

Freed, E. X. 1965. Normative data on a self-administered projective question for children. Journal of Projective Techniques, **29**, 3—6.

Freud, S. 1896. L'hérédité et l'étiologie des névroses. In: Freud, S. Gesammelte Werke. London: Imago, Band 1, 406—422.

Freud, S. 1906. Tatbestandsdiagnostik und Psychoanalyse. In: Freud, S. Gesammelte Werke. London: Imago, Band 7, 3—15.

Friedemann, A. 1950. Düss, Louisa: La Méthode des Fables en Psychanalyse infantile. Psyche, **4**(9), 202—204.

Friedemann, A. 1956. Die Fabelmethode von Louisa Düß und ihre Bewährung in der Praxis. In: Düss, L. Fabelmethode und Untersuchungen über den Widerstand in der Kinderanalyse. Biel: Institut für Psychohygiene, 110—111.

Friesen, E. 1952. The incomplete sentences technique as a measure of employee attitudes. Personnel Psychology, **5**, 329—345.

Fry, F. D. 1949. A study of reactions to frustration in 236 college students and in 207 inmates of state prisons. Journal of Psychology, **28**, 427—438.

Fry, F. D. 1952. A normative study of the reactions manifested by college students and by state prison inmates in response to the Minnesota Multiphasic Personality Inventory, the Rosenzweig Picture-Frustration Study, and the Thematic Apperception Test. Journal of Psychology, **34**, 27—30.

Galbraith, G. G. 1968 a. Reliability of free associative sexual responses. Journal of Consulting and Clinical Psychology, **32**, 622.

Galbraith, G. G. 1968 b. Effects of sexual arousal and guilt upon free associative sexual responses. Journal of Consulting and Clinical Psychology, **32**, 707—711.

Galbraith, G. G., Hahn, K. & Leiberman, H. 1968. Personality correlates of free-associative sex responses to double-entendre words. Journal of Consulting and Clinical Psychology, **32**, 193—197.

Galbraith, G. G. & Mosher, D. L. 1970. Effects of sex guilt and sexual stimulation on the recall of word associations. Journal of Consulting and Clinical Psychology, **34**, 67—71.

Galton, F. 1879/80. Psychometric experiments. Brain, **2**, 149—162.

Galton, F. 1883. Inquiries into human faculty and its development. London: Macmillan.

Gardner, J. M. 1967. The adjustment of drug addicts as measured by the sentence completion test. Journal of Projective Techniques & Personality Assessment, **31**(3), 28—29.

Geen, R. G. & George, R. 1969. Relationship of manifest aggressiveness to aggressive word associations. Psychological Reports, **25**, 711—714.

Getter, H. & Weiss, S. D. 1968. "The Rotter Incomplete Sentences Blank adjustment score as an indicator of somatic complaint frequency". Journal of Personality Assessment, **32**, 266.

Getzels, J. W. & Walsh, J. J. 1958. The method of paired direct and projective questionnaires in the study of attitude structure and socialization. Psychological Monographs: General and Applied, **72**, (1, Whole No. 454).

Gill, H. S. 1970. The word association test and psychodiagnostic appraisal. Journal of Projective Techniques & Personality Assessment, **34**, 212—218.

Goldberg, P. A. 1965 a. A review of sentence completion methods in personality assessment. Journal of Projective Techniques & Personality Assessment, **29**, 12—45.

Goldberg, P. A. 1965 b. A review of sentence completion methods in personality assessment. In: Murstein, B. I. (Hg.). Handbook of projective techniques. New York: Basic Books, 777—821.

Goldberg, P. A. 1968. The current status of sentence completion methods. Journal of Projective Techniques & Personality Assessment, **32**, 215—221.

Goldfarb, W. 1945. The animal symbol in the Rorschach test and an animal association test. Rorschach Research Exchange, **9**, 8—22.

Goodenough, F. L. 1942. The use of free association in the objective measurement of personality. In: McNemar, Q. & Merrill, M. A. (Hg.). Studies in personality. New York: McGraw-Hill, 87—103.

Graine, G. N. 1957. Measures of conformity as found in the Rosenzweig P-F Study and Edwards Personal Preference Schedule. Journal of Consulting Psychology, **21**, 300.

Gubser, F. 1960. Beiträge zur Psychologie des Instrumentenfluges. Winterthur: Keller.

Habets, J. J. G. M. 1958. Enige bevindingen over de Rosenzweig "Picture-Frustration Study" voor Kinderen. Nederlands Tijdschrift voor de Psychologie en Grensgebieden, **13**, 205—228.

Hadley, J. M. & Kennedy, V. E. 1949. A comparison between performance on a sentence completion test and academic success. Educational and Psychological Measurement, 1949, **9**, 649—670.

Hanfmann, E. & Getzels, J. W. 1953. Studies of the Sentence Completion Test. Journal of Projective Techniques, **17**, 280—294.

Hanvik, L. J. 1950. Some comparisons and correlations between MMPI and Rosenzweig P-F Study scores in a neuropsychiatric hospital sample. Journal of Colorado-Wyoming Academy of Science, **4**, 70 (Abstract).

Harvey, M. A. & Sipprelle, C. N. 1976. Demand characteristic effects on the subtle and obvious subscales of the MMPI. Journal of Personality Assessment, **40**, 539—544.

Hathaway, S. R. & McKinley, J. C. 1943. The Minnesota Multiphasic Personality Schedule. Minneapolis, Minn.: University of Minnesota Press.

Hathaway, S. R. & McKinley, J. C. 1951. The Minnesota Multiphasic Personality Inventory Manual. New York: Psychological Corporation.

Haworth, M. R. 1962. Responses of children to a group projection film and to the Rorschach, CAT, Despert Fables and D-A-P. Journal of Projective Techniques, 26, 47—60.

Hayashi, K. & Ichitani, T. 1964. Factorial, experimental and clinical study of human personality especially in terms of the Rosenzweig P-F Study and his personality theory. The factorial structure in young delinquent group and the clinical relationships of factorial types to psychopathic personality. Bulletin of The Kyoto Gakugei University, 25 (Series A), 61—70. (japanisch; Summary: 69.)

Hayashi, K. & Sumita, K. 1956. The Rosenzweig P-F Study, Children's Form. Kyoto City: Sankyobo.

Hayashi, K. & Sumita, K. 1957. The Rosenzweig Picture-Frustration Study, Adult Form. Kyoto City: Sankyobo.

Heim, A. W. & Watts, K. P. 1966. The Brook Reaction test of interests. British Journal of Psychology, 57, 171—185.

Heiß, R. 1951. Die diagnostischen Verfahren in der Psychologie (3. Teil. Die Erfassung der Persönlichkeit im projektiven Test). Psychologische Rundschau, 2, 63—75.

Heiß, R. 1954a. Diagnostik der Persönlichkeit und Persönlichkeitstheorie. Zeitschrift für diagnostische Psychologie und Persönlichkeitsforschung, 2, 1—12.

Heiß, R. 1954b. Möglichkeiten und Grenzen einer Diagnostik der Persönlichkeit durch projektive Methoden. In: Speer, E. (Hg.). Die Vorträge der 4. Lindauer Psychotherapiewoche 1953. Stuttgart: Thieme, 22—39.

Heiß, R. 1956. Was ist Psychologie? (Die heutige Situation der Psychologie). Psychotherapie, 1, 5—20.

Heron, A. 1956. The effects of real life motivation on questionnaire responses. Journal of Applied Psychology, 40, 65—68.

Hiler, E. W. 1959. The sentence completion test as a predictor of continuation in psychotherapy. Journal of Consulting Psychology, 23, 544—549.

Hiltmann, H. 1977[3]. Kompendium der psychodiagnostischen Tests. Bern: Huber.

Hoeflin, R. & Kell, L. 1959. The Kell-Hoeflin Incompletence Sentence Blank: Youthparents relations. Monographs of Social Research Child Development, 24, 1—64.

Hoeth, F. & Gregor, H. 1964. Guter Eindruck und Persönlichkeitsfragebogen. Psychologische Forschung, 28, 64—88.

Holsopple, J. Q. & Miale, F. R. 1954. Sentence Completion: A projective method for the study of personality. Springfield, Ill.: Thomas.

Holt, R. R. (Hg.) 1968. Diagnostic psychological testing. New York: International University Press.

Holzberg, J. D. & Posner, R. 1951. The relationship of extrapunitiveness on the Rosenzweig Picture-Frustration Study to aggression in overt behavior and fantasy. American Journal of Orthopsychiatry, 21, 767—779.

Holzberg, J. D., Teicher, A. & Taylor, J. L. 1947. Contributions of clinical psychology to military neuropsychiatry in an army psychiatric hospital. Journal of Clinical Psychology, **3**, 84—95.

Hörmann, H. & Moog, W. 1957. Der Rosenzweig P-F-Test. Form für Erwachsene. Göttingen: Hogrefe.

Hundal, P. S. & Upmanyu, V. V. 1974. Emotional indicators in word association and their relation with psychometric measures of anxiety and neuroticism. International Review of Applied Psychology, **23**, 111—120.

Huston, P. E., Shakow, D. & Erickson, M. H. 1934. A study of hypnotically induced complexes by means of the Luria technique. Journal of Genetic Psychology, **11**, 65—97.

Hutt, M. L. 1945. The use of projective methods of personality measurement in army medical installations. Journal of Clinical Psychology, **1**, 134—140.

Ichitani, T. 1965a. Factorial, experimental and clinical study of personality especially in terms of the Rosenzweig P-F Study and his personality theory; A differential study of within-group behaviors in playing volley ball game between the obsessive and paranoid groups as constructed in accordance with the factor scores derived from factor analysis of the P-F Study. Bulletin of The Kyoto Gakugei University, **26** (Series A), 29—44. (japanisch; Summary: 43f.)

Ichitani, T. 1965b. Factorial, experimental and clinical study of personality especially in terms of the Rosenzweig P-F Study and his personality theory; A differential study of within-group behaviors in playing competitive games among the groups as constructed in accordance with the factor scores derived from factor analysis of the P-F Study. Bulletin of The Kyoto Gakugei University, **26** (Series A), 45—62. (japanisch; Summary: 61f.)

Ichitani, T. 1965c. Factorial, experimental and clinical study of personality especially in terms of the Rosenzweig P-F Study and his personality theory — The factorial structure of neurotic patients. Bulletin of The Kyoto Gakugei University, **27** (Series A), 35—46. (japanisch; Summary: 45.)

Ichitani, T. 1966. Factorial, experimental and clinical study of personality especially in terms of the Rosenzweig P-F Study and his personality theory: A study on the relationship between factorial types and M.P.I. Bulletin of The Kyoto Gakugei University, **28** (Series A), 1—10. (japanisch; Summary: 9.)

Ichitani, T. & Uemura, M. 1965. Factorial, experimental and clinical study of personality especially in terms of the Rosenzweig P-F Study and his personality theory — The factorial structure of senior high school students. Bulletin of The Kyoto Gakugei University, **27** (Series A), 23—33. (japanisch; Summary: 32f.)

Janda, L. H. & Galbraith, G. G. 1973. Social desirability and adjustment in the Rotter Incomplete Sentences Blank. Journal of Consulting and Clinical Psychology, **40**, 337.

Jenkins, J. J. & Russell, W. A. 1960. Systematic changes in word association norms: 1910—1952. Journal of Abnormal and Social Psychology, **60**, 293—304.

Jenness, D., Kietzman, M. L. & Zubin, J. 1975. Cognition and perception. In: Freedman, A. M., Kaplan, H. I. & Sadock, B. J. (Hg.). Comprehensive Textbook of Psychiatry. Baltimore: Williams & Wilkins, Volume 1, 1975^2, 266—285.

Jernigan, A. J. 1975. Use of group tests in clinical settings. In: McReynolds, P. (Hg.). Advances in psychological assessment. San Francisco: Jossey-Bass, Volume 3, 313—340.

Jessor, R. 1959. The Insight Test. In: Buros, O. K. (Hg.). The fifth mental measurement yearbook. Highland Park, N. J.: Gryphon, 241—243.

Jores, A. & von Kerekjarto, M. 1967. Der Asthmatiker. Bern: Huber.

Jung, C. G. 1905 a. Zur psychologischen Tatbestandsdiagnostik. Centralblatt für Nervenheilkunde und Psychiatrie, 28, 813—815.

Jung, C. G. 1905 b. Die psychologische Diagnose des Tatbestandes. Zürich: Rascher.

Jung, C. G. 1905 c. Experimentelle Beobachtungen über das Erinnerungsvermögen. Centralblatt für Nervenheilkunde und Psychiatrie, 28, 653—666.

Jung, C. G. 1905/06. Diagnostische Assoziationsstudien. VI. Beitrag. Psychoanalyse und Assoziationsexperiment. Journal für Psychologie und Neurologie, 7, 1—24. (Nachdruck in: Jung 1906—1910, Band 1, 258—281.)

Jung, C. G. 1906/07. Diagnostische Assoziationsstudien. VII. Beitrag. Assoziation, Traum und hysterisches Symptom. Journal für Psychologie und Neurologie, 8, 25—60. (Nachdruck in: Jung 1906—1910, Band 2, 31—66.)

Jung, C. G. (Hg.) 1906—1910. Diagnostische Assoziationsstudien. Beiträge zur experimentellen Psychopathologie. Leipzig: Barth, Band 1: 1906, 1915^3, Band 2: 1910, 1915^2.

Jung, C. G. 1907 a. Zur Tatbestandsdiagnostik. Zeitschrift für angewandte Psychologie, 1, 163.

Jung, C. G. 1907 b. Diagnostische Assoziationsstudien. IX. Beitrag. Über die Reproduktionsstörungen beim Assoziationsexperiment. Journal für Psychologie und Neurologie, 9, 188—197. (Nachdruck in: Jung 1906—1910, Band 2, 67—76.)

Jung, C. G. 1910. The association method. American Journal of Psychology, 21, 219—269.

Jung, C. G. 1941. Die psychologische Diagnose des Tatbestandes. Zürich: Rascher (= 2. Auflage von Jung 1905 b).

Jung, C. G. & Riklin, F. 1904. Diagnostische Assoziationsstudien. I. Beitrag. Experimentelle Untersuchungen über Assoziationen Gesunder. Journal für Psychologie und Neurologie, 3, 55—83 und 4, 24—67. (Nachdruck in: Jung 1906—1910, Band 1, 7—145.)

Kaplan, H. K. & Calden, G. 1967. An elaboration of the "projective question" — The Animal Test. Journal of Clinical Psychology, 23, 204.

Kaswan, J., Wasman, M. & Freedman, L. Z. 1960. Aggression and the Picture-Frustration Study. Journal of Consulting Psychology, 24, 446—452.

Kelly, E. L. & Fiske, D. W. 1951. The prediction of performance in clinical use. Ann Arbor: University of Michigan Press.

Kent, G. H. & Rosanoff, A. J. 1910/11. A study of association in insanity. American Journal of Insanity, 67, 37—96 und 317—390.

Keys, A. B. (Hg.) 1950. The biology of human starvation. Minneapolis, Minn.: University of Minnesota Press.

Kirschner, R., McCary, J. L. & Moore, C. W. 1962. A comparison of differences among several religious groups of children on various measures of the Rosenzweig Picture-Frustration Study. Journal of Clinical Psychology, **18**, 352—353.

Kline, M. 1948. A short form sentence projection technique. Journal of General Psychology, **39**, 273—287.

Kline, M. V. & Schneck, J. M. 1951. Hypnosis in relation to Word Association Test. Journal of General Psychology, **44**, 129—137.

Klingenbeck, P. 1968. Satzergänzungstests (SET). Heilpädagogische Werkblätter, **37**, 93—101.

Klingenbeck, P. 1969. Der Satzergänzungstest von Dominique Bonnet. Heilpädagogische Werkblätter, **38**, 86—99.

Klippstein, E. 1972. Eine Analyse der Rosenzweig P-F. Test-Situationen (Form für Kinder). Zeitschrift für experimentelle und angewandte Psychologie, **19**, 444—459.

Knoblach, D. 1971. Psychogene Aspekte beim Asthma bronchiale. Zeitschrift für Klinische Psychologie und Psychotherapie, **19**, 163—177.

Koff, R. H. 1965. Systematic changes in children's word-association norms, 1916—1963. Child Development, **36**, 299—305.

Kollar, E. J., Slater, G. R., Palmer, J. O., Docter, R. F. & Mandell, A. J. 1964. Measurement of stress in fasting man. Archives of General Psychiatry, **11**, 113—125.

Koninckx, N. & Dongier, S. 1970. Tentative d'objectivation par les tests de Rosenzweig et PNP de la composante névrotique chez 28 asthmatiques. Acta Psychiatrica Belgica, **70**, 610—622.

Kraepelin, E. 1884. Experimentelle Studien über Assoziationen. In: Claus, A. (Hg.). Amtlicher Bericht über die 56. Versammlung deutscher Naturforscher und Aerzte, welche zu Freiburg im Breisgau vom 18. bis 22. September tagte. Freiburg i. Br.: Wagner, 258—259.

Kraepelin, E. 1892. Ueber die Beeinflussung einfacher psychischer Vorgänge durch einige Arzneimittel; experimentelle Untersuchungen. Jena: Fischer.

Kraepelin, E. 1896. Der psychologische Versuch in der Psychiatrie. Psychologische Arbeiten, **1**, 1—91.

Kramer, C. & Le Gat, A. 1970. Manuel du Test de Frustration de Rosenzweig, Forme pour Adolescents. Paris: Les Editions du Centre de Psychologie Appliquée.

Kramer, E. 1968. The Fables Test. Journal of Projective Techniques & Personality Assessment, **32**, 530—532.

Kranefeldt, W. M. 1956^3. Therapeutische Psychologie. Sammlung Göschen, Band 1034. Berlin: de Gruyter.

Krauth, J. & Lienert, G. A. 1973. Die Konfigurationsfrequenzanalyse (KFA). Freiburg i. Br.: Alber.

Kretschmer, E. 1956^{11}. Medizinische Psychologie. Stuttgart: Thieme.

Kretschmer, W. 1954. Der Assoziationsversuch nach C. G. Jung. In: Stern, E. (Hg.). Die Tests in der klinischen Psychologie. Zürich: Rascher, Band I/1, 339—349.

Krevelen, D. A. van 1953. Die Anwendung des Pigem-Tests in der kinderpsychiatrischen Diagnostik. Acta Paedopsychiatrica, **20**, 2—12.

Krevelen, D. A. van 1956. The use of Pigem's Test with children. Journal of Projective Techniques, **20**, 235—242.

Krieger, L. & Schwartz, M. M. 1965. The relationship between sociometric measures of popularity among children and their reactions to frustration. Journal of Social Psychology, **66**, 291—296.

Krueger, F. 1924. Der Strukturbegriff in der Psychologie. Jena: Fischer. (Sonderdruck aus: Bericht über den 8. Kongreß für experimentelle Psychologie.)

Langen, D. 1973³. Psychotherapie. Stuttgart: Thieme.

Lansky, L. M. 1968. Story completion methods. In: Rabin, A. I. (Hg.). Projective techniques in personality assessment. New York: Springer, 290—326.

Lanyon, B. J. 1972. Empirical construction and validation of a sentence completion test for hostility, anxiety, and dependency. Journal of Consulting and Clinical Psychology, **39**, 420—428.

LaPlante, R. J. & Irvin, F. S. 1970. Sentence-completion responses and academic performance re-examined. Journal of Projective Techniques & Personality Assessment, **34**, 219—222.

Leach, H. M. & Washburn, M. T. 1910. Some test by the association reaction method of mental diagnosis. American Journal of Psychology, **21**, 162—167.

Leblanc, M. 1956. Adaptation africaine et comparison interculturelle d'une épreuve projective: Test de Rosenzweig. Revue de Psychologie Appliquée, **6**, 91—109.

Lesser, G. S. 1959. Population differences in construct validity. Journal of Consulting Psychology, **23**, 60—65.

Lester, D. 1970. Attempts to predict suicidal risk using psychological tests. Psychological Bulletin, **74**, 1—17.

Levenson, M. & Neuringer, C. 1970. Intropunitiveness in suicidal adolescents. Journal of Projective Techniques & Personality Assessment, **34**, 409—411.

Levinson, D. J. 1950. Projective questions in the study of personality and ideology. In: Adorno, T. W., Frenkel-Brunswik, E., Levinson, D. J. & Sanford, R. N. (Hg.). The authoritarian personality. New York: Harper & Row, 545—600.

Levitt, E. E. & Lyle, W. H., Jr. 1955. Evidence for the validity of the Children's Form of the Picture-Frustration Study. Journal of Consulting Psychology, **19**, 381—386.

Levy, S. 1952. Sentence completion and word association tests. In: Brower, D. & Abt, L. E. (Hg.). Progress in clinical psychology. New York: Grune & Stratton, Volume I/1, 191—208.

Liberson, W. T. 1949. Relationship between EEG abnormality and the word association test after prefrontal lobotomy. Electroencephalography and Clinical Neurophysiology, **1**, 378 (Abstract).

Lienert, G. A. 1969³. Testaufbau und Testanalyse. Weinheim: Beltz.

Lindsay, P. H. & Norman, D. A. 1972. Human information processing. New York: Academic.

Lindzey, G. 1949/50. An experimental test of the validity of the Rosenzweig Picture-Frustration Study. Journal of Personality, 18, 315—320.

Lindzey, G. & Goldwyn, R. M. 1953/54. Validity of the Rosenzweig Picture-Frustration Study. Journal of Personality, 22, 519—547.

Lindzey, G. & Tejessy, C. 1956. Thematic Apperception Test: Indices of aggression in relation to measures of overt and covert behavior. American Journal of Orthopsychiatry, 26, 567—576.

Lipman, R. S. 1959. Some test correlates of behavioral aggression in institutionalized retardates with particular reference to the Rosenzweig Picture-Frustration Study. American Journal of Mental Deficiency, 63, 1038—1045.

Lipmann, O. & Wertheimer, M. 1907. Tatbestandsdiagnostische Kombinationsversuche. Zeitschrift für angewandte Psychologie, 1, 119—128.

Loevinger, J. & Wessler, R. 1970. Measuring ego development. Volume I: Construction and use of a sentence completion test. San Francisco: Jossey-Bass.

Loevinger, J., Wessler, R. & Redmore, C. 1970. Measuring ego development. Volume II: Scoring manual for women and girls. San Francisco: Jossey-Bass.

Lorge, J. & Thorndike, E. L. 1941. The value of the response in a completions test as indications of personal traits. Journal of Applied Psychology, 25, 191—199.

Lossen, H. 1955. Einführung in die diagnostische Psychologie. Stuttgart-Bad Canstatt: Verlag für Angewandte Psychologie.

Lyon, W. & Vinacke, W. E. 1955. Picture-Frustration Study responses of institutionalized and non-institutionalized boys in Hawaii. Journal of Social Psychology, 41, 71—83.

McCary, J. L. 1949/50. Ethnic and cultural reactions to frustration. Journal of Personality, 18, 321—326.

McCary, J. L. 1956. Picture-Frustration Study normative data for some cultural and racial groups. Journal of Clinical Psychology, 12, 194—195.

McCary, J. L. & Tracktir, J. 1957. Relationship between intelligence and frustration-aggression pattern as shown by two racial groups. Journal of Clinical Psychology, 13, 202—204.

McDonough, L. B. 1964. Inhibited aggression in essential hypertension. Journal of Clinical Psychology, 20, 447.

McGehee, W. M. 1937. The free association of elementary school children: 1. Reaction time. Pedagogical Seminary and Journal of Genetic Psychology, 50, 441—455.

McGehee, W. M. 1938. The free association of elementary school children: 2. Verbal responses. Pedagogical Seminary and Journal of Genetic Psychology, 52, 361—374.

McGinnies, E. 1949. Emotionality and perceptual defense. Psychological Review, 56, 244—251.

Malhotra, M. K. 1971. Über den diagnostischen Wert der Düßschen Fabelmethode. Zeitschrift für experimentelle und angewandte Psychologie, **18**, 285—306.

Manis, M. 1971. An introduction to cognitive psychology. Belmont, Cal.: Brooks/Cole.

Manson, M. P. & Lerner, A. 1962. The Marriage Adjustment Sentence Completion Survey. Los Angeles, Cal.: Western Psychological Services.

Marston, W. M. 1920. Reaction time symptoms of deception. Journal of Experimental Psychology, **3**, 72—87.

Masson, H. 1973. Le leader dans les groupes d'enfants. Bulletin de Psychologie Scolaire et d'Orientation, **22**, 73—96 (1re partie) und 102—147 (2e partie).

Mednick, S. A. 1962. The associative basis of the creative process. Psychological Review, **69**, 220—232.

Megargee, E. I. 1966a. A comparison of the scores of White and Negro male juvenile delinquents on three projective tests. Journal of Projective Techniques & Personality Assessment, **30**, 530—535.

Megargee, E. I. 1966b. Undercontrolled and overcontrolled personality types in extreme antisocial aggression. Psychological Monographs, **80** (3, Whole No. 611).

Meili, R. 1961^4, 1965^5. Lehrbuch der psychologischen Diagnostik. Bern: Huber.

Mercer, M. & Kyriazis, C. 1962. Results of the Rosenzweig Picture-Frustration Study for physically assaultive prisoner mental patients. Journal of Consulting Psychology, **26**, 490.

Meyer, A.-E. & Weitemeyer, W. 1967. Zur Frage der Krankheits-Dependenz des (phantasierten) Aggressionsverhaltens. Psyche, **21**, 266—282.

Meyer, M. M. & Tolman, R. S. 1955. Parental figures in Sentence Completion Test, in TAT, in therapeutic interviews. Journal of Consulting Psychology, **19**, 170.

Mills, D. H. 1965. The research of the use of projective techniques: A seventeen year survey. Journal of Projective Techniques & Personality Assessment, **29**, 513—515.

Mills, E. S. 1953. The Madeleine Thomas Completion Stories. Journal of Consulting Psychology, **17**, 139—141.

Mills, E. S. 1954. A story completion test for college students. Journal of Clinical Psychology, **10**, 18—22.

Miner, J. B. 1960. The effect of a course in psychology on the attitudes of research and development supervisors. Journal of Applied Psychology, **44**, 224—232.

Miner, J. B. 1963. Miner Sentence Completion Scale. Psychological Report, **13**, 18.

Miner, J. B. 1964. Scoring guide for the Miner Sentence Completion Scale. New York: Springer.

Miner, J. B. 1976. Relationship among measures of managerial personality traits. Journal of Personality Assessment, **40**, 383—397.

Mintz, S. 1969. Effect of actual stress on word associations. Journal of Abnormal Psychology, **74**, 293—295.

Mirmow, E. L. 1952. The Rosenzweig Picture-Frustration Study. In: Brower, D. & Abt, L. E. (Hg.). Progress in clinical psychology. New York: Grune & Stratton, Volume I/1, 209—221.

Miron, M. S. & Wolfe, S. A. 1964. A cross-linguistic analysis of the response distributions of restricted word associations. Journal of Verbal Learning and Verbal Behavior, **3**, 376—384.

Mitchell, K. M. 1967. The Rosenzweig Picture-Frustration Study as a measure of reaction to personal evaluation. Journal of Projective Techniques & Personality Assessment, **31 (6)**, 65—68.

Molish, H. B. 1972. Projective methodologies. Annual Review of Psychology, **23**, 577—614.

Mönkemöller, O. 1930. Psychologie und Psychopathologie der Aussage. Heidelberg: Winter.

Moran, L. J. 1966. Generality of word-association response sets. Psychological Monographs: General and Applied, **80** (4, Whole No. 612).

Morris, W. W. 1951. Other projective methods. In: Anderson, H. H. & Anderson, G. L. (Hg.). An introduction to projective techniques and other devices for understanding the dynamics of human behavior. Englewood Cliffs, N. J.: Prentice-Hall, 513—538.

Mosher, D. L. 1961. The development and validation of a sentence measure of guilt. Unpublished doctoral dissertation. Ohio State University.

Mosher, D. L. 1965. Interaction of fear and guilt in inhibiting unacceptable behavior. Journal of Consulting Psychology, **29**, 161—167.

Mosse, H. L. 1954. The Duess Test. American Journal of Psychotherapy, **8**, 251—264.

Müller, A. 1965. Ergebnisse mit einem Satzergänzungstest bei verkehrspsychologischen Eignungsuntersuchungen. Diagnostica, **11**, 74—92.

Münsterberg, H. 1907. The third degree. McClures Magazine, **29**, 614—622.

Murray, H. A. (Hg.) 1938. Explorations in personality. New York: Oxford University Press.

Murray, H. A. 1943. Thematic Apperception Test. Manual. Cambridge, Mass.: Harvard University Press.

Murstein, B. I. (Hg.) 1965. Handbook of projective techniques. New York: Basic Books, Part VI.

Neisser, U. 1967. Cognitive psychology. New York: Appleton-Century-Crofts. (Deutsch: Kognitive Psychologie. Stuttgart: Klett 1974.)

Nencini, R., Banissoni, P. & Misiti, R. 1958. Taratura italiana del Picture-Frustration Study secondo I criteri originali di S. Rosenzweig (Supplemento al manuale). Florenz: Organizzazioni Speciali.

Neuringer, C. & Orwick, P. O. 1968. The measurement of anxiety on the Sentence Completion Test. Journal of General Psychology, **78**, 197—207.

Newmark, C. S., Wheeler, D., Newmark, L. & Stabler, B. 1975. Test-induced anxiety with children. Journal of Personality Assessment, **39**, 409—413.

Nick, E. 1970. Teste de Frustração. Rio de Janeiro: Centro Editor de Psicologia Aplicada.

Osgood, C. E. 1976. Focus on meaning. Volume I: Explorations in semantic space. The Hague: Mounton.

OSS (Office of Strategic Services) Assessment Staff 1948. Assessment of men. New York: Rinehart.

Pareek, U. N. 1958. Validity of the Indian adaptation of the Rosenzweig P-F Study (Children's Form). Psychological Newsletter (New York University), 10, 28—40.

Pareek, U. N. 1964. Developmental patterns in reactions to frustration. Bombay: Asia Publishing House.

Pareek, U. N., Devi, R. S. & Rosenzweig, S. 1968. Manual of the Indian adaptation of the Rosenzweig Picture-Frustration Study, Adult Form. Varanasi: Rupa Psychological Corporation.

Pareek, U. N. & Rosenzweig, S. 1959. Manual of the Indian adaptation of Rosenzweig Picture-Frustration Study, children's form. Dehli: Mānastāyan.

Payne, A. F. 1928. Sentence completions. New York: Guidance Clinic.

Peixotto, H. E. 1956. Reliability of the Despert Fables, a story completion projective test for children. Journal of Clinical Psychology, 12, 75—78.

Pflanz, M. & Uexküll von, T. 1962. Psychosomatische Untersuchungen an Hochdruckkranken. Medizinische Klinik, 57, 345—351.

Piaget, J. 1945. La formation du symbole chez l'enfant. Neuchâtel: Delachaux & Niestlé.

Pichot, P. 1955. La validité des techniques projectives: problèmes généraux. Revue de Psychologie Appliquée, 5, 235—244.

Pichot, P. & Danjon, S. 1951. Le test de frustration de Rosenzweig. Revue de Psychologie Appliquée, 1, 147—225.

Pichot, P. & Danjon, S. 1955. La fidélité du test de frustration de Rosenzweig. Revue de Psychologie Appliquée, 5, 1—11.

Pichot, P. & Danjon, S. 1956. Manuel du test de frustration de Rosenzweig. Paris: Centre de Psychologie Appliquée.

Pichot, P. & Danjon, S. 1962. Le test de frustration de Rosenzweig, forme pour adultes. Paris: Centre de Psychologie Appliquée.

Pichot, P., Freson, V. & Danjon, S. 1956. Le test de frustration de Rosenzweig: forme pour enfants. Revue de Psychologie Appliquée, 6, 111—138.

Pigem, J. M. 1949. La prueba de la expresión desiderativa. Barcelona: Librería de Ciencias Medicas.

Pongratz, L. J. 1973. Lehrbuch der Klinischen Psychologie. Göttingen: Hogrefe.

Popp, M. 1974. Eine empirische Untersuchung über die Stabilität der Aggressionsrichtung. Psychologie in Erziehung und Unterricht, 21, 91—99.

Preston, C. E. 1964. Accident-proneness in attempted suicide and in automobile accident victims. Journal of Consulting Psychology, 28, 79—82.

Prokasy, W. F. & Raskin, D. C. (Hg.) 1973. Electrodermal activity in psychological research. New York: Academic.

Quay, H. & Sweetland, H. 1954. The relationship of the Rosenzweig P-F Study to the MMPI. Journal of Clinical Psychology, **10**, 296—297.

Rabin, A. I. 1965. Growing up in the kibbutz. New York: Springer.

Rabin, A. I. (Hg.) 1968. Projective techniques in personality assessment. New York: Springer.

Rabin, A. I. 1977. Enduring sentiments: The continuity of personality over time. Journal of Personality Assessment, **41**, 564—572.

Rapaport, D., Gill, M. & Schafer, R. 1946. Diagnostic psychological testing. Chicago: Year Book, Volume 2, 13—84. (oder in: Holt, 1968, 231—267.)

Rauchfleisch, U. 1971 a. Neue Interpretationsmöglichkeiten des Rosenzweig-Picture-Frustration-Tests durch Verwendung von Indizes. Psychologie (Bern), **30**, 299—311.

Rauchfleisch, U. 1971 b. Der Rosenzweig P-F-Test in der klinisch-psychodiagnostischen Praxis: Eine Untersuchung an psychisch Gesunden, Süchtigen und Neurotikern. Zeitschrift für Psychotherapie und medizinische Psychologie, **21**, 151—159.

Rauchfleisch, U. 1973. Frustrationsreaktionen verwahrloster Jugendlicher im Rosenzweig Picture-Frustrations-Test. Zeitschrift für klinische Psychologie und Psychotherapie, **21**, 18—25.

Rauchfleisch, U. 1974. Beziehungen zwischen Frustrationsreaktionen und Intelligenzfunktionen bei verwahrlosten Jugendlichen. Psychologische Beiträge, **16**, 365—397.

Rauchfleisch, U. 1975. Zur Frage der diagnostischen Bedeutung der „Diskrepanzen" im Progressiven Matrizentest von Raven. Diagnostica, **21**, 107—115.

Rauchfleisch, U. 1978. Handbuch zum Rosenzweig Picture Frustration Test (PFT). Bern: Huber.

Reck, J. J., McCary, J. L. & Weatherly, J. K. 1969. Intra-familial comparisions of frustration-aggression patterns. Psychological Reports, **25**, 356.

Redlich, F. C. & Freedman, D. X. 1970. Theorie und Praxis der Psychiatrie. Frankfurt: Suhrkamp. (Original: The theory and practice of psychiatry. New York: Basic Books, 1966).

Redmore, C. & Waldman, K. 1975. Reliability of a sentence completion measure of ego development. Journal of Personality Assessment, **39**, 236—243.

Renner, K. E., Maher, B. A. & Campbell, D. T. 1962. The validity of a method for scoring sentence-completion response for anxiety, dependency, and hostility. Journal of Applied Psychology, **46**, 285—290.

Rohde, A. R. 1947. Sentence Completions Test Manual. New York: Psychological Corporation.

Rohde, A. R. 1957. The Sentence Completion Method: Its diagnostic and clinical application to mental disorders. New York: Ronald Press.

Rohde, A. R. & Hildreth, G. 1940—1947. Sentence Completions Test. New York: Psychological Corporation.

Rosanoff, A. J. (Hg.) 1927. Free association test. New York: Wiley.

Rose, H. A. 1965. Prediction and prevention of freshman attrition. Journal of Counseling Psychology, **12**, 399—403.

Rosenzweig, M. R. 1961. Comparisions among word-association responses in English, French, German, and Italian. American Journal of Psychology, **74**, 347—360.

Rosenzweig, S. 1934. A suggestion for making verbal personality tests more valid. Psychological Review, **41**, 400—401.

Rosenzweig, S. 1935. A test for types of reaction to frustration. American Journal of Orthopsychiatry, **5**, 395—403.

Rosenzweig, S. 1938. The experimental measurement of types of reaction to frustration. In: Murray, H. A. (Hg.). Explorations in personality. New York: Oxford University Press, 585—599.

Rosenzweig, S. 1944. An outline of frustration theory. In: Hunt, J. McV. (Hg.). Personality and the behavior disorders. New York: Ronald, Volume I, 379—388.

Rosenzweig, S. 1945/46. The picture-association method and its application in a study of reactions to frustration. Journal of Personality, **14**, 3—23.

Rosenzweig, S. 1949/50 a. Revised norms for the Adult Form of the Rosenzweig Picture-Frustration Study. Journal of Personality, **18**, 344—346.

Rosenzweig, S. 1949/50 b. Some problems relating to research on the Rosenzweig Picture-Frustration Study. Journal of Personality, **18**, 303—305.

Rosenzweig, S. 1950 a. Manual for the Rosenzweig Picture-Frustration Study, Adult Form. St. Louis, Mo.: Rosenzweig.

Rosenzweig, S. 1950 b. Frustration tolerance and the Picture-Frustration Study. Psychological Service Center Journal, **2**, 109—115.

Rosenzweig, S. 1950 c. Levels of behavior in psychodiagnosis with special reference to the Picture-Frustration Study. American Journal of Orthopsychiatry, **20**, 63—72. (Nachdruck in: Megargee, E. J. (Hg.) 1966. Research in clinical assessment. New York: Harper & Row, 349—357.)

Rosenzweig, S. 1960. The Rosenzweig Picture-Frustration Study, Children's Form. In: Rabin, A. I. & Haworth, M. R. (Hg.). Projective techniques with children. New York: Grune & Stratton, 149—176.

Rosenzweig, S. 1963. Validity of the Rosenzweig Picture-Frustration Study with felons and delinquents. Journal of Consulting Psychology, **27**, 535—536.

Rosenzweig, S. 1965 a. Revised scoring manual for the Rosenzweig Picture-Frustration Study (Form for Adults). St. Louis, Mo.: Rosenzweig.

Rosenzweig, S. 1965 b. Note of correction for Schwartz, Cohen and Pavlik's "The effects of Subject- and Experimenter-Induced Defensive Response Sets on Picture-Frustration Test Reactions". Journal of Projective Techniques & Personality Assessment, **29**, 352—353.

Rosenzweig, S. 1967. Revised criteria for the Group Conformity Rate of the Rosenzweig Picture-Frustration Study, Adult Form. Journal of Projective Techniques & Personality Assessment, **31 (3)**, 58—61.

Rosenzweig, S. 1968. Test de Frustración Manual. Buenos Aires: Paidós.

Rosenzweig, S. 1970. Sex differences in reaction to frustration among adolescents. In: Zubin, J. & Freedman, A. D. (Hg.). The psychopathology of adolescence. New York: Grune & Stratton, 90—102.

Rosenzweig, S. 1976. Aggressive behavior and the Rosenzweig Picture-Frustration (P-F) Study. Journal of Clinical Psychology, 32, 885—891.

Rosenzweig, S. 1977. Manual for the children's form of the Rosenzweig Picture-Frustration Study. St. Louis, Mo.: Rana House.

Rosenzweig, S. & Adelman, S. 1977. Construct validity of the Rosenzweig Picture-Frustration Study. Journal of Personality Assessment, 41, 578—588.

Rosenzweig, S., Bundas, L. E., Lumry, K. & Davidson, H. W. 1944. An elementary syllabus of psychological tests. Journal of Psychology, 18, 9—40.

Rosenzweig, S., Fleming, E. E. & Clarke, H. J. 1947. Revised scoring manual for the Rosenzweig Picture-Frustration Study. Journal of Psychology, 24, 165—208.

Rosenzweig, S., Fleming, E. E. & Rosenzweig, L. 1948. The Children's Form of the Rosenzweig Picture-Frustration Study. Journal of Psychology, 26, 141—191.

Rosenzweig, S. mit Kogan, K. L. 1949. Projective methods. In: Rosenzweig, S. mit Kogan, K. L. Psychodiagnosis. New York: Grune & Stratton, Chapter 7, 108—182.

Rosenzweig, S., Ludwig, D. J. & Adelman, S. 1975. Retest reliability of the Rosenzweig Picture-Frustration Study and similar semiprojective techniques. Journal of Personality Assessment, 39, 3—12.

Rosenzweig, S., Mowrer, O. H., Haslerud, G. M., Curtis, Q. F. & Barker, R. G. 1938. Frustration as an experimental problem. Character & Personality, 7, 126—160.

Rosenzweig, S. & Rosenzweig, L. 1952. Aggression in problem children and normals as evaluated by the Rosenzweig P-F Study. Journal of Abnormal and Social Psychology, 47, 683—687.

Rosenzweig, S. & Rosenzweig, L. 1976. Guide to research on the Rosenzweig Picture-Frustration (P-F) Study, 1934—1974. Journal of Personality Assessment, 40, 599—606.

Rotter, J. B. 1951. Word association and sentence completion methods. In: Anderson, H. H. & Anderson, G. L. (Hg.). An introduction to projective techniques & other devices for understanding the dynamics of human behavior. Englewood Cliffs, N. J.: Prentice-Hall, 279—311.

Rotter, J. B. & Rafferty, J. E. 1950. The Rotter Incomplete Sentences Blank, College Form. New York: Psychological Corporation.

Rotter, J. B., Rafferty, J. & Lotsoff, A. 1954. The validity of the Rotter Incomplete Sentences Blank; High School Form. Journal of Consulting Psychology, 18, 105—111.

Rotter, J. B., Rafferty, J. E. & Schachtitz, E. 1949. Validation of the Rotter Incomplete Sentences Blank for college screening. Journal of Consulting Psychology, 13, 348—356.

Rotter, J. B. & Willerman, B. 1947. The incomplete sentences test as a method of studying personality. Journal of Consulting Psychology, **11**, 43—48.

Sacco, F. 1955. Studio della frustrazione col P-F di Rosenzweig nei siciliani in eta evolutiva. Infanzia anormale, **11**, 146—166.

Sacks, J. M. 1949. The relative effect upon projective responses of stimuli referring to the subject and of stimuli referring to other persons. Journal of Consulting Psychology, **13**, 12—20.

Sacks, J. M. & Levy, S. 1950. The sentence completion test. In: Abt, L. E. & Bellak, L. (Hg.). Projective psychology. Clinical approaches to the total personality. New York: Knopf, 357—402.

Saltz, E. 1961. The effect of induced stress on free associations. Journal of Abnormal and Social Psychology, **62**, 161—164.

Sanford, F. H. & Rosenstock, J. M. 1952. Projective techniques on the doorstep. Journal of Abnormal and Social Psychology, **47**, 3—16.

Sarason, I. G. 1961. A note on anxiety, instructions, and word association performance. Journal of Abnormal and Social Psychology, **62**, 153—154.

Sarason, I. G. 1965. Curtis Completion Form. In: Buros, O. K. (Hg.). The sixth mental measurement yearbook. Highland Park, N. J.: Gryphon, 426—427.

Sargent, H. D. 1944. An experimental application of projective principles to a paper and pencil personality test. Psychological Monographs, **57(5)**.

Sargent, H. D. 1953. The Insight Test. A verbal projective test for personality study. (The Menninger Clinic Monograph Series No. 10.) New York: Grune & Stratton.

Schachtel, E. G. 1967. Experimental foundations of Rorschach's test. London: Tavistock Publications.

Schafer, R. 1954, 1972[8]. Psychoanalytic interpretation in Rorschach testing. New York: Grune & Stratton.

Schalock, R. L. & MacDonald, P. 1966. Personality variables associated with reactions to frustration. Journal of Projective Techniques & Personality Assessment, **30**, 158—160.

Schill, T. 1969. Repressor-sensitizer differences in free-associative sex responses to double-entendre words. Journal of Clinical Psychology, **25**, 368—369.

Schill, T., Emanuel, G., Pedersen, V., Schneider, L. & Wachowiak, D. 1970. Sexual responsibility of defensive and nondefensive sensitizers and repressors. Journal of Consulting and Clinical Psychology, **35**, 44—47.

Schill, T. R. & Black, J. M. 1967. Differences in reaction to frustration as a function of need for approval. Psychological Reports, **21**, 87—88.

Schofield, W. 1953. The Rotter Incomplete Sentences Blank. In: Buros, O. K. (Hg.). The fourth mental measurement yearbook. Highland Park, N. J.: Gryphon, 244—245.

Schwartz, M. M., Cohen, B. D. & Pavlik, W. B. 1964. The effects of the subject- and experimenter-induced defensive response sets on Picture-Frustration Test reactions. Journal of Projective Techniques & Personality Assessment, **28**, 341—345.

Secord, P. F. 1952/53. Objectification of word-association procedures by use of homonyms: A measure of body cathexis. Journal of Personality, 21, 479—495.

Selg, H. 1968. Diagnostik der Aggressivität. (3. Auflage, 1974: Menschliche Aggressivität.) Göttingen: Hogrefe.

Selg, H. & Lischke, G. 1966. Eine Faktorenanalyse von Aggressionsvariablen. Zeitschrift für experimentelle und angewandte Psychologie, 13, 506—526.

Semeonoff, B. 1973. New developments in projective testing. In: Kline, P. (Hg.). New approaches in psychological measurement. London: Wiley, 89—118.

Semeonoff, B. 1976. Projective techniques. London: Wiley.

Seward, G. H., Morrison, L. M. & Fest, B. 1951. Personality structure in a common form of colitis. Psychological Monographs: General and Applied, 65 (1, Whole No. 318).

Shaffer, L. F. 1948. Sentence Completions Test. (Review). Journal of Consulting Psychology, 12, 284.

Shaffer, L. F. 1953. The Insight Test. In: Buros, O. K. (Hg.). The fourth mental measurement yearbook. Highland Park, N. J.: Gryphon, 246—247.

Shaffer, L. F. 1965. Curtis Completion Form. In: Buros, O. K. (Hg.). The sixth measurement yearbook. Highland Park, N. J.: Gryphon, 427—428.

Shapiro, E., Biber, B. & Minuchin, P. 1957. The Cartoon Situations Test: A semistructured technique for assessing aspects of personality pertinent to the teaching process. Journal of Projective Techniques, 21, 172—184.

Shor, J. 1946. Report on a verbal projective technique. Journal of Clinical Psychology, 2, 279—282.

Shouval, R., Duek, E. & Ginton, A. 1975. A multiple-choice version of the sentence completion method. Journal of Personality Assessment, 39, 41—49.

Silverstein, A. B. 1957. Faking on the Rosenzweig Picture-Frustration Study. Journal of Applied Psychology, 41, 192—194.

Simons, H. 1967a. Zur gruppenspezifischen Diskriminationsfähigkeit der Kinderform des Rosenzweig-Picture-Frustration Test. Diagnostica, 13, 15—29.

Simons, H. 1967b. Über die Auswirkungen unterschiedlicher Instruktionsbedingungen im Rosenzweig Picture-Frustration Test auf die Antworten von Schülern. Archiv für die gesamte Psychologie, 119, 16—25.

Simos, I. 1949/50. The Picture-Frustration Study in the psychiatric situation — preliminary findings. Journal of Personality, 18, 327—330.

Singh, J. 1947. Assessment in personality by projection tests. Indian Journal of Psychology, 22, 127—137.

Sommer, K. R. 1899. Lehrbuch der psychopathischen Untersuchungsmethoden. Berlin: Urban & Schwarzenberg.

Spache, G. 1949. An incomplete sentence test for industrial use. Gainsville, Fla.: Spache, Reading Laboratory and Clinic, University of Florida.

Spoerri, T. 1961, 1975^8. Kompendium der Psychiatrie mit Berücksichtigung der medizinischen Psychologie. Basel: Karger.

Staats, A. W. 1970. Learning, language, and cognition. London: Holt, Rinehart & Winston.

Starr, B. J. & Katkin, E. S. 1969. The clinician as an aberrant actuary: Illusory correlation and the Incomplete Sentences Blank. Journal of Abnormal Psychology, **74**, 670—675.

Stein, M. I. 1947. The use of a Sentence Completion Test for the diagnosis of personality. Journal of Clinical Psychology, **3**, 47—56.

Stein, M. I. 1949. The record and a sentence completion test. Journal of Consulting Psychology, **13**, 448—449.

Stern, E. 1952. Neuere experimentelle Methoden zur Untersuchung der Affektivität und des Charakters (II). Fortschritte der Neurologie, Psychiatrie und ihrer Grenzgebiete, **20**, 209—236.

Stern, E. 1955. Der Thematic Apperception Test von Murray und verwandte projektive Methoden. In: Stern, E. (Hg.). Die Tests in der klinischen Psychologie. Zürich: Rascher, Band I/2, 614—661.

Stern, W. 1904. Psychologische Tatbestandsdiagnostik. In: Stern, W. (Hg.). Beiträge zur Psychologie der Aussage, **2**, 145—149.

Stotsky, B. A., Sacks, J. M. & Daston, P. G. 1956. Predicting the work performance of psychiatric aides by psychological tests. Journal of Counseling Psychology, **3**, 193—199.

Stotsky, B. A. & Weinberg, H. 1956. The prediction of the psychiatric patient's work adjustment. Journal of Counseling Psychology, **3**, 3—7.

Stricker, G. & Dawson, D. D. 1966. The effect of the first person and third person instructions and stems on sentence completion responses. Journal of Projective Techniques, **30**, 169—171.

Strother, C. R. 1953. Sentence Completions Test. In: Buros, O. K. (Hg.). The fourth mental measurement yearbook. Highland Park, N. J.: Gryphon, 246.

Sutcliffe, J. P. 1955. An appraisal of the Rosenzweig Picture-Frustration Study. Australian Journal of Psychology, **7**, 97—107.

Sutherland, J. D., Gill, H. S. & Phillipson, H. 1967. Psychodiagnostic appraisal in the light of recent theoretical developments. British Journal of Medical Psychology, **40**, 299—315.

Symonds, P. M. 1931. Diagnosing personality and conduct. New York: Century.

Takala, A. & Takala, M. 1957. Finnish children's reactions to frustration in the Rosenzweig test: An ethnic and cultural comparison. Acta Psychologica, **13**, 43—50.

Tausch-Habeck, A. 1955/56. Der Erwachsene im Erlebnis des Kindes. Zeitschrift für experimentelle und angewandte Psychologie, **3**, 472—498.

Taylor, M. V., Jr. 1952. Internal consistency of the scoring categories of the Rosenzweig Picture-Frustration Study. Journal of Consulting Psychology, **16**, 149—153.

Taylor, M. V., Jr. & Taylor, O. M. 1951. Internal consistency of the Group Conformity Rating of the Rosenzweig Picture-Frustration Study. Journal of Consulting Psychology, **15**, 250—252.

Tendler, A. D. 1930. A preliminary report on a test for emotional insight. Journal of Applied Psychology, **14**, 123—136.

Tendler, A. D. 1945. Significant features of disturbance in free association. Journal of Psychology, **20**, 65—89.

Thomae, H. 1951. Experimentelle psychologische Diagnostik. Fortschritte der Neurologie, Psychiatrie und ihrer Grenzgebiete, **19**, 1—22.

Thomas, M. 1937. Méthode des histoires à compléter pour le dépistage des complexes et des conflicts infantils à l'usage des consultations médico-pédagogiques. Archives de Psychologie, **26**, 209—284.

Thorndike, E. L. 1920. A constant error in psychological ratings. Journal of Applied Psychology, **4**, 25—29.

Thun, Th. 1954. Versuche mit einem explorativen Phantasiegespräch nach dem Schema Zaubertraum. Zeitschrift für psychologische Diagnostik und Persönlichkeitsforschung, **2**, 309—321.

Thurstone, L. L. 1947. Multiple-factor analysis. Chicago, Ill.: University of Chicago Press.

Timaeus, E. & Wolf, S. 1962. Untersuchungen über den Rosenzweig P-F-Test. Zeitschrift für experimentelle und angewandte Psychologie, **9**, 352—360.

Tinker, M. A. & Baker, K. H. 1938. Introduction to methods in experimental psychology. New York: Appleton-Century.

Tresselt, M. E. 1958. The Kent-Rosanoff Word Association List and geographical location. Psychological Newsletter (New York University), **10**, 22—26.

Tresselt, M. E. 1959. The responses and frequencies of responses for 108 subjects (ages 34—41 years) to the Kent-Rosanoff Word List. Psychological Newsletter (New York University), **10**, 176—212.

Tresselt, M. E. 1960. The responses and frequencies of responses for 122 subjects (ages 42—54 years) to the Kent-Rosanoff Word List. Journal of Psychological Studies, **11**, 118—146.

Tresselt, M. E. & Leeds, D. S. 1953 a. The responses and frequencies of responses for 124 males and females (age 18—21) to the Kent-Rosanoff Stimulus Words. Psychological Newsletter (New York University), **5**, 1—36.

Tresselt, M. E. & Leeds, D. S. 1953 b. The responses and frequencies of responses of 124 males and females (age 22—25) to the Kent-Rosanoff Stimulus Words. Psychological Newsletter (New York University), **5**, 39—74.

Tresselt, M. E. & Leeds, D. S. 1954. The responses and frequencies of responses for males and females (ages 26—29) to the Kent-Rosanoff Word List. Psychological Newsletter (New York University), **5**, 144—177.

Tresselt, M. E. & Leeds, D. S. 1955 a. The Kent-Rosanoff Word Association: I. New frequencies for ages 18—21 and a comparison with Kent-Rosanoff frequencies. Journal of Genetic Psychology, **87**, 145—148.

Tresselt, M. E. & Leeds, D. S. 1955 b. The responses and frequencies of responses for males and females (ages 30—33 years) to the Kent-Rosanoff Word List. Psychological Newsletter (New York University), **6**, 95—127.

Tresselt, M. E., Leeds, D. S. & Mayzner, M. S., Jr. 1955. The Kent-Rosanoff Word Association: II. A comparison of sex differences in response frequencies. Journal of Genetic Psychology, **87**, 149—153.

Trites, D. K., Holtzman, W. H., Templeton, R. C. & Sells, S. B. 1953. Psychiatric screening of flying personnel; research on the SAM Sentence Completion Test. USAF School of Aviation Medicine Project Report, Proj. No. 21-0202-0007, Report No. 3.

Ungricht, J. 1955. Der „Sohn-Aufsatz" als psychodiagnostisches Hilfsmittel. Schweizerische Zeitschrift für Psychologie und ihre Anwendungsgebiete, **14**, 27—45.

Ungricht, J. 1958. Aviation psychology in Switzerland. In: Parry, J. B. & Fokkema, S. D. (Hg.). Aviation psychology in Western-Europe and a report on studies of pilot profiency measurement. Amsterdam: Sweets & Zeitlinger, 47—51.

Vane, J. R. 1954. Implications of the performance of delinquent girls on the Rosenzweig Picture-Frustration Study. Journal of Consulting Psychology, **18**, 414.

Venables, P. H. & Martin, I. (Hg.) 1967. A manual of psychophysiological methods. Amsterdam: North-Holland.

Vicary, J. M. 1948. Word association and opinion research: "Advertising" — an illustrative example. Public Opinion Quarterly, **12**, 81—98.

Wallon, E. J. & Webb, W. B. 1957. The effect of varying degrees of projection on test scores. Journal of Consulting Psychology, **21**, 465—472.

Wartegg, E. 1939. Gestaltung und Charakter. Zeitschrift für angewandte Psychologie, Beiheft 84, 1—261.

Weil, P. G. 1953. L'Affectivo-diagnostic. Paris: Presses Universitaires de France.

Weinstein, A. D., Moore, C. W. & McCary, J. L. 1963. A note on comparison of differences between several religious groups of adults on various measures of the Rosenzweig Picture-Frustration Study. Journal of Clinical Psychology, **19**, 219.

Weisskopf, E. A. & Dieppa, J. J. 1951. Experimentally induced faking of TAT responses. Journal of Consulting Psychology, **15**, 469—474.

Wells, F. L. 1954. Foreword. In: Holsopple, J. Q. & Miale, F. R. Sentence Completion: A projective method for the study of personality. Springfield, Ill.: Thomas.

Werner, S. 1966. Versuch einer Objektivierung des Rosenzweig P-F Tests. Zeitschrift für experimentelle und angewandte Psychologie, **13**, 133—181.

Wertheimer, M. 1906a. Experimentelle Untersuchungen zur Tatbestandsdiagnostik. Archiv für die gesamte Psychologie, **6**, 59—131.

Wertheimer, M. 1906b. Über die Assoziationsmethoden. Groß' Archiv für Kriminalanthropologie und Kriminalistik, **22**, 239—319.

Wertheimer, M. 1906c. Zur Tatbestandsdiagnostik. Eine Feststellung. Archiv für die gesamte Psychologie, **7**, 139—140.

Wertheimer, M. & Klein, J. 1904. Psychologische Tatbestandsdiagnostik. Groß' Archiv für Kriminalanthropologie und Kriminalistik, **15**, 72—113.

Wheeler, D. R. 1938. Imaginal productivity tests. In: Murray, H. A. (Hg.). Explorations in personality. New York: Oxford University Press, 545—550.

Whitman, J. N. & Schwartz, A. N. 1967. The relationship between two measures of the tendency to give socially desirable responses. Journal of Projective Techniques & Personality Assessment, **31**(5), 72—75.

Wiesenhütter, E. 1960, 1965². Medizinische Psychologie für Vorkliniker. München: Urban & Schwarzenberg.

Wilde, K. 1949/50. Die Wunschprobe. Ein neuer Test zur Untersuchung der charakterologischen Dynamik. Psychologische Rundschau, **1**, 213—224.

Wilson, J. P. & Aranoff, J. 1973. A sentence completion test assessing safety and esteem motives. Journal of Personality Assessment, **37**, 351—354.

Wispé, L. G. 1954. Physiological need, verbal frequency, and word association. Journal of Abnormal and Social Psychology, **49**, 229—234.

Wood, F. A. 1967. Tachistoscopic vs. conventional presentation of incomplete sentence stimuli. Journal of Personality Assessment, **31**(3), 30—31.

Wood, F. A. 1969. An investigation of methods of presenting incomplete sentence stimuli. Journal of Abnormal Psychology, **74**, 71—74.

Woodrow, H. & Lowell, F. 1916. Children's association frequency tables. Psychological Monographs, **22**, (5, Whole No. 97).

Wundt, W. 1887³. Grundzüge der physiologischen Psychologie. 3 Bände. Leipzig: Engelmann.

Würsten, H. 1960. Story Completions: Madeleine Thomas stories and similar methods. In: Rabin, A. I. & Haworth, M. R. (Hg.). Projective techniques with children. New York: Grune & Stratton, 192—209.

Wyman, J. B. 1925. Tests of intellectual, social, and activity interests. In: Terman, L. M. (Hg.). Genetic studies of genius. Stanford, Cal.: Stanford University Press, Volume I.

Young, P. T. 1948. Motivation, feeling, and emotion. In: Andrews, T. G. (Hg.). Methods of psychology. New York: Wiley.

Zubin, J., Eron, L. D. & Schumer, F. 1965. An experimental approach to projective techniques. New York: Wiley.

7. Kapitel

Zeichnerische und spielerische Gestaltungsverfahren

Wolfgang Sehringer

I. Einleitung: Popularität, Publikationsfluß und Theoriearmut

Die durch Spielen und Zeichnen gewonnenen Instrumente genießen eine große Beliebtheit — sie stoßen aber auch auf eine nicht minder große Skepsis.

Als Untersuchungsmethode der klinischen Praxis stand z. B. der „Draw-A-Person-Test" 1961 in den USA unter 62 Verfahren an 2. Stelle (nur vom Rorschach überflügelt) (Sundberg 1961), und 1969 war er immerhin noch auf Platz 5 zu finden (Lubin, Wallis und Paine 1971). In der wissenschaftlichen Zeitschriftenliteratur erschienen in den vergangenen zwei Jahrzehnten allein zu den DAM/DAP/HFD-Verfahren ziemlich gleichmäßig 40—50 Artikel jährlich. Genauer: Zwischen 1963 und 1976 hat sich die Zahl der in den 50er Jahren sprunghaft angestiegenen Literatur zur kindlichen und erwachsenen zeichnerischen Darstellung eines Menschen um — mindestens! — 530 Zeitschriftenartikel erhöht. Dazu kommen — nur zu diesem „Test" — etwa 50 Dissertationen und ein steter Fluß von selbständigen Publikationen (D. B. Harris 1963, Urban 1963, Buck 1964, Buck 1966, Koppitz 1968a, Backes-Thomas 1969, McElhaney 1969, Buck & Hammer 1969, DiLeo 1970, Portuondo 1971, Schildkrout, Shenker & Sonnenblick 1972, DiLeo 1973 und Osterrieth & Cambier 1976).

Erst seit Mitte der 70er Jahre geht diese Veröffentlichungsrate etwas zurück. Dieser Trend gilt (trotz im einzelnen wechselnder Gunst gegenüber den verschiedenen zeichnerischen Gestaltungsverfahren) für die Publikationsquote zur Diagnostik mittels Zeichnen und Malen überhaupt. Eine einigermaßen vollständige Bibliographie aller Titel, wie sie vor allem in den Psychological Abstracts, im C.I.D.E.P. (der Pariser Dokumentationsstelle für die Psychopathologie des Ausdrucks der Société Internationale de Psychopathologie de l'Expression (S.I.P.E.)), im Seventh Mental Measurements Yearbook (Buros 1972) und in den Dissertation Abstracts International gegenwärtig zu finden ist, kommt für die diagnostische Verwendung des Zeichnens zwischen 1963 und 1976 auf knapp 900 Titel, für die des Spielens auf knapp 400. Unter allen projektiven Verfahren gilt die wissenschaftliche Literatur noch in allerjüngster Zeit zu 70% dem Rorschach, dem TAT und den Human Figure Drawings (Klopfer und Taulbee 1976). In den 60er Jahren stieg die Anzahl der Publikationen zu Zeichen-„Tests" von anfänglich jährlich 50 auf knapp 90 und fiel seither wieder auf etwa 50 zurück. Anders bei den Spiel-„Tests". Deren publizistische Behandlung erlebte in diesem Zeitraum einen starken Aufschwung — ähnlich übrigens dem der „Art Therapy" (Kunst-Therapie, Mal-Therapie usw.), die nun bei jährlich etwa 40—50 eigenen Abhandlungen angekommen ist. (Die Art Therapy verfügt über eigene Zeitschriften: *„Bulletin of Art Therapy" 1961 ff; „American Journal of Art Therapy" 1969ff.* Offizielles Organ der Internationalen Gesellschaft für Psychopathologie des Ausdrucks — S.I.P.E. — ist seit *1963* die *„Confinia Psychiatrica".* Mit etwa 350 Veröffentlichungen seit 1963 hat sie damit die fast gleiche Beachtung gefunden wie die Diagnostik durch Analyse des Spielverhaltens).

Die Anziehungskraft zeichnerischer und spielerischer Gestaltungsverfahren ist also ungebrochen — obwohl (und das ist das Erstaunliche) dieser Publikationsfluß beständig von einem Schwarm von Abhandlungen durchsetzt ist, die unablässig belegen, wie windig es um die von den einzelnen Untersuchungsmethoden beanspruchten Aussagemöglichkeiten bestellt ist. Alle größeren Sammelreferate (z. B. D. B. Harris 1963, Murstein 1963, Fisher 1967, Swensen 1968, Roback 1968, Haworth 1968, Wanderer 1969, Molish 1972, Klopfer & Taulbee 1976) hinterlassen den Leser im besten Fall ratlos, meist jedoch mit ausdrücklichen Warnungen vor der unterstellten Vertrauenswürdigkeit der besprochenen diagnostischen Verfahren. Doch allen solchen „Aufklärungen" zum Trotz haben die projektiven Zeichentests sich als klinisches Instrument verhältnismäßig schnell eine *sichere Nische* in der Batterie projektiver Tests sichern können (in der Bundesrepublik übrigens mit dem „Baum-Test" (Koch) an der Spitze (Schober 1977)). Dieser Beobachtung Hammers (1968) zur Praxis muß man (und nun am Beispiel der Spieldiagnostik) die nüchterne Feststellung von Haworth zum Erkenntnisgewinn gegenüberstellen, um das Exzessive der Lage zu sehen: „Es scheint bemerkenswert, daß eine so ausgiebig untersuchte Technik wie das Puppenspiel so wenig Information über die Projektion hergegeben hat." (Haworth 1968b, 351). Man kann gar nicht anders, als von einer wirklich sterilen Forschungssituation sprechen. Es ist leider nicht so, daß eben nur von einem bestimmten Praxisrückstand zu berichten wäre, sondern der Tenor gilt einem absolut unbefriedigenden Forschungsbetrieb überhaupt: Karon hat das Elend schon vor Jahren kurz und bündig beim Namen genannt, als er schrieb: „Es gibt Hunderte von Arbeiten über projektive Techniken, die sie als valide ausweisen, und ebenso viele Hunderte, die zeigen, wie unvalide sie sind." (Karon 1968, 85). In einem allerdings herrscht Einmütigkeit. Niemand spricht von Zeichen*tests* und Spiel*tests,* um sie als psychometrische Verfahren aus der Provenienz der klassischen Testtheorie zu kennzeichnen — obwohl doch das Wort „Test" noch ganz selbstverständlich gebraucht wird. Analog zur Bezeichnung der „projective techniques" wollen wir im folgenden auch nur von „Verfahren" sprechen — zeichnerischen und spielerischen. Fragen wir, worin die Anziehungskraft dieser beiden Äußerungsweisen für den Praktiker besteht, so fällt auf, daß Zeichnen und Spielen einer Reihe von Interessen begegnen, die in die meisten Beratungssituationen moderierend eingehen: Zu den *Interessen des Pb* (des Klienten) gehören

1. die Beliebtheit der Tätigkeit,
2. deren Unmittelbarkeit,
3. das Erlebnis der Verfügbarkeit der Situation.

Der *Diagnostiker* (Berater) könnte darüber hinaus davon fasziniert werden, daß

4. seine Verstehens- und Einfühlungsprozesse durch die Ausdruckswirkung und ihre Unmittelbarkeit angeregt werden, (doch wie dies zur „diagnostischen Falle" infolge intermittierend variabler Verstärkung beim Umgang mit Einzelfällen werden kann vgl. Wanderer 1969, Chapman & Chapman 1971),
5. Zeichnen und Spielen nahezu universale Kommunikationsmöglichkeiten enthalten können (und dadurch Sprache zu kompensieren vermögen), womit die Findewahrscheinlichkeit durch die Weite und Komplexität der Aussagemöglichkeit erhöht wird (Barre & Monod 1965),
6. er eine Chance vermuten kann, unbewußte Prozesse oder tabuisierte Themen zu erreichen (Projektionshoffnung), und
7. die Mannigfaltigkeit der graphischen und spielerischen Produktionen einer ebenso großen Vielfalt der sprachlichen Beziehungssetzungen gegenübersteht (d. h. die Sprache gestattet eine Interpretationsanpassungsfähigkeit subtilster Art, hinter der die methodisch kontrollierbaren Verifikationen weit zurückbleiben),
8. der durch Mal-, Spiel- und Kunsttherapie immer wieder demonstrierte therapeutische Nacheffekt gleichzeitig mit der diagnostischen Prozedur angeregt werden kann (Objektivationschance; Entbindung „kreativer" Kräfte (z. B. Furrer 1970, Kramer 1975, Heermann 1977, Leuner, Horn & Klessmann 1977).

Den *Forscher* mögen darüber hinaus

9. noch die Chancen reizen, die darin liegen, daß dieselbe Tätigkeit (Zeichnen und Spielen) von ganz verschiedenen Populationen (hinsichtlich Alter, Rasse, Kultur, psychischem und sozialem Status usw.) *u. U.* gleichermaßen beziehungsträchtig ausgeführt wird.

II. Die zeichnerischen Gestaltungsverfahren

A. Historischer Rückblick

Die Geschichte der Psychologie des Zeichnens kann hier nicht gegeben werden. Dafür sei auf die einschlägigen Sammelreferate verwiesen: Für die Psychologie der

Kinderzeichnung unterrichten Goodenough (1928), Graewe (1936), Goodenough & Harris (1950), Precker (1950), Rioux (1951), Naville et al. (1951), D. B. Harris (1963). Umfangreiche kommentierte Bibliographien stammen von Naville (1950) mit 404 Titeln für die Zeit zwischen 1880—1949 und Stora (1963b) mit über 400 Titeln für den Zeitraum 1949—1962. Außerdem seien von Werken mit reichhaltigen Literaturangaben genannt: W. Wolff (1947), Mühle (1955), Eng (1957), Debienne (1968). Die Literatur zur Psychopathologie der Zeichnung referierten Anastasi & Foley (1940, 1941), ausführliche Verweise finden sich bei Volmat (1956), Navratil (1965), Wiart (1967), Wieck (1974), Bader (1975). (Ausführliche Dokumentationen in der Zeitschrift ‚Psychiatry and Art' und vor allem in den laufenden Bibliographien des C.I.D.E.P. (Centre International de Documentation concernant les Expressions Plastiques), Paris, L'Hôpital Sainte-Anne)). Zur Mal-, Zeichen- und Schreibtherapie siehe zusammenfassend Haimes (1971—1972), Kramer (1975) und Heermann (1977) sowie die Zeitschriften *‚American Journal of Art Therapy'* *(1969ff)*, *‚Art Psychotherapy'* *(1973ff)*, *‚Confinia Psychiatrica'* und die *‚Zeitschrift für Menschenkunde'*. Ein neues Sammelreferat zur Psychologie der bildenden Künste fehlt immer noch. Umfangreiche Literaturangaben vom psychoanalytischen Standpunkt aus z. T. bei Kris (1953), Durand (1960), Kubie (1966), Rabant (1976), B. Leuner (1976). Monographien aus gestalttheoretischer Sicht stammen von Arnheim (1965, 1977), unter konstitutionstypologischem Aspekt von Winkler (1949), als morphologischer Versuch von Salber (1977). Für Probleme der ausdruckspsychologischen Grundlagenforschung siehe Handbuch Bd. 5; zur Diskussion um den Begriff „Projektion" und „projektive Verfahren" siehe Hörmann im 1. Teilband.

Die ersten standardisierten Zeichentestverfahren galten den kindlichen Produktionen. Sie folgten den großen und vielfältigen Erhebungen zum kindlichen Zeichnen, die noch vor der Jahrhundertwende überall einsetzten: Durch Cooke schon 1885 in England, Ricci 1887 in Italien, Andree 1887 in Österreich, Pérez 1888 in Frankreich und durch Barnes 1893 in den USA. Ist die Fragestellung dieser Forscher ebenso wie der damals auch schon interessierten psychiatrischen Autoren (bahnbrechend: Max Simon 1876) noch tastend — vielseitig (Entwicklungsstufen, Kinderfehler, kindlicher Schönheitssinn, Kind und Kunst, Vergleich mit der Kunst der Primitiven und der Verfallszeiten, physiologische und psychologische Bedingungen des kindlichen Zeichnens, Zeichnen nach Vorlage und spontanes Zeichnen, Gedächtniszeichnen, bevorzugte Zeichengegenstände, Symbolik, Rechtshänder-Linkshänder, Zeichnen und Ideenassoziation, kindliche Karikaturen, Zeichnung und Intelligenz, Zeichnung und biogenetisches Grundgesetz, Zeichenbegabung und Zeichenunterricht, Funktion des Zeichnens usw.), so zielen die mit Ament, Schuyten und Kerschensteiner etwa 1904 einsetzenden Massenuntersuchungen nur auf wenige, dafür sehr bestimmte Fragen: Nämlich: Welche Entwicklungsstufen gibt es hinsichtlich Inhalt und Form der Zeichnungen? Lassen sich Geschlechtsunterschiede finden? Worin unterscheiden sich die Kinderzeichnungen verschiedener Völker und Kulturen? Worin liegt die

Eigenart der Zeichnung Geisteskranker? Bei alledem sucht man nach dem Leistungsvermögen der Probanden und stellt dafür Altersnormen auf. Sie bedeuten entsprechend der bewußtseinspsychologischen Einstellung der Verf. Indikatoren für die Intelligenz bzw. die Entwicklung der Intelligenz. Ihren direkten Niederschlag in einem Testverfahren finden diese Erhebungen in den Arbeiten von Ivanoff 1909, Thorndike 1913, Pintner & Toops 1918, Goodenough 1926, Burt 1928, Gesell 1931 bis hin zu Rey 1946/1947, Ziler 1958, Clostermann 1959, Heckhausen et al. 1962, D. B. Harris 1963 und Koppitz 1968a. Immer soll eine statistisch ermittelte Durchschnittsleistung repräsentativ für die jeweilige Alters- und Geschlechtsgruppe sein. Ob dieser Durchschnitt dann als Intelligenzalter (Rey), als gestalterischer Entwicklungsstand (Heckhausen et al. 1962) oder einfach als Zeichenalter (Cotte, Roux & Aureille 1951[3]) interpretiert wird, ist eine Standortfrage.

In der *zweiten Phase,* etwa von 1908 bis 1928, erfuhr die allgemeine Psychologie des Zeichnens ein intensives Studium. Dabei blieb weiterhin die Kinderzeichnung, abgesehen von der Bildnerei der Geisteskranken (von Mohr 1906 bis Prinzhorn 1923), der alleinige Untersuchungsgegenstand. Schematisch eingeteilt, lassen sich dabei drei Einstellungen zum Thema abheben: Versuch der Zerlegung der Zeichnung in ihre sensomotorischen Akte (Meumann 1914), eidetische Reduktion (Kroh 1922, Jaensch 1934) und ganzheitliche bzw. gestaltspsychologische Interpretation (Volkelt 1924). Im ersten wie im zweiten Fall werden die Zeichnungen als „reine Produkte der Erinnerung" (Wundt, zit. nach Graewe 1932) behandelt. Darum interessiert in den Beobachtungen und Experimenten der Inhalt der Zeichnungen, das ‚was' und nicht das ‚wie'. Das Bewußtsein in seiner Entstehung und Leistungsfähigkeit ist der eigentliche Bezugspunkt dieser Arbeiten. Man fragt nach der Reproduktionsfähigkeit und -genauigkeit mit Hilfe von Kopierversuchen (typisch dafür die Abzeichenaufgaben im Binet-Test), nach der Begrifflichkeit des kindlichen Denkens mittels Inhaltsanalysen, man stellt Begabungstypen (Meumann 1914, Wulff 1927) und ‚Erzähltypen' (Luquet 1913) auf, und vor allem analysiert man die Beziehung zwischen Wahrnehmung und Gestaltung. Hier vollzieht sich die Auseinandersetzung um die richtige Antwort am schärfsten. Wo man auf die *Genauigkeit* der Wiedergabe achtet, macht man entweder das analysierende Sehen (Albien 1907, Meumann 1914) oder die eidetische Fähigkeit (Kroh 1922, P. Metz 1929, Jaensch 1934, R. Meyer 1936) für die Leistungen verantwortlich, wo man auf die *Eigenart* des Wiedergegebenen sieht, stößt man auf die sog. komplex- und gestaltqualitative Beschaffenheit (Volkelt 1924, Muchow 1925, 1926) der Kinderzeichnung, was heißen soll, daß jede Reduktion eines psychischen Phänomens nur möglich ist, wenn man die Ganzheit der Persönlichkeit berücksichtigt. Erst jetzt wird ein Weg zur Persönlichkeitsdiagnostik sichtbar. Die Zeichnung ist nun *Ausdruck* der Gesamtpersönlichkeit und nicht mehr *Maßstab* gewisser Fähigkeiten. Dementsprechend werden ganzheitliche Aspekte wie Rhythmus (Krötzsch 1917), Farbe (Christoffel & Grossmann 1923, H. Wolff 1929), Raumbehandlung (Burkhardt 1934), Proportion

(Volkelt 1924, Muchow 1925, 1926, Britsch 1926, Werner 1953), Gestaltprägnanz (Kainz 1927, Wulff 1927, L. Bender 1932), Anmutungsqualität (Schliebe 1934, Werner 1953), Typus (Kroh 1922, W. Enke 1929, Krautter 1930, Lamparter 1932, Kienzle 1951), Ideenassoziation (Appel 1931, Graewe 1932), Erlebnis (nicht Inhalt!!) (Hansen 1933) und Spielzusammenhang (Graewe 1932, Rauschning 1935) wichtig.

Etwa gleichzeitig mit dieser Wendung, die die dritte *Phase* einleitet, d. h. vom Ende der zwanziger Jahre bis zum 2. Weltkrieg, wird zu den weitgehend noch reinen Beschreibungsbegriffen dieser Arbeiten eine *charakterologische* Systematik aufgebaut, und beide werden miteinander in Zusammenhang gebracht. Der Wartegg-Test 1939 ist zwar nicht der erste Zeichenergänzungstest (vgl. Pintner & Toops 1918, Street 1931), jedoch der erste, der systematisch ein ausgearbeitetes Persönlichkeitsbild im graphischen Ausdrucksbild wiederfinden will. In diesem Punkt begegnen sich die schon längst von Klages gewonnenen methodischen Prinzipien der graphologischen Forschung und die jetzt erstmalig vorgetragenen tiefpsychologischen Interpretationsversuche der Zeichnung mit der nun an der charakterologischen Kehre angelangten Schulpsychologie. Alle deuten den graphischen Ausdruck vor dem Hintergrund eines erklärtermaßen zuerst entworfenen Persönlichkeitsmodells. Dabei wird in jedem Falle die Fülle der beobachteten graphischen Merkmale und der zugeordneten Persönlichkeitszüge experimentell nicht mehr faßbar. Was an Einsicht gewonnen wird, geht an Beweiskraft verloren.

Die Gültigkeit der angewendeten Methode konnte zunächst nicht anhand der mit ihr gewonnenen Ergebnisse geprüft, sondern nur an dem sie tragenden Prinzip kritisiert werden, da die Thesen nicht operational definiert waren. So lautet etwa das a priori der Klagesschen Graphologie: „Der Ausdruck ist ein Gleichnis der Handlung" (S. 179). Die Ausdruckserscheinung wird aus der ihr zugrunde liegenden Antriebsbewegung nachempfunden, aber nicht bewiesen. Oder, um ein anderes Beispiel zu nennen, Warteggs charakterologische Sinngebung der Zeicheninhalte setzt eine Gefühlslehre voraus, die in ihrer Vielschichtigkeit so nicht verifizierbar ist. Immerhin wurden Bereiche dieses wie des Klagesschen Bezugssystems in Laboratoriumsexperimenten angegangen und auch innerhalb der dort gesetzten Bedingungen bestätigt (Remmers & Thompson 1925, Krauss 1930, Hippius 1936, Cannon 1939, W. Wolff 1947, Scheerer & Lyons 1957, Werner & Kaplan 1957, Peters & Merrifield 1958).

Nicht so erfolgreich, aber zunehmend populärer, erwies sich der charakterologisch mit viel weniger Variablen arbeitende *psychoanalytische* Ansatz. Sein Schwergewicht liegt in der Inhaltsanalyse der Zeichnungen, sein Deutungsprinzip ist die Symbolinterpretation, wobei — was bis heute unbewiesen ist — die Sinnhaltigkeit aller Inhalte vorausgesetzt wird (Fromm 1958).

Die Frage, ob sich in den Zeichnungen krankhafte Zustände niederschlagen, wurde im wesentlichen von drei Gesichtspunkten her bejaht: Vom psychoanalytischen

Interpretationsprinzip, das die symbolische Darstellung der neurotischen Konfliktsituation annimmt, vom ebenso inhaltsanalytisch vorgehenden psychopathologischen Verständnis der Zeichnung als Niederschlag abartiger Wahrnehmungsweisen (mit der Betonung der psychotischen Wahrnehmungsstruktur im Dargestellten) und schließlich vom struktur- und entwicklungspsychologisch bestimmten Erklärungsprinzip der Persönlichkeit, das nach dem Grad und der Art der Strukturierung forscht. Hierbei wird die Zeichnung vor allem in ihrer Gesamtqualität begriffen, was als methodisches Prinzip in den beiden zuerst genannten Deutungsvorgängen nicht notwendig enthalten ist.

Nun ist klar, daß solche Deutungshypothesen im Einzelfall eine Zeichnung schlagartig verstehbar machen und u. U. eine tiefe Einsicht in die Persönlichkeit gewähren, daß sie sich zur psychometrischen Verifizierung aber herzlich schlecht eignen.

Man hat daher, vor allem in den USA, zunächst alle derartig weittragenden und unkontrollierbaren Deuterelationen beiseite geschoben und sich pragmatisch in unzählige Korrelationsberechnungen gestürzt, die für eine begrenzte und so genau wie möglich kontrollierte Gruppe von Merkmalen nach bestehenden Zusammenhängen suchen. Dies gilt für die Untersuchung freier Zeichnungen (Lit. bei Precker 1950; ferner: Martin & Weir 1951, Stewart 1955) ebenso wie für die gebundenen Testverfahren. Die Ergebnisse dieser statistischen Bearbeitungen sind für die Individualdiagnostik nur enttäuschend. Direkte Zusammenhänge von graphischen Zeichen und Persönlichkeitsmerkmalen wurden kaum gewonnen oder doch von anderer Seite sofort wieder bestritten. Im Grunde ist dieses Resultat aber nicht verwunderlich. Denn was hier mit großem Eifer erzwungen werden sollte, war nichts anderes als die Rückkehr der alten signes fixes (Michon) der französischen Graphologie des vorigen Jahrhunderts. Die Lehren aus den berühmten Untersuchungen von Hull & Montgomery 1919 waren offenbar vergessen; man sah nur, daß das Ganzheits- und Gestaltprinzip der gewünschten Quantifizierung widerstand.

In dieser Situation kam 1939 ein Aufsatz von L. K. Frank zu Hilfe, in dem er die Verfahren, die wir heute ‚projektiv' zu nennen gewohnt sind, methodisch neu definierte. Er eröffnete damit die *vierte Phase,* deren Hauptströmungen noch heute auf uns einwirken. Frank legte nämlich dar, daß die Testergebnisse nur dann einen Sinn bekommen, wenn sie als Niederschlag einer dynamisch-prozeßhaft orientierten Persönlichkeitsauffassung betrachtet werden. Der Zwang zur Meßbarkeit schien gefallen, wenn er dabei feststellte:

„Streng genommen gibt es nur . . . Individuen, die als solche von der (vorgegebenen) Kultur und Zivilisation abweichen und sie verzerren; doch wir haben mit unserer traditionellen Vorliebe für Gleichförmigkeiten (bisher) lieber die Gleichförmigkeit von statistischen Anhäufungen aller Arten von Tätigkeiten als die Wirklichkeit betont und dabei die individuelle Abweichung als ein unvermeidbares aber peinliches Versagen der Natur behandelt, um unseren Erwartungen zu entsprechen." (S. 391). Aber dieses mechanische Modell der Physik sei heute, so fährt Frank fort, anerkanntermaßen durch die Quantenphysik ergänzt, d. h. auch hier gelte neben einem statistisch bestimmbaren Massenverhalten die Unbestimmbarkeit der Einzelreaktion. Sie zu studieren sei überhaupt nur in ihrem zugehörigen dynamischen Feld sinnvoll. Die diagnostische Frage müßte daher lauten: Wie strukturiert das Individuum seinen Lebensraum, und wie benützt es seine Erfahrung, um seine persönlichen Bedürfnisse in den verschiedenen Situationen zu befriedigen (S. 409). Beantworten könnte man sie notwendigerweise nur in ‚patterns' oder ‚configurations' der individuellen Strukturierungseigentümlichkeit und nicht mehr nach dem Reiz-Reaktions-Schema und seinem eindimensionalen Kontinuum. Die Validierung der so gewonnenen Ergebnisse sei dann gesichert, wenn — so meint Frank — die gleichen patterns oder configurations in mehreren diagnostischen Verfahren auftreten.

Vor diesem Hintergrund muß man die seitherige Entwicklung sehen, in der man mindestens drei verschiedene Schlußfolgerungen aus den Frankschen Postulaten gezogen hat:

1. Zur Interpretation einer Zeichnung genügt die subjektive Erfahrung. Es entsteht eine Schwemme herausgemachter Verfahren mit sog. ‚klinischer Validierung'.
2. Ausdrucks- und gestaltspsychologische Reduktion.
3. Phänomenologische Typologie.

Zeitlich haben die ersten beiden Ansätze ihren Schwerpunkt zwischen 1940 und 1950, der dritte charakterisiert mehr die Entwicklung zwischen 1950 und 1960.

ad 1 *Die klinische Erfahrung*

Wo kann man seine Welt besser strukturieren als in einer Zeichnung? Wie läßt sich die Situation müheloser verändern als durch ein anderes Zeichenthema? Und nicht weniger wichtig: Wie viele Pbn können oder wollen nicht sagen, was sie sagen sollten — aber können es in der Zeichnung mitteilen? Und wirkt nicht die Äußerung allein schon kathartisch? — Gründe genug, um bei dem großen klinischen Bedarf, bei dem Mangel an bewährten Zeichentestverfahren und der Fülle alter und neuer Gesichtspunkte in der Persönlichkeitsforschung und täglichen Praxis dergleichen Verfahren ad hoc zu konstruieren und eben zunächst mit der persönlichen Erfahrung zu validieren. So entstanden die Verfahren von Hanselmann 1946, Machover 1948, F. Minkowska 1949, Raven 1951, Hulse 1952, Caligor 1957, Gräser 1957 u. a. m. Wer z. B. Projektionen des Körpergefühls, der männlich-weiblichen Identifikation, der Aggression, der Angst suchte, ließ Menschen zeichnen, wer die Familiensituation klären wollte, setzte eine Familie in Tieren als Thema; die Gruppensituation evozierte man entweder in einer diesbezügliche Testinstruktion (Hare & Hare 1956, Rabinowitz & Travers 1955) oder direkt im Partnerschaftsversuch (Hanselmann 1946, Nielsen 1951). Im

Zeichen-Wiederholungstest (z. B. Caligor 1957) erfuhr der Prozeßcharakter seelischen Seins systematische Beachtung. Immer aber bleibt das Deuten ein unsicheres Geschäft, dem man nur zu oft mit gröblicher Überschätzung der Leistungsfähigkeit der Verfahren begegnet ist, was ohne Zweifel mit dem mangelnden theoretischen Interesse der Autoren zusammenhängt. Kaum, daß einmal ein durchdachtes Persönlichkeitsmodell als Bezugssystem genannt wird, allenfalls bietet man manchmal — und damit unter Beschränkung aller Beweisführung auf die praktische Nützlichkeit — ein paar magere Korrelationskoeffizienten. Dabei hat sich die Fragestellung im Laufe der Jahre gründlich von anfänglich individualpsychischen (Raven, Machover) zu sozialpsychischen Determinanten (Hulse, Hanselmann, Gräser, Hare, Burns & Kaufmann) verschoben, wie man schon an den veränderten Testinstruktionen ablesen kann. Das methodische Prinzip in diesen Bemühungen heißt nicht erklären, sondern verstehen. Man beweist nicht, sondern man macht einsichtig. Dies hat bis heute zur Folge, daß die Zeichentests, allen voran der DAP sensu Machover, ein Doppelleben führen: Das der geringschätzigen Abqualifikation in den wissenschaftlichen Zeitschriften und das des lebhaften Gebrauchs in der Praxis. Ganz offensichtlich entsprechen den unterschiedlichen Wertschätzungen auch verschiedene Zugangsweisen.

ad 2 *Ausdrucks- und gestaltpsychologische Reduktion*

Beide sind als ganzheitliche Betrachtungsweisen konzipiert. Beschreibung und Interpretation reflektieren fortgesetzt aufeinander. Methodisch werden Standortbestimmungen vorgenommen und von daher die Befunde gewertet. Neben dem Wartegg-Test gilt dies vor allem für die Arbeiten von Harms 1940, Waehner 1946, W. Wolf 1947 und Elkisch 1960 auf der ausdruckskundlichen und für Bender 1932, 1952, Fingert, Kagan & Schilder 1939, Hildreth 1941, Rey 1950, Busemann 1950, Arnheim 1965, 1977 u. a. m. auf der gestaltpsychologischen Seite. Minder deutlich sieht man dies bei Buck 1948, Mira 1957 und K. Koch 1957. Der zeichnerische Ausdruck wird mit den der Graphologie entnommenen Prinzipien der Antriebsbewegung und der Raumsymbolik erfaßt und gedeutet, während die Gestaltungsleistung das Wesentliche der gestaltpsychologischen Fragestellung ausmacht.

Da in der freien Zeichnung wie auch noch in einem Zeichenergänzungstest allzuviele Variable unkontrolliert bleiben, zeigt sich außerdem die Tendenz, den ausdruckspsychologischen Weg noch einmal ganz von vorne zu beginnen und zunächst nur die Motorik anhand gezielter, ganz elementarer Versuche zu beobachten. Richtungsweisend dafür wurden die Experimente der Kretschmerschen Konstitutionsforschung zur Motorik (W. Enke, Steinwachs; Lit. bei Kretschmer), deren sich die Testverfahren von Mira (Myokinetik), Wechsler & Hartogs (Spiegelzeichnen), Käser-Hofstetter (Leistungsversuch) mehr oder weniger abgewandelt bedienen. Sie alle, wie auch der Kritzeltest von Meurisse 1948 und das graphomotorische Verfahren nach Kutash & Gehl 1955 reduzieren den graphischen

Ausdruck auf seine emotional-motorische Seite als letzte faßbare Komplexqualität. Das leitbildabhängige Darstellungsmoment (Klages) wird dabei ebenso wie der projektive, weltgestaltende und der objektbestimmte Anteil am graphischen Ausdruck eliminiert oder wie bei Meurisse, wo eine in die Blattmitte zu setzende persönliche Unterschrift umkritzelt werden soll, methodisch abgehoben und kontrolliert. Die Frage jedoch, ob nach dieser kinästhetischen Reduktion typische Zusammenhänge der graphischen Beschreibungsbegriffe (wie Strichstruktur, Druck, Geschwindigkeit, Beweglichkeit, Ebenmaß (= Regelmäßigkeit, Reichhaltigkeit) erkennbar sind, wurde allein für die Graphologie beantwortet, wo Pophal im sog. ‚Versteifungsgrad' ein Gruppierungsprinzip fand, das auch charakterologisch evident gemacht werden konnte. Wie ergiebig die Analyse noch bei den einfachsten Zeichenaufgaben wird, hat Brengelmann in seinem Figur-Rekonstruktions-Test gezeigt, bei dem es ihm gelang, fünf mehr oder weniger heterogene Faktoren, die die zeichnerische Ausdrucksbewegung beeinflussen, zu isolieren. Es sind dies: Extraversion, Rigidität, Hysterie-Dysthymie, Schizophrenie und das sprachlich geäußerte Selbstvertrauen in die vollbrachte Testleistung.

Mit der Graphometrie (Fahrenberg 1961) wurde diese Entwicklung fortgeführt, durch die eine sehr fruchtbare Auseinandersetzung um die Grundlagen der Graphologie (Schriftpsychologie) in Gang gekommen ist (Lockowandt 1973, Wölpert 1977).

Weniger persönlichkeitspsychologisch als psychopathologisch bedeutsam erwies sich der umgekehrte Weg, nämlich die formale Entwicklung bestimmter Grundgestalten, ihren Aufbau und ihren Zerfall zu verfolgen. Hierher gehören besonders L. Benders Untersuchungen der Gehwegzeichnungen von Kindern, ihr Gestalt-Test, die DAP-Testanalysen nach Schockbehandlung, hierzu zählt aber auch der von W. Wolff entwickelte Rhythmusquotient (R.Q.), der nur als Grundgestalt begriffen werden kann. Aktualgenetisch ließe sich der 8 CRT (Caligor) interpretieren, der ebenso wie der Sandersche Phantasie-Test und der daraus entwickelte WZT das „aktuelle Werden von Gestalten in einem überschaubaren Erlebenszusammenhang" analysiert (Sander, zit. nach Graumann 1959, 410). Daß dabei gerade die personale Eigenart des Pb noch deutlicher heraustritt als bei der Untersuchung der reinen „Endgestalten", ist im Bereich der Zeichentests nur partiell beachtet worden. Die Verlaufsanalyse darf sich hier nämlich nicht mit der Registrierung der Detail- oder Bildabfolge begnügen, sondern sie muß, wie W. Wolff gezeigt hat, die gleichzeitig ablaufenden Gedankenassoziationen systematisch zur Deutung heranziehen, solange es nicht gelingt, die Motivation aus der Zeichnung selbst zu erschließen. Wieweit hierzu die von Aronson (1958) aus dem McClellandschen Arbeitskreis entwickelte Methode zur Bestimmung des Leistungsehrgeizes richtungweisend werden kann, bleibt abzuwarten. Ungeklärt ist auch noch, ob die aus Querschnittuntersuchungen abgeleiteten widersprüchlichen Thesen zum Entwicklungsverlauf des frühkindlichen Zeichnens (vgl. Winnefelds (1959) Korrektur Volkeltscher oder Muchowscher

Theorien) sich bei einer longitudinalen Betrachtungsweise nicht als verschiedene „sich entwickelnde Formsysteme" (Salber 1958) und damit u. U. als entwicklungscharakterologische Varianten erweisen würden.

ad 3 *Phänomenologische Typologie*

Die in den 50er Jahren zu beobachtende Tendenz, noch einmal von vorne zu beginnen und zu allererst sich die genaue Beschreibung der Phänomene angelegen sein zu lassen, geschieht dennoch unter einer neuen Voraussetzung: Es geht nämlich nicht mehr allein darum, die richtigen Beschreibungsbegriffe zu finden, sondern man will zugleich gemäß dem Ganzheitsprinzip ihre wechselseitigen Beziehungen und Abhängigkeiten in ihren typischen Ausprägungen aufdecken. Hatte man zunächst versucht, dem Ganzheitsprinzip durch ganzheitliche Beschreibungsbegriffe zu entsprechen (Elkisch 1960), so wurde bald klar, daß diese in zwei Punkten nicht befriedigten: Die Zuordnungen der einzelnen Zeichnungen gelang oft nur ganzheitlich-intuitiv, und — was damit zusammenhängt — zu viele wichtige Details gingen schon bei der Beschreibung verloren. Darum versucht der neuere Ansatz, wie wir ihn für die Handschrift bei Pophal 1949, Grünewald 1954, Pfanne 1961, Müller & Enskat 1973, für die Zeichnung bei Harms 1946, Salber 1958, Kellogg 1959, Rabenstein 1960 und Heckhausen et al. 1962 sehen können, die Merkmalsflut nicht wie ehedem ‚molekular' durch Addition zu bannen (typisch dafür Goodenoughs Auszählverfahren), sondern entweder in ‚Gestalttypen' (Grünewald), ‚graphischen Komplexen' (Pfanne), ‚fundamentalen Typen des formalen Ausdrucks' (Harms) oder ‚Entwicklungslinien der Differenzierungsmorphologie' (Heckhausen) nach tragenden Ganzheiten zu ordnen oder wie Kellogg auf eine noch handliche Zahl abstrahierter Grundformen zu reduzieren. Wurden hier die Ordnungsprinzipien noch auf Grund von Querschnittanalysen gewonnen, so wird der Entwicklungsgedanke bereits methodisch bei Salber berücksichtigt, dem es gelungen ist, mit der Fülle der Merkmale anhand von Längsschnittuntersuchungen zu „sich entwickelnden Form-Systemen" vorzustoßen, indem er „die aufgewiesenen Einzelmerkmale der Zeichnung ... durch eine Beschreibung der Veränderungseinheiten" zusammengeführt hat. Die Verlaufsform selber wird zum Ordnungsgesichtspunkt, wodurch wesentliche Einsichten gewonnen werden (vgl. auch Flakowski 1957). Enke & Ohlmeier (1960) und Arnds, Enke & Ohlmeier (1960) haben ferner gezeigt, daß eine formale Bildanalyse (nach Bewegungs-, Raum-, Form- und Farbbild) psychotherapeutischer Bildserien nach ‚Entwicklungsgraden' möglich ist und in Kurven ausgedrückt werden kann, die einen bequemen Vergleich mit dem klinischen Verlauf ermöglichen. Eine faktorielle Bearbeitung dieser Probleme mittels der P-Technik wurde erstmals von Guillaumin et al. (1959) unternommen.

Die letzten drei Jahrzehnte sind durch eine irritierende Fülle von kleineren Arbeiten gekennzeichnet, die mehr oder weniger ausdrücklich dem Ärgernis des Buches von Machover gelten. Vielleicht kann man dennoch das Jahr 1968 als

Wendepunkt und Einleitung einer *fünften Phase* ansehen, in der nach dem einst von Frank angetriebenen Aufstand der projektiven Verfahren gegen den psychometrischen Puritanismus die Persönlichkeitsdiagnostik auf eine erneute Überprüfung ihrer Grundlagen zusteuert. Die Krise der Diagnostik mittels projektiver *zeichnerischer* Gestaltungsverfahren kumulierte in der zweiten Auseinandersetzung Swensens (1968) mit dem DAP und den nachfolgenden gleichsinnig kritischen Sammelreferaten von Roback (1968), Wanderer (1969), Molish (1972) und Klopfer & Taulbee (1976). Schon das 1968 erschienene HFD-Verfahren von Koppitz (1968a) steht auf einem neuen methodischen Stand.

Neben den speziellen Schlußfolgerungen Swensens (ganzheitliche Urteile sind am reliabelsten, die Höhe der zeichnerischen Qualität und die Höhe der zeichnerischen Anforderungen bestimmen den Symptomwert des Items und strukturelle und inhaltliche Items sind unergiebig), wird eine allgemeine Stimmung der Neuorientierung laut. Die Unzufriedenheit mit der Theorie und Praxis bei den projektiven Verfahren scheint jedoch gegenwärtig sich nicht einfach in Parolen zur Rückgewinnung verlorenen psychometrischen Terrains zu erschöpfen. Vielmehr tauchen Arbeiten auf, die die Selbstverständlichkeiten aller Stationen eines Untersuchungsverfahrens neu diskutieren. Die theoriearme Zeit scheint ihrem Ende entgegen zu gehen.

In diesem Neuanbruch der Grundlagenforschung werden Elemente einer *Psychologie der Kinderzeichnung* (Harris 1963, Renner 1969, Nash & Harris 1970, Freeman 1972, Goodnow & Friedman 1972, Svancarová & Svancara 1972, Seymour 1974, Svancarová 1976, Freeman & Eiser 1977), werden die *Entwicklungstheorien* zur perzeptuellen, sprachlichen und kognitiven Entwicklung (z. B. McWhinnie & Lascarides-Morgan 1971, Gstettner 1971), die *klinische Urteilsbildung* (Natur des Stimulus, Verrechnungsobjektivität, VL-Pb-Interaktion, Natur der Untersuchungssituation), die *Begrifflichkeit in der Theoriebildung* (psychiatrische Nomenklatur, psychoanalytische Termini und Konstrukte der Persönlichkeitsforschung) und anderes mehr einer z. T. recht radikalen Analyse unterworfen.

Der Wandel der Einstellung zu den zeichnerischen Gestaltungsverfahren wie zu den projektiven Verfahren überhaupt drückt sich im Wandel der Fragen aus. Geht es um eine verfeinerte Psychometrie oder um kommunikative Sensibilisierung? Steht die Testanwendung zur Diskussion oder die Erkenntnisfunktion des Diagnostizierens? Soll Verhalten vorhergesagt oder Struktur (Disposition) erschlossen werden? Ist interindividuelles Vergleichen gefragt oder die intraindividuelle Organisation eines Pb? Sollen die Aussichten bestimmter Pbn für bestimmte treatments abgeschätzt oder zurückliegendes Verhalten verstehbar gemacht werden? Soll das individuelle Funktionieren eines Pb beurteilt (wozu ein Denken in Funktionsmodellen notwendig wäre) oder eine korrelative Fragestellung beantwortet werden? Je nachdem ändert sich Datensammlungsstrategie und Datenverarbeitungsweise. So gewendet spiegelt die widerspenstige Fülle der Arbeiten zum kindlichen Zeichnen und zu seinem Einsatz als diagnostisches

Hilfsmittel den Zeitgeist unserer wissenschaftlichen Voreingenommenheiten und Sorgen recht getreu, auch wenn wir dabei gelernt haben mögen, immer präzisere Fragen zu stellen. Aber sind es die wichtigen, für den Pb entscheidenden Fragen? Haben Klopfer & Taulbee (1976) recht mit ihrer Ansicht, daß, solange Psychologen nach der Innenseite der Person fragen und deren „Tiefe" ausloten wollen, sie sich auch mit projektiven Verfahren abgeben werden? Denn durch sie gewännen sie jene Perspektiven zur Motivation und zur Persönlichkeit, zur Kreativität und zu verborgenen oder verschütteten Quellen des Individuums, die den gegenwärtig bevorzugten Instrumenten verschlossen sind. Ist das aber nicht auch ein Plädoyer zur systematischen Suche nach dem „bevorzugten Ausdrucksfeld" des Individuums, eine Aufforderung zu einer neuen individuums-zentrierten Diagnostik? So gefragt, müßte jetzt die Erkundung des Ausdrucksfeldes „Zeichnen und Malen" wieder von vorne anfangen.

B. Die Leistungsfähigkeit einiger ausgewählter Gestaltungsverfahren

1. Thematische Zeichentests

a) Der Draw-a-Person Test (DAP) (Machover) und der
Human-Figure-Drawing Test (HFD) (Koppitz)

Quelle: Karen Machover 1948, E. M. Koppitz 1968a, dt. 1972, Abraham 1963, dt. 1978.

Aussagebereich: Persönlichkeitsbild, Körperschema, neurotische Konflikte (Machover: eher Erwachsene, Koppitz: Kinder). Bezugssystem für Machover ist die Theorie Freuds, für Koppitz die von H. St. Sullivan.

Reliabilität:

1. Ganzheitlicher Zugang:

„Globale Beurteilungen, die sich auf die Zeichnung als Ganzes stützen, kann man für die meisten psychometrischen Verwendungen als zufriedenstellend betrachten" (meist über .80). So beurteilt Swensen (1968, 22) die Ergebnisse seiner Literaturübersicht. Jedoch gilt eine Einschränkung: Große Unterschiede im künstlerischen Niveau der Zeichnung führen zu erheblichen Irrtümern (Young 1971, Cressen 1975).

2. Einzelmerkmale:

Die Reliabilität eines Einzelmerkmals schwankt nach Swensen (1968) zwischen .30 und .50. P. T. Adler (1970) schied für seine Faktorenanalyse über die Hälfte der in der Literatur referierten Items wegen mangelnder Reliabilität aus. Unter den verbleibenden 32 Merkmalen erreichten 6 — darunter das differentialdiagnostisch wichtige „bizarr" — nur eine Beurteilerkonkordanz unter .40.

3. Test-retest-Reliabilität:

Strümpfer (1963) fand in Zeichnungen von Psychotikern verschiedener Altersstufen Stabilität bei ganzheitlichen Befunden wie „gestörtem Körperschema" (.74), „Reife" (.85), „adjustment" (.84) u. a. — Hammer & Kaplan (1964a, 1964b, 1964c, 1966) testeten an über 1300 Kindern die Reliabilität verschiedener Items und fanden:

a) die Reliabilität der Gesichtshaltung hängt von der Richtung ab. Frontalansichten waren hoch reliabel, rechtsgerichtete Profile sehr unreliabel, und Linksprofile waren reliabel für Buben, aber nicht für Mädchen. Machovers Behauptung, Mädchen würden mehr Frontalansichten zeichnen als Buben, wurde gestützt. Während Buben mehr rechtsgerichtete Profile zeichneten, ergaben Linksprofile keine Hinweise auf Geschlechtsunterschiede.

b) Die Geschlechtsvariable bleibt bei Kindern, die das erste Mal dasselbe Geschlecht zeichneten, gleich, ändert aber manchmal bei denjenigen, die zuerst das andere Geschlecht wählten.

c) Inbezug auf die Größe fanden Hammer & Kaplan (1964c) bei extremen Maßen keine Reliabilität, hohe hingegen bei durchschnittlichen Größen, ungeachtet des Geschlechts von Zeichner und Gezeichnetem. — Weitere Items prüften dieselben Autoren 1966 im Abstand einer Woche und fanden Reliabilität für „Weglassen von Fingern", „nur Kopf", „Schraffieren von Haar und Körper", „Radieren", „offenen vs geschlossenen Mund", aber nicht für „Weglassen von Händen/Füßen/Nase", „Plazierung", „Zähne", „Knöpfe". — Einer Nachprüfung unterzogen Litt & Margoshes (1966), Hammer & Kaplans Befunde der Geschlechtspräferenz (1964b). Sie ließen eine Gruppe von 341 Kindern den Test dreimal machen und fanden große Variabilität fürs Geschlecht der zuerst gezeichneten Person (o-s-f). Die mangelnde Reliabilität dieses Items zieht Machovers Deutung des Merkmals in Zweifel. Abraham (1963) führt die Unstimmigkeit allerdings auf den Einfluß der Altersstufe, des Geschlechts und soziokultureller Bedingungen zurück und differenziert in ihrer test-retest-Untersuchung nach diesen Variablen. Den Wechsel der Geschlechtsfolge deutet sie dann nicht mehr als mangelnde Reliabilität des Items, sondern als Unstabilität des Ichideals bei kleinen Kindern und bei Adoleszenten. — Guinan & Hurley (1965) ließen dreierlei Beurteiler die Zeichnungen des 1. Tests denjenigen des 2. (fünf Wochen später) zuordnen. Am besten (19 von 20) gelang dies den geschulten Beurteilern, während die „freshmen" nur 12 von 20 trafen. Pihl & Nimrod (1976) fragen, welchen Einfluß An- oder Abwesenheit des Testleiters haben. Dazu erfassen sie 44 Kinder mit dem CPQ; ihre Zeichnungen werden gewertet nach a) dichotomen Eindrucksmerkmalen, b) IQ score nach der „eye-ball"-Methode, c) emotional indicators nach Koppitz. Die Varianzanalyse stützt die Reliabilität des Tests (.41—.69) und zeigt keine signifikante Auswirkung der Testbedingungen an.

Validität:

1. Item-Validierung:

Sein weitgehend negatives Urteil von 1957 über die von Machover aufgestellten Deuterelationen der einzelnen Items revidiert Swensen teilweise in einem zweiten Sammelreferat von 1968, indem er einräumt, die Forschung der letzten 10 Jahre habe sich auf einem „substantially higher level of sophistication" bewegt und sei deshalb nun fähig, die Figurzeichnung als diagnostisches Instrument in gewissen Bereichen anzuerkennen. Da die Reliabilität von Einzelmerkmalen geringer (.30—.50) als diejenige ganzheitlicher Beurteilung (meist über .80) ist, ist Vorsicht weiterhin geboten.

2. Konstruktvalidität:

Machovers zentrale Hypothese betrifft die Projektion des Körperschemas (Body image) in die Figuren und damit das Selbstgefühl (self-concept, self-esteem) und etwaige Ängste des Pb. (Fisher & Cleveland 1958, Cohen 1962, Witkin et al. 1962, Centers & Centers 1963, Craddick 1963, Wysocki & Whitney 1965, Apfeldorf & Smith 1966, Simmons 1966, Harris 1967, Gilties 1968, de Platero 1968, Ludwig 1969, Conners 1971, Pustel et al. 1971, Crowe 1972, Kokonis 1972, Carlson et al. 1973, Carter 1973, Nathan 1973, Wysocki & Wysocki 1973, Viney et al. 1974).

Insofern zielt — wie Swensen (1968) hervorhebt — eigentlich jede Item-Validierung auch auf die Validierung dieser Konstrukte.

Viele experimentelle Untersuchungen beschäftigen sich aber speziell mit der Frage nach „body image", „self-concept" und „anxiety" (Handler 1964, Handler & Reyher 1965, Silverstein 1966, Doubros & Mascarenhas 1967, Jacobson & Handler 1967, Engle & Suppes 1970, Sopchak 1970, Prytula & Hiland 1975) und sollen deshalb an dieser Stelle erwähnt werden.

*3. Korrelationen der Gesamt*interpretation mit anderen Tests:

Bruck & Bodwin (1963) entwickelten eine Methode zur Einstufung des Selbst-Konzepts und konnten sie signifikant mit dem Niveau von Kindern in der 3. (.54) und der 11. Klasse (.72) korrelieren; keine signifikante Korrelation gelang mit der 6. Schulstufe (.38). Für Vergleiche zwischen Rorschach und DAP vgl. z. B. Bash & Lampl (1951) Haworth (1962), West, Baugh & Baugh (1963), Nava (1965). Nichols & Strümpfer (1962), Strümpfer (1966) und P. T. Adler (1970) gewinnen einen Faktor „overall quality", der mehr als die Hälfte der Varianz umfaßt. Sie schreiben ihm eher Aussagekraft über die kognitive als über die emotionale Verfassung zu. Adlers Pbn waren Patienten psychiatrischer Anstalten, diejenigen Strümpfers College-Studenten und VA-Patienten. Einen Vergleich mit dem MMPI stellte Lewisohn (1965) an, indem er die ganzheitlichen Befunde des DAP-Tests von 42 männlichen und 47 weiblichen verschiedenartig psychisch kranken Klinikpatienten mit einer Anzahl Persönlichkeits- und Verhaltens-Meßskalen korrelierte. Bei den Männern fand er eine signifikante Beziehung zwischen Zeichenqualität und MMPI-Skalen der Ichstärke (.32), der sexuellen Abweichung (.29) und der F-Skala (.28). Bei den Frauen war eine signifikante Korrelation mit den MMPI-Skalen der Ängstlichkeit (.25), der Kontrolle (.31), der Lüge (.32), der Psychopathie (.27) und des weiblichen Interesses (.25) festzustellen; außerdem fand Lewisohn signifikante Korrelationen der Zeichenqualität mit Einstufungen der in Beschäftigungstherapie gezeigten Kreativität, und negativ korrelierte diese mit der eingestuften Reizbarkeit. (Vgl. auch Wainwright 1970). — Cull & Hardy (1971) verglichen die DAP-Ergebnisse mit denjenigen des Guilford-Zimmerman Temperament Survey (G-Z-T-S) und fanden eine signifikante Übereinstimmung der Items „Geschlecht der zuerst gezeichneten Person" und „Größe" mit entsprechend hohem oder tiefem masculinity/femininityscore des G-Z-T-S. Aufgrund dieser Ergebnisse bezeichnen die Autoren den DAP-Test als ein „instrument of high concurrent validity". Heroinsüchtige erbrachten bei Kaldegg (1975) signifikante Korrelationen zwischen DAP und Eysencks Personality Inventory sowie der Personal Preference Scale und Karte 6 BM des TAT. Keine statistisch signifikanten Unterschiede traten in den Bereichen der Extra- bzw. Introversion zutage. Auch in bezug auf die Geschlechtsidentität war nur ein Trend in Richtung „Feminität" festzustellen.

4. Differentialdiagnostische Untersuchungen:

Sie leiden besonders an der Unsicherheit der psychiatrischen Diagnosen und der Schwankungsbreite ihrer Nomenklaturen. Die Ergebnisse sind also in jedem Fall unsicher. Zur Differentialdiagnose der Schizophrenie wurden beim DAP der strukturelle (Kahn & Jones 1965) wie der behaviorale Weg beschritten. Bei einer *molekularen* Strategie waren die Befunde im ganzen negativ (Ries et al. 1966, Cortada de Kohan 1972), sieht man von dem Nachweis bei Wildman (1963) und Coyle (1966) ab, daß Paranoiker die gegengeschlechtliche Figur häufiger an Armen und Knien gelötet zeichnen als die chronisch Schizophrenen (.05 < p < .02), was als Anzeichen für die Bedrohung, die Paranoiker in heterosexueller Beziehung verspüren, verstanden wird. John (1974) entdeckte einen Symmetrie-Unterschied zwischen frisch erkrankten jugendlichen Schizophrenen und Gesunden im Merkmal der Ausdehnung: Die Zeichnungen der Patienten waren durchschnittlich 1.23 mal so weit wie die der Nichtpatienten. Lapkin, Hillaby & Silverman (1968) gelang die Differentialdiagnose zwischen je 20 Schizophrenen und Neurotikern (desselben Alters, Geschlechts und IQs), indem sie Merkmale, die sich in der Praxis als Anzeichen eines schizophrenen Prozesses erwiesen hatten, zu einer Checkliste zusammenstellten. Voraussetzung ist allerdings, daß ein geschulter Kliniker die Diagnose vornimmt. In einer *molaren* Strategie untersuchten Cox & Harwood (1972) 272 männliche kriminelle Psychotiker verschiedener Genese auf Schizophrenie, indem sie die auf Anhieb als „schizophren" eingestuften DAP-Resultate mit dem MMDT-Profilen und den klinischen Diagnosen korrelierten, wobei nur letztere signifikant ausfielen.

Die Differentialdiagnose organischen Hirnschadens erstellten McLachlan & Head (1974), indem sie 15 Items aus der Literatur in den Zeichnungen von Alkoholikern untersuchten; letztere weisen als Gruppe eine hohe Variabilität an Hirnschädigungen auf. Mit dem Halstead-Reitan Impairment Index, einem erwiesenermaßen empfindlichen Maßstab für organischen Hirnschaden, konnten 5 Charakteristika in Einklang gebracht werden.

Untersuchungen über abweichendes sexuelles Verhalten erbrachten bei männlichen Homosexuellen (Fraas 1970) negative, bei weiblichen (Janzen & Coe 1975) tentative Resultate. Wysocki & Wysocki (1977) hingegen fanden in den Menschzeichnungen von 60 männlichen Sexualverbrechern aufgrund ganzheitlicher Beurteilung Unterschiede zwischen Gewalttätern, Pädophilen und Inzestuösen. Die Autoren fragten — den Anregungen Machovers folgend — nach geschlechtlicher Identifikation, Egozentrizität, Zuordnung der Körperteile, sexueller Gestörtheit, Aggression, Schuldgefühlen und Angst. Die 26 zugehörigen Items wurden dichotomisch — nach vorhanden/abwesend — erfaßt, wobei sich folgende signifikante Unterschiede ergaben: Gewalttätige zeichneten alle zuerst das gegenteilige Geschlecht, im Gegensatz zu den anderen zwei Gruppen, in denen dies keiner tat. Dafür zeichneten diese signifikant mehr verdrehte Köpfe, was als psychotisches Anzeichen gilt. Bei den Pädophilen waren auch mehr Strichfiguren, Profile und Köpfe allein zu finden, während Inzestuöse — als Zeichen der Unsicherheit — mehr an den Körper gepreßte Arme zeichneten. —

Differentialdiagnostische Studien über Verhaltensstörung (McHugh 1966) und Lernunfähigkeit (Gounard & Pray 1975) bei Kindern erbrachten keine signifikanten Ergebnisse. Schließlich gibt es Untersuchungen über die zeichnerische Produktion von Menschen mit verschiedenen Krankheitsbildern und Störungen wie Asthma (Mees 1965/66), Dermatitis (Geist 1971), Hypertonie u. a. (Harrower, Thomas & Altmann 1975).

5. Verlaufsanalyse:

Sie wurde bei folgenden Krankheitsbildern durchgeführt: manisch-depressiver Psychose (Hárdi 1972), Alkoholismus (Hárdi 1968), Herzkrankheit (Bourne 1966, Felix et al. 1967), Epilepsie und Schizophrenie vor und nach operativem Eingriff (Weinstein, Johnson & Guerra 1963). Eine Kontrollfunktion über den Eintritt der Besserung übt die Verlaufsanalyse mit DAP in der Pharmakotherapie aus (Marinow 1964, Hárdi 1964, Rosenberg 1964, Sternlicht, Rosenfeld & Siegel 1973).

Der zeichnerische Ausdruck folgender Störungen bzw. schwerer Erkrankungen über längere Zeit hin wird anhand von Falldarstellungen veranschaulicht: Asthma bronchiale (Biermann 1969), Gehirntumor (Mabry 1964), Verhaltensstörungen (Lecomte-Ramioul & Orval 1966, Aubin 1970), Imbezillität (Lehmann 1971, 1976), Enzephalitis (Langer 1971).

Weitere untersuchte Zusammenhänge: Verlaufsanalytische Gesichtspunkte stehen bei den Bearbeitungen durch Rosenberg (1948) und Caligor (1957) im Vordergrund. Rosenberg unterlegt dem Zeichenpapier Kopierpapier und ein weiteres Blatt. Nach Beendigung jeder Zeichnung wird die Kopie abgetrennt und der Pb zu allen Veränderungen ermuntert, die er (auch mit Radiergummi) auf dem Original vorzunehmen wünscht. Bei Caligor (8 CRT) erhält der Pb einen Block aus 8 durchsichtigen Blättern (215 x 279 mm), wobei 7 Blätter zurückgeschlagen sind. Während Rosenberg die übliche DAP-Testinstruktion beibehalten hat, wird der Pb hier zunächst aufgefordert, einen Menschen in Ganzansicht zu zeichnen. Für die 7 weiteren Menschenzeichnungen sieht er jeweils die zuletzt gezeichnete Figur durch das Zeichenblatt schimmern. Die anderen werden mit einem dazwischen geschobenen Karton verdeckt. Dem Pb wird gesagt, er solle mit der noch sichtbaren Zeichnung auf dem neuen Blatt nach Belieben verfahren, d. h. sie noch einmal gleich oder anders zeichnen.

Normen: Koppitz, 1968a (für Emotional Indicators). Validierung der Koppitz-Normen durch Snyder & Gaston (1970), Goldman (1971), Montague & Prytula (1975), Pihl & Nimrod (1976). Weitere Normen bei Cohen, Money & Uhlenhuth (1972) (für Alter, Größe, Geschlecht bei 6—13jährigen). Harris (1975) zeigt, daß die für die anglo-amerikanische Kultur gültige Norm nicht auf andere Kulturbereiche übertragen werden kann und fordert entsprechend angepaßte Normen.

Modifikationen der Testinstruktion: Viele Autoren verlangen noch eine zusätzliche Figur; meist das „Selbst" (Harris 1963; Craddick 1963; Bergelson 1967; Prytula & Thompson 1973; Prytula & Hiland 1975), oder „Gott und die Eltern" (Runde 1968) oder ein Gesicht (Carkhuff 1963) oder ein Kind (Eaton 1968) oder eine Person unbestimmten Geschlechts (Clark & Degenhardt, 1965) oder ein Auto (Handler & Reyher 1964). Andere Autoren lassen nicht die klassischen zwei Personen, sondern das „Selbst" und verschiedene Zusatzfiguren zeichnen (Gilties 1968; Gellert 1968; Craddick 1969; Craddick, Leipold & Leipold 1970, 1976; Schoeberle & Craddick 1968; Pustel, Sternlicht & Deutsch 1971; McKay 1970). „Das Körperinnere (Offord & Aponte 1967), „einen häßlichen Mann" (McCullers & Staat 1974), „eine Person, die etwas tut" (Gray & Pepitone 1964; Smart & Smart 1975).

b) Familienzeichnung

(1) „Zeichne (d)eine Familie!"

Die Deutung der Familienzeichnung arbeitet nach wie vor hauptsächlich mit dem psychoanalytischen Modell: im Zentrum des Interesses stehen Abwehrmechanismen und ödipale Konflikte; deren Projektion wird vorwiegend im *Inhalt* der Zeichnung — z. B. in unterschlagenen oder zusätzlichen Familienmitgliedern (Corman 1965, 1967 a, b) — gesehen. Versuche zur systematischen Merkmalserfassung unternehmen Porot (1965) und Borelli-Vincent (1965). Beide Autoren betonen jedoch, wie unerläßlich die genaue Beobachtung des Kindes während des Zeichnens und das Festhalten jeglicher verbaler Äußerung ist. F. R. Kirby (1970) entwickelte ein Verrechnungssystem in Anlehnung an Fromms Identitätsbegriff.

Reliabilisierung: Martin & Damrin 1951.

Validierung: Drainer 1963, Vancurová 1966; Morval 1973; Deren 1975.

Weitere untersuchte Zusammenhänge: Lourenso, Greenberg & Davidson 1965, Crocq & Suziot 1968; Rivas-Martinez et al. 1969, Moura 1969, Britain 1970, Medioli Cavara 1970; Kirby 1970, Morval 1975.

(2) „Familie in Tieren"

Quelle: Brem-Gräser 1957, 1975[3]

Aussagebereich: Familiensituation im Erleben des Kindes.

Reliabilität/Validität: Brem-Gräser (1975).

Untersuchte Zusammenhänge: Feldmann-Bange (1973) trifft bei depressiv strukturierten Kindern auf Befunde — auffällige Position oder gar Nichtvorhandensein des Kindes —, die nur bei diesen vorkommen sollen. — Die Einstellung des Kindes berufstätiger Mütter zu seinen Eltern und zu sich selbst untersucht Langemayr (1974) und findet den signifikanten Unterschied, daß diese Kinder berufstätige Mütter häufiger negativ, aggressiv und mächtiger sehen als nicht berufstätige Mütter. Tendenziell zeigt sich, daß sie auch die Väter häufiger als negativ und sich selbst häufiger als männlich erleben.

c) Sonstige Gruppenthemen

Als weitere Situationen wurden bisher vorgeschlagen: ‚Zeichne einen Lehrer mit einer Schulklasse (Rabinowitz & Travers); ‚Zeichne, wie du und deine Spielkameraden gerade bei euerm Lieblingsspiel seid (Hare & Hare); ‚Zeichne ein Mitglied einer Minderheitsgruppe' (Hammer 1958) und schließlich die typische Dreieckssituation: Für männliche Pbn: ‚Zeichne zwei Männer und eine Frau' und für weibliche ‚Zeichne zwei Frauen und einen Mann' (S. Levy, zit. nach Hammer

1958). „Draw a group" lautet die Aufforderung von McPherson (1967) an schizophrene männliche Erwachsene. — Wadeson & Fitzgerald (1971) ließen manisch-depressive Patienten ihre Ehe darstellen. — Über „Kinetic School Drawing" als Spiegel der kindlichen Beziehung zur Schule berichten Prout & Phillips (1974). Zum Gebrauch der Zeichnung als Mittel der Diagnostik von Wertvorstellungen in Gruppen siehe Dennis (1966a), als Vehikel der Kommunikation in Gruppen vgl. Kraft (1977).

d) Tierzeichnungen

Vorzugsweise bei Kindern angewendet. Interpretation folgt psychoanalytischen Gedankengängen (Lit. bis 1952 bei Bender 1952). Ausführlich bisher Levy & Levy in Hammer (1958).

Hier wird die individuelle Bedeutung des gezeichneten Tieres anhand einer anschließend verlangten schriftlichen Erzählung zu diesem Tier abgesteckt (= LADS = Levy-Animal-Drawing-Story). Die Interpretation erfolgt grundsätzlich auf drei Ebenen: normativ, formal und symbolisch. Normtabellen, gewonnen an über 7000 Pbn, sind beigefügt. Im übrigen haben die Fragestellungen, zu deren Beantwortung Tierzeichnungen eingesetzt werden, nicht viel gemeinsam. So untersuchte Gheorgiu (1965) damit individuelle Eigenheiten der Vorstellung mittels Hypnose. Richards & Ross (1967) befragten die Zeichnungen von 1200 normalen Schulkindern auf geschlechts- und entwicklungsbedingte Unterschiede hin. Fallstudien mit der „Animal and opposite drawing technique" zur Persönlichkeitsdiagnostik stellen Koocher & Simmonds (1971) vor. Dieselben Autoren (Simmonds & Koocher 1973) bestätigen mit der erwähnten Technik bei 133 schizophrenen Patienten den Befund „perceptual rigidity". —

Pustel et al. (1971) lassen von männlichen Homosexuellen weibliche Neigungen in Tiere projizieren. — Campo & Vilar (1974) prüfen den Tiertest auf seine gegenüber dem Menschtest größere Aussagekraft über prägenitale Störungen hin.

e) Der Baumtest

Quelle: K. Koch, 1972[6], aufgrund einer Anregung von Jucker.

Aussagebereich: Entwicklungstest; Persönlichkeitsstruktur; Psycho- und Neuropathologie.

Reliabilität: Konttinen & Karila (1969) ließen Pbn in ihren Baumzeichnungen Intro- und Extraversion simulieren um herauszufinden, mit welchen formalen Variablen spezifische Persönlichkeitszüge bewußt mitgeteilt würden und welche graphischen Befunde trotz Simulation konstant blieben, so daß die Kommunikationsdeutung allein nicht genüge. Am unstabilsten, d. h. von der Stimulus-Situation am abhängigsten, erwies sich der Befund „steif, ungelenk" (angularity). Das beständigste Merkmal hingegen ist der Druck; ihm folgen Größe, Formniveau und Schraffierung.

Validität:

1. Item-Validierung:

Bönner (1964), Hennig (1971): Syndrom für Intelligenzschwäche: Strichstamm oder Lötstamm oder Kugelbaum zusammen mit additiven Formen, geraden Ästen und/oder Schwarzfärbung ergeben einen gewissen Hinweis auf eine schwache Begabung. Im übrigen sei der Baumtest zur Beurteilung der Intelligenz des Durchschnittsschülers unbrauchbar (so auch Bernet 1971). Pustel, Sternlicht & De Respinis (1971 b) demonstrieren jahreszeitliche Abhängigkeiten. Menara (1968) betont in ihrer breit angelegten experimentellen Untersuchung die Aussagekraft der Baumzeichnung in bezug auf den seelischen Entwicklungsstand und das allgemein seelische Niveau einer Person. Doch „nicht bestätigt hat sich die Häufung jener inhaltlichen Variablen (Betonung der rechten Kronenhälfte, abgeflachte Krone, viel Landschaft), die Koch als Hinweis auf depressive Stimmungslage, Gehemmtheit und Minderwertigkeitsgefühle deutet." (S. 156).

2. Korrelation der Gesamtinterpretation mit anderen Tests:

Köhler (1969) findet in den Baumzeichnungen chronischer Alkoholiker „keine wägbaren Korrelationen" mit der Intelligenzstufe (HAWIE).

3. Differentialdiagnostische Untersuchungen:

Negativ für Hirnverletzte (Breidt 1969), optimistischer Suchenwirth (1965 a). Für Epilepsie finden Suchenwirth & Hauss (1963) „ein übermäßiges Haften am Detail bei fortdauerndem Zeichenimpuls" bei etwa 30 % der Zeichnungen Anfallskranker. Welman (1968) nennt 15 Items, die Tumorpatienten von Neurotikern unterscheiden. Zur topischen Hirndiagnostik vgl. auch Suchenwirth (1965 a). Bernet (1971) sieht in den Primärformen der Zeichnungen Erwachsener neurotische Persönlichkeitszüge, soweit mit einer normalen Intelligenz zu rechnen ist. Doch vorübergehende oder reaktive neurotische Störungen drücken sich nicht unbedingt in der Zeichnung aus (vgl. dagegen Avé-Lallemant 1976). Kontrovers ist eine Differentialdiagnostik der schizophrenen Prozesse (Schneider 1967; Gaffuri 1970); typisch die Bemerkung von Menara (1968) im Zusammenhang von Baumzeichnungen durch endogene Depressive: „Im günstigsten Falle — bei einem Zusammentreffen aller jener für eine Gruppe typischen Variablen — läßt sich bloß von einer Tendenz sprechen, die durch andere geeignete Verfahren untermauert werden muß" (S. 138).

4. Verlaufsanalyse:

Maßgebend ist die Arbeit von Suchenwirth über den Abbau der graphischen Leistung (1965 b, 1967 a, b), in der er zu Abbausyndromen gelangt (Disharmonien, Verlust der Dynamik, Bezugsverlust, Vergröberung der graphischen Leistung, Gestaltauflösung, Defektgestalten).

Weitere untersuchte Zusammenhänge: „Cross-cultural-preferences" bei Kindern (L. Adler 1967, 1970b, 1970c), nationale Unterschiede (Cambier & Titeca 1970), Gesellschaftsdiagnostik (Ring 1965), Vorstellungskraft von Kindern (L. Adler 1969, 1970a, 1976).

Fallstudien: Entsprechend seiner weiten Verbreitung in der Klinik (Schober 1977) dient der Baumtest häufig dazu, Krankheitsbilder zu veranschaulichen: Prokop & Sideroff (1974) belegen die verschiedenen Projektionen von Tuberkulosekranken und tuberkulösen Alkoholikern. Collon (1964) zeigt den Zusammenhang von Hirnläsion und Raumvernachlässigung auf. „Aussagen der Baumzeichnung chronischer Alkoholiker" geht Köhler (1969) nach. Cramer (1972) belegt anhand verschiedener Intelligenz- und projektiver Tests — auch des Baumtests — die Auswirkungen des Hospitalismus.

Normen: Wedemann (1954), Stora (1963a), K. Koch (1957, 1972^6).

Bearbeitungen: Stora (1963a) läßt 4 Bäume (2 beliebige, einen Phantasiebaum, einen mit geschlossenen Augen), Corboz 3 darstellen (beliebige, auf dem Blatt in Querformat). Aufschlußreich sei da die Position der Bäume zueinander, die — wie Büchele — Karrer (1974) in einer vergleichenden Untersuchung feststellt — die affektive Beziehung des Kindes zu seiner Umwelt symbolisiere. — Auch der Neurologe Welman (1968) läßt 3 Bäume zeichnen: einen unbestimmten, einen Phantasiebaum und einen, wie der Patient ihn im Traum sehen möchte. Diese Abfolge sei für die Differentialdiagnose von Tumorpatienten vs. Neurotikern aufschlußreich. — Die Testinstruktion „Obstbaum" wird von einigen Autoren durch die Aufforderung, „einen Baum" zu zeichnen, modifiziert, da für Erwachsene ein Obstbaum weniger zwingend die Vorstellung „Baum" verkörpere (z. B. Köhler 1969). — Nach dem 1. Baum läßt Gaffuri (1970) einen 2. mit Verwendungsmöglichkeit von 10 Farben zeichnen, was über die Affektivität der schizophrenen Patienten noch besser Aufschluß geben soll. Stora (1963b) vergleicht verschiedene Interpretationsmethoden untereinander.

f) Der H-T-P Test (House-Tree-Person Test)

Quelle: J. N. Buck (1948, 1950, 1964, 1966; Buck & Hammer 1969).

Aussagebereich: Persönlichkeitsbild, Körperschema, neurotische Konflikte, Abwehrmechanismen, Intelligenz.

Reliabilität: Marzolf & Kirchner 1970.

Validität:

1. Item-Validierung:

Sloan 1954; Wildman 1963; Wildman & Smith 1967; Fellows & Cerbus 1969. — Zur Korrelation der Gesamtinterpretation mit anderen Tests: Marzolf & Kirchner 1972; Davis 1973; Davis & Hoopes 1975; Engelhardt 1975.

2. Athematische Zeichentests: Zeichenergänzungstests

a) Wartegg-Zeichentest (WZT)

Quelle: E. Wartegg 1939, 1953.

Aussagebereich: „Einblick in den Schichtenaufbau kortikaler Steuerung von reflexiblen Ausgangspositionen bis zu qualitativer Differenzierung geistiger Sinnbezüge". Gesamtpersönlichkeit in der „kortikal faßbaren Spannweite von Antrieb und Empfindung wie der aus Umwelteinflüssen resultierenden Modifikation" (Wartegg 1953).

Reliabilität: Bisher keine Untersuchungen. König (1969) beklagt zurecht, den bisherigen Auswertungsschemata fehle eine klare, für die statistische Bearbeitung des Tests unumgängliche Abgrenzung der angegebenen Kriterien.

Validität:

1. Itemvalidierung:

Takala & Hakkarainen 1953, Faktorenanalyse: van de Loo 1956, 1958; Cohen 1959.

2. Differentialdiagnostische Untersuchungen:

Suchenwirth, Filipidis & Kottenhoff (1964), Breidt (1969), Wartegg (1969).

3. Korrelationen der Gesamtinterpretation mit anderen Tests:

Intelligenz (Takala 1964), Schulerfolg (Mellberg 1972).

4. Verlaufsanalyse:

Siegel & Rambach (1968) können mit Hilfe des WZT bei Schizophrenen „spezifische aktualgenetische Prozesse nachweisen"; Kriterien, den Verlust oder das Andauern der schizophrenen Symptomatik zu beurteilen, sind 1. Gestaltetheit, 2. Dynamik und 3. Charakteristik oder Sinnhaftigkeit des Bildganzen. Vgl. auch Gille (1963).

Knorr (1966) arbeitet formale und inhaltliche Kriterien heraus, und zusammen mit Rennert (1966) prüft er sie in Längsschnittuntersuchungen mit 202 schizophrenen Patienten. Die Autoren halten den WZT für einen empfindlicheren Indikator bevorstehender Veränderungen als die gezielte Exploration.

Normen: Lievens (1965/1966) findet aufgrund einer Untersuchung an 200 18jährigen eine Häufigkeit von einer Normlösung auf 100 Pbn als Kriterium für Normalität zu wenig; er wünscht Normen, die kulturelle umwelt- und zeitbedingte Einflüsse und den Geschlechtsunterschied berücksichtigen. Schürer (1970) schlägt neue Kriterien für die Deutung origineller Antworten vor.

Weitere untersuchte Zusammenhänge: Körperliche und seelische Entwicklung während der Pubertät (Speidel 1964, Kunkel 1968). Klimakterium und emotionale Belastung (Kemper 1967).

Fallstudien: M. Renner (1975[5]) hebt entwicklungspsychologische Gestaltungen hervor, zeigt aber auch geschlechtstypische, situations- und milieubedingte Lösungen auf.

b) Bearbeitungen des WZT.

1. Untersuchungen zum Kinget DCT: Purdy 1966, Swink 1966, Sisley 1973.

2. Bearbeitung des WZT durch van Krevelen: Wassing 1974.

3. Eine (sehr) vereinfachte Form der Auswertung des WZT empfiehlt Arnold (1972); die phänomenologische Erfassung der Formqualitäten hält er nicht für notwendig; das Wichtigste in der charakterologischen Auswertung des WZT sei „die Unterstreichung der zutreffenden Charakteristika"; dabei werden im Vordruck, den der Autor anbietet, über den zutreffenden Worten (z. B. „dynamisch-dramatisch") die infrage kommenden Bildnummern eingetragen.

4. Ausdrucksdiagnostische Grundlegung: Avé-Lallemant (1978) in Zusammenarbeit mit A. Vetter.

III. Die spielerischen Gestaltungsverfahren

A. Die Theoriebildung im Überblick

1. Begrenzung des Themas

Die der Spieldiagnostik zuzurechnenden Gestaltungsverfahren stehen in einem sehr heterogenen Umfeld. Einerseits entstammen sie speziellen kindertherapeutischen, psychoanalytisch verstandenen Verwendungszusammenhängen, andererseits ufern sie hinsichtlich des Anregungsmaterials und des Einsatzes in allen Lebensaltern ebenso aus wie sie gegenüber einer entwicklungspsychologischen Forschung des bildnerischen Gestaltens, der phänomenologischen Analyse der Spielentwicklung in den verschiedenen Medien und der Güteanforderungen der psychometrischen Diagnostik recht immun geblieben sind. Die gleichzeitige doppelte Verwendung, nämlich als Diagnosticum und als Therapeuticum, wird auch heute immer wieder herausgehoben, wobei man den „Spiel"-Therapien in vielerlei Gestalt die größere Aufmerksamkeit geschenkt hat. Da letztere in Band 8/II des Handbuches in verschiedenen Beiträgen gewürdigt wurden, konzentrieren sich die nachstehenden Ausführungen auf den diagnostischen Aspekt und darin wieder auf Kinder als Pbn. Zwischen den spielerischen und zeichnerischen Gestaltungsverfahren gibt es mannigfache Unterschiede und Akzentuierungen (Zeichnen zielt auf ein Gestaltungsprodukt, ist überwiegend Werkgestaltung,

Spielen weist nur eine relativ vage Richtung auf ein Werk auf. Zeichnen ist eher prae-verbal, spielen öfter verbal; Zeichnen hat noch den Charakter einer Ausdrucksbewegung, Spielen ruht mehr in der sachstrukturellen Entfaltung einer materialimmanenten Ordnung usw. Spielen braucht ein bestimmtes psychisches Milieu wie Druckfreiheit, Nachahmungsgelegenheit, Neuigkeitserlebnis und Gegenwart der Bezugsperson, Zeichnen ist situations-unspezifischer auslösbar). Sie bleiben hier außer Betracht. Nicht berücksichtigt ist auch das komplexe Gebiet, das unter Namen wie Art Therapy, Maltherapie, Gestaltungstherapie, Beschäftigungstherapie usw. zusammengefaßt wird. Die Literatur zum Thema Kinderspiel und Kinderspielzeug ist groß, jedoch kaum systematisch bibliographiert (Children's Research Center Illinois 1967; im übrigen vgl. Hetzer (1972, Piers 1972, Flitner 1973, Singer 1973c, Reilly 1974, Scheuerl 1975, Spitler 1972).

2. Spieltheorie und Spieldiagnostik

Kann man das Spiel definieren? Harding (1972), der sich sehr intensiv den Problemen des kindlichen Spiels gewidmet hat, verneint diese Frage: „Spiel dürfte wie Liebe zu den Begriffen gehören, die sich nicht definieren lassen" (S. 11); und auch Reilly (1974) entzieht sich der Aufgabe durch einen — allerdings weniger charmanten — Vergleich: Es ist wie wenn man ein Hirngespinst definieren sollte. Läßt sich das Spiel in seinen vielfältigen Ausdrucksformen wenigstens befriedigend systematisieren? Rüssel (1965), ein weiterer großer Kenner des Spielphänomens, sieht auch dazu geringe Chancen: „Jede Klassifizierung der Spiele muß in der einen oder anderen Hinsicht unbefriedigend bleiben, weil es geradezu zum Wesen des Spiels gehört, daß nach Qualität und Herkunft Heterogenes in einen Spielablauf eingeschoben wird." Und was ist gar das Wesen des Spiels, was seine Funktion? Die lange Liste der unterschiedlichen Aussagen in der Neuzeit über den Charakter des Spiels (vgl. Tab. 1) macht schon deutlich, daß die Suche nach einer Theorie des Spiels zu einer Sysiphus-Arbeit gerät. Der Erklärungsversuche, die den Hebel tief und weitreichend zur Erfassung dieses universalen Phänomens kindlichen Verhaltens angesetzt haben, gibt es nicht wenige. Doch für alle gilt, daß man sie immer wieder als unzureichend empfunden hat und darum neue Thesen den alten entgegengestellt wurden, was Reilly zu dem Seufzer veranlaßte, daß das Phänomen des Spiels „von den Theorien über das menschliche Verhalten ebenso verdeckt und versteckt ist, wie es im tatsächlichen Verhalten des Menschen verborgen ist" (Reilly 1974, 113). Und in der Tat: So karg die *theoretischen* Anstrengungen zur Erhellung des kindlichen *Zeichnens* bislang geblieben sind und sich im Prinzip auf ganz wenige Forschernamen in diesem Jahrhundert konzentrieren (Kerschensteiner, Luquet, Wolff, Mühle, Harris), so weit gefächert ist der Kreis derer, die versuchten, ihre Faszination an dem kindlichen Spielen zur Reflexion über die Seinsgründe des Spiels zu erheben. Sie darzustellen und zu würdigen ist hier nicht der Ort. (Vgl. Rüssel 1965; Gadamer 1965; Flitner 1972, 1973; Scheuerl 1973a; Château 1974; Schmidtchen & Erb 1976). Die tabellarische

Übersicht auf Tab. 1 soll auch nur die Vielfalt der Thesen veranschaulichen. Vollständigkeit ist nicht ihr Zweck. Hier soll vielmehr der Frage nachgegangen werden, ob und inwieweit diese als Spieltheorien verstandenen Interpretationen des kindlichen Spiels der psychodiagnostischen Verwendung im engeren Sinne Pate gestanden haben.

Eine sehr enge Verbindung bestand in der Tat am historischen Ausgangspunkt der heutigen spieldiagnostischen Praxis, nämlich nach dem 1. Weltkrieg. Freuds orthodoxe Schülerin M. Klein entnimmt dem psychoanalytischen System zwei Erkenntnisse und eine Regel. Die in der von Freud 1909 veröffentlichten „Analyse der Phobie eines fünfjährigen Knaben" implizit enthaltene Theorie des kindlichen Spiels als anders nicht realisierbare Triebwünsche einerseits und die im „Jenseits des Lustprinzips" (1920) formulierte Wiederholungstheorie andererseits werden von ihr mit der Erfahrung verknüpft, daß Kinder nicht assoziieren, sondern spielen. Das Deutematerial des Therapeuten sind demzufolge die Spielhandlungen, nicht die Träume und die freien Assoziationen. Damit war ein Grundgedanke einer Reihe von Spieltheorien für die Diagnostik dingfest gemacht worden. Spielen ist in diesem Denkmuster etwas, das seinen Sinn nicht in sich trägt, sondern nur die (verräterische) Spur von etwas Eigentlichem, Unsichtbaren, Dahinterliegendem bildet. Diese Auffassung, die das diagnostische Interesse so anfeuert, hat Form und Auswertung aller tiefenpsychologisch orientierten spielerischen Gestaltungsverfahren durchweg bestimmt. Weil es eher gilt, das gezeigte Verhalten auf das wirklich Gemeinte hin zu verstehen, richtet man sein Augenmerk in den folgenden Jahrzehnten ziemlich ausschließlich auf die Spiel*inhalte*. Diesen wird gemäß der Triebtheorie Freuds zugesprochen, in vorschneller Analogie zu den Trauminhalten, die unbewußten Prozesse durch ihren symbolischen Gehalt zugänglich zu machen. Ähnlich eng wie Stekel (1935) die Träume, hat M. Klein die Spielinhalte fast ausschließlich sexuell interpretiert. In den Masturbationsphantasien des Kindes sieht sie den wesentlichen Spielantrieb. So ist das, was im Spiel zutage tritt, für sie das Verdrängte, das Spiel ein Abwehrmechanismus und Projektion dessen wesentlichste Erscheinungsform. Allen tiefenpsychologisch orientierten Benutzungen des Spiels ist dementsprechend eine besondere diagnostisch-therapeutische Verschränkung eigen. Wo das Spiel sowohl als unerfüllter Triebwunsch wie als kathartische Abwehrreaktion verstanden wird, bleibt nur noch der Verwendungszusammenhang, um die Eigenart des Instrumentes zu bestimmen. In diesem Sinne kann man zunächst beobachten, wie die einen (z. B. Lowenfeld, Erikson, Kalff, Rambert) den therapeutischen Wert in den Vordergrund stellen, während andere (z. B. Murphy, v. Staabs, Harding) eher am Spielverfahren als diagnostischem Instrument interessiert sind. In beiden Fällen öffnete sich das ursprünglich enge projektive Verständnis des kindlichen Spiels. Im Bereich der Therapie verzichtete schon Lowenfeld auf Deutungen durch den Therapeuten, eine Position, die bekanntlich H. Zulliger später ausgebaut hat und die in den non-direktiven Spieltherapieverfahren (z. B. sensu Axline oder Goetze & Jaede) als Maxime gelten. Erikson löst sich von der starren

Tab. 1: Übersicht über die hauptsächlichen Interpretationsansätze des kindlichen Spiels

Interpretation des Kinderspiels als	Autor
Erholung	Locke, Kant, Lazarus
Kraftüberschuß	Schiller, Spencer, Alexander
Wiederholung (der biologischen Vergangenheit)	Hall
Einübung (für die individuelle Zukunft)	Groos
Trieb	Hall u. a.
Unerfüllter Triebwunsch und Katharsis	Freud
Scheinbefriedigung der Macht- und Geltungstriebe	Adler
Funktionslust	Bühler
Ich-Entfaltungschancen	Claparède
Begegnung mit der Welt	Haigis
Ergebnis der Assimilation, die sich von der Akkomodation trennt	Piaget
Bewegung der Freiheit	Bally
Quelle der Kultur	Huizinga
Selbstausdruck	Mitschell & Mason
Werdendes Sein	Rousseau, Fröbel, Rüssel
Motivations-Aktivierungszirkel	Heckhausen
Problemlösungsmittel	Erikson
Mittler des Neuen (Quelle neuer Anpassungsformen)	Sutton-Smith
Komplex sinnvoller Handlungen, die durch die Einheit des Motivs verbunden sind. Das Spiel ist „das Kind der Arbeit"	Rubinstein
Widerspiegelung der Gesellschaft	marxistisch (z. B. Claus et al.)

Auffassung des Spiels als Ausdruck unbewußter Prozesse und fragt nach Konfliktlösungstechniken, die sich im Spiel kund tun und durch das Spiel versucht und möglich werden. Im diagnostischen Vorgehen schafft die Unterscheidung von G. v. Staabs zwischen einer „Tatbestanddiagnostik" und einer „Persönlichkeitsdiagnostik" den ersten Freiraum für das Verständnis des kindlichen Spiels als einer Handlung, die sowohl unbewußte wie aber auch bewußte Prozesse in sich enthält, ja schließlich für die Einsicht, daß die „unbewußten" Inhalte im engeren Sinn in der Minderzahl sind und daß Traum und Spiel nicht auf derselben Stufe des Erlebens stehen (Höhn 1959, 1964). Der entscheidende Impuls zur Revision des Konzepts ging aber sicher in den dreißiger Jahren von den Standardisierungsarbeiten Ch. Bühlers und ihres Arbeitskreises aus, die schließlich den „Welttest" hervorbrachten. Damit war einerseits der testkritische Güteanspruch an spielerische Gestaltungsverfahren historisch dokumentiert wie auch andererseits der Aussagerahmen eines solchen Verfahrens zu neuen Hypothesenbildungen geöffnet worden. Der Wechsel der Ansprüche an diagnostische Relevanz brachte sofort einen Wechsel des Gegenstandsfeldes mit sich. Bühler verließ den Inhaltsaspekt. Sie suchte das Formale festzuhalten. Was hat sie dort gefunden? Im Sinne ihrer Methode gewann sie Anhaltspunkte für gruppenspezifische Merkmale bzw. Merkmalskonstellationen, ja vielleicht so etwas wie gruppentypische morphologische Strukturen. Was sie psychologisch bedeuten, war nun nicht mehr als theoriegesättigte Erscheinung zu verstehen oder natürlich auch mißzuverstehen, sondern als korrelationsstatistischer Hinweis zu betrachten, der jederzeit von einer anderen Empirie verwirrt werden konnte. Der so geschaffene Dualismus dauert als Methodenstreit bis auf den heutigen Tag an, will man nicht behaupten, daß die inhaltsanalytischen Verfahren in den Untergrund der Praxis gegangen sind (vgl. Schober 1977) und der Universität das Glasperlenspiel des durch die Methode vertriebenen Gegenstandes überlassen haben. Mit dieser Bemerkung sollen natürlich nicht die prüfstatistischen Fundierungen ironisiert werden, soweit sie einer elementaren Sicherung des Gegenstandsfeldes dienen. Doch sie sollte vor einer neuen Blickstarre warnen. Wo nämlich das Gespür dafür abhanden kommt, daß der Prozeß des wahrnehmenden Erkennens in jedem Fall zu Reduktionen führt (weil man diesen Prozeß testtechnisch scheinbar überflüssig macht), geht eine wichtige therapeutische Einsicht und Chance verloren. Sieht man vielmehr, daß der psychologische Erkenntnisweg ganz allgemein einen Prozeß reduktiven Erkennens darstellt, dann wird der ursprüngliche, von der Psychoanalyse gemeinte Zusammenhang von Diagnose und Therapie verblüffend überzeugend: „Die Diagnose ist der Therapie strukturell invers" formuliert Pfistner (1966, 181) diese Einsicht höchst einprägsam — aber er meint das prinzipiell, nicht allein psychoanalytisch denkend. Methodisch heißt das: Im wahrnehmenden Erkennen suchen wir einen Oberbegriff. Er ist zwar blasser als die leibhaftige Erfahrung, aber er gibt die Möglichkeit, das Phänomen in andere Klassen zu übertragen. So wird reduktiv „die Fülle der Gesichte" (Goethe) geordnet, gewichtet und verständlich gemacht. In der Therapie zeigt sich die dergestalt gewonnene Akzentuierung als der modus deficiens: Aus der Reduktion folgt die individuelle Konkretion: Die Struktur des Lebens erscheint wieder — aber in Distanz, im Spiel z. B.. Aus diesem Grunde sind z. B. phantasievolle Kinder einer Spieltherapie leichter zugänglich als phantasiearme. Der Therapeut kann die exorbitanten Phantasien des Kindes aufnehmen und sie im Als-ob-Spiel dem Kind zurückgeben und weiterführen — bis es sich damit auf eine gesündere Art als bislang arrangiert hat. „Der psychotherapeutische Prozeß besteht darin, daß ein Kindheitsmythos gegen einen anderen ausgetauscht wird" (Ekstein zit. nach Singer 1973a, 251). Das therapeutische Prinzip der strukturellen Umkehrung des diagnostischen Erkenntniswegs wird übrigens auch von jenen Spieltheorien gestützt, die, wie die Groossche Einübungstheorie, aus der Eigenart der Spielhandlung deren Bedeutung für die „Selbstausbildung des heranwachsenden höheren Lebewesens" (Groos) betonen. Wo eine Lebensfunktion im Spiel erkannt wird, kann diese Funktion als Konkretion einer Lebenschance „spielerisch" angegangen und behandelt werden. Anders und konkreter ausgedrückt: Ein Kind zappelt auf dem Stuhl. Es zeigt — könnte eine Reduktion lauten — ungesteuerte motorische Impulse. Therapeutische Umkehrung: Steuerung der Motorik — nicht Unterdrückung! (z. B. durch Rhythmus). Alles hängt, wie man sieht, von der adaequaten Oberbegriffsbildung ab (ideeïerende Abstraktion). Sie aber stellt sich durch den Vergleich der größeren Zahl der Reduktionen bei einer Vielzahl von Beobachtungen leichter ein, als die Behandlung nach — sagen wir — der Kenntnisnahme eines Rohwertes oder Standardwertes auf der Osseretzky-Lincoln-Skala.

So untauglich also die theoretischen Annahmen M. Kleins über das Wesentliche im kindlichen Spiel waren, so kann man doch vermuten, daß ihre Erfolge immer dann sich ereigneten, wenn die ihrem diagnostisch-therapeutischen Denken immanente, strukturell inverse Beziehung von Erkennen und Handeln gerade hier und dort in der Lebenswahrheit eines Kindes eintrat. Diese Möglichkeit jedenfalls konnte ihr ihre Methode verschaffen, denn diese Methode schloß nicht aus, daß Verhalten als Dokument seiner selbst studiert wird. In diesem letzten Sinne hat man die Spielinhalte nicht nur als Reflex der Familiensituation zu verstehen versucht, sondern auch als Ausfluß bestimmter soziokultureller Einflüsse wie ethnischer, religiöser und mythischer Vorstellungswelten. Die Sammlungen der Kinderlieder, -reime, -rätsel, -witze und Wandkritzeleien (Opie & Opie 1969, Bornemann 1973, 1974, 1976) wurden allerdings nicht nur inhaltsanalytisch auf ihre typischen Themen befragt, sondern auch psychoanalytisch auf ihre Triebstrukturen hin interpretiert. Wieweit das Fernsehen die Vorstellungswelt und Spielinhalte der Kinder in Beschlag nimmt, wieweit durch die Massenmedien kindliche Verhaltensweisen (Aggressivität, Toleranz, Geschlechtsrollenidentifikation usw.) offen und/oder verdeckt beeinflußt werden, hat eine umfängliche wissenschaftliche Literatur beschäftigt. Sicher ist, daß in den *Inhalten* der kindlichen Spiele immer mehr die Ursachen für Probleme und Störungen gesucht wurden, während die formalen Elemente mehr über die kognitiven und kreativen Fähigkeiten und über den Ich-Zustand befragt wurden.

Während die tiefenpsychologischen Prinzipien praktisch eine 2-Ebenen-Theorie bilden, in der man durch fortgesetzte Abstraktion und Konkretion einen iterativen Verstehensprozeß in Gang setzt, gibt es eine andere Gruppe von Erklärungsprinzipien, die eigentlich unitarisch beschaffen sind. Nicht wenige einflußreiche Autoren haben nämlich das Spiel als etwas völlig Eigenständiges, als eine Ausdrucksmöglichkeit sui generis betrachtet. Von Rousseau über Fröbel und Volkelt bis hin zu Rüssel und Sutton-Smith wird das Spiel als ein nicht weiter reduzierbares Phänomen verstanden. „Die . . . Trennung einer scheinbaren Welt von einer wirklichen ist . . . dem kindlichen Erleben nicht angemessen; beide Welten sind dem Kinde gleich wirklich; d. h. in gleichem Maße lebenserfüllt, bedeutungshaltig und wertbestimmt. Was sie voneinander unterscheidet, ist ihre Bezogenheit auf die verschiedenen Ich-Zuständlichkeiten und die damit verbundene unterschiedliche Ablaufweise des Geschehens. Die vom Spiel-Ich mitgetragenen Prozesse verlaufen glatter, reibungsloser, weil Schwierigkeiten und Hemmnisse umgangen oder nicht beachtet werden. Sie sind damit zugleich beschwingter, einfallsreicher und lebenssprühender. Das so ermöglichte mühelose Darlegen eines Lebensbereiches im Rollenspiel ist dem kindlichen Drange nach tätiger Gestaltung so angemessen, daß es sich dabei in einer vollen Wirklichkeit fühlt" (Rüssel 1965, 80). Man sieht, vor diesem Verständnishorizont des Spiels ändert sich das Gegenstandsfeld der diagnostischen Analyse grundlegend. Entsprechend radikal sind darum die Konsequenzen für die diagnostische Strategie zur Untersuchung des Kindes im Spiel. Wo eine Trennung in Vordergrund und Hintergrund entfällt, wendet sich der Blick dem *Ablauf* des Geschehens als der eigentlichen Erscheinungsweise des Gegenstandes zu. Seine Dynamik, seine Ordnungen und Freiheiten sind dann ebenso Thema wie die Chancen und Gefahren, die dem Kind durch die Funktionstüchtigkeit oder Mängel seiner sensomotorischen Entwicklung zukommen. Infolgedessen wird gerade die Beobachtung der Diskrepanzen und Asynchronien der Leistungshöhe der einzelnen Funktionen und deren Organisation im Spiel zum Bezugspunkt aller Beobachtungen, die fragen, wie das Kind in einem Alter, in dem die Funktionen seines Wahrnehmens und Handelns noch schlecht aufeinander abgestimmt sind, seine Existenz bewältigt. Als „werdendes Sein" (Rüssel) interessiert Spiel und Spielen in seiner unmittelbaren Lebensbedeutung. Psychodiagnostisch heißt dies, nicht nur nach dem Spielverhalten als solchem, sondern auch nach den individuellen, sozialen und ökologischen Voraussetzungen für Spielen zu fragen, also nach seinen Ermöglichungsbedingungen überhaupt. Diese Perspektive ist in die spielerischen Gestaltungsverfahren im engeren Sinne nicht eingegangen. Mehr oder weniger nachdrücklich jedoch steht diese Auffassung hinter vielen älteren und jüngeren Beobachtungsskalen des Spielverhaltens, wie sie Ch. Bühler und H. Hetzer in den 20er Jahren in Wien begonnen haben und wie sie bis auf den heutigen Tag erscheinen (z. B. Gesell 1952, Becker 1971, Florey 1971, Knox 1974, Takata 1974). Mit der phänomenologischen Arbeitsweise ist das begriffliche Inventar zur Beschreibung des Spielverhaltens und zum Verständnis des Spiels gründlich erweitert worden. Was nun fehlt, sind Dimensionalitätsstudien und Arbeiten, die das Spielverhalten mit den gegenwärtig einschlägigen Erklärungsansätzen des menschlichen Verhaltens in Zusammenhang bringen.

Außer den psychoanalytisch bestimmten Erklärungsmustern ist bisher nur das Piaget'sche Denkmodell in die Spieldiagnostik eingedrungen. Weder die Ansätze der Lerntheorie, der kognitiven Dissonanz noch derjenigen des Modellernens oder des Motivations-Aktivierungszirkels (Heckhausen 1964) haben der Thesenbildung in der Spieldiagnostik irgendwelche Impulse von Belang gegeben (Burton 1971). Und auch hier sind Kamp (1947), Rambert (1969), Nielsen (1951) und Smilansky (1973) die einzigen, die ihre diagnostischen Kategorien z. T. direkt im Anschluß an Piagets Begrifflichkeit entwickelt haben, um Stadien des Spielverhaltens charakterisieren zu können. Dies ist auch nicht verwunderlich, denn jede diagnostisch ergiebige Spieltheorie müßte spezielle Hypothesen über den Zusammenhang von Verhalten, Erleben und Bewußtsein machen können. Gerade weil aber darin beim Kind labile Verbindungen konstituierend sind, reichen die in den Theorien formulierten allgemeinen Prinzipien nicht aus. Dies gilt auch für Piagets Deutung des Spiels, soweit er es ausschließlich als Assimilation der Wirklichkeit an das Ich versteht. Denn ob z. B. in der spielerischen Bemächtigung des „Erfürchteten", im Wonnegrausen des Balancierens auf einer hohen Mauer oder im Distanzmaß des Versteckspielens nicht immer auch recht intentionale akkomodative Leistungen am Werk sind, wäre doch sehr zu überlegen. Der Einfluß Piagets auf die Spieldiagnostik ist nur ganz allgemeiner Natur und liegt im Wandel der Aufmerksamkeit auf die diagnostischen Verwendungsmöglichkeiten des kindlichen Spiels (Smilansky 1973b, Murphy 1972, Singer 1973c, Rubin & Maioni 1975). So demonstrierte Rowland (1970) die Möglichkeit, im Spielverhalten die Entwicklung der Kognition mittels dreier Indices zu ermitteln. Pulaski (1970, 1973) und Phinney (1973) gingen dem Zusammenhang zwischen dem Aufforderungscharakter unterschiedlich strukturierten Spielmaterials, der Spielphantasie und dem entwicklungsbedingten Klassifikationsvermögen der Kinder nach, wobei keine eindeutigen Beziehungen aufgedeckt werden konnten. Nur die hohe oder geringe Phantasie eines Kindes erwies sich für das Spielverhalten regelmäßig als ausschlaggebend. Ist das Spielmaterial auf soziale Spiele hin ausgelegt, regt es auch eindeutig zu sozialem Spielverhalten an (Quilitch & Risley 1973).

Die Aufgabe, die sich heute stellt, dreht die ursprüngliche Fragestellung um. Dienten die frühen diagnostisch verstandenen Untersuchungen des kindlichen Spielens weit mehr der Erforschung des Unbewußten als dem Phänomen Spiel an und für sich, so sieht man gegenwärtig das Spiel im Kontext einer Grundweise menschlichen Seins, so daß individual — wie kulturdiagnostisch die Bedingungen seines Erscheinens interessieren. Das Thema wechselt zusehends vom Spiel zu den sozialen und psychohygienischen Voraussetzungen des Spiels (Stover & Guerney 1967, Redd & Birnbaum 1969, Röhm 1971, Hetzer 1972, 1974, Hetzer et al. 1974, Murphy 1972, Mash & Terdal 1973, Feldhusen & Hobson 1972, Passmann & Weisberg 1975), den Spielstörungen im allgemeinen

(Michelman 1974, Nissen 1974) und bei bestimmten Krankheitsgruppen im besonderen, wie z. B. den geistig Behinderten (Hetzer 1967a, b, Currie 1969, Sizaret & Degiovanni 1972, Hetzer 1973, Weiner & Weiner 1974, Knapczyk & Yoppi 1975) den Sehbehinderten und Blinden (Wills 1968, Tait 1972a, b, Solnzewa 1973, Morris 1974), den autistischen Kindern (Weiner, Ottinger & Tilton 1969, Koegel et al. 1974) oder auch solchen mit Down's Syndrom (Schlottmann & Anderson 1973). Als Spielstörungen werden dabei zunehmend die menschlichen Eingriffe in die Umwelt und die ökologischen Grundlagen zur Entfaltung kindlichen Spielens beachtet (Otterstädt 1962, Eifermann 1970, Loo 1972, Hetzer 1974, Rosenthal 1974, Moosmann 1976). Nicht zuletzt zeigen die vielen Arbeiten zum Thema „Aggression im Spiel" und „Kreativität und Spiel" den Wandel des Zeitgeistes. Während die Aggressionsforschung nicht anders als die Psychoanalyse sich des Spiels eigentlich nur als Medium für eigene Fragestellungen bedient (aber als Laboratoriumsforschung sich natürlich methodisch von ihr abhebt — zusammenfassend Levin & Wardwell 1962; ferner Cohn 1962, Biblow 1973, Noble 1973, Abramson & Abramson 1974) — sucht die Kreativitätsforschung nach den Goldadern im kindlichen Spiel (Michelman 1971, 1974), wie sie in den bekannten Theorien wie Neugierverhalten (Gilmore 1966, Scholtz & Ellis 1975, Sutton-Smith 1975), Flexibilität (Dansky & Silverman 1973, 1975), Improvisation, Engagement (Zivin 1974) und Risikobereitschaft (Shannon 1974) bereits Bestandteil des Kreativitätskonzepts geworden sind. Besondere Aufmerksamkeit hat man auch der Bedeutung der Entwicklung der Phantasie und Einbildungskraft (Klingler 1969, Singer 1973a, b, Freiberg 1973, Saltz & Johnson 1974) und — im Gefolge der kognitiven Kehre der Psychologie — der Symbolbildung (Zivin 1974, Wolfgang 1974, Rubin & Maioni 1975, Lowe 1975) geschenkt. In der Klärung der wesentlichen Merkmale des Spiels werden heute in der Regel 8 Sachverhalte genannt: 1. die Zweckfreiheit, 2. die Freiwilligkeit des Spielens, 3. die Unendlichkeit des Spiels, 4. seine Gegenwärtigkeit (Zukunft und Vergangenheit sind im Spielgeschehen nur Hintergrund), 5. die Quasi-Realität (Spiel als Aktivität, die in der Einbildung verläuft), 6. die handelnde Auseinandersetzung mit etwas Neuem, 7. die Geschlossenheit und Begrenztheit, die ein Spiel braucht, und 8. die Ambivalenz zwischen Spannung und Lösung (Calliess 1972, 172f; Caillois 1962, zit. nach Abadi 1967, 88ff) — wobei allerdings diese Hinsichten, wenn auch in anderer Akzentuierung, zu den Merkmalen gehören, die auch die Lernprozesse befördern, wie Calliess vorzüglich herausgearbeitet hat. Schmidtchen & Erb (1976, 8f) weisen darüber hinaus noch auf den positiv getönten Erlebnischarakter („Freude und Ausgelassenheit") und den „geordneten Entwicklungsverlauf" hin. Als tatsächlich universale Spielelemente stellt Sutton-Smith (1975, 210) 3 Verhaltensweisen heraus: Erkundungs- und Neugierverhalten (exploration), Selbsterprobung (self-testing) und Nachahmung (imitation), wogegen er Konstruktionsspiele (constructions; model-making etc.), Wettkampfspiele (contesting games) und Rollenspiele (socio-dramatic play (including imaginary characters)) für kulturspezifisch hält.

Auch über die äußeren Bedingungen, die das kindliche Neugier- und damit Spielverhalten begünstigen, herrscht Einigkeit. Knox (1974. 264f) faßt sie folgendermaßen zusammen: 1. Freiheit von Streß, 2. Wiederherstellung einer mütterlichen Bezugsperson, 3. Gelegenheit zu selbstinitiierter Aktivität, 4. jemanden und etwas zum Nachahmen und 5. ein gewisser Neuigkeitscharakter, wobei Sutton-Smith (1975, 211) im übrigen den aktiven Part des erwachsenen Mitspielers betont, der das Kind nicht vor die öde Frage stellen soll, was spielen wir jetzt, sondern besser daran tut, die Spielszene einfach zu eröffnen. Erst wenn der Strom des Spielverhaltens in Bewegung gebracht ist, können die von Knox genannten weiteren Bedingungen greifen. Auch Hetzer betont immer wieder, daß das Bedürfnis des Kindes zu spielen ein gedeihliches Spielen noch keineswegs gewährleistet. Dazu bedürfe es der Hilfe der Erwachsenen. Auch spielen müsse man lernen. Als mittelbare Spielhilfe nennt sie (1966b) eine spielfreundliche Einstellung, einen geeigneten Spielraum und altersangemessenes Spielmaterial. Die unmittelbare Spielhilfe bestehe in der Anteilnahme der Erwachsenen, der (recht bemessenen) direkten Hilfe und Anregung (die vor allem geistig zurückgebliebene Kinder brauchen) und der Spielpartnerschaft.

So nähert man sich immer mehr den wesentlichen Dimensionen des Spiels überhaupt. Theoretisch wie empirisch gibt es dazu aus neuerer Zeit einige Analysen. Am bekanntesten ist Piagets Konstruktion (dt. 1975). Er kommt von den Spielformen her und interpretiert sie als Funktionen der kognitiven Entwicklung: Übungsspiel, Symbolspiel und Regelspiel. Garvey (1974) hat als Voraussetzung des sozialen Spiels 3 Kompetenzen identifiziert: 1. die Fähigkeit, Wirklichkeit und Spiel auseinander zu halten (reality-play-distinction), 2. die Fähigkeit, Regeln herauszubilden (abstraction of rules) und 3. die Fähigkeit der Abhebung und Fortentwicklung des Spielthemas vom Aktivitätskontinuum (identification of the theme of the interaction and contribution to its development). Diesen schließt er noch das motivierende Erlebnis der Verhaltenskontrolle des Verhaltens anderer an. Singer (1973a) hat entsprechend für die Illusionsspiele (Als-ob-Spiele) die Fähigkeit zur „Transzendenz" (= Überschreiten der Vorlage) und zum „divergenten Denken" im Sinne Guilfords (bzw. „ideational fluency" sensu Wallach) als entscheidend angesehen und dies auch empirisch belegt. Portele (1975) schließlich weist auf 6 Dimensionen hin, die das Spielverhalten kennzeichnen, nämlich 1. Motivation, 2. Steuerung, 3. Regelhaftigkeit, 4. „Als-ob-Charakter", 5. Konkretheit und 6. Kommunikation, Interaktion. Callois schließlich führt die in den Spielen enthaltenen Momente auf 4 Grundverhältnisse zurück: agon (Wettbewerb), alea (Zufall), mimicry (Als-ob) und ilinx (Bewegung, Erregung) (Callois zit. nach Abadi 1967). In ihnen sieht Abadi (1967) unschwer die bekannten psychoanalytischen Lebenskonflikte: Ödipuskomplex und Geschwisterneid, Todesfurcht, Identitätsprozesse und die Angst vor dem Neuen (Ekstase, Paroxysmus, Orgasmus).

Die Gemeinsamkeiten dieser Analysen sind nicht zu übersehen. Sie liegen darin, daß allgemeine Lebensvollzüge im Spiel eine je besondere Strukturierung erfahren, durch die sie in ein persönlichkeits-, alters- und situationsspezifisches *Verfügbarkeitsverhältnis* gesetzt werden. Dessen Gelingen oder Mißlingen, seinen spezifischen Ausdruck und sein „Sitz im Leben" begründen das Interesse einer Psychodiagnostik am kindlichen Spiel. Spiel als spezifische Aktivität neben anderen zu verstehen, greift zu kurz; es ist vielmehr ein komplexer Modus menschlichen Verhaltens, der viele Aktivitäten umgreift.

Eine ganz andere Frage ist, ob dieser Reflexionsstand auch in den gebräuchlichen Instrumenten zur Analyse des kindlichen Spiels enthalten ist oder damit doch verbunden werden kann. Ersteres ist sicher nicht der Fall, ob und inwieweit eine Adaptation möglich ist, soll in Kap. III. A. 4 behandelt werden.

Zunächst muß man einfach sehen, daß die gängigen spielerischen Gestaltungsverfahren bzw. deren Interpretationsmuster einem früheren Stand der tiefenpsychologischen Theoriebildung verpflichtet sind. Ihr gegenüber sind die Kategorien der heutigen Spielforschung den Methoden, Perspektiven und Klassifikationen solcher „klassischer" spieldiagnostischer Verfahren in einer Reihe von Bereichen davongelaufen.

Das soll nicht heißen, daß die psychoanalytische Spieldiagnostik auf den Prämissen M. Kleins stehen geblieben ist. Im Gegenteil: Winnicott (1968) hat den Bezugsrahmen psychoanalytischen Denkens durch folgende Thesen gründlich verändert:

1. Nicht der Spielinhalt zählt, sondern das Spielengagement. Dies ist der Konzentration älterer Kinder und Erwachsener vergleichbar, und wie diese verträgt es Störungen und Ablenkungen schlecht.

2. Spiel ist nicht innerpsychische Wirklichkeit. Es ist auch nicht die externe Welt. Beim Spiel manipuliert das Kind die Objekte im Dienste des Traumes, und es belegt ausgewählte Gegenstände mit der Bedeutung und dem Gefühl wie beim Traum.

3. Spiel ist nicht Masturbation auf anderer Ebene oder einfach sinnliche Reizung. Vielmehr bedroht die Sinneserregung in den erogenen Zonen das Spiel und damit das Identitätserlebnis im Spiel. Die Instinkte stellen sowohl für das Spiel wie für das Ich die Hauptbedrohung dar. Die instinktbedingten Erregungen zerstören die Befriedigung im Spiel, wenn sie ein gewisses Maß überschritten haben. Dann führen sie entweder zum Höhepunkt, zum verfehlten Höhepunkt mit seiner geistigen Niedergeschlagenheit und dem Gefühl körperlichen Mißbehagens oder der Antiklimax, wie sie durch Provokation elterlicher Reaktionen wie Zorn und Verboten ausgelöst wird.

4. Spiel ist von Natur aus aufregend und gefährlich. Nicht weil es instinktgebundene Erregungen auslöst, sondern weil es den Ausdruck der Unsicherheit des Kindes darstellt über das, was in seinen Vorstellungen nur subjektive (also halluzinationsnahe) und was objektiv wahrgenommene und bewirkte Wirklichkeit ist.

Diese neuen, tiefenpsychologisch verstandenen Thesen haben zwei Vorzüge. Sie sind weit mehr einer Operationalisierung fähig, als ihre psychoanalytischen Vorgänger sensu M. Klein und R. Waelder, und sie stehen teilweise einem Konzept nahe, das aus anderen Prämissen zu fast gleichen Schlußfolgerungen gelangt, nämlich der Spieltheorie Heckhausens (1964). Dessen Beschreibung des Spiels fragt nach den Aktivierungszirkeln einerseits und nach der Qualität der Quasi-Realität andererseits. Damit haben psychoanalytische und adaptive Motivationskonzepte es zwar zu einer erheblichen Konvergenz gebracht; jedoch wurde dies von der Literatur zu den spielerischen Gestaltungsverfahren i. e. S. nicht rezipiert. Deren Theoriestand blieb zurück.

Fassen wir zusammen: Die Fülle der *neuen* diagnostischen Fragen, die sich aus einem solchen — nur in aller Kürze angedeuteten — breiten Wandel in der Theoriebildung ergeben, ist evident und kann hier nur noch skizziert werden: Fragen nach der Zielstrukturierung beim Spielen, nach der Offenheit der Weltzuwendung und der Eigenart der Gegenstandserkenntnis, nach den Handlungsformen, ohne sie schon als Konfliktlösungsformen zu verstehen, nach den „Reiznahrungen", die sich ein Kind verschafft, nach den Abhängigkeiten, die zwischen Einbildungskraft und Spielverhalten bestehen, nach den Diskriminationsleistungen und der Problemfaszination, nach den Kodierungsprozessen und der Fähigkeit der situationsangemessenen Regelbildung oder nach der Möglichkeit, Spiel und Nichtspiel zu trennen und im Sozialverhalten zur Spielentwicklung beizutragen. Dies alles sind Fragen an die *Spielhandlung,* an den Spielverlauf. Deshalb erscheinen heute auch alle jene spielerischen Gestaltungsverfahren bzw. Interpretationsmethoden, die eigentlich nur am Spiel*produkt* interessiert sind, unbefriedigend. Es ist also nicht allein der allgemeine prüfstatistische Einwand, der einen Spieltest als einen Test, der nur aus einem einzigen Item bestehe (z. B. „Baue etwas!"), für unhaltbar erklärt, welcher eine bestimmte Abkehr von den „Spielzeugtests" im Forschungsbetrieb bewirkt hat, sondern es sind vielmehr die in der neuerdings üppig wachsenden Spielforschung völlig veränderten Fragestellungen. Im übrigen gelten die prüfstatistischen Bedenken wohl nur für die Anregungsseite, aber nicht mehr für die daraufhin erfolgte Erstellung eines vielgliedrigen, mehrschichtigen Sinngebildes. D. h. die Reaktion auf *ein* Item kann einem homogenen Test mit vielen Anregungen vergleichbar sein.

Als typisch für das neue Interesse mag die begriffliche Energie gelten, die der Abgrenzung der Spielarten und ihrer entwicklungspsychologischen Einstufung gewidmet ist. W. Stern teilte einst die Spiele in „individuelle" und „soziale" ein, was als Dichothomie nur Erikson mit seiner Unterscheidung von „Spielen in der Mikrosphäre" und „Spielen in der Makrosphäre" wieder aufgenommen hat. Meistens wurden drei und mehr Einheiten gebildet, wie Piagets Abgrenzung in Übungsspiel, Symbolspiel und Regelspiel (die er zugleich als Produkt der fortschreitenden kognitiven Entwicklung des Kindes sieht) oder Rüssels Quadriga von Gestaltungsspielen und Spielen der Hingabe einerseits und Rollenspielen und Regelspielen andererseits, wobei Rüssel im ersten Paar eine je unterschiedliche Subjekt-Objekt-Relation charakterisieren will, während Rollenspiel und Regelspiel die Entwicklung zur Interpunktion von Wirklichkeit als Stationen der Anverwandlung und Anpassung kennzeichnen sollen. Am bekanntesten wurde Bühlers Einteilung in Funktions- und Konstruktionsspiele, in Fiktions- oder Illusionsspiele und in Rollen- und Regelspiele. Daraus haben jüngst Schmidtchen & Erb (1976, 20) folgendes Entwicklungsschema der verschiedenen Spielformen erarbeitet:

Form	Inhalt	
	konkret	fiktiv
individuell	Funktionsspiele ↓ Konstruktionsspiele	→ Illusionsspiele
sozial	Regelspiele	Rollenspiele

So prägnant diese Einteilung sich liest, so wenig kann sie befriedigen, wenn man das Spiel als ein *viel*dimensionales Geschehen aufzufassen genötigt ist. Da wird eine möglichst phänomennahe Klassifikation, wie sie Hetzer (1972) in 6 Hauptgruppen und 28 Untergruppen geliefert hat, der Schwierigkeit am besten gerecht. Ihre 6 Hauptgruppen lauten: 1. Funktions- oder Tätigkeitsspiele, 2. Fiktions- oder Rollenspiele, 3. Spiele der Materialgestaltung, 4. Gestalten von Bewegungen, 5. Geistige Produktionen und 6. Sozialspiele. Was jetzt fehlt, ist die Klärung der dimensionalen Eigenschaften der Kategorien und eine Übertragung einer solchen Taxonomie auf den Bereich der psychodiagnostischen Anwendung.

So werden insgesamt zwei gegenläufige Bewegungen sichtbar: Die neuen Perspektiven haben sich zwar dämpfend auf die *systemimmanente* Weiterentwicklung der vorhandenen Instrumente ausgewirkt, positiv dagegen eine diagnostische Methode wieder zur Geltung gebracht, die immer am Anfang steht und das Staunen lehrt: Die *(Spiel-) Verhaltensbeobachtung*. Über den Stand der Kriterienbildung bei den Spielverfahren einerseits und den freien Spielbeobachtungen andererseits soll daher im folgenden berichtet werden.

3. Klassifikationsversuche

Spielbeobachtungen — wie andere auch — kann man auf unendlich verschiedene Weisen zergliedern. Alles kommt darauf an, worauf man Wert legt und in welchem Zusammenhang man die Beobachtung macht und nützt. Prinzipiell ergeben sich immer mannigfaltige Ordnungsgesichtspunkte. Die einzelnen spielerischen Gestaltungsverfahren, die eine Verhaltensbeobachtung fordern, bringen dazu recht unterschiedlich detaillierte Anleitungen. Am ausführlichsten regt Murphy et al. (1956) in ihrem Miniature-Life-Toys Verfahren mit einem vielgliedrigen Schema zum bewußten Einsatz der Verhaltensbeobachtung an — doch gerade dieses Verfahren ist in Europa unbekannt geblieben. Andere wie Harding (1972) konzentrieren sich auf die Signierung der verwendeten Materialien. Im Prinzip lassen sich drei Ordnungsstrategien voneinander unterscheiden:

1. *die freie subjektive,* die protokolliert, was dem Beobachter auffällt;

2. *die mechanische, objektnahe,* merkmalgebundene Kontrolliste, die den Frequenzen gilt;

3. *die interpretative* (entwicklungspsychologisch, klinisch-pathologisch, persönlichkeitstheoretisch) bestimmte Symptom- bzw. Syndrom-Liste, die das Verständnis lenkt, wobei hier wieder 4 Reflexionsstufen auseinandergehalten werden sollten:

a) *die naiv interessierte* Stufe (z. B. das Kind ist leichtsinnig, verlogen, umgänglich usw.). Sie erscheint nahezu immer von hoher Komplexität. Die Auswerterobjektivität ist eher niedrig, die Interpretation der Motivation des Verhaltens bereits vollzogen.

b) *die verhaltenszentrierte — bereichsenge* Stufe (z. B. das Kind lächelt, weint, bleibt in der Nähe der Erwachsenen). Die Auswerterobjektivität ist hoch, das Merkmal aber psychologisch nicht selten banal. Andererseits ist zweifelhaft, ob die übliche Unterstellung, es handele sich um Merkmale mit einheitlicher Konzeptionalisierung (ähnliche Ursachen, ähnliche Folgen) immer zutrifft.

c) *die verhaltens-zentrierte-hochkomplexe* Stufe: Die Auswerter-Objektivität ist erst nach längerem Training zufriedenstellend. Annahmen über motivationale Zusammenhänge gehen in die Kategorien mit ein, ebenso die Verhaltenserwartungen (Hypothesen) aus dem Standardwissen der jeweiligen Wissenschaft.

d) *die konzeptuell-gebundene* Stufe (z. B. ängstlich, aggressiv, dominant). Die Begriffe sind entweder hochgradig elaboriert und operationalisiert und das Konstrukt ist leidlich gesichert oder doch zumindest stark theoriegesättigt (wie viele psychoanalytischen Begriffe).

Dabei kann jede Strategie einen engen oder weiten Beobachtungsraum einnehmen, sich also nur für das Spielverhalten am Material oder für das Gesamtverhalten während der gesamten Untersuchung interessieren. Auch hierin unterscheiden sich die Verfahren beträchtlich (siehe Kap. III. B.). Tab. 2 gibt eine geraffte Übersicht über die Beobachtungs*methoden,* die in den wichtigsten spielerischen Gestaltungsverfahren verwendet werden. Dabei fällt auf, daß alle Autoren die freie Beobachtung fordern oder empfehlen und nur beim Welt-Test, dem Mosaiktest und dem Ericamaterial mit einer Art check-list Verfahren (Spalte 2) gearbeitet wird. Die allermeisten verwenden in der Regel ein schwach elaboriertes und meist nur implizit in den Beispielen greifbares, aber sonst hochkomplexes interpretatives Beobachtungssystem. Konzeptuell strenger gebunden sind wohl nur der Welttest und jene hochstrukturierten Puppenspielverfahren, die wie die Doll Play Technique von Lynn & Lynn (1959) nach dem Muster der Duess-Fabeln psychoanalytisch definierte Situationen stellen.

So schwanken die Anleitungen zu den Beobachtungen bei den spielerischen Gestaltungsverfahren methodisch durchaus. Einerseits gibt es sehr spezifische, aber z. T. hochstrukturierte Kriterien (wie bei der Identifikation der „Welten" sensu Bühler oder den Legemustern im Lowenfeldschen Mosaiktest), andererseits finden wir recht unbestimmte und der Intuition überlassene Hinweise wie bei

Tab. 2: Grobe Übersicht über die Beobachtungsmethoden, die in einzelnen spielerischen Gestaltungsverfahren verwendet werden.

Test	Beobachtungsmethode					
	frei subjektiv	mechanisch-objektnah	interpretativ			
			naiv interessiert	verhaltenszentriert-bereichs-eng	verhaltenszentriert-hoch-komplex	konzeptuell gebunden
	1	2	3a	3b	3c	3d
Welttechnik	x				x	
Welttest	x	x				x
Ericamaterial	x	x			x	
Scenotest	x				x	
Dorftest	x				x	
Puppenspielverfahren	x				x	(x)
Mosaiktest	x	x				x

Arthus. Auf die methodische Konsequenz solcher „offener" Beobachtungsweisen sei eigens hingewiesen: In diesem Fall (und dies demonstriert Züst (1963) in ihrer Bearbeitung des Dorfspiels ausführlich), bedarf es einer systematischen, interpretativen Reduktion der Protokollnotizen. In allen solchen Strategien spielt natürlich eine wie immer beschaffene immanente Klassifikation und deren theoretischer Hintergrund mit, so daß man sich gerne eine vergleichende Systematik wünschen würde. Der bei den meisten Verfahren jedoch nur *implizit* dargestellte Verstehenszusammenhang macht dergleichen zu einem Ratespiel. In der Regel gibt es nur Hinweise oder Beispiele auf einen Sinnhorizont, der einer (meist tiefenpsychologisch) orientierten Persönlichkeits- oder Entwicklungstheorie entnommen ist.

Angesichts des weiten Gebrauchs offener Beobachtungs*methoden* drängt sich die Frage nach der Gemeinsamkeit oder Verschiedenheit derjenigen Kriterien auf, die als „Sachfragen" die relevanten Beobachtungs*gegenstände* identifizieren helfen sollen. Wie Tab. 3 zeigt, sind die Beschreibungsbegriffe auf sehr unterschiedlichem Abstraktionsniveau. Molar verstehen sich die Klassifikationen von Kamp, Harding und Rambert, die Entwicklungsstufen kennzeichnen wollen, ebenso wie die Gruppierungen in Bühlers Welttest und Lowenfelds Mosaiktest, denen sicher auch eine ästhetische Qualität zukommt. Ganz und gar wechselhaft und ohne daß man den Eindruck gewinnt, ein Suchprinzip würde durchgehalten, muten Kühnens und Monods Merkmalssammlungen an.

So stellt sich die entscheidende Frage, wo denn der „Schlüssel" gesucht wird: Nimmt man — wie Binswanger oder Hárdi — existentielle Grundverhältnisse an und sucht deren medienspezifischen Ausdruck in den Konfigurationen des Spielverhaltens zu verstehen, sieht man in den Stileigentümlichkeiten die Chancen, eine Morphologie sozusagen zur Selbstexplikation zu bringen oder begibt man sich in das große und irritierende Puzzlespiel mit Mini-Items, mit Korrelationsstatistiken und Clusteranalysen? Ohne Zweifel hat die Stildiagnose gegenwärtig den größten Gebrauchswert. Zur Binswangerschen Methode bleibt der Einwand des Zirkelschlusses, und die korrelationsstatistische Arbeit in diesem Feld ist bisher weder geleistet worden noch schützt sie vor der Frage nach der theoretischen Begründung der getroffenen Merkmalsauswahl. Die Stilanalyse könnte für sich den (immerhin denkbaren) Vorteil beanspruchen, auf der Sprachebene medienübergreifende Zusammenhänge zu fassen oder doch heuristisch fruchtbar zu sein — wie dies im Bereich des Zeichnens und Malens ja offensichtlich ist. Wichtig wäre also ein Programm, das in einer Art von Bilanzierung zunächst einmal zusammenträgt, was an psychodiagnostisch interessanten und begründeten Kategorien des Spielverhaltens überhaupt, also auch außerhalb der „Spieltests" entwickelt wurde. Es drängt sich also förmlich die Frage auf, welchen Stand die lange Tradition der Beobachtungsskalen des freien kindlichen Spielverhaltens heute erreicht hat. Welche Begrifflichkeit ist ihr eigen? Was an der Systematik ihrer Klassifikation, was an den theoretischen Implikationen ihrer Beobachtungskategorien könnte den psychodiagnostischen Wert der spielerischen Gestaltungsverfahren

Tab. 3: Kategorien der formalen Analyse der Spielprodukte im Überblick

Welttechnik		Welttest	
Lowenfeld: keine Systematik	a) Bühler: — Aggressive Welten — Leere Welten — Verzerrte Welten — Geschlossene Welten — Ungeordnete Welten — Schematisch geordnete Welten — Symbolische Anordnungen	b) Kamp: — Iuxtaposition — Iuxtaposition — schematisch — Schematisch — erzählend — Erzählend — Erzählend-realistisch — Realistisch	c) Harding: — Indifferente Aufstellung — Konfiguration — Sortierung — Einfache Zubehörsituation — Iuxtaposition — Konventionelle Gruppierung — Chaos — Bizarre Welten

Tab. 3: Kategorien der formalen Analyse der Spielprodukte im Überblick

Dorfspiel	Puppenspiel	Mosaiktest

Arthus: Keine Systematik
Züst: Geschlossene/halboffene/offene Formen
Monod:
a) Aufteilung in 4 bzw. 16 Raumzonen
b) Dorftypen:
— konzentrisch
— horizontal begrenzend
— vertikal mitteilsam
— kreuzförmig
— zentriert um
  : oval- oder kreisförmig
  : Sackgasse
  : sternförmig
  : als Haufen
  : aufgelöst
  : verstreut
	Rambert:
	— Phase des gemimten Symbols
	— Phase der symbolischen Identifikation
	— Zwischenphase
	— Phase der differenzierten Symbole
	— Phase der differenzierten Symbole, begleitet von Selbstbestrafungsmechanismen
		Lowenfeld:
		— repräsentative Legemuster
		— abstrakte Legemuster
		— konzeptuelle Legemuster
		— mißglückte Legemuster

Tab. 3: Kategorien der formalen Analyse der Spielprodukte im Überblick

Sceno

v. Staabs: keine Systematik

a) Kühnen:	b) v. Salis:
— Peripher	— Anzahl der Gegenstände
— Subjektnahes — subjektfernes Spiel	— Anzahl der Puppen
— Zentral	— Leerlassen einer Fläche von der Ausdehnung mindestens eines Spielfeldquadranten
— Eckenbetonung	
— Insel — Gruppenbildung	
— Flächenaufteilung (Diagonalspannung; Rechts-Links-Gegensatz)	— Betonung der Peripherie des Spielfeldes
— Gesamte Spielfläche	— Betonung des Zentrums des Spielfeldes
— Rahmensprengung	
— Reihung	— Betonung der Hälften (Rechts/Links)
— Vertikale Spieltendenz	— Betonung der Quadranten
— Formloses Spiel	— Gegenstände und Puppen ebenmäßig aufs ganze Spielfeld verteilt
— Horizontale Spieltendenz (Legespiel)	
— Umgrenzungen	— Verwendung von Abschrankungen
— Symmetriebetonungen	— Zentrierung
	— Randüberschreitung
	— Vertikales Auftürmen
	— Puppen oder Tiere erhöht plaziert
	— Extremer Parallelismus

erhöhen? Womit denn der schon lange unterdrückte Verdacht schließlich ausgesprochen sei: Ist die Erweiterung der Beurteilungsbasis zu einer *systematischen* allgemeinen Verhaltensbeobachtung des Spiel*verhaltens* bei den „Spieltests" nicht überfällig?

Bevor die Ergebnisse der neueren Spielforschung dazu gesichtet werden, noch eine Anmerkung zur sog. Standardisierung des Spielmaterials, das bekanntlich sehr umfänglich ist und meistens aus mehreren hundert Einzelteilen besteht. In Inhalt, Form, Größe und Farbe variieren sie zwar von Verfahren zu Verfahren, doch alle enthalten die üblichen Kinderspielzeuge wie Klötze, Häuser, Tiere usw.. Oft führen sie Puppen, manchmal bewegliche, manchmal steife. Die oben angeführten formalen Kriterien scheinen von dem jeweiligen Ausstattungssatz und seiner Eigentümlichkeit nicht beeinflußt zu sein, so daß eigentlich die Frage am Platze ist, welcher diagnostische Wert denn der von jedem Testautor geforderten Einheitlichkeit der Spielmaterialien zukommt. Sie hat doch nur Sinn, wenn das Verhalten des Pb gerade gegenüber einem einzelnen Stimulus von

Belang ist und gemessen werden soll. Systematisiert sind aber nur die formalen Auswertungskategorien, nicht die Inhalte. Oder anders gewendet und schärfer gefragt: Ist es wirklich so, daß das therapeutische Spielzimmer, das einfach eine Vielzahl unterschiedlicher Gegenstände enthält, wirklich diagnostisch weniger relevante Aussagen ermöglicht — oder sind es nicht die Kategorien der Beobachtung, die in Wahrheit den Wert der Spieldiagnostik ausmachen? Denn sie schaffen die Hypothesen, die es durch die jeweilige therapeutische Strategie zu kontrollieren und zu verifizieren gilt. Natürlich darf man auch mit Hilfe von testtheoretisch nicht gut begründeten Verfahren Hypothesen generieren, wenn man sich vor dem Zirkelschluß hütet, daß ein und dasselbe Verfahren Hypothesen liefert und gleichzeitig bestätigt.

4. Spieldiagnostik als Verhaltensbeobachtung

Wenn die Forschung auf dem Gebiet der Spieldiagnostik, so meint Singer (1973a. 28), „durch irgend etwas wesentlich beeinträchtigt wurde, dann durch die exzessive Überinterpretation von Verhaltensfetzen, die ... im Sprech- oder Spielzimmer des Therapeuten beobachtet wurden." Darüber hinaus erweisen sich die spielerischen Gestaltungsverfahren heute in zweifacher Hinsicht als unbefriedigend: Ihr Betrachtungsgegenstand erscheint meist zu stark auf das Spiel*produkt* eingeschränkt, wodurch wichtige Informationsquellen ausgeblendet werden, und ihre Beobachtungskategorien wirken (oft) in ihrer Systematik eher dürftig und unterentwickelt. Im ersten Fall kommt es dann verstärkt zu den problemreichen Fragen der Gültigkeit und Reliabilität von materialarmen Momentaufnahmen des Leistungsverhaltens, ganz abgesehen davon, daß immer erst geklärt werden muß, welcher Zusammenhang zwischen speziellen Leistungsdaten und allgemeinen Verhaltensdaten bei den untersuchten Kindern besteht.

Dies ist ein Problem, mit dem übrigens die Aggressionsforschung mittels Puppenspiel erst umgehen lernen mußte (Klingler 1969). Heute kann man davon ausgehen, daß 1. direkte Spielbeobachtung andere Antworten bringt als Papier und Bleistift bzw. verbale Antworten (Reilly 1974. 153, anders jedoch Hildebrandt 1975. 157) und 2. bei Vorschulkindern der Einfluß der Situation (freies Spiel vs. strukturiertes Spiel) die Konsistenz des Verhaltens nach der Dimension „phantasievoll" — „phantasiearm" völlig unterdrückt (Singer 1973a. 45).

Im zweiten Fall verringert die geringe Systematik und die schwache Begrifflichkeit sowohl eine theoriegeleitete Hypothesenbildung wie eine sachadäquate Gegenstandserfassung. Es versteht sich allerdings von der Natur der Sache her, daß jeder Versuch, Spiel und Spielverhalten in Kategorien zu fassen, keinen weiteren Anspruch erfüllen kann als Akzentuierungen zu bilden und Fragen zu stellen. Denn die diagnostischen Begriffsklassen sind keine logischen Klassen, Überschneidungen daher nichts Ungewöhnliches.

Die Konstruktion von Beobachtungsskalen zur Untersuchung des kindlichen Verhaltens und seiner Entwicklung allgemein wie des Spielverhaltens im besonderen hat seit den Wiener Arbeiten von Ch. Bühler und H. Hetzer, seit A. Gesells großflächigen Untersuchungen in Yale, den Längsschnittuntersuchungen des Fels-Institutes, den jahrzehntelangen Arbeiten Lois B. Murphys usw. eine lange Tradition. Auch die Spielforschung der 60er und 70er Jahre unternahm Anstrengungen, taugliche Beobachtungsskalen für das Spielverhalten des Kindes zu gewinnen. Kategorien wurden dabei einer erhöhten theoretischen Reflexion und empirischen Überprüfung unterzogen. Demzufolge liegen heute taxonomische Arbeiten für unterschiedliche diagnostische Zwecke vor. Dabei ist es nützlich, sich das Eriksonsche „common-sense" Modell einer psychodiagnostischen Spielbeobachtung in Erinnerung zu rufen, denn an seiner Ordnung lassen sich die Aufgaben und Ergebnisse bequem darlegen (Abb. 1).

Freie Protokollaufnahmen (A) helfen nicht weiter, wenn sie nicht durch angemessene Dimensionen erschlossen werden. Damit diese jedoch nicht den subjektiven Evidenzerlebnissen (C) allein ausgeliefert bleiben, bedürfen sie der Objektivation sowohl hinsichtlich der Angemessenheit gegenüber ihrem Untersuchungs-

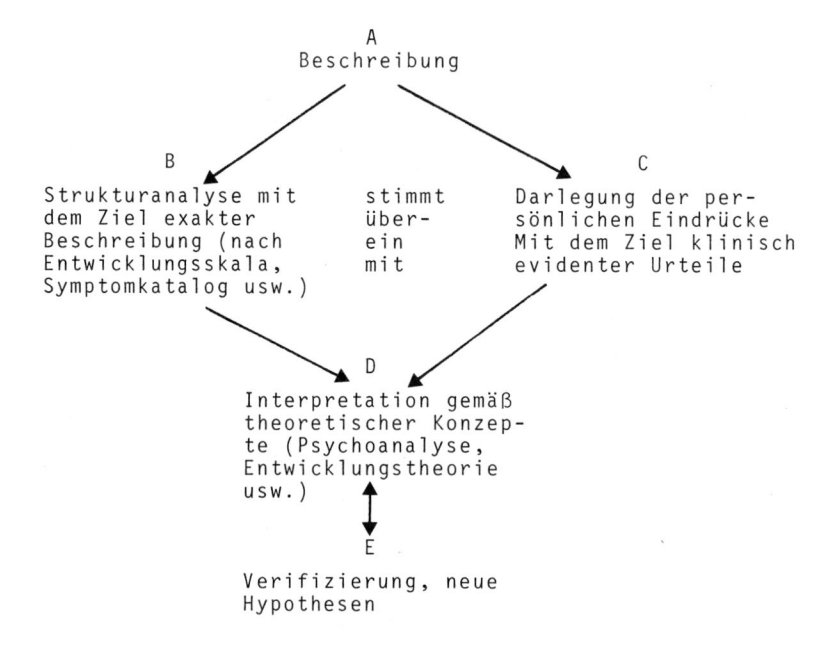

```
                        A
                   Beschreibung

    B                  stimmt                    C
Strukturanalyse mit    über-          Darlegung der per-
dem Ziel exakter       ein            sönlichen Eindrücke
Beschreibung (nach     mit            Mit dem Ziel klinisch
Entwicklungsskala,                    evidenter Urteile
Symptomkatalog usw.)

                        D
                   Interpretation gemäß
                   theoretischer Konzep-
                   te (Psychoanalyse,
                   Entwicklungstheorie
                   usw.)

                        E
                   Verifizierung, neue
                   Hypothesen
```

Abb. 1: Adaptation des Eriksonschen Modells zur Beobachtung und Interpretation des Spielverhaltens (vgl. Knox 1974. 248)

gegenstand wie ihrer Kommunizierbarkeit (B). Sie führen zu theoretischen Propositionen (D), deren Charakter eben durch sie expliziert wird. Eine Bestätigung oder Revision der Ausgangsfrage schließt sich an (E). In diesem Eriksonschen Schema interessieren hier die Dimensionen (B), die sich in der Spielforschung einiger theoretischer (D) und experimenteller Absicherung erfreuen konnten. Die Gefahr, daß Variabeln, die psychologisch leer sind, verwendet werden, ist natürlich jederzeit gegeben.

Eine Übersicht über die jüngsten Beobachtungsskalen des kindlichen Spielverhaltens bringt Tab. 4. Daraus wird deutlich, daß die freie Beobachtung die meiste Aufmerksamkeit erfahren hat. Deren Kategorien (= B in Eriksons Schema) sind — abgesehen von Smith & Connolly 1972 — ziemlich komplex, wobei die Dichte erheblich schwankt. Takatas (1974) Taxonomie bietet bei weitem die größte Zahl von Merkmalen.

Bei einer genaueren Betrachtung der Merkmalsgruppierungen fällt insgesamt auf (vgl. Tab. 4), daß sie

Tab. 4: Systematik der *neueren* Beobachtungsskalen zur Diagnostik des kindlichen Spielverhaltens

Freie Beobachtung	Prüfungsaufgaben
1. Klinische Auffälligkeiten (Ginott 1966, Goetze & Jaede 1974)	1. Klinische Auffälligkeiten : spezielle Verhaltensproben (Meili-Dworetzki 1971)
2. Entwicklungsnormen a) psychoanalytisch beschrieben (Peller 1968, Drucker 1974, Hartmann 1973)	2. Entwicklungsnormen : von isolierten Funktionsprüfungen (Becker 1971, Hurff 1974)
b) grob nach Gegenstandsbereichen (Florey 1971)	
c) grob nach psychischen Funktionen (Knox 1974)	
d) Taxonomie des Spiels nach Epochen und Milieu (Takata 1974)	
3. Allgemeines Verhaltensinventar — Stichwörterliste (Smith & Connolly 1972)	

1. ein eher mittleres bis hohes Abstraktionsniveau einnehmen (Ausnahme: Smith & Connolly);

2. der Beschreibungshorizont die psychischen Funktionen überschreitet und die Umwelt mit erfaßt;

3. viele Kategorien für Spielverhalten unspezifisch sind; sie könnten auch für anders definierte Situationen gelten.

Abgesehen von den Sinnesfunktionsprüfungen im frühesten Kindesalter (z. B. Becker 1971, Hurff 1974), die gezielt und isoliert spezifische Verhaltensweisen treffen, gibt es also auch heute noch keine Kriterienliste, die das Eigentliche des Spielverhaltens trifft — sofern man unterstellt, das wäre besser bekannt als es die Skalen ausweisen. Deshalb gilt, daß der Einfluß der Position C in Eriksons Schema immer noch erheblich sein wird.

Man denkt an den Gang der Dinge in der Entwicklung von Beobachtungsskalen zur Beschreibung des Lehrerverhaltens, wo viele Jahrzehnte damit zugebracht wurden, zu zentralen *unterrichtsspezifischen* Skalen zu gelangen. Erst mit der Arbeit von Kounin (1976) ist eine Stufe erreicht worden, in der die Merkmale nun einen größeren Grad von Situationsangemessenheit und Typik erreicht haben.

Etwas anders stellt sich die Lage dar, wenn wir die *speziellen Spielproben* betrachten, die Hurff (1974) und Meili-Dworetzki (1971) inszenieren. Auch sie zeigen das Bemühen, von einer Betrachtung isolierter Merkmale wegzukommen. Hurff will mit Hilfe von 20 genau definierten Spielsituationen im Sinne eines Entwicklungsverfahrens die Bereiche Empfindung, Motorik, Wahrnehmung und intellektuelles Verhalten prüfen. Sie liefert dazu für 8—12jährige Kinder eine ausführliche Beobachtungs- und Bewertungsanleitung. Prüfstatistische Angaben werden nicht gemacht, dagegen sagt sie zur Konzeptualisierung ihres Systems: „Die (registrierten) Fähigkeiten sind als Entwicklungsfolgen zu sehen, die sowohl hierarchisch wie in Wechselwirkung zueinander stehen. Hierarchisch sind sie in dem Sinne, daß die Empfindung (sensation) der Wahrnehmung (perception) vorangehen muß und die Entwicklung der Wahrnehmung der intellektuellen Entwicklung vorausläuft. Sie dominieren, was heißen soll, daß der Verlust oder die Unterbrechung der niederen Stufe auf der Hierarchie die Funktion einer höheren Stufe entwicklungsbedingter Fähigkeiten verhindert oder verzerrt. Sie unterliegen der Wechselwirkung und sind dynamisch in dem Sinne, daß ein Bereich den anderen über die Zeit hinweg beeinflußt. Sie sich ausschließlich in linearen Verlaufsformen vorzustellen, ist nicht statthaft." (Hurff 1974. 270). Meili-Dworetzki entwickelte zur Diagnose von Verhaltensstörungen bzw. der geistigen Behinderung einen „Pantomimetest" für die gleiche Altersgruppe wie Hurff. Kinder sollen dabei einzeln kurze Szenen zu 10 verschiedenen Themen darstellen (z. B. „zeig einmal, wie du einen ganz schweren Korb tragen würdest!"). Das

Spielverhalten wird nach Kriterien bewertet, die z. T. einer Faktorenanalyse entstammen (Gelöstheit vs. Gehemmtheit). Insgesamt wurden 11 Variabeln untersucht. Die sehr sorgfältige experimentelle Anlage des Versuchs erbrachte einige klare, statistisch abgesicherte Ergebnisse. Untersucht wurden 3 Gruppen von Kindern im Alter von 9—11 Jahren, nämlich eine Gruppe mit Verhaltensstörungen (20), eine Gruppe Schwachbegabter (29) und eine Gruppe normal begabter Kinder (23). Die Schwachbegabten fallen durch Handlungsarmut (Stereotypien des Weges, Monotonie des Spiels, Perseverieren von Gesten) und häufigen Blickkontakt mit dem Testleiter auf, die Verhaltensgestörten dagegen durch ungehemmtes Weiterspielen, Nicht-aufhören-können einerseits, durch Verlegenheit, Fragen, Ablenkbarkeit und mangelnde Engagiertheit andererseits. Im übrigen hat es den Anschein, daß eine Reihe von weiteren Verhaltensmerkmalen einer markanten Intelligenzschwelle unterworfen sind.

So gilt es nun klar zu unterscheiden: Will man anläßlich des Spiels Auskunft über bestimmte psychische Verhältnisse beim Kind (und damit das Spiel als „play interview" benutzen) oder soll Spiel untersucht werden, um etwas über das Spiel selbst zu erfahren. Die neuere Forschung hat sich der letzteren Frage bemächtigt. Für die Diagnostik ist dies insoweit ein Gewinn, als ihr Verständnis über die Aussagekraft des Spiels sehr viel differenzierter werden kann. Vorschnelle Schlüsse unterbleiben dann ebenso wie der Anwendungsbereich treffsicherer wird. Und nicht zuletzt werden die zur Therapie relevanten Kriterien schärfer erkannt.

So hat z. B. die in Tab. 5 aufgeführte Arbeit von Knox den für die geistig und mehrfach behinderten 4jährigen Kinder wichtigen Sachverhalt offengelegt, daß viele dieser Kinder sich im Spielzimmer isolierter verhalten als im Freien. Daraus folgert Knox, daß das behinderte Kind infolge geringerer Spielaktivität auch weniger Lernchancen habe, da Lernen auf Wiederholung und Ausübung des Gekonnten und damit der Assimilation vorausgegangener Erfahrungen beruhe. Und Hetzer (1967b) weist darauf hin, wie notwendig es ist, bei geistig behinderten Kindern etwas über das Verhältnis von Spontaneität und „Ausführungsgewohnheit" zu wissen. Die Spontaneität aber zeige sich bei solchen Kindern noch am ehesten beim Spiel.

Beobachtungen des Spielverhaltens, des gelenkten wie des freien, sind notwendige Ergänzungen der Analyse der Ergebnisse spezieller spielerischer Gestaltungsproben: Nicht nur weil sie andere Aspekte bringen und damit den „Findegehalt" (Pfistner 1958) der jeweiligen Instrumente schärfer fassen, sondern und gerade auch, weil sie neue Beobachtungskriterien für Momente im Strom des Verhaltens liefern, die vorher nicht beachtet worden waren. Gerade in dieser Hinsicht kann die Diagnostik durch spielerische Gestaltungsverfahren von einer breiten Spielforschung mit Recht noch Impulse erwarten.

Tab. 5: Verkürzte Kriterienliste verschiedener neuerer Autoren zur Beobachtung
a) des *freien* kindlichen Spiels

Goetze & Jaede (1974)	Hartmann (1973)	Florey (1971)	Takata (1974)	Knox (1974)
in Bezug auf: psychotisches, geistesschwaches, hirngeschädigtes, unangepaßtes und normales Verhalten	nach den Stufen der Libidoentwicklung betrachtet	altersspezifisch von 0—11 Jahren	altersspezifisch von 0—16 Jahren	altersspezifisch von 2—6 Jahren
— Trennung von der Mutter — Kontakt zum Therapeuten — Sprache — Umgang mit Spielmaterial — Aggressionsäußerungen — Reaktion auf Frustration — Motorik — Emotionalität	— Zentrales Thema des Spiels (Objektbeziehungen) — Minderwertigkeitsangst (bzw. deren Verneinung) — Kompensierende Phantasie — Formale Elemente, Stil — Sozialer Aspekt — Spielmaterial — Sekundärgewinn im Spiel	*Menschliche Objekte*: — Eltern — Spielgefährten — Selbst *Nicht-menschliche Objekte*: — I: Beim Umgang Form annehmend (Sand, Wasser, Farbe, Knet) — II: Beim Umgang Form verändernd (Bauklötze) — III: Beim Umgang kein Einfluß auf die Form (Puppe, Ball)	*Taxonomie*: hinsichtlich : Spielepoche : Spielmilieu : Tatsächliches Spielverhalten	— Raumbeherrschung — Materialbeherrschung — Nachahmung — Partizipation

Tab. 5: Verkürzte Kriterienliste verschiedener neuerer Autoren zur Beobachtung
b) bei *vorgegebenen* Spielproben

Meili-Dworetzki (1971)	Becker (1971)	Hurff (1974)
Gezielte Instruktion über Pantomimenthemen	*Spezielle Aufgaben für Funktionsprüfungen*	*Spezielle Aufgaben für die Funktionstüchtigkeit in den Bereichen*
— Spielteile	— im Liegen	— Empfindung
— Weg	— im Sitzen	— Motorik
— Variabilität des Weges	— im Stehen	— Wahrnehmung
— Fröhlicher, offener Ausdruck beim Spielbeginn		— Intelligenz
— Verbale und mimische Bereicherungen		
— Blickkontakt		
— Am Platz oder enges Spiel		
— Handlungsarmut		
— Verlegenheitsgesten, Fragen, Abgelenktheit		
— Syndrom der Gelöstheit		
— Syndrom der Gehemmtheit		
Vergleich von 9—11jährigen Minderbegabten, Verhaltensgestörten, Normalen	von 1—18 Monaten	bei 10jährigen

B. Die Spielverfahren im Überblick

1. Spielzeugkasten-Methoden

a) Der Welt-Test

Quelle: Ch. Bühler 1955a, b; Bühler & Manson 1956.

Historisches: Bühlers Welttest ist das Resultat langjähriger Anstrengungen (seit 1934) zur Standardisierung von Material, Anweisung und Auswertung der spieltherapeutischen Methode M. Lowenfelds. Sie hat damit die erste systematische quantitative Auswertungsmethode eines Spieltests vorgelegt.

Aussagebereich: Die bisherigen Arbeiten belegen die Anwendbarkeit bei Kindern (ab 2 Jahren) und Erwachsenen. Günstigster Altersbereich ist das Vor- und Grundschulalter. Diagnostische Möglichkeiten werden in der Entwicklungsdiagnose, Persönlichkeitsdiagnose, der Aufdeckung persönlicher Konflikte, der klinischen Diagnose und sozio-kultureller Fragen gesehen.

Material: Für rein diagnostische Zwecke werden 160 Gegenstände zur Verfügung gestellt, in der therapeutischen Anwendung umfaßt das Materialangebot bis zu 300 Spielzeugelemente. Die Materialien sind 2,5 bis 7,5 cm hoch („groß genug, daß man leicht sehen kann, was sie vorstellen . . . und klein genug, daß man die fertige Konstruktion als eine Gestalt sehen kann") (Harding 1972. 64f). Nach Bühler soll auf den Boden (mindestens 4 m^2) gebaut werden; Hetzer und Höhn (in der deutschen Bearbeitung Bühler 1955b) plädieren für einen Sandkasten, wie er auch durch M. Koch (1954, 1955) bei den Untersuchungen zur Konstitutionstypologie Kretschmers verwendet wurde.

Instruktion: Die Aufgabe wird so einfach wie möglich gestellt, damit der Pb das Gefühl erhält, frei über das Material verfügen zu können. Für eine exakte Signierung und Interpretation wird es als wichtig angesehen, daß sich der Testleiter während des Bauens mit dem Kind unterhält, um die Beweggründe für die verschiedenen Vorgänge zu erfassen.

Interpretation:

a) Verrechnung: Die Auswertung stützt sich auf die Skizze (oder Photographie) des Weltbaues in seiner endgültigen Form oder seinem Stand nach 30 Minuten, auf alle Beobachtungen während des Spieles, auf die festgehaltenen sprachlichen Äußerungen und auf 2 Auswertungsbögen (quantitativ und qualitativ).

b) Bewertung: Ein Katalog verschiedener Zeichen erwies sich nach Bühler als symptomhaltig. Dabei werden unterschieden:

1. A „Aggressive Welten" (mit Kämpfen, wilden Tieren und Unfällen),

2. E „Leere Welten" (Bilder mit relativ wenig Elementen bzw. Typen von Elementen oder Bilder, die nur einige oder gar keine Menschen aufweisen).

3. CDR „Verzerrte Welten" (Sie lassen Verwirrung und Zusammenhanglosigkeit am deutlichsten erkennen, wobei 3 Formen unterschieden werden):

C *Geschlossene Welten* (Welten mit mehreren eingeschlossenen Flächen oder vollständigen bzw. nahezu vollständigen Umgrenzungen).

D *Ungeordnete Welten* (zusammenhangloses oder völlig chaotisches Bauen).

R *Schematisch geordnete Welten* (Sie weisen natürlich schematische Anordnungen auf.)

4. S „Symbolische Anordnungen": diese werden nicht quantitativ bewertet.

Diese Zeichen werden gewichtet und als Rohwertpunkte behandelt. Eine beigefügte Liste mit speziellen Konstellationen erwies sich als „Symptomliste" entwicklungspsychologisch wie differentialdiagnostisch als ergiebig.

Objektivität/Reliabilität/Validität: Bühler 1955a, b. Außerordentliches Training unerläßlich (Gutzeit 1961).

Weitere untersuchte Zusammenhänge: Seit Bühlers Publikationen 1955a, b sind kaum mehr Arbeiten zu diesem Verfahren erschienen. Die Verbreitung des Materials ist wohl weltweit (Meyer 1957, Höhn 1964, Harding 1972), die Analyse seiner Leistungsfähigkeit jedoch kein Thema mehr. Gutzeit (1961) vergleicht verschiedene Aspekte des Welttests mit denjenigen des Scenotests und sieht deren beider Verwendung eher komplementär als alternativ. Vorteil des Welttests sei dessen verhältnismäßig objektives Beurteilungsschema, das neben Strukturelementen auch inhaltliche Kriterien erfaßt. Wegen der Nüchternheit des Materials würden jedoch persönliche Probleme nur dann ausgespielt werden, wenn sie besonders stark im Vordergrund stehen. Der Welttest eigne sich, wenn „das Agieren und die Art des Erfassens einer Aufgabensituation . . . in kurzer Zeit festgestellt werden" soll (S. 87), wogegen der Scenotest mehr die affektive Projektion und Persönlichkeitsstruktur erfasse. Hetzer (1966b) kommt beim Vergleich der Welttestproduktionen schulreifer und schulunreifer 6jähriger Kinder zu dem Ergebnis, daß sich beide Gruppen in ihrem planerischen Verhalten deutlich unterscheiden. Letztere „verwirklichen kurzfristige Teilpläne, bauen den Bau, den sie errichtet hatten, häufig wieder ab oder setzten einige Teilkanten verbindungslos auf die Baufläche. Ihre geringe Zielgerichtetheit zeigte sich auch darin, daß sie die Bautätigkeit häufig unterbrachen, um Funktionsspiele oder Rollenspiele einzuführen. Der Abbruch des Spiels erfolgte unabhängig davon, ob der Weltbau abgeschlossen war oder nicht, und dieser fand auch keinerlei Beachtung, sobald das Spiel beendet war" (S. 144).

b) Der Scenotest

Quelle: G. v. Staabs (1964).

Historisches: Ursprünglich (seit 1939) zur Untersuchung erziehungsschwieriger Kinder entwickelt. Seither in vielen Bereichen der Diagnostik und Therapie anzutreffen: Bei Kindern, Jugendlichen und Erwachsenen, in Einzel- und Gruppentherapie, in der forensischen Medizin, bei Neurosen, Stotterern, bei sprachlich Ungewandten, Infantilen und Debilen.

Aussagebereich: „Unbewußte Problematik und charakterologische Struktur".

Material: Holzkasten (54 x 40 cm) mit Deckel als Spielfläche. Darin sind 10—15 cm große *biegsame* Puppenfiguren (8 Erwachsene, 8 Kinder), 50 farbige Bauklötze und Zusatzmaterial (Tiere, Pflanzen, Fahrzeuge, Gebrauchsgegenstände, Fell usw.), das nach tiefenpsychologischen Grundsätzen ausgewählt wurde und teils symbolischen, teils dynamischen Charakter hat.

Instruktion: Etwas zu bauen (bei Kindern) oder — wie ein Regisseur — eine Szene zu inszenieren (bei Jugendlichen und Erwachsenen). Die Dauer des Testaufbaus beträgt im Durchschnitt ungefähr 30 Minuten. Nach Beendigung des Bauens soll individuell auf die einzelnen Szenen näher eingegangen und der Pb zu weiteren Äußerungen angeregt werden. Der Szenenaufbau wird zum Schluß skizziert und/oder photographiert.

Interpretation: v. Staabs hat einen Beobachtungsbogen und einen Protokollbogen entwickelt. Quantitative Verrechnungen finden nicht statt, jedoch werden neben den inhaltlichen Kriterien auch formale herangezogen. Dabei unterscheidet v. Staabs zwischen einer „Tatbestandsdiagnostik" (wenn die aufgebaute Szene der Wirklichkeit entspricht) und einer „Persönlichkeitsdiagnostik" (wenn die Szene nicht der Wirklichkeit, sondern der psychischen Dynamik des Untersuchten entspricht). Dazu werden folgende Daten herangezogen:

1. Das Verhalten des Pb gegenüber dem Untersucher und der neuen Situation.
2. Das Verhalten des Pb während des Spiels.
3. Das bewußte und unbewußte Verhalten des Pb den verschiedenen Puppenfiguren gegenüber.
4. Die Verwendung des übrigen Materials.
5. Die Äußerungen des Pb zur Szene.

V. Staabs betont, daß die reduktiven Schlußfolgerungen nie eindeutig sind: „Alle diese Deutungen des Spielverhaltens haben vermutenden Charakter. Keineswegs läßt sich eine „Neurose" als solche allein diagnostizieren, denn qualitativ können auch ganz gesunde Pbn die gleiche Problematik entwickeln. Aber wenn von einem Pb bekannt ist, daß er abnorm reagiert, daß aber die Hintergründe nicht oder nur unsicher zu durchschauen sind, erlaubt der Scenotest eine recht wahrscheinliche Beurteilung gerade dieser Hintergründe persönlicher und umweltlicher Art" (v. Staabs, 1964. 29).

In jüngerer Zeit konzentrieren sich die Untersuchungen, die vor allem von G. Biermann ausgehen und angeregt werden, auf den formalen Aspekt (zusammenfassend Biermann 1970; vgl. Kächele-Seegers 1969, Melamed-Hoppe 1969, Kühnen 1973, v. Salis 1975). Damit nimmt die diagnostische Fundierung des Scenotests heute einen ähnlichen Verlauf wie die Lowenfeldsche Welttechnik in den 30er Jahren, nachdem sich Ch. Bühler der Standardisierung angenommen hatte. Kühnen (1973) stellte 15 formale Kriterien auf, die sie an 1132 Scenotestspielen von Kindern mit eher einheitlicher Konfliktkonstellation überprüfte. Dabei hat sie ebenso wie v. Salis (1975) das von Biermann & Biermann (1962) postulierte „organische Syndrom" bestätigt. Weber (1966) ist hier zurückhaltender. Sie fand zwar bei 40 Kindern und Jugendlichen (9—17jährige) mit Psychosen schizophrener Prägung im Scenotest häufig Hinweise für Kontakt- und Beziehungsstörungen und Merkmale wie chaotisches Durcheinander, Symmetrie und bizarre Bauten. Sie läßt den Scenotest jedoch nur als Instrument der *Veranschaulichung* psychopathologischer Befunde bei Psychosen gelten, nicht jedoch als geeignetes Diagnoseinstrument. Für verhaltensgestörte und psychoneurotische Kinder konnte Kühnen (1973) keine charakteristische Spielstruktur finden (positiv mit anderer Methode jedoch Henschel (1966)). Kontrovers sind die Spielproduktionen von Stotterkindern und Enuretikern (Engler 1972). Asthmakinder und Kinder mit sozialer Problematik dagegen zeigen eine besser abgrenzbare Spielweise. T. von Salis (1975) wies statistisch signifikante Beziehungen zwischen einigen formalen Merkmalen von Scenotest-Schlußbildern und bestimmten klinischen Urteilen einer kinderpsychiatrischen Untersuchungsstelle nach. Zimmermann (1976) dagegen hält eine Strategie für bedenklich, bei welcher jeweils formale und inhaltliche Merkmale einer bestimmten Bedeutung zugeordnet werden. Und er betont, daß eine Interpretation den Bezug auf die Gesamtszene, d. h. die Anamnese und den familiären Hintergrund brauche.

Die Verbreitung des Sceno ist außerordentlich groß (Schober 1977). In den Erziehungsberatungsstellen der Bundesrepublik Deutschland steht er hinsichtlich seiner Verwendung auf Rangplatz 4.

Auswerterobjektivität: Biermann (1970) entwickelte ein Protokollblatt, Musiol (1970) versuchte eine numerische Bestimmung der Auswertungsobjektivität. V. Salis (1975) verglich z. T. erfolgreich 20 Merkmale mit klinischen Gruppen bei 4—18Jährigen.

Reliabilität/Validität: Eine ausgezeichnete Übersicht über alle diesbezüglichen Anstrengungen, soweit sie das Formale im Scenotest betreffen, liefert Kühnen (1973). Für die Inhaltsanalyse gibt es bislang nur Angaben über die interpretative Erschließung des Sinnzusammenhangs (Knehr 1961, v. Staabs 1964). Wichtigstes Außenkriterium ist dabei die Anamnese.

Weitere untersuchte Zusammenhänge: Entwicklungspsychologische Aspekte wurden mehrfach behandelt (Höhn 1951, Jaide 1953, 1956, am umfänglichsten von Kühnen 1973, die Häufigkeitstabellen für das Alter von 3—17 Jahren bringt), ebenso geschlechtsspezifische Unterschiede (Jaide 1956, Engels 1957, Kühnen 1973).

Modifikationen: Driscoll-Test (Driscoll 1952; Diem & Rasse 1971). Er besteht aus einer 5köpfigen Puppenfamilie und verschiedenen Wohnungseinrichtungsgegenständen. Die Wohnung ist bei Testbeginn bereits eingerichtet (wie beim Sceno im Deckel des tragbaren Kastens), wobei die Zimmereinteilung mit Strichen markiert ist. Den Kindern bleibt die Aufgabe, die Puppen zu plazieren, mit ihnen zu spielen und eventuell auch Möbelstücke umzustellen. Bei Diem & Rasse (1971) werden den Kindern 3 verschiedene Konfliktsituationen ihrer eigenen Lage dargelegt, und sie werden aufgefordert, im Spiel eine Lösung zu finden. Durch dieses Vorgehen soll gespielt auf gewisse Probleme der Kinder eingegangen werden. Katzenstein-Schönfeld (1969) empfindet dies als zu rigid. Sie schlägt deshalb einen „Wohnungseinrichtungstest" vor, in welchem das Kind aufgefordert wird, die Wohnung neu einzurichten. Ein Miniaturklassenzimmer präsentieren Shuman & Leton (1965) im sog. „School Play Kit". Dabei werden die Schüler vor verschiedene Ausgangssituationen gestellt, oder sie haben eine bestimmte Rolle zu übernehmen.

2. Puppenspielverfahren

Diese diagnostischen Instrumente haben in Therapie und Forschung in den angelsächsischen Ländern schon in den 40er Jahren lebhaftes Interesse gefunden. Vor allem wurden sie dabei zur Untersuchung von Vorschulkindern eingesetzt. Man schätzt ihre Flexibilität und Anonymität, die dem Kind einen recht freien Ausdruck der Gefühle erlauben. Wegen ihrer stets neu wirksamen Anziehungskraft und der einfachen Handhabung können sie auch leicht an experimentelle Situationen angepaßt werden. Eher verwirrend ist jedoch die Weite der Stimulusvariation. So wie Cohn (1962. 238) hat man das Puppenspiel deshalb gerne als ein „... halbstrukturiertes projektives Verfahren (betrachtet), das nicht sehr präzise beschrieben werden kann ...". Neben Cohn, der sich auf die Studien zum Thema Aggression beschränkt, referieren ausführlich Henry (1960), Levin & Wardell (1962) und Haworth (1968b) die Literatur, die ihren Zenit wohl überschritten hat. Die Enttäuschung über zahllose unfruchtbare Korrelationsstatistiken, die sich mehr daran orientierten, wie leicht ein Merkmal kategorisierbar und quantifizierbar ist, als wie theoretisch begründbar es erscheint, hat gegenwärtig offenbar die Wirkung, sich mit diesen Instrumenten weniger als Diagnostica sondern vielmehr als Therapeutica zu beschäftigen. Ist dies nicht eine vorschnelle Resignation, die nicht sieht, daß das Puppenspiel*verhalten* wie alles Verhalten einer systematischen Verhaltensbeobachtung unterworfen werden kann und selbstverständlich denselben Gesetzen und Kriterien unterliegt wie diese (vgl. Koeck & Strube 1977; Beitrag Hasemann). Insofern hat schon Haworth (1968b) die richtige Konsequenz gezogen, wenn sie schreibt: „Will man aus den Puppenspielverfahren bedeutungshaltiges Material gewinnen, dann muß man den Verhaltensabfolgen während der gesamten Spielzeit mehr Aufmerksamkeit schenken und genauso den verschiedenen Beziehungen, die im Zeitablauf zwischen den verschiedenen Puppenfiguren zustande kommen" (S. 352). Ob allerdings durch die Spielbeobachtung eher der Phantasiebereich oder die Realitätsbeziehung erreicht wird, bleibt immer noch jeweils zu klären (Moore 1964). Angesichts dieser Schwierigkeit ist es um systematische Studien im Feld der Puppenspieldiagnostik still geworden. Nur der Weg der Konstruktvalidierung, besonders der der Aggression, hat weiterhin einige Aufmerksamkeit erfahren (Abramson & Abramson 1974, Abramson et al. 1974).

Bei diesen Verfahren des Puppenspiels handelt es sich um Denkmuster der „projektiven" Verfahren. Und das bedeutet, daß sie mit diesen auch die Schwierigkeiten der Validierung teilen. Aus diesem Grunde wären zunächst die begrifflichen Leistungen, die mit der Ausarbeitung der Puppenspieltechnik verbunden sind, von Interesse. Moore (1964) unterscheidet bei der Interpretation der weitergeführten Erzählhandlungen („London Doll Play Technique") nicht nur zwischen Phantasie und Realität, sondern er sieht auch drei Arten von nichtrealistischem Spiel:

1. Das Kind begibt sich in die Handlung der dargestellten Situation, verläßt die Realität und versucht, eine akzeptable Lösung auf der Ebene einer Geschichte zu finden — die Phantasie bleibt unter Kontrolle und tendiert in Richtung Wunscherfüllung.

2. Das Kind distanziert sich von der Situation, indem es diese als eine Art Scherz auffaßt — Affekte und Beziehungen werden dadurch unwichtig, und die Handlung wird von spielerischen Aggressionen beherrscht.

3. Das Kind vergißt sich und verliert die Ich-Kontrolle, das Spiel wird gewaltsam und aggressiv, die ausgedrückten Gefühle sind eindeutig nicht mehr nur noch spielerisch, die Puppen verlieren ihren Charakter und sind reine Instrumente des Affekts.

Im übrigen gibt es für ihn „keine konstante Beziehung zwischen Spiel und Wirklichkeit, denn die Phantasie kann verschiedenen Umständen dienen. Der diagnostische Wert des Puppenspiels liegt nicht darin, daß man ausspionieren kann, was das Kind zuhause erlebt, sondern in der Chance, Konfliktbereiche zu ermitteln und zu sehen, wie das Kind mit ihnen fertig wird. Auch die dominanten Einstellungen können damit erkundet werden" (Moore 1964. 24).

Madeleine Rambert (1969) interpretiert im Prinzip zwar nach den bekannten psychoanalytischen Kategorien, doch sind ihre (an Piaget angelehnten) Entwicklungsphasen des symbolischen Ausdrucks interessant:

— Die Phase des gemimten Symbols, in der sich das Kind eher durch das Spiel als durch Worte ausdrückt 4.—5. Jahr).

— Die Phase der symbolischen Identifikation — das Kind ist bereits fähig, seine Konflikte in eine Geschichte zu projizieren (5.—6. Jahr).

— Die sog. Zwischenphase, in der das Kind den Puppen nicht mehr den Namen seiner Familienglieder gibt, sondern symbolische Figuren wie Hexe und Teufel in das Spiel einführt (6.—7. Jahr).

— Die Phase der differenzierten Symbole — hier wird der direkte Zusammenhang mit der häuslichen Situation weniger durchsichtig. Die Identifikationsäußerungen sind in dieser Phase der Gedankenwelt näher, die Fiktion wird dadurch stärker und realer (7.—9. Jahr).

— Ab 10 bis 11 Jahren beginnt eine völlig andere Technik; die Probleme werden intellektualisiert.

3. Legespielverfahren

Der Mosaik-Test.

Quelle: M. Lowenfeld (Erste Veröffentlichung 1929; grundlegend: 1954b, 1954/1955).

Aussagebereich: „Denk- und Gefühlsprozesse in einer konkreten Situation", vor allem zur Bewertung des Entwicklungsstadiums, geistiger Defektzustände, neurotischer, psychotischer und hirnorganischer Prozesse. Verwendung in der vergleichenden Völkerkunde wie in der Berufsberatung.

Material: 456 geometrische Plastikplättchen in 6 verschiedenen Farben und ein Brett mit Holzrand (31,5—26 cm), auf dem die Plättchen angeordnet werden sollen. Der Standardkasten enthält von jeder Farbe 8 Quadrate, 16 gleichschenklige Dreiecke, 12 gleichseitige Dreiecke und 24 ungleichseitige Dreiecke. Alle Farben und Formen werden so im Kasten aufbewahrt, daß eine optimale Übersicht besteht. Es kann auch nur die Hälfte des Materials verwendet werden. Wichtig ist jedoch, daß das Zusammensetzen ganz einfacher Grundformen, der sog. „fundamental patterns" (wie sie bei Kindern verschiedener Entwicklungsstufen, bei geistig Behinderten und bei Angehörigen gewisser Naturvölker gefunden werden) möglich bleibt. Um das fertige Muster aufzeichnen zu können, wird vor dem Versuch ein Papier auf das Brett gelegt.

Instruktion: Dem Pb wird das Material gezeigt und erklärt, daß er in der Gestaltung absolut frei sei und auch zeitlich keine Begrenzung bestehe. Während der Arbeit des Pb soll der Beobachter das Vorgehen und die Äußerungen aufzeichnen. Anschließend wird das Mosaik-Bild in Form und Farbe kopiert oder photographiert.

Literatur

Abadi, M. 1967. Psychoanalysis of playing. Psychotherapy and Psychosomatics, **15**, 85—93.

Abel, T. M. 1965. Psychodynamics as reflected in the Lowenfeld Mosaic Test. Journal of Social Psychology, **1**, 101—125.

Ablon, G. U. 1967. Comparison of the characteristics of the play of young mildly retarded and average children, with mother present and absent. Dissertation Abstracts International, **28**, 2616—2617.

Abraham, A. 1963. Le Dessin d'une personne. Le test de Machover. Neuchâtel: Delachaux & Niestlé.

Abraham, A. 1978. Der Menschtest. Beiträge zur Psychodiagnostik des Kindes, Bd. 3, hg. v. M. Kos & G. Biermann, München: Reinhardt.

Abramson, P. R. & Abramson, S. D. 1974. A factorial study of a multidimensional approach to aggressive behavior in black preschool age children. Journal of Genetic Psychology, **125**, 31—36.

Abramson, P. R., Abramson, L. C., Wohlford, P. & Berger, S. 1974. The multidimensional aggression scale for the structured doll play interview. Journal of Personality Assessment, **38**, 436—440.

Acus, L. K. 1973. A study of categorical behavior of preschool children exhibited during spontaneous play: An observational study. Dissertation Abstracts International, **34**, 3228.

Aderhold, E. 1967. Doll play behavior as a function of age. Dissertation Abstracts International, **28**, 2605.

Adler, L. L. 1967. A note on cross-cultural preferences: fruit-tree preferences in children's drawings. Journal of Psychology, **65**, 15—22.

Adler, L. L. 1969. Fruit-tree study as a measure of associative thinking and imagery in children of different ages. Developmental Psychology, **1**, 444.

Adler, L. 1970a. The „fruit-tree experiment" as a measure of retarded children's preferences of fruit trees under varied conditions of color availability. Journal of Psychology, **76**, 217—222.

Adler, L. L. 1970b. Influencing associative thinking and imagery as measured by the „fruit-tree experiment" in children's drawings. Social Science and Medicine, **4**, 527—534.

Adler, L. L. 1970c. The „fruit-tree experiment" as a measure of children's preference of fruit trees under varied conditions of color availability. Journal of Genetic Psychology, **116**, 191—195.

Adler, P. T. 1970. Evaluation of the figure drawing technique: Reliability, factorial structure and diagnostic usefulness. Journal of Consulting & Clinical Psychology, **35**, 52—57.

Adler, L. 1976. Influencing associative thinking and imagery in emotionally disturbed children. Psychological Reports, **39**, 183—188.

Albien, G. 1907. Der Anteil der nachkonstruierenden Tätigkeit des Auges und der Apperception an dem Behalten und der Wiedergabe einfacher Formen. Zeitschrift für experimentelle Pädagogik, **5**, 133—156; 1908, 6, 1—48.

Alexander, E. D. 1964. School centered play-therapy programm. Personnel & Guidance Journal, **43**, 256—261.

Almy, M. 1973 a. Das freie Spiel als Weg der geistigen Entwicklung. In: Flitner, A. (Hg.): Das Kinderspiel. München: Piper. 101—114.

Almy, M. 1973 b. Unterstützung des freien Spiels im Kindergarten. In: Flitner, A. (Hg.): Das Kinderspiel. München: Piper. 203—206.

Ames, L. B. 1963. Usefulness of the Lowenfeld Mosaic Test in predicting school readiness in kindergarten and primary school pupils. Journal of Genetic Psychology, **103**, 75—91.

Ames, L. B. 1968. Academic promise in Negro pupils. Journal of Learning Disabilities, **1**, 16—23.

Ames, L. B. & Ilg, F. L. 1962. Mosaic responses of American children. New York: Hoeber.

Ames, L. B., Ilg, F. L. & August, J. 1964. The Lowenfeld Mosaic Test: Norms for five-to-ten-years-old American public-school children and comparative study of three groups. Genetic Psychology Monographs, **70**, 57—95.

Ames, L. B. & August, J. 1966. Comparison of Mosaic responses of Negro and white primary-school children. Journal of Genetic Psychology, **109**, 123—129.

Ammons, C. H. & Ammons, R. B. 1952. Research and clinical application of the doll play interview. Journal of Personality, **21**, 85—90.

Anastasi, A. & Foley, J. P. Jr. 1940. A survey of the literature on artistic behavior in the abnormal. II. Spontaneous Productions; Psychological Monographs, **52**, No 6, 71 S.

Anastasi, A. & Foley, J. P. Jr. 1941. A survey of the literature on artistic behavior in the abnormal: IV. Experimental investigations. Journal of Genetic Psychology, **25**, 187—237.

Andree, R. 1887. Das Zeichen bei den Naturvölkern. Mitteilungen der anthropologischen Gesellschaft Wien, **17**, 98.

Andronico, M. P. et al. 1969. Case conference: A psychotherapeutic aide in a headstart programm. Children, **16**, 14—22.

Anzieu, D. 1976[5]. Les méthodes projectives. Paris: PUF.

Apfeldorf, M., Smith, W. J. 1966. The representation of the body self in human figure drawing. Journal of Projective Techniques, **30**, 283—289.

Appel, H. E. 1931. Drawings by children as aids in personality studies. American Journal of Orthopsychiatry, **1**, 129—144.

Arnds, H. G., Enke, H., Ohlmeier, D. 1964. Versuche einer formalen Auswertung spontaner Bildnereien zur objektivierenden Verlaufsdokumentation in der Psychotherapie. Diagnostica, **10**, 75—87.

Arnheim, R. 1965. Kunst und Sehen. Berlin: De Gruyter.

Arnheim, R. 1977. Zur Psychologie der Kunst. Köln: Kiepenheuer & Witsch.

Arnold, W. (Hg.) 1972⁷. Psychologisches Praktikum. Leitfaden für psychologische Übungen. Band II: Diagnostisches Praktikum. Stuttgart.

Arnold, W. 1972. Makette-Test. In: Arnold, W. (Hg.): Psychologisches Praktikum Band II: Diagnostisches Praktikum. Stuttgart: Fischer.

Aronson, E. 1958. The need for achievement as measured by graphic expression. In: Atkinson, J. W. (Hg.): Motives in fantasy, action and society. Toronto: van Nostrand. 249—269.

Arthus, H. 1949. „Le Village" Test d'activité créatrice. Paris.

Aubin, H. 1970. Le dessin comme conduite magique. Informations Psychologiques, **10**, 61—74.

Avé-Lallemant, U. 1976. Baum-Test. Mit einer Einführung in die symbolische und graphologische Interpretation. Olten: Walter.

Avé-Lallemant, U. 1978. Der Wartegg-Zeichentest in der Jugendberatung. Mit systematischer Grundlegung von A. Vetter. München: Reinhardt.

Axline, V. M. 1971. Dibs. München: Scherz.

Axline, V. M. 1972. Kinder-Spieltherapie. München: Reinhardt.

Axline, V. M. 1973. Michael verteidigt sich gegen die Welt. In: Flitner, A. (Hg.): Das Kinderspiel. München: Piper. 226—230.

Axline, V. M. 1976. Spieltherapie im nicht-direktiven Verfahren. In: Biermann, G. (Hg.): Handbuch der Kinderpsychotherapie. München: Reinhardt. 185—192.

Bacher, I. 1967. Das Sceno-Spiel als diagnostisches und therapeutisches Mittel. Jugendwohl, **48**, 114—119.

Backes-Thomas, M. 1969. Le test des trois personnages. Contribution à l'étude des methodes projectives. Neuchâtel: Delachaux et Niestlé.

Bader, A. 1975. Geisteskrankheit, bildnerischer Ausdruck und Kunst — Eine Sammlung von Texten zur Psychopathologie des Schöpferischen. Bern: Huber.

Baldwin, I. T. 1964. The head-body ratio in human figure drawings of schizophrenic and normal adults. Journal of Projective Techniques, **28**, 393—396.

Bally, G. 1976. Die Bedeutung des Spiels für das Reifen der menschlichen Persönlichkeit. In: Biermann, G. (Hg.): Handbuch der Kinderpsychotherapie, Bd. I, München: Reinhardt.

Barnes, E. 1893. A study of children's drawings. Pedagogical Seminar, **2**, 451—463.

Barnes, K., Wootton, M. & Wood, S. 1972. The public health nurse as an effective therapist-behavior modifier of preschool play behavior. Community Mental Health Journal, **8**, 3—7.

Barre, H. L. & Monod, M. 1965. Experience du dessin libre dans une communante d'enfants. Revue de Neuropsychiatrie infantile et d'Hygiène mentale, **13**, 133—137.

Bash, K. W. & Lampl, E. 1951. Intelligenz- und Ausdrucksmerkmale im Rorschach-Test und in Kinderzeichnungen. Zeitschrift für Kinderpsychiatrie, **17**, 174—184.

Bates, J. & Bentler, P. M. 1973. Play activities of normal and effeminate boys. Developmental Psychology, **9**, 20—27.

Beck-Dvorzak, M. & Vlatkovic-Prpic, M. 1976. Deutungen in der analytischen Spieltherapie. In: Biermann, G. (Hg.): Handbuch der Kinderpsychotherapie. München: Reinhardt. 358—361.

Becker, D. 1971. Zur Entwicklung des Spielalters bei Heim- und Familienkindern. Unveröffentlichte Diss., Universität München.

Bender, L. 1932. Gestalt principles in the sidewalk drawings and games of children. Pedagogical Seminar and Journal of Genetical Psychology, **41**, 192—210.

Bender, L. 1949. Psychological principles of the Visual Motor Gestalt Test. Transactions. of the New York Academy of Sciences, **11**, 164—170.

Bender, L. 1952. Child psychiatric techniques: Diagnostic and therapeutic approach to normal and abnormal development through patterned, expressive and group behavior. Springfield, Ill.: Thomas.

Bennett, V. 1964. Does size of figure drawing reflect self concept? Journal of Consulting Psychology, **28**, 285—286.

Bennett, V. 1966. Combinations of figure drawing characteristics related to drawer's self-concept. Journal of Projective Techniques, **30**, 192—196.

Bergelson, A. 1967. An intercomparison of self, man and woman drawings made by culturally deprived negro children. Child Study Center Bulletin, **3**, 16—18.

Berger, M. 1974. Stationäre Behandlung eines sechsjährigen Einkoters. Praxis der Kinderpsychologie und Kinderpsychiatrie, **23**, 5—11.

Bernet, A. 1971. Recherches sur le test de l'arbre. Revue de Psychologie Appliquée, **21**, 101—122.

Bettelheim, B. 1972. Play and education. School Review, **81**, 1—13.

Biber, B. 1973a. Wachsen im Spiel. In: Flitner, A. (Hg.): Das Kinderspiel. München: Piper. 12—17.

Biber, B. 1973b. Spiel und Kreativität. In: Flitner, A. (Hg.): Das Kinderspiel. München: Piper. 128—133.

Biblow, E. 1973. Imaginative play and the control of aggressive behavior. In: Singer, J. (Ed.): The childs world of make believe. New York: Academic Press. 104—128.

Bidault, H. 1963. Le test du village: étude sur le retentissement des troubles dyasexiques dans la sphère intellectuelle et affective chez l'écolier. No. spéciale Bulletin de Psychologie, **225**, 202—206.

Biermann, G. 1969. Psychosomatik des Asthma bronchiale im Kindes- und Jugendalter. Praxis der Kinderpsychologie und Kinderpsychiatrie, **17**, 33—49.

Biermann, G. 1970. Diagnostik und therapeutische Möglichkeiten des Scenotestspiels. Archiv für Kinderheilkunde, **181**, 63—77.

Biermann, G. 1976. Zur Geschichte der analytischen Kinderpsychotherapie. In: Biermann, G. (Hg.) Handbuch der Kinderpsychotherapie, Bd. I, München: Reinhardt. 1—18.

Biermann, G. & Biermann, R. 1962. Das Scenotestspiel der Schizophrenen. Schweizer Archiv für Neurologie, Neurochirurgie und Psychiatrie, **89**, 95—169.

Bierung-Sorensen, K. 1973. Play therapy in Denmark. In: Therapy through play. Annales Universitatis Turkuensis (Turku-Finland) Ser. D. 3, 30—35.

Bittner, G. 1968. Zur pädagogischen Theorie des Spielzeugs. In: Bittner, G. & Schmid-Cords, E. (Hg.): Erziehung in früher Kindheit. München: Piper, 219—233.

Bittner, G., Schäfer, G., Strobel, H., Behrens, S., Götz, J., Harder, U. & Siegle, V. 1973. Spielgruppen als soziale Lernfelder. München: Juventa.

Blid, E. 1973. Lekotek: Background — working methods — present situation. In: Therapy through play. Annales Universitatis Turkuensis (Turku, Finland). Ser. D. 3, 63—67.

Bolgar, H. & Fischer, L. 1947. Personality projection in the World Test. American Journal of Orthopsychiatry, 17, 117—128.

Bönner, K. H. 1964. Die Intelligenz im Baumtest. Schule & Psychologie, 11, 216—219.

Borelli-Vincent, M. 1965. L'expression des conflits dans le dessin de la famille. Revue de Neuropsychiatrie Infantile, 13, 45—65.

Borneman, E. 1973. Unsere Kinder im Spiegel ihrer Lieder, Reime, Verse und Rätsel. In: Studien zur Befreiung des Kindes, B. 1, Freiburg: Walter.

Borneman, E. 1974. Die Umwelt des Kindes im Spiegel seiner „verbotenen" Lieder, Reime, Verse und Rätsel. In: Studien zur Befreiung des Kindes, B. 2, Freiburg: Walter.

Borneman, E. 1976. Die Welt der Erwachsenen in den verbotenen Reimen deutschsprachiger Stadtkinder. In: Studien zur Befreiung des Kindes, B. 3, Freiburg: Walter.

Bourne, G. 1966. The cardiac psychosis: A case study of depersonalization following open heart surgery, showing, by use of the Rorschach, the later re-integration of the ego. Rorschach Newsletter, 11, 14—20.

Bowyer, R. 1970. The Lowenfeld World Technique. Oxford: Pergamon Press.

Bowyer, R., Gillies, J. & Scott, J. 1966. The use of projective techniques with deaf children. Rorschach Newsletters, 11, 3—6.

Bradtke, L. M., Kirkpatrick, W. J. & Rosenblatt, R. P. 1972. Intensive play: A technique for building affective behaviors in profoundly mentally retarded young children. Education & Training of mentally Retarded, 7, 8—13.

Brändli, K., Günther, K.-B. & Ziegler, R. 1975. Puppenspiel als Medium der Vorschulerziehung. In: Baumgartner, A. & Geulen, D. (Hg.): Vorschulische Erziehung, Bd. II. Weinheim: Beltz, 159—189.

Brauchlin, E. 1970. Das Spiel in der Heilpädagogik als therapeutisches Hilfsmittel. Heilpädagogische Werkblätter, 39, 232—240.

Breidt, R. 1969. Perseveration und Hirnverletzung. Experimentalpsychologische Untersuchungen zur Wiederholungstendenz bei Hirnverletzten. Unveröffentlichte Diss., Universität Tübingen.

Brem-Gräser, L. 1975[3]. Familie in Tieren. Die Familiensituation im Spiegel der Kinderzeichnung. Entwicklung eines Testverfahrens. München: Reinhardt.

Britain, S. D. 1970. Effect of manipulation of children's affect on their family-drawings. Journal of Projective Techniques, 34, 234—237.

Britsch, G. 1926. Theorie der bildenden Kunst. München: F. Bruckmann.

Bruck, M. & Bodwin, R. F. 1963. Age differences between SCS-DAP test results and GPA. Journal of Clinical Psychology, 19, 315—316.

Brunberg, C. 1973. Play therapy for mentally retarded. In: Therapy through play. Annales Universitatis Turkuensis (Turku, Finland) Ser. D 3, 40—49.

Büchele-Karrer, B. 1974. Vergleichende Untersuchungen zwischen Dreibaum- und anderen projektiven Tests. Praxis der Kinderpsychologie und Kinderpsychiatrie, **23**, 166—181.

Buchinger, K. 1974. Die Bedeutung des Spiels in der Schule. Gruppendynamik, **5**, 434—441.

Buck, J. N. 1948. The H-T-P-Test. Journal of Clinical Psychology, **4**, 151—159.

Buck, J. N. 1948. The H-T-P technique; a qualitative and quantitative scoring manual. Journal of Clinical Psychology, **4**, 317—396.

Buck, J. N. 1950. Administration and interpretation of the H-T-P Test. Beverly Hills, Calif.: Western Psychological Services, Box 775.

Buck, J. N. 1964. The house-tree-person (H-T-P) manual supplement. Los Angeles: Western Psychological Services.

Buck, J. N. 1966. The house-tree-person technique. Revised Manual. Los Angeles: Western Psychological Services.

Buck, J. N. & Hammer, E. F. (Ed.) 1969. Advances in the house-tree-person technique: Variations and applications. Los Angeles: Western Psychological Services.

Bühler, Ch. 1952. National differences in „World Test" projection patterns. Journal of Projective Techniques, **16**, 42—55.

Bühler, Ch. 1955a. Der Welttest. In: Stern, E. (Hg.): Die Tests in der klinischen Psychologie. 2. Halbband, Zürich: Rascher.

Bühler, Ch. 1955b. Der Welttest. Göttingen: Hogrefe.

Bühler, Ch. & Hetzer, H. 1953². Kleinkindertests. München: Barth.

Bühler, Ch. & Manson, M. P. 1956. The picture world. Los Angeles.

Burkart, V. & Zapotovzky, H.-G. 1974. Konfliktlösung im Spiel. Wien: Jugend und Volk.

Burkhardt, H. 1934. Über Verlagerung räumlicher Gestalten. Neue Psychologische Studien, **7**, Heft 3, 1—158.

Burns, R. C. & Kaufman, S. H. 1970. Kinetic family drawings (k-f-d): An introduction to understanding children through kinetic drawings. New York: Brunner.

Burt, C. 1928². Mental and scholastic tests. London: King.

Burton, R. V. 1971. Correspondence between behavioral and dollplay measures of conscience. Developmental Psychology, **5**, 320—332.

Büschel, G. 1972. Das Spiel in der Schule für Lernbehinderte. Berlin-Charlottenburg: Marhold.

Busemann, A. 1950. Die zeichnerische Reaktion des Kleinkindes auf Reizfiguren. Schweizerische Zeitschrift für Psychologie und ihre Anwendungen, **9**, 392—407.

Buytendijk, F. J. J. 1933. Wesen und Sinn des Spiels. Berlin.

Byers, M. L. 1972. Play interviews with a five-years-old-boy. Maternal Child Nursing Journal, **1**, 133—141.

Caligor, L. 1957. A new approach to figure drawing. Springfield, Ill.: Ch. C. Thomes.

Calliess, E. 1972. Spielen und Lernen. In: Hundertmark, G. & Ulshöfer, H. (Hg.): Kleinkindererziehung. München: Kösel, 168—191.

Calon, P. 1967. Katharsis und Mimesis. Eine Berührungsebene der Psychotherapie und Pädagogik. In: Horn, H. (Hg.): Psychologie und Pädagogik. Weinheim: Beltz, 217—228.

Cambier, A. & Titeca, D. 1970. Dessin et appartenance nationale I. Revue de Psychologie des Peuples, **25**, 174—189.

Campo, V. & Vilar, N. 1974. Utilidad clinica del test del animal. Revista de Psicologia general y aplicada, **29**, 355—357.

Cannon, W. B. 1939. Bodily changes in pain, hunger, fear and rage. New York.

Carkhuff, R. R. 1963. Characteristics distinguishing mental defectives from normals in drawing tasks. Diss. State University of New York at Buffalo.

Carlson, K., Quinlan, D., Tucker, G. & Harrow, M. 1973. Body disturbance and sexual elaboration factors in figure drawings of schizophrenic patients. Journal of Personality Assessment, **37**, 56—63.

Carter, J. L. 1973. Human figure drawing of mentally retarded, brain injured, and normal children. Art Psychotherapy, **1**, 307—308.

Centers, L. & Centers, R. 1963. A comparison of the body images of amputee and nonamputee children as revealed in figure drawings. Journal of Projective Techniques, **27**, 158—165.

Chapman, L. & Chapman, J. P. 1971. Test results are what you think they are. Psychology today, **5**, 18—22.

Château, J. 1974. Spiele des Kindes. Stuttgart: Klett.

Chetik, M. 1973. Amy: The intense treatment of an elective mute. Journal of the American Academy of Child Psychiatry, **12**, 482—498.

Children's Research Center, Motor Performance Laboratory: Children's play. A research bibliography. University of Illinois 1967.

Christoffel, H. & Grossmann, E. 1923. Über die expressionistische Komponente in Bildnereien geistig minderwertiger Knaben. Zeitschrift für die gesamte Neurologie und Psychiatrie, **87**, 372.

Clark, E. T. & Degenhardt, F. J. 1965. Ability of females to draw sexually undifferentiated human figures. Perceptual & Motor Skills, **21**, 60.

Claus, J., Heckmann, W. & Schmitt-Ott, J. 1973. Spiel im Vorschulalter. Frankfurt/M.: Europäische Verlagsanstalt.

Clostermann, G. 1959. Studien zur Testwissenschaft. Der Mann-Zeichentest in formtypischer Auswertung (MZT/ft). Münster: Aschendorff.

Clune, C. 1973. The relationship of quality of play and intelligence in young children. Dissertation Abstracts International, **34**, 407.

Coates, S., Lord, M. & Jakobovics, E. 1975. Field dependence — independence, social — non-social play and sex differences in preschool children. Perceptual & Motor Skills, **40**, 195—202.

Cohen, H. 1962. Physiological test findings in adolescents having ovarian dysgenesis. Psychosomatic Medicine, **24**, 249—256.

Cohen, R. 1959. Eine Untersuchung des Wartegg-Zeichentests, Rorschachtests und Z-Tests mit dem Polaritätsprofil. Diagnostica, **5**, 155—172.

Cohen, S. M., Money, J. & Uhlenhuth, E. H. 1972. A computer study of selected features of self-and-other drawings by 385 children. Journal of Learning Disabilities, **3**, 145—155.

Cohn, F. S. 1962. Fantasy aggression in children by the doll play technique. Child Development, **33**, 235—250.

Colbert, L. 1971. Debra finds herself. Nursing Outlook, **19**, 50—53.

Collon, H. 1964. Hémiplégie congénitale et négligence de l'espace dans le dessin de l'arbre. Acta Neurologica & Psychiatrica Belgica, **64**, 33—42.

Coltrane, R. D. 1975. An investigation of unstructured play media and structured discussion group counseling techniques with preschool children. Dissertation Abstracts International, **35**, 4154.

Conners, K. C. 1971. The effect of stimulant drugs on human figure drawings in children with minimal brain dysfunction. Psychopharmacologia, **19**, 329—333.

Conway, D. F. 1971. The effects of conjoint family play sessions: A potential preventive mental health procedure for early identified children. Dissertation Abstracts International, **32**, 3631.

Cooke, E. 1885. Art teaching and child nature. London, Journal of Education, **10**, 465 und 1886, **11**, 12.

Corboz, R. I. 1963. Le dessin des trois arbres. Criança Portuguesa, **21**, 349—364.

Corman, L. 1965. Le test du dessin de famille. Signification des personnages surajoutés. Revue de Neuropsychiatrie Infantile, **13**, 67—81.

Corman, L. 1967a. Le test du dessin de famille dans la pratique médico-pédagogique. Paris, P.U.F.

Corman, L. 1967b. Le double dans le test du dessin de famille: sa signification psychopathologique. Evolution Psychiatrique, **32**, 117—147.

Corman, L. 1973. De la possibilité chez l'enfant d'une psychothérapie par le jeu sans interprétation. Revue Neuropsychiatrie Infantile et d'Hygiène Mentale de l'Enfance, **21**, 543—550.

Currie, C. 1969. Evaluating function of mentally retarded children through the use of toys and play activities. American Journal of Occupational Therapy, **23**, 35—42.

Cortada de Kohan, N. 1972. DAP in schizophrenics and normals: a comparative study. Revista Interamericana de Psicologia, **6**, 87—98.

Cotte, S., Roux, G., Aureille, A. 1951^3. Utilisation du dessin comme test psychologique chez les enfants. Marseille: Comité de l'enfance déficiente, 1, rue Molière.

Cox, J. F. & Harwood, B. T. 1972. The DAP test as an indicator of schizophrenia. Catalog of Selected Documents in Psychology, **2**, 23—24.

Coyle, F. A. jr. 1966. Knee and arm joints in human figure as indicants of paranoid trends: Replication and extension. Perceptual & Motor Skills, **22**, 317—318.

Craddick, R. A. 1963. The self image in the DAP test and self-portrait drawings. Journal of Projective Techniques and Personality Assessment, **27**, 288—291.

Craddick, R. A. 1969. Identification with the aggression through figure drawing. Perceptual & Motor Skills, **28**, 547—550.

Craddick, R. A., Leipold, W. D. & Leipold, V. 1970. Effect of role empathy on height of human figures drawn by male alcoholics. Perceptual & Motor Skills, **3**, 747—754.

Craddick, R. A., Leipold, W. D. & Leipold, V. 1976. Effect of role empathy on human figures drawn by women alcoholics. Journal of Studies on Alcohol, **1**, 90—97.

Cramer, G. 1972. Münchner Waisenhauskinder. Symptome, Testergebnisse, Maßnahmen. Praxis der Kinderpsychologie und Kinderpsychiatrie, **21**, 175—182.

Cressen, R. 1975. Artistic quality of drawings and judges' evaluations of the DAP. Journal of Personality Assessment, **39**, 132—137.

Crocq, L. & Suziot, M. 1968. Une dimension profonde dans l'analyse du dessin de la famille chez l'enfant: le schéma corporel. Encéphale, **57** (Suppl.), 34—39.

Crowe, P. B. 1972. Aspects of body image in children with the symptoms of hyperkinesis. Unpublished. Diss., The George Washington University.

Cull, J. G. & Hardy, R. E. 1971. Concurrent validation information on the Machover DAP Test. Journal of Genetic Psychology, **118**, 211—215.

Dansky, J. L. & Silverman, I. W. 1973. Effects of play on associative fluency in preschool-aged children. Developmental Psychology, **9**, 38—43.

Dansky, J. L. & Silverman, I. W. 1975. Play: A general facilitator of associative fluency. Developmental Psychology, **11**, 104.

Daublesky, D. 1963. Spielen in der Schule. In: Flitner, A. (Hg.): Das Kinderspiel. München: Piper, 257—277.

Davidson, C. D. 1971. Child therapy in the presence of mothers. Psychotherapy: Theory, Research and Practice, **8**, 98—105.

Davis, C. J. 1973. Comparison of House-Tree-Person drawings of deaf and hearing children ages seven through ten years. Unpublished Diss., Bryn Mawr College.

Davis, C. J. & Hoopes, J. L. 1975. Comparison of House-Tree-Person drawings of young deaf and hearing children. Journal of Personality Assessment, **39**, 28—33.

Debienne, M. Cl. 1968. Le dessin chez l'enfant. Paris: P.U.F.

Dennis, W. 1966a. Group values through children's drawings. New York: Wiley.

Dennis, W. 1966b. Goodenough scores, art experience and modernization. Journal of Social Psychology, **68**, 211—228.

De Platero, D. M. 1968. La prueba del dibujo de la figura humana en el niño tartamudo. Revista Psiquiatria y Psicologia Médica, **8**, 27—34.

Deren, S. 1975. An empirical evaluation of the validity of the Draw-a-Family Test. Journal of Clinical Psychology, **31**, 542—546.

Diem, J. M. & Rasse, P. 1971. Le test de Driscoll. Revue Psychologie Appliquée, **21**, 224—235.

DiLeo, J. H. 1970. Young Children and their drawings. New York, Brunner/Mazel.

DiLeo, J. H. 1973. Children's drawings as diagnostic aids. New York: Brunner.

Dold, P. 1972. Spiel — Spielen — Spieltherapie. Vierteljahresschrift der Heilpädagogik und Nachbargebiete, **41**, 335—338.

Dorfmann, E. 1976. Spieltherapie. In: Rogers, C.: Die klientenzentrierte Gesprächspsychotherapie. München: Kindler, 219—254.

Dörken, J. H. 1952, 1956. Summary: The Mosaic Test review. Journal of projective Techniques, **16**, 287—296; **20**, 164—171.

Doubros, St. G. & Mascarenhas, J. 1967. Effect of test produced anxiety on human figure drawings. Perceptual & Motor Skills, **25**, 773—775.

Dracoulides, N. N. 1972. La vie à travers le jeu. L'Hygiène mentale, **2**, 52—61.

Drainer, B. A. 1963. A study of children's self-feelings through the Draw-a-Family technique and spontaneous paintings. Unpublished Diss., Columbia University.

Driscoll, G. 1952. The Driscoll play kit. New York: The Psychological Corporation.

Drucker, J. H. 1974. Toddler play: A taxonomic approach. Dissertation Abstracts International, **34**, 6207.

Duess, L. 1944. Etude experimentale des phénomènes de résistance en psychoanalyse infantale. Zeitschrift für Kinderpsychiatrie, **11**, 1—11.

Durand, G. 1960. Les structures anthropologiques de l'imaginaire. Paris.

Durrell, D. & Weisberg, P. 1973. Imitative play behavior of children: The importance of model distinctiveness and prior imitative training. Journal of Experimental Child Psychology, **16**, 23—31.

Eaton, J. J. 1968. An investigation of selected personality dimensions of mothers whose children have severe communication problems. Unpublished Diss., University of Alabama.

Ehlers, B. & Ehlers, T. 1976. Die Verwendbarkeit des Elternteils zur Abklärung der Therapiebedürftigkeit und des Therapieverlaufs bei Spieltherapie. Praxis der Kinderpsychologie und Kinderpsychiatrie, **25**, 210—215.

Eifermann, R. R. 1970. Level of children's play as expressed in group size. British Journal of Educational Psychology, **40**, 161—170.

Ekstein, R. 1976. Die Bedeutung des Spiels in der Kinderpsychotherapie. In: Biermann, G. (Hg.): Handbuch der Kinderpsychotherapie (Ergänzungsband). München: Reinhardt, 162—168.

Elkisch, P. 1960. Free art expression. In: Rabin, A. I., Haworth, M.: Projective techniques with children. New York: Grune & Stratton, 273—288.

Ellis, M. J. 1973. Spielpraxis und Spielforschung in den siebziger Jahren. In: Flitner, A.: Das Kinderspiel. München: Piper, 38—41.

Elschenbroich, G. 1976. Spiel-Atemtherapie mit sprechgehemmten Kindern. In: Biermann, G. (Hg.): Handbuch der Kinderpsychotherapie I. München: Reinhardt, 562—567.

Eme, R. 1972. Level of experiencing as a predictor of short term play therapy outcome. Dissertation Abstracts International, **33**, 1284.

Eng, H. 1957. The psychology of child and youth drawing from the ninth to the 24th year. London: Routledge & Kegan Paul.

Engelhart, D. 1975. Analyse discriminante des indices du dessin d'enfants „normaux" et d'enfants „perturbés". Enfance, 1, 71—81.

Engle, P. L. & Suppes, J. S. 1970. The relation between human figure drawing and test anxiety in children. Journal of Projective Techniques & Personality Assessment, **3**, 223—231.

Engler, G. W. 1972. Das Scenotestspiel des bettnässenden Kindes. Unveröffentlichte Diss., Universität München.

Enke, H. & Ohlmeier, D. 1960. Formale Analyse psychotherapeutischer Bildserien zur Verlaufsdokumentation. Praxis der Psychotherapie, **5**, 99—122.

Erdmann, M. 1968. Das Psychodrama in der Sonderschule. Zeitschrift für Heilpädagogik, **19**, 23—27.

Erikson, E. H. 1968. Kindheit und Gesellschaft. Stuttgart: Klett.

Eschenbach, U. 1976. Symbolik und Dynamik des Unbewußten im kindlichen Spiel. In: Biermann, G. (Hg.): Handbuch der Kinderpsychotherapie (Ergänzungsband), München: Reinhardt, 184—195.

Etkes, A. B. 1968. Planning play grounds for the handicapped. Journal of Psychiatric Nursing and Mental Health Services, **6**, 339—343.

Fagot, B. I. 1974. Sex differences in toddler's behavior and parental reaction. Developmental Psychology, **10**, 554—558.

Fagot, B. I. & Littman, I. 1975. Stability of sex role and play interests from preschool to elementary school. Journal of Psychology, **89**, 285—292.

Fahrenberg, J. 1961. Graphometrie. Unveröffentlichte Dissertation, Universität Freiburg.

Fechner-Mahn, A. 1971. Sozialisierungsprozesse im Spiel. Unsere Jugend, **23**, 307—312.

Feigelson, C. I. 1974. Play in child analysis. Psychoanalytic Study of the Child, **29**, 21—26.

Feldhusen, J. F. & Hobson, S. K. 1972. Freedom and play: Catalysts for creativity. Elementary School Journal, **73**, 148—155.

Feldmann-Bange, G. 1973. Die psychologische Untersuchung depressiv strukturierter Kinder. Praxis der Kinderpsychologie und Kinderpsychiatrie, **22**, 208—209.

Felgenhauer, U. 1975. Zur Frage des funktionalen Sprachgebrauchs im ungelenkten Spiel von Kleinkindern. Praxis der Kinderpsychologie und Kinderpsychiatrie, **24**, 21—25.

Felix, R., Birenbaum, H. & Wintner, I. 1967. Psychological aspects of cardiac patients before and after rehabilitation. Israel Annals of Psychiatry & Related Disciplines, **5**, 218—219.

Fellows, R. & Cerbus, G. 1969. HTP and DCT indicators of sexual identification in children. Journal of Projective Techniques & Personality Assessment, **33**, 376—379.

Ferrier, M.J. 1968. Use of projective methods in analytic psychotherapy. (franz.) Annales Medico-Psychologiques, **2**, 109.

Fingert, H.H., Kagan, J.R., Schilder, P. 1939. The Goodenough-test in insulin and metrazol treatment of schizophrenia. Journal of Genetic Psychology, **21**, 349—365.

Fisher, S. 1967. Projective Methodologies. Annual Review of Psychology, **18**, 165—190.

Fisher, S., Cleveland, S.E. 1958. Body image and personality. Princeton, N.J.: D. van Nostrand.

Flakowski, H. 1957. Entwicklungsbedingte Stilformen von Kinderaufsatz und Kinderzeichnung. Psychologische Beiträge, **3**, 446—467.

Flavell, J.E. 1973. Reduction of stereotypies by reinforcement of toy play. Mental Retardation, **11**, 21—23.

Fling, S. & Manosevitz, M. 1972. Sex typing in nursery school children's play interest. Developmental Psychology, **7**, 146—152.

Flitner, A. 1972. Spielen — Lernen. München: Piper.

Flitner, A. 1973. (Hg.) Das Kinderspiel. München: Piper.

Florey, L. 1971. An approach to play and play development. American Journal of Occupational Therapy, **25**, 275—280.

Fraas, L.A. 1970. Sex of figure drawing in identifying practicing male homosexuals. Psychological Reports, **27**, 172—174.

Frank, L.K. 1939. Projective methods for the study of personality. Journal of Psychology, **8**, 339—418.

Franzke, E. 1975. Gestaltungstherapie im Rahmen klinischer Psychotherapie. In: Haus, T.F.: Klinische Psychotherapie in ihren Grundzügen. Stuttgart: Hippokrates, 153—167.

Freeman, N.H. 1972. Process and product in children's drawing. Perception, **1**, 123—140.

Freeman, N.H. & Eiser, C. 1977. Children's strategies in producing three-dimensional relationships on a two-dimensional surface. Journal of experimental Child Psychology.

Freiberg, J.T. 1973. Increasing imaginative play of urban disadvantaged kindergarten children. In: Singer, J.L. (Hg.): The child's world of make-believe. New York: Academic Press, 129—154.

Freud, S. 1909. Analyse der Phobie eines fünfjährigen Knaben. Gesammelte Werke VII, 1972. Frankfurt: Fischer.

Freud, S. 1920. Jenseits des Lustprinzips. Gesammelte Werke, Bd. 13, 1955. Frankfurt: Fischer.

Friedemann, A. 1976. Deutungsfreie Kinderanalyse. In: Biermann, G. (Hg.): Handbuch der Kinderpsychotherapie (Ergänzungsband). München: Reinhardt, 176—184.

Friedlander, B. Z. 1966. Effects of stimulus variation, ratio contingency and intermittent extinction on a child's incidental play for perceptual reinforcement. Journal of Experimental Child Psychology, 4, 257—265.

Fromm, E. 1958. Psychoanalytic concepts and principles discernible in projective personality tests; V. The psychoanalytic interpretation of dreams and projective techniques. American Journal of Orthopsychiatry, 28, 67—72.

Furrer, W. L. 1970. Neue Wege zum Unbewußten. Bern: Huber.

Gackstatter, E. 1950. Architekten und Maschinenbauer in typologischer Beleuchtung. Zeitschrift für Psychologie, Beiheft 88, Leipzig: Barth.

Gadamer, H. 1965^2. Wahrheit und Methode. Tübingen: Mohr.

Gaffuri, G. 1970. Il reattivo dell'albero nella diagnosi di schizofrenia. Pisa.

Garcia-Vicente, J. 1960. Le Mosaic Lowenfeld Test parmi les noirs de l'Angola. Revue de Psychologie Appliquée, 10, 77—91.

Garvey, C. 1974. Some properties of social play. Merrill-Palmer Quarterly, 20, 163—180.

Geist, H. 1971. Emotional aspects of dermatitis. Proceedings of the Annual Convention of the American Psychological Association, 6, 627—628.

Gellert, E. 1968. Comparison of children's selfdrawing with their drawings of other persons. Perceptual & Motor Skills, 26, 123—138.

Georgii, R. 1970. Gruppenhilfe untereinander. Praxis der Kinderpsychologie und Kinderpsychotherapie, 19, 130—134.

Gerber, G. L. 1973. Psychological distance in the family as schematized by families of normal, disturbed, and learning-problem children. Journal of Consulting and Clinical Psychology, 40, 139—147.

Gerber, G. L. & Kaswan, J. 1971. Expression of emotion through family grouping schemata, distance, and interpersonal focus. Journal of Consulting and Clinical Psychology, 36, 370—377.

Gesell, A. 1931. Körperseelische Entwicklung in der frühen Kindheit. Halle a. d. Saale.

Gesell, A. 1952. Säugling und Kleinkind in der Kultur der Gegenwart. Bad Nauheim: Christian.

Gheorgiu, V. A. 1965. Untersuchung individueller Eigenheiten der Vorstellung mittels Hypnose. Psychiatrie, Neurologie und medizinische Psychologie, 17, 265—274.

Gille, J.-Ch. 1963. Application du test de Wartegg à des schizophrènes. Thèse, Paris.

Gilmore, J. B. 1966. The role of anxiety and cognitive factors in children's play behavior. Child development, 37, 397—416.

Gilties, J. 1968. Variations in drawings of „a person" and „myself" by hearing-impaired and normal children. British Journal of Educational Psychology, 38, 86—89.

Ginott, H. G. 1961a. Play therapy: The initial session. American Journal of Psychotherapy, 15, 73—88.

Ginott, H. G. 1961b. Play therapy limits and theoretical orientation. Journal of Consulting Psychology, 25, 337—340.

Ginott, H. 1966. Gruppenpsychotherapie mit Kindern. Theorie und Praxis der Spieltherapie. Weinheim: Beltz.

Ginott, H. G. 1973. Gruppenpsychotherapie mit Kindern. Weinheim: Beltz.

Ginott, H. G. 1976a. Die Spielzeugauswahl in der Kinderpsychotherapie. In: Biermann, G. (Hg.): Handbuch der Kinderpsychotherapie. I. München: Reinhardt, 598—605.

Ginott, H. G. 1976b. Spielzimmer und Werkraum in der Kinderpsychotherapie. In: Biermann, G. (Hg.): Handbuch der Kinderpsychotherapie I. München: Reinhardt 605—617.

Ginott, H. G. & Lebo, D. 1963. Most and least used play therapy limits. Journal of Genetic Psychology, **103**, 153—159.

Göbel, S. 1976. Spezielle Aspekte klientzentrierter Spieltherapie bei verhaltensgestörten Kindern mit minimaler zerebraler Dysfunktion. Praxis der Kinderpsychologie und Kinderpsychotherapie, **25**, 42—47.

Goetze, H. & Jaede, W. 1974. Nicht-direktive Spieltherapie: Eine Methode zur Behandlung kindlicher Verhaltensstörungen. München: Kindler.

Goldman, R. 1971. A gross diagnosis of minimal cerebral dysfunction in children by means of the human figure drawing: A validation of the Koppitz method. Unpublished Diss., University of Cincinnati.

Goodenough, F. L. 1926. Measurement of intelligence by drawings. New York: Harcourt, Brace & World.

Goodenough, F. L. 1928. Studies in the psychology of children's drawings. Psychological Bulletin, **25**, 272—283.

Goodenough, F. L. & Harris, D. B. 1950. Studies in the psychology of children's drawings II. (1928—1949) Psychological Bulletin, **47**, 369—433.

Goodnow, J. J. & Friedman, S. 1972. Orientation in children's human figur drawings: An aspect of graphic language. Developmental Psychology, **7**, 10—16.

Gorman, J. N. 1972. Dissociation and play therapy: A case study. Journal of Psychiatric Nursing and Mental Health Services, **10**, 23—26.

Gounard, B. R. & Pray, R. C. 1975. Human figure drawings of learning disabled and normal children at three age levels. Perceptual & Motor Skills, **40**, 914.

Graewe, H. 1932. Untersuchung der Entwicklung des Zeichnens. Halle: Klienz.

Graewe, H. 1936. Geschichtlicher Überblick der Psychologie des kindlichen Zeichnens. Archiv für die gesamte Psychologie, **96**, 103—220.

Gralewicz, A. 1973. Play deprivation in multihandicapped children. American Journal of Occupational Therapy, **27**, 70—72.

Gräser 1957. Siehe Brem-Gräser 1975[3].

Graumann, C.-F. 1959. Aktualgenese. Zeitschrift für experimentelle und angewandte Psychologie, **6**, 410—448.

Gray, D. M. & Pepitone, A. 1964. Effects of self-esteem on drawings of the human figure. Journal of Consulting Psychology, **28**, 452—455.

Green, R. & Fuller, M. 1973. Family doll play and female identity in pre-adolescent males. American Journal of Orthopsychiatry, **43**, 123—127.

Groos, K. 1899. Die Spiele der Menschen. Jena.

Grüneisl, G. 1974. Spielen mit Gruppen. Stuttgart: Klett.

Grünewald, G. 1954. Graphologische Studien. Zürich: Rentsch.

Gstettner, P. 1971. Über Eigenheiten der Gestaltauffassung. Praxis der Kinderpsychologie und Kinderpsychiatrie, **20**, 84—90.

Guillaumin, J., Blanc, J., Breuil, M. & Voelckel, M. 1959. Une methode pour l'étude longitudinal de la personalité de l'enfant telle qu'elle s'exprime dans le dessin et le comportment. Enfance, No. 5, 495—508.

Guinan, J. F. & Hurley, J. R. 1965. An investigation on the reliability of human figure drawings. Journal of Projective Techniques, **29**, 300—304.

Günther, K.-B. 1975. Rollenspiel in der Eingangsstufe. In: Baumgartner, A. & Geulen, D. (Hg.): Vorschulische Erziehung, Bd. II, Weinheim: Beltz, 125—158.

Gutzeit, L. M. 1961. Vergleich der diagnostischen Möglichkeiten beim Sceno-Test und beim Welt-Test. Praxis der Kinderpsychologie und Kinderpsychotherapie, **10**, 87—93.

Haimes, N. 1971—1972. Guide to the literature of art therapy. American Journal of Art Therapy, **11**, 25—42.

Halberstadt-Freud, I. 1975. Technical variations in the psychoanalytic treatment of a preschool child. Israel Annals of Psychiatry and Related Disciplines, **13**, 162—176.

Hall, T. W. 1966. Some effects of anxiety on the fantasy play of preschool children. Dissertation Abstracts International, **27**, 302—303.

Halverson, C. F. & Waldrop, M. F. 1972. The relations of mechanically recorded activity level to varieties of preschool play behavior. Child Development, **44**, 678—681.

Hammer, E. F. (Ed.) 1958. The clinical application of projective drawings. Springfield, Ill.: C. C. Thomas.

Hammer, E. F. 1968. Projective drawings. In: Rabin, A. I. (Ed.). Projective techniques in personality assessment. New York: Springer, 366—393.

Hammer, M. & Kaplan, A. M. 1964a. Reliability of profile and front-facing direction in children's drawings. Child Development, **35**, 973—977.

Hammer, M. & Kaplan, A. M. 1964b. The reliability of sex of first figure drawn by children. Journal of Clinical Psychology, **20**, 251—252.

Hammer, M. & Kaplan, A. M. 1964c. The reliability of size of children's drawings. Journal of Clinical Psychology, **20**, 121—122.

Hammer, M. & Kaplan, A. M. 1966. The reliability of children's human figure drawings. Journal of Clinical Psychology, **22**, 316—319.

Hampel, C. 1973. Therapeutische Episode aus der Behandlung eines fünfjährigen Jungen mit Globusgefühl. Praxis der Kinderpsychologie und Kinderpsychiatrie, **22**, 163—167.

Handler, L. 1964. The relationship between GSR and anxiety indexes in projective drawings. Unpublished Diss., Michigan State University.

Handler, L. & Reyher, J. 1964. The effects of stress on the Draw-A-Person test. Journal of Consulting Psychology, **28**, 259—264.

Handler, L. & Reyher, J. 1965. Figure drawing anxiety indexes: A review of the literature. Journal of Projective Techniques, **29**, 305—313.

Hanselmann, H. 1946. Über einen Sozialtest. Gesundheit und Wohlfahrt; abgedruckt in: Ausdruckskunde, **1**, 33—39, 1954.

Hansen, W. 1933. Das bildnerische Gestalten des Kindes. Vierteljahresschrift für wissenschaftliche Pädagogik, **9**, 155.

Hárdi, I. 1964. Dynamische Zeichnungsuntersuchungen im Laufe von Behandlungen mit psychotropen Mitteln. Zeitschrift für die gesamte Neurologie, **205**, 49—62.

Hárdi, I. 1968. Phänomenologie des Alkoholismus im Lichte der dynamischen Zeichnungsuntersuchungen. In: Jakab, I. (Ed.): Psychiatry and Art. Basel, Karger.

Hárdi, I. 1972. Reflection of manic-depressive psychosis in dynamic drawing tests. Confinia Psychiatrica, **15**, 64—70.

Harding, G. 1972. Spieldiagnostik. Das Spiel als diagnostisches Mittel in der Kinderpsychiatrie. Weinheim: Beltz.

Hare, A. P. & Hare, R. T. 1956. The Draw-A-Group Test. Journal of genetic Psychology, **89**, 51—59.

Hare, M. K. 1966. Shortened treatment in a child guidance clinic: The results in 119 cases. British Journal of Psychiatry, **112**, 613—616.

Harms, E. 1940. Kinderkunst als diagnostisches Hilfsmittel bei infantilen Neurosen. Zeitschrift für Kinderpsychiatrie, **6**, 129—143.

Harms, E. 1946. The psychology of formal creativeness. I. Six fundamental types of formal expression. Journal of genetic Psychology, **69**, 97—120.

Harris, D. B. 1963. Children's drawings as measures of intellectual maturity: A revision and extension of the Goodenough Draw-A-Man test. New York: Harcourt.

Harris, J. E. 1967. Elucidation of body imagery in chronic schizophrenia. Archives of General Psychiatry, **16**, 679—684.

Harris, L. B. 1975. Effect of racial or ethnic group and sex on the drawing of the human figure. Unpublished Diss., United States International University.

Harrower, M., Thomas, C. B. & Altmann, A. 1975. Human figure drawings in an prospective study of six disorders: Hypertension, coronary heart disease, malignant tumor, suicide, mental illness, and emotional disturbance. Journal of Mental Disease, **161**, 191—199.

Hartmann, K. 1973. Über psychoanalytische Funktionstheorien des Spiels. In: Flitner, A. (Hg.): Das Kinderspiel. München: Piper, 76—88.

Haworth, M. R. 1962. Responses of children to a group projective film and to the Rorschach, CAT, Despert Fables and D-A-P. Journal of Projective Techniques, **26**, 47—60.

Haworth, M. R. 1968a. Some aspects of psychiatric behavior in young children: Thoughts on the etiology. Archives of General Psychiatry, 18, 355—359.

Haworth, M. R. 1968b. Doll play and puppetry. In: Rabin, A. I. (Hg.): Projective Techniques in personality Assessment. New York: Springer, 327—365.

Haworth, M. R. & Menolascino, F. J. 1967. Video-taped observations of disturbed young children. Journal of Clinical Psychology, 23, 135—140.

Haworth, M. R. & Menolascino, F. J. 1968. Some aspects of psychotic behavior in young children: Thoughts on the etiology. Archives of General Psychiatry, 18, 355—359.

Heckhausen, H. 1964. Entwurf einer Psychologie des Spielens. Psychologische Forschung, 27, 225—243. Abgedruckt in: Flitner, A. (Hg.) 1973: Das Kinderspiel. München: Piper, 133—149.

Heckhausen, H., Wagner, J., Holstein-Nüsing, A., Lohaus, R. 1962. Bestimmung der geschlechtlichen Differenziertheit von Kinderzeichnungen im Entwicklungsverlauf. Unveröffentlichtes Manuskript, Münster.

Heckmann, W. 1975. Grundfragen einer materialistischen Theorie des Kinderspiels. In: Baumgartner, A. & Geulen, D. (Hg.): Vorschulische Erziehung, Bd. II. Weinheim: Beltz, 244—280.

Heermann, M. 1977. Schreibbewegungstherapie als Psychotherapieform bei verhaltensgestörten, neurotischen Kindern und Jugendlichen. München: Reinhardt.

Hennig, H. 1971. Zur psychodiagnostischen Relevanz des Abzeichentests und des Baumtests bei der Differenzierung der Schwachsinnsgrade im Kindesalter. Psychiatrie, Neurologie und medizinische Psychologie, 23, 94—100.

Henry, W. E. 1960. Projective techniques. In: Mussen, P. H. (Ed.): Handbook of research methods in child development. New York: Wiley & Sons, 603—645.

Henschel, H. 1966. Zur Anwendung des Sceno-Tests in der diagnostischen Praxis. Probleme und Ergebnisse der Psychologie, 16, 87—89.

Herd, R. H. 1969. Behavioral outcomes of client-centered play therapy. Dissertation Abstracts International, 30, 2333—2334.

Hetzer, H. 1950. Entwicklungstestverfahren. Lindau: Piorkowski.

Hetzer, H. 1966a. Spiel als zwecklose und doch sinnvolle Betätigung. Lebendige Schule, 21, 45—47.

Hetzer, H. 1966b. Kinderspiel und seine Pflege im Kleinkindalter. In: Opitz & Schmid (Hg.): Handbuch der Kinderheilkunde, Bd. II. Heidelberg: Springer, 442—461.

Hetzer, H. 1967a. Das Spiel geistig behinderter Kinder. Lebenshilfe, 6, 1—10.

Hetzer, H. 1967^2b. Die psychodiagnostische Bedeutung des Spiels geistig behinderter Kinder. In: Horn, H. (Hg.): Psychologie und Pädagogik. Weinheim: Beltz, 207—216.

Hetzer, H. 1971. Spielen lernen — Spielen lehren. München: Don Bosco.

Hetzer, H. 1972^2. Spielmaterial für verschiedene Formen des Säuglings- und Kleinkinderspiels. In: Hundertmark, G. & Ulshoefer, H. (Hg.): Kleinkindererziehung. München: Kösel, 191—221.

Hetzer, H. 1973. Geeignete Spiele für die Förderung geistig behinderter Kinder. Helfendes Licht, **4**, 12—30.

Hetzer, H. 1974[14]. Spiel und Spielzeug für jedes Alter. München: Don Bosco.

Hetzer, H., Brenner, L. & Pée, L. 1974. Kinderspiel im Freien. München: Reinhardt, Erziehung und Psychologie, Nr. 46, 1—46.

Hetzer, H. & Flakowski, H. 1973. Spiel im Familienleben. Zürich: Benzinger.

Hift, E. & Reinelt, T. 1977. Ein Ausbildungsprogramm für Gruppenpsychotherapie bei Kindern. Zeitschrift für Kinder- und Jugendpsychiatrie, **5**, 25—35.

Hildebrandt, J. 1975. Soziometrisch erfaßtes Beziehungserleben und beobachtetes Spielverhalten bei Kindergartenkindern. Eine Erkundungsstudie. Unveröffentlichte Diss., Universität Köln.

Hildreth, G. 1941. The child's mind in evolution; a study of developmental sequences in drawing. New York: Kings Crown Press.

Hiller, A. 1955. Versuch einer systematischen Erfassung und Auswertung des Weltspiels als einer projektiven psychodiagnostischen Methode. Unveröffentlichte Diss., Freiburg/Br.

Himmelweit, H. T. & Eysenck, H. J. 1945. An experimental analysis of the Mosaic Projection Test. British Journal of Medical Psychology, **20**, 283—294.

Hippius, M. T. 1936. Graphischer Ausdruck von Gefühlen. Zeitschrift für angewandte Psychologie und Charakterkunde, **51**, 257—336.

Hirsch, J. G., Borowitz, G. H. & Costello, J. 1970. Individual differences in ghetto 4-year-olds. Archives of General Psychiatry, **22**, 268—276.

Höhn, E. 1951. Entwicklungsspezifische Verhaltensweisen im Sceno-Test. Zeitschrift für Psychotherapie und medizinische Psychologie, **1**, 77—86.

Höhn, E. 1956. Studien zur Systematik der projektiven Methoden. Jahrbuch der Psychologie und Psychotherapie, **4**, 323—338.

Höhn, E. 1959a. Das Soziogramm und andere sozialpsychologische Methoden. In: Strunz, K. (Hg.): Pädagogische Psychologie für höhere Schulen. München: Reinhardt, 442—458.

Höhn, E. 1959b. Theoretische Grundlagen der Inhaltsanalyse projektiver Tests. Psychologische Forschung, **26**, 13—74.

Höhn, E. 1964. Spielerische Gestaltungsverfahren. In: Heiss, R. (Hg.): Handbuch der Psychologie: Psychologische Diagnostik, Band 6, Göttingen: Hogrefe, 685—705.

Hoffmann, L. 1961[2]. Vom schöpferischen Primitivganzen zur Gestalt. München: Beck.

Homburger, E. 1938. Dramatic productions test. In: Murray, H. A. (Ed.): Explorations in Personality. New York.

House, R. M. 1970. The effects of non-directive group-play therapy upon the sociometrice status and selfconcept of selected second grade children. Dissertation Abstracts International, **31**, 2684.

Howells, J. G. & Townsend, D. 1973. Puppetry as a medium for play diagnosis. Child Psychiatry Quarterly, 6, 9—14.

Hoyser, E. E. 1971. Therapeutic non-directive play with low achievers in reading. Dissertation Abstracts International, 31, 3875.

Huber, F. A. 1966a. Das darstellende Spiel und die Pantomime. Lebendige Schule, 21, 68—76.

Huber, F. A. 1966b. Spielen und Spiele in der Schule. Lebendige Schule, 21, 48—54.

Huber, F. A. 1969. Spiel für die Spielenden — Schulspiel als „Entwicklungshilfe". Das Spiel in der Schule, 3, 129—132.

Huggins, J. M. 1966. Social behavior of four-year-old children during outdoor play in day care centers. Dissertation Abstracts International, 27, 993—994.

Hugot, S. 1966. Essay d'adaptation du test du village au milieu Sénégalais. Revue Psychologie Appliquée, 16, 245—256.

Huizinga, J. 1940³. Homo ludens, Amsterdam; dt.: rde Nr. 21, Hamburg 1956.

Hull & Montgomery 1919. Zit. nach W. Wolff, 1947. The personality of the preschool-child. London: W. Heinemann.

Hulse, W. C. 1952. Childhood conflict expressed through family drawings. Journal of Projective Techniques, 16, 66—79.

Hurff, J. 1974. A play skills inventory. In: Reilly, M. (Ed.): Play as exploratory learning. Beverly Hills, 268—283.

Hyde, N. D. 1971. Play therapy: The troubled child's self-encounter. American Journal of Nursing, 71, 1366—1370.

Innerhofer, P., Hutter, D., Bänninger, G. & A. 1974. Das Regelspiel als Therapiemedium in der Verhaltenstherapie emotional gestörter Kinder: Eine experimentelle Untersuchung. Zeitschrift für Klinische Psychologie, 3, 170—192.

Irwin, E. C. & Shapiro, M. I. 1975. Puppetry as a diagnostic and therapeutic technique. Psychiatry and Art, 4, 86—94.

Ivanoff, E. 1909. Recherches expérimentales sur le dessin des écoliers de la Suisse Romande: correlation entre l'aptitude au dessin et les autres aptitudes. Archives de Psychologie, 8, 97—156.

Jacobson, H. A. & Handler, L. 1967. Extroversion-Introversion and the effects of stress on the Draw-a-Person test. Journal of Consulting Psychology, 31, 433.

Jaede, W. & Götze, H. 1976. Die nicht-direktive Spieltherapie des Kindes. In: Biermann, G. (Hg.): Handbuch der Kinderpsychotherapie (Ergänzungsband). München: Reinhardt, 209—221.

Jaensch, E. R. 1934. Eidetische Anlage und kindliches Seelenleben. Leipzig: Barth.

Jaide, W. 1953. Alters- und geschlechtstypisches Verhalten im Sceno-Test? Praxis der Kinderpsychologie und Kinderpsychiatrie, 2, 291—297.

Jaide, W. 1956. Verhalten Pubertierender im Scenotest. Praxis der Kinderpsychologie und Kinderpsychiatrie, 5, 48—51.

Janzen, W. B. & Coe, W. C. 1975. Clinical and sign prediction: The Draw-a-Person and female homosexuality. Journal of Clinical Psychology, **31**, 757—765.

John, K. B. 1974. Variations in bilateral symmetry of human figure drawings associated with two levels of adjustment. Journal of Clinical Psychology, **30**, 401—404.

Joulin, E. K. 1968. The effects of client-centered group counseling utilizing play media on the intelligence, achievement, and psycholinguistic abilities of underachieving primary school children. Dissertation Abstracts International, **29**, 1425—1426.

Junker, U. 1973. To create in play is part of recovery. In: Therapy through play. Annales Universitatis Turkuensis (Turku, Finland), Ser. D 3, 36—39.

Kächele-Seegers, B. 1969. Über die Bedeutung der Vulgärlösungen im Sceno-Test als Ausdruck des Sozialverhaltens neurotischer, verhaltensgestörter, psychosomatisch erkrankter und hirnorganisch geschädigter Kinder und Jugendlicher. Unveröffentlichte Diss., Universität München.

Käser-Hofstetter, F. 1958. Beurteilung von Raumwahl und Strichart in Schrift und Zeichnung mit Anhang zur Deutung der Farbwahlen. Schriftenreihe des Kantonalen Amtes für Berufsberatung, Bern.

Kahn, M. W. & Jones, N. F. 1965. Human figure drawings as predictors of admission to a psychiatric hospital. Journal of Projective Techniques, **29**, 319—332.

Kainz, F. 1927. Gestaltgesetzlichkeit und Ornamententstehung. Zeitschrift für Angewandte Psychologie, **28**, 267.

Kaldegg. A. 1975. Aspects of personal relationships in heroin dependent young men: A experimental study. British Journal of Addiction, **70**, 277—286.

Kalff, D. M. 1966. Sandspiel. Zürich: Rascher.

Kalff, D. M. 1976[4]. Sandspiel. In: Biermann, G. (Hg.): Handbuch der Kinderpsychotherapie I. München: Reinhardt, 451—456.

Kamp, L. N. 1947. Spiel-Diagnostik. Utrecht.

Kamp, L. N. & Kessler, E. S. 1970. The World Test: Developmental aspects of a play technique. Journal of Child Psychology and Psychiatry and Allied Disciplines, **11**, 81—108.

Karon, B. P. 1968. Problems of validities. In: Rabin, A. I.: Projective techniques in personality assessment. 85—114, New York: Springer.

Katzenstein-Schönfeldt, B. 1969. Bericht über drei neuartige projektive Kindertests. Acta Paedopsychiatrica, **36**, 94—103.

Keilbach, H. 1976. Indikationen unterschiedlicher Verfahren in der ambulanten analytischen Kinderpsychotherapie. In: Biermann, G. (Hg.): Handbuch der Kinderpsychotherapie (Ergänzungsband). München: Reinhardt, 168—176.

Kelber, M. 1973. Die Schwalbacher Spielkartei. In: Flitner, A. (Hg.): Das Kinderspiel. München: Piper, 241—257.

Kellogg, R. 1959. What children scribble and why. Palo Alto, Cal.: National Press.

Kellogg, R. 1967. The psychology of children's art. New York: Random House.

Kemper, S. 1967. Wartegg-Zeichentest und Klimakterium. Unveröffentlichte Diss., Universität Würzburg.

Kerschensteiner, G. 1905. Über die Entwicklung der zeichnerischen Begabung. München: Gerber.

Kielmanowicz, R. 1970. El grupo diagnostico de ninos en un servicio hospitalario. Acta psiquiatrica y psicologia de Americana latine, 16, 53—56.

Kienzle, R. 1951. Die Schülerzeichnung als Ausdruck des Charakters. Esslingen: W. Schneider.

Kietz, G. 1974. Das Bauen des Kindes. München: Kösel.

Kirby, F. R. 1970. Family drawings, individual/group identity and growth. Unpublished Diss., Michigan State University.

Klages, L. 1950[7]. Grundlegung der Wissenschaft vom Ausdruck. Bonn: Bouvier.

Klein, M. 1932, 1973. Die Psychoanalyse des Kindes. München: Kindler.

Klein, M. 1962. Das Seelenleben des Kleinkindes und andere Beiträge zur Psychoanalyse. Stuttgart: Klett.

Klein, M. 1976. Die psychoanalytische Spieltechnik, ihre Geschichte und Bedeutung. In: Biermann, G. (Hg.): Handbuch der Kinderpsychotherapie I. München: Reinhardt, 151—168.

Klingler, E. 1969. Development of imaginative behavior: Implications of play for a theory of fantasy. Psychological Bulletin, 72, 277—298.

Klopfer, W. G. & Taulbee, E. S. 1976. Projective tests. Annual Review of Psychology, 27, 543—567.

Kluge, K. 1971. Einleitung von Verhaltensänderungen depressiver Schüler durch ein spieltherapeutisches Verfahren. Acta paedopsychiatrica, 38, 221—227.

Kluge, K.-J. 1975. Spielmittel und Spielen als Lern- und Rehabilitationsmedien für behinderte und verhaltensauffällige Kinder und Jugendliche. Zeitschrift für Heilpädagogik, 26, 716—728.

Kluge, N. 1966. Das Stegreifspiel als Unterrichtsspiel. Lebendige Schule, 21, 54—68.

Klumbies, G. 1971. Patientenzeichnungen als Ausdruck psychischen Fehlverhaltens. Jena: VEB Fischer.

Knapczyk, D. R. & Yoppi, J. O. 1975. Development of cooperative and competitive play responses in developmentally disabled children. American Journal of Mental Deficiency, 80, 245—255.

Knehr, E. 1961. Konflikt-Gestaltung im Scenotest. München: Reinhardt.

Knorr, W. 1966. Verlaufsbeobachtungen mit dem Wartegg-Zeichen-Test bei schizophrenen Psychosen. Unveröffentlichte Diss., Universität Halle.

Knox, S. H. 1974. A play scale. In: Reilly, M. (Ed.): Play as exploratory learning. Beverly Hills; London: Sage Publications, 247—266.

Koch, M. 1954. Konstitutionstypus und Umwelt. Zeitschrift für Psychotherapie und medizinische Psychologie. 4, 64—74.

Koch, M. 1955. Spieltests als Spiegel menschlicher Umwelten. Psychologische Rundschau, **6**, 120—126.

Koch, K. 1957, 1972[6]. Der Baumtest. Der Baumzeichenversuch als psychodiagnostisches Hilfsmittel. Bern: Huber.

Kochan, B. (Hg.): 1976. Rollen als Methode sprachlichen und sozialen Lernens. Kronberg: Scriptor.

Koeck, R. & Strube, G. 1977. Beobachtung und Befragung. In: Die Psychologie des 20. Jahrhunderts. Band V, 151—212, München: Kindler.

Koegel, R. L., Firestone, P. B., Kramme, K. W. & Dunlop, G. 1974. Increasing spontaneous play by supressing self-stimulation in autistic children. Journal of Applied Behavior Analysis, **7**, 521—528.

Köhler, W. 1969. Aussagen der Baumzeichnung chronischer Alkoholiker. Zeitschrift für experimentelle und angewandte Psychologie, **16**, 420—433.

Kokonis, N. D. 1972. Body image disturbance in schizophrenia: A study of arms and feet. Journal of Personality Assessment, **36**, 573—575.

König, W. 1969. Zur Erhebung des Befundes beim Wartegg-Zeichentest. Das medizinische Bild, **12**, 188—191.

Konttinen, R. & Karila, A. 1969. Intentional communication in the Tree Drawing Test. Scandinavian Journal of Psychology, **10**, 129—136.

Koocher, G. P. & Simmonds, D. W. 1971. The animal and opposite drawing technique: Implications for personality assessment. International Journal of Symbology, **2**, 9—12.

Koppitz, E. Munsterberg 1968a. Psychological evaluation of children's human figure drawings. New York: Grune & Stratton.

Koppitz, E. Munsterberg 1968b. Emotional indicators on human figure drawings and school achievement of first and second graders. Skolepsykologi, **5**, 369—372, and Journal of Clinical Psychology 1966, **22**, 481—483.

Koppitz, E. Munsterberg. 1969. Emotional indicators on human figure drawings of boys and girls from lower and middle-dass backgrounds. Journal of Clinical Psychology, **25**, 432—434.

Koppitz, E. Munsterberg. 1972. Die Menschendarstellung in Kinderdarstellungen und ihre psychologische Auswertung. Stuttgart: Hippokrates.

Kors, P. C. 1964. Unstructured puppet shows as group procedure in therapy with children. Psychiatric Quarterly Supplement, **38**, 56—75.

Kos-Robes, M. 1974. Zur Problematik der projektiven Tests in der Praxis der Kinderpsychiatrie und der Erziehungsberatung. In: Stockert, M. (Hg.): Ambulante Psychotherapie für Kinder und Jugendliche. Wien: Jugend und Volk, 115—127.

Koski, M. L. 1973. Play therapy in child psychiatry. In: Therapy through play. Annales Universitatis Turkuensis (Turku, Finland). Ser. D 3, 50—54.

Kotasková, J. 1963. Moore's Doll-Play Technique. Ceskoslovenská Psychologie, **7**, 59—62.

Kotasková, J. 1971a. Contribution to doll-play technique validation by comparison of English, Norwegian and Czech data. Ceskoslovenská Psychologie, 15, 34—54.

Kotasková, J. 1971b. Distribution of roles in doll-play and identification. Ceskoslovenská Psychologie, 15, 231—252.

Kotasková, J. 1971c. Aggressiveness and anxiety in a projective test. Ceskoslovenská Psychologie, 15, 378—390.

Kounin, J. S. 1976. Techniken der Klassenführung. Abhandlungen zur Pädagogischen Psychologie, Neue Folge, Bd. 6, Stuttgart: Klett.

Kraft, H. 1977. Indirekte Porträte. Versuch einer nonverbalen Kommunikation in einer analytischen Selbsterfahrungsgruppe. Confinia Psychiatrica, 20, 26—90.

Krall, V. & Irvin, F. 1973. Modalities of treatment in adolescence. Psychotherapy: Theory, Research and Practice, 10, 248—250.

Kramer, E. 1975. Kunst als Therapie mit Kindern. München: Reinhardt.

Krauss, R. 1930. Über graphischen Ausdruck. Eine experimentelle Untersuchung über das Erzeugen und Ausdeuten von gegenstandsfreien Linien. Beiheft der Zeitschrift für angewandte Psychologie, Bd. 48.

Krautter, O. 1930. Die Entwicklung des plastischen Gestaltens beim vorschulpflichtigen Kinde; ein Beitrag zur Psychogenese. Beiheft der Zeitschrift für angewandte Psychologie, Bd. 50.

Kreici, E. 1969. Die Entwicklung der Mutter-Kind-Beziehung in der Bildserie eines 5jährigen Knaben. Praxis der Kinderpsychologie und Kinderpsychiatrie, 18, 161—168.

Krenzer, R. 1971. Spiele mit behinderten Kindern. Heidelberg: Kemper.

Kretschmer, E. 1955[22]. Körperbau und Charakter. Berlin: Springer.

Kris, E. 1953. Psychoanalytic explorations in art. London: G. Allen & Unwin.

Krötzsch, W. 1917. Rhythmus und Form in der freien Kinderzeichnung. Leipzig.

Kroh, O. 1922. Subjektive Anschauungsbilder bei Jugendlichen. Göttingen.

Kubie, L. 1966. Psychoanalyse und Genie: Der schöpferische Prozeß. Reinbeck: Rowohlt.

Kuczynsky-Stoffels, M. J. 1970. Réponses figuratives Congolaises au Lowenfeld Mosaic Test. Revue Psychologie Appliquée, 20, 27—40.

Kuethe, J. L. 1962. Social schemes. Journal of Abnormal and Social Psychology, 64, 31—38.

Kühnen, I. 1973. Das Formale im Scenotest. Unveröffentlichte Diss., Universität München.

Kulla, M. 1966. A therapeutic doll play program with an emotionally disturbed child. Dissertation Abstracts International, 27, 1291.

Kunkel, W. 1968. Zur Diagnostik des Gefühls als des Zentrums der Integration. In: Tenzler, J. (Hg.): Wirklichkeit der Mitte. Festgabe für August Vetter, Freiburg, 504—550.

Kutash, S. B. & Gehl, R. H. 1955. The graphomotor projection technique: Clinical use and standardisation. Springfield, Ill. C. C. Thomas.

Lambert, R. 1972. Children's aggressive play as a function of persuasibility and exposure to vicarious aggressive stimuli. Dissertation Abstracts International, **32**, 7313.

Lamparter, P. 1932. Die Musikalität in ihren Beziehungen zur Grundstruktur der Persönlichkeit. Experimentelle Beiträge zur Typenkunde. Zeitschrift für Psychologie, Ergänzungsband 22, H 3.

Langemayr, A. 1974. Die Einstellung des Kindes berufstätiger Mütter zu seinen Eltern und sich selbst. Praxis der Kinderpsychologie und Kinderpsychiatrie, **23**, 209—212.

Langer, St. 1971. Psychological analysis concerning graphic performance and handwriting in a 14 year old girl suffering from inclusive encephalitis. Psychológia a Patopsychológia Dietata, **4**, 363—376.

Lapkin, B., Hillaby, Th. & Silverman, L. 1968. Manifestations of the schizophrenic process in figure drawings of adolescents. Archives of General Psychiatry, **19**, 465—468.

Lecomte-Ramioul, S. & Orval, J. 1966. Quelques particularités du dessin chez des enfants inadaptés et infirmes. Acta Paediatrica Belgica, **20**, 271—280.

Lehmann, W. 1971. Zeichnerisches Ausdrucksvermögen eines imbezillen Kindes. Psychiatrie, Neurologie und medizinische Psychologie, **23**, 105—112.

Lehmann, W. 1976. Besonderheiten im bildnerischen Schaffen eines retardierten, schulbildungsunfähigen Knaben. Psychiatrie, Neurologie und medizinische Psychologie, **28**, 212—218.

Leifer, A. 1970. Relation of mosaic patterns to spelling and reading in low achievers. Educational and Psychological Measurement, **30**, 463—467.

Leifer, A. 1972. Mosaics of disadvantaged negro and white preschoolers. Journal of Genetic Psychology, **121**, 59—63.

Leland, H. & Smith, D. E. 1976. Spieltherapie mit geistig schwachbegabten Kindern. In: Biermann, G. (Hg.): Handbuch der Kinderpsychotherapie, Bd. II. München: Reinhardt, 1075—1086.

Leontjew, A. M. 1972. Psychologische Grundlagen des Spiels im Vorschulalter. In: Göbel, R., Matthes, G., Rudolph, F. & Sobel, G. (Hg.): Psychologische Studientexte: Vorschulerziehung. Berlin, 64—79.

Leuba, C. & Friedlander, B. Z. 1968. Effects of controlled audio-visual reinforcement on infants' manipulative play at home. Journal of Experimental Child Psychology, **6**, 87—99.

Leuner, B. 1976. Psychoanalyse und Kunst. (Die Instanzen des Inneren) Köln: Dumont-Schauberg.

Leuner, H., Horn, G. & Klessmann, E. 1977. Katathymes Bilderleben mit Kindern und Jugendlichen. München: Reinhardt.

Levin, H. & Wardell, E. 1962. The research uses of doll play. Psychological Bulletin, **59**, 27—56.

Levin, M. L. 1956. Validation of the Lowenfeld Mosaic Test. Journal of Consulting Psychology, **20**, 239—248.

Lewinsohn, P.M. 1965. Psychological correlates of overall quality of figure drawings. Journal of Consulting Psychology, 29, 504—512.

Lievens, S. 1965/1966. De „normaal"-tekeningen in de Wartegg-Tekentest. Psychologica Belgica, 6, 71—75.

Linden, J.I. & Stollak, G.E. 1969. The training of undergraduates in play techniques. Journal of Clinical Psychology, 24/25, 213—218.

Linder, M.A. 1967. Verbal conditioning of aggression in doll play. Dissertation Abstracts International, 28, 1202.

Lindquist, I. 1973. Therapy through play. In: Therapy through play. Annales Universitatis Turkuensis (Turku, Finland). Ser D 3, 26—29.

Litt, S. & Margoshes, A. 1966. Sex-change in successive DAP tests. Journal of Clinical Psychology, 22, 471.

Lockowandt, O. 1973. Der gegenwärtige Stand der Überprüfung der Schriftpsychologie als psychodiagnostisches Verfahren. In: Müller, W.H. Enskat, A. 1973². Graphologische Diagnostik. 238—265. Bern: Huber.

Long, B.H. & Henderson, E.H. 1973. Children's use of time: Some personal und social correlates. Elementary School Journal, 73, 193—199.

Loo, C.M. 1972. The effects of spatial density on the social behavior of children. Journal of Applied Social Psychology, 2, 372—381.

Lourenso, S.V., Greenberg, J.W. & Davidson, H.H. 1965. Personality characteristics revealed in drawings of deprived children who differ in school achievemant. Journal of Educational Research, 59, 63—67.

Lowe, M. 1975. Trends in the development of representational play in infants from one to three years. Journal of Child Psychology and Psychiatry and Allied Disciplines, 16, 33—47.

Lowenfeld, M. 1931. A new approach to the problem of psychoneurosis in childhood. British Journal of Medical Psychology, 11, 194.

Lowenfeld, M. 1935. Play in childhood. London: Gollany.

Lowenfeld, M. 1954a. The Lowenfeld World Technique. Memorandum from the Institute of Child Psychology, C. Pembridge Villars, London: Bayswater.

Lowenfeld, M. 1954b. The Lowenfeld Mosaic Test. Ipswich: Cowell.

Lowenfeld, M. 1954/55. Der Mosaik-Test von Lowenfeld. In: Stern, E. (Hg.): Die Tests in der klinischen Psychologie, 2. Halbband. Zürich: Rascher, 662—685.

Lowenfeld, M. 1960. The World Technique. Top. Problems of Psychotherapy, 3, 248—263.

Lowenfeld, M. 1976[4]. Die „Welt"-Technik in der Kinderpsychotherapie. In: Biermann, G. (Hg.): Handbuch der Kinderpsychotherapie I. München: Reinhardt, 442—451.

Lubin, B., Wallis, R.R. & Paine, C. 1971. Patterns of psychological test usage in the United States: 1935—1969. Professional Psychology, 2, 70—74.

Ludwig, D.J. 1969. Self-perception and the Draw-A-Person Test. Journal of Projective Techniques and Personality Assessment, 33, 257—261.

Luquet, G. H. 1913. Les dessins d'un enfant. Paris: F. Alcan.

Lynn, D. B. & Lynn, R. 1959. The structured doll play test as a projective technique for use with children. Journal of Projective Techniques, **23**, 335—344.

Mabille, P. 1959. La technique du test du village. Edition Revue de Morpho-physiologie.

Mabille, J. 1963. Le groupement d'étude du test du village. Bulletin de Psychologie, (No. spécial), **225**, 207.

Mabry, M. 1964. Serial projective drawings in a Patient with a malignant brain tumor. Journal of Projective Techniques, **28**, 206—209.

McCullers, J. C. & Staat, J. 1974. Draw an ugly man: An inquiry into the dimensions of physical attractiveness. Personality & Social Psychology Bulletin, **1**, 33—35.

McElhaney, M. 1969. Clinical psychological assessment of the human figure drawing. Springfield, Ill.: Thomas.

Machover, K. 1948. Personality projection in the drawing of the human figure. Springfield, Ill.: C. C. Thomas.

McHugh, A. F. 1966. Children's figure drawings in neurotic and conduct disturbances. Journal of Clinical Psychology, **22**, 219—221.

McKay, D. 1970. An examination of the differences between the paintings and figure drawings of a group of institutionalized mentally retarded children and a group of „family-reared" mentally retarded children. Australian Occupational Therapy Journal, **17**, 13—24.

McLachlan, J. F. C. & Head, V. B. 1974. An impairment rating scale for human figure drawings. Journal of Clinical Psychology, **30**, 405—407.

McLellan, J. 1972. Kinder sollen spielen. Freiburg: Lambertus.

McPherson, S. B. 1967. The use of a projective drawing technique in the study of role behavior and group concept in adult male patients. Unpublished Diss., Case Western Reserve University.

McWhinnie, H. J. & Lascarides-Morgan, V. 1971. A correlation study of perceptual behavior and perceptual learning in four and five year old children. Scientia Paedagogica Experimentalis, **8**, 38—61.

Main, M. B. 1974. Exploration, play and cognitive functioning as related to child-mother attachement. Dissertation Abstracts International, **34**, 5718—5719.

Maistriaux, R. 1963. Le test du village imaginaire de Roger Mucchielli. Bulletin de Psychologie, (No. spécial), **225**, 211—214.

Marinow, A. 1964. Depression-Behandlung mit Tofranil im Hinblick auf den Zeichenversuch. Confinia Psychiatrica, **7**, 85—94.

Marshall, H. R. & Hahn, S. C. 1967. Experimental modification of dramatic play. Journal of Personality and Social Psychology, **5**, 119—122.

Martin, A. W. & Weir, A. J. 1951. A comparative study of the drawings made by various clinical groups. Journal of Mental Sciences, **97**, 532—544.

Martin, W. E. & Damrin, D. E. 1951. An analysis of the reliability and factorial composition of the ratings of children's drawings. Child Development, **22**, 133—144.

Marzolf, St. S. & Kirchner, J. H. 1970. Characteristics of House-Tree-Person drawings by college men and women. Journal of Projective Techniques, 34, 138—145.

Marzolf, St. S. & Kirchner, J. H. 1972. House-Tree-Person drawings and personality traits. Journal of Personality Assessment, 36, 148—165.

Mash, E. J. & Terdal, L. 1973. Modifikation of mother-child interaction: Playing with children. Mental Retardation, 11, 44—49.

Matefy, R. E. & Ackson, B. A. 1976. The effects of role-playing discrepant positions on change in moral judgement and attitudes. Journal of Genetic Psychology, 128, 189—200.

Mayhew, P. 1963. First findings in doll play with spastic hemiplegic children. Developmental Medicine & Child Neurology, 5, 483—490.

Medioli Cavara, F. 1970. Expressio ni projettive dell' ambiente sociale ed economico nel test della famiglia. Rivista di Psicologia Sociale e Archivo Italiano di Psicologia Generale e del Lavoro, 37, 23—52.

Mees, B. 1965/1966. Essai d'approche de la personnalité de l'asthmatique à travers le dessin. Psychologica Belgica, 6, 55—69.

Meili-Dworetzki, G. 1971. Unterschiede zwischen schwachbegabten und verhaltensgestörten Schülern in einem Pantomimetest. Schweizerische Zeitschrift für Psychologie und ihre Anwendungen, 30, 77—92.

Meixner, F. 1975. Das Spiel in der logopädischen Behandlung. In: Aschenbrenner, H. (Hg.): Sprachheilpädagogik. Eine Übersicht. Wien: Jugend und Volk, 197—205.

Melamed-Hoppe, M. 1969. Die Schlüsselsituation im Scenotest als Konfliktdarstellung bei verhaltensgestörten, neurotischen, psychosomatisch erkrankten und organisch geschädigten Kindern. Unveröffentlichte Diss., Universität München.

Mellberg, K. 1972. The Wartegg Drawing Completion test as a predictor of adjustment and success in industrial school. Scandinavian Journal of Psychology, 13, 34—38.

Menara, D. 1968. Zur Brauchbarkeit des Baumtests von K. Koch. Eine experimentelle Untersuchung. Unveröffentlichte Diss., Universität München.

Metz, P. 1929. Die eidetische Anlage der Jugendlichen in ihrer Beziehung zur künstlerischen Gestaltung. Unveröffentlichte Diss., Universität Marburg.

Meumann, E. 1914². Experimentelle Pädagogik, 2 Bde. Leipzig: Engelmann.

Meurisse, R. 1948. Le test au gribouillage. Psyché, 3, 1372—1378.

Meyer, R. 1936. Korrelationen beim Augenmaß. Archiv für die gesamte Psychologie, 96, 70—102.

Meyer, H. 1957. Das Welt-Spiel. Seine diagnostische und therapeutische Bedeutung für die Kinderpsychologie. Bern: Huber.

Michelman, S. 1971. The importance of creative play. American Journal of Occupational Therapy, 25, 285—290.

Michelman, S. 1974. Play and the deficit child. In: Reilly, M. (Ed.): Play as exploratory learning. Beverly Hills London: Sage Foundations, 157—207.

Millar, S. 1973. Psychologie des Spiels. Ravensburg: Maier.

Miller, B. V. 1974. Catharsis and reinforcement in young children's aggression: A test of the meaning and effects of non-directive statements. Dissertation Abstracts International, **34**, 6217—6218.

Minkowska, F. 1949. De van Gogh et Seurat aux dessins d'enfants. Guide cataloque de l'exposition du musée pédagogique du 20.4. au 14.5.1949 à Paris.

Mira y Lopez, 1957. Psychodiagnostico Miokinetico (PMK). Buenos Aires.

Mitchell, E. D. & Mason, B. S. 1935. The theory of play. New York: Barnes.

Mohr, F. 1906/1907. Über Zeichnungen von Geisteskranken und ihre diagnostische Verwertbarkeit. Journal der Psychologie und Neurologie, **8**, 99—140.

Molish, H. B. 1972. Projective methodologies. Annual Review of Psychology, **23**, 577—614.

Monod, M. 1963. Utilisation de l'espace dans l'interpretation du test du village. Bulletin de Psychologie, (No. spécial), **225**, 208—210.

Monod, M. 1966. La validation du test du village chez l'enfant: Etude clinique fondée sur l'observation du jeu en psychothérapie. Revue de Psychologie Appliquée, **16**, 1—14.

Monod, M. 1968. Valeur diagnostique et valeur prognostique de la combinaison test de Rorschach et test du village. Actes du VIe Congrès international du Rorschach et Méthodes projectives (Paris, Juillet 1966), **4**, 789—809.

Monod, M. 1969a. De l'intervention de la création projective dans le test du Rorschach, le test du village et les tests thématiques chez l'enfant. Actes du VIIIe Congrès international du Rorschach et des Méthodes projectives, London 1968. Bern: Huber 1969.

Monod, M. 1969b. Test du village: interprétation de la création projective à propos du test et du retest. Revue de Psychologie et des Sciences de l'Education. Louvain, février.

Monod, M. 1970. Manuel d'application du test du village, technique projective non-verbale. Delachaux & Niestlé.

Montague, D. J. & Prytula, R. E. 1975. Human figure drawing characteristics related to juvenile delinquents. Perceptual & Motor Skills, **40**, 623—630.

Moor, P. 1962. Die Bedeutung des Spiels in der Erziehung. Bern: Huber.

Moore, N. V., Evertson, C. M. & Brophy, J. E. 1974. Solitary play: Some functional reconsiderations. Developmental Psychology, **10**, 830—834.

Moore, T. & Ucko, L. E. 1961. Four to six: Constructiveness and conflict in meeting doll play problems. Journal of Child Psychology and Psychiatry, **2**, 21—47.

Moore, T. 1964. Realism and fantasy in children's play. Journal of Child Psychology and Psychiatry, **5**, 15—36.

Moosmann, I. 1976. Womit, wo und mit wem spielen Kindergartenkinder? Eine Befragung der Kinder. Praxis der Kinderpsychologie und Kinderpsychiatrie, **25**, 67—76.

Morris, R. J. & Dolker, M. 1974. Developing cooperative play in socially withdrawn retarded children. Mental Retardation, **12**, 24—27.

Morris, R. H. 1974. A play environment for blind children: Design and evaluation. New Outlook for the Blind, **68**, 408—414.

Morval, M. 1973. Etude du dessin de famille chez des écoliers montréalis. Revue de Psychologie Appliquée, **23**, 67—89.

Morval, M. 1975. Le dessin de famille d'enfants privés de père. Enfance, No. 1, 37—46.

Moura, H. C. 1969. Some cases of loneliness observed in children living in institution. Informaçao Social, **4**, 40—57.

Mucchielli, R. 1961; 1969. Le jeu du monde et le test du village imaginaire. Paris: PUF.

Muchow, M. 1925. Kindespsychologische Studien im Kindergarten. Kindergarten, **66**, 233—237.

Muchow, M. 1926. Beiträge zur psychologischen Charakteristik des Kindergarten- und Grundschulalters. Pädagogisch-psychologische Schriftenreihe des Allgemeinen Deutschen Lehrerinnenvereins, Heft 3, Berlin: Herbig und Maier, Ravensburg 1949.

Mühle, G. 1955. 1967^2. Entwicklungspsychologie des zeichnerischen Gestaltens. München: J. A. Barth.

Muleski, M. 1974. Play and the hospitalized child. Journal of Leisurability, **1**, 22—27.

Müller, W. H. & Enskat, A. 1973^2. Graphologische Diagnostik. Ihre Grundlagen, Möglichkeiten und Grenzen. Bern: Huber.

Muro, J. J. 1968. Play media in counseling: A brief report of experience and some opinions. Elementary School Guidance and Counseling, **3**, 104—110.

Murphy, L. B. et al. 1956. Personality in young children. Vol. I. Methods for the study of personality in young children. New York: Basic Books.

Murphy, L. B. 1972. Infants' play and cognitive development. In: Piers, M. W. (Ed.): Play and Development. New York: Norton, 119—126.

Murstein, B. I. 1963. Theory and research in projective techniques. New York: Wiley.

Musiol, B. 1970. Numerische Bestimmung der Auswertungsobjektivität beim Scenotest. Unveröffentlichte Diss., Universität Innsbruck.

Myer, M. K., de, Mann, N. A., Tilton, J. R. & Loew, L. H. 1967. Toy play behavior and use of body by autistic and normal children as reported by mothers. Psychological Reports, **21**, 973—981.

Myrdal, A. 1973. Chancen und Gefahren für das Kinderspiel in unserer leistungsorientierten Gesellschaft. In: Flitner, A. (Hg.): Das Kinderspiel. München: Piper, 42—47.

Nash, H. & Harris, D. B. 1970. Body proportions in children's drawings of a man. Journal of Genetic Psychology, **117**, 85—90.

Nathan, S. 1973. Body image in chronically obese children as reflected in figure drawings. Journal of Personality Assessment, **37**, 456—463.

Nava, V. 1965. Rapporti fra test delle figure disegnate di Machover (TFD) e test di Rorschach in un gruppo di 58 ragazzi. Neuropsichiatria, **21**, 223—231.

Naville, P. 1950. Elements d'une bibliographie critique relative au graphisme enfantin jusqu'en 1949. Enfance, **3**, Nr. 3—4, 310—403.

Naville, P., Zazzo, R., Weil, P. G., Bried, C., Boussion-Leroy, A. & Belfès, P. 1951. Le dessin chez l'enfant. Paris: PUF.

Navratil, L. 1965. Schizophrenie und Kunst. München. dtv Nr. 287.

Neikes, J. L. 1967. Verhaltensbeobachtung und Entwicklungsanalyse als Schlüssel zur Erfassung und Grundlage zur Bildung geistig behinderter Kinder. Praxis der Kinderpsychologie und Kinderpsychiatrie, **16**, 62—66.

Neumann, U. 1971. Kind, Erwachsener und Spiel. Unsere Jugend, **23**, 313—320.

Newcomer, B. L. & Morrison, T. L. 1974. Play therapy with institutionalized mentally retarded children. American Journal of Mental Deficiency, **78**, 727—733.

Nichols, R. C. & Strümpfer, D. J. 1962. A factor analysis of Draw-A-Person test scores. Journal of Consulting Psychology, **26**, 156—161.

Nickerson, E. T. 1973. Recent trends and innovations in play therapy. International Journal of Child Psychotherapy, **2**, 53—70.

Nickols, J. E. jr. 1961. „Target-Game" techniques for examination and play-therapy activities with children. Perceptual & Motor Skills, **13**, 83—87.

Nielsen, R. F. 1951. Le développement de la sociabilité chez l'enfant. Neuchâtel: Delachaux & Niestlé.

Nissen, G. 1974. Spielstörungen im Kleinkindalter als Vorläufer von Lernstörungen bei Kindern und Jugendlichen. Acta Pädopsychiatrica, **40**, 214—220.

Nitsch-Berg, H. 1975. Spiel und Phantasie in der frühen Kindheit aus psychoanalytischer Sicht. In: Baumgartner, A. & Geulen, D. (Hg.): Vorschulische Erziehung. Weinheim: Beltz, 147—214.

Noble, G. 1970. Film-mediated aggressive and creative play. British Journal of Social and Clinical Psychology, **9**, 1—7.

Noble, G. 1973. Effects of different forms of filmed aggression on children's constructive and destructive play. Journal of Personality and Social Psychology, **26**, 54—59.

Offord, D. R. & Aponte, J. F. 1967. A comparison of drawings and sentence completion responses of congenital heart children with normal children. Journal of Projective Techniques, **31**, 57—62.

Ohlson, E. 1974. The meaningfulness of play for children and parents: An effective counseling strategy. Journal of Family Counseling, **2**, 53—54.

Opie, I. & Opie, P. (Ed.) 1969². The Oxford dictionary of nursery rhymes. Oxford: Clarendon Press.

Orgun, I. N. 1973. Playroom setting for diagnostic family interviews. American Journal of Psychiatry, **130**, 540—542.

Ortiz, J. R. & Blyth, Z. 1970. Play therapy: An individual prescription. Journal of Psychiatric Nursing & Mental Health Services, **8**, 30—31.

Osterrieth, P. A. & Cambier, A. 1976. Les deux personnages: L'être humain dessiné par les garçons et les filles. Bruxelles: Editest.

Otterstädt, H. 1962. Untersuchungen über den Spielraum von Vorortkindern einer mittleren Stadt. Psychologische Rundschau, **13**, 275—287.

Paoella, J. M. 1973. Use of play activity in the assessment of atypical children. Dissertation Abstracts International, **34**, 420—421.

Passmann, R. H. & Weisberg, P. 1975. Mothers and blankets as agents for promoting play and exploration by young children in a novel environment: The effect of social and non-social attachment objects. Developmental Psychology, **11**, 170—177.

Pekny, L. 1967. Die Entwicklungsprüfung in der Erziehungsberatung. Heilpädagogische Werkblätter, **36**, 148—160.

Pekny, L. 1970. Die Rolle des Spiels beim bewegungsbehinderten Kind. Heilpädagogische Werkblätter, **39**, 241—247.

Peller, L. E. 1968. Das Spiel im Zusammenhang der Trieb- und Ichentwicklung. In: Bittner, G. & Schmid-Cords, E. (Hg.): Erziehung in früher Kindheit. München: Piper, 195—219.

Peller, L. E. 1973. Modelle des Kinderspiels. In: Flitner, A. (Hg.): Das Kinderspiel. München: Piper, 62—75.

Peller, L. E. 1976. Das Spiel als Spiegel der Libido-Entwicklung. In: Biermann, G. (Hg.): Handbuch der Kinderpsychotherapie, Bd. I. München: Reinhardt, 45—53.

Pérez, M. B. 1888: L'art et la poesie chez l'enfant. Paris: Alcan.

Peters, G. & Merrifield, P. R. 1958. Graphic representation of emotional feelings. Journal of Clinical Psychology, **14**, 375—378.

Pfanne, H. 1961. Lehrbuch der Graphologie. Psychodiagnostik aufgrund graphischer Komplexe. Berlin: de Gruyter.

Pfeiffer, W. M. 1972. Spielen und Lernen. Praxis der Psychotherapie, **17**, 27—34.

Pfistner, H.-J. 1958. Über den Findegehalt physiognomischer und pathognomischer Ausdruckserscheinungen. Zeitschrift für experimentelle und angewandte Psychologie, **5**, 227—245.

Pfistner, H.-J. 1966. Psychodiagnostik — Psychotherapie: Eine Strukturanalyse. Praxis der Kinderpsychologie und Kinderpsychiatrie, **15**, 175—182.

Phillips, R. H. 1960. The nature and function of children's formal games. Psychoanalytic Quarterly, **29**, 200—207.

Philpott, A. R. 1960. Das Puppenspiel als therapeutisches Hilfsmittel. Zeitschrift für Heilpädagogik, **9**, 450—456.

Phinney, J. S. 1973. The influence of age and materials on young children's play activities and classification learning. Dissertation Abstracts International, **34**, 3154.

Piaget, J. 1945. La formation du symbole chez l'enfant. Paris.

Piaget, J. 1973. Antwort an Brian Sutton-Smith. In: Flitner, A. (Hg.): Das Kinderspiel. München: Piper, 125—128.

Piaget, J. 1975. Nachahmung, Spiel und Traum. Gesammelte Werke Band 5. Stuttgart: Klett.

Pichottka, I. 1971. Lernprozesse im Spiel. Unsere Jugend, **23**, 299—306.

Pickford, R. 1975. Expression of thoughts by means of the Lowenfeld sand tray „World" material. Psychiatry and Art, **4**, 188—192.

Piers, M. W. (Ed.): 1972. Play and development. New York: Norton.

Pihl, R. C. & Nimrod, G. 1976. The reliability and validity of the DAP-Test in IQ and personality assessment. Journal of Clinical Psychology, **32**, 470—472.

Pintner, R. & Toops, H. A. 1918. A drawing completion test. Journal of Applied Psychology, **2**, 164—173.

Pope, L., Edel, D. & Lane, B. 1974. A puppetry workshop in a learning disabilities clinic. Academic Therapy, **9**, 457—464.

Pophal, R. 1949. Die Handschrift als Gehirnschrift. Rudolstadt: Greifenverlag.

Porot, M. 1965. Le dessin de la famille. Revue de Psychologie Appliquée, **15**, 179—192.

Portele, G. 1975. Überlegungen zur Verwendung von Spielen. Gruppendynamik, **6**, 205—214.

Portuondo, J. A. 1971. Projective test of Karen Machover: Human figure. Madrid: Biblioteca Nueva.

Pothier, P. 1967. Resolving conflict through play fantasy. Journal of Psychiatric Nursing and Mental Health Services, **5**, 141—147.

Pratarotti, A. R. 1970. Group play therapy with autistic children. Revista de Psicologia Normal e Pathologica, **16**, 305—312.

Precker, J. A. 1950. Painting and drawing in personality assessment. Journal of Projective Techniques, **14**, 262—286.

Prinzhorn, H. 1923, 1968². Bildnerei der Geisteskranken. Ein Beitrag zur Psychologie und Psychopathologie der Gestaltung. Heidelberg.

Prokop, H. & Sideroff, G. 1974. Zeichentests bei Tuberkulösen. In: Wieck, H. H. (Hg.): Psychopathologie musischer Gestaltungen. Stuttgart, Schattauer, 187—193.

Prout, H. Th. & Phillips, P. D. 1974. A clinical note: The kinetic school drawing. Psychology in the Schools, **11**, 303—306.

Prytula, R. E. & Hiland, D. N. 1975. Analysis of General Anxiety Scale for Children and DAP measures of general anxiety level of elementary school children. Perceptual & Motor Skills, **41**, 995—1007.

Prytula, R. E. & Thompson, N. D. 1973. Analysis of emotional indicators in human figure drawings as related to self-esteem. Perceptual & Motor Skills, **37**, 795—802.

Pulaski, M. A. 1970. Play as a function of toy structure and fantasy predisposition. Child Development, **41**, 531—537.

Pulaski, M. A. 1973. Toys and imaginative play. In: Singer, J. L. (Ed.): The child's world of make-believe. New York: Academic Press, 74—103.

Pumfrey, P. D. & Elliott, C. D. 1970. Play therapy, social adjustment and reading attainment. Educational Research, **12**, 183—193.

Purdy, R. S. 1966. The developmental process, the inhibition process and the production of human movement on the Kinget Drawing Completion Test. Unpublished Diss. The University of Oklahoma.

Pustel, G., Sternlicht, M. & Deutsch, M. 1971. Feminine tendencies in figure drawing by male homosexual retarded dyads. Journal of Clinical Psychology, **27**, 260—261.

Pustel, G., Sternlicht, M. & De Respinis, M. 1971. Tree drawings of institutionalized retardates: Seasonal and color effects. Journal of Genetic Psychology, **118**, 217—222.

Quilitch, H. R. & Risley, T. R. 1973. The effects of play materials on social play. Journal of Applied Behavior Analysis, **6**, 573—578.

Rabant, C. 1976. Peinture et psychoanalyse. Etudes de singularités. Revue d'Esthetique, **1**, 93—137.

Rabenstein, R. 1960. Kinderzeichnung, Schulleistung und seelische Entwicklung. Bonn: H. Bouvier.

Rabin, A. I. (Ed.) 1968. Projective techniques in personality assessment. New York: Springer.

Rabinowitz, W. & Travers, R. M. W. 1955. A drawing technique for studying certain outcomes of teacher education. Journal of Educational Psychology, **46**, 257—273.

Rafferty, J. E., Tyler, B. B. & Tyler, F. B. 1960. Personality assessment from free play observations. Child Development, **31**, 691—702.

Rambert, M. 1969. Das Puppenspiel in der Kinderpsychotherapie. München: Reinhardt.

Rambert, M. 1976. Das Puppenspiel in der Kinderpsychotherapie. In: Biermann, G. (Hg.): Handbuch der Kinderpsychotherapie, Bd. I. München: Reinhardt, 435—442.

Rauschning, D. 1935. Die geistige Welt des 6jährigen im Kindergarten. Zeitschrift für angewandte Psychologie, **48**, 3.

Raven, J. C. 1951[2]. Controlled projectioin for children. London: H. K. Lewis.

Reca, T. 1962. Behandlung eines sechsjährigen Kindes mit schizophrener Psychose, Psyche, **16**, 197—208.

Rech, P. 1971. Psychologische Untersuchungen über den Umgang des Klein- und Vorschulkindes mit Konstruktionsspielen. Schule und Psychologie, **18**, 339—352.

Redd, W. H. & Birnbaum, J. S. 1969. Adults as discriminative stimuli for different reinforcement contingencies with retarded children. Journal of Experimental Child Psychology, **7**, 440—447.

Reilly, M. (Ed.), 1974. Play as exploratory learning: Studies in curiosity behavior. Beverly Hills; London: Sage Foundations.

Rekers, G. A. 1975. Stimulus control over sex-typed play in cross-gender identified boys. Journal of Experimental Child Psychology, **20**, 136—148.

Remmers, H. H. & Thompson, L. A. 1925. A note on a motor activity as conditioned by emotional status. Journal of Applied Psychology, **9**, 417—423.

Renner, M. 1975[5]. Der Wartegg-Zeichentest im Dienste der Erziehungsberatung. München: Reinhardt.

Renner, R. 1976. Die ambulante Therapie eines zweijährigen Jungen unter Einbeziehung von Eltern und Geschwistern. Praxis der Kinderpsychologie und Kinderpsychiatrie, **25**, 92—96.

Renner, V. 1969. Abstract ability and stereotype of drawings. Perceptual & Motor Skills, **29**, 240—242.

Rennert, H. 1966². Die Merkmale schizophrener Bildnerei. Jena: VEB Fischer.

Rey, A. 1946/1947. Epreuves de dessin; témoins du développement mental: II. Reproduction d'objets simples selon différents points de vue. Genève: Archives de Psychologie, **32**, 145—160.

Rey, A. 1950. Les conditions sensori-motrices du dessin. Schweizerische Zeitschrift für Psychologie und ihre Anwendungen, **9**, 381—392.

Ricci, C. 1887. L'arte dei bambini. Bologna.

Richards, M. P. & Ross, H. E. 1967. Developmental changes in children's drawings. British Journal of Educational Psychology, **37**, 73—80.

Ries, H. A., Johnson, M. H., Armstrong, H. E. jr. & Holmes, D. S. 1966. The DAP-Test and process-reactive schizophrenia. Journal of Projective Techniques, **30**, 184—186.

Ring, G. 1965. Grundzüge der experimentalpsychologischen Gesellschaftsdiagnostik. Psychologie und Praxis, **9**, 1—14.

Rioux, G. 1951. Dessin et structure mentale. In: Contribution à l'étude psycho-sociale des milieux nordafricaine. Paris: PUF. Publications de la Faculté des lettres d'Alger IIe Serie. Bd. 19.

Rivas Martînez, F. R., Banares Vázquez, A. & Jésus Pertejo, M. 1969. The family test in an orphanage. Revista de Psicología General y Aplicada, **24**, 769—774.

Roback, H. B. 1968. Human figure drawings: Their utility in the clinical psychologist's armamentarium for personality assessment. Psychological Bulletin, **70**, 1—19.

Rogers, M. B. 1973. Therapists' verbalisation and outcome in monitored play therapy. Dissertation Abstracts International, **34**, 424.

Röhm, H. 1971. Die psychohygienische Bedeutung des freien Spiels für das Ich des Kindes. Praxis der Kinderpsychologie und Kinderpsychiatrie, **20**, 178—184.

Rosenberg, B. G. & Sutton-Smith, B. 1960. A revised conception of masculine-feminine differences in play activities. Journal of Genetic Psychology, **96**, 165—170.

Rosenberg, L. 1948. Modifications of Draw-A-Man Test. Unpublished thesis, New York University, zit. nach Hammer, E. F. 1958, 413—420.

Rosenberg, L. A. 1965. Rapid changes in overt behavior reflected in the Draw-A-Person: A case report. Journal of Projective Techniques, **29**, 348—351.

Rosenthal, B. A. 1974. An ecological study of free play in the nursery school. Dissertation Abstracts International, **34**, 4004—4005.

Ross, H. 1968. Das Schulespiel. Psyche, **22**, 604—613.

Rowland, M. S. 1970. A study of cognitive content in the play themes of pre-school children. Dissertation Abstracts International, **30**, 3335.

Rubin, K. H. & Maioni, T. L. 1975. Play preference and its relationship to egocentrism, popularity and classification skills in preschoolers. Merrill-Palmer Quarterly, **21**, 171—179.

Rubinstein, S. L. 1972. Das Wesen des Spiels. In: Göbel, R., Matthes, G., Rudolph, F. & Sobel, G. (Hg.): Psychologische Studientexte: Vorschulerziehung. Berlin: Volk und Wissen, 52—62.

Runde, R. E. 1968. The effects of intelligence and residence on educably retarded boys' concept of God and their parents, as indicated by the projective Draw-A-Person technique. Unpublished Diss., The Catholic University of America.

Rüssel, A. 1953, 1965². Das Kinderspiel. München: Beck.

Rüssel, A. 1959. Spiel und Arbeit in der menschlichen Entwicklung. In: Thomae, H. (Hg.): Handbuch der Psychologie, Bd. 3. Göttingen: Hogrefe, 502—534.

Safer, D. 1965. Conjoint play therapy for the young child and his parents. Archives of General Psychiatry, **13**, 320—326.

Salber, W. 1958. Formen zeichnerischer Entwicklung. Zeitschrift für diagnostische Psychologie, **6**, 48—64.

Salber, W. 1977. Kunst-Psychologie. Bonn: Bouvier.

Salis, T. von. 1975. Eine formale Analyse des Scenotest-Schlußbildes. Schweizerische Zeitschrift für Psychologie und ihre Anwendungen, **34**, 68—89.

Saltz, E. & Johnson, J. 1974. Training for thematic-fantasy-play in culturally disadvantaged children: Preliminary results. Journal of Educational Psychology, **66**, 623—630.

Sänger, A. 1976. Die nicht deutende Spieltherapie. In: Biermann, G. (Hg.): Handbuch der Kinderpsychotherapie, Bd. I. München: Reinhardt, 198—210.

Scarfe, N. V. 1974. Spiel ist Erziehung. In: Lückert, H.-R. (Hg.): Begabungs- und Bildungsförderung im Vorschulalter. Darmstadt: Wissenschaftliche Buchgesellschaft, Wege der Forschung, Bd. 260.

Schall, M. H. 1968. A study of the effects of three anthropomorphic models on the social adjustment of children with specific regard to their overt aggression contact while at play. Dissertation Abstracts International, **28**, 3039—3040.

Scheerer, M. & Lyons, J. 1957. Line drawings and matching responses to words. Journal of Personality, **25**, 251—273.

Schenk-Danzinger, L. 1953. Entwicklungstests für das Schulalter. Wien: Jugend und Volk.

Schenk-Danzinger, L. 1972. Entwicklungspsychologie. Wien: Österreichischer Bundesverlag.

Scheuerl, H. 1973 a. Das Spiel. Weinheim: Beltz.

Scheuerl, H. 1973²b. Spiel und Bildung. In: Flitner, A. (Hg.): Das Kinderspiel. München: Piper, 18—29.

Scheuerl, H. (Hg.) 1975¹⁰. Theorien des Spiels. Weinheim: Beltz.

Scheuerl, H. 1975. Alte und neue Spieltheorien. Wandlungen ihrer pädagogischen Interessen und Perspektiven. Der Erzieher, **27**, 2—21.

Schiffer, A. L. 1966. The effectiveness of group play therapy as assessed by specific changes in a child's peer relations. Dissertation Abstracts International, **27**, 972.

Schiffer, M. 1971. Die therapeutische Spielgruppe. Stuttgart: Hippokrates.

Schildkrout, M. S., Shenker, J. R. & Sonnenblick, M. 1972. Human figure drawings in adolescents. New York: Brunner & Mazel.

Schlegtendal, D. 1974. Spiel und Spielentwicklung für das Wie der beschäftigungstherapeutischen Behandlung an CP-Kindern. Beschäftigungstherapie und Rehabilitation. **13**, 26—31.

Schliebe, G. 1934. Erlebnismotorik und zeichnerischer (physiognomischer) Ausdruck bei Kindern und Jugendlichen (Zur Psychogenese der Ausdrucksgestaltung). Zeitschrift für Kinderforschung, **43**, 49—76.

Schlottmann, R. S. & Anderson, V. H. 1973. Social and play behavior of children with Down's syndrome in sexually homogeneous and heterogeneous dyads. Psychological Reports, **33**, 595—600.

Schmidtchen, S. 1973. Effekte von klientzentrierter Spieltherapie. Zeitschrift für klinische Psychologie, **1**, 49—63.

Schmidtchen, S. 1974. Klientzentrierte Spieltherapie. Weinheim: Beltz.

Schmidtchen, S. & Kläring, E. 1974. Analyse des verbalen Therapeutenverhaltens in der klientzentrierten Spieltherapie. Praxis der Kinderpsychologie und Kinderpsychiatrie, **23**, 303—307.

Schmidtchen, S. & Erb, A. 1967. Analyse des Kinderspiels. Köln: Kiepenheuer & Witsch.

Schneider, H. J. 1976. Der Baumtest in der Psychiatrie. Unveröffentlichte Diss., Universität Halle.

Schneider, M. 1973. Spielregeln für die Spielplatzplanung. In: Flitner, A. (Hg.): Das Kinderspiel. München, Piper, 206—216.

Schober, S. 1977. Einschätzung und Anwendung projektiver Verfahren in der heutigen klinischpsychologischen Praxis. Ergebnisse einer schriftlichen Umfrage unter den Erziehungsberatern der BRD. Diagnostica, **23**, 364—372.

Schoeberle, E. A. & Craddick, R. A. 1968. Human figure drawings by freshmen and senior student nurses. Perceptual & Motor Skills, **27**, 11—14.

Scholtz, G. J. 1974. Environmental novelty and complexity as determinants of children's play. Dissertation Abstracts International, **34**, 5738—5739.

Scholtz, G. J. & Ellis, M. J. 1975. Repeated exposure to objects and peers in a play setting. Journal of Experimental Child Psychology, **19**, 448—455.

Schürer, M. 1970. Empirical evidence of WZT results in normal school children. Ceskoslovenská Psychologie, **14**, 442—458.

Segalen, J. J. 1969. Test du village et langage. A propos d'un état psychotique aigu. Bulletin de la Société du Rorschach et des méthodes projectives, **23**, 129—137.

Segalen, J. J., Moutin, P. & Harteman, M. 1969. Aspects différentiels entre expression psychosomatique et hypocondrie au test du village. Revue de Médicine Psychosomatique et de Psychologie Médicale, **2**, 219—237.

Sessoms, H. D. 1965. The mentally handicapped child grows at play. Mental Retardation, **3**, 12—14.

Seymour, P. H. 1974. Asymmetries in judgements of verticality. Journal of Experimental Psychology, 102, 447—455.

Shannon, P. D. 1974. Occupational choice: Decision-making play. In: Reilly, M. (Ed.): Play as exploratory learning. Beverly Hills; London: Sage Foundation, 285—314.

Sharma, S. M. & Chatterjee, B. B. 1966. Applications of the Mosaic Test upon Hindus and Muslims. Manae, 13, 41—48.

Sharpe, E. M. 1973. An analysis of activities of children during free play in nursery schools. Dissertation Abstracts International, 34, 1734—1735.

Shuman, N. L. & Leton, D. A. 1965. A normative study of diagnostic techniques in school play. Psychology in the Schools, 2, 359—364.

Siegel, C. L. 1971. The effectiveness of play therapy with other modalities in the treatment of children with learning disabilities. Dissertation Abstracts International, 31, 3970—3971.

Siegel, C. L. 1972. Changes in play therapy behaviors over time as a function of differing levels of therapist-offered conditions. Journal of Clinical Psychology, 28, 235—236.

Siegel, E. & Rambach, H. 1968. Veränderungen des Wartegg-Zeichen-Testes (WZT) bei Schizophrenen. Psychiatrie, Neurologie und medizinische Psychologie, 20, 380—388.

Silverstein, A. B. 1966. Anxiety and the quality of human figure drawings, American Journal of Mental Deficiency, 70, 607—608.

Simmonds, D. W. & Koocher, G. P. 1973. Perceptual rigidity in paranoid schizophrenia: Use of projective animal drawings. Perceptual & Motor Skills, 37, 247—250.

Simmons, A. D. 1966. A test of the body image hypothethis in human figure drawings. Unpublished Diss., The University of Texas.

Simon, M. 1876. L'imagination dans la folie: Etude sur les dessins, plans, descriptions, et costumes des aliénés. Paris: Annales Médico-Psychologique, 16, 358—390.

Singer, J. L. 1973a. Observing imaginative play: Approaches to recording, rating and categorizing. In: Singer, J. L. (Ed.): The child's world of make-believe. New York: Academic Press.

Singer, J. L. 1973b. Some practical implications of make-believe play. In: Singer, J. L. (Ed.): The child's world of make-believe. New York: Academic Press.

Singer, J. L. (Ed.) 1973c. The child's world of make-believe: Experimental studies of imaginative play. New York: Academic Press.

Singh, S. C. 1968. Clinical usefulness of the Lowenfeld Mosaic Test. Psychological Studies, 13, 115—117.

Sisley, E. L. 1973. The meaning of the draw-completion stimuli: New guidelines for projective interpretation. Journal of Personality Assessment, 37, 64—68.

Sizaret, P. & Degiovanni, E. 1972. Du jeu et de sa corruption chez les malades mentaux. Encéphale, 61, 149—162.

Skard, A. G. 1967. Oslo trials with the London doll-play technique. Nordisk Psykologi, 19, 97—115.

Sloan, W. 1954. A critical review of H-T-P validation studies. Journal of Clinical Psychology, **10**, 143—148.

Smart, R. C. & Smart, M. S. 1975. Group values shown in preadolescents' drawings in five English-speaking countries. Journal of Social Psychology, **97**, 23—37.

Smilansky, S. 1973a. Wirkungen des sozialen Rollenspiels auf benachteiligte Vorschulkinder. In: Flitner, A. (Hg.): Das Kinderspiel. München: Piper, 151—187.

Smilansky, S. 1973b. Anleitung zum sozialen Rollenspiel. In: Flitner, A. (Hg.): Das Kinderspiel. München: Piper, 230—241.

Smith, I. A., Rubin, G., DiLeonardo, C. M. & Griswold, K. 1972. A parent involvement program for institutionalized retarded children in need of behavior training. Training School Bulletin, **69**, 115—120.

Smith, P. K. & Connolly, K. 1972. Patterns of play and social interactions in pre-school children. In: Jones, N. B. (Ed.): Ethological studies of child behavior. Cambridge: Cambridge University Press, 65—95.

Snyder, R. T. & Gaston, D. S. 1970. The figure drawing of the first grade child-item analysis and comparison with Koppitz norms. Journal of Clinical Psychology, **26**, 377—383.

Solnzewa, L. I. 1973. Die Spezifik der Spieltätigkeit blinder Vorschulkinder. Die Sonderschule, **18**, 257—265.

Sopchak, A. L. 1970. Anxiety indicators on the Draw-A-Person Test for clinic and nonclinic bogs and their parents. Journal of Psychology, **76**, 251—260.

Speidel, H. 1964. Untersuchungen mit dem Wartegg-Zeichentest über den Zusammenhang zwischen körperlicher und seelischer Entwicklung während der Pubertät. Unveröffentlichte Diss., Universität Tübingen.

Spitler, J. A. 1972. Changing views of play in education of young children. Dissertation Abstracts International, **32**, 3675—3676.

Staabs, G. von, 1964. Der Scenotest. Bern: Huber.

Staabs, G. von, 1967. Der Scenotest in der Psychoanalyse. Jahrbuch der Psychologie, Psychotherapie und medizinischen Anthropologie, **15**, 286—289.

Staabs, G. von, 1976. Die Rolle des Scenotests in der Kinderpsychotherapie. In: Biermann, G. (Hg.): Handbuch der Kinderpsychotherapie, Bd. I. München: Reinhardt, 456—463.

Stamm, I. 1973. The psychology of children's play: A review of theory and research from point of view of psychoanalytic ego psychology. Dissertation Abstracts International, **33**, 5003—5004.

Stančák, A. 1963. The village test as projection method in psychiatry. Ceskoslovenská Psychologie, **7**, 252—258.

Stekel, W. 1935. Fortschritte und Technik der Traumdeutung. Wien.

Sternlicht, M., Rosenfeld, P. & Siegel, L. 1973. Retesting with graphic production: Resolution of a diagnostic dilemma. Art Psychotherapy, **1**, 299—300.

Steward, U. & Leland, L. 1955. Lowenfeld Mosaics made by first grade children. Journal of Projective Techniques, **19**, 62—66.

Stewart, L. H. 1955. The expression of personality in drawings and paintings. Genetic Psychology Monographs, **15**, 45—103.

Stockert, M. 1961. Das Spiel als Spiegel der Persönlichkeit im vorschulpflichtigen Alter. Unveröffentlichte Diss., Universität Zürich.

Stollak, G. E. 1968. The experimental effects of training college students as play therapists. Psychotherapy: Theory, Research and Practice, **5**, 77—80.

Stone, G. P. 1973. Der soziale Symbolismus des Rollenspiels. In: Flitner, A. (Hg.): Das Kinderspiel. München: Piper, 188—194.

Stora, R. 1963 a. Le test de dessin de l'arbre, principales méthodes. Bulletin de Psychologie, **17**, 253—264.

Stora, R. 1963 b. Etude historique sur le dessin comme moyen d'investigation psychologique. Bulletin de Psychologie, **17**, 266—307.

Stover, L. & Guerney, B. G. jr. 1967. The efficacy of training procedures for mothers in filial therapy. Psychotherapy: Theory, Research & Practice, **4**, 110—115.

Strain, P. 1975. Increasing social play of severely retarded preschoolers with sociodramatic activities. Mental Retardation, **13**, 7—9.

Street, R. F. 1931. A Gestalt completion to New York: Teachers College Contribution to Education No. 481.

Struempfer, D. W. J. 1963. The relation of DAP Test variables to age and chronicity in psychotic groups. Journal of Clinical Psychology, **19**, 208—211.

Struempfer, D. W. J. 1966. The relation of DAP Test variables to psychometric and inventory measures. Journal of Social Research, **15**, 1—9.

Suchenwirth, R. 1965 a. Topische Hirndiagnostik durch Zeichenversuche. Medizin und Klinik, **60**, 333—337.

Suchenwirth, R. 1965 b. Psychopathologische Ergebnisse mit dem Baumtest nach Koch. Der Baumzeichenversuch in der Neuropsychiatrie. Confinia Psychiatrica, **8**, 147—164.

Suchenwirth, R. 1967 a. Thymoleptikawirkungen im Zeichenversuch. Medizinische Welt, **18** (N. F.), Nr. 10, 576—579.

Suchenwirth, R. 1967 b. Der Abbau der graphischen Leistung im pharmako-psychiatrischen Experiment. Stuttgart: Thieme.

Suchenwirth, R., Filipidis, V. & Kottenhoff, H. 1964. Der diagnostische Wert graphischer Tests in der medizinischen Psychologie. Archiv für Psychiatrie und Zeitschrift für die gesamte Neurologie, **205**, 349—357.

Suchenwirth, R. & Hauss, K. 1963. Der Baumzeichentest (Koch) bei Anfallskranken. Zeitschrift für Psychotherapie und medizinische Psychologie, **13**, 195—200.

Sundberg, N. D. 1961. The practice of psychological testing in clinical services in the United States. American Psychologist, **16**, 79—83.

Sutton-Smith, B. 1965. Play preference and play behavior: A validity study. Psychological Reports, **16**, 65—66.

Sutton-Smith, B. 1966. Role replication and reversal in play. Merrill-Palmer Quarterly, **12**, 285—298.

Sutton-Smith, B. 1973a. Spiel als Mittler des Neuen. In: Flitner, A. (Hg.): Das Kinderspiel. München: Piper, 32—37.

Sutton-Smith, B. 1973b. Das Spiel bei Piaget — eine Kritik. In: Flitner, A. (Hg.): Das Kinderspiel. München: Piper, 114—125.

Sutton-Smith, B. 1975. The useless made useful: Play as variability training. School Review, **83**, 197—214.

Švančarová, L. 1976. Longitudinal study on the development of drawing abilities. Ceskoslovenská Psychologie, **20**, 319—329.

Švančarová, L. & Švančara, J. 1972. Longitudinal study on the development of drawings. Ceskoslovenská Psychologie, **16**, 1—14.

Swensen, C. H. 1957. Empirical evaluations of human figure drawings. Psychological Bulletin, **54**, 431—466.

Swensen, C. H. 1968. Empirical evaluations of human figure drawings: 1957—1966. Psychological Bulletin, **70**, 20—44.

Swink, R. H. 1966. The meaning of the drawing completion test stimuli and its relation to stimulus preference. Unpublished Diss., The University of Oklahoma.

Tait, P. 1972a. Behavior of young blind children in a controlled play session. Perceptual & Motor Skills, **34**, 963—969.

Tait, P. 1972^2b. Play and the intellectual development of blind children. New Outlook for the Blind, **66**, 361—369.

Takala, M. 1964. Studies of the Wartegg Drawing Completion Test. Annales Academiae Scientiarum Fennicae, **131**, 1—112.

Takala, M. & Hakkarainen, M. 1953. Über Faktorenstruktur und Validität des Wartegg-Zeichentests. Annales Academiae Scientiarum Fennicae, Sarja-Ser. B., **81**, 1, Helsinki.

Takata, N. 1974. Play as a prescription. In: Reilly, M. (Ed.): Play as exploratory learning. Beverly Hills, London: Sage Foundation.

Theopold, G. & Sawall, H. 1973. Kasuistik methodischer Sozialarbeit. Praxis der Kinderpsychologie und Kinderpsychiatrie, **22**, 180—187.

Thomason, B. 1973. Need for play therapy in paediatric surgery. In: Therapy through play. Annales Universitatis Turkuensis (Turku, Finland), Ser. D 3, 55—62.

Thombs, M. R. & Muro, J. J. 1973. Group counseling and the sociometric status of second grade children. Elementary School Guidance & Counseling, **7**, 194—197.

Thorndike, E. L. 1913. The measurement of achievement in drawing. Teach. Coll. Rec. **14**, No. 5.

Tisza, V. B., Hurwitz, I. & Angoff, K. 1970. The use of a play program by hospitalized children. Journal of the American Academy of Child Psychiatry, **9**, 515—531.

Tooley, K. 1973. Playing it right: A technique for the treatment of borderline children. Journal of American Academy of Child Psychiatry, **12**, 615—631.

Ucko, L. E. & Moore, T. 1964. Parental roles as seen by young children in doll play. Vita Humana, **6**, 213—242.

Urban, W. H. 1963. The Draw-A-Person catalogue for interpretative analysis. Beverly Hills, Calif.: Western Psychological Services.

Vancurová, E. 1966. Priznaky emocionální a sociální karence v krésbach predskolních detí. Ceskoslovenska Psychologie, **10**, 97—110.

Van de Loo, K. J. M. 1956. De grondsituatie van de Wartegg-Teken-Test. Ned. Tijdschr. Psychol., **11**, 134—157.

Van de Loo, K. J. M. 1958. Problemen van de Wartegg-Teken-Test. Ned. Tijdschr. Psychol., **13**, 303—326.

Viney, L. L., Aitkin, M. & Floyd, J. 1974. Self-regard and size of human figure drawings: An interactional analysis. Journal of Clinical Psychology, **30**, 581—586.

Volkelt, H. 1924. Primitive Komplexqualitäten in Kinderzeichnungen. Bericht über den 8. Kongreß für experimentelle Psychologie, Jena.

Volkelt, H. 1934. Grundbegriffe der Ganzheitspsychologie. Neue Psychologische Studien, Bd. 12, H. 1.

Volkelt, H. 1959. Simultangestalten, Verlaufsgestalten und „Einfühlung". Zeitschrift für experimentelle und angewandte Psychologie, **6**, H. 3.

Volmat, R. 1956. L'art psychopathologique. Paris: PUF.

Vonderbank, J. 1960. Puppenspiel mit entwicklungsgehemmten Kindern. Zeitschrift für Heilpädagogik, **11**, 456—469.

Wadeson, H. S. & Fitzgerald, R. G. 1971. Marital relationship in manic-depressive illness. Journal of Nerveous and Mental disease, **153**, 180—196.

Waehner, T. S. 1946. Interpretations of spontaneous drawings and paintings. Genetic Psychology Monographs, **33**, 3—70.

Waelder, R. 1973. Die psychoanalytische Theorie des Spiels. In: Flitner, A. (Hg.): Das Kinderspiel. München: Piper, 50—61.

Wainwright, B. B. 1970. Quantitative scales for scoring human figure drawings. Unpublished Diss., University of California.

Wall, M. J. 1973. The effectiveness of therapeutic self-directive play in self-concept of educationally handicapped children in Saratoga, California, elementary school. Dissertation Abstracts International, **34**, 2315—2316.

Wallon, H. 1972/73. The psychological development of the child. International Journal of Mental Health, Genetics and Mental Disorders, **1**, 29—39.

Wanderer, Z. W. 1969. Validity of clinical judgements based on human figure drawings. Journal of Consulting and Clinical Psychology, **33**, 143—150.

Wartegg, E. 1939. Gestaltung und Charakter. Zeitschrift für angewandte Psychologie und Charakterkunde, Beiheft 84, Leipzig.

Wartegg, E. 1953. Schichtdiagnostik. Göttingen: Hogrefe.

Wartegg, E. 1969. Das Bild in der Differentialdiagnostik der Neurosen. Medizinisches Bild, **12**, 184—188.

Wassing, H. E. 1974. Van Krevelen's modification of the drawing-completion test versus Wartegg's original version: A comparative examination of results. Acta Paedopsychiatrica, **40**, 122—136.

Weber, D. 1966. Scenotest bei Kindern und Jugendlichen mit Psychosen schizophrener Prägung. Diagnostica, **12**, 67—76.

Wechsler, D. & Hartogs, R. 1945. The clinical measurement of anxiety. Psychiatric Quarterly, **19**, 618—635.

Wedemann, H. 1954. Der Baumtest bei Kindern und Jugendlichen auf den verschiedenen Altersstufen. Unveröffentlichte Diss. med., Universität Tübingen.

Weichert, G. 1972. Die Spieltätigkeit gehörloser Kindergartenkinder der jüngsten Gruppe — Probleme der methodischen Gestaltung. Wissenschaftliche Zeitschrift der Humboldt-Universität Berlin: Gesellschafts- und sprachwissenschaftliche Reihe, **1**, 52—53.

Weiner, B., Ottinger, D. R. & Tilton, J. R. 1969. Comparison of the toy-play behavior of autistic, retarded, and normal children: A reanalysis. Psychological Reports, **25**, 223—227.

Weiner, E. A. & Weiner, B. J. 1974. Differentiation of normal and retarded children through toy-play analysis. Multivariate Behavioral Research, **9**, 245—252.

Weinstein, S., Johnson, L. & Guerra, J. R. 1963. Differentiation of human figure drawings made before and after temporal lobectomy and by schizophrenics. Perceptual and Motor Skills, **17**, 687—693.

Welman, A. J. 1968. Brain tumor and Tree-Test. Diseases of the Nervous System, **29**, 593—598.

Werner, H. 1953[3]. Einführung in die Entwicklungspsychologie. München: Barth.

Werner, H. & Kaplan, B. 1957. Symbolic mediation and organization of thought: An experimental approach by means of the line schematization technique. Journal of Psychology, **43**, 3—25.

West, J. V., Baugh, V. S. & Baugh, A. P. 1963. Rorschach and Draw-A-Person responses of hypnotized and non-hypnotized subjects. Psychiatric Quarterly, **37**, 123—127.

West, W. B. 1969. An investigation of the significance of client-centered play therapy as a counseling technique. Dissertation Abstracts International, **30**, 2347—2348.

Wewetzer, K.-H. 1966. Prinzipien des Testens in der klinischen Psychologie. In: Förster, E. & Wewetzer, K.-H. (Hg.): Jugendpsychiatrische und psychologische Diagnostik, Bern: Huber, 42—51.

Whalen, C. K. & Henker, B. A. 1971. Play therapy conducted by mentally retarded inpatients. Psychotherapy: Theory, Research and Practice, **8**, 236—245.

Wiart, C. 1967. Expression picturale et psychopathologie. Paris: Ed. Doin.

Wieck, H. H. 1974. Zur Psychopathologie musischer Gestaltungen. In: Wieck, H. H. (Hg.): Psychopathologie musischer Gestaltungen. Stuttgart: Schattauer, 3—14.

Wildman, R. W. 1963. The relationship between knee and arm joints on human figure drawings and paranoid trends. Journal of Clinical Psychology, 19, 460—461.

Wildman, R. W. & Smith, R. D. 1967. Expansiveness-constriction on the H-T-P as indicators of extraversion-introversion. Journal of Clinical Psychology, 23, 493—494.

Wild-Missong, A. 1970. Spieltherapie einer posttraumatischen Aphasie. Schweizerische Zeitschrift für Psychologie und ihre Anwendungen, 29, 362—367.

Wills, D. M. 1968. Problems of play and mastery in the blind child. British Journal of Medical Psychology, 41, 213—222.

Windsperger, H. 1974. Einige Aspekte der Spieltherapie im Rahmen einer Child Guidance Clinic. In: Stockert, M. (Hg.): Ambulante Psychotherapie für Kinder und Jugendliche. Wien: Jugend und Volk, 79—85.

Winkler, M. 1976. Simultantherapie einer kindlichen Pfropfneurose. In: Biermann, G. (Hg.): Handbuch der Kinderpsychotherapie, Bd. II. München: Reinhardt, 658—665.

Winkler, W. 1949. Psychologie der modernen Kunst. Tübingen: Alma Mater.

Winnefeld, F. 1959. Gestaltauffassung und Umgestaltung in genetischer Sicht. Zeitschrift für experimentelle und angewandte Psychologie, 6, 589—602.

Winnicott, D. W. 1968. Playing: Its theoretical status in the clinical situation. International Journal of Psycho-Analysis, 49, 591—599.

Winnicott, D. W. 1975. Vom Spiel zur Kreativität. Stuttgart: Klett.

Witkin, H. A., Dyk, R. B., Faterson, H. F., Goodenough, D. G. & Karp, S. A. 1962. Psychological Differentiation. New York: Wiley.

Wolff, H. 1929. Die Kinderzeichnung nach Inhalt, Form und Farbe. Ein Beitrag zur Individualdiagnostik. Weimar: Böhlau.

Wolff, W. 1947. The personality of the preschool child. New York: Grune & Stratton.

Wolfgang, C. H. 1974. An exploration of the relationship between reading achievement and selected developmental aspects of children's play. Psychology in the Schools, 11, 338—343.

Wolfson, W. 1963. Profile drawings and procrastination. Perceptual & Motor Skills, 17, 570.

Wollmann, A. 1973. Einführung in die Spieltherapie im nichtdirektiven Verfahren. Beschäftigungstherapie und Rehabilitation, 12, 30—31.

Wölpert, F. 1977. Graphologie. In: Die Psychologie des 20. Jahrhunderts. Band V, 466—498, München: Kindler.

Worringer, W. 1907. Abstraktion und Einführung. Ein Beitrag zur Stilpsychologie. München.

Wulff, O. 1927. Die Kunst des Kindes. Stuttgart.

Wylick, M. van, 1936. Die Welt des Kindes in seiner Darstellung. Wien.

Wysocki, B. A. & Whitney, E. 1965. Body image of crippled children as seen in DAP Test behavior. Perceptual & Motor Skills, **21**, 499—504.

Wysocki, B. A. & Wysocki, A. C. 1973. The body image of normal and retarded children. Journal of Clinical Psychology, **24**, 7—10.

Wysocki, B. A. & Wysocki, A. C. 1977. Human figure drawings of sex offenders. Journal of Clinical Psychology, **33**, 278—284.

Young, J. C. 1971. An investigation of the relationship between art quality and clinical judgement on the Draw-A-Person Test. Unpublished Diss. Loyola University of Chicago.

Yurs, M. T. & Galassi, M. D. 1974. Adlerian usage of children's play. Journal of Individual Psychology, **30**, 194—201.

Ziler, H. 1958/1975. Der Mann-Zeichen-Test in detailstatistischer Auswertung. Münster: Aschendorff.

Zimmermann, F. 1976. Zur Theorie der Scenotestinterpretation. Praxis der Kinderpsychologie und Kinderpsychiatrie, **25**, 176—182.

Zivin, G. 1974. How to make a boring thing more boring. Child Development, **45**, 232—236.

Zöller, H. 1966. Das darstellende Spiel in der Grundschule. Lebendige Schule, **21**, 63—68.

Zulliger, H. 1952. Heilende Kräfte im kindlichen Spiel. Stuttgart: Klett.

Zulliger, H. 1973a. Die Entwicklung der Spieltherapie. In: Flitner, A. (Hg.): Das Kinderspiel. München: Piper, 88—89.

Zulliger, H. 1973b. Magische Denkformen im Spiel und ihre therapeutische Verwendung. In: Flitner, A. (Hg.): Das Kinderspiel. München: Piper, 216—225.

Zulliger, H. 1976^4. Die deutungsfreie psychoanalytische Kinderpsychotherapie. In: Biermann, G. (Hg.): Handbuch der Kinderpsychotherapie, Bd. I. München: Reinhardt, 192—198.

Züst, R. 1963. Das Dorfspiel. Bern: Huber.

8. Kapitel

Psychodiagnostische Wahlverfahren

Petra Halder-Sinn

I. Die Stellung der Wahlverfahren innerhalb der Psychodiagnostik

Die diagnostischen Wahlverfahren sind innerhalb der üblichen Kategorien diagnostischer Testverfahren nur schwer einzuordnen. Aus der traditionellen Sichtweise heraus werden die meisten von ihnen als „projektive Verfahren" bezeichnet. Dies ist jedoch eine Zuordnung, die sich bei genauer Betrachtung nicht aufrechterhalten läßt.

Wahlverfahren bieten zwar wie projektive Verfahren dem Pb eine mehr oder weniger große Breite von Reaktionsmöglichkeiten an. Aber mit diesem Merkmal der relativen Reaktionsbreite ist die Gemeinsamkeit zwischen Wahlverfahren und projektiven Verfahren bereits erschöpft. Der Hauptunterschied liegt darin, daß bei Wahlverfahren allenfalls innere Strukturen externalisiert werden, während projektive Verfahren von der Hypothese ausgehen, daß das projektive Material vor allem Rückschlüsse auf die Inhalte und Thematiken der verdrängten Wünsche und Bedürfnisse zuläßt.

Längere Zeit sah man in dem gestalterischen Moment einzelner Wahlverfahren (z. B. des Farbpyramidentests) eine Berechtigung für deren Einordnung unter den projektiven Verfahren, etwa in dem Sinne eines „konstruktiv-projektiven" Verfahrens (Frank 1939). Da aber das gestalterische Merkmal inzwischen bei der Interpretation stark in den Hintergrund getreten ist, sollte auch der Farbpyramidentest primär als ein Wahlverfahren angesehen werden.

Wahlverfahren fordern vom Pb keine sprachlichen oder gestalterischen Produktionen, sondern Präferenzurteile. Der Pb sucht unter einer Anzahl standardisierter Stimuli diejenigen heraus, die er ‚schön" oder „häßlich", am „sympathischsten" oder am „unsympathischsten" findet. Er benennt sie oder ordnet sie in einer bestimmten Weise an.

Alle Präferenztests gehen von der Mindestannahme aus, daß aus Attraktion oder Aversion gegenüber bestimmten Stimuli Aussagen über Persönlichkeitsmerkmale möglich sind. Die spezifischen Vorlieben und Abneigungen eines Menschen gegenüber bestimmten Stimuli sollen nicht nur individuellen ästhetischen Kategorien zuzuordnen sein, sondern Indikatoren von Persönlichkeitsunterschieden darstellen, die auf biologisch-konstitutioneller, affektiv-dynamischer oder kognitiver Ebene liegen.

Dies ist eine Annahme, zu deren Bestätigung die Präferenzforschung (Eysenck 1941c, Barron & Welsh 1952, Cardinet 1958, Munsinger & Kessen 1964, Wacker 1970, Roubertoux, Carlier & Chaguihoff 1971, Berlyne 1971, Berlyne & Madsen 1973, Wiedl 1974, Jamison 1972, Schneider 1978, Konečni 1979) einige grundsätzliche Ansätze beigetragen hat. Allerdings sind die oft sehr spezifischen Deutehypothesen mancher Wahlverfahren von einer experimentellen Verifizierung durch die Präferenzforschung noch weit entfernt. So werden Wahlverfahren auf Grund ihres unklaren theoretischen Hintergrundes und ihrer mangelnden experimentellen Fundierung allgemein sehr kritisch betrachtet.

Ihre Vorzüge liegen darin, daß sie weitgehend sprachfrei sind, keinerlei schwierige Anforderungen an den Pb stellen, objektiv zu erheben und auszuwerten sind, und schließlich auch durch ihre geringe Augenschein-Validität nicht ohne weiteres durchschaubar sind.

II. *Farbwahlverfahren*

A. Farbpsychologische Grundlagen

Die Farbpsychologie beschäftigt sich mit einer Reihe von Fragestellungen, die für die Beurteilung des diagnostischen Wertes der Farbe von unterschiedlicher Relevanz sind. Es lassen sich drei Problemkreise unterscheiden:

— Psychophysiologische Grundlagen der Farbwahrnehmung,
— Einfluß der Farbe auf Vegetativum, Motorik und Allgemeinzustand,
— Gefühlsqualitäten der Farben.

   Dazu gehört die assoziativ-symbolische Bedeutung der Farben, die Position der Farben im mehrdimensionalen, semantischen Raum, sowie die allgemeinen und differentiellen Farbpräferenzen.

1. *Psychophysiologische Grundlagen der Farbwahrnehmung*

Sie beschäftigt sich mit der Breite und Differenziertheit der sensorischen Farbwahrnehmung, mit den Schwellenwerten und der Diskriminationsfähigkeit des menschlichen Auges, mit Kontrast- und Nachbildphänomenen und mit Formen und Ursachen der Farbenblindheit (Evans 1974, Jacobs 1976). Da sie zu einem

Teilgebiet der Allgemeinen Psychologie gehört, wird vorrangig die Formulierung allgemeingültiger Gesetzmäßigkeiten angestrebt. Insofern kann die Psychophysiologie der Farbwahrnehmung die Funktion der Farbe als Diagnostikum für Persönlichkeitsmerkmale weder bestätigen noch falsifizieren.

2. Der Einfluß der Farbe auf Vegetativum, Motorik und Allgemeinzustand

Der Einfluß der Farbe auf vegetative Prozesse ist immer wieder postuliert worden. Wilson (1966) konnte durch die Registrierung von GSR-Werten zeigen, daß unter rotem Licht die Erregung ansteigt, während sie unter grünem abnimmt. Auch beim Vergleich von grünem und violettem Licht zeigten sich unter dem Einfluß von Violett höhere GSR-Werte (Nourse & Welch 1971). Auch die Desynchronisation im EEG ist unter der Wirkung von rotem Licht stärker als unter der von grünem (Erwin, Lerner, Wilson & Wilson 1961). Ebenso fand Gerard (1957, 1958) bei der Bestrahlung mit blauem Licht eine geringere kortikale Stimulation als bei rotem oder weißem Licht. Rot steigerte auch den Tremor und die Geschwindigkeit der Willkürmotorik (James & Domingos 1953, Nakshian 1964). Keine Farbwirkungen auf physiologische Parameter fanden Hammes & Wiggins (1962) und Jacobs & Hustmyer (1974). Goldstein (1942) stellte eine Änderung der Bewegungstendenz bei Bestrahlung mit rotem Licht in Richtung Expansivität und mit grünem Licht in Richtung Kontraktivität fest. Im Rahmen von umweltpsychologischen Studien behaupten Srivastava & Peel (1968) gezeigt zu haben, daß das explorative Verhalten von Museumsbesuchern durch die Farbe der Wände und der Fußböden beeinflußbar ist. Jacobs & Suess (1975) fanden eine Zunahme der Angstwerte im State-Trait-Anxiety-Inventory unter der Bestrahlung mit rotem und gelbem Licht. Reeves, Edmonds & Transou (1978) zeigten, daß Vpn mit hoher Trait-Anxiety auf Farbeinwirkung mit signifikant unterschiedlichen Werten in State-Anxiety reagierten. Der höchste Angstwert wurde unter blauem Licht registriert. Schließlich sei noch daran erinnert, daß farbiges Licht Einfluß auf die sexuelle Aktivität von Tieren und auf das Wachstum bestimmter Pflanzen haben soll (Birren 1961²).

Diese Untersuchungen sind nicht ohne Kritik geblieben. Die Schlußfolgerungen auf Aktivierungszustände auf der Basis isolierter Indikatoren (GSR-Werte, Desynchronisation etc.) erscheinen vorschnell. Vor allem ist die Generalisierbarkeit der Ergebnisse bezweifelt worden, da die Farbstimuli, die bei den Experimenten benutzt wurden, nicht eindeutig definiert worden waren. Ungeachtet dessen werden diese Ergebnisse bei Vorschlägen für die Umweltgestaltung zur praktischen Anwendung gebracht (Birren 1961², Plack & Shick 1974).

Für die Funktion der Farbe als Diagnostikum der Persönlichkeit haben diese Untersuchungen nur eine indirekte Bedeutung. Sie deuten zwar an, daß Verbindungen zwischen externen Farbreizen und subjektiven Erleben und Verhalten bestehen könnten, aber der Schluß von der allgemeinen, psychophysiologischen

Wirkung einer Farbe auf die Persönlichkeit dessen, der sie bevorzugt wählt, ist einstweilen noch recht umwegig. Selbst wenn die erregende Wirkung eines Farbreizes zweifelsfrei nachgewiesen wäre, ist damit noch nicht der Schluß erlaubt, daß die Person, die diese Farbe präferiert selbst stimuliert oder erregt sei. Psychophysiologische Farbstudien tragen deshalb auch nicht unmittelbar zur Klärung der Validität von Farbwahlverfahren bei.

3. Die Gefühlsqualität der Farben

Die Gefühlswirkung von Farben ist auf unterschiedliche Weise untersucht worden. Dies geschah entweder (a) mittels einer breit angelegten, offenen Methodik, bei der die Vpn ihre Assoziationen und Gefühlserlebnisse beschrieben, oder (b) in einem restriktiveren Bezugsrahmen vorgegebener Dimensionen oder (c) schließlich nur in Hinblick auf Präferenz oder Abneigung gegenüber einer Auswahl von Farbreizen.

a) Die assoziativ-symbolische Bedeutung der Farben

Im Altertum verdankte die Farbe ihre Wertschätzung vor allem ihrer vermeintlichen therapeutischen und magischen Wirkung. Farben waren Vermittler göttlicher Kräfte und daher eher Objekte der Verehrung als der ästhetischen Bewunderung. Farbiger Schmuck und Ornamente dienten nicht so sehr der Zierde, als viel mehr des Schutzes vor bösen Geistern. Mit der Säkularisierung der Kunst wurde die Farbe mehr als eine ästhetische Qualität betrachtet und weitgehend ihrer symbolischen Bedeutung entkleidet. Aber auch heute noch ist die Farbbewertung nicht völlig frei von symbolischen Einflüssen. Religionen, Kulte und Tabus prägen die Farbpräferenzen und das Verhalten gegenüber Farben bei Gruppen mit einheitlicher kultureller Tradition (Winick 1963). Die symbolischen Bedeutungen der Farben sind allerdings nicht eindeutig und auch innerhalb der gleichen Kultur nicht völlig widerspruchsfrei. Viele Farben sind Träger einer ambivalenten Symbolik oder sie repräsentieren im Laufe verschiedener Epochen recht unterschiedliche Bedeutungen (Heiß 1960, Sharpe 1974).

Die Vielschichtigkeit der Farbsymbolik wurde auch in Assoziationsexperimenten deutlich. In einer Reihe von Untersuchungen wurden Vpn in Gegenwart von Farben über ihre Gefühlserlebnisse und freien Assoziationen befragt (Stefanescu-Goanga 1911, v. Allesch 1925, Lewinski 1938, v. Schoenborn 1962). Diese Studien hatten vorwiegend explorativen Charakter. Einen anderen Weg gingen Hevner (1935), Odbert, Karwoski & Eckerson (1942), Kouwer (1949), Wexner (1954), Murray & Deabler (1957), Schaie (1961a), Langendorf (1964), Frerich (1965), Schmidt (1965) und Coger, Zirgulis, Matsuyama & Serafetinides (1975), die Begriffe vorgaben, die üblicher Weise mit Farben assoziiert werden. Eine faktorenanalytische Reduktion solcher Assoziationen unternahmen Hofstätter

(1955/56), Hofstätter & Lübbert (1958), Kentler (1958, 1959) Schaie (1961b) und Wright & Rainwater (1962). Während bei manchen Farben die assoziierten Begriffe durchaus eine einheitliche Grundbedeutung besaßen, wurden zu anderen Farben recht widersprüchliche Assoziationen zugeordnet. So wurde der Farbe Rot gleichbleibend Begriffe aus dem Bedeutungsrahmen von „stark", „mächtig" und „erregend" und der Farbe Blau von „sicher", „stark" und „behaglich" zugeordnet. Dagegen erstreckten sich die Assoziationen im Bezug auf Grün von „Gift" (Kouwer 1949) bis „gesund" (Hofstätter & Lübbert 1958) und im Bezug auf Braun von „unglücklich" bis „behaglich" (Wexner 1954).

Diese Diskrepanzen mögen zum Teil ein Beleg für die erwähnte Breite der Farbsymbolik sein und den Mischcharakter unterstreichen, der für Stimmungen, die durch Farben ausgelöst werden, typisch ist. Zum Anderen sind aber auch methodische Schwächen der Arbeiten für die divergierenden Ergebnisse verantwortlich. Höger (1970) stellte drei Grundforderungen auf, denen Untersuchungen über die Gefühlsqualitäten von Farben entsprechen müßten:

— die Farbenstichprobe müßte genügend groß sein. Nur so ist eine voreilige Generalisierung von einem Farbton auf die entsprechende Hauptfarbe zu vermeiden.

— die untersuchten Farben müßten genau spezifiziert sein, damit die Replikation der Untersuchung möglich ist. Die einfache Bezeichnung „Rot" ist unzureichend, da damit die tatsächlich verwendete Rotnuance in keiner Weise definiert ist. Zweckmäßiger Weise würde man sich eines der international gebräuchlichen Farbkodierungssysteme bedienen.

— Die Dimensionsanalyse dürfte nicht an den eingestuften Gegenständen selbst (den Farben) vorgenommen werden, da deren repräsentative Verteilung im dreidimensionalen System der Gefühlserlebnisse nicht von vornherein als gegeben angesehen werden kann. Eine solche Untersuchung müßte viel mehr auf ein anderweitig experimentell entwickeltes dimensionales System zurückgreifen (z. B. EVP-System).

b) Die Position der Farben im mehrdimensionalen, semantischen Raum

Oyama, Tanaka & Chiba (1962) ließen eine Farbenstichprobe in ein Semantisches Differential einstufen und gewannen durch eine Faktorenanalyse der Einstufungen für jede der Farben Werte auf den Dimensionen „Activation", „Evaluation" und „Potency". Ähnlich ging Höger (1968, 1970) vor, der allerdings eine wesentlich umfangreichere Farbenstichprobe verwendete. Zwei studentische Stichproben (N = 52 bzw. N = 36) beurteilten je etwa die Hälfte von insgesamt 128 Farbtönen mittels der EVP-Skalen nach Ertel (1965), die analog zum Semantischen Differential nach Osgood, Suci & Tannenbaum (1957) für die Darstellung von Gefühlsqualitäten die drei Dimensionen vorsehen:

— „Erregung" (analog zu „activation")
— „Valenz"   (analog zu „evaluation")
— „Potenz"   (analog zu „potency")

Es wurde eine möglichst repräsentative Farbenstichprobe dargeboten, die durch Kennwerte aus dem Munsell-Kodierungssystem eindeutig definiert war. Es wurden sieben Farbtöne ausgesucht (Munsell-Kodierung: 5 R Rot, 2,5 YR Gelbrot, 2,5 Y Gelb, 5 G Grün, 5 B Blau, 5 PB Violettblau und 5 P Violett) und innerhalb dieser eine größere Anzahl von Helligkeits- und Sättigungsstufen untersucht. Zusätzlich wurde eine Grau-Serie und eine „Maxima"-Serie aufgenommen. Letztere bestand aus den zehn, im Munsell-Book of Colors vertretenen Farbtönen in ihrer maximalen Sättigung, die aber mit Unterschieden in der Helligkeit einhergeht.

Am übersichtlichsten war der Zusammenhang zwischen der *Potenz*wirkung und den Farbmerkmalen. An der Einstufung der Grau-Serie, mit ihren Endpunkten Weiß und Schwarz, ließ sich der Zusammenhang zwischen der *Helligkeit* der Farben und der Potenzeinstufung am deutlichsten ablesen. So nahm mit zunehmender Helligkeit die Potenzwirkung ab, sie erreichte bei zarten Grautönen ein Minimum und stieg bei Weiß wieder leicht an. Bei den übrigen Farbtönen fehlte der Wiederanstieg der Potenzwirkung bei extremer Helligkeit. Hier nahm die Potenzwirkung eindeutig, nahezu linear, mit zunehmender Helligkeit ab. Wesentlich schwächer war die Abhängigkeit der Potenzwirkung von der *Sättigung*. Hier zeigten sich bei verschiedenen Farbtönen unterschiedliche Zusammenhänge. Die *Valenz*einstufung war ebenfalls abhängig von der Helligkeit und der Sättigung der Farben. Mit zunehmender *Helligkeit* der Farbtöne wurde die Gefühlswirkung zunächst unangenehmer, erreichte bei einem mittleren Helligkeitswert einen Tiefpunkt und nahm dann wieder deutlich zu. Auch mit zunehmender *Sättigung* stieg die Valenz an, wobei die Kurven für Grün, Blau und Violett den steilsten Verlauf nahmen, während die von Rot, Orange und Gelb etwas weniger markant anstiegen. Gleichmäßig unangenehm wurde Violett empfunden. Hinsichtlich des Zusammenhangs zwischen dem *Farbton* und der Valenzeinstufung ergaben sich Anhaltspunkte, wonach reine Farbtöne positiver eingestuft wurden als die sog. Mischfarben (Grüngelb und Violett). Grundlage dieser Aussage ist die Einstufung der „Maxima"-Serie, in der aber die achromatischen Farben, die in der Regel den negativen Pol der Valenzdimension besetzen, fehlten. (Abb. 1)

Die *Erregungs*wirkung einer Farbe war dagegen unabhängig von ihrer *Helligkeit*. Aber mit zunehmender *Sättigung* wurde eine Farbe als erregender eingestuft, allerdings hing das Ausmaß dieser Zunahme vom Farbton ab. Es sank aber die erregende Wirkung der Farben nicht, wie häufig vermutet wird, kontinuierlich mit abnehmender Wellenlänge, sondern es zeigte sich auch hier eine Abhängigkeit von der Reinheit des *Farbtons*. (Abb. 1)

Die Erregungs- und Valenzeinstufungen verlaufen weitgehend parallel, indem beide mit zunehmender Sättigung ansteigen. Dies gilt aber nur für die unterschiedlichen Sättigungsgrade innerhalb eines einzelnen Farbtones. Vergleicht man dagegen Erregungs- und Valenzeinstufungen über verschiedene Farbtöne hinweg, so zeigt sich, unabhängig vom Reinheitsgrad der Farben, eine reziproke Beziehung zwischen Erregungs- und Valenzwirkung. (Abb. 1)

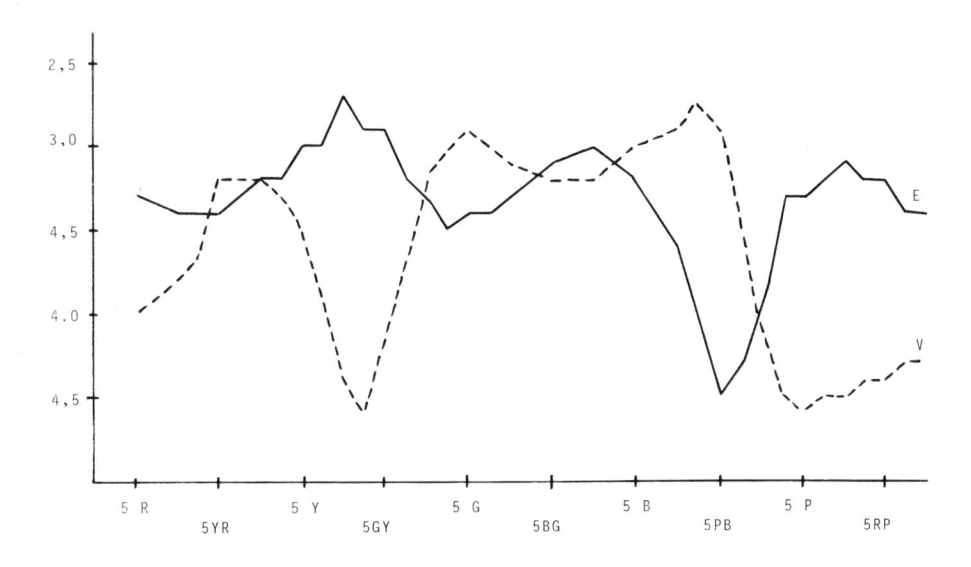

Abb. 1: Erregungs- und Valenzeinstufung in Abhängigkeit von den Farbtönen.
(Abkürzungen: R = Rot, YR = Gelbrot, Y = Gelb, GY = Grüngelb, G = Grün, BG = Blaugrün, B = Blau, PB = Violettblau, P = Violett, RP = Rotviolett)

Es zeigte sich also, daß zwischen den physikalischen Farbmerkmalen Farbton, Helligkeit und Sättigung einerseits und den Gefühlsqualitäten „Erregung", „Valenz" und „Potenz" andererseits recht markante Beziehungen bestehen, die aber weitaus komplizierter sind, als aus früheren Untersuchungen geschlossen wurde (Guilford & Smith 1959).

Eine weitere Untersuchung zu diesem Themenbereich stammt von Adams & Osgood (1973). Sie untersuchten in einer transkulturellen Studie die relative Stabilität der Zuordnung von Farbnamen zu den Dimensionen „activity", „evaluation" und „potency" innerhalb 23 verschiedener Kulturen. Da die Autoren aber keine realen Farbstimuli, sondern nur acht Farbnamen beurteilen ließen, kamen sie nur zu grob geschätzten Zusammenhängen zwischen Helligkeit und Sättigung der Farben einerseits und den Gefühlsdimensionen andererseits.

c) Allgemeine und differentielle Farbpräferenzen

Die Farbpräferenzforschung beschäftigt sich nur mit der Gefühlsdimension „angenehm vs. unangenehm". Dies stellt, wie Norman & Scott (1952) unterstreichen, zweifellos eine starke Restriktion gegenüber der potentiellen Breite der Gefühlsbeziehung zu Farben dar. Da aber alle Farbwahlverfahren mehr oder weniger explizit ein Präferenzurteil verlangen, ist dieser Teil der Farbforschung für diagnostische Fragestellungen von besonderer Bedeutung.

Für die Vertreter der sog. objektiven Richtung innerhalb der Farbpräferenzforschung ist die Bevorzugung einer Farbe primär eine Funktion ihrer physikalischen Merkmale: Wellenlänge (Farbton), Helligkeit und Sättigung. Als Beweis führen sie umfangreiche transkulturelle Präferenzvergleiche an, die eine erstaunlich stabile Rangreihe der Farben zeigen. Eysenck (1941a) erstellte Gruppenpräferenzreihen für 12 175 weiße und 8 885 farbige Vpn und Adams & Osgood (1973) verglichen die Bewertung von Farbnamen in 23 verschiedenen Ländern. Danach scheint es eine allgemeingültige Präferenzordnung für Farben zu geben, die trotz geringfügiger Variationen für alle Rassen, Kulturen, Geschlechter und Altersgruppen gleich ist. Grundlage dieser universellen Rangreihe sei ein biologisch begründeter, ästhetischer Universalfaktor (Guilford 1940, Eysenck 1941a, b, Granger 1955, Guilford & Smith 1959, Choungourian 1968). Nach Adams & Osgood (1973) lautet diese Präferenzreihe folgendermaßen: Blau — Grün & Weiß (fast gleiche Werte) — Rot & Gelb (fast gleiche Werte) — Grau — Schwarz. Mischfarben, wie Orange, Grüngelb, Violett und Braun hatten die Autoren nicht verwendet. Eine große Anzahl von Untersuchungen bestätigt die allgemein sehr positive Bewertung von Blau. (Garth 1924, Michaels 1924, Mercer 1925, Dorcus 1926, Hurlock 1927, Garth, Ikeda & Langdon 1931, Guilford 1934, Shen 1937, Eysenck 1941a, Kouwer 1949, Wexner 1954, Murray & Deabler 1957, Hofstätter & Lübbert 1958, Schaie 1961a, b, Oyama, Tanaka & Haga 1963, Ball 1965). Weltweit konsistent ist auch die Präferenz für Weiß gegenüber Schwarz (Chou & Chen 1935, Guilford 1939, Kouwer 1949, Birren 1961[2], Oyama, Tanaka & Chiba 1962, Oyama, Tanaka & Haga 1963, Wheeler 1969, Aaronson 1970, 1971). Vor allem in Untersuchungen über Rassenstereotypien, Hautfarbe und Konnotationen von Farbnamen bestätigten Williams und Mitarbeiter die, ihrer Meinung nach nicht nur kulturell, sondern auch biologisch bedingte Bevorzugung von Weiß gegenüber Schwarz (Williams, Morland & Underwood 1970, Williams & Morland 1976).

Gegen die Annahme einer vorwiegend biologischen Determination des ästhetischen Urteils über Farben können vor allem zwei Argumente ins Feld geführt werden:

— die Farbpräferenzen von Kindern lassen sich im Rahmen von Konditionierungsexperimenten mit einer Wirkungsdauer von mehreren Monaten beeinflussen. (Staples & Walton 1933, Peters 1943, Osgood 1953, Valentine 1962).

— die Konkordanz zwischen den Präferenzreihen verschiedener Versuchspersonengruppen ist zwar in der Regel signifikant, aber die Höhe der Korrelation läßt erkennen, daß nur ein begrenzter Varianzbeitrag durch die objektiven Merkmale der Farbstimuli bestimmt wird (König 1969).

Farbpräferenzen sind zweifellos mehrfach determiniert. Entscheidend ist jedoch die Frage nach dem jeweiligen Anteil, den (a) ein ästhetischer Faktor biologischer Natur, den (b) soziale und kulturelle Einflüsse und den schließlich (c) individuelle, persönlichkeitsspezifische Merkmale und die aktuelle Befindlichkeit zur Präferenzrangreihe beitragen.

König (1969) zeigte, daß die individuelle Präferenzrangreihe der Farben auch bei unterschiedlicher Darbietungsform und Instruktion (reale Farbstimuli, Farbnamen, Rangbildung, Paarvergleich) sehr konsistent ist (Mittel der Konsistenzkoeffizienten: $a = .90$) und über die verschiedenen Darbietungsformen hinweg stabil bleibt ($r = .83$ bis $.88$ für einfache Farbstimuli). Dagegen ist die Konkordanz zwischen den Vpn zwar signifikant, aber numerisch ziemlich niedrig ($W = .120$ bis $.246$). König wies darauf hin, daß die in früheren Untersuchungen berichteten sehr hohen Konkordanzkoeffizienten nur an sehr kleinen Stichproben gewonnen worden waren.

Es zeigt sich also, daß die individuelle Farbpräferenz stabil ist und daß gleichzeitig die interindividuelle Konkordanz zwar häufig signifikant, aber numerisch niedrig ist. Damit bestätigt sich, daß eine überindividuelle Präferenzordnung zwar bedeutsam ist, aber daß ein vergleichsweise wesentlich größerer fehlerfreier Varianzanteil zu Lasten individueller Reaktionen geht. Daraus kann prinzipiell die Berechtigung abgeleitet werden, Farbstimuli zur Diagnostik der Persönlichkeit zu verwenden. Allerdings stellt sich die Frage, inwieweit diesen individuellen Farbpräferenzen in der Tat Persönlichkeitsmerkmale zuzuordnen sind. Hypothesen zu diesem Fragenbereich gibt es schon längere Zeit. So äußerte Birren (1961[2]) die Vermutung, daß Extravertierte „warme" und Introvertierte „kühle" Farben bevorzugen. Er stützte seine Behauptung in erster Linie auf Jaensch (1929) und Rickers-Ovsiankina (1943). Erste Versuche einer empirischen Verifikation stammen von Burt (1939), die dann später von Eysenck (1941c, d) fortgeführt wurden. Beide Autoren ließen Gemälde beurteilen. Danach zeigten Extravertierte eine Vorliebe für moderne Gemälde in hellen Farben, während Introvertierte dunkle Gemälde alten Stils bevorzugten. Lynn & Butler (1962) ließen ebenfalls Gemälde beurteilen und bestätigten die Ergebnisse der Eysenckschen Untersuchungen. Ein signifikanter Zusammenhang zwischen Neurotizismuswerten und den Präferenzen ergab sich nicht. Barrett & Eaton (1947) fanden ebenfalls einen Zusammenhang zwischen der Bevorzugung heller und reiner Farben und Extraversion, während Introversion mit der Vorliebe für dunkle und Mischfarben einherging. In der Untersuchung von Rakshit (1946) präferierten Extravertierte die Grundfarbe Rot, Blau und Grün, während Introvertierte die Mischfarben Orange und Violett relativ höher bewerteten. Bjerstedt (1960) zeigte, daß Personen, die warme Farben bevorzugen, „stimulusrezeptiv" sind, d. h. sie sind aktiv, direkt, unkritisch auch gegenüber widersprüchlicher Information, ablenkbar, sie haben ein stärkeres Bedürfnis nach Gratifikation und eine kürzere Reaktionszeit. Personen, die kühlere Farben bevorzugen, wie Grün und Blau sind „stimulusselektiv", d. h. sie haben eine zentrierte Aufmerksamkeit, sind kritischer gegenüber Informationen und können sich besser konzentrieren. Choungourian (1967) bot Vpn 8 Farbtöne zum Paarvergleich an. Die Farben Rot, Orange, Gelb und Gelbgrün ordnete er den warmen und Grün, Blaugrün, Blau und Violett den kühlen Farben zu. Eine Tendenz zu einer stärkeren Bevorzugung der warmen Farbtöne durch die Extravertierten zeichnete sich auch hier ab. Robinson (1975) fand einen Zusammenhang von $r = .62$ zwischen dem Extraversionswert und der Bevorzugung des jeweils wärmeren Farbtones eines Farbenpaares. Götz & Götz (1975) wiesen hochsignifikante Unterschiede in den Farbpräferenzen von extravertierten und introvertierten Kunststudenten nach. Extravertierte bevorzugten die Hauptfarben und Mischfarben erster Ordnung (rot, blau, grün; orange, violett etc.) Introvertierte dagegen zeigten eine größere Vorliebe für tertiäre Farbtöne (erdfarbene und achromatische Töne). Weder die Sättigung noch die Helligkeit der bevorzugten Farben schien ausschlaggebend zu sein, sondern nur der Mischungsgrad der Farbtöne. Knapp (1958) fand, daß eine Präferenz für Rot mit niedriger Leistungsmotivation, eine Blaupräferenz dagegen mit einem hohen n-achievement einhergeht. In der Untersuchung von Spiegel & Keith-Spiegel (1971) wurde bei männlichen Vpn eine negative Korrelation zwischen dem Manifest-Anxiety-Score und der Präferenz von Blau gefunden ($r = .33$) und bei den weiblichen Vpn korrelierte der MAS positiv mit der Präferenz von Gelb ($r = .24$) und negativ mit der Präferenz von Grün ($r = -.26$).

Warner (1949) untersuchte die Farbpräferenzen in vier psychiatrischen Gruppen. Er verwendete 30 Farben, die er in eine Farbtonserie, eine Helligkeitsserie und eine Sättigungsserie einteilte. Innerhalb der Farbtonserie bevorzugten die Angstneurotiker signifikant stärker Grün gegenüber Gelb als die drei anderen Gruppen. Außerdem bevorzugten die Angstneurotiker hellere Farben gegenüber den anderen Gruppen.

Auch in Arbeiten mit den Farbstimuli aus dem Farbpyramidentest wurden differentielle Farbpräferenzen aufgezeigt. So fanden Michel (1958), Bosler (1969), Höger (1969) und Reinhardt (1969) einen signifikanten Zusammenhang zwischen der Wahl der Farbgruppe Rot, Orange, Gelb und Gelbgrün und Extraversionswerten. Prystav (1969) und Holzheuer (1970) konnten diese Zusammenhänge bei einer Gruppe von $N = 50$ männlichen Studenten und $N = 110$ Kurpatienten allerdings nicht bestätigen. Dagegen fand Ortmann (1973) einen signifikanten Zusammenhang zwischen psychophysischer Aktivation, gemessen durch die Pupillenreaktion, und dem Farbwahlverhalten im Farbpyramidentest. Hooke, Youell & Etkin (1975) konnten aus physiologischen Kennwerten (Pulsraten, Blutdruck und GSR), die sie als Indikatoren für Aktivation definierten, immerhin 10 % der Varianz der Präferenz für die Farbtöne des Farbpyramidentests vorhersagen.

Diesen Untersuchungen ist gemeinsam, daß die Präferenzunterschiede nur hinsichtlich der Polarität „warme vs. kalte" Farben oder des Unterschieds zwischen chromatischen und achromatischen Farben einen relativ konsistenten Zusammenhang mit Persönlichkeitsmerkmalen aufweisen. Wahrscheinlich läßt sich der Unterschied zwischen warmen und kalten Farben, bzw. zwischen chromatischen und achromatischen Farben auf die Eindrucksqualität „erregend vs. nicht erregend wirkend" zurückführen.

Eysenck (1967, 1973) stellte die Hypothese auf, daß Extravertierte aufgrund ihrer niedrigeren kortikalen Erregung ein höheres Maß an externen Stimulation benötigen, um ein Erregungsoptimum, das mit subjektivem Wohlbefinden verbunden ist, zu erreichen. Für Introvertierte dagegen reicht eine geringere Stimulation aus, um dieses mittlere, optimale Maß an kortikaler Erregung zu erreichen. Eysenck übertrug damit die von Berlyne (1967) postulierte u-förmige Beziehung zwischen Erregung und der Lust-Unlust-Empfindung auf seine Persönlichkeitstypologie. Extravertierte würden demnach allgemein eine höhere externe Stimulation bevorzugen als Introvertierte. Der positive Zusammenhang zwischen Abwechslungspräferenz (sensation-seeking-tendency, arousal-seeking-tendency) und Extraversion unterstützt diese These (Philips & Wilde 1970, Mehrabian & Russell 1974, Zuckerman 1974).

Es zeichnet sich also die Tendenz ab, daß die Erregungswirkung der Farbstimuli die erfolgversprechendste Dimension wird, entlang der die Farbpräferenz Bedeutung für Persönlichkeitsunterschiede gewinnen könnte. Nicht nur für das Merkmal Extraversion, sondern auch für das Ausmaß der psychischen Gestörtheit sind ähnliche Hypothesen aufgestellt worden. So nehmen verschiedene Autoren an, daß psychische Störungen (Schizophrenie, Psychopathie u. a.) durch abweichende Erregungsniveaus gekennzeichnet sind (Mednick 1958, Venables 1964, Claridge 1967). Es wäre beispielsweise zu erwarten, daß Schizophrene in einem akuten Stadium, also im Zustand der Übererregung, externe Stimulation ablehnen würden. Dementsprechend fanden Pasto & Kivisto (1956) bei Psychotikern eine größere Vorliebe für Grau und weniger Präferenz für Rot als bei normalen Vpn. In der Untersuchung von Coger, Zirgulis, Matasuyama & Serafetinides (1975) bewerteten Schizophrene die Farben Orange und Gelb deutlich negativer als die normal gesunde Vergleichsgruppe. In der Farbpyramidentest-Forschung wurde ebenfalls eine erhöhte Weiß-Präferenz bei Schizophrenen gefunden (Wewetzer 1951).

Von mehreren Seiten her sind aber Zweifel an der Annahme so relativ einfacher Beziehungen zwischen Stimuluspräferenzen und Persönlichkeitsmerkmalen angemeldet worden. Die psychophysiologischen Grundlagen der Eysenckschen Typologie sind modifiziert und durch wesentlich komplexere, wenngleich ebenfalls spekulative Modelle ersetzt worden (z. B. Claridge 1967 u. a.).

Auch die Ergebnisse psychopharmakologischer Experimente lassen Zweifel am Eysenckschen Modell aufkommen. So wählten medikamentös stimulierte Vpn nicht etwa weniger, sondern mehr erregende Farben als vor der Medikation (Hiltmann 1951, Heiß, Fahrenberg & Seuss 1971). Ebenso wählten medikamentös gedämpfte Vpn nicht weniger, sondern mehr dämpfende Farben (Fahrenberg & Prystav 1966). In diesen Fällen wählten die Vpn also nicht komplementär, sondern spiegelbildlich. Damit wird klar, daß auch zwischen Aktivierung und Farbpräferenz komplexere Zusammenhänge zu vermuten sind. Und dies gilt, obwohl für das Merkmal der Aktivierung noch am ehesten experimentell und theoretisch fundierte Beziehungen zur Farbpräferenz zu erwarten gewesen wären, da in dieser Richtung bereits Vorarbeiten aus der allgemeinen Präferenzforschung existieren. Würden diese Zusammenhänge intensiver erforscht werden, dann könnten Farbwahltests auf diesem Wege sinnvolle und vielversprechende Instrumente werden, wenngleich die ausschließliche Berücksichtigung der Erregungswirkung der Farbstimuli eine Reduktion gegenüber dem bisherigen Anspruch der Farbtests darstellt. Allerdings wäre die Einbeziehung der Potenzwirkung noch zu erwägen. Aber auch damit wären Farbstimuli auf ihre Gefühlswirkung reduziert und spekulative Ansätze, wonach Pbn gemeinsam mit den Farben auch deren verborgene Symbolik wählten, wären ausgeschaltet.

B. Testverfahren

1. Der Farbpyramidentest

Das Testmaterial des Farbpyramidentest (FPT), die Instruktion und das Auswertungsverfahren wurden im Laufe der Entwicklung des Tests wiederholt geändert. Zweck dieser Änderungen war einerseits durch die Erweiterung der Verhaltensstichproben des Probanden die Zuverlässigkeit des Tests zu erhöhen, andererseits aber wurde durch gezielte Reduktion versucht, den Test nicht nur ökonomischer zu gestalten, sondern auch die Testverrechnung den Interpretationsmöglichkeiten anzupassen (Heiß & Halder 1975).

a) Das Testmaterial:

Das Testmaterial besteht aus kartonierten Farbblättchen, einer Pyramidenvorlage, Protokollierungsbögen und Verrechnungsformularen.

Von den ursprünglich 24 verschiedenen Farbtönen (Pfister 1950, Heiß & Hiltmann 1951) werden heute nur noch 14 verwendet. Die Reduktion des Farbsatzes erhielt ihren Anstoß durch Untersuchungen von Michel (1958, 1959), der aufzeigte, daß wichtige Testgütekriterien durch diese Maßnahme verbessert wurden. Seit Schaie & Heiß (1964) sind die Farbtöne des Farbpyramidentests auch erstmals in Munsell-Notierungen fixiert (Munsell Book of Color 1929—1965). Die Farbnamen sind aus dem früheren 24-Farbsatz beibehalten worden.

Farbton	Munsell-Notierung			Farbton	Munsell-Notierung		
Rot 1	2.5	R	7/10	Blau 4	7.5	PB	2/12
Rot 2	5	R	4/15	Violett 2	5	RP	4/12
Orange	2.5	YR	7/16	Violett 3	5	RP	2/4
Gelb	2.5	Y	8/12	Braun	2.5	YR	4/6
Grün 1	2.5	GY	8/12	Weiß		N	9.5
Grün 3	2.5	G	5/10	Grau	5	Y	7/2
Blau 2	5	B	6/8	Schwarz		N	1

Die Pyramidenvorlage besteht aus 15 Quadraten in der Größe von je 2,5 x 2,5 cm, die in der Form eines Dreiecks angeordnet sind.

b) Die Instruktion:

Vor der Testdurchführung sollte die Farbtüchtigkeit des Pb überprüft werden. Mit Hilfe des Farnsworth Dichotomous Test for Color Blindness (1947) oder eines ähnlichen Verfahrens werden etwa 5 % einer unausgelesenen Stichprobe als Farbschwache diagnostiziert, für deren Untersuchung Farbwahltests nicht geeignet sind. Der als farbtüchtig diagnostizierte Pb wird aufgefordert, sich aus dem ungeordnet vor ihm liegenden Farbangebot, Farbblättchen auszusuchen, die ihm gut gefallen und diese so auf der Vorlage anzuordnen, daß ihm die „Pyramide" gut gefällt.

Während Pfister (1950) sich nur mit einer solchen „schönen" Pyramide begnügte, wurde von Heiß & Hiltmann (1951) das Verfahren auf drei Pyramiden erweitert. Seit Heiß, Honsberg & Karl (1955) werden zusätzlich noch drei „häßliche" Pyramiden vom Pb gefordert. Diese Erweiterung hat sich als sinnvoll erwiesen, sodaß heute drei „schöne" und drei „häßliche" Pyramiden gefordert werden. Da die Testinstruktion leicht verständlich ist und nur ein Minimum an manueller Geschicklichkeit erforderlich ist, ergibt sich — von der Farbtüchtigkeit abgesehen — kaum eine Einschränkung des möglichen Probandenkreises (Semeonoff & Moos 1978).

c) Die Protokollierung und Verrechnung:

Nachdem der Pb eine Pyramide fertig gestellt hat und sie nicht mehr ändern will, wird die Farbzusammenstellung dieser Pyramide protokolliert. Anschließend legt der Pb die nächste Pyramide, usf. Vereinfachungen ergeben sich hier bei Varianten des Tests, die für die Testaufnahme in Gruppen gedacht sind, bei denen der Pb die gewählten Farbtöne selbst mittels Kodezahlen protokolliert (Hooke & Schaie 1968).

In der Verrechnung werden die folgenden Testmerkmale festgehalten:

— die Häufigkeit, in der die 14 Farbtöne in der Serie der „schönen" und der „häßlichen" Pyramiden gewählt wurden.

— die Häufigkeit, in der bestimmte Farbtongruppen (Syndrome) in den „schönen" und in den „häßlichen" Pyramiden gewählt wurden.

— die Zahl der Farbtöne, die konstant, wechselnd oder gar nicht in den drei Pyramiden einer Serie gewählt wurden. (Verlaufsformel)

— als ein quantitatives Merkmal für den Unterschied des Wahlverhaltens zwischen schönen und häßlichen Pyramiden wird nach einem Vorschlag von Bosler (1969) der „Kippindex" berechnet.

— für die Bestimmung der Formungen der Pyramiden sind Kategorien mit unterschiedlicher Farb- und Formdominanz ausgearbeitet worden (Schaie & Heiß 1964, 47 ff). Es werden „Teppiche", „Schichtungen" und „Strukturen" unterschieden.

Von diesen Testmerkmalen haben die Syndrome und der Kippindex die größte diagnostische Bedeutung. Die strukturellen Merkmale, wie die Verlaufsformel und die Formungen sind in ihrer Bedeutung gegenüber dem Beginn der Farbpyramidentestforschung zurückgetreten. Da eine mehrfache formale Abhängigkeit der Farbpyramidentest-Merkmale untereinander besteht, werden die wichtigsten Informationen über das Testverhalten, wenn auch unter einem gewissen Informationsverlust, in den übergreifenden Merkmalen der Syndrome und des Kippindex wiedergegeben.

d) Die Normwerte

Für die Testmerkmale des FPT liegen Normwerte auf unterschiedlichem Datenniveau vor. Die Rohwerte der Farbtonhäufigkeiten und der Syndrome können in C-Werte transformiert werden für die folgenden Bezugsgruppen:

Alter: 16—65;   Geschlecht: weiblich, Volksschule;   (N = 140)

Alter: 16—65;   Geschlecht: männlich, Volksschule;   (N = 120)

Alter: 16—65;   Geschlecht: weiblich, Gymnasium;   (N = 120)

Alter: 16—65;   Geschlecht: männlich, Gymnasium;   (N = 130)

Über die Formungen liegen prozentuale Häufigkeitsangaben getrennt nach Geschlecht und Bildung vor, für die Verlaufsformel und den Kippindex sind Mediane und Mittelwert, sowie Streuungsmaße für die gesamte Eichstichprobe angegeben.

Sehr ausführliche Normdaten hat Schaie in den USA erhoben, die sich allerdings auf jene Version des Farbpyramidentests beziehen, bei der der ursprüngliche 24-Farbsatz verwendet wird (Schaie & Heiß 1964).

e) Die Testgütekriterien des Farbpyramidentests

Die Durchführungs- und Auswertungs*objektivität* sind beim Farbpyramidentest weitgehend gegeben. Zwar liegen Untersuchungen vor, die aufzeigen, daß durch positive und negative Bekräftigung der Pbn durch den Testleiter Einfluß auf die Farbwahl genommen werden kann (Braun 1970, u. a.). Da aber die Testinstruktion in der Regel leicht verstanden wird, ist es möglich, die Interaktionen zwischen Tl und Pb auf ein Minimum zu beschränken und so den Tl-Einfluß in engen Grenzen zu halten. Auch im Cattellschen Sinne kann der Farbpyramidentest als objektiv betrachtet werden, da er in seiner Zielsetzung vom Pb nur schwer durchschaut werden kann. Es werden vom Pb sehr viele, nämlich 90 Wahlen gefordert, innerhalb derer es nicht einfach wäre, bewußte Verfälschungen in einer bestimmten Richtung unauffällig durchzuhalten.

Untersuchungen der Retest-*Reliabilität* wurden zum 24-Farbsatz von Jolas (1953), Pflanz (1954) und Brehmer (1960) und zu einem 10-Farbsatz von Reinert (1958) durchgeführt. Für den 14-Farbsatz berichtet Michel (1959) eine Erhöhung der Reliabilitätskoeffizienten, die zwischen .54 und .83 für die schönen Pyramiden und zwischen .60 und .79 für die häßlichen Pyramiden bei einer Testwiederholung nach drei bis fünf Wochen lagen. Allerdings sind diese Werte überschätzt, denn Michel berechnete Neunfelderkorrelationen. Nach seinen Angaben beträgt, nach der notwendigen Korrektur der Werte, der durchschnittliche Reliabilitätskoeffizient für die schönen Pyramiden .54, bei einer Spannweite von .34 bis .74, bei den häßlichen Pyramiden .58, bei einer Spannweite von .34 bis .67. In dieser Größenordnung liegen auch die Reliabilitätskoeffizienten, die Höger (1968) an zwei Studentenstichproben (N = 53 bzw. 47) errechnete, wobei er zu durchschnittlichen Koeffizienten zwischen .45 und .58 kam. Michel (1962) sieht eine Reliabilität von .50 als charakteristisch für den FPT an, ein Wert, der gemessen an den üblichen psychometrischen Standards zu niedrig ist, der aber im Vergleich zu den Gütekriterien anderer projektiver Verfahren innerhalb dessen liegt, was realistischer Weise zu erwarten ist. Außerdem ist zu berücksichtigen, daß der Test-Retest-Vergleich keine adäquate Methode zur Bestimmung der instrumentellen Stabilität des Tests sein kann und daß er nur deshalb zur Anwendung kam, weil alle anderen Verfahren zur Bestimmung der Zuverlässigkeit noch weniger akzeptabel waren. Halbierungsverfahren oder Konsistenzanalysen können nicht angewendet werden, weil der Farbpyramidentest nicht als homogen angesehen werden kann. Beim Test-Retest-Vergleich muß allerdings mit zwei Problemen gerechnet werden:

— anders als bei Intelligenz- und Leistungstests ist nicht zwangsläufig damit zu rechnen, daß die Wiederholungs- und Gedächtniseffekte zu einer Angleichung der Testreaktionen im Retest an die im Initialtest führen und damit eine unzulässige Erhöhung der Reliabilität mit sich bringen. Es ist ebenso möglich, daß gerade die Erinnerung an den ersten Test eine abweichende Testreaktion im zweiten provoziert.

— die Inkonstanz der Merkmale, die der Farbpyramidentest erfassen soll (z. B. Stimmung) bedingt, so er diese valide mißt, eine niedrige Retest-Reliabilität des Tests. Somit enthält die geschätzte Fehlervarianz einen unbestimmten Betrag an wahrer, situationsspezifischer Varianz. Die tatsächliche Meßgenauigkeit des FPTs mag daher höher liegen als die Retest-Reliabilität.

Von diesen Überlegungen ausgehend hat Houben (1962) an drei verschiedenen Pbn-Gruppen Tests und Retests aufgenommen: normal gesunde Pbn, Patienten, die wegen organneurotischer Leiden in psychotherapeutischer Behandlung waren und Patienten, die sich wegen vegetativer Labilität in einem Sanatorium aufhielten. Er nahm an, daß die Veränderungen im Retest um so größer sein müßten, je einschneidender die Maßnahmen sein würden, die im Bezug auf die psychische Verfassung der Patienten durchgeführt werden. Es zeigte sich in der Tat, daß die Veränderungen der Testwerte in den schönen Pyramiden bei den Psychotherapiepatienten signifikant größer waren, als die der beiden anderen Pbn-Gruppen. Darüber hinaus bestand für die Psychotherapie-Patienten ein signifikanter Zusammenhang zwischen dem Ausmaß des Therapieerfolges und den Testwertdifferenzen. Es läßt sich zwar auch mit diesen Ergebnissen der Umfang des situationsspezifischen Varianzanteils nicht abschätzen, aber immerhin ist der Nachweis erbracht, daß der Farbpyramidentest auf rasch wechselnde psychische Zustände anspricht und damit erhält die Vermutung, daß die instrumentelle Reliabilität höher zu veranschlagen ist als die errechnete Retest-Reliabilität, eine gewisse Berechtigung.

Höger (1968) und Bosler (1969) haben den Vorschlag gemacht, nicht die Wahlhäufigkeit der Einzelfarbtöne zur Grundlage der Reliabilitätsbestimmung zu machen, sondern statt dessen jene übergreifende Merkmale, die auch in der Interpretation vorrangig sind, nämlich die Syndrome und der Kippindex. Für ein von Bosler (1969) vorgeschlagenes Syndrom zur Erfassung der Dimension Extraversion-Introversion wurden Werte von r_{tt} = .70 bis .77 errechnet (Höger 1975).

Die Bewertung der *Validität* des Farbpyramidentests hängt ab von den Erwartungen, die an den Test herangetragen werden. Er ist mit dem Ziel konzipiert worden, umfassende Aussagen über die Affektivität des Pb zu ermöglichen. Diesem globalen Anspruch wird der Farbpyramidentest nach dem heutigen Stand der Forschung nur zum Teil gerecht. Zwar ist er in der Lage, Pbn mit auffälliger affektiver Struktur, wie etwa Patienten mit psychischen oder psychosomatischen Störungen von Normal-gesunden zu trennen. Am deutlichsten geschieht dies durch globale Testmerkmale, wie etwa den Kippindex, die Anzahl der Extremwahlen und die Anzahl der $\frac{o}{o}$-Wahlen (Bosler 1969). Aber die Hoffnung, daß er zu Differentialdiagnosen nosologisch unterschiedlicher Gruppen herangezogen werden könnte, hat sich nicht erfüllt. Am ehesten ist der Farbpyramidentest in der Lage, Teilaspekte der Affektivität valide zu erfassen. Es sind dies das Ausmaß der emotionalen Labilität (Neurotizismus) und die Dimension Extraversion (Michel 1958, Houben 1963, Burdick 1968, Bosler 1969, Höger 1969, Reinhardt 1969, Ortmann 1973). Die meisten der darüber hinausgehenden interpretativen Aussagen aus dem Farbpyramidentest beziehen sich auf psychodynamische Konzepte, wie Ansprechbarkeit, Sensibilität, innere Beunruhigung, Hemmung, Affektblockierung, Steuerungsfähigkeit, sthenische Durchsetzungsfähigkeit, Vermeidungstendenzen und anderes mehr. Es ist offensichtlich, daß zu diesen Konzepten nur schwer brauchbare Außenkriterien und Operationalisierungen gefunden werden können. Erschwerend für jeden Validierungsversuch kommt hinzu, daß bei der Interpretation des Einzelfalles der Diagnostiker gehalten ist, den „Grundwert" eines Testmerkmals innerhalb einer gewissen Spannbreite unter der Berücksichtigung der gesamten Merkmalskonstellation zu modifizieren, also den jeweiligen „Stellenwert" (Heiß & Halder 1975, p. 102 ff.) des Merkmals zur Interpretation heranzuziehen. Aus diesem Grund wäre die Validierung des Farbpyramidentests nur auf der Interpretationsebene sinnvoll, wenn man davon ausgeht, daß die Gültigkeit des Tests über die Dimensionen Neurotizismus und Extraversion hinausgehen könnte.

2. Weitere Farbtests

a) Der Lüscher-Test

Es gibt zwei Varianten des Lüscher-Tests, einen großen Lüscher-Test und eine Kurzform desselben (Lüscher 1947, 1974[11], 1971, Furrer 1953, 1967, Stöffler 1975).

Das *Testmaterial* der Kurzform besteht aus acht Farbkarten: Grau, Blau (ein dunkles, ungesättigtes Blau), Grün (ein dunkles Blaugrün), Rot (ein Orangerot), Gelb (ein helles, etwas grünliches Gelb), Violett (ein Rotblau), Braun (ein helles, leicht rötliches Braun) und Schwarz. Beim großen Lüscher-Test werden 25 Farben in 7 Gruppen präsentiert. Es sind dies die Graugruppe (Schwarz, Weiß und drei Grautöne), die 8-Farbengruppe (aus der Kurzform des Tests), die Grundfarbengruppe (Blau, Gelb, Rot und Grün), die Blaugruppe (Blau und drei Blaumischungen mit den anderen Grundfarben), die Grüngruppe, die Rotgruppe und die

Gelbgruppe. Die *Testdurchführung* ist einfach und ökonomisch. Bei der Kurzform werden die Karten in zufälliger Reihenfolge in einem Halbkreis ausgelegt und der Pb wird aufgefordert, die am meisten bevorzugte Farbe zu wählen. Die gewählte Karte wird dann, die Farbseite nach unten, weggelegt und die nächste bevorzugte Karte wird gewählt. Auf diese Weise wird die Präferenzrangreihe erstellt und protokolliert. Dann werden die Karten gemischt, erneut ausgelegt und die Instruktion wird wiederholt. Der zweite Durchgang soll unabhängig vom ersten sein, d. h. der Pb wird aufgefordert, den ersten Durchgang weder gezielt zu replizieren noch absichtlich andere Präferenzen zu wählen. Zum Zwecke der *Verrechnung* werden den Rangreihen Zeichen zugeordnet: den ersten beiden Farben ein ‚+', den dritten und vierten ein ‚x', den fünften und sechsten ein ‚=' und den beiden letzten ein ‚—'. Nebeneinander liegende Farben werden, wenn sich ihre Position im zweiten Durchgang wiederholt, durch einen Kreis gekennzeichnet. In den ersten drei Positionen werden Grundfarben, in den letzten drei dagegen achromatische Farben erwartet. Abweichende Wahlen werden mit einem, zwei oder drei Ausrufezeichen gekennzeichnet. Deren Summe im Test gilt als Angstmaß.

Die *Interpretation* erfolgt nach „Interpretationstabellen" aus dem Testhandbuch (Lüscher 1971). Ausführliche Symptomwerte der Testmerkmale hat Furrer (1953) zusammengestellt. Die mit ‚+' signierten Farben sollen den Wunschbereich des Pb bezeichnen, die mit ‚x' signierten die aktuelle Situation wiedergeben, die mit ‚=' bezeichneten jene Funktionen angeben, die unter dem Einfluß einer Hemmung stehen und die beiden letzten Farben mit dem Zeichen ‚—' sollen die abgelehnten oder unterdrückten Merkmale repräsentieren. Für diese Zuordnung gibt es aber, so Semeonoff (1976), keinerlei empirische Belege. Eine besondere Bedeutung in Lüschers Interpretationsansatz spielen die Farbpaare, die in beiden Durchgängen in der gleichen Reihenfolge gewählt wurden. Die starke Betonung der Juxtaposition der Farben ist aber nicht gerechtfertigt, da es sich nur um eine zeitliche Sequenz, nicht aber um ein räumliches Nebeneinander der präferierten Farben handelt. Lüscher bezieht Farben auf, seiner Meinung nach fundamentale Kategorien des Verhaltens und zwar auf die beiden Dimensionen „autonom" vs. „heteronom" und „ex-zentrisch" (aktiv) vs. „con-zentrisch" (passiv). Diesen „Verhaltenstendenzen" ordnet er die vier Grundfarben zu. Dieser Zusammenhang wird aber rein intuitiv aus den gefühlsmäßigen Eindruck einer Farbe hergestellt. Diese Grundannahmen des Tests sind schon von de Zeeuw (1957) heftig kritisiert worden.

Als *Normen* werden die prozentualen Häufigkeiten der Rangpositionen der Farben aus einer Stichprobe von 36 892 männlichen Studenten zwischen 20 und 30 Jahren angegeben. Darüber hinaus wird berichtet, wie häufig ein ‚!' bei einer Stichprobe von 1000 Pbn signiert wurde. Außerdem enthält das Testhandbuch ein Profil über die prozentuale Verteilung der Achtfarben-Reihe, das bei 5 300 Pbn im Alter von 16 bis 70 Jahren gewonnen wurde (Lüscher 1971).

Diese Normwerte dürften allerdings zu global sein, denn Donnelly (1974) und Seefeldt (1979) fanden signifikante Unterschiede im Wahlverhalten männlicher und weiblicher Pbn. Aus diesem Grund dürften auch für den Lüscher-Test, ebenso wie für den Farbpyramidentest, geschlechtsspezifische Normen erforderlich sein.

Objektivität des Tests im Sinne von Durchführungs- und Auswertungsobjektivität ist grundsätzlich gegeben.

Donnelly (1974) untersuchte die Retest-*Reliabilität* des Lüscher-Tests. Nur für die erste und die letzte Farbe in der Rangreihe wurden befriedigende Werte gefunden (Kendall's tau: .60 bzw. .59). Die niedrigsten Werte ergaben sich für die dritte und vierte Position (Kendall's tau: .10 bzw. .04).

Seit kurzem liegen einige Untersuchungen zur *Validität* des Lüscher-Tests vor. French & Alexander (1972) fanden keinen signifikanten Zusammenhang zwischen IPAT-Anxiety-Werten und den Angstwerten aus dem Lüscher-Test. McAloon & Lester (1979) bestätigten dieses Ergebnis an einer anderen Stichprobe. Trivett (1974) fand eine Anzahl signifikanter Korrelationen zwischen den Farben, die an der dritten und vierten Stelle der Rangreihe placiert waren und dem 16-PF und den Grygier's Dynamic Personality Inventory. Klar (1974) fand auffällige Blau-Braun-Wahlen bei 16 Kindern mit neurotischer Masturbation. Sproles (1973) wendete die Kurzform des Lüscher-Tests bei vier Stichproben an: Psychotikern, Delinquenten, Drogenabhängigen und normalen männlichen Pbn. Drogenabhängige unterschieden sich signifikant von Normalen in der Wahl der Farbe Schwarz, Psychotiker von Normalen in der Wahl der Farbe Grau sowie Drogenabhängige und Delinquenten gegenüber Normalen in der Wahl der Farbe Rot. Die Rangreihen insgesamt waren aber nicht in der Lage, die Gruppen voneinander zu trennen. Robinson (1975) legte 28 Farben, darunter die Lüscher-Farben zur Präferenzbestimmung vor. Es ergaben sich zwar allgemeine Zusammenhänge zwischen „wärmeren" Farben und der Dimension Extraversion, aber keine signifikanten Korrelationen zwischen den Lüscherfarben und Extraversionswerten. Nach Dow (o. J. zit. n. Semeonoff 1976) zeigten Extremgruppen von sehr ängstlichen und sehr wenig ängstlichen Pbn auch signifikante Unterschiede in den aus dem Lüscher-Test berechneten Angstwerten. Herbert (1975) fand eine niedrige, aber signifikante Korrelation zwischen Autoritarismuswerten und der Vorliebe für das Blau im Lüscher-Test. Donnelly (1977) untersuchte eine Stichprobe von 98 College-Studenten mit dem Lüscher-Test und der Taylor-Johnson Temperament Analysis Skala. Es ergaben sich keine signifikanten Beziehungen, weshalb Donnelly eine spezifische Validität des Lüscher-Tests ausschloß. Stimpson & Stimpson (1979) fanden keine, über Zufallswerte hinausreichende signifikanten Korrelationen zwischen der Edwards Personal Preference Schedule und dem Lüscher-Test. Zusammenfassend läßt sich feststellen, daß die Validitätsuntersuchungen zum Lüscher-Test zum Teil keine positiven Befunde erbrachten und zum Teil nur zu isolierten Einzelergebnissen führten, die theoretisch nur schwer integrierbar sind und deren Kreuzvalidierung noch aussteht.

Es klafft also eine erhebliche Lücke zwischen der angeblichen diagnostischen Leistungsfähigkeit des Lüscher-Tests und dem empirischen Nachweis für diese Behauptung. Wenn er darüber hinaus noch als „Frühwarnsystem" für beginnende somatische Erkrankungen (Lüscher 1971, 12) angepriesen wird, so untergräbt ein solchermaßen überzogener Anspruch die Glaubwürdigkeit und Seriosität eines Testansatzes vollends.

b) Der „Visual apperzeption test '60" (VAT '60)

Der VAT '60 von Khan (1960, 1968) ist ein Zeichentest, bei dem aber die Wahl der Farben besondere interpretatorische Bedeutung hat.

Das *Testmaterial* besteht aus 12 Tafeln, auf denen auf weißem Untergrund verschlungene Linien abgebildet sind. Es werden acht Farbstifte zur Verfügung gestellt: Rot, Orange, Schwarz, Braun, Blau, Grün, Violett und Gelb. Der Pb hat die Aufgabe, farbig anzumalen, was immer er an Form, Muster oder Objekt sieht.

Zur *Verrechnung* wird der Anteil bestimmt, den eine Farbe in einer Tafel einnimmt und dieser wird mit 1, 2 oder 3 gewichtet. Anschließend werden fünf Summenwerte gebildet, und zwar aus den Gewichtszahlen von Rot + Orange, von Schwarz + Blau, von Blau + Grün, von Violett und von Gelb.

Diese Summenwerte werden *interpretatorischen* Kategorien zugeordnet, wie Aggression, Depression, heitere Stimmung, Selbstkontrolle und Angst.

Khan gibt eine *Reliabilität* von .79 (n = 349) an und beansprucht, den VAT '60 an einer Gruppe Schizophrener mit Hilfe des MMPI *validiert* zu haben.

In beiden Fällen fehlen aber Hinweise über das methodische Vorgehen.

III. Bildwahlverfahren

A. Theoretische Grundlagen der Bildwahlverfahren

Grundlage der Bildwahlverfahren ist die Annahme, daß die Sympathiewahl ein Hinweis auf die Ähnlichkeit zwischen dem Pb und bestimmten Aspekten des, von ihm gewählten Bildes ist. Der Szondi-Test ist das einzige Bildwahlverfahren, das einen größeren Bekanntheitsgrad erreicht hat. Folglich soll dessen theoretische Grundkonzeption hier im Vordergrund stehen. Der Szondi-Test ist eng verbunden mit den Grundprinzipien der sog. „Schicksalsanalyse" (Szondi 1944).

Die Schicksalsanalyse will in einer Mischung aus Erbbiologie, Psychoanalyse und Psychiatrie das verborgene Prinzip in den scheinbar zufälligen Ereignissen des individuellen Schicksals klären. Das Schicksal hängt ab von einer Kette von Wahlhandlungen, die im Laufe eines Lebens in Bezug auf Liebe, Freundschaft, Beruf, Krankheit oder Tod getroffen werden. Diese Wahlhandlungen sind nicht zufällig, sondern sie werden durch „latente Gene" gesteuert, sog. „Triebgene". Für die individuelle Ausstattung an Triebgenen hat Szondi den Begriff des „familiären Unbewußten" geprägt. Während sich Freuds „persönliches Unbewußte" in Symptomen, Jungs „kollektives Unbewußte" in Symbolen zeigt, wird das „familiär Unbewußte" in den Wahlhandlungen eines Menschen offenkundig. Wahlhandlungen sind also hoch bedeutsame Indikatoren, denn sie basieren nicht so sehr auf bewußten, rationalen Entschlüssen, sondern sie sind triebhaft bedingte Handlungen. Eine weitere wichtige theoretische Grundlage der Schicksalsanalyse ist die Annahme eines Triebsystems. Dieses Triebsystem besteht aus vier Trieben (oder Triebvektoren): dem Sexualtrieb (Vektor S), dem Paroxymal- oder Überraschungstrieb (Vektor P), dem Ichtrieb (Vektor Sch) und dem Kontakttrieb (Vektor C). Jeder dieser Triebe besteht aus zwei polaren Triebbedürfnissen, denen jeweils wieder zwei polare Triebtendenzen zugeordnet sind. Jeder der acht Triebfaktoren bedingt u. a. einen besonderen Verband von Charaktereigenschaften, eine besondere Art der geistigen Tätigkeit, ein spezifisches Berufsschicksal und besondere Krankheitssymptome. Es ist nach Szondi das Wesen der genotropen Anlage des Menschen, einen spezifischen Aufforderungscharakter auszubilden, wodurch der Mensch zum Bezugsobjekt Anderer mit der gleichen oder ähnlichen Triebstruktur wird. Geisteskranke, als Träger von Extremvarianten allgemeiner Triebfaktoren, sind deshalb besonders geeignet, das „familiäre Unbewußte" anzusprechen. Aus diesem Grund bietet der Szondi-Test, den der Autor ursprünglich „Wahltrieb-Test", später dann „Experimentelle Triebdiagnostik" (1947) genannt hat, Bilder von Geisteskranken, die die acht Triebfaktoren repräsentieren, zur Auswahl an. Durch Sympathie- und Antipathiewahl des Pb enthüllt sich dessen eigene Triebkonstellation und die „Stellungnahme seines Ichs zu diesen Triebstrebungen" (Szondi 1956) wird deutlich.

Die Annahme, daß in der Physiognomie von Geisteskranken ihre Triebanomalie, wie auch immer verschlüsselt, zum Ausdruck kommt und daß der Pb in seiner Wahlhandlung auf eben diese Triebkonstellation, aber nicht auf andere Merkmale, reagiere, ist wohl der spekulativste Teil der Theorie des Szondi-Tests, aber auch dessen zentrale Aussage. Ohne sie kommen auch jene Szondi-Anhänger nicht aus, die die zugrunde liegende Gentheorie ablehnen (Deri 1949). Aber diese Hypothesen über den Aufforderungscharakter des Testmaterials und zum Wahlvorgang sind empirisch nicht bestätigt worden (Klopfer 1950, Davis & Raimy 1952, Dudek & Patterson 1952, Richardson 1952, Borstelmann & Klopfer 1953, Saunders 1953, Booth 1967, Lüking 1969).

B. Testverfahren

1. Der Szondi-Test

Szondi selbst, ein ungarischer Psychiater, nannte sein Verfahren „Experimentelle Triebdiagnostik" (1947, 1972³). Ausführliche Darstellungen des Verfahrens finden sich außer bei Szondi noch bei Deri (1949), Helwig (1951), Moser (1954), Heinelt (1964).

a) Das Testmaterial

Das Testmaterial besteht aus 48 Fotographien geisteskranker Patienten. Sie werden zu 6 Gruppen mit je acht Bildern dem Pb vorgelegt. In jeder dieser Gruppen ist ein Repräsentant einer Anomalie der acht Triebfaktoren vertreten. Der Vektor S (Sexualität) wird repräsentiert durch das Bild eines Hermaphroditen oder Homosexuellen (Triebfaktor h) und das Bild eines Sadisten oder Mörders (Triebfaktor s). Der Vektor P (Überraschungstrieb) wird vertreten durch das Bild eines Epileptikers (Triebfaktor e) und das eines Hysterikers (Triebfaktor hy). Der Vektor Sch (Ichtrieb) wird repräsentiert durch das Bild eines katatonen Schizophrenen (Triebfaktor k) und das eines paranoiden Schizophrenen (Triebfaktor p). Der Vektor C (Kontakttrieb) schließlich ist vertreten durch das Bild eines Melancholikers (Triebfaktor d) und das eines Manikers (Triebfaktor m).

b) Die Instruktion

Der Pb wird aufgefordert, sich aus einer Gruppe von acht Bildern das ihm am sympathischsten und das ihm am zweitsympathischsten auszusuchen. Anschließend soll der Pb die beiden unsympathischsten Bilder benennen. Dies geschieht für alle sechs Gruppen. Dann werden die restlichen vier Bilder einer jeden Gruppe noch einmal vorgelegt und nach den beiden relativ sympathischsten und unsympathischsten gefragt. Diese Testaufnahme soll nach Möglichkeit mehrmals wiederholt werden in Abständen von einigen Tagen. Szondi spricht von etwa 10 Testdurchgängen.

c) Die Protokollierung und Verrechnung

Ein Testdurchgang wird zu einem „Triebprofil" zusammengefaßt. Eine Plus-Reaktion wird signiert, wenn mindestens zwei Sympathiewahlen innerhalb eines Triebfaktors gewählt wurden und höchstens eine Antipathiewahl, eine Minus-Reaktion dann, wenn die Antipathiewahlen überwiegen. Null-Reaktionen bedeuten, daß höchstens eine Sympathie- und Antipathiewahl stattgefunden hat und dieser Faktor ansonsten nicht beachtet wurde. Von einer Ambivalenz-Reaktion wird dann gesprochen, wenn mindestens zwei Sympathie- und Antipathiewahlen zugleich vorliegen, diese aber quantitativ ausgeglichen sind. In der Szondi-Testliteratur sind noch eine Reihe zusätzlicher komplizierter Deuteformeln und Profile vorgeschlagen worden, die aber hier nicht näher beschrieben werden können.

d) Die Normen

Es liegen keine Einzelnormen für die Wahlreaktionen im Szondi-Test vor. Allerdings gibt Szondi das Testprofil des „Alltagsmenschen" an: S + + , P + —, Sch — —, S ○ + (1972^3, 377 ff).

e) Die Testgütekriterien

Durchführungs- und Auswertungs*objektivität* kann als gegeben betrachtet werden. Über die *Reliabilität* des Tests wird nichts berichtet. Diese dürfte auch schwierig zu bestimmen sein, da das gesamte Verfahren ohnehin aus 10 Wiederholungen besteht, innerhalb derer sich erst die überdauernden von den aktuellen, kurzfristigen Persönlichkeitsmerkmalen trennen sollen. Borg (1970) hat versucht, eine Parallel-Serie der Testbilder zu erstellen, die der Untersuchung der Stabilität des Szondi-Tests dienen soll. Dagegen gibt es mehrere Untersuchungen zur *Validität* des Szondi-Tests. In einigen Untersuchungen wurden positive Zusammenhänge zwischen akut induzierten psychischen Veränderungen durch Horrorgeschichten (Odes 1950), durch Elektroschockbehandlung (Deri 1950) und durch einen Katastrophenfilm (Logan 1961) festgestellt. Ray & Oldroyd (1957) fanden anhand von GSR-Werten die Hypothese bestätigt, daß Pbn mit hoher Plusreaktion auf dem e-Faktor (Epilepsie) langsamer entspannen würden. Holt (1950) verglich in einer Verlaufsstudie mit 12 Durchgängen die Selbstbeurteilung eines Pb mit den Szondi-Testergebnissen und fand positive Korrelationen. David & Rabinowitz (1952) untersuchten 100 männliche Homosexuelle und 100 männliche Epileptiker. Von den 25 verrechneten Testmerkmalen waren aber nur 6 in der erwarteten Richtung signifikant verschieden, 2 unterschieden sich sogar signifikant entgegen der Erwartung. Als allerdings dieselben Testprotokolle von Szondi-Testexperten beurteilt wurden, ergaben sich 66,9 % richtige Zuordnungen (David, Orne & Rabinowitz 1953). Dieses Ergebnis scheint das oft vorgetragene Argument zu unterstützen, daß der Szondi-Test nicht auf Merkmals-, sondern nur auf Interpretationsebene zu validieren sei (Moser 1954). Painton (1973) verglich Therapeutenurteile über Patienten und Mitarbeiter (N = 30) mit den Urteilen, die Szondi-Testexperten aus den Testprotokollen gewannen und fand signifikant mehr übereinstimmende als divergierende Urteile. Er errechnete einen Kontingenzkoeffizienten von C = .42. Eine der jüngsten

Untersuchungen stammt von Bucher (1977), der 100 hospitalisierte Depressive untersuchte. Er fand dabei allerdings Testprofile, die mehr dem Szondi'schen „Alltagsmenschen" entsprachen und keine triebpathologischen Auffälligkeiten zeigten. Nur die Varianz der Wahlen war gegenüber normalen Testprotokollen erheblich erhöht. Außerdem ergaben sich signifikante Unterschiede zwischen reaktiv Depressiven und Melancholikern. In der Szondi-Testliteratur finden sich eine Vielzahl von Syndromen von Testmerkmalen, die in der Annahme aufgestellt wurden, daß ihnen eine besonders hohe Validität zukomme, so z. B. das „Mördersyndrom" (Szondi 1952). Aber keines dieser Syndrome hielt näherer Nachprüfung stand (Mey 1961, Moser 1962). Zwar war es möglich, sozial Auffällige (Mörder, Diebe, schulschwänzende Kinder und Prostituierte) als gesamte Gruppe von Theologiestudenten zu trennen (Deri 1954), aber in einer anderen Stichprobe von Delinquenten war das „Mördersyndrom" häufiger bei Dieben und Sittlichkeitsverbrechern als bei Mördern zu finden (Mey 1961).

Es zeigt sich also beim Szondi-Test, ähnlich wie beim Lüscher-Test, daß in einigen wenigen Untersuchungen differentielle Unterschiede gefunden werden konnten, die aber nur teilweise mit der Theorie in Einklang gebracht werden konnten und die in der Regel nicht kreuzvalidiert sind. Auch hier ist die angebliche Leistungsfähigkeit des Tests empirisch nicht bestätigt worden.

2. Weitere Bildwahlverfahren

a) Der Gruppen-Szondi-Test

Der Szondi-Test liegt auch als Gruppentest vor (Friedemann 1961), der nach Meinung des Autors im Bereich der Berufsberatung angewendet werden könnte. Die diesbezüglichen Untersuchungen sind allerdings wenig ermutigend (Grütter 1962, Friedemann 1962).

b) Der Picture-Preference-Test

Cowan entwickelte ein Bildwahlverfahren unabhängig von der Szondi'schen Schicksalsanalyse (Cowan 1967, Cowan, Auld & Begin 1974). Der Picture-Preference-Test soll 10 Persönlichkeitszüge erfassen, die typisch für Alkoholiker und Drogenabhängige seien. Er besteht aus 106 Bildpaaren, von denen der Pb das jeweils sympathischere auswählen soll. Die Bilder stellen Szenen dar, in denen für diese Persönlichkeitszüge typische Verhaltensweisen zum Ausdruck gebracht werden. Beispiel: auf dem einen Bild fährt ein Auto auf einer holprigen Straße eine Abkürzung, auf dem anderen fährt ein Auto auf einer normalen Straße einen bequemen, aber umwegigen Kurs. In der Präferenz für das erste Bild kommt nach Meinung des Autors, Intoleranz gegenüber Verzögerungen und Frustrationen zum Ausdruck.

Die 10 Skalen, die Zwanghaftigkeit, Impulsivität, Vermeidung von Kontakt, oraleinverleibende Tendenzen, kindliches Bedürfnis nach Sicherheit, beeinträchtiges Selbstbewußtsein, Vertrauen gegenüber externen Objekten, geringe Frustrationstoleranz, Narzismus, antisoziale Tendenzen, erfassen sollten, zeigten nur eine sehr unbefriedigende Konsistenz. In einer Revidierung des Tests wurde die Zahl der Skalen auf vier verkürzt. Drei der neuen Skalen erreichten eine befriedigende Konsistenz von etwa .50 (Begin, Auld & Morf 1975).

IV. Schlußbemerkung

Es existieren bislang kaum empirisch fundierte Theorien über die diagnostische Bedeutung von Präferenzunterschieden. Da aber Wahlverfahren auf Präferenzurteilen beruhen, ist ihre Basis einstweilen noch unsicher. Allerdings bieten Wahlverfahren eine Reihe von Vorteilen in ihrer Anwendung und Auswertung (Objektivität, Sprachfreiheit, eingeschränkte Durchschaubarkeit etc.) und deshalb erscheint ihre Weiterentwicklung sinnvoll. Dabei sollte aber auf genau definierbare und skalierbare Charakteristika der zu wählenden Stimuli rekurriert werden. Eine Theorie der Wahlhandlung sollte dann von so fixierten Stimulusqualitäten ausgehen. In der Vergangenheit sind sehr anspruchsvolle und komplexe Deutehypothesen aus der Annahme abgeleitet worden, daß der Pb mit der Wahl eines Stimulus zugleich auch seine Präferenz für dessen symbolischen, unbewußten oder assoziativen Gehalt zum Ausdruck bringen würde. Kaum eine dieser differenzierten Deutehypothesen hat sich bestätigen lassen.

Ein erfolgversprechender Ansatz kann beispielsweise bei Farbwahlverfahren in der Beschränkung auf die Erregungs- und Dämpfungswirkung der Farbstimuli liegen, denn über die Präferenz von Erregung und Dämpfung lassen sich auch aus anderen Bereichen der Psychologie experimentell fundierte Hypothesen ableiten. Auch Bildwahlverfahren müßten auf solche Stimulusdimensionen zurückführbar sein, für deren Bevorzugung oder Ablehnung aus der Attraktivitätsforschung sinnvolle Hypothesen zu gewinnen wären.

Literatur

Aaronson, B. 1970. Some affective stereotypes of color. International Journal of Symbology, **2**, 15—27.

Aaronson, B. 1971. Color perception and affect. American Journal of Clinical Hypnosis, **14**, 38—43.

Adams, F. M. & Osgood, C. E. 1973. A cross-cultural study of the affective meanings of color. Journal of Cross-cultural Psychology, **4**, 135—156.

Allesch v., G. J. 1925. Die ästhetische Erscheinungsweise der Farben. Psychologische Forschung, **6**, 1—91, 215—281.

Ball, V. 1965. The aesthetics of color: a review of fifty years of experimentation. Journal of Aesthetics and Art Criticism, **23**, 441—452.

Barrett, D. M. & Eaton, E. B. 1947. Preference for color or tint and some related personality data. Journal of Personality, **15**, 222—232.

Barron, F. & Welsh, G. S. 1952. Artistic perception as a possible factor in personality style: its measurement by a figure preference test. Journal of Psychology, **33**, 199—203.

Begin, P. E., Auld, F. & Morf, M. E. 1975. Cross-validitation of a picture preference test to identify addicts. Journal of Clinical Psychology, **31**, 159—162.

Berlyne, D. E. 1967. Arousal and reinforcement. In: Levine, D. (ed.). Nebraska Symposium on motivation. Lincoln, Nebraska: University Nebraska Press, 1—110.

Berlyne, D. E. 1971. Aesthetics and psychobiology. New York: Appleton-Century-Crofts.

Berlyne, D. E. & Madsen, K. B. (eds.). 1973. Pleasure, reward, preference — their nature, determinants, and role in behavior. New York: Academic Press.

Birren, F. 1950, 1961^2. Color psychology and color therapy. New York: McGraw-Hill.

Bjerstedt, A. 1960. Warm-cool color preference as potential personality indicators: Preliminary note. Perceptual & Motor Skills, **10**, 31—34.

Booth, K. G. 1967. A study of the factorial stimulus qualities of the Szondi photographs as measured by the semantic differential. Unpubl. Master's Thesis, University of Oklahoma.

Borg, J. G. 1970. Zum Problem der Reliabilitätsmessung mit Parallelverfahren beim Szondi-Test. Schweizer Zeitschrift für Psychologie und ihre Anwendungen, **29**, 492—506.

Borstelmann, L. & Klopfer, W. 1953. The Szondi-Test: A review and critical evaluation. Psychological Bulletin, **50**, 112—132.

Bosler, R. 1969. Die diagnostische Relevanz der „schönen" und „häßlichen" Pyramiden im Farbpyramidentest. Phil. Diss. Freiburg i. Br.

Braun, M. 1970. Versuchsleitereinfluß auf den Farbpyramidentest. Unver. Diplomarbeit, Freiburg i. Br.

Brehmer, I. 1960. Eine Untersuchung der Zuverlässigkeit des Farbpyramidentests. Psychologische Rundschau, **11**, 109—118.

Bucher, R. 1977. Depression und Melancholie. Bern: Huber.

Burdick, J. A. 1968. The color pyramid test: A critical review. Journal of Psychology, **70**, 93—97.

Burt, C. 1939. The factorial analysis of emotional traits: Part II. Character & Personality, **7**, 285—299.

Cardinet, J. 1958. Preferences estétique et personalité. Anné Psychologique, **58**, 45—69.

Chou, S. K. & Chen, H. P. 1935. General versus specific color preferences of Chinese students. Journal of Social Psychology, **6**, 290—314.

Choungourian, A. 1967. Introversion — extraversion and color preferences. Journal of Projective Techniques & Personality Assessment, **31**, 92—94.

Choungourian, A. 1968. Color preferences and cultural variation. Perceptual & Motor Skills, **26**, 1203—1206.

Claridge, G. S. 1967. Personality and arousal. Oxford: Pergamon.

Coger, R., Zirgulis, J., Matsuyama, S. & Serafetinides, E. A. 1975. Mood-color relationships in a psychiatric population. Newsletter for Research in Mental Health and Behavior Sciences, **17**, 35—39.

Cowan, L. 1967. A picture-preference test to measure the trait of addictiveness in personality. Doctoral Diss., Ann Arbor, Mich. Wayne State University.

Cowan, L., Auld, F. & Begin, P. E. 1974. Evidence for distinctive personality traits in alcoholics. British Journal of Addiction, **69**, 199—205.

David, H. P. & Rabinowitz, W. 1952. Szondi patterns in epileptic and homosexual males. Journal of Consulting Psychology, **16**, 247—250.

David, H. P., Orne, M. & Rabinowitz, W. 1953. Qualitative and quantitative Szondi diagnosis. Journal of Projective Techniques, **17**, 75—78.

Davis, E. & Raimy, V. C. 1952. Stimulus functions of the Szondi cards. Journal of Clinical Psychology, **8**, 155—160.

Deri, S. K. 1949. Introduction to the Szondi-test: Theory and practice. New York: Grune & Stratton.

Deri, S. K. 1950. The Szondi Test: Its application in a research study of depressive patients before and after electric shock treatment. In: Abt, L. E. & Bellak, L. (eds.). Projective Psychology. New York: Alfred Knopf, 298—321.

Deri, S. K. 1954. Differential diagnosis of delinquents with the Szondi. Jounal of Projective Techniques, **18**, 33—41.

Donnelly, F. A. 1974. The Luscher Color Test: Reliability and selection preference by college students. Psychological Reports, **34**, 635—638.

Donnelly, F. A. 1977. The Luscher Color Test: A validity study. Perceptual & Motor Skills, **44**, 17—18.

Dorcus, R. M. 1926. Color preferences and color association. Pedagogical Seminary, **33**, 399—434.

Dudek, F. J. & Patterson, H. O. 1952. Relationship among Szondi-Test items. Journal of Consulting Psychology, **16**, 389—394.

Ertel, S. 1965. Standardisierung eines Eindrucksdifferentials. Zeitschrift für Experimentelle und Angewandte Psychologie, **12**, 177—208.

Erwin, C. W., Lerner, M., Wilson, N. J. & Wilson, W. P. 1961. Some further observations on the photocally elicited arousal response. Electroencephalography and Clinical Neurophysiology, **13**, 391—394.

Evans, R. M. 1974. The perception of color. New York: Wiley.

Eysenck, H. J. 1941 a. A critical and experimental study of color preferences. American Journal of Psychology, **54**, 385—394.

Eysenck, H. J. 1941 b. The empirical determination of an aesthetic formula. Psychological Review, **48**, 83—92.

Eysenck, H. J. 1941 c. Personality factors and preference judgements. Nature, **148**, 346.

Eysenck, H. J. 1941 d. 'Type' — factors in aesthetic judgments. British Journal of Psychology, **31**, 262—270.

Eysenck, H. J. 1967. The biological basis of personality. Springfield, Ill.: Thomas.

Eysenck, H. J. 1973. Personality and the law of effect. In: Berlyne, D. E. & Madsen, U. B. (eds.). Pleasure, reward, preference — their nature, determinants, and role in behavior. New York: Academic Press, 133—166.

Fahrenberg, J. & Prystav, G. 1966. Psychophysiologische Untersuchungen eines Tranquilizers nach kovarianzanalytischem Plan zur Kontrolle von Ausgangswerten und Persönlichkeitsdimensionen. Arzneimittelforschung, **16**, 754—759.

Farnsworth Dichotomus Test for Color Blindness: Panel D-15. 1947. New York: Psychological Corporation.

Frank, L. K. 1939. Projective methods for the study of personality. Journal of Psychology, **8**, 389—413.

French, C. A. & Alexander, A. B. 1972. The Luscher Color Test: An investigation of validity and underlying assumptions. Journal of Personality Assessment, **36**, 361—365.

Frerich, H. 1965. Untersuchung zum Problem des Zusammenhangs zwischen Farben und Gefühlsqualitäten. Unveröff. Zulassungsarbeit, Freiburg i. Br.

Friedemann, A. 1961. Gruppen-Szondi. Einführung in die Anwendung des Szondi-Tests als Gruppentest. Bern: Huber.

Friedemann, A. 1962. Die Ergebnisse des Gruppen-Szondi einer Arbeitsgruppe von Schicksalspsychologen. Szondiana, **3**, 187—196.

Furrer, W. 1953. Die Farbe in der Persönlichkeitsdiagnostik. Lehrbuch des Lüscher Tests. Basel: Testverlag.

Furrer, W. 1967. Psychiatrische Testverfahren, besonders Lüscher-Farbtest. Therapie der Gegenwart, **106**, 1290—1300.

Garth, T. R. 1924. A color preference scale for one thousand white children. Journal of Experimental Psychology, **7**, 233—241.

Garth, T. R., Ikeda, K. & Langdon, R. M. 1931. The color preferences of Japanese children. Journal of Social Psychology, **2**, 397—402.

Gerard, R. 1957. Differential effects of colored lights on psychophysiological functions. Doctoral Diss., University of California, Los Angeles.

Gerard, R. 1958. Color and emotional arousal. Paper read at 66. Annual convention of APA, Washington, D. C.

Goldstein, K. 1942. Some experimental observations: the influence of colors on the functions of the organism. Occupational Therapy, **2**, 147—151.

Götz, K. O. & Götz, K. 1975. Color preferences, extraversion, and neuroticism of art students. Perceptual & Motor Skills, **41**, 919—930.

Granger, G. W. 1955. An experimental study of colour preferences. Journal of General Psychology, **52**, 3—20.

Grütter, E. 1962. Triebstruktur von Pilotenanwärtern und bewährten Piloten. Szondiana, **3**, 173—186.

Guilford, J. P. 1934. The affective value of color as a function of hue, tint, and chroma. Journal of Experimental Psychology, **17**, 342—370.

Guilford, J. P. 1939. A study in psychodynamics. Psychometrika, **4**, 1—23.

Guilford, J. P. 1940. There is a system in color preferences. Journal of the Optical Society of America, **30**, 455—459.

Guilford, J. P. & Smith, P. C. 1959. A system of color-preferences. American Journal of Psychology, **72**, 487—502.

Hammes, J. A. & Wiggins, S. L. 1962. Perceptual-motor steadiness, manifest anxiety and color illumination. Perceptual & Motor Skills, **14**, 59—61.

Heiß, R. 1960. Über psychische Farbwirkungen. Studium Generale, **13**, 379—391.

Heiß, R. & Hiltmann, H. (Hg.). 1951. Der Farbpyramidentest nach Max Pfister. Bern: Huber.

Heiß, R., Honsberg, I. & Karl, H. 1955. Vorläufige Mitteilungen über die Verwendung von „häßlichen" Pyramiden im Farbpyramidentest. Zeitschrift für Diagnostische Psychologie und Persönlichkeitsforschung, **3**, 106—124.

Heiß, R., Fahrenberg, J. & Seuss, R. 1971. Eine Studie zur Prüfung der psychodynamischen Wirkung des Dihydroergotoxins. Arzneimittelforschung, **21**, 797—800.

Heiß, R. & Halder, P. (Hg.). 1975. Der Farbpyramidentest. Zweite, völlig neubearbeitete Auflage. Bern: Huber.

Heinelt, G. 1964. Bildwahlverfahren. In: Heiß, R. (Hg.). Psychologische Diagnostik. Handbuch der Psychologie Bd. 6. Göttingen: Hogrefe, 770—796.

Helwig, P. 1951. Die Trieblehre und das Testverfahren von Szondi. Psyche, **5**, 50—69.

Herbert, A. B. 1975. A Luscher color test study of the color preferences of a group of U.S. Army senior officers. Doctoral Diss., University of Georgia.

Hevner, K. 1935. Experimental studies of the affective value of colors and lines. Journal of Applied Psychology, **19**, 385—398.

Hiltmann, H. 1951. Stimulation und Farben. In: Heiß, R. & Hiltmann, H. (Hg.). Der Farbpyramidentest nach Max Pfister. Bern: Huber, 112—120.

Höger, D. 1968. Grundlagen des Farbwahlverhaltens bei Farbgestaltungsverfahren. Habilitationsschrift, Freiburg i. Br.

Höger, D. 1969. Neue Aspekte der Farbdiagnostik. In: Irle, M. (Hg.) Bericht über den 26. Kongreß der Deutschen Gesellschaft für Psychologie. Göttingen: Hogrefe, 574—579.

Höger, D. 1970. Experimentelle Farbforschung. Unveröff. Manuskript, Freiburg i. Br.

Höger, D. 1975. Die Testgütekriterien des Farbpyramidentests. In: Heiß, R. & Halder, P. (Hg.) Der Farbpyramidentest. Bern: Huber, 45—51.

Hofstätter, P. R. 1955/56. Über Ähnlichkeit. Psyche, **9**, 54—80.

Hofstätter, P. R. & Lübbert, H. 1958. Eindrucksqualitäten von Farben. Zeitschrift für Diagnostische Psychologie und Persönlichkeitsforschung, **6**, 211—227.

Holt, R. R. 1950. An approach to the validation of the Szondi-Test through a systematic study of unreliability. Journal of Projective Techniques, **14**, 435—444.

Holzheuer, K. 1970. Analyse der Beziehungen zwischen dem Farbpyramidentest und dem Freiburger Persönlichkeitsinventar FPI. Phil. Diss., Freiburg i. Br.

Hooke, J. F. & Schaie, K. W. 1968. A group administration technique for the Color pyramid test. Journal of Clinical Psychology, **24**, 99.

Hooke, J. F., Youell, K. J. & Etkin, M. W. 1975. Color preference and arousal. Perceptual & Motor Skills, **40**, 710.

Houben, A. J. M. 1962. Die Reliabilität des Farbpyramidentests. Diagnostica, **8**, 110—125.

Houben, A. J. M. 1963. Beitrag zur Bestimmung der Interpretationsgültigkeit des Farbpyramidentests. Psychologische Forschung, **27**, 62—148.

Hurlock, E. B. 1927. Color preferences of white and Negro children. Journal of Comparative Psychology, **7**, 389—404.

Jacobs, G. H. 1976. Color vision. Annual Review of Psychology, **27**, 63—89.

Jacobs, K. W. & Hustmyer, F. E. Jr. 1974. Effects of four psychological primary colors on GSR, heart rate, and respiration rate. Perceptual & Motor Skills, **38**, 763—766.

Jacobs, K. W. & Suess, J. F. 1975. Effects of four psychological primary colors on anxiety state. Perceptual & Motor Skills, **41**, 207—210.

Jaensch, E. (Hg.) 1929. Grundformen menschlichen Seins. Leipzig: Barth.

James, W. T. & Domingos, W. R. 1953. The effect of color shock on motor performance and tremor. Journal of General Psychology, **48**, 187—193.

Jamison, K. 1972. A note on the relationship between extraversion and aesthetic preferences. Journal of General Psychology, **87**, 301—302.

Jolas, G. 1953. Der Farbpyramidentest im Wiederholungsversuch. Phil. Diss., Freiburg, i. Br.

Kentler, H. 1958. Eine Untersuchung des Farbpyramidentests mit der Profilmethode bei 18jährigen Gymnasiasten unter besonderer Berücksichtigung der Farbnuancen. Unveröff. Zulassungsarbeit, Freiburg i. Br.

Kentler, H. 1959. Zur Problematik der Profilmethode. Diagnostica, **5**, 5—18.

Khan, R. Z. 1960. Visual apperception test '60. Minneapolis: Midwest Psychological Services.

Khan, R. Z. 1968. Perceptual regression in mental illness as revealed by Visual Apperception Test '60 (VAT '60). Proceed. of VII International Congress of Rorschach and Projective Techniques, London, 330—342.

Klar, H. 1974. The Lüscher Test colour preferences of children under the influence of neurotic masturbation. British Journal of Projective Psychology and Personality Assessment, **19**, 15—20.

Klopfer, W. G. 1950. An investigation of the associative stimulus values of the Szondi pictures. Unpubl. Thesis University of California, Los Angeles.

Knapp, R. H. 1958. N-achievement and aesthetic preference. In: Atkinson, J. W. (ed.). Motives in fantasy, action, and society. Princeton, N. J.: Princeton University Press, 367—372.

König, R. 1969. Experimentelle Untersuchungen zum Problem der Farbpräferenzordnung und ihrer Voraussagbarkeit. Phil. Diss. Gießen.

Konečni, V. J. 1979. Determinants of aesthetic preference and effects of exposure to aesthetic stimuli: social, emotional, and cognitive factors. In: Maher, B. A. (ed.). Progress in experimental personality research. New York: Academic Press, **9**, 149—197.

Kouwer, B. 1949. Colors and their character: A psychological study. The Hague: Martinus Njihoff.

Langendorf, B. 1964. Untersuchung zum Problem des Zusammenhangs zwischen Farben und Gefühlsqualitäten. Unveröff. Zulassungsarbeit, Freiburg i. Br.

Lewinski, R. H. 1938. An investigation of individual responses to chromatic illumination. Journal of Psychology, **6**, 155—160.

Logan, J. C. 1961. Szondi profile changes from sorrow arousal. Journal of Projective Techniques, **25**, 184—192.

Lüking, J. 1969. Die faktorielle Eigenqualität der Szondi-Test-Bilder. Proceedings of the XVI th International Congress of Applied Psychology. Amsterdam.

Lüscher, M. 1947, 1974[11]. Der Lüscher Test. Klinischer Test zur psychosomatischen Persönlichkeitsdiagnostik. Basel: Testverlag.

Lüscher, M. 1971. Der Lüscher Test. Persönlichkeitsbeurteilung durch Farbwahl. Reinbek: Rowohlt.

Lynn, R. & Butler, J. 1962. Introversion and the arousal jag. British Journal of Social and Clinical Psychology, **1**, 150—151.

McAloon, M. & Lester, D. 1979. The Lüscher Color Test as a measure of anxiety in juvenile deliquents. Psychological Reports, **45**, 228.

Mednick, S. A. 1958. A learning theory approach to research in schizophrenia. Psychological Bulletin, **55**, 316—327.

Mehrabian, A. & Russell, J. A. 1974. An approach to environmental psychology. Cambridge, Ma.: MIT-Press.

Mercer, F. M. 1925. Color preferences of 1006 Negroes. Journal of Comparative Psychology, **5**, 109—146.

Mey, H.-G. 1961. Triebdiagnostische Untersuchung an jugendlichen und heranwachsenden Kriminellen. Eine vergleichende Studie zur Syndromatik des Szondi-Tests. Psychologische Beiträge, **5**, 575—585.

Michaels, G. M. 1924. Color preferences according to age. American Journal of Psychology, **35**, 79—85.

Michel, L. 1958. Entwicklung und experimentelle Prüfung eines reduzierten Farbsatzes zum Farbpyramidentest. Phil. Diss., Freiburg i. Br.

Michel, L. 1959. Eine Modifikation des Farbenpyramidentests: Der 14-Farbsatz. Diagnostica, **5**, 66—86.

Michel, L. 1962. Die Reliabilität des Farbpyramidentests: Zu einer Arbeit von Bitterlich-Willmann. Psychologische Rundschau, **13**, 20—32.

Moser, U. 1954. Die experimentelle Triebdiagnostik (Szondi-Test). In: Stern, E. (Hg.) Die Tests in der klinischen Psychologie. Bd. I. Zürich: Rascher, 350—382.

Moser, U. 1962. Zur Syndromatik der männlichen Homosexualität in der Experimentellen Triebdiagnostik nach Szondi. Szondiana, **3**, 213—218.

Munsell Book of Color 1929—1965. Baltimore, Md.: Munsell Color Company.

Munsinger, H. & Kessen, W. 1964. Uncertainy, structure, and preference. Psychological Monographs, **78**, 1—24.

Murray, D. C. & Deabler, H. L. 1957. Colors and mood-tones. Journal of Applied Psychology, **41**, 279—283.

Nakshian, J. S. 1964. The effects of red and green surroundings on behavior. Journal of General Psychology, **70**, 143—161.

Norman, R. D. & Scott, W. A. 1952. Color and affect: A review and semantic evaluation: Journal of General Psychology, **46**, 185—223.

Nourse, J. C. & Welch, R. B. 1971. Emotional attributes of color: A comparison of violet and green. Perceptual & Motor Skills, **32**, 403—406.

Odbert, H. S., Karwoski, T. F. & Eckerson, A. B. 1942. Studies in synaesthetic thinking: I. Musical and verbal associations of color and mood. Journal of General Psychology, **26**, 153—173.

Odes, Z. 1950. A study of experimentally induced changes, in response to the Szondi-Test. Szondi Newsletter, **2**, 1—14.

Ortmann, R. 1973. Aspekte psychischer und psychophysischer Aktivation. Phil. Diss., Freiburg i. Br.

Osgood, C. E. 1953. Method and theory in experimental psychology. New York: Oxford University Press.

Osgood, C. E., Suci, G. J. & Tannenbaum, P. H. 1957. The measurement of meaning. Urbana, Ill.: University Illinois Press.

Oyama, T., Tanaka, Y. & Chiba, Y. 1962. Affective dimensions of colours: A cross-cultural study. Japanese Psychological Research, 4, 78—91.

Oyama, T., Tanaka, Y. & Haga, J. 1963. Color-affection and color-symbolism in Japanese and American students. Japanese Journal of Psychology, 34, 109—121.

Painton, M. B. 1973. A clinical validation of the Szondi-test. Bern: Huber.

Pasto, T. A. & Kivisto, P. 1956. Group differences in color choice and rejection. Journal of Clinical Psychology, 12, 379—381.

Peters, H. N. 1943. Experimental studies of the judgemental theory of feeling: The influence of set upon the affective value of colors. Journal of Experimental Psychology, 33, 285—298.

Pfister, M. 1950. Der Farbpyramidentest. Psychologische Rundschau, 1, 192—194.

Pflanz, M. 1954. Zur Methodenlehre der Pharmakopsychologie. Zeitschrift für Experimentelle und Angewandte Psychologie, 2, 514—551.

Philips, G. L. & Wilde, G. J. S. 1970. Stimulation seeking behavior and extraversion. Acta psychologica, 32, 269—280.

Plack, J. J. & Shick, J. 1974. The effects of color on human behavior. Journal of Association of the Study of Perception, 9, 4—16.

Prystav, G. 1969. Beitrag zur faktorenanalytischen Validierung der Handschrift. Phil. Diss., Freiburg i. Br.

Rakshit, D. P. 1946. Color preferences of extroverted and introverted individuals. Indian Journal of Psychology, 21, 89—92.

Ray, T. S. & Oldroyd, C. R. 1957. Skin resistance changes and individual personality factors as reflected in the Szondi test: A pilot study. Szondi Newsletter, 6, 1—5.

Reeves, R. A., Edmonds, E. M. & Transon, D. L. 1978. Effects of color and trait anxiety on state anxiety. Perceptual & Motor Skills, 46, 855—858.

Reinert, G. 1958. Vergleichende Untersuchungen zur Frage der Brauchbarkeit eines reduzierten Farbsatzes im Farbpyramidentest. Phil. Diss., Freiburg i. Br.

Reinhardt, P. 1969. Die Erfassung von Extraversion, Introversion und Aggressivität mittels vorgefertigter Pyramiden. Unveröff. Diplomarbeit, Freiburg i. Br.

Richardson, H. M. 1952. The discriminability of the "drive factors" represented by the Szondi pictures. Journal of Clinical Psychology, 8, 384—390.

Rickers-Ovsiankina, M. 1943. Some theoretical considerations regarding the Rorschach method. Rorschach Research Exchange, 7, 741—753.

Robinson, C. 1975. Color preference as a function introversion and extraversion. Perceptual & Motor Skills, 40, 720.

Roubertoux, P., Carlier, M. & Chaguihoff, J. 1971. Preference for non objective art: personal and psychsocial determiners. British Journal of Psychology, 62, 105—110.

Saunders, W. W. 1953. A methodology for the testing of two assumptions basic to Szondi test theory. Doctoral Diss., University of Oklahoma.

Schaie, K. W. 1961a. A Q-sort study of color-mood association. Journal of Projective Techniques and Personality Assessment, **25**, 341—346.

Schaie, K. W. 1961b. Scaling the association between colors and mood-tonen. American Journal of Psychology, **74**, 226—273.

Schaie, K. W. & Heiß, R. 1964. Color and personality. Bern: Huber.

Schmidt, B. 1965. Ein Farbassoziationsexperiment und die Persönlichkeitsdimension Extraversion-Introversion. Unveröff. Zulassungsarbeit, Freiburg i. Br.

Schneider, J. F. 1978. Autoritäre Einstellungen und ästhetische Präferenzen. Archiv für Psychologie, **131**, 49—61.

Schoenborn, E. 1962. Experimentelle Untersuchungen über den Eindruckscharakter von Einzelfarben. Phil. Diss., Freiburg i. Br.

Seefeldt, F. M. 1979. The Luscher color test: Sex differences in color preference. Perceptual & Motor Skills, **48**, 896—898.

Semeonoff, B. 1976. Projective techniques. London: Wiley.

Semeonoff, B. & Moos, J. B. 1978. Projective testing with the mentally handicapped: A study using the Colour pyramid test. British Journal of Projective Psychology and Personality Study, **23**, 7—15.

Sharpe, D. T. 1974. The psychology of color and design. Chicago: Nelson-Hall.

Shen, N. C. 1937. The color preference of 1368 Chinese students with special reference to the most preferred color. Journal of Social Psychology, **8**, 185—204.

Spiegel, D. & Keith-Spiegel, P. 1971. Manifest anxiety, color preferences and sensory minimizing in college men an women. Journal of Clinical Psychology, **27**, 318—321.

Sproles, H. A. 1973. Color choice as an indicator of behavior variables. Doctoral Diss., University of Georgia.

Srivastava, R. K. & Peel, T. S. 1968. Human movement as a function of color stimulation. Topeka, Kan.: Environmental Research Foundation.

Staples, R. & Walton, W. E. 1933. A study of pleasurable experience as a factor on color preference. Journal of Genetic Psychology, **43**, 217—223.

Stefanescu-Goanga, F. 1911. Experimentelle Untersuchungen zur Gefühlsbetonung der Farben. Psychologische Studien, **7**, 284—335.

Stimpson, D. V. & Stimpson, M. F. 1979. Relation of personality characteristics and color preferences. Perceptual & Motor Skills, **49**, 60—62.

Stöffler, F. 1975. Die Acht-Farben-Wahl nach Lüscher in der Psychiatrie. Medizinische Klinik, **70**, 433—437.

Szondi, L. 1944, 1965^3. Schicksalsanalyse. Basel: Schwabe.

Szondi, L. 1947, 1972³. Lehrbuch der experimentellen Triebdiagnostik. Band 1: Textband. Bern: Huber.

Szondi, L. 1952. Triebanalyse. Triebpathologie Band I. Bern: Huber.

Szondi, L. 1956. Ich-Analyse. Die Grundlage zur Vereinigung der Tiefenpsychologie. Triebpathologie Band II. Bern: Huber.

Trivett, P. H. 1974. Personality and perceptual style in visual art. Ph. D. Thesis, University of Edinburgh.

Valentine, C. W. 1962. The experimental psychology of beauty. London: Methuen.

Venables, P. H. 1964. Input dysfunction in schizophrenia. In: Maher, B. A. (ed.). Progress in experimental personality research. Vol. 1. New York: Academic Press, 1—47.

Wacker, E. L. 1970. Complexity and preference in animals and men. Annuals of the New York Academy of Sciences, 169, 619—652.

Warner, S. J. 1949. The color preference of psychiatric groups. Psychological Monographs, 63, 1—25 (Whole No. 301).

Wewetzer, K. H. 1951. Befunde bei Psychosen. In: Heiß, R. & Hiltmann, H. (Hg.) Der Farbpyramidentest. Bern: Huber, 135—143.

Wexner, L. B. 1954. The degree to which colors are associated with mood-tones. Journal of Applied Psychology, 38, 432—435.

Wheeler, J. 1969. A practical knowledge of color for the congenitally blind. New Outlook for the Blind, 63, 225—231.

Wiedl, K. H. 1974. Untersuchungen zur persönlichkeitspsychologischen Fundierung von ästhetischer Präferenz für visuelle Komplexität. Phil. Diss., Trier.

Williams, J. E., Morland, J. K. & Underwood, W. L. 1970. Connotations of color names in the United States, Europe, Asia. Journal of Social Psychology, 82, 3—14.

Williams, J. E. & Morland, J. K. 1976. Race, color, and the young child. Chapel Hill: University of North Carolina Press.

Wilson, G. D. 1966. Arousal properties of red versus green. Perceptual & Motor Skills, 23, 947—949.

Winick, C. 1963. Taboo and disapproved colors and symbols in various foreign countries. Journal of Social Psychology, 59, 561—568.

Wright, B. & Rainwater, L. 1962. The meanings of color. Journal of General Psychology, 67, 89—99.

Zeeuw de, J. 1957. Colour preference in psychodiagnostics. The Hague: Hague University Press.

Zuckerman, M. 1974. The sensation seeking motive. In: Maher, B. A. (ed.) Progress in experimental personality research. Vol. 7. New York: Academic Press, 80—148.

Autoren-Register

Aaronson, B.   536, *553*
Abadi, M.   461, 462, *485*
Abbott, R. D.   133, *179*
Abe, C.   328, *336*
Abel, T.   318, *336, 485*
Abeles, N.   304, *343*
Abelson, R. P.   11, *49*
Ablon, G. U.   *485*
Abraham, A.   442, 443, *485*
Abramson, L. C.   483, *485*
Abramson, P. R.   461, 483, *485*
Abramson, S. D.   461, 483, *485*
Abse, D. W.   15, *40*
Abt, L. E.   382, 393, *404*
Ackner, B.   214, *254*
Ackson, B. A.   *511*
Acus, L. K.   *485*
Adams, F. M.   535, 536, *553*
Adcock, C. J.   170, *174*, 387, *404*
Adelman, C.   314, 315, *338*
Adelman, S.   399, 401, *423*
Aderhold, E.   *485*
Adionolfi, A. A.   399, 402, 403, *404*
Adler, A.   456
Adler, L. L.   451, *485*
Adler, P. T.   442, 444, *485*
Adorno, T. W.   97, *115*
Adrian, R.   304, *369*
Aiken, L.   210, 218, 230, *256*
Ainsworth, M.   188, 216, *249*, 317, 318, *336*
Aitkin, M.   444, *525*
Albee, G. W.   401, *404*
Albien, G.   434, *486*

Albrecht, K.   277, 310, *371*
Albright, L. E.   23, *55*
Alexander, A. B.   547, *556*
Alexander, E. D.   456, *486*
Alker, H.   4, 7, 21, 23, 40, 262, *336*
Alkire, A.   302, *336, 346*
Allen, M.   261, *340*
Allen, R. M.   215, 216, *243,* 378, 380, 392, 394, *404*
Allen, S.   4, *41*
Allesch, V. G. J.   532, *553*
Allison, J.   278, *336*
Allport, F. H.   60, 61, *115*
Allport, G. W.   5, *40*, 60, 61, 85, 103, *115*, 141, *174*, 272, *336*
Almy, M.   *486*
Alper, T.   316, *336*
Alpert, R.   69, *115*
Altman, I.   241, *256*
Altmann, A.   446, *500*
Amato, J. G.   133, *176*
Amelang, M.   101, *115*
Ament, W.   433
American Psychological Association,   156, *174*
Ames, L. B.   225, *243, 486*
Ammons, C. H.   *486*
Ammons, R.   319, *336, 486*
Anastasi, A.   23, 103, *115,* 132, 135, 141, *174,* 378, 392, 394, *404,* 433, *486*
Anderson, J. E.   136, *179*
Anderson, N.   278, 279, *336*

Anderson, V. H.   461, *520*
Andree, R.   433, *486*
Andrew, G.   315, *336, 347*
Andronico, M. P.   *486*
Angleitner, A.   82, *115, 129*
Angoff, K.   *524*
Angoulvent, N.   391, *404*
Anthony, E.   330, *337*
Anthony, W. A.   21, *40*
Anzieu, D.   260, 263, 265, 285, 318, *337,* 392, 393, *404, 486*
Apfeldorf, M.   444, *486*
Aponte, J. F.   447, *514*
Appel, H. E.   435, *486*
Appelbaum, S. A.   376, *404*
Aranow, J.   387, *429*
Arbeitsgemeinschaft für Methodik und Dokumentation in der Psychiatrie (AMP)   36, *40*
Argelander, H.   7, *40*
Argyle, M.   33, *55*
Armitage, S. G.   231, *243*
Armstrong, H. E. jr.   445, *518*
Arnds, H. G.   440, *486*
Arnheim, R.   209, *249,* 433, 438, *486*
Arnold, F. C.   385, *404*
Arnold, M.   284, 288, 289, 300, 335, *337*
Arnold, M.-A.   77, *126*
Arnold, R.   17, 38, *52*
Arnold, W.   259, *337,* 453, *487*
Aron, B.   286, *337*
Aronson, E.   439, *487*
Aronow, E.   214, 218, 222, 230, *243,* 299, 303, *337*

Arthus, H.   469, *487*
Asch, S. E.   172, *174, 185*
Aschaffenburg, G.   373, *404*
Asher, E.   277, 310, *371*
Asher, J. J.   2, 3, 20, 21, *40*
Atkinson, J. W.   67, 68, *115, 125,* 261, 263, 267, 269, 272, 273, 276, 278, 279, 288, 290, 291, 293, 297, 305, 307, 308, 309, 310, 318, 322, 333, 334, *337, 338, 339, 356, 361, 363, 370*
Aubin, H.   447, *487*
Auerbach, S. M.   226, *243*
August, J.   *486*
Auld, F.   279, 318, *338, 344,* 552, 553, *554, 555*
Aureille, A.   434, *492*
Avé-Lallemant, U.   450, 453, *487*
Axline, V. M.   455, *487*

Bacher, I.   *487*
Bachet, M.   388, *405*
Bachrach, A.   318, *338*
Bachrach, J.   330, *368*
Bachrach, R.   289, *338*
Backes-Thomas, M.   391, *405,* 430, *487*
Bader, A.   433, *487*
Baggaley, A. R.   26, *40,* 149, 152, *177*
Bailey, B.   313, 318, *338*
Bakeman, R.   32, *47*
Baker, K. H.   377, *427*
Baker, M.   *42*
Baker, T. B.   196, 198, *256*
Balck, F.   77, *126*
Baldwin, I. T.   *487*
Balken, E.   287, *338*
Ball, D.   330, *352*
Ball, T.   330, *338*
Ball, V.   536, *554*
Bally, G.   456, *487*
Banares Vazques, A.   448, *518*
Bandura, A.   272, 334, *338*

Banissoni, P.   394, *405,* 419
Banks, D.   321, *347*
Bänninger, A.   *503*
Bänninger, G.   *503*
Barber, J. D.   19, *40*
Barker, R. G.   396, *423*
Barnes, E.   433, *487*
Barnes, K.   *487*
Baruk, H.   388, *405*
Barre, H. L.   432, *487*
Barrett, D. M.   537, *554*
Barron, F.   238, *243,* 530, *554*
Barry, J.   71, *117,* 301, *346*
Barry, J. R.   11, *45*
Bartenwerfer, H.   168, *175*
Barthol, R. P.   113, *121*
Barton, K.   164, *178*
Barton, P.   278, *338*
Bartussek, D.   77, 101, *115*
Bash, K. W.   444, *487*
Bass, B. M.   19, *40,* 102, *115*
Bassett, H.   276, 311, *342*
Bastine, R.   97, *115*
Bätcher, U.   391, *405*
Bates, F.   12, *49*
Bates, J.   *487*
Batschelet, E.   13, *40*
Battegay, R.   389, 392, 394, *405*
Battle, E. S.   72, *115*
Baty, M.   284, *338*
Bäuerle, S.   79, 81, *124*
Baugh, A. P.   444, *526*
Baugh, V. S.   444, *526*
Baughman, E. E.   208, 209, 211, 217, 221, *243, 246*
Baumann, U.   110, *115*
Baumgärtel, F.   79, *116*
Baumgarten-Tramer, F.   388, *405*
Baumeyer, F.   7, *40*
Baxter, J. C.   216, *247*
Bean, K.   330, *338*
Beardslee, D.   289, *338*
Beck, A. T.   15, *40,* 67, *115*

Beck, F. L.   375, *405*
Beck, S.   187, 188, 208, 216, *243, 244,* 325, *338*
Beck-Dvorzak, M.   *488*
Becker, D.   459, 473, 474, 477, *488*
Becker, D. G.   231, *243*
Becker, P.   16, *41*
Becker, W. C.   233, *244*
Beckmann, D.   85, *116*
Bedford, A.   32, *45*
Beezhold, F. W.   169, *175*
Begin, P. E.   552, 553, *554, 555*
Behrens, S.   *489*
Beit-Hallahmi, B.   306, *338*
Belfès, P.   433, *514*
Bell, H. M.   60, *116*
Bell, J. E.   378, *405*
Bell, R.   397, 399, 401, *405*
Bellack, A. S.   7, *47*
Bellak, L.   272, 278, 282, 285, 286, 290, 292, 293, 294, 295, 296, 299, 303, 311, 312, 313, 314, 315, 317, *338,* 382, 393, *404*
Bellak, S.   314, 317, *339*
Beltrán Dussán, R. D.   395, 403, *405*
Bem, D.   4, *41,* 335, *339*
Bender, L.   435, 438, 449, *488*
Bendick, M.   233, *244*
Bene, E.   330, *337, 339*
Bennet, G.   271, *339*
Bennett, V.   *488*
Bentler, P. M.   101, 102, *116, 487*
Berbig, E.   33, *48*
Berens, A.   309, *339*
Berg, J.   274, *339*
Bergelson, A.   447, *488*
Berger, L.   324, *339*
Berger, M.   *488*
Berger, R.   483, *485*
Bergius, R.   135, *175*
Berkun, M. M.   401, *405*
Berlyne, D. E.   530, 539, *554*
Barnadoni, L.   330, *338*
Bernard, J.   399, *405*

Bernet, A. 450, *488*
Bernreuter, R. G. 73, *116*
Bernstein, J. 394, *405*
Bernstein, L. 306, 312, *339, 362*
Bersoff, D. 38, *41,* 261, *339*
Berta, M. 375, *405*
Bettelheim, B. *488*
Beyme, F. 155, 163, *175*
Bialer, I. 72, *116*
Biber, B. 397, *425, 488*
Biblow, E. 461, *488*
Bidault, H. *488*
Bieback, H. 67, *116*
Biebl, W. 15, *44*
Bieri, J. 385, *405*
Biermann, G. 447, 481, *488*
Biermann, R. 481, *488*
Biersner, R. J. 21, *49*
Bierung-Sorensen, K. *488*
Bijou, S. 274, *339, 352*
Binswanger, L. 468
Birch, D. 269, 307, 309, *337, 339*
Birenbaum, H. 446, *496*
Birley, J. L. T. 15, *41, 42*
Birnbaum, J. S. 460, *517*
Birney, R. 275, 308, 310, 318, 322, *339, 370*
Birren, F. 531, 536, 537, *554*
Bishop, F. M. 28, 29, *45*
Bittner, G. *489*
Bjerstedt, A. 156, *178,* 394, 396, 399, 403, *405,* 537, *554*
Blacharsky, E. 385, *405*
Black, J. M. 401, *424*
Blake, R. R. 139, *175*
Blanc, J. 440, *499*
Blaser, P. 67, *116*
Blatt, S. 278, 290, 293, 301, 302, *336, 339*
Blau, T. 262, *339*
Blid, E. *489*
Block, J. 102, 116
Blohmke. M. 13, *41*
Blondheim, S. 306, *357*
Bloom, L. J. 197, *255*
Blum, G. 324, 325, *339, 340*

Blyth, Z. *514*
Boakes, R. A. 168, *175*
Boardman, W. K. 21, *41*
Bobsien, V. 291, *340*
Böcher, W. 188, *244*
Bochner, R. 188, *244*
Bodwin, R. F. 444, *489*
Boesch, E. E. 5, 8, 9, *41,* 260, 265, 266, *340*
Bohm, E. 188, 213, 216, 219, *244*
Bohn, S. 193, *245,* 262, *342,* 394, *407*
Boisson, G. 388, *405*
Bolgar, H. 10, *41, 489*
Bolz, C. R. 138, *175*
Bongort, K. 269, 273, 276, 290, 291, 293, 307, 310, 333, *337, 339*
Bönisch, R. 389, *406*
Bönner, K. H. 450, *489*
Bonnet, D. 384, *406*
Booth, K. G. 549, *554*
Bordin, E. S. 379, *406*
Borelli-Vincent, M. 448, *489*
Borg, J. G. 551, *554*
Borgatta, E. F. 132, *175,* 383, *406*
Borneman, E. 458, *489*
Borowitz, G. H. *502*
Borstelmann, L. 549, *554*
Bosler, R. 538, 542, 544, 545, *554*
Bostwick, G. 283, 289, *357*
Bottenberg, E. H. 78, 90, *116, 130, 131,* 188, 219, 224, 235, 236, 238, *244*
Boucquey, J.-P. 38, *53*
Boudreaux, R. 328, *340*
Boulger, J. G. 30, *41*
Bourassa, M. 403, *407*
Bourne, G. 446, *489*
Boussion-Leroy, A. 433, *514*
Bowden, P. 12, *41*
Bowen, D. 322, *340*
Bower, P. A. 229, *244*
Bowers, K. S. 106, *116,* 272, *340*
Bowlby, J. 321, *352*
Bowyer, R. *489*
Boyd, I. 403, *406*

Boyes-Braem, P. 203, *253*
Brackbill, G. 330, *340*
Bradburn, N. M. 5, *41*
Bradtke, L. M. *489*
Brand, H. 212, *244*
Brändli, K. *489*
Brauchlin, E. *489*
Braun, J. 328, *340*
Braun, M. 543, *554*
Braun, P. 7, *41*
Breger, I. 330, *340*
Brehmer, I. 543, *554*
Breidenbaugh, B. 329, *340*
Breidt, R. 450, 452, *489*
Brekstad, A. 12, *41, 46*
Brem-Gräser, L. 448, *489*
Brengelmann, J. C. 79, *116,* 132, 133, 134, 135, *175*
Brengelmann, L. 79, *116,* 133, *175*
Brenner, A. R. 380, *406*
Brenner, L. 460, *502*
Breuil, M, 440, *499*
Brickenkamp, R. 390, *406*
Bricklin, B. 328, 329, *340*
Bried, C. 433, *514*
Briggs, D. 318, *340*
Briggs, P. F. 23, 32, *41*
Brislin, R. 260, 309, 318, *340*
Britain, S. D. 448, *489*
Britsch, G. 435, *489*
Brittain 259
Brodsky, C. 29, *41*
Brodsky, S. 5, *41,* 329, *349*
Bronner-Huszar, J. 15, *41*
Brook, D. F. 379, *406*
Brophy, J. E. *512*
Brosin, H. W. 200, *244*
Broverman, D. 276, *340*
Brower, D. 387, *406*
Brown, C. C. 375, *406*
Brown, G. W. 15, *41, 42*
Brown, R. L. 402, *406*
Brown, R. S. 15, *40*
Brown, T. 289, *361*
Brozovich, R. 328, 329, *340*
Bruce, M. M. 379, 387, *406*
Bruck, M. 444, *489*

Brunberg, C. *490*
Bruner, J. 266, *340*
Brunse, A. 302, *336*
Bryant, B. 33, *55*
Bryant, S. 373, *406*
Büchele-Karrer, B. 451, *490*
Bucher, R. 552, *554*
Buchinger, K. *490*
Buchwald, A. M. 376, *406*
Buck, J. N. 430, 438, 451, *490*
Buckham, H. 328, *340*
Buckle, D. 224, *244*
Buell, G. J. 21, *40*
Buente, W. 28, 31, 32, *42*
Buggle, F. 79, *116*
Bühler, C. 17, 18, *42*, 188, *244*, 261, *340*, 456, 459, 469, 472, 478, 479, *490*
Bühler, K. 188, *244*
Bundas, L. E. 393, *423*
Burdick, J. A. 545, *554*
Burdick, H. 275, 308, 310, 322, *339*, 401, *405*
Burger, R. 236, *244*
Bürger-Prinz, H. 19, *42*
Burkart, V. *490*
Burkhardt, H. 434, *490*
Burnes, A. J. 33, *53*
Burns, R. C. 438, *490*
Buros, O. K. 113, *176*, 188, 193, 198, *244*, 263, 316, *341*, 430
Burt, C. 434, *490*, 537, *554*
Burton, R. V. 12, *56*, 460, *490*
Burvill, P. W. 16, *45*
Büschel, G. *490*
Busemann, A. 438, *490*
Buskirk van, C. 385, *409*
Buss, A. H. 66, *116*
Butler, J. 537, *559*
Butler, M. 319, *336*
Butollo, W. H. L. 15, *42*
Buxton, W. D. *40*
Buytendijk, F. J. J. *490*
Byers, M. L. *490*
Byrne, D. 71, *116*, *117*

Cadoret, R. J. 15, *42*
Caillois 461, 462
Calden, G. 388, *414*
Calhoun, L. G. *41*
Caligor, L. 437, 438, 447, *491*
Calliess, E. 446, *491*
Calon, P. *491*
Cambier, A. 430, 451, *491*, *514*
Campbell, J. D. 12, *56*
Campbell, D. P. 92, 93, *117*
Campbell, D. T. 6, *42*, 84, *117*, 132, *185*, 224, *244*, 387, *421*
Campo, V. 449, *491*
Campus, N. 272, 275, 284, *341*, *367*
Cangemi, A. 305, 317, *362*
Cannell, C. F. 28, *48*
Cannon, W. B. 435, *491*
Capasso, D. 283, *364*
Cardinet, J. 530, *554*
Carithers, M. 89, *130*
Carkhuff, R. B. 447, *491*
Carleton, A. 274, *345*
Carlier, M. 530, *561*
Carlson, K. 444, *491*
Carlson, R. 133, *176*, 225, *244*
Carnagan, J. 318, *359*
Carr, A. C. 34, *42*, 383, *406*
Carruth, B. 318, *347*
Carter, J. L. 444, *491*
Cascio, W. F. 13, 21, *42*
Cash, W. B. 29, *55*
Cass, W. A. 225, 226, *244*
Cassel, R. 328, *341*
Castle van de, R. L. 15, *40*
Cattel, M. D. L. 77, *117*
Cattell, A. K. S. 146, *177*
Cattell, J. McK. 373, *406*
Cattell, R. B. 64, 65, 75, 76, 77, 78, 103, *117*, *127*, 132, 134, 135, 137, 138, 139, 140, 142, 143, 146, 149, 150, 152, 153, 155, 156, 157, 158, 163,

Cattell, R. B. 164, 169, *176*, *177*, 178, *181*, *182*, *183*, *184*, 199, *245*, 262, *341*, 402, *406*
Cautela, J. R. 34, *42*, 112, *117*
Cavalcanti, P. 284, *341*
Centers, L. 444, *491*
Centers, R. 444, *491*
Cerbus, G. 451, *496*
Chabot, J. A. 71, *117*
Chaguihoff, J. 530, *561*
Challman, R. 398, 402, *407*
Chamberlin, R. W. 12, *42*
Chambers, G. S. 231, 234, *245*
Chance, J. E. 385, *407*
Chaney, F. B. 23, *42*
Chapman, J. P. 401, *407*, 432, *491*
Chapman, L. J. 401, *407*, 432, *491*
Charen, S. 324, *341*
Chatamm, C. 291, *365*
Château, J. 454, *491*
Chatterjee, B. B. *521*
Chein, J. 274, *355*
Chen, H. P. 536, *554*
Chetik, M. *491*
Chiba, Y. 533, 536, *561*
Child, D. 149, 150, 153, 164, *177*
Child, J. 291, 293, *341*
Children's Research Center Illinois 454, *491*
Chou, S. K. 536, *554*
Choungourian, A. 536, 538, *555*
Chowdhury, U. 318, *341*
Christie, R. 72, *117*
Christoffel, H. 434, *491*
Chu, C. P. 318, *341*
Churchill, R. 385, *407*
Chute, E. 213, 219, *257*
Ciraval, K. 330, *341*
Claparède, E. 456
Clark, A. W. 32, *42*
Clark, C. 302, *342*
Clark, E. T. 319, *341*, 447, *491*
Clark, E. V. 202, *245*
Clark, H. H. 202, *245*

Clark, R. 68, *125,* 261, 263, 267, 272, 273, 278, 288, 289, 291, 297, 308, 322, 333, 334, *341, 356*
Clark, W. W. 20, *49,* 73, *130*
Clarke, H. J. 393, 394, 398, *407, 423*
Claridge, G. S. 168, *178,* 539, *555*
Claus, J. 456, *491*
Clauser, G. 17, *42*
Clayton, P. J. 15, 22, *42, 43*
Cleland, C. C. 232, *256*
Clements, W. 302, 320, *372*
Cleveland, S. E. 444, *496*
Clostermann, G. 434, *491*
Clum, G. A. 20, 21, 23, *43*
Clune, C. *491*
Clyde, D. J. 109, *117*
Coan, R. W. 77, *117*
Coates, S. *492*
Cobb, W. J. 10, 11, *47*
Cobrinik, L. 387, *407*
Coché, E. 403, *407*
Cochrane, R. 15, *43*
Coddington, R. D. 15, 31, *43*
Coe, W. C. 446, *504*
Cofer, C. N. 386, *407*
Coger, R. 532, 539, *555*
Cohen, B. D. 401, *424*
Cohen, H. 303, *341,* 444, *492*
Cohen, M. 276, 311, *342*
Cohen, R. 209, 211, 241, *245,* 452, *492*
Cohen, S. 300, *366,* 447, *492*
Cohn, F. S. 461, 482, *492*
Colbert, L. *492*
Coleman, J. 16, *43,* 261, 262, 276, 282, 283, 290, 292, 298, 304, *341, 369*
College Entrance Examination Board 114, *117*
Collegium Internationale Psychiatriae Scolarum 9, 31, *43*
Colier, H. 309, *360*
Collon, H. 451, *492*

Colombos, J. 30, *43*
Coltrane, R. D. *492*
Comrey, A. L. 80, *117*
Conklin, E. S. 60, *117*
Conners, K. C. 444, *492*
Connolly, K. 473, 474, *522*
Conway, D. F. *492*
Cook, P. E. 241, *249,* 289, *357*
Cook, R. 318, 331, *341*
Cooke, E. 433, *492*
Cooley, W. W. 229, *245*
Coons, M. O. 402, *407*
Cope, M. J. 25, *44*
Copeland, J. R. M. 28, 35, *43*
Coplin, H. 384, *407*
Copper, J. 329, *370*
Corah, N. L. 101, *120*
Corboz, R. I. 451, *492*
Córdoba, J. 388, *407*
Corman, L. 448, *492*
Cormier, D. 325, *342,* 403, *407*
Cortada de Kohan, N. 445, *492*
Costello, J. *502*
Cotte, S. 434, *492*
Covi, L. 9, *43*
Cowan, G. 312, 318, *342*
Cowan, L. 552, *555*
Cowdery, K. M. 92, *118*
Cowdon, J. 276, 311, *342*
Cox, B. 302, 312, *342*
Cox, C. 19, *43*
Cox, J. F. 445, *493*
Cox, P. W. 172, *185*
Cox, S. 291, *365*
Coyle, F. A. jr. 445, *493*
Coyne, L. 89, *130*
Craddick, R. A. 5, *43,* 304, *342,* 444, 447, *493, 520*
Craft, P. A. 23, *52*
Cramer, G. 451, *493*
Cramer, P. 377, 379, *407*
Crandall, J. E. 23, *43*
Crandall, V. J. 385, *407*
Crenshaw, D. A. 193, *245,* 262, *342,* 394, *407*
Cressen, R. 442, *493*
Cromwell, R. L. 382, 384, *408*

Crockett, D. 302, *342*
Crocq, L. 448, *493*
Cronbach, L. J. 100, 102, 105, 113, 114, *118,* 135, 137, *178,* 193, *245,* 261, 272, 297, *342*
Crowe, P. B. 444, *493*
Crown, D. P. 101, *118*
Crown, S. 378, 379, *408*
Cruickshank, W. 318, *347*
Crutchfield, R. S. 85, *122*
Cull, J. G. 445, *493*
Cura van, L. J. 30, *46*
Currie, C. 461, *492*
Curtis, J. W. 384, *408*
Curtis, Q. F. 386, 396, *423*
Cutter, C. 289, 320, *351*

Daele, van den, L. 330, *342*
Dahlstrom, W. G. 88, 89, *118, 126,* 379, *408*
Dailey, C. A. 7, 10, 18, 34, *43*
Damarin, F. L. 153, *178*
Damrin, D. E. 448, *510*
Dana, R. 223, *256,* 262, 280, 288, 289, 290, 293, 296, 309, 321, 330, *339, 342, 350*
Danjou, S. 394, 398, 399, *420*
Dansky, J. L. 461, *493*
Dass, S. 330, *342*
Daston, P. G. 376, 378, 380, 383, 387, 392, *408, 426,* 431, *443*
Daublesky, D. *493*
Davé, P. 309, *343*
David, C. 275, 295, *360*
David, H. P. 132, *176,* 388, *408,* 551, *555*
Davids, A. 304, 330, *342, 343*
Davidson, C. D. *493*
Davidson, H. W. 188, 213, *250,* 393, *423,* 448, *509*
Davidson, K. 228, *254*
Davis, C. J. 451, *493*
Davis, E. 549, *555*

Davis, H. S.   214, 231, 245
Davison, A.   302, 343
Dawson, D. D.   382, 426
Deabler, H. L.   532, 536, 560
Dean, S.   325, 343
Debienne, M. C.   433, 493
Debus, G.   109, 123
DeCharms, R.   275, 309, 343
Deese, J.   377, 378, 379, 408
Degenhardt, F. J.   447, 491
Degiovanni, E.   461, 521
Dellis, N.   304, 367
Delong, W. B.   15, 47
Demars, J. P.   15, 40
Dember, W.   318, 370
Dennis, W.   449, 493
De Platero, D. M.   444, 493
Deren, S.   448, 494
De Respinis, M.   450, 517
Deri, S. K.   549, 550, 551, 552, 555
DeRidder, J.   318, 343
Derogatis, L. R.   9, 32, 43, 192, 206, 225, 245
Despert, J. L.   390, 391, 408
Detre, T. P.   5, 43
Deutsch, M.   200, 245, 266, 343, 444, 447, 449, 517
Devi, R. S.   394, 420
Dexter, V.   305, 317, 362
Diaz-Guerrero, R.   240, 241, 248
Dielmann, T. E.   164, 178
Diem, J. M.   482, 494
Dieppa, J. J.   283, 371, 401, 428
Dies, R.   271, 289, 300, 343
Dietrich, D.   11, 55
Dietzel, C.   304, 343
Dileo, J. H.   430, 494
Dileonardo, C. M.   522
Dimond, R. E.   1, 44
Di Nardo, P. A.   11, 44

Dittrich, A.   110, 115
Diven, K.   374, 408
Dixon, J. J.   64, 118
Docter, R. F.   374, 415
Dodge, J. A.   15, 44
Dohrenwend, B. P.   14, 15, 44
Dohrenwend, B. S.   14, 15, 16, 44
Dold, P.   494
Dolker, M.   512
Dollin, A.   276, 343
Dolliver, R. H.   96, 118
Dolt, M. O.   171, 180
Domingos, W. R.   531, 558
Dongier, S.   403, 415
Donnelly, F. A.   547, 555
Dony, M.   13, 44
Doob, L.   65, 118
Dorcus, R. M.   536, 555
Dorfmann, E.   494
Dörken, H.   377, 408, 494
Dorris, J. R.   382, 408
Dorsch, F.   136, 178
Dor-Shav, N. K.   16, 44
Dorzab, J.   42
Doubros, S. G.   444, 494
Downey, J. E.   136, 178, 179
Draconlides, N. N.   494
Draguns, J. G.   226, 245
Drainer, B. A.   448, 494
Drake, L. E.   87, 118
Dreger, R. M.   132, 138, 177, 179, 284, 328, 338, 340
Drew, C. J.   232, 256
Drey-Fuchs, C.   236, 245
Driscoll, G.   482, 494
Drucker, J. H.   473, 494
Du Bois, P. H.   133, 179
Dubrovner, R. J.   208, 245
Dudek, F. J.   549, 555
Dueck, E.   384, 425
Duff, F. L.   103, 118
Duhm, E.   394, 398, 400, 409
Dunlop, G.   461, 506
Durand, G.   433, 494
Durkee, A.   66, 116
Durrell, D.   494

Düss, L.   391, 408, 494
Dyer, E. D.   25, 44
Dyer, F. N.   171, 179
Dyk, R. B.   527
Dyke van, P. S.   240, 245

Easter, L.   309, 343
Eaton, E. B.   537, 554
Eaton, J. J.   447, 494
Ebbinghaus, H.   373, 409
Eber, H. W.   75, 117, 402, 406
Echelmeyer, L.   9, 10, 12, 39, 48
Eckensberger, D.   15, 44
Eckensberger, L.   309, 322, 354
Eckerson, A. B.   532, 560
Edel, D.   516
Edmonds, E. M.   531, 561
Edwards, A. L.   66, 68, 80, 82, 83, 84, 89, 90, 100, 101, 113, 118, 133, 179, 385, 402, 409
Eggert, D.   79, 118, 119
Ehlers, B.   494
Ehlers, T.   69, 119, 493
Eichler, R. M.   224, 236, 245
Eifermann, R. R.   461, 494
Eisenberg, P.   104, 119
Eiser, C.   441, 496
Eisler, R.   279, 295, 343
Ekehammar, B.   107, 119, 125, 210, 246
Ekstein, R.   458, 494
Elizur, A.   214, 246
Elkisch, P.   438, 440, 494
Elliott, C. D.   516
Ellis, A.   112, 113, 119
Ellis, M. J.   461, 495, 520
Ellison, R. L.   23, 48
Elschenbroich, G.   495
Emanuel, G.   378, 424
Eme, R.   495
Emminghaus, W.   309, 322, 354
Endicott, J.   31, 44, 55
Endler, N. S.   106, 107, 119, 133, 135, 136, 179, 183, 262, 272, 343, 356, 364

Eng, H.   433, *495*
Engelhart, C.   451, *495*
Engels, H.   482
Engle, P. L.   444, *495*
Engler, G. W.   481, *495*
Enke, H.   435, 440, *486, 495*
Enke, W.   438
Enskat, A.   440, *513*
Entwisle, D. R.   290, 293, 301, 305, *343,* 377, *409*
Epstein, S.   272, 273, 274, 277, 278, 279, 310, 318, 322, *343, 344, 354, 360*
Erb, A.   454, 461, 465, *520*
Erbaugh, J.   67, *116*
Erdberg, P.   89, *121*
Erdmann, M.   *495*
Erickson, C.   23, *44*
Erickson, M. H.   374, *413*
Eriksen, C.   277, *344*
Erikson, E. H.   18, 19, *44,* 454, 456, *495*
Eron, L. D.   188, 189, 222, 226, *246, 257,* 274, 290, 295, 296, 302, 309, 318, *344, 363, 372,* 393, *429*
Ertel, S.   533, *555*
Ervin, S. M.   379, *409*
Erwin, C. W.   531, *555*
Eschenbach, U.   *495*
Escher, H.   241, *245*
Etkes, A. B.   *495*
Etkin, M. W.   538, *558*
Etz, I.   284, *341*
Evans, R. M.   530, *555*
Everstine, L.   324, *339*
Evertson, C. M.   *512*
Ewert, L. D.   206, 210, *246*
Ewing, D.   262, *368*
Exner, D. E.   214, *246*
Exner, J.   275, 283, 290, 314, *344*
Exner, J. E. jr.   170, *182,* 188, 214, 218, *246,* 384, 387, *409*
Eysenck, H. J.   61, 65, 78, 79, *119, 120,* 133, 134, 135, 141, 166, 167, 168, 169, *179, 180, 183,* 402, *409, 502,* 530, 536,

Eysenck, H. J.   537, 539, *556*
Eysenck, S. B. G.   79, *120,* 167, 169, *180*

Fagot, B. I.   *495*
Fahrenberg, J.   28, 30, *44,* 80, 81, 99, *120, 130,* 134, 135, 149, 155, 163, 173, 174, *175, 180,* 439, *495,* 540, *556, 557*
Fairbairn, W.   326, *344*
Farina, A.   11, *44,* 212, *247,* 283, *347*
Farley, J.   299, 304, *348*
Farnsworth, P. R.   73, *120*
Farrow, D. L.   19, *40*
Fassl, H. E.   12, 28, *44*
Faterson, H. F.   195, *246, 524*
Faust, W.   315, *349*
Feather, N.   308, 322, *337*
Fechner-Mahn, A.   *495*
Feigelson, C. I.   *495*
Feigl, W.   92, *120*
Fein, L.   330, *344*
Feld, S.   305, 309, *370*
Feldhusen, J. F.   460, *495*
Feldman, M. J.   10, 11, *47,* 101, *120*
Feldmann-Bange, G.   448, *495*
Felgenhauer, U.   *495*
Felix, R.   446, *496*
Fellows, R.   451, *496*
Fenger, G.   225, *252*
Fenz, W.   279, 318, 322, *344*
Ferber von, C.   29, *44*
Ferguson, L. W.   75, *120*
Fernald, G. G.   60, *120*
Ferracuti, F.   394, *409*
Ferreira, A.   320, *372*
Ferrier, M. J.   *496*
Feshbach, S.   318, *358*
Fest, B.   403, *425*
Fidler, D. S.   14, *45*
Fiester, S.   284, *344*
Filipidis, V.   452, *523*
Finch, A. J. jr.   30, *44*
Fine, R.   302, 320, *344,* 391, *409*

Fingerhut, W.   2, *49*
Fingert, H. H.   438, *496*
Finlay-Jones, R. A.   16, *45*
Finney, J. C.   89, *120*
Fisch, H.   69, 107, *120*
Fisch, R.   63, 69, 107, *120,* 279, *344*
Fischer, G. H.   135, *180,* 188, 218, 220, 240, *246*
Fischer, L.   *489*
Fischer, S. C.   23, *52*
Fisher, D.   275, 295, 325, *344, 360*
Fisher, S.   309, 310, *344,* 431, 444, *496*
Fishman, J. A.   6, *45*
Fiske, D. W.   84, *117, 120,* 221, 224, *244, 246,* 277, 292, *344,* 384, 385, *409, 414*
Firestone, B. P.   461, *506*
Fittkau, B.   64, *131*
Fitzgerald, B.   305, 317, *345, 362*
Fitzgerald, R. G.   449, *525*
Fitzsimmons, S. J.   386, *409*
Flakowski, H.   440, *496, 502*
Flanagan, J. C.   74, *120*
Flavell, J. E.   *496*
Fleisher, S.   317, *345*
Fleiss, J. L.   28, 35, *43, 46*
Fleming, E. E.   296, *364,* 393, *407, 423*
Flesch, R.   38, *45*
Fling, S.   *496*
Flitner, A.   454, *496*
Florey, L.   459, 473, 476, *496*
Flouranzana, R.   295, *361*
Floyd, J.   444, *525*
Fode, K.   274, *345*
Fogelgreen, L.   288, *345*
Fogelson, R.   289, *338*
Foley, J. P. jr.   433, *486*
Ford, H.   188, *246*
Ford, J. J.   12, *47*
Forer, B. R.   379, 380, 382, 383, 384, 385, 386, 387, 391, *409, 410*
Forrest, D.   328, *345*

Forsyth, D. F. 377, *409*
Foulds, G. A. 32, *45*
Foulkes, D. 315, *345*
Fowler, R. D. 89, *121*
Fox, D. G. 23, *48*
Fraas, L. A. 446, *496*
Framo, J. L. 233, *253*
Franca, E. 296, *345*
Frank, G. H. 173, *180*
Frank, J. D. 35, *46*
Frank, K. 291, 293, *341*
Frank, L. K. 212, *246*, 265, 294, *345*, 382, *410*, 436, *496*, 529, *556*
Frank, R. 6, *45*
Franzke, E. *496*
Freeberg, N. E. 6, *45*
Freed, E. X. 388, *410*
Freedman, D. X. 380, 401, 414, *421*
Freeman, N. H. 441, *496*
Freiberg, J. T. 461, *496*
Freitag, C. B. 11, *45*
Freitag, D. E. 77, *126*
French, C. A. 547, *556*
French, E. 309, *345*
Frenkel-Brunswick, E. 97, *115*
Frerich, H. 532, *556*
Freson, V. 394, *420*
Freud, S. 265, *345*, 373, 374, *410*, 455, 456, *496*
Freyd, M. 60, 92, *120*
Fried, C. 306, *345*
Friedemann, A. 388, 391, *410*, *496*, 552, *556*
Friedlander, B. Z. *497*, *508*
Friedman, C. 274, *345*
Friedman, H. 232, 233, *246*
Friedman, I. 312, *345*
Friedman, R. 314, *345*
Friedman, S. 441, *498*
Friedrich, L. 321, *370*
Friedrich, W. 28, *45*
Friedrich-Freisewinkel, G. 6, *45*
Friesen, E. 386, *410*
Frieze, I. 309, *371*
Frith, C. D. 135, *180*
Fröbel 456
Froehlich, C. P. 11, *45*

Froehlich, R. E. 28, 29, *45*
Fromm, E. 200, *244*, 435, 448, *497*
Frost, B. 330, *345*
Fry, F. D. 400, *410*
Fuchs, R. 268, 279, 289, 309, 334, *345*, *359*
Fulkerson, S. 201, 206, 227, *246*, 267, 301, *346*
Fuller, M. *499*
Funder, D. 335, *339*
Fürntratt, E. 110, *120*, *121*, 324, *346*
Furrer, W. L. 432, *497*, 545, 546, *556*
Furth, H. 275, 295, *360*

Gackstatter, E. *497*
Gadamer, H. 454, *497*
Gaensslen, H. 168, *180*
Gaffuri, G. 450, 451, *497*
Galassi, M. D. *528*
Galbraith, G. G. 378, 385, *410*, *413*
Galinsky, M. 325, *346*
Galton, F. 259
Gamble, K. R. 235, 240, 241, *246*
Gantz, B. S. 44
Garcia, V. 284, *341*
Garcia-Vincete, J. *497*
Gardmark, S. 31, *51*
Gardner, J. M. 385, 386, *410*
Gardner, K. E. 21, *45*
Gardner, R. 266, *346*
Garfield, S. 262, *346*
Garmezy, N. 20, *45*
Garth, T. R. 536, *556*
Garvey, C. 462, *497*
Gaston, C. O. 209, *255*
Gaston, D. S. 447, *522*
Gaupp, L. A. 111, *124*
Geen, R. G. 378, *411*
Geer, J. H. 111, *121*
Gehl, R. H. 438, *508*
Geis, F. 72, *117*
Geisel, B. 33, *48*
Geisinger, D. 302, 306, *359*
Geist, H. 446, *497*

Gellert, E. 447, *497*
George, R. 378, *411*
Georgii, R. *497*
Gerard, R. 531, *556*
Gerber, G. L. *497*
Gerlicher, K. 79, *116*
Gesell, A. 434, 459, 472, *497*
Getter, H. 385, *411*
Getzels, J. W. 382, 383, *411*
Gheorgin, V. A. 449, *497*
Ghiselli, E. E. 113, *121*
Gibb, C. 319, *346*
Gibson, J. J. 200, 203, *246*
Giere, W. 30, 31, *48*
Gilchrist, A. 312, *356*
Gilkinson, H. 64, *121*
Gill, H. S. 383, *411*, *426*
Gill, M. 188, *253*, 271, *363*, 375, 376, 378, *421*
Gille, J.-C. 452, *497*
Gillies, J. *489*
Gilliland, H. R. 87, *121*
Gilmore, J. B. 461, *497*
Gilties, J. 444, 447, *497*
Ginott, H. G. 473, *497*, *498*
Ginton, A. 384, *425*
Glaser, W. R. 171, *180*
Glennon, J. R. 23, *55*
Gleser, G. 261, 297, 302, 320, 329, *342*, *346*, *372*
Glickman, A. S. 171, *182*
Göbel, S. *498*
Goergen, K. 32, *45*
Goetze, H. 455, 473, 476, *498*
Goldberg, D. 21, *47*
Goldberg, L. 23, *45*, 102, 104, 105, *122*, *127*, 223, *246*, 276, 303, 306, *346*
Goldberg, N. 299, 312, 318, *342*
Goldberg, P. A. 382, 383, 386, 387, 392, *411*
Golden, M. 23, *45*
Goldfarb, W. 387, 388, *411*
Goldfried, M. R. 189, 197, 214, 222, 223, 225, 226, 228, 230, 231, 233, 234, *246*, 247, 274, *346*

Golding, S. 262, *346*
Goldman, R. 401, *404*, 447, *498*
Goldstein, A. 1, *45*, 319, *346*
Goldstein, I. L. 13, *45*
Goldstein, K. 531, *557*
Goldstein, M. 302, *346*
Goldwyn, R. M. 398, 399, 400, *417*
Golle, R. 80, *126*
Gonnalex, J. 284, *357*
Goodenough, D. 172, *181, 185, 498, 527*
Goodenough, F. L. 378, *411*, 433, 434
Goodnow, J. J. 441, *498*
Goodman, C. C. 138, *176*
Goodstein, L. D. 23, *49*, 101, *121*
Goodwin, D. W. 12, *46*
Göppner, H. J. 104, *121*
Gorden, R. L. 10, 29, *45*
Gordon, D. 318, *371*
Gorham, D. R. 192, 206, 225, 240, 241, *245, 247, 248, 253*
Gorman, J. N. *498*
Gorry, G. A. 30, *52*
Gorsuch, R. L. 65, *129*
Gosslar, H. 33, *48*
Gösslbauer, J. P. 96, *121*
Gottier, R. F. 113, *121*
Gottschaldt, K. 137, *181*
Gottschalk, L. 287, *346*
Götz, J. *489*
Götz, K. 538, *557*
Götz, K. O. 538, *557*
Götze, H. *503*
Gough, H. G. 82, 84, 90, *121*
Gould, E. 302, *346*
Gourlay, A. J. 28, 35, *43*
Gournard, B. R. 446, *498*
Gowin, E. B. 60, *121*
Graewe, H. 433, 434, 435, *498*
Graham, D. T. 16, *45*
Graham, M. 330, *346*
Graham, P. 13, 35, *45, 53*
Graiñe, G. N. 402, *411*
Gralewicz, A. *498*
Granger, G. W. 137, *181*, 536, *557*

Granick, S. 324, *346*
Grant, M. G. 209. *253*
Gräser 437, 438, *498*
Graumann, C. F. 262, 266, 272, 333, 335, *346, 347*, 439, *498*
Graw, P. 155, 163, *181*
Gray, D. M. 447, *498*
Gray, J. A. 166, 168, *181*
Gray, W. 203, *253*
Green, J. 313, 318, *338*
Green, R. *499*
Greenbaum, M. 318, *347*
Greenberg, J. W. 448, *509*
Greenberg, P. D. 231, *243*
Greenberger, E. 316, *336*
Gregor, H. 401, *412*
Greist, J. H. 30, *46*
Grieger, R. M. 38, *41*
Griffith, R. M. 224, *247*
Grimm, L. G. 5, 38, *48*
Griswold, K. *522*
Groen, J. J. 16, *46*
Groffmann, K. J. 64, *121, 131*, 208, *247*
Groh, L. 271, 312, *347*
Groos, K. 456, 458, *499*
Gross, L. 283, *347*, 374
Grossarth-Maticek, R. 15, *46*
Grossberg, J. M. 37, *46*
Grossmann, E. 434, *491*
Grüneisl, G. *499*
Grünewald, G. 289, *359*, 440, *499*
Grütter, E. 552, *557*
Grzesiak, R. 303, *347*
Gstettner, P. 441, *499*
Gubser, F. 384, 390, *411*
Guerney, B. G. jr. 460, *523*
Guerra, J. R. 446, *526*
Guetzkow, H. 319, *349*
Guilford, J. P. 74, 75, 93, *121*, 132, 135, 139, *181*, 535, 536, *557*
Guilford, R. B. 74, *121*
Guillaumin, J. 440, *499*
Guinan, J. F. 443, *499*
Guion, R. M. 113, *121*
Gunderson, E. K. E. 14, 21, *46*

Günther, K.-B. *489*, 499
Gurel, L. 21, *50*
Gurin, G. 305, 309, *370*
Gurland, B. J. 28, 35, *43, 46*
Gurría, F. J. 388, *407*
Guttman, D. 306, *361*
Gutzeit, L. M. 479, *499*
Guze, S. B. 12, *46*
Gynther, M. D. 89, *121*

Haase, R. 321, *347*
Habeck, D. 9, 29, *46*
Haber, R. N. 69, *115*
Habets, J. J. G. M. 395, *411*
Häcker, H. 99, *121*, 154, 155, 163, *181*, 184
Hadley, J. M. 385, 386, *411*
Hafner, A. 289, 303, *347*
Haga, J. 536, *561*
Hagelauer, H. D. 11, *44*
Hagen, J. 33, *48*
Haggard, E. A. 12, *46*
Hahn, H. 133, *176*
Hahn, K. 378, *410*
Hahn, P. 14, *46*
Hahn, S. C. *510*
Haigis 456
Haimes, N. 433, *499*
Hakkarainen, M. 452, *524*
Halberstadt-Freud, I. *499*
Halder, P. 540, 545, *557*
Haley, E. M. 226, *245*
Hall, G. S. 456
Hall, T. W. *499*
Hall, W. B. 85, *122*
Hallahan, D. 330, *352*
Halliday, M. S. 168, *175*
Halpern, F. 188, *244*
Halpin, G. 23, *46*
Halpin, W. G. 23, *52*
Halverson, C. F. *499*
Hamberg, R. L. 32, *41*
Hambridge, G. 287, *346*
Hamilton, M. 26, *46*
Hamilton, R. 284, *347*
Hamlin, R. M. 231, 234, *245*
Hammer, E. F. 430, 431, 448, 449, 451, *499*
Hammer, M. 443, *490*, 499

Hammes, J. A.   531, *557*
Hampel, C.   *499*
Hampel, R.   66, 81, 99, 109, *120, 122*
Hamsher, J.   283, *347*
Hamster, J. H.   212, *247*
Handler, L.   444, 447, *500, 503*
Hanfmann, E.   382, 383, *408, 411*
Hansburg, H.   321, *347*
Hanselmann, H.   437, 438, *500*
Hansen, J.   394, 398, *409*
Hansen, W.   435, *500*
Hanvik, L. J.   402, *411*
Harder, U.   *489*
Hárdi, I.   446, 468, *500*
Harding, G.   454, 466, 469, 478, 479, *500*
Hardy, R. E.   445, *493*
Hare, A. P.   437, 438, *500*
Hare, M. K.   448, *500*
Hare, R. T.   437, 448, *500*
Harms, E.   438, 440, *500*
Harrigan, M.   330, *354*
Harris, D. B.   430, 431, 433, 434, 441, 447, 454, *498, 500, 513*
Harris, J. E.   444, *500*
Harris, J. G. jr.   226, *247*
Harris, L. B.   447, *500*
Harris, S.   211, *247*, 283, 289, *357*
Harrison, R.   282, 289, 290, *347*
Harrow, M.   444, *491*
Harrower, M.   446, *500*
Harrower-Erickson, M. R.   236, *247*
Hart, C. W.   10, 11, *47*
Harteman, M.   *520*
Hartman, A.   274, 293, 295, 330, *347*
Hartmann, H.   188, 189, 211, 218, 219, 220, 226, 240, 241, *247*
Hartmann, K.   473, 476, *500*
Hartogs, R.   438, *526*
Hartshorne, H.   136, *181, 182*
Hartung, J.   12, *46*, 216, *247*
Harvey, M. A.   401, *411*
Hartwell, S.   315, *337, 347*
Harwood, B. T.   445, *493*
Hase, H. D.   104, 105, *122*
Hasemann, K.   225, 236, *247*, 282
Haskell, J.   327, *347*
Haslerud, G. M.   396, *423*
Hathaway, S. R.   87, 88, 90, *122*, 125, *126*, 379, 402, *411, 412*
Hauss, K.   450, *523*
Havel, J.   200, *248*
Havens, R. A.   1, *44*
Haverland, E. M.   146, *182*
Haworth, M.   314, 315, *347*, 391, *412*, 431, 444, 482, *500, 501*
Hay, G. G.   19, *46*
Hayashi, K.   399, 402, *412*
Head, V. B.   446, *510*
Hecht, E.   15, *52*
Heckel, R. V.   19, *46*
Heckhausen, H.   67, 68, *122*, 261, 263, 266, 270, 271, 275, 276, 279, 280, 288, 294, 295, 301, 308, 309, 310, 312, 322, 335, *347, 348, 358*, 434, 440, 456, 460, 464, *501*
Heckmann, W.   256, *491, 501*
Heermann, M.   432, 433, *501*
Heidbreder, E.   60, *122*
Heilbrun, A. B.   84, 101, *121*, 300, *348*
Heim, A. W.   379, 406, *412*
Heinelt, G.   550, *557*
Heinemann, S.   284, *355*
Heiß, R.   198, *247*, 259, *348*, 382, 392, 393, *412*, 532, 540, 541, 542, 543, 545, *557, 562*
Heisel, J. S.   15, *46*
Heist, P.   73, 85, *122*, 130
Helfer, R.   29, *46*
Helmreich, R.   32, *47*

Helson, R.   85, *122*, 133, *182*
Helwig, P.   550, *557*
Hemmendinger, L.   231, 232, *247*
Henderson, E. H.   *509*
Hendrick, C.   283, *364*
Hendrix, U.   325, *363*
Heneman, H. G.   12, *47*
Henker, B. A.   *526*
Hennig, H.   450, *501*
Henrichs, T. F.   89, *122*
Henry, E.   3, *47*, 227, *247*
Henry, W.   260, 280, 286, 299, 304, 311, 316, 318, 319, *348, 349*, 482, *501*
Henryk-Gutt, R.   15, *47*
Henschel, H.   481, *501*
Herbert, A. B.   547, *557*
Herd, R. H.   *501*
Herman, J. B.   30, *47*
Herman, P.   292, 293, *355*
Hermans, H. J. M.   68, *122*
Heron, A.   99, *122*, 401, *412*
Herrera, J.   284, *372*
Herrmann, T.   132, 143, 171, *182*, 203, *247*, 272, 273, *349*
Herron, E. W.   213, 223, 232, 235, 239, 240, 241, *248, 249*
Hersen, M.   7, *47*, 261, 283, *349*
Hershenson, J. B.   209, *248*
Hertz, M.   188, 222, 225, 226, *248*, 261, 290, *349*
Herzig, S.   319, *336*
Hess, J.   29, *46*
Hetherington, R. R.   28, *47*
Hetzer, H.   454, 459, 460, 461, 462, 465, 472, 475, 479, 490, *501, 502*
Hevner, K.   532, *557*
Heyns, R.   322, *337*
Hiers, J. M.   19, *46*
Hift, E.   *502*
Higdon, J.   329, *349*
Higgins, C. W.   23, *52*
Hiland, D. N.   444, 447, *516*

Hildebrandt, J. 471, *502*
Hildreth, G. 384, *421, 438, 502*
Hiler, E. W. 387, *412*
Hill, C. 19, *47*
Hill, E. F. 240, *248*
Hillaby, T. 445, *508*
Hiller, A. *502*
Hilles, L. 12, *47*
Hiltmann, H. 390, *412*, 540, 541, *557*
Himmelweit, H. T. *502*
Hippins, M. T. 435, *502*
Hirsch, J. G. *502*
Hirt, M. 188, *248*
Hoar, M. 315, *349*
Hobfoll, S. E. 2, *47*
Hobi, V. 81, *122*
Hobson, S. K. 460, *495*
Hockstim, J. R. 30, *47*
Hodapp, V. 33, *56*
Hoeflin, R. 387, *412*
Hoeth, F. 100, *122,* 401, *412*
Hoffmann, L. *502*
Hoffmann, M. 193, *245,* 262, 277, 300, 310, *342, 366, 371,* 394, *407*
Hofstätter, P. R. 532, 533, 536, *558*
Höger, D. 533, 538, 543, 544, 545, *557, 558*
Höhn, E. 226, *248,* 271, 289, *349,* 457, 479, 481, *502*
Holland, C. J. 38, *47*
Holland, H. C. 168, *182*
Hollingworth, H. L. 59, *122*
Holman, T. R. 32, *41*
Holmes, C. 314, *360*
Holmes, D. 265, 277, 283, 300, *349,* 445, *518*
Holmes, T. H. 16, 22, 32, *47*
Holsopple, J. Q. 382, 384, 387, *412*
Holstein-Nüsing, A. 434, 440, *501*
Holt, N. 198, 224, *244*
Holt, R. 188, 200, 216, *248, 249,* 266, 271, 272, 286, 300, *349,* 375, 376, 378, *412,* 551, *558*

Holthoff, G. 13, *51*
Holtzman, P. H. 241, *248*
Holtzman, W. H. 213, 217, 222, 223, 229, 232, 235, 239, 240, 241, *248, 249,* 254
Holzberg, J. D. 11, *44,* 222, *249,* 384, 401, *412, 413*
Holzheuer, K. 538, *558*
Holzkamp, K. 272, *349*
Holzman, P. 266, *346*
Holzman, W. H. 387, *428*
Holzwarth, E. *366*
Homburger, E. *502*
Honor, S. 289, 300, *349*
Honsberg, I. 541, *557*
Hooke, J. F. 538, 542, *558*
Hoopes, J. L. 451, *493*
Horinchi, H. 208, *249*
Hormann, H. 171, *182,* 226, *249,* 266, 272, 273, *349,* 394, 399, *413*
Horn, G. 432, *508*
Horn, J. L. 149, 164, 177, *182*
Horner, M. 279, 306, 309, *350, 361*
Howarth, E. 155, 170, *182*
Houben, A. J. M. 544, 545, *558*
Houlihan, J. 302, *336*
House, R. M. *502*
Houwink, R. 323, 324, *369*
Howard, J. W. 236, *249*
Howells, J. 319, 320, *350, 503*
Hoyos, C. Graf 288, *350*
Hoyser, E. E. *503*
Hsu, E. H. 229, *249*
Hsu, F. 309, *370*
Huber, F. A. *503*
Huber, H. 272, *350*
Hudgens, R. W. 15, *47*
Huett, D. L. 12, *47*
Huggins, J. M. *503*
Hugot, S. *503*
Huizinga, J. 456, *503*
Hull 436, *503*

Hulse, W. C. 437, 438, *503*
Humm, D. G. 86, *122, 123*
Hundal, P. S. 374, *413*
Hundleby, J. D. 158, *182*
Hunt, J. 106, 107, *119*
Hunt, R. 283, *350*
Hurff, J. 473, 474, 477, *503*
Hurley, J. R. 443, *499*
Hurlock, E. B. 536, *558*
Hurt, St. 210, 218, 230, *256*
Hurvich, M. 314, *339*
Hurwitz, I. *524*
Husni, M. 330, *372*
Husslein, E. 321, *350*
Hustmyer, F. E. jr. 531, *558*
Huston, P. E. 374, *413*
Hutt, M. 274, 315, *337, 347, 350,* 384, *413*
Hutter, D. *503*
Huxley, P. 21, *47*
Hyde, N. D. *503*
Hyman, H. H. 10, 11, *47*

Iacino, L. W. 241, *249*
Ichitani, T. 402, *412, 413*
Ikeda, K. 536, *556*
Ilg, F. L. *486*
Innerhofer, P. *503*
Iorns, M. E. 86, *122*
Irle, M. 95, *123*
Irvin, F. S. 295, *350,* 387, *416, 507*
Irwin, E. C. *503*
Iseler, A. 23, *51*
Ivanoff, E. 434, *503*
Ives, V. 209, *253*
Ivey, A. E. 29, *47*

Jackson, D. N. 82, 89, 100, 101, 102, 104, *116, 123,* 132, *182*
Jackson, L. 319, *350*
Jacobs, B. 274, *350*
Jacobs, K. W. 530, 531, *558*
Jacobs, S. C. 15, *48*
Jacobson, H. A. 444, *503*

Jaede, W.   455, 473, 476, 498, *503*
Jaensch, E. R.   171, *182*, 434, *503*, 537, *558*
Jaffe, R. E.   212, *249*
Jäger, R.   3, 6, 23, 33, *48*
Jaide, W.   481, 482, *503*
Jakobovics, E.   *492*
James, L. R.   23, *48*
James, P.   278, *350*
James, W. H.   71, *123*
James, W. T.   531, *558*
Jamison, K.   530, *558*
Janda, L. H.   385, *413*
Janke, W.   109, *123*
Jankowski, P.   16, *48*
Janowski, A.   64, *131*
Janssen, J. P.   99, *123*
Janzen, W. B.   446, *504*
Jenkins   377, *413*
Jenness, D.   380, *414*
Jensen, A.   78, *123*, 168, 171, *182*, 222, *249*, 284, 290, 296, 305, 316, 330, *350*, 368
Jernigan, A. J.   379, *419*
Jessor, R.   389, *414*
Jésus Pertejo, M.   448, *518*
John, K. B.   445, *504*
Johnson, A.   330, *350*
Johnson, B.   289, 300, *351*
Johnson, C.   300, *351*
Johnson, D.   203, *253*
Johnson, J.   196, *256*, 461, *519*
Johnson, L.   446, *526*
Johnson, M. H.   445, *518*
Johnson, R.   113, *128*, 303, *365*
Johnson, R. F. Q.   9, 10, *48*
Johnson, W.   205, 216, *249*
Jolas, G.   543, *558*
Jones, M. F.   445, *504*
Jones, R.   282, 330, *351*
Jordan, D.   329, *372*
Jordan, E.   276, *340*
Jores, A.   403, *414*
Jost, H.   208, *245*
Joulin, E. K.   *504*
Jourard, S. M.   212, 213, 227, *249*
Judd, L.   302, *346*

Jung, C. G.   373, 374, 375, 376, 381, *414*
Junker, U.   *504*

Kächele-Seegers, B.   481, *504*
Kadushin, A.   29, *48*
Kadushin, P.   289, 293, 320, *351*
Kaden, S.   231, 232, 233, *253*
Kagan, J.   271, 277, 278, 287, 292, 305, 310, 316, *351*, *359*, 438, *496*
Kahn, M. W.   445, *504*
Kahn, R. L.   28, *48*
Kahn, T.   328, *341*
Kainz, F.   435, *504*
Kaldegg, A.   302, *351*, 445, *504*
Kalff, D. M.   455, *504*
Kalkofen, H.   171, *182*
Kalnins, D.   312, *355*
Kalter, N.   221, *249*
Kaminski, G.   333, *351*
Kamp, L. N.   460, 469, *504*
Kanfer, F. H.   5, 38, *48*, 261, *351*
Kant, I.   456
Kanzler, G.   30, 31, *48*
Kaplan, A.   289, 303, 347, 443, 499
Kaplan, B.   435, *526*
Kaplan, H. I.   5, *48*
Kaplan, H. K.   388, *414*
Kaplan, M.   274, 277, 306, *351*
Karabenick, H.   306, *356*
Karila, A.   449, *506*
Karl, H.   541, *557*
Karon, B.   302, 303, 306, *351*, *358*, 431, *504*
Karp, S. A.   *527*
Karwoski, T. F.   532, *560*
Käser-Hofstätter, F.   438, *504*
Kass, W.   316, *352*
Kassirer, J.   30, *52*
Kastenbaum, R.   112, *117*
Kaswan, J.   401, *414*, 497
Katkin, E. S.   385, *426*
Katz, E.   289, *352*

Katzenstein-Schönfeldt, B.   482, *504*
Kauffman, J.   330, *352*
Kaufman, S. H.   438, *490*
Kavanagh, M. J.   25, *48*
Keeley, S.   198, *255*
Keen, S.   325, *344*
Keepers, T.   291, *352*
Kegerreis, A.   303, *347*
Keil, W.   211, *254*
Keilbach, H.   *504*
Keith-Spiegel, P.   538, *562*
Kelber, M.   *504*
Kell, L.   387, *412*
Kelleher, M. J.   28, 35, *43*
Keller, J. A.   96, *121*
Kellett, J. M.   28, 35, *43*
Kelley, D. M.   188, 215, *249*, 250
Kellogg, R.   440, *504*
Kelly, E. L.   384, *414*
Kelly, G. A.   107, *123*
Kemmler, L.   9, 10, 12, 39, *48*, 278, *358*
Kemper, S.   453, *505*
Kempf, W.   279, 291, 293, 296, *352*
Kempler, H.   271, 287, 289, *352*
Kennedy, V. E.   385, 386, *411*
Kenny, D.   267, 274, 283, *339*, *352*
Kent, G. H.   375, 376, *414*
Kentler, H.   533, *558*, 559
Kerber-Ganse, W.   304, *352*
Kerekjarto, M. v.   67, *123*, *124*, 403, *414*
Kerschensteiner, G.   433, 454, *505*
Keßler, B. H.   7, 8, 9, 10, 11, 12, 13, 27, 28, 29, 30, 31, 39, *48*, *49*, 54
Kessen, W.   530, *560*
Kessler, E. S.   *504*
Kettel, K. J.   95, *123*
Keys, A. B.   374, *415*
Khan, R. Z.   548, *559*
Kibler, M.   61, *123*
Kielmanowicz, R.   *505*
Kienzle, R.   435, *505*

Kietz, G. 505
Kietzman, M. L. 380, *414*
Kilian, L. R. 157, *177*
Kilman, P. 289, 300, *351*
Kimber, J. A. M. 98, *123*
Kincannon, J. C. 89, *123*
King, D. 325, *352*
King, T. L. 31, *43*
Kinslinger, H. 188, *249*, 300, 319, *352*
Kinston, W. 16, *49*
Kipnis, D. 171, *182*
Kirby, F. R. 448, *505*
Kirchner, J. H. 451, *511*
Kirkpatrick, W. J. 489
Kirschner, L. G. 40
Kirschner, R. 403, *415*
Kivisto, P. 539, *561*
Klages, L. 505
Klagsbrun, M. 321, *352*
Klapprott, J. 72, *123*
Klär, A. 81, *122*
Klar, H. 547, *559*
Kläring, E. 520
Klein, A. 209, *249*
Klein, G. 266, 271, *346, 352*
Klein, J. 373, 374, *428*
Klein, M. 326, *352*, 455, 458, *505*
Klein, M. H. 30, *46*
Klein, R. 389, *404*
Kleinknecht, R. E. 14, *45*
Kleinmuntz, B. 30, *49*, 89, *123*
Klessmann, E. 432, *508*
Kline, M. 374, 387, *415*
Kline, P. 320, 325, *353*
Klingenbeck, P. 381, 383, 384, 392, *415*
Klingensmith, S. W. 217, *249*
Klinger, E. 274, 276, 277, 278, 283, 293, 301, 311, *353*, 461, 471, *505*
Klinkhammer, F. 99, *122*
Klippstein, E. 394, 401, *415*
Klonoff, H. 302, *342*
Klopfer, B. 188, 195, 213, 216, *246, 249, 250*
Klopfer, W. G. 188, 189, 211, 212, 216, 233, 240, *244, 249, 250,* 262, 282,

Klopfer, W. G. 285, 289, 325, *353*, 431, 441, 442, *505,* 549, *554, 559*
Kluge, K. 505
Kluge, N. 505
Klumbies, G. 505
Klunker, W. 13, *40*
Knapczyk, D. R. 461, *505*
Knapp, R. H. 538, *559*
Knapp, R. R. 150, 156, 157, *177, 182*
Knehr, E. 481, *505*
Knoblach, D. 394, 403, *415*
Knorr, W. 452, *505*
Knower, F. H. 64, *124*
Knox, S. H. 459, 462, 472, 473, 475, 476, *505*
Knupfer, G. 20, *49*
Knöbler, V. 100, *122*
Koch, K. 506
Koch, M. 438, 449, 450, 451, 478, *505, 506*
Kochan, B. 506
Koeck, R. 482, *506*
Koegel, R. L. 461, *506*
Koff, R. H. 377, *415*
Kogan, K. L. 394, *423*
Köhler, W. 450, 451, *506*
Kokonis, N. D. 444, *506*
Kollar, E. J. 374, *415*
Konečni, V. J. 530, *559*
Konecny, E. 91, *124*
König, R. 537, *559*
König, W. 452, *506*
Koninckx, N. 403, *415*
Konttinen, R. 449, *506*
Koocher, G. P. 449, *506, 521*
Koppitz-Munsterberg, E. 430, 434, 441, 442, 447, *506*
Korchin, S. 331, *353*
Korman, A. 293, 305, *353*
Kornadt, H. J. 269, 271, 274, 275, 288, 290, 291, 293, 295, 296, 297, 298, 307, 309, 311, 312, 314, 318, 321, 322, 332, 335, *353, 354*
Kornfeld, U. 64, *121, 131*
Kornhauser, A. 195, *250*

Kors, P. C. 506
Koski, M. L. 506
Kos-Robes, M. 506
Kostlan, A. 23, *49*
Kotasková, J. 506, *507*
Kottenhoff, H. 452, *523*
Kounin, J. S. 474, *507*
Kouwer, B. 532, 533, 536, *559*
Kraepelin, E. 136, 373, *415*
Kraft, H. 449, *507*
Krall, V. 507
Kramer, C. 394, *415*
Kramer, E. 391, 392, *415*, 432, 433, *507*
Kramme, K. W. 461, *506*
Kranefeldt, W. M. 380, *415*
Krauß, F. 82, *124*
Krauss, R. 435, *507*
Krauth, J. 398, *415*
Krautter, O. 435, *507*
Krawitz, R. 309, *355*
Kreici, E. 507
Kretschmer, E. 380, *415,* 438, *507*
Kretschmer, W. 380, *416*
Kreuzer, R. 507
Krevelen, van D. A. 388, *416*
Krieger, L. 402, *416*
Krippner, S. 233, *250*
Kris, E. 433, *507*
Kroger, R. O. 212, *250*
Kroh, O. 434, 435, *507*
Krohne, H. W. 71, *124*
Kronfeld, A. 190, 193, *250*
Krötzsch, W. 434, *507*
Krueger, F. 390, *416*
Krug, S. 163, *184,* 271, *354*
Krugman, J. E. 223, *250*
Krzmarsch, P. 90, *116*
Kubie, L. 433, *507*
Kuczynsky-Stoffels, M. J. *507*
Kuda, M. 86, *124*
Kuder, G. F. 93, 94, *124*
Kuethe, J. L. *507*
Kuhl, J. 270, 276, 294, 310, *354*

Kühnen, I.   481, 482, 470, *507*
Kukla, A.   309, *371*
Kulla, M.   *507*
Kunke, T.   324, *354*
Kunkel, W.   453, *507*
Kupfer, D. J.   5, *43*
Kurtz, R.   262, *346*
Kury, H.   79, 81, *124*
Kurz, R. B.   210, *250*
Kushner, E. N.   241, *256*
Kutash, S. B.   327, *354*, 438, *508*
Kutner, B.   312, *357*
Kyriazis, C.   401, *418*

Lacey, O. L.   402, *406*
Lackum, von, W. J. R.   208, *245*
La Gaipa, J. J.   21, *49*
Laird, D. A.   59, 60, 232, *250*
Lambert, R.   *508*
Lambert, W. E.   64, *127*, 132, *175*
Lamdreville, I.   403, *407*
Lamiell, J. T.   133, *184*
Lamparter, P.   435, *508*
Lampl, E.   444, *487*
Landy, F. J.   12, *49*, 111, *124*
Lane, B.   *515*
Lang, P. J.   111, *124*, *131*
Langdon, R. M.   536, *556*
Lange, B.   225, *252*
Langen, D.   28, *49*, 380, *416*
Langendorf, B.   532, *559*
Langenmayr, A.   16, *49*, 448, *508*
Langer, E. J.   11, *49*
Langer, S.   447, *508*
Langer, W. C.   19, *49*
Langeveld, M.   321, *354*
Langfeldt, H.-P.   2, *49*
Lankes, W.   58, *124*
Lansky, L. M.   392, *416*
Lanyon, B. J.   387, *416*
Lanyon, R. I.   23, *49*
Laosa, L. M.   232, *250*
Lapkin, B.   445, *508*
La Plante, R. J.   387, *416*
La Rocco, J. M.   21, *49*

Larsen, D.   197, *255*
Lascarides-Morgan, V.   441, *510*
Lavin, D. E.   6, *49*
Lawton, M.   314, *354*
Lazar, C.   300, *366*
Lazaroff, J.   304, *342*
Lazarus, A. A.   7, *49*
Lazarus, R. S.   5, 34, *49*, 276, 277, 278, *354*, 456
Lazovik, A. D.   111, *124*
Leach, H. M.   375, *416*
Leach, W. W.   388, *408*
Leblanc, M.   395, 402, 403, *416*
Lebo, D.   330, *354*, 498
Lecompte-Ramioul, S.   447, *508*
Ledwith, N. H.   188, 225, *250*
Lee, D.   321, *347*
Lee, S.   318, 323, 328, 345, *354*
Leeds, D. S.   377, *427*, *428*
Lefever, D. W.   188, *244*
LeGat, A.   394, *415*
Legewie, R.   168, *182*
Lehman, R. E.   23, *43*
Lehmann, W.   447, *508*
Leiberman, H.   378, *410*
Leichner, R.   23, *49*
Leifer, A.   *508*
Leiman, A.   278, *354*
Leipold, V.   447, *493*
Leipold, W. D.   447, *493*
Leisner, R.   14, *46*
Leland, H.   *508*
Leland, L.   *523*
Leontjew, A. M.   *508*
Lerner, A.   387, *418*
Lerner, M.   531, *555*
Lerner, P. M.   187, *250*
LeShan, L. L.   15, *49*
Lessa, W.   318, *354*
Lesser, G. S.   275, 296, 297, 309, 310, 321, *345*, *354*, 401, *416*
Lester, D.   403, *416*, 547, *559*
Leton, D. A.   482, *521*
Leuba, C.   *508*
Leuner, B.   433, *508*
Leuner, H.   432, *508*

Leuzinger-Schuler, A.   236, *250*
Levenson, M.   403, *416*
Levey, A.   168, *180*
Levin, H.   461, 482, *508*
Levin, M. L.   217, *250*, *508*
Levine, M.   238, *255*
Levine, R.   274, *355*
Levinson, D. J.   97, *115*, 382, 387, 408, *416*
Levitt, E. E.   225, *250*, 397, 402, *416*
Levy, G. M.   238, *250*
Levy, L. H.   197, 210, *250*, *251*
Levy, M.   283, *355*
Levy, S.   378, 382, 384, 392, *416*, *424*, 448, 449
Lewinski, R. H.   532, *559*
Lewinsohn, P. M.   445, *509*
Lewis, J.   *366*
Libby   259
Liberson, W. T.   375, *416*
Lickorish, J.   319, 320, *350*
Lieberman, L.   304, *369*
Liebich, W.   33, *48*
Liebowitz, B.   303, *341*
Lienert, G. A.   67, *123*, *124*, 134, *182*, 223, *251*, 290, *355*, 386, 398, 399, *415*, *417*
Lievens, S.   452, *509*
Light, B.   318, *355*
Lightall, F.   228, *254*
Lind, E.   14, *49*, 53
Linden, J. I.   *509*
Linder, M. A.   *509*
Lindquist, I.   *509*
Lindsay, P. H.   378, 379, *417*
Lindzey, G.   85, *115*, 263, 278, 284, 292, 293, 299, 312, 318, *355*, 399, 400, 401, *417*
Ling, M.   101, *124*
Linton, B.   266, *346*
Lipgar, R.   284, *355*
Lipman, R. S.   9, *43*, 401, *417*
Lipmann, O.   374, *417*
Lischer, S.   *48*

Lischke, G. 402, *425*
Litt, S. 443, *509*
Little, K. B. 223, *251*, 299, *355*
Littman, I. *495*
Livesay, R. 314, *361*
Locke, J. 456
Lockowandt, O. 439, *509*
Lockwood, B. 330, *345*
Loevinger, J. 82, *125*, 384, *417*
Loew, L. H. *513*
Logan, J. C. 551, *559*
Lohaus, R. 434, 440, *501*
Loiselle, R. H. 210, 230, *257*
London, H. 170, *182*
Long, B. H. *509*
Lonner, W. 260, 309, 318, *340*
Loo, C. M. 461, *509*
Loosli-Usteri, M. 188, 225, *251*
Lopez, F. M. jr. 29, *49*
Lord, M. *492*
Lorei, T. 21, 23, *50*, *57*
Lorenz, M. 200, *251*
Loreto, D. 302, *355*
Lorge, J. 384, *417*
Lorr, M. 27, 36, *50*
Lossen, H. 392, *417*
Lotsoff, A. 385, *423*
Lourenso, S. V. 448, *509*
Loveless, E. 324, *355*
Lovibond, S. H. 166, *183*
Lowe, M. 461, *509*
Lowell, E. L. 261, 263, 267, 272, 273, 288, 291, 297, 308, 322, 333, 334, *355*, *356*
Lowell, F. 377, *429*
Lowenfeld, M. 455, 469, 484, *509*
Lübbert, H. 533, 536, *558*
Lubin, A. 169, *183*
Lubin, B. 67, *125*, 196, *251*, 283, 330, *355*, *356*, 430, *509*
Luborsky, L. B. 146, *177*
Luchins, A. S. 204, *251*
Lück, H. E. 63, 64, 101, 108, *125*

Ludwig, D. J. 399, *429*, 444, *509*
Lukesch, H. 16, *50*, 67, *125*
Lüking, J. 549, *559*
Lumry, K. 393, *423*
Lund 208
Lundy, R. M. 382, 384, 408
Luquet, G. H. 434, 454, *510*
Lüscher, M. 545, 546, 548, *559*
Lushene, R. E. 65, *129*
Lutkins, S. G. 22, *53*
Lutz, A. 61, *125*
Lutz, R. 111, *125*
Lyerly, S. B. 26, 31, *50*
Lykken, D. T. 139, *183*
Lyle, J. 312, *356*
Lyle, W. 397, 402, *416*
Lynn, D. B. 467, *510*
Lynn, R. 168, *183*, 467, *510*, 537, *559*
Lyon, W. 403, *417*
Lyons, J. 435, *519*

Mabille, P. *510*
Mabille, J. *510*
Mabry, M. 447, *510*
McAloon, M. 547, *559*
McArthur, C. 265, *356*
McCall, R. J. 103, *125*
McCary, J. L. 397, 402, 403, *415*, *417*, *421*, *428*
McClelland, D. C. 67, 68, 113, *125*, 261, 263, 267, 271, 272, 273, 274, 276, 277, 288, 290, 291, 294, 297, 301, 307, 308, 309, 310, 322, 333, 334, *356*
McConnell, T. R. 73, *122*
McCorquodale, K. 272, *356*
McCullers, J. C. 447, *510*
McDaniel, M. 312, *371*
MacDonald, P. 402, *424*
McDonough, L. B. 403, *417*
McEhaney, M. 430, *510*
Macfarlane, J. 296, *356*
McGehee, W. M. 377, *417*

McGinnies, E. M. 138, *184*, 376, *417*
Machover, K. 437, 438, 442, *510*
McHugh, A. F. 446, *510*
McKay, D. 447, *510*
McKenna, S. A. 216, *247*
McKinnley, J. C. 87, 88, 90, *122*, *125*, 379, 402, 411, *412*
MacKinnon, D. W. 29, 50, 85, *122*
McLachlan, J. F. C. 32, *50*, 446, *510*
McLean, R. S. 30, *49*
McLellan, J. *510*
McMahon, D. 327, *356*
MacMillan, M. 403, *406*
McNeil, E. 312, *356*
McPherson, S. B. 449, *510*
McReynolds, P. 225, 226, 229, 236, *244*, *251*
McWhinnie, H. J. 441, *510*
Madsen, K. B. 530, *554*
Magnusson, D. 106, 107, 119, *125*, 133, 135, 136, 179, *183*, 262, *343*, *356*
Maher, B. A. 387, *421*
Mahoney, M. J. 12, *50*
Main, B. *510*
Maioni, T. L. 460, 461, *518*
Maistiaux, R. *510*
Malhotra, M. K. 392, *418*
Mall, W. 35, *55*
Maller, J. B. 136, *182*
Malmquist, A. 22, *50*
Maloney, M. 261, 272, 293, *356*
Malvarez, P. 284, *357*
Mandel, N. G. 36, *50*
Mandell, A. J. 374, *415*
Mandler, G. 63, 68, 69, *125*
Manis, M. 379, *418*
Mann, N. A. *513*
Manosevitz, M. *496*
Manson, M. P. 387, *418*, 478, *490*
Maradie, L. J. 208, *251*
Marcia, J. E. 211, *251*, 283, *357*

Marcuse, F. L. 284, *364, 386, 409*
Margoshes, A. 443, *509*
Marinow, A. 446, *510*
Marke, S. 86, *129*
Marks, F. M. 20, *50*
Marks, P. A. 89, *125*
Marlatt, G. A. 7, 37, *59*
Marlowe, D. 101, *118*
Marsden, G. 221, *249*
Marshall, H. R. *510*
Marshall, J. 306, *356*
Marston, L. R. 60, *125*
Marston, W. M. 375, *418*
Martin, A. W. 436, *510*
Martin, I. 375, *428*
Martin, W. E. 448, *510*
Martinez, J. 284, *257*
Martinez, M. 284, *257*
Marwit, S. J. 211, 227, *251, 257,* 283, 289
Marzillier, J. 33, *55*
Marzolf, St. S. 451, *511*
Mascarenhas, J. 444, *494*
Mash, E. J. 7, *50,* 460, *511*
Masling, J. 211, *247, 251,* 282, 283, 289, 306, *357*
Maslow, A. 18, *50*
Mason, B. S. 456, *512*
Masserman, J. 287, *338*
Masson, H. 402, *418*
Masuda, M. 22, *47*
Matarazzo, J. D. 10, 29, *50,* 209, *251*
Matefy, R. E. *511*
Matheson, L. 329, *340*
Matheus, J. M. 193, *245, 394, 407*
Mathews, E. 59, *126*
Mathews, J. 262, *342*
Matranga, J. 276, 289, 311, *357*
Matsuyama, S. 532, *539, 555*
Matthaei, F. K. 223, *251*
Matthews, T. 304, *342*
Mauri, F. 318, *357*
May, M. A. 136, *181, 182*
May, R. 287, 306, *357*
Mayer, H. 95, *126,* 383, *406*
Mayfield, E. C. 11, *50*

Mayhew, P. *511*
Mayman, M. 312, *357*
Mayzner, M. S. Jr. 377, *428*
Meadows, A. W. 224, *251*
Medioli Cavara, F. 448, *511*
Medizinische Hochschule Hannover 9, *50*
Mednick, S. A. 379, *418, 539, 559*
Medvedeff, E. 329, *370*
Meehl, P. E. 88, 89, 103, 105, *118, 122, 125, 126,* 272, *342, 356*
Meerwein, F. 28, *50*
Mees, B. 446, *511*
Megargee, E. 240, 241, *251, 256,* 289, 303, 328, *357,* 400, *418*
Mehrabian, A. 68, *126, 539, 560*
Meichenbaum, D. 272, 293, *357*
Meili, R. 380, 392, 393, *418*
Meili-Dworetzki, G. 200, 232, 251, 473, 474, 477, *511*
Meixner, F. *511*
Melamed-Hoppe, M. 481, *511*
Mellberg, K. 452, *511*
Mellner, Ch. 31, *51*
Meltzoff, J. 331, *353*
Menara, D. 450, *511*
Mendelson, M. 67, *116*
Menolascino, F. J. *501*
Mensh, J. N. 15, *52,* 209, *251*
Mentzos, S. 11, *51*
Mercer, F. M. 401, *418, 536, 560*
Merrens, M. R. 197, *253,* 289, 312, *362*
Merrifield, P. R. 435, *515*
Mervis, C. B. 203, *253*
Merz, F. 66, *126*
Messick, S. 89, 100, 101, 102, *116, 123, 126,* 171, *183*
Metraux, R. W. 225, *243*
Metz, P. 434, *511*

Meumann, E. 434, *511*
Meurisse, R. 438, *511*
Mey, H.-G. 552, *560*
Meyer, A. E. 77, 80, *126, 394, 418*
Meyer, G. 225, *251*
Meyer, H. 479, *511*
Meyer, M. 300, 327, *357, 358,* 386, *418*
Meyer, R. 306, *358,* 434, *511*
Meyer, W. 278, 301, *358, 365*
Meyerhoff, H. 13, *44*
Meyer-Plath, S. 15, *42*
Miale, F. R. 187, *252, 382, 384, 387, 412*
Michaels, G. M. 536, *560*
Michel, L. 23, *51,* 78, 91, *126,* 231, *252,* 538, 540, 543, 545, *560*
Michelman, S. 461, *511*
Michels, B. 30, 31, *48*
Michon, J. H. *436*
Mields, J. 231, *252*
Mierzwa, J. A. 229, *245*
Mikula, G. 68, 69, 71, *126*
Milam, J. 282, *358*
Millar, S. *512*
Miller, B. V. *512*
Miller, C. 303, *347*
Miller, D. R. 212, *252*
Miller, N. 272, 273, 279, *358*
Miller, S. 283, 296, *363*
Mills, D. H. 394, *418*
Mills, E. S. 391, *418*
Mills, H. 262, *358*
Milner, J. 283, *358*
Miner, J. 92, *126,* 327, 328, *358, 369,* 384, 387, *418*
Minkmar, H. 97, *128*
Minkowska, F. 188, *252, 437, 512*
Mintz, E. 289, *358*
Mintz, S. 379, *418*
Minuchin, P. 397, *425*
Mira y Lopez 438, *512*
Mirmow, E. L. 393, 394, 401, 402, *419*
Miron, M. S. 377, *419*

Mischel, W.   4, *51,* 132, 135, *183,* 262, 272, 312, *358, 362*
Misiti, R.   394, 405, *419*
Mitchell, E. D.   456, *512*
Mitchell, H.   331, *353*
Mitchell, K.   306, *358,* 401, *419*
Mitchell, M. B.   209, *252*
Mitchell, V.   133, *182*
Mittenecker, E.   91, 94, *126,* 173, *183*
Mock, J.   67, *116*
Moed, G.   318, *358*
Mogensen, A.   225, *252*
Mohr, F.   434, *512*
Möhr, J. R.   9, 10, 12, 13, 27, 30, 31, *51*
Molish, B.   189, *252,* 261, 290, 309, 310, *358, 359*
Molish, H. B.   188, 208, *243, 244,* 380, 419, 431, 441, *512*
Mombour, W.   30, 31, *51*
Money, J.   447, *492*
Mönkemöller, O.   374, *419*
Monod, M.   432, *487, 512*
Montague, D. J.   447, *512*
Montgomery   436, *503*
Montour, K.   19, *51*
Moog, W.   394, 399, *413*
Mooney, B.   199, *252*
Moor, P.   *512*
Moore, B. V.   92, *126*
Moore, C. A.   172, *185*
Moore, C. W.   403, *415, 428*
Moore, N. V.   *512*
Moore, T.   483, *512, 525*
Moos, J. B.   541, *562*
Moos, R. H.   107, *126, 127*
Moosmann, H.   282, 312, *359*
Moosmann, I.   461, *512*
Moran, L. J.   379, *419*
Morf, M. E.   *553, 554*
Morgan, C.   258, *359*
Morgan, H. G.   21, *51*
Morganstern, K. P.   10, *51*
Morgenthaler, W.   235, *252*

Moriarty, A.   314, 315, *359*
Morland, J. K.   536, *563*
Morris, R. H.   461, *513*
Morris, R. J.   37, *51*
Morris, W. W.   389, *419*
Morrison, L. M.   403, *425*
Morrison, T. L.   *514*
Morral, M.   448, *513*
Moseley, E. C.   192, 206, 225, *245*
Mosher, D. L.   278, *350,* 378, 384, *410, 419*
Moser, U.   550, 551, 552, *560*
Moss, A.   292, 328, *359*
Moss, P.   16, *51*
Mosse, H. L.   391, *419*
Motor Performance Laboratory   491
Mouchaux, de C.   64, *118*
Moulton, R.   278, 318, *359, 370*
Mountin, P.   *520*
Moura, H. C.   448, *513*
Mouson, M. A.   25, *44*
Movahedi, S.   11, *51*
Mowrer, O. H.   396, *423*
Moylan, J. J.   200, *252*
Mucchielli, R.   *513*
Mücher, H.   289, *359*
Muchow, M.   434, 435, *513*
Mühle, G.   433, 454, *513*
Muhlenkamp, A.   306, *359*
Muleski, M.   *513*
Müller, A.   381, 384, *419*
Muller, P.   290, 292, *359*
Müller, W. H.   440, *513*
Mundy, J.   295, *359*
Munsell Book of Color   541, *560*
Munsinger, H.   530, *560*
Münster, B.   48
Münsterberg, H.   375, *419*
Munter, P. O.   18, *51*
Muro, J. J.   *513, 524*
Murphree, H.   318, *359*
Murphy, G.   274, *355*
Murphy, L. B.   455, 460, 466, 472, *513*
Murray, D. C.   532, 536, *560*

Murray, E.   277, 278, 281, 302, 306, 322, *359*
Murray, H. A.   18, *52,* 258, 264, 265, 279, 283, 285, 294, 296, 330, *342, 359,* 384, 397, *419*
Murstein, B.   205, 206, 207, 212, 226, 228, 229, *252,* 263, 265, 266, 274, 275, 276, 279, 282, 284, 289, 290, 291, 292, 293, 295, 296, 304, 309, 310, 312, 314, 316, *343, 359, 360,* 382, 383, 392, *419,* 431, *513*
Musahl, H.-P.   172, *183*
Musiol, B.   481, *513*
Mussen, P.   282, 296, *360*
Muuss, R.   377, *409*
Myer, M. K. de   *513*
Myler, B.   314, *360*
Myrdal, A.   *513*

Nakamura, C. Y.   111, *128*
Nakshian, J. S.   531, *560*
Nash, H.   441, *513*
Nathan, S.   444, *513*
National Institute of Mental Health   35, *52*
Nava, V.   444, *513*
Naville, P.   433, *513, 514*
Navratil, L.   433, *514*
Nawas, M. M.   291, *360*
Neikes, J. L.   *514*
Neisser, U.   378, 379, 380, *419*
Nel, P.   318, *360*
Nell, V.   5, 38, *54*
Nelson, D.   71, *117*
Nelson, P.   15, *52*
Nelson, T.   *360*
Neman, R.   289, *361*
Nencini, R.   394, *405, 419*
Neugarten, B.   306, *361*
Neumann, G.   325, *361*
Neumann, G. G.   226, *254*
Neumann, K.   *514*
Neumann, P.   240, *252*
Neuringer, C.   21, *52,* 314, 324, 325, 327, 328, *361,* 387, 409, *416, 419*

Nevo, B, 21, *52*
Newcomer, B. L. *514*
Newelowsky, K. 61, *127*
Newmark, C. 295, 315, 361, 387, *419*
Newmark, L. 315, *361*, 387, *419*
Newton, K. 316, 325, 361
Nichols, R. 287, *361*, 444, *514*
Nick, E. 394, *420*
Nickel, H. 64, *131*
Nickerson, E. T. *514*
Nickols, J. E. jr. *514*
Nicolay, R. 330, *347*
Nielsen, R. F. 437, 460, *514*
Nikelly, A. G. 200, *252*
Nimrod, G. 443, 447, *516*
Nisbett, R. E. 4, *52*
Nissen, G. 461, *514*
Nitsch-Berg, H. *514*
Noble, G. 461, *514*
Noll, V. H. 98, *127*
Norman, D. A. 378, 379, *417*
Norman, M. 276, *364*
Norman, R. D. 536, *560*
Nourse, J. C. 531, *560*
Nowicki, S. jr. 72, *127*
Nowlis, V. 109, *127*

Oates, D. W. 137, *183*
Oberleder, M. 317, *361*
O'Connor, P. 279, *361*
Odbert, H. S. 532, *560*
Odes, Z. 551, *560*
Odom, C. L. 215, *252*
Offenbach, G. 193, *245*, 394, *407*
Offenback, S. 262, *342*
Offord, D. R. 447, *514*
Ogdon, D. P. 225, *252*
O'Grady, P. 302, 303, *351*
Ohlmeier, D. 440, *486*, *495*
Ohlsen, M. 300, *361*
Ohlsen, E. *514*
Okada, M. 107, *119*
Oldroyd, C. R. 551, *561*

Oliver, R. L. 21, *54*
Olivier-Martin, R. 31, *52*
Olsen, J. 320, *372*
Olweus, D. 262, *361*
Ombredane, A. 318, *361*
Ong, J. 328, *361*
Opie, I. 458, *514*
Opie, P. 458, *514*
O'Reilly, B. O. 229, 236, *253*
Orgun, I. N. *514*
Orlik, P. 139, *183*
Orloff, H. 314, *361*
Orme, J. 327, *361*
Orne, M. 551, *555*
Orr, D. W. 197, *251*
Ortiz, J. R. *514*
Ortlieb, P. 108, *125*
Ortmann, R. 538, 545, *560*
Orval, J. 447, *508*
Orwick, P. O. 387, *419*
Osgood, C. E. 379, *420*, 533, 535, 536, *553*, *560*, *561*
Oskamp, S. 300, 328, *361*, *368*
OSS (Office of Strategic Services) 382, *420*
Ossorio, E. 300, *361*
Osterrieth, P. A. 430, 514
Otterstädt, H. 461, *514*
Ottinger, D. R. 461, *526*
Overall, J. E. 23, 36, *52*, 241, *253*
Overbeck, G. 15, *44*
Overton, W. F. 106, *127*
Owen, D. W. 4, 7, 21, 23, *40*
Owens, W. A. 23, 33, 42, *52*, 55
Oyama, T. 533, 536, *561*

Packard, R. 309, *355*
Paine, C. 196, *251*, 430, *509*
Painton, M. B. 551, *561*
Paivio, A. 64, *127*
Palmer, J. O. 374, *415*
Paoella, J. M. *515*
Pareek, U. N. 394, 399, *420*
Parker, G. 303, *357*

Parkholm, S. 31, *51*
Pasanella, A. K. 6, *45*
Pasewark, R. 305, 317, *345*, *362*
Passmann, R. H. 460, *515*
Pasto, T. A. 539, *561*
Patterson, H. O. 549, *555*
Patterson, J. R. 97, *131*
Patterson, M. 283, *367*
Panker, J. D. 231, *253*
Pauker, S. G. 30, *52*
Pauli, W. 17, 38, *52*
Pavlik, W. B. 401, *424*
Pawlik, K. 108, *127*, 132, 133, 135, 139, 150, 152, 158, 170, *182*, *183*, 261, 262, *362*
Paykel, E. S. 15, 35, *52*, 56
Payne, A. F. 383, 384, *420*
Payne, D. A. 23, *52*
Payne, R. L. 16, *52*
Pearl, D. 231, *243*
Pearson, P. 277, *344*
Pedersen, V. 378, *424*
Pedley, J. C. 133, *176*
Pée, L. 460, *502*
Peel, T. S. 531, *562*
Peixotto, H. E. 391, *420*
Pekny, L. *515*
Peller, L. E. 473, *515*
Pelser, A. 318, *360*
Penk, W. 233, *253*
Penner, L. A. 2, *47*
Pepitone, A. 447, *498*
Pérez, M. B. 433, *515*
Peters, G. 435, *515*
Peters, H. N. 536, *561*
Peterson, D. 139, *184*, 262, *362*
Peterson, R. 289, *338*
Petrovich, D. 321, *362*
Petry, J. R. 23, *52*
Pfanne, H. 440, *515*
Pfeiffer, W. M. *515*
Pfister, M. 540, 541, *561*
Pfistner, H.-J. 457, 475, *515*
Pflanz, M. 403, *420*, 543, *561*
Phares, E. J. 71, *127*, 133, *184*

Philips, G. L.   539, *561*
Phillips, D.   33, *52*
Phillips, L.   188, 226, 230, 231, 232, 233, *245, 253,* 276, *340*
Phillips, P. D.   449, *516*
Phillips, R. H.   *515*
Phillipson, H.   212, *253,* 326, *362,* 383, *426*
Philpott, A. R.   *515*
Phinney, J. S.   460, *515*
Piaget, J.   391, *420,* 456, 462, *515*
Pichot, P.   31, *52,* 394, 398, 399, *420*
Pichottka, I.   *515*
Pickford, R.   327, *362, 515*
Pierloot, R.   38, *53*
Piers, M. W.   454, *516*
Pigem, J. M.   387, 388, *407, 420*
Pihl, R. C.   443, 447, *516*
Pile, E.   312, *362*
Pine, F.   304, *362*
Pintner, R.   435, *516*
Piotrowski, Z.   187, 188, 216, *253,* 280, 311, 312, 328, *340, 362*
Pittrich, W.   11, *51*
Pivik, T.   315, *345*
Plack, J. J.   531, *561*
Plewis, I.   16, *51*
Pollack, M.   16, *53*
Pollin, W.   306, *371*
Pongratz, L. J.   395, *420*
Pope, L.   *516*
Pophal, R.   440, *516*
Popp, M.   394, *420*
Porot, M.   448, *516*
Portele, G.   462, *516*
Porter, R. B.   77, *127*
Porterfield, C.   315, *362*
Portnondo, J. A.   430, *516*
Posner, R.   401, *412*
Postman, L.   138, *184,* 376, *406*
Pothier, P.   *516*
Potkay, C. R.   23, *53,* 200, 226, 234, *253,* 289, 312, *362*
Potter, H. W.   390, *408*
Powell, G. E.   168, *184*
Pratarotti, A. R.   *516*

Pray, R. C.   446, *498*
Precker, J. A.   433, 436, *516*
Prellinger, E.   271, 278, *362*
Preston, C. E.   403, *420*
Preyer, R.   *360*
Price, L.   269, 273, 276, 290, 291, 293, 307, 310, 333, *337*
Prinzhorn, H.   434, *516*
Prokasy, W. F.   375, *421*
Prokop, H.   451, *516*
Prola, M.   274, *362*
Pront, H. Th.   449, *516*
Propper, M.   271, 304, *362*
Prusoff, B. A.   15, *48*
Prytula, R. E.   444, 447, *512, 516*
Prystav, G.   538, 540, *556, 561*
Pulaski, M. A.   460, *516*
Pumfrey, P. D.   *516*
Purdy, R. S.   453, *516*
Pustel, G.   444, 447, 449, *517*

Qualtere, T.   318, *347*
Quay, H.   402, *421*
Quilitch, H. R.   460, *517*
Quinlan, D.   444, *491*
Quinton, D.   25, *53*

Rabant, C.   433, *517*
Rabenstein, R.   440, *517*
Rabie, L.   306, *357*
Rabin, A.   208, 209, 210, 244, *253,* 315, *362,* 387, 394, *405, 421, 517*
Rabinowitz, W.   437, 448, *517,* 551, *555*
Radcliffe, J. A.   152, 164, *177, 178*
Radloff, R.   35, *47*
Rafferty, J. E.   383, 384, 385, *423, 517*
Rahe, R. H.   14, 16, 22, 32, *46, 47, 53*
Raimy, V. C.   549, *555*
Rainwater, L.   533, *563*
Rakshit, D. P.   537, *561*

Rambach, H.   452, *521*
Rambert, M.   455, 460, 469, 483, *517*
Ramsey, G. V.   137, *175*
Rand, T.   329, *362*
Ranzoni, J. H.   209, *253*
Rapaport, D.   188, 204, 216, *253,* 263, 265, 271, 278, 286, 287, 296, *362, 363,* 375, 376, 378, *421*
Raskin, D. C.   375, *421*
Rasse, P.   482, *494*
Rauchfleisch, U.   383, 392, 394, 397, 398, 402, *405, 421*
Rauer, W.   64, *131*
Rausche, A.   81, *128*
Rauschning, D.   435, *517*
Raven, J. C.   437, 438, *517*
Ray, J.   291, 293, *363*
Ray, T. S.   551, *561*
Raynor, J.   309, *363*
Read, L.   309, *371*
Ream, M. J.   92, *127*
Reca, T.   *517*
Rech, P.   *517*
Reck, J. J.   402, *421*
Redd, W. H.   460, *517*
Redlich, F. C.   380, *421*
Redmore, C.   384, 387, *417, 421*
Rees, W. D.   22, *53*
Rees, W. L.   15, *47*
Reese, H. W.   106, *127*
Reeves, R. A.   531, *561*
Reichertz, P. L.   30, *53*
Reid, J. W.   385, *405*
Reilly, M.   454, 471, *517*
Reinelt, T.   *502*
Reinert, G.   543, *561*
Reinhardt, P.   538, 545, *561*
Reinhart, G.   16, *56*
Reisman, J. M.   217, *253*
Reiter, H.   284, *363*
Reitman, W.   276, 308, 322, *338, 363*
Reitz, W.   320, *363*
Reitzner, C.   99, *127*
Rekers, G. A.   *517*
Remmers, H. H.   435, *517*
Remschmidt, H.   173, *184*
Renner, K. E.   387, *421*

Renner, M. 453, *517*
Renner, R. *517*
Renner, V. 441, *518*
Rennert, H. 452, *518*
Rest, S. 309, *371*
Revers, W. 258, 259, 274, 282, 285, 286, 287, 293, 294, 295, 296, 298, 311, 313, *363*
Rey, A. 434, 438, *518*
Rey, E.-R. 6, *53*
Reyher, J. 444, 447, *500*
Reynolds, D. 283, *363*
Reynolds, W. 263, *363*
Reznikoff, M. 214, 218, 222, 230, *243*, 299, 303, 328, *337*, *363*
Rhymer, R. M. 146, *177*
Ricci, C. 433, *518*
Richards, M. P. 449, *518*
Richards, T. W. 209, *253*
Richards, W. S. 197, *253*
Richardson, H. M. 549, *561*
Richman, D. 29, *41*
Richman, N. 35, *53*
Richter, H. E. 85, *116*
Rickels, K. 155, *178*
Rickers-Ovsiankina, M. 188, 189, 226, *253*, *256*, 537, *561*
Ricklander, L. 107, *119*
Ricks, D. F. 16, *53*
Ries, H. A. 445, *518*
Riessman, F. 283, 296, *363*
Rigby, M. 300, *361*
Riklin, F. 373, 374, *414*
Ring, G. 451, *518*
Rioux, G. 433, *518*
Risley, T. R. 460, *517*
Ritter, A. 302, *363*
Ritz, B. *48*
Rivas Martinez, F. R. 448, *518*
Roback, H. B. 431, 441, *518*
Robbins, L. C. 12, *53*
Robertson, A. 15, *43*
Robertson, M. 284, *347*
Robins, E. 15, *47*
Robins, L. N. 16, *53*
Robinson, C. 538, 547, *561*

Robinson, S. 325, *363*
Roby, T. B. 68, *125*
Rodell, J. L. 225, *243*
Rodnick, E. 302, *346*
Roen, S. R. 33, *53*
Roff, M. 16, 20, *53*, *56*
Rogers, B. 317, *369*, *518*
Rogers, T. F. 30, *53*
Rohde, A. R. 382, 384, *421*
Röhl, W. 5, 38, *54*
Röhm, H. 460, *518*
Rohwer, W. D. jr. 171, *182*
Room, R. 20, *49*
Rorer, L. G. 84, 102, *127*
Rorschach, H. 137, *184*, 216, 224, 226, *253*
Rosanoff, A. J. 375, 376, *414*, *422*
Rosch, E. 203, *253*
Rose, H. A. 385, *422*
Rosen, E. 101, *127*, 214, 230, *253*
Rosenbaum, R. 25, *54*, 309, *371*
Rosenberg, B. G. *518*
Rosenberg, L. 447, *518*
Rosenblatt, D. 304, *343*
Rosenblatt, R. P. 489
Rosenfeld, P. 446, *522*
Rosenkrantz, A. 314, *360*
Rosenstein, A. J. 106, 107, *119*
Rosenstiel von, L. 226, 234, 241, *254*
Rosenstock, J. M. 397, *424*
Rosenthal, B. A. 461, *518*
Rosenthal, R. 283, *364*
Rosenzweig, L. 393, 400, 404, *423*
Rosenzweig, S. 274, 296, 330, *364*, *365*, 377, 393, 394, 395, 396, 397, 398, 399, 400, 401, 404, *405*, 407, *420*, *422*, *423*
Ross, H. 420, *518*
Rosser, R. 16, *49*
Rossi, A. 226, *254*, 325, *364*
Roth, E. 85, *127*
Roth, W. 302, *364*

Rothschild, B. H. 227, *254*
Rotter, J. B. 69, 71, 72, 115, *127*, 200, 227, *247*, *254*, 286, *364*, 378, 380, 383, 384, 385, 386, 392, *423*, *424*
Roubertoux, P. 530, *561*
Rousey, C. 241, *248*
Rousseau, J. J. 456
Roux, G. 434, *492*
Rouzer, D. L. 32, *41*
Rowland, K. F. 22, *54*
Rowland, M. S. 460, *518*
Rowlands, O. 35, *53*
Rubin, G. *522*
Rubin, K. H. 460, 461, *518*
Rubinstein, S. L. 456, *519*
Rudinger, G. 291, *365*
Rumenik, D. 283, *364*
Runde, R. E. 447, *519*
Rushton, J. 262, *364*
Russek, H. I. 15, *54*
Russek, L. 15, *54*
Rüssel, A. 254, 456, 459, *519*
Russel, W. A. 377, *413*
Russell, G. F. M. 21, *51*
Russell, J. A. 539, *560*
Rutter, M. 13, 35, *45*, *53*
Rychlak, J. F. 230, *254*
Ryman, D. H. 21, *49*

Sacco, F. 395, *424*
Sacks, J. M. 382, 383, 384, 392, *424*, *426*
Sader, H. 211, *254*
Sadock, B. J. 5, *48*
Safer, D. *519*
Sager, C. 289, 293, 320, *351*
Sakoda, J. 276, *343*
Salber, W. 433, 440, *519*
Salis, T. von 470, 481, *519*
Saltz, E. 379, 424, 461, *519*
Salvatore, J. 325, *361*
Sander, F. 439
Sanders, J. L. 232, *254*

Sandler, J. 64, *118*, 214, *254*
Sandry, M. 318, *358*
Sandven, J. 288, *364*
Sanford, F. H. 397, *424*
Sanford, R. 97, *115*, 276, *364*
Sänger, A. *519*
Sappenfield, B. 324, *364*
Sarason, B. 284, *364*
Sarason, I. G. 63, *127*, 284, *364*, 379, 386, *424*
Sarason, S. B. 68, 69, *125*, 211, 216, 217, 228, *254*
Sargent, H. 302, 312, *342*, 389, *424*
Saslow, G. 261, *351*
Sauer, C. 157, *184*
Sauer, R. 284, *364*
Saunders, W. W. 549, *562*
Sawall, H. *524*
Scarfe, N. V. *519*
Schachtel, E. G. 216, 227, *254*, 398, 401, *424*
Schachlitz, E. 383, 385, *423*
Schaefer, C. E. 23, *54*
Schaefer, J. 276, *364*
Schaeffer, D. 325, *364*
Schäfer, G. *489*
Schafer, R. 188, 200, 211, 212, 213, 216, *253*, *254*, 375, 376, 378, 398, *424*
Schafheutle, R. 33, *48*
Schaible, M. 287, 291, 292, *364*
Schaie, K. W. 532, 533, 536, 540, 542, 543, *558*, *562*
Schall, M. H. *519*
Schalock, R. L. 402, *424*
Scheerer, M. 435, *519*
Scheflen, N. 324, *346*
Scheier, I. H. 65, *117*, 134, 146, 150, 155, 156, 157, 163, 164, *177*, *178*, 184
Schenk, J. 81, *128*
Schenk-Danzinger, L. *519*
Schepers, J. 323, *364*
Scherer, M. W. 111, *128*
Scheuerl, H. 454, *519*
Schiel, J. H. *41*

Schiffer, A. L. *519*
Schiffer, M. *519*
Schiffman, D. 304, *369*
Schilder, P. 438, *496*
Schildkrout, M. S. 430, *520*
Schill, T. 378, 401, *424*
Schiller, F. 456
Schlegtendal, D. *520*
Schliebe, G. 435, *520*
Schlosberg, H. 208, *257*
Schlottmann, R. S. 461, *520*
Schmalt, H. D. 63, 69, 70, 104, 107, *120*, *128*, *129*, 275, 277, 293, 294, 301, 310, *365*
Schmid 35
Schmidt, B. 532, *562*
Schmidt, H. D. 98, 101, *128*, 272, *365*
Schmidt, L. R. 6, 8, 9, 10, 11, 12, 13, 27, 28, 29, 30, 31, 39, *48*, *49*, *54*, 134, 135, 140, 141, 144, 146, 147, 149, 150, 151, 152, 153, 154, 155, 156, 157, 163, 169, 170, 174, *178*, *181*, *184*
Schmidtchen, S. 454, 461, 465, *520*
Schmidt-Mummendey, A. 66, *128*
Schmitt-Ott, J. 456, *491*
Schmitz-Scherzer, R. 291, *365*
Schneck, J. M. 374, *415*
Schneewind, K. A. 72, 78, *128*
Schneider, H. J. *520*
Schneider, J. 97, *128*, 133, *176*, 530, *562*
Schneider, K. 309, *365*
Schneider, L. 226, *254*, 378, *424*
Schneider, M. *520*
Schober, S. 193, 194, 195, 196, 237, 239, *254*, 265, 431, 451, 457, 481, *520*
Schoeberle, E. A. 447, *520*
Schoenborn, von E. 532, *562*
Schofield, W. 383, *424*

Scholl, R. 60, 61, *128*
Scholtz, G. J. 461, *520*
Scholtz, M. 324, *365*
Schonfield, J. 15, *54*
Schraml, W. J. 5, 9, 10, 17, *54*
Schubert, R. 278, *365*
Schuerger, J. M. 164, *178*
Schuh, A. J. 21, *54*
Schulte, B. 108, *128*
Schulte, D. 108, 110, 111, 112, *128*, 133, 172, *184*, 261, 272, 333, *365*
Schulz, R. 300, *361*
Schumer, F. 188, 222, *257*, 275, *372*, 393, *429*
Schürer, M. 452, *520*
Schütze, D. 212, *254*
Schuyler, D. 15, *54*
Schuyten, M. C. 433
Schwab, D. P. 12, 21, 47, *54*
Schwan, B. 9, *56*
Schwartz, A. N. 15, *52*, 401, *429*
Schwartz, R. D. 132, *185*
Schwartz, W. B. 30, *52*
Schwarz, M. M. 401, 402, *416*, *424*
Schwenkmezger, P. 99, *121*, 154, 155, 163, *181*
Schwinger, T. 68, *126*
Scodel, A. 282, *360*
Scott, J. *489*
Scott, O. 23, *46*
Scott, V. 271, 287, 289, *352*
Scott, W. 113, *128*, 278, 303, *365*, 536, *560*
Seagull, A. 302, 306, *359*
Sears, R. 65, *118*
Sechrest, L. 132, 133, *184*, *185*, 296, *370*
Secord, P. F. 204, *254*, 379, *425*
Seefeldt, F. M. 547, *562*
Seeman, J. 262, *365*
Seeman, L. 262, *365*
Seeman, W. 89, *125*
Segalen, J. J. *520*
Seidenstücker, E. 10, 12, 29, *54*, 291, *365*
Seidenstücker, G. *128*, 291, *365*

Seitz, W. 6, *54*
Selg, H. 66, 81, 99, *120*, 122, *128,* 291, 329, *340, 365,* 400, 402, *425*
Sells, G. 291, *365*
Sells, S. B. 229, *248,* 289, *361,* 387, *428*
Selzer, M. L. 23, *56,* 187, *252*
Semeonoff, B. 281, 282, 285, 290, 291, 316, 318, 320, 327, 328, 330, *365,* 380, 383, 394, 400, *425,* 541, 546, 547, *562*
Sensibar, M. 278, 289, *341*
Serafetinides, E. A. 532, 539, *555*
Sessoms, H. D. *520*
Seuss, R. 540, *557*
Seward, G. H. 403, *425*
Seward, J. 325, *365*
Seymour, P. H. 441, *521*
Shafer, R. 271, *363*
Shaffer, L. F. 386, *425*
Shakov, D. 330, *365,* 374, *413*
Shannon, P. D. 461, *521*
Shapiro, E. 397, *425*
Shapiro, M. 272, *366, 503*
Sharma, S. 300, *366, 521*
Sharma, V. 261, *366*
Sharpe, D. T. 532, *562*
Sharpe, E. M. *521*
Sharpe, L. 28, 35, *43*
Shatin, L. 303, *366*
Shemberg, K. 198, *255*
Shen, N. C. 536, *562*
Shenker, J. R. 430, *520*
Shepard, M. 19, *47*
Sherry, P. 330, *354*
Sherwood, E. 318, *366*
Sherwood, J. 304, *366*
Shick, J. 531, *561*
Shipman, W. 303, *366*
Shneidman, E. 223, *251,* 271, 282, 285, 287, 299, 330, *355, 366*
Shor, J. 384, *425*
Shouval, R. 384, 387, *425*
Shuman, N. L. 482, *521*

Shuttleworth, F. K. 136, *182*
Sideroff, G. 451, *516*
Siegel, C. L. *521*
Siegel, E. *521*
Siegel, L. 33, *54,* 446, *522*
Siegel, S. M. 66, *128*
Siegle, V. *489*
Siegman, A. W. 29, *54*
Sigel, J. 300, *366*
Siguán, M. 296, *366*
Siipola, E. 284, *344*
Silveira, H. 375, *405*
Silverman, A. 300, *366*
Silverman, I. W. 461, *493*
Silverman, L. 445, *508*
Silverman, M. 284, *355*
Silverstein, A. 312, *366,* 401, *425,* 444, *521*
Simmat, W. E. 95, *123*
Simmonds, D. W. 449, *506, 521*
Simmons, A. D. 444, *521*
Simon, M. 433, *521*
Simons, H. 394, 399, 400, 401, *425*
Simonton, D. K. 19, *54*
Simos, I. 401, *425*
Simpson, R. H. 104, *129*
Sines, O. J. 209, *255*
Singer, D. G. 133, *184*
Singer, J. L. 133, *184,* 224, *255,* 454, 458, 460, 461, 462, 471, *521*
Singer, M. 306, *366*
Singh, J. 379, *425*
Singh, R. 33, *52*
Singh, S. C. *521*
Sipprelle, C. N. 401, *411*
Siskind, G. 283, *366*
Sisley, E. L. 453, *521*
Sisson, B. D. 209, *255*
Sitko, M. *366*
Sizaret, P. 461, *521*
Skard, A. 12, *46, 521*
Skelton, H. M. 30, *44*
Skolnick, A. 277, 291, 292, 309, *366*
Skorkey, C. 274, 302, *372*
Slack, C. W. 31, *54*
Slack, W. V. 31, *54*

Slater, G. R. 374, *415*
Slemon, A. *366*
Sloan, W. 451, *522*
Small, L. 1, *55,* 262, *367*
Smart, M. S. 447, *522*
Smart, R. C. 447, *522*
Smilansky, S. 460, *522*
Smith, B. 328, *367*
Smith, D. E. 444, *508*
Smith, G. 86, *129*
Smith, I. A. *522*
Smith, J. 188, 230, *253,* 287, 291, *367*
Smith, M. 283, 291, *350, 367*
Smith, P. C. 473, 474, 535, 536, *552, 577*
Smith, R. 278, 279, *344,* 451, *527*
Smith, W. J. 23, *55,* 486
Smits, B. 70, *129*
Sneddon, P. 289, *367*
Snyder, C. R. 197, *255*
Snyder, R. T. 447, *522*
Solnzewa, L. I. 461, *522*
Solomon, J. 320, *367*
Solomon, P. 325, *364*
Sommer, K. R. 373, *425*
Sones, R. 320, *368*
Sonnenblick, M. 430, *520*
Sopchak, A. L. 444, *522*
Soskin, W. F. 23, *55*
Spache, G. 387, *425*
Spada, H. 188, 218, 220, 240, *246*
Spain, D. 260, *367*
Spearman, C. E. 132, 135, *184*
Speidel, H. 453, *522*
Spence, D. 266, *346*
Spiegel, D. 538, *562*
Spiegelman, M. 318, *354*
Spielberger, C. D. 65, *129,* 226, *243*
Spitler, J. A. 454, *522*
Spitzer, R. L. 31, *44, 55*
Spitznagel, A. 186, 189, 190, 214, 217, 222, *255*
Spivack, G. 238, *255*
Spoerri, T. 380, *425*
Spreen, O. 63, *129*
Sprigle, H. 238, *255*
Sproles, H. A. 547, *562*
Srivastava, R. K. 531, *562*

Staabs, von G. 455, 457, 470, 480, 481, *522*
Staat, J. 447, *510*
Staats, A. W. 379, *426*
Stabenan, J. 306, *371*
Stabler, B. 315, *361*, 387, *419*
Stäcker, K. H. 201, *255*
Stamm, I. *522*
Stančák, A. *522*
Stang, D. 284, *367*
Staples, R. 536, *562*
Starr, B. 320, *367*, 385, *426*
Steadman, H. 315, *345*
Steege, F. W. 81, 83, *128, 129*
Steele, R. 304, *367*
Stefanescu-Goanga, F. 532, *562*
Stein, A. 321, *370*
Stein, M. 208, 236, *247, 255*, 286, 296, *367*, 381, 384, *426*
Stein, N. 1, *45*
Steinwachs, F. 438
Stekel, W. 455, *522*
Stember, C. H. 10, 11, 47
Stenmark, D. 325, *368*
Stephenson, R. W. *44*
Stern, E. 286, *367*, 382, 388, 391, 392, 394, *426*
Stern, W. 375, *426*
Sternlicht, M. 444, 446, 447, 449, 450, *517, 522*
Stetter, R. 90, *116*
Steward, A. 293, 304, *367, 372*
Steward, C. J. 29, *55*
Steward, D. 283, *367*
Stewart, L. H. 436, *523*
Stice, G. 75, *117*
Stimpson, D. V. 547, *562*
Stimpson, M. F. 547, *562*
Stockert, M. *523*
Stoer, L. 318, *367*
Stöffler, F. 545, *562*
Stoll, F. 194, 196, *255*
Stollak, G. E. *509, 523*
Stone, A. R. 35, *46*
Stone, D. 330, *367*
Stone, G. P. *523*

Stone, H. 289, 296, 302, 304, *367*
Stone, I. B. 236, *255*
Stora, R. 433, 451, *523*
Storm, T. 291, 293, *341*
Storment, R. C. 86, *122*
Stotsky, B. A. 383, 384, *426*
Stover, L. 460, *523*
Strain, P. *523*
Strauss, M. 212, *255*, 283, *367*
Street, R. F. 435, *523*
Streitberg, G. 299, 303, 312, *367*
Stricker, G. 189, 197, 211, 222, 223, 225, 226, 228, 230, 231, 233, 234, *247, 257*, 382, *426*
Strickland, B. R. 72, *127*
Strizver, G. 322, *368*
Strobel, H. 489
Strong, E. K. jr. 92, 93, *129*
Stroop, J. R. 137, 171, *184*
Strother, C. R. 386, *426*
Strube, G. 482, *506*
Struempfer, D. W. J. 443, 444, *514, 523*
Stumpf, H. 83, *115, 129*
Suchenwirth, R. 450, 452, *523*
Suci, G. J. 533, *561*
Suess, J. F. 531, *558*
Suinn, R. 300, *368*
Süllwold, F. 66, *129*
Sultan, F. 318, *344*
Sumita, K. 394, *412*
Sundberg, N. 196, 240, *255*, 263, 320, *363, 368*, 430, *523*
Super, D. E. 73, *129*
Suppes, J. S. 444, *495*
Sutcliffe, J. P. 399, *426*
Sutherland, J. D. 383, *426*
Sutton-Smith, B. 456, 461, 462, *518, 524*
Suziod, M. 448, *493*
Švančara, J. 441, *524*
Šančarová, L. 441, *524*
Swartz, J. D. 213, 223, 232, 235, 239, 240, 241,

Swartz, *248, 249, 250, 251, 254, 255, 256*
Sweetland, H. 402, *421*
Sweney, A. B. 149, 152, 163, 164, *177, 178, 184*
Swensen, C. H. 431, 441, 442, 444, *524*
Swiener, R. 317, *369*
Swink, R. H. 453, *524*
Symonds, P. 11, *55*, 234, 316, *368, 376, 426*
Szondi, L. 548, 549, 550, 551, 552, *562, 563*

Tack, W. 261, *368*
Tait, P. 461, *524*
Takala, A. 395, 403, *426*
Takala, M. 395, 403, *426*, 452, *524*
Takata, N. 459, 473, 476, *524*
Tanaka, Y. 533, 536, *561*
Tannenbaum, P. H. 533, *561*
Tanner, J. 15, *52*
Tapia, L. L. 240, 241, *248*
Tatsuoka, M. 75, 78, *117*, 402, *406*
Taulbee, E. 189, 209, 211, 212, 240, *250, 255*, 262, 282, 285, 289, 325, *353, 368*, 431, 441, 442, *505*
Tausch-Habeck, A. 397, *426*
Taylor, D. A. 241, *256*
Taylor, J. A. 63, *129*
Taylor, J. B. 89, *130*
Taylor, J. L. 384, *413*
Taylor, K. B. 21, *55*
Taylor, M. V. Jr. 399, *426*
Taylor, O. M. 399, *426*
Teevau, R. 275, 308, 310, 322, *339*
Teicher, A. 384, *413*
Tejessy, C. 278, *355*, 401, *417*
Templeton, R. C. 387, *428*
Tendler, A. D. 378, 383, *427*

Tent, L. 37, 55, 69, 130
Terdal, L. 7, 50, 460, 511
Terhune, K. 286, 291, 368
Tewes, U. 63, 79, 130
Thelen, M. 196, 256, 262, 368
Themel, J. D. 236, 256
Theopold, G. 524
Theorell, T. 14, 22, 49, 55
Thetford, W. N. 208, 244
Thiesen, W. G. 208, 244
Thomae, H. 17, 55, 388, 427
Thomas, A. 16, 53
Thomas, B. 108, 128
Thomas, C. B. 446, 500
Thomas, E. 324, 368
Thomas, M. 388, 391, 427
Thomason, B. 524
Thombs, M. R. 524
Thompson, C. 317, 318, 330, 338, 368
Thompson, J. 225, 251, 320, 368
Thompson, L. A. 517
Thompson, N. D. 435, 447, 516
Thompson, P. 317, 368
Thoms, K. 9, 55
Thorndike, E. L. 384, 400, 417, 427, 434, 524
Thorndike, R. 260, 309, 318, 340
Thorne, F. C. 29, 55
Thorpe, J. S. 213, 223, 232, 235, 239, 240, 241, 249
Thorpe, P. 73, 130
Thun, T. 388, 427
Thurner, F. 63, 130
Thurstone, L. L. 58, 60, 75, 94, 97, 130, 139, 184, 402, 427
Thurstone, T. G. 60, 130
Tiegs, E. W. 73, 130
Tilton, J. R. 461, 513, 526
Timaeus, E. 63, 101, 125, 394, 427
Tinker, M. A. 377, 427

Tisza, V. B. 524
Titeca, D. 451, 491
Todt, E. 96, 130
Tolman, R. 300, 358, 386, 418
Toman, W. 91, 94, 126
Tomkin, H. S. 209, 256
Tomkins, S. 258, 285, 291, 293, 312, 327, 368, 369
Tooley, K. 525
Toomey, L. C. 189, 256
Toops, H. A. 434, 435, 516
Townsend, D. 503
Tracktir, J. 397, 417
Transon, D. L. 531, 561
Travers, R. M. W. 437, 448, 517
Traxel, W. 132, 134, 185
Traxler, A. 317, 369
Trejdosiewicz, C. 325, 353
Trendelenburg, F. 35, 55
Tresselt, M. E. 377, 378, 427, 428
Trier, T. R. 214, 231, 256
Trites, D. K. 387, 428
Trivelt, P. H. 547, 563
Trower, P. 33, 55
Trudewind, C. 309, 369
Truumaa, A. 225, 250
Tucker, G. 444, 491
Tuddenham, R. 296, 356
Turner, D. R. 234, 256
Turner, G. 282, 283, 369
Turell, E. 306, 339
Twitchell-Allen, D. 330, 369
Tyler, B. B. 517
Tyler, F. B. 517
Tyler, J. 300, 349

Ucko, L. E. 512, 525
Überla, K. 82, 124
Uemura, M. 402, 413
Uexküll von, T. 403, 420
Uhlenhuth, E. H. 447, 492
Uleman, J. 283, 322, 369
Ulf, D. F. 15, 55
Ullman, P. 328, 369
Ullrich, R. 109, 130

Ullrich de Muynck, R. 109, 130
Underwood, W. L. 536, 563
Ungricht, J. 382, 384, 390, 428
Upmanyu, V. V. 374, 413
Upper, D. 34, 42
Uray, H. 68, 69, 71, 126
Urban, W. H. 430, 525
Utz, H. 99, 121, 154, 155, 163, 181

Vacchiano, R. 304, 369
Vancurová, E. 448, 525
Vane, J. 289, 300, 349
Van de Loo, K. J. M. 452, 525
Van Lennep, D. 323, 324, 369
Valentine, C. W. 536, 563
Vallée, I. 12, 46
Van der Horst, L. 61, 130
Vane, J. R. 400, 428
Varble, D. 196, 256, 261, 262, 310, 369
Vaughu, R. 19, 46
Veiga, M. 284, 341
Velez-Diaz, A. 240, 251
Venables, P. H. 375, 428, 539, 563
Veniar, S. 213, 219, 257
Vernon, P. E. 85, 115, 231, 256
Veroff, B. 310, 370
Veroff, J. 275, 305, 309, 310, 318, 322, 337, 369, 370
Vestre, N. 23, 56
Vetter, A. 453
Vicary, J. M. 379, 428
Viitamaki, R. 327, 370
Vilar, N. 449, 491
Vinacke, W. 276, 370, 403, 417
Vinar, B. M. 375, 405
Viney, L. L. 444, 525
Vinokur, A. 23, 56
Vislie, L. 260, 274, 275, 370
Vlatikovic-Prpic, M. 488

Vodde, T. 284, *347*
Voelckel, M. 440, *499*
Vogel, H. 6, *56*, 188, 236, *256*
Vogel, I. 6, *56*
Voigt, E. 318, 322, *354*
Voigt, W. H. 223, *256*
Volkelt, H. 434, 435, *525*
Vollmer, O. 61, *130*
Volmat, R. 433, *525*
Vonderbank, J. *525*
Vondracek, F. 321, *370*
Vorthmann, H. R. 97, 101, *128*

Wachowiack, D. 378, *424*
Wacker, E. L. 530, *563*
Wade, T. C. 196, 198, *256*
Wadeson, H. S. 449, *525*
Wadsworth, G. W. 86, *123*
Waehner, G. S. 438, *525*
Waelder, R. *525*
Wagner, E. 328, 329, *340, 362, 370*
Wagner, G. 9, 10, 30, *56*
Wagner, J. 434, 440, *501*
Wainer, H. 210, 218, 230, *256*
Wainwright, B. B. 445, *525*
Waite, R. 228, *254*
Walderman, R. L. 33, *50*
Waldman, K. 387, *421*
Waldman, M. 231, 232, 233, *253*
Waldrop, M. F. *499*
Walker, E. 318, *370*
Walker, R. N. 225, *243*
Wall, M. J. *525*
Wallace, J. 296, *370*
Wallach, C. 284, *367*
Wallis, R. R. 196, *251*, 430, *509*
Wallon, E. J. 401, *428*
Wallon, H. *525*
Walsh, J. J. 382, *411*
Walter, V. A. 385, *404*
Walton, R. 315, *337, 347*
Walton, W. E. 536, *562*
Wanderer, Z. W. 431, 432, 441, *525*
Wang, M. J. 318, *370*
Wapner, S. 198, *256*

Warburton, F. W. 65, *117,* 137, 140, 142, 158, *178*
Ward, C. H. 67, *116*
Ward, M. 261, 272, 293, *356*
Wardell, E. 461, 482, *508*
Warncke, P. 80, *130*
Warncke, W. 82, *124*
Warner, S. J. 538, *563*
Warr, P. B. 11, *56*
Warren, J. R. 85, *130*
Wartegg, E. 389, *428, 452, 525, 526*
Washburn, M. T. 375, *416*
Wasman, M. 401, *414*
Wassing, H. E. 453, *526*
Watrous, B. 309, *370*
Watson, R. I. 133, *185*, 399, *404*
Watts, K. P. 379, *412*
Waxenberg, S. 289, 293, 320, *351*
Weatherly, J. K. 402, *421*
Webb, E. 58, *130,* 132, *185*
Webb, W. B. 401, *428*
Weber, D. 481, *526*
Webster, H. 73, *122*
Wechsler, D. 438, *526*
Wedemann, H. 451, *526*
Weehler, L. 306, *372*
Wehner, E. G. 78, 90, *116, 130, 131*
Weichert, G. *526*
Weider, A. 387, *406*
Weil, M. 283, 289, *357*
Weil, P. G. 375, *428*, 433, *514*
Weinberg, H. 384, *426*
Weinberger, L. 111, *128*
Weiner, B. 271, 309, *348, 370, 371*, 461, *526*
Weiner, E. A. 461, *526*
Weiner, I. 189, 197, 222, 223, 225, 226, 228, 230, 231, 233, 234, *247*, 261, 262, 290, *371*
Weinstein, A. D. 403, *428*
Weinstein, M. 301, 309, *371*

Weinstein, S. 446, *526*
Weir, A. J. 436, *510*
Weisberg, P. 460, *494, 515*
Weiss, D. J. 21, *55*
Weiss, J. H. 211, *257*
Weiss, S. D. 385, *411*
Weisskopf, E. 274, 283, 315, *371*, 401, *428*
Weisskopf-Joelson, E. 274, 277, 283, 310, 312, *371*
Weissman, M. M. 35, 36, *56*
Weissman, S. 306, *371*
Weitemeyer, W. 394, *418*
Welch, R. B. 531, *560*
Wellek, A. 103, *131*
Wells, F. L. 60, *131,* 383, *428*
Welman, A. J. 450, 451, *526*
Welsh, G. S. 64, 88, *118, 131,* 530, *554*
Wendeler, J. 79, 80, *131*
Werner, H. 198, 231, *256,* 435, *526*
Werner, M. 306, *371*
Werner, S. 394, 401, *428*
Wershow, H. J. 16, *56*
Wertheimer, M. 200, *257,* 373, 374, *428*
Werts, C. E. 23, *45*, 223, *246*
Wesman, A. G. 98, *131*
Wessler, R. 384, *417*
West, J. V. 444, *526*
West, W. B. *526*
Westby, G. 327, *371*
Westmeyer, H. 261, *371*
Wewetzer, K. H. 228, *257, 526, 539, 563*
Wexner, L. 274, 283, 312, *371,* 532, 533, 536, *563*
Weyer, G. 33, *56*
Whalen, C. K. *526*
Wheeler, D. 315, *361, 387, 390, 419, 428*
Wheeler, J. 536, *563*
Wheeler, L. 241, *256*
Whiting, B. G. 23, *56*
Whitman, J. N. 401, *429*
Whitney, D. R. 96, *131*
Whitney, E. 444, *528*

Wiart, C.   433, *526*
Wieck, H. H.   433, *527*
Wieck, T.   83, *115*
Wieczerkowski, W.   64, *131*
Wiedl, K. H.   530, *563*
Wiens, A. N.   10, *50*
Wiesenhütter, E.   380, *429*
Wiggins, J.   274, *371*
Wiggins, N.   206, 210, *246*
Wiggins, S. L.   531, *557*
Wight, B.   318, *358*
Wilde, G. J. S.   539, *561*
Wilde, K.   388, *429*
Wildman, H.   299, *371*
Wildman, J.   299, *371*
Wildman, R. W.   445, 451, *527*
Wildmann, R. W.   37, *56*
Wildmann, R. W. II.   37, *56*
Wild-Missong, A.   *527*
Wilensky, H.   233, *257*, 276, 303, 306, *346*
Wilkins, M. M.   15, *40*
Wilkinson, N.   327, *371*
Willerman, B.   384, 385, *424*
Willi, H.   239, *257*
Williams, A. P. O.   21, *45*
Williams, G.   304, *342*
Williams, H. V.   146, *185*
Williams, J. E.   536, *563*
Willis, J.   318, *371*
Wills, D. M.   461, *527*
Wilmer, H.   330, *372*
Wilson, G. D.   97, *131*, 531, *563*
Wilson, J. P.   387, *429*
Wilson, N. J.   531, *555*
Wilson, T. D.   4, *52*
Wilson, W. P.   531, *555*
Windheuser, H. J.   111, *125*
Windsperger, H.   *527*
Winget, C.   302, 320, *372*
Winick, C.   532, *563*
Winkler, B.   15, *42*
Winkler, M.   *527*
Winkler, W.   433, *527*
Winnefeld, F.   439, *527*
Winnicott, D. W.   463, *527*

Winokur, G.   15, 16, *42*, *56*
Winter, D.   261, 271, 293, 297, 304, 307, 309, 310, 322, *356*, *367*, *372*
Winter, W.   320, *372*
Wintner, I.   446, *496*
Wirt, R. D.   16, *56*
Wisemann, F.   30, *56*
Wispe, L. G.   374, *429*
Witherspoon, R.   315, *372*
Witkin, H. A.   172, *185*, 444, *527*
Witzke, D. B.   232, 241, *256*
Wohlford, P.   284, *372*, 483, *485*
Wolf, M.   283, *372*
Wolf, S.   304, *360*, 394, *427*
Wolf, S. R.   206, 207, 228, *252*
Wolfe, S. A.   377, *419*
Wolff, H.   434, *527*
Wolff, W.   433, 435, 438, 454, *527*
Wolfgang, C. H.   461, *527*
Wolfson, W.   *527*
Wolk, B.   317, *372*
Wolk, R.   317, *372*
Wollmann, A.   *527*
Wolowitz, H.   274, 302, *372*
Wolpe, J.   111, *131*
Wölpert, F.   439, *527*
Wood, D.   304, *342*
Wood, F. A.   386, *429*
Wood, S.   *487*
Woodrow, H.   377, *429*
Woodworth, R. S.   208, *257*
Wootton, M.   *487*
Worringer, W.   *527*
Worthington, R. E.   15, *49*
Woude, K.   295, *350*
Wright, B.   265, *372*, 533, *563*
Wright, O. R.   11, *56*
Wulff, O.   434, 435, *527*
Wundt, W.   373, *429*, 434
Würsten, H.   392, *429*

Wyatt, F.   271, 278, 280, 287, 311, *372*
Wylick, M. van   *527*
Wyman, J. B.   379, *429*
Wynne, L.   306, *366*
Wysocki, A. C.   444, 446, *528*
Wysocki, B. A.   444, 446, *528*

Yarrow, M. R.   12, *56*
Yeager, M.   403, *406*
Yonge, G.   73, *122*
Yoppi, J. O.   461, *505*
York, D. R.   25, *48*
Yorkstone, N. J.   35, *46*
Youell, K. J.   538, *558*
Young, K. M.   188, *257*
Young, J. C.   442, *528*
Young, P. T.   375, *429*
Yurs, M. T.   *528*

Zamansky, H.   278, *355*
Zapotovsky, H.-G.   *490*
Zax, M.   210, 211, 230, *257*, 274, *346*
Zayer, H.   16, *56*
Zazzo, R.   433, *514*
Zeeuw de, J.   546, *563*
Zerssen, von D.   138, *185*
Ziegler, R.   *489*
Ziler, H.   434, *528*
Zimet, C.   271, 278, *336*, *362*
Zimmerman, J.   312, *371*
Zimmermann, F.   481, *528*
Zirgulis, J.   532, 539, *555*
Zivin, G.   461, *528*
Zöller, H.   *528*
Zschintzsch, A.   64, *121*, *131*
Zubin, J.   1, *56*, 188, 198, 200, 213, 222, *257*, 275, *372*, 393, 394, 400, *414*, *429*
Zucker, K.   329, *372*
Zuckerman, M.   306, *372*, 539, *563*
Zuidema, G.   300, *366*
Zulliger, H.   188, 216, 224, 236, *257*, 455, *528*
Züst, R.   468, *528*

Sach-Register

Tests sind hier im Sachregister und nicht in einem gesonderten Testregister aufgeführt. — Auf den kursiv gedruckten Seitenzahlen werden die einzelnen Tests (etwas) näher beschrieben.

AAI s. Association Adjustment Inventory
AAT s. Academic Achievement Test
Abwehrmechanismen 448, 451
Academic Achievement Test (AAT) 69, 70
Achievement Risk Preference Scale 68
ACL s. Adjective Check List
Additionals (Wort-Assoziations-Methode) 375f
Adjective Check List (ACL) 82, 84
Adjektivskalen zur Einschätzung der Stimmung (SES) 109
Adjustment s. emotionale Stabilität
Affektivität 544f
African TAT 318
Aggression(s) 65f, 292, 303, 306, 310f, 329, 378, 395f, 400, 401
 Faktorenanalyse der — 402
 -forschung 461
 -fragebogen 65f
 -richtungen 396f
 -typen 395f
Aggressions-TAT 291, 293, 310f, 322
Ähnlichkeitsbeurteilung 210
AIT s. Analytischer Intelligenztest
Akquieszenz 102
Alienation 304
Allgemeine Psychologie 137
Alltagssprache 140
Analytischer Intelligenztest (AIT) 194
Anamnese 8
 Begriff der — 9f
 Gütekriterien der — 10ff
 Objektivität der — 10ff
 Reliabilität der — 12
 Validität der — 12ff
  personale — 12f
  reale — 13
Angefangene(n) Geschichten 389ff
 Satzanfänge von — 389f
Angst 62ff, 65, 546
 Trennungs — 321

Angstfragebogen für Schüler 64
Angst in sozialen Situationen, Fragebogen zur Messung der (SAP) 64, 108
Angstskalen 62ff
 -für soziale Situationen 64
Animal Association Test 387
Animal Test 388
Art Therapy 431
A-Skalen von Welsh 64
Assimilation 460
Association Adjustment Inventory (AAI) 379
Assoziation(s) 373ff, 532f
 -experiment 373ff
 freie — 373, 374
 -prozeß 378
 Störungen der — 374, 375
Autonomy Multiple Choice Measure 384, 387

Bandbreiten — Dilemma 297
Basic-TAT-Set 295
Basis-MMPI 90
Baumtest(s) 431, 449ff
 Bearbeitungen des — 451
 Differentialdiagnose mit — 450
 Validität des — 450f
 Verlaufsanalyse mit — 450
Bedeutungsverleihung (Formdeuteverfahren) 202f
 Erklärungsansätze zur — 200f
Befragung
 -bei Formdeuteverfahren 191, 217f
 -vs. Deutephase 217f
 Techniken der — 217
 mündliche — 29f
 schriftliche — 30f
 Telefon — 30
Behn-Rorschach (BeRo) 224, 235, 236
Bender-Gestalt-Test (BGT) 206, 439
Benennen 202f

Beratung 114
Bernreuter Personality Inventory (BPI) 73, 74
BeRo s. Behn-Rorschach
Berufserfolg 114, 300
Berufs-Interessen-Test(s) (BIT) 95
  Kurzform des — 95
Bewegungsantwort (Rorschach) 213, 238
Bezugsfeld (Formdeuteverfahren) 202, 205
BGT s. Bender-Gestalt-Test
Bilder (bei Thematischen Apperzeptionsverfahren) 293
  -, Ähnlichkeit zwischen Bildperson und Geschichtenerzähler 312f
  Anreizwert der — 273, 274f, 277, 279f, 294, 295, 296
  Ermittlung des — 274f
  Inhalt der — 275f, 282
  Mehrdeutigkeit der — 274, 292
  Positionseffekt der — 276
  Reihenfolge der — 283f, 296
  Serieneffekt der — 276
  Zahl der — 275f, 282
Bildwahlverfahren 548ff, 553
Binet-Test 231, 434
Biographik (s. Lebenslauf, Beschreibung des)
Biographische(n) Daten 2ff
  Begriff der — 2ff
  Bewertung der — 39f
  Dimension der — 2f
  Erhebung der — 5, 25ff
  Strukturiertheit der — 27f
  Subjektive Bedeutsamkeit der — 4
  Transparenz der — 4f
  Verfahren zur Erhebung von — 31ff
  Verfügbarkeit der — 4
Biographische(r) Diagnostik 1ff
  Ätiologisch (retrospektiv) orientierte — 7f, 9ff
  deskriptiv orientierte — 8, 17ff
  Prädiktion von konkurrent ermittelten Kriterien mit Hilfe von — 22ff
  prädiktiv orientierte — 8, 20ff
  prospektiv orientierte — 20ff
  Strategien der — 7ff
Biographische(r) Ereignisse
  ephemere — 14ff
  langandauernde — 16
  Sensitivität — 13
  Spezifität — 13
Biographische Methode 17f
BIT s. Berufs-Interessen-Test

Blacky Pictures Test (BPT) 260, *324*f
BPI s. Bernreuter Personality Inventory
BPT s. Blacky Pictures Test
Bravermann-Chevighny-Auditory-Projective Test *330*
Breitbandverfahren 192
Buss-Durkee-Inventory *66*

California Personality Inventory (CPI) 90f, 102, 104
California Test of Personality 73
Card pull s. Kleckstafeln, Aufforderungscharakter von
CAT s. Children's Apperception Test
CAT-H s. Children's Apperception Test-Human Figures
CAT-S s. Children's Apperception Test-Supplement
CCF s. Curtis Completion Form
Checkliste 26
Children's Apperception Test (CAT) 260, 313, *314,* 315, 331, 392
Children's Apperception Test-Human Figures (CAT-H) *314,* 315
Children's Apperception Test-Supplement (CAT-S) *314*
Children's Object Relations Technique (CORT) *327*
Children's Personality Questionnaire (CPQ) 77, 443
Cluster-Analyse 140
Clyde Mood Scale (CMS) *109*
CMS s. Clyde Mood Scale
Colgate Mental Hygiene Test 59
Columbus (Verfahren zur Feststellung des Entwicklungsstatus) *321*
Comrey Personality Scales (CPS) *80*
Concept Evaluation Test 218, *236*f
Congo-TAT 318
CORT s. Children's Object Relations Technique
CPI s. California Personality Inventory
CPQ s. Childrens Personality Questionnaire
CPS s. Comrey Personality Scales
criterion rotation 169
Curtis Completion Form (CCF) 386

DAM s. Draw-a-Man Test
Datenerhebung
  computerisierte — 30f
  Möglichkeiten der — 133

Depression(s) 66f
  -skalen 66f
Depression Adjective Check Lists 67
Depressionsskala von Kerekjarto 67
Despert-Fabeln *391f*
Determinanten (Formdeuteverfahren) 205, 212, 217
Deutebewußtsein 203
Deutelisten 198, 236f
Deutungen (Formdeuteverfahren) 187, 191, 202f
  Abhängigkeit von — 199f
  - u. induzierte Affekte 233f
  Realitätsschicht von — 228
Diagnose vs. Therapie 457f
Diagnostik
  - mit biographischen Daten
    (s. biographische Diagnostik)
  projektive — 5f
  therapiebegleitende — 108ff
  - in der Verhaltenstherapie 7, 261f
Differentielle Psychologie 137
Differentieller Interessen-Test (DIT) 96
Dimensionen der Persönlichkeit
  s. Faktoren der Persönlichkeit
Dissimulation 88
DIT s. Differentieller Interessen-Test
Dominanztest 60f
Dorf-Test 468
Draw-a-Man Test (DAM) 430
Draw-a-Person Test(s) (DAP)
  206, 430, 438, 439, 441, *442ff*
  Differentialdiagnose mit — 445f
  Reliabilität des — 442f
  -, Zeichenmerkmale 443
  Testinstruktion bei — 447
  Validität des — 444ff
  Verlaufsanalyse bei — 446f
Driscoll-Test 482
Düss-Fabeln *391f*, 467

Early School Personality Questionnaire (ESPQ) 77
EAT s. Education Apperception Test
Ebenen (-Hypothese) des Verhaltens 304, 398, 400
Education Apperception Test (EAT) *320f*
Edwards Personality Inventory (EPI) *80f*, 84
Edwards Personal Preference Schedule (EPPS) 82, *83f*, 101, 402, 547

Eigenschaft(s) 62, 310
  - begriff 106, 332f
  Grund — s. trait, source
  Oberflächen — s. trait, surface
  - wortlisten 109f
Eigenschaftswörterliste (EWL) *109*
Einstellungstests 97
Einzelfallexperiment 272
Elgin Prognostic Scale 233
Elizur-Angstskala 214
EMI s. Emotionalitätsinventar
Emotionale Reaktionen
  in sozialen Streß-Situationen,
  Fragebogen zur Erfassung von 110
Emotionale Stabilität, Fragebogen zur 58f, 73
Emotionalitätsinventar (EMI) *109f*
E.N.NR.-Skala
  s. Extraversion,
  neurotische Tendenz und Rigidität,
  Fragebogen zur Erfassung von
Entfaltungstests 198
Entwicklung(s)
  psychosexuelle — 324, 325, 391
  - stand 449, 478, 484
  - des symbolischen Ausdrucks 483f
EPI s. Edwards Personality Inventory
  bzw. Eysenck Personality Inventory
EPPS s. Edwards Personal Preference Schedule
Erfassungsmodus (Formdeuteverfahren) 202
Erlebnismodus s. Determinanten (Formdeuteverfahren)
ESPQ s. Early School Personality Questionnaire
EWL s. Eigenschaftswörterliste
Extensional Agreement Index (EAI) 205
Externe Kontrolle 71f
  Skalen zur Messung von — 71f
Extraversion 79, 80, 545
  - Introversion s. Introversion-Extraversion
Extraversion, neurotische Tendenz und Rigidität, Fragebogen zur Erfassung von (E.N.NR.-Skala) *80*, 98
Exzitation 168
Eysenck Personality Inventory (EPI) 65, 79, 80, 445
Eysenck-Withers Personality Inventory 79
Experimentelle Triebdiagnostik
  s. Szondi-Test

Fabelmethode (Düss) s. Düss-Fabeln
FAF s. Fragebogen zur Erfassung
 von Aggressivitätsfaktoren
Faktoren
 - analyse 74, 139f
 - höherer Ordnung 143, 153
 - der Persönlichkeit 74ff
 primäre — 140, 143
 -, P.U.I.-Faktoren
  s. Zustandsfaktoren
 sekundäre — 142, 143
 -, U.I.-Faktoren
  s. Temperamentsfaktoren
Familie in Tieren 448f
Familienbeziehungen 319f, 448
Family Relations Indicator (FRI) 319f
Family Relations Test (FRT) 330
Family-Rorschach 239
Family Story Technique (FST) 320
Farb(e)
 Assoziationen zu — 532f
 - als Diagnostikum 531f, 537
 Erregung durch — 534, 535, 539
 Gefühlsqualität der — 532ff
 Helligkeit der — 534, 535
 „kühle" — 537
 Potenz der — 531, 534, 535
 - psychologie 530ff
 psychophysiologischer Einfluß der
  — 531
 Sättigung der — 534, 535
 - symbolik 532f
 - tests s. Farbwahlverfahren
 - ton 534, 535
 Valenz der — 534, 535
 - wahrnehmung 530f
 „warme" — 537
Farbpräferenzen 536ff
 Determination der — 536f
 - u. Erregung 539f
 - forschung 536
 individuelle — 537
 interindividuelle — 537
 - u. Persönlichkeitsmerkmale 537ff
 transkulturelle — 536
Farbpyramidentest(s) (FPT)
 529, 538, 539, 540ff
 Auswertung des — 541f
 - für Differentialdiagnose 545
 Instruktion bei — 541
 Normen bei — 542f
 Objektivität des — 543
 Retest-Reliabilität des — 543f
 -, Stabilität der Merkmale 544

Farbpyramidentest(s) (FPT)
 Testmaterial des — 540f
 Validität des — 544f
Farbwahlverfahren 530ff, 553
Farb-Wort-Interferenz-Meßverfahren
 171
Feldabhängigkeit 172
 - als kognitiver Stil 172
 objektive Messung der — 172
FDE s. Fragebogen zur direktiven
 Einstellung
FDV s. Formdeuteverfahren
Fear Survey Schedule (FSS) 111
 - III (FSS III) 111
 - for Children (FSS-FC) 111
 - R (FSS-R) 111
Feldtheorie 266
FHT s. Foto-Hand-Test
Forer Structured SCT 384, 385, 386
Forer Vocational Survey 385, 386
Formdeuteverfahren (FDV)
 s. a. Rorschach-Test (RT)
 Antwortzahlen bei — 211f, 221
 Anweisungen bei — 190, 215f
 Äquivalenz bei — 224f
 Begriff der — 186
 Bewertung der — 242
 Durchführung der — 190, 214, 215ff
 Durchschaubarkeit der — 192
 Erfassung des Verhaltens bei — 191
 Erklärungsansätze für — 199ff
  feldtheoretische — 200
  psychoanalytische — 200
  (sequentiell) entscheidungs-
   theoretische — 201
  wahrnehmungstheoretische — 200
 Inhaltsanalyse bei — 187, 213f, 230
 Interpretation der — 214, 215
 Interpretationsebene bei — 222
 Literatur zu — 188f
 Mehrdeutigkeit bei — 192
 Merkmalsebene bei — 222
 Normen bei — 225f
 probabilistisches Meßmodell für
  — 220f
 Protokollierung bei — 190, 215
  Objektivität der — 223
  Techniken der — 215
 Reliabilität bei — 221ff
 - vs. Rorschach-Test 186
 Schulen der — 187
 Sprachverhalten bei — 202
 Stabilität der — 224
 Strukturiertheit von — 204

Formdeuteverfahren (FDV)
  Testreaktionen bei — 227
  Testsituationen bei — 211ff
  -, VL-Erwartungen 211ff
  -, defensive Vpn-Strategien 212
  Testsystematik der — 198f
  Validität der — 226ff
  u. Verbalisierung 213
Foto-Hand-Test (FHT) 329
Four Picture Test (FPT) 323f
FPI s. Freiburger Persönlichkeitsinventar
FPT s. Farbpyramidentest
  bzw. Four Picture Test
Fragebogen 6f, 30
  Strukturierte Selbstrating- 31ff
Fragebogen zur direktiven Einstellung (FDE) 97
Fragebogen zur Erfassung der Aggressivitätsfaktoren (FAF) 66
Frageschemata 38
Freiburger Persönlichkeitsinventar (FPI) 66, 80, 81, 99, 108, 109
  Faktorenanalyse beim — 81f
FRI s. Family Relations Indicator
FRT s. Family Relations Test
Frustration(s) 393, 395
  - arten 395
  - reaktionen 393, 395f
  - theorie (Rosenzweig) 395ff
  - toleranz 396f
FSS s. Fear Survey Schedule
  - III s. Fear Survey Schedule III
  - FC s. Fear Survey Schedule-For Children
  - R s. Fear Survey Schedule-R
FST s. Family Story Technique
Fuchs-Rorschach (FuRo) 236
Furcht vor Mißerfolg 68, 69, 70, 308f
FuRo s. Fuchs-Rorschach

GAT s. Gerontological Apperception Test
Geisteskranke 549
Geistig Behinderte 475
Gemeinsamer Rorschach-Versuch 239
genetic level 232f
  - skalen 231
Gerontological Apperception Test (GAT) 305, 313, 317, 331
Geschichten (beim Thematischen Apperzeptionsverfahren) 266
  Gestaltung von — 295
  strukturelle Merkmale der — 287f
Geschichten-Erzählen 390f

Gespräch(s)
  - phasen 29
  - techniken 29
  tiefenpsychologisch-diagnostisch orientiertes — 7
Gießen-Test (GT) 85f
Gitter-Technik 69f, 275
GPPT s. Group Personality Projective Test
Graphologie 435, 438, 439
Group Conformity Rating (GCR) 398, 399, 403
Group Personality Projective Test (GPPT) 328
Group Projection Sketches for the Study of Small Groups s. Test of Group Projection (TGP)
Grundgestalten 439
Gruppen-Szondi-Test 552
GT s. Gießen-Test
Guilford-Zimmermann-Temperament Survey (GZTS) 74f, 445
Gütekriterien von Tests 132f
GZTS s. Guilford-Zimmermann-Temperament Survey

Hamburger Neurotizismus- und Extraversionsskala für Kinder und Jugendliche (HANES KJ) 64, 79
Handlungstheorien 333ff, 336
Hand-Test (HT) 328f
HANES (KJ) s. Hamburger Neurotizismus- und Extraversionsskala für Kinder und Jugendliche
Held (beim TAT) 264, 279, 280, 285, 311ff
HFD s. Human-Figure-Drawing Test
Highschool Objective Analytic (HSOA) Personality Factor Battery 164
High School Personality Questionnaire (HSPQ) 77
HIT s. Holtzman-Inkblot-Technik
H-Maß (Informationstheorie) 205
Hoffnung auf Erfolg 68, 70, 308f
Hotzman-Inkblot-Technik (HIT) 187, 190, 206, 218, 219, 221, 228, 232, 234, 235, 236, 239ff, 242
  Normen der — 241
  Parallelform der — 240
  Reliabilität der — 240, 241
  Validität der — 241
House-Tree-Person Test (H-T-P Test) 451

Howard-Inkblot-Test *236*
HSPQ s. High School Personality
 Questionnaire
HT s. Hand-Test
H-T-P Test s. House-Tree-Person Test
Human-Figure-Drawing Test(s) (HFD)
 329, 430, 431, 441, *442ff*
 Differentioaldiagnose mit — 445f
 Reliabilität des — 442f
 -, Zeichenmerkmale 443
 Testkonstruktion bei — 447
 Validität des — 444f
 Verlaufsanalyse bei — 446f
Human-Wadsworth Temperament Scale
 86f, 87

Identifikation(s) 264
 - hypothese (Murray)
 279f, 311ff, 325, 331
Identifizierung 202f
Idiographischer Zugang 272
Intelligenz
 - beurteilung durch Formdeute-
 verfahren 231
 - beurteilung durch Zeichnungen
 434, 450, 451
Intensional Agreement Index (IAI) 216
Intentionalität 333
Interaktionismus 106f, 263, 294,
 301, 307, 333f
Interaktionsdiagnostik 187
Interessentests 92ff
 Begriff der — 92
 inkrementelle Validität von — 96
Interferenzneigung 171
 Farb-Wort — 171
 objektive Messung der — 171
Interne(r) Kontrolle 71f
 Skalen zur Messung von — *71f*
Interrogatory on Perseveration Tendency
 58
Interview 29f
 - leitfaden 36
 - stil 29
 strukturiertes — 37
 unstrukturiertes — 37
Introversion-Extraversion 75, 78, 167
 - u. Farbpräferenzen 537f, 539
 - Fragebogen *60, 69*
 objektive Messung der — *167f*
Inventory for Measuring Depression 67
IPAT Anxiety Scale *64*, 547
IPAT-Tests 75ff, 85

Ipsative Skorung 95
ISB s. (Rotter) Incomplete Sentence Blank
Isomorphismus zw. Wahrnehmung und
 Persönlichkeit 199

Junior Eysenck Personality Inventory 79

KAT s. Kinder-Angst-Test
Kausalattribuierung 309
Kausalität 333
Kenia Leistungsmotivation-TAT *318*
KGIS s. Kuder General Interest Survey
Kinder-Angst-Test *63*, 64
Kippindex (Farbpyramidentest)
 542, 543, 544, 545
Klecksstafeln 203ff
 Aufforderungscharakter (ACh) von
 — 199, 209f
 -, Bestimmung 209f
 -, Überprüfung 230
 Drehung der — 209
 experimentelle Bedingungsvariation bei
 — 207ff
 Herstellung der — 190
 Mehrdeutigkeit von — 204ff
 Reaktionszeit bei — 208
 Reihenfolge von — 208f
 Repräsentationsfähigkeit der — 203ff
 seltene Reaktionen auf — 227
 Strukturiertheit von — 204
 Wahrnehmungsdimensionen der
 — 210f, 218, 230
Klinische Validierung 437f
Kognitive
 - Prozesse 271
 - Psychologie 379
 - Strukturen 334
KOIS s. Kuder Occupational Interest
 Survey
Komplex (Jung) 374, 375
Konflikt 278f, 442, 448, 451, 478
 - Modell 278f
Konsensus-Rorschach 187, *239*
Konstitutionsdiagnostik
 s. Typenforschung
Konstrukt
 - validität 105
 - validierung 272f
Körperschema 442, 444, 451
Kovariations-Schema 146
KPR-Vocational s. Kuder Preference
 Record-Vocational

Kreativitätsforschung 461
Kritzeltest (Meurisse) 438, 439
Kuder General Interest Survey (KGIS) 94
Kuder Occupational Interest Survey (KOIS) 93

LADS s. Levi-Animal-Drawing-Story
Lebenslauf, Beschreibung des 17f
Legespielverfahren 484
Lehrerverhalten, Beobachtungsskalen für 474
Leistungsmotivation(s) 67ff, 270, 293, 301, 305f, 308ff
   Messung der — 267
   - Tests 67ff
Leistungsmotivations-TAT 68, 69, 292, 293, 301, 308, 310, 312, 322
LEV s. Liste zur Erfassung von Verstärkern
Levi-Animal-Drawing-Story (LADS) 449
Linearität (zwischen Index u. Indiziertem) 276, 279
Liste zur Erfassung von Verstärkern (LEV) 112
LM s. Leistungsmotivation
LM-Fragebogen 69
LM-Gitter für Kinder 70
LMN-Fragebogen 69
life-event-Forschung 14ff
life-history-Forschung 16
London Doll Play Technique 467, 483
Lügenskala 78, 79, 98, 101
Lüscher-Test(s) 545ff
   Auswertung des — 546
   Durchführung des — 546
   Interpretation des — 546
   Normen bei — 546f
   Testmaterial des — 545
   Validität des — 547f

Machiavellismus 72
   Fragebogen zur Messung des — 72
Make-a-Picture-Story-Test (MAPS) 330
Make-a-Sentence-Test (MAST) 383
Manifest Anxiety Scale (MAS) 63, 64, 65, 108, 111, 538
MAPS s. Make-a-Picture-Story-Test
Markiervariablen 165
Marlowe-Crown Social Desirability Scale 101
MAS s. Manifest Anxiety Scale

MAST s. Make-a-Sentence-Test
Master Indices (M.I.) 141, 163, 166
MAT s. Motivation Analysis Test
Maudsley Medical Questionnaire (MMQ) 69, 78, 79, 91, 101
Maudsley Personality Inventory (MPI) 78, 79, 108, 402
Mehrdeutigkeit 228
   Definition der — 204
   interpretative — 205f
   von sprachlichen Formulierungen 104
   strukturale — 205f
Michigan Picture Test (MPT) 315f, 316
Miner Sentence Completion Scale (MSCS) 384, 387
Miniature-Life-Toys-Verfahren 466
Mini-Mult 89
Minnesota Multiphasic Personality Inventory (MMPI) 63, 79, 87ff, 91, 100, 101, 102, 193, 224, 263, 299, 379, 402, 445
   Analyse der Antworten bei — 89f
   Computerinterpretation bei — 89
   Kurzfassungen des — 88
   -, Profilatlas 88f
   Profilauswertung bei — 88
   -, Profilcode 88
   Validitätsskalen des — 87f
misperception-Test 199
MMPI s. Minnesota Multiphasic Personality Inventory
MMPI-Saarbrücken 90
MMQ s. Maudsley Medical Questionnaire
Modelle der Persönlichkeit
   Prozeß — 135f
   Struktur — 135f, 164f
Moralisches Urteil 388f
Mosaik-Test(s) 467, 468, 484
   Material des — 484
Motiv(e) 273
   - Extensität (bei Thematischen Apperzeptionsverfahren) 275
   - Intensität (bei Thematischen Apperzeptionsverfahren) 275
   - Liste (Murray) s. need-Liste (Murray)
   Stärke der — 288
   tabuisierte — 277f
Motivation
   objektive Messung der — 149f
   (Primär-)Faktoren der — 144, 149f
   Sekundärfaktoren der — 152f
Motivation Analysis Test (MAT) 163, 164
Motivationsaktivierung 268

Motivationstheorie
- von Atkinson 267f, 269
- von Fuchs 268
- von Heckhausen 270
- von McClelland 267
Movie Pictures Test *330*
MPI s. Maudsley Personality Inventory
MPT s. Michigan Picture Test
MSCS s. Miner Sentence Completion Scale
M-TAT s. Thematischer Apperzeptions-Test (TAT)
Multitrait-Multimethod-Matrix 84
Multivariate Methode 139

Navy Personal TAT (N-TAT) *318*
need 264, 285
   - Liste (Murray) 82, 83, 84, 85, 303
   - press-Kombination
     s. Thema (Murray)
Negation-TAT *330*
Neurosen 156f
Neurotische Tendenz s. Neurotizismus
Neurotizismus 65, 75, 78, 79, 80, 167, 545
   objektive Messung des — *169*
nomothetischer Zugang 272
N-TAT s. Navy Personal TAT

Objective Analytic (O-A) Anxiety Battery *163*, 164
Object Relations Technique (ORT) *326f*
Objektbeziehungen 326, 391
objektive(n) Persönlichkeitstests
6, 132ff
   Begriff der — 134
   Bewertung der — 133, 173f
   - bei Cattell 138ff
   deutschsprachige Adaptierungen der — 157ff
   - bei Eysenck 138, 166ff
   -, funktionale Beziehung zu Verhaltenskriterien 174
   Historische Entwicklung der — 136ff
   Kriteriumsvalidierung von — 173
   Kritik an — 164ff
   Reliabilität der — 155f
   Undurchschaubarkeit des Meßprinzips bei — 154
   Unverfälschbarkeit der — 154f
   Validität der — 156
      Augenschein — 156

objektive(n) Persönlichkeitstests
   Verfälschungsstudien zu — 154f
   - Vergleich zwischen Cattell u. Eysenck 166, 170
Objective Rorschach-Test 236f
Objektivität von Tests 132
   Begriff der — 133
Omnibus Personality Inventory (OPI) 73f
ontogenetische Untersuchungen 231f
Operationalismus 103
OPI s. Omnibus Personality Inventory
ORT s. Object Relations Technique

Pain Apperception Test *321*
Paired Hand-Test *329*
Pantomime-Test *474f*
Paranoide Tendenz 75
PAT s. Tomkins-Horn Picture Arrangement Test
Performance-Tests of Ability 135
Performance-Tests of Personality 135
Perseveration(s)
   - Fragebogen 58
   objektive Messung der — 173
Personality Research Form (PRF) *82f*, 84, 101
   need-Skalen der — 82
Persönlichkeits
   - bild 442, 449, 451, 452, 478
   - merkmale 137, 529
   - störungen 157
   - theorie (Eysenck) 160f
Persönlichkeits-Interessen-Test (PIT) *91f*, *94f*
PF-Test s. Rosenzweig Picture-Frustration-Test
Phantasie 276
physiologische Meßverfahren 133f
Pickford Projective Pictures (PPP) *327*
Picture Less TAT *330*
Picture Preference Test *552*
PIT s. Persönlichkeits-Interessen-Test
Planformen 203f
Polygraph 375
PPP s. Pickford Projective Pictures
Präferenz
   - forschung 530
   - tests s. Wahlverfahren (psychodiagnostische)
   - urteile 529
presses 264, 280, 285
PRF s. Personality Research Form

Profilanalyse (bei Gittertechnik) 70
Projektion 264, 265f, 382
Projektive
 - Fragen 387ff
 - Verfahren 198f, 442
   Reliabilität der — 290, 399
Prüfungsangst-Fragebogen 63f
Prüfungsangst-Fragebogen (Groffmann,
 Zschintzsch & Kornfeld) 64
Psychoanalyse 324, 325, 391, 395, 435f
 448, 449, 455
Psychobiographie 18ff
Psychodynamische Therapie
 326, 327
Psychoneurotic Inventory
 59
Psychosen 157, 301f
Psychotische Tendenz s. Psychotizismus
Psychotizismus 78, 167
 objektive Messung des — 169
P-Technik 146
Puppenspielverfahren
 431, 482ff
 Bewertung der — 482
 diagnostischer Wert der — 483
 Verhaltensbeobachtung bei — 482f

Q-Daten 140
Q-sort-Methode 290

Rapid Projection Test 382
RAT s. Remote Association Test
Rating 25f
 - skalen 26f
Reaktionen
 habituelle — 141, 142
 spezifische — 141, 142
reduktives Erkennen 457
Reinforcement Survey Schedule
 (RSS) 112
Reizlisten 110f
Reizwort (Wort-Assoziations-Methode)
 - listen 376, 377, 378, 379
 Reaktionen auf — 376
Remote Association Test (RAT)
 379
Repression(s) 70f
 - Sensibilisierungsskalen 71
Rigidität 80
Ro 30, 221, 238f
Rohde SCT 384f, 386
Rorschach Content Test 214

Rorschach-Test(s) (RT) 206, 259, 263,
 299, 303, 315, 326, 327, 382, 383,
 388, 394, 430, 431, 444
 s. a. Formdeuteverfahren (FDV)
 Anwendungshäufigkeit des
  — 194, 196
 Auswertung des — 214
 Begriff des — 186
 Bekanntheit des — 193f
 Bewertung des — 242
 Brauchbarkeit des — 194
 diagnostische Zielsetzung des — 226
 -, Einfluß von Einstellungen 197
 Einheitsgutachten beim — 197
 Erfahrungen mit — 198, 215
 Inhaltsanalyse beim — 230, 231
 - als Interview 212
 Literatur zum — 188f
 Modifikationen des — 186, 187, 235ff
  Vorteile der — 238
 Normen für — 225f
 - u. objektive Verfahren 228, 229f
 Publikationsrate beim — 193
 -, Rolle bei Ausbildung 196
 -, spezielle Tests für einzelne
  Kategorien 229
 Testsystematik von — 198f
 Training mit — 215
 Validität des — 226ff
  differentielle — 228, 235
  - auf Interpretationsebene 228, 229
  Konstrukt — 187
Rosenzweig Picture-Frustration-Test(s)
 (PF-Test) 383, 392, 393ff
 Anwendungsmöglichkeiten des
  — 400
 Auswertung des — 398
 Bewertung des — 403f
 Entwicklung des — 393
 fremdsprachige Adaptationen des
  — 394
 individuelle Diagnose bei — 402f
 Instruktion bei — 401
 interkulturelle Untersuchungen bei
  — 403
 Normen bei — 394f
 Reliabilität des — 398f
  Auswertungs — 398f
  Retest — 399
 Testmaterial des — 397f
 Theorie des — 395ff
 Validität des — 399f
  Übereinstimmungs — 401f
 Verfälschbarkeit bei — 400f

Rotter Incomplete Sentences Blank
 (Rotter ISB) 383, 384, *385f*
 Auswertung des — 385
 Gütekriterien des — 385f
RSS s. Reinforcement Survey Schedule
RT s. Rorschach-Test
R-Technik, differentielle — 146

Saarbrücker Liste *63*
SAM s. School Apperception Method
SAP s. Angst in sozialen Situationen,
 Fragebogen zur Messung der
SAT s. Senior Apperception Technique
 bzw. Schulangst-Test
Satzergänzungstests 383ff, 389f s. a.
 Verbale Ergänzungsmethoden
 Arten von — 384f
 Strukturierung von — 381f
Scenotest(s) 479, *480*ff
 Interpretation des — 480f
 Material des — 480
 Modifikation des — 482
Schicksalsanalyse 548f
Schizophrenie 302, 445f, 481, 539
Schizothymie-Fragebogen *61*
Scholastic Aptitude Test 301
School Apperception Method (SAM)
 320, 321
School Motivation Analysis Test (SMAT)
 163, 164
Schreibmotorik 136
Schulangst-Test (SAT) *321*
Schulprobleme 320f
SCT s. Sentence Completion Tests
16 PF s. Sixteen Personality Factor
 Questionnaire
Selbst
 - gefühl 444
 - konzept 90
Selbstbericht-Bogen 34
Self Focus SCT 384, *387*
Semantisches Differential 533f
Senior Apperception Technique (SAT)
 260, 313, *317*
Sensibilisierung(s) 70f
 - Repressionsskala 71
Sentence Completion Tests (SCT)
 s. Satzergänzungstests
SE (SD)-Skalen s. Soziale Erwünscht-
 heit, Skalen zur Messung
SES s. Adjektivskalen zur Einschätzung
 der Stimmung
Sexuelle Abweichungen 446

Signierung(s) 188, 191, 214f, 218ff
 - konsistenz 223
 - systeme 189
Signierungskategorien 189, 218f
 Dimensionalität der — 219
 empirische Relevanz der — 219f
 - u. Klassifikationsregeln 219
 Validität von — 226, 227, 228
Simulation 88
Sixteen Personality Factor Questionnaire
 (16 PF) *75*ff, 77, 303, 402, 547
 deutschsprachige Form des — 77f
 Faktorenanalyse von — 75ff
 Primärfaktoren des — 75f
 Sekundärfaktoren des — 76f
SMAT s. School Motivation Analysis Test
Social Anxiety Scale 64
Social Situation Picture Test *259*
Sohn-Aufsatz *390*
SORT s. Structured-Objective
 Rorschach-Test
Soziale Erwünschtheit 83f, 100f
Soziale Erwünschtheit, Skalen zur
 Messung der (SE (SD)-Skala)
 81, 90, *100*f, 101, 108
South African Picture Analysis Test *318*
Spiel(s)
 Ablauf des — 459, 464
 - arten 462, 464f
 Beobachtungskategorien für — 471
 Beobachtungsskalen des — 472, 473
 Definition des — 454
 - als Diagnose 453, 455, 457
 Dimensionen des — 462
 formale Merkmale des — 457
 - inhalte 455, 458
 Interpretationen des — 454ff
 -, Eigenständigkeit des Spiels 459
 neuere tiefenpsychologische — 463
 - nach Piaget 460
 tiefenpsychologische
  — 455, 459, 463
 Klassifikationen des — 454
 -, Korrelationsanalyse 457, 468
 - material 470f
 Merkmale des — 461
 nicht realistisches — 483
 - proben, spezielle 474f
 - produkte 464, 471
 Stilanalyse des — 468
 - störungen 461f
 - als Therapie 453, 455, 457f
 Voraussetzungen des
  — 459, 460, 462

Spielbeobachtungen 465ff
　　Bewertung der — 475
　　Eriksonsches Modell für — 472f
　　Klassifikation der — 465f
　　- u. spielerische Gestaltungsverfahren 466f
Spielerische(n) Gestaltungsverfahren 430ff, 453ff s. a. Spiel u. Spielbeobachtungen
　　Begriff der — 431f
　　Beschreibungsbegriffe bei — 468
　　Bewertung der — 431
　　Publikationen zu — 430f
　　- u. Spielbeobachtungen 466f
　　Vorteile der — 432
　　- vs. Zeichnerische Gestaltungsverfahren 453f
Spieltests s. Spielerische Gestaltungsverfahren
Spielzeugkasten-Methoden 478ff
SPST s. Symonds Pictury Story Test
S-R-Test
　　- für Aggressivität 66, 107
　　- für Angstreaktionen 63, *106, 107*
　　- für Leistungsmotivation *107*
STAI s. State-Trait Anxiety Inventory
State-Trait Anxiety Inventory (STAI) 65, 531
Stick Figures *328*
Story Sequence Analysis 288f, 320
Strong Vocational Interest Blank (SVIB) 92f, 319
　　-, Basic Interest Scales (BIS) 93
Structured-Objective Rorschach-Test (SORT) 221, *236*
Strukturiertheit 27f
　　- von Antworten 28
　　Begriff der — 204
　　- von Fragen 27f
　　- u. pathologische Verhaltensweisen 206f
Studienerfolg 114
Study of Values (SV) 85
Stufen-Hypothese 206
subjektive(n) Persönlichkeitstests 57ff
　　-, basierend auf empirischer Itemvalidierung 86ff
　　Bedeutung von — 112ff
　　Begriff der — 57, 133f
　　-, aufgrund eindimensionaler Skalen zusammengestellt 72ff
　　faktorenanalytisch fundierte — 74ff
　　mehrdimensionale — 72ff
　　Methoden für — 104f

subjektive(n) Persönlichkeitstests
　　persönlichkeitstheoretisch fundierte — 82ff
　　- vs. projektive Persönlichkeitstests 113
　　psychoanalytische Konzeption von — 85
　　Validität der — 112ff
　　　　Konstrukt — 113
　　Wirksamkeit verschiedener Konstruktionsmethoden für — 104f
Submissions-Test 60f
Substitutions-Theorie 276f
SV s. Study of Values
SVIB s. Strong Vocational Interest Blank
Symonds Picture Story Test (SPST) *316f*
Syndrome (Farbpyramidentest) 542, 544
Szondi-Test(s) 548, *550*ff
　　Auswertung des — 550f
　　Instruktion bei — 550
　　Testmaterial des — 550
　　Validität des — 551f

TAQ s. Test Anxiety Questionnaire
TAT s. Thematischer Apperzeptionstest
Tatbestandsdiagnostik 374f
TAT for African Subjects *318*
TAT-Konsens-Geschichten *320*
TAT-Methode zur Messung der Leistungsmotivation s. Leistungsmotivations-TAT
T-Daten 140f
Ten Silhouettes *328*
Temperament(s)
　　Faktoren 3. Ordnung des — 150, 152
　　objektive Messung des — 144ff
　　(Primär-)Faktoren des — 144ff, 149, 150
　　Sekundärfaktoren des — 150f
　　Validierung der Faktoren des —
　　　　externe — 156f
　　　　klinische — 156f
Tests
　　verhaltenstherapeutische — 110ff
　　apparative — 167
Testantworten
　　empirische Validität von — 103
　　- u. sprachliche Strukturen 103f
　　Validität (psychologische Bedeutung) von — 102f
Test Anxiety Questionnaire (TAQ) *63*f, 68, 69

Test des Trois Personnages *391*
Test of Family Attitudes (TFA) *319*
Test of Group Projection (TGP) *319*
Test of Insight into Human Motives *389*
Testing the limits 218, 235
Test-PN 325f
TFA s. Test of Family Attitudes
TGP s. Test of Group Projection
Thema (TAT) 264f, 285, 292
Thematischer Apperzeptionstest
  (TAT) 113, 204, 205, 206, 280ff,
  382, 388, 394, 397, 401, 431, 445
  -, Altersbereich 281
  -, Anwendungshäufigkeit 262
  -, Auswertung 260
  -, Bewertung 262, 331ff
  -, Durchführung 281f, 282ff
    -, mündlich 284
    -, schriftlich 284
  -, Funktionsweise 263f
  -, Instruktion 281f, 282f
  -, Interpretation 260
  -, Meßintention 281
  -, Modifikationen 260, 313ff
    -, bestimmte Motivsysteme 313
    -, unmittelbare 313, 314ff
    -, weitgehend abweichende
      Verfahren 313, 323ff
  -, Persönlichkeitstheorie 260, 264
  -, Publikationen 262f
  -, Raschanalyse 270
  -, Testmaterial 281
  -, Testsituation 283
  -, Verbreitung 259f
  -, Verhalten des Untersuchers 282f
Thematische Apperzeptionstechnik
  (T.A.-Technik) 258 s. a.
  Thematische Apperzeptionsverfahren
  u. Thematischer Apperzeptionstest
Thematische(n) Apperzeptionsverfahren
  258ff, 383 s. a. Thematische
  Apperzeptionstechnik u.
  Thematischer Apperzeptionstest
  - für Altersgruppen 314ff
  Auswertung der — 271, 280, 284ff,
    305, 335
    -, abgekürzte Verfahren 286
    atomisierende — 298
    formale — 287f
    -, (formal-inhaltliche)
      Zählungsmethoden
      288f, 291, 294, 301, 335
    ganzheitlich-intuitive
      — 286, 290, 294, 298f

Thematische(n) Apperzeptionsverfahren
  inhaltliche — 285f
  -, Modifikationen der Murrayschen
    Methode 285f
  - nach Murray 285
  Begriff der — 258
  Bewertung der — 261f, 263, 331ff
  Beziehung zwischen Persönlichkeits-
    und Geschichtenmerkmal
    bei — 276f
  Differentialdiagnose mit — 301ff
  Durchführung der — 274
  - für ethnische Gruppen 317f
  -, experimentell induzierte Motive 307
  - als Forschungsinstrument 261, 288
  Funktionsweise der — 265ff
  Homogenität der — 293f
  Individualdiagnose mit — 311
  Interpretation der — 289
  Meßintention der — 271f, 273, 297
  Normen bei — 294ff
    Spezial — 295f
  Objektivität der — 333, 334
  Parallelserien für — 291
  Reliabilität der — 290ff
    Auswertungs — 290f
    -, innere Konsistenz 293f
    Paralleltest — 291
    Problem der — 290
    Retest — 291ff
  - für soziale Gruppen 318
  -, soziale Gruppen, Unterschiede
    zwischen 305f
  - für spezielle Motive 321ff, 332
  spezielle Skalen bei — 289
  Stabilität von — 291ff
  Validität der — 297ff, 305
    -, Gesamtbild der Persönlichkeit
      298f
    Konstrukt — 272, 298, 300, 308
    Übereinstimmungs — 303ff, 307ff
    Vorhersage — 299ff
  Verbreitung der — 259f
  -, Verhaltensauffälligkeiten, Diagnose
    von — 301ff
  Vorgeschichte der — 258f
Thomas-Fabeln 388, *391*
Thompson Modification of the TAT
  (T-TAT) 260, 313, *317f*, 331
3-DAT s. Three-Dimensional
  Apperception Test
Three Dimensional Apperception Test
  (3-DAT) *330*
Thurstone Temperament Schedule 75

Tierzeichnungen 449
Tomkins-Horn Picture Arrangement Test
 (PAT) 323, *327*f
trait 141, 262
 - Begriff s. Eigenschaftsbegriff
 source — 140
 surface — 139f
Triebe (Szondi) 549, 550
Tsédek-Test *388*f
T-TAT s. Thompson Modification
 of the TAT
T-Tests (Cattell) 140f
 Auswertung der — 141
Typenforschung 138

Unbewußtes, familiäres — 549
Urteilsgenauigkeit (von Rorschachisten)
 234

VAT s. Vocational Apperception Test
VAT '60 s. Visual Apperception
 Test '60
Verbale(n) Ergänzungsmethoden (VEM)
 380ff, 397
 Anwendungsgebiete der — 381
 Auswertung der — 382
 Durchführung der — 381
 Persönlichkeitstheorie der — 382
 - u. projektive Verfahren 383
 Verbreitung der — 392
 - u. Wort-Assoziations-Methoden
 380f
Verdrängung 277
Verfälschbarkeit 400f
Verfälschung von Testergebnissen
 98ff
 -, mit Absicht 98ff
 -, aufgrund von Reaktionstendenzen
 100ff
 -, aufgrund von unsystematischen
 Reaktionen 98
Verhaltens
 - auffälligkeiten 449, 481, 484, 539
 - beobachtungen
 s. Spielbeobachtungen
 - vorhersage 139, 144, 165
Verhaltenstendenzen, aktuelle 62
Verlaufsanalysen
 - bei Formdeuteverfahren
 131, 220
 - bei zeichnerischen Gestaltungsverfahren 439f, 440

Verstärkungslisten 112f
Verstehende Psychologie 103
Visual Apperception Test '60
 (VAT '60) *548*
Vocational Apperception Test (VAT)
 260, *319*

Wahlhandlungen 553
 - nach Szondi 549
Wahlverfahren (psychodiagnostische)
 529ff s. a. Bild- und Farbwahlverfahren
 Bewertung der — 553
 - u. projektive Verfahren 529
Wahrnehmung(s)
 - abwehr 277f
 Hypothesentheorie der — 266
 - prozesse 190, 233
WAIS s. Wechsler Adult Intelligence
 Scale
Wartegg-Erzählungs-Test (WEZ) *389*f
Wartegg-Zeichen-Test(s) (WZT)
 435, 438, 439, *452*f
 Bearbeitungen des — 453
 Validität des — 452
 Verlaufsanalyse bei — 452
Washington University SCT of
 Ego Development 384, 387
Wechsler Adult Intelligence Scale (WAIS)
 224, 450
Wechsler Intelligence Scale for Children
 (WISC) 315
Welt-Test(s) 394, 457, 466,
 467, 468, 478f
 Interpretation des — 478f
 Material des — 478
Werteinstellungstest
 85
Werttypen (Spranger) 82, 85
Wesenszug 141
WEZ s. Wartegg-Erzählungs-Test
Wilson-Patterson-Konservatismus-Skala
 97
WISC s. Wechsler Intelligence Scale for
 Children
Word Connexion List *379*
Wort-Assoziations-Methode(n) (WAM)
 375ff, 383, 394, 397
 Arten von — s. Reizwortlisten
 Bewertung der — 379f, 381
 Durchführung der — 375f
 -, Kulturvergleich 377
 Meßintentionen der — 379
 Normen bei — 377

Wortselektionsregeln 203
Wunschprobe *388*
WZT s. Wartegg-Zeichen-Test

Zaubertraum (verbale Ergänzungs-
  methoden) 388
Zeichenergänzungstests 452f
Zeichentests (projektive)
  s. zeichnerische Gestaltungsverfahren
Zeichne (d)eine Familie *448*
Zeichen-Wiederholungstests
  438, 447
Zeichnen, Geschichte der Psychologie
  des — 432ff
Zeichnerische(n) Gestaltungsverfahren
  430ff, 432ff s. a. Zeichnen
  u. Zeichnungen
  Athematische — 452f
  Begriff der — 431f
  Bewertung der — 431
  Geschichte der — 432ff
  -, Grundlagenforschung 441f
  Publikationen zu — 430f
  - vs. spielerische Gestaltungsverfahren
    453f
  Thematische — 442f
  Validierung der — 437f
  Vorteile der — 432

Zeichnungen s. a. Zeichnen u.
  zeichnerische Gestaltungsverfahren
  - u. charakterologische Systematik 435
  - u. dynamische Persönlichkeits-
    auffassung 436f
  - u. Erkrankungen 435f
  - u. Fähigkeiten 434
  Familien — 448f
  - von Geisteskranken 434
  - von Gruppenthemen 448
  - u. Intelligenz s. Intelligenz-
    beurteilungen durch Zeichnungen
  Interpretation von —
    ausdruckspsychologische — 438f
    gestaltpsychologische
      — 434f, 438, 439
    -, phänomenologische Typologie 440
  Kinder — 433, 434
  Korrelationsanalysen bei — 436
  - u. Persönlichkeitsausdruck 434
  psychoanalytische Interpretation der
    — 435f
  Tier — 449
Z-Test s. Zulliger-Test
Zulliger-Test (Z-Test) 235, *236*
Zustand(s)
  - faktoren 144, 146ff
  objektive Messung des — 146ff
Zyklothymie-Fragebogen *61*

ENZYKLOPÄDIE DER PSYCHOLOGIE

Herausgegeben von Prof. Dr. Carl-Friedrich Graumann, Prof. Dr. Theo Herrmann, Prof. Dr. Hans Hörmann, Prof. Dr. Martin Irle, Prof. Dr. Dr. Hans Thomae, Prof. Dr. Franz Weinert.

THEMENBEREICH A
GESCHICHTE UND STELLUNG DER PSYCHOLOGIE INNERHALB DER WISSENSCHAFTEN

Serie I. Geschichte der Psychologie

- Bd. 1. Geschichte der Psychologie I (bis zur Mitte des 19. Jahrhunderts)
- Bd. 2. Geschichte der Psychologie II (bis zum frühen 20. Jahrhundert)
- Bd. 3. Geschichte der Psychologie III (im 20. Jahrhundert)

Serie II. Die Psychologie innerhalb der Wissenschaften

- Bd. 1. Psychologie und Philosophie
- Bd. 2. Psychologie und biologische Wissenschaften
- Bd. 3. Psychologie und Sozialwissenschaften

Serie III. Begriffswörterbuch der Psychologie
(3—4 Bände)

THEMENBEREICH B
METHODOLOGIE UND METHODEN

Serie I. Forschungsmethoden der Psychologie

- Bd. 1. Methodologische Grundlagen der Psychologie
- Bd. 2. Datenerhebung
- Bd. 3. Messen und Testen
- Bd. 4. Strukturierung und Reduzierung von Daten
- Bd. 5. Hypothesenprüfung

Serie II. Psychologische Diagnostik

- Bd. 1. Grundlagen psychologischer Diagnostik
- Bd. 2. Intelligenz- und Leistungsdiagnostik
- Bd. 3. Persönlichkeitsdiagnostik
- Bd. 4. Verhaltensdiagnostik

Serie III. Psychologische Interventionsmethoden

- Bd. 1. Pädagogisch-psychologische Interventionsmethoden
- Bd. 2. Psychotherapeutische Methoden I
- Bd. 3. Psychotherapeutische Methoden II
- Bd. 4. Rehabilitationsmethoden

Serie IV. Evaluationsforschung

- Bd. 1. Evaluationsforschung: Modelle und Methoden
- Bd. 2. Evaluationsforschung: Anwendungen

THEMENBEREICH C
THEORIE UND FORSCHUNG

Serie I. Physiologische Psychologie

- Bd. 1. Psychophysiologie der Wahrnehmung I: Gesichtssinn
- Bd. 2. Psychophysiologie der Wahrnehmung II: andere Sinnesgebiete
- Bd. 3. Psychophysiologie des Lernens und des Gedächtnisses
- Bd. 4. Biopsychologie der Emotion
- Bd. 5. Psychophysiologie des Sprechens und der Sprache
- Bd. 6. Psychophysiologie der Motorik

Serie II. Kognition

- Bd. 1. Bewußtsein und Aufmerksamkeit
- Bd. 2. Wahrnehmung als Informationsverarbeitung
- Bd. 3. Gedächtnis (Erwerb, Speicherung und Nutzung von Informationen)
- Bd. 4. Denken und Problemlösen
- Bd. 5. Lernen und Üben
- Bd. 6. Kognitiver Konflikt und Entscheidung

Serie III. Sprache

- Bd. 1. Psychologie der Sprachproduktion
- Bd. 2. Psychologie der Sprachrezeption
- Bd. 3. Psychologie des Lesens und Schreibens
- Bd. 4. Gesprächs- und Textanalyse
- Bd. 5. Sprachentwicklung und Spracherwerb
- Bd. 6. Psychologie der Sprachanomalien

SERIE IV. MOTIVATION UND EMOTION

Bd. 1. Theorien und Formen der Motivation
Bd. 2. Psychologie der Motive
Bd. 3. Psychologie der Emotion
Bd. 4. Kognition, Motivation und Handlung

SERIE V. ENTWICKLUNG

Bd. 1. Allgemeine Entwicklungspsychologie
Bd. 2. Frühkindliche Entwicklung
Bd. 3. Entwicklung im Kindes- und Jugendalter
Bd. 4. Psychologie der Lebensspanne
Bd. 5. Psychogerontologie
Bd. 6. Entwicklung und Sozialisation
Bd. 7. Angewandte Entwicklungspsychologie

SERIE VI. SOZIALPSYCHOLOGIE

Bd. 1. Soziale Urteilsbildung
Bd. 2. Einstellungen und Vorurteile
Bd. 3. Soziale Interaktionen
Bd. 4. Soziale Beziehungen
Bd. 5. Soziale Kommunikation
Bd. 6. Gruppendynamik
Bd. 7. Kollektives Verhalten

SERIE VII. KULTURVERGLEICHENDE PSYCHOLOGIE

Bd. 1. Theorien und Methoden kulturvergleichender Psychologie
Bd. 2. Kulturelle Determinanten des Erlebens und Verhaltens

SERIE VIII. DIFFERENTIELLE PSYCHOLOGIE UND PERSÖNLICHKEITSFORSCHUNG

Bd. 1. Psychologie interindividueller Differenzen I
Bd. 2. Psychologie interindividueller Differenzen II
Bd. 3. Persönlichkeitstheorien I
Bd. 4. Persönlichkeitstheorien II

SERIE IX. ÖKOLOGISCHE PSYCHOLOGIE

Bd. 1. Allgemeine Ökologische Psychologie
Bd. 2. Spezifische Umwelten und Umweltprobleme

THEMENBEREICH D
PRAXISGEBIETE

SERIE I. PÄDAGOGISCHE PSYCHOLOGIE

Bd. 1. Psychologie des Unterrichts
Bd. 2. Psychologie der Erziehung
Bd. 3. Heilpädagogische Psychologie
Bd. 4. Psychologie der Erwachsenenbildung

SERIE II. KLINISCHE PSYCHOLOGIE

Bd. 1. Experimentelle Klinische Psychologie
Bd. 2. Handlungsorientierte Klinische Psychologie
Bd. 3. Psychologie in der Klinik
Bd. 4. Klinische Beratung und Psychotherapie
Bd. 5. Kinderpsychotherapie und Erziehungsberatung

SERIE III. WIRTSCHAFTS-, ORGANISATIONS- UND ARBEITSPSYCHOLOGIE

Bd. 1. Arbeitspsychologie
Bd. 2. Ingenieurpsychologie
Bd. 3. Organisationspsychologie
Bd. 4. Marktpsychologie als Sozialwissenschaft
Bd. 5. Methoden und Anwendungen in der Marktpsychologie

SERIE IV. PSYCHOLOGIE IM RECHTSWESEN

Bd. 1. Forensische Begutachtung
Bd. 2. Psychologie des delinquenten Verhaltens

SERIE V. SPORTPSYCHOLOGIE

Bd. 1. Sportpsychologie I: Sportliche Fähigkeiten und ihre Entwicklung
Bd. 2. Sportpsychologie II: Sportliche Leistung und ihre Bedingungen

SERIE VI. VERKEHRSPSYCHOLOGIE

Bd. 1. Verkehrspsychologie I: Grundlagenforschung
Bd. 2. Verkehrspsychologie II: Begutachtung und Intervention

VERLAG FÜR PSYCHOLOGIE · DR. C. J. HOGREFE
GÖTTINGEN · TORONTO · ZÜRICH